RELIURE SERREE
Absence de marges
intérieures

VALABLE POUR TOUT OU PARTIE
DU DOCUMENT REPRODUIT

Fin d'une série de documents
en couleur

ANALECTA
SACRA ET CLASSICA

ANALECTA SACRA ET CLASSICA

SPICILEGIO SOLESMENSI

PARATA

EDIDIT

JOANNES BAPTISTA CARDINALIS PITRA

EPISCOPUS PORTUENSIS ET S. RUFINAE
S. R. E. BIBLIOTHECARIUS

JURIS ECCLESIASTICI GRAECORUM

SELECTA PARALIPOMENA

PARISIIS
APUD ROGER ET CHERNOWITZ BIBLIOPOLAS

ROMAE
EX OFFICINA LIBRARIA PHILIPPI CUGGIANI
ANNO MDCCCXCI.

PRÉFACE

Ce nouveau volume, le sixième de la série *Analecta sacra Spicilegio Solesmensi parata*, devait se présenter avec une préface de son éminent auteur. Seul, le cardinal Pitra avait qualité pour faire connaître au public ce fruit de ses dernières et laborieuses veilles. La mort est venue arrêter ce projet et a réservé à une main, plus dévouée hélas qu'intelligente, le soin de remplacer l'illustre défunt.

Pour accomplir la tâche, triste et douce à la fois, de suppléer le cardinal Bibliothécaire de la Sainte Eglise dans l'achèvement de ce volume, trois choses seulement nous semblent à faire. Dérouler en quelques lignes les anneaux de cette vie si bien remplie, donner ce que nous avons pu recueillir pour servir d'introduction au volume, et enfin indiquer l'importance de cette publication.

Ceci fait, nous sommes certains que ces lignes n'auront eu d'autre résultat que de faire déplorer, encore plus vivement, une perte qui nous a privés d'une préface et de savants prolégomènes, comme savait les écrire le regretté cardinal Pitra. Ces quelques pages n'auraient-elles servi qu'à raviver ces regrets, qu'elles ne nous sembleraient pas inutiles, et si elles pouvaient ajouter quelque chose à la renommée de science et de sainteté dont jouit à juste titre ce grand cardinal, nous serions doublement récompensés.

I.

Parmi les milanais transportés à Lyon au seizième siècle pour le tissage et le commerce des soieries, une famille du nom de Pitra fixa son séjour en cette ville jusqu'à la fin du siècle dernier. Violemment dispersée après le siège de Lyon, elle alla se fixer en Bresse, dans le diocèse d'Autun, et c'est au petit village de Champforgeuil, que, de Laurent Pitra et de Françoise Edme Vaffier, naquit, le 1er août 1812, en la fête de Saint-Pierre-ès-liens, Jean-Baptiste Pitra.

L'enfant, manifestant avec d'heureuses dispositions pour les études, un caractère doux et porté à la piété, fut placé chez son oncle maternel, le Dr. Vaffier, médecin à Cuisery et commença ses études de latin chez le curé de ce village. Admis en 1825 au petit séminaire d'Autun, grâce à la bienveillance de Mgr. de Vichy, il en sortit en 1830 pour passer au grand séminaire où Mgr. Du Trousset d'Héricourt lui conféra la tonsure en 1831, et le sacerdoce le 17 décembre 1836.

Le jeune prêtre se sentait invinciblement appelé vers une vie d'études peu compatible avec les travaux et les préoccupations du ministère paroissial ; aussi, avant de se lancer dans cette voie, il voulut réfléchir davantage et mieux connaître les dispositions de Dieu sur lui. Depuis longtemps il entendait dans le secret de son âme une voix douce et puissante qui l'appelait à la solitude. Il se sentait invinciblement appelé à une vie de recueillement, de prière, de travail, où l'âme, dégagée des soucis matériels, n'a d'autre occupation que de servir Dieu dans le silence et d'étendre sa gloire, plus par l'oraison et l'étude que par le ministère extérieur. Il accepta donc avec joie, et comme un temps qui lui était donné pour réfléchir encore, l'offre de professer, d'abord l'histoire, et ensuite la rhétorique dans le petit séminaire d'Autun. Il entra dans cette nouvelle carrière en 1835, et pendant cinq ans se livra à l'enseignement.

Les cours dont il avait été chargé le mirent à même de se pénétrer profondément de la littérature antique, et bien avant que la question des classiques ne fût soulevée, il l'avait pratiquement résolue dans ses leçons. Cherchant le beau et le vrai, le mettant en lumière partout où il pouvait le rencontrer, il créa de toutes pièces une classe de littérature où la Bible et les Pères étaient mis en parallèle avec les chefs d'œuvre de l'antiquité. Pensant avec raison que la science ne doit point se limiter à une des formes de la vérité, il ajoutait à ses travaux et à ses cours des leçons d'histoire naturelle, de géologie, de minéralogie et d'archéologie. L'affection que lui conservèrent ses élèves, dont plusieurs sont devenus célèbres, atteste les traces profondes que laissa cet enseignement, aussi attrayant dans la forme que solide dans le fond.

En explorant les antiquités d'Autun, il eut la bonne fortune de découvrir la fameuse inscription grecque de Pectorius, et d'en donner, le premier, une interprétation que des travaux ultérieurs n'ont point démentie. Ce travail, imprimé dans les Annales de philosophie chrétienne, marquait son entrée dans la carrière scientifique.

Mgr. d'Héricourt, appréciant le talent du professeur de rhétorique, voulut le pousser dans une voie fructueuse, et lui demanda de faire la vie de saint Léger, évêque d'Autun. Cette étude était alors particulièrement ardue, car elle obligeait son auteur à fouiller les temps mérovingiens, où presque tout était à découvrir. L'abbé Pitra, sans méconnaître les difficultés de la tâche, l'embrassa avec ardeur, et son *cher vieux saint*, comme il l'appelait, l'occupa pendant près de sept années. Mais ce travail eut encore un autre résultat. Il mit le jeune et brillant professeur en face du grand problème de la vie monastique et de la règle de saint Benoît. La lumière se fit alors dans son intelligence et dans son cœur ; cette voix qui l'appelait à la solitude lui parla d'une façon plus claire ; il comprit qu'il devait vivre et mourir bénédictin.

Le Saint-Siège venait d'approuver le rétablissement de l'ordre de saint Benoît en France, et le prieuré de saint Pierre de Solesmes était érigé en abbaye sous la direction du Rév. Père Dom Guéranger, initiateur et chef de ce grand réveil monastique. En la vigile de l'Assomption de l'année 1840, l'abbé Pitra se présentait aux portes de Solesmes qui s'ouvraient devant lui. Admis au noviciat, il dut, pour le continuer, vaincre les honorables résistances de son évêque. Mgr. d'Héricourt ne pouvait consentir à se séparer d'un sujet qui lui était doublement cher, et par les services déjà rendus et par les espérances qu'il lui permettait d'entrevoir. Mais devant la ferme résolution du novice, l'évêque n'avait qu'à s'incliner, et le 10 février 1843 le Père Pitra, ajoutant à ses prénoms celui d'Odon comme patron de profession, prononçait ses vœux solennels entre les mains de Dom Guéranger. Son rêve venait de se réaliser ; il était moine.

Mais si Dom Pitra était moine, il n'avait point pour cela gagné le repos et la solitude après lesquels il soupirait. On avait créé à Paris un prieuré bénédictin dépendant de Solesmes, et Dom Guéranger y envoya le jeune profès en qualité de prieur. Des circonstances indépendantes de Dom Guéranger et de Dom Pitra obligèrent l'abbé de Solesmes à fermer le prieuré et à liquider la situation. Comme pour toutes les œuvres qui commencent, de grandes dépenses avaient été engagées et on devait faire honneur aux engagements contractés. Il fallait encore recueillir des ressources matérielles pour l'abbaye de Solesmes, faire connaître cette œuvre si belle dans son but, si féconde dans ses résultats, et mettre le monastère en état de nourrir et de loger ceux qui venaient y vivre d'abnégation, de travail et de prière. Dom Pitra sacrifia ses goûts, son repos, sa tranquillité, et sur un ordre de son abbé, il partit le bâton de pèlerin à la main.

Ces voyages, faits dans un but de charité, ne devaient point cependant être perdus pour la science sacrée, c'était un bénédictin qui quêtait, et Dom Pitra recueillait dans les diverses bibliothèques des pays qu'il traversait les éléments de ses futures publications. C'est ainsi que, poursuivant ce double but, il parcourut en 1845 et 1846 le nord de la France, l'Angleterre et la Suisse et en 1847 et 1848 la Belgique et la Hollande. En 1850 il revit l'Angleterre pour y remplir une mission littéraire sous les auspices du gouvernement français.

Ces excursions fréquentes n'empêchèrent pas la publication des ouvrages qu'il avait entrepris et la continuation des travaux auxquels il donnait une collaboration assidue. En 1847 il publia enfin sa vie de saint Léger, en la faisant précéder d'une magistrale étude sur l'état monastique et son rôle dans l'Eglise et la société. En payant ce tribut local à une mémoire vénérée du septième siècle, il eut des aperçus nouveaux sur l'époque mérovingienne et le mérite de porter le premier la lumière dans ces temps obscurs.

A cette époque, son œuvre capitale quoique peu connue, et celle qui influa le plus sur ses travaux postérieurs fut son *Prospectus* de la Patrologie de l'abbé Migne. Il dut analyser presque toutes les œuvres des pères, choisir les éditions et dissertations à reproduire, en un mot lire tout ce qui avait été imprimé sur l'antiquité chrétienne. Malgré ce travail qui aurait occupé trois Bénédictins, Dom Pitra collaborait à divers journaux tels que *L'Auxiliaire catholique*, *L'Univers*, *L'Ami de la Religion*, *Le*

Correspondant, etc. Ce fut dans cette dernière revue qu'il publia, sur les lettres des papes, une étude qui fut le germe d'où sortit le beau volume qu'il donna en 1885 sur ce sujet. Ses voyages de Belgique et de Hollande produisirent, en 1850, deux ouvrages rapidement épuisés, *La Hollande catholique* et *Les Etudes sur les Bollandistes* qui remirent en lumière la collection trop oubliée des *Acta Sanctorum*. De 1850 à 1855, un recueil officiel, les Archives des missions scientifiques, reçut de Dom Pitra une série de rapports sur les recherches du bénédictin voyageur dans les bibliothèques de Londres, d'Oxford, de Cambridge et de Midlehill.

Ces épis glanés un peu partout formaient une riche moisson, et la moisson fut désignée sous le titre modeste de *Spicilegium Solesmense*. Le premier volume de ce recueil parut en 1852, les volumes II et III en 1855 ; et le quatrième en 1858. Les volumes II et III du *Spicilegium* contenaient l'œuvre maîtresse de Dom Pitra, sa découverte de la Clef de saint Méliton, donnée pour la première fois au public et fortifiée de tout l'ensemble de la tradition ecclésiastique sur le symbolisme chrétien.

Entre ces travaux, l'auteur consacra à un pieux souvenir le volume intitulé *Vie du Père Lieberman* (1855), et tenta sur la discipline orientale un essai qui a pour titre « *Les Canons et collections canoniques de l'église grecque* », d'après le texte de M. Rhalli.

Ce mémoire parvenu à Rome y fit appeler son auteur, que l'on destinait à une importante mission en Transylvanie. L'humilité du bénédictin s'effraya d'une charge qui le conduisait presque infailliblement aux honneurs, et il fit agréer un refus dont sa modestie lui fournissait les motifs. Mais le Saint-Siège avait ses vues sur ce moine qui unissait tant d'humilité à tant de science. Tout en paraissant se rendre à ses raisons, il lui confia la mission d'étendre ses investigations sur le droit byzantin et la liturgie grecque, en allant les puiser aux sources où ces notions seraient les plus abondantes et les plus pures. C'est ainsi que fut décidé le voyage de Dom Pitra à Saint Pétersbourg et à Moscou. Il dut se hâter d'achever le IV° volume du Spicilège, et après avoir visité (1858) les dépôts littéraires du centre et du nord de l'Italie, pris note de tous les manuscrits canoniques grecs qui pouvaient lui être utiles, il se dirigea vers la Russie et y passa l'hiver (1859-1860). Ce séjour, dans lequel la Providence sembla le guider comme par la main et faire tomber une à une devant lui toutes les barrières qui défendaient les bibliothèques publiques et privées, eut deux grands résultats. Il lui donna la clef de l'hymnographie grecque, dont le secret était perdu depuis si longtemps qu'il était ignoré des grecs eux mêmes. Un manuscrit de sainte Catherine le lui avait révélé à Saint Pétersbourg, et les autres livres liturgiques qu'il consulta ne furent qu'un *confirmatur* de cette découverte dont la portée était immense. Il put en outre saisir sur le vif, et c'était un des buts de son voyage, les variations liturgiques de l'église d'Orient et déterminer la série des manuscrits qui contenaient d'une façon plus pure, la doctrine de l'église grecque après sa séparation de l'Eglise catholique.

En repassant à travers l'Allemagne et l'Autriche, il eut occasion de compléter ses travaux en y faisant entrer l'élément slave, et fut chargé de préparer le plan d'une réforme de l'ordre de saint Basile. Il visita sur sa route les grandes abbayes de l'Autriche et de la Hongrie et étudia sur place le mécanisme de ces grands instituts religieux devenus un des rouages de l'état. Mais à toutes ces splendides abbayes, à ces monastères qui semblaient autant de palais, il préférait son humble Solesmes avec sa pauvreté; aussi vint-il en hâte s'y reposer comme un enfant retourne au foyer paternel avec la confiance qu'il ne sortirait plus de ce qu'il appelait son nid. *In nidulo meo moriar*, aimait-il à répéter, mais ce nid ne devait pas être pour lui une tombe.

Pie IX n'oubliait point le moine bénédictin et voulait faire profiter l'Eglise entière des trésors de science qu'il avait amassés. Il le rappela à Rome en 1861 et, dans la bulle qui érigeait une nouvelle congrégation pour les affaires orientales, le nomma consulteur de la Propagande. Ce fut alors, que sur l'ordre de ce pape, Dom Pitra commença (1862) son grand ouvrage *Juris Ecclesiastici graecorum historia ac monumenta*, œuvre colossale, que seul il pouvait entreprendre et dont l'Orient désire la continuation, sans pouvoir maintenant l'espérer.

Pie IX jugea que le moment était arrivé de récompenser à la fois Dom Guéranger des efforts gigantesques qu'il avait faits pour l'unité liturgique et les travaux d'un bénédictin qui éclairait de si vives lumières le passé de l'Eglise. Le 16 mars 1863 Dom Pitra était créé cardinal prêtre, et le jour de Saint Joseph il recevait le chapeau rouge avec le titre cardinalice de *San Tommaso in Parione*, titre qu'il échangea plus tard contre celui de Saint Callixte, sous lequel il a été plus connu. Grégoire XVI avait été le dernier cardinal de l'ordre Bénédictin, et trente trois ans s'étaient écoulés avant que la *pourpre noire* des fils de Saint Benoit fît sa réapparition dans le Sacré Collège.

Cette grande dignité ne diminua pas l'activité du bénédictin, mais imprima une autre direction à ses études. Il devait partager son temps entre la continuation de ses travaux et les congrégations, dont les affaires multiples encombraient ses journées. Aussi le voyons-nous travailler plus lentement. Cependant, en 1867 il donnait son hymnographie de l'Église grecque qui expliquait, d'une façon plus complète que les articles de 1862, le mécanisme et le rythme de la poésie liturgique de l'Eglise d'Orient. L'année suivante il imprimait le second volume de son droit canonique grec, publication dont les évènements de 1870 empêchèrent la continuation.

En 1869 le cardinal Pitra fut nommé Bibliothécaire de la sainte Eglise, charge nouvelle, que nul autre ne pouvait mieux remplir, mais qui aggravait ses occupations et faisait peser sur lui le poids d'une lourde responsabilité. Le concile du Vatican l'absorba pendant plus d'une année. Il y eut une part importante, et une action décisive dans toutes les questions qui regardaient l'Eglise d'Orient. Les douloureux évènements de 1870 achevèrent de désorganiser sa vie d'études par la nouvelle situation qu'ils créaient à l'Eglise en Italie, et les tristesses qui vinrent accabler son âme de cardinal et son cœur de français.

La continuation du *Juris Ecclesiastici Graecorum historia et monumenta* étant provisoirement abandonnée, le cardinal Pitra revint à ses travaux. Le *Spicilegium Solesmense* était fermé, mais il y avait lieu d'ouvrir des appendices qui, bientôt, devinrent plus considérables que l'œuvre principale. Sous le titre « *Analecta sacra Spicilegio Solesmensi parata* », il publia une nouvelle série, dont le premier volume (1876) était une révélation. Il donnait tout un ensemble de cantiques liturgiques grecs, provenant des meilleurs mélodes de l'église orientale. Saint Romanus, classique dans l'Orient, remplissait une bonne partie du volume, et nous montrait, dans sa division métrique, la richesse et la variété de cette poésie que l'on ne soupçonnait pas. Les autres volumes (II, III, IV) revenaient d'une façon plus directe sur le terrain du Spicilège. Deux étaient presque entièrement remplis de fragments d'Origène, arrachés, un par un, aux chaînes des pères grecs. Ayant eu le bonheur de mettre la main sur le manuscrit de la bibliothèque des Jésuites de Clermont, qu'il cherchait depuis quarante ans, il donnait une édition plus correcte de la *Clavis Melitonia*. Sous sa direction, l'imprimerie nationale publiait des fragments des pères orientaux dans leur texte original. Enfin en 1881 il apportait son tribut de louanges à saint Benoît, dont le Mont Cassin fêtait le quatorzième centenaire, en imprimant les œuvres inédites de sainte Hildegarde.

Les vides se produisaient dans le sacré collège, et l'option amena le cardinal Pitra sur le siège épiscopal de Frascati. Ce diocèse, où il faisait son entrée solennelle le 6 juillet 1879, offrait un nouveau champ à son zèle, mais si ce champ était restreint par son territoire, on peut dire qu'il fut considérable par les œuvres qu'y accomplit le nouvel évêque. Un séminaire presque triplé, un collège fondé, la chancellerie réorganisée, le service du chœur rendu mieux assuré et plus assidu, les études des jeunes clercs fortifiées, une imprimerie créée et soutenue, un bon journal fondé, d'importantes et difficiles réformes opérées, telles furent quelques uns des heureux fruits de cet épiscopat qui n'eut d'autre défaut que d'être trop court. En 1884 il devait quitter cette riante ville de Frascati pour s'asseoir sur le siège de S. Hyppolite à Porto et assumer la charge de sous-doyen du sacré collège.

Cette dernière période de la vie du Cardinal fut la plus douloureuse, et il semble que Dieu ait voulu purifier sa belle âme par la souffrance avant de lui accorder les joies de l'éternel repos. Au mois de mars 1885 une grave maladie mit le Cardinal aux portes du tombeau, mais sa vigoureuse constitution triompha du mal. A cette épreuve vinrent s'en ajouter d'autres plus intimes. Ses deux frères moururent à quelques mois l'un de l'autre, et sa sœur, tombant gravement malade d'un mal qui ne pardonne pas, s'éteignait dans le Seigneur au commencement de 1886. Il voyait peu à peu tomber autour de lui tous ceux qu'il avait tendrement aimés sur la terre, et ce détachement imposé par la Providence ne laissait pas que de faire souffrir cruellement une âme sensible comme la sienne.

En cette même année il lui arriva la plus grande douleur qui puisse tomber sur un homme qui n'a vécu que pour l'Eglise et a toujours été prêt à mourir pour elle. A l'occasion d'une lettre qu'il avait écrite à l'abbé Browers, directeur de l'*Amstelbode*, il vit ses intentions méconnues, ses sentiments calomniés, et ses actes interprétés comme une hostilité voulue contre la personne du Très-Saint-Père. Nulle douleur ne pouvait lui être plus sensible, et la lettre qu'il écrivit à cette occasion à Sa Sainteté est un nouveau témoignage de cette soumission filiale, de cette obéissance parfaite qui avait été la règle du moine et restait la vertu favorite du cardinal.

Pour faire diversion à ces douleurs intimes, d'autant plus poignantes qu'il lui fallait les cacher, il se remit à ses travaux, et commençant une nouvelle série d'*Analecta* avant que la seconde ne fut achevée, il écrivit une *Etude sur les Lettres des Papes* (1885), ouvrage qui deviendra classique pour tous ceux qui voudront fouiller ces grandes archives ouvertes maintenant aux travailleurs Comme bibliothécaire de la Vaticane, il avait fait commencer l'impression des catalogues de cette collection unique au monde, et ce lui sera un éternel titre de gloire d'avoir mis la main à un travail que l'on désirait de toutes parts et qui avait effrayé par son ampleur et ses difficultés les bibliothécaires qui l'avaient précédé. Membre de la commission des études historiques, il avait favorisé de tout son pouvoir et aidé de ses conseils autorisés l'étude des régestes pontificaux. C'est à ses instances que nous sommes redevables des belles séries de travaux de l'école française. Il avait, presque en même temps, achevé la difficile et importante tâche de l'impression des livres liturgiques grecs, œuvre colossale et où les principes hymnographiques découverts par le cardinal, avaient été heureusement, et pour la première fois, appliqués. Cette révision lui avait coûté vingt années de travail assidu, mais désormais l'Eglise d'Orient avait des livres irréprochables qui vérifiaient l'adage : « *Lex orandi, lex credendi* ». Désireux de laisser un souvenir à son diocèse de Frascati qu'il avait aimé de toute son âme, il avait tiré de l'oubli quelques uns de ses évêques et imprimé des sermons de ses anciens prédécesseurs sur ce siège épiscopal. Cette publication fut une révélation sur la prédication religieuse au moyen-âge et le *Journal des Savants* ne craignit pas d'y consacrer une série d'articles.

En 1886 il célébrait, au milieu de ses frères de Solesmes venus à ses côtés pour cet anniversaire, sa cinquantaine de prêtrise et deux ans après, ses noces d'argent du cardinalat. Ce fut pour lui une grande joie, au milieu de ses douleurs physiques et morales.

Le dernier volume qu'il ait donné au public est son édition de Proclus. La préface semblait indiquer qu'il écrivait son testament littéraire. « Si nous avons des lecteurs, disait-il, seront indulgents pour un travailleur fatigué, dont la vue baisse, dont l'ardeur s'éteint dans une vieillesse maladive, qui une fois qu'elle a saisi sa proie, ne la lâche plus jusqu'au dernier terme ». Malgré ce qu'il appelait les coups de cloche du grand départ, toujours sur la brèche, il ne cessait de travailler.

Il faisait la préface de Théodore Prodrome, collaborait à l'album de la Bibliothèque Vaticane, et imprimait le volume que nous présentons au public. Comme si cela ne suffisait point à son activité dévorante, il commençait un autre travail sur les bénédictins de saint Maur, relevant patiemment, sur les papiers des Maurini conservés à la Vaticane, les annotations de ces doctes moines du siècle dernier. La dernière de ses œuvres fut un travail pieux et un hommage à la Vierge, il fit l'office de Notre-Dame de Lourdes qui devait être approuvé par la Sacrée Congrégation des Rites.

Mais la maladie de cœur, dont l'origine remontait en 1885, et qui avait pour principale cause les tristesses qui avaient abreuvé ses dernières années, fit sentir plus violemment ses atteintes. Il ne se faisait pas illusion et se préparait en silence à ce grand passage, aussi ne fut-il point de ceux que la mort surprend. Le 9 février 1889, aux premières vêpres de sainte Scholastique, un samedi, jour consacré à la sainte Vierge, la veille du 48° anniversaire de sa profession religieuse et dans la 77° année de son âge, le cardinal Pitra, réconforté par la bénédiction apostolique et ayant reçu les derniers Sacrements, rendait sa belle âme à son Créateur.

Sa devise constante avait été cette parole, *Pax in virtute.* Cette devise qui résumait son existence fut gravée sur sa tombe, et cette existence entière est le plus sûr garant de la paix dont il jouit, nous en avons l'intime conviction, au séjour de l'éternel repos.

II.

La mort avait empêché le cardinal Pitra de mettre la dernière main à un volume grec qui était presque complètement terminé. Il ne restait plus en effet que de dresser les tables, d'imprimer les dernières pages, dont le manuscrit était au net, et faire les prolégomènes. On pourrait donc s'étonner de ce que nous ayons tant tardé à remplir ce pieux devoir.

Il n'a pas dépendu de nous d'agir plus rapidement, et les délais n'avaient d'autre but que le désir de présenter au public un œuvre plus complète et qui se rapprochât davantage de ce que le cardinal aurait fait lui-même. Nous n'avions point, il est vrai, l'espoir de mettre la main sur les prolégomènes de ce volume. Le cardinal n'avait l'habitude de travailler à la préface d'un ouvrage que lorsque celui-ci, complètement terminé, se trouvait sur sa table. Alors seulement, voyant le volume prêt à être lancé dans le public, il le présentait, résumant en quelques pages les remarques et les notes qu'il avait recueillies. Nous espérions mettre au moins la main sur ces remarques et ces notes qui étaient indispensables pour ce travail. Il se présentait en effet dans des circonstances si douloureusement imprévues, il traitait des matières tellement spéciales, que nous hésitions à aborder l'entreprise. Mais, plutôt que de laisser ce volume dormir chez l'imprimeur, et devant l'impossibilité où nous nous trouvions de le compléter, nous avons cru que nous devions à la mémoire du cardinal Pitra de ne pas retarder davantage cette publication. Nous la donnerons telle qu'il l'avait laissée. Si ce travail est incomplet, s'il ne traite pas la matière avec l'ampleur à laquelle le savant bibliothécaire de la sainte Eglise nous avait habitués, et avec le luxe d'érudition qui était une des caractéristiques de ses œuvres, ce volume aura au moins le mérite de ne pas porter d'autre empreinte que celle de ce grand cardinal. Bien que publié deux ans après la mort du bibliothécaire de la sainte Eglise, il ne donnera, à l'exception des quelques pages de préface, rien qui ne sorte de sa main.

Le cardinal Pitra, pour finir la collection de ses *Analecta*, dont le huitième volume se rapportant à Sainte Hildegarde avait été imprimé avant les précédents, devait remplir une lacune. Il manquait un septième tome, qui, dans son plan, était consacré à une étude raisonnée des mélodes grecs. Il serait revenu à Saint Romanus et aux autres hymnographes, aurait ajouté des cantiques inédits, et fait, en français cette fois, une étude approfondie de la métrique ecclésiastique grecque, des chefs-d'œuvre qu'elle avait produits, et des ressources qu'elle offrait pour la liturgie et l'histoire. Ce sujet des mélodes était un de ceux qui tenait le plus au cœur du cardinal Pitra. Il avait été en quelque sorte le Christophe Colomb de cette science. Non seulement il avait mis au grand jour des trésors de riche érudition, de poésie, de liturgie complètement inconnus, mais, par la découverte du rythme grec il avait révélé aux orientaux le secret même de leur poésie. Grâce à cette découverte il avait apporté dans l'impression des livres liturgiques de l'Eglise d'Orient, dont l'édition se faisait à la Propagande sous ses yeux et sous sa direction, une correction inconnue jusqu'à lui. La division métrique avait été acceptée par tous les savants et même par les orientaux, heureux cette fois de pouvoir se rendre compte de leurs traditions, et trouver la raison des coupures de leurs chants. Cette nouvelle métrique lui avait permis de mettre en relief les nombreuses erreurs dont fourmillaient ces livres et de les rendre à leur pureté primitive. Il aurait voulu faire connaître, avec l'ampleur nécessaire, tous ces faits aussi intéressants pour le théologien que pour le poète et l'historien, mais il voulait aussi donner à ces études un cadre digne d'elles. Le cardinal parlait souvent de ce volume, qui devait clore ses recherches sur la métrique grecque, réunir comme en un bouquet toutes ses trouvailles, en indiquer la portée et en faire comprendre à tous l'importance.

Ce volume, hélas, nous ne l'aurons pas. Seul il était capable de le faire, seul il avait la science nécessaire pour organiser les nombreuses notes rassemblées sur ce sujet, et qui attendaient son souffle créateur pour prendre corps et vie. Pour exécuter un pareil travail, il faut un ensemble de qualités et un acquit qu'il est bien difficile de réunir. Le cardinal Pitra joignait, à l'acuité et subtilité de l'esprit, une connaissance profonde de la langue grecque et un sens théologique très développé au contact des Pères. L'histoire, la législation, la liturgie de l'Orient n'avaient point pour lui de secrets, aussi tout cet ensemble de belles qualités fait plus vivement déplorer cette lacune.

Une place restera donc vide dans la collection des *Analecta* du cardinal Pitra. Si quelque chose peut adoucir le regret que laissera ce vide, c'est la pensée que d'autres travailleurs pourront profiter des moissons que le cardinal aura semées. Des moissonneurs sont déjà venus glaner dans ce champ; mais quand ils compteront les gerbes, ils n'oublieront pas le laboureur, qui a creusé les premiers sillons et ramassé péniblement les premiers épis. Grâce à ces volumes, l'œuvre du cardinal Pitra perpétuera sa mémoire. Sa collection restera comme l'un des monuments les plus complets élevés au droit et à la poésie byzantine, et le nom du bibliothécaire de la sainte Eglise viendra toujours sous la plume des savants qui, employant les matériaux qu'il a ramassés, s'inspirant à sa méthode, utilisant ses découvertes, feront connaître à l'Eglise latine le passé liturgique, canonique et poétique de l'Eglise d'Orient.

III.

En l'absence de prolégomènes historiques sur Démétrius Chomathène, laissés au moins en note par le cardinal Pitra, nous devons nous borner, vu l'obscurité du sujet, à reproduire quelques indications tirées, soit de l'Histoire du droit Byzantin, de Bernard Montreuil avocat à Marseille, soit de la bibliothèque grecque de Fabricius; seuls documents à notre connaissance qui traitent de ce personnage.

Démétrius Chomathène, d'abord Cartophylax, puis archevêque de Bulgarie, d'aucuns disent de Thessalonique, vivait au commencement du XIII° siècle. Quelques unes de ses lettres sont adressées à Théodore Ducas, qui vivait en 1219 et d'autres au Patriarche Germain de Constantinople (1240). Il a encore envoyé des réponses à Constantin Cabasilas archevêque de Dyrrachium, l'actuelle Durazzo en Albanie, le même à qui Jean, évêque de Citra en Macédoine, adressa aussi des lettres. Ce Jean, qui jeune encore avait connu Balsamon, survécut à Georges Xiphilin mort en 1198 et était par conséquent plus agé que Démétrius, mais son contemporain.

Si nous sommes fixés sur l'époque où vivait cet évêque, nous regrettons en revanche de n'avoir pu trouver d'autres documents qui nous permissent d'entrer plus avant dans son histoire. Tout ce que nous apprend l'examen de ses réponses, c'est que Démétrius était un homme dont la renommée de savoir était grande, et les consultations très appréciées. Outre qu'elles sont adressées à des évêques, à des exarques, à des ducs et à des rois, nous devons faire remarquer que quelques-unes de ses réponses appartiennent au droit Gréco-Romain, comme par exemple celle qu'il fait aux demandes de Constantin Cabasilas « *De gradibus cognationis* », et cette autre *ad Stephanum fratrem germanum* « *de matrimonio cum consobrina eius quam quis antea vitiaverit* » Nicolas Comnène cite ses réponses *ad Solitarium* et, dans la préface, l'appelle *Virum Jurisconsultissimum*.

Ce nom n'était point d'ailleurs inconnu aux écrivains latins. Ainsi Canei en parle à l'année 1203 (*Hist. Litt. SS. Eccl.* T. II pag. 279). Oudin, dans son commentaire (*de S. S. Eccl.* vol. III col. 12) le cite à l'année 1210 et pour tout résumer, Baronius dans ses annales ecclésiastiques (année 1193 pag. 850) l'appelle *Demetrius Chomaterus, Thessalonicensis archiepiscopus*, tout en avouant que d'autres manuscrits lui donnent le nom de Chomathenus. Enfin, pour terminer ces citations, il semblerait que dans la bibliothèque d'Heidelberg le manuscrit 219 *Michaelis Cumni metropolitae Thessalon: scriptum de cognationis gradibus* doit être attribué à notre auteur, si nous en croyons une note manuscrite qui indique que cette appellation défectueuse doit être remplacée par le nom de Démétrius Chomathène.

La position éloignée de la capitale de Bulgarie de toutes les grandes voies de communication, et surtout l'absence de travaux historiques ayant pour but de porter un peu de lumière dans cet *Oriens Christianus schismaticus*, expliquent le peu de renseignements que nous avons sur cet archevêque. Ajoutons qu'il appartient en plein au moyen-âge, époque qui augmente encore les difficultés d'obtenir des informations précises.

Nous ne sommes guère plus heureux pour les manuscrits qui contiennent les réponses de l'archevêque de Bulgarie. Celui qui a servi à cette publication sort de la bibliothèque royale de Munich et porte le n° 62. Le cardinal Pitra l'avait déjà remarqué et en avait pris note à son premier voyage dans la capitale de la Bavière, mais comme il se rapportait à une époque du droit que ses études ne lui permettaient pas encore d'aborder, il l'avait laissé provisoirement de côté, quitte à le reprendre plus tard. Sa grande série du *Juris Ecclesiastici Graecorum* devait, dans les volumes ultérieurs, profiter de ce manuscrit, mais cette série se trouvant interrompue en 1870, le cardinal, qui avait achevé de dépouiller ses cartons pour les premiers volumes de ses *Analecta*, crut le moment venu de reprendre en sous-œuvre ses travaux sur le droit byzantin.

Ce n'était point un cours de droit qu'il désirait mettre sous les yeux du public savant; il voulait seulement faire voir, par cette publication, comment les évêques de l'Orient comprenaient ce droit et en appliquaient les articles, dont beaucoup remontaient à une époque antérieure à la séparation des deux Eglises. Ces réponses avaient l'avantage de nous donner le droit canonique en action, d'indiquer pour chaque cas, le *species facti*, et de faire suivre cette partie narrative de la solution dont elles développent les différentes phases et donnent les motifs. C'est donc un commentaire vivant, et si je puis dire vécu, de dispositions canonico-juridiques qui ont traversé les âges sans presque subir de modifications essentielles.

Le cardinal demanda et obtint communication à Rome du manuscrit de Munich. C'était le plus abordable, et il contenait les réponses de Démétrius Chomathène sous leur forme la plus complète. Depuis longtemps on connaissait l'existence de ce manuscrit, mais personne ne s'en souciait. Quand on sut que le cardinal bibliothécaire de la Vaticane avait obtenu de le faire venir à Rome et se préparait à le publier, plusieurs savants, mis en éveil par cette demande, cherchèrent à glaner sur le même champ et demandèrent à leur tour communication du manuscrit. Leurs instances étaient d'autant plus vives que la publication du texte exigeait un certain laps de temps. Aussi immédiatement après la mort du cardinal on a dû s'empresser de le remettre à l'ambassade royale de Bavière, sans avoir le temps de prendre un fac similé.

Mais si ce manuscrit est maintenant recherché par ceux qui s'occupent du droit byzantin, il l'avait déjà été par d'autres. Pour n'en citer qu'un seul, Hardt a donné la série des rubriques dont se composent les réponses de l'archevêque de Bulgarie, mais il ne cite que 153 questions, surtout liturgiques, de Constantin Cabasilas métropolite de Durazzo et les réponses de Démétrius; 13 questions, encore inédites, de Etienne Ducas roi des Serbes ou Serves; 198 questions adressées *ad ipsum Cartophilacem* et 21 des réponses qu'il y fait.

Le manuscrit de Munich, quoique très complet, n'est cependant point unique. Ce recueil de questions se trouvait aussi dans la bibliothèque de Dufaur de Saint Jorry, où il fut consulté par Cujas, qui rapporte un passage de la 55° question *de Hypobolo* (*Observat.*, Lib. V, cap. 4) et Dufaur lui-même en a fait usage dans ses *Semestria* (lib. III, cap. 21, pag. 336 ed. Genève 1660 in-4°). Dans le mss. Paris 1537 il existe folio 29 *b* une note de la main de Dufaur qui renvoie *apud Demetrium Chomatianum meum*.

Bonnefoi et Freher n'ont donné qu'une faible partie des écrits de Démétrius Chomathène, et d'après des manuscrits où quelques-unes de ces pièces se trouvaient isolément, car ils paraissent n'avoir connu ni le manuscrit de Munich, ni celui de Dufaur.

Ainsi Bonnefoi a publié (III pag. 145-149) d'après le manuscrit Laurentien. (V, 2 fol. 336) une partie des réponses aux questions de Constantin Cabasilas archevêque de Dyrrachium (*Durazzo en Albanie*); elles sont beaucoup plus nombreuses dans le mss. de Munich (62 fol. 268 et suiv.). Freher, outre ces réponses qu'il donne d'après Bonnefoi, a reproduit (I. pages 411-414) d'après le manuscrit de Paris (1355 fol. 330 *b*) une réponse à une des questions d'Etienne Ducas, roi de Serbie, dont le recueil existe dans le manuscrit de Munich fol. 192 et suiv.

Cette collection parait aussi se trouver dans un manuscrit de l'Escurial, car dans le catalogue de Plueri (*Itinéraire en Espagne* p. 165) on lit: *Demetrii Chomatiani archiep. Bulgariae; varia opera elaborata, quum esset cartophylax seu thesaurarius eiusd. ecclesiae*.

La bibliothèque de Moscou synodale n° 393, enfin, contient d'autres écrits du même évêque *Demetrii Chomatiani*.

IV.

Quelle est maintenant l'importance de l'œuvre de Démétrius Chomathène ? Elle est considérable, mais forcément limitée par le milieu dans lequel elle se déroule, et les matières qu'elle traite. Si les réponses de Démétrius sont de première valeur pour l'application du droit byzantin, elles ne sont pour l'étude du droit latin que d'une utilité secondaire. Cependant il faut dire que les jurisconsultes archéologues, ceux qui recherchent les sources du droit romain, les variations que le frottement des peuples divers a pu y introduire, trouveront dans ces réponses des choses vraiment neuves. Elles expliqueront certaines anomalies ou donneront l'origine de quelques curieuses dispositions. Ces questions sont un cours d'application du droit byzantin au moyen-âge, et d'un droit byzantin en dehors de Byzance.

Il y a en effet une différence entre ce droit tel qu'il est appliqué à Constantinople et ce droit interprété dans la Bulgarie, la Serbie ou les provinces voisines. Byzance était le produit d'une civilisation raffinée et déjà vieillie ; ces pays au contraire étaient habités par une population mâle et guerrière, s'adonnant plus à l'agriculture qu'aux arts, et n'ayant guère que les défauts inhérents à sa demi-civilisation. Pour connaître cette civilisation, l'œuvre du cardinal Pitra sera de la première utilité, et elle éclairera d'un jour nouveau une époque et un peuple, sur lequel la lumière était loin d'être faite.

Avant d'entrer dans le détail de ces questions, il est bon de glisser une remarque. On a fait sur les Bulgares une foule d'observations désobligeantes, et on leur a prêté des vices qui sont plutôt le fruit d'une civilisation usée que ceux d'un peuple qui commence à vivre de la vie sociale. Ces vices, qu'on leur a attribués, ont par le laps de temps tellement fait partie de l'histoire et de la constitution morale de ces peuples, qu'ils ont doté notre langue française d'un mot qui n'est point précisément de bonne compagnie. Le nom de bulgare est devenu chez nous un adjectif, dont l'origine serait toute autre que recommandable. Eh bien, après avoir lu attentivement toutes les questions de Démétrius, on croit pouvoir affirmer que les Bulgares n'ont pas pratiqué, au moins en masse, ces vices qu'on se plait à leur reprocher. Il y a eu des fautes isolées, je l'admets sans peine, mais ce n'est point là le vice d'un peuple, passé à tel point dans sa vie qu'il l'incarne dans son nom. Si en effet ce vice e. été si commun, Démétrius qui répond à plus de 220 demandes, en aurait eu certainement quelques unes sur ce sujet, ou au moins aurait trouvé occasion de traiter de sa pénalité. Lui, qui châtie avec tant de rigueur les fautes contre la sainteté du mariage, aurait réservé les plus dures de ces peines contre ce vice infâme. Et cependant, à part une seule question où la réponse fait allusion à la sodomie, on n'en trouve nulle part de traces.

Par l'index des 400 et quelques noms qui se lisent à la fin du volume, le lecteur pourra se convaincre de la grande moisson de faits historiques qu'il y aurait lieu de récolter. Cette liste nous fournit des noms d'évêques, de rois, de consuls, d'exarques, de nobles, de paysans. Toutes les classes de la société sont réunies, et leur ensemble est un tableau vivant et animé de la Bulgarie au moyen-âge.

Mais, dira-t-on, ces personnes sont tout au plus d'illustres inconnus, et l'histoire n'a guère à s'en préoccuper. La remarque a du vrai, mais que veut-elle bien signifier?

Pour connaître une époque, il ne suffit pas de battre les sentiers parcourus par tout le monde, il faut surtout faire des excursions dans ceux qui n'ont pas encore été foulés. C'est surtout dans ceux-ci que l'on trouvera le plus de documents, que l'on se pénétrera plus intimement de la vie d'un peuple, que l'on saisira sur le vif le mécanisme de son administration, que l'on se trouvera plus en contact avec ses qualités et ses vices. C'est une étude moins brillante mais plus solide, et les conclusions qui en sortiront seront bien plus inattaquables puisqu'elles sont puisées à des sources plus pures. Tel est, au point de vue historique, le mérite de ces consultations canoniques que le cardinal Pitra a remises en lumière. Elles reflètent la manière d'être de ces populations, nous font entrer dans les discussions, les procès auxquels donne lieu ce que l'on appelle la lutte pour la vie, et ces conflits d'intérêts ou de passions sont au fond ce qui forme la vie d'un peuple.

Ces documents sont d'autant plus précieux, non seulement pour le légiste mais aussi pour l'historien, qu'ils se rapportent à une époque qui est encore entourée du plus profond mystère. Si en France, en Italie et ailleurs, le moyen-âge est l'objet d'une étude aussi consciencieuse et aussi suivie, et si, malgré tous les documents réunis sur cette époque, bien des points restent encore obscurs, bien des problèmes sans solution, bien des demandes sans réponses, quel intérêt ne doivent pas présenter des documents analogues qui appartiennent aux mêmes temps, mais parlent d'un peuple dont le moyen-âge ne connaissait guère que le nom.

Les croisades viennent de traverser ce pays, et comme leur objectif était Jérusalem, elles ne laissent presque aucune trace de leur passage dans ces contrées. C'est un torrent impétueux qui ne féconde pas la terre dans laquelle il a creusé son lit et n'a point mêlé ses eaux à celles qui assurent la fertilité du sol. Les réponses de Démétrius laissent à peine soupçonner les grandes invasions auxquelles nous venons de faire allusion, on sent toutefois qu'à côté de l'Eglise grecque il y avait maintenant une question latine. Le schisme d'Orient n'avait pas été entamé, il avait conservé toute sa force, mais provisoirement au moins, il avait subi le contact des latins, et de cette juxtaposition résultait une situation qui parfois créait des embarras.

Les latins, qui étaient faits captifs dans ces guerres ou que les maladies condamnaient à l'immobilité, se trouvaient dépourvus des secours de leur religion, mais, étant mêlés aux grecs, ils leur demandaient la communication *in sacris*, pour jouir des consolations qu'apportait au milieu de leur infortune la pratique des sacrements. La question de séparation des deux églises, qui n'était point nette et tranchée comme de nos jours, excusait cette demande, qui au siècle dernier se reproduisait encore avec le cardinal Quirini. Démétrius répond avec beaucoup de sagesse et de prudence. A part la procession du Saint-Esprit, les latins et les grecs n'ont presque pas de points où ils diffèrent. Les latins ont dans leurs églises le culte des saintes images, l'Italie abonde en riches temples élevés aux apôtres et aux martyrs, et le plus célèbre de ces édifices sacrés est érigé en l'honneur de Pierre, prince des apôtres. Aussi malgré ce qu'en ont pu dire quelques-uns, il croit que selon l'adage « *azymis qui utuntur non respuere fermentatum* » il faut traiter les latins en frères, et leur accorder la communion s'ils la demandent. C'est la seule allusion à ce grand évènement historique qui s'appelle les croisades, et elle nous montre que les armées chrétiennes avaient traversé la Bulgarie sans se mêler au peuple ni exercer aucune influence sur sa vie intime.

Cette question des azymes est encore traitée dans d'autres opuscules qui sont probablement de la plume de Démétrius, sans qu'on puisse les lui attribuer avec certitude. C'est toujours la vieille question liturgique, dont les arguments, toujours les mêmes, forment le fond de cette controverse. Cette fois encore l'auteur rend plus de justice aux latins qu'il semble mieux connaître, et ne craint pas de décerner à quelques uns d'entre eux l'épithète de « *Romanorum sapientissimos* ». Cette discussion est aussi dans la forme plus conciliante, et montre que si les parties en présence ne peuvent point s'entendre *in merito causae*, elles s'estiment au moins et ne descendent pas à ces injures que l'on trouve souvent dans les polémiques sur ce sujet.

Toujours au point de vue historique, le manuscrit de Démétrius nous met en présence de près de 400 noms qui appartiennent à l'histoire de ces pays, mais les données manquent pour la plupart et le peu que nous tirons du texte ne permet guère que des conjectures. D'ailleurs ces questions et réponses sont presque toutes d'intérêt purement privé. Nous y trouvons des noms d'évêques qui permettraient d'ajouter des suppléments aux listes du père Gams, si ce dernier ne voulait pas se limiter aux sièges occupés par les catholiques. Les évêques, et cela est facile à comprendre, forment la majorité des demandeurs auxquels répond Démétrius. Sa situation particulière de métropolite, l'absence d'une autorité supérieure, car celle du patriarche de Constantinople était pour ces pays purement nominale, le mettait dans la situation de recevoir les plaintes et les appels des évêques voisins. Mais il a affaire aussi avec des exarques, des ducs en haute position à la cour de Byzance, comme les Comnène, et même des rois. Le plus célèbre d'entre eux est le roi Etienne de Serbie, et ce prince, qui s'occupait beaucoup des choses de l'Eglise, lui adresse 14 questions qui se rapportent presque entièrement à la liturgie.

On sait l'importance que prennent les questions dites rituelles chez les peuples orientaux, aussi ne sommes nous pas étonnés de voir le roi de Serbie demander des instructions sur le baptême, l'heure de la prière et de l'action liturgique par excellence, qui est le saint sacrifice de la messe, le nom de l'évêque que l'on doit citer dans la liturgie, les grâces avant et après le repas... Démétrius rappelle la coutume, tirée certainement des juifs, d'offrir, après le repas, un morceau de pain en actions de grâces en y joignant des prières à Dieu et à la Vierge. Si le prince va en guerre, il lui indique les précautions à prendre pour célébrer la liturgie quand il n'y a point d'églises à proximité, et enfin reprend la grande question des azymes, question où, malheureusement en cet endroit, il fait preuve d'ignorance ou de mauvaise foi. Mais l'ensemble de ces questions nous montre la part considérable que prenait la religion dans l'état, et le soin que l'on apportait à respecter en tout les traditions de l'Eglise. Il est à remarquer du reste que, dans les religions fausses ou dans les sectes séparées, la religion a une vie civile beaucoup plus considérable, et exerce sur l'individu un plus grand empire. Les libres penseurs, qui ne peuvent point comprendre qu'un catholique romain obéisse à sa religion, ne voient aucune difficulté à ce que un russe, par exemple, observe toutes les pratiques de son Eglise. La révolution est beaucoup plus tendre, beaucoup plus paternelle pour le schisme que pour l'Eglise mère et les religions payennes elles-mêmes sont assurées de trouver toujours en elle un appui et un soutien. Le fait n'est point malaisé à expliquer. La vérité est une, l'erreur multiple, et la révolution n'a au fond qu'un seul but : remplacer le règne de la vérité par celui de l'erreur.

V.

En entrant dans l'examen des différentes questions soulevées ou résolues par l'archevêque de Bulgarie, il est facile de les diviser en quelques grandes séries qui ont une importance inégale. Si on devait juger un évêque uniquement par les demandes portées à son tribunal, on aurait une idée très fausse de son administration. Dans ces questions, Démétrius apparaît surtout comme un juge au contentieux, plus préoccupé de l'intérêt matériel de ses peuples que de leur bien spirituel. L'évêque semble s'effacer devant le juge, mais cet effacement n'est qu'apparent, car presque toutes ces questions matérielles se soudent à une autre qui ressort de la juridiction spirituelle. Cela est évident pour les questions de mariage, si nombreuses dans le manuscrit de Munich, mais cela est encore vrai pour les questions de testaments et de division des héritages.

D'après le droit canonique en effet, ces questions appartiennent à l'Eglise par un double côté. D'abord, il est rare, dans les centres chrétiens, qu'un testament ne contienne pas des dispositions en faveur de l'Eglise ou des lieux pieux. Bien des fois des restitutions prennent cette forme voilée, et souvent le mourant, qui a conscience de ne pas avoir accompli assez exactement le grand précepte de la charité chrétienne, laisse ce soin à ses héritiers sous la surveillance de l'Eglise. Celle-ci reste donc le coexécuteur de ses volontés dernières.

Il est aussi un autre point de vue qui permet à l'Eglise d'entrer dans des intérêts matériels qui, si l'on considère le but principal de sa mission, devraient lui être complètement étrangers. L'Eglise a toujours pris la protection des faibles, et pour les défendre elle n'a pas hésité à encourir l'animosité et la vengeance des puissants. Souvent ces dispositions testamentaires étaient faites au détriment des ayant droit. Ainsi qu'il arrive fréquemment, comme pour vérifier cette parole de l'Ecriture, « *qui habet.... abundabit, et qui non habet, etiam quod habet auferetur ab eo* », la part la plus considérable de l'héritage arrivait à celui qui était déjà abondamment pourvu, et le pauvre, le faible, la veuve, l'orphelin voyaient leur portion légitime leur échapper. L'Eglise intervenait alors, elle se posait devant les puissants en défenseur de l'opprimé, les citait à son tribunal et, s'inspirant uniquement de la justice sans se laisser corrompre par les présents ou émouvoir par la crainte, frappait de ses censures celui qui avait été assez audacieux pour s'approprier le bien d'autrui.

La première série des questions comprend ce que nous appellerions « *de re sacramentaria* ». On doit nécessairement y trouver la licéité de la communion *in sacris* avec les latins. Comme le fait avec raison remarquer le cardinal Pitra, cette question est traité par un Démétrius de première manière, jeune, fougeux, emporté qui part en guerre contre les latins. Tout en rendant justice à un prélat latin faussement accusé de sévices, Guarin (évêque de Thessalonique en 1210 et peut-être délégué du Saint-Siège), il ne veut pas que les latins soient admis dans la communion des grecs. Nous l'avons vu dans la réponse au roi Etienne, et par conséquent dans une circonstance où son avis devait avoir plus de poids et de retentissement, pencher pour un sentiment plus doux, et n'être pas éloigné de considérer les latins comme des frères.

Les questions que lui adresse Constantin Cabasilas roulent sur des questions de liturgie pratique comme celles du roi Etienne de Serbie. Pour ne pas faire un cours de liturgie bulgaro-chrétienne nous ne retiendrons que deux points qui se rapportent l'un à l'éternelle question des azymes, l'autre à l'ordre des dignités dans l'église. Pour la première il définit que l'on peut ordonner un prêtre qui consacre avec des azymes, pourvu que la coutume soit ancienne et confirmée par un synode. De la seconde, nous déduisons que la dignité de Cartophylax, qu'il avait avant d'être évêque, lui assigne le quatrième rang dans l'Eglise.

La juridiction donne à Démétrius l'occasion d'écrire une lettre importante à Peladitas évêque de Corcyre, et cette lettre nous fait connaître l'institution, faite par Innocent III, d'un patriarche latin des Bulgares. Ce prélat établi par le pape, fut consacré à Buda et mis à mort ensuite par les mêmes bulgares. Il s'agissait de savoir si les ordinations qu'il avait faites étaient valides, et, par conséquent, quelle conduite on devait tenir avec les prêtres qu'il avait ordonnés. Démétrius dit qu'il faut les admettre à la communion parce que leur ordination a été légitime. Il nous apprend encore, circonstance qui n'était point connue, que ces prêtres ont leurs livres ecclésiastiques en langue vulgaire ; c'est peut-être la mention la plus ancienne des livres ecclésiastiques en slave. Cette réponse est remarquable, en ce qu'elle nous montre le grand prix que l'on attachait dans l'Orient à tout ce que faisait le pape de Rome, et la validité que l'on attribuait à ses actes.

Dans la série *de Regularibus*, une réponse fait voir la solidité du lien monachal en Bulgarie, et elle est tout à fait de mise à notre époque où on constate une singulière tendance à le relâcher. Un laïque, Basile Paridisiote, étant gravement malade et se voyant perdu, demanda et reçut la tonsure monacale. Cet acte équivalait alors à ce que nous appelons aujourd'hui la profession solennelle. Il guérit contre son espérance, et, trouvant bien dur le lien dont il s'était imprudemment chargé, demanda l'annullation de sa profession ; mais Démétrius refuse et avec raison. Il a voué, il doit rester moine, et s'il veut éluder ses engagements sacrés, on l'y contraindra par la force... Sage mesure qui, si elle était appliquée de nos jours, arrêterait bien des vocations douteuses et donnerait à la vie religieuse cette stabilité que les nombreux indults de sécularisation tendent à lui enlever.

Les questions de mariage que traite Démétrius sont nombreuses. Les unes se rapportent aux différents empêchements qui peuvent vicier le contrat, les autres aux diverses manières par lesquelles on peut le dissoudre; d'autres enfin regardent soit la légitimité des enfants, soit les conséquences d'ordre matériel qui résultent du contrat matrimonial. C'est de ce chef que les questions dotales relèvent de l'église.

Pour bien comprendre ces questions multiples il faut se rappeler que les empêchements de parenté étaient observés chez les grecs avec une grande rigueur; ainsi le mariage est illicite quand il y a le cinquième degré d'affinité. Nous savons déjà que l'Eglise grecque n'aimait point les secondes noces, sans cependant les condamner, puisque l'Eglise latine les considérait comme licites. Aussi autorise-t-elle le troisième mariage, pourvu qu'il ne soit pas public, ne reçoive pas la bénédiction, et que les époux se soumettent à une pénitence pour n'avoir point imité dans cette union multiple, le prototype du mariage. Pour mieux montrer l'espèce de suspicion dans laquelle elle tient ces unions, l'Eglise enlève aux remariés l'usufruit des biens échus aux enfants du premier lit.

L'Eglise grecque permet le divorce, mais entouré de certaines dispositions destinées à le réglémenter. Il est à noter que quelquefois le serment de la femme suffira, mais dans ce cas il faut croire que le divorce est prononcé plus facilement, en haine des crimes sodomitiques reprochés au mari et contre lesquels l'Eglise ne saurait assez témoigner son indignation. A part cette question du divorce, qui est contre l'institution du mariage, il faut convenir que les évêques apportaient dans la décision de ces graves questions tout le soin et toute la maturité désirable. Il est aussi à remarquer que, comme on le fait encore actuellement à la Sacrée Congrégation du Concile, presque toutes ces causes, ou au moins les plus difficiles d'entre elles, étaient soumises à un double jugement, pour mieux s'assurer de la force des raisons apportées par les parties. Démétrius, dans ses réponses, prononce en appel.

Comme corollaire de ces questions vient celle, non moins épineuse, des testaments et dans cette question l'église de Bulgarie s'est inspirée à double concept. Le premier est que les biens du père appartiennent à ses enfants légitimes, les enfants illégitimes n'y peuvent prétendre. La veuve qui n'aura été mariée qu'une fois a droit à sa dot et à un quart des biens du défunt. Si elle a été mariée plusieurs fois, elle n'a droit qu'à la douzième partie. Il est interdit au père de déshériter ses enfants pour donner ses biens au monastère, et sa réserve disponible n'est que d'un quart de l'héritage. Le second concept est que les biens du père appartiennent *également* aux enfants. Démétrius règle aussi les cas, et ils sont nombreux, où le divorce a séparé la famille, et dans ces circonstances ses décisions sont toujours inspirées au double principe énoncé plus haut. Enfin comme un mourant peut faire des legs pieux à l'Eglise, ce sera le souci de l'évêque de pourvoir à l'exécution de ces pieuses dispositions en tout ce qu'elles n'ont pas de contraire aux principes ci-dessus mentionnés.

Mais l'évêque s'occupe aussi de la justice distributive, et avec raison, car il est impossible de violer les règles de cette justice sans commettre une faute plus ou moins grave. Sous cet aspect, ces questions appartiennent encore à l'Eglise. La tâche était alors facile, car l'esprit de l'église s'était infusé dans le code civil et en avait corrigé certaines dispositions pour les rendre plus conformes aux principes de l'équité et la douceur chrétienne. Les réponses de Démétrius sont la revendication énergique du droit contre la force. La base de toute propriété ici bas est la bonne foi. Si cette qualité manque, la possession n'est plus qu'une violence continuée, et tôt ou tard la justice se fera, sans que jamais la prescription vienne en interdire le cours. Il s'agira par exemple d'un néophyte juif, nommé Israel avant son baptême et Manuel après avoir été fait enfant de l'église. Son tuteur l'a dépouillé de ses biens mais au bout de *trente sept* ans, Démétrius évoquant l'affaire à son tribunal lui fait rendre justice et le remet d'en possession de la fortune qu'on lui avait injustement enlevée. Ces théories sont appliquées avec la même exactitude aux ventes, qui doivent avoir pour base essentielle la plus entière bonne foi. Si la vente est entachée de ce vice elle est nulle, comme nulle est la prescription qui résulterait de cette possession. Au contraire, la prescription engendre la propriété réelle si elle procède de bonne foi. Parmi les sages dispositions contenues dans ces réponses, il faut noter celle qui défend à un préfet d'acheter des immeubles dans les limites de son territoire, et ce, pour protéger plus efficacement la loyauté de ces opérations, car l'acheteur serait exposé à abuser de sa position privilégiée pour se faire donner à vil prix le bien qu'il convoitait.

Et enfin, comme la sanction ne peut manquer à ces dispositions, il y a toute une série de peines infligées à ceux qui transgressent les lois de l'Eglise ou se rendent coupables de crimes contre la propriété et les personnes. Cette législation est assez dure en elle-même, et on y voit un reflet des lois romaines qui n'étaient point tendres pour les coupables. Cependant l'Eglise a pu donner des preuves non équivoques de son esprit d'adoucissement. Ainsi l'évêque doit repousser la preuve du fer ardent, sorte de question donnée aux personnes suspectes pour leur arracher la vérité. Et il faut être reconnaissant à l'Eglise d'adoucir ces rigueurs de la justice humaine, derniers fruits de la barbarie qui régnait partout avant le Christ. Dans l'application de ces peines il est facile de voir que Démétrius admet les circonstances atténuantes.

On pourrait trouver qu'une peine de quatre ans sera bien dure pour un homicide involontaire, mais, dans le cas dont-il s'agit, c'est un père qui a tué son fils, et l'Eglise a voulu donner une leçon. Le père, en effet, est coupable de grande négligence, car il n'aurait pas dû se permettre des actes qui pouvaient compromettre l'existence de celui auquel le rattachaient les liens du sang, et dans lequel il avait le devoir primordial de conserver la vie qu'il lui avait donnée.

Tels sont en peu de mots quelques unes des principales dispositions des réponses que contient le livre de Démétrius. En finissant, nous terminerons par un regret. On pourra s'étonner que dans un ouvrage si important le texte grec ne soit pas suivi d'une traduction latine. Nous avons sur ce point, respecté les idées du grand cardinal Pitra, et n'avons point ajouté une traduction au texte qu'il avait imprimé. En vain pour l'exciter à donner cette traduction lui citait-on cette phrase tirée d'un manuscrit et qu'il avait citée dans un de ses précédents volumes « *Graecum est et non legitur* ». Il répondait que le sujet de ce volume était trop spécial pour demander une traduction *de verbo ad verbum*. Ceux qui voudraient avoir une teinture de ces sortes de questions trouveraient dans l'abrégé synoptique placé à la fin du volume tous les renseignements nécessaires. Ceux qui désirent creuser plus avant la matière, connaissent le grec, et recourront forcément au texte original.

Nous terminons en demandant pardon au lecteur de l'avoir retenu si longtemps et nous être montré si inférieur à notre tâche. Ces pages se finissent au deuxième anniversaire de la mort du regretté cardinal Pitra. Ses dernières années avaient été le commentaire de cette prière liturgique qu'il avait fait graver sur le marbre dans sa cathédrale de Porto :

*Vespertina oratio ascendat ad te Domine
Et descendat super nos misericordia tua.*

Cette prière a été ardente, souffrante et persévérante, la miséricorde divine, fruit de sa devise *Pax in Virtute,* sera surabondante, joyeuse et éternelle.

Rome le 9 février 1891.

Albert Battandier.

DEMETRIUS CHOMATIANUS

ARCHIEPISCOPUS TOTIUS BULGARIAE.

Δημητρίου τοῦ ἁγιωτάτου καὶ σοφωτάτου καὶ νομικωτάτου ἀρχιεπισκόπου πάσης Βουλγαρίας, τοῦ Χωματιανοῦ, πονήματα διάφορα πονηθέντα αὐτῷ χαρτοφύλακι ὄντι τῆς αὐτῆς ἁγιωτάτης μεγάλης ἐκκλησίας [1]).

Demetrii sanctissimi, sapientissimi, et legum peritissimi, archiepiscopi totius Bulgariae, Chomatiani, varii tractatus elaborati ab ipso, cum esset ejusdem sanctissimae magnae ecclesiae chartophylax.

Α'.

Περὶ βαθμῶν κεκωλυμένων γάμων καὶ ἀκωλύτων.
De gradibus matrimoniorum prohibitis et non prohibitis.

Ὁ πανσέβαστος σεβαστὸς κυρὸς Γρηγόριος ὁ Καμωνᾶς γράμμα διά τινος τῶν οἰκείων αὐτοῦ πρὸς ἡμᾶς ἐξαπέστειλεν οὕτω· ἐπὶ λέξεων ἔχον· " Τιμιώτατε δέσποτά μου, χαρτοφύλαξ τῆς ἁγιωτάτης ἀρχιεπισκοπῆς Βουλγαρίας, κῦρε Δημήτριε Χωματιανέ, τὰ κατ' ἐμὲ εἰς ἐρώτησιν τίθημι, καὶ ζητῶ παρὰ σοῦ πρὸς ἅπερ ἐρωτῶ ἀπόκρισιν, τοῖς φιλευσεβέσι νόμοις· καὶ τοῖς ἱεροῖς καὶ θείοις κανόσι συνᾴδουσαν. Ἤγαγόν μοι γυναῖκα τὴν θυγατέρα τοῦ ἀποιχομένου [2]) ἄρχοντος τοῦ Ἀρβάνου Γίνη τοῦ προγόνου· ταύτης δὲ νομίμως ἀποζευχθείσης μου, ἔλαβον εἰς γυναῖκα νῦν τὴν εὐγενεστάτην Κομνηνήν, τὴν θυγατέρα τοῦ εὐγενεστάτου μεγάλου Ζουπάνου [3]) Σερβίας κυροῦ Στεφάνου, μετὰ θάνατον δηλαδὴ τοῦ πρότερον αὐτῇ συνοικήσαντος Δημητρίου ἐκείνου τοῦ αὐταδέλφου τοῦ εἰρημένου Γίνη. Ζητῶ οὖν μαθεῖν εἰ ἀμέμπτως ἐθέμην τὸ ἑαυτῆς συνοικέσιον καὶ εἰ καλῶς φασιν οἱ ἀντιλέγοντες, ἄθεσμον αὐτὸ ὀνομάζοντες „.

Οὕτως οὖν τοῦ γράμματος ἔχοντος, ἐπεὶ οὐκ ἦν εἰκὸς ἀνδρὸς τοιούτου ἀναγκαίαν ταύτην ἐρώτησιν ἡμᾶς ἀποπέμψασθαι, τοιάνδε ποιούμεθα σὺν Θεῷ τὴν ἀπόκρισιν.

---

[1]) Cod. Monac. gr. LXII, fol. I-XI inest copiosus index omnium titulorum, addito singulis initio, in hunc modum: Πίναξ σὺν Θεῷ τῆς παρούσης πυκτίδος (sic). α'. Περὶ βαθμῶν κ. γ. κ. ἀ. (additur καὶ περὶ διαζυγίων, et *de divortiis*, quod om. fol. 12). Ὁ πανσέβαστος κυρὸς Γρηγόριος... Ad calcem satius visum est reservare 1° *Synopticon*, sive breve et latinum compendium totius operis; 2° *Basilicon*, in quo colliguntur omnia librorum Basilicorum themata a Demetrio adducta; 3° *Onomasticon*, i. e. personarum et locorum vocabula; 4° *Lexicon* vocum, quae magis peregrinae videntur. — [2]) Cod. ἀπηχωρμένου. — [3]) Id. Τρυπάνου. In marg. Ἴσως Ζουπάνου.

ANAL. VII, 1.

Τὸ ἐρωτώμενον τοῦτο συνάλλαγμα, τὸν μὲν κατὰ πρώτην ὄψιν καὶ ἐξ ἐπιπολῆς· τούτῳ ἐπιβάλλοντα καταπλήξει | εὐθὺς ¹) καὶ δεδείξεται τὸ ἀπρεπὲς ὥσπερ τι ἐκδημακτοῦν προϊσχόμενον φάντασμα, καὶ τὴν ὀνομάτων σύγχυσιν εἰς συνασπισμὸν ὡσπερεὶ ἐπαγόμενον, καὶ τοῖς κεκωλυμένοις τῶν γάμων συναριθμοῦν ἑαυτά. Καὶ αὐτὸς δὲ οὗτος ἴσως ὑπείξας οὐκ ἀλόγιστόν τι ποιῶν ἐς τὸ πᾶν κριθήσεται, οἷα περὶ πράγματι δείσας· εὐλαβείας ἀξίῳ καὶ οὐχ ἁπλῶς καὶ μονοειδῶς, ἀλλὰ ποικίλως καὶ πολυειδῶς· ἐκ τῶν νομικῶν ἐδαφίων ἀνίσχοντι. Τῷ δέ γε εἰς βάθος αὐτῷ ἐρευνήσαντι, καὶ νομικαῖς ²) τοῦτο μελέταις ἐπιστατικῶς πρακταίσαντι τάχα γε νῶτα δώσει, καὶ σπείσεται καὶ εἰς τὴν τάξιν τῶν ἀκωλύτων καὶ θεμιτῶν ἐγγραφήσεται. Ἔστι γὰρ οὕτως εἰπεῖν ὡς ὁ νόμος· ἐν τῷ ε΄ τίτλ. τοῦ κη΄ βιβλίου, τῶν κεκωλυμένων γάμων ποιούμενος ἀπαρίθμησιν, καὶ εἰς βαθμοὺς ἀποτάττων τὰ τοῦ γένους πρόσωπα τῶν μὲν ἀνιόντων καὶ κατιόντων, τοὺς γάμους ἀόριστον ἔχειν τὴν κωλύμην τεθέσπικε· τοῖς ἐκ πλαγίου δὲ, τὸν ἕκτον βαθμὸν κωλυτικὸν ὅριον ἔθετο, ῥητῶς οὕτως εἰπών· " Καὶ μεταξὺ δὲ τῶν ἐκ πλαγίου προσώπων ἔστι τίς κώλυσις· τὴν γὰρ τοῦ ἀδελφοῦ μου ἢ τὴν τῆς ἀδελφῆς μου θυγατέρα λαμβάνειν πρὸς γάμον, οὐ θέμις, ἀλλ᾽ οὐδὲ τὴν τούτων ἐκγόνην ³), ὁμοίως· οὐδὲ τὴν θυγατέρα τοῦ θείου ἢ τῆς θείας, τουτέστι τὴν ἐξαδέλφην μου· ἀλλ᾽ οὐδὲ ὁ υἱός μου τὴν ἐκγόνην αὐτῶν, οἵτινες λέγονται δισεξάδελφοι ". Καὶ οὕτω μὲν οἱ τῶν ἐξαδέλφων παῖδες, εἶτ᾽ οὖν οἱ δισεξάδελφοι, ἕκτου ὄντες βαθμοῦ, τῇ νεαρᾷ ταύτῃ νομοθεσίᾳ τῶν ἐξ αἵματος κεκωλυμένων γάμων γεγόνασιν ὁροθέσιον. Ἐπεὶ δὲ ὁ τὸν ἕβδομον λαχὼν βαθμὸν ἐκ τῆς τοῦ αὐτοῦ γένους σειρᾶς γάμος ἀπὸ τῆς τοῦ νόμου σιωπῆς ἔκτοτε ὡς εἰκὸς

χώραν λαμβάνων, καὶ παρρησιαζόμενος ⁴) ὕστερον αἰσχρὸς καὶ ἄσεμνος, ἔδοξε διὰ τὴν τῶν προσώπων ἐγγύτητα, τοῖς ἀποτεταμένοις καὶ αὐτὸς ἐνεκρίθη καὶ ἀπηγορευμένοις παντάπασι, συνοδικῆς διαγνώσεως ἐπὶ τῆς ἐφημερίας τοῦ ἁγιωτάτου ἐκείνου πατριάρχου κυροῦ Λουκᾶ ἐπὶ τούτῳ προβάσης κατὰ τὸν ἀπρίλλιον μῆνα τῆς ιδ΄ Ἰνδ. τοῦ ͵ϛχο΄ ἔτους ⁵), καὶ ταύτῃ νεαροῦ θεσπίσματος τοῦ ἀοιδίμου ἐν βασιλεῦσι καὶ πορφυρογεννήτου [f. 13] κυροῦ Μανουὴλ τοῦ Κομνηνοῦ ἐπακολουθήσαντος καὶ τὰ ψηφισθέντα κυρώσαντος. Κἀντεῦθεν αὐτὸς οὗτος ὁ ζ΄ βαθμὸς ἀσφαλῶς τὸ κωλυτικὸν ὅριον τῶν γάμων μετεκληρώσατο, καὶ μέχρι καὶ εἰς αὐτὸν οἱ κεκωλυμένοι τῶν ἐξ αἵματος βαθμῶν ἕως νῦν λήγουσι· τὸ φύσει γὰρ δίκαιον καὶ τὸ εὐπρεπὲς καὶ σεμνὸν ὥσπερ τινὰ χαλινὸν ὁ νόμος τοῖς τοιούτοις γάμοις ἐπέθηκεν ὡσὰν τούτῳ ἀγχόμενοι μὴ ὡς ἵππος καὶ ἡμίονος, οἷς οὐκ ἔστι σύνεσις ψαλμικῶς ⁶), ἐπὶ τὸ συγγενὲς χρεμετίζωσιν, ἐν τοῖς γάμοις, φάσκων, οὐ τὸ ἐπιτετραμμένον, ἀλλὰ καὶ τὸ εὐπρεπὲς καὶ σεμνὸν καὶ φύσει δίκαιον ζητοῦμεν· ἐπεὶ δὲ καὶ ἡ ἀγχιστεία κατὰ τὸν νομικὸν ὅρον, προσώπων ἡμῖν οἰκειότητα ἐμποιεῖ ἐκ γάμων ἡμῖν συνημμένων συγγενείας ἐκτός, οὐδὲ ταύτην τὸ τῆς ῥηθείσης νεαρᾶς ἀκριβὲς καὶ περιεσκεμμένον ἀφῆκεν ἀόριστον· καὶ γὰρ τινῶν μὲν γάμων ἐξ ἀγχιστείας βαθμοῖς δυναμένων ἀριθμεῖσθαι, τινῶν δὲ οὐδαμῶς, καὶ μάλιστα ἐν οἷς τριῶν ἐπεισκυκλεῖται γενῶν συμπλοκή, βαθμοὺς μὲν ἁπλῶς ἐπὶ πάντων τούτων οὐκ ἐξερώνησε, ῥητῶς δὲ τὰ κεκωλυμένα παραστήσασα πρόσωπα ἐν τούτοις· τὸ ἀπηγορευμένον τῶν τοιούτων γάμων, καλῶς συνεπέρρανεν ⁷). Εἰ δέ τις θελήσει καὶ βαθμοὺς εὑρεῖν ἐπί τισι τούτων, ἐν οἷς δηλονότι δυνατόν ἐστι, μέχρι τετάρτου βαθμοῦ τὴν κωλύμην αὐτῶν παρὰ τῆς

---

¹) Cod. f. 12 verso. Lineola recta deinceps significatur altera cujuscumque folii pagina. — ²) Cod. νομικαῖς τ. μηλίταις. — ³) Codex habet constanter ἐκγονη, ἐκγόνη, πρίεγονη, ubi vulgo ἐγγόνη κτλ. — ⁴) Quom pono sequimur, non solet codex duplicem accentum duplici ῂ imponere. — ⁵) A. 1062, alias 1060. Rhlli, Syntagma v, 95, 811. — ⁶) Ps. xxxi, 9. — ⁷) Cod. συνεπέρανεν.

νεαρᾶς καταλήψεται ἐν τῷ γ' γὰρ κεφαλαίῳ τοῦ εἰρημένου ε' τίτλ. τοῦ κδ' βιβλίου ταῦτα φησί· " Πενθερά ἐστιν ἡ μήτηρ καὶ μάμμη καὶ προμάμμη τῆς γαμετῆς μου, καὶ οὐδεμίαν αὐτῶν λαμβάνω, καὶ ἡ νύμφη λέγεται ἡ τοῦ υἱοῦ καὶ τοῦ ἐκγόνου καὶ τοῦ προεκγόνου γαμετή, καὶ προγονὴ λέγεται ἡ ἐξ ἄλλου θυγάτηρ καὶ ἐκγόνη καὶ προεκγόνη τῆς γαμετῆς μου, καὶ οὐδεμίαν αὐτῶν λαμβάνω ,, . Τὰ τοιαῦτα γὰρ πρόσωπα τετάρτῳ περιλαμβανόμενα βαθμῷ, τὸν γάμον παρὰ τῆς νεαρᾶς ἀσυγχώρητον ἔχουσιν· ἀλλὰ γὰρ ὥσπερ ἐν τοῖς ἐξ αἵματος γάμοις ἀπὸ συνοδικῆς, ὡς εἴρηται, ψήφου καὶ βασιλικοῦ θείου θεσπίσματος καὶ ὁ ζ' βαθμὸς ὕστερον εἰς τοὺς κεκωλυμένους ἐνεγράφη διὰ τὸ εὐπρεπὲς | καὶ σεμνὸν, οὕτω καὶ ἐν τοῖς ἐξ ἀγχιστείας γάμοις, ὅ τε ε' βαθμὸς· καὶ ὁ ἕκτος ὕστερον παρὰ τοῦ ἐν ἁγίοις πατριάρχου κυροῦ Σισιννίου ἐπετιμήθησαν καὶ τῆς τῶν χριστιανῶν πολιτείας ἐξερίζοθρεύθησαν· καὶ οὕτω μέχρι τούτων ἐς δεῦρο οἱ κεκωλυμένοι τῶν ἐξ ἀγχιστείας γάμων καταλαμβάνονται· πλὴν τούτων ὁ μὲν πέμπτος καθολικὴν ἔχει τὴν ἐπιτίμησιν, ὁ δέ γε ς.ˢ προσωπικήν. Ὁ μὲν γὰρ τόμος θεῖον μόνον καὶ ἀνεψιὸν πρὸς δύο ἑτέρου γένους αὐταδέλφας, καὶ δύο ἐξαδέλφους πρὸς δύο τοιαύτας αὐταδέλφας, καὶ τὸ ἀνάπαλιν, γαμικὸν συνιστᾶν κωλύουσι συνάλλαγμα (οἱ μὲν γὰρ ε', οἱ δὲ ς' συμπληροῦσι βαθμὸν· οἱ ἀναλόγως ἕπεται καὶ ὁ ἐκ πέντε καὶ ὁ ἑνὸς συναγόμενος), τὰ ἐφ' ἑξῆς ἀφῆκεν ἀπεριόριστα· ἡ δέ γε συνήθεια ἡ ἀπὸ τῆς τοῦ τόμου σιωπῆς, οὐ μόνον δὲ, ἀλλὰ καὶ θεσπίσματα βασιλικὰ καὶ πράξεις συνοδικαὶ, τὸν ἄλλως συναγόμενον ἕκτον βαθμὸν ἀκώλυτον εἶναι πᾶσιν ἐγνώρισαν. Θεῖος γὰρ καὶ ἀνεψιὸς τρίτου ὄντες βαθμοῦ, θείᾳ καὶ ἀνεψιᾷ ἐξ ἑτέρου γένους τὸν αὐτὸν ἐχούσαις βαθμὸν, συνάπτονται γαμικῶς, καὶ οὐδ' ὅλως κωλύονται· οὐκ ἀθέμιτον γὰρ τουτὶ τὸ συνοικίσιον κρίνεται, ὡς εἰς ἕκτον βαθμὸν ἐκ τριῶν καὶ τριῶν ἀναγόμενον. Καὶ ἔστιν ἐντεῦθεν καταλαβεῖν, ὅτι διὰ τὴν ἄκραν τῶν αὐταδέλφων ἐγγύτητα, τοὺς γάμους τῶν εἰρημένων βαθμῶν, τοῦ ε' δηλαδὴ καὶ τοῦ ς', ὁ πατριάρχης ἀπείπατο· οὐχ ἡ αὐτὴ γὰρ τῶν αὐταδέλφων ἐγγύτης καὶ τῶν ἀδελφιδῶν καὶ τῶν αὐξανεψιῶν (εἴτ' οὖν φημὶ ἐξαδέλφων καὶ τῶν ἄλλων συγγενικῶν προσηγοριῶν)· ἀλλὰ μιᾶς μὲν ἐξάλλονται πάντες πηγῆς, ἠρέμα δὲ ἀλλήλων διίστανται, πρὸς διαφόρους σχιζόμενοι ῥύακας. Ἔστι δὲ καὶ ἄλλο εἶδος γάμου ἐξ ἀγχιστείας, ὅπερ βαθμοῖς οὐδαμῶς περιέχεται διὰ τὸ συμπλοκὴν τριῶν γενῶν ἐν τούτῳ εὑρίσκεσθαι· καὶ δὴ κἂν τούτῳ κεκωλυμένων προσώπων μόνον ῥητῶς ὁ νόμος μνησθεὶς, τὰ ἐπέκεινα τούτων ἀνέγκλητα εἴασε· φησὶ γὰρ ἐν τῷ δ' κεφαλαίῳ τοῦ ε' τίτλου τοῦ αὐτοῦ κδ' βιβλίου οὕτως αὐτολεξεί· [f. 14] " Οὐδὲ τὴν ποτὲ γυναῖκα λαμβάνω τοῦ προγονοῦ μου, οὔτε ἡ μητρυιὰ λαμβάνει τὸν γενόμενον ἄνδρα τῆς προγονῆς αὐτῆς ,, . Οὕτω τῶν κεκωλυμένων, εἴτ' οὖν ἀθεμίτων γάμων ἐχόντων καὶ τοιούτοις ὅροις ἀσφαλέσι περιγραφέντων παρά τε τοῦ νόμου καὶ τῶν κατὰ διαφόρους καιροὺς γεγονότων θεσπισμάτων συνοδικῶν τε καὶ βασιλικῶν, ἐν οὐδενὶ τούτων τοπαράπαν τὸ τοῦ πανσεβάστου Καμωνᾶ συνάλλαγμα ἐξετάζεται, καὶ διὰ τοῦτο καὶ ἀκόλουτον εἶναι καταλαμβάνεται· οὔτε γὰρ τοῖς ἐξ αἵματος κοινωνεῖ τι (ἐξ ἐπιγαμβρείας γὰρ τοῦτο), οὔτε τοῖς ἐξ ἀγχιστείας· ὧν δηλαδὴ ποσοῖς βαθμοῖς ἐριχνοῦνται (βαθμὸν γὰρ ἀνεπίδεκτον τοῦτο), ἀλλ' οὐδ' εἰς ταὐτὸν ἥκει τῷ σύνοδον τριῶν γενῶν ἔχοντι καὶ μήτε βαθμοῖς ἀριθμουμένῳ καὶ μόνῳ ἀπαγορευθέντι, ὡς ἔνωθεν εἴρηται· εἰ γὰρ καὶ τούτῳ τρία γένη συμπλέκονται, ἀλλὰ πολὺ τὸ μεταξὺ τοῦ τε πανσεβάστου Καμωνᾶ καὶ τῆς θυγατρὸς τοῦ μεγάλου Χουπάνου· τὸ μὲν γὰρ μέσον τοῦ πατρωοῦ καὶ τῆς τοῦ προγονοῦ γαμετῆς αὐτός· ὁ προγονός ἐστι καὶ ἡ μήτηρ αὐτοῦ ἑνὶ βαθμῷ περιλαμβανόμενοι, καὶ οὕτω πρόδηλον, διά τε τὸ ἐνικίον αὐτῶν τοῦ βαθμοῦ καὶ διὰ τὴν ἐντεῦθεν ἐγγύτητα τὸ ἀπηγορευμένον δεικνύντες; τοῦ γάμου τοῦ πατρῳοῦ καὶ τῆς τοῦ προγονοῦ γαμετῆς· τὸ μέσον δὲ τοῦ πανσεβάστου Καμονᾶ καὶ τῆς εὐγενεστάτης Κομνηνῆς τρία τυγχάνουσι πρόσωπα, ὅ τε δηλαδὴ Γίνης, καὶ ὁ τούτου αὐτάδελφος, ἔτι δὲ καὶ ἡ τοῦ Γίνη θυγάτηρ, τρίτον πρὸς ἄλληλα συμπληροῦντα βαθμὸν, καὶ οὕτω πλατὺ τὸ χάσμα τῆς διαστάσεως ποιοῦντα τῷ πανσεβάστῳ Καμονᾷ πρὸς τὴν Κομνηνὴν, καὶ τὸν γάμον αὐτῶν ἀκατηγόρητον διεκφαίνοντα. Ὥσπερ οὖν οὐ ταὐτὸν οὐδὲ ἴσον τῷ δι' ἑνὸς τὸ διὰ τριῶν, ὡσαύτως δὲ καὶ τὸ αὐτοφανῶς καὶ ἀμέσως ὁρᾶν, τὸ δι' ἐσόπτρου τινὸς καὶ αἰνίγματος, οὕτως οὐδὲ τὸ παρὸν συνάλλαγμα τῷ παρὰ τοῦ νόμου ἀπηγορευμένῳ ταυτίζεται· οὐχ ἁπλῆ γὰρ ὡς ἐκεῖνο, ἀλλὰ τριπλῆ τοῦτο τῇ διαστάσει τῶν συγγενικῶν καθηκόντων μακρύνεται· πῶς δέ τις | καὶ ἀπρεπὲς ὀνομάσει τοῦτο διὰ τὴν τῶν ὀνομάτων τοῦ γένους σύγχυσιν, τῆς νῦν συναπτομένης τῷ πανσεβάστῳ Καμονᾷ, κατ' ἀγχιστείαν ἐλθούσης εἰς τὸ γένος, τοῦ Γίνη, καὶ τὸ τῆς θείας ὄνομα, ψυχρὸν ὡς ἄν τις φαίη κομψότερον καὶ ἐξίτηλον καὶ ἀνεμώλιον, ἢ καὶ ὡς δι' ἐσόπτρου πρὸς τὸν αὐτὸν φερούσης πανσέβαστον Καμωνᾶν; Τοῦ μεγάλου γὰρ Βασιλείου πάλαι τὰς τοῦ γένους προσηγορίας τὴν φύσιν διακρίνασαν παραστήσαντος, καὶ ἐν οἷς τὰ τοῦ γένους συγχέοντα ὀνόματα, ἐν τούτοις εἶναι τὸν γάμον ἀθέμιτον ἀποφήσαντος, πάντως ἔνθα γένους ὀνόματα ἐκεῖ φυλακτέον, μήποτε τούτων σύμπτωσι γίνηται· ἔνθα δὲ οὐ γένους, ἀλλ' ἐξ ἀγχιστείας προσηγορία, οὐδεμία ὑποψία συγχύσεως. Ὅσον δὲ τὸ διάφορον ἀγχιστείας καὶ γένους, ἤγουν συγγενείας ἐξ αἵματος, δῆλον τοῦτο τοῖς εἰδόσι καθέστηκεν. Ὁ Καμωνᾶς δὲ καὶ ἡ Κομνηνὴ ἐξ ἀγχιστείας ἐλθόντες παρ' ἑκάτερα τοῦ γένους τοῦ Γίνη, τῶν τῆς ἀγχιστείας προ-

σηγοριῶν καταχρηστικῶς ἀλλήλοις, ἀλλ' οὐ κυρίως μετέδωκαν, καὶ οὕτως νῦν συναπτόμενοι, οὐδαμῶς γένους ὀνομάτων ἐργάζονται σύγχυσιν. Εἰ δέ τινες τὸ τῆς θείας γραφῆς ἐκεῖνο προφέροντες τό· Οὐκ εἰσελεύσῃ πρὸς πάντα οἰκεῖον σαρκὸς σου ἀποκαλύψαι ἀσχημοσύνην αὐτοῦ [1]) τῷ παρόντι συναλλάγματι ἐφαρμόζουσι, καὶ διὰ τοῦτο κωλύειν τοῦτο ἐπιχειροῦσι, σάρκα δηλονότι μίαν τὸν Καμωνᾶ μετὰ τῆς θυγατρὸς τοῦ Γίνη, κατὰ τὸ θεῖον τιθέμενοι κέλευσμα, καὶ οὕτως οἰκειοῦντες· αὐτῷ τὴν γυναῖκα τοῦ αὐταδέλφου τοῦ πενθεροῦ αὐτοῦ· ἀλλ' ἴστωσαν ὡς οὐδὲ τὰ περὶ τούτων ἀσαφῆ καὶ ἀδιάγνωστα τοῖς εὐσεβέσιν εἰάθησαν· ὥσπερ γὰρ οἱ νόμοι ῥητοῖς προσώποις· τὴν οἰκειότητα τῆς συγγενικῆς σαρκὸς διεσάφησαν, καὶ διδάσκουσι τὰ περὶ τούτων τρανῶς ὅ τε ῥηθεὶς εʹ τίτλ. τοῦ κδʹ βιβλίου τῶν βασιλικῶν καὶ τὸ οζʹ κεφ. τοῦ λζʹ τίτλ. τοῦ ξʹ βιβλίου τῶν βασιλικῶν, οὕτω δὴ ταῦτα καὶ οἱ τῶν θείων καὶ ἱερῶν κανόνων εἰς πρόοπτον ἀνεστήλωσαν πίνακες, ὧν ὁ νδʹ τῆς ἐν τῷ τρούλλῳ τοῦ βασιλικοῦ παλατίου συστάσης συνόδου [2]) τὸ θειογραφούμενον ἐκεῖνο ῥητὸν [f. 15] ἐξηγούμενος, καὶ τὰ περὶ τούτου γυμνότερον ἐκτιθέμενος, ταῦτα ἐν μέρει τοῖς νόμοις ἀκολούθως διέξεισιν· " Ὁρίζομεν ἀπὸ τοῦ νῦν, τὸν τῇ οἰκείᾳ δισεξαδέλφῃ πρὸς γάμου κοινωνίαν συναπτόμενον (ἢ πατέρα καὶ υἱὸν μητρὶ καὶ θυγατρὶ [3]), ἢ δυσὶ κόραις ἀδελφαῖς· πατέρα καὶ υἱὸν, ἢ ἀδελφοῖς δυσὶ μητέρα καὶ θυγατέρα, ἢ ἀδελφοὺς δύο δυσὶν ἀδελφαῖς) ὑπὸ τὸν τῆς ἑπταετίας ὑποπίπτειν κανόνα, ἀφισταμένων αὐτῶν προδήλως τοῦ παρανόμου συνοικεσίου ,,.

Οὐ μόνον δὲ, ἀλλὰ καὶ πρᾶξις συνοδικὴ ἡ ἐπὶ Μιχαὴλ τοῦ ἁγιωτάτου καὶ οἰκουμενικοῦ πατριάρχου διὰ Νικήτα τοῦ ὁσιωτάτου πρωτοσυγγέλου καὶ χαρτοφύλακος τῆς μεγάλης ἐκκλησίας κατὰ τὸ ͵ςψϟϛʹ ἔτος· [4]) τῆς εʹ ἰνδ.

---

[1]) Levit. XVIII, 6. — [2]) Juris eccl. Gr. II, 52. Cod. τῆς τῶν τρούλῳ. — [3]) Cod. θυγάτηρ ἢ δύο (sic).
— [4]) A. 1052al. 1057. cf. Rballi V, 40.

προβάσα καὶ διατρανοῦσα τὰ τῆς συγγενικῆς οἰκειότητος πρόσωπα, ταῦτα καὶ αὐτὴ ἐν μέρει διαλαμβάνει· " Οὐ γὰρ ἐπεὶ ἡ τοῦ ἀδελφοῦ μου γυνὴ μία ἐστι τῷ ἀνδρὶ ταύτης καὶ ἀδελφῷ μου σάρξ καὶ λεπτῷ νῷ καὶ διανοήματι κἀμοῦ λελόγισται ἀδελφὴ ἡ νύμφη, οὕτως ἐντεῦθεν καὶ τὴν ταύτης ὅλην συγγένειαν εἰς ἓν συναλείφων πρόσωπον, ἀδελφὰς καὶ συγγενίδας λογίσομαι· ὁδηγεῖ γάρ με ὁ νόμος, τίνας ταύτης τῶν συγγενίδων οὐκ ἄξομαι, καὶ τίσιν ἀμέμπτως προσέλθω· οὔτε γὰρ πρὸς τὴν τῆς νύμφης μου ἀδελφήν, οὔτε πρὸς τὴν πρώτην ταύτης ἐξαδέλφην ἢ τὴν θείαν τὴν μείζω, καὶ μέντοι οὐδὲ πρὸς τὴν ἀνεψιὰν γαμικὰ συνάψω συμβόλαια· ἐπειδὴ ταῖς τοῦ ἕκτου καὶ τῶν¹) ὑπ' αὐτὸν βαθμῶν ἄρχυσι περιείλημμαι· πρὸς δὲ τὴν δισεξαδέλφην ταύτης καὶ τὴν μικρὰν ἀνεψιὰν ἀνεπιτίμητον θήσομαι τὸ συνοικέσιον· ἡ μὲν γὰρ πρὸς τὸν ὄγδοον ἀπελήλατο βαθμόν, ἡ δὲ ἀνεψιὰ ὑπερβαίνει τὸν ἕκτον καὶ ἐπὶ τὸν ἕβδομον ἵσταται· οὕτω καὶ θεῖος καὶ ἀνεψιὸς ἀλλοφυέσι πρώταις ἐξαδέλφαις ἐπιμιγνύμενοι, ἔννομον συνιστῶσι τὸν γάμον· χάσματι γὰρ τῷ νομικῷ ἀποδιεστήκασιν ἀλλήλων, τὴν συγγένειαν ἐκ τούτου μὴδ' ὅλως καταρρυπαίνοντες ,,. Εἰ τοίνυν καὶ αὐτὸς ὁ νόμος καὶ τρισεξαδέλφους ὀνομάζει τοὺς παῖδας τῶν δισεξαδέλφων, καὶ αὖθις συνάπτει τούτους εἰς γάμον, καὶ οὐχ ὑφορᾶται συγχυσιν ἐντεῦθεν τῶν τοῦ γένους προσηγοριῶν | ἢ ἀπρέπειαν (οἱ αὐτοὶ γὰρ τρισεξάδελφοι γνωρίζονται καὶ ὁμόζυγες· καὶ ταῦτα τοῦ αὐτοῦ ὄντες αἵματος), ὡσαύτως δὲ καὶ εἴ τις θεῖος μετὰ τοῦ ἀνεψιοῦ αὐτοῦ, τοῦ υἱοῦ δηλονότι τοῦ πρώτου ἐξαδέλφου αὐτοῦ δύο ἐξ ἑτέρου γένους λαμβάνουσιν ἀδελφάς, ἀνεπιτίμητον τὸ συνοικέσιον τίθενται, μήτε σαρκὸς οἰκειότητα ὑφορώμενοι, μήτε σύγχυσιν ὀνομάτων συγγενικῶν, εἴπερ οἰκεῖον ὁ τοῦ ἐξαδέλφου υἱός· καὶ ἡ γυναικαδέλφη τοῦ τοιούτου θείου, ἢν ὁ τοιόσδε λαμβάνει ἀνεψιός· οἱ

αὐτοὶ γὰρ καὶ θεῖος καὶ ἀνεψιὸς καὶ σύγγαμβροι ὀνομάζονται· πρὸς δὲ καὶ εἴ τις ἀνεψιὸς τὴν ἀνεψιὰν τῆς γυναικὸς τοῦ πρὸς πατρὸς θείου αὐτοῦ λαμβάνει, οὐκ ἄσεμνα συναλλάττει, οὐδὲ ἀθέμιτα, οὐδὲ τόλμαν ἐγκαλεῖται, ὡς πρὸς οἰκεῖον τῆς σαρκὸς αὐτοῦ εἰσερχόμενος παρὰ τὸ θεῖον παράγγελμα. Νόμου γὰρ ἀκριβείᾳ καὶ συνοδικαῖς καὶ βασιλικαῖς πράξεσι τὰ τοιαῦτα συναλλάγματα τοῖς εὐσεβέσιν ἀνῆκασαν· τίς ἄρα προστρίψει μέμψιν τῷ γαμικῷ συναλλάγματι τῶν μηδὲ παρὰ τῆς φύσεως κυρίως ἢ παρὰ τοῦ νόμου ῥητῶς συγγενικὴν κτησαμένων προσηγορίαν; ὥσπερ οἵ τε τρισεξάδελφοι καὶ τὰ λοιπὰ πρόσωπα τὰ ἄνωθεν ἀπηριθμημένα²), μήτε μὴν ὥσπερ ἐκεῖνοι ἐκ τῆς αὐτῆς ὄντων ῥίζης, καὶ μηδὲ βαθμοῖς παραλαμβανομένων, κἀντεῦθεν μηδὲ σύγχυσιν ἐργαζομένων συγγενικῶν προσηγοριῶν, ὅτι οὐδὲ τῆς γυναικός, τῆς ἀποζευχθείσης τοῦ ἀνδρὸς αὐτῆς, λήθην ὁ νόμος ἔθετο, ἀλλὰ καὶ ταύτην τῶν συνοικεσίων ἀθέμιτα κωλυόμενα. Φησὶ γὰρ τὸ παρατέλευτον θέμα τοῦ ϛ΄ κεφαλαίου τοῦ ε΄ τίτλ. τοῦ κη΄ βιβλ. ταῦτα ῥητῶς· " Οὐδὲ τὴν θυγατέρα τῆς ἀποζευχθείσης μου γυναικὸς λαμβάνω ,, τὴν μετὰ τὴν ἀπόζευξιν τεχθεῖσαν ἐξ ἑτέρου ἀνδρός· βαθμοῦ μέντοι ἑνὸς δήπουθεν ἢ δευτέρου τιθέναι τινὰ τὸν ἄνδρα μετὰ τῆς γυναικός, μὴ καὶ ἀμαθές, εἴη καὶ ἄτοπον; τὰ συγγενικὰ γὰρ πρόσωπα τὸ βαθμιδοῦσθαι πρὸς ἄλληλα ἐκληρώσαντο· οὐδαμοῦ δὲ τὰ ἐξωτικὰ ἀνὰ μέρος λογίζονται τὰ συναπτόμενα πρόσωπα, παρίστησι τὸ λε΄ κεφ. τοῦ ε΄ τίτλ. τοῦ κε΄ βιβλ. οὑτωσὶ διακελευόμενον· " Ἐὰν ὁ ἀνὴρ συμφωνήσοι πρὸς τὴν [f. 16] γυναῖκα, ἵνα τελευτῶσαν αὐτὴν κληρονομήσῃ, τὸ σύμφωνον τοῦτο ἄχρηστόν ἐστιν· οὐδὲ γὰρ δυνατὸν διὰ συμφώνου τυποῦσθαι τὰ περὶ τῆς ἡμετέρας κληρονομίας· ἐξωτικὸς γὰρ ἄνθρωπος διαθήκης χωρὶς ἕτερον οὐ δύναται κληρονομῆσαι ,,. Εἰ οὖν ἐξωτικὰ πρὸς ἄλληλα τὰ συν-

---

¹) Cod. male καὶ τῶν. Cf. Rhalli t. v, p. 42. — ²) Cod. ἀπηριθμένα, et ita saepius.

ἁπτόμενα πρόσωπα παρὰ τοῦ νόμου κατονομάζονται, πῶς ἢ ἑνὶ βαθμῷ ἢ διττῷ φήσει τις ταῦτα περιλαμβάνεσθαι;

Διὰ ταῦτα τοίνυν ὁ μὲν πανσέβαστος Καμωνᾶς καλῶς καὶ ἀκωλύτως τὸ παρὸν θήσει συνάλλαγμα καὶ οὐ μέμψιν ἀποίσεται ὡς ἀθεμιτογαμῶν, ἀλλ' ὡς ἔνθεσμον ἱστῶν συνοικέσιον, καὶ μήτε παρὰ τοῦ νόμου ἢ τοῦ τόμου ἢ συνοδικῶν διαγνώσεων ῥητῶς κωλυόμενον, μήτε τοῖς παρ' αὐτῶν κεκωλυμένοις ἐξομοιούμενον λογισθήσεται· ὁ δέ γε τοῦ τοιούτου γάμου κατήγορος, εὖ οἶδα, παύσεται, μάτην αὐτοῦ ἐπιλαμβανόμενος, ἵνα μὴ καὶ τὸ φίλερι ἐγκληθείη καὶ τοῖς κακοῖς ἐλεγχθείη διαφθονούμενος, ὡς τὰ καλῶς ἱστάμενα πειρώμενος μετακινεῖν, καὶ τὸν πεπηγμένον ὅρον ὑπὸ τῶν νόμων καὶ τῶν μετ' αὐτοὺς συνοδικῶν διαγνώσεων, ὡς μὴ καλῶς ἱδρυμένον, τό γε εἰς αὐτὸν ἧκον διασαλεύειν ἐπιχειρῶν. Ἔστι γὰρ ἐκ τούτων σαφὲς ἐπισυνάγειν τὸν νουνεχῆ καὶ νομοτριβούμενον τὸ μὴ δεῖν κωλύεσθαι ἐπὶ τῆς ἀγχιστείας τὰ μὴ ἀπὸ κανόνων ἢ νόμων ἢ τόμων ἢ ἄλλης ἐκκλησιαστικῆς ψήφου κωλυθέντα πρόσωπα, μηδὲ ὑπὲρ τοὺς τεθεσμοθετημένους ὅρους ἐμποδοστατεῖσθαι τὰ γαμικὰ συναλλάγματα. Ταῦτα πρὸς τὰ γραφέντα· εἰ δέ τις ἄλλό τι κρεῖττον γνωματεύσειεν, ἐκεῖνο καὶ δέξομαι καὶ προσαποδέξομαι.

Β'.

Πρὸς τὸν κυρὸν Ἰωάννην τὸν Πλυτὸν, περὶ γαμικῶν συναλλαγμάτων καὶ βαθμῶν, καὶ ὅτι ὁ ἀνὴρ καὶ ἡ γυνὴ οὐκ ἄγονται ὑπὸ βαθμόν, καὶ ἑρμηνεία τοῦ γραφικοῦ ῥητοῦ, τοῦ· "Ἔσονται οἱ δύο εἰς σάρκα μίαν „.

Ad dominum Joannem Plutum, de matrimonii contractibus et gradibus, et quod vir et mulier sub gradu non ducantur, et explicatio dicti Scripturae: "Erunt duo in carnem unam „[1]).

Οὐκοῦν ῥᾴδιος, οὐδὲ εὐχερὴς ὁ λόγος τῆς ἀποκρίσεως, πανσέβαστε σεβαστὲ καὶ ἐν Κυρίῳ ἠγαπημένε μοι, κάλλιστε ἀδελφὲ κῦρε Ἰωάννη Πλυτὲ, ὁ πρὸς τὴν προσενεχθεῖσαν πεῦσιν[2]) παρὰ τῆς σῆς χρηστότητος ἀπαιτούμενος, ἀλλὰ καὶ λίαν ἐργώδης τε καὶ παγχάλεπος, ὡς καὶ ποικίλος καὶ πολυσχιδὴς, καὶ διὰ τοῦτο γνῶσιν ἐπιστημονικὴν εἰς διευκρίνησιν αὐτοῦ | καὶ τηλαυγεστάτην παράστασιν προκαλούμενος· ἐπεὶ δὲ ἀεὶ γίνεσθαί σοι πειθήνιοι καθάπαξ ἐν αὐτοῖς ἐκυρώσαμεν, οὐδὲ τὴν τοιαύτην ἀπόκρισιν ἀποδυσχεραίνομεν· εὖ εἰδότες ὡς εἰ καί τις ἡμᾶς ἢ τύχης ἢ ἀμαθίας ἢ παρατροπῆς τοῦ καθήκοντος, εἴτε κατὰ τὴν φράσιν, εἴτε κατὰ τὴν ἔννοιαν γράψειτο, συγγνώμων ἔσται ἡμῖν, ὡς οὐκ ἀφ' ἑαυτῷ κινηθεῖσι πρὸς τὴν παροῦσαν ἐγχείρησιν, ἀλλὰ φιλίας καὶ ὑπακοῆς ὑποδρηστεύσασιν ἐπιτάγματι. Γένοιτο δὲ ἡμῖν ὁ τοῦ Θεοῦ Λόγος χορηγὸς λόγου τε καὶ συνέσεως.

Ἠρώτησας οὖν ὡς τινὲς τὰ γαμικὰ συναλλάγματα βαθμοῖς ἀριθμοῦντες κατὰ τὴν τοῦ νόμου παράδοσιν, καὶ δὴ καὶ εἰς αὐτὴν τὴν τοῦ ἀνδρὸς καὶ τῆς γυναικὸς συνοίκησιν φθάνοντες, ἐπιχειροῦσι καὶ ταύτην ἄγειν ὑπὸ βαθμόν· συλλογισμοῖς γάρ τισι χρώμενοι, συμπεραίνουσιν ἕνα βαθμὸν λογίζεσθαι τὸν ἄνδρα μετὰ τῆς γυναικός· εἰς σύστασιν δὲ τῆς σφετέρας γνώμης τὸ κυριακὸν ἐκεῖνο, τό· Ἔσονται οἱ δύο εἰς σάρκα μίαν, παράγουσιν. Εἰ γὰρ σάρξ, φησί, μία ὁ ἀνὴρ καὶ ἡ γυνὴ, ἄρα καὶ βαθμὸς εἷς ἐν ἀμφοῖν.

[1]) Gen. ιι, 24. — [2]) Cod. σπεῦσιν, in marg. ἴσως πεῦσιν.

Ἐντεῦθεν δὲ καὶ ὡς ἐκ τινων ὡρμημένοι ἀρχῶν, καὶ τοὺς διαστάντας, εἴτε τῆς κατὰ συγγένειαν, εἴτε τῆς κατὰ ἀγχιστείαν ἐγγύτητος, τοσοῦτον ὡς μὴ ἔχειν συγκρούειν αὐτοὺς τοῖς νομικοῖς διατάγμασιν, οἰκείους σαρκὸς ὀνομάζειν προάγονται. Ὁ θατέρῳ γὰρ, φασί, τούτων προσήκων καθ' αἷμα οἰκεῖος σαρκὸς θατέρῳ δύναται λέγεσθαι, κατὰ τὸ θειογραφούμενον ἐκεῖνο λόγιον, τό· Οὐκ εἰσελεύσῃ πρὸς πάντα οἰκεῖον σαρκός σου ἀποκαλύψαι ἀσχημοσύνην αὐτοῦ[1]). Ἡμεῖς δὲ πρὸς ταῦτα ἀποκρινούμεθα λέγοντες.

Πρῶτα μὲν, ὡς ἐν οἷς οἱ νομοθέται οὔτε πλαττικῶς, οὔτε συνεπτυγμένως, οὔτε κανονικῶς καὶ ὡς ἐν περιοχῇ ἐνεβάτευσαν, καί τι δοκοῦν αὐτοῖς ἀπεφήναντο, οὐκ ἔστιν εἰσάγειν τινά, ἐννοίας τινὰς καὶ ἀνάγκας, ὡς εἰπεῖν, γεωμετρικὰς, καὶ πλάττειν οἴκοθεν τὰ δοκοῦντα προσχήματι νομικῆς ἀγωγῆς, καὶ αὐτὸ τοῦτο ἀπὸ κοιλίας φωνεῖν· ἐπεὶ καὶ νόμιμος γενικὸς λόγος ἐστί, κρατεῖν τὰ ἐκπεφωνημένα παρὰ τὰ [f. 17] σεσιωπημένα· μνησθέντες γὰρ ἐκείνου τοῦ τρόπου, ὅθεν οἱ βαθμοὶ γεννᾶσθαι πεφύκασι, καὶ πρόσωπα ῥητὰ ὑποθέμενοι, ἐν οἷς, τιθέμενοι οἱ βαθμοὶ, ἀκώλυτον ἢ κεκωλυμένην τὴν γαμικὴν ἀποτελοῦσι συνέλευσιν, οὐδ' ὅλως, οὐδ' ἐμφανῶς, οὔτε μὴν ἐμφαντικῶς γυναικὸς καὶ ἀνδρὸς εἰς βαθμοῦ πῆξιν ἢ ἀπαρίθμησιν ἐπεμνήσθησαν· ὁ γάμος γὰρ ἐκ διεστηκότων καὶ διαφερόντων πρὸς ἄλληλα προσώπων, ἀλλ' οὐκ ἐκ συγγενικῶν τὴν πῆξιν λαμβάνειν εἴωθεν· ἔνθα δὲ προσώπων διαφορά, πῶς ἐν τούτοις βαθμὸς εὑρεθήσεται; τῶν γαμικῶς δὲ συναπτομένων προσώπων τὸ πρὸς ἄλληλα διάφορον ῥητῶς ὁ νόμος, καὶ ἐν ἄλλοις μὲν, ἀλλὰ δὴ καὶ ἐν τῇ λε΄ κεφαλαίῳ τοῦ ε΄ τίτλ. τοῦ κβ΄ βιβλίου[2]) παρίστησι φησί γάρ· "Ἐὰν ὁ ἀνὴρ συμφωνήσῃ πρὸς τὴν γυναῖκα, ἵνα τελευτώσαν αὐτὴν κληρονομήσῃ, τὸ σύμφωνον τοῦτο ἄχρηστόν ἐστιν· οὐδὲ γὰρ δυνατὸν διὰ συμφώνου ὑποδύεσθαι τὰ περὶ τῆς ἡμετέρας κληρονομίας· ἐξωτικὸς γὰρ ἄνθρωπος διαθήκης χωρὶς ἕτερον οὐ δύναται κληρονομῆσαι „. Εἰ οὖν ἐξωτικὰ πρὸς ἄλληλα τὰ συναπτόμενα πρόσωπα παρὰ τοῦ νόμου κατονομάζονται, πῶς ἢ ἑνὶ βαθμῷ ἢ διττῷ φήσει τις ταῦτα περιλαμβάνεσθαι; ἄλλως τε δὲ καὶ αὐτὸ τὸ μὴ ἐξεῖναι καλεῖσθαι θάτερον ἐξ αὐτῶν εἰς κληρονομίαν τοῦ τελευτήσαντος,[3]) ἢ τινὸς τῶν ἐξ αἵματος αὐτοῦ πρὸ γενῶν (sic), σαφῶς παρίστησιν αὐτῶν τὸ διάφορον. Εἰ καὶ καλεῖσθαι ταῦτα πρὸς τὴν ἀλλήλων κληρονομίαν ὁ νόμος διακελεύεται, τότε ὅταν οὐκέτι ὦσι τὸ παράπαν τὰ πρόσωπα τὰ ἐξ ἀδιαθέτου τὰς διακατοχὰς παρὰ τοῦ νόμου κτησάμενα· τοῦτο δ' αὐτὸ ἐξωτικοῖς ἴσον ποιεῖτο εἰς τὴν τοιαύτην κληρονομίαν, οὕτως ἐρχόμενον πρόσωπον· πᾶν γὰρ τὸ ἁρμόδιον δεσπότην ἀπολωλεκὸς παντίπου πάντως ἐξωτικῷ πρόκειται εἰς διακατοχήν. Εἰπεῖν δὲ καὶ ἄλλως, ὡς οἱ βαθμοὶ ἀπὸ συγγενικῆς ῥιζουχίας λαμβάνειν πεφυκότες τὴν ἀπαρίθμησιν, ἐκ τῶν βαθμίδων τῆς κλίμακος ὠνομάσθησαν (ὡς γὰρ ἐκεῖναι λαμβάνουσαι κατ' ἀρχὴν ἐξ ἐπιπέδου τινός, καὶ εἰς τὰ πρόσω προβαίνουσαι τὴν κάθοδον, ἢ τὴν | ἄνοδον συμπεραίνουσιν), οὕτω καὶ οἱ βαθμοὶ ὡς ἐκ ῥίζης ὁμογενεῖς κλάδοι τοῦ πρώτου γεννήτορος προϊόντες, τὴν συγγένειαν ἀπαρτίζουσιν· οὐδεμία οὖν ῥίζα καὶ καταρχὴ μεσιτεύει τῷ ἀνδρὶ καὶ τῇ γυναικί, ὥστε τινὰ πρὸς ταύτην ἀναδραμεῖν, καὶ ἐξ αὐτῆς ὡς διὰ βαθμίδων πρὸς τούτους ἐλθεῖν. Οὐδὲ γὰρ δύναταί τις εἰπεῖν κατὰ τὴν νόμου παράδοσιν· Ὁ Πέτρος τυχὸν ἐγέννησε τὸν Ἰωάννην τὸν ἄνδρα τῆς Μαρίας· ὁ αὐτὸς καὶ τὴν αὐτὴν Μαρίαν ἐγέννησε, ὥστε ἐντεῦθεν δύο βαθμῶν ἔχειν τούτους συγγένειαν· προφανὲς γὰρ ψεῦδός ἐστιν· ἄλλου γὰρ πατρὸς Ἰωάννης καὶ ἑτέρου ἡ Μαρία ἐστί· διὰ τοῦτο γὰρ καὶ συνήφθησαν. Πολλῷ δὲ πλέον οὐκ ἂν εἴποι τις ὑποστάσεις διττάς, ἤγουν τὸν ἄνδρα καὶ τὴν

---

[1]) Levit. XVIII, 6. — [2]) τοῦ κι΄ βιβλ. supra col. 10. Cf. Basilicon ad h. l. — [3]) Cod. τελιύσαντες.

γυναῖκα ἑνὸς εἶναι βαθμοῦ· δύο γὰρ γεννήσεις τούτους παρήγαγον. Εἰ δὲ δοίημεν πάροδον τῷ ἑνὶ βαθμῷ ἐν τῷ ἀνδρὶ καὶ τῇ γυναικί, λαθῶμεν ἄν, τῶν μὲν ἑβδόμου ὄντων βαθμῶν ἐξ αἵματος, κατὰ τοὺς τεθεσμοθετημένους ὅρους, κωλύοντες τὸ συνάλλαγμα, τοὺς ἑνὸς δὲ ὄντας βαθμοῦ συγχωροῦντες συνάπτεσθαι, ὅπερ ἄτοπον. Εἰ δὲ μετὰ τὸν γάμον τὸ τῆς συναφείας ἑνοειδὲς ἀποτελεῖν λέγουσι τὸν βαθμὸν, ἀκουσάτωσαν ὡς οἱ βαθμοὶ κατὰ τοὺς νομοθέτας οὐκ ἐκ τῶν μιγνυμένων προσώπων, ἀλλ' ἐκ τῶν γεννωμένων τὴν σύστασιν ἔχουσιν· ἑκάστη γὰρ, φασί [1]), γέννησις βαθμὸν ἀποτελεῖ· οἱ γεννώμενοι δὲ ἐκ πατρὸς καὶ μητρὸς γεννᾶσθαι οἴδασιν. Εἰ γοῦν πρῶτα πανταχοῦ τὰ ἐξ ὧν, πῶς, οἱ αἴτιοι τῶν βαθμῶν, ἤγουν τῆς γεννήσεως τῶν προσώπων, ἐν οἷς οἱ βαθμοί, εἰπεῖν δὲ καὶ ᾆ οἱ βαθμοί, ὑπὸ βαθμὸν ἔσονται; οὐδὲ γὰρ ἔσται ποτέ τι αὐτὸ ἑαυτοῦ αἴτιον, ἢ τὸ αὐτὸ κατά τ' αὐτὸν, πρῶτον καὶ δεύτερον· δεῖ γὰρ πρῶτον γενέσθαι συνάφειαν, εἶτα γέννησιν· ὅτι μηδὲ τὸν τοῦ χρόνου πατέρα ὑπὸ χρόνου εἶναι εἴποι μὲν ἄν, εἰς τὸ ἀδύνατον γὰρ τοῦτο ἀπάγεται.

Ἔπειτα δὲ τὸ εἰπεῖν, εἰ σάρξ μία ὁ ἀνὴρ μετὰ τῆς γυναικὸς, ἆρα καὶ βαθμὸς εἷς ἐν ἀμφοῖν, ὅμοιόν ἐστι τῷ τῆς παροιμίας ἐκείνῳ [f. 18] τῷ ἅμα ἀπῄτουν, οἱ δ' ἀπηρνοῦντο σκάφας· τοῦ γὰρ βαθμοῦ γέννησιν ἀπαιτοῦντες [2]), σάρκα οὗτοι προΐσχονται· οὐδὲν γὰρ κοινὸν βαθμῷ καὶ σαρκί. Εἰ δὲ τὴν σάρκα δώσομεν ἀποτελεῖν τοὺς βαθμούς, ἔσονται καὶ οἱ ἀδελφοὶ καὶ πάντες οἱ ἐξ αἵματος συγγενεῖς, ἑνὸς δήπου βαθμοῦ, ὡς ἐκ μιᾶς δηλαδὴ σαρκὸς, ἤγουν ἑνὸς αἵματος καταγόμενοι· ὅπερ καὶ ἔννοον ἅμα καὶ ἄνομον [3]). Θεωρητέον δὲ καὶ ὅπως ἡ κυριακὴ φωνὴ σάρκα μίαν, καὶ οὐκέτι δύο εἶπεν εἶναι τὸν ἄνδρα μετὰ τῆς γυναικὸς, καὶ διαιτητέον ταύτῃ κατ' ἔννοιαν εὐσεβῆ τε καὶ ἀληθῆ·

ὡς μήτε τὴν ἕνωσιν λογίσκεσθαι κρᾶσιν ἢ φυρμὸν ἢ σύγχυσιν ἢ συναλοιφὴν τῶν ὑποστάσεων, διὰ τὸ τούτων διῃρημένον, μήτε τὴν διαφορὰν ἀλλοτριῶσιν, διὰ τὸ τῆς συναφείας ἑνοειδὲς, καὶ οὕτω τὸν παρ' ἑκάτερα κρημνὸν ἐντεῦθεν διαφυγεῖν. Ἔστι δὲ οὕτως εἰπεῖν· ἕνωσις κατὰ διαφόρους λέγεται τρόπους, ἢ γὰρ κατὰ φυρμὸν γίνεται, ὡς ἐπὶ διαφόρων ἀλεύρων ἀναφυρομένων καὶ μιγνυμένων· ἢ κατὰ κόλλησιν, ὡς ἐπὶ χαλκοῦ καὶ ἀργύρου· ἢ κατὰ σύγχυσι, ὡς ἐπὶ τηκτῶν καὶ τῶν μεταλλικῶν· τηκτῶν μὲν, κηροῦ καὶ πίσσης καὶ τῶν τοιούτων· μεταλλικῶν δὲ, χρυσοῦ καὶ ἀργύρου καὶ τῶν τοιούτων· ἢ κατὰ ἀνάκρασιν, ὡς ἐπὶ τῶν ὑγρῶν, οἴνου τυχὸν καὶ ὕδατος, ἢ οἴνου καὶ μέλιτος· ἢ κατὰ σχέσιν, ὡς ἐπὶ τῶν γνωμῶν ἢ τῶν φίλων ἐν τῷ δύο ἢ τρεῖς ἀνθρώπους εἰς μίαν γνώμην καὶ εἰς ἓν συνέρχεσθαι θέλημα· ἢ κατὰ σωρείαν, ὡς ἐπὶ ξηρῶν, σίτου καὶ κριθῆς καὶ τῶν ὁμοίων· ἢ κατὰ συναλοιφὴν, ὡς ἐπὶ τῶν ἀποσπωμένων καὶ αὖθις ἀποκαθισταμένων, οἷον λαμπάδος ἐκ πυρὸς προερχομένης, καὶ εἰς πῦρ ἀποκαθισταμένης αὖθις ἐν τῇ ἑνώσει· ἔστι δὲ καὶ ἡ κατὰ σύνθεσιν ἕνωσις, ἤτοι καθ' ὑπόστασιν, ἢ εἰς ἄλληλα τῶν μερῶν χωρὶς ἀφανισμοῦ περιχώρησις [4]), ὡς ἐπὶ ψυχῆς ἔχει καὶ σώματος. Οὕτω καθ' οὕς τε ἀπηριθμησάμεθα, καὶ ἑτέρους διαφόρους τρόπους τῆς ἑνώσεως λεγομένης, τῶν κατὰ γάμον συνερχομένων τὴν ἕνωσιν. Οὔτε κατὰ φυρμὸν εἴποιμεν ἂν γίνεσθαι, οὔτε κατὰ σύγχυσιν, οὔτε κατὰ ἀνάκρασιν, οὔτε κατὰ συναλοιφὴν, | οὔτε μὴν καθ' ὑπόστασιν, εἴτ' οὖν σύνθεσιν, ἵνα μὴ τῶν ὑποστάσεων καθ' ἑαυτοὺς μενουσῶν, εἰσάγοντες ἡμεῖς σύζευξιν πραγμάτων ἀντικρινόντων ἀλλήλοις τὰς ἐν αὐτοῖς ποιότητας, ψεῦδος συνάγωμεν [5]) καὶ οὐκ ἀλήθειαν· κατὰ τοὺς λοιποὺς δὲ τρόπους, οἱ προσήκοντες ἂν εἶεν τῷ πράγματι, εἰπόντες τούτων τὴν

---

[1]) Cod. φκοί. — [2]) Id. f. ἀπαιτοῦντες. — [3]) Id. ἔννομον. — [4]) Id. περιχώρησιν sic, sed om. in marg. — [5]) Cod. συνάγωμεν.

CAP. II. AD JOANNEM PLUTUM

ἔνωσιν γίνεσθαι, εἰς τὸν τῆς ἀληθείας νοῦν εὐσεβῶς· βάψομεν· ὡς γὰρ τὰ κολλώμενα ἢ ἁρμοζόμενα, εἴτ᾽ οὖν παρατιθέμενα ἢ σωρευόμενα ἢ φιλούμενα, εἴτ᾽ οὖν ὁμογνωμονοῦντα, μένοντα μὲν καθ᾽ ἑαυτὰ, δύο καλοῦμεν ἢ τρία τυχὸν, ἐπὰν δὲ ἴδοιμεν συνερχόμενα, οὐκέτι δύο καλοῦμεν αὐτὰ ἢ τρία, ἀλλ᾽ ἑνοειδές τι ἀποτέλεσμα· οὕτω δὴ καὶ ὁ ἀνὴρ καὶ ἡ γυνὴ καθ᾽ ἑαυτὰ μὲν ὁρώμενα διαφέρουσιν ἀλλήλων τῇ τε γενεαλογίᾳ καὶ ταῖς ὑποστατικαῖς διαφοραῖς, καὶ αὐτῷ δὴ τῷ ἀριθμῷ, δύο γὰρ εἰσίν· ἐπὰν δὲ συζευχθῶσιν, οὐκέτι εἰσὶ δύο, ἀλλ᾽ ἕν, διὰ τὸ τοῦ γάμου ἀποτέλεσμα καὶ τὴν σαρκικὴν ὁμιλίαν καὶ ἕνωσιν. Καὶ ὥσπερ ἐν ταῖς συνελεύσεσι, τὰ διεστηκότα διά τινων μεσοτήτων πρὸς ἄλληλα συνέρχεταί τε καὶ διαπλέκεται (οὐ γὰρ ἂν συναχθεῖεν, εἰ μή τι ἕτερον μέσον αὐτῶν γινόμενον, καὶ καταλλήλως ἔχον πρὸς ἄμφω, ὥσπερ χειρῶν ἐπιβολαῖς ἐργάζεται τὴν συνάφειαν), οὕτω κἂν τῇ συνελεύσει τοῦ ἀνδρός τε καὶ τῆς γυναικὸς ἡ ἀμοιβαία τούτων διάθεσις μεσολαβοῦσα τὴν ἕνωσιν αὐτῶν, εἴτ᾽ οὖν τὸν γάμον ἀποτελεῖ, καὶ δύο ὁρωμένους ἓν τούτοις ἐργάζεται. Εἰ μὴ γὰρ ἀντέμβασις αὐτοῖς ἐγκειμένων ἐμπαθῶν ἱμέρων πρὸς ἀλλήλους γένηται, οὐκ ἂν ἀλλήλοις συνέλθοιεν σαρκικῶς· διάτοι τοῦτο, ὁ ἠλίθιος τῶν τοιούτων ἱμέρων ἀπορῶν μοναδικὸς μένει, ὡς πάντῃ πάντως ἀμιγής τε καὶ ἀσυνδίαστος· τῇ τοιαύτῃ δὲ φυσικῇ μεσότητι καὶ ἡ τοῦ νόμου λεπτότης προσεσχηκυῖα τὸν γάμον, φησὶ, διάθεσις ἀμοιβαία ποιεῖ, τῆς τῶν προικώων ἀεὶ ἐπιδεομένη προσθήκης· καὶ πάλιν προῖκα μὲν ἀποτελεῖ γάμος, γάμον δὲ προῖκες οὐ ποιοῦσιν, ἀλλ᾽ ἡ τῶν συνοικούντων ἀμοιβαία διάθεσις. Σαφεστέραν δὲ τὴν ἔννοιαν ταύτην παρίστησι κἀκεῖνο δὴ τὸ εὐαγγελιογραφούμενον, ὃ δὴ τὸ ἐμβλέψαι [f. 19] τινὰ γυναικὶ καὶ ἐπιθυμῆσαι αὐτῆς, μοιχείαν ὠνόμασε[1]), τὴν διάθεσιν καὶ τὸν ἐμβατεύσαντα τῇ καρδίᾳ ἐμπαθῆ ἵμερον ἐργάτην τῆς, ὡς εἰπεῖν, ἀσάρκου ταύτης μοιχείας ἀποδεικνύον. Ὥσπερ οὖν τὴν σαρκικὴν μίξιν μίαν[2]) [σάρκα] αὐτὴν, διάφορον πρὸς ἑαυτὴν τῷ τρόπῳ ποιοῦσιν, ὅ τε γάμος ὁ ἔννομος καὶ ἡ πορνεία καὶ τὸ ἀθέμιτον [συνάλλαγμα] ἐντεῦθεν γίνεταί τις μερισμὸς ἢ ἀλλοίωσις· ὡς εἶναι μὲν ἑτεροῖον τὸ ἐννόμως μιγνύμενον [συνοικέσιον], ἑτεροῖον δὲ τὸ πορνικῶς, ὡσαύτως καὶ τὸ ἀθεμίτως· οὕτω δὴ καὶ τὸ ἀνάπαλιν τὰ μιγνύμενα πρόσωπα πρὸς ἄλληλα διαφέροντα τῇ τε ἀριθμῷ καὶ τοῖς ὑποστατικοῖς ἰδιώμασιν, ἐν ἡ μίξις ἀποτελεῖ δι᾽ αὐτήν τε τὴν σαρκικὴν ὁμιλίαν, καὶ διὰ τὴν τῶν πρὸς ἄλληλα ἐπιθυμιῶν ἀντέμβασιν, καὶ διαπαντός· ἓν σῶμα τὰς δύο ὑποστάσεις ἐργάζεται· αἱ προσηγορίαι γὰρ μίαν μὲν οὖσαν τὴν πρᾶξιν τῆς μίξεος μερίζονται καθ᾽ ἑαυτὰς καὶ ποιοῦσι διάφορον. Δύο δὲ ὄντα τὰ πρόσωπα ἑνοποιοῦσι τῇ συναφείᾳ, καὶ οὔτε ἐνταῦθα οὔτε ἐκεῖ γίνεταί τις παρατροπή· οὕτως· ὁ ἀνὴρ καὶ ἡ γυνὴ δύο μὲν κατὰ τὰς ὑποστάσεις καὶ τὴν τῶν γενῶν ἀμφοῖν διαφορὰν τυγχάνουσιν· καθὸ δὴ οὐδὲ βαθμὸς ἐν αὐτοῖς εὑρίσκεσθαι δύναται, μία δὲ σὰρξ διὰ τὴν κολλῶσαν τούτους σαρκικῶς διάθεσιν. Κατὰ ταύτην γὰρ τὴν σημασίαν, ὅ τε θεῖος ἀπόστολος τὴν ἕνωσιν ἐξελάβετο, φάσκων· " Ὁ κολλώμενος τῇ πόρνῃ ἓν σῶμά ἐστιν, καὶ ὁ κολλώμενος τῷ Κυρίῳ ἓν πνεῦμά ἐστι[3]) ". Καὶ πρὸ αὐτοῦ ὁ Δαυῒδ ὁ θεσπέσιος· " Ἐμοὶ δὲ τὸ προσκολλᾶσθαι τῷ Θεῷ ἀγαθόν ἐστι[4]). Καί· "Ἐκολλήθη ἡ ψυχή μου ὀπίσω σου ,, ψάλλων ἐν Πνεύματι[5]). Καὶ αὐτὴ δὲ προσθέτως· ἡ γενεσιογραφουμένη τοῦ ἀρχηπάτορος πρόρρησις περὶ τῆς τοῦ ἀνδρὸς καὶ τῆς γυναικὸς διεξιοῦσα[6]) ἑνώσεως· " Ἕνεκα γὰρ, φησὶ, τούτου καταλείψει ἄνθρωπος τὸν πατέρα αὐτοῦ καὶ τὴν μητέρα καὶ προσκολληθήσεται τῇ

---

[1]) Matth. v, 28. — [2]) Easdem cod. tres lacunas admittit. Idem mox habet ἀλλώσις, quod aeque ac alia non pauca itacismi vitia statim emendaverit lector, nisi nos ultro et tacite jam mutavimus — [3]) 1 Cor. vi, 16. — [4]) Ps. LXXII, 26. — [5]) Ps. LXII, 9. — [6]) In cod. διεξιοῦσα.

ANAL. VII, 1*.

γυναικὶ αὐτοῦ [1])｡ Εἰ γὰρ κατὰ τὸ τῆς ἀνακράσεως σημαινόμενον ἢ τῶν ἄλλων ἑνώσεων, ἃς ἀπηριθμήκαμεν, μίαν ἄμφω εἴποιμεν σάρκα, οὐ μόνον τὴν εἰς τὸ ἀδύνατόν τε καὶ ἄτοπον ἀπαγωγὴν προστησαμένων εὑρήσομεν, | ἀλλὰ καὶ αὐτὰ τὰ πράγματα ἔλεγχος ψεύδους ἡμῖν ἀντιστήσονται. Θνήσκοντος γὰρ τοῦ ἑνὸς, οὐ συναποθνήσκει τούτῳ τὸ ἕτερον, καὶ κάμνοντος δὲ ἢ πληττομένου θατέρου, θάτερον οὔτε συγκάμνει τούτῳ, οὔτε συντραυματίζεται, κατὰ μόνην δὲ συμπάσχει τὴν στοργὴν καὶ διάθεσιν· ἐντεῦθεν γὰρ καὶ χεῖλος ἓν καὶ στόμα ἓν καὶ μία καρδία οἱ πολλοὶ καὶ παρὰ τῇ θείᾳ γραφῇ λέγονται [2]), οὐ πάντως δὲ χεῖλος ἓν πραγματικῶς ἢ εἰς μίαν καρδίαν μεταιούμενοι, καὶ οἱόν τι τέρας ἀποτελούμενοι, τὸ αὐτὸ ἐν διαφόροις ὑποστάσεσι μονοστόματον ὁρώμενον ἢ μονοκάρδιον, ἢ τὸ ἔμπαλιν, ἐν μιᾷ ὑποστάσει πλᾶσιν φέρον διάφορον (ὁποίους δὴ τοὺς σατύρους ἢ τοὺς Ἱπποκενταύρους ἢ τοὺς τραγελάφους λόγοι τινὲς παραδιδόασιν), ἀλλὰ τῇ συμπνοίᾳ καὶ τῇ ὁμογνώμῳ καὶ τῇ ὁμορροσύνῃ ἑνούμενοι. Ἵνα δὲ σαφεστέρῳ τῷ παραδείγματι τὸν λόγον ἐκκορυφώσωμεν, ὥσπερ διάφοροι συνελθοῦσαι ὗλαι μεσιτευούσης ἐπινοίας τε καὶ χειρὸς, οἴκου εἶδος ἀποτελοῦσι, καὶ μετὰ τὴν πᾶξιν οὐκέτι καθ' ἑαυτὰς ὅ τι ἐστὶν ἑκάστη ὀνομάζονται, ἀλλ' ἕν τι εἶδος οἰκίας, ἣν καὶ εἰ δεήσει δήπουθεν λυθῆναι, ἕκαστον τῶν συνδραμόντων ὁδὸν μετὰ τὴν λύσιν εὑρίσκεται, καὶ που συντελεῖ καὶ εἰς ἑτέρου πᾶξιν οἰκήματος· οὕτω δὴ καὶ οἱ συναπτόμενοι, ὑποστάσει μὲν εἰσὶ δύο, τῷ ἑνοειδεῖ δὲ τοῦ γάμου ἀποτελέσματι σὰρξ μία κατονομάζονται· οὐδὲ γὰρ τὸ ἄρρεν αὐτὸ καθ' ἑαυτὸ, οὐδὲ τὸ θῆλυ μόνον [3]) πρὸς παιδοποίησιν αὐταρκὲς, ὡς οὐδὲ λίθος ἢ σανὶς ἢ τίτανος μόνη αὐτάρκης πρὸς οἴκου κατασκευήν. Ἀμφοτέρων δὲ ἡ τεκνογονία χρῄζει κατὰ ταὐτὸν, ὅθεν καὶ λυομένου τοῦ γάμου, καθ' ἑαυτά τε πάλιν εἰσὶ τὰ πρόσωπα, καὶ ἑτέροις αὖθις, εἴ που δεήσει, συνάπτεσθαι δύνανται· οὔκουν ἀποδοτέον ἀναποίησιν τῶν δύο ὑποστάσεων εἰς μιᾶς σαρκὸς ἀποτέλεσμα, τὴν τοῦ ἄρρενος πρὸς τὸ θῆλυ σύνοδον; Ἀλλ' οὐδὲ βαθμοῦ τινὸς ἀριθμὸν ἐν ἀμφοῖν ἐπινοητέον, μίαν δὲ σάρκα λεκτέον αὐτὰ τῇ ἁρμολογικῇ συζεύξει καὶ τῇ κολλητικῇ καὶ συναπτικῇ τούτων μεσότητι, ἵνα μήτε τὴν ἀναποίησιν, σύγχυσιν τῶν ὑποστάσεων [f.20] εἰσαγάγωμεν, μήτε διὰ τὸν βαθμὸν συγγενικὰ δημιουργήσωμεν τὰ συναπτόμενα πρόσωπα, βαθμιδοῦντες δηλονότι ταῦτα, ἢ ὡς πατέρα πρὸς τέκνον, ἢ ἀδελφὸν πρὸς ἀδελφόν, καὶ οὕτως ἑνὶ ἢ διττῷ βαθμῷ αὐτῷ ὑπάγωμεν, καὶ ἀκολούθως ἀθεμιτογαμίαν αὐτὰ συγχωρήσωμεν, καὶ τελευταῖον εὑρεθῶμεν ἐξ ἀτόπων προτάσεων συλλογιζόμενοι καὶ συμπεραίνοντες ἄτοπα· εἰ δὲ καὶ χωρίζεσθαι ἀπ' ἀλλήλων ταῦτα καὶ διασπᾶσθαι πάντη καὶ πάντως, δύνανται, οὐκ ἕξει κἀντεῦθεν χώραν ἐν αὐτοῖς ἡ ἀνάκρασις· [τὸ διασπᾶσθαι γὰρ [4]) οὐκ ἐπὶ τῶν εἰς ἄλληλα περιχωρούντων πραγμάτων] καὶ ἀλλήλοις ἀντιβαλλόντων τὰς ἐν ἑκατέροις ποιότητας λέγεται, ἀλλ' ἐπὶ τῶν ἄλλως ἑνουμένων καὶ διχάζειν τὰς ὑποστάσεις δυναμένων μετὰ τὴν ἕνωσιν. Ἀδύνατον γὰρ, κατὰ τὰ ἀληθῆ τῆς φιλοσοφίας δόγματα, ἐκ δύο ὑποστάσεων μίαν ἀποτελεσθῆναι ὑπόστασιν, ἀλλ' οὐδὲ τὰ ἅπαξ καθ' ἑαυτὰ ὑποστάντα, ἑτέραν ἔχειν ἀρχὴν ὑποστάσεως· ἡ γὰρ ὑπόστασις ἡ καθ' αὐτό ἐστιν ὕπαρξις. Ἀλλὰ ταῦτα μὲν ἐν τούτοις.

Οἰκείους δὲ σαρκὸς, οὐ πάντας τοὺς κατὰ γένος προσήκοντας, οἵ τε ἱεροὶ κανόνες καὶ οἱ φιλευσεβεῖς νόμοι διαγορεύουσιν· ἀλλ' οὓς αὐτοὶ ῥητῶς ἐξεφώνησαν καὶ θεσπίζουσι τὰ περὶ τούτων τρανῶς· ἐν μὲν τοῖς ἱεροῖς κανόσιν, ἄλλοι τε καὶ ὁ νδ' τῆς ἐν τῷ τρούλλῳ

---

[1]) Gen. ii, 24. — [2]) Act. iv, 32. — [3]) μίαν usque ad μόνη in marg. cod. jacent sub siglis ὡραῖον. — [4]) Iterum inclusa margo cod. recepit. Recepit vero mox cod. ἀντιβαλλόντων (sic).

τοῦ βασιλικοῦ παλατίου συστάσης¹) συνόδου· ἐν δὲ τοῖς νόμοις ἄλλοι τε καὶ ὁ ε΄ τίτλος τοῦ κη' βιβλίου τῶν βασιλικῶν, καὶ ὁ λζ΄ τίτλ. τοῦ ξ΄ βιβλίου· ἀλλὰ δὴ καὶ τὰ μετὰ ταῦτα κατὰ διαφόρους καιροὺς γεγονότα θεσπίσματα, συνοδικά τε καὶ βασιλικά, τρανῶς παριστῶντα τὰ τῶν ἀθεμίτων καὶ θεμιτῶν συναλλαγμάτων γνωρίσματα, ὧν ἄρτι ῥητῶς μνησθῆναι καὶ χρόνου δεῖται μακροῦ καὶ πολυστίχου γραφῆς. Ἔξεστι δὲ τῷ ἴσως διστάζοντι ἢ μαθητιῶντι, τὰς τοιαύτας ἀναπτύξαι δέλτους, καὶ πληροφορίαν παρὰ τούτων λαβεῖν· οὐ χρὴ οὖν περαιτέρω τούτων ἡμᾶς ζητεῖν τι, ἵνα μὴ εὑρεθῶμεν τὰ

ἐπέκεινα Γαδείρων φιλονεικοῦντες διερευνᾶν.

Τοιαύτην, πανσέβαστε, τὴν ἀπόκρισιν, ὥσπερ τι γέννημα ἡ ἐν ἡμῖν τοῦ λόγου γαστήρ σοι προσήνεγκεν· | εἰ μὲν οὖν ἔχει τι καὶ γενναῖον καὶ ἐπαίνου ἀμῶς γέ πως ἄξιον, χάρις τῷ Λόγῳ τοῦ Θεοῦ, τῷ ἐν κοιλίᾳ δύναμιν διδόντι τοῖς βρέφεσι, καὶ τελεσφοροῦντι ταῦτα, καὶ χάρισι κατακοσμοῦντι ὡς βούλεται· εἰ δὲ ὡς ἀμβλωμά τι τοῖς ἀκριβέσι τῶν τοιούτων κριταῖς λογίζεται, οἷα δήπου τὰ ἡλιτόμηνα ἢ πρὸς τὸν πατέρα τούτου ἀναπεμφθήτω, ἢ ἐς κυνόσαργες, ὡς ἀτελές καὶ ὀρθοῦ λόγου ἀλλότριον ἀπόκυημα. Σὺ δέ μοι ἔρρωσο ὑπὸ Κυρίου φρουρούμενος.

Γ'.

Πρὸς τὸν ἐπίσκοπον Κροῶν περὶ τῆς αὐτῆς πραγματείας.
Ad Croorum episcopum, de eodem argumento.

Πρώην μὲν περὶ τοῦ θεσπεσίου Κροῶν ἀκοὴν ἔχομεν εἰσβάλλουσαν ἐν ἡμῖν, ὡς φωτὸς ἀμυδρόν τι ἀμάρυγμα, ὡς ἔστι δηλαδὴ ἐν λογίοις²) λάμπων φαιδρὸν ὁ ἀνήρ, καὶ ἐν ἀρχιερεῦσι προλάμπων, ἥδιστόν τε καὶ χαριέστατον· νῦν δὲ γράμμα τίμιον τούτου δεξάμενοι, ὥσπερ τι ἀπολάμπρυσμα τοῦ ἀμαυροτέρου ἐκείνου τρανότερον, πλείω γνῶσιν τοῦ ἱεροῦ τούτου φωτὸς προσελάβομεν, καὶ ἐφέσεως ἐγεγόναμεν τοῦ καὶ τὴν πηγὴν τούτων δὴ τῶν ἀπαυγασμάτων ἰδεῖν· ἡ γὰρ πᾶσα ὄρασις αἰσθητὴ τῆς τοῦ ὁρωμένου τούτου φωτὸς λαμπηδόνος· ὡς ἡδυτάτης ἐφίεται, πολλῷ πλέον [ἡ] ἡ κατὰ ψυχὴν τῶν νοερῶν καὶ θεοειδῶν λάμψεων οἶδεν ἐφίεσθαι, καὶ μάλιστα αἱ οἱ μεσῖται Θεοῦ τοῦ πρώτου φωτὸς καὶ ἀνθρώπων, οἱ ἱεράρχαι δηλονότι λαμπρύνονται· ὧν φῶς καὶ τὰ ἔργα καὶ τὸ ἀξίωμα καὶ ὁ τῆς διδασκαλίας λόγος, τὸ καὶ λάμπειν ἔμπροσθεν τῶν ἀνθρώπων κεκελευσμένον³). Ἀλλ' ἡμῖν μὲν, ὁ

καὶ τὰ ἀπαυγάσματα ταῦτα δούς, εὖ πεποίθαμεν, δώσει ἐν καιρῷ καὶ τὸ φῶς· ἀμέσως ἰδεῖν, οὗ ταῦτα νῦν ἀποπάλλονται. Σοὶ δὲ χάρις, ἅγιε δέσποτα, ὅτι καὶ μήπω ἰδὼν ἡμᾶς· ἀγαπᾶς καὶ φίλους κρίνει· ὡς ἤδη φίλος, καὶ ὡς γνωρίμοις ἡμῖν διὰ γραμμάτων προσομιλεῖς. Τοῦτο ἴδιον ψυχῆς τὸ τῆς κατὰ Θεὸν ἀγάπης φῶς θαλαμευούσης ἐν ἑαυτῇ, καὶ κατὰ τὸ ἡλιακὸν φῶς· καὶ πρὸς τοὺς μὴ εἰδότας αὐτὴν τὸ τῆς φιλίας πεμπούσης ἀκτινοβόλιον· ὥσπερ [f. 21] ἐκεῖνο δηλαδὴ πανταχοῦ καὶ ἐν χώραις καὶ ἀοικήτοις καὶ ἐν χειμῶσι καὶ ἐν τέλμασι σπείρειν οἶδε τὸ φώταυγον. Ἀλλὰ ταῦτα μὲν ἐν τούτοις.

Ἐθέλησε δὲ μαθεῖν ἡ σὴ ἁγιότης τὸ ἡμῖν παριστάμενον ἐπὶ τῷ γαμικῷ συναλλάγματι, τῷ γεγονότι μέσον τοῦ τε πανσεβάστου σεβαστοῦ Καμωνᾶ καὶ τῆς πανευγενεστάτης Κομνηνῆς, τῆς θυγατρὸς τοῦ μεγάλου Ζουπάνου Σερβίας, εἴτε θεμιτόν ἐστιν, εἴτε μὴ. Ἐρωτᾷς δὲ μαθεῖν καὶ ποῖοι βαθμοὶς

---

¹) Cod. σωστάσεις. Cf. col. 8. — ²) Sic marg. cod. λέγεις. — ³) Matth. v, 14, 16.

ἀριθμεῖται, εἴτε τῶν ἀνιόντων καὶ τῶν κατιόντων, εἴτε τῶν ἐκ πλαγίου, καὶ εἰ ἀπρέπειαν ἐπισύρεται, καὶ ποίαν τάξιν ἐπέχειν τῶν συγγενικῶν προσηγοριῶν ὁ αὐτάδελφος τοῦ πενθεροῦ τοῦ Καμωνᾶ, ἤγουν τοῦ Γίνη, πρὸς τὸν αὐτὸν Καμωνᾶν καὶ πρὸς τούτοις εἰ συνέβη δήπου τεθνάναι τὸν Καμωνᾶν ἐπ' ἄλλῃ γυναικί, ἣν δηλονότι ἔλαβεν ἂν μετὰ θάνατον τῆς θυγατρὸς τοῦ Γίνη, ἀκατηγορήτως ἂν συνήφθη τῇ γυναικὶ ἐκείνου ὁ τοῦ πενθεροῦ τούτου αὐτάδελφος.

Εἰς πλάτος μὲν οὖν διὰ τὸ τῆς ἐπιστολῆς μέτρον, οὐ δυνάμεθά σοι περὶ τούτων δοῦναι ἀπόκρισιν· βραχέα δ' ὅμως καὶ ὡς ἐν συνόψει δηλώσομεν. Γινωσκέτω οὖν ἡ ἁγιότης σου, ὡς ἐκτίθηται ἡμῖν πρὸ καιροῦ γραμματίδιον περὶ τοῦ εἰρημένου γαμικοῦ συναλλάγματος, εἰς πλάτος περιέχον τὴν περὶ τούτου ἡμετέραν γνώμην, ἥτις θεμιτὴν ἀποσυνάγει ἐκ γνωμικῶν καὶ κανονικῶν παρατηρήσεων τὴν τοῦ τοιούτου συναλλάγματος ποίησιν· καὶ εἰ βούλει, ἀνάγνωθι τοῦτο ἢ παρὰ τοῦ πανσεβάστου τοῦτο λαβὼν Καμωνᾶ, ἢ παρὰ τοῦ πανσεβάστου Πλυτοῦ· ἔστι γὰρ τοῦτο παρ' ἑκατέροις, ὡς παρ' ἀμφοτέρων τοῦτο μεταληφθέν. Οἱ βαθμοὶ μέντοι τῶν γάμων οὐκ ἐξ ἀλλοτρίων, ἀλλ' ἐκ συγγενικῶν προσώπων, τὴν αὐτὴν ἐχόντων ῥίζαν, λαχόντες τὴν γένεσιν, ὁροθετεῖν σαφῶς τὰ τούτων οἴδασι συναλλάγματα, ὅθεν βαθμοὺς μὲν συγγενικῶν προσώπων οἴδαμεν λέγειν ἀνιόντων δὲ ἢ κατιόντων ἀνὰ μέρος ἢ τῶν ἐκ πλαγίου, βαθμοὺς οὐκ ἐμάθομεν λέγειν· οὐ γὰρ ἄλλοι οἱ βαθμοὶ τῶν κατιόντων καὶ ἀνιόντων, ἕτεροι δὲ οἱ τῶν ἐκ πλαγίου· οἱ αὐτοὶ γάρ εἰσι πανταχοῦ. Φύσις δὲ βαθμῶν | τοῦτό ἐστι τὸ κατὰ τοὺς νομικοὺς ὅρους διακρίνειν καὶ διαχωρίζειν, οὐκ ἐν τοῖς ἀλλοτρίοις, ἀλλ' ἐν τοῖς συγγενικοῖς προσώποις, ὁποῖα ἄρα καὶ εἰσίν, εἴτε τῶν ἀνιόντων καὶ κατιόντων, εἴτε τῶν ἐκ πλαγίου, ἀναμέσον τοῦ θεμιτοῦ καὶ τοῦ ἀθεμίτου. Τὸ τοίνυν συνάλλαγμα τοῦ Καμωνᾶ βαθμῶν πάντῃ ἐστὶν ἀνεπίδεκτον. Ἐπεὶ γὰρ τριῶν ἀλλοτρίων γενῶν ἐν τούτῳ καθορᾶται συνέλευσις, οὐκ ἔστι μίαν ἀρχίθετον αἰτίαν τούτων εὑρεῖν καὶ λαβεῖν. Πῶς γάρ, ἐπεὶ ἀλλήλων ἀλλοτριοῦνται, ἵν' ἐκεῖθεν δηλαδὴ βαθμοὺς εὑρόντες, δι' αὐτῶν ὡς διὰ καθόδου κατὰ τὴν τοῦ νόμου παράδοσιν ἢ εἰς τὸ θεμιτὸν ἢ εἰς τὸ ἀθέμιτον καταντήσωμεν; τούτου χάριν χώραν ἐν τούτῳ οὐκ ἔχουσιν οἱ βαθμοί, τὸ γὰρ λέγειν τινὰς μὲν ἑνὸς βαθμοῦ εἶναι τὸν ἄνδρα μετὰ τῆς γυναικός, τινὰς δὲ θείου καὶ ἀνεψιᾶς συνέλευσιν, τοῦ κυροῦ Δημητρίου δηλονότι καὶ τῆς τοῦ Γίνη θυγατρός, πρὸς θείαν καὶ ἀνεψιάν, ἤγουν τὴν Κομνηνὴν καὶ τὸν Καμωνᾶν, μὴ καὶ ἀμαθὲς εἴη καὶ ἔκφυλλον; ἐκεῖνοι μὲν γὰρ ἐξ ἑνὸς καὶ τοῦ αὐτοῦ γένους ὄντες, κυρίως ἔχουσι τὰς προσηγορίας, τὴν τοῦ θείου λέγω καὶ τῆς ἀνεψιᾶς ἃς καὶ ὁ νόμος ἐπιγινώσκει ὡς φυσικάς, καθὸ εἰσὶν ἐξ αἵματος· κατὰ τοῦτο δὲ καὶ τρίτου βαθμοῦ γίνονται. Ὁ Καμωνᾶς δὲ καὶ ἡ Κομνηνὴ διαφόρων ὄντες γενῶν, πῶς τὰς τοιαύτας προσηγορίας ταύτας οἰκειώσονται, καὶ ὑπὸ βαθμὸν γενήσονται; ἵν' εἰς ταὐτὸν ἔλθωσι τοῖς κυρίως καὶ φυσικῶς ἔχουσι ταύτας, οἱ καταχρηστικῶς αὐτὰς περικείμενοι, ὥς τινας ἐπικτήτους καὶ ἐπεισοδιώδεις, οὐ γὰρ ἀφ' αἵματος οἰκείου, ἀλλ' ἐκ τοῦ γένους τοῦ Γίνη ἀνὰ μέρος· τούτοις ἐπήλθοσαν. ἄλλως τε δὲ εἰ χρή τι ὀνομασθῆναι τὸν Καμωνᾶν, τά γε πρὸς τὴν Κομνηνήν, καὶ τὸν κυρὸν Δημήτριον, γαμβρὸν μᾶλλον ἢ ἀνεψιὸν αὐτὸν ἁρμόδιον λέγεσθαι· οὕτω γὰρ ἔχει καὶ ἡ συνήθεια ἐπὶ τῶν τῆς ἀγχιστείας προσηγοριῶν, γαμβρὸν μὲν παρὰ τοῦ θείου καλεῖσθαι τὸν ἄνδρα τῆς ἀνεψιᾶς, θεῖον δὲ καταχρηστικῶς παρὰ τοῦ ἀνδρὸς τὸν θεῖον τῆς γυναικός, μέσον δὲ τοῦ τοιοῦδε γαμβροῦ καὶ τοῦ θείου, βαθμὸς οὐδ' ὅλως εὑρίσκεται· καὶ πολλῷ [f. 22] πλέον τῆς τοῦ θείου γυναικός· οὐδὲ γὰρ μία τούτων ἡ ῥίζα, ἀλλὰ διάφορος· ἐκ διαφόρου δὲ ῥίζης, ὡς ἀνόπιν εἴρηται, βαθμὸς οὐδέποτε φύεται· εἰ δέ τις βιαιότερον ἴσως πρὸς τὸ πρᾶγμα διατιθέμενος, συνιστᾶν ἐθέλει βαθμοὺς ἐν τῷ τοιούτῳ συναλλάγματι, πείθονται δὲ τούτῳ καὶ ἕτεροι δήπουθεν, ἀκίχητα διώκειν παροιμιαθήσονται, καὶ ὅμοιόν τι ποιεῖν δόξουσιν, ἵνα τι καὶ ἀστείως εἴπω μετὰ τῆς ἀληθείας, ἐκείνοις μὲν τῷ ἀμέλγειν τραγίσκον ἐπιχειροῦντι, οὗτοι δὲ τῷ ὑποτιθέντι ὡς ὑποδοχὴν τοῦ γάλακτος κόσκινον, ἀνήνυκτον δὲ πάντως, ἀμφοῖν τὸ ἐγχείρημα· οὔτε γὰρ ἐκ τῶν τραγίσκων γάλα ποτὲ ἑλκυσθήσεται, οὔτε ὑγρῶν τινῶν ὑποδεκτικὸν ἔσται τὸ κόσκινον. Ὁ νόμος μέντοι ἐν τῇ τῶν ἀθεμίτων ἀπεριθμήσει καὶ τριῶν γενῶν συνελεύσεως μνησθεὶς καὶ θεσπίσας προσοπικῶς, ἀλλ' οὐχὶ κατὰ βαθμὸν τὸ τοῦ γάμου κεκωλυμένον τὰ ἐπέκεινα εἴασεν ἄνετα. Φησὶ γὰρ ἐν δ' κεφαλ. τοῦ ε' τίτλ. τοῦ κη' βιβλίου τῶν βασιλικῶν οὑτωσί· "Οὐδὲ τὴν ποτὲ γυναῖκα λαμβάνω τοῦ προγονοῦ μου, οὔτε ἡ μητρυιὰ λαμβάνει τὸν γενόμενον ἄνδρα τῆς προγονῆς αὐτῆς„. Διὰ ταῦτα γοῦν τὸ τοῦ Καμωνᾶ μετὰ τῆς Κομνηνῆς συνοικέσιον ἀκώλυτον εἶναι καταλαμβάνεται, ἐπεὶ οὔτε βαθμοῖς ὑποπίπτει τοῖς εἰς τὸ ἀθέμιτον τοῦτο ἀπάγουσιν, ὡς τριῶν μεσολαβούντων γενῶν, οὔτε ῥητῶς παρὰ τοῦ νόμου κωλύεται· καθὰ δὴ τὸ τοῦ πατρωοῦ καὶ τῆς τοῦ προγονοῦ γυναικὸς, τοῦτο μὲν ὡς ἐγγύτητα λογιζόμενον ἔχειν, τοῖς κεκωλυμένοις ἐγγράφεσθαι κέκριται. Οὐδὲ γὰρ τὸ ἕν, τῶν ἐν τούτῳ τριῶν γενῶν διὰ βαθμῶν οἰκείων ἐπέκεινα τοῦ ἑνὸς εὐρυτέραν ποιεῖ τὴν διάστασιν τὴν μέσον τοῦ πατρωοῦ καὶ τῆς τοῦ προγονοῦ γυναικός· μέσον γὰρ τούτων εἷς βαθμὸς τοῦ τρίτου γένους ἐστίν, ὁ προγονὸς δηλαδὴ καὶ ἡ μήτηρ αὐτοῦ. Εἰς δὲ τὸ τοῦ Καμωνᾶ πολλῷ πλέον τῆς διαστάσεως τὸ χάσμα εὐρύνεται, καὶ οὐκ ἔχουσιν ἐν τούτῳ χώραν τὰ τῆς ἐγγύτητος. Τρεῖς γὰρ βαθμοὶ τοῦ ἑνὸς τῶν ἐν αὐτῷ τριῶν γενῶν πλατύνουσι τὴν διάστασιν, ὅ τε δηλονότι Γίνας, ὁ | τούτου αὐτάδελφος, καὶ ἡ τοῦ Γίνα θυγάτηρ, καὶ οὕτω θεμιτὸν ποιοῦσι τὸ συνοικέσιον, ὡς ἀνώτως ἔξω τῶν ὅρων νομικῶν πορευόμενον.

Τὴν προσηγορίαν δὲ τοῦ εὐπρεποῦς καὶ τοῦ ἀπρεποῦς ἐκεῖ τίθησιν ὁ νόμος, ἔνθα τὸ γνήσιον συνθολοῦται τοῦ αἵματος· καὶ δῆλον τοῦτο ἐκ τοῦ ῥητοῦ· ἐν μὲν τῷ γ' κεφ. τοῦ αὐτοῦ βιβλίου καὶ τίτλου οὕτως εἰπεῖν· "Καὶ ὁ φυσικὸς γὰρ πατὴρ οὐ λαμβάνει τὴν πορνογενῆ αὐτοῦ θυγατέρα· τὸ φύσει γὰρ δίκαιον καὶ τὸ εὐπρεπὲς ἐν γάμοις σκοπεῖται„. Ἐν δὲ τῷ ε' καὶ ϛ' καὶ ζ' κεφαλαίῳ συνημμένως, οὕτως εἰπεῖν· " Τὴν προεκγόνην τῆς ἀδελφῆς μου γαμεῖν οὐ δύναμαι, γονέων γὰρ ἔχω πρὸς αὐτὴν τάξιν· οὔτε τὴν θυγατέρα τῆς προγονῆς μου λαμβάνω· ἐν τοῖς γάμοις· οὐ μόνον τὸ ἐπιτετραμμένον, ἀλλὰ καὶ τὸ εὐπρεπὲς καὶ σεμνὸν καὶ φύσει δίκαιον ζητοῦμεν„.

Ἐπιστητέον οὖν ποίους γάμους ὁ νομοθέτης εἰπὼν ἐπήγαγε τὸν τῆς εὐπρεπείας σκοπὸν καὶ σεμνότητος, δῆλον πάντως ὡς τοὺς ἐγγύτητα συγγενείας ἔχοντας. Ὁ μὲν γὰρ τῆς προεκγόνης τετάρτου βαθμοῦ ἐστὶν ἐξ αἵματος· ὁ δὲ τῆς θυγατρὸς τοῦ προγονοῦ τρίτου ἐξ ἀγχιστείας. Ποῦ τοίνυν ἢ πόθεν γνησιότης αἵματος τοῦ Καμωνᾶ πρὸς τὴν Κομνηνήν, ἢ πρὸς τὸν ἀδελφὸν τοῦ πενθεροῦ αὐτοῦ, ἀγχιστείας μεσολαβούσης; καταχρηστικῶς γὰρ, ἀλλ' οὐ κυρίως ἡ ἀγχιστεία τὴν τῆς συγγενείας προσηγορίαν κέκτηται· πολὺ δὲ τὸ διάφορον τοῦ κυρίως πρὸς τὸ καταχρηστικῶς. Τίς δὲ βαθμὸς ἐν τούτοις μεσολαβῶν, διὰ τῆς ἐγγύτητος δηλοῖ τὴν ἀπρέπειαν, καθάπερ ἐπὶ τῆς θυγατρὸς τῆς προγονῆς, ἧς ἄνωθεν ἐμνήσθη τὸ νομοτέθημα; Εἰ δὲ θεῖος κυρίως καὶ ἀνεψιὸς τρίτου ὄντες βαθμοῦ, ἑτέρου γένους ὁμοίως θείᾳ καὶ ἀνεψιᾷ, ἢ τὸ ἀνάπαλιν πολλάκις ἀνεψιᾷ καὶ θείᾳ συναπτόμενοι γαμικῶς· ὡσαύτως δὲ καὶ δύο αὐτάδελφοι θείᾳ καὶ ἀνεψιᾷ, θυγατρὶ δηλονότι πρωτεξαδέλφου οὐχ ὑπορῶνται ἀπρέπειαν ἢ σύγχυσιν συγγενικῶν προσηγοριῶν, καὶ πολιτεύονται πανταχοῦ καὶ τοιαῦτα συναλλάγματα ὡς θεσπίσμασι καὶ βασιλικοῖς καὶ συνοδικοῖς κρατυνόμενα· οἱ γὰρ δύο αὐτάδελφοι, τὴν τοῦ θείου καὶ τοῦ ἀνεψιοῦ προσηγορίαν [f. 23] μεριζόμενοι ἐκ τῆς ἀγχιστείας, ἀπεκβαίνουσιν οἱ αὐτοὶ κατὰ ταὐτόν· αὐτάδελφοι μὲν ἐξ αἵματος, ἐξ ἀγχιστείας δὲ θεῖος καὶ ἀνεψιός, καὶ ὁ κυρίως δὲ θεῖος καὶ ἀνεψιὸς ἐναλλάττουσι τὴν συγγενικὴν προσηγορίαν· εἰ συμβῇ πολλάκις τὸν μὲν θεῖον ἀνεψιὰν λαβεῖν, τὸν δὲ ἀνεψιὸν θείαν ἐξ ἑτέρου γένους, ὥστε κἀκ τῶν ἀγχιστείας προσηγοριῶν καλεῖσθαι αὐτούς, τίς προστρίψει μῶμον τοῖς καταχρηστικῶς, καὶ ὡς εἰπεῖν, λεπτῷ νῷ καὶ διανοήματι, τὰ τοῦ θείου ἢ τοῦ ἀνεψιοῦ ἢ ἐξαδέλφου κτησαμένοις ὀνόματα, καὶ μηδὲ ῥητῶς ὑπὸ τοῦ νόμου ἀποτρεπομένοις τοῦ ποιεῖν ἃ τίθενται γαμικὰ συναλλάγματα;

Τὸ δὲ λαβεῖν τὸν πενθερὸν θεῖον τὴν ποτὲ γυναῖκα τοῦ ἀνεψιογαμβροῦ, ἣν μετὰ θάνατον ἠγάγετο τῆς τούτου ἀνεψιᾶς· ὅμοιόν ἐστι τῷ νῦν ἐξεταζομένῳ, δηλονότι τῷ τοῦ Καμωνᾶ καὶ τῆς Κορμανῆς· κἀνταῦθα γὰρ τρία παρεισέρχονται γένη, καὶ ἔστιν ἀκώλυτον· ῥητῶς γὰρ οὔτε ὁ νόμος πλὴν τῶν ἄνωθεν εἰρημένων περὶ τοῦ πατρῴου καὶ τῆς τοῦ προγόνου γυναικός, οὔτε μεταγενεστέρα τις πρᾶξις ἢ βασιλικὴ ἢ συνοδικὴ περὶ τοιούτων ἕτερόν τι ἐθέσπισεν, ὅθεν καὶ οὐ χρὴ περαιτέρω τῶν τεθεσπισμένων ζητεῖν τι ἢ κωλύειν, ἃ ὁ νόμος οὐκ ἐκώλυσεν, ἢ δοκιμασία μετάχρονος· ἐπεὶ καὶ νόμιμος γενικὸς λόγος ἐστί, κρατεῖν τὰ ἐκπεφωνημένα παρὰ τὰ σεσιωπημένα. Ταῦτα συνεπτυγμένως τῇ σῇ ἁγιότητι παρεδήλωσα, πληρῶν τὴν ταύτης ἀξίωσιν, αὐτὴ δὲ ταῦτα ἐπελθοῦσα, εἰ μηδέν τι φανῶσιν ἔχοντα χάριεν καὶ ἀληθείας ἐχόμενον ἢ ὡς μηδὲ γεγραμμένα λογισάσθω, ἤγουν ἀναπεμψάτω πρὸς ἡμᾶς τοὺς τούτων γεννήτορας. Αἱ ἅγιαί σου εὐχαὶ εἴησαν μετὰ τῆς ἐμῆς ταπεινότητος.

Δ'.

Περὶ τῶν ἀπὸ τοῦ α' καὶ β' συνοικεσίου παίδων διαφορᾶς καὶ τῶν ἀπὸ γ' καὶ δ', καὶ τῆς πατρικῆς αὐτῶν διαδοχῆς, καὶ περὶ παλλακῆς, καὶ περὶ προικὸς καὶ προγαμιαῖς δωρεᾶς, καὶ πότε ὀφείλουσιν ἀπαιτεῖσθαι, καὶ περὶ προτιμήσεως κληρονομίας ἐξ ἀδιαθέτου, καὶ περὶ πατρικῶν καὶ μητρικῶν ὑπάρξεων.

De diversitate liberorum primi et secundi matrimonii, tertii item et quarti, et de paterna eorum successione; de concubina, et de dote, et de donis ante nuptias, et quando exigenda sint; de ordine successionis ab intestato; de paternis maternisque bonis.

| Θεοσεβέστατε Ἔξαρχε, ἐδήλωσας ἡμῖν περί τινων ὑποθέσεων, θέλων μαθεῖν, τί τοῖς νόμοις καὶ τῷ δικαίῳ δοκεῖ περὶ τούτων.

Καὶ περὶ μὲν τοῦ μετὰ τὸ πρῶτον καὶ τὸ δεύτερον κατὰ νόμους συνοικέσιον, ἕως καὶ εἰς τέταρτον φθάσαντος καὶ σχόντος παῖδα· ἔκ τε τοῦ α' συνοικεσίου καὶ ἐκ τοῦ τετάρτου, τοῦτο παραδηλοῦμεν. Ὅτι γνήσιοι μὲν παῖδες λέγονται οἱ ἀπὸ τοῦ α' καὶ τοῦ β' συνοικεσίου τεχθέντες παῖδες, πολλάκις δὲ καὶ οἱ ἀπὸ τοῦ τρίτου, εἴπερ κατὰ τὰς περιλήψεις καὶ διακρίσεις τὰς ἐν τῷ τόμῳ τῆς ἑνώσεως ἐμφερομένας, τὸ γ' συσταίη συνοικέσιον. Εἰ γὰρ ἔξω τῶν ὅρων τοῦ τοιούτου τόμου τοῦτο συσταίη, νόθοι λέγονται οἱ ἐκ τοῦ τοιούτου συνοικεσίου παῖδες, ὁμοίως καὶ οἱ ἀπὸ τοῦ δ'. Τὰ τοιαῦτα γὰρ συνοικέσια, οὐ γάμοι, ἀλλὰ πολυγαμία κατονομάζονται· διὸ καὶ ὡς κτηνώδη καὶ ἔξω τοῦ χριστιανικοῦ πολιτεύματος παρὰ τῶν ἁγίων πατέρων ἀποβάλλονται.

Ἐπεὶ δὲ ὁ νόμος μέμνηται καὶ παλλακισμοῦ καὶ τῶν ἐκ τούτου παίδων, ὀφείλουσι τὰ τῆς τοιαύτης διαθέσεως οὕτω διαιτηθῆναι· ἐπειδὴ παῖδες καὶ γνήσιοι καὶ νόθοι τῷ τελευτήσαντι ὑπεισιν, εἰ μὲν ἐν διαθήκαις;[1] ἐκεῖνος ἐτελεύτησεν, οὐκ ὀφείλουσιν ἐπέκεινα μιᾶς οὐγγίας αὐτοί τε οἱ νόθοι παῖδες καὶ ἡ μήτηρ τούτων λαβεῖν· οὐγγία δέ ἐστι τὸ δωδέκατον μέρος τῆς οὐσίας τοῦ πατρός. Εἰ δὲ ἀδιάθετος παρῆλθε, διακατοχὴ μὲν οὐδεμία ἐστὶν αὐτοῖς ἐξ ἀδιαθέτου· οἱ γνήσιοι γὰρ παῖδες γίνονται κληρονόμοι· ἀποτροφὴν δὲ μόνην καθόσον ἐνδέχεται παρὰ τῶν γνησίων ἕξουσι παίδων. Φησὶ γὰρ τὸ δ΄ κεφάλ. τοῦ β΄ τίτλου τοῦ λβ΄ βιβλίου, ἐν μὲν α΄ θέματι ταῦτα· "Ὅτι εἰ παῖδας ἔχει τις νομίμους, μὴ δύνασθαι αὐτὸν τοῖς φυσικοῖς παισί, μήτε τοῖς ἐκ παλλακῆς περιτέρω μιᾶς οὐγγίας καὶ τῇ μητρὶ αὐτῶν καταλιμπάνειν ἢ δωρεῖσθαι· εἰ δὲ παλλακὴ μόνη εἴη, ταύτῃ τὸ ἡμιούγγιον καταλιμπάνεσθαι ἢ δωρεῖσθαι„. Ἐν δὲ τῷ τελευταίῳ θέματι ταῦτα· " Εἰ δὲ γνησίων ὑπόντων, καταλείπει καὶ νόθους, ἐξ ἀδικαθέτου μὲν αὐτοῖς οὐδὲν ὑπάρχειν, ἀποτρέφεσθαι δὲ μόνον παρὰ τῶν γνησίων, κατὰ τὸ πρέπον καὶ πρὸς τὸ τῆς οὐσίας μέτρον„. Ἀλλ᾽ ὁ μὲν νόμος ταῦτα. Τηρηθήτω δὲ [f. 24] ἡ ὑπόθησις· καὶ εἰ μὲν ἐστι διαθήκη τοῦ τελευτήσαντος, γενέσθω κατὰ τὴν διαθήκην, εἴπερ τὰ τῷ νόμῳ δοκοῦντα, ὡς ἄνωθεν εἴρηται, διατάττεται. Εἰ δὲ ἐστι μὲν, ὡς ἐδήλωσας, διαβάλλεται δὲ ὡς πεπλασμένη ἀπὸ συγκρίσεως τῶν γραμμάτων, αὐτὴ μὲν λογισθήτω ὡς μηδὲ γεγονυῖα. Τοῖς νόθοις δὲ παισὶ γενέσθω, ὡς ἐξ ἀδικαθέτου τὸ τῶν νόμων δοκοῦν.

Περὶ δὲ τοῦ συνοικήσαντος τρίτῃ γυναικὶ ἄνευ εὐχῆς· τοῦτό σοι γνωρίζομεν, ὡς ἐπεὶ ὁ συνοικήσας αὐτῇ παῖδας οὐκ ἔσχεν ἐξ αὐτῆς, νῦν δὲ ἐν μοναστηρίῳ ἐπὶ τῷ καρῆναι εἰσέρχεται, ὀφείλει ἐᾶσαι ταύτῃ ἀπὸ τῆς οἰκείας οὐσίας τὸ ἡμιούγγιον, ἤγουν δωδεκάτου μέρους τὸ ἥμισυ κατὰ τὴν τοῦ ἄνωθεν γεγραμμένου νόμου περίληψιν· αὐτή τε γὰρ παλλακὴ λογίζεται, καὶ αὐτός· διὰ τὸν μονάδα βίον δοκεῖ τελευτᾶν, ὡς ἑτέραν ἀνθ᾽ ἑτέρου βίου πορείαν ἑλόμενος· ἡ παλλακὴ δὲ αὐτὴ οὐκ τὰ ἑαυτῆς· ἅπαντα λείψεται[2]), μόνον ἐκεῖνο ἀπὸ τῶν τοῦ συνοικήσαντος αὐτῇ πραγμάτων ἕξουσα τὸ νόμικον ἡμιούγγιον[3]). Ὁ μέντοι παῖς, οὗ καὶ ἄμφω οἱ γονεῖς ἐτελεύτησαν, κληρονόμος τῶν γονικῶν αὐτοῦ γέγονε πραγμάτων ἀναντιρρήτως· οἱ ζητοῦντες δὲ, ἀποθανόντος, καὶ τοῦ τοιούτου παιδός, ἀποκατασταθῆναι αὐτοῖς τὴν προῖκα τῆς μητρὸς αὐτοῦ πρότερον, καὶ οὕτως εἰσελθεῖν αὐτοὺς εἰς τὴν κληρονομίαν τὴν ἐξ ἀδιαθέτου, ὡς μέρος ὄντας ἐκείνης, παρανόμως ζητοῦσι. Τότε γὰρ ζητεῖται ἡ προῖξ παρὰ τῶν κληρονόμων τῆς γυναικὸς ἢ τὰ τοῦ ἀνδρὸς πράγματα, ἤγουν ἡ προγαμιαῖα δωρεὰ παρὰ τοῦ μέρους αὐτοῦ, ὅταν ἐπὶ ἀπαιδίᾳ καὶ ἄμφω καὶ ἀδιάθετοι τελευτήσαιεν. Εἰ γὰρ ἐπὶ παιδὶ τὸν βίον ἐκλίπωσιν, ὁ παῖς καθολικὸς κληρονόμος τῆς γονικῆς αὐτοῦ πάσης περιουσίας γίνεται. Εἰ δὲ συμβῇ καὶ αὐτὸν μετὰ ταῦτα ἐπ᾽ ἀπαιδίᾳ τελευτῆσαι καὶ ἀδιάθετον, ἐπίσης καλοῦνται εἰς τὴν τούτου κληρονομίαν οἱ ἐξ ἀμφοτέρων τῶν γονέων τούτῳ προσήκοντες· (οὐ cod.) λαμβάνουσι τὰ πατρῷα μὲν οἱ τοῦ μέρους τοῦ πατρός· τὰ μητρῷα δὲ οἱ τοῦ μέρους τοῦ μητρικοῦ, κοινῶς δὲ ταῦτα καὶ ἄμφω τὰ μέρη ἐπίσης μερίζονται. | Φησὶ γὰρ ὁ νόμος ἐν τῷ η΄. κεφ. τοῦ γ΄ τίτλου τοῦ με΄ βιβλίου τῶν βασιλικῶν ταῦτα ῥητῶς· " Εἰ τοίνυν ὁ τελευτήσας, μηδὲ κατιόντας μηδὲ ἀνιόντας καταλείψει, πρώτους πρὸς τὴν κληρονομίαν καλοῦμεν τοὺς ἀδελφοὺς καὶ τὰς ἀδελφὰς τοὺς ἐκ τοῦ αὐτοῦ πατρὸς καὶ τῆς αὐτῆς μητρὸς τεχθέντας, ὁμοίως δὲ καὶ τοὺς ἀδελφόπαιδας· οἳ μετὰ τῶν πατέρων πρὸς τὴν κληρονομίαν ἐκαλέσαμεν. Τούτων δὲ [μὴ] ὑπόντων, ἐν δευτέρᾳ τάξει ἐκείνους τοὺς

---

[1]) Codex uno verbo, ut videtur ἐνδιαθήκαις, cui quasi opponitur proxima vox ἀδιάθετος. —
[2]) Cod. λήψεται, saepe construit ab ληψα ut seniores. — [3]) Cod. constanter οὐγγία, alius οὐγκία.

ἀδελφοὺς πρὸς τὴν κληρονομίαν καλοῦμεν, οἵ τινες ἐξ ἑνὸς γονέως συνάπτονται τῷ τελευτήσαντι, εἴτε διὰ πατρὸς μόνου, εἴτε διὰ μητρός· καὶ εἴ γε τῷ τελευτήσαντι ἀδελφῷ ὑπείησαν καὶ ἑτέρου ἀδελφοῦ ἢ ἀδελφῆς προτελευτησάντων παῖδες, κληθήσονται πρὸς τὴν κληρονομίαν οὗτοι μετὰ τῶν πρὸς πατρὸς καὶ πρὸς μητρὸς θείων ἀρρένων τε καὶ θηλειῶν. Καὶ ὅσοι δήποτε ἂν ὦσι τοσοῦτον ἐκ τῆς κληρονομίας λείψονται μέρος, ὅσον ὁ αὐτῶν γονεὺς ἔμελλε λαμβάνειν, εἰ ἔζησε „.

Καὶ μεθ' ἕτερα· "Εἰ δὲ μήτε ἀδελφοὺς μήτε παῖδας ἀδελφῶν, ὡς εἰρήκαμεν, ὁ τελευτήσας καταλείψει, πάντας τοὺς ἐφ' ἑξῆς ἐκ πλαγίου συγγενεῖς πρὸς τὴν κληρονομίαν καλοῦμεν, κατὰ τὴν ἑνὸς ἑκάστου βαθμοῦ προτίμησιν, ἵνα οἱ ἐγγύτεροι τῷ βαθμῷ αὐτοὶ τῶν λοιπῶν προτιμῶνται, εἰ δὲ πολλοὶ τοῦ αὐτοῦ βαθμοῦ εὑρεθῶσιν, κατὰ τὸν τῶν προσώπων ἀριθμόν, μεταξὺ αὐτῶν ἡ κληρονομία διαιρεθήσεται „· ὅπερ κεφαλὴν ἤτοι προσωπικῶς οἱ ἡμέτεροι λέγουσι νόμοι.

Ε'.

Ὅτι οὐκ ἔστι τοῖς νόμοις δεκτὴ ἡ ἐκ διαθέσεως ἀδελφότης, καὶ διὰ τοῦτο οὐδὲ γαμικὰ συναλλάγματα ἐμποδοστατεῖ [1]).

Quod in legibus non sit recepta fraternitas ex testamento, adeoque contractus matrimoniales non impediat.

Ὁ ἀνδρικώτατος στρατιώτης Ἀλέξανδρος ὁ Νεοκαστρίτης, τοιάνδε τινα ἐρώτησιν ἔθετο πρὸς ἡμᾶς, εἰπὼν ὡς μέσον αὐτοῦ τε καὶ τοῦ ἀποιχομένου στρατιώτου Χύδρου συνέστη διὰ θέσεως ἀδελφότης· θέλει γοῦν αὐτὸς λαβεῖν εἰς γυναῖκα τὴν θυγατέρα τοῦ στρατιώτου Βάσου, αὐταδέλφου ὄντος τοῦ εἰρημένου Χύδρου, καὶ ἐζήτει μαθεῖν εἰ κωλύεται τὸ τοιοῦτον συνάλλαγμα, ἀπὸ τοῦ γενέσθαι θετὸν ἀδελφὸν τοῦ Χύδρου τὸν αὐτὸν ἀδελφόν.

Ἤκουσε δὲ παρ' ἡμῶν, ὡς οὐκ ἔστιν [f.25] ἀθέμιτον τὸ τοιοῦτον συνάλλαγμα, διὰ τὸ τὴν θέσιν τῆς ἀδελφότητος μὴ εἶναι τοῖς νόμοις δεκτήν· φησὶ γὰρ τὸ λε' κεφάλ. τοῦ ιγ' τίτλ. τοῦ λε' βιβλίου ῥητῶς οὕτωσί· "Μὴ δὲ παρὰ ξένοις τοῖς ἔξω Ῥώμης οἰκοῦσι διὰ θέσεως ἀδελφότης συνιστάσθω, κἂν τις ὡς ἀδελφὸς προληφθεὶς κληρονόμος γραφῇ ἐκπιπτέτω τῆς κληρονομίας „. Ἐπεὶ γοῦν ἀπόβλητος παντάπασιν ἡ ἀδελφοθεσία τοῖς φιλευσεβέσι νόμοις ἐστίν, ἄρα γε οὐδὲν ἐμποδοστήσει τὰ ἐν αὐτῇ γινόμενα γαμικὰ συναλλάγματα· ἀλλ' ἑάσει ταῦτα προβαίνειν, ὡς συγκεχωρημένα καὶ καλῶς συνιστάμενα, καὶ μόνην τὴν ἐξ ἀγχιστείας ἴσως ἢ συγγενικοῦ αἵματος, νόμιμον ἐγγύτητα ὑφορώμενα· συγγένειαν γὰρ ἐκ θέσεως μόνην τὴν ἐκ τῆς ἀναδοχῆς τῆς ἀπὸ τοῦ ἁγίου βαπτίσματος, καὶ τὴν ἐξ υἱοθεσίας ἀπὸ τῶν ἱερῶν κανόνων καὶ τῶν φιλευσεβῶν νόμων τηρεῖν παρελάβομεν· τὰς δ' ἄλλας ὡς ἀποβλήτους καὶ ἀσυστάτους ἀποκρουόμεθα· ἡ θέσις γὰρ, φασίν, μιμεῖται τὴν φύσιν, ἡ φύσις δὲ υἱὸν μὲν ἐπιγινώσκει διὰ γεννήσεως· ἀδελφὸν δὲ, οὐδαμῶς. Εἰ δὲ ἀδελφὸν ἡ φύσις ἀγνοεῖ, ἄρα καὶ ἡ θέσις. Πῶς γάρ τι γεννήσει ἑαυτῷ ἀδελφόν; εἰ δὲ τοῦτο ἀδύνατον, ἄρα οὐ θετὸν ἀδελφὸν εἶναι χρεών· ἀκώλυτον οὖν καὶ τὸ παρὸν ἔστι συνάλλαγμα, καὶ γενόμενον ἔσται ἄμεμπτον καὶ ἀκατηγόρητον. Ταῦτα πρὸς τὰ ἀφηγηθέντα.

[1]) Cod. ἐμποδοστεῖ, quod male rescripsit catalog. Monac. Caeterum emendat ὁ πίναξ codici praefixus. Attamen infra erit liquido ἐμποδοστατεῖ pro ἐμποδοστατεῖσι. Vide an augenda lexica sint.

Σ'.

Περὶ τῶν ἐξ ἀγχιστείας καὶ αἵματος βαθμῶν.
De gradibus affinitatis et consanguinitatis.

Ἐγνώρισας ἡμῖν, ἐν Κυρίῳ ἀγαπητὲ ἀδελφέ, ὡς ἔλαβέ τις εἰς γυναῖκα τὴν αὐταδέλφην τῆς μοιχευθείσης γυναικὸς, παρὰ τοῦ ἀπὸ πρώτου ἐξαδέλφου ἀνεψιοῦ αὐτοῦ, καὶ ἐζήτησας δηλωθῆναί σοι παρ' ἡμῶν εἰ θεμιτόν ἐστι τὸ τοιοῦτον συνάλλαγμα.

Ἡμεῖς δὲ, τὴν συμπληροῦντες αἴτησιν, ταῦτα πρὸς τὴν τοιαύτην ἐρώτησιν ἀποκρινόμεθα. Ὢ; οἱ τῆς καθ' ἡμᾶς πολιτείας νόμοι, καὶ ἀκολούθως αὐτοῖς αἱ προβᾶσαι συνοδικαὶ καὶ βασιλικαὶ, κατὰ διαφόρους αἰτίας καὶ χρόνους, ἐξ ἀδεκάστων τρακτάτων πράξεις τὸ σεμνὸν | τῷ χριστιανισμῷ περιποιούμεναι, τοῖς μὲν ἐξ αἵματος· ἤτοι συγγενείας συναλλάγμασιν ὅρον τὸν ἕβδομον βαθμὸν ἔθεντο, τοῖς δέ γε ἐξ ἀγχιστείας τὸν ἕκτον, ὥστε δηλαδὴ τὰ μὲν ἐντὸς αὐτῶν εὑρισκόμενα μὴ προβαίνειν ὡς ἄθεσμα, τὰ δὲ ἐκτὸς, εἶναι ἀκόλουθα· ἐπεὶ οὖν καὶ τὸ ἀνωτέρω δηλωθὲν συνοικέσιον ἑβδόμου ἐξ ἀγχιστείας εὑρίσκεται τυγχάνον, ἐκ πέντε δηλαδὴ καὶ δύο συναγομένου, οὐ μέμψιν ἀποίσεται ὡς αἰσχρὸν, ἀλλ' ὡς ἔξω τοῦ ὁροθεσίου τρέχον, καὶ οὕτω τοῖς θεμιτοῖς συνεξεταζόμενον, κατηγορίαν ἅπασαν ὑπερθήσεται.

Ὥσπερ γὰρ οὐ συγχωρηθήσεταί τις τὴν τοῦ δισεξαδέλφου αὐτοῦ λαβεῖν θυγατέρα, διὰ τὸ εὑρίσκεσθαι τὸ συνάλλαγμα ἑβδόμου ἐκ συγγενείας εἶναι βαθμοῦ, οὕτω πάλιν οὐ κατηγορηθήσεται τῷ υἱῷ αὐτοῦ συνάψας αὐτὴν, διὰ τὸ εἰς τὸν ὄγδοον ἀποτρέχειν βαθμὸν, εἰ καὶ ἀμεσολάβητος ἡ τοῦ πατρὸς πρὸς τὸν υἱὸν ἐγγύτης ἐστί, καὶ αὐτὰ δὲ τὰ συναπτόμενα πρόσωπα τρισεξάδελφα καὶ λέγονται καὶ εἰσί· τὸ μὲν γὰρ πρῶτον, ἤγουν τὸ τοῦ ἑβδόμου βαθμοῦ, εἰ καὶ σεσιωπημέ-

νον ἀφῆκεν ὁ νόμος, μήτε ἐπιτροπὴν, μήτε κωλύμην αὐτοῦ ψηφισάμενος, ἀλλὰ κωλύει πρᾶξις συνοδικὴ προβᾶσα ἐπὶ τῶν ἡμερῶν τοῦ ἁγιωτάτου πατριάρχου ἐκείνου κυροῦ Λουκᾶ, καὶ παρὰ τοῦ ἀοιδίμου ἐν βασιλεῦσι πανσεβάστου κυροῦ Μανουὴλ τοῦ Κομνηνοῦ, διὰ νεκροῦ αὐτοῦ βεβαιωθεῖσα θεσπίσματος. Τὸ δὲ δεύτερον, ἤγουν τὸ τοῦ ὀγδόου βαθμοῦ ὁ πολιτικὸς ἐπιτρέπει νόμος, φάσκων οὕτω ῥητῶς· Ἡ γραφεῖσα ὑπὸ αἵρεσιν κληρονόμος, ἐὰν τῷ τρισεξαδέλφῳ αὐτῆς γαμισθῇ, πληρούτω τὴν αἵρεσιν, οὐ γὰρ αἰσχρὸς ἐστὶν ὁ γάμος· ὡσαύτως δὲ καὶ ἐπὶ τῶν ἐξ ἀγχιστείας. Δύο μὲν ἀδελφοὶ δυσὶ πρώταις ἐξαδέλφαις ἐξ ἑτέρου γένους· συναφθῆναι οὐ παραχωρηθήσονται, διὰ τὸ ἕκτον ἐντεῦθεν συνάγεσθαι βαθμόν, ἐκ δύο δηλαδὴ καὶ τεσσάρων· δυσὶ δὲ ἀδελφαῖς· οἱ οὕτω λεγόμενοι μικρὸς θεῖος καὶ μικρὸς ἀνεψιὸς οὐ κωλυθήσονται συναφθῆναι· τὸ μὲν γὰρ πρῶτον, ἤγουν τὸν ἕκτον ὁ συνοδικὸς τόμος, τοῦ ἁγιωτάτου πατριάρχου Σισιννίου κεκώλυκε· τὸ δὲ β', ἤγουν (l. 26) τὸν ἕβδομον, ὡς ἀκώλυτον ἐπεκύρωσε πρᾶξις συνοδικὴ ἐπὶ τῶν ἡμέρων γενομένη τοῦ ἁγιωτάτου πατριάρχου κυροῦ Μιχαήλ, καὶ ἐν μέρει οὕτως ῥητῶς γνωματεύουσα· " Οὐ γὰρ ἐπεὶ ἡ τοῦ ἀδελφοῦ μου γυνὴ μία ἐστὶ τῷ ἀνδρὶ ταύτης καὶ ἀδελφοῦ μου σὰρξ, καὶ λεπτῷ νῷ καὶ διχονοήματι κἀμοῦ λελόγισται ἀδελφὴ ἡ νύμφη, τὴν ταύτης ὅλην συγγένειαν εἰς ἓν συναλείφων πρόσωπον, ἀδελφὰς καὶ συγγενίδας λογίσομαι „.

" Ὁδηγεῖ γάρ με νόμος τίνας ταύτης τῶν συγγενίδων οὐκ ἄξομαι, καὶ τίσιν ἀμέμπτως· προσέλθω· οὔτε γὰρ πρὸς τὴν τῆς νύμφης· μου ἀδελφήν, οὔτε πρὸς τὴν ταύτης ἐξαδέλφην, ἢ τὴν θείαν τὴν μείζω· καὶ μέντοι οὐδὲ πρὸς τὴν ἀνεψιὰν γαμικὰ συγγράψω συμβόλαια, ἐπειδὴ ταῖς τοῦ ἕκτου καὶ τῶν ὑπ' αὐτὸν βαθμῶν ἄρχεσι περιείλημμαι· πρὸς δὲ τὴν δισεξαδέλφην ταύτης καὶ τὴν μικρὰν ἀνεψιὰν ἀνεπιτίμητον θήσομαι τὸ συνοικέσιον· ἢ μὲν γὰρ πρὸς τὸν ὄγδοον ἀπελήλαται βαθμόν· ἢ δὲ ἀνεψιὰ ὑπερβαίνει τὸν ἕκτον, καὶ ἐπὶ τὸν ἕβδομον ἵσταται· οὕτω γὰρ καὶ ὁ θεῖος καὶ ἀνεψιὸς ἀλλοφυέσι πρώταις ἐξαδέλφαις ἐπιμιγνύμενοι, ἔννομον συνίστωσι τὸν γάμον· χάσματι γὰρ τῷ νομικῷ ἀποδιεστήκασιν ἀλλήλων, τὴν συγγένειαν ἐκ τούτου μηδ' ὅλως καταρρυπαίνοντες „. Οὐδεὶς οὖν ὀρθῶς εἴποι τὸν ἐξ ἀγχιστείας συνημμένον καὶ σχγγενῆ καταχρηστικῶς ἐπωνομασμένον, οἰκειότερον ἢ ἴσον εἶναι, τὸ ἐκ γένους καὶ αἵματος· ἵνα διὰ τοῦτο καὶ τοῖς αὐτοῖς τῶν γάμων στοιχήσῃ τούτοις ὅροις, ὥσπερ καὶ προείληπται. Ὁ δὲ μακάριος ἐν πατριάρχαις κῦρος Σισίννιος, εὑρὼν, ὡς ἔοικεν, ἐν τοῖς κατ' αὐτοῦ χρόνοις, ἀναίδην ἐπὶ τῶν ἐξ ἀγχιστείας τοὺς τοῦ αὐτοῦ τοῦ ἕκτου μιγνυμένους βαθμοῦ, καὶ ἀνεπιτίμητον ὄν, ἀδελφοὺς δύο δυσὶν ἑτερογενέσιν ἐξαδέλφαις πρώταις· ἢ θείᾳ μείζονι καὶ ἀνεψιᾷ συνέρχεσθαι, καὶ τὸν γάμον μὴ δοκεῖν αἰσχρὸν εἶναι· τοῦτο μὲν διὰ νεαροῦ κεκώλυκε θεσπίσματος, τὰ δὲ ἐκτὸς τούτων ἀφῆκεν ἀπεριόριστα καὶ ἀκώλυτα· εἰπὼν γὰρ μὴ δύνασθαι θεῖον καὶ ἀνεψιὸν δύο ἀδελφὰς λαμβάνειν, ἢ δύο ἀδελφοὺς θείαν καὶ ἀνεψιάν, καὶ ὃ δοκεῖ μεῖζον ἁμάρτημα τῷ πατριάρχῃ, ἀπειρηκὼς δύο ἀδελφοὺς | δυσὶν ἐξαδέλφαις πρώταις μίγνυσθαι γαμικῶς, ὡς ἐκ τούτου συγχύσεως τῶν συγγενῶν ἐπισυμβαινούσης καὶ τῶν ὀνομάτων συμπτώσεως, καὶ μέχρι τούτου τὰς κωλυομένας περιγραψάμενος τῶν συνελεύσεων, καὶ μὴ' τι ἐφώνησας ὑπὲρ ταύτας, δοκεῖ σαφέστατα, τὸν μὲν τοῦ ς' βαθμοῦ καὶ τὸν κατωτάτω τούτου γάμον κωλύειν καὶ μὴ συγχωρεῖν χώραν λαμβάνειν. τῶν δ' ὑπερβαινόντων τὸν ἕκτον ὅρον θεμιτὴν ἡγεῖσθαι συνάφειαν. Ἀλλὰ ταῦτα μὲν ἡ συνοδικὴ πρᾶξις ἔστι διαλαμβάνουσα· εἰ βούλει δὲ καὶ ἐκ διαγνώσεων νόμου μαθεῖν ἀνδρῶν, τὸ τοῦ πράγματος ἀπρόσκοπον παραστήσομεν, αὐτίκα γάρ, ἵνα τοὺς ἄλλους διὰ τὸ πολυσχεδὲς παραδράμωμεν. Ὁ μὲν λεγόμενος Ῥωμαῖος, ἀνὴρ ἐκεῖνος χρηστὸς, καὶ τῶν νόμων εἰς βάθος ἠκριβωκὼς καὶ ἐλλογιμώτατος γεγονώς, ἐν ἑνὶ τῶν αὐτοῦ ὑπομνημάτων ταῦτα διέξεισιν· Εἵλετό τις νόμῳ γάμου συνοικῆσαι τῇ θυγατρὶ τοῦ δισεξαδέλφου αὐτοῦ, πρόδηλον ὅτι τὴν ἑβδόμην βαθμοῦ οὖσαν κατὰ συγγένειαν λαβεῖν ᾑρετίσατο· καὶ μετά τινα πάλιν βούλεται Πέτρος, ἀγχεῖσθαι ἑαυτῷ γυναῖκα Μαρίαν, θυγατέρα οὖσαν Θεοδότης πρώτης ἐξαδέλφης Θεοφάνους τοῦ τὴν Εἰρήνην τὴν ἀδελφὴν αὐτοῦ γήμαντος. Φανερὸν κἀνταῦθα, ὅτι ἡ Μαρία ἑβδόμου βαθμοῦ ἐστι Πέτρῳ, οὐ μέντοι κατὰ συγγένειαν, ἀλλὰ κατ' ἀγχιστείαν, ἀγχιστεία δὲ ἐστιν, ὡς τῷ νόμῳ δοκεῖ, οἰκειότης προσώπων ἐκ γάμων ἡμῖν συνημμένη, συγγενείας ἐκτός· ἆρα οὖν ἀγχιστεία πολλῷ ἐλάττω συγγενείας· ἐκεῖ μὲν γὰρ ἐξ αἵματος ἡ οἰκειότης, ἐνταῦθα δὲ ἀπὸ τοῦ συμβεβηκότος, ἤγουν τοῦ γάμου· ὥστε εἰ καὶ τῇ ποσότητι ἰσάζουσιν ἐφ' ἑκατέρων τῶν θεμάτων οἱ βαθμοί. ζ' γὰρ βαθμοῦ καὶ οὗτος ἐκεῖνος, ἀλλὰ τῇ γε ποιότητι, πολλῷ διενηνόχασι καὶ ἐπὶ τὸν κατὰ συγγένειαν ἡ' βαθμὸν εἰς γάμον κοινωνίαν ὁ νόμος προσίεται, τὴν δὲ κατὰ συγγένειαν ζ', οὔτε τοῖς ἐπιτετραμμένοις συναριθμεῖ, οὔτε τοῖς κεκωλυμένοις ἐγκαταλέγει, ὀρθῶς ἄν τις ποιήσῃ, τούτου μὲν εὐλαβούμενος, τὸν δὲ κατὰ ἀγχιστείαν ζ' ἐπιτρέπων, ὡς τῷ κατὰ [f. 27] συγγένειαν ὀγδόῳ ἰσοδυναμοῦντα, οἷα τοῦ τῇ ποσότητι ἐνδέοντος ὑπὸ τοῦ κατὰ ποιότητα πλεονάζοντος ἀναπληρουμένου. Καὶ ὁ τοῦ μακαρίτου γὰρ πατριάρχου κυροῦ Σισιννίου τόμος· τὴν κώλυσιν μέχρι τούτου προαγαγών, ἵνα δύο πρῶτοι ἐξάδελφοι δυσὶν ἀδελφαῖς μὴ συνάπτωνται, ἔστη καὶ περαιτέρω οὐ προέβη. Ἄμεμπτος οὖν ὁ παρὼν γάμος, τά τε ἄλλα καὶ ὅτι οὐδ' ἀπὸ τοῦ τόμου κεκώλυται. Ὁ δέ γε πρότερον μὲν νομοφύλαξ καὶ χαρτοφύλαξ, ὕστερον δὲ μητροπολίτης Θεσσαλονίκης χρηματίσας κῦρος Μιχαὴλ ὁ Χοῦμνος, ἐν ψηφίσματι αὐτοῦ ἐν μέρει ταῦτα διέξεισιν· Ἐπεὶ μὲν γὰρ τῶν διὰ τὴν ἐξ αἵματος συγγένειαν κεκωλυμένων γάμων μέχρι καὶ αὐτοῦ τοῦ ἕκτου βαθμοῦ ἐπεκτείνεται ἡ κώλυσις ῥητῶς, καὶ οἷα ἂν εἴπῃς· πρόσωπα συγγενικὰ τῷ ἕκτῳ βαθμῷ ἁλισκόμενα, κεκωλυμένος καὶ ἔκθεσμος ὁ τούτων γάμος. Ἐπὶ δὲ τῆς ἀγχιστείας ὁ τόμος κωλύει δύο ἐξαδέλφους· εἰς δύο πρώτας ἐξαδέλφας, καὶ εἰσὶν ἐξάδελφαι τετάρτου πρὸς ἀλλήλας βαθμοῦ· οἱ δὲ ἀδελφοὶ δύο πρὸς ἀλλήλους, ἰδοὺ βαθμοὶ ς΄ καὶ κωλύονται, ἀλλὰ θεῖος καὶ ἀνεψιὸς τρίτου πρὸς ἀλλήλους ὄντες βαθμοῦ, θείᾳ καὶ ἀνεψιᾷ ἐξ ἑτέρου γένους, τρίτου καὶ αὐταῖς οὔσαις βαθμοῦ, συνάπτονται· καὶ ἔστιν οὐκ ἐξ ἀμφοτέρων τῶν γενῶν ἀριθμὸς τῶν βαθμῶν ἕκτος. Ἔστι δὲ οὐ βασιλικὸς μόνον ὁρισμὸς τὸ ἄμεμπτον τῷ γάμῳ τούτῳ ἐπιψηφιζόμενος, ἀλλὰ καὶ συνοδικὴ σημειώσις· λοιπὸν ἐκ τούτου συνάγεται, τὸ μὴ ὀφείλειν κωλύεσθαι ἐπὶ τῆς ἀγχιστείας τὰ μὴ ἀπὸ κανόνων ἢ νόμων ἢ τόμου ἢ ἄλλης ἐκκλησιαστικῆς ψήφου κωλυθέντα πρόσωπα. Ἀλλ᾽ ἐν τούτοις μὲν τὰ τῶν διαγνώσεων· ἔστι δ᾽ ἐντεῦθεν καταλαβεῖν καὶ τὸν νῦν ἐρωτώμενον γάμον ἀμέμπτως συστῆναι ὡς ἔνθεσμον ἐφ᾽ ᾧ δὴ καὶ ἡμεῖς τὰ παρόντα πρὸς τὴν τοιαύτην ἐρώτησιν προισχόμεθα· ἔρρωσο.

Ζ'.

Περὶ θεμιτῶν καὶ ἀθεμίτων γάμων.
De licitis et illicitis matrimoniis.

Μεγαλεπιφανώτατε ἐν Κυρίῳ ἠγαπημένε μοι κῦρε Ἱμέριε, τειχομένην τὴν γραφήν σου ἐδεξάμην, δι᾽ ἧς ἐρώτησιν ἔνθου πρὸς ἡμᾶς· περὶ τοῦ γινομένου παρὰ σοῦ γαμικοῦ συναλλάγματος, εἰ ἔννομόν ἐστι τοῦτο, τὸ ἄνδρε τινὰ τὴν ἀφήγησιν ἔχον ὡς φθάνουσι πρὶν λαβόντες ἑαυτοῖς | εἰς γυναῖκα δύο τινὰς αὐταδέλφας· ὅτε σὸς αὐτάδελφος Κανάκιος καὶ τις ἐξ ἑτέρου γένους καλούμενος Ῥωμανός· νῦν δὲ τῇ μητρὶ τοῦ αὐτοῦ Ῥωμανοῦ Ἑλένῃ συναφθῆναι βούλει σὺ γαμικῶς. Ἡμεῖς δέ σοι ἀποκρινόμεθα, ὡς τὸ τοιοῦτον συνάλλαγμα, οἷα μήτε βαθμοῖς περιλαμβανόμενον, μήτε ἀπρεπὲς λογιζόμενον, μήτε σύγχυσιν συγγενικῶν ὀνομάτων ἐπισυρόμενον, ἀκώλυτον εἶναι καταλαμβάνεται· οὔτε γὰρ ἡ πενθερὰ τῆς γυναικαδέλφης σου προσήκει σοι τί ἡ Ἑλένη, οὔθ᾽ ὁ ταύτης υἱὸς ὁ σύγγαμβρος δηλονότι τοῦ αὐταδέλφου σου Ῥωμανός, κατά τι ἐγγίζει σοι· οὐδενὸς γὰρ βαθμοῦ οἰκειότης ἐγγύτητα νομίμων ἐπεισκυκλοῖεν ὑμῖν, ἀλλ᾽ οὐδὲ προσηγορία τις συγγενικὴ κοινόν τινα ὅρον τίθησι, μέσον σοῦ καὶ αὐτῶν, καθ᾽ ὃν ἡ ἀπρέπεια, ἡ σύγχυσις τῶν τοῦ γένους προσηγοριῶν ἀνακύπτειν πέφυκεν· οὐδὲν γὰρ σοὶ καὶ τῇ πενθερᾷ τῆς γυναικαδέλφης σου, ἢ ἐκ παραλλήλου εἰπεῖν τὸ αὐτό, οὐδὲν γὰρ σοὶ καὶ τῇ μητρὶ τοῦ συγγάμβρου τοῦ αὐταδέλφου σου, περὶ τοῦ τοιούτου δέ που φάκτον σαφέστατα διαλαμβάνει, πρᾶξις συνοδικὴ ἡ ἐπὶ Μιχαὴλ τοῦ ἁγιωτάτου καὶ οἰκουμενικοῦ πατριάρχου διὰ Νικήτα τοῦ ὁσιωτάτου πρωτοσυγγέλου καὶ χαρτοφύλακος τῆς μεγάλης ἐκκλησίας κατὰ τὸ ϛρξ ἔτος· τῆς ε' ἰνδ. προβᾶσα, καὶ ἐν μέρει ταῦτα διεξιοῦσα ῥητῶς· "Οὐ γὰρ ἐπεὶ ἡ τοῦ ἀδελφοῦ μου γυνὴ μία ἐστὶ τῷ ἀνδρὶ ταύτης καὶ ἀδελφῷ μου σάρξ, καὶ λεπτῷ νῷ καὶ διανοήματι κἀμοῦ λελόγισται ἀδελφὴ ἡ νύμφη, οὕτως ἐντεῦθεν καὶ τὴν ὅλην ταύτης συγγένειαν εἰς ἓν συνκλείφων πρόσωπον, ἀδελφὰς καὶ συγγενίδας λογίσομαι· ὁδηγεῖ γάρ με ὁ νόμος, τίνας ταύτης τῶν συγγενίδων οὐκ ἄξομαι, καὶ τίσιν ἀμέμπτως προσέλθω· οὔτε γὰρ πρὸς τὴν τῆς νύμφης μου ἀδελφὴν, οὔτε πρὸς τὴν πρώτην ταύτην ἐξαδέλφην ἢ τὴν θείαν τὴν μείζω καὶ μέντοι, οὐδὲ πρὸς τὴν ἀνεψιὰν γαμικὰ συνάψω [1]) συμβόλαια· ἐπειδὴ ταῖς τοῦ ς΄ καὶ τῶν ὑπ αὐτὸν βαθμῶν ἄρκεσι περιείλημμαι· πρὸς δὲ τὴν δισεξαδέλφην ταύτης καὶ τὴν μικρὰν [f. 28] ἀνεψιὰν ἀνεπιτίμητον θήσομαι τὸ συνοικήσιον· ἡ μὲν γὰρ πρὸς τὸν ὄγδοον ἀπελήλαται βαθμὸν, ἡ δὲ ἀνεψιὰ ὑπερβαίνει τὸν ἕκτον, καὶ ἐπὶ τὸν ζ΄ ἵσταται· οὕτω καὶ θεῖος καὶ ἀνεψιὸς, ἀλλογυέσι πρώταις ἐξαδελφαῖς ἐπιμιγνύμενοι, ἔννομον συνιστῶσι τὸν γάμον, χάσματι γὰρ τῷ νομικῷ ἀποδιεστήκασιν ἀλλήλων· τὴν συγγένειαν ἐκ τούτου μηδ᾽ ὅλως καταρρυπαίνοντες „. Ἀλλ᾽ οὕτω μὲν ἡ συνοδικὴ πρᾶξις ἄριστα ἐγνωμάτευσε. Σὺ δὲ τὸ μετὰ τῆς Ἑλένης ἐκτελέσας συνάλλαγμα, παντάπασιν ἔσῃ ἀνεπιτίμητος· οὐδὲ γὰρ συνάπτῃ προσωπῳ συγγενικῷ τῆς γυναικὸς τοῦ σοῦ αὐταδέλφου, ἐκ τῶν ῥητῶς ἀπηγορευμένων καὶ κορυφῆς ὑπερτέλλουσαν ἐχόντων τὴν νομικὴν καὶ κανονικὴν ἐπιτίμησιν, ἀλλ᾽ ἱκανῶς μακρυνομένῳ πάσης τάγε εἰς σὲ ἀγχιστείας καὶ οἰκειότητος. Ταῦτα πρὸς τὰ ἀφηγηθέντα. Σὺ δ᾽ ἔρρωσο ὑπὸ Κυρίου φρουρούμενος.

Η΄.

Ἐπιστολὴ πρὸς τὸν χρηματίσαντα μητροπολίτην Κερκύρας τὸν Πεδάτη [2]) περὶ τῶν χειροτονηθέντων παρὰ τῶν Βουλγαροεπισκόπων τῶν ἀπὸ τῆς Ζαγορᾶς ἐξελθόντων καὶ περὶ συναλλάγματος, εἰ δηλαδὴ θεμιτόν ἐστι τὸν αὐτὸν καὶ ἕνα δυσὶ δισεξαδέλφαις συναρθῆναι.

Epistola ad Corcyrae metropolitam Pedade, de iis qui a Bulgariae episcopis Zagora egressis ordinati sunt; et de contractu, an nempe licitum sit unum eumdemque duabus filiabus patruelium jungi.

Ἐγώγε τὸν παρὰ τῷ Σταγειρίτῃ Θρασύδειλον ἀεὶ φέρων εἰς νοῦν, καὶ φιλονεικῶν ἀκριβώσασθαι· τοῦτον κατὰ τὴν ἐκείνου τοῦ δαιμονίου ἠθίκευσιν, ἄρτι τοῦτον συνήγαγον ἐμαυτῷ τῷ τελεωτέρῳ, σαρεῖ διδασκάλῳ τῷ περὶ ἐμὲ συμπεσόντι χρησάμενος, καὶ οὕτω διδακτῶς τὸ μέρος ἐμαυτοῦ πεφηνώς. Οἷς μὲν γὰρ ἐπεβαλόμην γράμμα συντάξασθαι νῦν πρὸς τὴν σὴν ἁγιότητα, δόξας δήπουθεν γλῶσσαν ἔχειν καὶ δύνασθαι φθέγγεσθαι, εἰς θρασύτητα διεξέπεσον, ἣν δὴ μετὰ τῶν ἄλλων καὶ πρὸς ποιητικὴν ἀνδρείαν καὶ ἀλαζονικὴν ὁ φιλόσοφος ἀποφαίνεται· οἷς δὲ ἐξ ὑπογύου, ἐμαυτοῦ τε ᾐσθόμην, τὸ τοῦ Χίλωνος ἐκεῖνο· Γνῶθι σαυτὸν, εἰς νοῦν αὐτίκα βαλών, καὶ πρὸς τὰ φοβερὰ οὐχ ὑπόμεινα, οὔτε μὴν ἀκατάπληκτος γέγονα· ὃ δὴ τῶν ἀνδρείων ἐστί, πρὸς τὴν ἀντικειμένην κακίαν ἐξετράπην, τὴν δειλίαν φημὶ, καὶ οὕτω μίγμα πῶς δύο κακιῶν ἀναπέφηνα ψεγόμενόν τε καὶ ἀποσυριττόμενον. | Καὶ γὰρ, ἅγιέ μου δέσποτα, οὐδὲν ἔμοι γε βεβαρβαρωμένῳ ἀνδρὶ (χρόνιος γὰρ ἐν Βουλγάροις ἐγώ), τὸ βάρβαρον ἐκ μακροῦ καὶ ἐπὶ τῷ πάσης ἀρετῆς πεπλησμένῳ καὶ δυνάμεως λόγου καὶ σοφίας, τῆς τ᾽ ἔνδον, τῆς τε θύραζε ὃν οὐκ ἀνέχομαι, μὴ καὶ εἰς ἀετὸν ὑψιπέτην ἀναγωγῆς λόγοις θεωρεῖν, ὡς τῇ ἱκανώσει τῆς ἐν σοὶ τοῦ πνεύματος χάριτος, τῆς τοῦ λόγου καὶ τῆς θεωρίας σχίζοντος

---

[1]) Nota varietates col. 84, 85. — [2]) Sic in praevio indi e; in cod. fol. 28 potius legeretur Πεδάτα, nomen vero prorsus ignotum inter veteres Corcyrae episcopos.

πτέρυγας, καὶ ὑπὲρ νεφῇ νοερῶς γινόμενον, καὶ ὑψόθεν ἡμᾶς· τοὺς χαμαὶ ἐρχομένους ὁρῶντα, καί που καὶ εἰς θρῖπας παροιμιάζοντα διὰ τὸ τοῦ καθ' ἡμᾶς βίου καὶ τῆς ἀμαθίας χαμαίζηλον· οὗ καὶ ἡ γλῶσσα διττῷ στομωθεῖσα καὶ στιλβωθεῖσα χοάνῳ, τῷ τε τοῦ πνεύματος ἄνωθεν καὶ κάτωθεν τῷ τῆς πυριπνόου σοφιστικῆς πᾶν καταπλήττει τὸ ἀντιμέτωπον, καὶ κατὰ ταυτὸν παρὰ τοσοῦτον ἀποκρύπτειν τοὺς τε διαλεκτικοὺς καὶ ἐποποιοὺς καὶ τοὺς ῥήτορας, Δημοσθένεις λέγω καὶ Ἀρχιλόχους, καὶ Ἀριστοτέλεις καὶ Ζήνωνας ὧν τεθρύλληται τὸ ἀμφίγλωττον, παρόσον ἀπλανῶς μετὰ τοῦ πνεύματος τῆς ἀληθείας προφέρει καὶ ῥητορεύει τὰ τῆς καθ' ἡμᾶς πίστεως δόγματα καὶ τὰ ζωῆς εὐαγγελικὰ ῥήματα καὶ διδάγματα· οὕτως ἐγὼ συνήγαγον ἐν ἐμαυτῷ τὸν Θρασίδηλον· οὕτως αὐτὸν ἐξεικόνισα πρὸς ἀκρίβειαν, ἐκ πρώτης μὲν δηλαδὴ γραμμῆς ὃ λέγεται θρασυνόμενος, ἔπειτα δὲ συστείλας ἑαυτὸν δειλίᾳ τῇ καταπλήξει τῶν φοβερῶν, καὶ ἐπισχὼν τὴν γραφίδα· καὶ τετρεμαίνοντι παρόμοιος γεγονώς, ὡς καὶ λογισάμενος, μήποτέ με τις, μὴ ὅτι γε ἀνεπιστήμονα λόγου μόνον, ἀλλὰ μηδὲ φρονεῖν ἐπιστάμενον γνωματεύσειεν· οὕτω δὲ πάλιν σὺ φοβερὸς καὶ δυσαντίβλεπτος ἐγνώσθης, ὧν ἔμοιγε διά τε τὴν ἀρετήν, διά τε τὴν σοφίαν, ἧς ἡ χάρις ἐν χείλεσί σου ἐκκέχυται κατὰ τὸ ψαλτῴδημα· ἆρ' οὖν τὸ ἐντεῦθεν, ἐπιστήλης τοιαύτης κακιζομένης ὀρᾶσθαι ἐάσομεν ἑαυτούς, ὡς καὶ κίνησιν ἐκ τοῦ ψαλμικῶς καὶ γλώσσης προκαλεῖσθαι κατάψαλμα, ἢ δεῖ τὴν εἰκόνα ταύτην ἐξουδενῶσαι καὶ ἀμαυρῶσαι, ἑτέραν δ' ἀναστηλῶσαι προστησαμένους τὴν ἀποστολικὴν τῆς ἀγάπης ἀνδριαντουργίαν εἰς μίμησιν τοῦτο πάντως, ἐπεὶ οὖν ἐκείνης ἐστί· τὸ θαρρεῖν, ὃ καὶ τῇ τεχνικῷ ἐπαινουμένῃ μεσότητα θεώρηται, ἀλλὰ δὴ καὶ τὸ βάλλειν ἔξω (f. 29) τὸν φόβον. Ἰδοὺ εἰς γὰρ βοῦντας, ἀγαπητικῶς μεταχρόννυμεν ἑαυτούς· τοῖς τοῦ πνευματικοῦ πάθους χρωματουργήμασι καὶ τὴν γραφὴν ταύτην ἀπολαμ-

βάνομεν, καὶ βάλλομεν ἔξω τὸν φόβον καὶ ἐπιστέλλομεν, οὐκ ἐπίδειξιν τινὰ τεχναζόμενοι, ἀλλὰ τὸ δριμύ, τῶν ἐν ἡμῖν τὴν σὴν ἁγιότητα παραδεικνύοντες· παιδικῶν, ἐκ πολλοῦ γὰρ τῶν σῶν ἐρῶμεν χαρίτων, καὶ ποθοῦμεν πρὸς τὴν λάμψιν τούτων δραμεῖν, καί σοι τῇ τούτων ὁμιλῆσαι πηγῇ, κἂν ἀκατάλημμα ἡμῖν ὡς προτέθειται πρὸς ταύτην ἐστὶ καὶ ἀσύμβατα εὐχόμεθα φυλάττεσθαί σε παρὰ Θεοῦ, ἀκράδαντον καὶ ἀσάλευτον στύλον ὄντα τῆς πίστεως καὶ ἑδραίωμα, καὶ στήλην ἐναρέτου διαγωγῆς, νῦν μάλιστα ὅτε καὶ τὰ ἔκφυλα παρρησιάζονται δόγματα, καὶ ἡ κατὰ Θεὸν πολιτεία τὴν παρρησίαν ἀπολιμπάνει διὰ τὸ πληθυνθῆναι τὴν ἀνομίαν κατὰ τὸ εὐαγγέλιον· εἰ γὰρ καὶ θαυμαστῶς, φωτίζεις σὺ τὴν Κερκυραίαν, ὡς θεμελιωθεὶς ἐν ταύτῃ τῇ παρὰ τοῦ Πνεύματος, ἀλλὰ φαίνουσιν αἱ ἀστραπαί σου καὶ τὴν καθ' ἡμᾶς οἰκουμένην κατὰ τὸ λόγιον, καὶ σπείρουσι πανταχοῦ τοῦ σοῦ βίου καὶ λόγου θεοειδῆ ἀμαρύγματα, καὶ πάντως εἰς τὴν τούτων ἕλκουσιν ἔρεσιν. Σὺ δ' ἀλλ' ἄν τε ῥώης ἡμῶν κατὰ τοὺς τοῦ εὐαγγελίου θεσμούς· καὶ ὑπερεύχοιο τῆς ἀσθενείας ἡμῶν, συγκαταβαίνων ἡμῖν ἐκ τοῦ κατὰ σὲ ὕψους, δύνασθαι γὰρ καὶ τοῖς κάτω συγγίνεσθαι καὶ ἄνω βεβηκέναι καὶ τηρεῖν ἐν τῇ συγκράσει τὸ ὄρθιον. Εἶεν. Ὁ λόγος δέ σοι καὶ ὡς πατρὶ παιδὸς προσάγει περὶ τινων δεόντων ἐρώτησιν· ἐπερώτησον γάρ, φησὶν ἡ θειογραφουμένη φωνή, τὸν πατέρα σου, καὶ ἀναγγελοῦσί τοὺς πρεσβυτέρους σου, καὶ ἐροῦσί σοι· ἡ σὴ δὲ σοφία, καὶ τὴν ἐρώτησιν πρᾴως· δεξάσθω καὶ ἀπόκρισιν δότω ἡμῖν τὸ ἄπορον λύουσαν (Deuter. xxxii, 7).

Ἡ Βουλγαρικὴ ἐξουσία, οὐ πρὸ πολλοῦ, καὶ τὴν ἡμετέραν ταύτην ἐγκρατῶς θερμένη ὑφ' ἑαυτῇ κατέστησε καὶ ἀρχιερεῖς ὁμογλώσσους ἐν ταῖς πανταχοῦ τούτου κλίματος ἐκκλησίαις· ὡς, τῶν ἐν ταύταις πρὶν ὄντων ἱεραρχῶν, τῶν μὲν διὰ τὴν τῆς ἐξουσίας καταβολὴν προελομένων ὡς σωτήριον τὴν ἀλλαχοῦ μετανάστασιν· τῶν δέ, ἤδη καὶ τεθνηκότων, οἱ Βουλγαρικοὶ δ' ἐκεῖνοι ἀρχιερεῖς, φθανοῦσι προαγόντες πολλοὺς ἐν τῷ καιρῷ τῆς ἐφημερίας αὐτῶν εἰς βαθμοὺς ὑποδιακόνων τε καὶ διακόνων καὶ πρεσβυτέρων· οἱ δὴ καὶ ἐτύγχανον, ἴσα τοῖς πάλαι ἱερατικοῖς τῶν τοῦ βήματος ἱερῶν λειτουργημάτων ἀντιποιούμενοι, ἕως οὗ δηλονότι ἡ μὲν ἐξουσία αὐτὴ ἐκ μέσου γέγονε, οἱ μεταναστεύσαντες δὲ ἀρχιερεῖς εἰς τὰς λαχούσας αὐτοὺς ἐκ τῆς ὑπερορίας ἀνέλκυσαν· ἐπανελθόντων δὲ τούτων, συνεζητήθη, εἰ χρὴ δεχθῆναι τοὺς προχθέντας παρὰ τῶν βουλγαρεπισκόπων· τοῖς μὲν οὖν ἔδοξεν ἀποβλήτους θέσθαι αὐτούς τε καὶ τοὺς παρ' αὐτῶν χειροτονηθέντας· μοιχοὺς γὰρ οὗτοι καὶ ἐπιβήτορας τούτους ὠνόμασαν· καὶ τὸν κυνικὸν Μάξιμον, τὸν τῷ δ' κανόνι τῆς οἰκουμενικῆς δευτέρας συνόδου ἐμφερόμενον εἰς μέσον παρήγαγον· καὶ τὰ περὶ ἐκείνου καὶ τῶν παρ' ἐκείνου προχθέντων συνοδικῶς ὁρισθέντα, κἀνταῦθα κρατεῖν διεγνώκασιν· ἐπιβατικῶς γὰρ κἀκεῖνος καὶ ἐπιβούλως ἐπιβῆναι τοῦ θρόνου τῆς Κωνσταντινουπόλεως ἐπεχείρησε.

Τοῖς δὲ ἁπλῶς ἐγνώσθη καὶ τοῦ φιλανθρώπου ἔθους τῆς ἐκκλησίας ἀνάξιον, τὸ μὴ δεχθῆναι αὐτούς, ἐπεὶ φασὶν οὔτε ἀντιδοξοῦσιν ἡμῖν εἰς τὰ τῆς πίστεως δόγματα, ἀλλὰ καὶ λίαν ὁμορρονοῦσι, καὶ τὰ αὐτὰ ἡμῖν ἐν τῇ ἐκκλησιαστικῇ καταστάσει τηροῦσι θέσμια, ὅτι καὶ πᾶσα ἡ θεία γραφὴ καὶ τῶν ἁγίων αἱ πολιτεῖαι καὶ οἱ βίοι ἐκ τῶν ἡμετέρων δέλτων εἰς τὴν αὐτῶν μεταγλωττισθεῖσα διάλεκτον, τὴν αὐτῶν πολιτείαν ἰθύνουσι καὶ συνέχουσι, καὶ ὁ λεγόμενος δὲ πατριάρχης αὐτῶν, κἂν ὕστερον εἰς τὸ πατριαρχικὸν ἀξίωμα παρὰ τοῦ πάπα τῆς πρεσβυτέρας Ῥώμης ἀνήχθη· ἀλλὰ τὴν ἀρχὴν εἰς τὸν τῆς ἀρχιερωσύνης βαθμὸν παρὰ ἐπισκόπου ἐννόμου καὶ ῥωμαίου τοῦ Βυδίνης ἐκείνου καὶ ἑτέρων δύο ἐπισκόπων προήχθη· εἶθ' ὅτι καὶ αὐτὸς ὁ χειροτονήσας μετὰ ταῦτα ξίφει ἐτελειώθη μισθεὶς παρὰ τῶν Βουλγάρων, διὰ τὸ ἑλέσθαι τὴν πρὸς τὴν Ῥωμανίαν ἐπάνοδον, ἀλλ' οὐ προκρίνειν τοῦτο φασὶ τῇ ἱερωσύνῃ τῶν προχθέντων· ὁ χειροτονῶν γὰρ ἐν τῷ χειροτονεῖν οὐ μεταδίδωσι τῆς οἰκείας νόσου, εἴτε ψυχικὴ ἐστιν, εἴτε σωματική, τῷ χειροτονουμένῳ, [f. 30] ἀλλὰ τὴν χάριν τοῦ παναγίου ἐπικαλούμενος Πνεύματος, τελειοῖ δι' αὐτῆς τὸν χειροτονούμενον. Τὰς νόσους δὲ τοῦ χειροτονοῦντος, σωματικὰς μὲν οὔσας, παῖδες ἰατρῶν οἴδασι θεραπεύειν, ψυχικὰς δὲ οἱ πρόσταται[1]) τῶν νομικῶν καὶ κανονικῶν θεσπισμάτων ἐξουσίαν λαβόντες· παρὰ Θεοῦ οὕτω καὶ τοὺς παρὰ αἱρετικῶν χειροτονηθέντας, μεταλαβόντας πρὸς τὸ ὀρθόδοξον, οἱ πατέρες ἐδέξαντο, καὶ ὅπως δεῖ τούτους ἐξ αἱρέσεως ἐπιστρέφοντας δέχεσθαι, διωρίσαντο· διατείνονται δὲ μηδὲ λογίζεσθαι τούτους μοιχοὺς καὶ ἐπιβήτορας. Ἐπεὶ δὲ γὰρ ἐκ τῆς εὐδαίμονος Κωνσταντινουπόλεως τῇ τῶν Λατίνων ἐπιδρομῇ ἥ τε τῆς βασιλείας καὶ ἡ τῆς ἱεραρχίας λαμπρότης ἠράνωται καὶ διεσπάρησαν, ἄλλος ἀλλαχοῦ οἱ ἀρχιερεῖς ὧν οἱ πλείους αὐτῷ τῷ διωγμῷ ἀνεπέψυξαν· ἡ ἐξουσία δὲ τῆς βασιλείας κατὰ δύσιν σχενδόντι πᾶσα ἐν τῇ Ζαγορᾷ περιέστη κατ' ἐκεῖνο καιροῦ. Ὁπότε καὶ αὐτὸς ὁ βασιλεὺς Ῥωμαίων φυγὰς τῆς Κωνσταντινουπόλεως γεγονώς, ἐκεῖσε προσέδραμε καὶ ὁ τηνικαῦτα δὲ Κωνσταντινουπόλεως πατριάρχης εἰς ὁμιλίαν ἦλθε τῷ βασιλεῖ τῶν Βουλγάρων, τῶν εἰκότων ἦν τὴν τοιαύτην ἡγεμονίαν ἐννοῆσαι, καὶ ἀρχιερεῖς ἔχειν ἐν ταῖς ὑπὸ τὴν χεῖρα αὐτῆς ἐκκλησίαις· διὰ τὸ ἀπογνῶναι τῆς ἀνακλήσεως τῆς τῶν Ῥωμαίων ἀρχῆς· τότε δ' ἂν ὡς ἐπιβήτορες ἐλογίσθησαν, ὅταν τῶν πραγμάτων ἠρεμούντων καὶ ἐν τῷ καθεστῶτι μενόντων· αὐτοὶ κατὰ τὸν κυνικὸν Μάξιμον θρασυνόμενοι ἐπέβησαν καὶ τοὺς ὄντας ἀρχιερεῖς ἀπελάσαντες, ἅρπαγμα τὴν τῆς θείας χάριτος δωρεὰν ἐποιήσαντο· ἐπεὶ δὲ ὡς ἐπὶ χηρευούσαις ταῖς ἐκκλησίαις κατὰ

---

[1] Cod. πρ[ώ]σ[τ]α[τ]αι. Non extat πρώτατται, de quo non cogitandum.

τὸ ἐκκλησιαστικὸν ἔθος ἐπεκηρύχθησαν, οὐ πρόκριμα ὑπέδοιντο ἂν ἐν τῇ τούτων χειροτονίᾳ· οὐδ' ἡ τῶν μοιχῶν προσηγορία τούτοις ἁρμόσειε τοιαύταις μεριζομένων τῶν ἱερῶν τούτων δικαστῶν γνώμαις, ἔτι ἀνηρτημένη τυγχάνει ἡ ἐντελὴς περὶ τούτων ἀπόφασις, ὡς ἀποταμιευθεῖσαι ἐν καιρῷ συνοδικῆς διαγνώσεως.

Ὅτι δὲ καὶ ἐφ' ἑκάτερα λογισμῶν οὐκ ἀπορήσει ὁ μελέτην τὴν ὑπόθεσιν ἐνστησάμενος· | ἀντικρὺς γὰρ πραγματικὸν κατὰ συλλογισμὸν δοκεῖ τὸ πρόβλημα, εἴποι ἄν τις τὰ τῆς ῥητορικῆς μεμνημένος μυστήρια, ἐννοεῖν ἔχειν τὸ ἀγχίνουν τῆς σῆς ἁγιότητος· [1]) ἐν οἷς ἐξ ἑνὸς μὲν μέρους κἀκείνους προσθήσει τοὺς νομικοὺς κανόνας, τότε ἐν τοῖς ἀμφιβόλοις νεύειν πρὸς τὸ [2]) φιλάνθρωπον, καὶ ὡς οὐ δεῖ τὰ ἐφ' ἑτέρων ἐκφωνηθέντα μεθέλκειν ἐφ' ἕτερα, καὶ ὅτι εἰ ἀσύστατος καὶ ἀντὶ μὴ δὲ γενομένης ἡ χειροτονία τῶν προαχθέντων λογίζεται, χρὴ τούτους ἄνωθεν χειροτονηθῆναι καθὰ περὶ τῶν βαπτιζομένων καὶ χειροτονουμένων παρὰ αἱρετικῶν, ὁ ξη' τῶν ἁγίων ἀποστόλων θεσπίζει κανών, ὡς παρ' αὐτῶν γινόμενα ἀντὶ μὴ γεγονότων ἡγούμενος. Ἀλλὰ μὴν οἱ Βούλγαροι, οὐχ αἱρετικοί, ἀλλ' ὀρθόδοξοι· ἐπεὶ οὖν διὰ τοῦτο οὐ χρὴ ἀναχειροτονηθῆναι αὐτούς, οὐδὲ πάντα ἀπόβλητον τὴν γενομένην χειροτονίαν γενέσθαι ὡς παρὰ ὀρθοδόξων γεγενημένην· Ἐκ τοῦ ἑτέρου δὲ μέρους· ὡς εἰ ὁ ἐκκλησιαστικὴν παράδοσιν παραβαίνων, καθαιρεῖται, ὡς ἐν τῷ τέλει τοῦ ο' κανόνος τῆς οἰκουμενικῆς ἑβδόμης συνόδου δηλοῦται, πῶς οὐχὶ καὶ οἱ Βουλγαροεπίσκοποι καὶ οἱ παρ' αὐτῶν χειροτονηθέντες ἀπόβλητοι ἔσονται παρὰ τὰς ἐγγράφους παραδόσεις; νεωτερικὰς τὰς χειροτονίας τῇ συνεργείᾳ τῆς Βουλγαρικῆς ἐξουσίας δεξάμενοι, καὶ τὸ διὰ προστασίας γὰρ ἀρχοντικῆς γενέσθαι τινὰ ἐπίσκοπον ὑπὸ τὸ τῆς καθαιρέσεως οἱ κανόνες ἄγουσιν ἐπιτίμιον·

κἀκεῖνο δὲ τὸ τοῦ ἁγιωτάτου πατριάρχου Σισιννίου, εἰ ἐπὶ παντὸς πράγματος τὸ μὴ ἀποδοχῆς ἄξιον εἰς ἔργον ἐκβαῖνον ὑπεύθυνον, πῶς οὐχ ὑπεύθυνον καὶ τὸ ἁρπάσαι τὴν θείαν χάριν τυραννικῶς, ἥτις μετὰ δοκιμασίας, καὶ ἑτέρων ἐκκλησιαστικῶν κανονικῶν παρατηρημάτων εἴωθε δίδοσθαι; Καὶ πολλά τις ἕτερα τοιαῦτα προσθήσει. Διὰ ταῦτα γοῦν ὃ ἂν συνίδῃ ἡ σὴ ἁγιότης, δέον ὡς ἔννομον καὶ κανονικὸν ἐπιλύσει τῆς προκειμένης ταύτης ἀμφισβητήσεως, καταξιωσάτω, δηλῶσαι ἡμῖν διὰ γράμματος ἐνυπογράφου [3]) αὐτῆς· ἀνθεξόμεθα γὰρ [f. 31] τῆς σῆς γνώμης, καὶ περιεξόμεθα, ὡς ἂν ἐκ Θεοῦ δέλτων μεταλειφθείσης καὶ ἐπεμφθείσης νομοθεσίας ἡμῖν.

Ἡ συνοδικὴ δὲ διάγνωσις ἡ περὶ τοῦ συναλλάγματος προβᾶσα τοῦ ἀγαγομένου τὴν δισεξαδέλφην τῆς γυναικὸς αὐτοῦ εἰς γυναῖκα μετὰ θάνατον ἐκείνης, ἰδοὺ ἐστάλη τῇ σῇ ἁγιότητι, παρεμβληθεῖσα ἀπὸ τοῦ ἡμετέρου νομοκανόνου. Τῷ τοιούτῳ μέντοι συναλλάγματι, πολλοὶ τῶν ἐλλογίμων ἐπιβάλλοντες, οἱ μὲν θεμιτὸν αὐτό, ὡς εἰς ἕβδομον βαθμὸν περιιστάμενον, ἐγνωμάτευσαν· ὧν εἰσὶν ἥ τε ῥηθεῖσα συνοδικὴ διάγνωσις, καὶ ψήφισμα πολιτικῶν δικαστῶν. Οἱ δὲ, ἀθέμιτον ἀπεφήναντο, διὰ τὴν ἀπρέπειαν ὧν ἐστιν ὅ τε γεγονὼς δρουγγάριος τῆς βίγλης καὶ πρωτοσηκρήτης ὁ Ζωναρᾶς· καὶ ὁ πατριάρχης Ἀντιοχείας ὁ Βαλσαμών· τούτων δὲ καὶ γνῶναι ἔγγραφοι, ἰδίᾳ συγγραφεῖσαι παρ' ἑκατέρου, εἰσὶ παρ' ἐμοί. ὅθεν οἱ σήμερον τὸ τοιοῦτον δοκιμάζοντες συνοικέσιον, μέσην τινὰ βαδίζειν αἱροῦνται, καὶ πως ἐχομένην τῶν ἀντικειμένων ἀλλήλαις, τούτων γνωμῶν ἐθέλουσι γὰρ μήτε ἀθετῆσαι ταύτας μήτε εἰς ἅπαν ἀκολουθῆσαι αὐταῖς, ἀμέλει καὶ διαγινώσκουσι κρατεῖν ἐπὶ τῷ τοιούτῳ γάμῳ τὴν οἰκονομίαν τοῦ ἁγιωτάτου ἐκείνου πατριάρχου κυροῦ Ἀλεξίου, ἣν ἐκεῖνος ἐπὶ τοῦ ἐξ αἵματος ἑβδόμου βαθ-

---

[1]) Cod. ἁγιότης. — [2]) Id. πρὸς τόν. — [3]) Cod. διαγράμματος ἐν ὑπογράφῳ.

μου συνοδικώς· διωρίσατο· κάν ύστερον επί των ημερών του άγιωτάτου πατριάρχου κυρού Λουκά, διά συνοδικής αποφάσεως και βασιλικού θεσπίσματος, άκυρος γέγονε τό δηλαδή τον τοιούτον γάμον πρό μέν του προβήναι, μή έπιτρέπεσθαι μετά δέ τό προβήναι, μή διασπάσθαι μέν, έπιτιμίοις δέ τούς ούτω συναφθέντας καθυποβάλλεσθαι.

Άλλ' ημείς μέν και ταύτα δι' ειδήσιν παραδηλούμεν τή σή αγιότητι, αύτή δέ θεοειδεστέρω διοικουμένη, ώ και σοφία και χάριτι και διά τούτο δυναμένη και κρείττω καταλαμβάνειν και τελειοτέρα, οίδεν όπως έπιψηφιείται τούτω τό ανεπίληπτον· αί άγίαι σου εύχαί είησαν διά βίου παντός μετά τής έμής ταπεινότητος.

Θ'.

Περί τών πρό τής νομίμου ηλικίας γαμηθεισών γυναικών, καί ότι ώς παράνομα τά τοιαύτα συνοικέσια λύονται.

De mulieribus ante legitimam aetatem nuptis, et quod ejusmodi matrimonia legi contraria solvantur.

Έπαινετή μέν και άοίδιμος ή ευαγγελιογραφουμένη σαμαρείτις γυνή, ότι μετά τόν δεσποτικόν έλεγχον έπίγνωσίν τε εαυτής έλαβε ώς άνδράσι πολλοίς συνοικήσασα, και τήν εις τόν Σωτήρα πίστιν άσμενέστατα εισωκίσατο, και διά τής ταχείας επιστροφής τό ζών και άλλόμενον ύδωρ εις ζωήν αιώνιον του φθαρτού και μή μένοντος· άντηλλάξατο, έπαινετή δ' ούχ ήττον [1]). Καί ή σήμερον τώ καθ' ημάς ίερώ συνεδρίω παραστάσα, ή άπό τού θέματος δηλαδή τής Κολωνίας· ώρμωμένη Ζωή, ή θυγάτηρ τού άπογομένου Νικολάου τού Πατζικοπούλου, ότι χωρίς ελέγχου τά καθ' εαυτής θριαμβεύσασα και έξαγορεύσασα παραμυθίαν ητήσατο, τήν ψυχικήν συνοχήν ταύτης θεραπεύουσαν [2]· πολυγαμίαν γάρ μετρίαν καί τήν ταύτης καρδίαν ένυττε, και διά τούτο πρός ιατρούς καταφεύγειν ανάγκαζεν Έλεγε γάρ ώς έν μέν τώ χρόνω τής κατ' αυτής άνηβότητος, ήγουν έντός τής νομίμου δωδεκαετηρίδος [3]) δυσί γαμικοίς συνοικεσίοις έχρήσατο, μετά θάνατον τού πρώτου ταύτης ανδρός, δευτέρω δηλαδή όμιλήσασα, οία τών γεννητόρων αυτής άκαίρως ένδειξαμένων εις

τούτο θερμότητος· μετά δέ τήν έφηβον τρίχα, τώ τε νύν συνοικούντι ταύτη άνδρί, και έτέρω πρό τούτου συνέζευκται· έν δή καθά καί τούς πρό εκείνου θανάτου τό μή άπεκείρατο ούτω ταύτα άναγεγραμμένα ειπούσα γυνή καθικέτευε μαθείν εί δεκτή έστι τή άγία τού Θεού εκκλησία ούτω γενομένη πολύανδρος, και τί χρή ποιείν αυτήν εις διόρθωσιν εαυτής, εί υπεύθυνος κρίνεται.

Η μετριότης δέ ημών μετά γε τής ενδημούσης ιεράς τών αδελφών όμηγύρεως τά τού πράγματος συνδιασκεψαμένη, επελθούσα δέ καί τά νεαρά θεσπίσματα ταύτε σοφωτάτου έν βασιλεύσι κυρού Λέοντος, τού άοιδίμου Αλεξίου τού Κομνηνού, και καταλαβομένη, τά μέν τή άνηβότητι τής ειρημένης Ζωής γενόμενα συναλλάγματα [f. 32] άνυπόστατα, και ώς μή γεγονότα λογιζόμενα, διά τό προβήναι παρά τήν τών τοιούτων νεαρών θεσπισμάτων περίληψις, τά δέ μετά τήν έφηβον ηλικίαν αυτής γεγονότα έννομα και τώ χριστιανικώ δεκτά πολιτεύματι, τετραγαμίας μέν εγκλήματι ούκ έκρινε ταύτην άλίσκεσθαι, δίγαμον δέ αυτήν διέγνω λογίζεσθαι, διά τό τών προτέρων δύο

[1]) Joan. IV, 14-19. — [2]) Cod. θεραπεύουσαν. — [3]) Cod. δωδεκαετηρίδος.

συναλλαγμάτων, ὡς εἴρηται, ἀνυπόστατον· ὅτι μέντοι τὸ τετράριθμον τῶν τοιούτων συζυγιῶν, πολυγαμίαν ὁπωσοῦν ταύτης κατηγορεῖ· τούτου ἕνεκα δεῖν ἔγνωμεν, ἐπιτίμιον ἐκρωνῆσαι, ὅτε εἰ συμβῇ τὴν τοιαύτην γυναῖκα, καὶ τοῦ νῦν συνοικοῦντα ταύτῃ ἀποβαλέσθαι μηκέτι τοῦ λοιποῦ προχωρῆσαι εἰς ἕτερον συνοικέσιον κατὰ πρόφασιν δήπουθεν ὅτι τε νεότης ἡλικίας μεσολαβεῖ, καὶ ὅτι τρίτον λογισθήσεται τοῦτο, μετὰ τὰ δύο ἔννομα ἀριθμούμενον, στῆναι δὲ μέχρι τούτου, καὶ πρὸς Θεὸν ἐπιστρέψαι, καὶ ἑαυτῆς γενέσθαι, ἵνα μήτε τοῦ θανάτου ἀπληστοτέρα φανείη. Δεῖ γὰρ οὕτως εἰπεῖν τῶν παρ' ἐκείνου ἁρπαζομένων ἑτέρους· ἀντεπεισάγουσα, μήτε τὸ σεμνὸν ἀτιμάσῃ τοῦ γάμου, διὰ τὸ τῆς ἐπιθυμίας ταύτης ἀκόλαστον καὶ ἀκόρεστον· ἐπεὶ δὲ πληροφορήμεθα, ὡς ἡ τοιαύτη γυνὴ καὶ ἐπὶ ἑξαετίᾳ

ἔμεινεν ἀκοινώνητος τῶν θείον ἁγιασμάτων καὶ νηστείαις ἐσχόλασε καὶ ἑτέροις τοιοῖσδε πρὸς διόρθωσιν ἑαυτῆς ἀπεχρήσατο, οἴκοθεν κινηθεῖσα πρὸς ταῦτα, δέδοται ταύτῃ παρ' ἡμῶν καὶ εἰς ἕτερον ἔτος ἐν ἀκοινωνησίᾳ, ἐν ᾧ τετράδα μὲν καὶ παρασκευὴν ξηροφαγήσει ἐν ἄρτῳ μόνῳ καὶ λαχάνοις καὶ ὀσπρίοις καὶ ὕδατι, τὴν ἀνάγκην τῆς φύσεως θεραπεύουσα· ἑκάστῃ δὲ ἡμέρᾳ, τεσσαρακοντάκις γονυκλιτήσει, ἄνευ σαββάτου καὶ κυριακῆς καὶ τῶν δεσποτικῶν ἑορτῶν, καὶ στεναγμοῖς καὶ δάκρυσι καὶ ἐξομολογήσει τὸ τοῦ Κυρίου προφθάσει πρόσωπον· μετὰ παρέλευσιν δὲ τοῦ τοιούτου ἐνιαυτοῦ, ἀπὸ τὴν σήμερον ἀριθμεῖσθαι ὀφείλοντος, τῶν ἁγιασμάτων ἀξιωθήσεται, καὶ κιλυμένη (sic f. καὶ λυομένη) τῶν ἐπιτιμίων τούτων ἔσεται παντάπασιν. Εἰς δήλωσιν οὖν τούτων ἡ παροῦσα προέβη σημείωσις.

Γ.

|Περὶ γάμων ἀθεμίτων καὶ κεκωλυμένων.
De matrimoniis illicitis et prohibitis.

Τῷ πανευγενεστάτῳ μεγάλῳ Ζουπάνῳ πάσης Σερβίας καὶ Διοκλείας, ἐν Κυρίῳ ἀγαπητῷ ἡμῖν τέκνῳ, κυρῷ Στεφάνῳ τῷ Νεεμάνη Δημήτριος· ἐλέῳ Θεοῦ ἀρχιεπίσκοπος τῆς πρώτης Ἰουστινιανῆς καὶ πάσης Βουλγαρίας, χάριν ἀπὸ Θεοῦ καὶ εἰρήνην καὶ ἐπὶ πᾶσιν εὐόδωσιν, ὡς καὶ τὸν ἐν ἁγίῳ (*Cod.* ἁγίοις) πνεύματι ἀσπασμόν.

Ὡς λίαν εὐσεβές τι καὶ ἐπαινετὸν ἡ σὴ πεποίηκε εὐγένεια ἐξέτασιν ποιησαμένη περὶ πράγματος προσοχῆς δεομένου καὶ σκέψεως· κἀντεῦθεν καὶ τὴν θείαν πεπλήρωκεν ἐντολὴν τὴν λέγουσαν· Ἐπερώτησον τὸν πατέρα σου, καὶ ἀναγγελεῖ σοι, τοὺς πρεσβυτέρους σου καὶ ἐροῦσί σοι. Ἦλθε γὰρ εἰς ἡμᾶς τὸ γράμμα τῆς εὐγενείας σου δι' οὗ ἐθέλησας μαθεῖν ἀκρέστερον ὅπως εὑρίσκεται κεκω-

λυμένον τὸ συνάλλαγμα τὸ λαληθὲν γενέσθαι ἐπί τε τῇ εὐγενείᾳ σου καὶ τῇ εὐγενεστάτῃ Κομνηνῇ κυρᾷ Μαρίᾳ τῇ θυγατρὶ τοῦ μακαρίτου καὶ ἀοιδίμου Κομνηνοῦ κυροῦ Μιχαήλ.

Γινωσκέτω οὖν ἡ εὐγένεια σου ὡς οἱ θεῖοι καὶ φιλευσεβεῖς νόμοι καὶ τὰ θεῖα τῶν πατέρων θεσπίσματα τοὺς μὲν ἐξ αἵματος γάμους μέχρι τοῦ ἑβδόμου βαθμοῦ κωλύουσι, τοὺς δὲ ἐξ ἀγχιστείας μέχρι τοῦ ἕκτου· ἐξ αἵματος δὲ λέγονται οἱ ἀπὸ τοῦ αὐτοῦ γένους· ἐξ ἀγχιστείας δὲ οἱ ἀπὸ ἐπιγαμβρείας. Ἐπεὶ οὖν τὸ συνάλλαγμα τοῦτο εὑρίσκεται ὂν ἐξ ἀγχιστείας πέμπτου βαθμοῦ πάντῃ καὶ πάντως κωλύεται. Θεῖος γὰρ καὶ ἀνεψιά, ἤγουν ὁ αὐτάδελφος τοῦ μακαρίτου Κομνηνοῦ κυροῦ Μιχαήλ, ὁ κυρὸς Μανουὴλ καὶ

ANAL. VII. 2*.

ή θυγάτηρ τοῦ αὐτοῦ κυροῦ Μιχαήλ, ή κυρά Μαρία τρίτου ὄντες βαθμοῦ, εὑρίσκονται συναπτόμενοι δυσὶν αὐταδέλφοις, δευτέρου οὖσι βαθμοῦ, ἤγουν τῇ αὐταδέλφῃ τῆς εὐγενείας σου καὶ αὐτῇ τῇ σῇ εὐγενείᾳ. Τὸ τοιοῦτον δὲ συνάλλαγμα καὶ σύγχυσιν τῶν τοῦ γένους ὀνομάτων ἐπισύρεται, καὶ ἀπρέπειαν διὰ τῶν προσώπων ἐγγύτητα, καὶ διὰ τοῦτο οὐ συγχωρεῖται γενέσθαι· ὁ μὲν γὰρ νόμος λέγει ἐν τοῖς γάμοις οὐ τὸ ἐπιτετρημμένον δεῖ σκοπεῖν, ἀλλὰ τὸ εὐπρεπὲς καὶ σεμνόν. Ὁ δὲ μέγας ἐν πατράσι Βασίλειος μεγαληγόρως ἀποφαίνεται ἐν οἷς λέγων [f. 33] τὰ τοῦ γένους ὀνόματα συγχέονται, ἐν τούτοις ὁ γάμος ἀθέμιτος· καὶ ταῦτα μὲν περὶ τούτου.

Παρίστα δὲ τὸ γράμμα καὶ διαπορουμένην τὴν σὴν εὐγένειαν, πῶς δηλαδὴ τὸ ἐπὶ μὲν τῷ υἱῷ αὐτῆς λαληθὲν πέρυσιν εἰς τὴν ἑτέραν τοῦ μακαρίτου Κομνηνοῦ θυγατέρα συνάλλαγμα συγχωρεῖται, καὶ ταῦτα τυγχάνον ἐξ αἵματος, νῦν δὲ ἐπὶ τῇ σῇ εὐγενείᾳ κωλύεται, μὴ εὑρισκόμενον ἐξ αἵματος. Μαθέτω οὖν ἡ εὐγενειά σου ὅτι, ὡς ἔοικεν, οἱ εἰπόντες τὰ περὶ τούτου τῇ εὐγενείᾳ σου οὐκ ἔφθασαν λαβεῖν τὸν περὶ τούτου τὴν σὴν εὐγένειαν. Πέρυσι γὰρ ἄρχοντες τῆς εὐγενείας σου διερχόμενοι τὴν Ἀχρίδα προσεκύνησαν τὸν πρὸ ἐμοῦ ἁγιώτατον ἀρχιεπίσκοπον τὸν μακαρίτην ἐκεῖνον κυρὸν Ἰωάννην, καὶ ἐρώτησαν εἰ ἀκώλυτον ἐστὶ λαβεῖν εἰς γυναῖκα τὸν υἱὸν τῆς εὐγενείας σου τὴν ἑτέραν τοῦ μακαρίτου Κομνηνοῦ θυγατέρα τὴν κυρὰν Θεοδώραν. Ὑπολαβὼν δὲ ὁ ἀρχιεπίσκοπος ἀπὸ ἄλλης γυναικὸς ἔχειν τὸν υἱὸν τὴν εὐγένειάν σου, καὶ οὐχὶ ἀπὸ τῆς κυρᾶς Εὐδοκίας, εὐθὺς εἶπεν ἀκώλυτον εἶναι τὸ τοιοῦτον συνάλλαγμα ὡς ἐξ ἀγχιστείας εἰς ἕβδομον βαθμὸν καθιστάμενον· ὡς δὲ ἐρωτηθέντες οἱ ἀποκρισιάριοι, εἶπον ἀπὸ τῆς κυρᾶς Εὐδοκίας εἶναι τὸν υἱὸν τῆς εὐγενείας σου, εὐθὺς τοῦτο μαθὼν ὁ ἀρχιεπίσκοπος ἀπηγόρευσε τὸ τοιοῦτον συνάλλαγμα, ὡς εὑρισκόμενον ζ' βαθμοῦ ἐξ αἵματος, ὅπερ καὶ κωλύεται ὡς θεμίτερον· οὐ δύναται γάρ τις τῆς μητρὸς αὐτοῦ δισεξαδέλφην εἰς γυναῖκα λαβεῖν· οὕτως οὖν οὐκ ἄλλως· ὁ λόγος ὁ περὶ τούτου ἐγένετο πέρυσιν.

Εἰ δὲ ἄλλως τὰ περὶ τούτων εἶπον τινὲς τῇ εὐγενείᾳ σου, οὐκ ἠδυνήθησαν, ὡς φαίνεται, τὸν λόγον ὡς ἐλαλήθη, καταλαβεῖν, ἀλλ' ἡμεῖς μὲν ὅπερ διεγνώσθη συνοδικῶς περὶ τοῦ τοιούτου συναλλάγματος, δηλοῦμεν τῇ εὐγενείᾳ σου· σὺ δὲ ὡς Θεοῦ χάριτι νουνεχὴς καὶ εὐσεβὴς καὶ φοβούμενος τὸν Θεόν, τὰ περὶ τοῦ πράγματος ἀκριβῶς ἐξετάσας, καὶ ἤδη πληροφορίαν περὶ τούτου λαβών, ὡς τὴν μὲν τὴν ἀλήθειαν ζητῶν, ἐνταῦθα τε ἔχεις ἔπαινον, καὶ ἐν οὐρανοῖς εὑρήσεις μισθόν, ὡς δὲ κωλύων τοὺς πόδας σου ψαλμικῶς ἀπὸ πάσης ὁδοῦ πονηρᾶς, εὑρίσκῃ φυλάττων τοὺς λόγους τοῦ Θεοῦ, καὶ κληρονομῶν | τοῦ ἐντεῦθεν μακαρισμοῦ· Μακάριοι γάρ, φησίν, οἱ ἀκούοντες τὸν λόγον τοῦ Θεοῦ καὶ φυλάσσοντες αὐτόν· ὅθεν καὶ σὺ φυλαχθήσῃ παρὰ Θεοῦ τοῦ φυλάσσοντος ἀπὸ παντὸς κακοῦ τοὺς ἀγαπῶντας αὐτὸν καὶ τὰς φυλάσσοντας ἐντολὰς καὶ παρ' αὐτοῦ προστεθήσεται ἔτη πολυχρονίου ζωῆς.

ΙΑ'.

Πρὸς τὸν Κομνηνὸν κυρὸν Θεόδωρον τὸν Δούκαν περὶ συναλλάγματος γαμικοῦ εἰς ς' ἐξ ἀγχιστείας [ἀπὸ] συναγομένῳ βαθμὸν καὶ ὕποπτον ἔχοντι τὴν ἐκπλήρωσιν.

Ad Comnenum D. Theodorum Ducam de contractu matrimonii in sexto affinitatis gradu conjuncti, cui subest dubium an impleri possit.

Ἐγώ σε καὶ ὡς ῥομφαίαν τοῦ Δυνατοῦ θεωρῶ, κραταιότατε καὶ θεογυβέρνητε Κομνηνέ, κατά τινα θεοπρεπῆ ἔννοιαν, καὶ ὡς βέλος, ἠκονημένον ἐκ τῶν αὐτοῦ χειρῶν ἀφιέμενον, ὅτι δὲ ῥάβδον δυνάμεως, δεδομένην παρ' αὐτοῦ καταπονηθείσῃ [1]) τῇ τῶν Ῥωμαίων ἀρχῇ καὶ τὸν ταύτης ὄλισθον ἀνορθοῦσαν καὶ ὑπερείδουσαν, καὶ συνελόντα φάναι παντὶ πράγματι καὶ ὀνόματι, δι' ὧν εἴωθε τὸ θεῖον εὐεργετεῖν τοὺς ἀνθρώπους, προσφυῆ καταλαμβάνω σε καὶ ἁρμόδιον· ἐπινυστάξας γὰρ ὁ Θεὸς τῇ τῶν Ῥωμαίων ἔθνους ἐκ πολλοῦ φυλακῇ, ὅσα ἡμᾶς καὶ φρονεῖν καὶ λέγειν, καὶ ἀποστρέψας τὸ πρόσωπον αὐτοῦ ἀφ' ἡμῶν διὰ τὰς ἀνομίας ἡμῶν, ἄρτι ἐξηγέρθη ὡς ὑπνῶν κατὰ τὸ ψαλτῳδημα εἰς τὴν οἰκείαν εὐσπλαγχνίαν ἔχων, αὐτὸν διεγείρουσαν καὶ πατάξει διὰ σοῦ τοὺς ταπεινώσαντας ἡμᾶς ἐχθρούς, νῦν μὲν ὡς ῥομφαίᾳ σε περιζωννύμενον, καὶ διακόπτων τὰς κεφαλὰς τῶν ὑπερηφάνων· νῦν δὲ ὡς ἅρμα σε μυριοπλάσιον ποιῶν ἑαυτοῦ καὶ διὰ σοῦ συντρίβων τῶν τροχῶν ἐκείνων τοὺς ἄξονας· μάρτυρες τοῦ λόγου Φινεές· ἐκεῖνος· τὸ παλαιὸν καὶ Ἠλίας ὕστερον, ὧν ὁ μὲν λόγχῃ πέπηνεν ὀξυτάτῃ Θεοῦ ἐπὶ μίξιν πονηρὰν ἐκκεντήσας· ὁ δὲ μάχαιρα τούτου ψευδεῖς ἱερεῖς κατασφάξας· ὧν τοῦ ζήλου καὶ σὲ νῦν τρίμιμον αὐτὸς εὑρηκώς, ὄλεθρον διὰ σοῦ τῶν ἡμετέρων πολεμίων ἐργάζεται· διὸ δὴ καὶ χθές, ὡς βέλος ἐκλεκτόν, ὀξέως ἀφῆκέ σε καὶ βέβληκε τούτους· ἐξ ἀνελπίστων κατὰ καρδίας καὶ ἥπατος. Εἶδεν ἡ Θεσσαλονικέων τὴν ἐξάπινα

[f. 34] ταύτην συνεκδρομὴν καὶ ὅπως ἐκ λόγου πρὸς τῶν τειχέων αὐτῆς κατὰ κράτος εἷλες· τοὺς πονηροὺς αὐτῆς ἄρχοντας καὶ δεσμίους· ἀπήγαγες, ὅσοι τέως· τὸν ἐκ τοῦ σοῦ δόρατος διέφυγον θάνατον· διά τοι τοῦτο καὶ ἐπανῆλθες, ἡμῖν νίκης ἐστεμμένος ταῖς χερσὶ καὶ τρόπαιον ἐγείρας, τὰ προλαβόντα καὶ αὔξων καὶ λαμπρύνων, καὶ τὸ τῶν ἐξῆς ἐλπίδων πέρας φερέγγυον ἡμῖν καθιστῶν. Ἀλλὰ γάρ σοι μέν, ἵνα τῇ τοῦ θείου χρησμοδοτήματος διανεισώμεθα πρὸς πίστιν τῶν λεγομένων, εἰς πτῶσιν νῦν καὶ ἀνάστασιν ἐδόθης· παρὰ Θεοῦ, πτῶσιν μὲν δηλαδὴ τῶν πολεμούντων ἡμᾶς, ἀνάστασιν δὲ ἡμῶν, πεσόντων ταῖς αὐτῶν ἐπιθέσεσιν [2]). Ἡμεῖς δὲ τῷ Κυρίῳ κατὰ τὸ δυνατὸν ἀνθομολογούμενοι, εὐχόμεθά σε τὸν θεοδώρητον καὶ πρᾶγμα καὶ ὄνομα καὶ ἕως γήρως· περιμεῖναι ἡμῖν. Εἰ δὲ ἔξεστι καὶ τοῦτο προσθεῖναι, ὡς μὴ καταρρωνεύσασθαι δόξαι μὲν τῆς δεήσεως, μὴ δὲ γηρᾶσαι τὸ σὸν ἐν ἡμῖν κράτος ποτέ, ἀλλὰ ἀεὶ νεάζειν καὶ θάλλειν, ὡς ἂν διὰ σοῦ καὶ ἡ μεθ' ἡμᾶς γενεὰ τῶν τοῦ Θεοῦ εὐεργεσιῶν ἀπολαύσωσιν. Εἶεν.

Ἠθέλησε δὲ τὸ ἔνθεον κράτος σου γνώμην ἡμετέραν λαβεῖν ἐπὶ συναλλάγματι γαμικῷ εἰς ἕκτον ἐξ ἀγχιστείας ἀπὸ συναγομένῳ [3]) βαθμόν, καὶ ὕποπτον ἔχοντι τὴν ἐκπλήρωσιν· ἔστι δὲ τοιοῦτον. Ἀνδρόνικος καὶ Εἰρήνη πρῶτα ἐξαδέλφη, ἐν οἷς ὁ τέταρτος κατὰ νόμους θεωρεῖται βαθμός· Ἀλέξιος καὶ Ἄννα ἐξ ἑτέρου γένους αὐτάδελφα· ἔγημε τὴν Εἰρήνην ὁ Ἀλέξιος. Νῦν δὲ ζητεῖ ὁ Ἀλέ-

---

[1] Cod. καταπονηθείσαν. — [2] Cod. ἐπιθέσιν. — [3] Id. ἀπὸ συναγογίνῳ, inde tit. ambiguus.

ξιος ¹) συναλλάξαι γάμον μετά της Άννης. Ιδού εκ τεσσάρων και δύο ή του ς΄ βαθμού θεωρείται σύστασις· δευτέρου δε βαθμού τους αυταδέλφους ονόματα τίθησι. Λέγομεν ούν ως απηγορευμένον και κεκωλυμένον ο Ανδρόνικος και η Άννα συναλλάξουσι συνοικέσιον. Τον έκτον γαρ τούτον βαθμόν ου μόνον η φυσική και η νομική ακολουθία κωλύει, διά την γνησίαν των αυταδέλφων εγγύτητα και την εντεύθεν ανακύπτουσαν των ονομάτων σύγχυσιν, αλλά και ο προβάς συνοδικός τόμος επί της εφημερίας Σισιννίου του αγιωτάτου | πατριάρχου Κωνσταντινουπόλεως απαγορεύει ρητώς, διοριζόμενος μήτε δύο πρώτους εξαδέλφους δυσίν αδελφαίς συνάπτεσθαι, και το ανάπαλιν μήτε θείον και ανεψιόν δυσίν αδελφαίς. Ει δέ τις ανθυπενέγκη, λέγων συγχωρείσθαι τον έτερον εξ αγχιστείας βαθμόν τον έκτον, τον εκ τριών δηλαδή και τριών συναγόμενον, και παράγει τούτον εις υπόδειγμα διά το ισάριθμον (θείος γαρ και ανεψιά θεία και ανεψιά ετερογενέσι συνάπτονται), αλλά γε ακούσει ως ουχ η αυτή εγγύτης των αυταδέλφων και των θείων και των ανεψιών, και ότι τον τοιούτον βαθμόν και βασιλικά θεσπίσματα και συνοδικαί διαγνώσεις εξ ακριβούς δοκιμασίας ακώλυτον είναι παραδεδώκασιν· ου μόνον γαρ εκ νομικών παρατηρημάτων, αλλά και εξ ευλόγων και φυσικών τινών υποδειγμάτων την ψήφον εαυτών επιστώσαντο· ως γαρ επί της μαγνήτιδος ²) λίθου τα σιδήρια ου της αυτής άπαντα εκείθεν εξαρτώνται δυνάμεως, αλλά το μεν πρώτως και αμέσως ψαύον αυτής ενίσχεται βιαιότερον, το δε τούτου εχόμενον υποκαταβαίνει του τόνου, και εξής έκαστον κατά την αναλογίαν της υποστάσεως· την της σχέσεως ηρέμα λαμβάνει ελάττωσιν· ως της όλκης του σιδήρου μη δυναμένης και εις τους πορρωτέρω πέμπειν κατά διαδοχήν την της λίθου σχετικήν δύναμιν και ενέργειαν· ούτω δη και η συγγενική οικειότης εκ του αρχηθέτου προς τους εκείθεν ορμωμένους χεομένη ου την αυτήν ίσχει επί πάσι δύναμιν εγγύτητος, αλλά τους μεν παίδας εγκρατώς συσφίγκει τη γνησιότητι· τοις δε εφ' εξής βαθμοίς ανάλογον επιπέμπει ταις αποστάσεσι την ταύτης ισχύν, καθ' ην δη και οι βαθμοί των κεκωλυμένων και συγκεχωρημένων γάμων ωροθετήθησαν. Ακολούθως ούν και οι τα περί του έκτου βαθμού θεσπίσματα συγγραψάμενοι, τον μεν εκ τεσσάρων και δύο εκώλυσαν, τον δε εκ τριών και τριών ακώλυτον έθεντο, διά το αμβλυνθηναί πως εν τω θείω και ανεψιώ το της οικειότητος σύντονον, πρός την των [f. 35] αυταδέλφων εγγύτητα και γνησιότητα συγκρινόμενον. Του λόγου δε ταις τούτων διηγήσεσιν εμπλατύνεσθαι θέλοντος, αρκείν ηγησάμεθα τα αναγεγραμμένα προς παράστασιν της κωλύμης του συναλλάγματος, περί ού ημίν το σον θεοκυβέρνητον κράτος εδήλωσεν.

IB'.

Προς τον Πελαγονίας περί διαζυγίου εξ αλιθιότητος.
Ad Pelagoniae episcopum de divortio ob dementiam.

Ιερώτατε επίσκοπε Πελαγονίας, εν Κυρίω αγαπητέ ημίν αδελφέ και συλλειτουργέ ³), ανηνέχθη τη ημών μετριότητι, ως υπόθεσις η λαληθείσα πέρυσιν της ημών μετριότητος προκαθημένη συνοδικώς, περί τε του Πελαγονίτου αναγνώστου Γεωργίου του Βλαχ-

¹) Supra lin. Ἀνδρόνικος. — ²) Cod. μαγνήτιδος. — ³) Id. συλλιτουργέ

CAP. XII. AD PELAGONIAE EPISCOPUM

νου καὶ τῆς μνηστευθείσης αὐτῷ Μαρίας τοῦ Βάρδα καὶ πέρας ἐκ συνοδικῆς διαγνώσεως λαβοῦσα τὸ δέξασθαι καὶ ἀμφοτέρους τὰς τελείας ἱερολογίας θείας εὐχάς, νῦν αὖθις ἀντιλέγεται, καὶ φιλονεικίαις καὶ κρίσεσι ταλαντεύεται, καὶ στάσιν οὐδεμίαν λαμβάνει καθήκουσαν· ὁ μὲν γὰρ Γεώργιος ἰδοὺ τριέτης χρόνος, φησί, καὶ ἐπέκεινα καὶ τὰ τῶν ἀνδρῶν εἰς τὴν Μαρίαν οὐκ ἐνεδείξατο, μένων ἀκίνητος· ἡ Μαρία δὲ τὸν τοσοῦτον χρόνον ἀντέχει ἀτονοῦσα πρὸς τὰς ἀνάγκας τῆς σαρκός, εἰς ἡδονὴν ταύτης λαθραίας ὠλίσθησεν, οἷα γυνὴ ἀσθενής, καὶ οὕτω κατέστη τὸ πρᾶγμα, εἰς τὸ ἀποκλίναι τὸ γυναικεῖον μέρος εἰς παντελῆ κίνδυνον, εἰ μή τις γένηται τούτου κατὰ νόμους ἀντίληψις.

Πρὸς ταῦτα οὖν δέον ἔκρινεν ἡ μετριότης ἡμῶν τὰ δόξαντα ταύτῃ δηλῶσαι τῇ σῇ ἱερότητι [1]), οἷς αὕτη ἐξακολουθήσασα, ῥᾳδίως σὺν Θεῷ καὶ τὴν τοῦ κακοῦ ῥύμην στήσει καὶ ἔξω μενεῖ κρίματος, μὴ ἐάσασα τὴν κακίαν ἕως τέλους δρᾶσαι, τὰ ἑαυτῆς εἰς νομίμους ὅρους τὰ τῆς ὑποθέσεως στήσασα. Λοιπὸν γράφομεν οὕτως.

Τηρηθήτω ὁ χρόνος ἐξ οὗ ἡ μνηστεία μέσον τῶν εἰρημένων ὁμοζύγων συνέστη, καὶ εἰ εὑρίσκεται διὰ τριῶν χρόνων ἔκτοτε τῷ τετάρτῳ ἐνιαυτῷ ἐπιβάς, καὶ οὕτως δι' ὅλου τοιούτου διαστήματος, τὸν μὲν Γεώργιον ἐγκρατῶς μὴ γνόντα τὴν γυναῖκα αὐτοῦ, ἀλλὰ μένοντα καὶ ἔτι οὕτως, ὡς μὴ δὲ ἁρμόσθη αὐτῇ, τὴν δὲ Μαρίαν γνωρίσας εἰς πορνείαν ὀλισθήσασαν, ἐκ τοῦ μὴ | δύνασθαι φέρειν τὸ τοῦ [2]) ἀνδρὸς ταύτης ἀκίνητον, γενέσθω παρὰ τῆς σῆς ἱερότητος κατὰ νόμους αὐτῶν διαζύγιον.

Οὐ γὰρ δεῖ καὶ ἔτι παρατιθῆναι τὸ ἀδιάζευκτον ἐν αὐτοῖς, ἵνα μὴ τὸ κακὸν χεῖρον γένηται· τούτου γὰρ ἕνεκεν ὁ μὲν θεῖος ἀπόστολος Παῦλος ἕκαστον ἔχειν τὴν ἑαυτοῦ γυναῖκα διὰ τὰς πορνείας παρακελεύεται, ναὶ μὴν καὶ τὸ μὴ ἀποστερεῖν ἀλλήλους, εἰ μή τι ἂν ἐκ συμφώνου [3]). Ὁ δέ γε πολιτικὸς νόμος μετὰ τριετίαν ὁλόκληρον τὴν τοῦ ἀνδρὸς ἠλιθιότητα μὴ χώραν ἔχειν εἰς τὸ συνοικέσιον διὰ τὸν τῆς γυναικὸς εἰς πορνείαν ὄλισθον, διορίζεται, γυναῖκα δὲ πῶς ἔχειν λογισθήσεται κατὰ τὸ παράγγελμα, ὁ μήτε γινώσκειν αὐτὴν, μήτε παρ' αὐτῆς γινωσκόμενος. Ἀλλὰ τὸ μὲν διαζύγιον οὕτω γενέσθω· ἕκαστον δὲ μέρος τῶν διαζευχθέντων τὰ οἰκεῖα κομισάσθω ἀνακρωτηριάστως, ἤγουν τὴν προγαμιαίαν μὲν ὁ ἀνὴρ, τὴν προῖκα δὲ ἡ γυνή· ἐπὶ τῷ τοιούτῳ γὰρ διαζυγίῳ, ζημίαν ὁ νόμος ὁρίζει γίνεσθαι· συντηρεῖσθαι δὲ βούλεται τὰ μέρη ἀμφότερα καὶ εἴπερ ἴσως· τὸ ἓν μέρος ζημιώσασθαι θελήσει τὸ ἕτερον. Ἀλλ' ἡ σὴ ἱερότης τὴν τοιαύτην κωλυσάτω ζημίαν, μετελθοῦσα τὴν ἀπείθειαν τῷ ἀπὸ τῆς ἁγίας τοῦ Θεοῦ ἐκκλησίας ἀφορισμῷ. Εἰ δὲ καὶ ἁλίσκεται ἴσως συνεστῶτος ἔτι τοῦ γάμου πορνεύσασα ἡ Μαρία καὶ αἱ τῆς μοιχείας ποιναὶ ὁρῶσιν αὐτὴν δήπουθεν, ἀλλ' ἀποτρέπει ταύτας τὸ τοῦ ἀνδρὸς αὐτῆς ἀσυνδίαστον· ἐκείνην γὰρ ἀληθῶς μοιχάδα κρινοῦμεν, τὴν μὴ ἀρκουμένην τῇ τοῦ ἀνδρὸς ὁμιλίᾳ τοῦ οἰκείου, ἀλλὰ ταύτῃ καὶ ἐπεισάγουσαν ἕτερον διὰ τὸ περὶ τὴν ἡδονὴν κτηνῶδες τε καὶ ἀκόρεστον. Ἡ χάρις τοῦ Θεοῦ μετὰ σοῦ.

---

[1]) Cod. ἱερότητι. — [2]) Id. τὸ τὸ ἀνδρός. — [3]) 1 Cor. vii, 5.

ΙΓ'.

Περί ανήβου κόρης μνηστευθείσης τινί, ει έξεστι μετά την νομικήν ηλικίαν συναφθήναι ταύτην τῷ μνηστευσαμένῳ αὐτήν, καὶ περὶ τῶν ἐν τῷ ζ' ἔτει τῆς ἡλικίας τῆς κόρης γινομένων μνηστειῶν. Πρὸς τὸν ῥῆγα Σερβίας κυρὸν Στέφανον.

De puella impuberi cuidam desponsa, an liceat ei post legitimam aetatem jungi sponso suo. Item de sponsalibus factis septimo puellae aetatis anno. Ad regem Serviae Stephanum.

Δέσποτά μου ύψηλότατε, ῥὴξ Σερβίας, ἐν Κυρίῳ ἀγαπητὸν [f. 36] ἡμῶν τέκνον, ἐπαινῶ τῆς βασιλείας σου τὸ περὶ τὰ εὐσεβῆ καὶ ἀρέσκοντα Θεῷ φιλομαθές τε καὶ φιλόπονον. Τοῦτο δὲ ἄρα τρανότατα σοφὸν ἀποφαίνεισεν· εἰ γὰρ ὁ τοῦ Θεοῦ φόβος ῥίζα πάσης ἐστὶν ἀγαθοεργίας, ἀρχὴν δὲ σοφίας τὸν τοιοῦτον φόβον [1]) διὰ τῆς θείας γραφῆς ὀνομάζει τὸ Πνεῦμα τὸ ἅγιον, ἄρα γε καὶ ἡ βασιλεία σου, διὰ τὸν τοῦ Θεοῦ φόβον μανθάνειν ζητοῦσα τὰ φίλα Θεῷ, ἁρμοδίως καὶ τὴν τοῦ σοφοῦ καὶ φιλομαθοῦς προσηγορίαν, ὡς ἁλουργίδα βασιλικήν, ἑαυτῇ περιτίθησιν· ὡς ἐκ τῆς σοφίας ταύτης μᾶλλον ἢ ἐκ τῆς βασιλικῆς ἀξίας γνωρίζεσθαί σε λαμπρότερον, σοφίαν δὲ καὶ ἐπιστήμην [2]) καὶ ἡ τοῦ Ἰὼβ ἱερὰ βίβλος, τὴν θεοσέβειαν καὶ τὸ ἀπέχεσθαι ἀπὸ τῶν κακῶν καλῶς ὀνομάζει· χάρις οὖν τῷ Θεῷ τῷ κοσμοῦντι τὴν σὴν ἐξουσίαν τοιαύτῃ σοφίᾳ τε καὶ συνέσει, καὶ πᾶσιν οἷς ὁ κατὰ ἀλήθειαν χαρακτηρίζεται ὁ ἄνθρωπος, καὶ εἴης μοι οὕτω κατὰ Θεὸν προκόπτων, καὶ τὸ ἀξίωμα τῆς ἐπὶ γῆς βασιλείας σου διὰ τῆς ἀγαθοεργίας ἐπίβασιν τῆς τῶν οὐρανῶν βασιλείας τιθέμενος.

Ἐγὼ δὲ τὸ ἐρώτημα τῆς βασιλείας σου ἀσπασίως δεξάμενος, ἰδοὺ πρὸς τοῦτο ποιοῦμαι ἀπόκρισιν, τῷ τε τῆς ἐκκλησίας ἔθει καὶ τοῖς εὐσεβέσι νόμοις ἀκόλουθον· ἦν δὲ τὸ ἐρώτημα, ὅτι ἐμνηστεύσατό τις κόρην ἑπταετῆ μετὰ καὶ τῆς συνήθους ἱερᾶς εὐχῆς· οὐκ ἐπέγνω δὲ ταύτην, ἀλλ' εἴασεν ἀνατρέφεσθαι, μέχρι ἂν τὸν νόμιμον φθάσῃ τῆς ἡλικίας καιρόν, ὅτι γοῦν ἄρτι τὸν νενομισμένον χρόνον αὐτὴ ἐπλήρωσε, κωλύεται παρά τινων ὁ ταύτην μνηστευσάμενος, καὶ τὸν γάμον πληρῶσαι καὶ συναφθῆναι αὐτῇ, δι' αἰτίαν ὅτι ἐν ἀτελεῖ ἡλικίᾳ ἡ μνηστεία τῆς κόρης ἐγένετο, καὶ ὅτι παρήκοος ὁ μνήστωρ γέγονε τοῦ κωλύοντος τοῦτον πνευματικοῦ πατρός· αὐτοῦ τὴν τοιαύτην μνηστείαν ποιῆσαι· καὶ ἐθέλησεν ἡ βασιλεία σου μαθεῖν εἰ καλῶς κωλύεται ὁ εἰρημένος μνήστωρ τοῦ ἐκτελέσαι τὸν γάμον, καὶ εἰ ἔξεστι τῇ κόρῃ συνοικῆσαι τῷ μνηστευσαμένῳ ταύτην ἢ ἑτέρῳ, διὰ τὸ τὴν μνηστείαν ἐν τῇ ταύτης ἀνηλικιώσει προβῆναι.

Μανθανέτω | γοῦν ἡ βασιλεία σου ὡς ὁ ἀρραβὼν ἐν πᾶσι τοῖς συναλλάγμασιν, ἤγουν ἐν πράσει καὶ ἀγορασίᾳ, ἐν μισθώσει, ἐν πακτεύσει, ἐν γάμοις καὶ λοιποῖς τοιούτοις· οὐδέν τι ἔχει ἀφ' ἑαυτοῦ ἰσχυρόν, εἰ μὴ μόνον ἐπαγγελίαν ἤτοι ὑπόσχεσιν τοῦ πραχθῆναι μέλλοντος· διὰ τοῦτο καὶ ἐκ μεταμελείας πολλάκις ἀντιστρεφομένου τοῦ ἀρραβῶνος, μένει ἄπρακτος ἡ συναλλαγή· ἔστι δ' ὅτε καὶ χωρὶς δόσεως ἀρραβῶνος καὶ ἀγορασία γίνεται, καὶ τὰ ἄλλα τὰ συναλλάγματα. Διὰ τοῦτο γοῦν, ὡς εἴπομεν, ὁ ἀρραβὼν οὐκ ἔχει ἀφ' ἑαυτοῦ τὸ ἰσχυρόν· ἐπὶ τοῦ γαμικοῦ δὲ συναλλάγματος· ἡ μὲν παλαιοτέρα νομο-

---

[1]) Ps. cxviii, 15. — [2]) Iob. xxviii, 28.

θεσία συνεχώρει γίνεσθαι τὴν μνηστείαν διὰ μόνης συνέσεως καὶ δόσεως ἀρραβώνων.

Τῆς κόρης οὔσης ἑπταετοῦς, συμπληρουμένου δὲ τοῦ δωδεκάτου ἔτους τῆς ἡλικίας αὐτῆς, τότε καὶ ὁ γάμος ἐξετελεῖτο. Καὶ ἡ κόρη ἔκτοτε οὐ μνηστή, ἀλλὰ γαμετὴ ὠνομάζετο. Ἡ δέ γε νεωτέρα νομοθεσία, ἧς κατῆρξεν ὁ ἐν βασιλεῦσι σοφώτατος κυρὸς Λέων, καὶ μετ' ἐκείνου ὁ βασιλεὺς κυρὸς Ἀλέξιος ὁ πρῶτος τῶν Κομνηνῶν κρίνασα δέον, μὴ κατὰ τὰ ἄλλα συναλλάγματα καὶ τὴν τοῦ γάμου μνηστείαν, ἤγουν τὸν ἀρραβῶνα εἶναι ἀνίσχυρον, ἀλλὰ καὶ κρείττονα ἐκείνων καὶ ἰσχυρότερον θεσπίζει, καὶ τὴν μνηστείαν μετὰ ἱερῶν εὐχῶν γίνεσθαι, καὶ τὴν μνηστευομένην κόρην ἅπτεσθαι τοῦ ιγ' ἐνιαυτοῦ τῆς ἡλικίας αὐτῆς· ὡς ἐντεῦθεν μήτε δύνασθαι τὴν μνηστείαν λύεσθαι διὰ τὴν ἀφηλικίωσιν ἀποτελεσθεῖσαν τῷ γάμῳ, μήτε τὰς ἐπιλεγομένας τῇ μνηστείᾳ ἱερὰς εὐχὰς ματαίας ἀπεκβαίνειν ἐκ τοῦ τὴν μνηστείαν λύεσθαι διὰ τὴν ἀφηλικίωσιν. Θέλουσα δὲ ἡ τοιαύτη νέα νομοθεσία μὴ τελείως τὴν πάλαι νομοθεσίαν ἀπρακτεῖν, διορίζεται τὰς γινομένας μνηστείας ἐν τῷ ζ' ἔτει τῆς μνηστευομένης, μνηστείας μὲν ἀληθεῖς, ὅσον κατὰ τὴν ἐκκλησιαστικὴν ἀκριβολογίαν, μὴ δὲ εἶναι, μὴ δὲ ὀνομάζεσθαι, ὡς μὴ δὲ μετὰ εὐχῶν τῶν νενομισμένων ὀφειλούσας προβαίνειν, ὡς ἁπλῶς δὲ ἀρεσκείας ἀνθρώπων δι' ἐπερωτήσεων [f. 37] κατασφαλιμένας· τὸ ἐνεργὸν ἀποφέρεσθαι καὶ οὕτω ἔχειν τὴν νομοθεσίαν ἐπὶ τούτῳ τὸ πάγιον.

Ταῦτα οὕτω τῶν νομοθεσιῶν διακελευομένων, λέγομεν ἡμεῖς· ὡς εἰ μὲν θελήσουσι τὰ συναλλάξαντα πρόσωπα, περὶ ὧν ἡ βασιλεία σου ἐρωτᾷ, λῦσαι τὴν μνηστείαν διὰ τὴν τῆς κόρης ἀφηλικίωσιν, ἄδειαν ἕξουσι τοῦτο ποιῆσαι, καὶ οὔτε ἡ κόρη ἐμποδισθήσεται ἑτέρῳ ἀνδρὶ συναφθῆναι, μὴ ὄντι δηλαδὴ συγγενεῖ τοῦ διαζευχθέντος αὐτῆς. καὶ αὐτὸς οὗτος μεθ' ἑτέρας συναλλάξαι γάμον οὐ κωλυθήσεται.

Εἰ δὲ θελήσουσι καὶ γαμικῶς συναφθῆναι ἀλλήλοις, οὐδὲν οὐδαμῶς προκριματισθήσονται. Εἰ γὰρ καὶ ἡ προβᾶσα μνηστεία μέσον αὐτῶν, ὡς ἀνυπόστατος λογίζεται διὰ τὴν ἀφηλικίωσιν, ἀλλ' ὁ γάμος βέβαιος ἔσεται, κατὰ καιρὸν τῇ ἱερολογίᾳ κραταιωθείς.

Ταῦτα δὲ οὕτω γνωμοδοτεῖ γίνεσθαι καὶ ἡ ἐπὶ τοῦ ἁγιωτάτου πατριάρχου Κωνσταντινουπόλεως κυροῦ Νικολάου προβᾶσα συνοδικὴ διάγνωσις· πρὸς ὁμοίαν ἐρώτησιν ἐν μέρει διεξιοῦσα οὕτως αὐτολεξεί· Οὐκ ἐπὶ μόνου τοῦ γαμικοῦ συναλλάγματος ἀρραβῶνας νενόμισται δίδοσθαι, ἀλλὰ καὶ ἐπὶ πάντων συναλλαγμάτων· οὐ λέγομεν ἄκυρον εἶναι τὸ γεγονός, μὴ δοθέντων ἀρραβώνων, οὕτω καὶ ἐπὶ τοῦ γαμικοῦ συναλλάγματος, κἂν ἀρραβὼν, ἤτοι μνηστεία οὐ προβῇ, βέβαιον ἔσται καὶ ἀδιάσπαστον. Τῆς γοῦν προβάσης μνηστείας, ὡς εἴρηται, μέσον τοῦ κληρικοῦ καὶ τῆς Μαρίας οὔσης, ἀνυποστάτου διὰ τὸ εἶναι τὴν Μαρίαν ἑπταετῆ, ἔσεται ὁ κληρικὸς ἔχων ἀδιασείστως· τὴν διὰ μόνης γαμικῆς ἱερολογίας ἁρμοσθεῖσαν αὐτῷ σύζυγον, ἤγουν τὴν Μαρίαν, ὡς διείληπται.

Ἀπὸ τῆς περιλήψεως τοίνυν τῶν ἀναγεγραμμένων νομοθεσιῶν, καὶ τῆς συνοδικῆς διαγνώσεως, οὐδαμῶς ἐμποδισθήσεται ὁ τῆς βασιλείας σου ἄνθρωπος εἰς τὸ δέξασθαι τὴν τοῦ γάμου ἱερολογίαν μετὰ τῆς μνηστευθείσης αὐτῷ, φυλάξας δηλαδὴ τὸ μέτρον τῶν νενομισμένων ἐτῶν, ἀλλὰ ἀμέμπτως αὐτῇ συναφθήσεται, κἂν ἡ μνηστεία τούτων ἑπταετοῦς οὔσης αὐτῆς γέγονεν. Εἰ μήτε γὰρ | ἄλλο, ὡς ἁπλῶς ἀρέσκειαν ἐπερωτήσει κατεσφαλισμένην, ἔξεστι κατὰ τὴν ἀναγεγραμμένην νεαρὰν νομοθεσίαν τὴν τοιαύτην μνηστείαν λογίζεσθαι, καὶ ἡμεῖς μὲν ἐξ ὧν ἐπαιδεύθημεν καὶ ἐξ ὧν ἀναγινώσκομεν τὰς κανονικὰς καὶ νομικὰς βίβλους διεξερχόμενοι, ταῦτα διὰ τῆς παρούσης γραφῆς τῇ βασιλείᾳ σου γνωρίζομεν. Εἰ δέ τις κωλύειν ἐθέλει τὰ ἀκώλυτα καὶ συγκλωθεῖν τὰ ἀσύγκλωστα, παίζων, οὐχὶ σπουδάζων κριθήσεται, καὶ διὰ τοῦτο εἰσακουσθήσεται, τὰ τοιαῦτα προτιθέμενος εἰς μέσον, ἔνθα χρὴ καὶ πράττειν καὶ λαλεῖν τὰ καθή- κοντα καὶ τοῖς ἱεροῖς κανόσι καὶ νόμοις ἀκόλουθα.

ΙΔ'.

Εἰ χρὴ προαχθῆναι εἰς ἱερωσύνην τὸν ἐν ἀτελεῖ μὲν ἡλικίᾳ ἀνήλικον κόρην μνηστευσάμενον, ταύτης δὲ τεθνηκυίας, ἑτέρᾳ γυναικὶ κατὰ νόμους συζευχθέντα. — Πρὸς Στρουμίτζην κῦρον Κωνσταντῖνον.

Ad Strumitzen D. Constantinum. — An oporteat ad sacerdotium promovere eum qui in aetate imperfecta cum puella aetatem non habente sponsalitia contraxit, ea vero mortua, cum alia legitime junctus est.

Χρόνιος ἡμῖν ὁ καλὸς ἥκει Στρουμίτζης, τά γε δι' ἐγγραμμάτου προρρήσεως, τὰ γὰρ δι' αὐτοψίας, ἀλλὰ τοῦτο πάλαι ἡμῖν ἀπέγνωσται, ὅτι πᾶσιν ἱμέροις πρὸς τὴν βελτίστην ἐπέστραπται Στρούμιτζαν, καὶ δριμῶς πρὸς ταύτην τρέφει τοὺς ἔρωτας, ὡς καὶ θρεψαμένης καὶ φίλων ἐπιλανθάνεσθαι· ἀλλὰ γὰρ εἶπε τιμία μοι κεφάλη, πότερον ὡσεὶ νεκροί σοι ἐπιλελήσμεθα¹); τοῦτο δὴ τὸ τοῦ ψαλμῳδοῦ ἢ δοκιμὴν τοῦ περὶ σὲ, ἡμετέρου πόθου ποιούμενος, καθόλου μὲν ἀκεκρύψῳ καὶ ἄποπτος ἡμῖν γέγονας, χρόνια δὲ διαπέμπεις τὰ γράμματα κατὰ τοὺς ἀκεσαίου μῆνας καὶ τὰς ἀνακυκλεύσεις μέτωνος, ἵν' ἐντεῦθεν δηλαδὴ σεαυτὸν ποιῇς ἐπιθυμητόν τε καὶ ποθεινότερον, ἀλλὰ τὸν μὲν πρῶτον λογισμὸν τὰ σὰ γράμματα, εἰ καὶ βραδέως, ὅμως, οὖν θεραπεύουσι, πείθοντα μὴ εἰς τέλος ἡμῶν σε ἐπιλανθάνεσθαι τὸν γε μὲν δεύτερον, δι' ἐπαίνων ἄγομεν, ἐφ' ἑξῆς δὲ οὐδ' ὅλως θαυμάσομεν, εἰ καὶ ἔτι ἐπίτασιν τὸ σὸν πρὸς ἡμᾶς ἄραντον δέξεται. Οἶδας γὰρ νῦν τὸ τῶν φίλων ἅμα καὶ τῶν καιρῶν ἄπιστον καὶ ἀνώμαλον, καὶ πρὸς τίνα ἄν τις ἐξαιρώσῃ τὸ περικάρδιον, ἀθυμίαις συμπνιγόμενον, ἢ καὶ [f. 38] διαχυθῇ πρὸς ὁμιλίαν ἐλευθερόψωνον καὶ ἡδίστην, εἰ μὴ πρὸς ὂν, ὡς οἴμαι, καὶ φίλτρον συνελθόντα, τὸ ἀσφαλὲς χαρίζονται καὶ ἀνύ-

ποπτον· πλὴν καὶ σιωπῶν καὶ γράφων καὶ ὁρῶν ἡμᾶς, καὶ μὴ εἴης εὐπράττων καὶ κρείττων γινόμενος τῶν ἐπερχομένων δυσχερειῶν. Εἶεν.

Ἐδήλωσε δὲ ἡμῖν ἡ σὴ ἱερότης καὶ μαθεῖν παρ' ἡμῶν ἠξίωσεν, εἰ ἔξεστι προαχθῆναι εἰς ἱερωσύνην τινὰ, ὃς ἐν ἀτελεῖ μὲν ἡλικίᾳ, ὀκταέτες, κοράσιον ἐμνηστεύσατο· τούτου δὲ μετὰ βραχὺ τεθνηκότος, ἐπειδὴ πρόσηβος γέγονε καὶ εἰς μέτριον ἡλικίας τὸ νόμιμον ἤλασε κατὰ νόμους ἑτέρᾳ συνέζευκται γυναικί.

Γινωσκέτω οὖν ἡ σὴ ἱερότης, ὡς διάφοροι ἀποφάσεις, πάλαι τοῦ τοιούτου φάκτου, αἱ μὲν συνοδικῶς, αἱ δὲ μοναχῶς παρὰ προσώπων συγγραφεῖσαι ἱεραρχικῶν ἐξηνέχθησαν, ὡς ἔνιαι μὲν ἐκώλυσαν ἀξιοῦσθαι ἱερατικῆς ἀξίας τὰ τοιαύταις μνηστείαις, προκύψαντα πρόσωπα· αἱ δὲ τὴν ἱερωσύνην τούτοις ἐπέτρεψαν· ὅθεν καὶ οἱ νῦν ταῖς τοιαύταις ἀποφάσεσιν ἐντυγχάνοντες μερίζονται καὶ αὐτοὶ, καὶ οἱ μὲν τῇ δε, οἱ δὲ θατέρᾳ προτίθενται· εἰσὶ δὲ οἱ, τὴν μέσην τούτων βαδίζοντες κατ' ἐπιστήμην, ὅτε μὲν τὴν κωλύμην, ὅτε δὲ τὴν ἐπιτροπὴν στέργουσι, καὶ οὕτως ἑκατέρων τουτωνὶ τῶν ψήφων τὸ κακονομούμενον διαφεύγουσι κωλύουσι μὲν οὖν αὐτοὶ τὴν ἱερωσύνην, ὁπότε ἡ μνηστεία προβῇ κατὰ τὰς νεκρὰς νομοθεσίας· τῶν ἀοι-

---

¹) Ps. xxx, 13.

δίμων βασιλέων, τοῦ τε σοφωτάτου κυροῦ Λέοντος· καὶ τοῦ Κομνηνοῦ κυροῦ Ἀλεξίου· τοῦ μὲν ἄρρενος δηλονότι πληροῦντος τὸν ιδ' ἐνιαυτὸν, τῆς δὲ θηλείας τὸν ιβ' ἀνιούσης καὶ παρακυπτούσης ἄρτι πρὸς τὸν ιγ', τὰς τοιαύτας δὲ μνηστείας ἀλύτους μένειν ἐθεσμοθέτησαν, ὡς κατὰ τοῦτο λαχούσας τῷ τελείῳ γάμῳ τὸ ἰσοδύναμον· ὡς ἐντεῦθεν, τὸν θανάτῳ ἢ διαζυγίῳ νομίμῳ τῆς ἑαυτοῦ ἀποῤῥαγέντα μνηστῆς, μὴ δύνασθαι εἰς ἱερωσύνην ἐλθεῖν, ἑτέρᾳ γυναικὶ συνοικήσαντα, ὡς λογιζόμενον ἔκτοτε δίγαμον διὰ τὸ τῆς μνηστείας ἔννομον καὶ ἀκατηγόρητον. Ἐπιτρέπουσι δὲ πάλιν τὴν ἱερωσύνην, ὁπηνίκα τὰ συναπτόμενα πρόσωπα | ἢ ἄμφω, ἢ θάτερον τούτων, ἐντὸς εὑρίσκονται τῶν ὅρων τῆς ἡβότητος¹), καὶ οὕτως, ἐν ἀτελεῖ τῇ ἡλικίᾳ τούτων ἡ μνηστεία προβῇ· τότε γὰρ ἡ τοιαύτη μνηστεία παράνομος λογιζομένη, ὡς ἀνυπόστατος κρίνεται· ταύτη δὲ οὕτως ἀποσκορακιζομένης, τὸ ἄρρεν πρόσωπον ἕτερον συνάλλαγμα διαπραξάμενον, οὔτε δίγαμον λογίζεται, καὶ εἰς ἱερωσύνην ἀμέμπτως προάγεται· βεβαιοῦσι δὲ τὴν ψῆφον ταύτην, οὐ μόνον ἀπ' αὐτοῦ τοῦ φύσει δικαίου, ἀλλὰ καὶ ἀπὸ τοῦ ιη' κανόνος τοῦ μεγάλου πατρὸς Βασιλείου, ὃς περὶ ὁμολογίας καὶ παραπτώσεως παρθένων πλεῖστα διεξιὼν πρὸς τῷ τέλει, καὶ ταῦτα οὕτω διακελεύεται· " Τὰς δὲ ὁμολογίας τότε ἐγκρίνομεν, ἀφ' οὗπερ ἂν καὶ ἡλικίαν τὴν τοῦ λόγου συμπλήρωσιν ἔσχεν· οὐ γὰρ τὰς παιδικὰς πάντως φωνὰς κυρίας ἐπὶ τῶν τοιούτων ἡγεῖσθαι προσῆκεν, ἀλλὰ τὴν ὑπὲρ τὰ ις' ἢ ιζ' γενομένην ἔτη κυρίαν τῶν λογισμῶν οὖσαν „. Καὶ μεθ' ἕτερα· " Πολλὰς γὰρ γονεῖς προσάγουσι καὶ ἀδελφοὶ καὶ τῶν προσηκόντων τινὲς πρὸ τῆς ἡλικίας οὐκ οἴκοθεν ὁρμηθείσας πρὸς ἀγαμίαν, ἀλλά τι βιωτικὸν ἑαυτοῖς διοικούμενοι, ἃς οὐ ῥᾳδίως παραδέχεσθαι δεῖ, ἕως ἂν φανερῶς τὴν ἰδίαν αὐτῶν ἐρευνήσωμεν γνώμην „. Ναὶ μὴν καὶ ἀπὸ τῆς φάσεως τοῦ θείου πατρὸς Τιμοθέου τοῦ Ἀλεξανδρείας, τῆς ἀποκρινομένης πρὸς τοὺς ἐρωτήσαντας, ἀπὸ δωδεκαετοῦς κόρας καὶ μείζονος κρίνεσθαι παρὰ Θεοῦ τῶν ἁμαρτανόντων τὰ πλημμελήματα. Δῆλον δέ ἐστιν ὅτι καὶ οἱ νόμοι συναινούντων καὶ τῶν παίδων τὰ γαμικὰ ποιεῖν συναλλάγματα, τοὺς πατέρας διακελεύονται. Πῶς οὖν συνκινέσουσιν οἱ τὴν ἡλικίαν ἀτελεῖς καὶ μήπω φθάσαντες τὸν χρόνον τῆς τοῦ λόγου συμπληρώσεως; ἄρα τοίνυν τῆς ἡλικίας τῶν μνηστευομένων ἐλάττονος οὔσης, οὐδὲ ἡ μνηστεία τούτων ἐντελής, ἀλλ' ἀνυπόστατος λογισθήσεται, καὶ ὁ τὴν οὕτω μνηστευθεῖσαν αὐτῷ ἀποβαλλόμενος, εἰ ἑτέρους συναλλάξειε γάμους, εἰς ἱερωσύνην ἐλθεῖν οὐκ εἰρχθήσεται. Ἀλλ' ἐν τούτοις μὲν καὶ πλείοσιν ἄλλοις ὁμοίως τὰ τῆς ἀναγεγραμμένης ἀποφάσεως, τῆς καὶ [f. 39] μέσης καὶ τῶν ἄκρων ἁπτομένης τῶν παρ' ἑκάτερα ταύτης ψηφιφοριῶν, ἃς ὁ λόγος ἄνωπιν ἐδήλωσεν· ἡ σὴ δὲ λοιπὸν ἱερότης παρεξετάσασα ταύτῃ τὰ κατὰ τὸν ἄνδρα περὶ οὗ τὴν ἐρώτησιν ἔθου, ἢ προάγγειν τοῦτον εἰς ἱερωσύνην, ἢ μένειν παρὰ θύραν δικαιωσάτω. Τοσοῦτον γὰρ ἐφ' ἡμῖν τῷ περὶ αὐτοῦ δοῦναι ἀπόκρισιν.

---

¹) Cod. τῆς βότητος, dein ἐνατελεῖ.

ΙΕ'.

Περὶ συναλλάγματος γεγονότος ἐν ἀτελεῖ τῆς κόρης ἡλικίᾳ, καὶ παραβάσει ὅρκου. Πρὸς τὸν ἐπίσκοπον Σερβίων.

De contractu facto in imperfecta puellae aetate et juramenti violatione. Ad Serviae episcopum [1].

Ἱερώτατε ἐπίσκοπε Σερβίων, ἐν Κυρίῳ ἀγαπητὲ ἡμῖν ἀδελφὲ καὶ συλλειτουργὲ, ὁ Σερβιώτης Βασίλειος ὁ Κορύμπλος ἐλθὼν πρὸς ἡμᾶς, ἐξομολογήσατο ὡς· θυγάτριον αὐτῷ ἐξ ἐννόμου γάμου ἐγένετο· ἣν δὴ καὶ ἐξεθρέψατο ἐπὶ ὑποσχέσει τῇ εἰς τὸν μεγάλον μάρτυρα Δημήτριον τοῦ μὴ ἐκδοῦναι ταύτην εἰς ὁμιλίαν γάμου, εἰ μὴ τὸ [2] ιδ' ἀνύσασα τῆς ἡλικίας αὐτῆς ἔτος, ἅψεται τοῦ ιγ', καὶ εἰσελθοῦσα ἐν Θεσσαλονίκῃ ἀφιέρωται προσκύνησιν τῷ ἁγίῳ ἐν τῇ αὐτοῦ μυροχεύμονι λάρνακι· μήπω γοῦν τῆς κόρης τὸ ιχ' ἔτος παραμειψάσης, μὴ δὲ τὴν ὑπεσχημένην ἀποδούσῃ τῷ ἁγίῳ προσκύνησιν, ἐπῆλθεν αὐτῷ νοῦς συνάψαι ταύτην ἀνδρί, καὶ δὴ ψευδῆ θέμενος ὁμολογίαν, ὡς ἔστιν ἡ κόρη δωδεκαετής, ἵνα δῆθεν ἑλκύσῃ ἐπ' αὐτῇ τὰ τῆς ἱερολογίας ἔθιμα, συνέζευξέ τε ταύτην ἀνδρί, καὶ τὰ τοῖς συναπτομένοις ἀκόλουθα κατὰ τὴν τῶν χριστιανῶν πολιτείαν ἐξετέλεσεν· ἐντεῦθεν, φησὶν, ἡ δίκη, ὡς ἔοικεν, οὐκ ἀνασχομένη ἕως τέλους τῶν τοιούτων αὐτοῦ παραβάσεων· πολλὰ μὲν σημεῖα τούτων, ἐν αὐτῇ τῇ ἡμέρᾳ, καθ' ἣν ὁ γάμος γέγονεν, ἐνεδείξατο, ἃ οἱ τότε παρόντες σαφῶς οἴδασι, μετὰ τῶν ἄλλων δὲ καὶ μῖσος ἄσπονδον μέσον τῶν συζευχθέντων ἐξήγειρε, λαβὼν, ὡς αὐτὸς φησί, τὴν ὁρμὴν ἐξ ἀρρητουργίας τινὸς, ἣν καὶ εἰς ἀκοὰς προφέρειν χριστιανικὰς οὐδαμῶς ἐστι θεμιτόν. Ταῦτα ἐξομολογησάμενος ὁ Κορύμπλος, ἐξήτει αὐτός τε καθάρασθαι τῆς ἀτοπίας

τῶν παραβάσεων, καὶ τὸ θυγάτριον ἱ τοῦτον λυθῆναι τοῦ ἐξ ἀβουλίας πατρικῆς ἐπιτιθέντος αὐτῷ πρὸ ὥρας γαμηλίου ζυγοῦ.

Ἡμεῖς οὖν τὴν ἐξομολόγησιν τοῦ ἀνθρώπου τούτου δεξάμενοι, γράφομεν τῇ σῇ Ἱερότητι, ἵνα ἀκριβέστερον ὡς ἐγχώριος ποιμὴν ἐξετάσῃς τὰ τῆς ἐξαγορεύσεως ταύτης, καὶ εἰ εὑρήσεις οὕτως ἔχοντα, τοῦτον μὲν προσήκουσιν ἐπιτιμίοις καθυποβάλῃς, ὥστε ἐξιλεώσασθαι τὸ θεῖον ἐπὶ ταῖς δυσὶ πλημμελείαις, ἃς εἰργάσατο, ὅτι τε δηλαδὴ τὴν πρὸς τὸν μεγαλομάρτυρα ὑπόσχεσιν ἑαυτοῦ ἀφρόνως ἠθέτησε, καὶ ὅτι τοῖς φιλευσεβέσι νόμοις ἐνεπαρῴνηκε ψευσάμενος· τὸν νόμιμον χρόνον τῆς ἡλικίας τῆς αὐτοῦ θυγατρός· διασπάσῃς δὲ τὸ συνάλλαγμα τῆς τοιαύτης αὐτοῦ θυγατρός, ὡς γεγονὸς ἐπὶ παραβάσει τῆς ἑαυτοῦ πρὸς τὸν ἅγιον ὑποσχέσεως· καὶ τῆς τῶν θείων νόμων παρατηρήσεως· λῦσαι γὰρ τοῦτο κατὰ κράτος ἀμφότερα δύνανται, ἵνα ἐντεῦθεν καὶ ἀρχὴ τῆς ἀφέσεως ἀνατείλῃ τῷ πατρὶ τῆς τοιαύτης κόρης· τῷ τὴν παράβασιν πλημμελήσαντι· πρώτη γὰρ καταβολὴ τοῦ ἱλασμοῦ τῶν ἁμαρτημένων τῷ ἐργαζομένῳ τὸ κακὸν ἡ τῆς ἀτοπίας ἐστὶν ἀνάλυσις· τοῦ συναλλάγματος· μέντοι διασπασθέντος, εἴ τι ἐστὶ τῆς προικὸς παρὰ τῷ συζευχθέντι, τῇ κόρῃ ὀφείλει παρ' αὐτοῦ ἀντιστραφῆναι· οὐδὲ γὰρ δεῖ ζημιωθῆναι αὐτήν. Ἡ χάρις τοῦ Θεοῦ μετὰ σοῦ.

[1] Quem aliquis fort. opinabitur esse S. Sabbam juniorem, de quo ego alibi multa. —
[2] Cod. μὴ τὸ τὸ sic.

ΙΣ'.

Περὶ γαμικοῦ συναλλάγματος, ἔχοντα προπαλλακισμὸν καὶ συγγένειαν ἐκ συντεκνίας εἰ ἐνδέχεται γενέσθαι, ἢ οὔ [f. 40].

De contractu matrimoniali ejus, qui concubinam prius habuit, et ex compaternitate affinis est, an fieri possit vel non?

Πανυπερένδοξε ἀντιπρόσωπε καὶ αὐθέντα μου, γραφὴν τῆς σῆς μεγαλοπρεπείας ἐδεξάμεθα, περιέχουσαν ἐρώτησιν περὶ γαμικοῦ συναλλάγματος, καὶ ζητοῦσαν ἀπόκρισιν ἐξ ἡμῶν, εἴτε ἐνδέχεται ἀποτελεσθῆναι τὸ τοιοῦτον συνάλλαγμα, δηλονότι ὡς ἔννομον, εἴτε ἀποδοκιμασθῆναι ὡς ἄθεσμον, καὶ ἡ μὲν ἐρώτησις τοιαύτη τις ἦν.

Ὁ κράταιος καὶ ἅγιος ἡμῶν βασιλεὺς ἔφθασε ἐκτὸς γάμου σαρκικῶς μιγῆναι τῇ αὐταδέλφῃ τῆς σῆς μεγαλειότητος, μεθ' ὃ δὲ συνήφθη νομίμως τῇ ἁγίᾳ ἡμῶν δεσποίνῃ, τῶν ἐκ ταύτης παίδων αὐτοῦ ἀνάδοχος ἀπὸ τοῦ ἁγίου βαπτίσματος ἡ σὴ μεγαλοπρέπεια γίνεται. Νῦν οὖν ἐθέλει ὁ βασιλεὺς τὸν σὸν υἱὸν τὸν Ῥαδομηρὸν συνάψαι πρὸς γάμον θυγατρὸς τῆς ἁγίας αὐτοῦ βασιλείας, ἣν ἐκ προλαβόντος ἔσχε παλλακισμοῦ, καὶ διὰ τοῦτο ζητῆσαι εἰ ἔξεστι προβῆναι τὸ τοιοῦτον συνάλλαγμα.

Ἡμεῖς δὲ πρὸς τὴν τοιαύτην ἐρώτησιν, ταῦτα ἀποκρινόμεθα, ὡς οἱ φιλευσεβεῖς νόμοι καὶ ἱεροὶ κανόνες τὴν ἀπὸ τοῦ ἁγίου βαπτίσματος τῶν βαπτιζομένων ἀναδοχὴν, πνευματικὴν συγγένειαν ὀνομάζουσι, καὶ μείζονα ταύτην τῆς σαρκικῆς συγγενείας τίθενται· διὰ γὰρ τοῦ βαπτίσματος Θεοῦ, φησί, μετέχοντος, αἱ ψυχαὶ αὐτῶν συνάπτονται· αὐτάρκης μὲν οὖν ἐστι καὶ μόνη ἡ συντεκνία, ἤγουν ἡ πνευματικὴ συγγένεια, μηδ' ὅλως παραχωρῆσαι τὸ τοιοῦτον ἀποτελεσθῆναι συνάλλαγμα, ὡς ἀθέμιτον. Ἐπεὶ δὲ μεσολαβεῖ καὶ σαρκικὴ ἐγγύτης διὰ τῆς σῆς αὐταδέλφης πρὸς τὸν βασιλέα, ὡς εἴπομεν, διπλῆ ἀνθ' ἁπλῆς ἡ τούτων κώλυσις ἀναφαίνεται. Καὶ τὰς ἐκ πορνείας γὰρ συγγενείας ὁ νόμος οὐκ ἀποβάλλεται· ἐπεὶ γοῦν κοινωνὸς συγγενείας καὶ σαρκικῆς καὶ πνευματικῆς τῇ σῇ μεγαλοπρεπείᾳ κατέστη ὁ βασιλεὺς, πῶς ἔστιν ὧδε; μέσον ὑμῶν τὸ διαλειφθὲν ἐκτελεσθῆναι συνάλλαγμα; καθόλου γὰρ ἀμφοτέρωθεν ἐμποδίζεται· ἀπὸ μὲν γὰρ τῆς σαρκικῆς συγγενείας εὑρίσκεται θεῖα καὶ ἀνεψιῷ, πατρὶ καὶ θυγατρὶ συνερχόμενοι· ὅπερ παντάπασιν ἀπηγόρευται, ὡς τετάρτῳ βαθμῷ, τὸ ἐξ ἀγχιστείας | περικλειόμενον καὶ ἀθέμιτον καὶ ὂν καὶ κρινόμενον. Ἀπὸ δέ γε τῆς πνευματικῆς ὑπερεκπερισσοῦ πάλιν κωλύεται· τὰ γὰρ τέκνα καὶ τὰ τοῦ βασιλέως διὰ τὴν πνευματικὴν κοινωνίαν τὴν ἀπὸ τοῦ ἁγίου βαπτίσματος ἀνακύπτουσαν μέσον ὑμῶν, τὴν τῶν ἀδελφῶν πρὸς ἄλληλα προσηγορίαν λαμβάνουσι· καὶ ὥσπερ ὑμεῖς οἱ πατέρες· σύντεκνοι ἐντεῦθεν, οὕτω καὶ οἱ παῖδες· ὑμῶν ἀδελφοὶ ὀνομάζονται καὶ οὐκ ἄν τις εἴπῃ ὅτι μόνα τὰ ἀπὸ τοῦ ἁγίου βαπτίσματος ἀναδεχόμενα, τὸν τῆς πνευματικῆς συγγενείας ἔχουσι λόγον· ἡ γὰρ χάρις τοῦ ἁγίου βαπτίσματος τὴν ἀνάκρασιν τῆς τοιαύτης πνευματικῆς συγγενείας εἰς πάντας τοὺς παῖδας ὑμῶν τῶν πατέρων ἐργάζεται, κἂν ἐκ διαφόρων μητέρων τυγχάνωσιν· ἡ διαφορὰ γὰρ τῶν μητέρων οὔτε τὴν τεκνογονίαν τοῦ φυτοσπόρου, οὔτε μὲν τὴν προσηγορίαν τῆς ἀδελφότητος τῶν γεγενημένων ἐν ἀλλάσσει ποσῶς· καὶ τοῦ λόγου τούτου βεβαίωσις· αὐτά εἰσι τὰ τοῦ νόμου ῥήματα· εἴπερ τις μὴ παρέργως ἀναγινώσκει ταῦτα, ἀλλ' ἐπιστατικῶς, τὸ γὰρ εἰπεῖν νομοθέτην ὅτι ἀπὸ τοῦ ἁγίου βαπτίσματος κόρην δεξάμενος, οὐ δύναται αὐτὴν ὕστερον εἰς γάμον ἀγαγέσθαι, ἀλλ' οὐδὲ τὴν μητέρα αὐτῆς, οὔτε τὴν θυγατέρα, οὔτε ὁ υἱὸς αὐτοῦ, οὐδὲν ἄλλος παρίστησιν ἢ ὅτι καὶ τοὺς πατέρας τοὺς ἑκατέρωθεν καὶ τοὺς παῖδας καὶ τοὺς ἐκγόνους, ἡ ἐκ τοῦ ἁγίου βαπτίσματος συγγένεια, εἰς ἐγγύτητα γνησίαν συνήρμοσεν. Ἢν συνθολοῦσθαι συναλλάγμασιν ἀθέσμοις, ἀδύνατον. Διὰ ταῦτα οὖν παραινοῦμεν παντάπασιν ἀργῆσαι τὸν λόγον τοῦ ἀναγεγραμμένου ἐπὶ τῷ σῷ υἱῷ συναλλάγματος, ὡς αἱμομιξίαν ἐπισυρόμενον καὶ προφανῶς εἰς τὴν πνευματικὴν συγκροῦον συγγένειαν. Οὐ μὴν, ἀλλὰ καί τις ἡ ἀνάγκη τὸν σὸν υἱὸν ἐλεύθερον ὄντα νέον, καὶ ὡς μανθάνω, πολλαῖς χάρισι κεκοσμημένον, ταῖς τε ἐκ τῆς φύσεως καὶ ταῖς ἐκ τῆς κατ' αὐτὸν ἐπιτηδειότητος, τοῖς ἐκ τοῦ τοιούτου τοῦ συναλλάγματος ὑποπεσεῖν κρίμασιν, καὶ τῷ μὲν Θεῷ εὐθύνας, τοῖς δὲ ἀνθρώποις τῆς παρανομίας ταύτης ὑπέχειν ὀνειδισμούς. Εἰς τὸ συναρθῆναι γυναικί, πᾶς ὁ κόσμος τούτῳ ἐφήπλωται, καὶ [f. 41] δύναται ἀνεγκλήτως γυναῖκα λαβεῖν καὶ πάσης μέμψεως ἔξωθεν μετ' αὐτῆς θέσθαι συνάλλαγμα, καὶ οὕτω τὴν ἄνωθεν εὐλογίαν καρπώσασθαι. Ἀλλ' ἡμεῖς μὲν ταῦτα πρὸς τὰ γραφέντα ἡμῖν παρὰ τῆς σῆς μεγαλοπρεπείας ἐγράψαμεν· τὸ ἐξακολουθῆσαι δὲ τούτοις, τῷ σῷ ἐγκαταλέλειπται θελήματι. Ὁ Κύριος δὲ δώῃ σοι τῶν συμφερόντων γνῶσιν καὶ σύνεσιν.

ΙΖ'.

Περὶ τῶν ἀνδρομανούντων, ὅτι διὰ τοῦτο διαζεύγνυνται. Πρὸς τὸν Πελαγονίας.
De libidinosis conjugibus, quod ob illud separentur. Ad Pelagoniae episcopum.

Ἱερώτατε Πελαγονίας ἀρχιερεῦ, ἐν Κυρίῳ ἡμῖν ἀγαπητὲ ἀδελφὲ καὶ συλλειτουργὲ, γράμμα διεπέμψω πρὸς τὴν ἡμῶν μετριότητα, δι' οὗ ἐρώτησας, εἰ χρὴ διαζευχθῆναι τὸν Ἀλμυριώτην Νικόλαον ἀπὸ τῆς γαμετῆς αὐτοῦ Μαρίας τῆς θυγατρὸς τοῦ ἐν τῷ Πριλάπῳ εὐλαβεστάτου διακόνου καὶ χαρτοφύλακος τῆς ἐκεῖσε ὑπὸ σὲ ἁγίας ἐκκλησίας, Ἰωάννου τοῦ Χρυσάλου· ὡς τῆς τοιαύτης γυναικὸς ζητούσης τὸ διαζύγιον, καὶ παραστησάσης ἐν διαφόροις δικαστηρίοις ἐνώπιον τῆς σῆς ἱερότητος καὶ ἱκανοῦ ἐκλεκτοῦ συλλόγου, ναὶ δὲ καὶ τοῦ πνευματικοῦ ταύτης πατρός. Τὸ αἴτιον διόπερ ἀπώμοτον καθόλου ποιεῖται τὸ καὶ εἰς τὸ ἑξῆς συνοικεῖν τῷ εἰρημένῳ Νικολάῳ τὰ τῶν ἀνδρομανούντων ἐν ταύτῃ διαπραττόμενον, καὶ οὕτω τὸ κατὰ φύσιν τοῦ γάμου τίμιον καὶ ἀμίαντον τῇ αἰσχυντηλίᾳ καὶ ἀσχημοσύνῃ τοῦ παρὰ φύσιν καταρρυπαίνοντα, καὶ πληγαῖς ταύτην δαμάζοντα, ὡς ἀπειθοῦσαν τούτῳ πρὸς τὴν θεοστυγῆ τῆς ἀκαθαρσίας ταύτης πρᾶξιν, καὶ μηδόλως αὐτῷ ὑποπίπτουσαν· καὶ οὕτως ὑποτιθεμένην ἑαυτὴν παντὶ βάρει ἀποδείξεων, εἴτε τῶν τοῖς πολιτικοῖς νόμοις ἐμφερομένων, εἴτε τῶν ἔξωθεν τῆς τούτων αὐλῆς, καὶ διὰ τοῦτο καὶ ὀνομαζομένων βαρβαρικῶν, ὥστε τοὺς οἰκείους λόγους πιστώσασθαι.

Καὶ ἰδοὺ ἀποκρινόμεθα πρὸς ταῦτα τῇ σῇ ἱερότητι, ὡς ἀπὸ μὲν τῆς νομικῆς ἀκριβείας, οὐκ ἔστιν ἐξὸν τῆς ὁμοζυγίας ταύτης γενέσθαι διάζευξιν. Ῥητῶς γὰρ ἐν τούτοις δηλοῦνται τὰ αἴτια | ὧν χάριν δύνανται τὰ συνοικοῦντα πρόσωπα βιβλίου ἀποστασίου πρὸς ἄλληλα διαπέμπεσθαι· ἐπεὶ δὲ καὶ τοῦτο ἡ τῆς σῆς ἱερότητος ἐδήλου γραφή, ὅτι τοσοῦτον ἰσχυρογνωμονεῖ τὴν Μαρίαν πρὸς τὸ μηδ' ὅλως μηδέποτε μηδαμοῦ τοῦ λοιποῦ συνοικῆσαι τῷ Νικολάῳ, ὥστε δηλαδὴ αἱρεῖσθαι μᾶλλον τὴν ἐκ τοῦ παρόντος βίου μετάστασιν, εἴτε δι' ἀγχόνης, εἴτε μαχαίρας, είτε κρημνού, είτε πλησμονής υδάτων, ή την ακαθαρσίαν ταύτην υπομένειν ανέχεσθαι, σκοπούμεν διά τον ούτως υποπτευόμενον κίνδυνον, γενέσθαι τούτων διάζευξιν, ίνα μή τι κακόν κορυφωθή κακώ χείρονι, και ευρεθή ή του νόμου ακρίβεια δι' ανεπιστημοσύνην των τούτους μετερχομένων, αντί σωτηρίας προξενούσα απώλειαν· διά τοι τούτο όρκον ένδικον δει προβήναι, όν εί εκτέλεσεν ή Μαρία, αυτίκα επακολουθήσει και διαζύγιον· ει μεν γαρ δυνατόν ήν μάρτυρας παραχθήναι, ώστε δι' όρκου πληροφορήσαι ως αληθώς τα της Μαρίας δάκρυα διά την ακαθαρσίαν ταύτην εκδέχονται, απέχρησεν αν ο εκείνων όρκος την δίκην τεμείν· επεί δε το τοιούτον μύσος δύναται οφθαλμούς μαρτύρων διαδιδράσκειν, διά το σκότιον τούτου και το όλον σατανικόν, διά τούτο ο ένδικος όρκος, είτ' ούν ο μονομερής, την Μαρίαν ορά, ίνα τον τόπον των μαρτύρων αποπληρώση, ώστε δηλαδή μη έχειν χώραν τον τέλειον· διδασκόμεθα μέντοι και από κανόνων νομικών εκ των ομοίων τέμνειν τα όμοια. ει γούν δύναται ή γυνή ζητείν αποστάσιον, ει ελέγξει τον εαυτής άνδρα τη σωφροσύνη αυτής εις το μοιχευθήναι επιβουλεύοντα, καθώς ο νόμος διακελεύεται, άρα γε και αυτός ο ανήρ δι' εαυτού την σωφροσύνην αυτής αχρειοί και το εύσχημον, αντί του κατά φύσιν το παρά φύσιν διαπραττόμενος· πώς ουκ αν αναγκαίως αποστήσεται τούτου, και ω; νομίμου τύχοι της διαζεύξεως; φοβεί δε ημάς και το σοδομητικόν πυρ, ω απετεφρώτησαν άρδην, οι την γην εκείνην οικούντες· τοιαύτης ασελγείας αντιμίσθιαν δεξάμενοι αλλά μην και η του θείου Παύλου μεγαλοφωνία περιπατείν ημάς ευσχημόνως εγκελευομένη [f. 42] και τα της ασχημοσύνης έργα ημίν γνωρίζουσα, ίνα ταύτα φυγόντες· ως ο τα Σόδομα φυγών δίκαιος και εις όρος ανασωθείς 1), της του Θεού μη πειραθώμεν οργής και αγανακτήσεως, κώμους και μέθας και κοίτας και ασελγείας ταύτα κατονομάζουσα, και την του Θεού εκκλησίαν διατρανούσα πάμπαν αποβαλλομένην ταύτα ρύπη τε και μολύσματα.

Αλλ' ημείς μεν ταύτα αντεπιστέλομεν προς α μεμαθήκαμεν διά της σης ιερότητος. Σύ δε ει δυνατόν περιεργότερον έτι τρακτάσας την τοιαύτην υπόθεσιν, ει ευρήσεις και αύθις την Μαρίαν ενδότως έχουσαν προς το ζητείν διαζύγιον, και γνώμην έχουσαν εξ αποτυχίας επιρρίψαι εις κίνδυνον εαυτήν αφ' ών η σή γραφή παρεδήλωσε, δέξαι τον ταύτης όρκον, και σχήματι λύσον το συνοικέσιον· διδασκόμεθα γάρ και παρά των αγίων και θεοφόρων πατέρων ημών, αλλά δη και απ' αυτής των πραγμάτων της πείρας, την οικονομίαν προκρίνειν, όταν την ακρίβειαν ίδωμεν εις ουκ αίσιον φέρουσαν αποτέλεσμα. Η χάρις του Θεού μετά σου.

ΙΙΙ΄.

῞Οτι ακώλυτόν εστι το συναφθήναι τη δισεξαδέλφη της πορνικώς μιγείσης αυτών [f. 42, 43].
Quod licitum sit jungi filiae patruelis ejus quae cum ipso fornicata est 2).

Ηρωτήσας ημάς διά γράμματός σου [add. add. μεγαλοδοξότατε] περιπόθητε αυτάδελφέ μου 3), κύρε Στέφανε, ώστε μαθείν, ει ακώλυτόν εστι τινά πορνικώς μιγέντα τινί

---

1) Rom. XIII, 13. Mox cod. διατρανούσα... — 2) Incidimus in tabulam antea editam, uti apud Rhalli t. v p. 437-440. Unde sat erit eidem collato varias addere lectiones. — 3) Inquirendum an ibi de proprioDemetrii fratre agatur.

γυναικί, συναρθῆναι γαμικῶς τῇ ἐκείνης διεξαδέλφῃ, καὶ πρὸς τὴν τοιαύτην ἐρώτησιν, τοιάνδε σοι ποιούμεθα ... τοῦ ἀοιδίμου ... Μανουὴλ τοῦ Κομνηνοῦ ... τῆς αὐτοῦ γυναικός ... δύο γένηται ἀλλήλων [ib. 438] ... ἀποφαίνονται ... γυναικός; [inde cod. omittit lin. 15 editorum a lin. 4 ad 19 ubi iterum vox γυναικός: ecce mali labes] τῆς γυναικός. Τὰ συγγενικὰ ... αὐτοῦ γαμετῆς ...

[p. 439] παρ' αὐτῷ τῶν οὕτω; ... ἐπὶ τῶν λέξεων ... ἀδελφὲ καὶ συλλειτουργέ... Sine alia varietate jacet Theodosii CP. sententia.

[p. 440] καὶ οὕτω ταύταις ... τῶν δυνάμεων ...

ΙΘ'.

Ὅτι οὐ συνίσταται γάμος, μὴ συναινούντων τῶν συναπτομένων προσώπων καὶ τῶν ἐχόντων τούτους ὑπεξουσίους.

Quod non consistat matrimonium sine consensu amborum conjugum, et eorum in quorum potestate sunt.

Ὥσπερ πᾶσά τις νόσος τοῖς τῶν ζώων σώμασι παρενόχλημα, οὕτω τοῖς γάμοις ὡς τι νοσερὸν δυστύχημα, τὸ ἀθέμιτον, τὸ παράνομον, τὸ κεκωλυμένον, τὸ ἀπρεπές, καὶ εἴ τι τούτοις ἀκόλουθον· νοσοῦσι τοίνυν καὶ τὰ γαμικὰ συναλλάγματα, ὅταν τι τοιοῦτον ἐνσκήψῃ τούτοις· δυσκλήρημα, ἕως ἂν ἡ καυτὴρ ἢ τομὴ ἢ ἑτέρα τις ἰατρικὴ μέθοδος τὴν ἴασιν τούτοις χαρίσηται· τοιαύτη νόσος ὡς ἐν κοινῷ ἰατρείῳ τῷ δικαστηρίῳ τοῦ παναγιωτάτου ἡμῶν δεσπότου τοῦ ἀρχιεπισκόπου πάσης Βουλγαρίας προσηγγέλθη τὴν σήμερον, ἣν ἥτις ἐστι καὶ ὅπως [f. 44] ἔχει, δηλώσει τὰ ἐπαγόμενα.

Ὁ γὰρ μεγαλεπιφανέστατος ἄρχων Νικόλαος ὁ Τζαγχνος, ὑπερπονῶν τῆς γυναικαδέλφης αὐτοῦ Εἰρήνης, ἀλλὰ δὴ καὶ τῆς θυγατρὸς αὐτῆς Καλῆς, παρέστη τε τῷ δεσποτικῷ θείῳ δικαστηρίῳ, καὶ περὶ τοῦ γαμικοῦ συναλλάγματος τοῦ γενομένου μέσον τοῦ τε Δρουγουβίτου Βασιλείου καὶ τοῦ ἀνδρὸς τῆς διαλειφθείσης Εἰρήνης τοῦ ἀποιχομένου Ἰωάννου τοῦ Λακκαπηνοῦ, ἐπὶ τῇ θυγατρὶ αὐτοῦ τῇ ἐπεγγεγραμμένῃ Καλῇ. Τοιούς δέ τινας λόγους προέθετο, φάμενος ὡς ἡ τοιαύτη Καλὴ ἐν τῷ πέμπτῳ ἔτει τῆς ἡλικίας αὐτῆς μνηστευθεῖσα τῷ Βασιλείῳ, καὶ εὐχὴν μετ' αὐτοῦ δεξαμένη, καὶ μετὰ τὸ ἕβδομον ἔτος τὸ συνάλλαγμα ἐπιγνοῦσα, ἔκτοτε μέχρι καὶ νῦν ἥτε δωδεκαετὴς οὖσα εὑρίσκεται, ἐς τοσοῦτον τὸ γεγονὸς ἀπανανεύεται ὡς μηδὲ εἰς ὄψιν ἀνέχεται τοῦ μνηστορος Βασιλείου προέρχεσθαι, κίνδυνον δέ τινα τοῦτο ἡγεῖσθαι, ἢ κίνδυνον ἐθέλειν τούτου ἀλλάττεσθαι, ὅθεν διά τε τὸ ἀβούλητον, διά τε τὸν ὑφορώμενον ὡς εἰκὸς κίνδυνον, λύσιν ἐζήτει τοῦ συναλλάγματος. Ἐπεὶ δὲ παρῆν καὶ ὁ Βασίλειος καὶ ἐπηκροᾶτο τῶν λεγομένων, τὸν μὲν χρόνον τῆς ἡλικίας τῆς κόρης τὸν αὐτὸν εἶναι καὶ αὐτὸς ὡμολόγησεν. Πεντακετῆ γὰρ οὖσαν ἔλεγε ταύτην μνηστεύσασθαι· ῥυῆναι δὲ τὸ ἀπ' ἐκείνου ἐς δεῦρο ἔτη ἤδη ἑπτά, ὡς ἀποσυνάγεσθαι ἄρτι τὴν ἡλικίαν τῆς κόρης κατὰ τὸν ἄνωθεν λόγον ἔτος ἀνύειν δωδέκατον· ἔφασκε δὲ ὡς ἐπὶ τοιαύτῃ ἡλικίᾳ τῆς κόρης συμπεφώνηται μέσον αὐτοῦ καὶ τοῦ πενθεροῦ αὐτοῦ, γαμβρὸν γενέσθαι τούτων αὐτοῦ· ἐπεὶ δὲ ἐδέησε καὶ αὐτῆς τῆς κόρης πυθέσθαι, ὥς γε καὶ τὰ τῆς γνώμης αὐτῆς γνωσθῆναι· παρῆν γὰρ καὶ αὐτὴ μετὰ τῆς μητρὸς αὐτῆς, ἠρωτήθη εἰ ἀπαρέσκεται συνοικῆσαι τῷ Βασιλείῳ, καθὼς ἄνωθεν εἴρηται· μάλιστα μὲν ἐν τοσούτῳ καὶ ἐνοσθόθη, ἵνα μὴ τούτου διασπασθῇ· ἀλλὰ στέρξῃ τῷ συναλλάγματι κἂν μὴ κατὰ τὴν νομικὴν προέβη ἀκρίβειαν. Ἡ δὲ τοσοῦτον ἀηδῶς ἔφησεν ἔχειν ἐπὶ τῷ γεγονότι, ὡς εἰ μὴ τούτου διαζευχθείη, ἑαυτὴν ἑλέσθαι κατὰ κρημνῶν ὦσαι, ἢ καθ᾽ ὑδάτων ἢ καὶ ξιφῶν.

| Ἡ δεσποτικὴ τοίνυν μεγαλειότης, τὰ τοῦ πράγματος διασκεψαμένη, ἐπεὶ δὴ ἔγνω τὸ τοιοῦτον συνάλλαγμα ἐν ἀτελεστάτῃ πάντη ἡλικίᾳ τῆς κόρης γενόμενον, καὶ πόρρω τρέχειν τῆς περιλήψεως τῶν νεαρῶν νομοθεσιῶν τοῦ τε ἐν βασιλεῦσι σοφωτάτου κυροῦ Λέοντος καὶ τοῦ ἀοιδίμου βασιλέως κυροῦ Ἀλεξίου τοῦ Κομνηνοῦ, τὸν δέ γε Βασίλειον μήτε προτιθέμενον, μήτε ἔχοντά τι ἐξ ἀκριβείας νομικῆς τούτῳ πρὸς βοήθειαν, διασπασμὸν τοῦ τοιούτου συναλλάγματος ἀπ᾽ ἐντεῦθεν κατεψηφίσατο, ὡς ἀσύστατον τὴν μνηστείαν πάντη καὶ πάντως διεγνωκυῖα, οὐ μόνον ἐκ τῆς ἀωρίας, ἀλλὰ καὶ ἐκ τοῦ μὴ συναινεῖν τὴν κόρην τοῖς παρὰ τοῦ πατρὸς αὐτῆς πεπραγμένοις, κατὰ τὸ β΄ κεφ. τοῦ δ᾽ τίτλου τοῦ κθ΄ βιβλ. τῶν βασιλικῶν οὕτω διαγορεῦον· Οὐ γίνεται γάμος, εἰ μὴ συναινέσουσιν οἱ συναπτόμενοι καὶ οἱ ἔχοντες αὐτοὺς ὑπεξουσίους. Τούτων δὲ διαγνωσθέντων, ἐπεὶ δ᾽ αὐτίκα καὶ λόγος περὶ τῶν πραγμάτων τοῦ εἰρημένου Βασιλείου μέσον γέγονε τῶν μερῶν, ἐξῄτει γὰρ ὁ Βασίλειος, ἃ ἔχων ἐπερύετο, ὅτε τὴν Καλὴν ἐμνηστεύσατο, ἐπεδόθη παρ᾽ αὐτοῦ γραμματεῖον κατ᾽ εἶδος περιέχον αὐτά, οὗ δὴ καὶ ἀναγινωσκομένου ἐν μέσῳ, ὅσα μὲν ἐκ τούτων ὡμολόγει ἔχειν ὁ Βασίλειος, εὐθὺς ὠβελίζοντο ἐναπελείφθησαν δὲ τὰ ζητούμενα παρ᾽ αὐτοῦ τὰ καὶ περὶ τῆς ποτὲ πενθερᾶς αὐτοῦ τῆς Εἰρήνης, πλὴν τινῶν ὁμολογούμενα, ἤγουν κοπτάκαι τρεῖς, μεταξωταὶ λίτραν α΄ καὶ γ΄ κεφάλαια ἑκατὸν πεντήκοντα καὶ

τὰς μὲν δύο κοπτάκας· ἡ τοιαύτη πενθερὰ τούτους εὐθὺς ταύτῃ ἀνέστρεψεν· ἀντὶ δὲ τῆς τρίτης, καζακὰν μεταξωτὸν τούτῳ δέδωκεν· ἐξενεγκοῦσα δὲ καὶ ῡπ. γῆενλ.[1]) πραττόμενα πεντήκοντα τὸν ἀριθμὸν αὐτῷ ἐνεχείρησεν· ἕτερα δὲ πεντήκοντα ὅμοια ῡπ. ἀποδοῦναι εἰς τιμὴν τῆς τζόχας ἣν φορῶν ἦν ὁ Βασίλειος· ὃ δὴ οὕτως ἔχειν καὶ αὐτὸς ὡμολόγει. Ἀμφιβόλων δὲ ἐναπομεινάντων, τοῦτε ἑνὸς κπρ. καὶ τῶν πεντήκοντα γῆενλ. παντάπασι γὰρ ἡ Εἰρήνη, μήτε λαβεῖν ταῦτα, μήτε χρεωστεῖν διετείνετο, εἰς ὅρκον ἐξ ἀνάγκης ἀπέβλεπον τὰ τοῦ πράγματος. [f. 46] ὡς δὲ αὐτίκα περὶ τούτων καὶ ἄμφω τὰ μέρη εὐλαβῶς διατέθησαν, συνέβησαν ἀλλήλοις καὶ διελύσαντο λαβόντος τοῦ Βασιλείου ὕφασμα καθεξαμίτου κίτρινον εἰς ποσότητα ῡπ. γῆενλ. εἴκοσι καὶ ἐπέκεινα ὅτι δὲ καὶ βοὸς ἑνὸς κατὰ σπορὰν εἶπεν ἔχειν ὁ Βασίλειος ἐν τῇ πενθερικῇ αὐτοῦ ἀποστάσει, τετύπωται κατὰ γεωργικὴν παρατήρησιν τὸ ἥμισυ τῆς εἰσόδου ταύτης τοῦτον λαβεῖν. Τούτοις οὖν ἀρεσθεὶς (ἤγουν[2]) ἀρεσθείς· τὸ γὰρ ἀγαπᾶν ἐνταῦθα μετὰ δοτικῆς ἠγοῦν τὸ ἀρκούμενον σημαίνει] ἀγαπήσας ὁ Βασίλειος κατέθετο καὶ καθωμολόγησε στέρξαι τοῖς πεπραγμένοις καὶ μηδέποτε μηδοποσοῦν κινῆσαι λόγχην τινὰ κατὰ τῆς ποτὲ μνηστῆς αὐτοῦ ἢ τοῦ μέρους αὐτῆς περὶ πραγμάτων αὐτοῦ, ἢ ἀκολούθου τινὸς τούτοις, ὑποθέσεως, ὡς καθαρῶς ἤδη διαλυσάμενος κατὰ ἀβουλιανὴν ἐπερώτησιν καὶ ἀκεπτιλατίωνα καὶ κατὰ πᾶσαν ἀποχὴν καὶ ἀμεριμνίαν, οἷα καὶ ἐνώπιον τῆς δεσποτικῆς θείας μεγαλειότητος, καὶ τὰ πράγματα λαβὼν τὰ ἀνωτέρω δηλούμενα, καὶ ἀσπασίῳ φιλήματι τῷ πρὸς τοὺς συγγενεῖς τῆς κόρης τοὺς ὑπερπονουμένους αὐτῆς τὴν διάλυσιν πιστωσάμενος·

---

[1]) Huc et alias sigla occurrunt metrica et numismatica, quae extricare non sinunt sive Cangius in gloss. gr. t. II, append notarum, sive Rev. Sabae episc. *Specimina palaeographia*, Mosq. 1863. Neque etiam melius intelligimus varia topica vocabula instrumenti apud Bulgaros conscripti. Quae curiosis et peritis missa sunto. — [2]) Inclusa in cod. marg. praeter solitum, mera sunt glossemata.

ὁ μέντοι περὶ τῶν ἀλόγων καὶ τοῦ λωρικίου καὶ τῶν σκαλτζῶν τοῦ Βασιλείου λόγος, ἀνηρτήθη εἰς τὴν δεσποτικὴν κομνηνικὴν θείαν ἀκρόασιν, ὥστε τὴν ἐκεῖθεν ἀπόφασιν, δεῖξαι ἀληθεῦον θάτερον τῶν μερῶν, ἢ δηλαδὴ τοῦ Βασιλείου, ζητοῦντα ταῦτα ἀπὸ τῆς πενθερικῆς οἰκίας αὐτοῦ, ὡς λέγοντα ἕνεκεν ταύτης· ἀρχιερεθῆναι τοῦτον αὐτὰ ἢ τοῦς ὑπερηνουμένους ταύτης. φάσκοντας μὴ

ἔχειν οὕτω; τὰ περὶ τούτου, ὡς τοῦ ἁγίου ἡμῶν αὐθέντου τοῦ κραταιοῦ μεγάλου Κομνηνοῦ, οἶδε κρίμασι διορισαμένου σὺν ἅμα καὶ ἄλλοις στρατευομένοις· τοῦ τηνικάδε καιροῦ ἀρχιερεθῆναι καὶ τὸν Βασίλειον ταῦτα εἰς δήλωσιν οὖν τῶν οὕτω λαληθέντων καὶ διαγνωσθέντων καὶ τυπωθέντων ἡ παροῦσα παρ' ἡμῶν ὁρισμῷ δεσποτικῷ προέβη σημείωσις. |

Κ'.

Περὶ ἀποκαταστάσεως προικὸς, ἀρραβῶνος, ὑποβόλου καὶ ἀποτελευτοῦ ἢ ἀποκάρσεως κέρδους, καὶ περὶ ἀποκειρομένων, καὶ ἀζυμίως λυομένων γάμων.

De restitutione dotis, arrhae, pignoris et a morte ac tonsura lucri, et de tonsis et de citra poenam solutis matrimoniis.

Ἡ ἐκ Βερροίας ὁρμωμένη εὐγενεστάτη Εὐδοκία, ᾗ τὸ ἐπώνυμον Ἀνδ.. νή, ἀπορίᾳ τινὶ ταραττομένη περὶ ἐκνικήσεως πραγμάτων διαφερόντων αὐτῇ καὶ γαλήνην τῶν κυμαινόντων αὐτὴν λογισμῶν καὶ λόγων ἐκζητοῦσα ὁλοσχερῶς, τῷ καθ' ἡμᾶς ἱερῷ συνεδρίῳ προσέδραμε, καὶ μαθεῖν αὐτομόλησε παρά τε τῆς ἡμῶν μετριότητος καὶ τῶν συνεδριαζόντων αὐτῇ ἱερωτάτων ἀρχιερέων, εἴτε μάτην, εἴτε εὐλόγως δοκιμάζει εἰς ἔργον ὃ κατὰ νοῦν στρέφει κατὰ καιρὸν ἀγγεῖν. Ἡ μετριότης δὲ ἡμῶν τῷ δεσποτικῷ ὑπείκουσα παραγγέλματι ὃ παντὶ τῷ αἰτοῦντι διδόναι, πᾶν ὅτι οὖν ἡμῖν ἐγκελεύεται, εἴτε δηλαδὴ λόγον, εἴτε διαστροφὰς, εἴτε σκεπάσματα προσεδέξατό τε τὴν ἄνθρωπον καὶ τὰ καθ' ἑαυτὴν ἐκτίθεσθαι εἰς ἡμετέραν ἀκρόασιν προυτρέψατο.

Εἶπεν οὖν, ὡς ἡ κοσμικὴ ταραχὴ καὶ ταύτην σὺν ἅμα τῷ ἰδίῳ ἀνδρὶ τῆς πατρίδος ὑπερορίσασα, Μιχαὴλ ἐκείνῳ τὸ ὄνομα, Ἀταλιώτης τοὐπίκλημα, ἐκεῖνον μὲν εἰς μοναδικὴν πολιτείαν παραγγεῖλαι πεποίηκε, ὅτι οὖν ἡ περιουσία πᾶσα τοῦ πρώτου ταύτης ἀνδρὸς περιῆλθεν εἰς τοὺς ἐκείνου συγγενεῖς μετὰ τὴν ἐκείνου ἀναχώρησιν· τὸ δὲ

πάτριον ἔδαφος τῆς τῶν πολεμίων χειρὸς ἐλευθερωθὲν ἀπὸ τὴν κραταιὰν χεῖρα τοῦ ἐν ἡμῖν κρατοῦντος εὐσεβοῦς μεγάλου Κομνηνοῦ γέγονε, καὶ νῦν οἱ ἐκεῖσε κατοικοῦντες ἀνέσεως Θεοῦ χάριτι ὑπολάβουσι, δεῖν ἐννοεῖν παλινδρομῆσαι πρὸς τὴν πατρίδα καὶ ἐνστήσασθαι ἀγωγὴν, εἴτε ταύτῃ ἁρμόζει περί τε ἀποκαταστάσεως τῆς προικὸς αὐτῆς καὶ τοῦ ὑποβόλου, ναὶ μὴν καὶ τοῦ ἀποτελευτῆς ἀνήκοντος κέρδους αὐτῇ, καὶ οὕτω τοῦ νόμου καὶ τοῦ δικαίου τυχεῖν· ὅθεν ἤξίου μαθεῖν εἰ ἔχει τὰ τῶν φιλευσεβῶν νόμων θεσπίσματα συγκροτοῦντα τὴν τοιαύτην αὐτῆς πρόθεσιν, μήποτε, φησὶν, εἰς κενὸν δράμῃ καὶ σκῶμμά ποθεν λάβῃ, τὸ τοὺς διώκουσιν ἀκίχητα παροιμιαζόμενον.

Ἤκουσε δὲ παρά τε τῆς ἡμῶν μετριότητος καὶ τῶν συμπαρόντων αὐτῇ ἱερωτάτων ἀρχιερέων ἐν Κυρίῳ ἀγαπητῶν [f. 46] ἡμῖν ἀδελφῶν καὶ συλλειτουργῶν, ὡς οἱ νομοθέται, καὶ περὶ προικὸς ἀποκαταστάσεως καὶ προτελευτόντων ἢ ἀποκειρομένων προσώπων εἴτε ἀνδρῶν εἴτε γυναικῶν διαρκῶς· τὰ προσήκοντα διαλαβόντες, τοῦ μὲν ἀρραβῶνος καὶ τοῦ θεωρητροῦ, κυρίαν εὐθὺς εἶναι τὴν γυναῖκα, διετάξαντο ὡς τοῦ μὲν τοῦ

CAP. XX. DE RESTITUTIONE DOTIS

ἀρραβῶνος δηλονότι ἅμα τῇ μνηστείᾳ ταύτῃ ἐφαρμόσαντος· τοῦ δὲ τοῦ θεωρρέτρου [1]), ἅμα τῇ τελείᾳ ἱερολογίᾳ τοῦ γάμου ἀποκειρομένου δὲ τοῦ ἀνδρός, τὴν μὲν προῖκα, σώαν παρὰ τούτου ἀποκαθίστασθαι τῇ γυναικί, καὶ εἴ τι ἄλλο ἐκ ταύτης ἔλαβεν· ὑπόβολον δὲ ἐκ τῆς οὐσίας αὐτοῦ λαμβάνειν οὐκ ἠθέλησαν· μέρος δέ τι ὅσον συμφωνία τις ἐκ προτελευτῆς ἐκείνου παρίσταται. Καὶ διὰ τοῦτο διωρίσαντο ἐν μὲν τῷ η' κεφαλ. τοῦ α τίτλου τοῦ δ βιβλ. τῶν βασιλικῶν ταῦτα· " Εἰ δὲ συνεστῶτος τοῦ γάμου ὁ ἀνὴρ μόνος ἢ ἡ γυνὴ εἰς μοναστήριον εἰσέλθῃ, διαλυέσθω ὁ γάμος· καὶ δίχα διαζυγίου· μεθ᾽ ὃ μέντοι τὸ πρόσωπον τὸ εἰσερχόμενον εἰς τὸ μοναστήριον τὸ σχῆμα λάβῃ, καὶ εἰ μὲν ὁ ἀνὴρ τὸν μοναχὸν ἐπιλέξεται βίον, ἀποκαθιστάτω τῇ γυναικὶ καὶ τὴν προῖκα, καὶ εἴ τι ἄλλο ἀπ᾽ αὐτῆς ἔλαβε, καὶ πρὸς τούτοις ἐκ τῆς γαμικῆς δωρεᾶς τοσοῦτον μέρος ὅσον ἐκ τῆς τελευτῆς τοῦ ἀνδρὸς ἥρμοζε τῇ γυναικὶ κατὰ τὸ σύμφωνον, τὸ τοῖς προικῴοις συμβολαίοις ἐμφερόμενον. Εἰ δὲ γυνὴ εἴη εἰς τὸ μοναστήριον εἰσελθοῦσα, τὸν ὅμοιον τρόπον παρακρατείτω ὁ ἀνὴρ τὴν γαμικὴν δωρεὰν καὶ τὸν κάσον τῆς προικὸς τὸν ἀπὸ τῆς τελευτῆς γυναικὸς συμφωνηθέντα, καὶ τὸ λοιπὸν τῆς προικὸς τῇ γυναικὶ ἀποκαθιστᾶν παρακελευόμεθα, καὶ εἴ τι ἄλλο ἐκ τῶν πραγμάτων τῆς γυναικὸς παρ᾽ αὐτῷ εὑρεθείη „. Ζήτει καὶ τὸν ἔξωθεν τοῦ τοιούτου κεφαλ. παλαιὸν λέγοντα· " Ὁ μονάσας· ἀζυμίως λύει ἣν ἐποίησε μνηστείαν· εἰ δὲ γαμήσας ἐμόνασεν, ὑπόκειται τῷ ἀποτελευτῆς κάσῳ „. Ἐν δὲ τῇ κβ' Ἰουστινιανείῳ νεαρᾷ τῇ κειμένῃ εἰς τὸν ζ' τίτλον τοῦ κη' βιβλ. τῶν βασιλικῶν ταῦτα· " Ταῖς δὲ εἰρημέναις αἰτίαις συνείδομεν καὶ ταύτας ὀνομαστὶ | προσθεῖναι ἐξ ὧν τοὺς γάμους δίχα ποινῆς διαλύειν ἐξέσται, διαλύεται γὰρ γάμος κατὰ πρόφασιν ἄμεμπτον, ὅταν κάκωσιν θάτερον ἕληται τῶν μερῶν

πρὸς τὴν ἐπὶ τὰ κρείττω μεταβαῖνον ὁδὸν καὶ τὸν ἐν ἁγνείᾳ βίον ἀναιρούμενον καὶ τὰ ἑξῆς „. Τὸ γοῦν δίχα [2]) ποινῆς ἀντὶ τοῦ δίχα δόσεως· ὑποβόλου οἱ παλαιοὶ ἑρμηνεύουσιν· ἡ γὰρ ἀπαίτησις τοῦ ὑποβόλου τότε χώραν ἔχει, ὁπηνίκα ὁ ἀνὴρ προτελευτήσας τῆς γυναικός. Καὶ ἡ ρβ' νεαρὰ τοῦ βασιλέως κυροῦ Λέοντος τοῦ σοφοῦ, ἐξ ἀποκάρσεως τοῦ ἀνδρὸς μὴ δίδοσθαι ὑπόβολον τῇ γυναικὶ διορίζεται εἰ μὴ τὸ ἐκ πρὸ τελευτῆς συμπεφωνημένον· καὶ ὑπόβολον λάληται καταχρηστικῶς· οὐ μὴν ἀλλὰ καὶ τὰ ἑξῆς τῆς ἀναγεγραμμένης κβ' νεαρᾶς· ἐν μέρει ἀναγινωσκόμενα ταῦτα φησι· " Τηνικαῦτα γὰρ κελεύομεν παρρησίαν εἶναι καὶ ἀνδρὶ καὶ γυναικὶ πρὸς τὰ καλλίω μεθισταμένοις, διαλύειν τὸ συνοικέσιον καὶ ἀναχωρεῖν μετά τινος βραχείας ἀπολελειμμένης τῷ καταλελειμμένῳ παραμυθίας· ὅπως γὰρ ἂν συμφωνήσειαν οἱ συμβάλλοντες ἀπὸ τελευτῆς γίνεσθαι κέρδος, τοῦτο ἔχειν δεῖν τὸν καταλελειμμένον παρὰ θατέρου, εἴτε ἄρρεν εἴτε γυνὴ καθεστήκει, διότι καὶ οὗτος τότε ἐπὶ τῷ συνοικήσαντι, δοκεῖ τελευτᾶν, ἑτέραν ἀνθ᾽ ἑτέρου βίου πορείαν ἑλόμενος „. Ζήτει καὶ τὸν Θεόδωρον ἔξωθεν λέγοντα· " Λύσεις τοῦ γάμου ἀτιμώρητοί εἰσι, τὸ μὴ δύνασθαι τὸν ἄνδρα μιγῆναι τῇ γυναικί, τὸ αἰχμαλωτισθῆναι, τὸ μονάσαι ἐφ᾽ ὧν θεμάτων τὰ εἰρημένα ἤδη κρατεῖ „. Ἴσθι δὲ οὐ ὅτι οἱ ἀπὸ τελευτῆς κάσοι πρακτατζόνται ἐπ᾽ αὐτῶν· ἔστι δὲ καὶ ἕτερος παλαιὸς λέγων· " Ὁ διὰ τὸν μονήρη βίον λύων τὸν γάμον, ὑπόκειται τοῖς ἀποτελευτῆς κάσοις „.

Ἐκ τῆς περιλήψεως τοίνυν τῶν ἀνατεταρμένων νόμων καὶ ἡ μετριότης ἡμῶν μετὰ τῆς συμπαρούσης αὐτῇ ἱερᾶς ἀδελφότητος, ὁρμωμένη, γνωματεύει ὀφείλειν τὴν διαληφθεῖσαν Ἀνδριανὴν πρὸς τὴν ταύτης ἀφήγησιν ἀπὸ τῆς οὐσίας τοῦ προτέρου ἀνδρὸς αὐτῆς ἱκανωθεῖναί μὲν πᾶσαν ἑαυτῆς τὴν προῖκα, [f. 47] λαβεῖν δὲ καὶ τὸν ἀπὸ τε-

---

[1]) Sic cod. bis, alias θεώρετρον. — [2]) Cod. διὰ ποινῆς male.

λευτής κάσον, ήτοι τὸ ἐν τῷ συμβολαίῳ συμφωνηθέν, ἔχειν αὐτὴν πόσον ἀπὸ τῆς τελευτῆς τοῦ ἀνδρὸς ἐκ τῆς οὐσίας αὐτοῦ, διὰ τὸ κατὰ τὴν ἀναπεφωνημένην κβ' νεαρὰν, τὸ ἀποκαρὲν πρόσωπον ὅσον ἐπὶ τῷ συνοικήσαντι δοκεῖν τελευτᾶν, ἑτέραν ἀνθ' ἑτέρου πορείαν ἑλόμενον· ἐπεὶ δὲ ἡ Ἀνδριανὴ μὴ ἔχειν εἰς χεῖρας, εἶπε τὸ γαμήλιον ἑαυτῆς συμβόλαιον (ἐτύγχανε γὰρ ὃν ἐκεῖνο παρὰ τῷ προτέρῳ ταύτης ἀνδρὶ) καὶ διὰ τοῦτο ἀγνοεῖν εἴ τέ που σώζεται τὸ τοιοῦτον, εἴτε μὴ καθόλου ἀπώλετο, οὐδαμῶς αὐτὴν προκριματιεῖ τοῦ τοιούτου δικαιώματος ἀπώλεια· δύναται γὰρ ὁ τὴν ὑπόθεσιν ταύτην δοκιμάζων καὶ μάρτυρας ζητῆσαι, καὶ ὅρκους κατὰ νόμους ἐπαγαγεῖν, καὶ λοιπὴν μέθοδον νομικὴν κινῆσαι, ὥστε τὴν ἀλήθειαν ἀκριβώσασθαι καὶ λῦσαι καθολικῶς τὸ ἀμφίβολον· νόμος γάρ φησιν ὡς τῷ ὀνόματι τῶν δικαιωμάτων πάντα τὴν ὑπόθεσιν δεικνύντα δηλοῦται.

ΚΑ'.

Περὶ μνηστειῶν, καὶ γάμων, καὶ παλλακῆς, καὶ τῶν ἐκ ταύτης παίδων, καὶ περὶ τῶν ἀπὸ διαθέσεως γινομένων γάμων, καὶ τῶν μετ' εὐχῆς, καὶ περὶ γνησίων καὶ νόθων παίδων, καὶ περὶ διαθηκῶν, καὶ περὶ ἀμφιβόλων.

De sponsalibus et matrimoniis, et de concubina et susceptis ex ea liberis, de matrimoniis quae fiunt ab assensu et cum benedictione, de legitimis et spuriis liberis, de testamentis et de negotiis incertis.

Εἰ τὸ ὁμόγνωμον ἀστασίαστον, στασιάζειν πάντη καὶ πάντως φιλεῖ τὸ ἀντίγνωμον· ὅθεν ἐκεῖνο μὲν ῥᾷστα λύειν οἶδε καὶ ἐρίδας· τοῦτο δὲ, ἀεὶ μένειν ἐξ ταύτας εἰς τὸ φιλόνεικον. Ἐπὶ πραγμάτων οὖν καὶ ἡμῖν ἄρτι παρίστησιν ἡ τοῦ εὐλαβεστάτου διακόνου τῆς ἁγιωτάτης ἐπισκοπῆς Σερβίων καὶ Καστρισίου Νικήτου τοῦ ἐπονομαζομένου Θεολογίτου ἀφήγησις· ἣν πρὸς τὴν ἡμῶν μετριότητα ἔθετο προκαθημένου συνοδικῶς· δίκης γὰρ φυείσης μέσον αὐτοῦ τε καὶ γυναικός τινος καλουμένης Μαρίας, καὶ ταύτης τοῖς παρὰ κατὰ χώραν δικασταῖς κροτηθείσης, οὐκ ἐξηνέχθη ἀπόφασις παρ' αὐτῶν δυναμένη ταύτην τεμεῖν, διὰ τὸ πρὸς ἀλλήλους τε | καὶ τὴν κρίσιν, ὥς φησι, στασιάζειν τοὺς δικαστὰς, ἵν' οὖν μὴ ἐν τῷ μένειν οὕτω τὴν δίκην ἄλυτον θάτερον τῶν μερῶν ζημιῶτο, ἢ ἐκ τῆς θατέρου πλεονεξίας, ἢ ἐκ τῆς ἀγνοίας τῶν νομίμων παραταρῆσαι, ἄγουν ἀλλὰ μάτην φιλονεικεῖ· τούτου χάριν δεῖν ἔγνω προσδραμεῖν τῷ δικαστηρίῳ τῆς ἡμῶν μετριότητος, ἵν' ἐντεῦθεν πρὸς τὴν τῆς ὑποθέσεως ἀφήγησιν, ψηφιφόρημα λάβῃ, τοῖς νόμοις καὶ τῷ δικαίῳ ἀκόλουθον καὶ τὴν προκειμένην λύον διαφοράν· ἀλλ' οὕτος μὲν διεξιὼν τὰ τῆς ὑποθέσεως, ἔλεγεν·

Ὡς ἀποιχομένου αὐτοῦ πενθερὸς Ἰωάννης, ᾧ ἡ ἐπωνυμία Βρυένιος γυναικὶ κατὰ νόμους συνοικήσας, θανάτῳ ταύτην ἀπέλαβε, ἐπὶ τέκνοις δυσὶ παλλακὴν δὲ αὐτοῖς ἐπεισαγαγὼν ἀναγεγραμμένην δηλονότι Μαρίαν, καὶ μετὰ τινα χρόνον ταύτην καταλιπὼν, δευτέραν εὐθέσμως ἡγάγετο γαμετήν· ἔτος δέ που ἓν συνοικήσας αὐτῇ, ἔπειτα μῖσος τέλειον ταύτην ἐμίσησεν, ἐπαρείᾳ τῆς παλλακῆς καὶ σατανικοῖς τισι μηχανήμασιν· ἐντεῦθεν καὶ διαζυγὴν αὐτοῖς περιέστασαν τὰ τῆς ἁρμογῆς· οὐκέτι μὲν ἐξ αἰτιῶν τινῶν τοῖς νόμοις ἐπεγνωσμένων, ἐξ αὐτοῦ δὲ μόνου τοῦ μίσους, ὡς ἀνενδότου πρὸς μετάθεσιν μείναντος· τοιαύτῃ δὲ διαζεύξει καὶ ὁ τηνικαῦτα τῆς τῶν Σερβιωτῶν ἁγιότατος ἐκκλησίας ἱεραρχικῶς προστατεύων συνήνεσεν, δείσας περὶ τῷ πράγματι, ὡς ἔοικεν, μήποτε καὶ παρακεκινδυνευμένον τί ἀποτελεσθείη· μετὰ τοῦτο δὴ ἀνακάμπτει πάλιν πρὸς τὴν παλλακὴν ὁ Βρυέννιος, οἷα κατάκρας τοῖς ἱμέροις ταύτης ἑαλωκὼς καὶ χωρὶς ἱερολογίας συνοικήσας αὐτῇ, παῖδας τρεῖς ἐκ ταύτης γεννᾷ. Τί τὸ ἑξῆς; Θνήσκει τῶν γνησίων παιδίων τὸ ἕν, τὸ λοιπὸν δηλονότι τὴν Εὐδοκίαν τῷ διαλειφθέντι Κανστρισίῳ νόμῳ γάμου συζεύγνυσιν ὁ Βρυέννιος, ἐπὶ τούτοις ἀποθνήσκων αὐτὸς διαθήκας γράφει· καὶ τῇ μὲν γνησίᾳ θυγατρὶ Εὐδοκίᾳ χάριν λεγάτου καταλιμπάνει μυλικοῦ τινὸς αὐτουργίου τὸ ἥμισυ καὶ ἀμπέλιον ἕν· τὴν δὲ λοιπὴν ἅπασαν περιουσίαν [f. 48] αὐτοῦ κινητήν τε καὶ ἀκίνητον, τοῖς [1]) ἐκ τῆς παλλακῆς παραπέμπει παισί, μετά γε τῆς τούτων μητρός· αὐτὴ δὲ ἐκ τῶν τῆς οἰκίας τοῦ Βρυεννίου ἐξόδων περιποιησαμένη, βοῦν τε ἕνα καὶ ἀμπέλιον ἕτερον, ταῦτα ὡς πεκούλιον ἕτερον ᾠκειώσατο. Οὕτως οὖν εἰπὼν ὁ Κανστρίσιος ἐζήτει μαθεῖν εἰ καλῶς ὁ πενθερὸς αὐτοῦ ὁ Βρυέννιος διετάξατο· τινὲς γάρ, φησί, λέγουσιν, ὡς ἀνάγκη ἐστὶ τὰ παρ' ἐκείνου διατεταγμένα κρατεῖν κατὰ τὸ καθόλου προνόμιον τῶν διαθηκῶν, ὁ αὐτὸς δὲ Κανστρίσιος ἐνεφάνιζε, καὶ πρὸς αὐτὸν γεγονὸς παρὰ τοῦ πενθεροῦ αὐτοῦ γαμικὸν συμβόλαιον, μετὰ τῶν ἄλλων συμφώνων, ὡς τό, Θνήσκοντα τὸν Βρυέννιον κληρονομηθῆναι παρὰ τῆς διαληφθείσης Εὐδοκίας τῆς αὐτοῦ θυγατρός, καὶ προσετίθει, ὡς διὰ τὸ κακοῦργον καὶ δολερὸν τῆς ῥηθείσης Μαρίας, ἤγουν τῆς παλλακῆς, οὐκ ἠδυνήθησαν ἕως τέλους κατὰ τὸ σύμφωνον γενέσθαι ὁμόψηφοι τῷ Βρυεννίῳ.

Ἡ μετριότης δὲ ἡμῶν τῇ ἀρωγήσει ταύτῃ προσχοῦσα μετά γε τῶν συνεδριαζόντων αὐτῇ ἱερωτάτων ἀρχιερέων, ἐν Κυρίῳ ἀγαπητῶν ἡμῖν ἀδελφῶν καὶ συλλειτουργῶν, ἀνελίξασα δὲ καὶ τὰς νομικὰς δέλτους καὶ

[1]) τὶς In cod.

ταῖς περὶ τῶν τοιούτων ὑποθέσεων διαιρετικοῖς μεθόδοις αὐτῶν ἐπιστήσασα, τοιάνδε πρὸς τὰ λαληθέντα τὴν ψῆφον ἐξήνεγκεν. ὡς ἡ μὲν πρεσβυτέρα νομοθεσία διαθέσει μόνῃ χωρὶς ἱερολογίας συνιστῶσα τὰς μνηστείας τε καὶ τοὺς γάμους τοιῷ δέ τινι σκοπῷ διωρίσαντο, καὶ τὸ λογίζεσθαι τηνικαῦτα γνησίους τοὺς ἐκ παλλακῶν παῖδας ὁπηνίκα ὁ πατὴρ τούτων εἴπῃ ἐν συμβόλῳ ἢ ἀγοραίῳ ἢ ἰδίᾳ συγγεγραμμένῳ καὶ ἔχοντι ὑπογραφὴν τριῶν μαρτύρων ἀξιοπίστων εἴτε ἐν διαθήκῃ εἴτε ἐπὶ πράξεως ὑπομνημάτων, ὡς οὗτος· ἢ αὕτη υἱός ἐστιν αὐτοῦ ἢ θυγάτηρ, μὴ προσθεὶς ἢ φυσικὸς ἢ νόθος, ἢ φυσική, ἐξεῖναι δὲ καὶ τῷ ἔχοντι συνήθειαν πρὸς γυναῖκα ἐλευθέραν καὶ παιδοποιησαμένῳ ἐκ ταύτης, νόμιμον αὐτὴν ποιεῖν γυναῖκα ἀπὸ μόνης τῆς διαθέσεως· ἀφ' οὗ δὲ τὸ τὸν Χριστὸν ἐπονομαζόμενον πολίτευμα Θεοῦ χάριν πληθυνθέν, δεῖν ἔγνω μὴ τὴν διάθεσιν μόνην αὐτάρκη πρὸς γάμου σύστασιν εἶναι, ἀλλὰ καὶ ἱερῶν | εὐχῶν ἐπηχήσει αὐτὴ ἐπακολουθεῖν. Τοῦτο δ' αὐτὸ καὶ νεαραὶ νομοθεσίαι ἄλλων τε μακαριστῶν βασιλέων καὶ δὴ καὶ τοῦ φιλοσόφου κυροῦ Λέοντος, ἔτι δὲ καὶ τοῦ Κομνηνοῦ κυροῦ Ἀλεξίου καλῶς ἐπεστήριξαν, ἔκτοτε καὶ εἰς δεῦρο τοὺς νόθους παῖδας οὐκ ἄλλως ἢ πολιτεία, ναὶ δὲ καὶ ὁ ἐκκλησιαστικὸς θεσμὸς εἰς γνησιότητα δέχεται, εἰ μὴ στόμα ἱερέως τοῖς γονεῦσιν αὐτῶν ἐπάγει τὰς νενομισμένας καὶ εὐχὰς καὶ ᾠδάς.

Εἴπερ τοίνυν καὶ ὁ Βρυέννιος μετὰ τῆς παλλακῆς αὐτοῦ τῆς εἰρημένης Μαρίας τὴν συνήθη οὐκ ἐδέξατο ἱερολογίαν, μάτην αὐτήν τε καὶ τοὺς ἐξ αὐτῆς παῖδας εἰς πᾶσαν αὐτοῦ τὴν περιουσίαν κληρονόμους ἀποκατέστησε· ὁ γὰρ οἱ νόμοι τοῖς ἐκ παλλακῶν παισὶ τοὺς πατέρας διατιθεμένους, παίδων ὑπόντων γνησίων, καταλιμπάνειν διακελεύονται, πᾶσι τοῖς εἰδόσι νόμους, δῆλον καθέστηκε· πλὴν εἰς πλείονα πληροφορίαν καὶ αὐτὰ τὰ τῆς νομοθεσίας παρρησιαζέσθωσαν ῥήματα.

Τὰ ἐν τῷ δ' κεφλ. τοῦ β' τίτλ. τοῦ λβ' βιβλίου τῶν βασιλικῶν κείμενα, καὶ οὕτω θεσπίζοντα, ὅτι εἰ παῖδας ἔχει τις νομίμους, μὴ δύνασθαι αὐτὸν τοῖς φυσικοῖς παισὶ μήτε τοῖς ἐκ παλλακῆς περαιτέρω μιᾶς οὐγγίας καὶ τῇ μητρὶ αὐτῶν καταλιμπάνειν ἢ δωρεῖσθαι. Εἰ δὲ παλλακὴ μόνη εἴη, ταύτῃ τὸ ἡμιούγγιον καταλιμπάνεσθαι ἢ δωρεῖσθαι. Ἀλλὰ δὴ καὶ τὰ ἐν τῷ ιθ' κεφλ. τοῦ α' τίτλ. τοῦ μς' βιβλ. ταῦτα διαγορεύοντα· Ὁ μὲν ἐξ ἐννόμου γάμου τικτόμενος ἕπεται τῷ πατρί, ὁ δὲ πορνογέννητος τῇ μητρί.

Τούτων οὕτως ἐχόντων, ἀπρακτήσει τὸ τοῦ Βρυενίου διάταγμα, ὅσον εἰς τὴν τῆς οὐσίας αὐτοῦ πρὸς τοὺς ἐκ τῆς παλλακῆς παῖδας παραπομπήν· ἐκείνας γὰρ δεκτὰς ὁ νόμος ἡγεῖται τὰς διαθήκας, ὅσας τοῖς νομικοῖς ἀκολουθοῦσι παρατηρήμασι· τὸ ἐνεργὸν δὲ αἱ τῶν φιλευσεβῶν νόμων ἔξουσι συλλαβαί· τῆς μὲν δωδεκάτης δηλαδὴ μερίδος τῆς νῦν εὑρισκομένης οὐσίας τοῦ Βρυενίου ἀπονεμηθείσης τοῖς τοιούτοις παισὶ μετὰ τῆς τούτων μητρός, ταύτην γὰρ τὴν μερίδα διὰ τὴν τοῦ λόγου σαφήνειαν, οὐγγίαν ὁ νόμος οἶδε κατονομάζειν.

Εἰς δὲ τὰς λοιπὰς ια' οὐγγίας εἶτ' οὖν [f. 49] μερίδας τῆς γνησίας ἐκείνου θυγατρὸς κληρονόμου ἀληθοῦς καὶ κυρίας ἀποκαταστάσης ὡς καὶ τοῦ ἀνατεταγμένου γαμικοῦ συμβολαίου, τοῦτο αὐτὸ νομίμως τε καὶ δικαίως εἰσάγοντος· ἄδικον γὰρ καὶ ἀπρεπὲς τῷ νόμῳ δοκεῖ, τοὺς γνησίους καὶ νομίμους παῖδας εἰς ἴσον ἔρχεσθαι τοῖς ἐκ παρανόμου κοίτης βλαστήμασιν. Ὁ μέντοι ἀμπελὼν καὶ ὁ βοῦς ὡς προκτηθέντα τῇ Μαρίᾳ κατὰ τοὺς κειμένους περὶ τῶν τοιούτων νόμους, ἐκ ταύτης ἔσονται ἀναπόσπαστοι, ἐπειδὴ γὰρ ἀμφίβολόν ἐστιν· εἰπεῖν δὲ καὶ δεχθῆναι ἐργῶδες· ὁποτέρωθεν ταῦτα αὐτῇ προσεκτήσθησαν, εἴ τι δηλαδὴ ἐξ οἰκείων κόπων, εἴτε ἀπὸ ἐξόδων τῆς οἰκείας τοῦ Βρυενίου, νεύειν δὲ ἡμᾶς πρὸς τὸ φιλάνθρωπον ἐν τοῖς ἀμφιβόλοις, νομικὸς κανὼν ἐγκελεύεται, ἄμαχος ἔσται τῇ τοιαύτῃ Μαρίᾳ καὶ εἰς τὸ ἑξῆς· ἡ τούτων δεσποτεία καὶ κατοχή.

KB'.

Περὶ διαζυγίου.
De divortio.

Ὁ μὲν τοῦ εὐαγγελίου πάλαι θεῖος θεσμός, τὸ τῶν Ἰουδαίων ἀνακόπτων ἄνετον, πρὸς τὰ κατὰ πᾶσαν αἰτίαν τῶν γαμικῶν συνελεύσεων ἀποστασία μίαν αἰτίαν, τὴν τῆς πορνείας δηλαδή, τοῖς διαζευγνυμένοις ἐπήρτησεν, ὡς τὸν χωρὶς ταύτης διιστῶν, ἢ διαζύγιον πέμποντα καὶ γάμον ἄλλον συνάπτοντα, ὡς μοιχείαν πλημμελοῦντα καὶ λογίζεσθαι καὶ εὐθύνεσθαι. Ὅτι δὲ ἡ μὲν κατὰ Χριστὸν πολιτεία, ὡς ἡ κέντρος ἐν τῷ Λιβάνῳ ψαλμικῶς εἰπεῖν ἀνὰ ... τὴν οἰκουμένην πεπλήθυνται[1]) καὶ ἡ τῆς χάριτος αὐτῆς, σκιὰ τὸ τοῦ νομικοῦ γράμματος πάχος ἐκάλυψε, τὸ δέ γε τοῦ βίου ποικίλον τε καὶ πολύστροφον καὶ ὡς τὰ πολλὰ φέρον τὸ ἄτακτον παρ' ἑαυτοῦ καὶ ἀνώμαλον, πολλὰς ἔτηνε περιπετείας ὑφ' ὧν ὁ ὑπὸ ζυγὸν τὸν γαμήλιον ἄνθρωπος ἀπαυχενίζεσθαι τούτων καταναγκάζεται, καλῶς ἔδοξε τοῖς ἐξ ἀρχῆς καὶ ἄνωθεν τὴν χριστιανικὴν πολιτείαν ἰθύνασιν, ὁσίοις τε καὶ ἱεροῖς πατράσιν ἡμῶν καὶ βασιλεῦσιν εὐσεβέσιν, ὥσπερ δὴ

[1]) Ps. XCI, 18.

καὶ ἐκ τῶν ἄλλων, οὕτω κἀκ τῆς διαζυγίων οἰκονομίας, τὸ σεμνόν τε τῇ πολιτείᾳ φυλάξαι καὶ τοὺς εἰσκωμάζοντας ἐν τοῖς συνοικεσίοις κινδύνους ἀπώσασθαι. Ἵνα μὴ δ' ἐντεῦθεν | σπῖλός τις τῇ καθαρᾷ τοῦ Χριστοῦ ἐκκλησίᾳ ἐντρίβηται, ἧς μολυσμὸς ἅπας καὶ μῶμος μακρὰν ἀπεσκεύασται· ὅθεν ὁ τῆς μακαρίστης λήξεως ἀοίδιμος βασιλεὺς Ἰουστινιανὸς ἐπὶ τῷ πράγματι ζῆλον ἐκ περιουσίας λαβὼν καὶ τὰς τῶν διαζυγίων αἰτίας, ὅσας τε ὁ παλαιὸς κατὰ Μωσέα νόμος καὶ ὅσας οἱ ἐφ' ἑξῆς νομοθέται κατὰ διαφόρους αἰτίας καὶ χρόνους ἀνεγράψαντο, προστησάμενος, καὶ τὰς μὲν συμβαινούσας τοῖς ἀγαθοῖς τρόποις καὶ δυνάμεις ἀμφότερον, σεμνύνειν τε τὸ πολίτευμα καὶ πᾶσαν ἐντεῦθεν ἀνακύπτουσαν λώβην κωλύειν ὁλοσχερῶς κατ' ἐπιστήμην ἑλόμενος· τὰς δὲ περιττὰς καὶ μηδέν τι ἐχούσας λυσιτελοῦν, μᾶλλον δὲ τὸ λυσιτελοῦν οὐκ ἐχούσας, εὔλογον, ὑφελὼν καθάπερ ἀνδριάντα λαμπρὸν λαμπρῶς τὴν κατ' αὐτὰς οἰκονομίαν ἐστηλογράφησεν, καὶ εἰς ὑπόδειγμα περιφανὲς τοῖς εὐσεβέσι προέθηκε, ἔνθεν τοι καὶ εἴ τί ποτε μέσον τῶν γαμικῶς συνοικούντων διαφορά ὁθενοῦν ἀνακαλύψειε καὶ ὁπωσοῦν παραιτοῖτο διαζυγῆν, ἀνάγκαν ἔχει πρὸς τὴν Ἰουστινιάνειον ταύτην τῶν αἰτίων ἀδριαντουργίαν ὁρᾶν. Ὡς ἂν εἰ μὲν σώζοι πρὸς ἐκείναν τὸ ἐμφερές, ἐκεῖθεν αὐτίκα, τὸ πρὸς τὸ διαίσιον ἢ διαζύγιον λαμβάνει ἐνδόσιμον· εἰ δὲ οὕτω κατ' εἰκόνα καὶ καθ' ὁμοίωσιν, ὡς εἰπεῖν, ψεύδεται μένειν ἐπὶ τῇ τοῦ συνοικεσίου ταυτότητι ἀναγκάζεται καὶ τὴν ὁμόζωϊαν στέργειν ἣν ὁ τῆς φύσεως πλάστης, ἀρχῆθεν τοῖς τοῦ γένους ἀρχιθέτοις ἐνέθετο.

Οὕτω δὲ τούτων ὁμολογουμένως ἐχόντων, χρὴ καὶ ἡμᾶς τοιῷδέ τινι σκοπῷ τὰ εἰς ἡμετέραν ἀκρόασιν ἄρτι ἐλθόντα περὶ γαμικοῦ διαζυγίου θεωρῆσαι, καὶ τοῖς ἀρχετύποις πίναξιν αὐτὰ παραθεωρῆσαι, καὶ τὴν περὶ τούτων ψῆφον μὴ ἀπειρκαλινοῦσαν, ἀλλ' ἐμφερῆ ποιήσασθαι καὶ κατάλληλον.

Ἀρχέτωσαν δὲ ἡμῖν τὸν λόγον αἱ θεῖαι κελεύσεις τοῦ κρατίστου κυρίου ἡμῶν τοῦ εὐσεβοῦς μεγάλου Κομνηνοῦ, ἂν δηλαδὴ πρὸς ἡμᾶς γεγονυῖαι καὶ ὡς ἐν τύπῳ φάναι, τηρηθῆναι παρά τε τῆς ἡμῶν μετριότητος καὶ τῶν κατ' αὐτὴν ἱερωτάτων ἀρχιερέων [f. 50] εὐδόκωσαι τὰ κατὰ τὸν πανευτυχέστατον δεσπότην κυρὸν Ἰωάννην τὸν Χαμάρετον καὶ τὰ τοῖς θείοις νόμοις καὶ ἱεροῖς κανόσι δοκοῦντα ἐπὶ τούτοις ἐξενεχθῆναι εἰς ψηφηφόρημα, ὅτι οὖν καὶ ὁ εἰρημένος δεσπότης ὁ Χαμάρετος παρὼν ἐτύγχανε, καὶ ὥρα ἦν αὐτῷ τοῦ λοιποῦ ἐξηγεῖσθαι τὰ καθ' αὐτόν, ἔλεγεν οὑτωσί. Ὡς ἡ τοῦ Πέλοπος ἡ περιφανής, ἡ περίκλυτος ἐν τοῖς ἰθαγενέσι καὶ περιωνύμοις εἶχε καὶ τοῦτον τὰ κράτιστά τε καὶ ὑπερέχοντα· ἐπεὶ δὲ ἡ Λατίνων ἐξουσία μετὰ τῶν ἄλλων καὶ τοῦ πλείονος τῆς τοιαύτης χώρας ἐδράξατο, καὶ ὑπὸ τὴν ἰδίαν ἔθετο χεῖρα, τῶν ἄλλων ἁπάντων ἐκείνοις ὑποκλιθέντων, οὐ μόνον τῶν ἀσθενῶν, ἀλλ' ἤδη καὶ τῶν ἀντέχειν ἱκανῶς δυναμένων, μόνος οὗτος οὔτ' ὑπετάγη καὶ τοὺς ἰδίους τόπους συντηρῶν μετὰ τῆς εἰς τὴν Ῥωμανίαν εὐγνωμοσύνης τῷ ἔθνει ἀντικαθίστατο. Ἐγχώριος δέ τις Γεώργιος τοὔνομα, Δαιμονοϊωάννης τὸ ἐπωνύμιον, ἀνὴρ ἐκεῖνος· τὸν τοῦ δαίμονος προσήγορον ἐπὶ τῶν ἔργων φέρων ἐκβαίνοντα, καὶ διὰ τοῦτο δαιμονιώδης, ὅτι στυγερᾷ κλήσει συνῆψεν ἐπιχάριτωτον ὄνομα, οὗτος οὖν τὴν ἰδίαν θυγατέρα τῷ πρὸς πατρὸς θείῳ τοῦ Χαμαρέτου τῷ Μιχαὴλ κατεγγυησάμενος, πλὴν μόνου τοῦ γάμου πάντα τὰ τοῖς ἀρραβῶσι καὶ ταῖς τῶν Ἰταλῶν ἀντιθέσεσιν, ὡς ἂν ἐκ μέσου τοῦτον ποιήσῃ, σκέπτεται πονηρά τε καὶ κακομήχανα, ἅπερ ἐξ ἀρχῆς μὲν ἡ ἐπιχειρουμένη τούτοις ὑπόκρισις· ἐπηλύγαζεν ὕστερον δὲ αὐτὸ τὸ τῶν πραγμάτων ἐξέρηνεν ἀποτέλεσμα. Τί γοῦν ποιεῖ; ἀθετεῖ τοὺς τῆς θυγατρὸς ἀρραβῶνας, οὓς μετὰ τοῦ ἀναγεγραμμένου Μιχαὴλ ἔθετο· ζητεῖ κοινωνῆσαι τῷ Χαμαρέτῳ συνουσίαν ἀγάπης καὶ ὁμονοίας· ἐπιζητεῖ σφραγῖδα τούτων αὐτῶν, τὴν τοῦ Χαμαρέτου ἐπιγαμβρείαν, ἐπὶ τῇ ῥηθείσῃ αὐτοῦ θυγατρί· οὗτος δὲ τὴν σκαιωρίαν οὐχ ὑποπτεύσας, τὸν λόγον ἄσμενος δέχεται, ἐν τῷ λαβεῖν εἰς νοῦν, ὡς εἴπερ ἐκ τῆς προφάσεως ταύτης ἀποπάσαι δυνηθείη, ἐκεῖνον τῆς πρὸς τοὺς Λατίνους εὐγνωμοσύνης ἅμα καὶ τῆς αὐτῶν ἐξουσίας, καί γε πρὸς ἑαυτοῦ ποιήσεται μέγα τι ἔσται κατορθωκὼς ὡς οὐκ ἀγεννῆ ἐντεῦθεν ἑαυτῷ συνασπισμὸν | περιησάμενος, πίστεις λοιπὸν εἰς τοῦτο αὐτὸ ἐκεῖνον εὐθὺς ἀπαιτεῖ, καὶ εἰ ταύτας ἀποδώσει, ἑαυτὸν δοῦναι τῇ ἐπιγαμβρείᾳ συντίθεται, καὶ δὴ μεσολαβοῦσιν ὅρκοι καὶ πλεῖσται ὅσαι πίστεις· ἐπὶ τῷ πράγματι, ὡς δηλαδὴ μὴ μόνον ἀποστῆναι τῶν Λατίνων ἐκεῖνον, ἀλλὰ καὶ συμμαχεῖν κατ' ἐκείνων τῷ Χαμαρέτῳ. Χρόνος ἐν τῷ μέσῳ οὐδὲ βραχύς, καὶ γαμβρὸς ἐκείνου ὁ Χαμάρετος γίνεται· ἀλλ' ὁ μὲν πενθερὸς μετὰ ταῦτα τὸν ὑπεσχημένον συνασπισμὸν ἀπαιτούμενος, σκήπτεται φόβον τὸν ἀπὸ τοῦ γαμβροῦ ἀνανεύει πρὸς τὴν ὑπόσχεσιν, ἀθετεῖ τοὺς ὅρκους, ἐκκλίνει αὖθις πρὸς τοὺς Λατίνους· ὁ ἐκείνων μηδέποτε μηδαμῶς ἀποστάς· ἡ θυγάτηρ δὲ ἐκείνου, δηλαδὴ ἡ τοῦ Χαμαρέτου γυνή, τῶν κατὰ τοῦ ἀνδρὸς σκεμμάτων τῷ πατρὶ συλλαμβανομένη, κυρνᾶν μὲν τούτῳ θανάτου κυκεῶνας ἐπιχειρεῖ· κἂν οὐδὲν ἤνυσε, τοῦ θείου κωλύοντος· τὴν κινητὴν δὲ τούτου περιουσίαν ὅση ἐν τιμίαις ὕλαις· ἐθεωρεῖτο λαθραίαις ἐκφοραῖς πρὸς τὴν πατρῴαν ἑστίαν μετήνεγκε· ὅσα δὲ καὶ τῶν τούτου διαβουλίων εἰς ἀκοὰς ἐκείνης ἤρχοντο, καθ' ἑκάστην διὰ μηνυμάτων λανθανόντων ταῖς πατρικαῖς ἀκοαῖς ἐνεφύτευε· καὶ πρὸς τὰς κατὰ τούτου ἐπιβουλάς, ἐκεῖνον ἠρέτιζεν. Τί τὸ ἐπὶ τούτοις· περιτίθεται πάλιν ὁ λύκος τὴν ἀρνακίδα τῆς ὑποκρίσεως· ἑώρα γὰρ πάλιν τὸν Χαμάρετον ἐν τοῖς κατὰ τῶν Ἰταλῶν τροπαίοις προκόπτοντα· ὁμολογεῖ πρὸς αὐτὸν πάλιν ἀγάπην· ἐπαγγέλλεται ἀθετήσαι τὴν προτέραν δυσμένειαν, πάλιν συντίθεται· πάλιν ἵστησιν ὅρκια. Ὁ Χαμάρετος δὲ αὖθις πιστεύει τῷ πλάσματι,

ταῖς ἐνόρκοις συνθεσίαις δελεαζόμενος· καὶ αὐτίκα ὅλον ἑαυτὸν τῷ δαιμονίῳ πενθερῷ φέρων δίδωσιν· ἐπεὶ δὲ τὸν λοιπὸν εἶχεν ὁ Κύκλωψ ἔνδοθεν τοῦ σπηλαίου τὸν Ὀδυσσέα, εὐθὺς βουλεύεται καὶ τὴν τούτου ἀπώλειαν, καὶ δὴ παρῆσαν ἅπαντα εὐπρεπῆ, ἡ νύξ, ἡ ναῦς οἱ τοῦτον ἀπάξοντες, καὶ ἐκτινάξοντες ἢ εἰς γῆν ἐπιλελειμμένην τὸ τῆς γραφῆς, ἢ δὲ μακρὰν ἀπέχοντα κόλπον θαλάσσης ὀλεθρίου, [f. 51] ἀλλὰ Θεοῦ νεύσις μεσολαβεῖ, καὶ ὑπὲρ ἐλπίδα, τῶν δεσμῶν ἅμα καὶ τοῦ δεσμοτηρίου κρείττων γενόμενος ὁ Χαμάρετος, εὐθὺς πρὸς τὸν κραταιὸν πεπόρευται Κομνηνόν, διασώσας μὲν τὴν ἑαυτοῦ πρὸς τὴν Ῥωμανίαν εὐγνωμοσύνην ἀκαταπρόδοτον· διασωθεὶς δὲ αὐτὴν παρὰ τοῦ Θεοῦ, ὅτι τοίνυν οὕτω δεινὰ καὶ ἐπικίνδυνα κατ' αὐτοῦ συνηνέχθησαν, καὶ ὅτι κατὰ τῆς ἑαυτοῦ ζωῆς ἐπιβούλων πενθεροῦ ἅμα καὶ γυναικὸς καὶ πεπείρακται καὶ λελύτρωται, ᾐτήσατο ἀγαγέσθαι γυναῖκα ἑτέραν, ἧς ἂν τῇ μετ' αὐτοῦ νομίμῳ συνοικήσει.

Καὶ ὁ κραταιὸς Κομνηνὸς εὐδοκήσαι γενέσθαι συνέπαινος. Ἐπεὶ δὲ τὸν περὶ τούτου λόγον οὐκ εὐχερῶς τὸ κράτος τούτου ἐδέξατο διὰ τὸ ἀμάρτυρον ἀπόπειραν θέσθαι τοῦ πράγματος, κέκρικεν ἵνα μὴ εὐσεβῆ, ὧν ἔκνομόν τι καὶ μὴ συμβαῖνον τῷ τῆς πολιτείας θεσμῷ διαπράξηται, ἀνεξετάστως, δηλαδὴ γυναικὶ συνάψαι αὐτόν, ἀφ' ἑτέρου συνοικεσίου ἔτι ὁρμώμενον· τῷ τοι καὶ γράμμα ἐκθέμενος πρὸς τὸν πενθερὸν αὐτοῦ τὸν ἀναγεγραμμένον Δαιμονοιωάννην διὰ τοῦ μεγαλεπιφανωτάτου ὑποτάγου κυροῦ Μανουὴλ τοῦ Στάσου τοῦτο ἀπέστειλεν· οὗ δὴ αὐτοτελὲς ἴσον ἀναγνωσθὲν ἐφ' ἡμῶν, εἶχεν ἐπὶ τῶν λέξεων οὑτωσί·

" Πρωτοπανσεβαστουπέρτατε καὶ γνη"σίως ἠγαπημένε μοι. Ἐγὼ διὰ τῆς χά"ριτος τοῦ Χριστοῦ καὶ τῆς εὐχῆς τοῦ πα"τρός μου τοῦ σεβαστοκράτορος, ὑγιῶς ἔχω, "ἂν ποτε δὲ ἔχα καὶ σὺ ὑγιαίνοις. Θέλομεν "σε γινώσκειν ὅτι ὁ δεσπότης ὁ Χαμάρετος, "ὁ πάντοτε καὶ ἐξ ἀρχῆς ἀδιαιρέτως ἔχων

„της προς ημάς αγάπης, κατέλαβε προς
„ημάς· και υπεδέχθη εντίμως, και καθώς
„ην άξιον, αναλόγως τη προς ημάς τούτου
„αγάπη και τη προσούση τούτω μεγαλειό-
„τητι. Συνευφρανθέντες ούν εφ' ικανόν επί
„τη τούτου επιδημία, συνελαλήσαμέν ποτε
„και περί της του Πελοποννησιακού τόπου
„απελυτρώσεως· περί γούν των λαληθέντων,
„ει δε και αποβαίησαν ταύτα, οίδε Θεός,
„ου του παρόντος λέγειν καιρού, τέως δε
„αλλά γινώσκοντα ότι ο εμός θείος ο πρω-
„τοπανσεβαστουπέρτατος, αρτισμός και α-
„λατισμός των αυτόθι έσται σύν Θεώ υποθέ-
„σεων, ουκ απεξενώσαμέν σε του ημετέρου
„τοιούτου συμβούλου· αλλά καν μακράν εξ
„ημών απεδήμεις κοινόβουλόν σε μεθ' ημών
„πεποιήκαμεν· ότι ούν ούτω ταύτα δέον
„εστί πάντως, ίνα και το συμφέρον τω ημε-
„τέρω κοινοβουλίω ανακοινωσώμεθά σοι και
„παραινέσωμεν, γίνωσκε ούν ότι αδικίαν
„ποιείς, εάν κρατής την γυναίκα του δεσ-
„πότου του Χαμαρέτου, τουτέστι την θυ-
„γατέρα την σήν· πώς γαρ έσται ημίν ανα-
„κοίνωσις και ορθή αγάπη, εάν εν λόγοις
„λέγωμεν είναι το εν, έργοις δε το εν απος-
„χίζωμεν; αν γούν ομολογής και σύ είναι
„το εν μεθ' ημών, την δε γυναίκα του
„δεσπότου κρατής, τις πιστεύσει τοις λό-
„γοις, αντιφθεγγομένων των έργων προφα-
„νέστατα; πέμψον ούν, είπερ ουκ απος-
„τρέφη την αγάπην ημών, την γυναίκα
„του δεσπότου, και μη είπης, ότι πώς απε-
„λεύσεται το εμόν παιδίον εις γην αλλο-
„τρίαν και εις λαόν μη συνδεδεμένον τη
„εμή γενεά· ακούσεις γαρ ότι και η άλλη
„σου θυγάτηρ μακράν και δίσκολον δια-
„πλεύσασα θάλασσαν, αλλοτρία γή και λαώ
„αγνώστω ηνέκυρσεν. Αύτη δε η θυγάτηρ
„ή του δεσπότου γυνή, κάν υπερβήσεται
„τα οικεία, αλλά των οικείων έσται αύθις
„εγγύς, κάν λαβόν όψηται ξένον· αλλ' ουκ
„έσται ξένη αυτή το καθόλου· λαόν γαρ
„ουκ ευάριθμον ή του Πέλοπος τη ημε-
„τέρα αυλή παρεπέμψατο, και πάντες εισί

„παρ' ημών οι τοιούτοι και πεπαρρησιασ-
„μένοι και έντιμοι, και ουκ έστιν όστις
„τούτων, ουκ έσται τη του δεσπότου γυ-
„ναικί εις παρρηγορίαν και της πελοπον-
„νησιακής συγγενείας ανάμνησιν. Τί πολ-
„λά; εάν θέλης, αντιλογία ουκ έσται σοι,
„αλλά πεμφθήσεται και η του δεσπότου
„γυνή, και εις τιμήν μεγάλην αποσωθή-
„σεται και ευγένειαν. Ει δε μή θέλεις,
„ημείς μεν έξω κατακρίματος εσόμεθα και
„σχισματικοί παρά των ομογενών ουδαμώς
„ονομασθησόμεθα· [f. 52] σύ δε ου βλάψεις
„ημάς, κρατών την γυναίκα, και διαρρη-
„γνύμενος εξ ημών. Εξ ανάγκης γαρ προ-
„μηθευσόμεθα του συμφέροντος και ημίν,
„αλλά και τω δεσπότη τω Χαμαρέτω· ου
„μη γαρ αρέσομεν αυτόν, ώδε και εκεί
„φέρεσθαι και επί γης αλλοτρίας, ως ακυ-
„βέρνητον πλοίον ναυαγείν και κυμαίνεσ-
„θαι· δοθήσεται γαρ αυτώ και γυνή ετέρα
„και απρομήθευτος, ου μεν ούν γε κατα-
„λειφθήσεται. Γνωρίσομεν δε άρα έκτοτε
„και ημείς ότι μεθ' ημών ουχ ομονοείς, και
„προνοησόμεθα, και περί του αναγκαίως τά
„γε ημίν συμφέροντα. Μηνί δεκ. ινδ. ιδ'.
„Η υπογραφή. Θεόδωρος ο Δούκας. „

Αλλά τα μεν της αφηγήσεως του Χα-
μαρέτου και τα της δεσποτικής προς τον
πενθερόν τούτου γραφής, ήσαν εν τούτοις·
ακόλουθον δε ην γνώναι ημάς· όπως τε την
γραφήν ταύτην προς τον άνθρωπον εκείνον,
ο ρηθείς δεσποτικός υποτάγατος· ο Στάσης
διήνεγκε, και τί παρ' εκείνου προς τα της
γραφής ήκουσε λαληθέν τε και μηνυθέν· ως
αν δε απλαγιάστως τοις παρ' αυτού λαληθη-
σομένοις πιστεύσωμεν, αφορισμός πρότερον
επηνέχθη αυτώ παρά τε της ημών μετριό-
τητος και των συνεδριαζόντων αυτή ιερω-
τάτων αρχιερέων, ώστε εκείνα ειπείν, α και
είδεν και ήκουσε· τούτου δε ούτω γενομέ-
νου τοιώνδέ τινων εξήρχε λόγων ο άνθρω-
πος· Επορεύθην, φησί, διά του εν μέσω πε-
λάγους· προς την του Πέλοπος· και τω φόβω
τω από των Λατίνων, επεί δ' οι προς τον

κράτιστον Κομνηνὸν τούτων δυσμένεια τοὺς ἔνθεν ἐκεῖσε παριόντας οὐκ ἀφίησιν ἀκινδύνως πορεύεσθαι, ἐν οἰκίᾳ τινὸς ἄρχοντος, οὗ ἡ μὲν κλῆσις Γαβριὴλ, Λάρυγξ δὲ ἐπίκλησις παραγίνεται· τούτῳ δὲ τ' ἀνδρὶ τοῖς Λατίνοις· εὐγνωμονοῦντι μετὰ τῶν ἄλλων συντεθεῖται ἄδειαν ἔχειν αὐτὸν δέχεσθαι καὶ γραφὰς καὶ ἀνθρώπους τοῦ κραταιοῦ Κομνηνοῦ, καὶ μὴ ἕνεκα τούτου εὐθύνεσθαι. Ὡς οὖν ἐκεῖ παραγένοιτο, κοινωλογεῖται τούτῳ τὰ περὶ τῆς ἑαυτοῦ ὁ Στάσου ἀπόστολος, καὶ γνώμην ζητεῖ εἴτε διὰ ξηρᾶς εἴτε διὰ πορθμοῦ θαλαττίου, χρεὼν αὐτὸν γενέσθαι πρὸς ὃν ἡ ἀποστολή· ὁ Λάρογξ δὲ | καὶ τὴν δι' ἀμφοτέρων ἀπαγορεύει τούτῳ ἀπέλευσιν, ἐπὶ κίνδυνον ἔσεσθαι τούτῳ καθόλου τὴν πορείαν εἰπών· εἰ γὰρ, φησίν, ἴσως καὶ τὴν ἐξ ἀμφοῖν τῶν ὁδῶν κίνδυνον διαδράσεις, ἀλλ' αὐτὸς πρὸς ὃν ἀπελεύσῃ, τῇ λατι[νι]κῇ ἐξουσίᾳ εὐθὺς παραδώσει σε συντεθειμένον, ἐν αὐτῷ πρὸς ἐκείνους· οὕτω ποιεῖν συμβουλεύει δὲ τὸν μὲν Στάσην οἴκοι μεῖναι· τὸ γράμμα δὲ ἀνδρί τινι τῶν τοῦ βήματος ἐγχειρίσαι, κἀκεῖνον χειροτονῆσαι τῆς προκομιδῆς τούτου διάκονον. Γίνεται τοῦτο, καὶ ἱερεύς τις τῶν εὐλαβῶν καὶ αἰδεσίμων εὑρεθείς, ἔνδοθεν θείου ἐκεῖσε ναοῦ, ἐπ' ὄψεσι μόναις αὐτοῦ τε καὶ τοῦ Λάρυγγος, καὶ τοῦ ἐπισκόπου Ματένη· Ῥωμαίου ὄντος, λαμβάνει τὸ γράμμα παρὰ τοῦ Στάσου. Ὡς οὖν ἀπῆλθε καὶ ὑπέστρεψεν ὁ τοιοῦτος ἱερεὺς, ταῦτα πρὸς αὐτοὺς ἀφηγήσατο, ὡς εὗρε τὸν Δαιμονοιωάννην ἐν τῷ τοῦ ἁγίου Γεωργίου ναῷ, ὡς ἐνεχείρισεν ἐκείνῳ τὸ γράμμα, ὡς ἤκουσε παρ' ἐκείνου ἐπερχομένου τοῦτο, δύσφημά τινα κατὰ τοῦ κραταιοῦ Κομνηνοῦ, καὶ ὡς ἐπειδὴ ἀνεγνώσκεν, ἦλθεν εἰς τὸν τόπον οὗ ἦν γεγραμμένον τὸ περὶ τῆς θυγατρὸς αὐτοῦ Χαμαρέτου συνεύνου, τρανῶς ἐξελάλησεν· αὐτὰ δὲ χρὴ τὰ ἐκείνου εἰπεῖν ῥήματα, ὡς· ὁ Χαμάρετος ὅτε ἦν ὧδε, γυναῖκα οὐκ εἶχε, νῦν δὲ γυρεύει γυναῖκα, καὶ ὡς· ἐπὶ τούτοις ἑτέρου λόγου τῷ ἱερεῖ μηδαμῶς μεταδεδωκὼς, μήτε μὲν ἀντίγραμμα θέμενος, μήτε σοβαροῦ καὶ ὑπερηφάνου φρονήματος, ἐκεῖθεν αὐτὸν ἀπεπέμψατο.

Ἀλλ' οὕτω μὲν ἐν γνώσει τῆς τοῦ ῥηθέντος κυροῦ Μανουὴλ τοῦ Στάσου ἀποστολῆς, τὸ καθ' ἡμᾶς ἱερὸν συνέδριον γέγονεν, ἐλείπετο δὲ λαβεῖν ἡμᾶς· καὶ τῶν παρὰ τοῦ Χαμαρέτου ἀφηγηθέντων ἀσφάλειαν· εἰ καὶ πίστωσις ἐκ τῆς ἀναγεγραμμένης ἀπολογίας τοῦ πενθεροῦ αὐτοῦ τούτων ἐγίνετο· τὸ γὰρ εἰπεῖν ἐκεῖνον ὡς οὐκ εἶχε γυναῖκα παρὼν ἐκεῖ ὁ Χαμάρετος, σαφῶς παρίστησιν, ὡς οὐκ ἀγαθῇ χάριτι, ἀλλὰ δόλῳ ταύτην τούτῳ συνήρμοσε Μέντοι γε τὴν πληροφορίαν ἐκ :οῦ [f. 53] πλείονος λαβεῖν ἐθηλήσαντες, ὅρκον αὐτὸν ἐπὶ τούτοις ἀποτελέσαι κατηναγκάσαμεν· ἀλλ' αὐτὸς μὲν πρότερον παλαμναιοτάταις ἀραῖς ὑποβαλὼν ἑαυτὸν, ἔπειτα καὶ ὅρκον ἦ μὴν ὡς ἀληθεύει ἐφ' οἷς λέγει μετὰ πάσης προθυμίας τετέλεκεν. Ἐξ ἐπιμέτρου δὲ ὥσπερ, τὸν ἱερώτατον ἐπίσκοπον Πελαγονίας, ἐν Κυρίῳ ἀγαπητὸν ἡμῖν ἀδελφὸν καὶ συλλειτουργὸν, μάρτυρα τῶν παρ' αὐτοῦ λεγομένων παρήγαγεν· ὃς δὴ καὶ εἶπεν, ὡς ἐν τῷ καιρῷ καθ' ὃν συνήχθησαν τὰ παρὰ τοῦ Χαμαρέτου λεγόμενα, εὑρέθη αὐτὸς· διατρίβων ἐν τῇ πελοποννησιακῇ χώρᾳ κατὰ τὸν τόπον ἔνθα τὰ κατὰ τοῦ Χαμαρέτου ἐπράχθησαν, καὶ ἀκριβῶς ἐπίσταται, ὡς πολλὰ ὑπέστη οὗτος δεινὰ, ἀπὸ κα. .αὶ δόλου τοῦ δαιμονιώδους αὐτοῦ πενθεροῦ, συνεπιτιθεμένης καὶ τῆς αὐτοῦ γυναικὸς· καὶ ὡς ἐν χρῷ κινδύνου γεγένηται καὶ συμπτύξαντα φάναι, ὡς ἀληθῇ τυγχάνουσιν ἅπαντα, ὅσαπερ ἄνωπιν ἐξέθετο· ἀλλὰ μὴν καὶ τὸν πανσέβαστον σεβαστὸν κυρὸν Μανουὴλ τὸν Κουβαρὰν, συνῳδὰ τούτῳ φθεγγόμενον καὶ τοῖς ῥηθεῖσι προσμαρτυροῦντα, οἷα καὶ αὐτὸν κατὰ τόπον τὸν περὶ τούτων ἀναλεξάμενον διδασκαλίον· καὶ πρὸς τούτοις τὸν διαληφθέντα δεσποτικὸν ἄνθρωπον τὸν Στάσην, εἰπόντα ὡς· οὐχ ἡ πελοποννησιακὴ μόνον περιοικὶς, ἀλλὰ αἱ γειτονοῦσαι ταύτῃ σαφῶς οἴδασιν, ὡς πολυτρόπως τῇ τοῦ Χαμαρέτου ζωῇ, ὁ πενθερὸς αὐτοῦ μετὰ τῆς γυναικὸς ἐπεβούλευσεν.

CAP. XXII. DE DIVORTIO

Ἡ μετριότης τοίνυν ἡμῶν, μετά γε τῶν ἐνδημούντων ἱερωτάτων ἀδελφῶν ἡμῶν καὶ συλλειτουργῶν, τὰ τοῦ πράγματος διασκεψαμένη, καὶ γνοῦσα τὸν Χαμάρετον ἐπὶ διαζυγῇ τοῦ συνοικεσίου εὔλογα προτεινόμενον, ὅτι τε ἡ γαμετὴ αὐτοῦ συνελαμβάνετο ταῖς πατρικαῖς αὐτῆς κατὰ τούτου ἐπιβουλαῖς, καὶ ὡς οὐ περὶ ἀλήθειαν, ἀλλὰ πρὸς ἀπάτην τούτῳ συνήρμοσται, ὅπερ ἡ διαληφθεῖσα ἐκείνου ἀπολογία ἐμφαίνει σαφῶς, καὶ ὡς ἐξ αὐτῶν τῶν κρηπίδων, παράνομον ἦν τὸ μετὰ αὐτῆς τούτου | συνάλλαγμα, ὡς τοῦ νόμου κωλύοντος τὰς μνηστευθείσας τισίν, εἶτα ὁπωσδήποτε τῆς μνηστείας ἀπολυθείσας, συγγενικοῖς ἐκείνων προσώποις τοῖς ῥητῶς παρὰ τοῦ νόμου κεκωλυμένοις μηδέποτε μηδ' ὅλως συνάπτεσθαι, ὅπερ δὴ κἀνταῦθα συμβέβηκεν, ὡς ἀνώπιν ἡ ἀφήγησις παριστᾷ, διεγνῶ καὶ ἐψηφίσατο, τοῦ μὲν τοιούτου συνοικεσίου, τὸ ἀπὸ τοῦδε ἀπολελυμένον εἶναι παντάπασι τὸν Χαμάρετον κατὰ τε τὴν ἀναπεφωνημένην ἑπτακαιδέκα τὴν Ἰουστινιανὴν νεαρὰν τὴν κειμένην ἐν βιβλ. κζ' τῶν βασιλικῶν τίτλ. ζ' κεφ. α', ἥτις καὶ τὴν κατὰ τῆς τοῦ ἀνδρὸς ζωῆς ἐπιβουλὴν τῆς γυναικὸς, αἰτίαν διαζεύξεως τίθησι, καὶ κατὰ τὴν νεαρὰν τοῦ ἐν βασιλεῦσιν ἀοιδίμου κυροῦ Ἀλεξίου τοῦ Κομνηνοῦ, τὴν τοὺς παλαιοὺς νόμους κυρώσασαν, καὶ τὰ συγγενικὰ πρόσωπα τῶν μνηστευσαμένων κόρας καὶ τούτων καθ' οἱονδήποτε τρόπον διαζυγέντων, μὴ ἐφεῖσαν ὅλως ταύταις ἁρμόζεσθαι, ἐξεῖναι δὲ αὐτῷ τὰ καθ' ἑαυτὸν διεξάγειν ὡς ἄρα βούλεται· οὐδὲ γὰρ ἐγκαλέσει τις τοῦ λοιποῦ παρανομίαν αὐτῷ, γάμον ἴσως ἀλλαχοῦ συναλλάξαντι· οἷα δηλαδὴ ἐπὶ πράξεως ὑπομνήματος· ἤδη τῆς περὶ τούτου λυθείσης ἀμφιβολίας, τοσοῦτον ὡς μηδέν τι πρὸς τὸ τῆς νεαρᾶς ἀρχέτυπον φέρειν ἀνόμοιον, ἣν δὲ πρᾶξιν ὅρκου τε καὶ ἀφορισμοῦ ἐπαγωγὴ βεβαιοῖ, καὶ ἀνδρῶν ἀξιοπίστων μαρτυρία συνίστησιν, οὐ μόνον δὲ ἀλλὰ καὶ οἱ λόγοι, οὓς ὡς διείληπται παρὰ τοῦ πενθεροῦ αὐτοῦ ὁ Στάσης κυρὸς Μανουὴλ παραλαβὼν διεπόρθμευσεν, ἐξ ὧν δῆλον καθίσταται ὡς οὐ γαμετὴν, ἀλλ' ἐπίβουλον ἐκεῖνος τὴν ἑαυτοῦ θυγατέρα τῷ Χαμαρέτῳ συνήρμοσε· πόρρω δὲ τῆς τοιαύτης πράξεως καὶ τὰς κατὰ τῶν ἐρημοδικίων μέμψεις, κελεύσεις νόμων ἀπορραπίζουσιν· ἤρκεσαν γὰρ ἀντὶ προγραμμάτων νομίμων αἱ δεσποτικαὶ συλλαβαὶ, αἱ δὴ πόνῳ πολλῷ καὶ χρόνῳ διὰ τοὺς ἐν μέσῳ κινδύνους πρὸς τὸν Δαιμονοιωάννην ἐφοίτησε, μενῶν γε καὶ ὁ παρὰ τοῦ νόμου τεθείμενος χρόνος, ὅς ἐστι διάστημα ἐνιαύσιον [f. 54] ἤδη κατὰ τὸ δεσποτικὸν γράμμα, ὠλίσθησεν, καὶ διὰ τοῦτο ἡ ἐξέρημος καταδίκη ἐνταῦθα λαμπρῶς ἐπαρρησιάσατο· εἰ δὲ καὶ τρεῖς ἐπιφωνήσεις κατὰ νομικὴν ἀκρίβειαν ὁ νομοτριβούμενος κἀνταῦθα ἐπιζητεῖ, ἀλλ' οἶδεν ὁ αὐτὸς σαφῶς, ὡς ὑπερορῶσιν οἱ νόμοι τὰ τῆς ἀκριβείας· ἐπ' ἂν δηλαδὴ τὰ πράγματα ταύτην ἀναίνωνται· ἐπὶ παντὸς γὰρ, φησὶ, πράγματος, προτιμάσθω τῆς ἀκριβείας τὸ δίκαιον· ἐν πολλοῖς δὲ τῶν θείων καὶ ἱερῶν κανόνων καὶ ἡ δυσχέρεια πρὸ τῆς ἀκριβείας τὸ δίκαιον τιθεμένη εὑρίσκεται· πῶς οὖν ἐνταῦθα τὰ τῆς ἀκριβείας τοῦ νόμου συνοικηρηθήσονται; ἔνθα ἡ μεγίστη δυσχερεῖ, διαπόντιος δηλαδὴ πορεία καὶ ἔθνος πολέμιον, αὐτόθεν ἔχον ἐμποδοστατεῖν τὴν ἀκρίβειαν, ὅτι δὲ δίκαιον τὸν Χαμάρετον διαζυγῆναι τῆς γαμετῆς μέχρι θανάτου κινδύνοις ὡμιληκότα ὑπὲρ τῆς εἰς τὴν Ῥωμανίαν εὐγνωμοσύνης οὓς ἀπὸ τοῦ πενθερικοῦ αὐτοῦ οἴκου προστεθειμένου τοῖς Λατίνοις ἐπὶ μακρῷ χρόνῳ ὑφίστατο, σκοπεῖν ἔχει ὁ ἀδέκαστος ταῖς τοιαύταις κρίσεσι τῶν διαιτῶν.

ΚΓ΄.

Περὶ διαζυγίου.
De divortio.

Οὐκ ἤρκεσαν μόνον λόγοι τῷ Ἰωάννῃ τῷ προκαθημένῳ ἐν τῇ αὐλῇ τοῦ Καστρηνοῦ βασιλείου τοῦ τῆς Βολεσλαίας εἰς τὸ προτρέψαι μῶμον τῇ αὐτοῦ γαμετῇ τῇ Εἰρήνῃ, ἣν ἔλεγεν ἄνευ εἰδήσεως αὐτοῦ διάγειν ἄρτι ἐν τῷ Πριλάπῳ ἐξαμηνιαῖον ἤδη χρόνου διάστημα, καὶ κομίσασθαι διαζύγιον· γέγονε δὲ τούτῳ ἀνάγκη καὶ τὴν γυναῖκα παραστῆσαι, καὶ μαρτυρίᾳ βεβαιῶσαι τὴν ἐξ αὐτοῦ ἐκείνης ἄτακτον ἀναχώρησιν, καὶ τοίνυν προεκόμισε τὴν σήμερον ἐνώπιον τῆς δεσποτικῆς θείας μεγαλειότητος, γραμματεῖον ἐνυπόγραφον τῶν ἐν τῷ Πριλάπῳ ἱερέων εὐλαβεστάτων, τουτέ ἱερολόγου Ῥωμανοῦ καὶ τοῦ πρωτεκδίκου Θεοδώρου, διαμαρτυρούμενον, ὡς ἡ τοῦ Ἰωάννου σύνευνος τὸν ἀναγεγραμμένον χρόνον ἐν τῷ Πριλάπῳ ἀνέδην διάγουσα, ἐπειδὴ ἄρτι ἐλθὼν ὁ ἀνὴρ αὐτῆς ἀνεζήτησεν ταύτην, καὶ δὴ καὶ εἵλκυσεν εἰς τὸ δικαστήριον, ὡς ἐν τῷ χωρίῳ τῷ ἐπιλεγομένῳ Βόλαν γεγόνασιν. Ἐνταῦθα ἡ γυνὴ τῷ παραρρέοντι ποταμῷ ἄθροον ἑαυτὴν ἀνακέρριψε· καὶ εἰ μή γε σπουδῇ καὶ χειρὶ τοῦ προϊσταμένου τοῦ τοιούτου χωρίου, ἤγουν τοῦ μεγαλεπιφανωτάτου κυροῦ Γρηγορίου τοῦ Γαβρᾶ καὶ τῶν ὑπ' αὐτὸν ἐκ τοῦ ῥεύματος τῶν ὑδάτων ἁρπάγη εὐθύς, ἀπερρόφησεν ἂν αὐτίκα τῆς ἐν αὐτοῖς πνιγμονῆς· ἀλλ' αὐτὴ μὲν τηνικάδε εἰς ἑαυτὴν γενομένη, βραχύ τι ῥῆμα ἐφθέγξατο, ὡς εἰ καὶ ἄρτι δηλαδὴ τὸν ἐκ τῶν ὑδάτων κίνδυνον διεξέφυγεν, ὡς πρόδηλος· πᾶσι τούτοις ἐγκολυμβήσασα, ἀλλ' εἰς τὸ μετ' ἔπειτα, μηδενὸς ὁρῶντος δι' αὐτῶν εἰς ᾄδου ἐκπλεύσειε· καὶ τὸ μὲν γράμμα τοιαῦτα διεμαρτύρετο.

Ὁ Ἰωάννης δὲ ἔλεγεν ὡς διὰ τὴν τοιαύτην αἰτίαν οὐκ ἠδυνήθη περαιτέρω τὴν εἰρημένην γυναῖκα βιάσασθαι, ἕλκων αὐτήν, ὡς εἴρηται, πρὸς τὸ δικαστήριον, ὅθεν καὶ ἐξήτει τὸ διαζύγιον, παρῆγε δὲ καὶ μάρτυρας, τὸν θεοφιλέστατον ἄρχοντα τῶν ἐκκλησιῶν, Ἀνδριανὸν τὸν Αὐτωρειανόν, τὸν εὐλαβέστατον πριμικέριον τῶν ἀναγνωστῶν τοῦ ἀριστέρου χοροῦ Μιχαὴλ τὸν Σβερίᾳ, τὸν εὐλαβέστατον ἱερέα καὶ περιοδεύτην Λέοντα, καὶ ἑτέρους, λέγοντας ὡς οἴδασιν ἀπλανῶς, ὅτι οὐ μόνον ἀτάκτως ἡ Εἰρήνη ἀνεχώρησε πρὸς τὸν Πρίλαπον, καταλιποῦσα τὸν ἄνδρα αὐτῆς, καὶ τοσοῦτον ἤδη χρόνον ἐκεῖσε διέτριψεν· ἀλλὰ καὶ πρὸ τῆς ἀναχωρήσεως, οὐκ εἶχεν ἀγαθὴν ἀναστροφὴν ἐν τῷ οἴκῳ τοῦ ταύτης ἀνδρός, ὡς καθ' ἑκάστην ἐκ τῆς κοίτης αὐτοῦ ἐκπορνεύσασα.

Τούτων οὕτω γνωσθέντων ἐν τῷ δεσποτικῷ θείῳ δικαστηρίῳ διέγνωσται παρ' αὐτο.. .. ζύγιον τοῦ μετὰ τῆς Εἰρήνης συνο.. .. ου τοῦ Ἰωάννου γενέσθαι κατὰ τὴν .... Ἰουστινιάνειον νεαράν, τὴν κειμένην ἐν βιβλ. κη' τῶν βασιλικῶν τίτλ ... κεφαλ. α' θεσπίζουσαν μετὰ τῶν ἄλλων, δύνασθαι τὸν ἄνδρα στέλλειν τῇ γυναικὶ διαζύγιον, ὁπηνίκα χωρὶς εἰδήσεως αὐτοῦ ἔξω τῆς κοίτης αὐτοῦ μὴ ἐν συγγενικῷ, ἀλλ' ἐν ἀλλοτρίῳ οἴκῳ μονὴν [f. 55] ποιήσεται. Κατάκριτος γὰρ καὶ εἰρημένη Εἰρήνη γίνεται, ὅτι οὐ μόνον ἔξω τῆς κοίτης τοῦ ἀνδρὸς αὐτῆς, ἀλλὰ καὶ μακρὰν ἐν ἑτέρᾳ χώρᾳ ἐξημηνιαῖον χρόνιον διήγαγεν, ὅπερ ἱκανόν ἐστι καὶ μέμψιν προστρέψαι καὶ ψῆφον διαζυγίου ταύτῃ ἐπενεγκεῖν.

ΚΔ'.

Ὅτι δεῖ τὸν πατέρα προνοεῖσθαι τῆς τῶν παίδων ζωῆς, ἤγουν τοῦ ἀνήκοντος αὐτῷ φαλκιδίου, καὶ τὸ λοιπὸν τῆς περιουσίας αὐτοῦ παραπέμπειν ἔνθα καὶ βούλεται, καὶ ὅτι τὰ περὶ ἀρρένων τῷ νομῷ δοκοῦντα καὶ εἰς τὰς θηλείας ἐκλαμβάνονται.

Quod oporteat patrem providere de filiorum vita, scilicet detracta sibi falcidia, et quod facultatem superest, transmittere ubicumque voluerit, et quod in lege statutum de maribus, id etiam de feminis intelligatur.

Ὁ ἀπὸ τοῦ θέματος Σκοπίων ὁρμώμενος Καλὸς, ὁ τοῦ Τζάντου, προσελθὼν ἡμῖν, ἠξίωσε λυθῆναι τοῦτο τὸ ἄπορον· εἶπεν οὖν ὡς τῆς μητρὸς διαθέτου τελευτησάσης, ὁ πατὴρ αὐτοῦ μετὰ ταῦτα ἐν τῷ καιρῷ τῆς αὐτοῦ τελευτῆς διάταγμα ἐκτιθέμενος, τὸν ἀμπελῶνα ὃν μόνον ἐκέκτητο, ἔν τινι μοναστηρίῳ χάριν λεγάτου καὶ μνήμης αὐτοῦ καταλέλοιπεν· αὐτὸν δὲ ἐάσας ἀμνημόνευτον ἐν τῇ τοῦ τοιούτου ἀμπελῶνος παραπομπῇ, μόνον ξύλινόν τι σκεῦος ῥητῶς ἀρκεῖν αὐτῷ ληνοῦ χρείαν ἀποπληροῦν, καί τινα ὑλικὰ τῇ τῆς οἰκοσκευῆς σημαίᾳ περιεχόμενα, καὶ νῦν ὁ μὲν ἀμπελὼν, φησί, κατέχεται παρὰ τῆς μονῆς καὶ εἰσοδιάζεται αὐτός δὲ πενόμενος περιάγει, μισθοῦ τὴν ἑαυτοῦ ζωὴν περιζόμενος· προσετίθει δὲ καὶ ὅτι τὸ τοῦ εἰρημένου ἀμπελῶνος τίμημα καὶ ἐκ τῆς προικὸς συνεπληροῦτο τῆς τούτου μητρός, ἐξ ἀγορασίας γὰρ ὁ ἀμπελὼν ἐκείνης προσήρμοζε· διὰ ταῦτα λοιπὸν ἐζήτει μαθεῖν, εἰ δικαίως ἀμνημόνευτον αὐτὸν ὁ πατὴρ αὐτοῦ εἴασεν ἐν τῷ λόγῳ τῷ περὶ τοῦ ἀμπελῶνος, καὶ εἰ προσήκει αὐτῷ μέρις ἀπὸ τούτου· καὶ εἰ προσίσταται αὐτῷ λέγοντι κοινῶς παρὰ τοῦ πατρὸς αὐτοῦ καὶ τῆς μητρὸς γενέσθαι τὴν τοῦ ἀμπελῶνος ἀγορασίαν, τὸ μὴ ἐμφέρεσθαι τῷ πρακτηρίῳ τὸ τῆς μητρὸς αὐτοῦ ὄνομα.

Ἡμεῖς δὲ πρὸς ταῦτα ἀποκρινόμεθα, ὡς οὐ μόνον ἀπὸ τοῦ νόμου, ἀλλὰ καὶ ἐξ αὐτῆς τῆς φύσεως ὁ πατὴρ ἀναγκάζεται τῆς τῶν παίδων προνοεῖσθαι ζωῆς, ἵνα μὴ κατὰ τὸ νομικὸν γνωμάτευμα, | κληθείη πατὴρ παίδων ἀπολωλότων λιμῷ. Ἔδει οὖν καὶ τὸν πατέρα τοῦ εἰρημένου Καλοῦ, πρότερον τῆς τοῦ παιδὸς ζωῆς προνοήσασθαι ἐκ τοῦ ἀνήκοντος αὐτῷ φαλκιδίου, εἶτα τὸ ἐναπομεῖναν παραπέμψαι ἔνθα ἐβούλετο· τὸ δὲ οἰκοσκευὴν μὲν τῷ υἱῷ καταλεῖψαι ¹) ἐξ ἧς οὐκ εἴωθε γίνεσθαι ζωῆς πορισμός· τὸ κτῆμα δὲ τὸ ταύτης ποριστικὸν ἀλλαχοῦ παραπέμψαι, τοῦτο οὐ πατρὸς σπλάγχνα στοργὴς ἔχοντος, ἀλλ' ἐπιβουλεύοντος τῇ ζωῇ τοῦ παιδός. Εἰ τοίνυν κοινὸς ὑπῆρξεν ὁ ἀμπελὼν τῷ τε πατρὶ καὶ τῇ μητρὶ τοῦ Καλοῦ, τὸ μὲν ἥμισυ τούτου ὡς μητρικὸν δίκαιον κατὰ νόμους ἁρμόσει τῷ τοιούτῳ Καλῷ· πάντων γὰρ τῶν μητρῴων οὗτος κληρονόμος ἐστί· τοῦ δὲ ἑτέρου ἡμίσυος, τὸ μὲν τρίτον, ὡς φαλκίδιος ἐκ τῶν πατρῴων, τῷ αὐτῷ ἀνήκει Καλῷ· τὸ δὲ δίμοιρον ²) τῷ μοναστηρίῳ ἔνθα παρὰ τοῦ πατρὸς αὐτοῦ καταλέλειπται. Κοινὸν γὰρ νόμιμον ἐστί, τὸ τοὺς παῖδας ὅσων λαμβάνειν τὸ φαλκίδιον, καὶ μὴ ζημιοῦσθαι εἰς τὸ ἐπιλαγχάνον· ὅθεν καὶ κατὰ τοῦτο τὸ μέρος μόνον ἀπρακτήσει ἡ διαθήκη, ὡς ζημιοῦσα τὸν παῖδα τοῦτον εἰς τὸ ἐπιλαγχάνον, ἐπείπερ οὐδὲ ὡς ἀχαρίστου τούτου, οὐδέ τινων αἰτιῶν εὐχαριστίας ὀνομαστί, ἡ τοιαύτη μέμνηται διαθήκη κατὰ τὴν νομικὴν παρατήρησιν.

---

¹) Cod. κατακαλεῖψαι. — ²) Id. δίμυρον.

Ὅπως δὲ τῆς τῶν παίδων ζωῆς προνοεῖσθαι ὀφείλουσιν οἱ πατέρες, καὶ ὅπως δεῖ αὐτοὺς ἐκ τῆς περιουσίας αὐτῶν τὸ ἁρμόζον αὐτοῖς ἐπιμερίζειν, διαλαμβάνει ὁ νόμος ἐν τῷ μὲν λθ' κεφαλαίῳ τοῦ τρίτου τίτλ. τοῦ λθ' βιβλ. ταῦτα ῥητῶς· " Ἐὰν τελευτῶν χωρὶς αἱρέσεως δωρήσωμαί σοι, οὐ καλῶς οἱ κληρονόμοι μου παρακρατῆσαι φαλκίδιον ἐπιζητοῦσιν· ὁ γὰρ φαλκίδιος οὐκ ἐπὶ τῶν ἁπλῶν δωρεῶν, ἀλλ' ἐπὶ τῶν θανάτου αἰτίᾳ χώραν ἔχει ". Ἐν δὲ τῷ η' κεφ. τοῦ δ' τίτλ. τοῦ μα' βιβλ. ταῦτα· " Θεσπίζομεν, εἰ μὲν ἑνός ἐστι παιδός· πατὴρ ἢ μήτηρ ἢ δυοῖν ἢ τριῶν ἢ τεττάρων, μὴ τριούγγιον αὐτοῖς καταλιμπάνειν μόνον, ἀλλὰ τὴν τρίτην τῆς ἑαυτοῦ περιουσίας, τουτέστιν οὐγγίας τέσσαρας, καὶ τοῦτο εἶναι διωρισμένον μέτρον, ἄχρι τοῦ ῥηθέντος ἀριθμοῦ. Εἰ δὲ ὑπὲρ τοὺς τέσσαρας ἔχει παῖδας, τὴν ἡμίσειαν τῆς πάσης περιουσίας· αὐτοῖς καταλιμπάνεσθαι μοῖραν, ὥστε |f. 56, ἐξαούγγιον εἶναι πάντως τὸ ὀφειλόμενον. Ἑκάστῳ κατ' ἴσον τὸ τετραούγγιον τυχὸν ἢ τὸ ἐξαούγγιον διαιρούμενον, καὶ τούτῳ οὐκ ἐν ἀδίκῳ περιστάσει πραγμάτων· εἰκὸς γὰρ κἀνταῦθα τοὺς ἄλλους ἀδικηθῆναι, τῶν μὲν τὰ καλλίονα, τῶν δὲ τὰ χείρονα λαμβανόντων· ἀλλὰ τοῦτο δὴ τὸ ἐπιβάλλον ἑκάστῳ, διὰ πάντων ἴσον εἶναι ἐν ποιότητι καὶ ποσότητι. Εἴτε τις, αὐτῷ κατὰ τρόπον ἐνστάσεως, εἴτε κατὰ πρεσβείου καταλιμπάνει πρόφασιν· πάρεστι γὰρ αὐτῷ τὸ λοιπὸν ὀκταούγγιον τυχὸν, ἢ ἐξαούγγιον, ἔχειν καὶ φιλοτιμεῖσθαι καθ' ὅσον ἂν βουληθείη, ἢ τοῖς παισὶν αὐτοῖς, ἢ τισὶ τῶν ἔξωθεν, καὶ τῆς φύσεως· πρότερον θεραπευθείσης· τὰ εἰκότα, οὕτως ἐπὶ τὰς ἔξω φιλοτιμίας χωρεῖν· τοῦ νομίμου δὲ τούτου μέρους· ὅπερ νῦν ἀφωρίσαμεν πάντως καὶ τὴν χρῆσιν καὶ τὴν ἐπικαρπίαν, πρὸς τῇ δεσποτείᾳ καταλιμπανέτω· εἰ βούλεται παίδων οὐκ εὐθὺς λιμῷ τελευτώντων, ἀλλὰ καὶ ζῆν δυναμένων καλεῖσθαι πατήρ ".

Ταῦτα τοῦ νόμου διακελευομένου, καλῶς ὁ Καλὸς ζητεῖ παρακρατῆσαι φαλκίδιον, ἀπὸ τῆς δωρεᾶς τῆς παρὰ τοῦ πατρὸς αὐτοῦ πρὸς τὸ μοναστήριον οὐχ ἁπλῶς γεγενημένης, ἀλλὰ θανάτου αἰτίᾳ· παρακρατήσει δὲ κατὰ τὴν τοῦ νόμου περίληψιν τετραούγγιον, ἤγουν τὸ τρίτον τῆς ἀνηκούσης τῷ πατρὶ αὐτοῦ μοίρας ἀπὸ τοῦ ἀμπελῶνος· τὸ γὰρ τετραούγγιον τρίτον ἐστὶ τῶν δώδεκα οὐγγιῶν, ἐπείπερ ὡς ἐν ὑποθέσει πρὸς παράστασιν σαφῆ τοῦ πράγματος, τῇ τῆς λίτρας ποσότητι ὁ νομοθέτης ἐχρήσατο· τυχὸν εἰ εἰς ποσότητος λίτρας μιᾶς ἡ περιουσία τοῦ πατρὸς ἢ τῆς μητρὸς περίστατα· εἰ μὲν εἷς ἐστιν ἢ δύο ἢ τρεῖς ἢ τέσσαρες παῖδες, τὸ τρίτον τῆς τοιαύτης περιουσίας ἀποφέρονται, ὡς φαλκίδιον, ἤγουν τὸ τετραούγγιον· εἰ δὲ ἐπέκεινα τῶν τεσσάρων ἐστί, τὸ ἥμισυ ἀποφέρονται, ἤγουν τὸ ἐξαούγγιον· εἰ δὲ ἐπέκεινα ἤγουν τὸ δίμοιρον τυχὸν ἢ τὸ ἥμισυ ἤτοι τὸ ὀκταούγγιον ἢ τὸ ἐξαούγγιον ἐξουσίαν ἔχει ὁ πατὴρ ἢ ἡ μήτηρ παραπέμπειν ἔνθα καὶ βούλεται. Πρότερον μέντοι ὀφείλουσι θεραπεύειν τὴν φύσιν, ἤτοι τοὺς παῖδας, ὥστε μὴ πένεσθαι, καὶ οὕτως εἰς τὰς ἔξω φιλοτιμίας χωρεῖν· εἴπερ δὲ ἀληθές, | ὡς καὶ ἡ μήτηρ τοῦ Καλοῦ κοινωνὸς τῆς πράσεως τοῦ ἀμπελῶνος· τῷ πατρὶ αὐτοῦ ἐστιν, οὐκ ἐμποδισθήσεται εἰς τὴν διακατοχὴν τῆς ἡμισείας μοίρας τοῦ ἀμπελῶνος· ὁ τοιοῦτος Καλὸς· ἐκ τοῦ μὴ ἐμφέρεσθαι τῷ τῆς πράσεως ἐκμαρτυρίῳ τὴν ὀνομασίαν τῆς τούτου μητρός· νόμιμος γάρ ἐστι κανών, λέγων τὰ λεγόμενα περὶ ἄρρενος· ὡς ἐπὶ τὸ πλεῖστον καὶ περὶ θηλείας λέγεται, καὶ ὅτι μιᾶς οὔσης τῆς φύσεως ἐκ τοῦ ἡγεμονικωτέρου τὸ ὅλον δείκνυται. Καθὰ δὴ καὶ τῷ μεγάλῳ πατρὶ Βασιλείῳ δοκεῖ, ὥσπερ οὖν καθ' ἕτερον κανόνα, τῇ τοῦ υἱοῦ προσηγορίᾳ ἡ θυγάτηρ περιέχεται· τὸν αὐτὸν δὴ τρόπον καὶ ἡ τοῦ Καλοῦ μήτηρ ἐν τῷ πρατηρίῳ, τῷ ὀνόματι τοῦ πατρὸς αὐτοῦ συνεξακουσθήσεται.

ΚΕ'.

Περὶ συναλλάγματος ἀτέκνου καὶ τοῦ ἀνδρὸς τὸν βίον ἀπολείποντος, καὶ ἡ γυνὴ αὐτοῦ τῶν πραγμάτων ἐκείνου ἐγκρατὴς γενομένη παρὰ τὸ δίκαιον, οὐ παραχωροῦσα τοῖς ἀδελφοῖς αὐτοῦ ὡς ἀδελφικὸν δίκαιον ἔχουσι.

De contractu, si vir sine liberis moriatur, et uxor ejus rerum potita contra jus, fratribus utpote jus fraternum habentibus, eas non cedit.

Παρεγένοντο τὴν σήμερον, πρωΐας ἔτι οὔσης, πρὸς ἡμᾶς ἐπιδημοῦντας ἐν τῇ θεοσώστῳ Βερροίᾳ, ὅ τε πανσέβαστος σεβαστὸς κυρὸς Γεώργιος ὁ Πεδιαδίτης, καὶ οἱ μεγαλοδοξώτατοι ἄρχοντες ὁ Πλῦτος κυρὸς Ἰωάννης, ὁ Σκουταριώτης κυρὸς Ἀνδρόνικος, καὶ ὁ Εὐριπιώτης κυρὸς Βάλος· συνῆν δὲ τούτοις καὶ ὁ λογαριαστεύων τῷ περιποθήτῳ γαμβρῷ τοῦ ἁγίου ἡμῶν βασιλέως, τῷ δουκὶ Βερροίας κυρῷ Βάλῳ τῷ Τζαμᾷ.

Οὗτος δὲ τοῦ πρὸς ἡμᾶς λόγου ἀρξάμενος, ἄριστον εἶπε δόξαι τῷ κυρίῳ αὐτοῦ τῷ εἰρημένῳ δουκὶ Βερροίας, ἐξ αἰτήσεως τῶν παρόντων προσώπων, τηρηθῆναι παρ' ἡμῶν καὶ ἐκβιβασθῆναι κατὰ τὸ ἔννομόν τε καὶ δίκαιον τὴν μέσον αὐτῶν ἀνακύψασαν ὑπόθεσιν, οἷα τοῦ τοιούτου δουκὸς δικάσαι ταύτην ἐκεχειρίαν οὐκ ἄγοντος, καὶ ὅτι τοῦτο ἐκείνῳ δοκεῖ, καὶ ὡς παραχωρεῖ τοῦ δικαστικοῦ αὐτοῦ δικαίου ἡμῖν τὸ οὕτω δεδεγμένον αὐτῷ ἐξαπέστειλε, καὶ τὸ ψηφισθησόμενον νομίμως παρ' ἡμῶν [f. 57] δεκτὸν ἔσεσθαι καὶ κυρωμένον ἀποφαινόμενον. Ἐπεὶ γοῦν οὐκ ἦν ἐκκλίνειν ἡμᾶς τήν τε τοῦ δουκὸς καὶ τῶν ἀρχόντων ἀξίωσιν, κἂν ἐπαχθὲς ἡμῖν τοῦτο ἐδόκει, καθεσθέντες ὁμοῦ τοῦ λοιποῦ τῆς ὑποθέσεως κροτουμένης ἠκροώμεθα οὑτωσί.

Ἔλεγον γὰρ ὅτι πανσέβαστος Πεδιαδίτης καὶ οἱ σὺν αὐτῷ, ὡς ἀπὸ τοῦ ἀποιχομένου Εὐριπιώτου ἐκείνου κυροῦ Γεωργίου, ἐπὶ ἀπαιδίᾳ τὸν βίον ἀνελιπόντος, ἡ χρηματίσασα ἐκείνου σύζυγος κυρὰ Ἑλένη πάντων τῶν ἐκείνου πραγμάτων ἐγκρατὴς γενομένη, πα-

ρὰ τὸ δίκαιον ἔχουσιν. Ἐρωτηθέντες δὲ ὅπως ἑκάστῳ τούτων τὸ τοιοῦτον ἀδελφικὸν ἁρμόζει δίκαιον, ὁ μὲν Πεδιαδίτης εἶπε δικαίῳ κινεῖν τῶν παίδων ἑαυτοῦ ὡς τῆς μητρὸς αὐτῶν αὐταδέλφης οὔσης τοῦ μνημονευθέντος ἐκείνου κυροῦ Γεωργίου τοῦ Εὐριπιώτου. Ὁ δὲ Πλῦτος κυρὸς Ἰωάννης, δικαίῳ τῆς πενθερᾶς αὐτοῦ κυρᾶς Εὐδοκίας τῆς Τζιμπινίσης, αὐταδέλφης οὔσης τοῦ αὐτοῦ κυροῦ Γεωργίου, παρουσιάζειν ἐφθέγγετο. Ὁ δέ γε κυρὸς Βασίλειος ὁ Εὐριπιώτης οἰκείῳ δικαίῳ ἅπαντα καθωμολόγει, καθὸ καὶ αὐτὸς ἐκείνου αὐτάδελφος· περιεῖναι δὲ καὶ ἑτέρας αὐταδέλφας αὐτοῦ ἔλεγε, τήν τε κυρὰν Μαρίαν καὶ τὴν κυρὰν Καλήν, τοῦ αὐτοῦ καὶ αὐτὰς δικαίου ἀντεχομένας. Ἐπεὶ οὖν ὁ Σκουταριώτης κυρὸς Ἀνδρόνικος παρουσιάζειν καθωμολόγει δικαίῳ τῆς γυναικάδος αὐτοῦ τῆς διαλειφθείσης κυρᾶς Ἑλένης, ἐμφανίζων καὶ ἐνταλτήριον αὐτῆς γράμμα, δηλοῦν ὡς ἐν συνόψει φάναι πᾶν τὸ πραχθησόμενον παρ' αὐτοῦ ἐπὶ τῇ παρούσῃ ὑποθέσει, δεκτὸν ἔσεσθαι κἀκείνῃ καὶ ἀναντίρρητον ἀπῃτεῖτο πρὸς τὰ οὕτως εἰσαγόμενα, τὸ παριστάμενον ἀποκρίνεσθαι· καὶ δὴ ἔφησεν ὡς ὁ κυρὸς Γεώργιος ἐκεῖνος, εἰ καὶ ἐπὶ ἀπαιδίᾳ τὴν ζωὴν ἐξεμέτρησεν, ἀλλ' οὖν ἐπιτελεύτιον διάταγμα ἔθετο, ἐν ᾧ τὰ δοκοῦντα αὐτῷ διετάξατο, καὶ δὴ ἐξενέγκων ἐνεφάνιζε διαθήκην τοῦ κυροῦ Γεωργίου ἐκείνου, δηλοῦσαν μετὰ τῶν ἄλλων καὶ ταῦτα οὕτω ῥητῶς·

ᵃ "Ὅτι δὲ μετὰ πάντων τῶν ὧν αὐτὴ εἰς προῖκα προσέφερε μὲν διαφόρων πραγμάτων, προσέφερέ μοι καί νη ίσματα ύπερπάρων ή' [1]) α' | καί μ' περιήλθοσάν μοι δέ καί χάριν λεγάτου τοῦ πατρὸς αὐτῆς ςς' ὑπέρπηρα ξ', ἀπὸ τοῦ πάππου αὐτῆς τοῦ Γαβαλώνου κυροῦ Κωνσταντίνου [2]) ἕτερα ὑπέρπηρα κ', καὶ ἀπὸ τῆς αὐταδέλφης αὐτῆς τῆς κυρᾶς Καλῆς κληρονομικῷ δικαίῳ ὑπέρπηρα ρκ' πρὸς τῷ ἑνί· λοιπὸν τὰ μὲν ἐκ τούτων κεκαινοτόμηκα ἐπὶ περιποιήσει καὶ καταφυτεύσει ἀμπελώνων, τὰ δὲ ἐφ' ἑτέραις καὶ ἄλλαις βιωτικαῖς ἡμῶν οἰκονομίαις, τὰ δ' ἀλλὰ ἐπὶ χαρίσμασι καὶ λοιπαῖς δόσεσι τῆς ἀρχοντίας τοῦ Γονικόθου διαφέροντος αὐτῇ χωρίον (?) Ἰωαννιτζίστας· διὸ καὶ βούλομαι ἔχειν τὴν τοιαύτην μου σύζυγον κυρὰν Ἑλένην ἕνεκα τῶν τοιούτων αὐτῆς ὑπερπήρων τῶν ἀπὸ πάσης τῆς προικὸς αὐτῆς λοιπαζομένων ἑτέρων εἰδῶν καὶ ἕνεκα παντὸς θεωρετροϋποβόλου καὶ ἑτέρου γαμικοῦ κέρδους διαφέροντος αὐτῇ πᾶσαν καὶ παντοίαν περιουσίαν μου, τὴν ὁποιασδήποτε εἰδέσι θεωρουμένην, ἐπὶ κινητοῖς δηλαδὴ, ἀκινήτοις καὶ αὐτοκινήτοις πράγμασι. ἄνευ μόνου τοῦ ὑπὸ τὴν γειτονὴν (sic) τοῦ Γεωργίου, καὶ περὶ τὸν φόρον διακειμένου γονικοῦ μαμελικοῦ [3]) ἀνεωγεοκάτωρος ἐργαστήριον, ὡς τούτου ὀφείλοντος κατέχεσθαι μετὰ θάνατον μου παρὰ τοῦ αὐταδέλφου μου κυροῦ Ἀρτεμίου εἰς ἀναφέρετον κατοχῆς καὶ δεσποτείας λόγον καὶ λεγάτου μου χάριν καὶ τοῦ ἄλογ . . . μένου καὶ τοῦ βολρ [4]) . . . . ὡς τούτων ὀφειλόντων δοθῆναι τῷ ἑτέρῳ μου αὐταδέλφῳ κυρῷ Βασιλείῳ τῷ Εὐριπιώτῃ, λεγάτου μου χάριν „.

Ἐρχένετο δὲ τὸ τοιοῦτον διάταγμα κατὰ νόμιμον προβὰν παρατήρησιν μετὰ τῶν ἄλλων γὰρ καὶ ἐπισήμανσιν ἐπεφέρετο εἰς βεβαίωσιν τοῦ τηνικαῦτα χαρτοφύλακος τῆς ἁγιωτάτης ἐπισκοπῆς Βερροίας κυροῦ Βασιλείου Καλογνώμου, δικαίῳ γεγονυῖαν ἀρχιερατικῷ. Ἀπὸ γοῦν τῆς τοιαύτης περιλήψεως τῆς εἰρημένης διαθήκης, ἔλεγεν ὁ Σκουταριώτης μηδέν τι ἔχειν κοινὸν τὴν γυναικάδα αὐτοῦ κυροῦ Ἑλένην μετά τε τῶν αὐταδέλφων καὶ λοιπὸν συγγενῶν τοῦ χρηματίσαντος ἀνδρὸς αὐτῆς τοῦ κυροῦ Γεωργίου· ἔλεγον γὰρ οἱ ἀντιθετοῦντες· αὐτῷ ὡς τὸ ἀνίσχυρον ἀποφέρεται ἡ διάτασις ἐκ τοῦ ἔτι ζῶντος τοῦ πατρὸς αὐτοῦ κυροῦ Γεωργίου τελευτῶντα διαθέσθαι· μὴ ἐξεῖναι [f. 58] γὰρ ἔρχεσκον ζῶντος τοῦ γονέως παῖδα διατίθεσθαι.

Ἤκουον δὲ παρ' ἡμῶν ὡς ἐκ τοιαύτης μὲν αἰτίας οὐ διαπεσεῖται ἡ διαθήκη· ἄδειαν γὰρ, εἴπομεν, δίδωσιν ὁ νόμος· καὶ τοῖς ὑπεξουσίοις παισί, τὸν νόμιμον φθάσασι χρόνον, ἐπὶ μόνοις τοῖς ἰδιοκτήτοις πεκουλίοις αὐτῶν, καὶ ζώντων τῶν γονέων αὐτῶν, διατίθεσθαι, ὡς δηλαδὴ ἐπ' αὐτοῖς δεσπόται τυγχάνουσιν. Εἰ δὲ αὐτεξούσιος ὁ κυρὸς Γεώργιος ἦν, κλῶς ἅμα ἐπὶ τοῖς ἐν τῷ καιρῷ τοῦ γάμου ἀποκληρωθεῖσιν αὐτῷ πράγμασιν διέθετο. Ὅτι γοῦν ἄλλο τι προθεῖναι εἰς μέμψιν τῆς διαθήκης οὐκ εἶχον, ὡς ἤδη τοῦ προτεθέντος ὡς προέκκειται διαλελεγμένον, εἶπον οἱ ἐνάγοντες, ὡς ἐπειδὴ ὁ διαθέμενος εἰς ἀντισήκωσιν τῆς προικὸς αὐτοῦ τὴν περιουσίαν αὐτοῦ ἁρμόσαι διέθετο, μὴ δηλώσας λεπτομερῶς πόση τε ἦν ἡ προὶξ καὶ πόσον τὸ ἐκ ταύτης καινοτομηθὲν πόσον δὲ καὶ τὸ ἀρκέσαι ὀφεῖλον ἐκ τῆς οὐσίας αὐτοῦ εἰς τὴν τοῦ λειπομένου ἱκάνωσιν, δυνατὸν ἐστιν αὐτοῖς ἐκ τῆς εἰρημένης ἀδελφικῆς αὐτῶν περιουσίας καὶ τὸ ἱκανὸν τῇ τελοιπάδι τῆς προικὸς περιποιήσασθαι· ὡσαύτως δὲ καὶ τῷ θεωρετρούποβόλῳ καὶ παντὶ ἄλλῳ κέρδει τῇ κυρᾷ Ἑλένῃ ἐκ τοῦ ἀνδρὸς ταύτης ἁρμόζοντι, καὶ τὸ περιττεῦον εἰς

---

[1]) Nos fort. fugiunt in hoc testamento sigla metrica et vocabula topica quaedam. De quibus frustra sollicitavimus inter alios, Cangium nostratem, Sophoclen Americanum, Sabam Mosquensem, etc. — [2]) Cod. Κωνσταντίνες. — [3]) Supra lin. κι, an μακιλικοῦ? — [4]) Ipsi cod. lacuna incst et multa scriptori haesit aqua hic et alibi.

κλῆρον ἑαυτῶν ἐφελκύσασθαι· Εὐλόγου δὲ τούτου τοῦ κεφαλαίου δόξαντος, κἂν ὁ Σκυτεριώτης ἔλεγε μή τινα τοῦ λοιποῦ λόγον ἔχειν μετὰ τῶν ἀντιδίκων αὐτοῦ, ὡς τοῦ διατάγματος ἀμέμπτως καὶ ὄντος καὶ εὑρισκομένου, καὶ αὐτῶν δὲ τῶν αὐταδέλφων τῶν ἐν τούτῳ ἐμφερομένων καθαρῶς ἀπολελαυκότων τῶν ἐκθέντων αὐτοῖς· λεγάτων· ἐζητήθησαν γὰρ τὰ γαμήλια σύμφωνα, ὥστε ἐξ αὐτῶν γνωσθῆναι διὰ προθέσεως, εἰ ἀνάλογον τῇ τε ἐλαττώσει τῆς προικὸς καὶ τῇ ἱκανώσει τοῦ θεωρετροϋποβόλου καὶ λοιπῶν γυναικείων κερδῶν ἡ οὐσία τοῦ αὐταδέλφου αὐτῶν ὑποβέβληται, ἐλπισάντων δὲ τῶν περὶ τὸν διαδότα τὰ τοιαῦτα σύμφωνα προκομίσαι τὸν Σκουταριώτην· αὐτοῦ δὲ μέν τι τοιοῦτον ἔχει χάρτον ἀπισχυρισαμένου, ἐζητήθη παρ' αὐτῶν καιροῦ προθεσμία, ὥστε δι' αὐτῆς δυνηθῆναι αὐτοὺς εὑρόντας τὰ συντείνοντα αὐτοῖς ἢ πρόσωπα ἢ | συμβόλαια περὶ ἀπόδειξιν οὗ προτίθενται κεφαλαίου τοῦ ἁρμόζοντος αὐτοῖς καὶ οἷόν τε δικαίου ἀνθέξεσθαι. Καὶ ἐπειδὴ κελεύοντα νόμον εὑρίσκομεν, ἐξουσίαν ἔχειν τὸν δικαστὴν ἕνεκεν συμβολαίων ἢ προσώπων συμβαλλομένων τῇ δίκῃ παρέχειν τοῖς δικαζομένοις· προσθεσμίαν εἰς παρασκευὴν τῶν οἰκείων δικαιολογιῶν πρὸς τὸ διάστημα τῶν τόπων ἐν οἷς λέγει ὁ αἰτῶν τυγχάνειν τὰ πρόσωπα ἢ τὰ συμβόλαια. Ὡμολόγουν δὲ οἱ ἐνάγοντες ἐπὶ τῆς ἰδίας χώρας τὴν παρασκευὴν τῶν οἰκείων μέλλειν θέσθαι δικαιολογιῶν διὰ τὸ ἐνταῦθα εἶναι καὶ τὰ πρόσωπα καὶ τὰ συμβόλαια τὰ συντελοῦντα αὐτοῖς, δίδοται αὐτοῖς προθεσμία κατὰ τὴν νομικὴν ἀκρίβειαν τριμηναίου καιροῦ ὀφείλοντος μετρεῖσθαι ἀπὸ τὴν σήμερον καὶ δὴ καὶ τετύπωται ὡμολογουμένως τε καὶ ἀσφαλῶς, ἡ μὲν αὐτίκα τούτους καταδεδικασμένους ὡς μηδέν τι δίκαιον ἔχειν εὑρισκομένους ἐφ' οἷς οὕτω κινοῦντες ἀρτίως φαίνονται· εἰ δι' ὅλης τῆς ὡς εἴρηται αὐτοῖς προθεσμίας τὴν οἰκείαν δικαιολογίαν, ὡς ὁ νόμος καθὼς εἴρηται διαγορεύει, μὴ δυνηθῶσιν συστήσασθαι, ὡς ἔκτοτε μηδεμίας συγγνώμης ἁρμόσαι αὐτοῖς ὀφειλούσης. Ταῦτα οὖν οὕτω λαληθέντα καὶ τυπωθέντα παρά τινος· καὶ συνδιασκεπτομένου ἡμῖν τὰ τοῦ πράγματος διαλυθέντος [1]), πανευτιμότατα τελεύταια τῷ παρόντι διελήφθησαν σερ. (?)

ΚΣ'.

Πρὸς τὸν βασιλέα κυρὸν Θεόδωρον τὸν Δούκαν περὶ προνομιῶν τῶν εἰς δευτέρους γάμους οὐκ ἐρχομένων καὶ τῶν δευτερογαμούντων, ὅτι οὐ δεσπόζουσι τὴν μητρικὴν τῶν παίδων ὕπαρξιν, καὶ περὶ ἀχρησίας νόμων, καὶ περὶ τοπικῆς συνηθείας, καὶ παραδρομῆς χρόνου διὰ κατοχῆς.

Ad imperatorem D. Theodorum Ducam de privilegiis secundo non nubentium et de secundo nubentibus, quod non acquirant materna liberorum bona, de non usu legum et de locali consuetudine, et de praescriptione per possessionem.

Τολμηρῶς ὁ εὐχέτης τῆς κραταιᾶς καὶ ἁγίας βασιλείας σου, ἀναφέρω, δέσποτά μου ἅγιε, ἐξ ἀναφορᾶς τοῦ ἐν Βερροίᾳ οἰκοῦντος Δημητρίου τοῦ Βενετικοῦ, τοῦ καὶ Καμπίτου ἐπονομαζομένου, γέγονε ἡμέτερον ψηφόρημα ἐπὶ τῇ μέσον αὐτοῦ τε καὶ τοῦ Μαριανοῦ Κωνσταντίνου τοῦ ἐπὶ θυγατρὶ γαμβροῦ τοῦ Κρητικοῦ [f. 59] ἐκείνου Κωνσταντίνου ἀνακυψάσῃ ὑποθέσει· ταύτην δὴ τὴν ὑπόθεσιν θεῖον καὶ προσκυνητὴν τῆς

---

[1]) Cod. διαλυθέντες, mox siglum me fugit, fort. monogramma.

ἁγίας βασιλείας σου πρόσταγμα διωρίσατο κατὰ τόπον δοκιμασθῆναι παρὰ τούτων ἐκεῖσε ἀρχιερέων καὶ ἔγγραφον αὐτοῦ προβῆναι ἀπόφασιν τέμνουσαν τὸ ἀμφίβολον· ὁ τοίνυν δικαστὴς οὗτος τοσοῦτον ἐχώρησεν, ὡς ἐπέγνων κατὰ τοῦ ἡμετέρου ψηφίσματος, ὥσπερ ἂν εἰ ἐκ βαρβάρων τοῦτο εἰς τὴν Ῥωμαΐδα περοίτησεν, οἷς νόμος τὸ ἴδιον θέλημα ἢ τὸ ἐναντιωθῆναι ταύτῃ τοπαράπαν αὐτὸ τοῦτο ὑπόθεσιν προεστήσατο, κατὰ τοὺς παρ' Ἕλλησι σοφοὺς τοὺς ὀνομαζομένους ἐρεκτικούς, οἳ πρὸς πᾶσαν τέχνην καὶ ἐπιστήμην ἐναντίως ἐλάλησαν· ἀλλὰ τούτων μὲν ὡς ἄρα καὶ ἦν βουλομένῳ, ἡ ἀπόφασις ἐξενήνεκται· παρίημι γὰρ λέγειν, ὅτι συγκεχυμένως καὶ οὐκ ἐχομένως τῶν φιλευσεβῶν διατάξεων, ὅτι περ καὶ ὧν οὐκ ἐμέμνητο τὸ ψήφισμα, ὡς ἐγκείμενα ἐκείνῳ αὐτὸς διεκρούετο· ἐγὼ δὲ τὴν ἐμὴν γνώμην περὶ τῆς τοιαύτης ὑποθέσεως κατά τινα δευτερολογίαν καὶ διὰ τοῦ παρόντος γράμματος παριστῶ, ταῦτα οὕτω φθεγγόμενος·

Τοῖς θείοις νόμοις, κράτιστε αὐτοκράτωρ, τοσοῦτον ἐμέλησεν τῆς τοῦ πρώτου γάμου ὑπεροχῆς, ὅσον καὶ προνομίων αὐτὸν ἀξιῶσαι, ὑψοῦντων αὐτὸν καὶ τηλεφανὲς ποιούντων τὸ ὑπέροχον αὐτοῦ καὶ σεβάσμιον· ὅθεν μετὰ τῶν ἄλλων καὶ χρῆσιν τῶν τοῖς ὑπεξουσίοις παισὶ διαφερόντων, καὶ δεσποτείαν ἐκ τούτων, ναὶ μὴν καὶ καθόλου κληρονομίαν αὐτῶν, εἰ συμβῇ αὐτοὺς πρὸ τοῦ πατρὸς τελευτῆσαι ἄπαιδας καὶ ἀδιαθέτους, αὐτῷ ἐχαρίσαντο· ὅπως δὲ καὶ πηνίκα ἡ χρῆσις καὶ ἡ δεσποτεία καὶ τὸ καθόλου κληρονομικὸν δίκαιον τοῦτο ἁρμόζουσι καὶ ὅπως καὶ ἐν ποίοις πράγμασιν οἱ ὑπεξούσιοι παῖδες ἄδειαν ἔχουσι διατίθεσθαι, καὶ ἐν ποίοις οὐδαμῶς, οἴδασιν ἀκριβῶς οἱ τῶν νομικῶν διαιρέσεων τρίβωνες· καὶ οὕτω μὲν ὡς ἐν τύπῳ φάναι τὰ τοῦ πρώτου γάμου διέθεντο. Τὸν γε μὴν δεύτερον τοσοῦτον ὑπεβίβασαν καὶ ὑπόδεῃ ἔθεντο, ὅσον καὶ κόλασιν τούτῳ ἐπενεγκεῖν, ὅτι τοι τῷ πρώτῳ γάμῳ καὶ τοῖς ἐκεῖθεν παισὶν, | ἀτιμίας αἴτιος γέγονε. Τοῖς πάλαι, οἶμαι, σοφοῖς ἵνα τι καὶ κομψευόμενος ἐν τῷ μεταξὺ φαίεν, ἑπόμενοι οἱ τὴν δυάδα ἐκακηγόρησαν τόλμαν αὐτὴν ὀνομάσαντες, καθότι πρώτη τὴν μονάδα τὴν ἀρχικὴν καὶ ἁπλῆν ἐν ἑαυτῇ συνθεῖναι τετόλμηκεν, μάλιστα μὲν οὖν τοῖς θείοις πατράσιν ἀκολουθήσαντες, οἱ κανονικοῖς ἐπιτιμίοις τὸν γάμον τοῦτον ἐκόλασαν· διά τοι τοῦτο καὶ παρεῖλοντο μὲν αὐτοῦ τὴν δεσποτείαν ἐπὶ τοῖς τῶν ὑπεξουσίων παίδων πράγμασι τοῖς λεγομένοις ἀπροσπορίστοις· τὴν χρῆσιν δὲ αὐτῶν καὶ ἐπικαρπίαν μέχρι ἂν περιῇ, τούτῳ δεδώκασιν. Ὅτι γοῦν καὶ ὁ Κρητικὸς ἐκεῖνος Κωνσταντῖνος δευτέροις γάμοις ὁμιλήσας, οὐδὲ τρίτον ἀπέσχετο, καὶ εὐλόγως· καὶ διαρκῶς τῶν δεδομένων αὐτῷ προνομίων παρὰ τῶν νόμων ἀπέλυσε, χρησάμενος· διὰ πάσης αὐτοῦ τῆς ζωῆς τοῖς μητρικοῖς πράγμασι, τῆς ἐκ τοῦ πρώτου γάμου ὑπαρξάσης τούτῳ γονῆς καὶ ζώσης αὐτῷ καὶ θανούσης, καὶ τὸ ἐκεῖθεν εἰσαχθὲν καταδεσποτείαν ἰδιωσάμενος καὶ ὡς ἠβουλήθη τυχὸν διοικονομησάμενος, ὅτι καὶ τοῦτο τοῖς νόμοις δοκεῖ. Τί δήπουθεν ἄτοπον ἢ ἔκνομον ἡμεῖς ἐψηφισάμεθα, κρίναντες, τὸν μὲν Βενέτικον ὡς θεῖον τοῦ ἀπελθόντος παιδίου τοῦ Κρητικοῦ· τὴν δὲ ἐκ τοῦ δευτέρου συνοικεσίου θυγατέρα τούτου, ὡς ἑτεροθαλῆ αὐταδέλφην ἐκείνου ὑπεισελθεῖν τὴν κληρονομίαν αὐτοῦ τεθνηκότος, δηλονότι τοῦ Κρητικοῦ· Ἄμφω γὰρ αἱ νεαραί, ἥ τε δηλαδὴ περὶ δευτερογαμούντων κειμένη, καὶ ἡ τὰ περὶ τῶν ἐξ ἀδιαθέτου κληρονομούντων διαλαμβάνουσα εἰς κληρονομίαν τοῦ ἀποβεβιωκότος παιδίου καλοῦσι τὰ εἰρημένα πρόσωπα ἐκ μέσου, ὡς εἴπομεν, γεγονότος τοῦ Κρητικοῦ, καὶ δῆλον τοῦτο αὐτὸ ποιοῦσι, τῷ μὲν παρέργως ἢ πεπλανημένως, ἀλλὰ κατ' ἐπιστήμην ταύτας ἀναγινώσκοντι· τῷ πατρὶ γὰρ τῷ Κρητικῷ τοῦ τῆς δευτερογαμίας ἐπιτιμίου ἀπεριαιρέτως ἐπικειμένου, ἤρκεσεν ἡ χρῆσις· ἄλλως ἀντισηκώσαι τούτῳ τὰ τῆς κληρονομίας, ὡς τῶν θείων νόμων ἐνταῦθα τῇ τῆς δευτερογαμίας κολάσεις [f. 60] παρεμμιξάντων καὶ ἐπιείκειαν, ὡς ἐξ αὐτῶν τῶν ῥημάτων αὐτῶν ἔστι καταμαθεῖν· ἐχέτω γάρ, φησὶν, ὁ πατὴρ εἰς τὰ ἄλλα πράγματα ἄτινα ἀνωτέρω ἠριθμήσαμεν τελεωτάτην ἐξουσίαν τοῦ καὶ χρῆσθαι καὶ ἀπολαύειν καὶ διοικεῖν τὰ πράγματα κατὰ τὸν εἰρημένον τρόπον κτηθέντα, καὶ εἴ τι ὁ πατὴρ ἢ ὁ πάππος ἐκ τῆς χρήσεως αὐτῶν εἰσαγάγει, ἐχέτω ἐξουσίαν, ὃν τρόπον ἐπιθυμεῖ, τοῦτο διατιθέναι, καὶ ἄλλους κληρονόμους παραπέμπειν, εἴτε κινητὸν, ἢ ἀκίνητον, ἢ αὐτοκίνητον κτήσεται, εἴτε πρὸς ἰδίους, εἴτε ἐξωτικοὺς, εἴτε οἱονδήποτε πρόσωπον. Ἐπειδὴ τοίνυν τὸ τῆς ζωῆς τοῦ Κρητικοῦ τέλος ὅριον αὐτῷ παρὰ τῶν νόμων πέπηκται τῆς κατὰ χρῆσιν κληρονομίας, τῆς εἰρημένης γονῆς αὐτοῦ δῆλον ὡς διὰ τὴν δευτερογαμίαν ἀκόλουθον ἦν μετὰ θάνατον αὐτοῦ εἰς τοὺς κληρονόμους τοῦ παιδίου, ὧν ὁ νόμος, ὡς ἔραμεν, ῥητῶς μέμνηται, τὰ πράγματα τούτου ἀναδραμεῖν· ἐν τούτῳ γὰρ τὸ τοῦ δευτέρου γάμου ἐλάττωμα καταφαίνεται· εἰ γὰρ καὶ οὗτος κατὰ δεσποτείαν κληρονομεῖ τὸν παῖδα ἐπίσης, ποῦ ἡ τοῦ πρωτογάμου πρωτίμησις; καὶ πῶς εἰς τὸ διηνεκὲς ἐκληρθήσεται τὸ μέχρι ἂν περιῇ; ἀλλ' ὁ δικάζων τὸν νοῦν τῶν διατάξεων ἰδίαις ἑρμηνείαις εἰς τὰ δοκοῦντα οἱ μετενεγκὼν, καὶ τὸ διάφορον τῶν γάμων, τοῦ πρώτου καὶ τοῦ δευτέρου ῥημί, τά γε εἰς λόγον κληρονομίας, ταυτὸ παραλόγως ἡγησάμενος, καὶ μηδὲν διακρίνας ἀνάμεσον τοῦ τιμημένου καὶ τοῦ ἐπιτίμου, ταυτὸν δὲ εἰπεῖν, τοῦ ἀθώου καὶ τοῦ ὑπευθύνου, τὸ τῆς κληρονομίας δίκαιον ἐπίσης καὶ ἀπροδιορίστως ἀμφοῖν προσεκλήρωσεν. Εἰ δὲ καὶ ὁ δεύτερος γάμος τῶν αὐτῶν τῷ πρώτῳ προνομίων δίκαιόν ἐστιν ἀπολαύειν, πῶς καὶ κατὰ ποίαν ἀνάπτυξιν ἐνδεξόμεθα τὸ περὶ τῶν δευτερογαμούντων τῆς νεκρᾶς θέσπισμα, οὕτως ἔχον ἐπὶ τῶν λέξεων;

" Ὥστε εἰ πλειόνων ὄντων παίδων τελευτήσειεν εἷς, εἰ μὲν ἔχει παῖδας, ἐπ' ἐκείνους φέρεσθαι τὸν κλῆρον, τοῦτο ὅπερ πολλάκις εἰρήκαμεν· εἰ δὲ οὐκ ἔχει παῖδας, μὴ πάντως εἰς τοὺς ἀδελφοὺς τὸ πᾶν ἔρχεσθαι, ἀλλ' ὅσον ἐκ τοῦ συμφώνου τοῦ ἐξ ἀπαιδίας ἐγένετο τῷ | γεγεννηκότι, τοῦτο αὐτὸν κερδαίνειν, τὸ λοιπὸν δὲ συγχωρεῖν ἔρχεσθαι ἐπὶ τοὺς τοῦ παιδὸς διαδόχους, εἴτε ἀδελφοὶ καθεστήκειεν, εἴτε ἐξωτικοὶ τυχόν , Καὶ μετά τινα· " Ὥστε κἀνταῦθα, εἴπερ ἐκποιήσειεν ὁ γονεὺς πρὶν εἰς δευτέρους ἀφίκεσθαι γάμους, εἶτα τελευτήσειεν τῶν παίδων εἷς, κατὰ τοσοῦτον ἔρρωται τὰ ἐκποιηθέντα μόνον κάθοσον εἰς τὸν ἐκποιήσαντα κατὰ τὸ ἐξ ἀπαιδίας περιέρχεται σύμφωνον· ἐπεί τοί γε κατὰ τὰ ἄλλα μέρη, ὅποσα εἰς τοὺς τοῦ παιδὸς κληρονόμους χωρεῖ παντοίως· ἄκυρον ἔσται ,,. Δῆλον οὖν ἐστι τὸ δὴ λεγόμενον καὶ τυφλῷ, ὡς ὁ νόμος περὶ κληρονομίας ἐξ ἀδιαθέτου ἀνιόντων καὶ κατιόντων καὶ τῶν ἐκ πλαγίου διεξιὼν, ἐκείνων τῶν πατέρων μέμνηται, τῶν μέχρι τοῦ πρώτου γάμου στάντων καὶ μὴ προχωρησάντων εἰς δεύτερον· κἀντεῦθεν αὐτῶν σωφροσύνην τιμῶν, καὶ καλῶς ἀμειβόμενος, καθόλου καὶ ἀδιαστίκτως αὐτοῖς τὴν κληρονομίαν τῶν ἀδιαθέτως καὶ ἐπὶ ἀπαιδίᾳ τελευτώντων αὐτῶν παίδων ἀπεχαρίσατο, ὁπηνίκα δηλαδὴ τοῦ τελευτήσαντος ἀδελφοὶ μὴ ὑπάρχωσι, τούτους γὰρ μόνους συγκληρονόμους τοῖς ἀνιοῦσιν ὁ νόμος εἶναι διακελεύεται, διὸ καὶ ἐπ' αὐτῶν τῶν πρωτογάμων, δηλονότι πατέρων, ἑτέρων διαδόχων καὶ κληρονόμων ὁ νομοθέτης· οὐδ' ὅλως ἐμνήσθη· ἡ δέ γε περὶ δευτερογαμούντων διαλαμβάνουσα νεκρὰ καὶ κολάζουσα τούτους, ὡς αὐτὴ διέξεισι, καὶ περιαιροῦσα τούτοις δεσποτείαν ἅπαντα τρόπον ἐπὶ τοῖς ἀπροσπορίστοις, μόνην δὲ χρῆσιν, μέχρις ἂν ζῶσιν, αὐτοῖς ἀπονέμουσα, φανερῶς· ἐπ' αὐτῶν καὶ ἑτέρων κληρονόμων καὶ διαδόχων τοῦ τεθνηκότος παιδὸς μέμνηται· διὸ δὴ αὐτὸ τοῦτο τὸ μνησθῆναι διαδόχων ἑτέρων τοῦ ἀπελθόντος, σαφῶς καὶ ἐνέργως παρίστησι τὴν τοῦ νομοθέτου διάνοιαν, ὡς ἐν τῷ δευτερογαμοῦντι τὴν χρῆσιν μόνην μέχρι τῆς αὐτοῦ ξωής περιέστησεν, ώς άρκέσαντος τοῦ ἐν μέσῳ χρόνου, τὸ ἐξ ἀπαιδείας κέρδος· ἀποθεραπεῦσαι αὐτῷ καθὰ δὴ ἄνοπιν δεδήλωται· ἐπεί τοι γε καὶ αὐτὰς τὰς ἐκποιήσεις [f. 61] τοῦ δευτερογαμοῦντος ἀκύρους ποιοῦσα ἡ αὐτὴ νεαρὰ πρὸς τοὺς κληρονόμους τοῦ παιδὸς ὁρᾶν καὶ τὰ ἐκποιηθέντα διακελεύεται. Ἐντεῦθεν καὶ ὡς εἰκάζειν ἐστιν ἐξόν, αἰσθόμενος ὁ ἀναπεφωνημένος δικαστής, ὡς εὑρήσει ἀντιθετοῦντα, τούτῳ τὰ ἀνατεταγμένα τῶν νόμων ῥητὰ, πρός τε ἀχρηστίας τούτων καὶ προσηγορικὰ λήμματα ὁ γεννάδας κατέφυγε, μὴ φεισάμενος ὅλως καὶ παρεμβολίμους νόμους ταῦτα καλεῖν, καὶ μερικοὺς ὑπὸ τῶν καθόλου ἀνῃρημένους· ἀλλ' ἀφέτω γλώττῃ κατὰ τούτων ἀταμιεύτως χρησάμενος· ἐγὼ δὲ σαφῶς ἔξοιδα νομικαῖς παρατηρήσεσιν ἑπόμενος, ὡς ἀχρησία διὰ μακρᾶς συνηθείας, ἤτοι ἀγράφου νόμου, οἶδε παρρησιάζεσθαι· συνηθείσης δὲ, οὐ τῆς ἁπλῶς, ἀλλὰ τῆς ἀμφισβηθείσης ἐν δικαστηρίῳ καὶ βεβαιωθείσης καθὰ δὴ τὸ μα΄ κεφ. τοῦ α΄ τίτλ. τοῦ βιβλ. φησί· πῶς οὖν ἀδοκίμαστος ἀχρησία ἐκ μέρους καταφιστήσεται νεαρᾶς, διαρρήδην ἀπ' ἀρχῆς ἄχρι τέλους τὰ περὶ τῶν δευτερογαμούντων διεξιούσης, καὶ τὸ ρωμαϊκὸν εἰς δεῦρο ἰθυνούσης πολίτευμα, κἄντοι; δικαστικοὺς θρόνους συνεδρευούσης, τοῖς θεμιστεύουσι καὶ συμβαινούσαις κοσμίως ταύτῃ τὰς αὑτῶν ἀποφάσεις ποιούσῃ; ἐκφέρεσθαι. Καὶ ταῦτα καὶ πράξεων μεγάλων δικαστῶν παρρησιαζομένων, τῶν ὑπομνηματιζουσῶν ἐπὶ τοιαύταις ἀγωγαῖς ἀποφάσεις, ἐκποδὼς ἑπομένας ταύτῃ τὰς νεαρὰς, εἰ μή ποτέ τις τὸ δοκοῦν ἑαυτῷ βεβαιοῦν ἐθέλων, οὗ μὲν τῶν νόμων ἀχρησία καθυπάγει, ὡς ἂν αὐτὸς ἑαυτὸν νομοθέτην χειροτονῶν· οὗ δὲ παρεμβολίμους ὀνομάζει, ἵνα δηλαδὴ τοὺς ἐντεῦθεν ἐλέγχους· διαδιδράσκῃ· ἡ τοῦ σοφωτάτου δὲ Ψέλλου ἑρμηνεία, ὃν εἰς μαρτυρίαν παρήγαγεν, εἰ μὲν ῥητὰς καὶ ταύτην τὴν νεαρὰν σχολάσαι παρατάσει, δεξόμεθα ταύτην ὡς ἐπιστασίαν σοφοῦ καὶ ἐμπείρου περὶ τοὺς νόμους ἀνδρός· εἰδ' οὖν, ἀλλ' οὐ πάντως τὸ ἁπλῶς καὶ ἀνεπεξεργάστως παρ' αὐτοῦ λεχθὲν, εἰς ἀπραξίαν ὧν ἂν ἐθελήσωμεν νομίμων ἀναλεξόμεθα. Ἐπεὶ μηδ' ὃ τοῦ μεγάλου ἐν πατράσι | καὶ ἐν θεολόγοις τὰ κράτιστα Γρηγορίου λόγος τρανῶς ἐξενεχθείς· ἴσχυσεν ἀμεῖψαι πολιτευόμενα νόμιμα· μελετῶν γὰρ ὁ μέγας οἷς οἶδεν ἐκεῖνος τρόποις, τὸ μὴ δεῖν κατὰ πᾶσαν αἰτίαν ἀπελαύνειν τὸν ἄνδρα τὴν σύζυγον, καὶ ἐν τῷ λόγῳ μνησθεὶς καὶ πολιτικῶν νόμων, κατὰ λέξιν ταῦτα οὕτω φησί·

" Τί δήποτε; τὸ μὲν θῆλυ ἐκόλασαν, τῷ δ' ἄρρενι ἐπέτρεψαν· καὶ γυνὴ μὲν κακῶς βουλευσαμένη περὶ κοίτην ἀνδρὸς μοιχᾶται, καὶ πικρὰ ἐνταῦθα τῶν νόμων τὰ ἐπιτίμια, ἀνὴρ δὲ καταπορνεύων γυναικὸς, ἀνεύθυνος; Οὐ δέχομαι ταύτην νομοθεσίαν· οὐκ ἐπαινῶ τὴν συνήθειαν, ἄνδρες ἦσαν οἱ νομοθέται, διὰ τοῦτο κατὰ γυναικῶν ἡ νομοθεσία „.

Ἐπεὶ καὶ τοῖς πατράσιν ὑπ' ἐξουσίαν δεδώκασιν τὰ τέκνα, τὸ δ' ἀσθενὲς ἀθεράπευτον εἴασαν, οὐκοῦν εἰ μὴ δὲ μεγάλου πατρὸς ὁ τοιόσδε λόγος ἴσχυσε τὸ περὶ μοιχείας καὶ ὑπεξουσιότητος παίδων νόμιμον ἐναλλάξαι, ἢ εἰς ἀχρησίαν ἀγαγεῖν· ἀλλὰ μέχρι καὶ τήμερον ἐνεργοῦντα εἰσὶ τὰ τοιαῦτα θεσμὰ, καὶ ἀκολούθως ἐκείνοις κολάζονται καὶ ὁ μοιχὸς καὶ ἡ μοιχαλὶς, καὶ τὸ τῶν παίδων ὑπεξούσιον μόνῳ πρόσεστι τῷ πατρί, πῶς ἁπλῶς καὶ ὡς ἔτυχεν, ὡς μόνον δοκοῦσα τοῖς θεληματαίνουσιν ἀχρησία πολιτευόμενον νόμον εἰς τὸ ἄκυρον περιστῆναι δυνήσεται, ἢ ἀχρειώσει τοῦτον παρὰ ὁ τοῦ παρεμβολίμου προσάγορος; Καὶ ταῦτα μὲν περὶ τῆς προτεθείσης ἀχρησίας.

Τὸ δὲ διὰ παραγραφῆς ἐκκρούεσθαι τὸν Βενέτικον, ὡς μὴ ἐμπροθέσμως τὴν ἁρμόζουσαν τούτῳ διὰ κατοχὴν ἀνακλεσάμενον, ἀλλὰ ἐξώρως ταύτης μεταποιούμενον, παρίστησιν ἐναργῶς τὸν δικάζοντα, τοῖς αὐτὸν ἑαυτοῦ δόγμασιν περιπίπτοντα· εἰ γὰρ διὰ παραδρομὴν τοῦ νενομισμένου χρόνου ἐκπίπτει τῆς διακατοχῆς ὁ Βενέτικος, ἄρα

CAP. XXVI. AD THEODORUM DUCAM

εἰ ἐντὸς τούτου ἀντεποιήσατο ταύτης, δίκαιος ἂν ἦν ταύτης τυχεῖν. Καὶ πῶς λοιπὸν ὁ Κρητικὸς τοῖς καθολικοῖς κληρονόμοις ἐγκρίνεται, μετὰ τοσαύτης τῶν νομίμων κεφαλαίων καὶ ἐπιστασιῶν ἰδίων φιλοτιμίας, εἰκῆ καὶ ἀναρμόστως συμφωρηθέντων· πῶς δὲ καὶ τοῦ Κρητικοῦ ζῶντος [f. 62] καὶ παρὰ τοῦ νόμου τὴν ἐξουσίαν τῆς χρήσεως ἔχοντος· μέχρι ἂν περιῇ, ὁ Βενέτικος ὥσπερ ἐναντία τῷ νόμῳ φρονῶν, εἶχεν ἂν ἄδειαν, ζητεῖν διακατοχήν, ἥτις αὐτῷ μετὰ τὸν τούτου θάνατον ἥρμοζεν; Ἀλλ᾽ ἐν τούτοις μὲν καὶ ταῦτα.

Ὅτι δὲ ἀσαφείᾳ τὰ πολλὰ τὸ τοῦ νόμου μάθημα συγκαλύπτεται, καὶ διὰ τοῦτο δυσθεώρητον ἐστὶ καὶ δυσερμήνευτον, τούτου χάριν καὶ ἑρμηνευταὶ διάφοροι τούτου περύκασιν, ὡς ἐξόν ἐστι τούτου καταμαθεῖν, ἀπὸ τῶν ἐν ταῖς νομικαῖς δέλτοις παραγραφῶν ὧν αἱ ἑρμηνεῖαι ὡς ἀκριβείας πεπληρωμέναι καὶ πάσῃ συνέσεως καὶ δικαιοσύνῃ· καὶ τοῖς νομοτριβουμένοις τρίβον ὁδοποιοῦσαι γνώσεως· ἔγκριτοι καὶ δεκταὶ τῇ πολιτείᾳ γεγόνασι. Θαλελαῖοι οὗτοι καὶ Στέφανοι καὶ Θεόδωροι καὶ Συμβάτιοι, καὶ Θεόφιλοι, καὶ ὁ λοιπὸς αὐτῶν ὅρμαθος, ἐν οἷς μεταχρόνως διέλαμψαν, ὅ τε θαυμάσιος Γαριδᾶς, ὁ σοφώτατος Ἰταλὸς καὶ ὁ Ῥωμαῖος Εὐστάθιος, ἀνὴρ οὗτος λόγιος· καὶ οὐχ ὅπως τῆς ἐγκυκλίου παιδείας εἰς ἄκρον μετεσχηκώς, ἀλλὰ καὶ τὴν νομικὴν ἀπλανῶς καὶ ἀγέμπτως, ἀκριβωσάμενος· αὐτὸς οὖν οὗτος τὰ δύσληπτα καὶ ἀσαφῆ τῶν νόμων τῶν διαλαμβανόντων περὶ κληρονομίας ἀνιόντων καὶ κατιόντων καὶ τῶν ἐκ πλαγίου καὶ περὶ διαθηκῶν ὑπεξουσίων παίδων, ἀλλὰ δὴ καὶ περὶ δευτερογαμούντων, ἀναπτύσσων καὶ διαλευκαίνων εἰς τὸ σαφέστερον μετὰ τῶν ἄλλων καὶ ταῦτα περὶ τῶν δευτερογαμούντων διαγορεύει ῥητῶς·

Καὶ τοῦτο δὲ ὀφείλει νοεῖν ὁ ἀναγινώσκων, ὅτι εἰ καὶ γέγραπται ἐπὶ τούτοις τὸν δευτερογαμήσαντα μὴ κληρονομεῖν, ἀλλὰ τοὺς ἀδελφούς, ὅμως ὁ πατὴρ ἕως οὗ ζῇ τὴν χρῆσιν ἔχει· καὶ ὅταν ἀποθάνῃ, τότε λαμβάνουσι τὰ πράγματα οἱ κληρονομήσαντες ἀδελφοί, εἰ γὰρ καὶ ζῶντος τοῦ κυρίου τῶν πραγμάτων, ὁ πατὴρ εἶχε τὴν χρῆσιν· πῶς τελευτήσαντος τοῦ κυρίου τῶν πραγμάτων, τοῖς κληρονόμοις αὐτοῦ αὐτίκα ἡ χρῆσις δοθήσεται; οὐχ ἔχειν νοῦν | τοῦτο, ὥστε τύπον ποιεῖ ἡ νεκρά, οὐ μέντοι καὶ τὰ πράγματα δίδωσιν αὐτίκα.

Τί ταύτης ἑρμηνείας σαφέστερον τε καὶ τηλαυγέστερον, ὡς καθὼς εἰς αὐτὸ τὸ δίκαιον καὶ εἰς τὴν τοῦ νομοθέτου βαπτούσης διάνοιαν; εἰ δὲ καὶ ταύτην ὁ δικαστὴς οὗτος διαγράφει τοῦ κύκλου τῶν τοῦ νόμου σοφωτάτων ἑρμηνευτῶν, καὶ ταῦτα πολλαῖς βίβλοις νομικαῖς ἐκφερομένην, αἵτινες καὶ ἡμῖν ἐκ τῆς μεγαλοπόλεως προσεγένοντο, λείπεται νοεῖν, ὅτι πάντας ἡττᾶσθαι θέλει καὶ πείθεσθαι τοῖς δοκοῦσιν αὐτῷ, ἵνα καὶ τὴν τοῦ πυθαγορικοῦ δόξαν ἕλκει πρὸς ἑαυτόν, οἱ· τὸ· αὐτὸς ἔφα, ταχεῖα πρὸς ἀπολογίαν συμπλήρωσις· ἀλλ᾽ ἡμᾶς γε οὐ πείσει, ἀναποσπάστως τοῦ τε φύσει δικαίου καὶ τῆς τῶν νόμων ἐχομένους· παρατηρήσεως καὶ ἐπὶ πράξεων ὑπομνημάτων περὶ τῆς τοιαύτης ὑποθέσεως χρησαμένους ἀπλανέσι διδασκάλοις, σοφῶν διαφόροις δικαστῶν ἀποφάσεσιν.

Ἔχοντες δὲ καὶ ἕτερα Θεοῦ χάριτι προτιθέναι τοῖς ἀνατεταγμένοις ἀκόλουθα, ὅμως ἐνταῦθα στῆναι δεῖν ἡγησάμεθα, καὶ ἅμα τὸν κόρον τοῦ λόγου φεύγοντες, ἐν πολέμιον ταῖς ἀκοαῖς γινώσκομεν. Τῷ μέντοι ἐνθέῳ σου κράτει ἐγκαταλέλειπται, ὅσα καὶ λυδίᾳ λίθῳ τῇ γνώσει τῶν ἀπλανῶς ἐπισκεμμένων τὰ νομικὰ ἑκατέρων τουτωνὶ τῶν ἀποφάσεων δοκιμάσαι, εἴτε τὸ καθαρόν, εἴτε τὸ κίβδηλον, καὶ μετέπειτα τὸ δόξαν ἐξενεγκεῖν τῷ φιλοχρίστῳ καὶ φιλοδικαίῳ τρόπῳ τῆς βασιλείας σου [1]).

---

[1]) In marg. ὡραῖον ὅλον. Idem argumentum, iisdem saepe cum verbis et periodis, Demetrius infra persequitur fusius in capito CLI: Τοῦ αὐτοῦ μελέτη περὶ α´ γάμου καὶ β´.

ΚΖ'.

Περὶ παλλακῆς ἐπιβουλευσαμένης τὴν νόμιμον γαμετὴν, καὶ μετὰ θάνατον αὐτῆς τὴν προῖκα ταύτης κατέχειν ἐθέλοντος τοῦ ἀνδρὸς, καὶ περὶ τοῦ πῶς καὶ ποῦ ἀνατρέφεσθαι δεῖ τὸν ὀρφανὸν, καὶ ὅπως κολάζονται οἱ φαρμακοὶ, καὶ τί σημαίνει κεφαλικὴ τιμωρία.

De concubina legitimae conjugi insidiante, et marito ipsius dotem, ea mortua, retinere volenti, et quomodo ac ubi educari orphanum oporteat, et quomodo venefici puniantur, et quid velit capitale supplicium.

Ἀνήνεγκας τῇ ἡμῶν μετριότητι, Ἱερώτατε ἐπίσκοπε Ἰωαννίων, ἐν Κυρίῳ ἀγαπητὲ ἡμῖν ἀδελφὲ καὶ συλλειτουργὲ, ὡς ἀνήρ τις τῶν ἐν τῇ κατά σε χώρᾳ οἰκούντων, γυναῖκα νομίμως ἠγάγετο, ὑποδεξάμενος καὶ προῖκα προσώπῳ ταύτης, ὅσην τὰ [f. 63] μέσον αὐτοῦ, καὶ τῆς γυναικὸς καὶ τῶν γονέων αὐτῆς προβάντα συμβόλαια περιέχουσιν· ὁ τοιοῦτος δὲ ἀνὴρ μετὰ τὸν γάμον οὐκ ἐθέλησεν ἐν ἑνὶ τῶν πενθερικῶν αὐτοῦ οἰκημάτων οἰκεῖν συμπεφωνημένον ὂν καὶ τοῦτο αὐτῷ, ἀλλ' ἑτέραν ἑαυτῷ οἰκίαν πλησίον πηξάμενος, μένειν ἐν αὐτῷ ᾑρετίσατο· πρὸ τοῦ συναλλάγματος δὲ τούτου, δυσὶ συνὼν παλλακαῖς, ἠθέλεσε μίαν αὐτῶν προλαβέσθαι, προφάσει τοῦ ἐξυπηρετεῖν ταῖς τε τῆς οἰκείας χρείαις, καὶ τῇ αὐτοῦ γυναικί. Τούτου δὲ γενομένου, ἤρξαντο εὑρίσκεσθαι σκευωρίαι τινὲς μαγικαὶ ταῖς τοῦ οἰκήματος γωνίαις παρακλυόμεναι, ἤγουν ὄφεων κεφαλαὶ συνδεδεμέναι ἀνθρωπίναις θριξί, καὶ ἄλλα τινὰ τοιαύταις μηχαναῖς κατεσκευασμένα, ἀκολούθως δὲ καὶ νόσου βολαὶ τῆς γυναικὸς καταπέτεσθαι καὶ κλινήρη ταύτην ποιεῖν, ἐντεῦθεν ἔδοξε τῷ ἀνδρὶ πορρωτέρω οἰκῆσαι. Τίνος χάριν, οὐκ οἴδασιν ὅθεν καὶ ἕτερον οἴκημα κατασκευάσας, ἔγγιστα τῶν Καταγωγίδων, ἐν αἷς ταῖς εἰρημέναις συνῆν παλλακαῖς, εἷλκεν ἐκεῖσε καὶ τὴν ἑαυτοῦ γυναῖκα παρὰ τῶν γονέων αὐτῆς προληφθεῖσαν μετὰ τὰς νόσου βολάς. Οἱ γονεῖς δὲ πτοούμενοι, μή τι καὶ πλέον κακὸν ταύτῃ σκαιωρηθῇ, ἠγωνίων μὲν καὶ

δυσχεραίνον τὴν ταύτης ἀπόλυσιν, ὡς δὲ ἤκουσαν τοῦ ἀνδρὸς ἀπειλησαμένου μεθ' ὅρκου, ὡς εἰ μὴ ἀπολύουσιν αὐτῷ τὴν γυναῖκα, μόνον τὸ ταύτης δέρμα παραδώσει τοῖς γονεῦσιν αὐτῆς, ἀφῆκαν αὐτὴν πορευθῆναι πρὸς αὐτὸν, δεόμενοι τοῦ Θεοῦ, μὴ καὶ ἐπέκεινα τὴν συμφορὰν προελθεῖν· ἔκτοτε δὲ ἑπτὰ διαλιπούσης ἡμερῶν, διεμηνύθησαν ἐλθεῖν καὶ λαβεῖν τ— θυγατέρα αὐτῶν, ὡς δῆθεν ἐπιμεληθῆναι ἀσθενούσης· αὐτὴ· ἡμιπληξίας δὲ πάθει κατεχομένην ταύτην λαβόντες ἐκεῖθεν, μετὰ τρεῖς ἡμέρας καὶ ὅλην νεκρωθεῖσαν ἰδόντες, ἐλεεινῷ τάφῳ παρέδωκεν. Οὕτω δὲ θανούσης τῆς γυναικὸς, μένει ἔκτοτε ἡ προὶξ αὐτῆς ἅπασα παρὰ τῷ ἀνδρὶ, ὡς αὖθις παλλακῇ συνὼν, δαπανᾷ ταύτην μηδεμίαν ποιούμενος πρόνοιαν τοῦ γεννηθέντος, | τούτῳ παιδὸς ἐκ τῆς θανούσης ἐκείνης γυναικὸς, δι' ἔτους ἤδη ὄντος καὶ τρεφομένου παρά τινος γυναικὸς ἐξ ἐλεημοσύνης τῶν φιλοχρίστων ἐρανιζομένης τὴν τούτου τροφήν.

Ταῦτα οὖν ἀνενεγκοῦσα ἡ Ἱερότης σου, ἠξίωσε μαθεῖν δι' ἡμετέρου γράμματος παρ' ἡμῶν, διὰ πλείω βεβαίωσιν, τί τοῖς θείοις νόμοις καὶ τοῖς ἱεροῖς κανόσι δοκεῖ περί τε τῆς δεινῆς ἀποβιώσεως τῆς γυναικὸς καὶ περὶ τῆς προικὸς αὐτῆς καὶ τῆς τοῦ παιδὸς ταύτης ἀνατροφῆς. Ἡμεῖς οὖν πληροῦντες τὴν αἴτησιν τῆς σῆς Ἱερότητος, πρὸς τὰ ἀνενεχθέντα φαμὲν ταῦτα.

Ὅτι ὁ πρὸ τοῦ γάμου παλλακισμὸς τοῦ εἰρημένου ἀνδρὸς καὶ τὸ μετὰ τὸν γάμον προλαβέσθαι αὐτὸν μίαν τῶν παλλακῶν, καὶ μὲν καὶ τὸ εὑρεθῆναι μηχανορραφίας μαγικὰς ἐν τῇ οἰκείᾳ αὐτοῦ, πρόληψιν νέμουσιν, ὡς αἱ παλλακαὶ τῇ ζωῇ τῆς γυναικὸς ἐπεβούλευσαν, τὸ δὲ καὶ τὸν ἄνδρα πρόεσθαι τὴν ἀναπεφωνημένην κατὰ τῆς γυναικὸς αὐτοῦ ἀπειλήν, ἀλλὰ τοῦτο καὶ αὐτὸν τοῖς κατ' αὐτῆς·[1]) γινομένοις συναινοῦντα ἐμφαίνει καὶ ἐφηδόμενον. Ἀλλ' ἡ μὲν ἐκκλησιαστικὴ συνήθεια κανονικαῖς αὐστηρίαις· δι' ἐπιτιμίων τὰ τοιαῦτα μετέρχεται ἀτοπήματα, καθὰ δὴ καὶ ἡ σὴ Ἱερότης ἐπίσταται· ὁ πολιτικὸς δὲ νόμος ἄλλως ἐπάγει τὴν κόλασιν, φησὶ γὰρ ἐν μὲν γ' κεφαλ. τοῦ λθ' [τίτλ.] τοῦ ξ' βιβλ. " Ὅτι τῷ περὶ φονέων νόμῳ κατέχεται ὁ διὰ τὸ φονεῦσαι ἄνθρωπον ποιῶν φάρμακον, ἢ πιπράσκων ἢ ἔχων, καὶ ὅτι μετὰ δημεύσεως ἐξορίζονται, οἱ τὰ φίλτρα ποιοῦντες „. Ἐν δὲ τῷ κα' κεφαλ. ταῦτα ῥητῶς· " Πλέον ἐστὶ τὸ φονεῦσαι φαρμακοῖς τοῦ ξίφει ἀνελεῖν· τὴν αὐτὴν οὖν ἔχουσι ἑκάτεροι τιμωρίαν „. Ἐν δὲ τῷ κεφαλαίῳ κδ' ταῦτα ἡ διάταξις φησίν· " Τὸν ἐπιτηδευσάμενον γοητείᾳ ἑλκούσαν εἰς ἔρωτα τοὺς σώφρονας λογισμούς· ἢ κατὰ σωτηρίαν ἀνθρώπων μηχανησάμενον, δημεύσει καὶ ἐξορίᾳ τιμωρεῖσθαι „. Ἐν δὲ τῷ κς' κεφαλαίῳ· " Οἱ εἰς βλάβην ἀνθρώπων δαίμονας ἐπικαλούμενοι, ξίφει[2]) τιμωρήσθωσαν „. Τὴν τοῦ ξίφους δὲ τιμωρίαν, οἱ τῶν νόμων ἑρμηνευταί, [f. 64] τύφλωσιν καὶ χειρὸς ἐκτομὴν καὶ ῥινῶν λέγουσι καὶ τὰ λοιπὰ τοιαῦτα, ὅσα καὶ ἐπιστροφῆς καιρὸν διδόασι τῷ τιμωρουμένῳ καὶ τοῦ ἐπταισμένου ἀπόστασιν, διὰ τὸ ἐπὶ πολὺ τιμορεῖσθαι. Ἀλλὰ ταῦτα μὲν περὶ τῆς ἐκδικήσεως τῆς κατὰ τῆς γυναικὸς ἐπιβουλῆς.

Περὶ δέ γε τοῦ ἀνήβου ταύτης παιδός, φησὶ βιβλ. λη' ἐν τίτλ. β' κεφ. α' ταῦτα ῥητῶς· " Ὁ πράκτωρ ἀπὸ τοῦ προσώπου καὶ τῆς αἱρέσεως καὶ τοῦ χρόνου ὀφ ἥλει ὁρίζειν πῶς χωρὶς ὑποψίας ἀνάγεσθαι δεῖ[3]) τὸν ὀρφανόν, καὶ οὐ πάντως· ἐπὶ τούτου τῇ γνώμῃ τοῦ πατρὸς ἀκολουθεῖ, γίνεται δὲ ζήτησις παρόντων τῶν συγγενῶν „. Ἐν κεφαλ. δὲ ε' ταῦτα· " Μετὰ διαγνώσεως, ὁρίζεται ποῦ ἀνάγεσθαι καὶ τρέφεσθαι δεῖ τὸν ἀνηβον· ὕποπτοι γάρ εἰσιν οἱ τῇ σωφροσύνῃ αὐτοῦ ἐπιβουλεύειν δυνάμενοι „. Ἐν δὲ τῷ ζ' κεφ. ταῦτα· " Οὐδὲν μέν ἐστιν ἀσφαλέστερον τῇ ἀναγωγῇ τῶν ἀνήβων τῆς μητρός, εἰ μὴ[4]) ἐδευτερογάμησεν „. Καὶ βιβλ. μ' ἐν τίτλ. ε' κεφ. ... " Οὐ μόνον τὰ πρὸς ἀποστροφὴν χορηγεῖται τῷ ἀνήβῳ, ἀλλὰ καὶ τὰ πρὸς μάθησιν καὶ λοιπὰ ἀναγκαῖα πρὸς τὴν οὐσίαν. Οὕτω τοῦ πολι[τι]κοῦ νόμου διακελευομένου, ἐπὶ μὲν τοῖς ἀναφανησομένοις ἐπιβούλοις τῆς γυναικός, μετὰ ἐξέτασιν ἀκριβῆ, γενήσεται τὰ ἄνωθεν διηγορευμένα, εἴ γε δόξει τὴν τοῦ ἀτομήματος ἐπεξέλευσιν γενέσθαι, μὴ κατὰ τὴν ἐκκλησιαστικήν, ἀλλὰ κατὰ τὴν τούτου διαταγήν· τῷ δέ γε ἀνήβῳ ἀποκληρωθήσεται ἥ τε μητρῷα τούτου προῖξ καὶ τὰ πατρῷα πράγματα, ἤγουν ἡ προγαμιαία δωρεά, ὥστε κατὰ καιρὸν ἀποκατασταθῆναι αὐτὸν τούτοις κατὰ τὴν νομικὴν παρατήρησιν· ἀπόλυσι γὰρ προφανῶς ὁ πατὴρ αὐτοῦ τὴν προγαμιαίαν δωρεὰν καὶ πᾶν δίκαιον κληρονομίας· ἁρμόζον αὐτῷ ἀπὸ τῆς τελευτῆς τῆς μητρὸς αὐτοῦ, εἰ εὑρίσκεται εἰδὼς τὴν κατὰ τῆς ζωῆς ἐκείνης ἐπιβουλήν. Διαφόρων γὰρ αἰτιῶν κειμένων ὑπὲρ ὧν εὐλόγως δύναται τῷ ἀνδρὶ παρὰ τῆς γυναικὸς πέμπεσθαι διαζύγιον καὶ ἐξ ὧν δύναται καὶ τὴν προῖκα λαμβάνειν ἡ γυνὴ καὶ τὴν διὰ τοὺς γάμους ἀπαιτεῖν δωρεάν, ὁμοίως τοῖς παισὶ φυλαχθησομένης, τῆς ἐπὶ τῇ δωρεᾷ δεσποτείας | ἢ παίδων μὴ ὑπόντων, ἔχειν αὐτὴν καὶ τὴν ταύτης δεσποτείαν καθὰ δὴ περὶ τούτων διαλαμβάνει ἡ ριζ' Ἰουστινιάνειος· νεκρὰ ἡ κειμένη ἐν βιβλ. τῶν βασιλικῶν κη' τίτλ. ζ' κεφαλ. α'· μία τούτων ἐστὶ κατὰ τὴν ἑαυτὴν νεκρὰν καὶ τὸ οἱωδήποτε ὁ ἀνὴρ τρό-

---

[1]) Cod. τὰς κατ' αὐτάς. — [2]) Id. ξίφεσι. — [3]) Id. δέ. — [4]) Id. ἀμή.

πω ἐπιβουλεύσας τῇ ζωῇ τῆς γυναικὸς ἢ ἄλλων τοῦτο βουλομένων εἰδώς, μὴ φανερώσῃ τῇ γυναικὶ καὶ σπουδάσῃ κατὰ νόμους ἐκδικῆσαι. Ὁ μέντοι παῖς καὶ τὰ οὕτως ἁρμόσαντα αὐτῷ πατρῷά τε καὶ μητρῷα πράγματα ἐπιτρόποις καὶ κουράτορσι κατὰ νόμους ἀνατεθήσονται, καὶ ἔσονται διακυβερνώμενα μέχρι τῆς ἐννόμου ἡλικίας αὐτοῦ, καθ' ἣν ἐν τούτοις ἀποκαταστήσεται· ἐξ αὐτῶν γὰρ καὶ ἡ ἀνατροφὴ τούτου καὶ ἡ ἀναγωγὴ ὁρισθήσεται, καθὼς ἄνωθεν ὁ νόμος διακελεύεται.

Ἡμεῖς μὲν ταῦτα δεδηλώκαμεν τῇ σῇ Ἱερότητι, εὐπειθεῖς αὐτῇ τὰς ἀκοὰς παρασχόμενοι, διὰ τὴν ἀγάπην τοῦ Πνεύματος· ἡ σὴ δὲ Ἱερότης τὰς ἀφορμὰς ἐντεῦθεν λαβοῦσα, εὖ οἶδα ὅτι σοφωτέρως ταῦτα οἰκονομήσει, καὶ ἐν κρίσει δικαιοτάτῃ καὶ συνετῇ. Δίδου γάρ, φησί, σοφῷ ἀφορμὴν καὶ σοφώτερος ἔσται·[1] ὁ τῶν γνώσεων δὲ Κύριος, ὁ καὶ δικαιοσύνας ἀγαπῶν καὶ εὐθύτητας, καί σε ἱκανώσαι εἰς τὸ οἰκονομεῖν τοὺς λόγους τῶν συμφερόντων τῷ ὑπὸ σὲ ποιμνίῳ, καὶ ἡμᾶς διατηρῆσαι πάσης ἐναντίας προσβολῆς ἀνωτέρους διὰ τῶν σῶν ἁγίων εὐχῶν.

ΚΗ'.

Περὶ δευτερογαμούντων καὶ μὴ δευτερογαμούντων καὶ περὶ τριγάμων.
De secundo nubentibus et non bis nubentibus et de trigamis.

Δημήτριος ἐλέῳ Θεοῦ ἀρχιεπίσκοπος τῆς πρώτης Ἰουστινιανῆς καὶ πάσης Βουλγαρίας τῷ τιμιωτάτῳ Ἱερομονάχῳ κυρῷ Χαρίτωνι, ἐν Κυρίῳ ἀγαπητῷ ἡμῖν τέκνῳ, χάριν ἀπὸ Θεοῦ καὶ εἰρήνην, καὶ τὸν ἐν ἁγίῳ πνεύματι ἀσπασμόν[2]).

Ἀνήνεγκας τῇ ἡμῶν μετριότητι, ὡς ὁ κατὰ πνεῦμά σοι παῖς, ὁ πανευγενέστατος κυρὸς Ἀνδρόνικος ὁ Κομνηνός, ταῖς τῆς νεότητος ἀνάγκαις ἑλκόμενος, ἐθέλει μὲν γάμου ζυγὸν ὑπελθεῖν ὡς μὴ τὴν κατὰ Χριστὸν πολιτείαν παρανομεῖν, εἰς παλλακισμὸν ἴσως ἢ εἰς ἀνειμένον πορνείαν ἐκπίπτων, εὑρίσκει δὲ λογισμόν τινα τῇ τοιαύτῃ τούτου βουλῇ [f. 65] ἀντιβαίνοντα, ὅτι δηλαδὴ πρώτῳ γάμῳ καὶ δευτέρῳ μετ' ἐκεῖνον ὁμιλήσας ἐν τῷ θανάτου νόμῳ ἀποβαλεῖν τὰς γυναῖκας, αἷς γαμικῶς συνήφθη τὸ πρότερον, ἄρτι τρίτον ἐκείνοις ἐπεισκυκλοῖ, καὶ ὅτι οἶδεν ὡς ὁ τῆς ἐκκλησίας θεσμός, ὡς ἐπὶ τὸ πολὺ τὴν[3] τριγαμίαν ἀπόβλητον τίθησι, καὶ διὰ ταῦτα ζητεῖ μαθεῖν, εἰ ἔξεστιν αὐτῷ καὶ τρίτον συναλλάξαι γάμον, ἐκ γεννητῆς ἔτι τριακοστὸν ἔτος ἀμείβοντι, καὶ ἀτέκνῳ ἐκ τῶν προλαβόντων συνοικεσίων τυγχάνοντι. Ἃ μὲν οὖν παρὰ τῆς σῆς τιμιότητος ἡμῖν ἀνηνέχθησαν, ἔχουσιν οὕτως.

Ἡμεῖς δὲ πρὸς ταῦτα ἀποκρινόμεθα, ὡς ὁ νόμος μὲν τριγαμίας οὐκ ἔστι, κατὰ τὸν μέγαν ἐν πατράσι Βασίλειον, ἡ ἐν κρίσει δὲ τῶν πατέρων οἰκονομία τῷ φιλανθρώπῳ ἔθει τῆς ἐκκλησίας ἀκολουθοῦσα, καὶ τῇ ἀνθρωπίνῃ ἀσθενείᾳ συγκαταβαίνουσα, συγχωρεῖ μὲν καὶ τὸν τρίτον γάμον, οὐ δημοσιεύει δὲ τοῦτον, οὐδὲ ἀνακηρύττει ὡς τὸν πρὸ αὐτοῦ, ἀλλ' ἐν σιωπῇ προβαίνειν διακελεύεται, ὡς τῆς ἀνειμένης πορνείας φησὶν αἱρετώτερον. Διά τοι τοῦτο καὶ χρονικαῖς διαστάξεσι τὴν τούτου ὁροθετεῖ ποίησιν καὶ ἐπιτιμίοις καθαίρει προσήκουσιν, ὡς τῆς ἁγίας τοῦ Θεοῦ ἐκκλησίας καθαρᾶς οὔσης· καὶ μὴ ἀνεχομένης σπῖλον ἢ ῥυτίδα, ποθὲν ταύτῃ προσπλάττεσθαι· περὶ τριγαμίας δὲ ἀριθ-

---

[1]) Prov. ix, 9. — [2]) Cod. ἀσπασμός. — [3]) Id. τῆς τριγαμίας.

λότερον ὁ τῆς ἑνώσεως τόμος ὁ γεγονὼς ἐπὶ Κωνσταντίνου Πορφυρογεννήτου καὶ Ῥωμανοῦ, ῥητῶς ταῦτα διακελεύεται· "Καὶ εἴ τις δὲ τριακονταετὴς ὤν, καὶ τέκνα ἔχων ἐκ τῶν προλαβόντων γάμων, τρίτῃ γυναικὶ συνάπτοιτο, καὶ οὗτος ἀσυγχωρήτως μέχρι τετάρτου τῆς κοινωνίας τῶν ἁγιασμάτων ἀμέτοχος ἔσται, διότι δῆλός ἐστιν, ἐξ οὐδενὸς ἑτέρου, ἀλλ' ἢ ὑπὸ ἀκρασίας κινούμενος καὶ τοῦ δοῦλος εἶναι σαρκικῆς ἐπιθυμίας ἐπὶ τὸν τοιοῦτον γάμον ἐλθεῖν, καὶ μετὰ τὸ τυχεῖν δὲ τῆς μεταλήψεως τῶν μυστηρίων τρεῖς τοῦ ἐνιαυτοῦ μόνον ἀξιωθήσεται τῆς ἀπολαύσεως· ἅπαξ μὲν ἐν τῇ σωτηρίῳ τοῦ Χριστοῦ καὶ Θεοῦ ἡμῶν ἀναστάσει, δεύτερον δὲ ἐν τῇ κοιμήσει τῆς ἀχράντου δεσποίνης ἡμῶν Θεοτόκου, καὶ τρίτον ἐν τῇ γενεθλίῳ ἡμέρᾳ τοῦ Χριστοῦ καὶ Θεοῦ ἡμῶν | διὰ τὸ ἐν ταύταις προηγεῖσθαι νηστείαις· καὶ τὸ ἐκ τούτων ὄφελος. Εἰ παῖδες δὲ μὴ περίεισιν, ἐπειδὴ τὸ τεκνογονίας ἐπιθυμεῖν οὐκ ἀσύγγνωστον, τὸ τηνικαῦτα συγγνώμης ἀξιωθήσεται ὁ τοιοῦτος γάμος, καὶ μόνῳ τῷ ἐξ ἀρχῆς καὶ μέχρι τοῦ νῦν κρατήσαντι ἐπιτιμίῳ θεραπευθήσεται „.

Οὕτω τοίνυν τοῦ τόμου θεσπίζοντος, καὶ ὁ ἀναπεφωνημένος εὐγενέστατος κυρὸς Ἀνδρόνικος ὁ Κομνηνὸς, διὰ μὲν τὸν νέον τῆς ἡλικίας συγχωρηθήσεται πρὸς τρίτον γάμον ἐλθεῖν· οὐκέτι γὰρ αἰσχρόν ἐστιν ὁ τοιοῦτος γάμος, ὥσπερ τῶν ἁγίων πατέρων καλῶς συγχωρούμενος·· διὰ δὲ τὴν κάθαρσιν εἰ μὲν εὑρίσκεται παῖδας ἔχων ἐκ τῶν προλαβόντων συνοικεσίων τῆς ἀναγεγραμμένης τετραετίας τηρήσει τὸ ἐπιτίμιον. Εἰ δὲ ἄτεκνος, ἐξ ἐκείνων ἐστίν, συγγνώμης κατὰ τοὺς πατέρας ἀξιωθήσεται, καὶ ἐκ μόνοις τρισὶν ἔτεσιν ἀκοινώνητος τῶν ἁγιασμάτων γενόμενος, εἰς τὸ ἑξῆς ἐλεύθερος ἔσται τῶν τοιούτων ἐπιτιμίων, αὐτὸς ἑαυτὸν μόνον ὀφείλων ὑποκινεῖν εἰς τὸ ἀναπτύσσειν τὸν οἰκεῖον μνήμονα ὥστε τὸ τοιοῦτον συνοικέσιον θεωρεῖν καὶ προϊστάνειν τούτου ἀγαθοῖς ἔργοις τὸ θεῖον ἵλεων.

ΚΘ'.

Περὶ τῆς χρήσεως τῆς ἀνηκούσης τοῖς δευτερογαμοῦσι, καὶ περὶ καστρείων καὶ ἰδιοκτήτων, καὶ περὶ δεσποτείας καὶ ἐκπτώσεως τῶν καταληφθέντων παρὰ τῆς γυναικὸς τῷ ἀνδρὶ, καὶ περὶ ὑποταγῆς παίδων, καὶ ὅπως κολάζονται οἱ μὴ ὑποτασσόμενοι, καὶ ὅτι ἀναγκάζονται παρὰ τῶν ἀρχόντων οἱ γονεῖς ἐγγυάζειν τὰ ἑαυτῶν τέκνα ὑπερβαίνοντα τὴν νόμιμην ἡλικίαν, καὶ ὅτι καλοῦνται οἱ ἀδελφόπαιδες μετὰ τῶν ἀδελφῶν εἰς τὴν ἐξ ἀδιαθέτου κληρονομίαν τοῦ θείου αὐτῶν, καὶ περὶ γνησίων καὶ νόθων καὶ παλλακῆς.

De fructu pertinente ad eos qui secundo nubunt, de castrensibus et propriis bonis; de dominio et de lapsu eorum quae uxor marito reliquit; de obedientia liberorum et quomodo inobedientes puniantur; et quod parentes cogantur a magistratibus ad despondendos liberos qui legitimam aetatem habent; et quod fratrum liberi cum fratribus vocentur ad haereditatem ab intestato sui avunculi, et de legitimis filiis et spuriis et de concubina.

Πανσέβαστε σεβαστὲ ἐν Κυρίῳ ἀγαπητὸν ἡμῖν τέκνον κῦρε Ἰωάννη Πλυτέ, ὁ τὴν ἐπιτροπὴν τῶν τοῦ κοινοῦ πραγμάτων κεχειρισμένος, φύλαξ ἐστι, προστάτης, ἀντιλήπτωρ, κηδεμὼν, καταφυγή, ζυγός, ἀποτροπή, τιμωρία, φόβος, ἔπαινος, καὶ ὅσα τούτοις σύστοιχα [f. 66] καὶ ὁμότιμα· φύλαξ τῶν πατρίων ἐθῶν καὶ τοῦ πολιτευομένου νόμου, προστάτης τῶν ἀδικουμένων, ἀντιλήπτωρ καταπονουμένων καὶ δεομένων χειραγωγίας, κηδεμὼν ὀρφανῶν καὶ χηρῶν, ὧν καθάπαξ ἐκλέλοιπε τὸ δύνασθαι ἀποτρέπειν τοὺς συνεπιτιθεμένους αὐτοῖς, καταφυγὴ τῶν διωκομένων ὑπὸ τῶν δυνατωτέρων, ζυγὸς δικκιοσύνης τῆς φυσικῆς καὶ νομικῆς, ἀποτροπὴ ἀδικίας, τιμωρία τῶν ἀτάκτων καὶ ἀπαιδεύτων, φόβος ἁρμόδιον τῶν κακοποιῶν, ἔπαινος εὔλογος τῶν ἀγαθοποιῶν. Θέλεις μὴ φοβεῖσθαι τὴν ἐξουσίαν; τὸ ἀγαθὸν ποίει καὶ ἕξεις ἔπαινον ἐξ αὐτῆς. Τούτων οὕτω προτεθειμένων, ἐπειδήπερ ὁ Θεὸς διὰ τοῦ κραταιοῦ Κομνηνοῦ τὴν ἐπιτροπὴν τῶν κατὰ Βέρροιαν πραγμάτων σε περιέζωσεν, ὡς βεβηκὸς Θεοῦ χάριτι τὸ φρόνημα κεκτομένον, καὶ πάσης συνέσεως ἱκανώσει καὶ εὐσεβείᾳ κοσμούμενον, δέξαι τὸν ἡμέτερον τοῦτον λόγον προσάγοντά σοι τὸν παρόντα νεανίσκον δεόμενον τῆς παρὰ σοῦ ἀντιλήψεως.

Βερροίας οὗτος θρέμμα καὶ κάτοικος, Μελίας τὸ ὄνομα, Βασιλικὸς τὸ ἐπίκλημα (οὐκ ἠγνόει μὲν γὰρ ὁ ἄνθρωπος τὸ τῆς σῆς ἐξουσίας φιλοδίκαιόν τε καὶ εὐθύτατον), ὅμως ἀσφαλεστέραν τὴν ἑαυτοῦ πρὸς τὴν σὴν χρηστότητα πρόσοδον θέσθαι βουλόμενος, προσῆλθε τῇ ἡμῶν μετριότητι καὶ γράμμασιν ἡμετέροις ὀχυρωθῆναι ἠξίωσεν, ἵνα δηλαδὴ καὶ δι' ἡμᾶς, ὡς παρὰ σοῦ στεργομένους τὴν γλῶσσαν σχοίη εὐπαρρησίαστον, ἐφ' οἷς ἂν ἐνώπιόν σου λαλήσῃ, ὡς ἀδικεῖσθαι οἰόμενος.

Ἀλλ' αὐτὸς μὲν λαλήσει ἃ καὶ πρὸς ἡμᾶς ἐξηρεύξατο, ὅτι δηλαδὴ τῆς μητρὸς αὐτοῦ ἐπ' αὐτῷ μόνῳ εἰς δεῦρο ζώντι τελευτησάσης τὸν βίον, οὗτος μὲν κατὰ τὸν νόμον ἔτι ἐν βίῳ περιόντι ὑποτάσσεται τῷ πατρί· ὁ πατὴρ δὲ τῇ τῆς μητρὸς τούτου εὐνῇ παλλακὴν ἐπεισαγαγὼν καὶ ἤδη παιδοποιησάμενος ἐξ αὐτῆς, τούτον μὲν παρορᾶται καὶ ἀποστρέφεται καὶ μισεῖ, ὡς καὶ τὴν πρὸς αὐτὸν σχέδον ἀπαρνεῖσθαι πατρότητα, καὶ μηδὲ τὰ ἀναγκαῖα τούτῳ παντάπασι χορηγεῖν, τροφὰς δηλαδὴ καὶ σκεπάσματα· τὴν παλλακὴν δὲ ὅτι μάλιστα στέργει καὶ τοὺς ἐκ ταύτης παῖδας αὐτοῦ ἐπεί, | φησί, πολὺ τὸ δριμὺ τῶν πρὸς ἐκείνην ἐρώτων ἐντέτηκε, καὶ ὅτι τὸν πατέρα καθικετεύων ὡς ἂν γυναικὶ τοῦτον ἁρμόσηται κατὰ νόμους, ὡσεὶ λήρους συμπλέκων ἐκείνῳ λογίζεται· οὗ χάριν καὶ δέδοικε μήποτε καὶ ἐπιβουλὴν εἰς τὴν ἑαυτοῦ πάθῃ ζωὴν ἐκ τοῦ μέρους τῆς παλλακῆς.

Ταῦτα μὲν οὖν, ὡς εἴπομεν, οὗτος λαλήσει, καὶ τῆς σῆς δεήσεται ἀντιλήψεως· σὺ δὲ καὶ ἐρῶν καὶ προιστάμενος τοῦ δικαίου, εὖ οἴδαμεν, καὶ προσδέξῃ τοῦτον καὶ τὰ λεγόμενα ἐξετάσεις· εἰ οὕτως ἔχουσι, καὶ καταπονουμένῳ τούτῳ καὶ ἀδικουμένῳ προσχών, ἀντιστηρίξεις τὲ τὴν σὴν χεῖρα καὶ δικαιοδοτήσεις, καὶ οὐκ ἐάσεις τὸν νόμον εἰκαῖον ἢ μάταιόν τι χρῆμα λογίζεσθαι τοῖς τὰς οἰκείας ὀρέξεις πληροῦν ἐθέλουσιν.

Ἔξεστι γὰρ νοεῖν τῷ μὴ παρέργως τὰς νομικὰς ἀνελίσσοντι δέλτους, ὡς δίδωσι μὲν ὁ νόμος τῷ πατρί, εἴ γε μὴ δευτερογαμήσει, πρὸς τῇ χρήσει πάντων τῶν εἰς τοὺς παῖδας ἀφικνουμένων, εἴτε ἐκ μητρῴας σειρᾶς, εἴτε ἐκ γαμικῆς τῶν παίδων αἰτίας, εἴτε ἀλλαχόθεν ὑπεξῃρημένων τῶν καυστρισίων [1]), καὶ ὡσανεὶ καυστρεύων πεκουλίων, καὶ τὴν δεσποτείαν τῶν παρὰ τῆς γυναικὸς τῷ ἀνδρὶ καταλιμπανομένων, ἅπερ εἰσὶν ὡς ἐν τύπῳ φάναι, τὰ ἀπὸ συμφώνου κέρδη τῆς προϊκὸς· ἀποστερεῖ δὲ τοῦτον αὖθις τῆς τοιαύτης φιλοτιμίας, [εἰ] εἰς δευτέραν ἐπεισαγάγῃ γαμετήν, τοῖς παισὶ τὴν χρῆσιν μόνην καταλείπων αὐτῷ μέχρι ἂν περιῇ. χρὴ δὲ καὶ αὐτῶν ἐπὶ λέξεων ἀπομνημονεῦσαι τῶν νεαρῶν νομοθεσιῶν, ὧν ἡ μὲν περὶ τῶν ὡς ἀπὸ τοῦ πατρικοῦ δικαίου τῷ πατρὶ περιερχομένων, οὕτω φησί· " Πάντων ὁ πατὴρ εἰς τοὺς παῖδας ἀφικνουμένων, εἴτε ἐκ μητρῴας σειρᾶς, εἴτε ἐκ γαμικῆς τῶν παίδων αἰτίας, εἴτε ἀλλαχόθεν τὴν χρῆσιν ἔχει, κἂν εἰ πρὸς δευτέρους ἔλθῃ γάμους. Τὴν

---

[1]) In margine καυστρισίων, et infra καυστρείων.

γὰρ χρῆσιν μέχρι ἂν περιῇ, καὶ οἱ πρὸ ἡμῶν νόμοι, μένειν ἀδιάπτωτον αὐτῷ βούλονται, καὶ ἐπὶ τοῖς μητρῴοις καὶ ἐπὶ τοῖς ἄλλοις ἅπασι, καὶ ἡμεῖς σύμφαμεν „. Ὁ δὲ τῶν ἰδιοκτήτων καὶ οἱονεὶ ἰδιοκτήτων πεκουλίων ὑπεξερείσθω λόγος [1]), καὶ ἑτέρων τινῶν καὶ ἡ ἔξωθεν τοῦ κεφαλαίου τούτου παραγραφὴ [f. 67] ὡσανεὶ πεκούλιον τὰ ἐκ Βασιλικοῦ δωρεᾶς, καὶ τὰ ἀπὸ διαδοχῆς ἀδελφῶν, καὶ τὰ ἐκ τοῦ γάμου τοῦ πρὸ τοῦ πενθίμου παρὰ τῆς μητρὸς δοθέντα, ὑπὲρ ἀτιμίας φησὶν εἶναι καὶ ὁ παλαιὸς τῶν ἁρμαζόντων τοῖς παισὶ καθ' οἱονδήποτε τρόπον πρακτήσεως. ἡ μὲν χρῆσις τῷ πατρὶ αὐτῶν ἀνήκει καὶ δευτερογαμοῦντι, ὑπεξηρημένων τῶν καστρείων καὶ ὡσανεὶ καυστρείων, ἡ δὲ δεσποτεία αὐτοῖς τοῖς υἱοῖς φυλάττεται.

Καὶ οὕτω μὲν αὕτη ἡ νεαρά. Ἡ ἑτέρα δὲ ἡ τὴν δευτερογαμίαν κολάζουσα, καὶ περὶ δεσποτείαν τῶν πραγμάτων τῶν παρὰ τῆς γυναικὸς τῷ ἀνδρὶ καταλιμπανομένων, καὶ περὶ ἐκπτώσεως αὐτῆς διεξιοῦσα, ταῦτα θεσπίζει ῥητῶς. " Ταῦτα δὲ κοινὰ γυναικός τε καὶ ἀνδρὸς ἐπιτίμια κείσθω. Εἰ γὰρ δὴ κἀκεῖνος παῖδας ἔχων δευτέραν αὐτοῖς ἐπεισαγάγει γαμετήν. οὐ τῶν ἐκ τῆς προικὸς ἀπολαύσει κερδῶν κατὰ δεσποτείας λόγον· οὐ φιλοτιμίαν ἄλλην λαβὼν παρὰ τῆς γυναικὸς, ταύτην ἕξει βεβαίως, πλὴν ὅσον χρᾶσθαι καὶ καρποῦσθαι, μέχρι περιῇ μόνον „.

Κἀνταῦθα γὰρ οἱ παῖδες εἰ μὴ ὑπεξούσιοι καθεστήκοιεν, ἀλλ' οὖν κύριοι κατὰ δεσποτείαν τῶν τοιούτων ἔσονται· ὅτι γοῦν ὁ τοῦ Μελίου πατὴρ οὐ γνησίαν γαμετὴν ἐπεισήγαγεν αὐτῷ, ἀλλὰ τὸ ἀτιμότερον, ὡς αὐτὸς λέγει, παλλακήν, καὶ γνήσιον ὄντα παῖδα, τοῦτον παραγκωνίζεται, ἵνα αὐτὸς μὲν τῶν μητρικῶν τούτου πραγμάτων κατατρυφῶν, οὗτος δὲ περιάγῃ πλανήτης, καὶ αὐτῶν τῶν ἀναγκαίων θερούμενος [2]), ἄδικον τοῦτο καὶ πάντῃ πάντως θηριῶδες καὶ ἀφιλάνθρωπον

καὶ πόρρω ποῦ τῆς τῶν φιλευσεβῶν νόμων διαταγῆς. Ἐπειδὴ δὲ τὴν νόμιμον ὁ Μελίας ἔφθακεν ἡλικίαν, ἤδη γὰρ ὑπὲρ τὰ εἴκοσι πρὸς τοῖς πέντε ἔτη ἐστίν, ὡς αὐτὸς διατείνεται, καθ' ἣν οὐ μόνον γάμος ἁρμόζει αὐτῷ, ἀλλὰ καὶ διοίκησις τῶν διαφερόντων αὐτῷ πραγμάτων αὐτοτελής, ὁ πατὴρ δὲ ῥᾳστώνῃ χρῆται περὶ τοῦτον, ὡς εἴρηται, ἁρμόδιόν ἐστιν ἐξετάσαι [3]) τὴν αὐθεντίαν σου δι' ἣν αἰτίαν ὁ Μελίας τυγχάνων ἐστίν, οὕτως ἀμελούμενός τε καὶ παρορώμενος· εἰ μὲν γὰρ ὅτι ὑβριστὴς πέφηνε τοῦ πατρὸς καὶ παντάπασιν ἀνυπότακτος, χείριστον τοῦτο καὶ ἀτοπώτατον καὶ δεῖ τῆς | ἐκ τῶν νόμων ὑπεξελεύσεως· " ἵνα παιδευθῇ καὶ σωφρονισθῇ, ὥστε μαθεῖν τῷ πατρὶ καλῶς ὑποτάσσεσθαι καὶ στρατιώτης γάρ, φησί, τὴν εὐσέβειαν χρεωστεῖ τῷ πατρί· καὶ ἁμαρτάνων εἰς αὐτὸν κολάζεται πρὸς τὸ μέτρον τοῦ ἁμαρτήματος„. Καὶ πάλιν· " Ὁ πατέρα ἢ μητέρα τύπτων [4]), ὡς προσκυνεῖν ὀφείλει, κατὰ τὸ μέτρον τοῦ ἁμαρτήματος τιμωρείσθω. πρὸς γὰρ τὴν δημοσίαν εὐσέβειαν ἀναφέρεται. Εἰ δ' αὐτὸς μὲν οὐδαμῶς ἐμπαροινεῖ τῷ πατρί, ὁ πατὴρ τήνδε δουλοπαθείαν τινὸς ἁλώσιμον εἶναι καταλαμβάνεται, καὶ διὰ τοῦτο τοῦ γνησίου υἱοῦ αὐτοῦ ἀμελεῖ, μὴ προνοούμενος τούτου κατὰ τὴν νομικὴν αὐτοῦ παρατήρησιν, ἐξουσιαστικῆς δεῖ ἐμβριμήσεως· καὶ χειρὸς καταναγκαζούσης τὸν πατέρα, πρόνοιαν κατὰ νόμους ποιήσασθαι τοῦ υἱοῦ· ὃ δὴ καὶ ποιήσειν τῆς αὐθεντείας σου χείρ, ὡς ἔχουσα καὶ τὸν νόμον εἰς τοῦτο πάνυ συνεπιλαμβανόμενον „. Ἐν γὰρ τῷ θ' κεφαλαίῳ τοῦ δ' τίτλου τοῦ κβ' βιβλ. τῶν βασιλικῶν οὕτω φησίν· " Ὁ δίχα τινὸς εὐλόγου καὶ δικαίας αἰτίας τοὺς ὑπεξουσίους αὐτοῦ παῖδας κωλύων τοὺς μὲν υἱοὺς λαμβάνειν γαμετάς, τὰς δὲ θυγατέρας ἀνδράσι συνάπτεσθαι, εἰ καὶ μὴ βουλόμενος [5]) προῖκα διδόναι, διὰ τῶν ἀρχόντων ἀναγκάζεται ἐν-

---

[1]) Cod. λόγος inopte. — [2]) Sic cod. immo στερούμενος. — [3]) Id. τὴν αὐθεντίαν σου ex aliqua corruptela. — [4]) τύπων cod. ludo negligentius scriptus. — [5]) Cod. βουλόμενος.

ANAL. VII, 5.

γαμίζειν καὶ προικίζειν· κωλύειν δὲ δοκεῖ ὁ μὴ ζητῶν μνηστείαν „.

Τούτων δὲ οὕτως ἐχόντων, προσθήσει ἡ αὐθεντία σου δοκιμάσαι καὶ ἑτέραν ὑπόθεσιν καὶ ἐξαγαγεῖν εἰς διακαίωσιν, ἣν καὶ αὐτὴν ὁ αὐτὸς Μελίας προστίθησιν, ὅτι τοι τῷ πρὸς μητρὸς πάππῳ αὐτοῦ Θεοδοσίῳ τῷ ἐπονομαζομένῳ Βασιλικῷ, τριῶν γεννηθέντων υἱῶν καὶ μιᾶς θυγατρὸς, δηλαδὴ τῆς τοῦ Μελίου μητρὸς, καὶ τῶν μὲν δύο γάμοις νομίμως χρησαμένων, τοῦ δὲ τρίτου ἄζυγον τὸν βίον ἐκλελοιπότος, ἀποδιώκεται οὗτος παρὰ τῶν θείων αὐτοῦ τῆς κληρονομίας ἐξαδιαθέτου δεδραγμένων τοῦ τελευτήσαντος, μὴ θελόντων συγκληρονόμων καὶ τοῦτον καὶ ἀδελφόπαιδα κατὰ τοὺς νόμους λαβεῖν· εἰ γοῦν καὶ ταύτην εὑρήσεις οὕτως ἔχουσαν τὴν [f. 68] ὑπόθεσιν, ἀντιστήσει τὴν τοῦ νόμου δύναμιν τοῖς ἀποθεμένοις τὸν Μελίαν, καὶ καταναγκάσεις καὶ αὐτοὺς ποιῆσαι κατὰ τὴν τούτου περίληψιν· διακελεύεται γὰρ οὑτωσί· " Εἰ τοίνυν ὁ τελευτήσας μηδὲ ἀνιόντας· μηδὲ κατιόντας καταλείψει, πρώτους πρὸς τὴν κληρονομίαν τοὺς ἀδελφοὺς, τοὺς ἐκ τοῦ αὐτοῦ πατρὸς καὶ τῆς αὐτῆς μητρὸς τεχθέντας, ὁμοίως δὲ καὶ τοὺς ἀδελφόπαιδας [1]) .... [αὐτοὶ] γὰρ τὴν μοῖραν τοῦ ἰδίου γονέως λαμβάνουσιν „. Καὶ ταῦτα μὲν καὶ περὶ τούτου.

Ὅπως δὲ ἁρμόζει τῷ Μελίᾳ πρὸς τοῖς μητρικοῖς αὐτοῦ πράγμασι καὶ ἐκ τῶν προικώων μέρις, μαθεῖν ἔξεστι ἐκ τῆς ἀκριβείας τῶν νόμων, εἰ μὲν γὰρ γνησίαν γαμετὴν ἀποδείξει ὁ πατὴρ τοῦ Μελίου τὴν παλλακὴν κατά τε τὴν νομικὴν παρατήρησιν, καὶ κατὰ τὸ ἔθος τῆς καθ' ἡμᾶς πολιτείας, ὥστε καὶ ταύτην δευτέραν ὁμευνέτιδα καὶ τοὺς ἐκ ταύτης παῖδας γνησίους λογίζεσθαι, μοῖραν ἑνὸς παιδὸς καὶ αὐτὸς λήψεται [2]), ὅσην ἂν ὁ πατὴρ ὁρίσῃ, ἐφεῖται γάρ τοι [3]) πατέρα προτιμᾷν τοὺς ἐκ τῶν δευτέρων συνοικεσίων παῖδας τῶν προτέρων, καθόσον ὁ νόμος ἐρήσιν· εἰ δὲ παλλακὴν αὐτὴν ὁ πατὴρ αὐτοῦ ἕως τέλους σχοίη, ἄλλως χρήσεται τοῖς τοῦ νόμου θεσπίσμασιν, οἷς κἀκεῖνος ἀναγκαίως ἕψεται· φησὶ γὰρ ἐν τῷ δ' κεφαλ. τοῦ β' τίτλου τοῦ λβ' βιβλίου ταῦτα· " Ὅτι εἰ παῖδας ἔχει τις νομίμους, μὴ δύνασθαι αὐτὸν τοῖς φυσικοῖς παισί, μήτε τοῖς ἐκ παλλακῆς παραιτέρω μιᾶς οὐγγίας καὶ τῇ μητρὶ αὐτῶν καταλιμπάνειν ἢ δωρεῖσθαι. Εἰ δὲ παλλακὴ μόνη εἴη, ταύτῃ τὸ ἡμιούγγιον καταλιμπάνεσθαι ἢ δωρεῖσθαι „.

Ἀλλ' ἡμεῖς μὲν δεόμενον [4]) τῆς σῆς βοηθείας καὶ ἀντιλήψεως· τὸν Μελίαν, τῇ σῇ προσαγαγόντες χρηστότητι, τῶν νομίμων παραδόσεων αὐτῆς [5]) κατά τινα λόγον διεγέρσεως ἐξ ἀγάπης πνευματικῆς ὑπεμνήσαμεν· λυσιτελούσας γὰρ καὶ τὰς ὑποφωνήσεις τοῖς ἀγωνιστικῶς τρέχουσιν οἴδαμεν. Σὺ δὲ τὰ προτεινόμενα ἐξετάσας, καὶ τὴν ἀλήθειαν εὑρηκὼς, ἐκεῖνο ποιήσεις· τὸ τοῖς φιλευσεβέσι | νόμοις· καὶ τῷ δικαίῳ δοκοῦν, ὡς ἂν καὶ τὸν τῆς δικαιοσύνης μισθὸν κομίσῃ παρὰ Θεοῦ, ὃς καὶ διατηροίη σε πάσης ἀνώτερον κακώσεως καὶ κακώσεως.

[1]) Adde προσκαλεῖσθαι, ut alibi. — [2]) Cod. primum λήψεσθαι. — [3]) Cod. γὰρ τοῖς. — [4]) Id. δεόμενον. — [5]) Id. αὐτήν.

Λ'.

Περὶ τριγαμίας.
De trigamia.

Ἠρώτησας, ὁ πανυπερσέβαστος, εἰ ἔξεστι γυναικί, δύο ἄνδρας ἀποβαλλομένῃ δηλονότι πρῶτον καὶ δεύτερον νομίμως αὐτῇ συνοικήσαντας, καὶ ὀκτωκαιδέκατον ἔτος ἔτι τῆς ἡλικίας αὐτῆς ἀγούσης, καὶ τρίτῳ συναρθῆναι ἀνδρί. Τὴν τριγαμίαν γάρ τινες ὡς πολυγαμίαν εὐλαβούμενοι, τὸ τοιοῦτον συνοικέσιον ἀποτρέπονται.

Μανθανέτω γοῦν ἡ σὴ σύνεσις, ὡς καλὴ μὲν ἡ τοιαύτη εὐλάβεια, ὅτι δὲ ὕποπτον ἔχει τὸ ἀποτέλεσμα, τούτου χάριν περιφρονεῖται κατὰ τοὺς τῶν πατέρων θεσμοὺς· τοῖς περιποιουμένοις ἑαυτοῖς τὸ ἀκίνδυνον· ἐπειδὴ δὲ καλὸν μὲν ἡ ἀγαμία, ὅτι δὲ ἐγγὺς αὐτῆς ὁ τῆς πορνείας ὑπομοθρεύεται κίνδυνος, διὰ τοῦτο τοῖς μὴ τὴν πύρωσιν δυναμένοις φέρειν τοῦ σώματος, ὁ νόμιμος γάμος ἀκίνδυνον καταφύγιον. Ὁ μὲν οὖν ἐν πατράσι μέγας Βασίλειος τῇ ἀνθρωπίνῃ ἀσθενείᾳ συγκαταβαίνων, τριγαμίας μὲν οὐδαμῶς εἶναι νόμον τρανῶς ἀπεφήνατο· συνεχώρησεν δὲ γίνεσθαι ταύτην, ὡς τῆς ἀνειμένης πορνείας αἱρετωτέραν· διά τοι τοῦτο καὶ ὡς ῥύπωσμα ταύτην ἐν γωνίᾳ οἰκείας, τουτέστι τῆς ἐκκλησίας, ἡγήσατο κείμενόν τε καὶ παρορώμενον. Οἱ δέ γε μετὰ ταῦτα Θεοφόροι πατέρες· ἐν τῷ παρ' αὐτῶν γεγονότι τόμῳ τῷ λεγομένῳ τῆς ἑνώσεως, πολλὰ περὶ γάμων διεξιόντες, ὅροις ἀσφαλέσι καὶ τὴν τριγαμίαν ἐμπεριέλαβον, καὶ διαιτητὴν ταύτης τὸν χρόνον προστησάμενοι, τὸ μὲν τῆς ἡλικίας αὐτῆς ἐξωρον, παντάπασιν ἐχαλινοχαγώγησαν, ὥστε μένειν τὸν τοιοῦτον γάμον ἀμέθεκτον, τὸ δέ γε νέον καὶ σφαλερώτερον καὶ τὸν τοιόνδε γάμον συνεκλλάττειν ἀφῆκε λόγῳ σοφωτάτης κρίσεώς τε καὶ διακρίσεως. Καὶ ἵνα γνῷς ἀκριβέστερον τὴν τῶν [f. 69] πατέρων οἰκονομίαν, αὐτὰ τοῦ νόμου τούτου τὰ ῥήματα παρρησιαζέσθωσαν ἐκ μέρους, οὕτως ἐπὶ τῶν λέξεων ἔχοντα· " Καὶ εἴ τις δὲ τριακονταετὴς ὢν καὶ τέκνα ἔχων ἐκ τῶν προλαβόντων γάμων, τρίτῃ γυναικὶ συνάπτοιτο, καὶ οὗτος ἀσυγχωρήτως μέχρι τετάρτου ἔτους· τῆς κοινωνίας τῶν ἁγιασμάτων ἀμέτοχος ἔσται, ὅτι δηλός ἐστιν ἐξ οὐδενὸς ἑτέρου, ἀλλ' ἢ ὑπὸ ἀκρασίας κινούμενος· καί τοι δοῦλος εἶναι τῆς σαρκικῆς ἐπιθυμίας· ἐπὶ τὸν τοιοῦτον γάμον ἐλθεῖν· καὶ μετὰ τὸ τυχεῖν δὲ τῆς μεταλήψεως, τῶν μυστηρίων τρεῖς τοῦ ἐνιαυτοῦ μόνον ἀξιωθήσεται τῆς ἀπολαύσεως, ἅπαξ μὲν ἐν τῷ σωτηρίῳ τοῦ Χριστοῦ καὶ Θεοῦ ἡμῶν ἀναστάσει, δεύτερον δὲ ἐν τῇ κοιμήσει τῆς ἀχράντου δεσποίνης ἡμῶν Θεοτόκου, καὶ τρίτον ἐν τῇ γενεθλίῳ τοῦ Χριστοῦ καὶ Θεοῦ ἡμῶν διὰ τὸ ἐν ταύταις προηγεῖσθαι νηστείαν καὶ τὸ ἐκ ταύτης ὄφελος. Εἰ δὲ παῖδες μὴ περιεῖεν, ἐπειδὴ τὸ τεκνογονίας ἐπιθυμεῖν οὐκ ἀσύγνωστον, τὸ τηνικαῦτα συγγνώμης ἀξιωθήσεται ὁ τοιοῦτος γάμος, καὶ μόνον τὸ ἐξ ἀρχῆς καὶ μέχρι τοῦ νῦν κρατήσαντι ἐπιτιμίῳ θεραπευθήσεται „. Ταῦτα ἐκ τῆς κανονικῆς βίβλου ἀναλεξάμενοι, τὴν παροῦσαν ἡμετέραν ἀπόκρισιν δι' αὐτῶν συγκροτηθεῖσαν πρὸς τὴν σὴν ποιούμεθα σύνεσιν· σὺ δὲ ἱκανὸς ᾧ τοῦ Θεοῦ χάριτι εἰς γνῶσιν, δύνασθαι ἐντεῦθεν τὸ τῆς σῆς ἐρωτήσεως λῦσαι ἀμφίβολον. Ἔρρωσο ὑπὸ Κυρίου φρουρούμενος ψυχῇ τε καὶ σώματι.

ΛΑ'.

Ὅτι οὐ προσήκει τοῖς παισί, ζώντων τῶν γονέων, κινεῖν κατά τινος περὶ διαφερόντων, ἄνευ ἐπιτροπῆς αὐτῶν, καὶ ὅτι χρὴ ζητεῖσθαι τὰς ἀποδείξεις ἐκ τῶν δικαιωμάτων, ἐκ τῶν προενεγκόντων, καὶ μετὰ ταῦτα ἐκ τῶν λεγόντων καὶ ταῦτα εἶναι.

Quod liberis non conveniat vivis parentibus adversus quemquam agere, de quibus horum interest, sine eorum permissione; et quod argumenta sint petenda ex sancitis, ex allegantibus, et dein ex dicentibus etiam haec esse.

Οἱ ἀπὸ τῆς νήσου Κερκύρας ὁρμώμενοι αὐτάδελφοι, ὅ τε Σέργιος καὶ ὁ Νικηφόρος, οἱ πριμμικηρόπουλοι ὁροθεσίων τοῦ κραταιοῦ καὶ ἁγίου ἡμῶν αὐθέντου τοῦ μεγάλου Κομνηνοῦ τῷ | καθ' ἡμᾶς ἱερῷ δικαστηρίῳ παραστάντες τὴν σήμερον, κατὰ τοῦ συνεπείκου αὐτῶν Θεοδώρου τοῦ ἐπιλεγομένου Κοσαίου ἐνήγαγον.

Εἶπον γὰρ ὡς τοῦ πρὸς μητρὸς θείου αὐτῶν τοῦ ἀποιχομένου Μιχαὴλ τοῦ Γυμνοῦ ἐπὶ δυσὶν ἀνήβοις παισὶ τὸν βίον ἐκλελοιπότος, ἡ μήτηρ αὐτῶν ἡ σύνευνος ἐκείνου Θεοδώρα δευτέροις ὡμίλησε σὺν τῇ εἰρημένῳ ἀνδρὶ τῷ Κοσαίῳ, ἀφ' οὗ καὶ παῖδας ἀπέτεκεν, ἐπεὶ δὲ οἵ τε παῖδες, οἱ ἐκ τῆς ὀσφύος δηλαδὴ τοῦ θείου αὐτῶν, καὶ οἱ τούτους γεννησαμένη Θεοδώρα μετὰ ταῦτα τῶν χρεῶν ἐλειτούργησαν, φιλονεικεῖ νῦν ὁ Κοσαῖος κατέχειν, λόγῳ τινι κληρονομίας, τὰ τοῖς τοιούτοις παισὶ διαφέροντα πράγματα· ἃ δὴ αὑτοῖς μᾶλλον ἁρμόζειν οἴονται, καὶ προσφόροις καὶ ἐξ ἀδιαθέτου κληρονόμοις αὐτῶν, ὅτι γοῦν καὶ ὁ ἔδικος ὁ Κοσαῖος παρίστατο καὶ ἠκροᾶτο τῶν λεγομένων. Ἐν πρώτοις μὲν ἤρετο, εἰ κατὰ γνώμην καὶ τῆς ἑαυτῶν μητρὸς τὴν ἀγωγὴν ταύτην κινοῦσιν οἱ εἰρημένοι αὐτάδελφοι· κἀκείνη γὰρ τὰ τοιαύτης ἀγωγῆς προσήκειν ἔλεγε μήποτε, φησί, τὰ παρὰ τούτων ἐπὶ τῇ τοιαύτῃ ὑποθέσει πραχθέντα, ἐκείνῃ ἀπᾴδοντα δόξωσι, καὶ πράγματα σχοίη οὕτως, ἰδίᾳ πάλιν παρ' ἐκείνης διάξιφος ἐπὶ ταύτῃ γινόμενος, καὶ ἐπειδὴ εὔ-

λογα προστιθέναι ἔδοξεν ὁ Κοσαῖος, ἀπητήθησαν οἱ διαληφθέντες πριμμικηρόπουλοι ἀποδεῖξαι, εἰ κατὰ γνώμην καὶ σφῶν μητρὸς τῷ δικαστηρίῳ παρίστανται, καὶ δὴ ἐξενεγκόντες ἐνταλτήριον γράμμα παρὰ τῆς μητρὸς αὐτῶν τῆς Ζωῆς τῆς συμβίου τοῦ πριμμικηροπούλου ἐκείνου ἐκτεθὲν, δεδώκασιν ἀνάγνωσιν. Ὃ καὶ ἐφαίνετο συντεθειμένον μὲν νομίμως, οἷα προταγῇ τε τῆς τοιαύτης μητρὸς αὐτῶν καὶ ὑποσημάνσει ἀξιοπίστων μαρτύρων ἐπιφερόμενον, ἑδραζούσας τοῦτο εἰς τὸ ἀπερικλόνητόν τε καὶ βέβαιον, ἀνατιθέμενον δὲ τοῖς εἰρημένοις αὐταδέλφοις συνελόντα εἰπεῖν πᾶν ἁρμόζον τῇ παρούσῃ ἀγωγῇ κατὰ νόμους· παρακολούθημα δικαίῳ κἀκείνης ἐνεργηθησόμενον περὶ αὐτῶν εἰς διεξαγωγὴν ταύτης καὶ διεκβίβασιν [f. 70] ἀρκεσθεὶς οὖν ὁ Κοσαῖος ἐπὶ τῷ ἐνταλτηρίῳ οὕτω προκομισθέντι, τὸ τῆς ἀπολογίας εὐθὺς γυμνάσιον εἰσελήλυθε· καὶ δὴ ἐνεράνισε γραμματεῖον, ἀντιγραφὴν μὲν ὡς εἰπεῖν ἀπὸ πρωτοτύπῳ διαθήκης, γεγονυῖα παρὰ τοῦ μνημονευθέντος ἐκείνου Μιχαὴλ τοῦ Γυμνοῦ· οὐκ ἐπιφερόμενον δὲ ὑποσήμανσιν, οὐ μόνον ἀνδρὸς τινὸς ἐπισήμου τῶν εἰωθότων πιστοῦσθαι δι' οἰκείων ὑπογραφῶν τὰ ἐκ πρωτοτύπων ἀντιγραφόμενα, δέον ἂν εἰ μὴ τὸ πρωτότυπον, ἴσον γοῦν πεπιστωμένον συνήθως ἐμφανισθῆναι ὁ μὲν Κοσαῖος, ἰσχυρογνωμονῶν ἦν ὡς ἀπαραλλάκτως ἀπὸ τοῦ πρωτοτύπου τὸ γραμματεῖον ὃ περιεκόμιζεν ἀντιγέγραπται· ἀλλ' οἱ ἐνάγοντες αὐτάδελφοι ἀπὸ τοῦ κόλπου ἑαυτῶν χάρτην ἐξενεγκόντες προεκόμισαν εἰς ἀνάγνωσιν, ὁ δὲ χάρτης ἦν ἡ πρωτότυπος διαθήκη τοῦ θείου αὐτῶν τοῦ Γυμνοῦ, ἣ καὶ ἀναπτυχθεῖσα κατελαμβάνετο ἀμέμπτως συστᾶσα καὶ κατὰ τὴν νομικὴν παρατήρησιν, φέρουσα δὲ καὶ συντελεστὴν τὸν μάρτιον μῆνα τῆς η' ἰνδικτ. τοῦ ϛωιγ ἔτους [1]. Ἔραινε μέντοι ἀριδήλως παραλλαγὴν τοῦ τροχομιζομένου, ὡς διείληπται, παρὰ τοῦ Κοσαίου ἀντιγράφου αὐτῆς ἐπὶ τῇ κληρονομίᾳ τῶν παίδων καὶ τῆς τούτων μητρός. Περὶ τούτου γὰρ τοῦ κεφαλαίου ταῦτα ῥητῶς τὸ τοιοῦτον διάταγμα διελάμβανε

" Καὶ δὴ θέλω, βούλομαι καὶ διορίζομαι, ἵνα τὴν ἅπασάν μου τῶν ἀκινήτων κληρονομὴν [2], ὅτε περιῶν ἔτι ἀνηβός μου υἱὸς ὁ Κωνσταντῖνος, καὶ τὸ μέλλον τεχθῆναι παιδίον μου, ἅμα τῇ μητρὶ αὐτῶν κυρᾷ Θεοδώρᾳ, εἴπερ ἑτέρῳ οὐ συναφθῇ ἀνδρί· εἰ δὲ πρὸς δεύτερον ἔλθῃ γάμον, μόνοι οἱ παῖδες μου ἔστωσαν κληρονόμοι καὶ διάδοχοί μου. Εἰ δὲ συμβῇ τὰ τέκνα μου τὸ κοινὸν χρέος ἀποδοῦναι τοῦ θανάτου φημί, ἔστω κατὰ χρῆσιν ἡ μήτηρ αὐτῶν, εἰς τὸ τρίτον μέρος τῶν ἀκινήτων μου ὡς τοῦ διμοίρου γενέσεται τὸ τοῖς νόμοις δοκοῦν, οὐ δεσπόσει δὲ τὸ τρίτον τῶν ἀκινήτων μου ἡ μήτηρ τῶν παίδων μου κυρὰ Θεοδώρα, ἐὰν οἱ παῖδές μου, ὡς ἄνωθεν εἴρηται, προτελευτήσωσιν, εἴπερ ἑτέρῳ συναφθῇ ἀνδρί „.

Οὕτω δὲ τὸ ψιλὸν γράμμα τῷ πρωτοτύπῳ | ἀντιβαλλόμενον διατάγματι, ἐλέγχιστον προφανῶς ἀπεδείκνυτο, κἀντεῦθεν οὐκ ἦν ὅλως συγκρίνεσθαι τὸ ἀβέβαιον τῷ πάντῃ καὶ πάντως πιστῷ καὶ βεβαίῳ· ἀκόλουθον δὲ ἦν, τὸ μὲν πιστὸν καὶ βέβαιον προσλαμβάνεσθαι, τὸ δὲ μὴ τοιοῦτον παντάπασιν ἀπορρίπτεσθαι. Πάλιν δὲ ὁ Κοσαῖος οὕτως ἔχειν, ὡς ἄνωθεν ἔλεγε, τὰ τοῦ ψιλοῦ γράμματος ἐνιστά...νος· δῆλος ἦν, εἴτε τοῦ ἐλέγχου αἰσχύνην συγκαλύπτειν ἐθέλων, εἴτε ἀλογίστῳ ἐνστάσει χρώμενος, κατὰ τοὺς πικρὸν γλυκὺ ἢ τὸ σκότος φῶς εἶναι φάσκοντας· ἐπεὶ δὲ ἐξέρρηξε καὶ ὃν εἶχε λόγον ὁ Κοσαῖος, ὅτι οὐκ ἔστιν αὐτὸ ἐκεῖνο ἀφ' οὗ τὸ παρ' αὐτοῦ ἐμφανιζόμενον γραμματεῖον ἀντιγέγραπται, καὶ εὐχερῶς ἔχειν ἔλεγε κατὰ καιρὸν κινῆσαι κατ' αὐτοῦ τὸ πλαστὸν καὶ ἀποδεῖξαι τοῦτο διεφθαρμένον, ὡς καὶ τὸν ἐπίτροπον τῆς διαθήκης, καὶ ταύτης ῥᾳδίως ἔχειν, παραστῆσαι εἰς τὸ καθομολογῆσαι τὴν πλάστευσιν, εὐθὺς οἱ ἐνάγοντες τῷ οὕτω παρὰ τοῦ Κοσαίου προτεθέντι ἀντιτιθέμενοι, χάρτην τινὰ ἐνεφάνισαν, ταῦτα οὕτως αὐτολεξεὶ περιέχοντα·

" Τιμιώτατε κῦρ Βαρλαὰμ προφῆτα, οἱ ἄρχοντες καὶ αὐτάδελφοι οἱ πριμμικηρόπουλοι διαφόρως ἐξήτησαν ἡμᾶς μηνῦσαί σοι σχεδὸν μετ' ἐπιτιμίου, καὶ μαθεῖν πᾶσαν ἀλήθειαν ἀπὸ σοῦ περὶ τοῦ θείκου αὐτῷ διατάγματος, διὸ ἔχουσι συντυχίαν, αὐτοί τε καὶ ὁ Κοσαῖος κῦρ Θεόδωρος, ὡς γὰρ λέγουσι, διαβάλλει τὴν τοιαύτην διαθήκην καὶ τελείως νοθεύει ὁ Κοσαῖος. Ἀπόκρινε οὖν ἡμῖν μετὰ ἀληθείας, ἐὰν παρὰ σοῦ ἐγράφητο διάταγμα καὶ λεπτομερῶς ἐπελθών, αὐτὸ ἐπεὶ ἐμφανισθήσεταί σοι, συντήρησον, ἐὰν ἐνοθεύθη ἴσως παρά τινος, ἢ καὶ ὅπως δήποτε ἐρραδιουργήθη· ἐρρωμένος φυλάττοιο ψυχῇ τε καὶ σώματι „. Μηνὶ μαΐῳ ἰνδικτ. η'. Ἡ ὑπογραφή· Ὁ Κερκύρας Γεώργιος.

Καὶ ὑποκάτωθεν ταύτης εὐθύς· " Ἀπεκομίσθη μοι τῷ δούλῳ σου ἡ παροῦσα τιμία δεσποτική μου γραφή σου, παναγιώτατε δεσποτά μου, ἐπισκήπτουσά μοι δηλῶσαι τῇ ἁγιότητί σου περὶ τῆς διαθήκης τοῦ Γυμνοῦ ἐκείνου [f. 71] κυροῦ Μιχαὴλ μετὰ ἀληθείαν, εἴπερ παρ' ἐμοῦ ἐγράφη, καὶ εἰ ἀνόθευτός ἐστι· καὶ ἐμοί, δεσποτά μου ἅγιε, πρέπον ἦν ἀνενδύμητον μένειν ἀπὸ τῶν κοσμικῶν θορύβων καὶ ὀχλήσεων, ἅπαξ ἀποθανόντι τῷ κόσμῳ· ἐπεὶ δὲ τὸ δεσποτικόν μου συνωθεῖ με κέλευσμα, ἐπελθὼν τὸ διά-

---

[1] p. 1205. — [2] Cod. κληρονομήν.

τάγμα τοῦ Γυμνοῦ, ἐξ ἀρχῆς μέχρι τέλους, καὶ ἀνόθευτον εὗρον αὐτὸ, καὶ αὐτὸ ἐκεῖνο ὁμολογῶ εἶναι, ὅπερ πεποίηκεν ὁ Γυμνός· ἐμοῦ μὲν τὸ τηνικαῦτα κλινήρου ὄντος ἀπὸ τοῦ ῥεύματος, τοῦ δὲ υἱοῦ μου ἐκ προτροπῆς ἐμῆς ἀποσταλέντος, δικαίῳ ἐμοῦ καὶ γράψαντος αὐτὸ, ὡς ταβουλαρίου ὄντος, παραπόδας δὲ ἀποκομισθὲν κἀμοὶ μεμαρτυρημένον παρ' ὧν ὑπεγράφη μαρτύρων καὶ παρ' ἐμοῦ· οὔτε οὖν δόλον, οὔτε οὖν νόθευσιν, οὔτε ῥᾳδιουργίαν εὑρίσκω, ἐν τῇ τοιαύτῃ διαθήκῃ· ὡς δοῦλός σου ἔγραψα „. Ἡ ὑπογραφή· Ὁ δοῦλος καὶ εὐχέτης σου καὶ πάντων μοναχῶν [1]) εὐτελέστερος, Βαρλαὰμ ἱερομόναχος προφήτης, εἶχε καὶ κάτω διὰ νεκρᾶς σφραγίδα τυποῦσαν τὴν ὑπεραγίαν Θεοτόκον.

Προσέθεντο δὲ οἱ πριμμικηρόπουλοι μετὰ τὴν οὕτω γεγραμμένων ἀνάγνωσιν ἐρωτῆσαι τὸν Κοσαῖον, εἰ ἐνηργήθησαν ἐν τῇ διαθήκῃ πάντα, καθὰ παρὰ τοῦ διαθεμένου ταῦτα ὡρίσθησαν· τοῦ δὲ ὁμολογήσαντος ἐνεργηθῆναι ταῦτα ἐξ ἅπαντος, εἶπον αὖθις οὗτοι· Καὶ πῶς ἐνεργουμένης τῆς διαθήκης, καὶ χρόνου τὸ ἀπ' ἐκείνου παρῳχηκότος ἱκανοῦ ἤδη, τὸ πλαστὸν, ἢ ἑτέρα τις μέμψις κατ' αὐτῆς οὐ κεκίνηται; ἢ πῶς ὁ ἐπίτροπος τὰ ἐν αὐτῇ τότε διενεργήσας, νῦν πεπλαστευμένην αὐτὴν εἶναι ὁμολογήσειεν;

Οὕτω τῶν μερῶν ἀντικρινομένων ἀλλήλοις, ἡ μετριότης ἡμῶν μετά γε τῷ ἁγιωτάτῳ μητροπολίτῃ Κερκύρας, ἐν Κυρίῳ ἀγαπητῷ ἡμῖν καὶ συλλειτουργῷ κυρῷ Γεωργίῳ (παρῆν γὰρ καὶ οὗτος ἐρισμῷ τοῦ κραταιοῦ μεγάλου Κομνηνοῦ τῇ τοιαύτῃ ὑποθέσει διαιτῶν σὺν τῇ ἡμῶν μετριότητι) ἀλλὰ δὴ καὶ τῶν συνεδριαζόντων ἡμῖν ἱερωτάτων ἀρχιερέων, τὰ τοῦ πράγματος | διασκεψαμένη καὶ γνοῦσα τοὺς μὲν ἐνάγοντας αὐταδέλφους τοὺς πριμμικηροπούλους νομίμως καὶ ἀμέμπτως συστησαμένους τὴν ἀγωγὴν, ἣν κατὰ τοῦ Κοσκίου περὶ τῆς ἁρμοζούσης κληρονομίας αὐτοῖς κεκινήκασιν, αὐτὸν δὲ Κοσαῖον μηδέν τι στερρὸν ἢ ὑγιὲς ἢ ἐχόμενον λόγον [2]) δυνάμενον ἀντεπενεγκεῖν εἰς ἀποτροπὴν τῆς κατ' αὐτοῦ ἐπιφερομένης αἰτιάσεως· (καὶ αὐτὸ γὰρ ὃ λέγει κινῆσαι πλαστὸν κατὰ τῆς διαθήκης, προελήλεκται ἤδη ἀπό τε τῆς μαρτυρίας τοῦ ἀναγεγραμμένου ἱερομονάχου Βαρλαάμ, μετ' ἐπιτιμίου τοῦ ἁγιωτάτου μητροπολίτου Κερκύρων γεγενημένης), ἀλλὰ δὴ καὶ ἀπὸ τοῦ ἀδύνατον εἶναι τὸν ἐπίτροπον προσμαρτυρῆσαι τὸ πλαστὸν τῇ διαθήκῃ, ἣν φθάσας οὗτος πρὸ ἐτῶν ἤδη πεντεκαίδεκα διενήργησεν. Οὐδέποτε γὰρ νοῦν ἔχων αὐτὸς ἑαυτὸν τῷ τοῦ πλαστοῦ ἐγκλήματι, καὶ ταῖς ἐντεῦθεν νομίμοις ποιναῖς καθυποβαλεῖ αἳ τινές εἰσι περιορισμὸς καὶ τελεία δήμευσις κατὰ τὴν τοῦ νόμου διάταξιν, διέγνω καὶ ἀπεφήνατο αὐτοὺς μὲν τοὺς πριμμικηροπούλους μετὰ τῆς μητρὸς αὐτῶν ἀπεντεῦθεν [3]) κατὰ τὴν περίληψιν τοῦ διατάγματος τοῦ θείου αὐτῶν τοῦ Γυμνοῦ ἐγκρατεῖς γενέσθαι τῆς περιουσίας ἁπάσης, τῆς εἰς κλῆρον ἐλθούσης τῶν παίδων ἐκείνου ἀπὸ τῆς αὐτῆς τάξεως· τὸν Κοσαῖον δὲ, ὡς μηδέν τι μηδαμοῦ δίκαιον ἔχοντα ἐν τοῖς τοιούτοις πράγμασι, μήτε ἀπὸ κληρονομίας τῆς γυναικὸς αὐτοῦ τῆς πρώην δηλονότι συμβίου τοῦ Γυμνοῦ, μητέποθεν ἄλλοθεν ὑπεκστῆναι αὐτῶν τούτοις παντάπασιν, ὡς τῆς εἰρημένης διαθήκης πάσης ἀπολογίας θύραν ἐπιζητούσης αὐτῷ, εἴπερ μέντοι μετὰ ταῦτα, ἴσως κινῆσαι οὗτος ἐθελήσειε μέμψιν τινὰ κατ' αὐτῆς, ἢ δηλονότι ὡς ἀκαθηκούσης, ἢ ὡς παρανόμου, ἢ ὡς ἀκύρου καὶ ῥηγνυμένης ἢ ὡς πεπλαστευμένης, ἐξέσται μὲν αὐτῷ τοῦτο ποιῆσαι, ὅτε καὶ βούλεται, τοῦ ὡρισμένου τοῖς νόμοις χρόνου ἐντός, ἐπεὶ καὶ παντὶ ἔξεστι κατὰ νόμους κινεῖν τὴν δοκοῦσαν αὐτῷ ἀγωγήν, πλὴν ὅσον πρὸς τὸ τοῦ πλαστοῦ ἔγκλημα νόμιμον ἀντεπιφορὰν οἱ [f. 72] εἰρημένοι αὐτάδελφοι. Προσεξενεγκόντες ἤδη τὴν σύ-

---

[1]) Cod. μονάχων, dein ἱερομονάχου προφήτου. — [2]) Id. λόγου. — [3]) Id. ἀπεντεῦθεν.

τασιν τῆς τοῦ θείου αὐτῶν διαθήκης εἰρ‑
γάσαντο. Σαφῶς γὰρ καὶ κατὰ τὴν τῶν ρι‑
λευσεβῶν νόμων περίληψιν, τὰ ἀνόπιν τοῦ
λόγου γεγραμμένα προέθεντο, φησὶν γὰρ τὸ
παρατέλευτον θέμα τοῦ ζ΄ κεφαλ. τοῦ μα΄
τίτλ. τοῦ ζ΄ βιβλ. ταῦτα ῥητῶς· " Ἐπὶ παν‑
τὸς συμβολαίου, ζητοῦμεν πρότερον τὰς
ἀποδείξεις ἐκ τοῦ προενεγκόντος· καὶ μετὰ
ταῦτα ἐκ τοῦ λέγοντος· πλαστὸν εἶναι τὸ
σύμβολον. Τότε γε μὴν τὰ ἐνάγοντα πρό‑
σωπα ". Ἤγουν οἱ πριμμικηρόπουλοι παύ‑
σονται τῆς νομῆς καὶ δεσποτείας· τῶν ἀνα‑
καλουμένων παρὰ τῶν πραγμάτων, ὁπηνίκα
δηλονότι συσταίη, ὅτε τῆς πλαστογραφίας
ἢ ἑτέρας οἰκοσοῦν κατὰ τῆς διαθήκης μέμ‑
ψεως ἔγκλημα· πρὸς συστάσεως δὲ τοῦ τοι‑
οῦδέ τινος ἐγκλήματος, οὗτοι, ὡς αὐτοῖς
διαφερόντων τῶν εἰρημένων πραγμάτων, ἀν‑
τιποιήσονται καὶ τῆς κατοχῆς αὐτῶν καὶ
νομῆς κύριοι ἔσονται.

ΛΒ΄.

Περὶ νόθων καὶ γνησίων παίδων καὶ περὶ ἀνιόντων καὶ τῶν ἐκ πλαγίου
καὶ περὶ τῶν πιπρασκόντων τὰ ἀλλότρια.

De filiis spuriis et legitimis et ascendentibus et lateralibus et de vendentibus aliena.

Προσῆλθε τῇ ἡμῶν μετριότητι νεανίσκος
τίς, τοὔνομα Ῥωμανὸς τοῦ Νεκτάνου, ἐν
τῷ χωρίῳ Χωροπανίῳ οἰκῶν, τῷ ὑπὸ τὸν
Ηρίλαπον, καὶ τὰ καθ᾽ ἑαυτὸν ἐξηγήσατο
εἰπὼν, ὡς ἔστιν ἐν τῷ αὐτῷ χωρίῳ ὑπόσ‑
τασις ἐκ μητρῴας διαδοχῆς αὐτῷ διαφέρου‑
σα. Ταύτην δὲ φιλονεικεῖ διαπολῆσαι Βλα‑
διμηρός τις, ὁ ἐκ πορνείας γεννηθεὶς τῷ
πρὸς μητρὸς πάππῳ αὐτοῦ τῷ ἀποιχομένῳ
ἱερεῖ Βλαδιμηρῷ, ὡς ἐπευκαιρήσας τῇ τε
δευτερογαμίᾳ τοῦ πατρὸς αὐτοῦ Νεκτάνου
καὶ τῷ ἀτελεῖ τῆς ἡλικίας αὐτοῦ, καὶ ὡς
οἰόμενος διακατοχὴν ἔχειν ἀπὸ τοῦ γεννη‑
σαμένου τοῦτον ἐκ πορνείας, ὡς εἴρηται, τοῦ
ἱερέως ἐκείνου δηλονότι Βλαδιμηροῦ· καὶ ἐπὶ
τούτοις ᾐτήσατο μαθεῖν, εἰ πρόσεστι τῷ
εἰρημένῳ Βλαδιμηρῷ κληρονομικόν τι δί‑
καιον ἐπὶ τῇ μητρῴᾳ ὑποστάσει τοῦ αὐτοῦ
Ῥωμανοῦ, καὶ εἰ εὐλόγως ποιεῖται τὴν πρᾶ‑
σιν ταύτης, καὶ εἰ ἀποτρέπεται ἐκεῖνος παρὰ
τοῦ νόμου λαβεῖν αὐτὸν τὴν ἐκ τοῦ νόμου
βοήθειαν, ὥστε ἐν κατοχῇ | γενέσθαι τοῦ
δικαίου, τοῦ μητρόθεν αὐτῷ διαφέροντος.

Ἡ μετριότης δὲ ἡμῶν, τὴν τοῦ Ῥωμα‑
νοῦ προσῆκεν αἴτησιν, ἅτε καὶ ὀρφανοῦ
καὶ ἀπροστατεύτου, καὶ χρῄζοντος τῆς ἀπὸ
τῶν νόμων βοηθείας καὶ ἀντιλήψεως, τὰ
τοῖς νόμοις δοκοῦντα πρὸς τὴν αὐτοῦ ἀφή‑
γησιν ὑποκρίνεται· ἄτοπον γὰρ καὶ πάνυ
θεοστυγὲς εὐσεβείας καὶ χριστιανισμοῦ πο‑
λιτείας ὀφειλούσης ἐμπρέπειν ἡμῖν, ὀρφα‑
νοὺς πλεονεκτεῖσθαι καὶ τῶν οἰκείων ἐξω‑
θεῖσθαι δικαίων, μή τινος ὑπάρχοντος τοῦ
κωλύοντος· ἔχουσι μέντοι τὰ τῆς ἀποκρί‑
σεως οὕτως·

Οἱ θεῖοι καὶ φιλευσεβεῖς νόμοι τοὺς εὐ‑
γενεῖς καὶ νομίμους παῖδας ἀπὸ τῶν φυσι‑
κῶν ἤτοι νόθων διώρισαν, καὶ τοῖς μὲν νομί‑
μοις, εἰς τὰς τῶν γονέων διαδοχὰς τὸ κράτος
δεδώκασι· τοὺς δὲ νόθους τοσοῦτον ἠξίωσαν
λόγου, ὅσον ἀποτρέφεσθαι τούτους μόνον
παρὰ τῶν γνησίων κατὰ τὴν φύσιν τοῦ πρέ‑
ποντος, ἥτις τὰ πρὸς τὴν χρείαν χορηγεῖ
καὶ τοῖς πένησιν. Εἰς τὴν ἐξ ἀδιαθέτου δὲ
κληρονομίας πάντων τῶν ἀνιόντων καὶ τῶν
ἐκ πλαγίου τοὺς κατιόντας, ἤγουν τοὺς παῖ‑
δας, προετιμήσαντο· καὶ βεβαιοῦσι τοὺς λό‑
γους τούτους· τὰ τῶν τοιούτων νόμων θε‑
σπίσματα· ὧν δὴ, τὸ μὲν λβ΄ βιβλ. τῶν βα‑
σιλικῶν ἐν τίτλῳ β΄ κεφαλ. δ΄ ταῦτα οὕτω
ἐν μέρει φησίν· " Εἰ δὲ γνησίων ὑπόντων
καταλίπει καὶ νόθους, ἐξ ἀδιαθέτου μὲν αὐ‑

τοῖς οὐδὲν ὑπάρχειν· ἀποτρέφεσθαι δὲ μόνον παρὰ τῶν γνησίων κατὰ τὸ πρέπον καὶ πρὸς τὸ τῆς οὐσίας μέτρον „. Τὸ δέ γε με' βιβλ. ἐν τίτλ. γ' κεφαλ. η' ταῦτα διεκελεύεται· " Ἐπειδὴ πᾶσα ἡ τοῦ γένους ἐξ ἀδιαθέτου διαδοχὴ τρισὶ γνωρίζεται τάξεσι, τουτέστι τῇ τῶν ἀνιόντων καὶ τῶν κατιόντων καὶ τῇ τῶν ἐκ πλαγίου, πρώτων εἶναι διατυποῦμεν τὴν τῶν κατιόντων διαδοχήν· εἴ τις τοίνυν ὑπείη τῶν κατιόντων τῷ ἀδιαθέτως τελευτήσαντι, οἱασδήποτε φύσεως ἢ βαθμοῦ, εἴτε ἐξ ἀρρενογονίας, εἴτε ἐξ θηλυγονίας καταγόμενος, καὶ εἴτε αὐτεξούσιος, εἴτε ὑπεξούσιος εἴη, πάντων τῶν ἀνιόντων καὶ τῶν ἐκ πλαγίου συγγενῶν προτιμάσθω· κἂν γὰρ ὁ τελευτήσας ἑτέρου ὑπεξούσιος ἦν, ὅμως τοὺς αὐτοῦ [f. 73] παῖδας οἱασδήποτε ἂν ὦσι φύσεως ἢ βαθμοῦ, καὶ αὐτῶν τῶν γονέων προτιμᾶσθαι κελεύομεν, ὧν ὑπεξούσιος ἦν ὁ τελευτήσας, ἐπ' ἐκείνοις δηλαδὴ τοῖς πράγμασι, ἅτινα κατὰ τοὺς ἄλλους ἡμῶν νόμους τοῖς πατράσιν οὐ προπορίζεται.

Οὕτω τῶν νόμων διακελευομένων τοῦ ἔχειν τι δίκαιον ὁ Βλαδίμηρὸς ἐν τῇ μητρῴᾳ ὑποστάσει τοῦ Ῥωμανοῦ, ἐντεῦθεν παντελῶς ἀποσκορακίζεται, τοῦτο μὲν, ὅτι νόθος ἐστίν, ὡς ἐκ πορνείας γεννηθεὶς τῷ πάππῳ τοῦ Ῥωμανοῦ, τοῖς νόθοις δὲ οὐδεμία, καθὼς ἀνώπιν ὁ νόμος διέξεισιν, ἐξ ἀδιαθέτου ἁρμόζει διαδοχή· τοῦτο δὲ ὅτι ὁ Ῥωμανός, πάντων τῶν ἀνιόντων καὶ τῶν ἐκ πλαγίου συγγενῶν προτιμᾶται εἰς τὴν ἐξ ἀδιαθέτου κληρονομίαν τῆς οἰκείας μητρός, καὶ ὅτι ἐκ νομίμου μὲν θυγατρὸς τοῦ ἱερέως ἐκείνου Βλαδιμηροῦ ὁ Ῥωμανὸς τυγχάνων ἐστίν, ἐκ παλλακῆς δὲ ἐκείνου οὑτοσὶ ὁ Βλαδίμηρός· κἀντεῦθεν δὲ οὐδὲ ὡς νόθος ἀδελφὸς αὐτὸς ἀποτρέφεσθαι δικαιοῦται παρὰ τοῦ Ῥωμανοῦ κατὰ τὴν τοῦ νόμου διάταξιν· καὶ διὰ τοῦτο αὐτὸς μὲν ὁ Ῥωμανὸς δίκαιον ἄμαχον κέκτηται, τὴν μητρῴαν αὐτοῦ κατέχειν ὑπόστασιν, ὡς μηδὲ παρὰ χρόνου ἐμποδιζόμενος, ἀλλ' ὑπὸ τῆς ἡλικίας αὐτοῦ βοηθούμενος· ἐπεὶ μηδὲ τὸν εἰκοστὸν πέμπτον χρόνον φθάνων ἔτι καταλαμβάνεται· ὅ γε μὲν Βλαδίμηρὸς ἀφέξεται τοῦ λοιποῦ πρᾶσιν ποιήσασθαι πράγματος ἐν ᾧ τινὰ μετουσίαν οὐ κέκτηται. Εἰ δὲ καὶ πέπρακε τοῦτο, εὖ ἴσθωσαν ὅτι αὐτὸς μὲν ἀντιστρέψει τὸ τίμημα, ὡς μάτην τοῦτο λαβών, οἱ δὲ ἀγοράσαντες κενόσπουδοι εὑρεθήσονται καὶ οὐδὲν ἐκ τῆς ἀγορασίας ταύτης ὠφεληθήσονται, ἀλλ' ὑπὸ τῶν νόμων ἀναγκασθήσονται καὶ ἄκοντες ἀπολῦσαι τὸ ἀλλότριον, ὥστε καλῶς εἰς τὸν οἰκεῖον δεσπότην ἐπανελθεῖν.

ΛΓ'.

Περὶ νόθων καὶ τῶν ἀπογνησίων παίδων.
De nothis et illegitimis filiis.

Χρύσος, ὁ νόθος υἱὸς τοῦ ποτὲ ἐν διακόνοις Μιχαήλ, ἐκείνου τοῦ ὀνομαζομένου Χρυσοβέργη, κληρονομικὸν ἑαυτῷ ἀναβαλούμενος δίκαιον ἐπὶ τῇ ὑποστάσει τῇ νῦν κατεχομένῃ παρὰ | Κωνσταντίνου τοῦ ἐκγόνου τοῦ ἀποιχομένου Χρυσοβέργη Κωνσταντίνου τοῦ ἐπ' ἀδελφῷ γεγονότος γαμβροῦ τοῦ εἰρημένου διακόνου, καὶ ἐν τῷ χωρίῳ Ἀρμενοχωρίῳ διακειμένῃ, ὡς ἀπὸ διαθήκης δηλαδὴ τοῦ πατρὸς αὐτοῦ, ἀγωγὴν ἐνεστήσατο κατὰ τοῦ αὐτοῦ Κωνσταντίνου, ἐνώπιον τοῦ παναγιωτάτου ἡμῶν δεσπότου τοῦ ἀρχιεπισκόπου πάσης Βουλγαρίας, τὴν σήμερον. Καὶ ἐπειδὴ παρῆν ὁ Κωνσταντίνος, ἀπελογεῖτο λέγων· αὐτῷ [1]) διαφέρειν μάλιστα τὴν ὑπόστασιν, ὡς ἀπὸ τοῦ ἀναγεγραμμένου

---

[1]) Cod. αὐτό.

διακόνου Μιχαὴλ, τοῦ αὐταδέλφου μὲν τῆς μάμμης αὐτοῦ, μεγάλου δὲ θείου αὐτοῦ, ἐπεὶ καὶ τὸ δίκαιον τῆς ἐξ ἀδιαθέτου κληρο[νο]μίας τοῦ αὐτοῦ διακόνου τῷ πατρὶ τούτου προσήρμοσε καὶ δὴ καὶ ἡ νομὴ τῆς τοιαύτης ὑποστάσεως, διηνεκὴς παρὰ τούτῳ γέγονε, καὶ μετὰ θάνατον αὐτοῦ, εἰς τὸν τοιοῦτον Κωνσταντῖνον κατῆλθε, καὶ νῦν κατὰ διαδοχὴν τούτῳ πρόσεστι μετὰ παντὸς τοῦ προσήκοντος αὐτῷ [1]) τέλους καὶ βάρους· προσετίθει γὰρ, ὡς οὐδὲ διάταγμα ἐπιτελεύτιον τοῦ εἰρημένου διακόνου Μιχαὴλ πρόσεστι τῷ τοιούτῳ νόθῳ υἱῷ αὐτοῦ τῷ Χρυσῷ. Ὧι, οὖν ἐγνώσθη ὅτι ὁ Χρύσος νόθος υἱὸς ἦν τοῦ ἀναπεφωνημένου Χρυσοβέργη, καὶ ὅτι ἀδιάθετος ἐκεῖνος τέθνηκεν. οὐδὲ γὰρ προεκομίζετο διαθήκη ἐκείνου παρὰ τοῦ Χρύσου, ἀμφότερα γὰρ ἐπὶ τοῦ δεσποτικοῦ δικαστηρίου εὑρέθησαν ἀναφίλεκτα, τό τε δηλαδὴ νόθου τοῦ Χρυσοῦ καὶ τὸ τοῦ πατρὸς αὐτοῦ ἀδιάθετον ἐκ τοῦ μὴ διαθήκην αὐτοῦ ἐμφανίζεσθαι, αὐτὰ δὲ ταῦτα κατὰ τὰς διατάξεις τῶν νόθων τὴν ἀμφισβήτησιν ἔλυσαν· φησὶ γὰρ τὸ δ' κεφαλ. τοῦ α' τίτλ. τοῦ λβ' τῶν βασιλικῶν, ἐν μέρει ταῦτα ῥητῶς· ‘Ἀδιαθέτων δὲ τελευτώντων τῶν τοὺς φυσικοὺς ἤτοι νόθους παῖδας ἐχόντων, δύο μόνας οὐγγίας ἔχειν τοὺς παῖδας ἅμα τῇ μητρὶ μεριζομένας, ὥστε ἑνὸς παιδὸς μερίδα καὶ τὴν μητέρα λαμβάνειν· ταῦτα γὰρ φαμὲν, εἰ μιᾷ παλλακῇ συνοικῶν, παῖδας ἐξ αὐτῆς· ἔχει· εἰ γὰρ ἐκκεχυμένα τὰ τῆς ἐπιθυμίας αὐτῷ γένηται, καὶ ἄλλας ἀπ' ἄλλαις ἐπεισαγάγει πορνευομένας, πόρρω τοῦ νόμου [f. 74] καθάπαξ αὐτὰς ἀπελαύνεσθαι „.

Οὕτω, οὖν ἐχόντων τῶν φιλευσεβῶν νομικῶν ῥημάτων, εἰ μὲν παλλακῇ μιᾷ ὁ Χρυσοβέργης συνῴκησεν, αἱ δύο οὐγγίαι, ἤτοι τὸ ἕκτον τῆς εἰρημένης ὑποστάσεως ἁρμόζουσι τῷ Χρύσῳ μετὰ τῆς οἰκείας μητρός. Εἰ δὲ διαφόροις πόρναις ἐκεῖνος ἐχρήσατο, τὸ δωδέκατον λαβεῖν οὗτος δίκαιός ἐστιν, ὡς τοῦ λοιποῦ μέρους τῆς ὑποστάσεως τοῖς ἐξ ἀδιαθέτου κληρονόμοις τοῦ Χρυσοβέργη προσηκούσης, κατὰ τοὺς νόμους τοῖς ἐγγυτέρω βαθμῷ δηλονότι τυγχάνουσι· καὶ ἐπειδὴ ὁ πατὴρ τοῦ Κωνσταντίνου κατὰ νόμους τοῦ ἁρμόζοντος αὐτῷ ἐξ ἀδιαθέτου δικαίου, ἐπὶ τῇ ὑποστάσει τοῦ πρὸς πατρὸς θείου αὐτοῦ τοῦ διακόνου Μιχαὴλ ἐπελάβετο, καλῶς καὶ εἰς τοὺς ἐξ ἐκείνου κατὰ διαδοχὴν ἡ κατοχὴ καὶ νομὴ τῆς τοιαύτης ὑποστάσεως κάτεισι· καὶ διὰ τοῦτο καὶ ὁ Κωνσταντίνος· οὐδαμῶς τῆς τοιαύτης κατοχῆς καὶ νομῆς παρασαλευθήσεται, ὡς καὶ ἀληθὴς κληρονόμος τοῦ πατρὸς αὐτοῦ καὶ διάδοχος. Ταῦτα οὕτως τῆς δεσποτικῆς θείας μεγαλειότητος ἀκολούθως τοῖς νόμοις ἀποφηναμένης, ἡ παροῦσα παρ' ἡμῶν ὁρισμῷ δεσποτικῷ προέβη σημείωσις.

ΛΔ'.

Περὶ μητρικῶν πραγμάτων καὶ τῆς χρήσεως τούτων, καὶ περὶ δευτερογαμουσῶν καὶ μή.
De maternis bonis et eorum usufructu,
et de mulieribus secundo nubentibus et secundo non nubentibus.

Ὥστε μὲν ὁ Δεσίσλαβος, ὁ ἐν τῷ κάστρῳ τῆς Ἀχρίδας τὰς οἰκήσεις ποιούμενος, κινήσας κατὰ τοῦ χρηματίσαντος ἐπὶ θυγατρὶ γαμβροῦ αὐτοῦ τοῦ εὐλαβεστάτου διακόνου Γεωργίου, τοῦ ἐπονομαζομένου Ζαΐκου, πρὸς ἑαυτοῦ τὸν τῆς δίκης ἀγῶνα ποιήσασθαι, εὗρε δὲ ἀντικείμενα τούτῳ τὰ εὐσεβῆ νομικὰ διατάγματα καὶ μὴ ἐῶντα τὴν αὐτοῦ

[1]) Cod. αὐτῷ.

ἀγωγὴν συμβῆναι τοῖς δοκοῦσιν αὐτῷ, καθὰ δὴ τὰ τοῦ λόγου ἐφ' ἑξῆς παραστήσουσι. Τεθνηκυίας γὰρ τῆς τοῦ Δεσισλάβου θυγατρὸς τῆς συνεύνου τοῦ εἰρημένου διακόνου, ἐπὶ παιδὶ ἄρρενι, αὐτὸς μὲν ἐνήγαγεν, ἵνα καὶ τὸν παῖδα ἔχῃ παρ' ἑαυτῷ, καὶ | τὰ μητρῷα τούτου καρπίζηται πράγματα, ὅσα εἰς λόγον προικὸς τῆς μητρὸς αὐτοῦ τῷ γαμηλίῳ ἐμφέρονται, τῷ λόγῳ δήπουθεν τῆς τοῦ παιδὸς ἀναγωγῆς καὶ ἀνατροφῆς· ὅτι δὲ ὁ νόμος ἕτερα θεσπίζει περὶ τῶν μητρικῶν τῶν παίδων ὑπάρξεων, τιθεὶς ὑπὸ τὴν τοῦ πατρὸς ἐξουσίαν καὶ τοὺς παῖδας καὶ τὴν μητρῴαν αὐτῶν περιουσίαν, ναὶ μὴν καὶ κληρονόμον ταύτης αὐτῶν ἀποκαθιστῶν, εἴ γε δηλαδὴ αὐτὸς μὲν δευτέρων γάμων ἀπόσχοιτο, οἱ παῖδες δὲ ἄπαιδες τὸν βίον πρὸ αὐτοῦ τελευτήσουσι· τούτου γε χάριν, οὐδὲ ἀπολογήσασθαι αὐτοστοματὶ τὸν διαληφθέντα διάκονον ἐδέησεν, ὡς ἀρκούντων αὐτῶν τῶν τοῦ νόμου ῥημάτων αὐτοτελεῖ τῷ Δεσισλάβῳ τὴν ἀπολογίαν ποιήσασθαι· τὸ μὲν γὰρ α΄ κεφαλ. τοῦ δ΄ τίτλ. τοῦ με΄ βιβλ. τῶν βασιλικῶν, ταῦτα διαγορεύει ῥητῶς· " Τὰ πράγματα τὰ μητρῷα εἰς τοὺς παῖδας περιελθόντα, τοὺς ὄντας ὑπεξουσίους τοῦ ἰδίου πατρὸς, διαφερέτωσαν τῷ πατρί, ὥστε αὐτὸν μόνην ἔχειν τὴν χρῆσιν, τὴν δεσποτείαν αὐτῶν τοῖς παισὶ διαφέρειν· πᾶσαν δὲ σπουδὴν καὶ ἐπιμέλειαν ποιεῖσθαι περὶ τὸ πρᾶγμα τοὺς πατέρας καὶ τὰς ἀν[αγ]ωγὰς τῶν παίδων ἐκβιβάζειν ἐν δικαστηρίῳ καὶ δι' ἑαυτῶν καὶ διὰ ἐντολέων, ἐπὶ τῷ δαπανᾶν ἐκ τῶν καρπῶν ". Τὸ δέ γε δ΄ κεφαλ. ταῦτα· " Πᾶσαν ἀμφισβητήσεως σύγχυσιν περικόπτοντες, τούτῳ τῷ φανερῷ καὶ συντόμῳ νόμῳ θεσπίζομεν· εἰς τὴν χρῆσιν τῶν μητρῴων πραγμάτων μηδεμίαν εἶναι διαφοράν, εἴτε ἐν τῷ α΄ γάμῳ ὁ πατὴρ ἐξ οὗ τοὺς υἱοὺς ἔσχε, διαμένειν ἠβουλήθη, εἴτε μητρυιὰν τοῖς παισὶν ὑπεισήγαγε· τῶν νόμων οἵτινες περὶ μητρῴων πραγμάτων, εἰ καὶ εἰς δευτέρους μετέβησαν γάμους, ἀναμφιβόλως ἔχειν ὀφείλουσι, καὶ οὐδεμίαν τοῖς παισὶν, ἤ τισι δήποτε ἐκ προσώπου αὐτῶν κατὰ τῶν πατέρων ἀναίσχυντον φωνὴν ἢ αἰτίασιν τινὰ δύνασθαι ἁρμόζει ". Τό γε μὴν α΄ κεφαλ. καὶ τὸ β΄ τοῦ ιβ΄ τίτλ. τοῦ κη΄ βιβλ. τῶν βασιλικῶν ταῦτα θεσπίζει αὐτολεξεί· " Ἐπειδὴ δὲ καὶ τὰς γυναῖκας [f. 75] τὰς δὲ εἰς δεύτερον γάμον οὐκ ἐρχομένας προτιμήσεως τινὸς ἀξίας παρὰ τὰς δευτερογαμούσας εἶναι νομίζομεν, θεσπίζομεν εἴ τις ἀποβαλλομένη τὸν ἄνδρα ἑτέρων ἀποίσχοιτο γάμων, ἔχει μὲν αὐτὴν τὴν χρῆσιν τῆς προγάμου δωρεᾶς καὶ πρότερον ἐθεσπίσαμεν, ἔχει δὲ αὐτὴν καὶ δεσποτείας τοσοῦτον ὅσον ἡ πρὸς τοὺς παῖδας ἀναλογία ποιεῖ, ἵνα κατὰ τὸν τῆς δεσποτείας λόγον ἑνὸς καὶ αὐτὴ παιδὸς πρόσωπον ἔχειν δοκεῖ· ταῦτα δὲ κρατεῖν οὐκ ἐπὶ μητρῴων μόνον, ἀλλὰ καὶ ἐπὶ πατρῴων καὶ τῶν ἄλλων ἀνιόντων. Βουλόμεθα καὶ τῶν εἰς δευτέρους γάμους οὐκ ἐρχομένων καὶ ἔσονται ταῦτα αὐτοῖς οἰκεῖα, οὐδὲν σχεδὸν τῆς ἄλλης αὐτῶν διαφέροντα κτήσεως ". Καὶ ὅσα ἑξῆς ἡ νεαρὰ αὕτη διέξεισι τούτοις ἀκόλουθα.

Οὕτω τῆς ἀγωγῆς ταύτης κινηθείσης ἐνώπιον τοῦ παναγιωτάτου ἡμῶν δεσπότου καὶ τῶν ἀναγεγραμμένων κεφαλαίων εἰς μέσον ἀναγνωσθέντων, διεγνώσθη παρὰ τῆς τούτου μεγαλειότητος ἀκολούθως αὐτοῖς, τὸν μὲν εὐλαβέστατον διάκονον Γεώργιον, ὡς πατέρα καὶ ὡς ὑπεξούσιον ἔχοντα τὸν παῖδα, ὃν ὑπὸ τῇ θυγατρί, ὡς εἴρηται, τοῦ Δεσισλάβου ἐγείνατο, τὴν χρῆσιν ἔχειν ἁπάσης τῆς μητρικῆς τούτου ὑπάρξεως, καὶ ἐν τῷ καιρῷ τῆς αὐτοῦ ἐνηλικιώσεως, μοῖραν καὶ αὐτὸν ἐκ τούτων κατὰ δεσποτείαν λαβεῖν, ὡς ἡ νομικὴ παρατήρησις βούλεται. Ἐπειδὴ πρὸς δευτέρους γάμους αὐτὸν ἀπιδεῖν, διὰ τὴν τῆς ἱερωσύνης ἀξίαν, ἔστιν ἀνένδεκτον, οὗ δὴ χάριν καὶ εἰ συμβῇ τὸν εἰρημένον αὐτῷ παῖδα προτελευτῆσαι αὐτοῦ, καθόλου αὐτοῦ ἁρμόσει ἡ τούτου κληρονομία κατὰ τὴν νομικὴν παρατήρησιν· τῷ οὕτω γάρ φησιν, οἱ γονεῖς κληρονομοῦσι τῶν παίδων, τὸν δέ γε

δεσίσλαβον παύσασθαι τὸ λοιπὸν τοῦ ἐπι-
ρεῖσθαι τῷ γαμβρῷ αὐτοῦ, ὡς μηδεμίαν
παρὰ τῶν νόμων συγχωρούμενον ἔχειν πά-
ροδον εἰς ἀναζήτησιν τῆς προικὸς τῆς ἑαυτοῦ
θυγατρὸς οἷα κληρονόμων ταύτης ὑπόντων,
τοῦ τε υἱοῦ αὐτῆς, καὶ τοῦ ἀνδρὸς, ὡς διεί-
ληπται.

ΛΕ΄.

| Ὅτι ὀφείλει ἡ γυνὴ ἐπιτρέπειν τοῦ τεχθέντος αὐτῇ παιδὸς μετὰ θάνατον τοῦ ταύτης ἀνδρὸς, καὶ ὅτι μήτηρ καὶ ἀπελεύθεροι μὴ αἰτοῦντες ἐπίτροπον τῷ ἀφήλικι ἐκπίπτουσιν τοῦ διαφέροντος αὐτῆς κλήρου ἐξ ἀδιαθέτου τοῦ παιδός· καὶ ὅτι εἰ μὲν ἄνηβος τελευ-
τήσει, οὐ κληρονομεῖ αὐτὸν ἡ μήτηρ, μὴ αἰτήσασα τούτου ἐπίτροπον· εἰ δὲ ἔφηβος,
κληρονομεῖ αὐτὸν, καὶ περὶ κληρονομίας τῶν μὴ δευτερογαμούντων, καὶ περὶ χρήσεως
τῶν δευτερογαμουσῶν, καὶ ὅτι τὰ ἱερὰ οὐδ' ὅλως κατά τιναοῦν αἰτίαν δεσπόζονται, ἀλλὰ
μόνῃ τῇ χειρὶ τοῦ ἀρχιερέως ὑπόκειται.

*Quod uxor petere debeat tutorem nati sibi filii post mortem sui mariti, et quod
mater et liberti, qui tutorem natu minoris non petunt, excidunt pertinente ad se hae-
reditate pueri ab intestato. Et si impubes moriatur, mater, quae tutorem ipsi non
petiit, ipsius haeres non est. Si autem pubes est, ipsum haereditat. De haereditate
secundo non nubentium et de usufructu secundo nubentium, et quod sacrorum dominium
ex nulla prorsus ratione acquiratur, sed sub solius archiepiscopi manu subjaceat.*

Ὁ εὐλαβέστατος ἀναγνώστης καὶ κληρι-
κὸς τῆς ἁγιωτάτης τῶν Σκοπίων ἐπισκοπῆς,
Κωνσταντῖνος ὁ Σουχάλιτρος, παραστὰς τὴν
σήμερον τῇ ἡμῶν μετριότητι προκαθημένῃ
συνοδικῶς, τοιάνδε τὴν ἀφήγησιν, [παρένεγ-
κέ?]· ὡς τοῦ πρὸς μητρὸς θείου αὐτοῦ Νι-
κολάου τοῦ οἰνομέρου ἐπὶ τέκνῳ ἐπικυοφο-
ρουμένῳ τῇ τῆς γαμετῆς αὐτοῦ νηδύϊ τὸν
βίον ἐκλελοιπότος· πρὸ τοῦ τόκου δὲ τοῦ
τοιούτου παιδὸς, καὶ μετὰ τὸν τόκον ἐγκρα-
τὴς ἡ τοιαύτη γαμετὴ ἐκείνου τῆς ἄλλης
οὐσίας καὶ αὐτῆς τῆς ἐν τῷ κάστρῳ αὐλῆς
γεγένηται· τελευτήσαντος δὲ καὶ τοῦ τοι-
ούτου παιδὸς, δευτέροις γάμοις ὡμίλησεν·
ἀποβαλλομένη δὲ θανάτῳ καὶ τὸν δεύτερον
ἄνδρα, καὶ πρὸς τρίτον ἰδοὺ ἀφορᾷ κατέ-
χουσα, καὶ νεμομένη τά τε ἄλλα καὶ τὴν
εἰρημένην τοῦ θείου τούτου αὐλὴν, μετὰ τοῦ
ἐν ταύτῃ ἰδρυμένου ἱεροῦ καὶ θείου ναοῦ.
Ταῦτα δὲ ὁ εἰρημένος ἀναγνώστης ἀφηγη-
σάμενος ἐξήτει μαθεῖν, εἰ εὐλόγως νέμεται

τὰ τοῦ θείου αὐτοῦ ἡ τοιαύτη γυνὴ, ἕλ-
κουσα καὶ τὸν τοιοῦτον θεῖον ναὸν ὑπὸ τὴν
ἑαυτῆς δεσποτείαν καὶ κυριότητα.

Ἤκουσε δὲ παρά τε τῆς ἡμῶν μετριότη-
τος καὶ τῶν συνεδριαζόντων ταύτῃ ἱερωτά-
των ἀρχιερέων, ὡς ἡ ῥηθεῖσα σύνευνος τοῦ
θείου αὐτοῦ, εἴπερ μετὰ τὸν τοῦ παιδὸς τό-
κον οὐκ ᾐτήσατο ἐπίτροπον τούτου κατὰ
νόμους, ἄνευ δὲ ἐπιτρόπου τοιούτου παιδὸς
δευτέροις γάμοις ἐπέρριψεν ἑαυτὴν, ἐκπίπτει
τῆς τοῦ παιδὸς αὐτῆς κληρονομίας. [f. 76]
Τὸ γὰρ μήτε ἐπίτροπον τῷ παιδὶ αἰτή-
σασθαι, καὶ τὸ τῇ εὐνῇ τοῦ πρώτου ἀνδρὸς
δεύτερον ἐπεισαγαγεῖν, τῆς κληρονομίας ταύ-
της ἐκβάλλουσι· φησὶ γὰρ ὁ νόμος ἐν β'
θέματι τοῦ α' κεφαλ. τοῦ ϛ' τίτλ. τοῦ λζ'
βιβλ. ταῦτα ῥητῶς· " Ὅτι μήτηρ καὶ ἀπε-
λεύθεροι ἐξ ἀνάγκης ζητοῦσιν ἐπίτροπον τῷ
ἀφήλικι· ἡ μὲν γὰρ μήτηρ ἐκπίπτει τοῦ
κλήρου τοῦ παιδὸς ἀδιαθέτου τελευτήσαν-
τος, ἐὰν μὴ αἰτήσῃ· οἱ δὲ ἀπελεύθεροι διὰ

κακίαν ἢ ἀμέλειαν μὴ αἰτήσαντες, κατηγοροῦνται καὶ σφοδρῶς κολάζονται „. Ὡσαύτως καὶ ἐν τῷ λβ' κεφαλ. τοῦ α' τίτλ. τοῦ με' βιβλ. ταῦτα ῥητῶς· " Ἡ μήτηρ μὴ αἰτήσασα ἐπίτροπον τῷ παιδὶ, οὐ κληρονομεῖ αὐτὸν, ἐὰν ἄνηβος τελεύτηση· εἰ δὲ ἔφηβος γενόμενος τότε τελευτήσει, καλῶς αὐτὸν κληρονομεῖ „. Ἐν δὲ τῷ λδ' κεφαλ. τοῦ αὐτοῦ βιβλ. καὶ τίτλ. ταῦτα· " Ὁσάκις μήτηρ κληρονομήσει υἱὸν ἴδιον ἢ θυγάτερα ἐξ ἀδιαθέτου, εἰ μὲν μὴ δευτερογαμήσει μετὰ τὴν τοῦ παιδὸς τελευτὴν, μενέτω τέλειον ἔχουσα τὸ εἰς αὐτὴν περιελθὸν κέρδος· ἐὰν δευτερογαμήσῃ, τὰ μὲν ἔξωθεν εἰς τὸν υἱὸν περιελθόντα πράγματα ἐχέτω, ὅσα δὲ ἐκ τῆς τοῦ πατρὸς οὐσίας εἰς τὸν υἱὸν ἦλθον, τούτων τὴν χρῆσιν ἐχέτω· τὴν δὲ δεσποτείαν φυλαττέτω τοῖς ἀδελφοῖς καὶ ταῖς ἀδελφαῖς τοῦ τελευτήσαντος παιδός· τοῦτο γὰρ κρατεῖ καὶ ἐπὶ ἄλλων πραγμάτων, ἅπερ ἐκέρδανε παρὰ τοῦ πρώτου ἀνδρὸς ἡ δευτερογαμήσασα γυνή „. Ἀλλὰ καὶ ἐν τῷ μβ' κεφαλ. ταῦτα φησί· " Πᾶς καλούμενος εἰς κληρονομίαν ἀνήβου, ἐὰν [μὴ] εὑρεθῇ αἰτήσας αὐτῷ ἐπίτροπον ἐντὸς ἐνιαυτοῦ, οὐ δύναται αὐτὸν ἄνηβον τελευτῶντα κληρονομῆσαι, εἴτε ἐξ ἀδιαθέτου βούλεται ἐλθεῖν, εἴτε ὡς ἀπὸ ὑποκαταστάσεως τῆς κατὰ ἀνηβότητα „. Καὶ ταῦτα μὲν, περὶ τῆς τοῦ παιδὸς κληρονομίας.

Περὶ δέ γε τοῦ θείου ναοῦ φαμὲν, ὡς τὰ ἱερὰ οὐδ' ὅλως· δεσπόζονται, οὔτε διὰ πράσεως, οὔτε διὰ δωρεᾶς, οὔτε δι' ἑτέρας τινὸς παραπομπῆς· ἐλευθερίᾳ δὲ πάσῃ τετίμηνται, καὶ μόνῃ τῇ χειρὶ τοῦ κατὰ τόπον ἀρχιερέως ὑπόκεινται· οὐ καλῶς οὖν ποιεῖ, οὐδὲ νομίμως ἡ διαληφθεῖσα γυνὴ, εἴπερ εἰς δεσποτείαν ἕλκει ἑαυτῆς τὸν τοιοῦτον ναόν· φησὶ γὰρ | ὁ νόμος ἐν κεφαλ. α' τοῦ γ' τίτλ. τοῦ μβ' βιβλ. τῶν βασιλικῶν ταῦτα· " Τὰ ἱερὰ θείου δικαίου εἰσί, καὶ ὑπ' οὐδενὸς δεσπόζονται, ἱερὸν δὲ πρᾶγμα ἐστὶ τὸ ἀνιερωθὲν δημοσίᾳ· τὰ γὰρ ἰδιωτικὰ οὐκ εἰσὶν ἱερά, ἀλλὰ βέβηλα· εἰ δὲ καταπέσῃ τὸ οἰκοδόμημα, μένει ὁ τόπος ἱερός, ἀδιάτμητον δέ ἐστι τὸ ἱερόν „. Ὡσαύτως καὶ τὸ θ' κεφαλ. τοῦ γ' τίτλ. τοῦ ν' βιβλ. φησί· " Διὰ χρονίαν νομῆς δεσπόζονται τὰ σωματικὰ, χωρὶς ἱερῶν ἢ ἁγίων ἢ δημοσίων ἢ δήμου Ῥωμαίων ἢ πόλεως· ἢ ἐλευθέρων ἀνθρώπων „. Ζήτει καὶ θέμα δ' τοῦ λζ' κεφαλ. τοῦ α' τίτλ. τοῦ μγ' βιβλίου λέγον· " Ἀνισχύρως ἐπερωτῶμαι ὑπὸ αἱρέσιν ὑπὸ νόμου κεκωλυμένην· οἷον δίδως ἐὰν Πέτρος πωλήσῃ τὸ ἱερὸν ἢ τὸ μνημεῖον ἢ τὸ τῇ δημοσίᾳ χρήσει ἀφορισμένον, εἰ καὶ δυνατόν ἐστι τὸ δίκαιον τῶν τοιούτων ἐναλλαγῆναι πραγμάτων „. Ἀλλ' ἡ μὲν μετριότης ἡμῶν ταῦτα πρὸς τὴν ἀναγεγραμμένην ἀφήγησιν ἀπεκρίνατο· ὁ δέ γε κατὰ τόπον διαιτήσων κατὰ παρουσίαν καὶ ἀμφοτέρων τῶν μερῶν τῇ τοιαύτῃ ὑποθέσει, τὴν ἀλήθειαν πάντη καὶ πάντως ζητήσει τε καὶ εὑρήσει, καὶ τὸ μέρος δικαιώσει, πρὸς ὃ ἀπονεύσει τὸ δίκαιον ταῖς ἀναγεγραμμέναις νομικαῖς διατάξεσιν συγκροτούμενον.

ΛΣ'.

Ὅτι καὶ ἡ ἄγραφος βούλησις τὴν αὐτὴν τῇ διαθήκῃ κέκτηται δύναμιν, τῶν ἀκουσάντων μαρτύρων, μᾶλλον βεβαιούντων ταύτῃ γραφικῇ καὶ ἰδίᾳ ὑπογραφῇ καὶ δι' ὅρκου ταῦτα συνιστώντων, καὶ περὶ δευτερογαμούντων ἐπὶ παισί, καὶ τῶν λεγάτων, καὶ περὶ ἱερωμένων προσώπων, καὶ περὶ χρήσεως καὶ δεσποτείας τῶν τεθνηκότων παίδων.

Quod voluntas non scripta eamdem ac testamentum vim acquirat, audientibus testibus, qui haec scriptura et propria subscriptione confirmant, et jurejurando constabiliunt. De secundo nubentibus, qui liberos habent, et de legatis, et d: *sacris personis, de usufructu et dominio, liberis mortuis.*

Δύο τινὰς ἄνδρας εἰς τὸ καθ' ἡμᾶς ἱερὸν συνέδριον, ὁ κύριος ἡμῶν ὁ κράτιστος καὶ μέγας Κομνηνὸς ἐξαποστείλας τὴν σήμερον δοκιμασθῆναι παρ' ἡμῖν τὴν μέσον αὐτῶν δίκην ἐκέλευσε, καὶ εἰς ἀπόφασιν ἐνεχθῆναι, τῷ δικαίῳ καὶ τοῖς φιλευσεβέσι νόμοις ἀκόλουθον· καὶ δὴ παραστάντες οὗτοι, τὴν πόλιν τε εἶπον ὅθεν ὥρμηνται, ἔστι δὲ ἡ λιπαρὰ Κέρκυρα, καὶ τὰ ὀνόματα σὺν γε [f. 77] τοῖς ἐπικλήμασιν· ὁ μὲν γὰρ ἐκαλεῖτο Θεόδωρος ὁ Πανοικιώτης, ὁ δὲ Μιχαὴλ ὁ Παλαιοσιτάρης· τὴν δίκην δὲ σφίσι περὶ κληρονομικίων εἶναί τινων πραγμάτων ἐφθέγγοντο· ἥτις τὸν μὲν Πανοικιώτην ἐνάγοντα, τὸν δὲ Παλαιοσιτάρην ἐναγόμενον ἔφαινεν.

Ἐνάγων οὖν ὁ Πανοικιώτης ἔλεγεν, ὡς ἡ αὐταδέλφη τούτου Εἰρήνη, νόμῳ γάμου συζυγεῖσα τῷ Παλαιοσιτάρῃ καὶ παῖδας ἐκ τούτου σχοῦσα δύο, ὧν τὸν ἕνα πρὸ αὐτῆς ὁ θάνατος ἥρπασεν ἐν τῷ μέλλειν τελευτᾶν, ἄγραφον ἐκθῖσαι βούλησιν, δι' ἧς μερίζει πᾶσαν τὴν περιουσίαν ἑαυτῆς εἰς κληρονομίαν προσώποις τρισί, τῇ μητρὶ δηλαδὴ καὶ τῷ παιδὶ ἑαυτῆς, ἀλλὰ δὴ καὶ τ' ἀνδρί. Ἐν τούτῳ δὲ διάταξιν ἔθετο οὕτως, εἰποῦσα· Ἐὰν ὁ ἀνήρ μου προσμένῃ μετὰ τῆς μητρός μου, καὶ οὐκ ἔλθῃ πρὸς δεύτερον συνοικέσιον, χάριν δὲ λεγάτου δίδωσι τῷ αὐταδέλφῳ αὐτῆς τῷ εἰρημένῳ Θεοδώρῳ τὴν ἀνήκουσαν αὐτῇ μερίδα ἀπὸ τοῦ ἀμπέλου τοῦ ἐπιλεγομένου Πλουσιανοῦ· ἐνίστησι δὲ ἐπιτρόπους τῇ τῶν τοιούτων πραγμάτων οἰκονομίᾳ[1]) καὶ ταῖς ψυχικαῖς αὐτῆς διαδόσευσιν οἳ καὶ ἄριστα τῶν διατεταγμένων ἀντεποιήσαντο· ἐπεὶ καὶ δικαστηρίοις· ἐνιαχοῦ παρέλαβον ἑαυτούς, καὶ ταῖς ὁπωσοῦν εἰς περιτροπὴν αὐτῶν ἀντιλέγουσιν, ἀντεκατέστησαν εἰς τὴν αὐτῶν τούτων σύστασιν· ἕως μὲν οὖν, φησὶν ὁ Παλαιοσιτάρης, τῆς πρώτης συνοικήσεως· τὴν κοίτην ἐπρέσβευεν, ἔστεργε τῷ μερισμῷ τῶν ἑκάστῳ προσώπῳ ἐκ τῆς κοινῆς ἀνηκόντων κληρονομίας· ἀφ' οὗ δὲ τεθνήκασι πρότερον μὲν ὁ παῖς, ἔπειτα δὲ ἡ τούτου μάμμη, ἡ τῆς Εἰρήνης δηλαδὴ μήτηρ· αὐτὸς δὲ δευτέροις γάμοις ὡμίλησεν, τὸ ἐξ ἐκείνου πάσης τῆς περιουσίας τῆς Εἰρήνης ἐφιλονείκησεν ἐπιδράξασθαι· τὰ μὲν διατεταγμένα διαβάλλων, ὡς ἀνυπόστατα, τοὺς δὲ ἐπιτρόπους ὡς πλαστοὺς ἀθετῶν, καὶ τὸ σύμπαν εἰπεῖν, δεσπότην καὶ κληρονόμον τῶν τῆς Εἰρήνης πραγμάτων ἑαυτὸν καθιστῶν, ὅθεν καὶ οἴεσθαι ἔλεγεν ὁ ἀναγεγραμμένος Θεόδωρος, μὴ εὐλόγως ἀθετεῖν τοῦ Παλαιοσιτάρου τὰ διατεταγμένα παρὰ τῆς αὐταδέλφης αὐτοῦ, καὶ οὕτω | καθολικῶς τῶν πραγμάτων αὐτῆς ἐπιδράττεσθαι, καὶ ταῦτα εἰς δευτέρους γάμους ἐλάσαντα, προεκόμιζε δὲ καὶ χάρτην τὰ παρὰ

---

[1]) Cod. οἰκονομίαις.

τῆς τοιαύτης αὐταδέλφου αὐτοῦ διατεταγμένα διαλαμβάνοντα καὶ ἀγράφου βουλήσεως κατὰ νόμους τάξιν ἐπέχοντα, φέροντα δὲ καὶ αὐτοπιστίαν ἐξ ἐπισημάνσεως τοῦ τηνικαῦτα τῆς χώρας ἐπιτρόπου, τοῦ σεβαστοῦ δηλονότι Δημητρίου τοῦ κατὰ Φλῶρον· ἀλλ' ἐνταῦθα μὲν ὁ ἀναπερωνημένος Θεόδωρος τὰ τῆς ἑαυτοῦ προτάσεως ἔστησε.

Ἀπολογούμενος δὲ ὁ Παλαιοσιτάρης ἀντετίθει πρὸς ταῦτα ὡς τὰ παρὰ τῆς Εἰρήνης διατεταγμένα τὸ ἀνίσχυρον ἔχουσιν, ἔκ τε τοῦ μὴ ἐπιφέρεσθαι τῆς διαθεμένης σιγνογραφίαν, καὶ ἐκ τοῦ μὴ ὑποσημήνασθαι ἐν τῷ χάρτῃ τὸν ἐγχώριον ταβουλλάριον, καὶ μὴν καὶ ἐκ τοῦ μετὰ θάνατον τῆς Εἰρήνης τὰ διατεταγμένα γραφῆναι, καὶ μὴ δὲ τῇ τοῦ κατ' ἐκείνου μητροπολίτου Κερκύρας, τοῦ μακαρίτου δηλαδὴ κυροῦ Βασιλείου τοῦ Πεδιαδίτου ἐπισημάνσει τὸν χάρτην βεβαίωσιν ἀπενέγκασθαι. Αὐτίκα δὲ ὁ Παλαιοσιτάρης πρὸς ταῦτα παρ' ἡμῶν μὲν ἐδιδάσκετο, ὡς καὶ ἡ ἄγραφος βούλησις τὴν αὐτὴν ἴσχει τῇ διαθήκῃ δύναμιν, καὶ ἔθος ταύτῃ πρόσεστι τὸ μήτε προταγὴν ἢ σιγνογραφίαν τοῦ διατιθεμένου κατάρχειν αὐτῆς, μήτε μὴν ἐπάναγκες εἶναι καὶ ταβουλλάριον ἐν ταύτῃ ὑποσημήνασθαι· τοὺς μάρτυρας δὲ μόνους τὰς τοῦ διατιθεμένου φωνὰς, ὧν αὐτήκοοι γεγόνασι, διαλαμβάνειν γραφῇ καὶ ταῖς ἰδίαις γραφαῖς βεβαιοῦν, ἃς καὶ ὅρκῳ δύνανται συνιστᾷν, εἴ γε τούτου δεήσειεν, ἀδιάφορον καὶ διὰ τοῦτο ἀνεπιτίμητον, καὶ τὸ, εἴτε ἐμπνέοντος ἔτι τοῦ διατιθεμένου, εἴτε καὶ μετὰ τὸ ἐμπνεῦσαι, τὸ τοιοῦτον γραμματεῖον παρὰ τῶν μαρτύρων ἐκτίθεσθαι· καὶ οὕτω μὲν ἐδιδάχθη ταῦτα παρ' ἡμῶν ὁ Παλαιοσιτάρης. Ἤκουε δὲ παρὰ τοῦ Πανοικιώτου ὡς ἐν τῷ καιρῷ τοῦ τῆς Εἰρήνης θανάτου ὁ μὲν μακαρίτης Κερκύρας εἰς τὴν πρεσβυτέραν Ῥώμην ἐπεποίητο τὸν ἀπόδημον, ὁ τῆς χώρας δὲ ταβελλίων μετὰ τῶν τεθνεώτων ἦν, καὶ ἀνδρὸς τοιούτου ἡ ἐκείνου στατίων ἐχήρευε. [f. 78] Τούτοις ὁ Παλαιοσιτάρης μηδὲν ὑπιδαυῶς μήτε ἔχων

μήτε δυνάμενος ἀντιτιθῆναι, τὴν γὰρ ἥττονα δίκην ἑώρα τῆς ἀρετέρας κορυφῆς ὑπερτελεῦσαν, εὐθὺς ἑτέραν ἐτράπετο, ζητῶν ἱκανωθῆναι ἀπὸ τῆς οὐσίας τῆς Εἰρήνης, εἰς ἅπερ αὐτὸς μὲν ἰδίοις κόποις ἐκτήσατο, εἰς διαφόρους δὲ περιπετείας τοῦ οἴκου ἀνάλωσε, χρέα τε ἀναδοὺς καὶ ὑποτεθείμενα ἐξαγοράσας πράγματα, καὶ χρείας δι' αὐτῶν ἀναγκαίας ἐν τῷ οἴκῳ εἰσποιησάμενος. Ταῦτα δὲ προθέμενος, τῷ μὲν δικαστηρίῳ εὔλογα λέγειν ἔδοξε, τὴν τοῦ Θεοδώρου δὲ γλῶσσαν ἐκίνησεν ἀντιρθέγγεσθαι τούτῳ, μάταια εἶναι καὶ ψευδῆ λέγουσαν τὰ παρ' αὐτοῦ προβαλλόμενα. Τῷ μέντοι δικαστηρίῳ οὐκ ἦν εὐχερὲς, οὔτε τὸν Παλαιοσιτάρην, ὡς διαψευδόμενον ἀποπέμπεσθαι, οἷα μὴ ἐλεγχθέντα, οὔτε τὸν Πανοικιώτην ὡς ἀληθεύοντα δέχεσθαι, ψευδηγορίαν τούτου καταγινώσκοντα ὡς ἀμάρτυρα παρὰ τούτου φθεγγόμενον.

Ὅθεν ἐνταῦθα τῆς δίκης γενομένης καὶ μηκέτι πρόσω χωρεῖν δυναμένης, ἡ μετριότης ἡμῶν, μετά γε τῶν συνεδριαζόντων αὐτῇ ἱερωτάτων ἀρχιερέων, τὰ τοῦ πράγματος διασκεψαμένη, περὶ μὲν τῶν τῆς Εἰρήνης πραγμάτων διέγνω, ὡς οὐκ εὐλόγως οὐδὲ δικαίως ὁ Παλαιοσιτάρης δράττεται· ἀποτειχίζεται γὰρ παρὰ τῆς ἀγράφου ἐκείνης βουλήσεως, ὡς τῶν φιλευσεβῶν νόμων τὰς τῶν τελευτώντων γνώμας διακελευομένων φυλάττεσθαι πανταχοῦ, ἡ τῆς Εἰρήνης δὲ βούλησις τὸ ἀπερίτρεπτον πάντῃ καὶ πάντως αὐχεῖ, ὡς προβᾶσα κατὰ τὴν νομικὴν παρατήρησιν. Εἰ μὲν γὰρ ἀδιάθετος αὕτη τὸν βίον ἐξέλιπεν, εἶχεν ἂν οὗτος διὰ τὸν τοῦ παιδὸς μετὰ ταῦτα θάνατον κατὰ τὰ νομικὰ θεσπίσματα, μένων μὲν δευτέρων γάμων ἀμέθεκτος εἰς κληρονομίαν καθολικὴν τούτου ἐλθεῖν· δευτερογαμῶν δὲ, τὰ δοκοῦντα τῷ νόμῳ κερδᾶναι· ἐπεὶ δὲ τὸ αὐτεξούσιον ἔχουσα ἡ Εἰρήνη, βούλησιν ἄγραφον κατὰ νόμους ἐξέθετο, ἀνάγκη πᾶσα ἐστὶ φυλαχθῆναι ἐκείνην δόξαντα· διά τοι τοῦτο ὁ Παλαιοσιτάρης διὰ τὸν δεύτερον γάμον

CAP. XXXVI. DE TESTAMENTIS

τῆς φιλοτιμίας | τῆς γυναικὸς αὐτοῦ ἐκπεσεῖται, ἂν ἡ εἰρημένη βούλησις αὐτῆς περιέχει. Ὁ Θεόδωρος δὲ καὶ εἴ τις ἄλλος παρὰ τοῦ νόμου καλεῖται, κληρονομήσειν ταύτης ἀδελφῆς [1]) δικαίῳ, ὥσπερ καὶ τῆς ἑτέρας τῆς ἀνηκούσης τῇ τούτου μητρί, εἴτε κατὰ τὸ ἁρμόζον αὐτῷ ἐξ ἀδιαθέτου δίκαιον, εἴτε ἐκ διαθήκης γενομένης, ὡς αὐτός φησι, παρὰ τῆς τοιαύτης μητρὸς αὐτοῦ, τὴν μέντοι ἁρμόζουσαν τῷ τεθνηκότι παιδί, τοσοῦτον ὁ Παλαιοσιτήρης καθέξει ὅσον ἡ νομικὴ ἀκρίβεια βούλεται.

Χρεὼν δὲ τὰ περὶ τούτων ἐκφωνηθέντα θεσπίσματα νομικὰ ῥήμασιν αὐτοῖς παρακαταξέσαι, ὡσὰν εὑρεθῶσι τὰ παρ' ἡμῶν γνωματευθέντα ἐκείνοις συμβαίνοντα. Περὶ μὲν οὖν τῆς βουλήσεως τῆς Εἰρήνης φησὶ κεφάλαιον ις' τοῦ ιδ' τίτλ. τοῦ κβ' βιβλ.. τῶν βασιλικῶν ταῦτα ἐκ μέρους ῥητῶς· " Οὐδὲ γὰρ βουλόμεθα τὰς τῶν τελευτώντων οὐδὲν ἄτοπον ἐχούσας βουλὰς διαπίπτειν· εἰ μὲν γὰρ ἐσκάκομεν δεῖν τὴν γυναῖκα πάντως τοῦ ἀνδρὸς ἐπιτάξαντος μὴ γαμεῖν, τοῦτο φυλάττειν, εἶχεν ἄν τι πικρὸν ἴσως ὁ νόμος· νῦν δὲ δευτέρου προσιόντος, τοῦ, εἴπερ βουληθείη γημεῖν, μὴ λαβεῖν τὸ καταλελειμμένον, τῆς εἰς ἔσχατον ἀτοπίας ἐστὶν παριδεῖν τὴν γνώμην τοῦ τελευτήσαντος, οὕτω κινδυνεύουσαν ὥστε αὐτῇ δοῦναι παρρησίαν καὶ γαμεῖσθαι καὶ λαμβάνειν τὸ καταλελειμμένον, καὶ διὰ πάντων λυπεῖν τὸν πρότερον συνοικήσαντα, ὥστε θεσπίζομεν εἴ τις κωλύσειε τὴν γαμετὴν πρὸς ἕτερον ἐλθεῖν συνοικέσιον, ἢ καὶ ἡ γαμετὴ τὸν ἄνδρα, ταυτὸν γάρ ἐστιν, ἑκατέροις καὶ ὑπὲρ τούτου τί καταλίποιεν, ὡς ἐκ δυοῖν αἱρέσεων ἔχειν τῶν συνοικούντων τὸν ἕτερον, ἢ πρὸς γάμον ἐλθεῖν καὶ ἀποτάξασθαι τῇ λήψει [2]), ἢ εἴπερ τοῦτο οὐ βούλοιτο, ἀλλὰ τιμᾷ τὸν τελευτήσαντα, πάντως ἀποσχέσθαι τῶν ἑξῆς γάμων· ἀλλ' ἵνα μὴ τὸ πρᾶγμα μετέωρον ᾖ καὶ μετὰ χρόνους ἴσως μακροὺς ἐπαρίῃ πάλιν, ἡ εἴσπραξις διὰ τοῦτο καλῶς ἡμῖν ἔδοξεν ἔχειν, ὁρίσαι τὸ πρᾶγμα καὶ εἴσω μὲν ἐνιαυτοῦ μὴ εἶναι παντελῶς ἀπαίτησιν τοῦ καταλελειμμένου, πλὴν εἰ μὴ τρόπος ἱερωσύνης ἐπιγενόμενος θατέρων τῶν προσώπων, εὐθὺς δοίη τὴν λῆψιν, ὡς οὐκέτι γάμων [f. 79] οὔσης ἐλπίδος· εἰ μέντοι διαδραμὼν συμβαίη τὸν ἐνιαυσιαῖον χρόνον, δίδομεν τῷ προσώπῳ τούτῳ λαβεῖν τὸ καταλελειμμένον, οὐχ ἁπλῶς δὲ οὕτως, ἀλλ' εἰ μὲν ἀκίνητον εἴη τὸ πρᾶγμα, μὴ ἄλλως· τοῦτο λαμβάνειν, πλὴν εἰ μὴ διωμοσίαν ἔκθοιτο, καὶ ὑποθήκην ὑπόθοιτο τὰ ἑαυτοῦ πράγματα, τοῦτο ὅπερ καὶ σιωπηρῶν ἐκ τοῦδε τοῦ νόμου δίδομεν, ὡς εἰ πρὸς δεύτερον ἔλθῃ γάμον, ἀποδώσει τὸ δεδομένον, τοιοῦτον ὁποῖον παρείληφεν, ἀποδιδοὺς καὶ οὗ ἔλαβεν ἐν μέσῳ καρπούς· εἰ δὲ κινητὸν εἴη πρᾶγμα, εἰ μὲν εὐπόρως ἔχει τὰ τῆς περιουσίας τῷ προσώπῳ τῷ βουλομένῳ λαβεῖν, δίδοσθαι τὸ καταληφθὲν ἐπὶ τῇ αὐτῇ ἀσφαλείᾳ καὶ ταῖς αὐταῖς ὑποθήκαις· ἀλλ' εἰ μὲν ἕτερόν τι τῶν κινουμένων εἴη, τὸ τοιοῦτον ἀποδίδοσθαι ὁποῖον εἴληφεν, ἢ τὸ τῆς ἐλαττώσεως θεραπεύει μέρος· εἰ δὲ χρήματα εἴη καὶ μετὰ τόκων, ἀποδιδόναι ὧν ἐκεῖθεν λαβεῖν ἰσχύσειεν, ὅρκῳ τοῦ ἀναδιδόντος, τούτοις χρωμένων ,,.

Ὁποῖον δὲ τῷ Παλαιοσιτῇ ἡ δευτερόσαντι ἁρμόζει δίκαιον ὡς πατρ[1] ἐπὶ τῇ μερίδι τοῦ τεθνηκότος παιδὸς αὐτοῦ, ἡ κβ' νεαρά, ἡ κειμένη ἐν δ' τίτλ. τοῦ κη' βιβλ. τῶν βασιλικῶν, δηλαδὴ μετὰ τῶν ἄλλων καὶ ταῦτα θεσπίζουσα· " Πάντων ὁ πατὴρ τῶν εἰς τοὺς παῖδας ἀφικνουμένων, εἴτε ἐκ μητρῴας σειρᾶς, εἴτε ἐκ γαμικῆς τῶν παίδων αἰτίας, εἴτε ἀλλαχόθεν, τὴν χρῆσιν ἔχει, κἂν εἰ πρὸς δευτέρους ἔλθῃ γάμους. Τὴν γὰρ χρῆσιν ἄχρις ἂν περιῇ, καὶ οἱ πρὸ ἡμῶν νόμοι μένειν ἀδιάπτωτον αὐτῷ βούλονται καὶ ἐπὶ τοῖς μητρῴοις καὶ ἐπὶ τοῖς ἄλλοις ἅπασι, ἡμεῖς σύμψηφοι ,,. Καὶ ὁ Συμβάτιος, οὕτω περὶ τῆς νεαρᾶς ταύτης φησί· " Τὰ ὁπωσοῦν

---

[1]) Cod. f. ἀδελφικῆς. — [2]) λήψει in dubio compendio cod.

περιποιηθέντα τοῖς ὑπεξουσίοις, εἴτε ἐκ μητρῴας διαθήκης, εἴτε καθ' ἕτερον τρόπον, τὴν χρῆσιν ἐχέτωσαν καὶ δευτερογαμοῦντες οἱ τούτων πατέρες, ὑπεξῃρημένων κανοτρείων καὶ ὡσανεὶ κανοτρείων πεκουλίων „. Ὁ δέ γε Ῥωμαῖος Εὐστάθιος, οὗπερ ἐν τῇ νομικῇ τὸ κλέος πολύ, ἑρμηνεύων τὰ τῆς νεαρᾶς ταύτης, καὶ ταῦτα προστίθησιν· „Ὅτι εἰ καὶ γέγραπται ἐπὶ τούτοις τὸν δευτερογαμήσαντα μὴ κληρονομεῖν, ἀλλὰ τοὺς ἀδελφούς, ὅμως ὁ πατὴρ ἕως ζῇ, | τὴν χρῆσιν ἔχει, καὶ ὅτε ἀποθάνῃ, τότε λαμβάνουσι τὰ πράγματα οἱ κληρονομήσαντες ἀδελφοί· εἰ γὰρ ζῶντος τοῦ κυρίου τῶν πραγμάτων, τοῖς κληρονόμοις αὐτοῦ αὐτίκα ἡ χρῆσις δοθήσεται, οὐκ ἔχειν οὖν τοῦτο, ὥστε τόπον ποιεῖν ἡ νεαρά, οὐ μέντοι καὶ τὰ πράγματα δίδωσιν αὐτίκα „. Καὶ ταῦτα μὲν περὶ τῶν τῆς Εἰρήνης πραγμάτων καὶ τῆς ἀγράφου βουλήσεως.

Περὶ δέ γε τῶν τοῦ Παλαιοσιτέρου ἀναλωμάτων, ὧν τὴν ἱκάνωσιν ἀπὸ τῆς οὐσίας τῆς Εἰρήνης οὗτος ζητεῖ, διέγνω μὲν κατὰ χώραν τὰ περὶ τοῦ τοιούτου κεφαλαίου δοκιμασθῆναι, ὥστε καὶ ἀμφότερα τὰ μέρη ἀκριβέστερον ἐκεῖθεν εὐπορῆσαι τῶν συντεινόντων ἑκάστῳ πρὸς τὴν τῶν οἰκείων ἀπολογιῶν σύστασιν, εἴτε δηλονότι ἐγγράφων, εἴτε μαρτύρων, εἴτε τινῶν ἑτέρων ὁποιωνοῦν· ἐνταῦθα γὰρ τοιούτων τινῶν καὶ ἄμφω τὰ μέρη ἐπίσης ἀποροῦντα ἐτύγχανον· πάντως οὖν εἰ δυνήσεται ὁ Παλαιοσιτέρης παραστῆσαι διὰ νομίμων ἀποδείξεων καὶ μαρτυριῶν τὰ ἐξ ἰδίων κόπων παρ' αὐτοῦ ἀναλωθέντα, εἰς διαφόρους χρείας συντελούσας τῷ τῆς γυναικὸς αὐτοῦ οἴκῳ, ἱκανωθήσεται τὰ τοιαῦτα ἀναλώματα ἀπὸ τῆς οὐσίας ἐκείνης, καθ' ὅσην ἂν ποσότητα φανείη τὰς διαπάνας πεποιηκώς. Ταῦτα οὕτω λαληθέντα καὶ δοκιμασθέντα καὶ τῇ ἀναγεγραμμένῃ διαγνώσει συμπερανθέντα τῷ παρόντι διελήφθησαν σημειώματι.

ΛΖ'.

Περὶ κινητῶν πραγμάτων καὶ ἐπικοίνου, καὶ περὶ μεμψέως διαθήκης, καὶ περὶ τῶν ἐκ γ συνοικεσίου παίδων.

De rebus mobilibus et de re communi, de incusatione testamenti et de prole ex tertio matrimonio.

Ἀμέμπτως ἄρα καὶ ἁρμοδίως καὶ ὁ ἀπὸ τοῦ θέματος Βαγενίτας ὁρμώμενος Θεόδωρος, ᾧ Γλυκὺς ἐπίκλησις, τὸν εἰς ὁπλοποιοῦ φοιτῶντα καὶ τὰ συντείνοντα [1]), ἤγουν οἱ ὅπλα ἐκεῖθεν ἀποφερόμενον ἐξήκοντα, κατειληφὼς ἄρτι τὸ καθ' ἡμᾶς ἱερὸν συνέδριον καὶ ἐπὶ ταῖς κατ' αὐτοῦ κινήσεσι τῶν ἀντιθετούντων αὐτῷ, ἀπολέεσθαι ἀντιβολήσας ἐντεῦθεν ἀπόφασιν, τῷ δικαίῳ καὶ τοῖς νομικοῖς θεσπίσμασι συνῳδόν, καὶ ὥσπερ οὐκ ἄν τις οὔτε τὸν ὁπλοποιόν, οὔτε [f. 80] τὴν χρήζοντα ὅπλων, εὐλογίστως αἰτιάσκιτο ὅτι μονομερῶς· ὁ μὲν αἰτεῖται, ὁ δὲ δίδωσιν, οὔτε γὰρ ὁ τεχνικὸς συγχαλκεύει τὴν νίκην τοῖς ὅπλοις, οὔτε μὲν ὁ ποριζόμενος ταῦτα δι' αὐτῶν ταῦτα μνηστεύσεται· μόνη γὰρ ἡ τῆς ἔριδος ῥοπὴ ταλαντεύειν οἶδε τὰ κατ' αὐτήν· οὕτω δὴ καὶ τῷ προσιόντι τοῖς πρεσβεύουσι τὰ τῆς θέμιτος, οὐ μέμψιν ἄν τις προστρίψειε, μαθεῖν ἐκζητοῦντι μοναδικῶς τὰ τοῦτο συνοίσοντα· ἐπειδὴ καὶ ἡ ἀπόφασις τῶν οὕτω ψηφιζομένων μετέωρον καὶ

[1]) In marg. σχόλιον τὸ εἰ. Quod respicere videtur usum singularem particula εἰ pro οἵῳ, de quo supra et infra non desunt alia exempla. — f. legendum supra τὸν εἰς ὁπλοποιοῦ

ἠτημένον τὸ τοῦ ἀγῶνος κράτος τοῖς μαχομένοις ἐπαρίεισα, διαμένον αὐτῶν διέρχεται ἀνεπίληπτος· ἀλλ᾽ ἡμῖν πρόσοδος τοῦ ἀναγεγραμμένου ἀνδρὸς ἐπὶ τοιούτῳ σκοπῷ πρὸς τὴν καθ᾽ ἡμᾶς ἱερὰν σύνοδον γέγονεν, ἡμεῖς δὲ τοῦτον ὡς τεμόντα μακρὰν καὶ τραχεῖαν ὁδὸν οὐκ ἀποσεισάμενοι, ἀλλὰ τὴν αὐτοῦ παράκλησιν προσηκάμενοι, ἐπιεικῶς τῶν παρ᾽ αὐτοῦ λεγομένων ἠκροασάμεθα, ὧδέ πως ἐχόντων.

Ὁ τοῦ πενθεροῦ αὐτοῦ, φησίν, τοῦ ἀποιχομένου Νικολάου τοῦ Καλογνώμου πατὴρ, υἱοὺς καὶ θυγατέρας γεννήσας, τὰς μὲν θυγατέρας ἁπάσας μετὰ τῆς αὐτοῦ γαμετῆς προιξὶ συναπίσας, καὶ γάμοις αὐτῶν ἐξαρτύσας, εἰς ἀνδρῶν ἀπελθεῖν ἀφῆκεν, οὐ μὴν ἀλλὰ καὶ ἕνα τῶν υἱῶν ἐξοδίῳ γάμῳ συνήρμοσεν· οἱ δὲ περιληφθέντες δύο, ὅ τε διαληφθεὶς Καλόγνωμος καὶ ὁ Μανουὴλ ἀρήλικες ὄντες, ἐπειδὴ τοῦ πατρὸς τεθνηκότος ἐστερήθησαν, καὶ προστασίαν ἠμοίρησαν, ἐπὶ μακροῖς χρόνοις ξενιτεύοντες διετέτεσαν. Ὀψὲ δὲ χρόνοις ἐπανελθόντες, καὶ ἠρημωμένην τὴν πατρῴαν ἑστίαν καταλαβόντες, καὶ τὰ ὑπ᾽ αὐτὴν ἅπαξ ἅπαντα διὰ μόχθων πολλῶν καὶ ἀναλωμάτων, ἔτι δὲ καὶ διὰ συγκροτήσεως τοῦ πρώτου αὐταδέλφου αὐτῶν, ἀνασῶσαι ταῦτα καὶ βελτιῶσαι μόγις ἴσχυσαν, καὶ τὸ ἀπ᾽ ἐκείνου κατέχοντες ταῦτα ἐτύγχανον καὶ νεμόμενοι· ἐν τοσούτῳ δὲ θανόντος τοῦ Μανουὴλ ἀπαιδός, τοῦ ὅλου πατρικοῦ ἀκινήτου τοῦ ἁρμόσαντος αὐτοῖς ἐγκρατὴς ὁ Καλόγνωμος γίνεται, καὶ ἦν τοῦτον νεμόμενος μέχρι τοῦ θανάτου αὐτοῦ, μηδενὸς τῶν ζώντων αὐταδέλφων διὰ πάσης αὐτοῦ ζωῆς λόγον ποιησαμένου, ἢ περὶ κληρονομίαν ἀδελφικὴν ἢ περὶ ἀποκαταστάσεως γονικῆς | ἀπὸ τοῦ αὐτοῦ ἀκινήτου. Θνήσκων δὲ ὁ τοιοῦτος Καλόγνωμος διαθήκας γράφει καὶ ἀποκαθίστησιν ἐν τῷ ἀκινήτῳ, τούς τε δύο υἱοὺς αὐτοῦ τὸν Κωνσταντῖνον καὶ τὸν Νικηφόρον καὶ τὴν θυγατέρα Ζωήν, τὴν συνοικοῦσαν νῦν τῷ Γλυκεῖ ἄρτι δὲ ὁ τῆς αὐταδέλφης τοῦ Καλογνώμου ἔκγονος, τῆς ἐν κόσμῳ μὲν Ἑλένης, ἐν τῷ μοναχικῷ δὲ σχήματι Εὐφροσύνης ὀνομαζομένης, συνανέσει αὐτῆς ζητεῖ δίκαιον διὰ κατοχῆς ἀπὸ τοῦ εἰρημένου ἀκινήτου, ὃ ἐγχωρίως ὀνομάζεται Σούτρουπα· καὶ ἐπὶ τούτοις ἐζήτει μαθεῖν ὁ Γλυκὺς εἰ εὐλόγως ἡ διαληφθεῖσα μοναχὴ μετὰ τοῦ ἐκγόνου αὐτῆς κινεῖ περὶ ἀποκαταστάσεως, καὶ ταῦτα ὡς φησιν ἐπὶ τεσσαρακονταετηρίδα, καὶ ἔτι πρὸς τὴν τοῦ βίου ἤδη τὸν ὁδὸν τρίψασα, μετὰ θάνατον τοῦ ταύτης ἀνδρός, καὶ μηδὲν τι μηδαμῶς περὶ ἀκινήτου γονικοῦ λαλήσασα πώποτε· ἐνεφάνιζε δὲ ὁ Γλυκὺς καὶ δύο σημειώδη γραμματεῖα τῶν ἱερωτάτων ἐπισκόπων, τοῦ τε Βελᾶς καὶ τοῦ Δρυινουπόλεως, περιέχοντα ὁμολογίαν ἀνὰ μέρος τὸ μὲν Νικόλαου τοῦ παπᾶ Βασιλοπούλου, καὶ τοῦ ἱερέως Ἰωάννου τοῦ Πλανιτζοβίτου τὸ δὲ τῆς αὐταδέλφης τοῦ Καλογνώμου ἐκείνου ἐννοστίαν, ὡς δηλαδὴ μόνοι οἱ δύο αὐτάδελφοι, ὁ Καλόγνωμος καὶ ὁ Μανουὴλ, ἐν τῷ διαληφθέντι ἀκινήτῳ κληρονόμοι ἀποκατέστησαν, ὡς τῶν λοιπῶν ἀδελφῶν ἄλλως· παρὰ τοῦ πατρὸς καὶ τῆς μητρὸς, ὡς ἐκείνης εὐηρέστηται, οἰκονομηθέντων τε καὶ διοικηθέντων· τὰ αὐτὰ δὲ τούτῳ παρίστα καὶ σημείωμα ἕτερον παρὰ τοῦ καρτοφύλακος τῆς ἁγιωτάτης ἐπισκοπῆς Βοθρώτου προβὰν ὃ καὶ αὐτὸ παρὰ τοῦ Γλυκέως προεκομίζετο. Πρὸς ἐπὶ τούτοις ἐζήτει μαθεῖν ὁ Γλυκὺς καὶ εἰ καλῶς ὁ τῆς ἀναπεφωνημένης μοναχῆς Εὐφροσύνης ἔκγονος Ἰωάννης, φησὶ γνωματεύων μηδαμῶς δίκαιον εἶναι μετασχεῖν, τήν τε Ζωὴν καὶ τὸν αὐτάδελφον αὐτῆς Νικηφόρον τῆς ἀποκληρωθείσης αὐτοῖς παρὰ τοῦ Καλογνώμου ἀποκαταστάσεως, διὰ τε ἐκ τρίτου συνοικεσίου ἐκείνου γεννηθῆναι αὐτούς· τὰ μὲν οὖν τῆς ἐρωτήσεως τοῦ Γλυκέως ἔσχεν ἐν τούτοις·

Ἡ μετριότης δὲ ἡμῶν τὰ τοῦ [f. 81] πράγματος διασκεψαμένη μετὰ γε τῶν συνεδριαζόντων αὐτῇ ἱερωτάτων ἀρχιερέων ταῦτα πρὸς τὰ ἀρηγηθέντα ψηφίζεται ὡς, εἴπερ οὕτως ἔχουσιν ἅπερ ὁ Γλυκὺς ἐξηγήσατο, μάτην καὶ ἀνευλόγως· ἡ αὐταδέλφη τοῦ πενθεροῦ αὐτοῦ ἡ διαληφθεῖσα μοναχὴ Εὐφροσύνη διὰ τοῦ ἐκγόνου αὐτῆς Ἰωάννου κινεῖ περὶ διακατοχῆς ἀγωγήν· ἐμποδιστατοῦντα γὰρ εὑρίσκει, οὐ μόνον τὸν χρόνον τοσοῦτον δραμόντα εἰς μῆκος, ὅσον ὑπερσχεῖν τὴν αὐτῆς ἀγωγήν· ἀλλὰ καὶ τὴν ὁμολογίαν τῶν προσώπων τῶν ἐμφερομένων τοῖς ἀναπεφωνημένοις ἀρχιερατικοῖς ὑπομνήμασι μαρτυρουμένων μηδεμίαν μετουσίαν ἔχειν τὴν τοιαύτην μοναχὴν ἐπὶ τῷ ἀναπεφωνημένῳ ἀκινήτῳ, ὡς εἰς γάμον ἐκδοθείσῃ (sic) ἐξώπροικον, ἐκ περιουσίας δὲ καὶ τὴν τοῦ αὐτοῦ αὐταδέλφου αὐτῆς διαθήκην τοῖς δυσὶν υἱέσιν, ὡς διείληπται, καὶ τῇ θυγατρὶ Ζωῇ τὴν τοῦ ἀκινήτου ἀποκατάστασιν κληρώσασαν· διὰ ταῦτα καὶ πᾶσα θύρα δικαστηρίου αὐτῇ ἐπιζυγωθήσεται καὶ ὡς ἀνεύλογα προτεινομένη αὐτὴ ἀποπεμφθήσεται, τοῦ νόμου τὰς εἰσόδους αὐτῇ γενναίως κωλύοντος· ὃς ἐν τε ἄλλοις καὶ ἐν τῷ β' καὶ γ' κεφαλαίῳ τοῦ β' τίτλ. τοῦ ν' βιβλ. τῶν βασιλικῶν ταῦτα φησίν " Ἐπὶ τῶν κινητῶν πραγμάτων πρακταιζομένης τῆς διὰ τριῶν ἐνιαυτῶν ἐκ τοῦ χρᾶσθαι δεσποτείας, περιττόν ἐστι τὸ ζητεῖν περὶ χρονίας·[1]) παραγραφῆς, ἐάν τις τὸ ἐπίκοινον πρᾶγμα νεμηθῇ ἐξ ὁλοκλήρου ἐπὶ δέκα ἢ εἴκοσιν ἐνιαυτοῖς οὐκ ἔχει μακροῦ χρόνου παραγραφήν „. Οὐδὲ γὰρ τὸ ἐπὶ τῆς διαιρέσεως τῶν τῆς φαμιλίας πραγμάτων δικαστήριον, οὐδὲ ἐπὶ τῇ διαιρέσει τῶν ἐπικοίνων πραγμάτων ἀγωγὴ ἐκβάλλεται διὰ τῆς τῶν δέκα ἢ εἴκοσιν ἐνιαυτῶν παραγραφῆς· τῇ τριακονταετηρίδι δὲ μόνῃ ἀποκλείονται, ὅτι οὐδὲ ἐγκαίρως· ἢ πολλάκις ἡ ῥηθεῖσα μοναχὴ τῆς τοῦ αὐταδέλφου διαθήκης μέμψιν ἐκίνησεν, εὑρίσκει κἀνταῦθα τὸν νόμον αὐτῇ προσιστάμενον, ὃς ἐν τῷ κγ' τίτλ. τοῦ η' βιβλ. ταῦτα ἐν μέρει φησί· " Ταῖς μὲν τελείοις | πενταετίαν ἀναιρεῖται ἡ κατὰ τῆς διαθήκης μέμψις, ταῖς δὲ ἐλάττοσιν, εἰ μὴ πληρώσωσι τὸν εἰκοστὸν πέμπτον χρόνον, οὐ τρέχει ἡ πενταετία „.

Ὁ τρίτος μέντοι γάμος, τῷ τε πολιτικῷ νόμῳ σαφῶς ἐπιγινωσκόμενος, καὶ μὲν καὶ τῷ ἐκκλησιαστικῷ κατ' οὐδὲν τοῦ εὐπρεποῦς καὶ τιμίου ἐστέρηται· διὸ καὶ οἱ ἐκ τούτου τικτόμενοι τῆς [2]) ἐννόμου τῶν παίδων τυγχάνουσιν μοίρας καὶ τάξεως, καὶ εἴ τις ἀμφιγνωμονῶν ἴσως τὰ περὶ τούτου μαθεῖν εἰς πλάτος αἱρεῖται, ἐπελθέτω ἀκριβῶς· θέμα ς' τοῦ ξγ' κεφαλ. τοῦ η' τίτλ. τοῦ κη' βιβλ. τῶν βασιλικῶν καὶ κεφαλ. δ' τοῦ ιδ' τίτλ. τοῦ αὐτοῦ βιβλίου· καὶ τὸν μεταγενέστερον τόμον τὸν λεγόμενον τῆς ἑνώσεως· τὸν ἐπὶ τοῦ Πορφυρογεννήτου καὶ βασιλέως κυροῦ Κωνσταντίνου γενόμενον, καὶ ῥᾳδίως τὸ κατ' αὐτὸν θεραπεύσει ἀμφίγνωμον. Ἐπὶ γοῦν ἡ ἀφήγησις, ὅ τε ἐκ τοῦ πρώτου συνοικεσίου παῖς Κωνσταντίνου καὶ ἡ ἐκ τοῦ γ', ἤγουν ὁ Νικηφόρος· καὶ ἡ Ζωὴ, κοινὸν μὲν πατέρα τὸν Καλόγνωμον ἔσχον, μητέρα δὲ διαφόρους· τὰς παραγαγούσας αὐτούς, εἰς τὴν μὲν τὴν πατρῴαν κληρονομίαν κοινῶς ἅπαντες εἰσελθεῖν δίκαιον ἔχουσιν· ἕκαστος δὲ τὰ τῆς ἰδίας μητρὸς ἀναμέρος εἰσποιήσεται κατὰ τὴν νόμου παράδοσιν διὰ τὸ ἰδιάζον τῆς τούτων παραγωγῆς.

---

[1]) Cod. περὶ χρονίας. — [2]) Id. ταῖς.

ΛΗ'.

Περὶ ἰδιοκτήτων καὶ καυστρείων καὶ ἀπροσπορίστων καὶ τῶν ἀπὸ φιλοτιμίας τῆς τύχης καὶ περὶ δευτερογαμούντων.

De propriis bonis et castrensibus et adventitiis et de iis ex largitione fortunae, et de secundo nubentibus.

Ὁ μεγαλεπιφανέστατος κυρὸς Κωνσταντῖνος ὁ Λαμπέτης γράμμα δεκτήριον τὴν σήμερον τῇ ἡμῶν μετριότητι προσεκόμισεν οὕτω; ἔχον ἐπὶ τῶν λέξεων·

" Παναγιώτατέ μου δέσποτα ἀρχιεπίσκοπε πάσης Βουλγαρίας, καὶ ὑμεῖς οἱ συμπαρόντες πανιερώτατοι ἀρχιερεῖς καὶ δεσπόται μου, παρακαλῶ δοθῆναί μοι ἀπόκρισιν παρὰ τῆς ὑμῶν ἁγιότητος, ἀκολούθως τῷ δικαίῳ καὶ τοῖς τῶν νόμων θεσπίσμασι, λύουσαν μοι τὸ ἄπορον· ὁ ἀποιχόμενος πατήρ μου Θεόδωρος ἡρμόσατο νόμῳ γάμου τὴν ἐμὴν αὐταδέλφην τὴν ὄνομα[f. 82]ζομένην Καλὴν τῷ Θεσσαλονικεῖ ἄρχοντι κυρῷ Θεοδώρῳ τῷ Χαμαιδράκοντι· ἐπειδοὺς ταύτῃ τὴν προῖκα, κινητόν τε καὶ ἀκίνητον, ὅσην τὰ τηνικαῦτα συμβόλαια περιέχουσι· τῆς αὐταδέλφης μου δὲ συμβιωσάσης τῷ τοιούτῳ Χαμαιδράκοντι, εἶτα ἀποιχομένης, ὁ τοιοῦτος Χαμαιδράκων εἰς δεύτερον ἐλθὼν συνοικέσιον, ἐγκρατής ἐστι τῶν πραγμάτων ἁπάντων τῆς ἀδελφῆς μου, τῷ τῆς κληρονομίας τε δικαίῳ ἐπερειδόμενος, καὶ ὅτι μετὰ θάνατον τοῦ παιδὸς τὸν δεύτερον γάμον συνέλλαξε· ζητῶ οὖν μαθεῖν εἰ ἔχει καθολικὴν κληρονομίαν εἰς τὰ μητρῷα τοῦ παιδός, καὶ¹) εἰ συμβάλλεται τούτῳ ἡ μετὰ θάνατον τοῦ παιδὸς δευτερογαμία δευτερογαμία· πράγματα, καὶ εἰ ἔξεστιν ἐμοὶ περὶ τούτων κινῆσαι, ὡς τοῦ δικαίου τοῦ παιδὸς κατὰ δεσποτείαν κληρονομίας μεταπίπτοντος εἰς ἐμέ, ὡς ὑπολαμβάνω, διὰ τὴν δευτερογαμίαν τοῦ Χαμαιδράκοντος· μανθάνω γὰρ παρὰ τῶν ἀκριβῶς γινωσκόντων τοὺς νόμους, ὡς οὐ τὴν αὐτὴν ἔχουσι κληρονομίαν οἱ μὴ ἐλθόντες εἰς δεύτερον γάμον, καὶ οἱ ἐς τοῦτον²) ἑαυτοὺς ἐπιρρίψαντες ,,.

Καὶ τὰ μὲν τῆς τοῦ Λαμπέτου ἀναφορᾶς ἦσαν ἐν τούτοις. Ἡ μετριότης δὲ ἡμῶν ταύτην προσηκαμένη, μετά γε τῶν συνεδριαζόντων αὐτῇ ἱερωτάτων ἀρχιερέων ἐν Κυρίῳ ἀγαπητῶν ἡμῖν ἀδελφῶν καὶ συλλειτουργῶν, οὐ δὲ³) γὰρ θεμιτὸν ἦν ἀπώσασθαι ἄνδρα ζητοῦντα μαθεῖν τὸ παρ' αὐτοῦ ἀγνοούμενον, καὶ τὰ τοῦ πράγματος ἀκριβῶς συνδιασκεψαμένη, καὶ ἐκ τῶν νομικῶν ἀναλεξαμένη δέλτων, ὅσα τὰ ἀναγεγραμμένα ἐρωτήσει ἁρμόζουσαν ἀρτυοῦσι τὴν ἀπόκρισιν, ταῦτα οὕτω ψηφηφορεῖ.

Τὸ ὄνομα τῆς κληρονομίας ἁπλῶς μὲν λεγόμενον, μονοειδὲς εἶναι τι δοκεῖ· ἐν διαφόροις δὲ διαιρέσεσι θεωρούμενον πολυσήμαντόν ἐστι καὶ οἷον πολύμορφον· καὶ γινώσκουσι τὸν λόγον οἱ τὰ βάθη τῆς νομικῆς ἐκζητοῦντες, καὶ ἐπιστημονικῶς ἐξετάζοντες· ἐν ἄρτι λεπτομερῶς ἐπελθεῖν, μακρὸν ἂν εἴη καὶ πολυστίχου δεόμενον εἰς οὐδὲν δέον γραφῆς, ἐπεὶ δὲ μία σχίζα τοῦ δικαιούντος λόγου τὸ κληρονομικὸν δίκαιον δείκνυσι, καὶ τὸν πατέρα, τελευτώντων τῶν ὑπεξουσίων ἑαυτοῦ τέκνων, διάδοχον διαιρεῖται πάλιν καὶ αὐτὴ εἴς τε τὴν καθόλου τούτων κληρονομίαν τὴν κατὰ δεσποτείαν φημί, ὅταν | δηλαδὴ τὴν δευτερογαμίαν

---

¹) Inde plura bis in marg. rejecta sunt, quae series requirit. — ²) Cod. ἐκ τούτου corrig. [?] k in marg. — ³) Id. δ δὲ γάρ....

ἀποστέρξῃ παντάπασι, καὶ εἰς τὴν καιρικὴν, ἤγουν τὴν κατὰ χρῆσιν, ὅταν τὸν δεύτερον γάμον ἀσπάσηται· ἐνταῦθα δὲ τῶν μὲν ἀπροσπορίστων, ἤγουν τῶν μητρῴων πραγμάτων καὶ τῶν ἀπὸ γαμικοῦ κέρδους· καὶ τῶν [1]) ἀπὸ φιλοτιμίας τῆς τύχης καὶ καμάτων τοῦ παιδὸς ἔχει μόνην τὴν χρῆσιν, μέχρι ἂν περιῇ· ἀπὸ δὲ τῶν ἰδιοκτήτων καὶ ὡσανεὶ ἰδιοκτήτων πεκουλίων μερίδα κατὰ χρῆσιν καὶ κατὰ δεσποτείαν ἀποφέρεται, ὡς ἐξ ἀδιαθέτου, καὶ αὐτὸς μετὰ τῶν ἀδελφῶν καὶ ἀδελφοπαίδων τοῦ ἀπελθόντος καλούμενος, ὡσανεὶ δὲ ἰδιόκτητα τὰ ἐκ βασιλικῆς δωρεᾶς· καὶ τὰ ἀπὸ διαδοχῆς ἀδελφῶν, καὶ τὰ ἐκ τοῦ περὶ τοῦ πενθίμου δευτερογαμῆσαι παρὰ τῆς μητρὸς δοθέντα ὑπὲρ ἀτιμίας, αἱ παρακείμεναι τοῖς νομικοῖς κεφαλαίοις τῶν παλαιῶν καὶ παραγράφων [2]) εἶναι διδάσκουσιν· ἐπειδὴ τοίνυν καὶ Χαμαιδράκων, ὡς ἡ ἀνόπιν κειμένη περιέχει τοῦ Λαμπέτου ἐρώτησις, εἰς κληρονομίαν καλεῖται τοῦ ἰδίου παιδὸς τελευτήσαντος, εἰ μὲν τοὺς δευτέρους ἀπείπατο γάμους, τῷ πρώτῳ συνοικεσίῳ τὸ ὀφειλόμενον σέβας τετηρηκώς, ἔσχον ἂν πάντα καὶ πάντως· πρὸς αὐτὸν ἀφορῶσαν τὴν καθόλου κατὰ δεσποτείαν κληρονομίαν τοῦ τοιούτου παιδός· ὅτι δὲ τῇ μητρυιᾷ ἐκείνου κοίτῃ δευτέραν γαμετὴν ἐπεισήγαγε, καὶ τὴν ἐμφερομένην τοῖς νόμοις ἀτιμίαν ἐπ' αὐτῆς ἀνεστήλωσεν, ἡ μὲν κατὰ δεσποτείαν κληρονομία ἐπί τε τῇ μητρῴᾳ ὑπάρξει καὶ τοῖς λοιποῖς ἀπροσπορίστοις, εἴπερ εἰσι, τὰς ὄψεις αὐτῆς ἀπὸ τούτου ἀπέστρεψεν, οἷα εἰκὸς οὐκ ἀνεχομένη τῆς ἀτιμίας, ἡ κατὰ χρῆσιν δὲ τούτων ὁρᾷ μέχρι ἂν περιῇ, πλὴν εἴ γε ἔξωθεν τῷ παιδὶ περιῆλθον τινὰ πράγματα κατὰ λόγον τῶν ὡσανεὶ πεκουλίων· ἀλλ' ἐπὶ τούτοις κληρονομικὸν κατὰ δεσποτείαν νόμιμος ἀποίσεται δίκαιον, οὐ λυσιτελεῖ μέντοι τῷ περιόντι γονεῖ, ἡ μετὰ θάνατον τοῦ πατρὸς δευτερογαμία τούτου, ὡς τοῦ θανάτου δῆθεν

τὴν ἀτιμίαν ἐκείνου καλύψαντος· οὐδεμίαν γὰρ ἐπὶ τούτου διαφορὰν οἱ νόμοι ἐπιγινώσκουσιν, ἕως ἂν [f. 83] καὶ τὰ εἰς τοὺς τεθνηκότας γενομένας ὕβρεις προσηκούσαις κολάσεσιν ἀναστέλλωσιν· αὐτοὶ δὲ παρέστωσαν οἱ θεῖοι νόμοι καὶ τοὺς λόγους βεβαίους ποιείτωσαν ἐπιρρήδην τὰ ἑαυτῶν θεσπίσματα προτιθέμενοι.

Ἡ τοίνυν κβ' νεαρὰ κειμένη ἐν τῷ ιδ' τίτλ. τοῦ κγ' βιβλ. βασιλικῶν, πολλὰ περὶ δευτερογαμούντων γονέων διαλαμβάνουσα καὶ τυποῦσα, ὅπως κληρονομεῖ τὸν τελευτῶντα παῖδα ὁ πατὴρ, ἐν μέρει ταῦτα διέξεισι· " Εἰ δὲ ὑπείη γονεῖ, καὶ παῖδας ὁ νόμος ἐντεῦθεν ἀτιμασθέντας ἴδῃ, τηνικαῦτα πάσης φιλοτιμίας παρὰ τοῦ ἀνδρὸς εἰς αὐτὴν ἐλθούσης, κατὰ τὸ τῆς δεσποτείας ἀφαιρεῖται μέρος, μόνην αὐτῇ καταλιπὼν τὴν χρῆσίν τε καὶ ἐπικαρπίαν, καὶ ταῦτα νενομοθετήσθω καὶ ἐπὶ τῆς προγαμίας δωρεᾶ· καὶ ἐπὶ πάσης ἑτέρας φιλοτιμίας, εἴτε ἐν τῇ ζωῇ παρὰ τοῦ ἀνδρὸς εἰς αὐτὴν γενομένης ἢ ἐκ διαθήκης ἢ θανάτου αἰτίᾳ δωρεᾶ, εἴτε ἐνστάσεως αἱ μέρος, εἴτε πρεσβεῖον. Καὶ μετ' ὀλίγον· " Καὶ ταῦτα κοινὰ γυναικός τε καὶ ἀνδρὸς ἐπιτίμια κείσθω· εἰ γὰρ δὴ κἀκεῖνος παῖδας ἔχων δευτέραν αὐτοῖς ἐπεισαγάγοι γαμετὴν, οὐ τῶν ἐκ τῆς προικὸς ἀπολαύσει κερδῶν κατὰ δεσποτείαν· λόγον οὐ φιλοτιμίαν ἄλλην παρὰ τῆς γυναικὸς λαβὼν ἕξει βεβαίως, πλὴν ὅσον χρῆσθαι καὶ καρποῦσθαι μέχρι ἂν περιῇ μόνον,,. Καὶ ταῦτα μὲν παίδων περιόντων, οὕτω νομοτεθεῖ, ἀπελθόντων δὲ τούτων, ἐκεῖνα διαλαμβάνει· " Ἀλλ' ἐντεῦθέν τις ἡμᾶς πρώην εἰσῆλθεν ἔννοια, λεπτή τε καὶ μεμεριμνημένη καὶ τὸ μέσον αὐτοῖν τοῖν θεμάτοιν περιεργαζομένη· ἐπειδὴ γὰρ πάντων μὲν ὑπόντων τῶν παίδων καὶ προτελευτήσαντος τοῦ γεννηθέντος, οὐδὲν ὑπολέλειπτο μέρος· αὐτῇ ἐκ τῶν κερδαθέντων, πάντων δὲ τελευτησάντων, ὅλον εἰς αὐτὸν ἐπανῄει. Διεσκεψάμεθα μέσην τι-

---

[1]) Cod. τῶν... mox ἰδιοκτήτων. — [2]) Id. primum παραγραφῶν, in marg. γρ. παραγράφων.

νὰ τῷ πράγματι τάξιν ἐπινοῆσαι, ὥστε εἰ πλειόνων ὄντων παίδων τελευτήσειεν εἷς, εἰ μὲν ἔχει παῖδας, ἐπ' ἐκείνοις φέρεσθαι τὸν κλῆρον, τοῦτο ὅπερ πολλάκις εἰρήκαμεν· εἰ δὲ οὐκ ἔχει παῖδας, μὴ πάντως εἰς τοὺς ἀδελφοὺς· τὸ πᾶν ἔρχεσθαι· ἀλλ' ὅσον ἐκ τοῦ συμφώνου τοῦ ἐξ ἀπαιδίας ἐγένετο τῷ γεννηθέντι, τοῦτον αὐτὸν κερδαίνειν, | τὸν λοιπὸν δὲ συγχωρεῖν ἔρχεσθαι ἐπὶ τοὺς τοῦ παιδὸς διαδόχους, εἴτε ἀδελφοὶ καθεστήκασιν, εἴτε ἐξωτικοὶ τυχόν· ὅπερ μάλιστα ἐπὶ μητρὸς διαδόχοις συμβαίη, εἴτε διάθοιντο τὰς αὐτῶν περιουσίας, εἴτε ἀδιάθετοι τελευτήσαιεν „. Καὶ μετ' ὀλίγον· " Ὥστε κἀνταῦθα εἴπερ ἐκποιήσειεν ὁ γονεὺς, πρὶν εἰς δευτέρους ἀφίκεσθαι γάμους, εἶτα τελευτήσειε τῶν παίδων εἷς, κατὰ τοσοῦτον ἔρρωται τὰ ἐκποιηθέντα μόνον, καθ' ὅσον εἰς τὸ ἐκποιήσαντα κατὰ τὸ ἐξ ἀπαιδίας περιέρχεται σύμφωνον, ἐπεί τοί γε κατὰ τὰ ἄλλα μέρη ὁπόσα εἰς τοὺς τοῦ παιδὸς κληρονόμους χωρεῖ, παντοίως ἄκυρον ἔσται „. Καὶ μεθ' ἕτερα· " Ἐπειδὴ δὲ ὅλως εἰς μνήμην τῶν περὶ χρήσεως νόμων ἀφικομένας, κἀκεῖνο προσανεμίξαι τῷ νόμῳ καλὸν ὅπερ τισι τῶν ἔμπροσθεν εἴρηται διατάξεων, ὡς πάντων ὁ πατὴρ τῶν εἰς τοὺς παῖδας ἀφικνουμένων, εἴτε ἐκ μητρῴας σειρᾶς, εἴτε ἐκ γαμικῆς τῶν παίδων αἰτίας, εἴτε ἀλλαχόθεν, τὴν χρῆσιν ἔχει, κἂν εἰ πρὸς δευτέρους ἔλθοι γάμους· τὴν γὰρ χρῆσιν αὐτῶν μέχρι ἂν περιῇ, μένειν ἀδιάπτωτον αὐτῷ καὶ οἱ πρὸ ἡμῶν ἅπαντες βούλονται, καὶ ἐπὶ τοῖς μητρῴοις καὶ ἐπὶ τοῖς ἄλλοις, ἅπασι, καὶ ἡμεῖς σύμψηφοι „.

Ὁ δὲ τῶν ἰδιοκτήτων καὶ οἱονεὶ ἰδιοκτήτων πεκουλίων ὑπεξηρῆσθαι λόγος, τὸ μέντοι ιη΄ κεφάλ. τοῦ αὐτοῦ τίτλ. σαφέστερον περὶ δευτερογαμούσης μητρὸς διαλαμβάνον, γενικῶς παραδίδωσιν· " Ἐὰν ἀπὸ μὲν τοῦ πατρῴου ἢ μητρῴου τῶν τελευτώντων παίδων κλῆρον οὐδεὶς τῶν δευτερογαμούντων γονέων, ἐξ ἀδιαθέτου λήψεταί τι κατὰ δεσποτείαν· ἐπεὶ δὲ τοῖς ἔξωθεν προσγενομένοις ἐκείνοις ἐπίσης τοῖς ἀδελφοῖς καὶ λοιποῖς κληρονόμοις τοῦ τελευτήσαντο· καὶ τὸ δευτερογαμήσαν κληθήσεται πρόσωπον „. Καὶ ἡ τοῦ τοιούτου κεφλ. παραγραφὴ, καὶ τοῦτο ὀφείλει νοεῖν ὁ ἀναγινώσκων, ὅτι εἰ καὶ γέγραπται ἐπὶ τούτοις τὸν δευτερογαμήσαντα μὴ κληρονομεῖν, ἀλλὰ τοὺς ἀδελφούς, ὅμως ὁ πατὴρ ἕως ζῇ, τὴν χρῆσιν ἔχει, καὶ ὅταν ἀποθάνῃ, τότε λαμβάνουσι τὰ πράγματα οἱ κληρονομήσαντες. Εἰ γὰρ ζῶντος τοῦ κυρίου τῶν πραγμάτων, ὁ πατὴρ εἶχε τὴν χρῆσιν, πῶς τελευτησάντων [f. 84] τοῦ κυρίου τῶν πραγμάτων, τοῖς κληρο[νό]μοις αὐτοῦ αὐτίκα ἡ χρῆσις δοθήσεται; οὐκ ἔχει νοῦν τοῦτο, ὥστε τόπον ποιεῖ ἡ νεαρὰ, οὐ μέντοι καὶ τὰ πράγματα δίδωσιν αὐτίκα. Ὅ γε μὴν Θαλέλαιος, ἡ τοῦ νόμου γλῶσσα, ὁ τὰ ἐν βάθει τούτου διαλευκαίνων καὶ διασαφῶν ἄριστα, ἐν τῇ ιδ΄ διατάξει τοῦ Ο΄ τίτλ. τοῦ ε΄ βιβλ. τοῦ κώδικος ὑποθετικῶς ἑρμηνεύων, ὅτι ποτὲ πάλαι ἦν τὸ ἐξ ἀπαιδίας· σύμφωνον καὶ παριστῶν μετατιθεμένην ἀπὸ τῶν δευτερογαμούντων γονέων τὴν κληρονομίαν, εἰς τοὺς τοῦ παιδὸς κληρονόμους ταῦτα ῥητῶς οὕτω φησίν· " Οἷον λόγου χάριν συνεφώνησεν ἐξ ἀπαιδίας, τὸ ἥμισυ ἐξ ἑνὸς παιδὸς τὸ δίμοιρον, ἐκ δύο τὸ πᾶν διελύθη ὁ γάμος, δύο παίδων ὄντων· ἔλαβε τὴν πᾶσαν προῖκα ἐτελεύτησαν οἱ δύο παῖδες, ἐδευτερογάμησεν· οὐ μεῖναι λοιπὸν εἰς τὴν προῖκα πᾶσαν ἐξουσίαν, ἀλλ' εἰς μόνον τὸ ἐξ ἀπαιδίας μέρος· τὸ δὲ ἕτερον φυλάξει τοῖς τῶν παίδων κληρονόμοις „. Οὕτω τῶν νομικῶν παρατηρημάτων ἐχόντων, ἀριδήλως ἀναφαίνεται, ὡς ὁ δευτερογαμῶν ἐπὶ τέκνῳ αὐτοῦ τεθνηκότι τὸν οὐσούφρουκτον μὲν, ἤτοι τὴν χρῆσιν ἔχει ἐπὶ τοῖς ἐκείνῳ μητρόθεν ἁρμόσαι, τὴν δεσποτείαν δὲ τούτων ἀπόλυσιν, ὡς μετὰ τὴν τελευτὴν αὐτοῦ, πρὸς τοὺς κληρονόμους τοῦ παιδὸς ἀνατρέχειν κατὰ τοὺς νόμους, ἐπειγομένην.

Ἐπεὶ δὲ νῦν ὁ ἐξ ἀπαιδίας κἄσος χώραν ἐν τοῖς συμφώνοις οὐκ ἔχει, ὡς ἐν ταῖς γαμικῶν συμβολαίων συνθήκαις, οὕτω κρατήσαν ἔθος ῥητῶς· τοῦτον ἀπαγορεύεσθαι, εἰ μὲν ὁ Χαμαιδράκων ἐξ ἀπαιδίας τι κέρδος ἑαυτῷ ῥητῶς συνεφώνησε, λήψεται τοῦτο ἐκ τῆς τοῦ παιδὸς οὐσίας τοῦ τεθνηκότος, κατὰ τὴν τοῦ συμφώνου περίληψιν· εἰ δὲ τῷ νῦν κρατοῦντι ἔθει παρακολούθησε, κέρδος μὲν τοιοῦτόν τι οὐδ' ὅλως ἕξει, μόνης δὲ ἀπολαύσει τῆς χρήσεως μέχρι ἂν ἐν τοῖς ζῶσι περίεστι, τὴν δεσποτείαν φυλάττων τοῖς τοῦ παιδὸς κληρονόμοις κατὰ τὸ τοῦ νόμου διάταγμα. Ταῦτα πρὸς τὴν τοῦ Λαμπέτου ἀφήγησιν.

ΛΘ'.

Περὶ τῶν ἐκ νομίμων καὶ τῶν ἐκ παλλακῶν καὶ τῶν ἐκ μόνης μνηστείας παίδων, καὶ ὅπως τοὺς οἰκείους γονεῖς διαδέχονται.

De liberis ex legitimis uxoribus, et de iis ex concubinis, et de iis ex sola desponsatione natis, et quomodo propriis parentibus succedant.

| Τὸ μέρος τοῦ ἀπὸ τοῦ θέματος Βερροίας κυροῦ Κωνσταντίνου ἐκείνου τοῦ Τζιμπίνου ἀφηγήσατο ἡμῖν, ὡς ὁ αὐτὸς Τζιμπίνος γυναῖκα ἑαυτῷ ἁρμόσασθαι βουληθεὶς, μνηστείαν μεθ' ἱερᾶς εὐχῆς συνεστήσατο μετὰ τῆς κατὰ πρῶτον γάμον ἀνδρὶ νομίμῳ συνοικησάσης, τοῦ Σκουταριώτη ἐκείνου κυρῷ Γεωργίῳ κύρας Μαρίας τῆς Ἀρτινῆς, ᾗ τινι καὶ πρὸ τοῦ γάμου οὗτος συνευνασθεὶς καὶ παιδίον ἐκ ταύτης ἀποτεκών, τὸν ἐνταῦθα βίον μετὰ τοῦτο κατέλυσε, μήτε καὶ τελείαν ἱερολογίαν γάμου μετὰ τῆς αὐτῆς δεξάμενος γυναικός· καὶ τὰ νῦν ἡ ῥηθεῖσα τούτου μνηστὴ τῆς ἐκείνου κληρονομίας ἀντιποιεῖται ὀνόματι τοῦ ἐκ συναφείας τοῦ αὐτοῦ Τζιμπίνου ἀποτεχθέντος ταύτῃ παιδὸς, ὡς δεδήλωται, καὶ τὰ τοιαῦτα τὸ τοῦ Τζιμπίνου μέρος ἀφηγησάμενον, μαθεῖν ἐξήτησεν ἐξ ἡμῶν, τί τοῖς νόμοις καὶ τῷ δικαίῳ ἐπὶ τῇ τοιαύτῃ ὑποθέσει δοκεῖ, καὶ εἰ εὐλόγως καὶ δικαίως ἡ ῥηθεῖσα μνηστὴ τοῦ Τζιμπίνου τῶν ἐκείνου πραγμάτων ἀντιποιεῖται, ὡς εἴρηται

Ἡμεῖς οὖν πρὸς ταῦτα ἐκ τῶν νόμων ἀποκρινόμενοι καὶ ψηφοροῦντες· φαμέν· ὡς οἱ νόμοι ἐκείνους νομίμους παῖδας ὁρίζονται, καὶ κληρονόμους τῶν γεγεννηκότων αὐτούς, τοὺς ἐξ ἐννόμων γάμων ἀποτικτομένους... τισι[1]) γάμου δὲ χωρὶς, οὐκ ἄν ποτε νόμιμος κληθήσεται· αἷς ὁ ἐκ συναφείας τινὸς ἀπογεννώμενος γυναικὸς, οὐδὲ κληρονόμος ἔσται τοῦ γεγεννηκότος τούτου δῆθεν πατρός, εἰ καὶ μνηστείαν ὁ φυτεύσας· αὐτὸν μετὰ τῆς αὐτῆς γυναικὸς συνεστήσατο· ἡ γὰρ μνηστεία[2]) γάμος οὐκ ἔστιν, ἀλλὰ προκαταβουλή τις γάμου καὶ προϋπόσχεσις, τὸ ἄλυτον ἔχουσα μόνον, διὰ τὴν ἐπ' αὐτῇ προβαίνουσαν ἱερολογίαν, οὐ μὴν δὲ καὶ γάμον ἀπαρτίζειν τέλειον δυναμένη, ἡ γὰρ ἂν οὐκ ἐπακολουθεῖ[3]) ταύτῃ καὶ γάμους, ἐπεὶ δὲ μόνη αὐτὴ οὐκ ἐξαρκεῖ πρὸς ἐντελῆ τῶν συναπτομένων συναρμογήν, ἐξ ἀνάγκης δ' ὁ γάμος μετ' αὐτὴν προβαίνων εὑρίσκεται καὶ ἰδικαῖς ἱεροτελεστίαις θείαις εὐχαῖς, πρόδηλον ὡς καὶ οἱ πρὸ τελείου γάμου ἐκ μνηστείας καὶ μόνοις ἀλλήλοις εἰς συνάφειαν συνερχόμενοι[4]), εἰς ἁμαρτίαν συνέρχονται, καὶ τὰ ἐκ τούτων τικτόμενα οὐ νόμιμοι παῖδες, οὐδὲ κληρονόμοι [f. 85] τῶν αὐτοὺς γεγεννηκότων, ὅσον εἰς πατρῴαν ἥκει διαδοχὴν, ἀπὸ τῶν νόμων γνωρίζονται, διὰ τὸ τοὺς ἐκ παρανόμων καὶ πορνικῶν συμπλοκῶν τικτομένους, πατέρας ἐκ τῶν νόμων μὴ ἔχειν, μηδὲ πατρῴας ἐξιοῦσθαι διαδοχῆς, καθὼς τὰ περὶ τούτων πάντων, ἐκ διαφόρων κεφαλαίων ἐν τῷ τῶν νόμων ἐδάφει κατεστρωμένων ση- |

---

[1]) Lacuna notatur in cod. — [2]) Cod. μνηστά. — [3]) Id. ἐπακολούθη. — [4]) Id. συνερχομένης

CAP. XXXIX. DE LEGITIMA ET SPURIA PROLE

δήλως παρίσταται, ἐπεὶ οὖν καὶ ἐπὶ τῆς περὶ ἧς ἐρωτήσεως ὑποθέσεως μνηστεία μόνον, οὐ μὴν δὲ καὶ γάμος εὑρίσκεται τελεσθεὶς μέσον τοῦ τε Τζιμπίνου κυροῦ Κωνσταντίνου καὶ τῆς κυρᾶς Μαρίας, ὁ ἐξ ὀσφύος τούτου ταύτῃ πρὸ τοῦ γάμου ἀποτεχθείς, οὐ νόμιμος παῖς ἐστι τοῦ Τζιμπίνου, οὐδὲ πρὸς τὴν ἐκείνου ἀπὸ τῶν νόμων καλεῖται διαδοχήν, καὶ διὰ τοῦτο οὐκ εὐλόγως, οὐδὲ δικαίως ὡς ἡ μήτηρ αὐτοῦ προοράσει καὶ ὀνόματι τούτου τῶν τοῦ Τζιμπίνου πραγμάτων ἀντιποιεῖται οἷα τοῦ διαληφθέντος παιδὸς αὐτῆς, μηδέν τι δίκαιον ἐκ τῶν νόμων, ἢ τινα μετουσίαν ἔχοντος [1]) ἐπ᾿ αὐτοῖς· εἰ γοῦν εὑρίσκεται ὁ διαληφθεὶς Τζιμπῖνος ἐπιτελεύτιον τινὰ βεβαίαν καὶ ὁμολογουμένην κατὰ νόμους διατύπωσιν ποιησάμενος ἐν τῷ τελευτᾶν, καὶ γενήσεται κατὰ τὴν ταύτης περίληψιν, ἢ οὐδέν τι τοιοῦτον εὑρίσκεται, καὶ τὰ πράγματα τούτου τοῖς ἐξ ἀδιαθέτου ἀπὸ τῶν νόμων ἐπεγνωσμένοις κληρονόμοις αὐτοῦ προσαρμόζουσι, καὶ εἰ μὲν ἔχοι ἀνιόντας ἤτοι γονεῖς ἢ ἀδελφοὺς καὶ ἀδελφόπαιδας, πρῶτοι οὗτοι εἰς τὴν αὐτοῦ κληρονομίαν κληθήσονται.

Φησὶ ἡ ἐν βιβλ. με΄ τίτλ. γ΄ κεφλ. ι΄ κειμένη Ἰουστινιάνειος νεαρὰ ἔν τινι μὲν μέρει αὐτῆς οὕτω ρητῶς· "Εἰ τοίνυν ὁ τελευτήσας κατιόντας μὲν μὴ καταλιπεῖν κλη-

ρονόμους, πατὴρ δὲ ἡ μήτηρ ἢ ἄλλοι γονεῖς αὐτῷ ἐπιζήσουσι, πάντων τῶν ἐκ πλαγίου συγγενῶν τούτους προτιμᾶσθαι θεσπίζομεν, ἐξῃρημένων μόνων ἀδελφῶν καὶ ἀδελφοπαίδων ἐξ ἑκατέρου γονέος· συναπτομένων τῷ τελευτήσαντι, ὡς διὰ τῶν ἑξῆς δηλωθήσεται,,. Ἐν ἑτέρῳ δὲ μέρει ταύτης οὕτω διέξεισιν· " Εἰ δὲ μετὰ τῶν ἀνιόντων εὑρέθωσιν ἀδελφοὶ ἢ ἀδελφαὶ ἢ καὶ ἀδελφόπαιδες ἐξ ἑκατέρων γονέων συναπτόμενοι τῷ τελευτήσαντι, μετὰ τῶν ἐγγυτέρων τῷ βαθμῷ ἀνιόντων κληθήσονται, εἰ καὶ πατὴρ | ἢ μήτηρ εἴησαν, διαιρουμένης εἰς αὐτοὺς δηλαδὴ τῆς κληρονομίας κατὰ τὸν τῶν προσώπων ἀριθμὸν ,, καὶ τὰ ἑξῆς. Εἰ δὲ οὔτε γονεῖς, οὔτε ἀδελφοί, οὔτε ἀδελφόπαιδες ὕπεισι τοῦ Τζιμπίνου, πρὸς τὴν κληρονομίαν τούτου κληθήσεται, κατὰ ἀκολουθίαν τῶν προσεχεστέρων, ὀφειλόντων προτιμᾶσθαι τῶν μετ᾿ αὐτούς· καὶ μακρότερον φησὶ γὰρ ἡ αὐτὴ νεαρὰ ἐν ἑτέρῳ μέρει αὐτῆς· οὕτως· " Εἰ δὲ μήτε ἀδελφούς, μήτε παῖδας ἀδελφῶν, ὡς εἰρήκαμεν, ὁ τελευτήσας καταλήψει, πάντας τοὺς ἐφ᾿ ἑξῆς ἐκ πλαγίου συγγενεῖς πρὸς τὴν κληρονομίαν καλοῦμεν κατὰ τάξις ἑνὸς ἑκάστου προτίμησιν, ἵνα οἱ ἐγγύτεροι τῷ βαθμῷ αὐτοὶ τῶν λοιπῶν προτιμῶνται ,,. Ταῦτα πρὸς τὰ ἀφηγηθέντα.

ΧΛ΄.

Περὶ γνησίων παίδων καὶ ἑτεροθαλῶν φυσικῶν, ἤγουν νόθων καὶ παλλακῶν καὶ περὶ νομῆς αὐτῶν.

De liberis legitimis, et de iis unius tantum parentis, de naturalibus aut spuriis, de concubinis et de eorum partitione.

Σοφῶς ἄρα καὶ συνετῶς καὶ ἐπιστημόνως, καὶ κατ᾿ αὐτὴν τὴν ἀκριβῆ τοῦ δικαίου ἀκρίβειαν, εἰς τρεῖς τάξεις τοὺς σαρκικοὺς παῖδας οἱ πάλαι φιλευσεβεῖς νόμοι διεῖλοντο, τοὺς μὲν γνησίους τῆς πρώτης θέμενοι, καὶ

ἐκ τούτων τοὺς ἑτεροθαλεῖς τῆς δευτέρας, τῆς δὲ τρίτης τοὺς φυσικούς, οὓς καὶ νόθους οἶδεν ὁ λόγος καλεῖν. Καὶ διὰ τῶν τοιούτων τάξεων, μετὰ τῶν ἄλλων καὶ τὰς ἁρμοζούσας τούτοις διὰ κατοχὰς τεθεσπίκα-

---

[1]) ἔχοντα cod. dein ἄγουν.

σιν, ἵνα τῇ νομίμῳ διαιρέσει τῶν κλήρων, ὥσπερ τινὶ χαλινῷ ἀγόμενοι, μὴ ἐκτρέπωνται κατὰ πλεονεξίαν πρὸς τὰ μὴ τούτοις ἀνήκοντα, ἀλλὰ μένωσιν ἐν οἷς παρὰ τῶν νόμων ἐδικαιώθησαν.

Τῆς γνησίας τοίνυν τάξεως ὢν καὶ Κώνστας, ὁ τοῦ Κόντου μὲν Ἰωάννου υἱός, ἔκγονος δὲ τῆς αὐταδέλφης τοῦ ἀποιχομένου Γεωργίου, τοῦ τοῦ Δεσισλάβου, τοῦ ποτὲ οἰκέτου ἐν τῷ κάστρῳ Ἀχρίδας, τῷ δικαστηρίῳ τοῦ παναγιωτάτου ἡμῶν δεσπότου καὶ αὐθέντου ἀρχιεπισκόπου πάσης Βουλγαρίας τὴν σήμερον προσεχώρησεν, δίκην λαγχάνων τῇ ἐκ παλλακῆς ἐγγόνῃ τοῦ εἰρημένου Γεωργίτζη, τῇ καλουμένῃ Καλῇ περὶ διακατοχῆς τῆς ἐκείνου ὑποστάσεως, εἰς ἣν οἴεται κληρονομικὸν ἐξ ἀδιαθέτου δίκαιον ἁρμόζειν αὐτῷ. Καὶ δὴ παρούσης καὶ τῆς τοιαύτης Καλῆς, ἔλεγεν [f. 86] ὁ Κόντος οὑτωσὶ ἐκτιθέμενος.

Ὡς πρὸς πατρὸς μείζων θεῖός μου ὁ ἀναγεγραμμένος Γεωργίτζης, γνήσιον σχὼν υἱὸν τὸν λεγόμενον Κώνσταν, τὸν καὶ κληρονόμον τῆς οὐσίας αὐτοῦ, ἐκτήσατο καὶ ἀπὸ διαφόρων παλλακῶν νόθους παῖδας, ὧν ἀπόγονός ἐστι καὶ ἡ διαληφθεῖσα γυνὴ ἡ Καλὴ ἧς δὴ ὁ πατὴρ ὁ ἀπελθὼν δηλαδὴ Καλὸς ὁ Ἀρμένιος, ἐπευχαιρήσας τῷ θανάτῳ τοῦ ἐμοῦ πατρός. Ναὶ μὴν καὶ τῇ ἐμῇ ἀρηλικιώσει καὶ ὀρφανίᾳ ἐδράξατο τῆς ἀναπεφωνημένης ὑποστάσεως τοῦ Γεωργίτζη, ὡς τῶν διαδόχων ἐκείνου, τοῦ τε δηλονότι υἱοῦ Κώνστα καὶ τοῦ ἐξ αὐτοῦ ἐκγόνου αὐτοῦ, ἐπ' οὐδενὶ ἑτέρῳ ἐκ τῆς ὀσφύος αὐτῶν διαδόχῳ, τὸν βίον τελευτησάντων· καὶ δὴ καὶ παρέπεμψε τὴν αὐτὴν ὑπόστασιν τῷ ἐξ ἀδιαθέτου δικαίῳ, ὡς τὰ τοῦ ἐμοῦ πατρὸς κληρωσαμένῳ δίκαια. Τὴν περὶ τούτου κινὴν ἀγωγήν, καὶ ζητῇ μαθεῖν, εἴ που τῶν γνησίων διαδόχων τῶν τελευτώντων, προτιμῶνται οἱ τῶν νόθων παίδων ἀπόγονοι εἰς τὴν τῆς ὑποστάσεως αὐτῶν διακατοχήν.

Τούτων δὴ παρὰ τοῦ Κόντου λεγθέντων, δυσὶν ἀντιθέσεσιν ἀντιτάξασθαι τῷ Κόντῳ ἡ Καλὴ ἐπεβάλλετο· μιᾷ μὲν τῇ ἀπὸ τοῦ χρόνου. Ἔτος γάρ, ἔλεγεν, εἰκοστὸν καὶ τι πλέον, καὶ ἐμὸς πατὴρ τὴν ὑπόστασιν κατέχων ἦν καὶ νεμόμενος· ἑτέρᾳ δὲ ἐν τῷ λέγειν ὅτι τὴν σειρὰν τῆς γονῆς ἀπὸ τοῦ Γεωργίτζη ἐκείνου ἔχουσα, ὑπολαμβάνω τὴν τῆς ὑποστάσεως ταύτης κληρονομίαν ἁρμόζειν μᾶλλον ἐμοί.

Ἐν τοιαύταις δὲ ἀντιλογίαις τοῦ ἀγῶνος ἑκατέρων τῶν μερῶν προβαίνοντος, ἡ δεσποτικὴ θεία μεγαλειότης τὰ τοῦ πράγματος διασκεψαμένη, καὶ ἀκολούθως τοῖς νομικοῖς διατάξεσι γνοῦσα, ὡς τῷ μὲν Κόντῳ ἡ τοῦ ἀγῶνος νίκη προσμειδιᾷ, πρὸς τὴν ἥττονα δὲ ψῆφον τὴν Καλὴν παραπέμπει. Διέγνω αὐτὸν μὲν Κόντον ἀμάχως καὶ ἀναντιρρήτως ἐν κατοχῇ γενέσθαι κατὰ δεσποτείαν τῆς ἐπιδίκου ταύτης ὑποστάσεως, ὡς καὶ τὸ δίκαιον ἐν ταύτῃ τοῦ οἰκείου γονέως· ἀπὸ τῆς τῶν νόμων διατάξεως καὶ τὸν χρόνον τῆς ἐνηλικιώσεως αὐτοῦ ἀντιβαίνοντα ἔχοντα τῷ χρόνῳ, ὃν ἡ Καλὴ ἀνόπιν τοῦ λόγου προέθετο, τήν γε μὴν Καλὴν ἀπεντεῦθεν ὑπεκστῆναι | αὐτῷ τῆς ὑποστάσεως· ὅτι τε ἐκ νόθου σπέρματος τοῦ Γεωργίτζη κατάγεται, καὶ ὅτι θνήσκων ἐκεῖνος καὶ διαθήκας γράφων καὶ τῇ μητρὶ τῆς Καλῆς, καὶ τοῖς ἐξ ἑτέρων παλλακῶν ἄλλοις παισὶν αὐτοῦ μερίδας τινὰς ἐκ τῆς οὐσίας αὐτοῦ ἀπεκλήρωσε, καὶ οὐ δοκεῖ τοῦτο καθόλου τοῖς τῶν νόμων θεσπίσμασι· καὶ τὰ περὶ τούτου βεβαίως ἐμαρτύρουν οἱ παρὰ τοῦ Κόντου πραχθέντες μάρτυρες, ὧν πρῶτος ἦν ὁ Κνέτζης Λέων ὁ Ἀρδρός, ἀφορισμὸν τὸν ἀπὸ τῆς ἁγίας τοῦ Θεοῦ ἐκκλησίας καθ' ἑαυτοῦ προστησάμενος, εἰ ἑτέρως ἔχων τὸ πρᾶγμα, ἄλλως τοῦτο διὰ τῆς οἰκείας μαρτυρίας αὐτὸς συνίστησιν· εἰς βεβαίωσιν μέντοι ταύτης τῆς ἀποφάσεως παρίτωσαν οἱ θεῖοι νόμοι καὶ ἐπὶ τῶν λέξεων τὰ ἑαυτῶν θεσπίσματα προτιθέτωσαν.

Ἐν μὲν οὖν τῇ κεφαλ. τοῦ γ΄ τίτλου τοῦ μδ΄ βιβλ. τῶν βασιλικῶν ταῦτα οὕτω διαγορεύουσιν· "Ὅθεν ἀκόλουθόν ἐστιν, ἵνα εἰ τυχὸν ὁ προτελευτήσας ἀδελφὸς, οὐ οἱ παῖδες, περίεισι δι' ἑκατέρου γονέως, τῷ νῦν τελευτήσαντι προσώπῳ συνήπτετο· οἱ δὲ περιόντες ἀδελφοὶ διὰ τοῦ πατρὸς μόνου τυχὸν ἢ τῆς μητρὸς αὐτῷ συνήπτετο, προτιμητῶσιν οἱ τούτου παῖδες τῶν ἰδίων θείων, κἂν τρίτου ὦσι βαθμοῦ, εἴτε πρὸς πατρὸς εἴκασαν οἱ θεῖοι, εἴτε πρὸς μητρός, καὶ εἴτε ἄρρενες, εἴτε θηλεῖαι· ὥσπερ ὁ αὐτῶν γονεὺς προετιμᾶτο, εἰ περιῆν. καὶ ἐκ τῶν ἐναντίων, εἰ ὁ μὲν περιὼν ἀδελφὸς ἐξ ἑκατέρου γονέως συνήπτετο τῷ τελευτήσαντι. Ὁ δὲ προτελευτήσας δι' ἑνὸς γονέως συνήπτετο, τοὺς τούτου παῖδας τῆς κληρονομίας ἀποκλείομεν, ὥσπερ καὶ αὐτὸς, εἰ περιῆν, ἐξεκλείετο. Τὸ δὲ τοιοῦτον προνόμιον ἐν ταύτῃ τῇ τάξει τῆς συγγενείας, μόνοις παρέχομεν τοῖς τῶν ἀδελφῶν ἀρρένων ἢ θηλειῶν υἱοῖς, ἢ θυγατράσιν, ἵνα εἰς τὰ τῶν ἰδίων γονέων δίκαια ὑπεισέλθωσιν· οὐδενὶ δὲ ἄλλῳ παντελῶς· προσώπῳ ἐκ ταύτης τῆς τάξεως ἐρχομένῳ, τοῦτο τὸ δίκαιον συγχωροῦμεν· ὁπότε τοίνυν τοῖς τοῦ ἀδελφοῦ καὶ τῆς ἀδελφῆς παισὶ τοιοῦτο προνόμιον δεδώκαμεν, ἵνα τὸν τῶν γονέων ὑπεισιόντες τόπον, μόνοι τρίτου ὄντες βαθμοῦ μετὰ τῶν ἐκ πρώτου καὶ δευτέρου βαθμοῦ πρὸς τὴν κληρονομίαν καλοῦμεν κατὰ τὴν ἑνὸς ἑκάστου βαθμοῦ προτίμησιν, ἵνα οἱ [f. 87] ἐγγύτεροι τῷ βαθμῷ, αὐτοὶ τῶν λοιπῶν προτιμῶνται „. Ἐν δέ γε τῷ δ' κεφαλ. τοῦ β' τίτλ. τοῦ λβ' βιβλ. τῶν βασιλικῶν, ταῦτα οὕτω διακελεύονται· " Εἰ παῖδας ἔχει τις, μὴ δύνασθαι αὐτὸν τοῖς φυσικοῖς παισὶ, μήτε τοῖς ἐκ παλλακῆς περαιτέρω μιᾶς οὐγγίας καὶ τῇ μητρὶ αὐτῶν καταλιμπάνειν ἢ δωρεῖσθαι. Εἰ δὲ παλλακὴ μόνη εἴη, ταύτῃ τὸ ἡμιούγγιον καταλιμπανεῖσθαι ἢ δωρεῖσθαι „. Καὶ μετά τινα· " Ἀδιαθέτων δὲ τελευτώντων τῶν τοὺς φυσικοὺς παῖδας ἐχόντων, δύο μόνας οὐγγίας ἔχειν τοὺς παῖδας ἅμα τῇ μητρὶ μεριζομένας, ὥστε ἑνὸς παιδὸς μερίδα καὶ τὴν μητέρα λαμβάνειν· Ταῦτα δὲ φαμὲν, εἰ μιᾷ παλλακῇ συνοικῶν παῖδας ἐξ αὐτῆς ἔχοι· εἰ γὰρ ἐκκεχυμένα τὰ τῆς ἐπιθυμίας αὐτῷ γένηται, καὶ ἄλλας ἐπ' ἄλλαις ἐπεισαγάγοι πορνευομένας, πόρρω τοῦ νόμου καθάπαξ αὐτὰς ἀπελαύνεσθαι „.

Ταῦτα οὕτω τῶν φιλευσεβῶν νόμων διακελευομένων, οὐδεμία τοῦ λοιποῦ διακατοχὴ τῇ Καλῇ ἁρμόζει εἰς τὴν τοῦ Γεωργίτζη ὑπόστασιν, καὶ αὐτὸ γὰρ τὸ ἀπομερισθὲν τῇ μητρὶ αὐτῆς ἀπὸ διαθήκης ἐκείνου, εἰ μὴ εἰς λεγάτον καταλογισθῇ, τῷ νόμῳ τυγχάνειν ὑπόβλητον· ὅτι δηλαδὴ ἑκὼν ἐκεῖνος παλλακαῖς διαφόροις ἐπέτρεψε καὶ τὴν ἰδίαν γονὴν ἀσώτως διέσπειρε, καὶ τὰ ἐκεῖθεν ἔκγονα μισητὰ καὶ ἀπρονόητα τοῖς νόμοις πεποίηκε, καθὰ δὴ καὶ τὰ ῥήματα τούτων ἀνωτέρω ἐτράνωσαν.

ΜΑ΄.

Περὶ μητρικῆς ὑπάρξεως, καὶ δευτερογαμούντων καὶ παίδων διαφορᾶς, καὶ περὶ τριγαμίας, καὶ περὶ ἀποκαταστάσεως, καὶ περὶ διηνεκοῦς παραγραφῆς, καὶ περὶ τῶν ἀπὸ ἐξισωτῆ ἀλλοτρίας ἀναδεξαμένων δίκαια.

De bonis maternis, et de secundo nubentibus, et de liberorum diversitate, de restitutione in integrum, de praescriptione continua, de admittentibus ab aequatore jura aliena.

Ἔοικεν ὁ Νικολαὸς, ᾧ τὸ μὲν ἐπωνύμιον Καβαλούρης, πατρὶς δὲ Κερκύρα ἡ περίκλυτος, ἀνάγκην ὑποστῆναι ἀτίνακτον, καὶ οὕτω τῷ πανσεβάστῳ σεβαστῷ κυρῷ Ἀλεξίῳ τῷ Πεδιαδίτῃ χρήσασθαι, ἵνα δι' αὐτοῦ ἕως εἰς ἡμᾶς τὸ συνταράσσον αὐτὸν ἄπορον | διαπορθμευθείη, καὶ λύσις αἰτηθείη τούτου παρὰ τῆς ἡμῶν μετριότητος. Ἀλλ' ἡμεῖς μὲν τὴν τοιαύτην αἴτησιν προσηκάμενοι ἐπὶ συνελεύσει ἱερωτάτων ἐπισκόπων ἐν Κυρίῳ ἀγαπητῶν ἡμῖν ἀδελφῶν καὶ συλλειτουργῶν, οἷα μὴ θεμιτὸν ὄν, εἰς οὐδὲν δέον τοὺς δεομένους ἡμῶν ἀποπέμπεσθαι πρὸς τῇ ἀφηγήσει τοῦ ἀπόρου τούτου, τάς τε ἀκοὰς τόν τε νοῦν ὡς εἰκὸς ἔσχομεν. Ἡ γλῶσσα δὲ τοῦ εἰρημένου Πανισιοτάτου ἀνδρὸς τὰ περὶ ἑαυτοῦ ἐγγράφως διεξίει τῇ ἡμῶν μετριότητι οὕτω πῶς ἔχοντα.

"Τῆς μητρὸς τοῦ διαληφθέντος Νικολάου, ἐπὶ ἀνήβοις αὐτῷ καὶ λοιποῖς ἀδελφοῖς αὐτοῦ τελευτησάσης τὸν βίον, ὁ πατὴρ αὐτῶν δευτέραν αὐτοῖς ἐπεισήγαγε γαμετήν· παιδοποιησάμενος δὲ ἐκεῖνος καὶ μετ' αὐτῆς, ἐθέλησε δι' ἐπινοίας τινὸς τὸν ἁρμόζοντα τούτοις κλῆρον τῆς μητρικῆς αὐτῶν ὑπάρξεως μεθοδεῦσαι εἰς τὸ γενέσθαι αὐτὸν κοινὸν καὶ τοῖς ἐκ δευτέρου γάμου παισί, καὶ δή γε γονυίας τηνικάδε καιροῦ κατὰ βασιλικὴν πρόσταξιν ἐν πάσῃ τῇ νήσῳ ἀπογραφῆς καὶ ἐξισώσεως τῶν τοῦ δημοσίου λειτουργιῶν, εἴτουν συντελειῶν, πρόσεισι τῷ ἐξισωτῇ, καὶ εἰς οἰκεῖον ὄνομα τὰ μητρῷα τούτων ἐν τῷ κήνσῳ ὑπομνηματίζει ἀκίνητα, καὶ κοινωνοὺς τούτων τοῖς ἐκ πρώτου γάμου τοὺς ἐκ τοῦ δευτέρου παῖδας γενέσθαι φιλονεικεῖ ἐν τοσούτῳ δὲ θρήσκει μὲν αὐτό· καὶ οἱ περὶ τὸν Νικόλαον, εὐθὺς τῆς διαφερούσης αὐτοῖς μητρῴας οὐσίας ἐπιλαμβάνονται· διανίστανται δέ, οἱ ἑτεροθαλεῖς· αὐτῶν ἀδελφοὶ καὶ τῆς πατρικῆς μεθόδου, καὶ μετὰ θάνατον ἐκείνου πειρῶνται ἀντέχεσθαι, τῇ τε τῇ νομῇ ἐκείνου καὶ τῷ κήνσῳ ἐπερειδόμενοι· οὗτοι δὲ τὸν τρέχοντα χρόνον εἰς περιγραφὴν αὐτῶν προλαμβάνοντες, οἷα τῆς ἄνευ λόγου καὶ βιαίας ταύτης κοινωνίας μὴ ἀνασχόμενοι, τὴν βασιλίδα πόλιν καταλαμβάνουσι· διεξίασί τε παρὰ τοῦ βήλου θεσπεσίοις κριταῖς τὰ καθ' ἑαυτοὺς καὶ ψήφισμα ἐκεῖθεν κομίζονται γνωματεῦον νομίμως· μηδέν τι τὸν (ἤγουν μετουσία ἐν marg.) εἶναι τῆς ἐκ τοῦ β' γάμου παισὶν κληρονομίας· [f. 88] τῆς μητρικῆς τούτων ὑπάρξεως· καὶ δὴ τυγχάνουσι τοῦ νόμου καὶ τοῦ δικαίου, παρὰ τῷ τηνικαῦτα τῆς νήσου ἐπιτρόπου ἀποκαταστάντος· εὐθέως δικαστικῇ ἀποφάσει εἰς τὰ τούτοις μητρόθεν ἁρμόζοντα· ἔκτοτε τοίνυν εἰς δεῦρο μακροῦ χρόνου καὶ εἰς τὰ ἐπέκεινα τῆς τριακονταετηρίδος, διολισθήσαντος, καθ' ὃ δὴ χρονικὸν μῆκος, καὶ αὐτοὶ τὴν τούτων κατάσχεσιν, καὶ νομὴν ἀδήριτόν τε καὶ ἄμαχον ἴσχουσιν, ἄρτι φιλονεικοῦσιν οἱ ἀναπεφωνημένοι ἑτεροθαλεῖς· αὐτῶν ἀδελφοί, τὴν πάλαι νεκρωθεῖσαν ταύτην δίκην ἀναζωῶσαι, καὶ τὸν τοῖς νόμοις καταργηθέντα μερισμὸν τῆς μητρῴας αὐτῶν οὐσίας, αὖθις ἀνανεώσασθαι, ταῦτ' ἄρα καὶ ἀντιβολοῦσι μαθεῖν, εἰ εὐλόγως ταύτην ἐκεῖνοι κινοῦσι τὴν ἀγωγήν, καὶ εἰ συμβάλλεται αὐτοῖς ἡ εἰς ὄνομα τοῦ πατρὸς αὐτῶν ἐν τῷ κήνσῳ ἀπογραφὴ τῶν μητρῴων αὐτῶν ἀκινήτων· ἔτι γε μήν, καὶ εἰ δεῖ τὰ κατὰ νόμους κριθέντα καὶ ἀποφάσει δικαστικῇ καθάπαξ τμηθέντα καὶ χρόνῳ μακρῷ ἤδη βεβαιωθέντα κατενεχθῆναι αὐτὰ ὁπωσοῦν „. Ἀλλὰ τὰ μὲν τῆς ἀφηγήσεως, ἦσαν ἐν τούτοις.

Ἡ μετριότης δὲ ἡμῶν μετά τε τῶν συμπαρόντων αὐτῇ ἱερωτάτων ἀρχιερέων, τὰ περὶ τούτων διασκεψαμένη, τοιάνδε γνώμην πρὸς ταῦτα ἐξήνεγκεν ὡς εἰ οὕτως ἔχουσι ταῦτα, τολμηρόν τι φαίνονται ποιοῦντες· οἱ ἐκ τοῦ δευτέρου γάμου παῖδες τοῖς ἑτεροθαλέσιν ἀδελφοῖς, αὐτῶν συγκρούοντες· πεφραγμένοις ἀσφαλῶς· νομίμοις· παρατηρήσεσιν ἐπὶ τῇ τῶν μητρῴων αὐτῶν πραγμάτων κατοχῇ καὶ νομῇ καί που καὶ ἀνοηταίνοντες· δοκοῦσιν, ὥσπερ ἂν οἵτινες γυμνοὶ καὶ παντάπασιν ἄοπλοι ἀνδράσι ῥωμαλέοις, καὶ ποικίλοις καθωπλισμένοις· ἀντεπεξάγοιντο, ὃ δὴ θρασύτητα καλεῖν ὁ ἀληθὴς λόγος ἐπίσταται. Εἴτε γὰρ ἐκ τῶν ὄπισθεν προβαλεῖν αὐτοὺς· ἐθελήσουσι νόμοις· θωρακιζομένους· τούτους· εὑρήσουσιν· εἴ τε δὲ ἐκ τῶν ἔμπροσθεν πολλῷ πλέων καταρράκτοις· καὶ περιλαγμένοις· τούτοις· προσμίξουσιν· αὐτίκα γάρ, τὰ μὲν ἔμπροσθεν, δηλαδὴ μετὰ τῆς μητρὸς αὐτῶν | ἀποβιώσιν, καὶ τὰ κατὰ τὴν ἐν τῷ κήνσῳ τῆς μητρικῆς αὐτῶν περιουσίας ἀπογραφὴν, ἣν ἡ ἄνωθεν ῥηθεῖσα τοῦ πατρὸς αὐτῶν εἰργάσατο μέθοδος, νόμοι τηροῦσι καὶ διεκδικοῦσι καὶ ἀσφαλίζονται, οὓς αἱ τῆς πολιτείας φέρουσι δέλτοι ἐν μέρει διεξιόντες οὕτως.

" Ὥσπερ τὰ ἀπὸ μητρικῆς συγγενείας ἁρμόζοντα τοῖς παισὶ τοῖς ὑπεξουσίοις, οὐ προσπορίζονται τοῖς πατράσιν, οὕτω καὶ τὰ ἀπὸ γαμικῆς αἰτίας κερδαινόμενα ἀπὸ τῶν ὑπεξουσίων οὐ προσπορίζονται αὐτοῖς, ἀλλὰ μένει ἡ δεσποτεία αὐτῶν παρὰ τοῖς παισί „. Καὶ πάλιν· " Ταῦτα δὲ κοινὰ γυναικός τε καὶ ἀνδρὸς ἐπιτίμια κείσθω. Εἰ γὰρ δὴ κἀκεῖνος παῖδας ἔχων δευτέραν αὐτοῖς ἐπεισαγάγει γαμετὴν, οὐ τῶν ἐκ τῆς προικὸς ἀπολαύσει κερδῶν, οὐ φιλοτιμίαν ἄλλην παρὰ τῆς γυναικὸς λαβών, ταῦτα ἕξει βεβαίως, πλὴν ὅσον χρῆσθαι καὶ καρποῦσθαι, μέχρι περ ἂν μόνον, κἂν ταῦθα γὰρ οἱ παῖδες οἱ ὑπεξούσιοι καθεστήκοιεν, ἀλλ᾽ οὖν κύριοι κατὰ δεσποτείαν τῶν τοιούτων ἔσονται, παραγινομένων εὐθὺς εἰς αὐτοὺς ἅμα τῇ τῆς δευτέρας γαμετῆς συναφείᾳ „. Καὶ μετ᾽ ὀλίγα· " Ὅτι περ οὐδὲ ἐκποίησιν οὐδεμίαν ἐρήσιν τοῖς γονεῦσιν. Εἰ δὲ ὑποθήκην, ἀλλὰ κἂν εἴ τι πράξαιεν οἱ γονεῖς, εὐθὺς τὴν αὐτῶν ὑποτίθησιν αὐτοῖς περιουσίαν οὐχ ὥστε κωλύειν τοὺς γονεῖς, ἐπ᾽ αὐτοῖς τί πράττειν ὢν βούλονται· αἰσχύνεται γὰρ ὁ νόμος, σωφρονιστὰς τοὺς παῖδας τοῖς γεννήτορσιν ἐπιστῆσαι· ἀλλ᾽ ἐκείνους μὲν ἐρυθριᾷ, διεκπολεῖ δὲ τοῖς λαμβάνουσιν, ὡς οὐδὲν αὐτοῖς· τὸ ληφθὲν ὠφελήσει καὶ ἱστωσάν γε ἐκ τοῦδε ἡμῶν τοῦ νόμου, ὡς κἂν εἴ τινα παρὰ τῶν τοιούτων γονέων ἀγορασίαν ποιήσωνται, κἂν εἰ λάβοιεν δωρεὰν, κἂν εἴ τι τῶν πάντων πράξαιεν, ἐν ἴσῳ τοῖς μήτε πεπραγμένοις, μήτε γεγραμμένοις ἔσται τὸ γινόμενον· ἐκδικοῦσι γὰρ αὐτὰ πάντως· οἱ παῖδες κληρονόμοι τε αὐτῶν καὶ διάδοχοι παρά τε κληρονόμων ἐκείνων καὶ διαδόχων, οὐκ ἄλλως ἀποκλειόμενοι πρὶν εἰ μὴ τριακονταε-

τῆς παρέλθῃ χρόνος, καὶ ἡ κατοχὴ κυρίους τοὺς λαβόντας καταστήσει, ἀρχομένου τοῖς παισὶ τοῦ χρόνου τρέχειν ἐξ οὗπερ αὐτεξούσιοι φανεῖεν ὄντες· ἢ γενόμενοι, πλὴν εἰ μή τις [f. 89] ἄνηβος ἡλικία προσβοηθήσειεν ἔτι „. Καὶ αὖθις· " Ἐκ δὲ τῆς τῶν πραγμάτων ἀκολουθίας, ταὐτὸ καὶ ἐπὶ πατέρων ἔστω δευτερογαμούντων, καὶ φυλαττέσθω τοῖς μὲν ἐκ τοῦ πρώτου γάμου παισί, διὰ τὴν δευτερογαμίαν ἡ κερδοθεῖσα προίξ· τοῖς δὲ δευτέροις· τὰ ἐκ τῶν δευτέρων, κἂν εἰ μὴ πρὸς τρίτους ὁ πατὴρ ἀφίκοιτο γάμους· τὰ δὲ λοιπὰ ὁπόσα ἐκ τῶν τοιούτων ἐκέρδανεν ὁ πατὴρ ἢ μήτηρ ἐκ τῆς δευτερογαμίας, ἢ κατὰ λεγάτον τυχὸν ἢ φειδικόμισσον, οὐ μὴν εἰς τρίτους ἐληλύθασι γάμους, τὰ αὐτὰ συνανακραθέντα τῇ αὐτῇ αὐτῶν περιουσίᾳ καὶ ὑπὸ τρίτων οὐ σαλευθέντα γάμων, μενέτω παρ᾽ αὐτοῖς ἀκίνητα, καὶ εἰς τὰς αὐτῶν ὡς οἰκεῖα διαδοχὰς ἀφικνείσθω· καὶ περιόντων ἐν βούλονται διοικεῖσθαι τρόπον „. Καὶ ἡ ἔξωθεν τοῦ κεφαλαίου τούτου παραγραφή· " Οἱ ἀπὸ τοῦ πρώτου καὶ δευτέρου γάμου τεχθέντες παῖδες, τὸν μὲν κοινὸν γονέα, ἀδιάθετον τελευτῶντα κληρονομοῦσιν ἕκαστος· δὲ αὐτῶν τὰ ἐκ τοῦ κάσου τῆς προικὸς περιγενόμενα κέρδη τῷ ἰδίῳ γονεῖ κατ᾽ ἐξαίρετον λήψεται, κἂν μὴ τρίτοις γάμοις· οἱ δεύτεροι ἐνυβρίσθησαν παῖδες· ὅσα δὲ ἕτερα μετὰ τὴν προῖκα περιῆλθοσαν πράγματα ἢ τὴν προγαμιαίαν δωρεὰν καταπρεσβευθὲν, ἢ ἐνστασιν ἢ λεγάτον ἐκ τῆς δευτέρας συναφείας, εἰς τὸ δευτερογαμῆσαν πρόσωπον. Ταῦτα κοινῶς ἀναδέξονται οἱ ἀπὸ προτέρου καὶ δευτέρου γάμου παῖδες, τοῦ κοινοῦ γονέως τρίτῳ μὴ ὁμιλήσαντος γάμῳ „.

Φησὶ καὶ ὁ Θαλέλεος ἐν μέρει ταῦτα· " Ὥσπερ τοῦ ἀνδρὸς προτελευτῶντος, ἡ γυνὴ δευτέρῳ ἀνδρὶ συναφθεῖσα φυλάττει τοῖς ἐξ ἐκείνου παισίν, ὅσα εἰς αὐτὴν ἐκ τῆς ἐκείνου περιουσίας περιῆλθον, οὕτω καὶ ὁ ἀνὴρ προαποθανούσης τῆς πρώτης αὐτοῦ γυναικὸς, φυλάττειν ὀφείλει τοῖς ἐξ αὐτῆς παισί, πάντα τὰ εἰς αὐτὸν περιελθόντα ἐκ τῶν αὐτῆς πραγμάτων „.

Καὶ οὕτω μὲν τοῖς περὶ τὸν Καβαλούρην τὰ ἔμπροσθεν ἔχουσι φυλακῆς. Τὰ δὲ ὄπισθεν, δηλαδὴ κατὰ τὴν ἀπὸ δικαστικῆς διαγνώσεως ἐν τοῖς μητρῴοις πράγμασι τούτων ἀποκαταστάσιν, καὶ τὴν ἔκτοτε εἰς δεῦρο τοῦ μακροῦ χρόνου ῥοὴν ἕτερα νόμων θεσπίσματα περιέπουσιν, ὥστε μένειν ταῦτα παντάπασιν | ἄτρωτα· στηρίζοντα γὰρ ἐκεῖνα τὰς ψήφῳ δικαστικῇ τμηθείσας καθάπαξ ἀμφιβολίας κατὰ νομικὴν παρατήρησιν ταῦτά φασίν· Οὔτε τὴν προηγησαμένην ἀπόφασιν, οὔτε τὴν ἰδίαν δύνασθαί τινα ἀνακαλεῖσθαι εἰς ἀμφιβολίαν οὐ φέρεται, μηδὲ ἐκ τῆς τοιαύτης ἀποφάσεως· προτιθέναι ἔκκλητον, φανεροῦ νομίμου ἐστίν· ἀλλὰ καὶ ἐν τῷ μζ΄ κεφαλ. τοῦ α΄ τίτλ. τοῦ η΄ βίβλ. ταῦτα φησί· " Τὴν ἀποφάσει τμηθεῖσαν δίκην, μηδὲ βασιλέως ἀνακαλείτω ἀντιγραφή· ὡσαύτως· δὲ καὶ τὰ μακρῷ περικλεισθέντα ἐρείδοντα ἀνεκμόχλευτον τὴν τούτου θύραν εἰς ἣν ταύτην ἐπιζυγώσῃ, μένειν διακελεύονται, καὶ τὴν διηνεκῆ παραγραφὴν τὴν τριακονταετηρίδι συνισταμένην καὶ σβεννύσαν τὴν περὶ κληρονομίας ἢ λεγάτου ἀγωγήν, τοῖς χρῄζουσιν αὐτοῖς ἐπίκουρον νέμουσι „.

Τοσαύτην τοίνυν καὶ τοιαύτην περικείμενοι νομικὴν πανοπλίαν τε καὶ συγκρότησιν, οἱ περὶ τὸν Καβαλούρην τὰς ἐκ τῶν ἀντιτεταγμένων αὐτοῖς βολάς τε καὶ τρώσεις οὐ φοβηθήσονται, οὔτε γὰρ ἡ ἐν τῷ κήνσῳ ἀπογραφὴ τῶν μητρικῶν ἀκινήτων αὐτῶν ἐφ' ὁποσονοῦν καταβλάπτει τούτους, τοῦ νόμου διαπειλουμένου, ὡς ἀνατέτακται, καὶ διαρρήδην βοῶντος, ὡς οὐ κατ' οὐδὲν τὸ ληφθὲν ὠφελήσει τοὺς οἱωδήποτε τρόπῳ παρὰ τῶν δευτερογαμούντων γονέων τὰ τῶν ὑπεξουσίων κτωμένους πράγματα· ἐν ἴσῳ γάρ φησι τοῖς μήτε πεπραγμένοις μήτε γεγραμμένοις τὸ γενόμενον ἔσεται, ναὶ μὴν καὶ ἐφιέντος καὶ ἀπὸ ἐξισωτοῦ λάβῃ τις ἀλλοτρίαν γῆν, ἐκδικεῖν ταύτην τοὺς ἔχοντας· τὴν ἁρμοδίαν περὶ αὐτῆς ἀγωγήν, ὡς τὰ περὶ τούτου τὸ ς΄ θέμα τοῦ α΄ κεφαλ. τοῦ ιδ΄ [τίτλ.] τοῦ νς΄ βιβλ. τῶν βασιλικῶν διαγορεύει σαφέστατα· " Ἀλλ' οὐδὲ δευτέρα τις ἀπόφασις ἰσχύσει τὴν γεγονυῖαν ἐπὶ τοῖς μητρῴοις αὐτῶν πράγμασιν ἀποκατάστασιν περιτρέψαι αὐτοῖς· οἷα δικαστικῆς νομίμου πρώτης ἀποφάσεως ταύτης ἐργασαμένη, καὶ τῆς διηνεκοῦς παραγραφῆς τῆς τριακονταετίας, δηλαδὴ, ὅσα καὶ ἀσφαλοῦς θυρεοῦ τηροῦσης αὐτήν, καὶ πρὸς τοῖς ἄλλοις καὶ αὐτὴν ἔκκλητον ἀποκρουομένης, καθάπερ βέλος, ἰσχυροτέρῳ τινὶ [f. 90] προσπέσον.

Ἔστιν οὖν ἐν κεφαλαίῳ εἰπεῖν, ὡς οἱ ἑτεροθαλεῖς οὗτοι αὐτάδελφοι τὸν μὲν κοινὸν γονέα, ἤγουν τὸν ἑαυτῶν πατέρα κοινῶς τε καὶ ἐπίσης ἀδιάθετον τελευτῶντα κληρονομήσουσιν· ἴδια δὲ ἕκαστος αὐτῶν τὰ μητρῷα κατ' ἐξαίρετον λήψεται, ἐπεὶ καὶ δύνανται διεκδικεῖν ταῦτα ἐντὸς τοῦ νενομισμένου χρόνου, εἰ ὅπως δήποτε αὐτῶν ταῦτα διὰ τοῦ τοιούτου πατρὸς αὐτῶν, ἀπηλλοτριώθησαν. Οὕτω γὰρ τὰ περὶ τούτων τοῖς νόμοις καὶ τῷ δικαίῳ δοκεῖ.

ΜΒ'.

Περὶ ἀνήβων καὶ τῶν διαφερόντων αὐτοῖς, καὶ περὶ προτιμήσεως πλησιασμοῦ, καὶ περὶ τῶν ἀνεπιφωνήτως ἀγοραζόντων, καὶ ὅτι ὁ σιωπῶν ὡς συναινῶν λογίζεται, καὶ περὶ μητρικῶν ὑπάρξεων, καὶ ἐκνομίμου ἡλικίας, καὶ περὶ τῶν ἀπὸ δευτερογαμησάντων ἀγορασθέντων μητρικῶν.

De impuberis et quod ipsorum interest, et de praelatione proximitatis, et de tacite ementibus, et quod tacens consentire censeatur, et de maternis bonis, et ex legitima aetate, et de maternis bonis emptis a secundo nubentibus.

Οὐκ ἐμέλησεν ὁ Μελίας, Βερροίαθεν ὁρμηθείς, πατῆσαι τὸ τῆς Ἀκρίδας ἔδαφος, ἵνα καὶ τῇ ἡμῶν μετριότητι ἐπορθείη καὶ τοῦ ἀπόρου λύσιν αἰτήσεται, ὃ οἴκοι σφόδρα νύττον αὐτὸν μακράντα τὴν ὁδὸν καὶ ἀγχαλέαν ἀνύσαι πέπεικεν. Ἀλλ' ὁ μὲν συνοδικῶς προκαθημένῃ τὴν σήμερον παρέστη τῇ ἡμῶν μετριότητι, ὁ λόγος, δὲ ὁ περὶ τοῦ ἐνοχλοῦντος τούτῳ ἀπόρου ἐκ τοῦ στόματος αὐτοῦ προιὼν τοιόσδε τις ἀκούετο.

Τῇ πρὸς μητρὸς μάμμῃ αὐτοῦ, τῇ ἀποιχομένῃ Μαρίᾳ, περιβολός τις ὑπῆν, φυτοῖς παντοίοις κατάκομος· τούτου ἐκείνη τὸ μὲν ἥμισυ, τῇ τῆς ἰδίας θυγατρὸς προικὶ συνετρίθμησε, τῆς τοῦ Μελίου δηλονότι μητρός, τὸ δὲ ἕτερον ἥμισυ κατέχουσα καὶ καρπιζομένη, εἶτα οὐ πολὺ πρὸ τοῦ τέλους τῆς ἑαυτῆς ζωῆς ἀπέδοτο τιμῆς τῆς ἐκείνῃ δοξάσῃς, ὡς τὸ εἰκὸς ὁ τούτου ἀγοραστὴς ξένος ὤν, εἴτουν μὴ συμπαρακείμενος τῷ τοπίῳ, διαμαρτυρίαν τὴν δοκοῦσαν τοῖς νόμοις, οὐδαμῶς ἔθετο πρότερον πρὸς τοὺς τὴν προτίμησιν τῆς ἐξωνήσεως ἔχοντας, ἵνα προδήλως τούτων τὴν ἐξώνησιν παρακιτησαμένων, αὐτὸς ταύτην ἀμάχως ποιήσηται. Ἔσπευσε δὲ ἀγνείᾳ τε τούτων καὶ λαθρίᾳ τισι μηχανήμασιν, ἐπηλυγάσαι τὸ πεπραγμένον· τῆς μητρὸς δὲ τοῦ Μελίου πρὸ τῆς τοιαύτης πράσεως, | τὸν βίον λιπούσης, κληρονόμος μὲν οὗτος τῆς οὐσίας αὐτῆς γέγονε. οὔπω δὲ τὸν χρόνον εἶχε συγκροτοῦντα αὐτὸν εἰς τὸ δράξασθαι τῶν μητρόθεν διαφορόντων αὐτῷ καὶ διεξάγειν ταῦτα ὡς βούλεται· Τῷ ἰδίῳ γὰρ πατρὶ καὶ ὡς ὑπεξούσιος καὶ ὡς ἐλλείπων τὸ τῆς νομίμου ἡλικίας χρόνῳ ὑποτασσόμενος· ἦν ὅθεν καὶ ὁ τοιοῦτος πατὴρ αὐτοῦ μετὰ τὸ ἐπιγνῶναι τὸν ἀγοραστήν, οὐδὲ γὰρ ἦν ἕως τέλους τοῦτον μαθεῖν, ᾐτήσατο αὐτὸν κατὰ διαφόρους καιροὺς ὅπως χωρὶς προφωνήσεως ξένος ὤν, ὡς εἴρηται, τὴν τοιαύτην ἀγορασίαν ἔθετο. Οὗτος δὲ τὰς μὲν αἰτιάσεις ταύτας προφάσεσι τίσιν ὑπερθετικαῖς συνεσκίαζεν· ἄρτι δὲ σημειώδες ἐμφανίζει ὑπόμνημα, δηλοῦν ὡς ἐπερωνήθη παρ' αὐτοῦ ὁ τοῦ Μελίου πατήρ, ἵνα ἀντιστρέψῃ τούτῳ τὸ τίμημα, καὶ ὡς ἐπὶ τῇ ἐπιφωνήσει οὗτος σιωπῶν καθόλου ἠσπάσατο, μηδέν τι ἀκόλουθον διαπραξάμενος τῷ ἐπιφωνήματι τοῦ τοιοῦδε ὑπομνήματος· νῦν ὁ τοῦ Μελίου πατὴρ ἀκροώμενος παντάπασιν ἔξαρνος γίνεται, διισχυριζόμενος, ᾗ μὴν, μηδέποτε μηδαμῶς τοιαύτην παρὰ τοῦ ἀγοραστοῦ ἐπιφώνησιν δέξασθαι, μήτε μὴν χώραν τῇ συγκαταθέσει δοῦναι διὰ τῆς σιωπῆς, ὡς ὑπολάβῃ ἂν ὁ κύριος οὗτος ἀγοραστής. ὅτι τοίνυν αὐτῷ μέν, ἐνιαυτὸν ἔτος που ἤδη ἐστὶν ἐξ ὅτου κατέσχε τὸν τόπον· τῷ Μελίᾳ δὲ τριακοστὸν τρίτον ἄνυεται τῆς ἡλικίας αὐτοῦ, ὡς εὑρίσκεσθαι τοῦτον, ὑπεξαιρουμένων τῶν εἰρημένων ἐννέα ἐτῶν, εἴκοσι καὶ τεσσάρων εἶναι ἐνιαυτῶν, ὁπηνίκα ἡ ἐπίδικος αὕτη πρᾶσις γεγένηται. Κατὰ δὲ τὸν προσεχῆ αὔγουστον τῆς ι' ἰνδικτιῶνος τὴν εἰς τὰ μητρῷα πράγματα τοῦτον παρὰ τοῦ πατρὸς αὐτοῦ ὑποκατάστασιν εἴληφεν οὗτος, ὡς κήδεσθαι τούτων ὡς ἁρμόδιος δεσπότης καὶ αὐτεξούσιος.

Τούτου χάριν ζητεῖ μαθεῖν εἰ ἔξεστιν αὐτῷ καὶ τὴν ἑτέραν τοῦ ἀναγεγραμμένου τόπου ἡμίση ἀνακαλέσασθαι, εἰ καὶ πέπρακται, ὡς διείληπται, οἷα τῷ τῆς προτιμήσεως λόγῳ κατ' ἐξώνησιν αὐτῷ διαφέρουσαν, καὶ εἰ τὸ ἐμφανιζόμενον παρὰ τοῦ πράτου ὑπόμνημα προκρίνει κατὰ τὸν αὐτῷ εἰς τὴν περὶ τούτου ἀναγωγήν, εἰ ὁ πατὴρ αὐτοῦ ἀγνοεῖν αὐτὸ παντάπασιν ἰσχυρίζεται. Ἀλλὰ τὰ μὲν [f. 91] τῆς ἀφηγήσεως καὶ αἰτήσεως τοῦ Μελίου ἦσαν ἐν τούτοις.

Ἡ μετριότης δὲ ἡμῶν μετά γε δὲ τῆς συνεδριαζούσης αὐτῇ ἱερᾶς ἀδελφότητος τὰ τοῦ πράγματος διασκεψαμένη, καὶ τοῖς νομικοῖς δελταρίοις ἀπλανέσιν ὁδηγοῖς χρησαμένη, τοιάνδε τὴν γνώμην πρὸς ταῦτα ἐξήνεγκεν· ὡς πολυτρόπως οἱ νόμοι τῷ Μελίᾳ συγκρότησιν νέμουσιν εἰς τὴν τοῦ διαφέροντος αὐτῷ δικαίον ἐκνίκησιν, ὅτι τε δηλαδὴ τῆς ἐξωνήσεως τοῦ διακληρωθέντος τοπίου γενομένης, ἐν ὑπεξουσιότητι οὗτος καὶ ἀτελεῖ ἔτι ἡλικίᾳ ἐτύγχανεν ὤν, καὶ ὅτι ἀπροφωνήτως καὶ ἐν κρυφῇ ἡ πρᾶσις προέβη, ἔτι δὲ καὶ ὡς οὐκ εἶχε τὸ παρακεῖσθαι τῷ περιβόλῳ, ἀλλὰ ξένος παντάπασιν ἦν ὁ ἀγοραστής. Ταῦτα δὲ πάντῃ καὶ πάντως εἰσὶν ἱκανὰ τῆς κατοχῆς τοῦ ἠγορασμένου τοῦτον ἐκκρούσασθαι· χρεὼν δὲ παρελθεῖν εἰς μέσον καὶ αὐτὰ τῆς νομοθεσίας τὰ ῥήματα, ἣν Ῥωμανὸς ὁ ἀοίδιμος ἐν βασιλεῦσιν ἐξέθετο, πρὸς τὴν τῶν γνωματευομένων βεβαίωσιν· ἅπερ ἐν μέρει ἀναγινωσκόμενα ταῦτα θεσπίζουσι·

"Πολλῶν δὲ πέριξ τοῦ πιπρασκομένου παρακειμένων ἢ τοῦ ἐγχωρουμένου κτήματος, ὁμορούντων, κατὰ τὴν αὐτὴν τάξιν ἑκάστῳ ἡ περὶ προτιμήσεως διαμαρτυρία τελείσθω, ἵνα προτιμωμένων ἴσως παραιτουμένων, οἱ ἐφ' ἑξῆς καλούμενοι, εἴ γε βουλοιντο συναλλάξειν „. Καὶ μετά τινα·

"Ὅσοι δὲ μὴ ἐμπροθέσμως τὴν ἐπιβάλλουσαν αὐτοῖς παράσχοιεν ἀποτίμησιν, οὐκέτι δίκαιον ἕξουσι προτιμήσεως, πλὴν εἰ μή τις αὐτῶν αἰχμάλωτός ἐστιν ἢ περιωρισμένος ἢ ἐξόριστος ἢ ἐν δημοσίαις ἢ καὶ ἰδίαις χρείαις ἀδόλως ἀπολιμπάνεται, ἢ οὔπω τὸν εἰκοστὸν πέμπτον χρόνον τῆς ἰδίας ἤνυσεν ἡλικίας „, καὶ ὅσα ἑξῆς περί τε ἄλλων καὶ περὶ τοῦ ξένου ἀγοραστὰς τελείως ἐξωθεῖσθαι διαλαμβάνουσι.

Τούτων δὲ οὕτως ἐχόντων, κατ' οὐδὲν τῷ τοῦ Μελίου ἀντιδίκῳ συντελέσει καὶ τὸ ὑπόμνημα, ὃ ἐμφανίζει πρὸς ἑαυτοῦ δήπου ἀσφάλειαν. τότε γὰρ ἀνέσχεν ὁ ἐπιφωνούμενος τὴν τῆς σιωπῆς παραγραφὴν εἰς οἰκείαν βοήθειαν, ὅτε καὶ τὴν τοῦ νομίμου χρόνου, δηλαδὴ τῆς δεκαετίας παραδρομήν, εἶχε τούτῳ συντρέχουσαν, οὔπω δὲ ταύτης ὀλισθησάσης, ἡ σιωπὴ μόνη τὴν ἀγωγὴν ὀθεῖν οὐ δύναται. Εἰ δὲ | καὶ κλοιὸν καταδίκης ὁπωσοῦν τῷ τοῦ Μελίου πατρὶ τὴν σιωπὴν ἐπαντήσομεν, δοτέον γὰρ καὶ τοῦτο πρὸς γυμνασίαν τῆς δίκης καὶ τοῦ δικαίου φανέρωσιν ἐκ τοῦ πλείονος, ὅτι καὶ ὁ σιωπῶν ἀντὶ συναινοῦντος τῷ νόμῳ λαμβάνεται, ἀλλ' οὐδαμῶς ἐκ τῆς τοῦ πατρὸς καταδίκῃ· εἰς τὰ μητρῷα δίκαια ὁ Μελίας παραβαδίσεται· δίδωσι μὲν γὰρ ἀληθῶς καὶ δευτερογαμήσασι τοῖς πατράσιν ὁ νόμος ἄδειαν ἐπὶ τοῖς μητρόθεν τοῖς ὑπεξουσίοις διαφέρουσι πράγμασι πράττειν ἃ βούλονται, ὅτι αἰσχύνεται σωφρονιστὰς τῶν πατέρων τοὺς παῖδας ποιεῖν. Οὐ μέντοι γε στέργει ὅλως τὰ ὁπωσοῦν παρὰ τῶν πατέρων πεπραγμένα· ἀλλὰ τούτων μὲν καταψηφίζεται τὸ ἀνέδραστον καὶ ἀνίσχυρον· ἄμαχον δὲ μετὰ ταῦτα νέμει δύναμιν τοῖς παισὶν εἰς τὴν τούτων ἐκνίκησιν, ὁπηνίκα δηλαδὴ τὸν εἰκοστὸν πέμπτον χρόνον τῆς ἡλικίας αὐτῶν παραμείψαντες, τὴν ἐξουσίαν τοῦ τὰ οἰκεῖα οἰκονομεῖν καὶ διεκδικεῖν ἀναδήσονται· αὐταὶ δὲ αἱ τοῦ νόμου συλλαβαὶ παρρησιαζέσθωσαν καὶ τὴν ἀλήθειαν τῷ λόγῳ προσυμμαρτυρείτωσαν, ἐκ τῆς κβ'. Ἰουστινιανείου νεαρᾶς ὁρμώμεναι, καὶ ἐν τῷ β' κεφαλ.

του ιδ΄ τίτλ. του κη΄ βίβλ. τῶν βασιλικῶν κείμεναι, καὶ ἐν μέρει ταῦτα διαλαμβάνουσι·

" Ὅτι περ οὐδὲ ἐκποίησιν οὐδεμίαν ἐφίησι τοῖς γονεῦσιν ἐπὶ τοῖς τοιούτοις, οὐδὲ ὑποθήκην· ἀλλὰ κἂν εἴ τι πράξαιεν οἱ γονεῖς, εὐθὺς τὴν αὐτῶν ὑποτίθησιν αὐτοῖς περιουσίαν, οὐχ ὥστε κωλύειν τοὺς γονεῖς ἐπ᾽ αὐτοῖς τί πραττεῖν ὧν βούλονται, αἰσχύνεται γὰρ ὁ νόμος σωφρονιστὰς τοὺς παῖδας τοῖς γεννήτορσιν ἐπιστῆσαι, ἀλλ᾽ ἐκείνους μὲν ἐρυθριᾷ, διαπελεῖ δὲ τοῖς λαμβάνουσιν, ὡς οὐδὲν αὐτοὺς τὸ ληφθὲν ὠφελήσει. Καὶ ἴστωσάν γε ἐκ τοῦδε ἡμῶν τοῦ νόμου ὡς οὐκ ἂν εἴ τινα παρὰ τῶν τοιούτων γονέων ἀγορασίαν ποιήσαιντο, κἂν εἰ λάβοιεν δωρεάν, κἂν εἴ τι τῶν πάντων πράξαιεν, ἐν ἴσῳ τοῖς μήτε πεπραγμένοις, μήτε γεγραμμένοις ἔσται τὸ γινόμενον· ἐκδικοῦσι γὰρ αὐτὰ πάντως· οἱ παῖδες κληρονόμοι τε αὐτῶν καὶ διάδοχοι· παρά τε κληρονόμων ἐκείνων καὶ διαδόχων, οὐκ ἄλλως ἀποκλειόμενοι, πλὴν εἰ μὴ τριακονταετὴς παρέλθῃ [f. 92] χρόνος, καὶ ἡ κατοχὴ κυρίους τοὺς λαμβάνοντας καταστήσειν, ἀρχομένου τοῖς παισὶ τοῦ χρόνου τρέχειν ἐξ οὗπερ αὐτεξούσιοι φανεῖεν ὄντες ἢ ¹) γενόμενοι „.

Πλὴν εἰ μήτι; ἄνηβος; ἡλικία προσδοκηθήσειεν, ἔτι φησὶ δὲ καὶ ἡ ἔξωθεν τοῦ τοιούτου κεφαλαίου παραγραφὴ ἐκ τῶν ἐν τῇ Πείρᾳ τοῦ Ῥωμαίου τυγχάνουσα καὶ τὰ τῆς νεαρᾶς ἑρμηνεύουσα ταῦτα ῥητῶς· " Κἂν πατὴρ ἢ μήτηρ ἐκποιήσηταί τι, ἔχων παῖδας· καὶ τελευτήσας, εἰ μὲν ἄνηβος εἴη ὁ παῖς, ἔχει τριάκοντα χρόνους. Εἰ δὲ οὐκ ἦν ἄνηβος ὁ παῖς, ἔχει δεκαετίαν ἢ εἰκασετίαν μετὰ τὸν εἰκοστὸν πέμπτον χρόνον· ταῦτα δὲ κινεῖ ὁ παῖς ἐπὶ τοῖς διαφέρουσιν αὐτῷ, τυχὸν πωλησάσης τῆς μητρὸς· τὸ πρῶτον τοῦ υἱοῦ ἢ τοῦ πατρὸς· τὸ μητρῷον· ὁ γὰρ ὑπεξούσιος υἱὸς συμπωλῶν τῷ πατρὶ τὰ προσποριζόμενα, μετὰ τὴν αὐτεξουσιότητα, οὐκ ἀποκαθίσταται ὅποια τὰ προσποριζόμενα, προσποριζόμενα δέ ἐστι τὰ ἐξ ὑποστάσεως· τοῦ πατρὸς τυχὸν προσγινόμενα τῷ υἱῷ „.

Ἀνισχύρως τοιγαροῦν ὁ παρὰ τοῦ Μελίου διεγκαλούμενος· διενίσταται τὸ ἀλλότριον δίκαιον βουλόμενος οἰκειώσασθαι πολυτρόπως· γὰρ ὁ νόμος· αὐτὸν, ὡς εἴρηται, διακρούεται, εἰς τὸ δίκαιον περιθάλπων τῷ φυσικῶς καὶ ἀδιαστάτως ἔχοντι τοῦτο Μελίᾳ καὶ τὴν ἀπὸ τοῦ χρόνου παραγραφὴν ἀποσκορακίζοντι.

ΜΑ΄.

Περὶ κληρονομίας καὶ χρήσεως προικός, καὶ περὶ ὑπεξουσίων καὶ περὶ μητρῴων καὶ πατρῴων καὶ περὶ τῆς ἐπιμελείας τῶν παίδων καὶ τῶν πραγμάτων αὐτῶν.

De haereditate et usu dotis, de filiis familias et de rebus maternis et paternis et cura filiorum corumque bonorum.

Ὥσπερ προγυμνάσματα τοῖς ἀθλητικοῖς, ἢ προφυλακτικὰ τῶν φαρμάκων τοῖς ὑγείας ὀρεγομένοις, ἢ αἱ εἰσαγωγαὶ τοῖς ἐπειγομένοις ἐπὶ τὰ τέλεια, οὕτω δὴ καὶ τοῖς ἐρίζουσι δικηγορικῶς ἐπωφελὴς πρὸ τῆς ἔριδος ἡ μελέτη τῶν ὑποθέσεων· ταῦτ᾽ ἄρα καὶ ὁ μεγαλοδοξότατος κυρὸς Ἰωάννης ὁ Πέρδος οὐκ ἀναπέπτωκε, εἰς νοῦν βαλλόμενος ὡς ἐπιρυήσονταί τινες αὐτῷ εἰς τὸ μέλλον καὶ δίκην ἐνστήσονται κατ᾽ αὐτοῦ, τοῖς συμβεβηκόσιν αὐτῷ κατὰ τὸν βίον, ὁδηγοῖς ὥσπερ χρησάμενοι, ἀλλ᾽ ἑαυτὸν ἐγύμνασεν

---

¹) Cod. in marg. ἴσως εἰ, sed inepte.

οἷόν τε πρὸς ἀποτροπὴν τῶν ἐπεμβησομένων αὐτῷ· καὶ δὴ κἀκ τῆς ἡμῶν μετριότητος μαθεῖν | ἠξίωσεν, εἰ καλῶς τε καὶ ἄριστα ἑαυτὸν προπαρασκευάζει, καὶ εἰς τὸν πολιτικὸν νόμον τὸν τοῦ δικαίου σύμμαχον δύναται καιροῦ καλοῦντος εἰς ἐπικουρίαν ἑαυτοῦ προσκαλέσεσθαι· καὶ τοίνυν εὗρε τὴν ἡμῶν μετριότητα πρὸς ἅπερ ἐξηγήσατο, προτιθεμένων αὐτῷ τὰ τοῖς νόμοις καὶ τῷ δικαίῳ ἀκόλουθα καὶ χάριτι Θεοῦ ὁδηγοῦσαν τοῦτον εἰς τὰ καθήκοντα, ἐπειδὴ οὐδὲ ὅσιον ἦν ἀποπέμψασθαι ταύτην, ἄνδρα ζητοῦντα μαθεῖν τὴν ἀλήθειαν καὶ μὴ παρασπλαγχνισθῆναι ταύτης καὶ λίαν σπουδάζοντα.

Ἀλλὰ γὰρ αὐτὸ μὲν τὰ τῆς ὑποθέσεως ἔχειν ἔλεγεν οὑτωσί· Γυνή, φησί, συνεζεύχθησα[1]) νομίμως Ἄννη τῇ θυγατρὶ δηλαδὴ τοῦ μεγαλοδοξοτάτου κυροῦ Δημητρίου τοῦ Βουσιώτου, ἥτις καὶ συνοικήσασα τούτῳ χρόνον ἱκανὸν ἐπὶ παισὶ δυσί, τὸν βίον ἐξέλιπεν. Ἡ πᾶσα δὲ ἐκείνη προίξ, ὡς τὸ γαμικὸν διαλαμβάνει συμβόλαιον, εἰς μόνην περιίσταται οὐσίαν ἀκίνητον· καὶ ἐπὶ τούτοις ἐρωτᾷ μαθεῖν εἰ ἀπὸ τοῦ νόμου πρόσεστι τούτῳ ἢ μή, δίκαιόν τι δεσποτείας ἐκ τῶν τοιούτων τῆς προικός, εἴτε δηλονότι ἐπὶ τῶν προτέρων σταίη γάμων, εἴτε καὶ δευτέροις αὐτὸν ἐπιρρίψειεν.

Ἡ μετριότης δὲ ἡμῶν τὰ τῆς ἐρωτήσεως ταύτης διασκεψαμένη μετά γε τῶν συνεδριαζόντων αὐτῇ ἱερωτάτων ἀρχιερέων ἐν Κυρίῳ ἀγαπητῶν ἡμῖν ἀδελφῶν καὶ συλλειτουργῶν, καὶ τοῖς νομικοῖς ταῦτα παραλαβοῦσα θεσπίσμασι, τοιάνδε τὴν ἀπόκρισιν ἐποιήσατο· ὡς οἱ φιλευσεβεῖς νόμοι, ἄλλοι μὲν προνομίοις τιμῶσι τοὺς τὴν προτέραν τετιμηκότας εὐνήν, ἕτεροι δὲ τοὺς δεύτερον γάμον ἐπεισαγαγόντας, αὐτὴ τοίνυν καὶ ὁ Πέρδος· εἰ μὲν οὐκ ἀπονεύσει πρὸς δεύτερον συνοικέσιον, πρὸς τῇ χρήσει τῶν προικιμαίων πραγμάτων τῆς ἀποιχομένης γυναικὸς αὐ-

τοῦ καὶ μοῖραν κατὰ δεσποτείαν ἑνὸς παιδὸς λήψεται, ὥστε χρήσασθαι ταύτῃ, καθὼς ἄρα καὶ βούλεται.

Εἰ δὲ δευτέροις ὁμιλήσειε γάμοις, τὴν μὲν χρῆσιν ἕξει βεβαίαν μέχρι ἂν περιῇ, ὡς ἔχων ὑπεξουσίους τοὺς παῖδας, μοῖραν δὲ κατὰ δεσποτείαν, οὐδ' ὅλως ἀποίσεται· ἀρκεῖν γὰρ αὐτῶν μόνην τὴν χρῆσιν, καὶ τοὺς ἐκ ταύτης [f. 93] καρποὺς, οἱ νομοθέται δεῖν ἐλογίσαντο, ὡς δεσποτείας μὴ προσηκούσης αὐτῷ διὰ τὴν τῆς δευτέρας γαμετῆς ἐπεισαγωγήν. Οἱ νόμοι δὲ αὐτοὶ παρρησιαζέσθωσαν, καὶ αὐτολεξεὶ ἐπὶ τούτοις τὰ ἑαυτῶν δόγματα ἐμφαινέτωσαν· ἀλλὰ περὶ μὲν τῶν εἰς δευτέρους γάμους οὐκ ἐρχομένων, φησὶ κεφ. β' τοῦ ιβ' τίτλ. τοῦ κη' βιβλ. τῶν βασιλικῶν οὕτωσι· " Ἐπειδὴ δὲ καὶ τὰς γυναῖκας τὰς εἰς δεύτερον γάμον οὐκ ἐρχομένας, προτιμήσεως τινὸς ἀξίᾳ· παρὰ τὰς δευτερογαμούσας· εἶναι νομίζομεν, θεσπίζομεν, εἴ τις ἀποβαλλομένη τὸν ἄνδρα ἑτέρων ἀπόσχοιτο γάμων, ἔχειν μὲν αὐτὴν τὴν χρῆσιν τῆς προγάμου δωρεᾶς, καθὰ καὶ πρότερον ἐθεσπίσαμεν, ἔχειν δὲ αὐτῆς καὶ δεσποτείας τοσοῦτον ὅσον ἡ πρὸς τοὺς παῖδας ἀναλογία ποιεῖ, ἵνα κατὰ τὸν τῆς δεσποτείας λόγον, ἑνὸς καὶ αὐτὴ παιδὸς πρόσωπον ἔχειν δοκῇ· ταῦτα δὲ κρατεῖν, οὐκ ἐπὶ μητρώων μόνον κελεύομεν, ἀλλὰ καὶ ἐπὶ πατρῴων καὶ τῶν ἀπιόντων βουλόμεθα, τῶν εἰς δευτέρους γάμους οὐκ ἐρχομένων, καὶ ἔσονται ταῦτα αὐτοῖς οἰκεῖα οὐδὲν σχεδὸν τῆς ἄλλης αὐτῶν διαφέροντα κτήσεως, καὶ πᾶσαν ἄδειαν ἔξουσιν εἰς τὸ ἐκποιεῖν ταῦτα, καὶ ἔτι περιόντες, καὶ τελευτῶντες καθ' ὃν βουληθεῖεν τρόπον. Περὶ δέ γε τῶν δευτερογαμούντων, φησὶ κεφ. γ' τοῦ ιδ' τίτλ. τοῦ αὐτοῦ βιβλίου, ταῦτα· " Καὶ ταῦτα κοινῶς καὶ ἀνδρὸς καὶ γυναικὸς ἐπιτίμια κείσθω· εἰ γὰρ δὴ κἀκεῖνος παῖδας ἔχων, δευτέραν αὐτοῖς ἐπεισαγάγῃ γαμετήν, οὐ τῶν ἐκ τῆς προικὸς ἀπο-

---

[1]) Cod. γυναικὶ... συνεζεύχθησαν, supposito in fine hujus vocis signo erroris, fort. ut legeretur ut logimus.

λύσει κερδῶν κατὰ δεσποτείας λόγον, οὐ φιλοτιμίαν ἄλλην παρὰ τῆς γυναικὸς λαβὼν, ταύτην ἕξει βεβαίως, πλὴν ὅσον χρῆσθαι καὶ καρποῦσθαι μέχρι παρείη μόνον· κἀνταῦθα γὰρ οἱ παῖδες, εἰ καὶ ὑπεξούσιοι καθεστήκοιεν, ἀλλ᾽ οὖν κύριοι τῶν τοιούτων κατὰ δεσποτείαν ἔσονται, παραγινομένων εὐθὺς εἰς αὐτοὺς μόνον ἅμα τῆς δευτέρας γυναικὸς συναφείᾳ, ἀλλὰ καὶ ἐάν τι ἐκ τῶν τοιούτων πραγμάτων ἐκποιηθῇ παρὰ τῶν δευτερογαμούντων γονέων, ἐκδικηθήσονται παρὰ τῶν παίδων καὶ τῶν | κληρονόμων αὐτῶν καὶ διαδόχων, οὐκ ἄλλως ἀποκλειομένων, πλὴν εἰ μὴ τριακονταετὴς παρῆλθε χρόνος, καὶ ἡ κατοχὴ κυρίους τοὺς λαβόντας καταστήσει, ἀρχομένου τοῖς παισὶ τοῦ χρόνου τρέχειν ἐξ οὗπερ αὐτεξούσιοι φανεῖεν ὄντες ἢ γενόμενοι, πλὴν εἰ μή τις ἔνηβος ἡλικία προσδοκηθήσειεν ἔτι „. Τὸ δέ γε δ' κεφ. τοῦ αὐτοῦ τίτλ. ταῦτα φησίν· " Ὅτι οὐ δύνανται οὔτε εἰς μητρυιὰν οἱ πατέρες, οὔτε εἰς τὸν πατρῷον αἱ μητέρες κατὰ τὸν τῆς ζωῆς χρόνον, τὴν οἱανοῦν ποιεῖσθαι φιλοτιμίαν, ἢ ἐν τελευτῇ καταλιμπάνειν πλείω ἑνὸς παιδὸς τούτων ἔλαττον ἔχοντος ἐκ τῆς ἐκείνων περιουσίας, δηλαδὴ τῆς πρώην μὲν τετάρτης, νυνὶ δὲ τρίτης ἢ ἡμισείας κατὰ τὸν ἡμέτερον νόμον πάντως· τοῖς παισὶ καταλιμπανομένης ἢ δεδομένης μοίρας, εἰ μὴ πάλιν ὁ τῆς ἀχαριστίας ἐναντιοῦται λόγος „.

Ὡσαύτως δὲ καὶ τὸ η' κεφ. ταῦτα· " Ὁ πατὴρ πάντων εἰς τοὺς παῖδας ἀφικνουμένων, εἴτε ἐκ μητρῴας σειρᾶς, εἴτε ἐκ γενικῆς τῶν παίδων αἰτίας, εἴτε ἀλλαχόθεν τὴν χρῆσιν ἔχει, κἂν εἰ πρὸς δευτέρους ἔλθῃ γάμους, ἄχρις οὐ περίεστιν, ἀδιάπτωτον· ὁ δὲ τῶν ἰδιοκτήτων πεκουλίων ὑπεξῄρησθαι λόγος „.

Τὸ μέντοι α' κεφ. τοῦ δ' τίτλου τοῦ με' βιβλ. τῶν βασιλικῶν ταῦτα διέξεισι· " Τὰ πράγματα τὰ μητρῷα εἰς τοὺς παῖδας περιελθόντα τοὺς ὄντας ὑπεξουσίους τοῦ ἰδίου πατρὸς διαφερέτωσαν τῷ πατρί, ὥστε αὐτὸν μόνον ἔχειν τὴν χρῆσιν· τὴν δὲ δεσποτείαν αὐτῶν τοῖς παισὶ διαφέρειν, πᾶσαν δὲ σπουδὴν καὶ ἐπιμέλειαν ποιεῖσθαι περὶ τὸ πρᾶγμα τοὺς πατέρας καὶ τὰς ἀγωγὰς τῶν παίδων ἐκβιβάζειν ἐν δικαστηρίῳ, καὶ δι᾽ ἑαυτῶν, καὶ διὰ ἐντολέων, ἐπὶ τῷ δαπανᾶν ἐκ τῶν καρπῶν „.

Ταῦτα τῶν φιλευσεβῶν νόμων διακελευομένων, εἰ μὲν ὁ Πέρδος τῇ πρώτῃ ἐμμείνῃ κοίτῃ, ὡς εἴρηται, ἕξει μετὰ τῆς χρήσεως καὶ μοῖραν παιδὸς ἑνὸς κατὰ δεσποτείαν ἀπὸ τῆς μητρικῆς ὑπάρξεως τῆς ἁρμοζούσης τοῖς τούτου παισίν. Εἰ δὲ πρὸς δευτέραν εὐνὴν πτερύξεται, τὴν μὲν δεσποτείαν ἀπολέσει, μόνης δὲ τῆς χρήσεως κατὰ τοὺς νόμους [f. 91] ἀντιποιήσεται· προσέτι γε μὴν καὶ ἀπὸ τῆς οἰκείας περιουσίας κατὰ φιλοτιμίαν ἐν τελευτῇ, οὐ πλείονα παιδὸς ἑνὸς τῇ μητρυιᾷ τούτων καταλείψει φιλοτιμίαν, ὡς ἂν δηλαδὴ ἀνακρωτηρίαστος μείνῃ τοῖς παισὶν ὁ φαλκίδιος κατὰ τὴν νομικὴν παρατήρησιν· τοῦτο γὰρ καὶ ἡ ἀνατεταγμένη διάταξις, ἢ τῷ δ' κεφ. τοῦ ιδ' τίτλ. τοῦ κη' βιβλ. ἐγκειμένη, ἐπισημαίνεται.

ΜΔ'.

Περὶ νόθων καὶ γνησίων παίδων.
De spuriis et legitimis filiis.

Οἱ ἀπὸ τοῦ θέματος Βαγενετίας τῆς ἀρχοντίας τοῦ Σοπωτοῦ ὁρμώμενοι διεξάγουσι τοῦ ἀποιχομένου Χρυσοϊωάννου, τοῦ διὰ τοῦ ἁγίου καὶ εὐαγγελικοῦ σχήματος μετονομασθέντος Ἰωσήφ, ὅτι δηλαδὴ Ἀλδοῦντος· καὶ ἡ...... ἀνήνεγκαν τῇ ἡμῶν μετριότητι προκαθημένᾳ συνοδικῶς· διὰ τοῦ πανσεβάστου σεβαστοῦ κυροῦ Βασιλείου τοῦ

Λιζικοῦ, ὡς εἰρημένος πρόπαππος αὐτῶν νόσῳ κατασχεθείς, διάταγμα ἐπιτελεύτιον ἔθετο· ἐν ᾧ διωρίσατο κληρονόμον γενέσθαι τῆς οὐσίας αὐτοῦ τὸν γνήσιον υἱὸν ἐκεῖνον Καλὸν, μέρος τι ἐκ ταύτης καταλιπὼν τῷ πορνογεννεῖ ἐκείνου υἱῷ Ἰωάννῃ, ὃν ἔτι ζώσης τῆς ἑαυτοῦ γαμετῆς, τὴν νόμιμον κοίτην παρανομήσας, ἐκ φθορᾶς λαθραίας ἐγείννατο, ἐπεὶ δὲ τῆς νόσου ἀνέσφηλε καὶ εἰς τὴν μοναδικὴν μετὰ ταῦτα πολιτείαν παρήγγειλε, μέλλων τελευτᾶν, τὴν θέμιν, κατὰ τὸν εἰπόντα σοφὸν, ἀνεκύπωσεν. Τὴν μὲν πρώτην ἀνατρέψας διαθήκην, ἐναλλὰξ δὲ τοὺς κλήρους, τῷ τε γνησίῳ υἱῷ καὶ τῷ ἐκ πορνείας γεγενημένῳ διανειμάμενος. Προσέθεντο δὲ καὶ ὡς ἡ μὲν πρώτη διαθήκη, μαρτύρων τε ὑποσημάνσεσι καὶ ταῖς λοιπαῖς νομίμοις παρατηρήμασι, τὸ πιστὸν καὶ βέβαιον ἀποφέρεται· ἡ δευτέρα δὲ πάντων τούτων ἐστέρηται ὅθεν καὶ μαθεῖν ἐζήτουν, εἰ εὐλόγως τε καὶ νομίμως, τὴν δευτέραν ἔθετο διαθήκην ὁ αὐτῶν πρόπαππος, καὶ εἰ χρὴ κληρονομεῖν τοὺς γονεῖς τοὺς ἐκ πορνείας παῖδας, ὑπόντων γνησίων. Νῦν γὰρ φησιν περὶ τούτου, μετὰ τῶν κατηγορένων ἐκ τοῦ πορνογενοῦς· Ἰωάννου παίδων, οὐ τὴν τυχοῦσαν διαφορὰν | κέκτηνται, οἷα ἐπερειδομένων ἐκείνων ταῖς τελευταίαις τοῦ Χρυσοιωάννου διατυπώσεσιν.

Ἡ μετριότης δὲ ἡμῶν τῇ ἀρχηγέσει ταύτῃ προσχοῦσα μετά γε τῶν συνεδριαζόντων αὐτῇ ἱερωτάτων ἐπισκόπων ἐν Κυρίῳ ἀγαπητῶν ἡμῖν ἀδελφῶν καὶ συλλειτουργῶν, ἀνελίξασα δὲ τὰς νομικὰς δέλτους καὶ ταῖς περὶ τοιούτων ὑποθέσεων διαιρετικαῖς μεθόδοις αὐτῶν ἐπιστήσασα, τοιάνδε πρὸς τὰ λαληθέντα τὴν ψῆφον ἐξήνεγκεν.

Ὡς ἡ μὲν πρεσβυγενὴς νομοθεσία διαθέσει μόνῃ χωρὶς ἱερολογίας συνιστῶσα τὰς μνηστείας τε καὶ τοὺς γάμους, τοιῳδέ τινι σκοπῷ διωρίσατο, καὶ τὸ λογίζεσθαι τηνικαῦτα γνησίους τοὺς ἐκ παλλακῶν παῖδας, ὁπηνίκα ὁ πατὴρ τούτων εἴπῃ ἐν συμβολαίῳ ἢ ἀγοραίῳ ἢ ἰδίᾳ χειρὶ συγγεγραμμένῳ καὶ ἔχοντι ὑπογραφὴν τριῶν μαρτύρων ἀξιοπίστων, εἴτε ἐν διαθήκῃ, εἴτε ἐπὶ πράξεως ὑπομνημάτων, ὡς οὗτος ἢ αὕτη υἱὸς ἐστιν αὐτοῦ ἢ θυγάτηρ, μὴ προσθείς, φυσικὸς ἤγουν νόθος ἢ φυσικὴ, ἐξεῖναι δὲ καὶ τῷ ἔχοντι συνήθειαν πρὸς γυναῖκα ἐλευθέραν καὶ παιδοποιησαμένῳ ἐκ ταύτης, νόμιμον αὐτὴν ποιεῖν γαμετὴν ἀπὸ μόνης τῆς διαθέσεως, ἀφ' οὗ δὲ τὸ τὸν Χριστὸν ἐπονομαζόμενον πολίτευμα Θεοῦ χάριτι πλατυνθὲν καὶ πᾶσαν πληρῶσαν τὴν γῆν, δεῖν ἔγνω μὴ τὴν διάθεσιν μόνην αὐτάρκη πρὸς γάμου σύστασιν εἶναι, ἀλλὰ καὶ ἱερῶν εὐχῶν ἐπηχήσει αὐτῇ ἐπακολουθεῖν, τοῦτο δ' αὐτὸ καὶ νεαρὰ νομοθεσία ἄλλων τε μακαριστῶν βασιλέων, καὶ δὴ καὶ τοῦ σοφωτάτου κυροῦ Λέοντος, ἔτι δὲ καὶ τοῦ Κομνηνοῦ κυροῦ Ἀλεξίου καλῶς ἐπεστήριξαν, ἔκτοτε καὶ εἰς δεῦρο τοὺς νόθους παῖδας οὐκ ἄλλως ἡ πολιτεία, ναὶ δὲ καὶ ὁ ἐκκλησιαστικὸς θεσμὸς εἰς γνησιότητα δέχεται, εἰ μὴ στόμα ἱερέως τοῖς γονεῦσιν αὐτῶν ἐπάσει τὰς νενομισμένας καὶ εὐχὰς καὶ ᾠδάς. Εἴπερ τοίνυν καὶ ὁ Χρυσοιωάννης μετὰ τῆς παλλακῆς αὐτοῦ τὴν συνήθη οὐκ ἐδέξατο ἱερολογίαν, μάτην τὸν ἐξ ἐκείνης παῖδα τῆς περιουσίας αὐτοῦ κληρονόμον ἀποκατέστησεν· ὃ γὰρ οἱ νόμοι τοῖς ἐκ παλλακῶν παισὶ τοὺς πατέρας [f. 96] διατιθεμένους παίδων ὑπόντων γνησίων καταλιμπάνειν διακελεύονται, πᾶσιν τοῖς εἰδόσιν νόμους δῆλον καθέστηκε· πλὴν εἰς πλείονα πληροφορίαν, καὶ αὐτὰ τῆς νομοθεσίας παρρησιαζέσθωσαν ῥήματα τὰ ἐν τῷ δ' κεφ. τοῦ β' τίτλ. τοῦ λθ' βιβλ. τῶν βασιλικῶν κείμενα καὶ οὕτω θεσπίζοντα, "ὅτι εἰ παῖδας ἔχει τις νομίμους, μὴ δύνασθαι αὐτὸν τοῖς φυσικοῖς παισὶ μήτε τοῖς ἐκ παλλακῆς παραιτέρω μιᾶς· οὐγγίας καὶ τῇ μητρὶ αὐτῶν καταλιμπάνειν ἢ δωρεῖσθαι,,. Ἀλλὰ δὴ καὶ τὰ ἐν τῷ ιθ' κεφ. τοῦ α' τίτλ. τοῦ μς' βιβλ. τῶν βασιλικῶν ταῦτα διαγορεύοντα· "Ὁ μὲν ἐξ ἐννόμου γάμου τικτόμενος ἔπεται τῷ πατρί, ὁ δὲ πορνογέννητος τῇ μητρί.

Τούτων οὕτως ἐχόντων, ἡ μὲν προγενετέρα τοῦ Χρυσοϊωάννου διαθήκη τὸ ἐνεργὸν ἕξει καὶ ἀπερίτρεπτον, εἴπερ ἀκόλουθον τῇ τοῦ ἀναγεγραμμένου νόμου περιλήψει, τὴν περὶ τοῦ πορνογεννοῦς Ἰωάννου μνήμην ποιεῖται· τὴν δωδεκάτην δηλαδὴ μερίδα τῆς οὐσίας τοῦ Χρυσοϊωάννου τῷ πορνογενεῖ Ἰωάννῃ μετὰ τῆς αὐτοῦ μητρὸς ἀπονέμουσα· ταύτην γὰρ τὴν μερίδα οὐγγίαν ὁ νόμος εἶδεν ὀνομάζειν διὰ τὴν τοῦ λόγου σαφήνειαν· ἡ δευτέρα δὲ ὡς παρανόμως ἐκτεθειμένη, ἀπρακτήσει παντάπασι κἂν γὰρ ἴσως καὶ μάρτυσι καὶ τοῖς λοιποῖς παρακολουθήμασιν ἃ βεβαιοῦσι τὰ ἐκμαρτύρια συνησπίζετο, ἀλλ' ὅτι περὶ (f. παρὰ) τὸν νόμον ἐγράφη, τὸ παράπαν οὐκ ὠφελήσει τὸν ταύτῃ ἐπερειδόμενον, ἐκείνας γὰρ δεκτὰς ὁ νόμος ἡγεῖται τὰς διαθήκας, ὅσαι τοῖς νομικοῖς ἀκολουθοῦσι παρατηρήμασιν· ὅθεν καὶ οἱ ἐξ ἀμφοτέρων τῶν υἱῶν τοῦ Χρυσοϊωάννου καταγόμενοι, τοῖς νομικοῖς ἕψονται διατάγμασι· τὰ γὰρ δικαιοῦντα τοὺς προγόνους αὐτῶν, ἐξ ἀνάγκης καὶ αὐτοῖς προσαρμοσοῦσιν.

ΜΕ'.

Περὶ μερίδος μητρὸς μὴ δευτερογαμούσης, καὶ περὶ πλαστῶν, καὶ προικὸς ἐπιτρόπων, καὶ περὶ νενομημένων ἀποστάσεων, καὶ περὶ συνεισφορᾶς, καὶ περὶ φαλκιδίου.

De portione matris secundo non nubentis, et de fictitiis, et de dotis, tutoribus, de excogitatis absentiis, et de collatione bonorum, et de falcidia.

Ἤρεσε τῇ αἰδεσιμωτάτῃ γυναικὶ τῇ καλουμένῃ Ζωῇ ἣν κάτοικον μὲν ἡ περίκλυτος Βέρροια κέκτηται, χηρεία δὲ ἀπὸ τοῦ θανάτου τοῦ ἀνδρὸς αὐτῆς παραλαβοῦσα, εἰς δεῦρο ἄγει ἐν τῇ τοῦ βίου ὁδῷ τὰ περιστάμενα | ταύτην δυσχερῆ τῷ καθ' ἡμᾶς ἱερῷ ἀκροατηρίῳ ἀνενεγκεῖν, ὥστε λύσιν τούτων κομίσασθαι, καὶ συμβουλίας νομίμου τυχεῖν εἰς χρηστοτέραν τῶν κατ' αὐτὴν διεξαγωγήν· καὶ μὲν δὴ τὴν ταύτης πρόσοδον, ἣν διά τε τοῦ ἐπὶ θυγατρὸς γαμβροῦ ταύτης . . . . . νου τοῦ ἐπιλεγομένου Ἰαγατικοῦ, καὶ διὰ γράμματος δεκτηρίου αὐτοῖς ἐποιήσατο, καὶ προσηκαμένη, ὡς εἰκὸς, ἡ μετριότης ἡμῶν μετὰ τῆς ἐνδημούσης ἱερᾶς ἀδελφότητος, οὐδὲ γὰρ ἦν ὅσιον, οὐδὲ τῇ εὐαγγελικῇ ἀγωγῇ ἄξιον ἀποπέμψασθαι γυναῖκα, βοῶσαν ὄπισθεν ἡμῶν καὶ ἀντιβολοῦσαν, ἐφ' οἷς προτείνεται νόμου καὶ δικαίου τυχεῖν, τὴν μὲν τοῦ συνεδρίου ἀκρόασιν εὐθὺς ἀνῆκεν αὐτῇ.

Τῷ δ' ὑπὲρ αὐτῆς πονουμένῳ Ἰαγατικῷ τὰ ἐκείνας καὶ ὅσα ἐκείνῃ δοκεῖ, λέγειν ἐπέτρεψεν. Οὗτος οὖν δεκτήριον τὴν Ζωὴν εὑρανίσας καὶ τοῖς ἐμφερομένοις αὐτῷ τὴν γλῶσσαν σύνδρομον θέμενος, ἐξηγεῖτο τὰ κατ' ἐκείνην ἔχοντα οὑτωσί.

Ἡ διαληφθεῖσα Ζωὴ κατά τε νόμους κατὰ πρώτην συναρμογὴν ἀνδρὶ συνοικήσασα τῷ ἀποιχομένῳ δομεστίκῳ τῆς ἁγιωτάτης ἐπισκοπῆς Βερροίας, ᾧ τοὔνομα Μανουήλ, Ὀρεξιάτῃ τὸ ἐπωνύμιον, θυγατέρας τρεῖς ὑπ' ἐκείνῳ ἐγείνατο, ὧν ἡ μὲν πρώτη ἐπὶ τῆς ἐκείνου Ζωῆς, ἀνδρί τε συνηρμόσθη νομίμως καὶ προῖκα ἤνεγκεν ὅσην τε ἐχρῆν παρασχεθῆναι αὐτῇ, καὶ οἵαν ἔχειν μήτε ψέγεσθαι καὶ παρὰ τοῦ ἀνδρὸς αὐτῆς στέργεσθαι· ἡ δέ γε δευτέρα, καὶ ἡ λοιπή, μὴ φθάσαι τὴν ἐκείνου Ζωὴν ἐς τοσοῦτον ὡς καὶ φροντίδων ὡσαύτως γαμηλίων τυχεῖν πατρικῶν διά τε τὴν αὐτῶν ἀνηβότητα, τῇ μητρικῇ ἐπιτροπῇ καὶ κηδεμονίᾳ ἐναπελείφθησαν. Τοῦτο γὰρ φησιν καὶ τῷ πατρὶ αὐτῶν τὸν βίον ἐκλείποντι δέδεκται ὡς σὺν ἡ μήτηρ αὐτίκα καὶ δευτέρων γάμων ἀπέσχετο, καὶ τὴν κηδεμονίαν τῶν τέκνων, κατὰ νόμους κατά τε τὸ δόξαν, τῷ πατρὶ ἀνεδέξατο, συνῆψεν ἀνδράσι καὶ ἀμφοτέρας· τὰς θυγατέρας κατὰ τοὺς προσήκοντας ἑκάστῃ τούτων καιροὺς, καὶ προῖκας αὐταῖς ἐπιδέδωκεν ἔκ τε τῆς πατρῴας οὐσίας κἀκτῶν ἰδίων πραγμάτων τὰς κατὰ νόμους ἁρμοζούσας αὐταῖς. Τὴν μὲν γὰρ [f. 96j μίαν τούτων, δηλαδὴ τὴν Εἰρήνην, Ἰωάννῃ τῷ ἐπονομαζομένῳ Πυρρῷ· τὴν δὲ ἑτέραν, ἤγουν τὴν Ἀρετὴν τῷ ἀναγεγραμμένῳ Ἰαγατικῷ συνηρμόσατο· ἐκ τῶν πατρῴων δὲ πραγμάτων αὐτῶν καὶ ἑαυτῇ κατὰ νόμους μίαν μοῖραν ἐταμιεύσατο, ὅτι τε εἰς δευτέρου ἀνδρὸς οὐκ ἐροίτησε, καὶ ὅτι τῆς τῶν παίδων τιμῆς, ἣν ὁ νόμος περὶ πολλοῦ ποιεῖται προεμηθεύσατο· χρόνος τὸ ἀπ᾽ ἐκείνου ἤδη συχνὸς, καὶ ὁ τῆς Εἰρήνης ἀνὴρ ὁ Πυρρὸς τὸν μερισμὸν ἀπανανούμενος τῆς πατρῴας οὐσίας αὐτῶν καὶ σκηπτόμενος ἀδικεῖσθαι ὡς δῆθεν ἐλάττω λαβὼν τῶν παρασχεθέντων τῷ Ἰαγατικῷ συνεισφορὰν πρὸ μικροῦ γενέσθαι ἠνάγκασε, καὶ διὰ κηρύγματος λογάδων ἀνδρῶν καὶ ἀξιοπίστων τῇ πενθερᾷ αὐτοῦ Ζωῇ περὶ τούτου ἠνόχλησε, καὶ δὴ ἐν τῷ σεβαστῷ τοῦ τῆς χώρας ἐπιτρόπου δικαστηρίῳ διάξιμον τὸν Πυρρὸν θεμένη, τὰ δοκοῦντα αὐτῇ περὶ ὧν προτείνεται περὶ ἀνισότητος, ὁμαλῶς εἰπεῖν, προυκαλέσατο· Ὁ Πυρρὸς δὲ παραστὰς καὶ τινα περινενοημένην καὶ μετέωρον ἀπολογίαν θέμενος· ἀπηλλάγη, καὶ δῆλος ἐντεῦθεν γέγονεν, ἄλλα τινα εἰς τὸ μέλλον περὶ τῆς προκειμένης ὑποθέσεως μελετῶν. Τὰ οὑτωσὶ δὲ συνενεχθέντα ὑπομνήματι δικαστικῷ διελέχθησαν ὃ καὶ ἐνεφάνισεν ὁ Ἰαγατικὸς, φέρων ὑποσήμανσιν μὲν τοῦ πανσεβάστου σεβαστοῦ καὶ οἰκείου μεσάζοντος τοῦ κραταιοῦ καὶ ἁγίου ἡμῶν αὐθέντου τοῦ μεγάλου Κομνηνοῦ, τοῦ Πλυτοῦ κυροῦ Ἰωάννου· ἐπὶ βεβαιώσιν δὲ τοῦ πανιερωτάτου ἐπισκόπου Βερροίας, ὡς καὶ αὐτοῦ τῷ δικαστηρίῳ παρουσιάζοντος, καὶ δηλοῦν ὡς ἐν τύπῳ φάναι, τὰ τῆς παραστάσεως τοῦ Πυρροῦ, καὶ τὰ τῆς περινενοημένης καὶ κακομηχάνου ἀπολογίας αὐτοῦ. Ἔτι δὲ καὶ τὰ τῆς δικαιώσεως τῆς Ζωῆς, ἣν παρὰ τὰς τῶν νόμων διαταγὰς ἀποφέρεται. Τῶν πραγμάτων οὖν οὕτως ἐχόντων, ζητεῖν μαθεῖν ἡ Ζωὴ, εἰ ἔξεστι τῷ Πυρρῷ πρὸς ἀνατροπὴν χωρῆσαι τῶν συμπεφωνημένων αὐτῷ ἐπὶ τῇ προικὶ τῆς αὐτοῦ γυναικὸς, καὶ εἰ πρόσεστιν αὐτῇ δίκαιον ἱκανωθῆναι τὴν προῖκα ἑαυτῆς ἀπὸ τῆς περιουσίας τοῦ ἀνδρὸς αὐτῆς, λαβεῖν δὲ καὶ μοῖραν ἐκ ταύτης διὰ τὸ μὴ δευτέροις ὁμιλῆσαι γάμοις, ἣν ἐφίησιν.

Ἡ μετριότης δὲ ἡμῶν τὰ τοῦ πράγματος διασκεψαμένη, μετά γε τῶν συνεδριαζόντων αὐτῇ ἱερωτάτων ἐπισκόπων ἐν Κυρίῳ ἀγαπητῶν ἡμῖν ἀδελφῶν καὶ συλλειτουργῶν, πρὸς τοὺς νομικοὺς κανόνας τὴν περὶ τούτων ἀπόκρισιν ἀπευθύνασα, οὑτωσὶ τὰ ὑποτεταγμένα ἐξήνεγκεν· ὡς ἐξεταστέον εἰ τὸ γεγονὸς μέσον τοῦ Πυρροῦ καὶ τῆς πενθερᾶς αὐτοῦ Ζωῆς, σύμφωνον ἄνευ δόλου προέβη, καὶ οὔτε τοῖς νόμοις ἐναντιοῦται, οὔτε εἰς παραγραφὴν αὐτῶν γέγονε· τὰ γὰρ οὕτω συνιστάμενα σύμφωνα, πάντῃ καὶ πάντως ἐρρῶσθαι καὶ τὸ πάγιον ἔχειν οἱ νόμοι διακελεύονται· ἐναντίον δὲ τοῖς νόμοις· καὶ εἰς παραγραφὴν αὐτῶν τὸ εἰρημένον σύμφωνον λογισθήσεται, εἰ τῆς οὐσίας τοῦ Ὀρυζειᾶτου μεριζομένης, εἴς τε τὰς ἀνηκούσας ταῖς ἀνδράσιν ἐκείνου θυγατράσι μοίρας, καὶ εἰς τὴν ἁρμόζουσαν κατὰ ἀναλογίαν τῇ μητρὶ αὐτῶν, εὑρίσκεται ὁ Πυρρὸς δικαίῳ τῆς αὐτοῦ γαμετῆς, ἐπέλαττον τὴν οἰκείαν μοῖραν ἀποφερόμενος· εἰ γοῦν τοιοῦτός τις μολισμὸς οὐκ ἐντρίβεται τῷ συμφώνῳ, μάτην ὁ Πυρρὸς πειρᾶται πρὸς ἀνατροπὴν τούτου χωρεῖν, ἑκατέρωθεν γὰρ κωλύεται πρὸς τὴν ἐπιχείρησιν, ὅτι τε δηλαδὴ σύμφωνόν ἐστι νομίμως προβὰν καὶ εἰς ἐπερώτησιν κατηνέχθη, καὶ ὅτι τάξιν ἐπέχει πράξεως ἐπιτροπικῆς, ἐπειδὴ ὡς ἡ ἀφήγησις περιέχει, ἐπίτροπος ἡ Ζωὴ τῶν ἰδίων παίδων, γνώμῃ τε τοῦ πατρὸς καὶ τῷ τοῦ νόμου δόγματι, ὡς δευτέρων γάμων καταφρονήσασαν γέγονε, ὅτι δὲ τὰ παρὰ τῶν ἐπιτρόπων νομίμως ἐνεργούμενα, βέβαια εἰσὶ, καὶ ὅτι ἐξ ἐλευθέρου προσώπου ἀγωγή τινι ἡ παραγραφὴ οὐ πρ-

CAP. XLV. DE MATRE NON SECUNDO NUBENTE

τορίζεται. Ἐλεύθερον δὲ πρόσωπον τὸν ἐπίτροπον ὁ νόμος οἶδε καλεῖν σαφῶς, οἱ τὰς ὄψεις ταῖς νομικαῖς ἐνερείδοντες δέλτοις, πρὸς ἀκριβῆ καὶ ἀπλανεστάτην γνῶσιν ἐπίστανται· διά τοι τοῦτο, καὶ δεῖ ἐν δικαστηρίῳ πυρωθῆναι τὴν γνώμην τοῦ Πύρρου καὶ δοκιμασθῆναι, ἵνα κεκαθαρισμένα ψαλμικῶς εἰπεῖν ἑπταπλασίως, τὰ τῆς εἰρημένης ὑποθέσεως γένωνται· ἀλλ' αὐτὸς μὲν ἴσως, ἀναβολὴν περινοήσει τοῦ πέρατος τῆς ὑποθέσεως, καθὰ δὴ πέρυσι τούτοις [f. 97] χρησάμενος λογισμοῖς ὡς τὸ ἀνωτέρω δηλούμενον δικαστικὸν ὑπόμνημα παριστᾷ· χρὴ δὲ αὐτὸν ἅπαξ καὶ δὶς πρὸς τὴν δίκην κληθῆναι κατὰ τὸ νεαρὸν τοῦ σοφωτάτου ἐν βασιλεῦσι κυροῦ Λέοντος θέσπισμα, ὃ δὴ τὰς κακομηχάνους καὶ περινενοημένας τῶν εἰς τὰ δικαστήρια καλουμένων ἀποσπάσεις ἢ ἀπαντήσεις μετερχόμενον μετὰ πρώτην καὶ δευτέραν καὶ τρίτην πρόσκλησιν, εἰ μὴ ἀπαντήσωσιν ἢ ἀπαντήσοντες ἀκριβῶς οὐκ ἀπολογίσονται εἰς τὴν ἥττονα ψῆφον ἀποσκορακίζει παντάπασι.

Σαφηνείας δὲ χάριν καὶ αὐτὰ δὴ τὰ τοῦ θεσπίσματος ῥήματα παρρησιαζέσθωσαν, ἐν μέρει οὕτω διαγορεύοντα. "Ταύτην δὲ τὴν ψῆφον ὁρίζομεν ἐφ' ἑκατέρου προσώπου, εἴ τέ τις προκληθεὶς καταλιγωρήσει τῆς ἀπαντήσεως, εἴ τέ τις ἔγκλησιν ποιήσει καὶ τῷ βήματι παραστάσει· τὸ διαμφισβητούμενον μέρος. Εἶτα μετὰ τὴν προβολὴν τοῦ ἐγκλήματος, κακομηχάνως ἀποστῇ, ταλαιπωρίαν ἐκ τούτου τῷ ἀντικρινομένῳ περινοῶν, καὶ ἀναβολὴν τοῦ πέρατος τοῦ ζητήματος· καὶ οὕτως γὰρ παρὰ τοῦ δικαστοῦ προκαλούμενος ἕως τρίτου καὶ μὴ πειθαρχῶν, κατακικρίσεται, καὶ μὴ παρών, μηδεμιᾶς, ὥσπερ εἶπον, ἀφορμῆς εἰς δικαίαν εἰπούσης παρείτωσιν, ἢ δυνήσεται ὑπὲρ τοῦ μὴ ἀπαντήσαντος τὰ εἰκότα διαπολογήσασθαι.,, Ταῦτα τῆς νεαρᾶς ἐγκελευομένης, ἂν μὲν καὶ ὁ Πύρρος προκληθεὶς ἀπαντήσῃ, καὶ τὰ δοκοῦντα αὐτῷ ἐπὶ τοῦ δικαστηρίου ὀρθῇ προσενέγκῃ γνώμῃ, καθὰ δὴ καὶ τὴν προβολὴν

πρώτως τῆς ἀγωγῆς ἔθετο, τεύξεται πάντως τῆς δίκης, ἀκολούθως ταῖς νομίμοις παρατηρήσεσιν. Εἰ δὲ μὴ οὕτω ποιήσει, καταγορεύσει τῆς αὐτοῦ πονηρίας τὸ ἀπ' ἐκείνου πάντως· ἢ τοῦ ἀναγεγραμμένου νεαροῦ θεσπίσματος ἐπεξέλευσις· ἄνευ μέντοι δόλου καὶ ῥᾳδιουργίας τῷ δικαστηρίῳ παρουσιάζων ὁ τοιοῦτος Πύρρος, εἰ τῷ εἰρημένῳ γαμικῷ αὐτοῦ συμφώνῳ κατὰ νόμους φανείη ἐναντιούμενος, ὅτι δηλαδὴ μὴ σῶος τῇ αὐτοῦ γαμετῇ παρὰ τῆς μητρὸς ἐν τῷ γαμικῷ συμβολαίῳ γέγραπται ὁ φαλκίδιος· τὰ γὰρ διωτικὰ συμβόλαια ὡς οἱ νόμοι φασίν, οὐ προκρίνουσι τῷ κοινῷ νομίμῳ, δίκαιον ἕξει συνεισενεγκεῖν | τῇ γυναικαδέλφῃ αὐτοῦ τῇ συνεύνῳ δηλαδὴ τοῦ Ἰγνατικοῦ· κατὰ γὰρ ἀναλογίαν τινὰ τὰ τῆς συνεισφορᾶς ἐνταῦθα παρρησιάσεται ὡς γὰρ οὐκ ἄλλως οἱ αὐτεξούσιοι τοῖς ὑπεξουσίοις συνεισφέρουσιν, εἰ μὴ αἰτήσονται τὴν κατὰ τοῦ πατρῴου διατάγματος ἐναντίωσιν, οὕτω δὴ κἀνταῦθα, εἰ μὴ ἐναντιωθείη τῷ συμφώνῳ, οὐδαμῶς οὐδέποτε ὁ Πύρρος συνεισφορᾷ δυνήσεται χρήσασθαι, τῆς συνεισφορᾶς δὲ χώραν οὕτω λαβούσης, ἐν πρώτοις ἡ προὶξ τῆς μητρὸς καὶ τὰ ἕδνα πρὸς αὐτὴν ὡς κυρίαν αὐτῶν ἀνακάμψουσι, καὶ εἴ γε μὴ εὑρίσκονται ἀκέραια, ἐκ τῆς οὐσίας ἀνασωθήσονται τοῦ ταύτης ἀνδρός· ὁποίαν δὲ τῆς προικὸς πρόνοιαν οἱ νόμοι ποιοῦνται καὶ ὅπως αὐτὴν ἀπαιτεῖσθαι θεσπίζουσι καὶ ἀποκαθίστασθαι, οὐδὲ τοῖς ὀλίγα τούτων γευσαμένοις ἠγνόηται, ἐπεὶ δὲ τῷ τῆς ἐπιτροπῆς λόγῳ ἢ διαληφθεῖσα Ζωὴ, τὴν τῶν ἀνήβων αὐτῆς θυγατέρων εἰς τὴν πατρῴαν οὐσίαν ἀποκατάστασιν ἀνεδέξατο ἐγνώσθη, ὡς ἀνατέτακται, ὅπως καὶ ὅθεν αὐτῇ μὲν τὰ τῆς οἰκείας προικὸς, καὶ εἴ τι ἄλλο κέρδος ἁρμόζει· ταῖς εἰρημέναις δὲ θυγατράσιν αὐτῆς, τὰ τοῦ νομίμου μέρους ἐκ τῆς πατρῴας αὐτῶν οὐσίας ἀποκαταστηθήσεται, ἀπὸ τοῦ β' κεφ. τοῦ ιε' τίτλ. τοῦ κη' βιβλ. τῶν βασιλικῶν, ἔστιν ἐξὸν καταλεπτὸν ἀκριβώσασθαι, θεσπίζουσι γὰρ οὕτως ἐπὶ τῶν λέξεων· "Τουτὶ δὲ καινίζομεν μόνον, ἵνα εἴ τι; τὸ λοιπὸν ἀποκατάστασιν ποιοῖτο τῶν ἑαυτοῦ πραγμάτων, πρῶτον μὲν φυλάττοι τῷ παιδὶ τὸ νόμιμον μέρος, οὐ τὸ τέταρτον· τοῦτο γὰρ ἐπηνορθώσαμεν, πενίχν πολλὴν αὐτοῦ καταγνόντες, ἀλλὰ τὸ τρίτον πάντως; ἢ τὸ ἥμισυ κατὰ τὸν τῶν παίδων ἀριθμόν. Ἔπειτα καὶ εἰ; τὸ λοιπόμενον τῆς οὐσίας μέρος ἐν ᾧ μὴ ἀρκοίη τὸ νόμιμον μέρος πρὸς προικὸς ἢ προγαμιαίας δωρεᾶς ἐπίδοσιν, εὐσχημόνως καὶ πρὸς τὴν τῶν προσώπων ποιότητα συμμετρούμενος· ἀπεξαιρεῖσθαι καὶ ἀπὸ τῆς ὑποκαταστάσεως καθόσον προστιθέμενον τῷ νομίμῳ μέρει τὴν προῖκα, ἢ τὴν πρὸ γάμου δωρεὰν ποιεῖ, θεσπίζομεν γὰρ κατὰ τοῦτον τὸν τρόπον ἐξαιρεῖσθαι [f. 98] παντοίας τῆς ὑποκαταστάσεως τὰ γαμικὰ συμβόλαια καὶ τὰς ἐπὶ τούτοις ἐκποιήσεις ἢ ὑποθήκας· κἂν εἰ βεβαρημένον εἴη τὸ πρόσωπον ἢ τοῦ ἀνδρὸς, ἢ τῆς γυναικὸς ἀποκαταστάσει τοιαύτῃ ἐξέστω καὶ οὕτω τὴν καλουμένην προγαμιαίαν, ἢ διὰ γάμον δωρεάν, ἐπιδιδόναι μηδὲν τό γε ἐπὶ τοῖς πράγμασιν ἐκείνοις τῆς ἀποκαταστάσεως δρώσης. Εἴτε γυνὴ τῇ ἀποκαταστάσει βαρύνοιτο, μὴ ἐμποδὼν γίνεσθαι πρὸς τὴν τῆς προικὸς ἐπίδοσιν· τὰ γὰρ κοινὰ πᾶσι συμφέροντα, τῶν ἰδίᾳ τισὶ τελούντων προτίθεμεν, καὶ ἔσται τοῦτο ταῖς γαμικαῖς ἐπιδόσεσι καὶ ταῖς ἐντεῦθεν ἀπαιτήσουσι προνόμιον„. Καὶ ὁ ἔξωθεν δὲ τοῦ τοιούτου κεφαλαίου παλαιὸς οὕτω φησί· "Μετὰ τὴν προῖκα καὶ τὰ ἔδνα, ὁ φαλκίδιος τρακταΐζεται„.

Οὕτω τοίνυν τούτων ἐχόντων, εἰ διαπεσεῖν ἡ ἐπιτροπικὴ πρᾶξις τῆς Ζωῆς κινδυνεύσειε, χώραν τὰ τοῦ ἀναγεγραμμένου νόμου τὸ λοιπὸν ἕξουσιν· ὥστε δηλαδὴ καὶ τὴν προῖκα, τηρηθῆναι τῇ Ζωῇ ἀκέραιαν, καὶ ταῖς θυγατράσιν αὐτῆς, τὸν ἁρμόζοντα ταύταις φαλκίδιον· λόγου μέντοι χάριν ἐξεταστέον ἐπὶ πράγματος· τὰ τῆς διατάξεως· ὑποκείσθω ἡ τοῦ Ὀρυζειατοῦ περιουσία ποσουμένη εἰς οὐγγίας δώδεκα, ἐκ ταύτης ἁρμόζει ταῖς θυγατράσιν ἐκείνου σὺν τῇ μητρὶ αὐτῶν τῇ Ζωῇ, ὡς μὴ δευτερογαμησάσῃ, τὸ τρίτον, κατὰ τὸ τοῦ φαλκιδίου γνώρισμα, ἤγουν οὐγγίαι τέσσαρες· ἐκ τῶν καταλοίπων δὲ ὀκτὼ οὐγγιῶν ἡ τῆς προικὸς τῆς Ζωῆς ἱκάνωσις γενήσεται· καθόσον εἴτε ἐξ ὁλοκλήρου τυχὸν παρὰ τοῦ ἀνδρὸς· αὐτῆς δεδαπάνεται, ἢ ἐκ μέρους μὲν σώζεται ἐκ μέρους δὲ καταναλωται, ὥσπερ δὲ προστεθῆναι δεῖ τῇ τῶν τεσσάρων οὐγγιῶν κληρονομίᾳ, τὸ περιττεῦσαν ἐκ τῶν ὀκτὼ οὐγγιῶν οὕτως. Εἴπερ τις ἐλλείψει ἐκ τούτων, ὑπεξαιρεθῆναι τῶν τεσσάρων χρὴ, καὶ ταῖς ὀκτὼ προστεθῆναι, πρὸς ἀναπλήρωσιν τῆς προικός· ἵνα μὴ ἐλάττωσιν ἡ προῖξ ὑποστῇ, καθὰ δὴ τῷ νόμῳ καὶ τῷ δικαίῳ δοκεῖ, ἐκείνου μόνου τηρουμένου τοῦ μὴ δύνασθαι τὴν Ζωὴν αὔξειν τὴν προῖκα πρὸς περιγραφὴν τῆς ἀποκαταστάσεως· ὡς ἐκ τῆς εὑρισκομένης τοῦ ἀνδρὸς οὐσίας κατὰ τὸ ἐπιβάλλον, μήτε τοὺς παῖδας κληρονομίας, μήτε τὴν γυναῖκα τῆς προικὸς καὶ τοῦ ἁρμόζοντος αὐτῇ κέρδους στερηθῆναι παντάπασιν.

ΜΣ΄.

Περὶ κληρονομίας, καὶ διακατοχῆς παίδων παρὰ τῶν γονέων καὶ περὶ ἀτελῶν καὶ περὶ δευτερογαμούντων.

De haereditate, et de possessione bonorum filiorum per parentes et de neonatis morientibus, et de secundo nubentibus.

Ὁ ἐν τῇ περικλύτῳ πόλει τοῦ Δυρραχίου οἰκῶν μεγαλεπιφανέστατος ἄρχων κυρὸς Ἀλέξιος ὁ ὕπατος, ἀνήνεγκε τῇ ἡμῶν μετριότητι προκαθημένῃ συνοδικῶς, ὡς ἀνδρί τινι τῶν προγενῶν αὐτῷ νόμῳ γάμου ἡρμόσθη γυνὴ κατὰ πρῶτον συνάλλαγμα, καὶ παιδίον ἐκ ταύτης τούτῳ γέγονε, καὶ ἡ μὲν μήτηρ, ἐν αὐτῇ τῇ ὥρᾳ τοῦ τόκου τὸν βίον ἐξέλιπε, πρὸ τῆς φυσικῆς προθεσμίας τῶν ἰδίνων πεπειραμένη. Τὸ δέ γε παιδίον τῆς τρίτης ἐπιτελουμένης ἡμέρας μόνον ἐμπνέον, εἶτα ἐπηκολούθησε τῇ μητρί. Ἐπὶ τούτοις ὁ μὲν ἀνὴρ εἰς τὴν κληρονομίαν ἐλθεῖν ἐπείγεται τοῦ παιδός· ἀντιλέγει δὲ τὸ μέρος τῆς γυναικὸς, καὶ οὐ συγχωρεῖ, τὴν γενέθλην τοῦ παιδὸς ὡς ἀτελῆ καὶ τὸν θάνατον προβαλλόμενον. Ἐντεῦθεν ὁ εἰρημένος ἄρχων, ζητεῖ τὴν παροῦσαν ἀμφισβήτησιν λύσιν λαβεῖν τοῖς φιλευσεβέσι νόμοις ἀκόλουθον.

Ἡ μετριότης δὲ ἡμῶν τῶν εὐαγγελικῶν θείων παραγγελμάτων ἐξεχομένη, παντὶ τῷ αἰτοῦντί σε δίδου, διακελευσαμένων, ἐπειδήπερ οὐ μόνον ἄρτου ἢ ἱματίου καὶ τῶν ἄλλων ἀναγκαίων, ἀλλὰ καὶ λόγου λυσιτελοῦς μετάδοσι· ἐν τοῖς παραγγέλμασι τούτοις συνεξακούεται, ὅτι καὶ λιμὸς, οὐ μόνον ἄρτου, ἀλλὰ καὶ λόγου θείου ταῖς ἱεραῖς δέλτοις ἐμφέρεται, καὶ δὴ μετά γε τῶν συνεδριαζόντων αὐτῇ ἱερωτάτων ἀρχιερέων ἐν Κυρίῳ ἀγαπητῶν ἡμῖν ἀδελφῶν καὶ συλλειτουργῶν τὰ τοῦ πράγματος διασκεψάμενα, τοιάνδε τινὰ πρὸς τὴν ἀναγεγραμμένην ἀναφορὰν ψηφοφορεῖ τὴν ἀπόκρισιν·

Ὡς ὁ τῆς κληρονομίας καὶ τῶν διακατοχῶν λόγος ποικίλος παρὰ τοῖς νόμοις ἐστί, καὶ πολυειδής, καὶ ἐπειδὴ καταλεπτὸν διεξιέναι περὶ τούτου, οὐ μόνον ἐργῶδες, ἀλλ' οὐδὲ τοῦ παρόντος τυγχάνειν καιροῦ, μόνη ζητουμένη, ὡς ἀνατέτακται, καὶ ἀντιλεγομένη κληρονομίᾳ τὸν ἡμέτερον λόγον νῦν ἐφαρμόζοντες [f. 99] λέγομεν.

Δίκαιον τὸν ἀναπεφωνημένον ἄνδρα κληρονομῆσαι τῆς ἰδίας γονῆς. Οὐ δὲ γὰρ ἐμποδοστατήσει τοῦτον τὸ τοῦ παιδὸς ἠλιτόμηνον· δεκτοὶ γὰρ τοῖς νόμοις εἰσὶ καὶ οἱ ἀτελεῖς, ὡς τὰ θεσπίσματα τούτων κατωτέρω δηλώσουσιν·

"Εἴτε τοίνυν ἐπὶ τοῦ προτέρου σταίη γάμου, εἴτε καὶ δευτέρῳ προσομιλήσας, ὅμως τὴν διακατοχὴν τῆς μητρικῆς τοῦ παιδὸς ὑπάρξεω, τῆς ἐν συμβολαίοις κειμένης ἕξει οὗτος ἀδήριτον„. Ἐπεὶ δὲ διὰ τὴν τοῦ πρώτου γάμου συντήρησιν καὶ τὴν πρὸς τοῦτον αἰδῶ τοῖς ἀνδράσι τε καὶ ταῖς γυναιξὶν οἱ θεῖοι νόμοι τὴν ὑπερέχουσαν ἀποκληροῦσι τιμήν· τοῖς δευτερογαμοῦσι δὲ τὴν ἐλάττω καὶ ὑποδεεστέραν παρέχουσιν, ὡς τοῖς ἐφεξῆς συνοικεσίοις τὴν προτέραν εὐνὴν συνθολώσασι καὶ καλύψασιν. Εἰ μὲν καὶ ὁ πατὴρ οὗτος, περὶ οὗ λόγος, δευτέρων ἀπόσχοιτο γάμων, καθολικὸς κληρονόμος ἔσεται τῆς διαληφθείσης μητρῴας τοῦ παιδὸς οὐσίας κατὰ δεσποτείαν, ἄμαχόν τε καὶ ἀναντίρρητον, καὶ χρήσεται ταύτῃ κατὰ τοὺς κυρίους δεσπότας· ὡς ἄρα καὶ βούλεται. Εἰ δὲ πρὸς δευτέραν ὀλισθήσει συνοίκησιν, τὴν μὲν χρῆσιν ἕξει τῆς τοιαύτης οὐσίας, μέχρι ἂν τοῖς ζῶσι συνεξετάζηται, τῆς δεσποτείας δὲ στερηθήσεται διὰ τὸ τῆς δευτερογαμίας ἐλάττωμα. Μετὰ γὰρ τὸν αὐτοῦ θάνατον, εἰς τοὺς κληρονόμους τοῦ παιδὸς ἡ τοιαύτη οὐσία τούτου ἐπανελεύσεται, μόνον τῶν ἀπὸ τῆς εἰσόδου τῆς χρήσεως προτηθέντων αὐτῷ καὶ τῶν τούτου ἀναποσπάστων ἐξ αὐτοῦ τηρηθησομένων, ὡς κατὰ δεσποτείαν ἁρμοζόντων αὐτῷ, καὶ τῷ τούτου ὑποκειμένων θελήματι. Παρείτωσαν δὲ οἱ νόμοι καὶ τά τε τῆς κατὰ δεσποτείαν καὶ τὰ τῆς κατὰ χρῆσιν κληρονομίας ἀναμέρος διεξιέτωσαν· περὶ μὲν οὖν τῶν τηρησάντων ἕως τέλους τὸ τοῦ πρώτου γάμου τίμιον καὶ εἰς τὴν κληρονομίαν τῶν ὑπεξουσίων ἐρχομένων, ἐν μὲν τῷ α΄ καὶ β΄ κεφαλ. τοῦ ιθ΄ τίτλ. [τοῦ] μη΄ βιβλ. τῶν βασιλικῶν ταῦτα διαγορεύουσιν· " Ἐπειδὴ δὲ καὶ τὰς γυναῖκας τὰς εἰς δεύτερον γάμον οὐκ ἐρχομένας προτιμήσεως τινὸς ἀξίας παρὰ τὰς δευτερογαμούσας εἶναι νομίζομεν, θεσπίζομεν, | εἴ τις ἀποβαλλομένη τὸν ἄνδρα, ἑτέρων ἀπόσχοιτο γάμων, ἔχειν μὲν αὐτὴν τὴν χρῆσιν τῆς προγάμου δωρεᾶς, καθὰ καὶ πρότερον ἐθεσπίσαμεν· ἔχειν δὲ αὐτῆς καὶ δεσποτείας τοσοῦτον ὅσον ἡ πρὸς τοὺς παῖδας ἀναλογία ποιεῖ, ἵνα κατὰ τὸν τῆς δεσποτείας λόγον, ἑνὸς καὶ αὐτὴ παιδὸς πρόσωπον ἔχειν δοκῇ. Ταῦτα δὲ κρατεῖν οὐκ ἐπὶ μητέρων μόνον κελεύομεν, ἀλλὰ καὶ ἐπὶ πατέρων καὶ τῶν ἄλλων ἀνιόντων βουλόμεθα, τῶν εἰς δευτέρους γάμους οὐκ ἐρχομένων, καὶ ἔσονται ταῦτα αὐτοῖς οἰκεῖα· οὐδὲν σχεδὸν τῆς ἄλλης αὐτῶν διαφέροντα κτήσεως, καὶ πᾶσαν ἄδειαν ἕξουσιν εἰς τὸ ἐκποιεῖν ταῦτα καὶ ἔτι περιόντες καὶ τελευτῶντες καθ' ὃν βουληθεῖεν τρόπον „.

Ἐν δὲ τῷ ζ΄ κεφαλ. τοῦ δ΄ τίτλ. τοῦ με΄ βιβλ. τῶν βασιλικῶν, ταῦτα οὕτω διακελεύουσι· " Τῷ λόγῳ τοῦ οἴκτου κληρονομοῦσιν οἱ γονεῖς τῶν παίδων, οἱ δὲ παῖδες τῶν γονέων, καὶ τῷ φυσικῷ λόγῳ καὶ τῇ εὐχῇ τῶν γονέων „.

Ἐν δὲ τῷ λς΄ κεφαλ. τοῦ β΄ τίτλ. τοῦ αὐτοῦ βιβλ. ταῦτα ῥητῶς· " Πρώτη τῶν ἐξ ἀδιαθέτου κλῆσις ἐστιν ἡ τῶν κατιόντων, δευτέρα ἡ τῶν ἀνιόντων· τρίτη τῶν ἐκ πλαγίου „, καὶ ὅσα ἑξῆς.

Ἐν δὲ τῷ η΄ κεφαλ. τοῦ γ΄ τίτλ. τοῦ αὐτοῦ βιβλίου ταῦτα ἐν μέρει· " Εἰ τοίνυν ὁ τελευτήσας κατιόντας μὲν μὴ καταλίποι κληρονόμους, πατὴρ δὲ ἢ μήτηρ ἢ ἄλλοι γονεῖς αὐτοῦ ἐπιζήσουσι, πάντων τῶν ἐκ πλαγίου συγγενῶν τούτους προτιμᾶσθαι θεσπίζομεν „. Ἐξῃρημένων μόνον ἀδελφῶν καὶ ἀδελφοπαίδων ἐξ ἑκατέρου γονέως συναπτομένων τῷ τελευτήσαντι, ὡς διὰ τῶν ἑξῆς δηλωθήσεται. Καὶ ταῦτα μὲν περὶ τῶν αἰδεσθέντων τοῦ πρώτου γάμου τὸ τίμιον.

Περὶ δέ γε τῶν δευτερογαμούντων, ἐν μὲν τῷ α΄ κεφαλ. τοῦ ιδ΄ τίτλ. τοῦ κβ΄ βιβλ. ταῦτα ἐκ μέρους διαλαμβάνουσιν· " Εἰ γὰρ κἀκεῖνος παῖδας ἔχων, δευτέραν αὐτοῖς ἐπεισαγάγοι γαμετήν, οὐ τῶν ἐκ τῆς προικὸς ἀπολαύσει κερδῶν κατὰ δεσποτείας λόγον, οὐ φιλοτιμίαν ἄλλην παρὰ τῆς γυναικὸς λαβών, ταύτην ἕξει βεβαίως, πλὴν ὅσον χρῆσθαι καὶ καρποῦσθαι μέχρι παρείη μόνον· κἀνταῦθα [f. 100] γὰρ οἱ παῖδες, εἰ καὶ ὑπεξούσιοι καθεστήκοιεν, ἀλλ' οὖν κύριοι τῶν τοιούτων κατὰ δεσποτείαν ἔσονται· παραγινομένων εὐθὺς εἰς αὐτούς, μόνον ἅμα τῇ τῆς γυναικὸς τῆς δευτέρας συναφείᾳ· ἀλλὰ καὶ ἐάν τι ἐκ τῶν τοιούτων πραγμάτων ἐκποιηθῇ παρὰ τῶν δευτερογαμούντων γονέων, ἐκδικηθήσεται παρὰ τῶν παίδων καὶ κληρονόμων αὐτῶν καὶ διαδόχων „. Καὶ μετά τινα· " Καὶ ὅτι εἰ πλειόνων ὄντων παίδων τελευτήσειεν εἷς, εἰ μὲν ἔχει παῖδας, ἐπ' ἐκείνοις φέρεσθαι τὸν κλῆρον τοῦτον· εἰ δὲ οὐκ ἔχει παῖδας, μὴ πάντως εἰς τοὺς ἀδελφούς, τὸ πᾶν ἔρχεσθαι, ἀλλ' ὅσον τὸ ἐκ τοῦ συμφώνου τοῦ ἐξ ἀπαιδίας ἐγένετο τῷ γεγεννηκότι, τοῦτον αὐτὸν κερδαίνειν. Τὸ λοιπὸν δὲ συγχωρεῖν ἔρχεσθαι ἐπὶ τοὺς τοῦ παιδὸς διαδόχους, εἴτε ἀδελφοὶ καθεστήκοιεν, εἴτε ἐξωτικοὶ τυγχν „.

Ὅρα δὲ καὶ τὴν τοῦ κεφαλαίου τούτου παραγραφὴν καὶ τοῦτο δὲ ὀφείλει νοεῖν ὁ ἀναγινώσκων,.ὅτι εἰ καὶ γέγραπται ἐπὶ τούτοις τὸν δευτερογαμοῦντα μὴ κληρονομεῖν, ἀλλὰ τοὺς ἀδελφοὺς, ἢ τοὺς ἄλλους κληρονόμους, ὅμως ὁ πατὴρ ἕως ζῇ, τὴν χρῆσιν ἔχει, καὶ ὅταν ἀποθάνῃ, τότε λαμβάνουσι τὰ πράγματα οἱ κληρονομήσαντες ἀδελφοί. Εἰ γὰρ ζῶντος τοῦ κυρίου τῶν πραγμάτων ὁ πατὴρ εἶχε τὴν χρῆσιν, πῶς τελευτήσαντος τοῦ κυρίου τῶν πραγμάτων, τοῖς κληρονόμοις αὐτοῦ αὐτίκα ἡ χρῆσις δοθήσεται; οὐκ ἔχει νοῦν τοῦτο, ὥστε τύπον ποιεῖ ἡ νεκρὰ, οὐ μέντοι καὶ τὰ πράγματα δίδωσιν αὐτίκα.

Ἐν δὲ τῷ η′ κεφαλ. τοῦ αὐτοῦ τίτλ. ταῦτα· " Ὁ πατὴρ πάντων τῶν εἰς τοὺς παῖδας ἀφικνουμένων, εἴτε ἐκ μητρῴας σειρᾶς, εἴτε ἐκ γαμικῆς τῶν παίδων αἰτίας, εἴτε ἀλλαχόθεν, τὴν χρῆσιν ἔχει, κἂν εἰ πρὸς δευτέρους ἔλθοι γάμους, ἄχρις οὗ περίεστιν, ἀδιάπτωτον. Ὁ δὲ τῶν ἰδιοκτήτων πεκουλίων ἐξηγήσθω λόγος „. Συνῳδὰ δὲ τούτοις καὶ τὸ δ′ κεφ. τοῦ δ′ τίτλ. τοῦ μβ′ ταῦτα διακελεύεται.

Τὸ μέντοι ι′ κεφ. τοῦ αὐτοῦ τίτλου περὶ τῶν ἐκ τῆς χρήσεως προγενομένων τῷ πατρὶ, ταῦτα ἐν μέρει διέξεισιν· " Ἐχέτω δὲ ὁ πατὴρ εἰς τὰ ἄλλα πράγματα, ἅπερ ἀνωτέρω ἠριθμήσαμεν, τελειοτάτην ἐξουσίαν τοῦ χρῆσθαι καὶ ἀπολαβεῖν καὶ διοικεῖν τὰ | πράγματα κατὰ τὸν εἰρημένον τρόπον κτηθέντα, καὶ εἴ τι ἀπὸ τῆς χρήσεως αὐτῶν ὁ πατὴρ ἢ ὁ πάππος ἢ ὁ πρόπαππος συναγάγῃ, ἐχέτω ἐξουσίαν, ὃν τρόπον ἐπιθυμεῖ τοῦτο διατιθέναι, καὶ εἰς ἄλλους κληρονόμους παραπέμπειν, ἢ ἐὰν ἐκ τῶν καρπῶν τούτων πραγμάτων κινητὰ ἢ ἀκίνητα ἢ αὐτοκίνητα κτήσεται, καὶ ταῦτα ᾧ τρόπῳ βουληθῇ, ἐχέτω καὶ παραπεμπέτω καὶ εἰς ἄλλους μεταφερέτω, εἴτε ἐξωτικοὺς, εἴτε παῖδας ἰδίους, εἴτε οἱονδήποτε πρόσωπον „.

Τούτων οὕτως ἐχόντων, ὑπόλοιπόν ἐστιν, ἵνα καὶ τὸ περὶ τῶν ἀτελῶν τοῦ νόμου βούλημα ἐξετάσωμεν· φησὶν οὖν τὸ ια′ κεφ. τοῦ η′ τίτλ. τοῦ λε′ βιβλίου περὶ τούτων ταῦτα ῥητῶς· " Ὁ τικτόμενος· ὑπεξούσιος, εἰ καὶ ἀτελής ᾖ, ἀναπνέων μέντοι, καὶ ὁ ἐξ ἀνατομῆς, ῥήσσει τὴν διαθήκην „. Ἀτελῆ δέ φασι τὸν ἑπταμηνιαῖον οἱ τῶν νόμων ἑρμηνευταί, οὐ μὴν ἀλλὰ καὶ ἡ περὶ χρόνων καὶ προθεσμίας ἀπὸ ῥοπῆς, νομικῆς δέλτος ταῦτα περὶ τούτων ἀκολούθως διαλαμβάνει· " Ὁ ἑπταμηνιαῖος γεννηθεὶς τέλειός ἐστι καὶ γνήσιος τοῖς γονεῦσιν „. Εἰ τοίνυν τὸ τεχθὲν παιδίον ἑπταμηνιαῖον ἦν ἀκριβῶς καὶ ἐμπνέον τὰς μητρῴας ὠδῖνας ἔλυσε, χώραν τῷ πατρὶ αὐτοῦ δώσει πρὸς τὴν τούτου κληρονομίαν κατὰ δεσποτείαν μὲν, εἰ τὸν πρῶτον γάμον εὐλαβηθείη· κατὰ χρῆσιν δὲ, εἰ δεύτερον συνοικέσιον τοῦτο ἐπεισκυκλήσειεν, ὡς ἄνωθεν ἡ τῶν νόμων περίληψις διετράνωσε.

Ταῦτα οὕτω γνωματευθέντα καὶ ψηφισθέντα τῷ παρόντι σημειώματι διελήφθησαν, ἃ καὶ παρεμβληθέντα, καὶ τῇ ὑπογραφῇ τοῦ θεοφιλεστάτου μεγάλου σκευοφύλακος ὁρισμῷ δεσποτικῷ ὑποσημανθέντα καὶ τῇ δεσποτικῇ σφραγῖδι βεβαιωθέντα, ἐδό[θη]σαν].

ΜΖ'.

Περὶ δαπανημάτων προβαινόντων ἀπὸ τῆς προικὸς παρὰ τοῦ ἀνδρὸς, καὶ περὶ συναινέσεως, καὶ ὅτι δημευομένου τοῦ ἀνδρὸς, οὐ συνδημεύεται καὶ ἡ προὶξ, καὶ περὶ ἐπιμελείας τῶν προικιμαίων.

De expensis provenientibus a dote per virum, et de consensu, et quod proscripto viro non simul proscribatur dos, et de cura dotalium.

[f. 101] Ἡ ἐν τῷ κάστρῳ Βερροίας οἰκοῦσα Μαρία ἡ τοῦ Ἀλωπορόνου, ἐρώτησιν ἔθετο πρὸς ἡμᾶς διὰ τοῦ εὐλαβεστάτου ἀναγνώστου Γεωργίου τοῦ Ζάδου, ταῦτα διηγησαμένη· ὡς φθάνει συζεύξασα τὴν θυγατέρα αὐτῆς Ἄνναν νόμῳ γάμου ἀνδρὶ τῷ εὐλαβεστάτῳ ἀναγνώστῃ Γεωργίῳ τῷ Ζάδῃ, καὶ προῖκα ὑπὲρ αὐτῆς ἐπιδοῦσα τούτῳ, ὅσην τὰ μέσον αὐτῶν συμβάντα συμβόλαια περιέχουσιν· ἐπεὶ δὲ καὶ τελευτῇ ἄμφω τὰ μέρη ἐμνήσθησαν, συμπεφώνηται αὐτοῖς, ἵνα εἰ συμβῇ μετὰ τὸν γάμον, θάτερον προτελευτῆσαι τῶν μερῶν ἐπὶ ἀτεκνίᾳ καὶ ἀδιαθέτον, κερδάνει τὸ ἐναπομεῖναν, ὁ μὲν ἀνὴρ τὸ γ' τῆς προικὸς μέρος· ἡ δὲ γυνὴ, ἐκ τῆς γαμικῆς δωρεᾶς, τὰ ἡμίση· τὰ δὲ λοιπὰ εἰς τοὺς κληρονόμους τοῦ μέρους τοῦ τελευτήσαντος ἐπανέλθωσιν. Ἄπαιδος οὖν καὶ ἀδιαθέτου τῆς τοιαύτης θυγατρὸς αὐτῆς τελευτησάσης τὸν βίον, ἀπαιτούμενος νῦν ὁ Ζάδης κατὰ τὸ σύμφωνον τὸ δίμοιρον τῆς προικὸς προβάλλεται εἰς ἀπολογίαν τὰς δαπάνας ἃς ἐκ τῆς προικὸς ὑπὲρ ἑαυτοῦ κατεβάλετο εἰς περιστάσεις περιπεσόντος, ζώσης τῆς αὐτοῦ γυναικός. Ὅτι δέ φησιν εὐπορῶν ἐστι καὶ οὐ πενόμενος ὁ Ζάδης, καὶ ὅτι τὰ μὲν ἰδιόκτητα τούτου ἀνίκητα, εὖ ἔχουσιν ἐργασίας ὡς πᾶσαν ἐπιμέλειαν ἐνδεικνυμένου ἐπ' αὐτοῖς· τὰ δὲ ἀπὸ τῆς προικὸς κεχερσωμένα τυγχάνουσι καὶ ἀτημέλητα πάντα, τοῦτον γνώριμον ἐστὶν ἅπασι. Ταῦτα ἀφηγησαμένη ἡ διακληρθεῖσα γυνὴ, ἐζήτει παρ' ἡμῶν μαθεῖν εἰ εὐλόγως ὁ Ζάδης τὰς ὑπὲρ ἑαυτοῦ γενομένας ἀπὸ τῆς προικὸς δαπάνας προσάγεται, μήτε τῆς γυναικὸς αὐτοῦ ἐν τῷ ἔτι ζῆν συναινεσάσης, καὶ τοῦτο γὰρ προσετίθει, μήτε τῆς τοιαύτης πενθερᾶς αὐτοῦ, καὶ εἰ ἐπάναγκες· ἔχει ἀποκαταστῆσαι αὐτῇ τὰ τῆς προικὸς ἀκίνητα, καθὰ ταῦτα παρέλαβεν.

Ἡμεῖς δὲ πρὸς ταῦτά φαμεν, ὡς πολλὴν οἱ νομοθέται φροντίδα περὶ τῆς φυλακῆς τῆς προικὸς ἐν πάσαις ταῖς περὶ αὐτῆς διατάξεσιν ἑαυτῶν ἐποιήσαντο. Ἵνα δηλαδὴ οὐχ παρὰ τοῦ ἀνδρὸς τηροῖτο τῇ γυναικὶ μνησθέντες· δὲ καὶ διαπανημάτων προβαινόντων ἀπὸ τῆς προικὸς παρὰ τοῦ ἀνδρὸς, οὐδὲ τὰ περὶ τούτων ἀλογοπράγητα εἴασαν ἀλλὰ καὶ ταῦτα, ῥηταῖς αἰτίαις ἐμπεριέλαβον· ὡς πᾶν τὸ ἐκτὸς τούτων γενόμενον δαπάνημα, τῇ προικὶ μὴ λογίζεσθαι ἐπὶ τῶν ἀναλωθέντων οὖν, ἀπὸ τῆς προικὸς παρὰ τοῦ Ζάδου εἰς ἀνάρρυσιν ἑαυτοῦ περιπεσόντος δειναῖς περιστάσεσι, δύο ταῦτα ζητῆσαι χρεών, συναίνεσιν τῆς γυναικὸς καὶ τῆς μητρὸς αὐτῆς οὐκ ἀμάρτυρον, καὶ πενίαν τοῦ Ζάδου, δι' ἣν ἀνάγκη προύκειτο δαπάνην ἐκ τῆς προικὸς γεγονέναι ὑπὲρ τῆς σωτηρίας αὐτοῦ. Ἔξεστι γὰρ γυναικὶ, κἂν ἀντεξουσία ἐστί, κἂν ὑπεξουσία, καὶ συνεστῶτος τοῦ γάμου, λαμβάνειν τὴν οἰκείαν προῖκα, καὶ καταβάλλειν αὐτὴν, εἴς τε ἄλλας αἰτίας, ὧν ῥητὸς ὁ νόμος μέμνηται καὶ εἰς τὸ προνοήσασθαι παίδων ἐξ ἑτέρου γάμου, καὶ διαπρέψαι ἢ πατέρα ἐξόριστον, ἢ ἄνδρα, ἢ ἀδελφοὺς πενομένους.

Φασὶ γὰρ τὸ β' κεφάλ. τοῦ η' τίτλ. τοῦ κη' βιβλ. ῥητῶς οὑτωσί· "Ἡ προῖξ τῇ γυναικί, καὶ συνεστῶτος τοῦ γάμου, καλῶς καταβάλλεται ἐπὶ τὸ καταβάλλειν δανειστὰς αὐτῆς, ἢ ἀγροὺς εὐπορωτέρους ἀγοράσαι ἐπὶ τῷ προνοήσασθαι παίδων ἐξ ἑτέρου γάμου, ἢ ἀδελφῶν, ἢ γονέων πενομένων, ἢ ἐπὶ τῷ ἀναρρύσασθαι τούτους ἀπὸ τῆς αἰχμαλωσίας. Τὸ αὐτὸ καὶ περὶ ὑπεξουσίας, εἰ δὲ καὶ συγγενεῖς τῆς γυναικὸς ὁ ἀνὴρ ἀναρρύσεται, ἢ παράσχῃ τῇ γυναικὶ ἐπὶ τῷ δεσμῶν ἢ λῃστῶν ἀπολύσαι συγγενῆ, καταλογίζεται, εἴτε πᾶσαν τὴν προῖκα, εἴτε μέρος ἔδωκεν „.

Ἀλλὰ δὴ καὶ τὸ ξη´ κεφάλ. τοῦ α´ τίτλ. τοῦ κθ´ βιβλ. ταῦτα διεξιόν· " Τῇ μὲν ἀπολλούσῃ γαμετῇ δύναται ἢ προῖξ ἐκ τούτων καταβάλλεσθαι τῶν αἰτιῶν, οἷον ἵνα ἑαυτὴν καὶ τοὺς ἰδίους θρέψῃ, ἵνα ἀγρὸν ἐπιτήδειον ἀγοράσῃ, ἵνα τὸν ἐξόριστον πατέρα θρέψῃ, ἢ τὸν ἄνδρα, ἢ τοὺς ἀδελφοὺς πενομένους „. Εἰ μὲν οὖν ὡς πενόμενος καὶ ἀπόρως ἔχων ὁ Ζάδας, ὑπὲρ ἀναρρύσεως καὶ σωτηρίας αὐτοῦ ἢ τροφῆς, ἐκ τῆς προικὸς μέρος ἱκανὸν ἢ ἐλάχιστον δεδαπάνηκεν, συνκινούσης δηλαδὴ καὶ τῆς αὐτοῦ γυναικὸς καὶ τῆς πενθερᾶς, οὐχ ἑλκυσθήσεται εἰς τὴν τοῦ καταβληθέντος ἀνάδοσιν· ἀλλὰ μένει τοῦτο τὸ μέρος ἀκαταζήτητον. [f. 102] Καλῶς γὰρ καὶ γυνὴ πεποίηκεν συναινέσασα, καὶ αὐτὸς ὡς ἀπορῶν καὶ πενόμενος ὑπὲρ ἑαυτοῦ περιστατουμένου καταβαλλόμενος. Εἰ δ᾿ οὔτ᾿ ἐκείνη συνήνεσε, καὶ ὁ Ζάδας τῶν εὐπόρων ἐστίν, οὐκ εὐλόγως, οὐδὲ κατὰ τὴν νομικὴν παρατήρησιν, οὗτος σπεύδει κολοβῶσαι τὴν ἀνάδοσιν τῆς προικός· τὸ συμπεφωνημένον δὲ πόσον ἐκ ταύτης παρακατασχὼν εἰς κέρδος· οἰκεῖον τὸ λοιπὸν ὀφείλει ἀντιστρέψαι πρὸς τοὺς κληρονόμους τῆς γυναικὸς ἐν τῷ ἐπανασώσασθαι τῇ παρ᾿ αὐτοῦ ὀφειλομένῃ ἀπὸ τῆς προικὸς ποσότητι, τὸ ἐκεῖθεν ὑπὲρ ἑαυτοῦ περιστατουμένου καταβληθὲν ὥσπερ ἂν εἰ δάνειον πόθεν λαβὼν καὶ οἰκεῖον λειτούργημα τούτῳ χρησάμενος, ἀνάγκην εἶχεν ἐκ τῆς οἰκείας περιουσίας ἀναδοῦναι τοῦτο δανειστὰς, εἰ τοίνυν παρ᾿ εὐγνώμοσι δικασταῖς καὶ ἀπαραλογίστοις νομίμως τὰ περὶ τούτων πραχταϊσθήσονται, ἀποφάσει δίκαια εὐλυτωθήσονται.

Εἰ γὰρ κατὰ τὸ ιβ´ κεφ. καὶ τὸ ιδ´ τοῦ εἰρημένου η´ τίτλ. τοῦ κη´ βιβλ. εἰς τὴν ἀνάδοσιν τῆς προικὸς μέχρι εὐπορίας καταδικάζεται ὁ ἀνὴρ καὶ ὁ ἐν τῷ καιρῷ τῆς χήρου σκοπεῖται ἡ εὐπορία τοῦ ἀνδρός, εὔδηλον ὅτι καὶ ὁ Ζάδας, ἢ ὡς ἀπορῶν ἄχρι τῶν ἀναγκαίων ἑλκυθήσεται, καὶ οὕτως ἀνένοχος καὶ ἀκαταζήτητος διατηρηθήσεται· τὰ γὰρ ἀναγκαῖα οὐκ ἀπαιτοῦνται ἀπὸ τοῦ ἀνδρός, ὡς οἱ τῶν νόμων διασαφοῦσιν ἑρμηνευταί, ἢ ὡς εὐπορῶν καὶ μὴ πενόμενος, εἰς τὸ ὁλόκληρον μεθ᾿ ὑπεξαίρεσιν τοῦ συμφωνηθέντος ἐκεῖθεν κέρδους· αὐτοῦ καταδικασθήσεται· σκοπηθήσεται δὲ καὶ εἰ συνήνεσεν ἡ γυνή, καὶ εἰ ἐννόμως συνήνεσε, καὶ οὐ κατὰ ἀπάτην ἢ ἀκούσιον γνώμην. Καὶ τῶν γυναικῶν γὰρ ὡς ἁπαλωτέρων καὶ εὐεξαπατήτων ὁ νόμος πρόνοιαν ἐποιήσατο, καὶ προνόμια ταύταις εἰς βοήθειαν δέδωκε. Οἷς δὴ συναριθμοῦνται καὶ τὸ μὴ κατέχεσθαι τὴν γυναῖκα ἐκ τῶν τοῦ ἀνδρὸς συναλλαγμάτων, τὸ μὴ συναινεῖν ἐπιπαραγραφῇ καὶ μειώσει τῆς προικὸς ἑαυτῆς ἀδιαστίκτως, καὶ τὸ μὴ συνυπάγεσθαι τῇ τοῦ ἀνδρὸς δημεύσει τὰ ταύτης πράγματα κατὰ τὸν κείμενον νόμον, ἐν ιε´ βιβλ. τίτλ. δ´ κεφαλ. α´ | καὶ β´ καὶ γ´, ἐν οἷς φησίν· " Ὅτι οὐ κατέχεται ἡ γυνὴ ἐκ τῶν τοῦ ἀνδρὸς συναλλαγμάτων, κἂν ἐγγυήσεται αὐτὸν, ὡς ἐκ τοῦ βελιανείου δόγματος βοηθουμένη· καὶ οὐδὲ δερμευομένου τοῦ ἀνδρός, συνυπάγονται τῇ δημεύσει τὰ πράγματα τῆς γυναικὸς, οὐδὲ τὰ ἐξώπροικα ὑπόκεινται ταῖς τοῦ ἀνδρὸς λειτουργίαις „. Ἀλλὰ δὴ καὶ ἐν βιβλ. κγ´ τίτλ. β´ κεφαλ. γ´, οὕτω θεσπίζοντι· " Εἴ τις γυνὴ ἢ ἐν δανειακῷ γραμματίῳ συνκινέσει τῷ οἰκείῳ ἀνδρὶ ἢ ὑπογράψει καὶ τὴν οἰκείαν περιουσίαν, ἢ ἑαυτὴν ἔνοχον ποιήσει, κελεύομεν μηδὲν τοιοῦτον ἰσχύειν ἢ κρατεῖν, εἴτε ἅπαξ, εἴτε πολλάκις τοιοῦτό τι ὑπὲρ τοῦ αὐτοῦ πράγματος γένηται, εἴτε ἰδιωτικόν, εἴτε δημόσιον εἴη τὸ ὄρλημα, ἀλλ' οὕτως εἶναι, ὡσὰν εἰ μηδὲ γεγραμμένον ἦν, εἰ μὴ φανερῶς ἀποδειχθῇ, ὅτι τὰ χρήματα εἰς ἰδίας αὐτῆς τῆς γυναικὸς χρείας ἐδαπανήθη „.

Ἔστιν οὖν ἐντεῦθεν καταλαβεῖν, ὡς ἐκεῖ συναινεῖν δύναται ἡ γυνὴ περὶ τῆς προικὸς αὐτῆς, ἔνθα ὁ νόμος ταύτῃ ἐφίησιν. Εἰ γὰρ μηδέν τι τοιοῦτον αἴτιον ἀφ' ὧν ἀπαριθμεῖται ὁ νόμος πρόκειται, πάντῃ καὶ πάντως ἄκυρος ἡ σύναισις, ἄλλως γὰρ δαπανᾶσθαι τὴν προῖκα οὐκ ἔξεστιν, ἐπεί τοι γε εἴ τις ἀκριβέστερον τὰ περὶ τοῦ τοιούτου θέματος ἐξετάζειν θελήσειε, καὶ συνισταμένων ἔτι τῶν γάμων, ἐὰν ἄπορον ὁρᾷ τὸν ἄνδρα, ἡ γυνὴ δύναται ὑπὲρ προικὸς καὶ προγαμιαίας δωρεᾶς καὶ ἐξωπροίκων διακρατῆσαι τὴν αὐτοῦ οὐσίαν ὡς ἀπὸ ὑποθήκης, καθὰ περὶ τούτου τὸ ριγ' κεφάλ. τοῦ α' τίτλ. [τοῦ] κθ' βιβλ. διέξεισιν· ἀλλὰ ταῦτα μὲν περὶ τούτου.

Περὶ δὲ τῆς φυλακῆς τῶν προικιμαίων πραγμάτων καὶ ὅτι ἐπιμέλειαν χρεωστεῖ περὶ ταῦτα ὁ ἀνήρ, φησὶν τὸ ιε' κεφ. τοῦ ι' τίτλ. τοῦ κη' βιβλ. ταῦτα αὐτολεξεί· " Τότε τὰ ἀναγκαῖα μειοῦσι τὴν προῖκα, ὅταν ἔξωθεν τῆς ἀναγκαίας φυλακῆς τῆς προικὸς εἰς αὐτὴν δαπανηθῇ· φυλάττειν γὰρ ὁ ἀνὴρ ὀφείλει τὴν προῖκα δαπανήμασιν ἰδίοις· ὥσπερ καὶ τρέφειν τοὺς προικιμαίους δούλους, καὶ μέτρια δαπανᾶν εἰς ἀνανέωσιν καὶ ἐπιμέλειαν τῶν ἀγρῶν. Ὡσαύτως δὲ καὶ τὸ ιγ' κεφ. τοῦ α' τίτλ. τοῦ κθ' βιβλ. ἐπὶ [f. 103] τοῖς προικιμαίοις πράγμασι " χρεωστεῖ ὁ ἀνὴρ δόλον καὶ ῥᾳθυμίαν καὶ ἐπιμέλειαν ἔχειν οἵαν ἐν τοῖς ἰδίοις πράγμασιν „. Ἀλλ' οἱ μὲν φιλευσεβεῖς νόμοι ταῦτα ἡμεῖς δὲ πρὸς τὰ ἀρηγηθέντα, τούτοις ἐξακόλουθον τὴν ἀπόκρισιν πεποιήκαμεν.

ΜΗ'.

Ὅτι καλῶς κληρονομεῖ ὁ πατὴρ τὴν μητρῴαν ὕπαρξιν τῆς ἰδίας γονῆς, εἰ συνεισενέγκαι ἐν τῇ ἀρχῇ τοῦ γάμου προγαμιαίαν δωρεάν, καὶ μὴ ἄπορος ἦν, καὶ παρὰ παντὸς προσώπου καλουμένου ἐξ ἀδιαθέτου εἰς κληρονομίαν καὶ ὅπως καλεῖται.

Quod bene haereditet pater materna bona propriae sobolis, si nuptiarum initio intulerit donationem ante nuptias et non indigus erat, et de omni persona ab intestato ad haereditatem vocata et quomodo vocetur.

Παρέστη τὴν σήμερον τῇ ἡμῶν μετριότητι προκαθημένῃ συνοδικῶς ὁ ἀπὸ Βερροίας ὁρμώμενος Νικηφόρος ὁ Κουνάλης, καὶ τὰ δοκοῦντα αὐτῷ ἄπορα εἰς μέσον προτέθεικε, καὶ λύσιν τούτων λαβεῖν, μετὰ θερμῆς ᾐτήσατο παρακλήσεως, παρὰ τῆς ἡμῶν μετριότητος, τοῖς νόμοις καὶ τῷ δικαίῳ ἀκόλουθον· εἶχον δὲ οὑτωσὶ τὰ τῆς αὐτοῦ ἀφηγήσεως.

Κατὰ ... στέραν, φησί, γάμου συναρμογὴν συνήρθη νομίμως Ἑλένῃ τῇ γνησίᾳ θυγατρὶ τοῦ ἀποιχομένου Ϟερροιαίου ἄρχοντος Γεωργίου τοῦ Πακουριάνου, πρὸ τοῦ τὸ κάστρον δηλαδὴ τὴν Βέρροιαν ὑποταγῆναι τῇ Βουλγαρικῇ ἐξουσίᾳ. Συνεισήνεγκε δὲ καὶ αὐτὸς τῷ τοιούτῳ συναλλάγματι πράγματα, ἤγουν προγαμιαίαν δωρεὰν ὅσην τὰ μέσον αὐτῶν προβάντα δηλοῦσι συμβόλαια· τῇ προικὶ δὲ τῆς συναρθείσης αὐτῷ Ἑλένης συμπεριλαμβάνοντο καὶ οἰκήματα ἐκ γονικοῦ κλήρου αὐτῇ διαφέροντα καὶ ναὸς δὲ εἰς ὄνομα τῆς ὑπεράγνου δεσποίνης ἡμῶν Θεοτόκου τῆς Ἐλεούσης τιμώμενος, οὕτω δὲ αὐτοῖς συνοικήκασι γέγονε καὶ παιδίον ἄρμὲν ὁ Συμεών, ἤγουν Ἑλένη μετὰ δύο ἔτη τοῦ Συμεὼν γεννήσεως ἀποθνήσκουσα, διάταγμα ἐπιτελεύτιον ἔθετο, ἐν ᾧ κινητῶν μὲν πραγμάτων αὐτῆς οὐδαμῶς ἐμνημόνευσε διὰ τὸ φθάσαι ταῦτά τε καὶ ὅσα ὁ Κουνάλης ὑπὲρ προγαμιαίας, ὡς εἴρηται, συνεισήνεγκε δωρεᾶς, πολλὰ καὶ τίμια ὄντα, δαπανηθῆναι ἐν τῇ τούτων ἀπαγωγῇ, ἣν ἐπὶ τῆς τῶν Βουλγάρων ἐξουσίας ὑπέστησαν, δυστυχῶς ἀποικισθέντες εἰς τοὺς παρὰ τὸν ποταμὸν | τὸν Δανούβιον τέρμονας· ἀπὸ τῶν διαφερόντων δὲ αὐτῇ ἀκινήτων, ἃ μὲν τῷ εἰρημένῳ ναῷ ἀφιέρωσεν, εἴς τε λυχνοκαΐαν αὐτοῦ καὶ οἰκονομίαν, τοῦ μέλλοντος προσανέχειν τούτῳ ἱερουργοῦ· ἃ δὲ ἀφώρισεν εἰς λεγάτον τῇ αὐταδέλφῃ αὐτῆς τῇ Σκουταριωτίσσῃ. Ἔστι δὲ ἃ καὶ εἰς δαπάνας τῶν μνημοσύνων αὐτῆς ἀπεμέρισε, τὸν δέ γε Συμεὼν κληρονόμον κατέστησε ἔνστατον τῶν λοιπῶν πραγμάτων αὐτῆς, ἃ δὴ κατ' εἶδος περιέχει τὸ τοιοῦτον διάταγμα· ἐπίτροπον δὲ καὶ ἐπιμελητὴν αὐτοῦ τε τοῦ παιδὸς καὶ τῶν παρ' αὐτῆς διατεταγμένων τὸν εἰρημένον Κουνάλην καὶ ἕτερον τὸ δόξαν ἐκείνῃ πρόσωπον, ἐνεστήσατο, ἐπὶ τούτοις· Συμεὼν ὁ παῖς ἐπιβιοὺς θανούσῃ τῇ μητρί, χρόνον οὐχὶ συχνόν, εἶτα καὶ αὐτὸς τῷ χρεὼν ἐλειτούργησεν· ὁ δυστυχὴς δὲ οὗτος πατὴρ αὐτοῦ ὁ Κουνάλης τὴν ἐκείνου διαφερόντως κληρονομίαν ἐπεισῆλθε κατὰ τὴν νομικὴν παρατήρησιν. Τοῦ κάστρου δὲ Βερροίας ὀργῇ θεηλάτῳ καταστραφέντος, σεισμῶν σφοδροτάτων κοσκινηδὸν ἐπιβρισάντων αὐτῷ καταπέπτωκε, καὶ εἰς γοῦν ἐλεπτύνθη καὶ τὸ εἰρημένον τῆς Θεομήτορος τέμενος. Ὁ δὲ οὗτος ἐσέπειτα σὺν πόνῳ πολλῷ καὶ ἀναλώμασι τοῖς ἐκ τῶν ὑστερημάτων αὐτοῦ, ἐκ θεμελίων ἀνεγείρας αὐτόν, ἱερομόναχον αὐτῷ ἐγκατέστησεν ὥστε προσανέχειν τούτῳ διηνεκῶς, καὶ τὴν θείαν ὑμνῳδίαν καὶ πᾶσαν ἱερουργίαν ἐκτελεῖν· ἐπισκόπῳ τοῦ ἀποτελεσθῆναι τοῦτον ταῖς κατὰ μικρὸν προόδοις, ἀνδρῶν μοναχῶν εἰς μνημόσυνον τῆς τε συζύγου αὐτοῦ καὶ τῶν γονέων αὐτῆς καὶ τοῦ παιδός· Συμεὼν ἀπὸ τῆς μητρὸς αὐτοῦ διαθήκη· ἁρμόσαντα πράγματα, ὡς διείληπται, ἵν' ἐκεῖθεν, ἥ τε οἰκονομία τοῦ ναοῦ γίνηται, καὶ ὁ ἀπαρτισμὸς τῆς τούτου ὡς ἱεροῦ φροντιστηρίου συστάσεως· νῦν οὖν ἡ ἀνακπεφωνημένη γυναικαδέλφη αὐτοῦ ἡ Σκουταριώτισσα, τὴν πρᾶξιν ταύτην αὐτοῦ ἐμποδοστατοῦσα, τῆς χρήσεως μὲν τῶν τῷ παιδὶ αὐτῷ μητρόθεν διαφερόντων, παραχωρεῖ τῷ Κουνάλῃ μέχρι περίεστι. Τὴν δεσποτείαν δὲ τούτων ἑαυτῇ ἀποταμιεύει, ὡς οἰομένη διαφέρον εἰς τὴν τούτων ἔχειν κληρονομίαν. [f. 104] Ταῦτα ὁ Κουνάλης προθέμενος, ὡς ἀνατέτακται, μαθεῖν ἐζήτει εἰ εὐλόγως· ἡ γυναικαδέλφη αὐτοῦ τὰ περὶ τῆς χρήσεως καὶ τῆς δεσποτείας προΐσχεται, καὶ ἁρμόζει ταύτῃ κληρονομίας· δίκαιον, τοῦ Κουνάλου παρὰ τοῦ νόμου εἰς τὴν κληρονομίαν τῆς ἰδίας καλουμένου γονῆς.

Ἡ μετριότης δὲ ἡμῶν, τὴν τούτου δεξαμένη παράκλησιν καὶ τὰ τοῦ πράγματος διασκεψαμένη, μετά γε τῶν συνεδριαζόντων αὐτῇ ἱερωτάτων ἐπισκόπων, ἐν Κυρίῳ ἀγαπητῶν ἡμῖν ἀδελφῶν | συλλειτουργῶν, ἐπελθοῦσα δὲ καὶ τὰ π...ρὰ τοῦ Κουνάλου προκομιζόμενα ἔγγραφα, τό τε γαμήλιον συμβόλαιον, ὃ πρὸς αὐτὸν ἐξ ἀμοιβῆς ἡ μνημονευθεῖσα Ἑλένη ἔθετο, καὶ τὸ ἐπιτελεύτιον (l. ἐπιτελεύτιον) ἐκείνης διάταγμα, καὶ σύμφωνον τούτοις τὴν ἀναφορὰν τοῦ Κουνάλου εὑροῦσα, τοιάνδε πρὸς τὰ ἀνηνεγμένα τὴν ἀπόκρισιν ἔθετο.

Ὡς ἐπειδὴ ὁ Κουνάλης, πατὴρ νόμιμος ἐστὶ τοῦ Συμεών, εἰσήνεγκε δὲ καὶ προγαμιαίαν δωρεὰν πλείστην ὅσην οὖσαν καὶ τιμίαν, ὡς τὰ προβάντα μέσην αὐτῶν γαμικὰ παριστῶσι συμβόλαια, ἥτις δὴ καὶ ἐδαπανήθη ἐν τῇ τούτων ἀπαγωγῇ, ὡς μαρτυρεῖ τὸ τῆς Ἑλένης διάταγμα, καλῶς κληρονομεῖν τὴν ἰδίαν γονήν, δηλονότι τὸν Συμεών, καὶ οὐκ ἔσται ὃς ἂν μέμψαιτο τούτῳ, ὡς παρὰ τὴν νομικὴν ποιοῦντι ἀκρίβειαν· οὔτε γὰρ ὡς ἄπορον καὶ μὴ ἐπιδιδόντα τὴν διὰ γάμου δωρεάν, λαβεῖν τι ἐκ τῆς οὐσίας τῆς γυναικὸς ἢ τοῦ νόμου κωλύσει τοῦτο ἐμβρίθεια. Εἴ γε τυχὸν αἱρήσειν αὐτὸν τινὲς ἐντεῦθεν νομίσουσιν, ὡς δηλουμένης τῆς τοιαύτης δωρεᾶς ἐν τοῖς γαμηλίοις ἀριδηλότατα, οὔτε μὴν ἴσως τὸ μὴ γενέσθαι ἐνδεντα, τουτέστιν ἀπογραφὴν, πρὸς τοῦ τὴν κληρονομίαν τοῦ Κουνάλου ὑπεισελθεῖν, ἀντιτεθήσονται τούτῳ πρὸς παραγκωνισμόν, τοῦ διατάγματος γὰρ τῆς συζύγου αὐτοῦ καταλεπτὸν τὴν ἐκείνης περιουσίαν δηλούσης, χρεία τούτῳ οὐδεμία, οὔτε ἀπογραφῆς, οὔτε μὴν διασκέψεως, ὡς ὀρθῇ ὁδῷ καὶ ἐλπίδι φανερωτάτῃ δεξαμένῳ τὴν κληρονομίαν καθὰ δὴ τὸ τοῦ νόμου θέσπισμα βούλεται, ὥσπερ τοίνυν ἀναγκάζει τὸν πατέρα ὁ νόμος τρέφειν τὸν παῖδα πενόμενον, καὶ μὴ δυνάμενον κάμνειν, καὶ μὴ μόνον τρέφειν, ἀλλὰ καὶ ἱ τὰ λοιπὰ βάρη αὐτῷ χορηγεῖν, ἐσθῆτα δηλονότι καὶ οἴκησιν, ὡς ἐν τῷ ς΄ τίτλ. τοῦ λα΄ βιβλ. τοῦτο παρίστησιν. Οὕτως ἀνάλογον θεσπίζει καὶ κληρονομεῖν αὐτὸν ἐξ ἀδιαθέτου ἐπὶ εὐπορίᾳ τὸν βίον ἐκλείποντα, ἵνα μὴ μάταιον ἐν ἀμφοῖν εὑρίσκηται τούτῳ τὸ τῆς πατρότητος ὄνομα, μήτε δηλαδὴ εὐσπλαγχνίᾳ χρωμένῳ πρὸς δυσπραγοῦντα υἱὸν, μήτε μὴν τεκμήριον γονικῆς γνησιότητος καὶ ἀνατροφῆς καὶ ἀναγωγῆς, ἔτι γε μὴν καὶ παραμυθίαν τῆς τοῦ θανάτου ξυμφορᾶς, τὴν τοῦ ἐκλελοιπότος υἱοῦ κληρονομίαν ἀπέχοντι κληρονομῶν τοίνυν εὐλόγως καὶ κατὰ νόμους ὁ Κουνάλης τῶν τῷ ἰδίῳ διαφερόντων υἱῷ, ἄδειαν ἔχει διαθέσθαι ταῦτα καθῶς ἄρα καὶ βούλεται, ὡς δεσποτείαν ἐν αὐτοῖς κληρωσάμενος. Ὅτι γοῦν εὐσεβεῖ τρόπῳ ταῦτα διώκησεν, ὡς ἀνήνεγκε, προσαχριερώσας κατὰ τῷ ἄνωθεν εἰρημένῳ τῆς Θεοτόκου ναῷ κατὰ τὴν γεγονυῖαν παρ' αὐτοῦ ἔγγραφον ὑποτύπωσιν, ἥτις καὶ αὐτὴ ἐπεγνώσθη τῇ ἡμῶν μετριότητι, ἀσφαλῶς καὶ ἐπὶ μέρος ἀξιοπίστων γεγενημένη· καὶ ἀκόλουθος· οὐσα τῷ σκοπῷ τῆς πότε συζύγου αὐτοῦ τῆς εἰρημένης Ἑλένης, οὐδεμίαν παρ' οὐδενὸς οὐδέποτε οὐδαμοῦ μέμψιν, ἢ εὔθυνον ὑφέξει ἢ ὑπὲρ τούτων ὑποστιοῦν

ἐναχθήσεται. Πάσῃ γὰρ ἀγωγῇ θύρα ἐπιζυγοῦται τῇ τούτου ἴσως διάξοντι, ἄξια δὲ ἐπαίνου καὶ ἀνεπίληπτα, ὅτε κόπος αὐτοῦ, ὃν ὑπὲρ ἀνεγέρσεως τοῦ καταπεπτωκότος Θεομήτορος τεμένους, ἐπιεικῶς κατεβάλετο, καὶ ἡ τῶν πραγμάτων διοίκησις, ὡς ἀποκληρωθεῖσα παρ' αὐτοῦ τῷ Θεῷ. Ὅθεν καὶ ἕξει τὸ ἐνεργὸν, ἡ παρ' αὐτοῦ γενομένη, ὡς διείληπται, ὑποτύπωσις, ἐπισκόπῳ τοῦ ἀποκατασταθῆναι εἰς μονὴν τὸν διαληφθέντα ναὸν καὶ ὑπ' αὐτὸν τελεῖν τὰ ὁσιωθέντα τούτῳ ἀκίνητα· ὅπως δὲ κληρονομοῦσιν οἱ γονεῖς τῶν οἰκείων παίδων, καὶ ποίαν τάξιν εἰς τὴν ἐξ ἀδιαθέτου κληρονομίαν εἰλήχασιν οἱ ἀνιόντες καὶ οἱ κατιόντες καὶ οἱ ἐκ πλαγίου, ἐν οἷς εἰσὶ καὶ οἱ πρὸς πατρὸς ἢ πρὸς μητρὸς θεῖοι καὶ αἱ θεῖαι τοῦ τελευτήσαντος, σαφῶς ἔστι μανθάνειν τὸν ἐντρανίζοντα καθαρῶς· τῷ τῶν νόμων ἐδάφει κἀκεῖθεν ἀκριβῶς ἀναλεγομένῳ τὴν τοῦ δικαίου ἰσότητα· φησὶ γὰρ [f. 105] βιβλ. τῶν βασιλικῶν με΄, ἐν μὲν τίτλ. κ΄ κεφ. ζ΄ ταῦτα ῥητῶς·

" Τῷ λόγῳ τοῦ οἴκτου κληρονομοῦσιν οἱ γονεῖς τῶν παίδων, οἱ δὲ παῖδες τῶν γονέων καὶ τῷ φυσικῷ λόγῳ καὶ τῇ εὐχῇ τῶν γονέων „.

Ἐν δὲ β΄ τίτλ. κεφαλ. λς΄ ταῦτα· " Πρώτη τῶν ἐξ ἀδιαθέτου κλῆσις ἐστιν ἡ τῶν κατιόντων· δευτέρα ἡ τῶν ἀνιόντων, τρίτη ἡ τῶν ἐκ πλαγίου, τετάρτη ἡ τοῦ ἀνδρὸς καὶ τῆς γυναικὸς, εἴ τε μὴ ἔστι διαθήκη, ἢ ἔστι μὲν οὐκ ἠτύθη δὲ ἐξ αὐτῆς, ἡ (cod. ἢ) καὶ κατ' αὐτῆς διακατοχή „.

Ἐν δὲ γ΄ τίτλ. ταῦτα· " Εἰ τοίνυν ὁ τελευτήσας κατιόντας μὲν μὴ καταλείπει κληρονόμους, πατὴρ δὲ ἢ μήτηρ ἢ ἄλλοι γονεῖς αὐτοῦ ἐπιζήσουσι, πάντων τῶν ἐκ πλαγίου συγγενῶν τούτους προτιμᾶσθαι θεσπίζομεν, ἐξῃρημένων μόνον ἀδελφῶν καὶ ἀδελφοπαίδων ἐξ ἑκατέρων γονεῖς συναπτομένων τῷ τελευτήσαντι „. Καὶ μεθ' ἕτερα· " Εἰ τοίνυν ὁ τελευτήσας μηδὲ κατιόντας, μηδὲ ἀνιόντας καταλείψῃ, πρῶτος πρὸς τὴν κληρονομίαν καλοῦμεν τοὺς ἀδελφοὺς καὶ τὰς ἀδελφὰς, τοὺς ἐκ τῶν αὐτοῦ πατρὸς καὶ τῆς αὐτῆς μητρὸς τεχθέντας. Ὁμοίως δὲ καὶ τοὺς ἀδελφόπαιδας, οὓς καὶ μετὰ τῶν πατέρων κληρονομίαν ἐκαλέσαμεν. Τούτων δὲ μὴ ὑπόντων, ἐν δευτέρᾳ τάξει ἐκείνους τοὺς ἀδελφοὺς πρὸς τὴν κληρονομίαν καλοῦμεν, εἴ τινες ἐξ ἑνὸς γονέως συνάπτονται τῷ τελευτήσαντι, εἴτε διὰ πατρὸς μόνου, εἴτε διὰ μητρὸς, καὶ εἴ γε τῷ τελευτήσαντι ἀδελφῷ ὑπείεσαν καὶ ἑτέρου ἀδελφοῦ ἢ ἀδελφῆς προτελευτησάντων παῖδες, κληθήσονται πρὸς τὴν κληρονομίαν, οὗτοι μετὰ τῶν πρὸς πατρὸς καὶ πρὸς μητρὸς θείων ἀρρένων τε καὶ θηλειῶν, καὶ ὅσοι δήποτε ἂν ὦσι, τοσοῦτον ἐκ τῆς κλήσεως λήψονται μέρος ὅσον ὁ αὐτῶν γονεὺς ἔμελλε διαλαμβάνειν, εἰ ἔζησεν..

Οὕτω τοῦ νόμου τάξιν ἑκάστῳ τιθέντος τὴν κλῆσιν τῆς ἐξ ἀδιαθέτου κληρονομίας, οὐδ' ὅλως οὔτε νῦν, οὔτε μετέπειτα ἡ Σκουταριώτισσα τὴν ἁρμόζουσαν ὡς πατρὶ τοῦ Κουνάλου κληρονομίαν εἰς ἑαυτὴν μεθελκύσειε· διείργεται γὰρ τοῖς ὁρίσμασιν, ὧν ἐντὸς αὐτὴν ὁ νόμος κατησφαλίσατο. καὶ ὅτι οὐδ' ἀμνημόνευτον αὐτὴν εἴασεν ἡ αὐταδέλφη αὐτῆς ἐν τῇ ἑαυτῆς διατάγματι, ὡς διείληπται. Εἰ δὲ καὶ τὸ ἀποστολικὸν θεῖον παράγγελμα μεταλαβεῖν χρεὼν εἰς ταύτην τὴν ἔννοιαν, διὰ τὴν | αὐτὴν ὠφέλειαν, καλῶς καὶ παρὰ τούτου συνετισθήσεται πρὸς κατανόησιν τοῦ καθήκοντος ἡ τοιαύτη Σκουτριώτισσα ἀδελφὴ (cod. ἀδελφοί), ἀκούουσα λέγοντος, ἕκαστος ἐν ᾗ ἐκλήθη τάξει, ἐν ταύτῃ μενέτω. Πατρὸς οὖν ἐν δευτέρᾳ τάξει ἐνταῦθα πρὸς τὴν κληρονομίαν καλουμένου, ἡ πρὸς μητρὸς θεία τοῦ τελευτήσαντος Συμεὼν ἐν τῇ τετάρτῃ τάξει μενέτω, ἐν ᾗ ταύτῃ τὸ νομικὸν ἐθεμελίωσε θέσπισμα· ἣν καὶ οὐχ ὑπερβήσεται, πάντα γοῦν αἱ ὑπερβασίαι σφαλεραὶ καὶ ἐπιβλαβεῖς καὶ νόμων αὐστηρίαις ὑπεύθυνοι.

ΜΘ'.

Περὶ θεωρέτρου καὶ ἀρραβώνων καὶ λοιπῶν τῶν πρὸ γάμου δωρεῶν, καὶ λεγάτων, καὶ φιλοτιμιῶν καὶ περὶ μερισμοῦ ἑτεροθαλῶν ἀδελφῶν.

De dono ante nuptias, et arrha et de reliquis donis ante nuptias, et de legatis et de largitionibus reservatis, et de partitione fratrum alterius parentis.

Εἰκὸς μὲν ἦν τὴν ἡμῶν μετριότητα μηδαμῶς τὰς ἀκοὰς ὑποσχεῖν τῷ ἀπὸ τῆς περιπύστου Νησιωτίδος πόλεως ὁρμωμένῳ Ἰωάννῃ τῷ Κρατερῷ ἅτε κατὰ μίαν μοῖραν ἡμῖν προσιόντι, καὶ αἰτουμένῳ ἀπόκρισιν ἐφ' οἷς δίκην λαγχάνει τισὶν, οὓς οἴεται ἀδίκως δράττεσθαι τῶν ἀνηκόντων αὐτῷ, ἵνα δηλαδὴ μὴ τοῖς ψεγομένοις ἐρημοδικίαις, τὰς ἡμετέρας ψήφους εὑρεθῶμεν παρεγγινόντες, καὶ κατὰ τοῦτο τῆς ἑλληνίδος γνώμης ἐκείνας ἡττώμενοι, ἣν ὁ τῆς ἱστορίας λόγος, Ἀλεξάνδρῳ ἐφαρμόττει λέγων ὡς [in marg. ἕως] οὐ λείπει) παρεῖχεν ἐκείνῳ ἀνέτους τὰς δύο ἀκοὰς τοῖς κατηγοροῦσιν, ἀλλ' ἀκεστραίαν τῷ ἀπολογησομένῳ, τὴν ἑτέραν ἐφύλαττεν, ὅτι δὲ κατεδυσώπησεν ἡμᾶς ἡ δολιχὴ καὶ ἀργαλέα ὁδὸς, ἣν οὗτος ἕως εἰς ἡμᾶς ἀνύσαι προέθετο· πολλὰ γὰρ τὰ μεταξὺ κατὰ τὸν εἰπόντα, οὔρεά τε καὶ σκιόεντα καὶ θάλασσά τε ἠχήεσσα, ἅμα δὲ καὶ ὡς οὐ ψηφηφορήσομεν ἀπὸ δίκης δοκιμασθείσης, ἀλλ' ἐξ ἐρωτήσεως· προτεθείσης καὶ ἀπόκρισιν προκαλουμένης, ἐξηρτημένην τῆς ἀμφιβόλου σημασίας, καθ' ἣν ὡς τὰ πολλὰ καὶ νόμοι καὶ κανόνες τὰς ἀποφάσεις ἐξάγειν εἰώθασιν, ἐάν τις λόγου χάριν θεσπίζοντες· τὸ καὶ τὸ, δράσῃ ὀφείλει ταύτας ἢ ἐκείνας· ὑποσχεῖν τὰς εὐθύνας, τούτου ἕνεκα προσηκάμεθα τὸν Κρατερὸν καὶ τῶν παρ' αὐτοῦ προτεινομένων ἠκροασάμεθα καὶ ἀπόκρισιν πρὸς ταῦτα τούτῳ ἀποδεδώκαμεν, τοῖς νόμοις καὶ τῷ δικαίῳ συνῴδουσαν. [f. 106]

Ἰτέον λοιπὸν ἡμῖν μὲν πρὸς αὐτήν τε τοῦ Κρατεροῦ ἀφήγησιν, καὶ τὴν ἀκόλουθον ταύτῃ ἡμετέραν ἀπόκρισιν· Ὁ ἀποιχόμενος, φησίν, Νικηφόρος· ᾧ τὸ ἐπώνυμον Κρατερός, κατὰ πρώτην γάμου συναρμογὴν γυναικὶ ὁμιλήσας, ἔσχεν υἱὸν ἐκ ταύτης, τὸν Κωνσταντῖνον, καὶ μετὰ θάνατον δὲ ἐκείνης, δευτέραν γαμετὴν ἀγόμενος, τοῦτον τὸν Ἰωάννην ὑπ' ἐκείνης ἐγείνατο· ἐν τῷ πρὸς αὐτὴν δὲ γεγονότι γαμικῷ συμβολαίῳ αὐτοῦ, τελευτᾷ τὸν βίον ὁ Νικηφόρος, μηδαμῶς διαθήκας ἐκθέμενος, καὶ ἡ οὐσία ἐκείνου πρὸς ἀμφοτέρους τούτους ὡς κατὰ νόμους αὐτοῦ κληρονόμους· τὸ ἀπ' ἐκείνου ὁρᾷ· ἀλλ' ὅσα μὲν κινητὰ ταύτης καὶ ἑτεροκίνητα ἐπίσης· αὐτίκα τούτοις διεμερίσθησαν. Τὰ ἀκίνητα δὲ κοινῶς καὶ ἀμερίστως ἀμφοῖν ἐτύγχανον κατεχόμενα τε καὶ εἰσδιαζόμενα [marg. ἴσως ἰδιαζόμενα]. Τοῦ Κωνσταντίνου δὲ τὸ χρεὼν λειτουργήσαντος, ἐκείνου ἢ πρὸς πατρὸς μάμμη λόγῳ κλήσεως, εἴτε ἐξ ἀδιαθέτου, εἴτε ὡς ἀπὸ διαδοχῆς, λέγεται γὰρ, φησίν, ὡς ἐκτέθειται παρ' ἐκείνου ἐπιτελεύτιον βούλημα, διάδοχος ἐκείνου ἐπὶ τῇ ἀναλογούσῃ αὐτῷ κατοχῇ, τὴν ἀκινήτων γεγένηται. Ζητῶν οὖν ὁ Ἰωάννης ἀποδιακριθῆναι τῆς ἀκινήτου οὐσίας τοῦ Κρατεροῦ τὴν ἀποκληρωθεῖσαν χάριν θεωρήτρου μερίδα τῇ τούτου μητρί, ὡσεὶ φληνάρους ἢ λήρους προσφέρων δοκεῖ τοῖς ἀντικειμένοις αὐτῷ. Ταῦτα ὁ Ἰωάννης εἰπών, ἐζήτει μαθεῖν, εἰ ἁρμόζει αὐτῷ κατὰ δεσποτείαν ἡ τοῦ θεωρήτρου τῆς μητρὸς αὐτοῦ διακατοχή, καὶ εἰ καλῶς λέγεται τὸ ἀντιθετοῦν αὐτῷ μέρος συνδιαιρεθῆναι τοῦτο ταῖς ἡμισείαις ταῖς ἀνὰ μέρος ἁρμοζούσαις αὐτῷ τε τῷ Ἰωάννῃ καὶ τῷ ἀποιχομένῳ αὐταδέλφῳ αὐτοῦ τῷ Κωνσταντίνῳ.

Ἡ μετριότης δὲ ἡμῶν, μετά γε τῶν συνεδριαζόντων αὐτῇ ἱερωτάτων ἀρχιερέων, καὶ τὰ οὕτω παρὰ τοῦ Ἰωάννου προτεθέντα διασκεψαμένη, τοιάνδε τὴν ἀπόκρισιν πρὸς ταῦτα πεποίηκε· γνωματεύσασα ὡς τὰ παρὰ τοῦ ἀνδρὸς εἰς τὴν γυναῖκα φοιτῶντα κέρδη καὶ φιλοτιμήματα οἱ καιροὶ συνιστῶσιν, οὓς οἱ νομοθέται τοῖς γαμικοῖς ἐπέστησαν συναλλάγμασιν, διὸ τὰς μὲν ἔτι συνεστῶτος τοῦ γάμου μεταξὺ ἀνδρὸς καὶ γυναικὸς γινομένας δωρεὰς ἀκύρους εἶναι παντάπασιν διωρίσαντο, τὰς δέ γε ἐν τῇ τῶν γάμων εἰσόδῳ καὶ ἐν τῇ τούτων ἐξόδῳ προβαινούσας, | καὶ πάνυ κρατύνουσι, καὶ βεβαίας μένειν θεσπίζουσιν· ἐπεὶ τοίνυν ὁ μὲν ἀρραβὼν καὶ τὸ θεώρετρον, καὶ ἄλλαι τινὲς φιλοτιμίαι ἐπιτελεύτιοι τούτου χάριν διαιτητὰς ὥσπερ τούτων, ὡς εἴπομεν, οἱ νομοθέται τοὺς καιροὺς ἐπιστήσαντες, τοῦ μὲν ἀρραβῶνος καὶ τοῦ θεωρέτρου, καὶ εἴ τις ἄλλη πρὸ γάμου φιλοτιμία ὡς ἂν ἀπλανῶν [marg. ἁπλῶν] τινῶν δωρεῶν καὶ ἀδιαστίκτων, κυρίαν εὐθὺς τούτων γίνεσθαι τὴν γυναῖκα ἐθέσπισαν, ὡς τοῦ μὲν τοῦ ἀρραβῶνος, ἅμα τῇ μνηστείᾳ· τοῦ δὲ τοῦ θεωρέτρου ἅμα τῇ τελείᾳ ἱερολογίᾳ τοῦ γάμου, τὴν πῆξιν λαβόντων βάσιμον καὶ ἐφαρμοσάντων ἀμάχως τῇ γυναικί. Τῶν δὲ ἐπιτελευτίων δωρεῶν, ὡς θανάτου αἰτίᾳ προβαινουσῶν, μετὰ θάνατον τοῦ ἀνδρὸς ἐπιλαμβάνεσθαι ταύτην θεσπίζουσι.

Τούτων δὴ οὕτως ἐχόντων, ἀκολούθως ταῖς νομικαῖς παρατηρήσεσι ψηφιζόμεθα, ὡς εἴπερ ἀληθεύει ὁ Ἰωάννης, ἁρμόζει κατὰ δεσποτείαν τῇ τούτου μητρὶ τὸ τοῖς γαμηλίοις συμβόλοις ἐμφερόμενον ἀπὸ συμφωνίας τοῦ Κρατεροῦ, χάριν θεωρήτρου αὐτῆς ἀκίνητον· ὡς μηδὲν διαλλάττον τῆς ἄλλης περιουσίας αὐτῆς, ὅθεν καὶ διακριθήσεται τοῦτο ἐκ τῶν ἀκινήτων τοῦ Κρατεροῦ Νικηφόρου κατὰ τὴν τῶν συμβολαίων περίληψιν, καὶ εἰς κληρονομίαν χωρήσει τοῦ Ἰωάννου, ὡς μέρος λογιζόμενον τῶν μητρικῶν τούτῳ ὑπάρξεων, μεθ' ὑπερκίνεσιν δὲ τούτου ἡ ἀνήκουσα τούτῳ ἡμίσεια, ἐκ τῶν τοιούτων ἀκινήτων ἀμάχως αὐτῷ προσχωρήσει, ὡς κατὰ κληρονομίαν αὐτῷ διαφέρουσα· ἐπεὶ δὲ καὶ ὑποπτεύειν εἶπεν ὁ Ἰωάννης μήποτε οἱ τούτου διάδικοι ὡς ἰσχυρὰν ἀντίθεσιν προενέγκωσιν, ἀναπλάσαντες τὸ ζητεῖν τὴν γενομένην παρὰ τοῦ πενθεροῦ τοῦ Κρατεροῦ πρὸς τὸν αὐτὸν Κρατερὸν δωρεάν, ἣν ἡ πεδινὴ λαλοῦσα γλῶσσα γαμβρίκιον ὀνομάζει, λέγοντες μὴ καταβληθῆναι αὐτήν, καὶ οὕτω τὴν τοῦ θεωρέτρου διαίρεσιν γενέσθαι κωλύοντες· καὶ ἐξῄτει μαθεῖν καὶ τὸ περὶ τούτου τῷ δικαίῳ καὶ τοῖς φιλευσεβέσι νόμοις δοκοῦν. Ἤκουσε παρὰ τῆς ἡμῶν μετριότητος, καὶ τῆς συνεδριαζούσης αὐτῇ ἀδελφότητος, ὡς πρῶτα μὲν ἡ τοιαύτη δωρεὰ ἀπαίτησις, οὐχ ἁρμόζει αὐτοῖς [f. 107] κληρονόμοις εὑρισκομένοις, οὐχὶ τοῦ Κρατεροῦ Νικηφόρου, ἀλλὰ τοῦ υἱοῦ ἐκείνου τοῦ Κωνσταντίνου, καὶ διὰ τοῦτο μακρυνομένοις κατὰ πολύ, τοῦ τοιαύτην ἐνστᾶν ἀγωγὴν· ἔπειτα δὲ τίς ἡ ἀπόδειξις τοῦ Κρατεροῦ πάλαι τεθνηκότος; ὅτι οὐ παρεσχέσθη ἐκείνῳ ἡ δωρεά, ἣν ὡς εἰκὸς μηδὲ λαβεῖν ἂν ἐκεῖνο ἠξίωσε, τυχὸν τῷ πενθερῷ χαριζόμενος. Ὅθεν καὶ ὡς ἀνυπόστατος ἡ τοιαύτη ζήτησις, παροφθήσεται τοῖς κατὰ νόμους εἰδόσι κρίνειν, καὶ πᾶσαν πρότασιν ἀποπεμπομένοις κενόσπουδον.

Ν'.

Περὶ προικιμαίου πράγματος καὶ ὅτι οὐ συνυπάγεται ταῖς τοῦ ἀνδρὸς λειτουργίαις ἢ ἐνοχαῖς, καὶ ὅτι δύναται ἡ γυνὴ καὶ συνισταμένου τοῦ γάμου ἀνακαλεῖσθαι ἀπὸ τοῦ ἀνδρὸς τὴν προῖκα αὐτῆς, ἀλλ' οὐδὲ ἐκδίδοσθαι ταύτην ἢ ἐκποιεῖσθαι δύναται ὁ ἀνήρ, καὶ περὶ παντοίων δωρεῶν, καὶ ἐκ ποίων αἰτιῶν ἀνατρέπονται.

De re dotali et quod non subjiciatur viri servitiis aut obligationibus, et quod mulier consistente etiam matrimonio suam dotem a viro revocare potest, sed neque elocare aut alienare vir eam potest, et de omnimodis donis et qualibus ex causis revertantur.

Πρόθυμον καὶ ἀνδρικὸν ἔχουσα τὸ πνεῦμα ἡ ἀπὸ τῆς νήσου Κορκύρας ὁρμωμένη Μαρία ἡ τοῦ Ὀψικιάνου, οὐδαμῶς ἐμπόδιον εὗρε τὸ τοῦ θήλεως ἀσθενὲς πρὸς τὸν κόπον ὃν ἀνεδέξατο, πέλαγός τε θαλάττιον πνεύσασα καὶ γῆν τεμοῦσα μακράν, ὥστε τὴν καθ' ἡμᾶς ταύτην καταλαβεῖν καὶ παραστῆναι τῇ ἡμῶν μετριότητι καὶ ἀνενεγκεῖν τὰ δοκοῦντα αὐτῇ. Τούτου δὴ χάριν καὶ ἐδέχθη ἡ ταύτης πρόσοδος τῇ ἡμῶν μετριότητι, τὴν σήμερον προκαθημένη συνοδικῶς καὶ πρός γε τὰ παρ' αὐτῆς ἀνενεχθέντα συνοδικὸν ἡμέτερον ἐδέξατο ψηφοφόρημα.

Ἦσαν οὖν τὰ τῆς ἀναφορᾶς αὐτῆς αἰτίαι τε κατὰ τοῦ ἀνδρὸς αὐτῆς, Θεοδώρου δηλαδὴ τοῦ Μακρεμβολίτου, ὅτι τοι μὴ κατὰ γνώμην καὶ θέλησιν αὐτῆς, προικῶον συμβόλαιον ἐξέθετο, ἀποδημούσης αὐτῆς, καὶ τῶν διαφερόντων αὐτῇ ἀκινήτων τὰ ἡμίση ἐνάγραπτα εἰς προῖκα τῇ αὐταδέλφῃ αὐτῆς καὶ γυναικαδέλφῃ αὐτοῦ τῇ καλουμένῃ Ἑλένῃ ἔθετο, καὶ ταῦτα ξένος καὶ ἔπηλυς ἐν τῇ χώρᾳ ταύτης γνωσθείς, καὶ ἐρώτησις, εἰ δηλαδὴ τὸ τοιοῦτον προικῶον σομβόλαιον μὴ συναινούσης αὐτῆς γεγονός, ἰσχὺν ἔχειν βοηθεῖν τῇ πορισαμένῃ τοῦτο αὐταδέλφῃ αὐτῆς. Ἐπεὶ δὲ παρῆν καὶ ὁ τῆς Μαρίας ἀνὴρ ὁ Μακρεμβολίτης· καθωμολόγει μὲν ὡς ἐξέθετο οὑτωσὶ τὸ συμβόλαιον, οἰόμενος ὡς τῇ πράξει ταύτῃ συνέπαινος καὶ ἡ τούτου γενήσεται σύμβιος, διά τε τὸ ἀδελφικὸν σπλάγχνον, καὶ διὰ τὴν ἀπαιδίαν, ἥτις αὐτοῖς καὶ εἰς γῆρας ἤδη προμαρτυρεῖ· ναὶ μέντοι καὶ ὅτι ἡ οὕτως ἐνεργετηθεῖσα γυναικαδέλφη αὐτοῦ σὺν τῷ ταύτης ἀνδρί, εὐγνώμονες πρὸς αὐτοὺς ἔσονται, καὶ τὴν χάριν ομολογήσουσι, και δή και αντιχάριτας διαπραττόμενοι φανήσονται, καθά δή και υπέσχοντο· αλλ' αυτοί ούτοι ου μόνον αχαριστίαις, αλλά και ύβρεσιν, άς τε χειρ επάγει και ας προφέρει στόμα, την ευεργεσίαν ήμείψαντο· ού δή ένεκα, και αυτός φησιν αυτώ μέμφεται, ότι και τα μή δοκούντα τή συζύγω εαυτού δέδρακε, και προς αχαρίστους και πονηρούς την ευεργεσίαν πεποίηκε. α μεν ούν εξελάλησαν τα αναγεγραμμένα των ομοζύγων πρόσωπα ήσαν εν τούτοις.

Η μετριότης δε ήμων μετά γε των συνεδριαζόντων αυτή ιερωτάτων αρχιερέων, εν Κυρίω αγαπητών ήμίν αδελφών και συλλειτουργών τα του πράγματος διασκεψαμένη, και τας νομικάς ανελίξασα βίβλους, προς ταύτα τοιάνδε την απόφασιν εξενήνοχεν.

Ως αι των φιλευσεβών νόμων διατάξεις περί πολλού ποιούνται την των προικιμαίων πραγμάτων φυλακήν και συντήρησιν· και ούτε συγχωρούσι συνυπάγεσθαι ταύτα ταίς του ανδρός λειτουργίαις, και υποκισούν ενοχαίς, και ει; απορίαν 'ε τούτου όσον ουκ ήδη λήγοντος, ανακαλείσθαι ταύτα παρά της προικηφόρου γυναικός διορίζονται, ως εν πάσι ταύτα διατηρείσθαι καθόλου αμείωτα· ου μήν αλλ' ουδ' οπωσούν εκδίδοσθαι τα της προικός εξ ολοκλήρου ή κατά μέρος ή εκποιείσθαι ανέχονται παρά του ανδρός, άνευ νομίμου γνώμης της γυναικός.

Τούτων δε ούτως κειμένων ομολογουμένως εν ταίς νομικαίς διατάξεσιν, άπρακτήσει καθόλου και αντ' ουδενός λογισθήσεται και το προικώον συμβόλαιον, όπερ ο ειρημένος Μακρεμβολίτης άνευ γνώμης της οικείας ομευνέτιδος εις την εαυτών [f. 108] γυναικαδέλφην εποίησε· μετά των άλλων γαρ ο νόμος και εν βιβλ. κθ' τίτλ. ς' κεφαλ. δ' ταύτα φησίν· " Ούτε ο ανήρ, ούτε ο μνηστήρ δύναται τον αδιατίμητον τον αγρόν εκποιείν

ή υποτίθεσθαι„. Και εν τω ζ' τίτλ. του αυτού βιβλ. ταύτα, "ότι ει και συναινέσουσιν αι γυναίκες τη εκποιήσει και μετά δύο έτη δευτέραν συναίνεσιν ποιήσουσιν, ου προκριματίζονται, εάν μή εκ των λοιπών πραγμάτων του ανδρός δύνανται το ικανόν ευρείν„. Ναι μήν εν βιβλ. ν' τίτλ. γ' κεφαλ. μβ' ταύτα ουτωσί· "Το προικιμαίον ουδέ αγνοούντι καλώς παρά του ανδρός πιπράσκεται· ει δε κερδάνη ο ανήρ την προίκα, βεβαιούται η πράσις, ώσπερ και ει το κλοπιμαίον αγοράσας τις, κληρονομήσει του δεσπότου· εξ επιμέτρου δε, ώσπερ και η ύβρις και η αθέτησις των υπεσχομένων, έκπτωσιν της δωρεάς των λαβόντων ταύτην καταψηφίζονται„. Και κατά την περίληψιν του ι' κεφαλ. του β' τίτλ. του μζ' βιβλ. ταύτα ούτω διακελευσμένος· "Πάσα δωρεά τελεία ουκ ανατρέπεται, ει μή εξ αχαριστείας, οίον εάν σφοδρώ ύβρίση, ή χείρα επιβάλη ή ζημίαν μεγίστην επενέγκη, ή ει την ζωήν επιβουλεύση ή τινι συνθήκας ποιήσαι και μή ποιήσει, εκ τούτων εναντίων ανατρέπονται„.

Ούτω πανταχόθεν της πράξεως του Μακρεμβολίτου σαλευομένης, ως μηδέν τι εχούσης κατά νόμους βέβαιον, ευλόγως η αναπερωνημένη σύζυγος τούτου Μαρία των οικείων πραγμάτων επιδράξεται, των δηλονότι κατά λόγον προικός δεδωρημένων τη αυταδέλφη αυτής, και την αυτών αύθις κατοχήν και νομήν αδήριτον έξει και αστασίαστον καθά και το πρότερον, επείπερ ουδέ το ικανόν ευρείν εκ των πραγμάτων του ανδρός αυτής δύναται, καθώς ο νόμος άνωθεν διακελεύεται, ως παροίκου και παρεπιδήμου γεγονότος εν τη Κερκύρων μετά την άλωσιν της πατρίδος αυτού της περιωνύμου δηλαδή Κωνσταντινουπόλεως και μηδέν τι μηδαμώς έχοντος.

ΝΑ΄.

Ὅτι ὁ ἀνὴρ εἰ γραφῇ κληρονόμος παρὰ τῶν γονέων τῆς γυναικός, οὐκ ἐκβάλλεται τῆς κληρονομίας· καὶ περὶ ἀδιατιμήτου προικός, καὶ περὶ τῶν αὐτοκινήτων, καὶ περὶ τῶν ἄνευ δόλου | γενομένων συμφώνων, καὶ περὶ μερισμοῦ κληρονομίας· καὶ ὅτι δύο ὄντων τῶν κληρονόμων, εἰ προτελευτήσειεν εἷς, ὁ ἕτερος τὸ διαφέρον τούτῳ κληρονομεῖ, καὶ ὅτι ὁ ἑαυτοῦ ἀγοράζων καὶ οὐχ ἑτέρῳ κύριός ἐστι τῶν ἀγορασθέντων.

Quod vir qui haeres scribitur a parentibus uxoris, haereditate non ejiciatur, et de inaestimabili dote, de per se mobilibus, et de pactis sine dolo factis, et de partitione haereditatis, et quod si duorum haeredum unus moriatur, alter partem alteri debitam haereditet, et quod qui sibi ipsi emit, non alteri, emptorum dominus est.

Ὁ ἀπὸ τοῦ θέματος Στανοῦ ὁρμώμενος Κωνσταντῖνος ὁ τὴν ἐπωνυμίαν Γουδέλης, λύσιν τοῦ κατ' αὐτὸν ἀπόρου ζητῶν, οὐκ ὤκνησε τὴν Ἀχρίδα καταλαβεῖν, καὶ τῷ καθ' ἡμᾶς ἱερῷ συνεδρίῳ παραστῆναι τὴν σήμερον, καὶ τὸ ἄπορον εἰς μέσον προθεῖναι, καὶ αἰτήσασθαι ἀπόκρισιν περιαιροῦσαν αὐτῷ προσιστάμενον πρόσκομμα.

Ἡ μετριότης δὲ ἡμῶν τήν τε τοῦ ἀνδρὸς τούτου προσήκατο πρόσοδον, εἰκὸς γὰρ ἦν, καὶ τὰ κατ' αὐτὸν λέγειν, ἐπέτρεψεν· ἃ δὴ καὶ ἐξετίθετο, οὑτωσὶ πῶς διεξιών. Ἡρμόσθην, φησί, γυναικὶ κατὰ νόμους, Εἰρήνῃ τῇ θυγατρὶ τοῦ ἀποιχομένου Στανιώτου Ἰαγούγου, γεγονότων μέσον ἡμῶν γαμηλίων ἀμοιβαίων ἐγγράφων· ἐν οἷς συμπεριέχεται, ἵνα μετὰ τὴν ἱερολογίαν καὶ τὸν γάμον, εἰσέλθω ἐσώγαμβρος εἰς τὴν οἰκείαν τῶν πενθερῶν μου πρὸς τὸ εἶναί με τούτοις ὁμοδίαιτον, ὁμοστεγον, ὁμοτράπεζον, καὶ κατὰ πάντα ἀχώριστον, καὶ εἰ μὲν γηρωδοσκήσωμεν ἐγώ τε καὶ ἡ συναφθεῖσά μοι Εἰρήνη, τοὺς αὐτῆς δὲ γονεῖς, ἐμοὺς δὲ πενθερούς, καὶ ἀποθάνωσιν εἰς τὰς χεῖρας ἡμῶν, γενώμεθα εἰς πάντα τὰ ἐναπομείναντα ἐκείνων πράγματα κληρονόμοι καθολικοί. Εἰ δὲ βουληθῶμεν, ζώντων τῶν τοιούτων γονέων ἡμῶν, χωρισθῆναι ἀπ' αὐτῶν, καὶ ἰδιοστατῆσαι ἀκωλύτως· τούτῳ [in marg. τοῦτο] πάθωμεν καὶ χωρὶς ἀντιλογίας τινὸς λαμ-

βάνοντες, τὰ μὲν ῥοῦχα οὖκ καὶ ἀνελλιπῆ· ἀπὸ δὲ τῶν κινητῶν καὶ αὐτοκινήτων τὰ τρίτα καὶ διάγωμεν καθ' ἑαυτοὺς ὡς ἡμῖν βουλητόν· καὶ δὴ ἐποιήσαμεν, καθὰ δὴ καὶ συνεφωνήσαμεν, ὁμοζήσαντες τοῖς εἰρημένοις γονεῦσιν ἡμῶν, καὶ γηροτροφήσαντες τούτους μέχρι τῆς τελευταίας τούτων ἀναπνοῆς· καὶ τοῦ ἐνταφιασμοῦ. Ἐγὼ δὲ ἐποίησα μετὰ τῆς γυναικός μου τῆς Εἰρήνης παῖδα μίαν καὶ μόνην τὴν περιοῦσαν Δέσαν, ὡς τῆς μητρὸς αὐτῆς ὀλιγοβίου γεγενημένης· εἰς μέτριον δὲ νομίμως ἡλικίας τὴν τοιαύτην θυγατέρα μου φθάσασαν [f. 109] ἀνδρί τε συνῆψα καὶ πάσῃ τῆς πενθερικῆς μου περιουσίας, ἧς ἡ κληρονομία ἐμοί τε καὶ τῇ συμβίῳ μου Εἰρήνῃ προσήρμοσε κατὰ τὴν τοῦ συμφώνου περίληψιν, τὴν ἡμίσειαν αὐτῇ προσεκλήρωσα, συνεισαγαγὼν ταύτῃ καὶ τὸν ἐκ τῆς τοιαύτης περιουσίας ἀμπελῶνα, ἕν ὁ μὲν πενθερός μου πρό τινας αὐτοῦ συγγενεῖς χάριν λεγάτου παρέπεμψεν, ἐγὼ δὲ ἐξωνησάμην ὡς ἀπεμπωλούντων ἐκείνων αὐτόν· καὶ ἐπειδὴ δευτέρᾳ συνεζεύχθην γυναικὶ καὶ παῖδας ἐκ ταύτης ἐποίησα, διχνίσταται νῦν ὁ πρὸς μητρὸς θεῖος τῆς διαληφθείσης θυγατρός μου, τῆς Δέσης, ὁ Βουρούγος (sic) Βασίλειος, καὶ κατακαγκάζει με πᾶσαν τὴν ῥηθεῖσαν πενθερικήν μου περιουσίαν ἀποκαταστῆσαι αὐτῇ διὰ τὴν δευτερογαμίαν, μηδέν τι παρακρατήσαντα· καὶ διὰ τοῦτο ζητῶ μαθεῖν εἰ διαφέρει μοι μέρος κληρονομίας ἀπὸ τῆς εἰρημένης περιουσίας τῶν πενθερῶν μου κατὰ τὸ σύμφωνον, καὶ εἰ ὀφειλέτης εἰμὶ καθὼς ὑπὸ τοῦ Βουγούρου (sic) Βασιλείου· ὡς εἶπον, καταναγκάζομαι ἀποκρατῆσαι [in marg. ἀποκαταστῆσαι] τῇ θυγατρί μου καὶ τὰ αὐτοκίνητα, ὧν τὰ μὲν πάλαι ἀπέθανον, τὰ δὲ ἐν ταῖς συμβάσαις κοσμικαῖς συμφοραῖς ἀπηλάθησαν. Προσεπὶ τούτοις, καὶ εἰ εὐλόγως ὁ αὐτὸς Βουροῦγος· καταναγκάζει με τοὺς παρ' ἐμοῦ ἐξωνηθέντας μετὰ θάνατον τῆς μητρὸς τῆς Δέσης ἀμπελῶνας, μερίσασθαι μετ' αὐτῆς. Ἔτι δὲ ζητῶ μαθεῖν καὶ εἰ συμβῇ τὴν εἰρημένην θυγατέρα μου προτελευτῆσαι ἐμοῦ, ἄπαιδα καὶ ἀδιάθετον, τίνι προσέσεται ἡ ταύτης κληρονομία.

Ἀλλὰ ταῦτα μὲν Κωνσταντῖνος ὁ Γουδέλης ἀφηγήσατο· ἐνεφάνισε δὲ καὶ ὅπερ ἡ ἀφήγησις αὐτοῦ περιέχει, γαμήλιον συμβολαῖον, ὃ καὶ ἀναπτυχθὲν ἐφαίνετο συντετελεσμένον συνθήκῃ, τῇ δοκούσῃ τῇ τῶν νόμων παρατηρήσει, καὶ πανταχόθεν ἔχον τὸ ἄμεμπτον, περιέχον δὲ καὶ τὴν συμφωνίαν ἀπαραλλάκτως, ἣν ἄνωθεν ὁ Γουδέλης ἐξηγήσατο. Ἐνεφάνισε δὲ ἐπιτελεύτιον διάταγμα τῆς πενθερᾶς αὐτοῦ Θεοδούλης, μεμνημένον τῶν ἀμπελώνων τῶν ἐμφερομένων τῷ γαμηλίῳ ἐγγράφῳ καὶ διοριζόμενον κατέχειν ταῦτα τὸν Γουδέλη.

Ἡ μετριότης δὲ ἡμῶν μετὰ τῶν συνεδριαζόντων αὐτῇ ἱερωτάτων ἀρχιερέων τὰ τοῦ πράγματος διασκεψαμένη, καὶ κατέναντι τῶν νομικῶν διατάξεων τὰ περὶ τούτων θεμένη, | πρὸς ταῦτα οὕτως ἐπιψηφίζεται.

Ὡς τὰ ἀναγεγραμμένα ἔγγραφα, εἴπερ μὴ διὰ μεταγενεστέρας πράξεως ἀνετράπησαν, ἰσχὺν ἄμαχον ἔχουσι, βεβαιοῦν τὸ ἐπιβάλλον τῷ Γουδέλῃ μέρος ἀπὸ τῆς περιουσίας, τῶν αὐτοῦ πενθερῶν, ὥστε κληρονομικῷ δικαίῳ τοῦτον κατέχειν αὐτό· ἐπεὶ γὰρ καὶ τὸ γαμήλιον συμβόλαιον ἀγαθῇ χάριτι γεγενημένον εὑρίσκεται, καὶ οὐδ' ὅλως ἐναντιούμενον, οὔτε τρόποις χρηστοῖς, οὔτε τοῖς νόμοις αὐτοῖς· ἐπακολουθεῖ δὲ τούτῳ κατὰ πόδας καὶ τὸ τῆς πενθερᾶς τούτου διάταγμα, πᾶσα ἀνάγκη γενέσθαι τὸ ἀποτέλεσμα κατὰ τὴν τούτων περίληψιν. Ὅθεν ὁ Γουδέλης ἐγκρατῶς ἐπιλήψεται τῆς ἐπιβαλούσης μερίδος ἀπὸ τῆς πολλάκις ῥηθείσης περιουσίας τῶν αὐτοῦ πενθερῶν καὶ κατὰ δεσποτείαν ταύτην καθέξει, ὡς ὑπέρτερος τῶν τοῖς δευτερογαμοῦσιν ἐπηρμένην διαστίξεων ἢ κολάσεων· ἀναιρεῖν ταύτας· καθόλου τὸ κληρονομικὸν τοῦτο δίκαιον, ἐπειδὴ καὶ ὁ νόμος τοῖς κληρονόμοις τὴν ἁρμόζουσαν αὐτοῖς τῶν κληρονομικῶν πραγμάτων κατοχὴν καὶ δεσποτείαν ἀδήριτόν τε καὶ ἀστασίαστον ἀπεργάζεται.

Τούτου δὲ οὕτως ἔχοντος, οὐδὲ ἡ περὶ τῶν αὐτοκινήτων κατανάγκη, ἣν ἡ ἀφήγησις περιέχει, τούτῳ πόσως ἀντιστήσεται· τὸ μὲν, ὅτι κληρονόμος πέφηνε, τὸ δὲ ὅτι ἀδιατίμητα τὰ χάριν προικὸς προκληρωθέντα τῇ ἀποιχομένῃ τούτου γυναικί, τῇ Εἰρήνῃ, εὑρίσκονται πράγματα. Νόμοις γὰρ δοκεῖ τὴν ἀδιατίμητον προῖκα τῇ γυναικὶ ἐγκινδυνεύεσθαι, ὡς εἰ; αὐτὴν ὁρώσης καὶ τῆς τῶν ζώων τελευτῆς καὶ προνομῆς καὶ τῆς κατατριβῆς τοῦ ἱματισμοῦ. Τούτοις ἀκόλουθον καὶ τὸ περὶ τῆς κληρονομίας τῆς Δέσης, εἴπερ δηλαδὴ ἄπαις καὶ ἀδιάθετος πρὸ τοῦ πατρὸς αὐτῆς τοῦ Γουδέλου τεθνήξεται· ἐπεὶ γὰρ συγκληρονόμος ταύτης κατὰ τὰς περιλήψεις τῶν προεκκειμένων ἐγγράφων εὑρίσκεται, ἀμφοτέρωθεν τοῦτο ἡ κατοχὴ καὶ δεσποτεία τῶν διαφερόντων αὐτῇ προσγενήσεται· Ὅτι τε δηλαδὴ πατήρ, καὶ ὅτι συγκληρονόμος αὐτῆς ἐστιν ἀπερίτρεπτος, τὰ αὐτῷ δὲ ὁθενοῦν εὐλόγως προσήκοντα μετὰ θάνατον αὐτοῦ τοῖς διαδόχοις αὐτοῦ πάντῃ καὶ πάντως ἁρμόσουσι. Τοῦτο γὰρ καὶ τὸ φυσικὸν [f. 110] δίκαιον τὰ τῶν νόμων διατάγματα βούλονται· ἡ ἐξώνησις μέντοι τῶν ἀμπελώνων οὐ; ἡ τοῦ Γουδέλου ἀφήγησις περιλαμβάνει, οὐδεμίαν εὔλογον τίκτει δικαιολογίαν τοῖς καταναγκάζουσι τοῦτον μετὰ τῆς θυγατρὸς αὐτοῦ τούτους μερίσασθαι· ἐπεὶ γὰρ μετὰ θάνατον τῆς Εἰρήνης περ αὐτοῦ ἠγοράσθησαν, κενόσπουδος ὁ περὶ τούτων κινῶν ἀποβήσεται, οὐδεμίαν γὰρ κοινωνίαν ἔχουσιν οἱ τοιοῦτοι ἀμπελῶνες μετὰ τῆς περιουσίας τῶν ἀποιχομένων τοῦ Γουδέλου πενθερῶν, ὧν ὁ λόγος πολλάκις ἀπεμνημόνευσεν· ὁ γὰρ ἑαυτῷ ἀγοράζων καὶ οὐχ ἑτέρῳ ἀναντιρρήτως κύριός ἐστι τῶν ἀγορασθέντων. Ἵνα δὲ τὰ οὕτως ἐψηφισμένα μὴ ἀμάρτυρα δόξωσιν, παρίτωσαν εἰς μέσον οἱ νόμοι, καὶ ταῦτα τοῖς ἰδίοις διατάγμασι βεβαιούτωσαν.

Περὶ μὲν οὖν τῶν ἀνατεταγμένων ἐγγράφων, τὸ ζ' κεφ. τοῦ α' τίτλ. τοῦ ια' βιβλ. τῶν βασιλικῶν ταῦτα οὕτω διακελεύεται· "Τὰ χωρὶς δόλου σύμφωνα, καὶ μὴ τοῖς νόμοις ἐναντιούμενα ἢ εἰς περιγραφὴν αὐτὴ γινομένη ἔρρωται (τοῖς νόμοις δὲ εἶπεν ἐναντιούμενα τοῖς δηλαδὴ τὸ κοινὸν ὠφελοῦσι καὶ τὴν δημοσίαν ἀποτρέπουσι βλάβην.) ἐπὶ δὲ τοῖς ἰδιωτικοῖς συμφώνοις, ὡς βούλεταί τις, σύμφωνος,,. Ναὶ μὴν καὶ τὸ η' κεφάλ. τοῦ α' τίτλ. τοῦ κδ' βιβλ. τῶν βασιλικῶν οὕτω φησί· "Τὴν ἀγαθὴν πίστιν χρὴ ζητεῖν ἐν τοῖς συναλλάγμασιν, ὥσπερ δὲ ἐξ ἀρχῆς ἐξουσίαν ἕκαστος ἔχει τοῦ ποιεῖν ἢ μὴ ποιεῖν συναλλάγματα, οὕτω μετὰ τὸ γενέσθαι ἀπαγορεύειν τῇ ἅπαξ συστάσει, ἐνοχῇ τοῦ ἀδίκου μὴ συναινοῦντος οὐδεὶς δύναται,,. Περὶ δὲ τῆς κληρονομίας τὸ θ' κεφ. τοῦ θ' τίτλ. τοῦ λε' βιβλ. ταῦτα θεσπίζει ῥητῶς· " Οἱ κληρονόμοι δικαίου εἰσὶ διάδοχοι, καὶ ἐὰν μὴ διέλῃ εἰς αὐτοὺς ὁ διαθέμενος· ἐξ ἴσου καλοῦνται,,. Ἀλλὰ δὴ καὶ τὸ με' κεφ. θέμα δ' τοῦ αὐτοῦ βιβλ. καὶ τίτλου· " Ὁ ἐν οἱῳδήποτε βαθμῷ γραφεὶς ἔνστατος, ἢ ὑπόστατος· τὸ μέρος αὐτοῦ πᾶσι πρὸς τὰ κληρονομιαῖα προσαύξει, εἰ μή τινι ἦν συνημμένος· τό γε γὰρ τῷ συνημμένῳ προσαύξει,,. Καὶ παραγραφὴ ἔξωθεν ἑρμηνεύει τοῦτο τὸ α' κεφάλ. οὑτωσί· "Λόγου χάριν, ἐὰν ὁ Πέτρος, ἅμα τῷ Νικολάῳ καταλειφθῶσι κληρονόμοι εἰς τὸ κτῆμα τὸ δεῖνα... ἢ τὸ πρᾶγμα, εἴτε ἀπὸ ἐνστάσεως, εἴτε ἀπὸ ὑποκαταστάσεως, | καὶ τελευτήσας εἷς ἐξ αὐτῶν, τῷ συνημμένῳ μετ' αὐτοῦ δίδωσι τὴν ἰδίαν κληρονομίαν,,.

Οὕτω δὴ τῶν νομικῶν θεσπισμάτων ἐχόντων, ἐπειδὴ καὶ τὸ συνάλλαγμα τοῦ Γουδέλου ἀγαθῇ πίστις κατήρτισε καὶ τοῖς παρ' αὐτοῦ ἐμφανισθεῖσιν ἐγγράφοις νόμιμος ἐπηκολούθησε παρατήρησις, μήτε δόλου, μήτε παραγραφῆς νομίμου μεσολαβησάσης ἐν τούτοις, μήτε μὴν τῆς ὑποκειμένης αἱρέσεως· τούτου παρανόμου εὑρισκομένης, παρανόμου γὰρ αἱρέσεως τὸ βλάπτεσθαι τὴν εὐσέβειαν ἢ ὑπόληψιν ἡμῶν, ἢ τὴν αἰδὼ καὶ ἅπαν ἁπλανῶς [in marg. ἁπλῶς] τὸ παρὰ τοὺς ἀγαθοὺς τρόπους γινόμενον, οὕτω γὰρ ὁ νόμος ἐν τῷ περὶ αἱρετικῶν ἐνστάσεων βιβλίῳ διατυποῖ· "Κληρονόμος ἔσται οὗτος τῆς ἡμισείας τῶν πενθερικῶν τούτου πραγμάτων ἐς ἀναμφίβολον,,. Ἀλλὰ δὴ καὶ τῆς θυγατρὸς αὐτοῦ ὕστερον τῆς Δέσης, εἰ δηλαδὴ συμβαίη ταύτην τούτου προαπελθεῖν, ὡς ὁ δεσπότης δὲ ἀληθὴς καὶ τοὺς παρ' αὐτοῦ ἀγορασθέντας ἀμπελῶνας καθέξει, ἐπειδὴ αὐτός, ὀνόματι ἰδίῳ καὶ τὴν ἀγορασίαν πεποίηκε, καὶ τὸ τίμημα κατεβάλλετο, καὶ οὐχ ὅπως· οὐδὲ εἰκονικῶς· τὸ τῆς πρώτης αὐτοῦ γυναικὸς ὄνομα ἐτέθη, καὶ τοῦτο γὰρ ἀνίσχυρον· ἀλλ' ὅτι καὶ μετὰ θάνατον ἐκείνης ἡ ἀγορασία τῶν τοιούτων ἀμπελώνων προβέβηκε, ὡς τὸ ς' κεφάλ. τοῦ ιε' τίτλ. τοῦ ιθ' βιβλ. φησί.

ΝΒ΄.

Περὶ χρέους προικὸς καὶ χρέους δημοσίου καὶ περὶ μακροῦ χρόνου καὶ διηνεκοῦς.
De debito dotis et de debito publico et de longo et continuo tempore.

Ἡ ἐν τῇ χώρᾳ τῶν Κορυτῶν οἰκοῦσα Βολεσλάβα ἡ θυγάτηρ τοῦ ἀποιχομένου Κανδίδου, συμπόνῳ χρησαμένη τῷ αὐταδέλφῳ αὐτῆς τῷ μεγαλεπιφανεστάτῳ βασιλικῷ ὑποταγάτῃ κυρῷ Κομάνῳ, ἐδεήθη δι' αὐτοῦ τῆς ἡμῶν μετριότητος, ὥστε προτεθῆναι ἐπισυνοδικῶς αὐτῆς ἀκροάσεως τὸ δοκοῦν αὐτῇ ἄπορον, καὶ λύσιν τούτου κομίσασθαι νομίμῳ ψήφῳ ἀκόλουθον· ὡς οὖν παρέστη ὁ εἰρόμενος αὐτάδελφος αὐτῆς τὴν σήμερον τῇ ἡμῶν μετριότητι προκαθημένῃ συνοδικῶς καὶ ἐνεφάνισεν ἑαυτὸν παρόντα δικαίῳ τῆς τοιαύτης τούτου ὁμαίμονος, ἐξελάλησε τὰ ὑποτεταγμένα [f. 111] ἔχοντα οὑτωσί.

Τῷ προσπάππῳ αὐτῶν ἦν, φησὶν, αὐτάδελφος, τοὔνομα Σλάβος, κατέχων καὶ νεμόμενος ἰδίαν ὑπόστασιν· γεννήσας δὲ δύο θυγατέρας, ἀνδράσι ταύτας ἡρμόσατο, κινητοῖς μόνοις τὰς τούτων προῖκας συγκροτήσας· πράγμασι, καὶ μετ' αὐτῶν εἰς τὰς τῶν ἀνδρῶν αὐτῶν οἰκίας ταύτας παραπεμψάμενος, ἐπεὶ δὲ μετὰ ταῦτα τῷ χρεὼν ἐλειτούργησε. Ἡ γυνὴ ἐκείνου δεύτερον ἐπεισαγαγοῦσα ἄνδρα, ἤγουν τὸν Ῥαδομηρὸν ἐκεῖνον, δύο τέκνα ὑπ' ἐκείνῳ ἀπέτεκεν, ἄρσεν μὲν τὸ ἕν, θῆλυ δὲ θάτερον· ὃ δὴ καὶ παρεπέμφθη ἐς ἀνδρός· κατὰ νόμον γάμου, καὶ αὐτὸ ἀκινήτων πραγμάτων χωρὶς· τὸ ἐναπολειφθὲν δὲ ἄρρεν, ἤγουν τὸν Λέοντα, ὁ τῆς Βολεσλάβας πατήρ, ἤγουν ὁ Κάνδιδος, τῇ θυγατρὶ τούτου κατὰ γάμον συνήρμοσεν, αὐτῇ τῇ Βολεσλάβᾳ δηλαδή, ὁ Λέων δὲ οὗτος ἐν τοῖς τοῦ πατρὸς αὐτοῦ τοῦ Ῥαδομήρου ἀκινήτοις, οἷς μέρος τι συννεμομένον ἦν καὶ τῆς τοῦ Βολεσλάβου ὑποστάσεως· τῇ Βολεσλάβᾳ συμβιοτεύσας χρόνους συχνούς, ἐπὶ τῆς τῶν Βουλγάρων ἀποστασίας, ἅπαις τὴν ἑαυ-

τοῦ ζωὴν ἐξεμέτρησε παρ' ἐκείνων, δηλονότι ἀποκτανθείς, ὅτι δὲ τηνικαῦτα τὰ κοσμικὰ δεινὰ ἐπεκράτησαν· καὶ τούτων ἕνεκα τῶν οἰκείων πατρίδων οἱ ἰθαγενεῖς ἀπηλλοτριώθησαν, ὅσου; δηλαδὴ τὸ τῆς αἰχμαλωσίας κακὸν οὐκ ἔφθασεν, ἄποικος καὶ ἡ Βολεσλάβα τοῦ πατρίου ἐδάφους γέγονεν, ἐν Βερροίᾳ σὺν τῷ ἀδελφῷ παροικήσασα· τῆς ἐξουσίας δὲ τῶν Βουλγάρων τῶν Ῥωμαϊκῶν χωρῶν δραξαμένης καὶ ῥᾷον πρὸς τὰ πράγματα γεγονυίας, διαναστάσα Μυροσλάβα ἡ ἀνδραδέλφη τῆς Βολεσλάβας τὸ τρίτον τῆς διαληφθείσης ὑποστάσεως τῆς κατεχομένης παρὰ τοῦ Λέοντος διεπώλησεν, ὡς δὲ καὶ ἡ Βολεσλάβα πρὸς τὰ οἰκεῖα ἐπανόδου ἐμνήσθη μετὰ καιρὸν καὶ τὴν τοιαύτην οὕτω γεγονυῖαν εὗρε διάπρασιν παρὰ τῷ τῶν Βουλγάρων ἀρχηγῷ περὶ ταύτῃ ἐκίνησε, προθεμένη τῆς προικὸς ἱκάνωσιν καὶ τῶν γαμικῶν κερδῶν ἑαυτῆς, καὶ τυχοῦσα δικαίου, τήν τε πρᾶσιν ἔλυσε καὶ τὸ πεπραγμένον | μέρος πρὸς ἑαυτῆς ἐποιήσατο· οὗ δὴ καὶ ἐν κατοχῇ καὶ νομῇ τυγχάνειν μέχρι τοῦ νῦν, ἀνίστανται δὲ ἄρτι ὅτε ἀγορασταὶ καὶ οἱ δυσέγγονοι τοῦ αὐταδέλφου τοῦ πάππου αὐτῶν· καὶ ὁ μὲν ἀγοραστής, ὡς δικαιοῦσθαι οἰόμενος ἐπὶ τῇ κατοχῇ καὶ νομῇ τῶν παρὰ τοῦ ἀνδρὸς αὐτῆς κατεχομένων ἀκινήτων, τί μὲν ὡς γαμικὰ κέρδη χρεωστούμενα, τί δὲ ὡς καὶ τῆς προικὸς αὐτῆς ζητοῦσα ἱκάνωσιν· ἥτις δὴ προῖξ ἀνάλωται παρὰ τοῦ ἀνδρὸς αὐτῆς δαπανηθεῖσα, εἴς τε ἄλλας ἐξόδους αὐτοῦ, καὶ δὴ εἰς χρέα δημόσια, οἷς ἐνίσχετο, ὁ ἐπὶ ἀμφιθαλεῖ ἀδελφῇ αὐτοῦ γαμβρός· ὁ Κουρκς ὁ ἐν τῇ Στρωμίτζῃ οἰκῶν· τοὺς δὲ κληρονόμους· ὡς μὴ πᾶσαν τὴν τοῦ προπάππου αὐτῶν ὑπόστα-

CAP. LII. DE DEBITIS DOTALIBUS

σιν κατέχουσα, μέρος δέ τι ταύτης, ώς είρηται, τὸ καὶ ἀπὸ τῆς τοῦ χρόνου νομῆς τῇ τοῦ Ῥαδομήρου ὑποστάσει προκυρωθέν. Ζητεῖ οὖν, φησίν, ἐπὶ τούτοις ἡ Βολεσλάβα μαθεῖν, εἰ εὐλόγως ζητεῖ τὴν ἱκάνωσιν τῆς προικὸς αὐτῆς καὶ τὰ ἁρμόζοντα αὐτῇ γαμικὰ κέρδη, καὶ εἰ εἶχε δίκαιον ἡ αὐταδέλφη αὐτῆς πιπράσκειν τι τῆς ἀναγεγραμμένης ὑποστάσεως, καὶ εἰ ἔχει δίκαιον ὁ ἀγοραστὴς ἀντιποιεῖσθαι τῆς ἀγορασίας αὐτοῦ ἢ οἱ δισέγγονοι τοῦ αὐταδέλφου τοῦ πάππου αὐτῆς κληρονομικὸν ἀνακαλούμενοι δίκαιον ἐπ' αὐτῇ.

Ἡ μετριότης δὲ ἡμῶν τοῖς ἀφηγηθεῖσι μετά γε τῶν συνεδριαζόντων αὐτῇ ἱερωτάτων ἀρχιερέων, ἐν Κυρίῳ ἀγαπητῶν ἡμῖν ἀδελφῶν καὶ συλλειτουργῶν, ἐπεσκεμμένως προσεσχηκυῖα, τοιόνδε πρὸς ταῦτα ποιεῖται τὸ ψηφοφόρημα.

Ὦ; ἐπειδὴ τῆς προικὸς παρὰ τοῦ ἀνδρὸς ἀναλωθείσης εἰς ἀντισήκωσιν ταύτης, ἡ περισσεία τούτου κατὰ νόμους ὑπόκειται, εὐλόγως ἄρα καὶ ἡ Βολεσλάβα τοῦ ἐπιδίκου τούτου ἀκινήτου ἐδράξατο, χάριν ἐπιλαβομένη τοῦ πεπραμένου ὡς αὐτῆς τε κεκτημένης τὴν ἐπὶ τούτῳ προτίμησιν, καὶ τῆς πράσεως οἴκοθεν ἐχούσης τὸ ἀνυπόστατον· οὐδὲν γὰρ ὅλως μετὸν ἦν τῇ αὐταδέλφῃ τοῦ λέοντος ἢ μερίζεσθαι ἢ πιπράσκειν ἅτινα τῷ τῆς προικὸς χρέει ἐξ ἀνάγκης ὑπέκειντο· εἴπερ οὖν οὕτως ἔχειν ὁμολογεῖται τὸ πρᾶγμα, καὶ ἡ προὶξ, ὡς ἡ ἀφήγησις, κατανάλωται, ἐξ [f. 112] ἀκολούθου καὶ ἡ τῆς Μυρσλάβας πρᾶσις ὡς ἀνυπόστατος λογισθήσεται, καὶ ὁ ἀγοραστὴς οὐδέν τι τῆς ἀγορασίας αὐτοῦ ἀπολαύσει, κἂν ἴσως ἐν ἀγνοίᾳ ὠνήσατο τὸ ἀλλότριον. Πάντων γὰρ τῶν προγενεστέρων χρεῶν ἄνευ μόνου τοῦ δημοσίου τὸ τῆς προικὸς προτιμᾶται κατὰ τὴν νομικὴν παρατήρησιν· ἥτις ἐν μὲν τῷ μ' κεφαλ. τοῦ ε' τίτλ. τοῦ κε' βιβλ. τῶν βασιλικῶν ταῦτα κατὰ ῥῆμα διέξεισι· "Καὶ ἐν ταῖς ὑποθήκαις προτιμᾶται ἡ προὶξ τῶν προγενεστέρων δανειστῶν, κἂν ἀναλωθῶσι

τὰ πράγματα τῆς γυναικὸς καὶ παῖδας μὴ ποιήσῃ, ἐξῃρημένη· προτέρας προικὸς. Ἐνταῦθα γὰρ ἡ προτέρα προτιμᾶται„. Ἐν δὲ τῷ κ' κεφαλαίῳ τοῦ ν' βιβλ. τῶν βασιλικῶν ταῦτα πάλιν οὕτω θεσπίζει ῥητῶς· "Ἐάν τις τὸ ὑποκείμενον πρᾶγμα πωλήσῃ, ὡς κλοπιμαῖον, οὐ δύναται τὸ πρᾶγμα διὰ τῆς χρονίας νομῆς δεσποθῆναι· καὶ οὕτω μὲν ὁ ἀγοραστὴς ἀποσοβεῖται τοῦ ἀντιλαμβάνεσθαι τῆς ἀγορασίας αὐτοῦ„. Τούς γε μὴν κληρονομικὸν ἀνακαλουμένους δίκαιον ἐπὶ τῷ διαφέροντι μέρει τῇ ὑποστάσει τοῦ Σλάβου, γενναίως ἀποτρέπουσιν ἥτε πολυετὴς νομὴ τῆς Βολεσλάβας καὶ ζῶντος τοῦ ἀνδρὸς ταύτης καὶ τεθνηκότος, εἴπερ εἰς ἑξηκονταετηρίδα, ὡς καὶ τοῦτο τῇ ἀφηγήσει συμπλέκεται, ὁ τοῦ χρόνου ἀριθμὸς ἀνατρέχει, ναὶ μὴν καὶ τὰ γάμου κέρδη μετὰ τῆς ἱκανώσεως τῆς προικὸς· εἰ δὲ καὶ ταξατίωνος κατὰ τοὺς νόμους γεγενημένου ἐπὶ τῇ ποσότητι τῆς προικὸς, εἴπερ δηλαδὴ κατά τι αἴτιον τὸ προικῷον συμβόλαιον οὐκ ἐμφανισθῇ καὶ ὅρκον μεσολαβήσαντος πρὸς σύστασιν εὑρεθείη τί περιττεῦον ἐκ τῆς ὑποστάσεως, οὐδ' οὕτως ἔσται πάροδος τοῖς τὸ κληρονομικὸν ἀνακαλουμένοις δίκαιον κατά τι αὐτοῦ μετασχεῖν· κἀνταῦθα γὰρ ὁ χρόνος ἐμποδοστατῶν αὐτοὺς εὑρεθήσεται· τὸ γὰρ τῆς κληρονομίας δίκαιον, μέχρι τῆς τριακονταετίας ἔχει τὴν ζήτησιν. Τοῦ χρόνου δὲ τὸ τοιοῦτον ὅριον ὑπερδραμόντος ἀκίχητα τὸ δὴ λεγόμενον διώκων ὁ κατόπιν τρέχων εὑρίσκεται. Παρίτωσαν δὲ τὰ τοῦ νόμου θεσπίσματα καὶ βέβαιον τὸν λόγον ποιείτωσαν· φησὶ γὰρ τὸ α' κεφ. τοῦ ιβ' τίτλ. τοῦ νβ' βιβλ. τῶν βασιλικῶν ταῦτα οὕτω ῥητῶς· "Ἡ τῆς κληρονομίας | ἀπαίτησις οὐκ ἐμβάλλεται διὰ τῆς τοῦ μακροῦ χρόνου παραγραφῆς, δῆλον δὲ ὡς διὰ τῆς διηνεκοῦς· ἐὰν δέ τις νέμηται πρᾶγμα ἐξ ἄλλου τίτλου νομῆς διὰ χρονίας νομῆς δεσπόσῃ, ἔχει τὸ ἀσφαλές· οὐδὲ γὰρ ἐνάγεται τῇ περὶ ἀπαιτήσεως κληρονομίας ἀγωγῇ„. Μακροῦ δὲ χρόνου παραγραφὴν οἱ τῶν νόμων ἑρμηνευταὶ τὴν δεκαετίαν λέγουσιν ή εικοσαετίαν, ήτις ψηφίζεται τοις νέοις μετά τον κε' χρόνον της ενηλικιώσεως, διηνεκή δε παραγραφήν την τριακονταετίαν είναι φασίν. Μετά την ήβην δηλονότι αριθμουμένην εξείτου και κουράτωρ τοις νέοις δίδοται· ει γοῦν μετά την ήβην και τοις νῦν την αναγεγραμμένην κληρονομίαν ανακαλουμένοις τό τριακονταετίας διηνεκές διωλίσθησε, κληρονομίας απαιτήσεως χώρα τούτοις ούκ έστιν· ού μην άλλ' ει και χώρα τούτοις ανειται, αλλ' ετέρωθεν εμποδίζεται, αυτοις η προχώρησις. Εξ άλλου γάρ τίτλου νομής, ήγουν εκ του δικαίου της ικανώσεως της προικός τό διαληφθέν ακίνητον νεμηθείσα η Βολεσλάβα και διά της χρονίας νομης τούτου δεσπόσασα, έχει τό ασφαλές, κατά την του νόμου περίληψιν· και διά τούτο, ουδέ τη περί απαιτήσεως κληρονομίας αγωγή, ουδ' όλως ενάγεται.

ΝΓ'.

Περί χρήσεως προγαμιαίας δωρεάς, και του εκ τελευτής του παιδός κέρδους, και των δεδομένων εκ μέρους κατά δεσποτείαν αντί της χρήσεως, και περί των εκ κοινών εξόδων ηγορασμένων και περί του εξ απαιδίας κάσου και παροραθείσης συμφωνίας.

De usufructu doni ante nuptias, et de lucro ex morte filii et de vicissim datis secundum dominium loco usufructus, et de emptis ex bonis communibus, et de casu orbitatis filiorum et neglecta pactorum concordia.

Ελπίδες μέν ήγον τους αυταδέλφους, τόν τε ευλαβέστατον διάκονον Ιωάννην και τόν Βασίλειον του Κουρτζούλου επιλεγομένους, σύν τούτοις δε και τον ευλαβεστάτον ιερέα και περιοδευτήν Λέοντα εξ εντολής της εαυτού γαμετής και αυταδέλφης αυτών, την αυτήν τούτοις οδεύοντα, προθεμένους δίκην συνάψαι Καλή τη ποτέ συνεύνω του απoιχομένου αυταδέλφου αυτού Κωνσταντίνου περί κληρονομίας ακινήτου τινός, την μείζω ψήφον αποίσεσθαι. Ελάνθανε δε παρομαρτούσα ταις τοιαύταις ελπίσι νομικής [f. 113] ακριβείας και παρατηρήσεως άγνοια· ήδη και εξ αφανούς επιπεσούσα κατήσχυνε ταύτας και εις την ήττονα ψήφον τους αγομένους υπ' αυτών αντιπεριέσπασεν, αλλά γάρ επ' αυτών των πραγμάτων ο λόγος σαφής ευρεθήσεται.

Ο γάρ αναγεγραμμένος Κωνσταντίνος κατά δευτέραν συνοίκησιν νομίμως τη Καλή συζευγνύμενος γράφει συμβόλαιον, και προγαμιαίαν δωρεάν συμφωνεί και ιδία χάριν θεωρήτρου της Καλής και επιτελευτίου φιλοτιμίας εκ προτελευτής αυτού αδιαθέτου και άπαιδος νομίσαντα τρία κεφάλαια ο'. Γεννάται μετά τους γάμους παις τω Κωνσταντίνω εκ της Καλής· θνήσκει εκ πολεμίου ξίφους· ο Κωνσταντίνος αδιάθετος· θνήσκει δε και ο παις παρά τη μητρί, έρηβος ήδη γινόμενος. Επί τούτοις ανίστανται οι πρός πατρός θειοι ους άνωθεν ο λόγος εδήλωσε, και την του παιδός εξ αδιαθέτου ζητούσι διαδοχήν, ως της μητρός αυτού ήδη πρός δευτέρους γάμους αποκλινάσης. Και δή λαμβάνουσι σχεδόν άπαντα, όσα εκ πατρώας κληρονομίας ήρμοζον τω αποιχομένω εκείνω παιδί, μεθ' ών εισίν ή τε αυλή και οι τρεις πρός τω ημίσει αμπελώνες· οι εν τω συμβολαίω δηλούμενοι, παρακρατήσαντες και αυτό τό θεώρητρον· επεί δε υπελείφθη εις αμπελών ο παρά της Καλής κατεχόμενος, επιχειρούσιν άρτι και τούτον ελκύσαι πρός εαυτούς, και πρός την περί τούτου έριν επαποδύονται, και οιόμενοι και τούτον αρμόζειν αυτοις, οια κληρονόμοις του αναπεφωνημένου παιδός. Της δίκης γοῦν ταύτης προτεθείσης, τὴν σήμερον ἐνώπιον τοῦ παναγιωτάτου ἡμῶν δεσπότου τοῦ ἀρχιεπισκόπου πάσης Βουλγαρίας, οἱ τῆς Καλῆς ὑπερπολούμενοι, ἀπ᾽ ἐντολῆς ταύτης ὅ τε δηλαδὴ πατὴρ αὐτῆς ὁ εὐλαβέστατος μοναχὸς Ἰωαννίκιος καὶ Ἀλέξιος ὁ ἐπ᾽ ἀδελφοῦ ταύτης γαμβρὸς ἀντεπεξήγοντο τοῖς αὐταδέλφοις, λέγοντες ὡς ἠδίκηται παρ᾽ αὐτῶν ἡ Καλὴ, ἀφαιρεθεῖσα τὴν παρὰ τῶν νόμων χορηγουμένην αὐτῇ χρῆσιν τε καὶ ἐπικαρπίαν τῶν ἀνδρῴων ταύτης πραγμάτων, καὶ ἐζήτουν μάλιστα ἀποκατασταθῆναι αὐτῇ, καὶ τὰς ἐκ τῆς τοιαύτης χρήσεως προσόδους ὑπὲρ τῶν ἐτῶν εὑρίσκονται οὗτοι ἐκ ταύτης τὰ τοιαῦτα πράγματα παρασπάσαντες, καὶ αὐτὸ δὴ τὸ θεώρετρον. Περὶ μέντοι τοῦ νῦν παρ᾽ αὐτοῦ ζητουμένου ἀμπελῶνος, μάτην ἔλεγον τούτους κινεῖν, ὁλόκληρον ἀνακαλουμένους αὐτόν. Ἐξ ἀγορασίας γὰρ, φασί, περιῆλθε τοῖς ὁμοζύγοις ἡ ἀμπελῶν, οἷς καταβληθέντων καὶ ἀπὸ τῆς προικὸς αὐτῆς νομισμάτων εἰς τὴν τούτου ἐξώνησιν. Ἐζητήθη δὲ εἰ προέβη πρατήριον, ἵν᾽ ἐκεῖθεν γνωσθῇ τὸ τῆς ἐξωνήσεως ἀκριβές· ἀπολέσθαι δὲ τοῦτο εἰπόντες ἐν ταῖς κοσμικαῖς δυσπραγίαις, οἱ τοῦ μέρους τῆς Καλῆς παρῆγον μάρτυρας, εἰδότας ὅπως γεγόνασι τὰ τῆς πράσεως, ἤγουν τὸν θεοσεβέστατον δευτερεύοντα καὶ ἐπὶ τῶν κατηχήσεων τῆς ἁγιωτάτης ἀρχιεπισκοπῆς Νικηφόρον τὸν Γρίζην, τὸν εὐλαβέστατον χαρτουλάριον Μιχαὴλ τὸν Σπεριλθὸν, καὶ τὸν ἄρχοντα Λέοντα τὸν Ἀργυρὸν, καὶ ἑτέρους, οἳ καὶ ἐρωτηθέντες διεμαρτύραντο ὡς ἐκ κοινῶν νομισμάτων ἡ τοιαύτη πρᾶσις προβέβηκε.

Τούτων οὕτω παρ᾽ ἑκατέρων τῶν μερῶν λαληθέντων ἡ δεσποτικὴ θεία μεγαλειότης μετὰ τῶν συνεδριαζόντων αὐτῇ ἱεροτάτων ἐπισκόπων τὰ τοῦ πράγματος διασκεψαμένη, ἐπελθοῦσα δὲ καὶ τὰς τῶν φιλευσεβῶν νόμων διατάξεις, ἃ δὴ περὶ τῶν τοιούτων θεσπίζουσιν, ὅσα αἱ νομικαὶ δέλτοι φέρουσι, καὶ γνοῦσα τῇ μὲν Καλῇ ἁρμόζειν χρῆσιν μὲν μόνην τῆς ὅλης οὐσίας τοῦ πρώτου ταύτης ἀνδρὸς τῆς ἐν τῷ γαμηλίῳ ἐμφερομένης, μέχρι ἂν περιῇ, μέρος δὲ τῆς τοιαύτης οὐσίας κατὰ δεσποτείαν ἐκ τῆς τελευτῆς ταύτης παιδὸς, ὅσον ὁ ἐξ ἀπαιδίας κλάσος αὐτῇ χαρίζεται, τοῖς δέ γε ἐνάγουσιν αὐταδέλφοις προσήκειν τὴν διαδοχὴν τοῦ ἀνεψιοῦ αὐτῶν μετὰ τὸν θάνατον τῆς Καλῆς. Βίκιον δέ τι τούτους διαπράξασθαι καὶ παρὰ τὰς νομικὰς παρατηρήσεις· τὸ πρὸ τοῦ καιροῦ ἐκείνου τῆς τοιαύτης διαδοχῆς τούτους ἀντιποιήσασθαι, αὐτίκα μὲν διώγνω, ἀντιστραφῆναι τῇ Καλῇ, ὅσα ἐκ ταύτης παρέσπασαν ἐκ τῆς οὐσίας ὄντα τοῦ ταύτῃ ἀνδρός. Οἱ ἀναγεγραμμένοι αὐτάδελφοι μετὰ τῶν ἐκεῖθεν ἔκτοτε εἰσοδιασθέντων ἐπικαρπίων παρ᾽ αὐτῶν [f. 114], ὥστε ἀκέραιον ταύτῃ τὸν τῆς χρήσεως λόγον τηρηθῆναι κατὰ τοὺς νόμους· ἐπεὶ δὲ ἀντιβολοῦντες ἦσαν οἱ ὑπερπονούμενοι τῆς Καλῆς μέρος· τι ἐκθῆναι αὐτῇ κατὰ δεσποτείαν ἀντὶ τῆς ἐπιχορηγουμένης αὐτῇ χρήσεως, παρ᾽ ὅλην αὐτῆς τὴν ζωὴν, ἔδοξε μὲν καὶ τοῦτο αὐτὸ, νομικῆς ἀκολουθίας ἐχόμενον, καὶ αὐτίκα ἡ δεσποτικὴ διάγνωσις πρύμναν ὃ λέγεται κρουσαμένη, διαίρεσιν ἐποιήσατο, τῶν τε ἐτῶν τῆς Καλῆς ἀνάλογον τῇ ἐπιχορηγουμένῃ αὐτῇ κατὰ μέρος, δεσποτείᾳ ἀντὶ τῆς καθόλου χρήσεως· καὶ τῆς οὐσίας τοῦ ἀπαγομένου ταύτης ἀνδρὸς, καὶ τὸ ἁρμόζον ταύτῃ ἐντεῦθεν μέρος, δῆλον ἔθετο· ἀλλ᾽ οἱ ἀντίδικοι τῆς Καλῆς, τοῦτο οὐδόλως ἐθέλησαν ὑπέσχοντο δὲ καὶ τὰ ἀκίνητα ἀποκαταστῆσαι τῇ γυναικὶ καὶ τὰς εἰσόδους αὐτῶν, ἐφ᾽ ὅσα δηλαδὴ ἔτη εἰς δεῦρο κατασχόντες· αὐτὰ ἐκαρπίζοντο, ὥστε χρᾶσθαι τούτοις τὴν Καλὴν κατὰ νόμους· μέχρις ἂν περιῇ. Ἔπειτα δὲ τούτους δράξασθαι τούτων, μετὰ τὸν ταύτης θάνατον δηλαδὴ· τοῖς οὕτω δὲ λεγομένοις παρὰ τῶν ἐναγόντων, συνέπαινοι γεγόνασι καὶ οἱ ἐναγόμενοι, ὅθεν καὶ ἀπήτησαν οὗτοι ἐκείνους· θέσθαι προθεσμίαν, δι᾽ ἧς· τοιαύτη αὐτῶν ὑπόσχεσις κληρωθήσεται, ἵνα μὴ τὰ ἀκίνητα κατέχοντες καὶ τὸν καιρὸν ἐξαπίτηδες ἴσως ὑπερτιθέμενοι, τῇ Καλῇ στέρησιν ἠρέμα ἐμποιῶσι τῆς χρήσεως· κατανεύσαντες δὲ καὶ εἰς τοῦτο οἱ ἐνάγοντες, τριακονθημέρου ἑνὸς προθεσμίαν ἀπὸ τῆς σήμερον ἔθεντο, καταθέμενοι καὶ ὁμολογήσαντες, ὡς εἰ μὴ ἐμπροθέσμως καὶ τὰ ἀκίνητα καὶ τὰς ἐπικαρπίας ἀποκαταστήσουσι τῇ Καλῇ, αὐτοὺς μὲν ἐκπίπτειν τῆς μερίδος τοῦ νῦν παρὰ τῆς Καλῆς κατεχομένου ἀμπελῶνος, ὅπερ ἥρμοζεν αὐτοῖς μετὰ θάνατον τῆς Καλῆς. Τὴν Καλὴν δὲ κατὰ νόμους εἰς δεσποτείαν ἀναφαίρετον ἀντὶ τῆς ἀνηκούσης αὐτῇ χρήσεως, αὐτὸ κατασχεῖν, ὡς ὁ λόγος διασαφής· ἐπειδὴ γὰρ μεμαρτύρηται ὡς τοιοῦτος ἀμπελὼν ἐκ κοινῶν ἐξόδων τῶν ὁμοζύγων ἠγοράσθη, καὶ ἡ μὲν ἡμίσεια τούτου ἁρμόζει κατὰ δεσποτείαν τῇ Καλῇ, ὡς μέρος τῆς οὐσίας ταύτης· ἡ δὲ ἑτέρα | ἡμίσεια τῷ ἀποιχομένῳ ταύτης ἀνδρὶ τῷ Κωνσταντίνῳ ἀνῆκε, παρευδοκιμήθη δὲ ἡ Καλὴ πολλὰ ἤδη ἔτη ἐπὶ τῇ χρήσει τῶν ἀκινήτων εἰς τὸν ἐξῆς τῆς ζωῆς αὐτῆς χρόνον, εἰ καὶ ἐνδέουσα ἡ τοιαύτη μέρις πρὸς τὴν νενομισμένην τοῦ χρόνου ποσότητα ἐξ ἀκριβείας πάμπαν εὑρίσκεται. Τὸ δὲ ἕτερον ἥμισυ, ὡς ἐκ τοῦ τῆς ἀπαιδίας κάσου ταύτῃ ἁρμόζον, δεσποτικῶς καὶ αὐτὸ παρὰ ταύτης κατασχεθῆναι, κἂν γὰρ τὸ γαμήλιον σύμβολον τὴν περὶ τούτου συμφωνίαν ἀπέβαλε καὶ ῥητῶς μὴ ἀνέχεσθαι περὶ τούτου ἐν ἐκείνῳ συνωμολόγησαν τὰ μέρη ἑκάτερα· ἀλλ' ἐπειδὴ ἑτέρα συμφωνία παρωράθη, δηλαδὴ ἡ τοῦ θεωρέτρου, τοῦτο ἐκείνης ἀντέκτισις τεθεώρηται καὶ κατὰ τοῦτο, καὶ ὁ ἐξ ἀπαιδίας κάσος· ἐνταῦθα ὑπόστασιν ἔλαβεν. Ὅτι δὲ ἡ τῶν τοῦ Κωνσταντίνου ἀκινήτων χρῆσις, ἥρμοζε τῇ Καλῇ, καὶ ἐκ ταύτης μέρος, ὅσον ἐξ ἀπαιδίας δίδωσι κάσος, ὁ νόμος αὐτὸς μαρτυρεῖ, ἐν μὲν τῷ ιη' κεφαλ. τοῦ ιδ' τίτλ. τοῦ κη' βιβλ. ταῦτα διοριζόμενος· "Εἰ δὲ ἀδιάθετος ὁ παῖς τελευτήσει, ἤδη πρὸς δευτέρους ἐλθούσης γάμους τῆς μητρὸς ἢ καὶ ὕστερον ἐρχομένης, καλείσθω μὲν καὶ αὐτὴ μετὰ τῶν τοῦ παιδὸς ἢ τῆς παιδὸς ἀδελφῶν ἢ ἀδελφοπαίδων, προσωπικῶς δηλονότι κατὰ τὴν ἡμετέραν διάταξιν ἐξ ἀδιαθέτου πρὸς τὴν ἐκείνου διαδοχήν. Ἀλλ' ὅσα μὲν ἐκ πατρῴας οὐσίας εἰς τὸν παῖδα περιῆλθον, τούτων μόνην ἐχέτω τὴν χρῆσιν εἰς δευτέρους ὅλως· ἢ πρῶτον ἢ ὕστερον ἀφικομένη γάμους· εἰς δὲ τὰ λοιπὰ πάντα πράγματα, ὁπόσα ἔξωθεν ἦν τῷ παιδὶ παρὰ τὴν τοῦ πατρὸς διαδοχήν, ἐρχέτω κατὰ τὴν κλῆσιν τὴν ἡμετέραν ἣν αὐτίκα ἐροῦμεν". Ἐν δὲ τῷ λδ' κεφ. τοῦ α' τίτλ. τοῦ μβ' βιβλ. ταῦτα· "Ὁσάκις μήτηρ υἱὸν κληρονομήσει ἴδιον ἢ θυγατέρα ἐξ ἀδιαθέτου, εἰ μὲν μὴ δευτερογαμήσῃ, τὰ μὲν ἔξωθεν εἰς τὸν υἱὸν περιελθόντα πράγματα ἐχέτω· ὅσα δὲ ἐκ τῆς τοῦ πατρὸς οὐσίας εἰς τὸν υἱὸν ἦλθον, τούτων τὴν χρῆσιν ἐχέτω· τὴν δὲ δεσποτείαν φυλαττέτω τοῖς ἀδελφοῖς καὶ ταῖς ἀδελφαῖς τοῦ τελευτήσαντος παιδός, τοῦτο κρατείτω καὶ ἐπὶ τῶν ἄλλων πραγμάτων, [f. 116] ἅπερ ἐκέρδανε παρὰ τοῦ πρώτου ἀνδρός· ἡ δευτερογαμήσασα γυνή". Ἐν δὲ τῷ α' κεφ. τοῦ ιδ' τίτλ. τοῦ κη' βιβλ. ταῦτα ῥητῶς· "Ὥστε εἰ πλειόνων ὄντων παίδων τελευτήσειεν εἷς, εἰ μὲν ἔχοι παῖδας, ἐπ' ἐκείνοις φέρεσθαι τὸν κλῆρον, τοῦτο ὅπερ πολλάκις εἰρήκαμεν· εἰ δὲ οὐκ ἔχει παῖδας, μὴ πάντως εἰς τοὺς ἀδελφοὺς· τὸ πᾶν ἔρχεσθαι, ἀλλ' ὅσον ἐκ τοῦ συμφώνου τοῦ ἐξ ἀπαιδίας ἐγένετο τῷ γεγεννηκότι, τοῦτο αὐτὸν κερδαίνειν, τὸ λοιπὸν δὲ συγχωρεῖν ἔρχεσθαι ἐπὶ τοὺς τοῦ παιδὸς διαδόχους, εἴτε ἀδελφοὶ κατεστήκεισαν, εἴτε ἐξωτικοὶ τυχόν, ὅπερ μάλιστα ἐπὶ μητρὸς συμβαίνει, εἴτε καὶ ἀδιάθετοι τελευτήσκειεν, εἴτε διάθοιντο". Ἐν δὲ τῷ ιζ' κεφαλ. τοῦ αὐτοῦ βιβλ. καὶ τίτλ. ταῦτα· "Θεσπίζομεν τοῦτο, ὅπερ ἔμπροσθεν ἡμῖν ἐπί τινος εἴρηται διατάξεως, ἵνα εἴ τις ἐπιδοίη πράγματα κ..ὰ προγαμιαίαν δωρεάν, εἰ μὲν ἅπαντα ἀκίνητα καθεστήκει, μόνη ἡ τούτων χρῆσις παρὰ τῇ μητρὶ πρὸς δευτέρους ἐλθούσῃ γάμους, καὶ αὐτὴ ταῦτα ἐκλέγει καὶ μὴ παραιτοῖτο, μήτε ἀπαιτοίη τοὺς παῖδας ὑπὲρ τῆς τούτων ἀποτιμήσεως τόκον, ἀλλ' ἐπιμελοῖτο τὰ αὐτῶν, καθόσον ὁ νόμος δίδωσι τῆς χρήσεως· οὖσι κυρίοις· φυλάττοι τὲ ταῦτα κατὰ νόμους τοῖς περιοῦσι παισίν, ἢ εἰ πάντες τελευτήσαιεν, κατὰ τὸν ἡμέτερον νόμον, τοῦ μὲν ἐξ ἀπαιδίας κάσου τῇ μητρί, τοῦ δὲ λειπομένου τοῖς τῶν παίδων κληρονόμοις φυλαττομένου „. Ἐπεὶ δὲ ἀμφίβολον καὶ περὶ τοῦ ἄνωθεν εἰρημένου θεωρέτρου, μέσον ἀνέκυψε τῶν μερῶν, τῶν μὲν ἐναγόντων λεβόντων, λαβεῖν τοῦτο τὴν Καλὴν, τῶν δὲ ἐναγομένων διισχυρομένων μὴ λαβεῖν, τετύπωται ἐντὸς τῆς προθεσμίας τοῦ ἀναγεγραμμένου τριακονθημέρου ἢ δι' ὅρκου ἢ ἄλλως ἀποδεῖξαι τοὺς ἐνάγοντας, ὅτι εἴληφεν ἡ Καλὴ τὸ θεώρητρον· εἰ δὲ μὴ δὲ πρὸ τοῦτο ἐντόνως διαγωνίσονται, μεῖναι καὶ τὰ περὶ τῆς τούτου ἀποφάσεως βέβαια.

ΝΔ'.

Περὶ τοῦ εἰ χρὴ συγκοινωνεῖν τοῖς περιτραπεῖσιν ἐν καιρῷ δυσχερείας καὶ προσελθοῦσιν Λατίνοις, καὶ τοῖς τούτων ἔθεσι | κοινωνήσασιν.

De illo: Si oporteat communicare cum iis qui tempore molestiarum perversi, ad Latinos accessere, eorumque moribus communicarunt.

Ἄξιος ἐπαίνων ὁ μοναχὸς Γρηγόριος ὁ τὴν ἐπωνυμίαν Οἰκοδομόπουλος ὁ τῆς εὐσεβείας καὶ τοῦ τῆς ἐκκλησίας θεσμοῦ συντηρήσεως ἕνεκεν μακρᾶς τε ὁδοῦ καὶ γήρως καταπερρονηκώς, τὴν καθ' ἡμᾶς ἱερὰν καὶ θείαν κατέλαβε σύνοδον· ζῆλος δὲ θεοῦ· οὕτω κινεῖν τὰς εὐσεβεῖς ψυχὰς παντῇ καὶ πάντως εἴωθεν, ἵνα δηλαδὴ καὶ τὸ καλὸν κατορθοῖτο καὶ τὰ τῆς ἀρετῆς αὐτῶν ἐκδηλότερα γίγνοιντο. Παραστὰς τοίνυν ὁ ῥηθεὶς μοναχὸς τῇ ἡμῶν μετριότητι προκαθημένῃ συνοδικῶς, ταῦτα σὺν κατανύξει προέθετο· ὡς ἐν τῷ ὄρει τῷ καλουμένῳ Ἄθῳ μετὰ τῶν ἄλλων βρυαι καὶ μοναὶ δυσὶ διαλέκτοις μεμερισμένον, ἔχουσα τὸ τῶν ἐν αὐτῇ μοναχῶν ἀσκουμένων ἄθροισμα, Γραικοὶ αὗται καὶ Ἴβηρες, οὕτω γὰρ δέδοκτο, φησί, τὸ (f. τῷ) ἐξ ἀρχῆς πεξαμένῳ τὴν τοιαύτην μονὴν μέχρι μὲν οὖν τῆς τῶν Ἰταλῶν κατὰ τῆς τῶν Ῥωμαίων ἐπιδρομῆς, τῶν μὲν ἄλλων πάντων ἐκοινώνουν ἀλλήλοις μετιόντες τὴν ἀσκητικὴν διαγωγὴν οἱ Γραικοί τε καὶ Ἴβηρες, τοῦ τῆς μονῆς πατρὸς τοῖς τύποις ἑπόμενοι, μόναις δὲ ταῖς γλώσσαις μεμερισμένοι ἐτύγχανον. Ἆρ' οὐ δὲ ἡ Λατίνη ἐξουσία καὶ τὸ διαληφθὲν ὑφ' ἑαυτὴν ἐποιήσατο, τὰ τῆς κοινωνίας αὐτῶν συνεσχέθησαν, πολλὴν μὲν γὰρ προέθεντο βίαν οἱ τῆς Ἰταλικῆς ἱερατείας προϊστάμενοι, ἵνα τὸ καθ' ἡμᾶς ἅπαν ἱερατικόν τε καὶ τὸ μοναχικὸν ὑποκλίνωσι τῇ ἐξουσίᾳ τοῦ Πάππα τῆς Ῥώμης, ὥστε καὶ ἀναφέρειν ἐκεῖνον ἐν τοῖς καιροῖς, καθ' οὓς εἰώθασι μνήμην τῶν ἀρχιερέων οἱ τοῦ βήματος τίθεσθαι, καὶ τοῖς ἔθεσι τῆς Ῥωμαϊκῆς ἐκκλησίας ἀκολουθεῖν. Πλὴν ὀλίγους εὗρον λίαν πάνυ πεισθέντας τοῖς αὐτῶν ἐπιτάγμασιν, ὅθεν καὶ τοὺς μὴ πειθομένους αἰκείαις τε καὶ παντοίαις κακώσεσι καὶ ταῖς εἰς περιουσίαν ζημίαις ἀνιλεῶς καθυπέβαλον, ἀλλ' οἵ γε Ἴβηρες μοναχοὶ τῇ βίᾳ μὴ ἀντιστάντες, ὡς θέμις, μηδὲ μικρόν τι μελήσαντες, εἴξαντες δὲ ἀγεννῶς τῷ τῶν Ἰταλῶν ἐπιτάγματι καὶ τῷ τοῦ Πάππα καρδιναλίῳ προσελθόντες ἐν Θεσσαλονίκῃ [f. 116] διάγοντι, ὅλους ἑαυτοὺς τῷ θελήματι τοῦ Πάππα παρέδωκαν καὶ τοῖς λατινικοῖς ἠκολούθησαν ἔθεσιν· αὐτίκα δὲ καὶ τὸ τῆς κοινωνίας σημεῖον ἔργῳ ἔδωκαν, τὴν τῶν χειρῶν ἑαυτῶν δηλαδὴ πρὸς τὰς ἐκείνων χεῖρας ἑκούσιον ἐμβολὴν, καὶ οὕτω τὴν μετὰ τῶν Γραικῶν μοναχῶν διαγωγὴν, συνέχεάν τε καὶ συνεθόλωσαν.

Ταῦτα περιπαθῶς ὁ μοναχὸς Γρηγόριος ἀφηγησάμενος ἐζήτει μαθεῖν εἰ ἀνεπιτίμητόν ἐστι τὸ κοινωνεῖν αὐτῷ καὶ τοὺς σὺν αὐτῷ καὶ τοὺς κατ' αὐτὸν τοῖς Ἴβηρσι μοναχοῖς τοῖς τὴν πρόσοδον πρὸς τὸν καρδηνάλιον καὶ δι' αὐτοῦ πρὸς τὸν Πάππαν ποιησαμένοις, ὡς εἴρηται· θράττειν γὰρ ἔλεγε τὰς καρδίας αὐτῶν, εἰ τὸ προσελθεῖν καὶ κοινωνῆσαι τοῖς Ἰταλοῖς, ταυτίζεται τῷ μὴ προσελθεῖν, ὡς καὶ εἰς μάταιον ἀποτελευτῆσαι, τότε ἀντιστῆναι καὶ τὸ ζημίαν τῶν ὑπαρχόντων ἐντεῦθεν παθεῖν τοῖς γε μὴ πειθαρχήσασιν.

Ἤκουσε δὲ παρά τε τῆς ἡμῶν μετριότητος καὶ τῆς συνεδριαζούσης αὐτῇ ἱερᾶς ὁμηγύρεως, ὡς κοινὰ μὲν ἡμῖν καὶ Ἰταλοῖς, τό τε βάπτισμα καὶ ἡ τῆς ἁγίας τριάδος ὁμολογία, τάδε ἀλλὰ τούτων διδάγματα¹) καὶ θρησκεύματα πρὸς τὰ καθ' ἡμᾶς πολὺ τὸ διάφορον²) ἴσχουσιν, ὧν δὴ τὰ μέγιστα καὶ ἀποβολῆς ἄξια, ἥ τε περὶ τὴν τοῦ ἁγίου Πνεύματος ἐκπόρευσιν ἀτοπία τῆς δόξης αὐτῶν, καὶ ἡ τῶν ἀζύμων προσαγωγὴ, ὧν ἕνεκα πάλαι τοῦ τῆς πρεσβυτέρας Ῥώμης Πάππα, οἱ λοιποὶ δ' πατριαρχικοὶ θρόνοι διέστησαν, καὶ ἕως ἄρτι τὴν διάστασιν ἔχουσίν, ἄρα τοίνυν ὁ ³) κοινωνῶν ἐκείνοις ἔν τε δόγμασι καὶ διδάγμασιν, ἄπερ ἡ ἡμετέρα μερὶς ἀπεβάλετο, ἐν οὐδενὶ πράγματι κοινωνήσει ἡμῖν, οὐδὲ ἔσται εἰς ἐξ ἡμῶν, ὡς ἀλλότριος λογιζόμενος, ᾧ γὰρ παριστάνετε ἑαυτοὺς, δοῦλοι ἐστέ· ᾧ ὑπακούετε ἢ ἁμαρτίας εἰς θάνατον ἢ ὑπακοῆς εἰς δικαιωσύνην, τοῦ θείου Παύλου βοῶντος· ἀκούομεν, ὁποίαν δὲ τὴν δύναμιν εἰς λόγον ἑνώσεως ἡ τῶν τινῶν χειρῶν εἰς ἑτέρων χεῖρας ἐμβολὴ καὶ ἀντεμβολὴ κέκτηται, ἡ πρὸς Γαλάτας τοῦ μεγάλου κήρυκος τούτου σαφηνίζει ἐπιστολή. Τότε δὴ φασκούσα· δεξιὰς ἔδωκαν ἐμοὶ καὶ | Βαρνάβα κοινωνίας, τουτέστι κοινωνοὺς ἡμᾶς αὐτοῖς, οἱ περὶ Πέτρον ἐποιήσαντο εἰς τὸ κήρυγμα· διὰ τοῦτο γὰρ

καὶ δεξιὰς ἔδωκαν, σαφῶς παριστῶντες, ὡς ἀρέσκονται ἐπὶ τῷ τούτων κηρύγματι, μηδεμίαν πρὸς τῷ ἐκείνων διαφορὰν ἔχοντι ἀλλὰ καθολικὴν τὴν ταυτότητα φέροντι. Εἰ τοίνυν ἡ τῶν δεξιῶν ἐπὶ τῶν ἀποστόλων ἀντεμβολὴ τὸ κοινὸν ἐδήλου καὶ ταυτὸν τοῦ κηρύγματος, ἆρά γε ὁ κατὰ τοῦτον τὸν τρόπον ἑαυτὸν τινὶ παρατιθέμενος, δῆλός ἐστιν, ὡς τὰ καθ' αὑτὸν τοῖς ἐκείνου καὶ τρόποις καὶ δόγμασι καὶ διδάγμασιν ἀπαράλλακτ-ν ἐμόρρωσεν, ὅθεν φαμὲν ὡς μακάριστοι καὶ πολλῶν ἄξιοι ἐγκωμίων ϛ· τῇ ἀθέσμῳ βίᾳ τῆς Λατινικῆς ἐξουσίας εἴς γε τὴν μετάθεσιν τῶν καθ' ἡμᾶς ἱερῶν ἐθῶν, οὐδαμῶς ὑπετάγησαν, ἀλλὰ τὰ ἑαυτῶν προδόντες εἰς κάκωσιν σώματα καὶ τὰ αὑτοῖς ὑπάρχοντα διαπτύσαντες, ἵνα τῶν πατρῴων ἐθῶν προδόται μὴ γένωνται, μάρτυρες τῇ προαιρέσει λαμπροὶ, λαμπρῶς ἀνεφώνησαν, οἷς εὖ οἴδαμεν, οὕτω θεαρέστως ἠγωνισμένοις καὶ τὴν πίστιν τετηρηκόσιν ὁ τῆς δικαιοσύνης πλακήσεται στέφανος. Οὕτω μὲν οὖν, ὡς εἴπομεν, οὗτοι μακάριοι· κατάκριτοι δὲ τὸ ἔμπαλιν καὶ ἀπόβλητοι οἱ τοῦ καιροῦ τούτου γεγονότες· ἥττονες καὶ τὸν Ἰούδαν ζηλώσαντες, ὃς τὴν τοῦ Χριστοῦ μαθητείαν καὶ οἰκειότητα καὶ τὴν διὰ τοῦ Πνεύματος τῶν θαυμάτων ἐνέργειαν σὺν αὐτῷ γε τῷ διδασκάλῳ μικρᾶς καὶ φθειρομένης ὕλης ἀπέδοτο. Ἔτι γε μὴν καὶ τὸν εὐαγγελικὸν εἰκονίσαντε σπόρον, ὃς ἐπὶ τὸ πετρῶδες πεσὼν ἡλιακαῖς ἐκκαυματίσθη βολαῖς· καὶ διὰ τὸ μὴ ἔχειν ῥίζαν ἐξέραντο καὶ ἄκαρπος ἔμεινε, τοῦ λόγου δηλοῦντος τοὺς ἐν καιροῖς πειρασμῶν τε καὶ διωγμῶν τὴν τῆς πίστεως ἀποβαλλομένους ἰσχύν, καὶ πρὸς τὰ δυσχερῆ τὴν ὑπομονὴν μηδόλως ἱστῶντας, ἀλλὰ ῥᾷστα τοῖς καιροῖς ὑπεισιόντας.

Καὶ τοίνυν ἀποκρινόμεθα, ὡς οὐκ ἐξὸν ἐστὶ ἐν οὐδενὶ κοινωνεῖν τοὺς Γραικοὺς τοῖς Ἴβηρσι μοναχοῖς, καὶ ὅσοι τούτοις ὁμόφρο-

---

¹) Cod. διατάγματα corr. in marg. — ²) In marg. σημείωσαι, ἄρα ἀναγκαιότατα. — ³) Cod. ςἱ

νες, ὡς ἀναμαξαμένοις [f. 117] τῶν Ἰταλικῶν ἐθῶν τε καὶ θρησκευμάτων, ὅσα τῆς καθ' ἡμᾶς ἁγίας γεγόνασιν ἔκβλητα· οὔτε γὰρ ἐν προσευχαῖς οὐδέποτε οὐδαμῶς τούτοις συστήσονται, οὔτε ἀλλήλοις, ἢ τῶν θείων ἁγιασμάτων, ἢ προβολῆς ἡγουμενικῆς, καὶ ἑτεροίων τοιωνδέτινων μεταδώσουσιν ἅπερ ἂν ἴσως ἦσαν πρώην κοινὰ τούτοις ἐκ συνηθείας μακρᾶς ἐκφερομένης τοῖς κατ' αὐτοὺς τυπωτικοῖς παραγγέλμασιν. Εἰ μήποτε δεῖ γὰρ καὶ τοῦτο προσθεῖναι διὰ τὸ φιλάνθρωπον ἔθος τῆς ἐκκλησίας, μετανοήσαντες οἱ οὕτω παρανομήσαντες καὶ νηστείαις καὶ δάκρυσι, καὶ ταῖς εἰς τὸ θεῖον δεήσεσι τῶν ἐκεῖθεν κηλίδων καλῶς καθηράμενοι, καὶ οἷς ἐμολύνθησαν ἀπὸ καρδίας ἀποταξάμενοι, πρὸς τὰ ἔθη τε καὶ διδάγματα τῆς καθ' ἡμᾶς ἁγίας ἐκκλησίας πάλιν δρομήσουσιν.

ΝΕ'.

Περὶ προικὸς, θεωρέτρου καὶ ὑποβόλου καὶ τῶν λοιπῶν κερδῶν καὶ τῶν ἀμνημονεύτων, καὶ περὶ τῶν καρπῶν.

De dote, de munere ante nuptias et de hypobolo, et de reliquis lucris, et de praetermissis et de fructibus.

Παρέστη τὴν σήμερον τῇ ἡμῶν μετριότητι προκαθημένῃ συνοδικῶς· ὁ ἀπὸ τῆς Βερροίας ὁρμώμενος Δημήτριος, ᾧ ἡ ἐπίκλησις Προκοπᾶς, ἀπ' ἐντολῆς τῆς γνησίας αὐταδέλφης αὐτοῦ Ἄννης, καὶ λύσιν λαβεῖν ᾐτήσατο τῶν ἀμφιβόλων, ἃ μεταξὺ τῆς τε ταύτης αὐταδέλφης αὐτοῦ καὶ τῶν συγγενῶν τοῦ ἀποβεβιωκότος ἀνδρὸς αὐτῆς Νικολάου ἀνέκυψαν. Καὶ ἐπειδὴ κατὰ τὸ εἰκὸς προσεδέχθη ἡ τούτου πρόσοδος (τῶν γὰρ πατέρων ἐστὶ καὶ τῶν πρεσβυτέρων ἐπερωτωμένων, ἀπαγγέλλειν τοῖς μαθητείωσιν, ἃ μαθεῖν χρῄζουσι, κατὰ τὸ θεῖον παράγγελμα) τὰ δοκοῦντα οἱ προσφέρειν ἐπὶ τῆς καθ' ἡμᾶς ἀκροάσεως ἐπιτέτραπται.

Καὶ δὴ ἐξετίθετο, ὡς ἡ αὐταδέλφη αὐτοῦ Ἄννα νόμῳ γάμου τῷ ἀναγεγραμμένῳ Νικολάῳ συνοικήσασα, παιδίον ὑπ' αὐτῷ ἄρρεν ἐγγείνατο. Τρίετες ἤδη δ', Κωνσταντῖνος τούτῳ τοὔνομα, θνήσκων δὲ ὁ τούτου πατὴρ διαθήκας γράφει, καὶ τῷ μὲν υἱῷ καταλιμπάνει μέρος τῆς οὐσίας αὐτοῦ, ὅσον ἡ τούτου διαθήκη παρίστησι. Τῇ γυναικὶ δὲ αὐτοῦ Ἄννῃ μόνην ψιλὴν τὴν ἰκάνωσιν τῆς προικὸς αὐτῆς ἀπὸ τῶν πραγμάτων αὐτοῦ γενέσθαι διακελεύεται, μηδαμῶς μνησθείς· μήτε ὑποβόλου, μήτε θεωρέτρου, μήτε ἄλλου τινὸς τῶν ταῖς γυναιξὶν ἀπὸ τελευτῆς τῶν ἀνδρῶν διαφερόντων κερδῶν γαμικῶν. Ταῦτα εἰπὼν ἐνεφάνισεν ἴσον τοῦ τε διατάγματος πεπιστωμένον παρὰ τοῦ ἱερωτάτου ἐπισκόπου Βερροίας, καὶ τὸ γαμήλιον συμβόλαιον, ὃ δὴ καὶ ἀναπτυχθὲν, ἐφαίνετο μετὰ τῶν ἄλλων καὶ θανάτου μεμνημένων καὶ τῶν εἰωθότων ἐπὶ τούτῳ συμφωνεῖσθαι· ὧν τὸ τελευταῖον ἐπ' αὐτῶν τῶν λέξεων ταῦτα διηγόρευεν οὑτωσί· "Εἰ δὲ ἐπὶ παιδίῳ τις ἐξ αὐτῶν τοῦ ἑτέρου προκαπέλθῃ, κληρονόμος ὁ ἀπολειφθεὶς ἔσται τοῦ τελευτήσαντος κατὰ τὴν τῶν νόμων διατύπωσιν, διατιθέμενοι τὰ ἑαυτῶν, καθὼς θελήσεως ἔχουσι".

Καὶ ἐπὶ τούτοις ἐζήτει μαθεῖν ὁ εἰρημένος Δημήτριος· εἰ ἁρμόζει τῇ αὐταδέλφῃ αὐτοῦ τό τε ὑπόβολον καὶ τὸ θεώρετρον, καὶ εἰ παρεμποδίζεται ὑπὸ τῆς διαθήκης εἰς τὴν αὐτῶν διακατοχὴν, ἐκ τοῦ μεμνῆσθαι τούτων, διαθέμενον τὸν ἄνδρα αὐτῆς, καὶ ἐφ' ὅσῃ ποσότητι ἐκ τῆς οὐσίας τοῦ ἀνδρὸς τὸ θεώρετρον θεωρεῖται. Ναὶ μὴν καὶ ἐὰν εὑρίσκωνται πράγματα έκείνου έξω της διαθήκης μη έγκαταγραφέντα αύτη, εί προσήκει τῷ υίῷ αύτοῦ τῷ άναπεφωνημένῳ Κωνσταντίνῳ έπ' αύτοῖς διακατοχή, καὶ πρός γε εἰ διαφέρουσι ταύτη καὶ οἱ καρποὶ τῶν τῆς προικὸς αὐτῆς ἀκινήτων τοῦ τελευταίου χρόνου, ἐπειδὴ ἔγκαρπα τὴν ἀρχῆς ταύτης παρέλαβεν ὁ ἀνήρ. Ἀλλὰ τὰ μὲν τῆς ἀφηγήσεως τοῦ ἀναγεγραμμένου Δημητρίου ἦσαν ἐν τούτοις.

Ἡ μετριότης δὲ ἡμῶν μετά γε τῶν συνεδριαζόντων αὐτῇ ἱερωτάτων ἀρχιερέων, ἐν Κυρίῳ ἀγαπητῶν ἡμῖν ἀδελφῶν καὶ συλλειτουργῶν, τὰ τοῦ πράγματος διασκεψάμενα, τοιάνδε πρὸς τὰ ἀφηγηθέντα τὴν ἀπόκρισιν ἐποιήσατο.

Ὡς ἔδει τὸν ἀπελθόντα ἐκεῖνον Νικόλαον διαθήκας γράφοντα μνησθῆναι καὶ τῶν ἐν τῷ συμβόλῳ συμπεφωνημένων αὐτῷ καὶ ἀκολούθως [f. 118] πρὸς ταῦτα ἰθύναι τὸν λόγον τῶν οἰκείων διαθηκῶν· ἐπεὶ δὲ παρεγκεκλιμένως διέθετο, τὸ γαμικὸν αὐτοῦ συμβόλαιον ἀθετήσας, τὰ μὲν ἄλλα τῆς τοιαύτης διαθήκης ἔσονται οὕτως ὡς ἄρα καὶ διετάχθησαν· εἰ μέντοι τὰ ἁρμόζαντα τῇ Ἄννῃ γαμικὰ κέρδη ἀμάχως τὰ τοῖς νόμοις δοκοῦντα, γενήσονται· μεθ' ὑπεξαίρεσιν γὰρ τῆς ἱκανώσεως τῆς προικὸς τοῦ ἀρραβῶνός τε καὶ τοῦ θεωρέτρου ἀποκατασταθήσεται αὕτη εἰς μὲν τὸ συμπεφωνημένον ὑπόβολον, ὡς παρὰ τοῦ νόμου αὐτῇ χρεωστούμενον, ὥστε τὴν χρῆσιν τούτου ἔχειν, καὶ εἰ μή γε δευτέροις ὁμιλήσασα γάμοις· καὶ τὴν δεσποτείαν, ἐφ' ὅσον δηλαδὴ ἑνὸς μοίρας παιδὸς ἀνάλογον ποιεῖ, διά γε τὴν παιδοποιΐαν αὐτῆς. Εἰς δὲ τὸν ἀρραβῶνα καὶ τὸ θεώρετρον, ὡς καταδεσποτείαν, ταύτῃ προσήκοντα, ἐπειδήπερ τοῦ μὲν ἀρραβῶνος καὶ τοῦ θεωρήτρου κυρίαν εἶναι τὴν γυναῖκα τοῦ συναλλάγματος καταβολῆς οἱ νόμοι διακελεύονται, ὡς τοῦ μένειν τοῦ ἀρραβῶνος δηλονότι ἅμα τῇ μνηστείᾳ ταύτῃ ἐφαρμόσαντος· Τοῦ δὲ θεωρήτρου ἅμα τῇ τελείᾳ ἱερολογίᾳ τοῦ γάμου καὶ μηδὲν ἀμφοτέρων

διαφερόντων τῆς οἰκείας περιουσίας αὐτῆς. Τὴν γε μὴν ἀπαίτησιν τοῦ ὑποβόλου τό τε χώραν ἔχειν, ὁπηνίκα προτελευτήσῃ τῆς γυναικὸς ὁ ἀνήρ· τούτων δὲ οὕτως· ἐκ τῆς οὐσίας τοῦ ἀνδρὸς ὑπεξαιρεθέντων, αἱ λοιπαὶ ἀποκαταστάσεις· καὶ τὰ λεγάτα κατὰ τὰ διατεταγμένα, τούτῳ γενήσεται καὶ εἰς βεβαίωσιν τοῦ λόγου, γυμνῶν αὐτῶν τοῦ νόμου ῥημάτων ἀκούειν ἐστὶν ἐξόν· φησὶ γὰρ ἐν τῷ α' κεφαλ. τοῦ δ' τίτλ. τοῦ κθ' βιβλ. τῶν βασιλικῶν ταῦτα αὐτολεξεί "Τὴν διὰ τοὺς γάμους δωρεάν, συνάλλαγμα ἰδικὸν εἶναι τε καὶ κρίνασθαι, καὶ μὴ τοῖς ἄλλαις δωρεαῖς αὐτὴν ἀριθμεῖσθαι, διὰ τοῦ παρόντος νόμου θεσπίζομεν, ἐπειδὴ ἀντ' αὐτῆς ἰσότης προικὸς δίδοται· εἴτε τοίνυν γένηται ἐπὶ πράξεως ὑπομνημάτων ἐμφανής, εἴτε μή, κελεύομεν αὐτὴν διὰ πάντων τὴν ἰδίαν ἔχειν ἰσχύν, ὅσον πρὸς τὴν γυναῖκα, εἴτε παρ' αὐτοῦ τοῦ ἀνδρός, εἴτε παρ' ἑτέρου τινὸς τῇ γυναικὶ ἐπιδίδοται, εἴτε καταγράφεται, ἤγουν εἰς τὸ τοῦ ἀνδρὸς προσώπου ἡ δωρεὰ γίνεται, ἐφ' ᾧ τὰ αὐτὰ πράγματα εἰς γαμικὴν καταγράψαι δωρεάν„. Ἡ ποσότης δὲ τοῦ θεωρήτρου ἐκφωνημένη μὲν παρὰ τῶν συναλλασσόντων τοσαύτη, δίδοται μὴ ἐκφωνημένη δὲ τῷ ὑποβόλῳ φύσιν ἔχει συνεξακούεσθαι. ἂν ἐκ τῆς οὐσίας τοῦ ἀνδρὸς ἐκλογόμενοι οἱ νομοτριβούμενοι, τουδὶ δὲ τὸν περὶ ταύτης λόγον προφέρουσιν. Ἔστω, φασί, λόγου χάριν ἡ προῖξ τιμωγένα νομίσματα λίτρας· μιᾷ· τῷ ἡμίσει ταύτης κατὰ νόμους ἐξισούμενον εὑρίσκεται τὸ ὑπόβολον· τὸ ἕκτον γοῦν τοῦ τοιούτου ἡμίσεως λογίζεται εἰς θεώρετρον, ὅπερ ἐστὶν νομίσματα ἐξ ὕπερ δὲ κατελείφθησαν ἀμνημόνευτα πράγματα τοῦ πολλάκις ῥηθέντος Νικολάου, ἐπεὶ δὴ κληρονόμον ἢ τούτου διαθήκη τὸν υἱὸν αὐτοῦ Κωνσταντῖνον ἔνστατον ἐξερώνησε καὶ τῶν ἀμνημονεύτων αὐτὸς· οὗτος ἀντιποιήσεται, καθὰ δὴ κληρονόμος· τῷ γὰρ ἀσωμάτῳ τῆς κληρονομίας, ταῦτα σαφῶς ἐνεπάγησαν. Περὶ τῶν καρπῶν μέντοι φησὶ τὸ α' κεφαλ. τοῦ α' τίτλ. τοῦ κθ' βιβλ. ταῦτα ρητῶς· " Ὁ ἀνὴρ τοὺς καρποὺς τῆς προικὸς λαμβάνει, διὰ τὰ βάρη τοῦ γάμου· οἱ μέντοι πρὸ γάμου ληφθέντες τῆς προικὸς γίνονται, εἰ μὴ τὸ ἐναντίον συνεφωνήθη. Τότε γὰρ καὶ δωρεᾶς γινομένης οὐκ ἀποδίδοντι, καὶ ὅτι ἡ προὶξ ἐν συνεστῶτι τῷ γάμῳ τοῦ ἀνδρὸς γίνεται· σκοπεῖν γοῦν χρεὼν ἐκ τῶν ῥημάτων τούτων τοῦ νόμου, ὡς τοῦ γάμου συνεστῶτος, οἱ καρποὶ τῆς προικὸς τοῦ ἀνδρὸς γίνονται„. Λυθέντος δὲ, πρὸς τὴν γυναῖκα ὁρῶσιν, εἰ γοῦν καὶ ὁ Νικόλαος πρὸ τῆς εἰσόδου τῶν καρπῶν τέθνηκε, ἄρα οἱ καρποὶ μέρος τῆς προικὸς ἔσονται, καθάπερ δὴ καὶ οἱ πρὸ γάμου ληφθέντες, ὡς ὁ νόμος ἐθέσπισεν.

ΝΣΤ'.

Περὶ ἀλληλοκληρονομίας, καὶ τῶν ἐξ ἀδιαθέτου καλουμένων κλήσεων, καὶ τοῦ ἐξ ἀπαιδίας κάσου·

De mutua haereditatis successione, et de sic dictis vocationibus ab intestato, et de casu orbitatis liberorum.

Ὁ δὲ Ἀβονίτης Νικόλαος τοιάνδε τινὰ πρὸς ἡμᾶς ἀφήγησιν ἔθετο. Ὡς τῷ πενθερῷ αὐτοῦ τῷ Βασιλείῳ δύο θυγατέρες γενόμεναι, ἡ μὲν πρώτη συνεζύγη νομίμως αὐτῷ, ἐκπροικισθεῖσα παρὰ τοῦ πατρὸς αὐτῆς, ἤγουν τοῦ Βασιλείου· ἡ δευτέρα δὲ κληρονόμος· [f. 119. τῶν ἐκείνου ἀποκατασταθεῖσα, συνήφθη ἀνδρὶ τῷ Ἰωάννῃ· αὕτη δὴ ὑπὸ τούτῳ παίδων μήτηρ γενομένη τριῶν, εἶεν αὐτοὺς ἔτι νέους ὄντας καὶ ἁπαλοὺς πρὸ αὐτῆς ἅπαντας θνήξαντας· καὶ οὕτως ἀθρόον ἄτεκνος γέγονεν· ὕστερον δὲ τούτοις ἐπανῆλθε καὶ αὐτή. Νῦν οὖν ὁ ἐκείνης ἀνὴρ ὁ Ἰωάννης πειρᾶται κληρονομῆσαι τὰ ἐκείνης ἅπαντα, μὴ πειθόμενος ὑπεκστῆναι τῆς διατοχῆς αὐτῶν, τῇ αὐταδέλφῃ ἐκείνης ἤγουν τοῦ Νικολάου ὁμευνέτιδι, ὡς κληρονόμῳ αὐτῆς· οὔτε δὲ συμβόλαια προτέθησαν γαμικά, ὅτι τὸ μέσον αὐτῶν συνάλλαγμα γέγονεν, οὔτε τις ἀπὸ συμφωνίας ἐπηρωτήθη ποσότης κέρδους τινὸς ἑνὶ τούτων μετὰ θάνατον θατέρου ἁρμόζειν ὀφείλοντος, ἀλλ' οὐδὲ ἐκείνη τελευτῶσα διετάξατό τι περὶ τῶν ἑαυτῆς, ὥσπερ δὲ ἅπαις, οὕτω καὶ ἀδιάθετος τὸν βίον κατέλυσε. Πρὸς ταῦτα τοίνυν ὁ δὲ Ἀβονίτης Νικόλαος διαπορούμενος ἐζήτει παρ' ἡμῶν δι' ἀποκρίσεως νομίμου λύσιν τῆς ἀπορίας ταύτης εὑρεῖν.

Ἡμεῖς δὲ προσχόντες τῇ ἀφηγήσει αὐτοῦ, ταῦτα οὕτως ἀποκρινόμεθα. Ὡς ἡ ἐπελθοῦσα τοῖς εἰρημένοις παισὶ πρὸ τῶν γονέων αὐτῶν τοῦ θανάτου δρεπάνη, ἀτεκνίαν τε αὐτοῖς ἐνειργάσατο, καὶ τὸ ἕνεκα τῶν τέκνων ἁρμόζον θατέρῳ τούτων κληρονομικὸν δίκαιον συνεξέτεμε, τῆς μητρὸς οὖν οὕτω ἐπ' ἀτεκνίᾳ θανούσης, τῶν παίδων ἡ κληρονομία τῷ πατρὶ ἄπρακτος πέφηνε. Τότε γὰρ ὁ πατὴρ κληρονομεῖ τελευτώντων τῶν ἀνήβων αὐτοῦ παίδων, ἢ ὑπεξουσίων, ὅτε τούτων ἡ μήτηρ πρὸ αὐτῶν τῷ χρεὼν λειτουργήσειεν· εἰ δὲ πρὸ τῆς μητρὸς παῖδες ἀπέλθωσιν, ἡ μὲν ἀτεκνία παρρησιάζεται, διὰ δὲ τὴν ἀτεκνίαν ἡ κληρονομία τῆς μητρὸς ἀδιαθέτου τελευτησάσης· ἁρμόζει τοῖς ἐκ τοῦ νόμου καλουμένοις· εἰς ταύτην προσποιεῖ κατὰ τὴν τάξιν αὐτῶν. Εἰ δὲ καὶ ἑαυτῷ τὴν ἐξ ἀδιαθέτου κληρονομίαν αὐτῆς γυναικὸς αὐτοῦ ἁρμόζειν ὁ Ἰωάννης οἴεται, ἀλλ' οὐχ ἁπλῶς, οὐδὲ τοῦτον νενομοθέτηται γίνεσθαι | τότε γὰρ ἀλλήλους ὁ ἀνὴρ καὶ ἡ γυνὴ κληρονομοῦσιν, ὅταν οὐκέτι ὦσιν οἱ πρὸ αὐτῶν παρὰ τοῦ νόμου καλούμενοι· καὶ ὅτι ταῦθ' οὕτως ἔχει, ἔξεστιν ἀριδήλως ἀπὸ τοῦ νόμου μαθεῖν. Φησὶ γὰρ ἐν βιβλ. τῶν βασιλικῶν με΄ τίτλ. β΄ κεφ. λς΄ ταῦτα ῥητῶς· "Πρώτη μὲν ἐξ ἀδιαθέτου κλῆσις ἐστὶν ἡ τῶν κατιόντων· δευτέρα ἡ τῶν ἀνιόντων· τρίτη ἡ τῶν ἐκ πλαγίου· τετάρτη ἡ τοῦ ἀνδρὸς καὶ τῆς γυναικὸς, εἴτε μὴ ἔστι διαθήκη ἢ ἔστι μὲν, οὐκ ἠτάθη δὲ ἐξ αὐτῆς ἡ καὶ κατ᾽ αὐτῆς διακατοχή„. Ἐν δὲ τῷ ε΄ τίτλ. τοῦ αὐτοῦ βιβλ. φησίν· " Ἀνὴρ καὶ γυνὴ ἐξ ἀδιαθέτου ἀμοιβαδὸν ἑαυτοῖς εἰς ὁλόκληρον κατὰ τὸ ἀρχαῖον νόμιμον ὑπεισερχέσθωσαν, ὁσάκι ἀργεῖ πᾶσα ἀνιόντων ἢ κατιόντων ἢ συγγενῶν νόμιμος ἢ φυσικὴ διαδοχή, τοῦ δημοσίου ἀποκλειομένου„.

Ζήτει καὶ κεφ. ξη΄ τοῦ η΄ τίτλ. τοῦ κη΄ βιβλ. οὕτω διοριζόμενον " Ἐὰν γυνὴ παρὰ πολεμίοις ἐστὶν, οὐ δύναται ὁ ἀδελφὸς αὐτῆς ἀπαιτῆσαι τὴν προῖκα. Ἐὰν δὲ ἐτελεύτησε, καλῶς ὁ ἀδελφὸς ὡς κληρονόμος τὴν προῖκα αὐτῆς λαμβάνει„.

Ἐπεὶ γοῦν τῇ ἀποιχομένῃ συζύγῳ τοῦ διαληφθέντος Ἰωάννου, ἐστιν ἀδελφὴ ἡ σύνευνος τοῦ ἀναπεφωνημένου Νικολάου, καλῶς αὐτὴ μὲν κατὰ τὸν νόμον εἰς τὴν διαδοχὴν τῶν ἀδελφικῶν αὐτῆς πραγμάτων ἐξ ἀδικαιώτου ἐλεύσεται. Ὁ δὲ Ἰωάννης ταύτης ἀποκλεισθήσεται, εἰς μόνον δὲ τὸν ἀπὸ τελευτῆς κάσον δικαιωθήσεται, κἂν σύμφωνον. Περὶ τούτου, ὡς ἡ ἀφήγησις περιέχει, οὐ γέγονεν· εἰ γὰρ καὶ συμφώνου χωρὶς κάσος οὐκ εἴωθε γίνεσθαι, ἀλλ᾽ οὐ παρὰ τοῦτο καὶ ὁ Ἰωάννης ἔκπτωτος τούτου κριθήσεται, συγγνωστὸν γὰρ τὸ κατὰ χώραν ἀσύνηθες, εἴη δ᾽ ἂν ποσότης τοῦ ἀπὸ τελευτῆς κάσου τοῦ μέλλοντος κερδανθῆναι παρὰ τοῦ Ἰωάννου τὸ τρίτον τῆς προικὸς μέρος. Ὃ καὶ λήψεται οὗτος, καὶ περὶ τούτου λαβεῖν οὐδ᾽ ὅλως συγχωρηθήσεται, τῶν περιελθόντων αὐτῷ ὅθενοῦν, εἴτε καὶ ἐν ζωῇ τῆς γυναικὸς, εἴτε καὶ μετὰ θάνατον, ἤτοι ἐκ δωρεᾶς, ἢ ἀπὸ λεγάτου, ἢ ἐξ ἰδίων ἀναλωμάτων καὶ κόπων, οὐκ ὀφειλόντων εἰς τὸν τῆς προικὸς λογίζεσθαι [f. 120] μερισμόν· ὅτι δὲ τριῶν κάσων ὄντων τοῦ ἀπὸ τελεύτης, τοῦ ἐξ ἀπαιδίας, καὶ τοῦ ἀπὸ διαζυγίου, ὁ ἀπὸ τελευτῆς ἁρμόζει τῷ Ἰωάννῃ ἐκ τῶν προικιμιαίων πραγμάτων τῆς συζύγου αὐτοῦ παρίσταται τοῦτο ἀπὸ τοῦ νδ΄ κεφ. τοῦ η΄ τίτλ. τοῦ κη΄ βιβλ. φάσκοντος οὕτω ῥητῶς· " Ἐὰν γενικῶς ἐπερωτήσωσε τὴν προῖκα, ὅτε ὁπωσοῦν συνοικεῖν σοι παύσεται Μαρία καὶ αἰχμαλωτισθῇ ἢ περιορισθῇ, βεβαίουται ἡ ἐπερώτησις· τὰ δὲ ἐκ τελευτῆς, οὐ μὲν τὰ ἀπὸ διαζυγίου σύμφωνα χώραν λαμβάνει„. Φασὶ δὲ καὶ οἱ παλαιοὶ τουτὶ τὸ κεφάλαιον ἑρμηνεύοντες, ὡς ἐὰν ἀνὴρ συμφωνήσῃ κερδᾶναι κάσον, εἰ μὲν ῥητῶς εἴπῃ τὸν ἀπὸ τελευτῆς, ἢ τὸν ἐξ ἀπαιδίας, ἢ τὸν ἀπὸ διαζυγίου, ἐκεῖνος νοεῖται. Εἰ δὲ γενικῶς εἴπῃ ἵνα κερδήσῃ κάσον, ἕτερος τοῦτο οὐ νοεῖται, εἰ μὴ ὁ ἀπὸ τελεύτης· ἡ αἰχμαλωσία δὲ καὶ ὁ περιορισμὸς εἰς ἴσον ἥκουσι τῷ θανάτῳ. Ἐνταῦθα γοῦν, ἐπεὶ διὰ μὲν τὸ ἀσύνηθες· οὐ συμπεφώνηκε κάσος, ἤτοι κέρδος, διὰ δὲ τὸ φύσει δίκαιον ἔξεστι τῷ Ἰωάννῃ, κερδῆσαί τι ἀπὸ τῆς προικὸς, ἁρμόσει αὐτῷ κατὰ τὸν νόμον ὁ ἀπὸ τελευτῆς κάσος, ἤγουν τρίτον, ὡς εἴρηται, μέρος αὐτῆς, κἂν οὔτε ῥητῶς, οὔτε γενικῶς συμπεφώνηται.

ΝΖ'.

Περὶ δευτερογαμούσης καὶ τῆς ἀνηκούσης αὐτῇ δεσποτείας καὶ χρήσεως, καὶ τῶν ἐξ ἀδιαθέτου κληρονόμων.

De muliere secundo nubente, et de dominio ad ipsam pertinente et de usufructu, et de haeredibus ab intestato.

Ὁ ἐν μοναχοῖς εὐλαβέστατος Δοσίθεος ὁ Κουρτίκης, παραστὰς τὴν σήμερον τῇ ἡμῶν μετριότητι προκαθημένῃ συνοδικῶς, ἐρώτησιν ἔθετο, διακίῳ τῆς χρηματισάσης συζύγου αὐτοῦ Μαρίας, τῆς θυγατρὸς τοῦ Κορτζηνοῦ, εἰ ἁρμόζει ταύτῃ ἐξ ἀδιαθέτου κληρονομία ἐπὶ τῇ θυγατρὶ τοῦ ἀποιχομένου αὐταδέλφου αὐτῆς Λέοντος, τῇ Ἄννῃ δηλονότι θανούσῃ, τῆς μητρὸς αὐτῆς πρὸ τοῦ θανάτου αὐτῆς ἐλθούσης εἰς δεύτερον συνοικέσιον, καὶ ἤκουσε παρά γε τῆς ἡμῶν μετριότητος καὶ τῶν συνεδριαζόντων αὐτῇ ἱερωτάτων ἀρχιερέων, ὡς αἱ τῶν φιλευσεβῶν νόμων διατάξεις, πολλαχῶς καὶ ποικίλως τὰ περὶ τῶν τοιούτων λεπτολογήσασαι, ταῦτα ὥσπερ ἐν πίνακι, καὶ περὶ μητρὸς εἰς δεύτερον ἐλθούσης γάμον, ἐστηλογράφησαν ἀκριβέστατα· ἐν γὰρ τῷ ιη' κεφ. τοῦ ιθ' τίτλ. τοῦ κη' βιβλ. τῶν βασιλικῶν ταῦτα ἐν μέρει φασίν· "Εἰ δὲ ἀδιάθετος ὁ παῖς τελευτάσει, ἤδη πρὸς δευτέρους ἐλθούσης γάμους τῆς μητρός, ἢ καὶ ὕστερον ἐρχομένης, καλείσθω μὲν καὶ αὐτὴ μετὰ τῶν τοῦ παιδὸς ἢ τῆς παιδὸς ἀδελφῶν ἢ ἀδελφοπαίδων προσωπικῶς, δηλονότι κατὰ τὴν ἡμετέραν διάταξιν, ἐξ ἀδιαθέτου πρὸς τὴν ἐκείνου διαδοχήν· ἀλλ' ὅσα μὲν ἐκ πατρῴας οὐσίας εἰς τοὺς παῖδας περιῆλθον, τούτων μόνην ἐχέτω τὴν χρῆσιν, εἰς δευτέρους ὅλως ἢ πρῶτον ἢ ὕστερον ἀφικομένη γάμους· εἰ δὲ τὰ λοιπὰ πάντα πράγματα, ὁπόσα ἔξωθεν ἦν τῷ παιδὶ παρὰ τὴν τοῦ πατρὸς διαδοχήν, ἐρχέσθω κατὰ τὴν κλῆσιν τὴν ἡμετέραν, ἣν αὐτίκα ἐροῦμεν, τινὸς ἐπανορθώσεως καὶ αὐτὴν δεομένην καὶ ταῦτα φαμὲν ἐπὶ τοῖς πράγμασι τοῖς ἔξω τῆς προγαμιαίας δωρεᾶς. Τὰ γὰρ ἐπ' ἐκείνοις νενομοθετημένα παρ' ἡμῶν, καὶ πρός γε παρὰ τῆς Λέοντος τοῦ τῆς εὐσεβοῦς λήξεως διατάξεως, ἀκέραια φυλάττομεν, ἐφ' οἷς μόνην ἡ μήτηρ ἕξει τὴν χρῆσιν καὶ ἐπικαρπίαν· ἀλλ' ἐπὶ τοῖς ἄλλοις πράγμασι ταῦτα νομοθετοῦμεν, καὶ τῷ ἑξῆς παραδιδόαμεν χρόνῳ, ὅσα μετὰ προγαμιαίαν δωρεὰν ἐστὶν ἐκ πατρὸς ἀφικόμενα τῷ παιδί, ἢ ἐξ ἄλλων αἰτιῶν ἐπί τε τῶν ἐκ διαθήκης, ἐπί τε τῶν ἐξ ἀδιαθέτου κλήσεων„.

Ἐν δὲ τῷ λδ' κεφ. τοῦ α' τίτλ. τοῦ με' βιβλίου ταῦτα· "Ὁσάκις μήτηρ υἱὸν κληρονομήσει ἴδιον ἢ θυγατέρα ἐξ ἀδιαθέτου, εἰ μὲν μὴ δευτερογαμήσει μετὰ τὴν τοῦ παιδὸς τελευτήν, μενέτω τέλειον ἔχουσα τὸ εἰς αὐτὸν περιελθὸν κέρδος. Ἐὰν δὲ δευτερογαμήσῃ, τὰ μὲν ἔξωθεν εἰς τὸν υἱὸν περιελθόντα πράγματα ἐχέτω ὅσα δὲ ἐκ τῆς τοῦ πατρὸς οὐσίας εἰς τὸν υἱὸν ἦλθον, τούτων τὴν χρῆσιν ἐχέτω τὴν δεσποτείαν δὲ φυλαττέτω τοῖς ἀδελφοῖς καὶ ταῖς ἀδελφαῖς τοῦ τελευτήσαντος παιδός· τοῦτο γὰρ κρατεῖ καὶ ἐπὶ ἄλλων πραγμάτων, ἅπερ ἐκέρδανε παρὰ τοῦ πρώτου ἀνδρὸς ἡ δευτερογαμήσασα γυνή„.

Ταῦτα τοῦ νόμου [f. 121] διακελευομένου, ἐπειδὴ ἡ δηλωθεῖσα Ἄννα, κατὰ τὴν τοῦ εἰρημένου μοναχοῦ ἀφήγησιν, καὶ ἀνδρὶ συνεζεύχθη, ὡς ιβ' ἔτος ἄγουσα τῆς ἡλικίας αὐτῆς, καὶ οὔτε ἐπὶ ἀδελφοῖς τοῦ αὐτοῦ πατρὸς ἢ ἀδελφόπαισιν, οὔτε μὲν ἐπὶ διατάγματι τὸν βίον ἐξέλιπε· τὴν μὲν χρῆσιν τῶν ἐκ πατρῴας οὐσίας ἀνηκόντων ἐκείνῃ καθέξει κατά τον νόμον ή γεννησαμένη ταύτην, μέχρι περίεστιν, ώς τής δεσποτείας τούτων διά τήν δευτερογαμίαν έκπίπτουσα· ούκ έκτοτε έπανελθείν οφειλόντων αυτών εις τού εξ αδιαθέτου κληρονόμους, ών τήν κλήσιν κατά τάξιν ή νομική ακρίβεια παραδίδωσι (*cod.* περίδωσι corr. *in marg.*), τών λοιπών δε πάντων πραγμάτων όσα έξωθεν τή τοιαύτη θυγατρί ταύτης προσήρμοσαν, και κατά χρήσιν και κατά δεσποτείαν, εγκρατής γενήσεται κατά τήν του νόμου διάταξιν.

ΝΗ'.

Περί του εί αρμόζει τοίς παισί και τοίς αδελφόπαισιν ή εξ αδιαθέτου κληρονομία επίσης.
De eo: an conveniat liberis et fratrum liberis haereditas ab intestato ex aequo.

Παρέστη ή από τού Πολόγου ορμωμένη χήρα γυνή, ής τούνομα Μαρία, και ανένηγκε τή ημών μετριότητι προκαθημένη συνοδικώς· δι' εγγράφου δεκτηρίου αυτής, ώς ό πενθερός αυτής δύο σχών υιούς, τόν τε συζευχθέντα αύτη και τον λοιπόν, εις τρεις μοίρας τήν υπόστασιν αυτού διεμέρισε· και τάς μεν δύο ανά μέρος τοίς δυσίν αυτού παισίν απεκλήρωσε, τήν δε τρίτην εαυτώ παρακατέσχεν, ώστε ει μεν εν τοίς ζώσιν ούτος περίεστιν, υπείναι ταύτην αυτώ· μετά θάνατον δε αυτού και ταύτην έπιμερίζεσθαι τοίς ειρημένοις· τούτου παισίν· αποθανόντος γούν, φησί, τού ειρημένου πενθερού αυτής, κατέσχε ό ανδράδελφος αυτής εξ ολοκλήρου τήν τοιαύτην μερίδα, μή παραχωρών τού ημίσεως ταύτης, αυτή τε και τοίς εξ αυτής· του αδελφού αυτού τέκνοις· ήδη δε και προς τούς γυναικαδέλφους αυτού ό τοιούτος· ανδράδελφος αυτής τήν τοιαύτην μερίδα παραπέμπει, ώς άτεκνος ευρισκόμενος. Ταύτα ή ειρημένη χήρα γυνή άνενεγκούσα, μαθείν καθικέτευεν, ει έχει δίκαιον τό επιβάλλον αυτή τε και τοίς τέκνοις αυτής από τής ειρημένης πενθερικής αυτής μερίδος | ανακαλείσθαι, και όπως· εις τούτο αυτό τήν παρά τού νόμου επισπάται βοήθειαν.

Η μετριότης δε ημών μετά τών συνεδριαζόντων αυτή ιερωτάτων αρχιερέων, τήν αίτησιν τής γυναικός προσηκαμένη, και τά κατ' αυτήν διασκεψαμένη, τοιάνδε ψήφον προς τήν αναφοράν ταύτης εξήνεγκεν· ώσπερ ό πενθερός αυτής δι' εγγράφου δωρεάς, είτε εν τή ζωή αυτού, είτε εν εσχάταις ανακνοαίς· δι' επιτελευτίου αυτού διατάγματος· ού παρέπεμψε τήν παρασχεθείσαν, ώς ανατέτακται, παρ' αυτού μερίδα τώ ανδραδέλφω αυτής, αλλά μηδέν τι περί ταύτης ειπών, τόν βίον εξέλιπεν, ουκ έχει δίκαιον ό τοιούτος ταύτης ανδράδελφος· εξ ολοκλήρου τής τοιαύτης μερίδος κληρονομήσαι, αλλ' οφείλει ταύτην επίσης μετά τών παίδων τού αυταδέλφου αυτού και τής μητρός τούτων μερίσασθαι· ή γάρ εξ αδιαθέτου κληρονομία επίσης τοίς παισίν αρμόζει τού τελευτήσαντος. Φησί γάρ ό νόμος, εν μέν ζ' κεφαλ. του α' τίτλ. του με' βιβλ. ταύτα· " Τώ λόγω τού οίκτου, κληρονομούσιν οι γονείς τών παίδων· οι δε παίδες τών γονέων, και τώ φυσικώ λόγω και τή ευχή τών γονέων ,,. Έν δε τώ λς' κεφ. του β' τίτλ. τού αυτού βιβλ. ταύτα· "Πρώτη τών εξ αδιαθέτου κλήσις· εστίν ή τών κατιόντων, δευτέρα ή τών ανιόντων, τρίτη ή τών εκ πλαγίου, τετάρτη ή του ανδρός και τής γυναικός· ει γε μή εστί διαθήκη, ή έστι μέν, ουκ ηττιτήθη δε εξ αυτής ή και κατ' αυτής διακατοχή ,,. Έν δε τώ η' κεφ. του γ' τίτλ. τού αυτού βιβλ. ταύτα· " Επειδή πάσα ή τού γένους διακατοχή τρισί γνωρίζεται τάξεσι, τουτέστι τή τε τών ανιόντων, και τή τών κατιόντων, και τή τών εκ πλαγίου, πρώτην είναι διατυπούμεν την των κατιόντων διαδοχήν „. Καί μεθ' έτερα· " Ούτω μέντοι γε, ώστε εί τινα τούτων των κατιόντων παίδα; καταλιπόντα τελευτήσαι συμβαίη, τούς εκείνου; υιούς ή θυγατέρας, ή τούς άλλους κατιόντας εις τον του ιδίου γονέως τόπον υπεισιέναι, είτε υπεξούσιοι τω τελευτήσαντι, είτε αυτεξούσιοι ευρεθείεν, τοσούτον εκ της κληρονομίας του τελευτήσαντος [f. 122] λαμβάνονται μέρος, όσοιδήποτε αν ώσιν, όσον εαυτών ό γονεύς, εί περιήν, εκομίζετο· ήν τινα διαδοχήν κατά σειράν εξ ίσης ή αρχαιότης εκάλεσε „.

Ταύτα του νόμου θεσπίζοντος, ευλόγως ή ειρημένη γυνή μετά των παίδων αυτής το ήμισυ της μερίδος του πάππου αυτών ανακαλέσεται, ως τω πατρί αυτών ανήκεν κατά την νόμου περίληψιν ούκ ωφεληθήσονται μέντοι εκ της του γαμβρού αυτών παραπομπής οι του άνδραδέλφου αυτής γυναικάδελφοι, την τοιαύτην μερίδα προς αυτούς παραπέμποντος. Ανίσχυρος γάρ έστιν ή τοιαύτη παραπομπή, καί είπερ συσταίη, ευτόνως (cod. ευστόνως) παρά του νόμου ανατραπήσεται του βοηθούντος τοις ορφανοίς εντός του ωρισμένου χρόνου εις την των ανηκόντων αυτοίς κληρονομιαίων πραγμάτων διακατοχήν.

ΝΘ'

Περί του της παραγραφής χρόνου των αφηλίκων, καί της διαδοχής των εκ πλαγίου συγγενών, καί ότι ού συμβάλλεται ή χρονία νομή τοις κακή πίστει ή εξ αρπαγής καί δόλου νεμομένοις.

De definitione temporis impuberum, et de successione propinquorum lateralium, et quod temporis praescriptio non prosit malae fidei possessoribus aut vi doloque acquirentibus.

Ο ιερώτατος επίσκοπος Σκοπίων, εν Κυρίω αγαπητός ημίν αδελφός καί συλλειτουργός, θείον καί προσκυνητόν ορισμόν ενεφάνισε, τά δε κατά ρήμα διαλαμβάνοντα.

"Πανιερώτατε επίσκοπε Σκοπίων, τήρησον καί κρίνε δικαίω· την μέσον του ημετέρου ανθρώπου του Λιτοβόου καί της πενθεράς του Χρύσου υπόθεσιν, καί όπερ δικαζίνεις δίκαιον, ποίησον τούτο δήλον διά σημειώματος, καί στείλον πρός με καί ποίησον το ημέτερον πρόσταγμα. Μηνί απριλλίω ινδικτ. η'. Είχε το Θεοδώρος ό Δούκας, διά της Κομνηνικής θείας χειρός „. Επεί γούν ηθέλησεν ό διαλειφθείς ιερώτατος Σκοπίων επίσκοπος δοκιμασθήναι ενώπιον της ημών μετριότητος· την τω αναγεγραμμένω προστάγματι εκφερομένην υπόθεσιν, παράσχη δε την σήμερον καί άμφω τά μέρη, τό τε δηλαδή ενάγον καί το εναγόμενον, εγένετο τούτο. Τοίνυν καί ό μεν Λιτοβόης Γεώργιος, οία ενάγων, έλεγεν ως του πατρός αυτού δευτέρα συνοικήσαντος γαμετή, καί εκ ταύτης, τούτόν τε καί τον αυτάδελφον αυτού τον Μήλα τεκόντος, | καί ανήβους όντας παραθεμένου αυτούς, τή εκ του πρώτου συνοικεσίου γεγονυία εκείνου θυγατρί τη Ελένη, καί αυτίκα τω χρεών λειτουργήσαντος, καί χρόνον μέν τινα συνδιήγαγον ούτοι μετά θάνατον του πατρός αυτών τη τοιαύτη ετεροθαλεί αυταδέλφη αυτών· είτα κακείνης άπαιδος καί αδιαθέτου την αυτήν τω πατρί βαδισάσης εις θάνατον, των ειρημένων αυταδέλφων όντων αφηλίκων, τά τε εκπροικισθέντα τή ειρημένη αυταδέλφη αυτών εκ πατρώας καί μητρώας ουσίας, τά τε εναπολειφθέντα εις κλήρον αυτής διαρπαγέντα κατασχέτησαν καί διεμερίσθησαν παρά των τηνικαύτα εν τω θέματι Σκοπίων προσγόντων ἀρχοντικῶς, τοῦ τε δηλαδὴ Ἰωάννου τοῦ Τειχομοιροῦ καὶ τοῦ Βασιλικοῦ Κωνσταντίνου.

Διὰ ταῦτα ἔλεγεν ὁ Λιτοβόης οἴεσθαι δίκαιον ἔχειν ἀνακαλεῖσθαι τὰ τοιαῦτα ἀκίνητα, ὡς ἁρμόζοντα τούτῳ ἐξ ἀδιαθέτου κληρονομίας γονικῆς τε καὶ ἀδελφικῆς. Ἀντέλεγε δὲ ὁ ἀναγόμενος μοναχὸς Θεοδώρητος, υἱὸς ὢν εἰρημένου ἄρχοντος ἐκείνου Ἰωάννου τοῦ Τειχομοιροῦ, εἰς τοὺς παῖδας ἐκείνου κατελθών, ἤδη καὶ εἰς τοὺς ἐξ ἐκείνων φύντας διῆλθε κατὰ διαδοχήν, καὶ εἰς ἀσφάλειαν τῆς κατοχῆς αὐτῶν καὶ νομῆς, τὴν τοῦ μακροῦ χρόνου προετίθει παραγραφήν. Ὁ Λιτοβόης δὲ παριστῶν μὴ εἶναι τούτῳ ἀντίθετον τὴν τοιαύτην τοῦ χρόνου παραγραφήν, ἐνεφάνιζε ἔγγραφα ἐμμάρτυρα. Ἕν μὲν ἐφαίνετο εἶναι γαμήλιον σύμβολον, γεγονὸς μέσον τοῦ τε πατρὸς τοῦ αὐτοῦ Λιτοβόου καὶ τῆς κατὰ δεύτερον συνοικέσιον συζευχθείσης ἐκείνῳ γυναικός, ἀφ' ἧς αὐτός τε καὶ ὁ αὐτάδελφος αὐτοῦ ὁ Μῆλα ἐτέχθησαν, ὡς διείληπται. Ἕτερον δὲ ὅπερ ἦν ἀποληπτικὴ ἀπόδειξις τῶν κινητῶν τε καὶ ἀκινήτων πραγμάτων, τῶν ἐκ προικισθέντων τῇ διαλειφθείσῃ αὐταδέλφῃ αὐτοῦ· ἐξ ὧν δὴ ἐγγράφων, ἠριθμοῦντο εἰς δεῦρο εἶναι ἔτη ἐκ τοῦ γαμηλίου μὲν πεντήκοντα τρία, ἐκ τῆς ἀποδείξεως δὲ πεντήκοντα δύο. Ἕτερον δέ, ὅπερ σημείωμα γεγονὸς παρὰ τοῦ ἀποιχομένου πανσεβάστου σεβαστοῦ καὶ δουκὸς Σκοπίων τοῦ Κομνηνοῦ Κυροῦ Κωνσταντίνου [f. 123] τοῦ Ἀσπιέτου, καὶ δηλοῦν ὡς ἐξ ἀναγωγῆς τοῦ διαλειφθέντος Λιτοβόου καὶ τοῦ αὐτοῦ ἀδελφοῦ αὐτοῦ ἀποκατέστη αὐταῖς παρὰ τοῦ Ἀσπιέτου εἰς τῶν γονικῶν αὐτῶν ἀμπελώνων κατεχόμενος· ὧν παρὰ τῆς πρὸς πατρὸς θείας αὐτῶν τῆς Μυροσλάβας τῆς συμβίου τοῦ ἄρχοντος τοῦ Βουλξάνου τοῦ Προδανικοῦ ἠριθμοῦντο καὶ ἀπὸ τοῦ τοιούτου σημειώματος ἔτη εἶναι μέχρι τοῦ νῦν ἑπτὰ πρὸς τοῖς εἴκοσι. Καὶ ἕτερον ψήφισμα ὃν πολιτικῶν δικαστῶν ἐπὶ τῇ νῦν κινουμένῃ παρὰ τοῦ αὐτοῦ Λιτοβόου ὑποθέσει ἐξ

ἀναφορᾶς τούτου ἐξενεχθέν, καὶ ἐπὶ τῆς βασιλείας τοῦ ἀοιδίμου βασιλέως Κομνηνοῦ κυροῦ Ἀλεξίου τοῦ Ἀγγέλου.

Ἀπὸ τούτων δὲ τῶν ἐγγράφων ἐφαίνετο μὴ τρέχειν τὸν χρόνον τῷ Λιτοβόῃ εἰς παραγραφὴν αὐτοῦ, ὅτι τε οὐ παρῆλθεν αὐτῷ ἐν συναπτῇ σιωπῇ ἡ τῶν λ' ἐτῶν ποσότης· ἡ μετὰ τὴν ἥβην τοῖς ὀρφανοῖς χορηγουμένη εἰς ἐκνίκησιν τῶν διαφερόντων αὐτοῖς πραγμάτων, διὰ τὸ φαίνεσθαι τοῦτον ἀπὸ τῆς περιλήψεως τῶν τοιούτων ἐγγράφων προκατάρξιν ποιήσασθαι ἀγωγῆς περὶ τῶν εἰρημένων ἀκινήτων μετὰ τὸν εἰκοστὸν πέμπτον χρόνον τῆς ἡλικίας αὐτοῦ καὶ δικαστικὸν πορίσασθαι ψήφισμα· καὶ ὅτι τῆς κοσμικῆς τῶν πραγμάτων συγχύσεως ἐπικρατησάσης ἐπιπολύ, καιρὸν οὐκ ἔσχεν ὁ Λιτοβόης· καὶ τοῦτο γὰρ ἔλεγεν ἐλευθέρᾳ γλώττῃ τῆς ἁρμοζούσης αὐτῷ ἀγωγῆς περὶ τῶν διαλειφθέντων ἀντιποιήσασθαι βαρβάρων ὄντων τῶν ἐξουσιαζόντων, καὶ Ῥωμαίων νόμους ἀγνοούντων παντάπασιν· ὧν καὶ δόγμα, φησίν, ἣν μεγαλοφώνως λελαλημένον, τὰς ἐπὶ τῆς βασιλείας Ῥωμαίων κινηθείσας ἀγωγὰς ἐπὶ τῶν ἡμερῶν αὐτῶν μὴ λαμβάνειν πέρας· ἀλλὰ μένειν τὰς διακατοχὰς ἀσαλεύτους παρὰ τοῖς ἔχουσιν αὐτάς, καθὼς ἐπὶ τῆς ἐξουσίας ἐκείνων εὑρέθησαν· πρόσετι γε μὴν καὶ ὅτι ὡς καὶ τοῦτο προσετίθει ὁ Λιτοβόης, μετὰ τὸ ἐκνικηθῆναι παρ' αὐτοῦ τε καὶ τοῦ αὐταδέλφου αὐτοῦ τὸν ἀμπελῶνα τὸν παρὰ τῆς Μυροσλάβας, ὡς διείληπται, κατεχόμενον, ἀφῃρέθησαν καὶ αὐτὸν παρὰ τῶν εἰρημένων ἀρχόντων, τῶν καὶ τὰ λοιπὰ τούτων ἀκίνητα κατεσχόντων· ὃ δὴ καὶ αὐτὸ πρόσληψιν παρεῖχεν, ὡς κακῇ πίστει τὰ ὀρφανικὰ καὶ οἱ διαλειφθέντες ἄρχοντες κατέσχον ἀκίνητα· καὶ ὅτι τὴν ἐκείνων δυναστείαν ἡ Βουλγαρικὴ τῶν βαρβάρων ἐξουσία διαδεξαμένη, καὶ ἄκοντας σιωπᾶν τούτους ἠνάγκασεν. Οὕτω δὲ τοῦ Λιτοβόου τὴν τοῦ μακροῦ χρόνου παραγραφὴν διακρουσαμένου, προσλήψει τε παριστῶντος, ὡς κακιστόντως· καὶ οὐ καλῇ πίστει τὰ ἀνακαλούμενα παρ' αὐτοῦ ἀκίνητα ἤρξαντο νέμεσθαι οἱ τούτου ἀντίδικοι, ἀπαιτεῖτο ὁ μοναχὸς Θεοδώρητος, ἀλλ' ὅτι πρόθεσθαι συντεῖνον αὐτῷ πρὸς τὴν παροῦσαν ὑπόθεσιν ὁ δὲ μὴ ἔχων ἕτερον εἰπεῖν, ἢ ἔγγραφον ἐμφανίσαι τούτῳ λυσιτελοῦν, τὴν ἀπολογίαν εἰς τὴν παρουσίαν ἀνήρτησε τῶν συγγενικῶν αὐτοῦ προσώπων, ἃ σήμερον τὰ παρὰ τοῦ Λιτοβόου ἀνακαλούμενα ἀκίνητα, κατέχοντα φαίνονται.

Ἡ μετριότης τοίνυν ἡμῶν μετὰ τῶν συνεδριαζόντων αὐτῇ ἱερωτάτων ἀρχιερέων, τὰ τοῦ πράγματος διασκεψαμένη, διέγνω τὰ μὲν τῆς τελείας ἀπολογίας, κατὰ τὴν τοῦ μοναχοῦ Θεοδωρήτου αἴτησιν, ἀναρτηθῆναι εἰς τὴν παρουσίαν τῶν προσώπων, ἅπερ αὐτὸς ἄνωθεν εἴρηκε· εἴπερ δὲ τὰ τοιαῦτα πρόσωπα μὴ ἀποδείξουσιν εὐλόγως ἢ δηλονότι ἐξ ἀγορασίας ἀδόλου ἢ δωρεᾶς, εἴτε ἀπλῆς, εἴτε θανάτου αἰτίᾳ γεγενημένης, ἢ ἐκ λεγάτου ἢ ἐκ διαλύσεως, ἢ ὁπωσοῦν ἄλλω; δικαίως ἁρμόσαι τοῖς γονεῦσιν αὐτῶν τὰ ἀκίνητα, ἅπερ δι' ἐγγράφων πεπιστωμένων ὁ Λιτοβόης ἀνακαλεῖται, ὡς ἀπὸ γονεῦσι, καθὼς εἴρηται, κληρονομίας τούτῳ ἁρμόζοντα, ἐν κατοχῇ γενέσθαι τούτων τὸν αὐτὸν Λιτοβόην, ὡς ἐξ ἀδιαθέτου κληρονόμον ἀναφαινόμενον τῶν τε πατρῴων τῶν τε μητρῴων πραγμάτων αὐτοῦ, ἀλλὰ δὴ καὶ τῶν ἐκ προικισθέντων τῇ ἑτεροθαλεῖ αὐταδέλφῃ αὐτοῦ, κατὰ τὴν νεαρὰν νομοθεσίαν τὴν κειμένην ἐν τῷ παρατελεύτῳ κεφ. τοῦ γ' τίτλ. τοῦ με' βιβλ. τῶν βασιλικῶν καὶ ἐν μέρει ταῦτα διεξιοῦσαν ῥητῶς·

[f. 124] " Ὑπόλιπόν ἐστιν, ἵνα καὶ τὴν τρίτην ὁρίσωμεν τάξιν, ἥτις ἐκ πλαγίου καλεῖται, ἵνα καὶ τούτου τοῦ μέρους διατυπωθέντος, πανταχόθεν ὁ νόμος τέλειος εὑρεθείη· εἰ τοίνυν ὁ τελευτήσας μηδὲ κατιόντας μηδὲ ἀνιόντας καταλείψῃ, πρώτους πρὸς τὴν κληρονομίαν καλῶμεν τοὺς ἀδελφοὺς καὶ τὰς ἀδελφάς, τοὺς ἐκ τοῦ αὐτοῦ πατρὸς καὶ τῆς αὐτῆς μητρὸς τεχθέντας, ὁμοίως δὲ καὶ τοὺς ἀδελφόπαιδας, οὓς καὶ μετὰ τῶν πατέρων, πρὸς τὴν κληρονομίαν ἐκαλέσαμεν· οἵτινες ἐξ ἑνὸς γονέως συνάπτονται τῷ τελευτήσαντι, εἴτε διὰ τοῦ πατρὸς μόνου, εἴτε διὰ τῆς μητρός„. Τὴν διηνεκῆ μέντοι παραγραφήν, ἀλυσιτελῆ τοῖς ἀντιδίκοις· τοῦ Λιτοβόου ποιεῖται καὶ ἡ περὶ αὐτῶν γενομένη ἁρπαγὴ τοῦ ἀμπελῶνος, ὃν ὁ Λιτοβόης μετὰ τοῦ αὐταδέλφου αὐτοῦ ἐνάγοντες, ὡς εἴρηται, ἐξενίκησαν. Τοῦτο δὲ ἀληθὲς φανεῖται, εἰ μὴ τὰ σήμερον κατέχοντα τὰ τοιαῦτα ἀκίνητα πρόσωπα παραστήσουσιν, ὡς οἱ γονεῖς αὐτῶν καλῇ πίστει τῆς νομῆς τούτων ἤρξαντο.

Φησὶ γὰρ ὁ νόμος ἐν νη' κεφ. τοῦ β' τίτλ. τοῦ ν' βιβλ. ταῦτα ῥητῶς· " Ἐάν τις ἀνισχόντως νέμεται τὸ ἀλλότριον, οὐδέποτε δύναται διὰ τῆς χρονίας νομῆς δεσπόζειν, οὔτε δίκαιον τίτλον νομῆς ἑαυτῷ κατασκευάζειν, ἐπειδὴ οὐδεὶς δύναται ἑαυτῷ τὸν τίτλον τῆς νομῆς ἐναλλάσσειν„. Ἐν δὲ τῷ ξα' κεφ. τοῦ αὐτοῦ τίτλου ταῦτα· " Νομή ἐστι φύσεως· ἡ τοῦ πράγματος κατοχή, κατὰ δὲ τοὺς νόμους νομή ἐστι ψυχή, δεσπόζοντος κατοχή· τότε οὖν λέγομέν τινα νέμεσθαι, καὶ ἔχειν τὰ τῆς νομῆς ἀποτελέσματα, ὅτε μηδεὶς διάδικος αὐτῷ παρενοχλήσει. Ἀλλὰ πάντων σιωπώντων, βεβαιωθῇ ἡ νομή· τινῶν δὲ ἀντιλεγόντων, εἰ καὶ σώματι νέμεται, ἀλλ' ἐφ' οὗ γένηται προκατάρξις, ὅμως κατὰ τὸν νόμον οὐ νέμεται, καὶ οὐκ ἔστιν ἀσφαλὴς ἡ νομή„.

Ἐν δὲ τῷ ε' κεφ. τοῦ ε' τίτλ. τοῦ αὐτοῦ βιβλ. ταῦτα· " Ὁ κληρονόμος αὐτοῦ κακῇ πίστει νεμηθέντος, κἂν αὐτὸς καλῇ πίστει νεμηθῇ, οὐ δύναται διὰ τῆς χρείας νομῆς δεσπόζειν. Τὰ γὰρ ἐλαττώματα τοῦ τελευτήσαντος διαβαίνουσιν ἐπὶ τὸν κληρονόμον καὶ ἐπὶ κληρονομίας· διὰ τοῦ χρᾶσθαι, δεσποτεία οὐκ ἔστιν, οὐδὲ δύναταί τις εἰπεῖν, ὅτι ὡς | τῆς κληρονομίας ὑπάρχον τὸ πρᾶγμα, διὰ τῆς χρήσεως ἐδέσποσα· ἐπειδὴ δοκεῖ καὶ αὐτὸς κακῇ πίστει νέμεσθαι „. Ἐν δὲ τῷ β' κεφαλ. τοῦ ια' τίτλ. τοῦ αὐτοῦ βιβλ. ταῦτα· " Ἡ χρονία νομὴ συμβάλλεται τοῖς πίστει καλῇ νεμηθεῖσι καὶ μηδεμίαν προκάταρξιν ὑπομείνασι „. Καὶ ἐν τῷ ς΄ κεφ. ταῦτα· " Τὴν γενομένην κατὰ δόλον ἀγορασίαν, χρονία νομὴ οὐ δύναται βεβαιῶσαι, ἐπειδὴ πίστει κακῇ ἄρχεταί τις τῆς νομῆς„.

Ταῦτα καὶ τοιαῦθ' ἕτερα τοῦ νόμου θεσπίζοντος, ἐπειδὴ τῇ μὲν προκατάρξει ἡ διηνεκὴς τῷ Λιτοβόῃ διερράγη παραγραφή, τῇ δυναστείᾳ δὲ τῶν ἐναγομένων, πρὸς δὲ καὶ τῇ ἐναλλαγῇ τῆς κοσμικῆς ἐξουσίας, ἡ τῶν δικαστικῶν ἀγώνων αὐτῷ ἀνεκόπη κίνησις, ἥτις καὶ πολιτικῶν δικαστῶν ὠχυροῦτο ψηφίσματι, δῆλα δὲ καὶ ἄμφω ταῦτα εἰσίν, ἡ δυναστεία μὲν δηλαδὴ ἀπὸ τῆς τοῦ ἀμπελῶνος ἁρπαγῆς τῆς μετὰ τὸ σημείωμα τοῦ Ἀσπιέτου γεγενημένης, ἡ ἐναλλαγὴ δὲ τῆς ἐξουσίας ἀπὸ τῶν πραγμάτων αὐτῶν, εἰ μὴ ἄνωθεν εἴρηται. Ἀλλ' ὅτι νομίμως προβαλοῦν αὐτοῖς οἱ ἀντίδικοι τοῦ Λιτοβόου προθήσουσιν, οὐ περιττὸν γὰρ τὰ αὐτὰ καὶ πάλιν εἰπεῖν διεκδηλοτέραν τοῦ πράγματος διασάφησιν, ἀπό γε τῆς χρονίας νομῆς οὐκ ὠφεληθήσονται.

Σ΄.

Περὶ ἀλληλοκληρονομίας, καὶ τίνες πρωτιμῶνται εἰς κληρονομίαν. Ζώντων γὰρ τῶν ἐξ ἀδιαθέτου κληρονόμων ἀργεῖ καθόλου ἡ ἀλληλοκληρονομία, κἂν καὶ σύμφωνα καὶ ὁμολογίας προβῶσιν, καὶ περὶ τῶν πρὸ τοῦ πενθίμου χρόνου γαμουσῶν καὶ περὶ νομῆς ἐκμεμολυσμένης γινομένης αἰτίας.

De mutua haereditate, et quinam in successione praeferantur. Viventibus enim ab intestato haeredibus mutua haereditas omnino vacat, licet consensus et confessio praecedant, et de nubentibus, nondum finito luctus tempore, et de possessione ex turpi causa inducta.

Ὁ ἐκ τῆς περιλαλήτου Κερκύρας ὁρμώμενος, τὴν κλῆσιν Μαρῖνος, Καλοῦπολις τὸ ἐπίκλημα, τῷ καθ' ἡμᾶς συνεδρίῳ τὴν σήμερον παραστάς, δέησιν ἀνετείνατο πρός τε τὴν ἡμῶν μετριότητα καὶ τοὺς ἐνδημοῦντας ἱερωτάτους ἀρχιερεῖς, ἐκ λιπαρῶν ὅπλοις ὀχυρωθῆναι δι' ἡμῶν ἐκ τῆς τῶν νομικῶν ὑποθήκης δέλτων, ἃ Θέμις χαλκεύει τοῖς ὑπὸ τῆς ἀδικίας τυραννουμένοις μέγιστον παρεχομένη συνασπισμόν. Ἔριν γὰρ δίκης ἔλεγεν ἀναδέξασθαι, [f. 125] ἣν ὁ μὲν πενθερὸς αὐτοῦ ὁ ἀπῳχόμενος Νικόλαος ὁ Ἀκρουκρᾶς ἔτι τῷ βίῳ περιών, ἐνέστησε τῇ γαμετῇ τοῦ ἀνεψιοῦ ἐκείνου τοῦ ὀνομαζομένου Νικολάου, ἀτέλεστον δὲ εἴασεν, ὡς θανάτῳ προαρπαγείς, ἔκτοτε δὲ αὐτὸς ἀναλαβὼν καὶ εἰς δεῦρο ἀγόμενος, περιγενέσθαι τῶν ἀντιτεταγμένων ἀδυνατεῖ, οἷα χειρὶ παλαμναίᾳ χρωμένων καὶ τὸ δίκαιον οἰομένων φέρειν ἐν τῇ δυνάμει αὐτῆς.

Ἡ μετριότης δὲ ἡμῶν, δέησιν οὕτως εὔλογον καὶ οἰκτρὰν οὐχ ἡγησαμένη δεῖν ἀποπέμψασθαι, συνεχώρησε τῷ ἀνδρὶ γυμνὰ καὶ ὡς ἄρα ἔχουσι τὰ καθ' ἑαυτὸν ἐξηγεῖσθαι, τόν τε τῆς ἔριδος τρόπον περιστᾶν ὁποῖος, καὶ τὰς κατ' αὐτοῦ τῶν ἀντιθετούντων αὐτῷ ἐπινοίας τε καὶ ἐπιχειρήσεις, ὡς ἂν κατάλληλον τούτοις τὸν ἐκ τοῦ νόμου ὁπλίτην ἀπενέγκηται. Καὶ τοίνυν ἔλεγεν ὁ ἀναγεγραμμένος Μαρῖνος, ὡς τοῦ Νικολάου ἐκείνου ἀδιαθέτου καὶ ἄπαιδος τὸν βίον λιπόντος, ἐπειδὴ ἡ σύζυγος ἐκείνου, ἡ καλουμένη Καλή, ἔγνω τὸν ἀναγεγραμμένον Νικόλαον τὸν Ἀκρουκρᾶν, τὸν τοῦ Μαρίνου δηλαδὴ πενθερόν, τῇ ἐξ ἀδιαθέτου κληρονομίᾳ τοῦ Νικολάου προσήκοντα, οἷα μήτε πατέρων

CAP. LX. DE MUTUA HAEREDITATE

μήτε αὐταδέλφων ἢ ἀδελφοπαίδων ὑπολειφθέντων ἐκείνῳ, καταφρονήσασα τῆς τοῦ πενθίμου χρόνου παραδρομῆς, μετὰ μῆνας ἓξ πλείον ἢ ἔλαττον συνεζεύχθη ἀνδρὶ ἐθνικῷ, ἑνὶ δηλονότι τῶν Ἰγκλίνων, τοῦ Νικολακίου πραγμάτων τὸ ἀπ' ἐκείνου καθίστατο. Τὸν βίον δὲ τελευτήσαντος τοῦ Ἰγκλίνου, ἀνδρὶ ἑτέρῳ συνάπτεται, ἀπὸ ξένης μὲν ὄντι, παραδυναστεύοντι δὲ τοῖς κατὰ καιροὺς δουξὶ τῆς πόλεως ταύτης, καὶ ἐξουσίαν περικειμένῳ τὴν ἐκπροσωπικήν. Καὶ τούτου δὲ περ' αὐτῇ ἀπαλλάξαντος, ἐπεισάγει καὶ τέταρτον, ἐντόπιον μὲν, ἰσχύοντα δὲ καὶ αὐτὸν, ἑλομένη μάλιστα παρανομεῖν, ἵνα τῇ ἐκ τῶν εἰρημένων γάμων δυναστείᾳ κερδάνῃ τὰ ἀλλότρια πράγματα· τούτῳ δὲ τῷ τετάρτῳ συμπλακεὶς, ὁ Ἀκρουαρᾶς, καὶ περὶ τῶν πραγμάτων τοῦ ἐξαδέλφου αὐτοῦ δικασάμενος, ὡς τῆς κληρονομίας ἐξ ἀδιαθέτου διαρρεούσης αὐτῷ, | τοσοῦτον ἐκεῖνον ἐκλινεν, ὅσον γνῶναι ἑαυτὸν ὑπὲρ ἀλλοτρίων μάτην μαχόμενον· αὐτίκα δὲ καὶ συμβάσεις ἐπεκαλέσασθαι, τῆς ἀμφισβητήσεως δὲ οὔπω πέρας δεξαμένης, τοὺς μαχομένους, τότε ἀλλήλοις ἐκείνους, καὶ ἄμφω τὸ τοῦ βίου πέρας κατέλαβε. Μετὰ ταῦτα δὲ ἡ Καλὴ ἀτονήσασα πρὸς τὸ ἑτέροις ἀνδράσι συνάπτεσθαι, ὥστε διὰ τῆς ἐκείνων ἐπικουρίας κυριεύειν, τῶν τοῦ Νικολακίου πραγμάτων, ὡς φευγόντων ἤδη ταύτην τῶν νομίμων ἀνδρῶν διὰ τὸ πρόδηλον τῆς παρανομίας, τὸν ἀπὸ τοῦ τετάρτου γάμου παῖδα αὐτῆς, τὸν παρόντα Θεόδωρον τὸν Σαλερινὸν, κληρονόμον τῶν τοιούτων πραγμάτων κατέστησεν, ὃς δὴ καὶ δωδέκατον ἔτος ἤδη ἀνύει, ταῦτα κατέχων τε καὶ νεμόμενος. Ὁ Μαρῖνος δὲ τὸν τοῦ πενθεροῦ αὐτοῦ ἀγῶνα διαδεξάμενος διχίῳ τῆς ἐκείνου θυγατρὸς καὶ συμβίου αὐτῷ, καὶ πολλάκις κινήσας περὶ τῶν εἰρημένων πραγμάτων, προσεκλήθημεν εἰς τὸ συνιδεῖν τοῖς ἀντιδίκοις καὶ διαλύσασθαι, ἐν τῷ λαβεῖν παρ' ἐκείνων νομίσματα αὐτὸς δὲ τῶν κληρονομικῶν ἀκινήτων ἀντεχόμενος, παρῆκε τὴν σύμβασιν ὡς παραπο-

λοζημιοῦσαν αὐτόν· τὰ ἀκίνητα δὲ ἀνακαλούμενος, ἀπρὶξ ἀτεθεῖται καὶ ἀποπέμπεται.

Ταῦτα ὁ Μαρῖνος εἰπὼν, ἐζήτει μαθεῖν, εἰ εὐλόγως ἡ Καλὴ τῷ ἐκ τοῦ τετάρτου ἀνδρὸς αὐτῆς παιδὶ τὴν κληρονομίαν τῶν ἀνδρῶων αὐτῆς πραγμάτων παρέπεμψε· καὶ εἰ ἠδύνατο ἐξ ἀδιαθέτου κληρονομῆσαι τὸν ἄνδρα αὐτῆς, ἔτι γε μὴν καὶ εἰ ἁρμόζει διακατοχὴ ἀπὸ τῆς κληρονομίας τοῦ Νικολακίου κατ' αὐτὸν, πρώτῃ ἐξαδέλφῳ ἐκείνου καὶ δευτέρῳ, καὶ ὁποτέρῳ τῶν τοιούτων βαθμῶν, ἢ τῆς κληρονομιζίας ταύτης ἁρμόζει προτίμησις.

Ἡ μετριότης δὲ ἡμῶν μετά γε τῶν συνεδριαζόντων αὐτῇ ἱερωτάτων ἀρχιερέων καὶ συλλειτουργῶν τὰ τοῦ πράγματος διασκεψαμένη, ἐπελθοῦσα δὲ καὶ τὰς νομικὰς βίβλους, αἱ τὰς τοιαύτας ἀμφισβητήσεις λύειν εἴωθασι, τοιάνδε τὴν ψῆφον πρὸς τὰς τοῦ Μαρίνου προτάσεις ἐξήνεγκεν.

Ὡς, εἴπερ ἀδιάθετος καὶ ἐν ἀπαιδίᾳ τέθνηκεν ὁ Ἀκρουαρᾶς, οὐκ εὐλόγως [f. 126] οὐδὲ ἐκ νομικῶν παρατηρημάτων τὴν κληρονομίαν ἐκείνου ὑπέδυ Καλὴ ἡ ἐκείνου ὁμόζυγος· ἥρμοζε μὲν γὰρ ἐκείνῃ ἐκ τῆς προτελευτῆς τοῦ ἀνδρὸς αὐτῆς κάσος ἀπὸ τῶν ἐκείνου πραγμάτων, ὅσος ἄρα συνεφωνήθη, καὶ λοιπὰ κέρδη ὅσα διαιρῶν ὁ νόμος λεπτολογεῖ· καθολικὴ δὲ κληρονομία οὐδ' ὅλως ταύτῃ διέφερεν, ὡς τοῦ νόμου τὴν ἀλληλοκληρονομίαν ἀποβάλλοντος, ὁπηνίκα ἐκ τῶν καλουμένων εἰς τὰς ἐξ ἀδιαθέτου διακατοχὰς βαθμῶν περισώζονταί τινα πρόσωπα, κἂν εἰ σύμφωνον τυχὸν αὐτοῖς περὶ τούτου προέβη· εἰ δὲ καὶ τῇ πενθάδι παραδρομῇ τοῦ νενομισμένου χρόνου ἐμπεπαρῴνηκε ἡ Καλὴ, παντάπασι μὴ ὅτι γε κληρονομίας τῶν τοῦ ἀνδρὸς αὐτῆς πραγμάτων, ἀλλὰ καὶ κέρδους παντὸς ἐκπέπτωκεν· εἰ τοίνυν διὰ ταῦτα οὐδεμία τῇ Καλῇ μετουσία ἐν τοῖς ἀνδρῴοις αὐτῆς πράγμασιν ὑπολέλειπται, μάτην αὐτή τε τούτων ἀντείχετο πρότερον, πολυγαμίᾳ ἑαυτὴν παραβάλλουσα, ἣν κτανῶδε τὰ θεῖα τῶν πατέρων καλοῦσι θεσμά, καὶ ὕστερον τῷ παιδὶ ἑαυτῆς τῷ Σαλερινῷ Θεοδώρῳ ταῦτα παρέπεμψε· κἂν γὰρ καὶ ἐκ νομίμου γάμου τὸν τοιοῦτον παῖδα γένεσθαι δοίημεν, ἀλλ' οὐδ' οὕτως ἐντεῦθεν εὔλογον τί νομῆς ἐπὶ τοῖς τοιούτοις πράγμασι σχεῖν αὐτὸς ἰσχυρίσεται· μητρῴων γὰρ καὶ πατρῴων αὐτοῦ πραγμάτων κληρονομεῖν αὐτὸς δίκαιος ἂν εἴη· τὰ τοῦ Ἀκροναρξ δὲ πράγματα ἐξ οὐδενὸς δικαίου τούτῳ ἁρμόζουσι, οὐδὲ γὰρ κοινὸν τῷ Ἀκροναρξ καὶ τῷ Σαλερινῷ, ὅτι ὁ μὲν πρῶτος ἀνὴρ τῆς Καλῆς ἐχρημάτισεν, ὁ δὲ ἐκ τετάρτου κοίτης ἐκείνης ἐβλάστησεν· οὐ μὴν, ἀλλ' οὐδὲ χρονία νομὴ τῷ Σαλερινῷ συμβαλεῖται, οἷα ἐκ μεμολυσμένης αἰτίας κτησαμένῳ τῶν τοῦ Ἀκροναρξ πραγμάτων κατοχήν, ὡς ἀπὸ τῆς κληρονομίας· γὰρ τούτῳ πρὸς ταύτην ἥκοντι ὁ νόμος προσίσταται, οὐκ ἐῶν αὐτὸν διὰ τῆς χρονίας δεσπόζειν νομῆς, ἅτε τοῦ τελευτήσαντος τῶν ἁμαρτημάτων διαβαίνειν εἰωθότων εἰς τοὺς κληρονόμους· αὐτοῦ μάρτυρες δὲ τῶν οὕτως ἐψηφισμένων τὰ τῶν θείων νόμων θεσπίσματα.

Φησὶ γὰρ τὸ λε΄ κεφ. τοῦ ε΄ τίτλ. τοῦ βιβλίου τῶν βασιλικῶν ταῦτα ῥητῶς· " Ἐὰν ὁ ἀνὴρ συμφωνήσῃ πρὸς τὴν γυναῖκα, ἵνα τελευτῆσαν αὐτὴν κληρονομήσῃ, τὸ σύμφωνον | τοῦτο ἄχρηστόν ἐστιν· οὐδὲ γὰρ δυνατὸν διὰ συμφώνου τυποῦσθαι τὰ περὶ τῆς ἡμετέρας κληρονομίας· ἐξωτικὸς γὰρ ἄνθρωπος διαθήκῃ χωρὶς, ἕτερον οὐ δύναται κληρονομῆσαι ". Ἀλλὰ δὴ καὶ τὸ δ΄ κεφ. τοῦ ς΄ τίτλ. τοῦ μγ΄ βιβλ. ταῦτα· " Ἐὰν συμφωνήσωσί τινες, ὥστε τὸν προτελευτῶντα τῷ ἑτέρῳ διδόναι τὴν οὐσίαν, ἄχρηστον τὸ γεγονός, κατὰ τῶν καλῶν τρόπων ὂν· οὔτε γὰρ σύμφωνον, οὔτε ἐπερώτησις οὕτω γενομένη ἰσχύει ". Τῷ β΄ δὲ τίτλῳ καὶ τῷ ε΄ τοῦ με΄ βιβλ. καὶ ταῦτα· " Μετὰ τῶν ἄλλων ἐμφέρονται ἀνὴρ καὶ γυνὴ ἐξ ἀδιαθέτου ἀμοιβαδὸν ἑαυτῆς (marg. ἕως ἑαυτοῖς) εἰς ὁλόκληρον κατὰ τὸ ἀρχαῖον νόμιμον ὑπεισερχέστωσαν, ὁσάκις ἄρχει πᾶσα ἀνιόντων ἢ κατιόντων ἢ συγγενῶν νόμιμος· ἢ φυσικὴ διαδοχή, τοῦ δημοσίου ἀποκλεισμένου ".

Διὰ ταῦτα μὲν οὖν τῆς ἐξ ἀδιαθέτου κληρονομίας τοῦ Νικολάου ἡ Καλὴ ὀλισθαίνει, οἷα συγγενῶν εἰς διαδοχὴν ἐκείνου ὑπόντων· διὰ δέ γε τὸ μὴ ἐκμετρῆσαι τὸν πενθίμου χρόνον, τοῦ ἀπὸ τελευτῆς κἄσου καὶ τῶν οἱωνοῦν γαμικῶν κερδῶν ἀποκλείεται, καὶ τοῦτο σαφῶς ὁ νόμος παρίστησιν, ὃς μετὰ τῶν ἄλλων καὶ ταῦτα θεσμοθετεῖ· " Γυναιξὶ δὲ μόνον ἐπικείσεται δέος, τὸ μὴ πρὸ τοῦ ἐνιαυσιαίου χρόνου, πρὸς δεύτερον ἐλθεῖν συνοικέσιον ἢ γινώσκειν, ὡς, εἴ τι τοιοῦτον πράξαιεν, καὶ ἀώρους συναλλάξαιεν γάμους, ὑφέξουσι ποινὰς, ἄλλας μὲν, εἴπερ ἄπαιδες ἐκ τῶν προτέρων εἰσὶ συνοικεσίων, μείζους δὲ, εἰ καὶ παῖδες ὑπεῖεν· εἰ μὲν γὰρ οὐχ ὑπέστη γονή, τὸ τῆς ἀτιμίας εὐθὺς ὑπακολουθήσει, καὶ ἔσται παντοίως· ἡ γυνὴ διὰ τὴν τῶν γάμων σπουδὴν ἠτιμασμένη, καὶ οὐδὲ λήψεταί τι τῶν παρὰ τῶν προτέρων καταλελειμμένων αὐτῇ συνοικεσίου, οὔτε ἀπολαύσει τῆς προγαμιαίας δωρεᾶς· οὐδὲ τῷ συνοικοῦντι κατὰ τὸν δεύτερον γάμον παραιτέρω τῆς τρίτης τῆς οἰκείας περιουσίας· ἐπιδώσει μοίραν· οὐ μὴν, οὐδὲ τῆς ἔξωθεν αἰσθήσεται φιλοτιμίας· οὐδὲ λήψεται παντελῶς παρ' οὐδενὸς τῶν ἔξωθεν οὐ κλῆρον, οὐ λεγάτον, οὐ θανάτου αἰτίᾳ δωρεάν· ἀλλὰ ταῦτα ἐλεύσεται, εἰ μὲν εἶεν, παρὰ τοῖς κληρονόμοις τοῦ τελευτήσαντος· καὶ [f. 127] οὐ κληρονόμοις αὐτῆς, εἴ γε ἠδύναντο κληρονομεῖν ὅλως, οἷα ταύτῃ, οὐδ' ὁτιοῦν ὄφελος ἐχούσης· ἀλλ' εἰ γεγραμμένοι καὶ ἕτεροι τύχοιεν κληρονόμοι, εἴτε καὶ ἐξ ἀδιαθέτου καλοῦντο, πρὸς ἐκείνους ἐλεύσεται, τὰ τῇ τοιαύτῃ γυναικὶ καταλελειμμένα, οὐ γὰρ τὸ δημόσιον αὐτὰ οἰκειώσεται ".

Ταῦτα τῶν φιλευσεβῶν νόμων διακελευομένων, ἁμαρτήσασα μὲν ἡ Καλὴ φαίνεται, ὅτι τε πρὸ τοῦ πενθίμου δευτέρους εἵλετο γάμους, οὗ ἕνεκα καὶ τὰς ἀναπερονημένας ποινὰς ὑπεύθυνος ἦν καὶ ὅτι ἐφέσει τοῦ τὰ ἀλλότρια κερδᾶναι πολυγαμίαν ἠσπάσατο, καὶ δυναστείᾳ κατὰ τούτων ἐχρήσατο. Ὁ γε μὴν ταύτης υἱὸς ὁ Σαλερινὸς διὰ ταῦτα μάτην τῇ διαδοχῇ τῆς μητρὸς ὡς ἀποκληρονομίᾳ ἐρείδεται, τὰ γὰρ τῆς μητρὸς ἐλαττώματα οὐδαμῶς τοῦτον καταλιμπάνουσι.

Φασὶ γὰρ ὁ νόμος ἐν μὲν τῷ νβ΄ κεφ. τοῦ γ΄ τίτλ. τοῦ ν΄ βιβλ. ταῦτ᾽ ἐπὶ λέξεων· "Οὐδὲ ἀπὸ θείας ἀντιγραφῆς τὴν βιαίως λειφθεῖσιν παρ᾽ αὐτοῦ νομὴν, βεβαιοῖ τις „. Ἐν δὲ τῷ ε΄ κεφαλ. τοῦ ε΄ τίτλ. τοῦ αὐτοῦ βιβλ. "Ὁ κληρονόμος τοῦ κακῇ πίστει νεμηθέντος, κἂν αὐτὸς καλῇ πίστει νεμηθῇ, οὐ δύναται διὰ τῆς χρονίας νομῆς δεσπόζειν. Τὰ γὰρ ἐλαττώματα τοῦ τελευτήσαντος διαβαίνουσιν ἐπὶ τὸν κληρονόμον, καὶ ἐπὶ κληρονομίας, διὰ τοῦ χρᾶσθαι δεσποτείᾳ οὐκ ἔστιν οὐδὲ δύναταί τις εἰπεῖν, ὅτι ὡς τῆς κληρονομίας ὑπάρχον τὸ πρᾶγμα, διὰ τῆς χρήσεως ἐδέσποσα, ἐπειδὴ δοκεῖ καὶ αὐτὸς πίστει κακῇ νέμεσθαι „. Ἐν δὲ τῷ γ΄ κεφ. τοῦ θ΄ κεφ. (τίτλ.) τοῦ αὐτοῦ βιβλ. ταῦτα· "Ὁ κακῇ πίστει νεμόμενος, οὐ δύναται διὰ χρονίαν νομὴν δεσπόζειν, ἀλλὰ καὶ οὐ κληρονόμοι αὐτοῦ τὸ αὐτὸ πρᾶγμα νεμηθέντες, κἂν καλῇ πίστει νεμῶνται, διὰ τὸ τῆς ἀρχῆς ἐλάττωμα, διὰ χρήσεως οὐδὲ δεσπόζουσιν αὐτοῦ „. Ὅτι δὲ οἱ πρῶτοι ἐξάδελφοι ἐγγύτεροι τῷ βαθμῷ τυγχάνοντες τῶν λοιπῶν προτιμῶνται, εἰς τὴν ἐξ ἀδιαθέτου κληρονομίαν, δῆλον ἐκ τῆς τοῦ νόμου διασαφήσεως.

Φασὶ γὰρ κεφάλ. ιδ΄ τοῦ β΄ τίτλ. τοῦ με΄ βιβλ. "Βαθμηδὸν οἱ συγγενεῖς καλοῦνται, καὶ οἱ τοῦ αὐτοῦ βαθμοῦ, ἅμα πάντες „. Λέγει δὲ καὶ κεφ. η΄ τοῦ γ΄ τίτλ. τοῦ αὐτοῦ βιβλ. ταῦτα ἐν μέρει | "Εἰ δὲ μήτε ἀδελφοὺς, μήτε παῖδας ἀδελφῶν, ὡς εἰρήκαμεν, ὁ τελευτήσας καταλήψει, πάντας τοὺς ἐφεξῆς ἐκ πλαγίου συγγενεῖς πρὸς τὴν κληρονομίαν καλοῦμεν κατὰ τὴν ἐνὸς ἑκάστου βαθμοῦ προτίμησιν, ἵνα οἱ ἐγγύτεροι τῷ βαθμῷ αὐτοὶ τῶν λοιπῶν προτιμῶνται „. Εἰ τοίνυν πρῶτος ἐξάδελφος ὁ Ἀκροναρᾶς τοῦ Νικολακίου γνωρίζεται, ὡς ἐγγύτερος τῷ βαθμῷ μετὰ καὶ τῶν τοῦ αὐτοῦ βαθμοῦ μετεχόντων, εἰς τὴν ἐξ ἀδιαθέτου κληρονομίαν κληθήσεται· τῶν διεξαδέλφων γὰρ οὗτοι προτιμῶνται· εἰ μήποτε οἰκείᾳ προαιρέσει καὶ τοὺς διεξαδέλφους ἐκείνου συγκληρονόμους ἑαυτῶν θέσθαι θελήσουσι, τοῦτο γὰρ τῆς γνώμης αὐτῶν ἤρτηται.

ΞΑ΄.

Περὶ ἐξ ἀδιαθέτου κληρονομίας καὶ ἑτεροθαλῶν ἀδελφῶν.
De haereditate ab intestato et de fratribus alterius parentis.

Ὁ ἐν Βερροίᾳ τὰς οἰκήσεις ποιούμενος, Δημήτριος, ᾧ ἡ ἐπίκλησις Βενετικὸς ὁ Καμπίτας, γράμμα δεκτήριον διά τινος τῶν ἐπιτηδείων αὐτῷ διέπεμψε πρὸς τὴν ἡμῶν μετριότητα, ἧς δὴ καὶ προκαθημένης συνοδικῶς τὴν σήμερον, ἀνεγνώσθη τοῦτο, ταῦτα ἐπιρρήδην διεξιόν·

"Δέσποτά μου ἅγιε καὶ αὐθέντα παναγιώτατε καὶ ἀρχιεπίσκοπε πάσης Βουλγαρίας, ἡ ἐνσκήψασα τοῖς ἐμοῖς ποσὶ νόσος, ἣν οἱ τῶν ἰατρῶν παῖδες φερωνύμως ποδάγραν καλοῦσιν, ἐμποδὼν γέγονέ μοι τοῦ προσφοιτῆσαι δι᾽ ἑαυτοῦ τῇ μεγάλῃ ἁγιωσύνῃ σου καὶ οἰκείῳ στόματι δεηθῆναι αὐτῆς λῦσαι τὴν ἐνισταμένην μοι ἀπορίαν. Διὰ τοι τοῦτο, καὶ πρὸς τὸ παρὸν, ἐξ ἀτυχίας ἀπεῖδον γράμμα ᾧ δὴ καὶ ὁπόσα στόματι χρώμενος, τὴν ἐρώτησιν ταύτην προτίθημι, καὶ παρακαλῶ γενέσθαι μοι πρὸς ταύτην τὴν ἀπόκρισιν τῷ δικαίῳ καὶ τοῖς φιλευσεβέσιν νόμοις συμβαίνουσαν· ἔχουσι δὲ τὰ τῆς ἐρωτήσεως οὕτως·

„Ἦν ἐμοὶ αὐταδέλφη τοὔνομα Ἄννα· ταύτην μετὰ θάνατον τοῦ πατρός μου, ἡ ἐμὴ μήτηρ καὶ ἐγὼ συνάψαμεν κατὰ πρώτην συζυγίαν ἀνδρὶ Κωνσταντίνῳ ἐκείνῳ τῷ ἐπικαλουμένῳ Κρητικῷ ἐν τῷ ἀποδοῦναι πρὸς αὐτὸν καὶ πᾶσαν τὴν ὑπεσχημένην προῖκα ἐν κινητοῖς καὶ ἀκινήτοις εἴδεσι θεωρουμένην. [f. 128] Μήτηρ δὲ παιδὸς ἑνὸς ὑπὸ τῷ αὐτῷ Κρητικῷ γενομένη ἡ αὐταδέλφη μου, ἐπ' αὐτῷ δὴ τῷ παιδὶ τὸν βίον ἐξέλιπεν. Ὁ Κρητικὸς δὲ πρὸς δεύτερον τραπεὶς συνοικέσιον, θυγατέρα ἐντεῦθεν ἐκτήσατο, ἤδη τοῦ ἐκ τοῦ πρώτου συνοικεσίου παιδὸς ἀκολούθως τῇ μητρὶ καὶ αὐτοῦ τελευτήσαντος· ὡς δὲ καὶ δευτέραν ὁ Κρητικὸς ἀπέβαλε τὸ σύνευνον φυσικῶς θανοῦσαν, οὐδὲ τρίτην ὤκνησε συναγαγέσθαι· πλὴν ἀλλ' ἐνταῦθα καὶ αὐτὸς τῷ χρεῶν ἀδιάθετος ἐλειτούργησεν. Ἐρωτῶ οὖν ἵνα μάθω τίνι διαφέρει ἡ κληρονομία τῶν τῆς ἀδελφῆς μου πραγμάτων. Ἀνθίσταται γὰρ ἡ ἐκ τοῦ δευτέρου θυγάτηρ τοῦ Κρητικοῦ, λέγουσα· ὅτι ἐπειδὴ κληρονόμος ὁ πατὴρ αὐτῆς τοῦ ἐκ τοῦ πρώτου συνοικεσίου παιδὸς αὐτοῦ γέγονεν, αὐτὸς δὲ νῦν ἀδιάθετος τέθνηκε, καὶ τὸ τοιοῦτον δίκαιον ταύτῃ ἁρμόζει ὡς ἐξ ἀδιαθέτου πάντα κληρονομούσῃ τὰ τοῦ ἰδίου πατρός. Καὶ τοῦ λοιποῦ ἡ περὶ τούτου ἀπόφασις τῇ εὐθυδικίᾳ ἐγκαταλέλειπται τῆς μεγάλης ἁγιωσύνης σου„.

Ταῦτα τοῦ γραμματίου περιέχοντος, ἡ μετριότης ἡμῶν μετά γε τῶν συνεδριαζόντων αὐτῇ ἱερωτάτων ἀρχιερέων ἐν Κυρίῳ ἀγαπητῶν ἡμῖν ἀδελφῶν καὶ συλλειτουργῶν προσηύδησα τοῖς ἐν αὐτῷ γεγραμμένοις, τοιάνδε πρὸς ταῦτα τὴν ἀπόκρισιν ἐξενήνοχεν.

Ὡς οἱ φιλευσεβεῖς νόμοι τὸ ἐξ ἀδιαθέτου κληρονομικὸν δίκαιον ἄριστα διελόντες· καὶ κατὰ τὸν τοῦ δικαίου λόγον εὐσεβῶς τοῦτο τάξαντες καὶ ῥυθμίσαντες, βαθμοὺς τοῖς καλουμένοις εἰς τοῦτο προσώποις ὑπέθεντο, ἵνα δηλαδὴ οἱ εὑρισκόμενοι ὄντες τοῦ ἐγγυτέρου βαθμοῦ, ἁρπάγως τοῦ δικαίου τούτου καταπολαύωσι. Τὸ τοίνυν λέγειν τὴν ἐνγεγραμμένην Ἄνναν δικαιοῦσθαι, ὡς ἀπὸ τοῦ πατρὸς αὐτῆς, εἰσελθεῖν εἰς τὴν κληρονομίαν τοῦ ἑτεροθαλοῦς αὐτῆς ἀδελφοῦ, ἀνένδεκτόν ἐστι καὶ τῆς νομικῆς παρατηρήσεως ἔξωθεν· ὁ γάρ τοι πατὴρ αὐτῆς τοσοῦτον κληρονόμος· ἦν τῆς ἐκ τοῦ πρώτου συνοικεσίου γονῆς αὐτοῦ, ὅσον χρᾶσθαι μόνον καὶ καρποῦσθαι | τὴν μητρῴαν ταύτης περιουσίαν, διὰ τὴν δευτερογαμίαν, μέχρις ἂν περιῇ· ὥστε τούτου τεθνηκότος, ἐὰν ἑτεροθαλὴς ἀδελφὸς τῷ ἀπελθόντι ἐκείνῳ παιδὶ οὐχ ὑπῆρξεν, εἶχον ἂν τὰ ἐκείνου ἅπαντα πράγματα εἰς τοὺς προσήκοντας ἐκείνῳ πρὸς μητρὸς κληρονόμους ἀναντιρρήτως ἐπελθεῖν· οὐ γὰρ ἴσα τὰ γέρα, τῷ τε μονογάμῳ καὶ τῷ διγάμῳ, τά γε πρὸς τὴν κληρονομίαν τῶν μητρῴων ὑπάρξεων τῶν ἐξ αὐτῶν φύντων παίδων, ὡς αἱ διατάξεις τῶν νόμων διακελεύονται οὕτως· τῇ Ἄννῃ ἐκ τοῦ ταύτης πατρὸς οὐκ ἀνοίγεται εἰς κληρονομίαν τῶν πραγμάτων τοῦ ἑτεροθαλοῦς αὐτῆς ἀδελφοῦ. Τὰ μὲν γὰρ τοῦ πατρὸς αὐτῆς μόνα ἔχει δίκαιον ἅπαντα ἐξ ἀδιαθέτου κληρονομεῖν· εἰ δὲ τὰ τοῦ ἑτεροθαλοῦς ἀδελφοῦ, ἀπὸ μὲν δικαίου πατρῴου, οὐδαμῶς· ἀπὸ δὲ τῆς τῶν νόμων περιλήψεως· τῶν περὶ τοῦ δικαίου τῆς ἐξ ἀδιαθέτου κληρονομίας· διεξιόντων, ὅσα δὴ καὶ διεξίασι, δίκαιον ἔχει καλῶς εἰσελθεῖν· οὐ μέντοι γε μόνη, ἀλλὰ μετὰ τῶν προσώπων, ὧν τὴν κλῆσιν οἱ νόμοι ῥητῶς περιέχουσιν· αὐτὰ δὲ τὰ ῥήματα τούτων σαφῆ τὸν λόγον ποιήσουσι.

Φησὶ γὰρ τὸ η' κεφ. τοῦ γ' τίτλ. τοῦ με' βιβλ. τῶν βασιλικῶν ταῦτα ἐν μέρει αὐτολεξεί· „Εἰ τοίνυν ὁ τελευτήσας μηδὲ κατιόντας, μηδὲ ἀνιόντας καταλείπει, πρώτους πρὸς τὴν κληρονομίαν καλοῦμεν τοὺς ἀδελφοὺς καὶ τὰς ἀδελφὰς τοὺς ἐκ τοῦ αὐτοῦ πατρὸς καὶ τῆς αὐτῆς μητρὸς τεχθέντας, ὁμοίως δὲ καὶ τοὺς ἀδελφόπαιδας οὓς καὶ μετὰ τῶν πατέρων πρὸς τὴν κληρονομίαν ἐκαλέσαμεν. Τούτων δὲ μὴ ὑπόντων, ἐν δευτέρᾳ τάξει ἐκείνους τοὺς ἀδελφοὺς πρὸς τὴν κληρονομίαν καλοῦμεν, οἵτινες ἐξ ἑνὸς γονέως συνάπτονται τῷ τελευτήσαντι, εἴτε διὰ πατρὸς μόνου, εἴτε διὰ μητρὸς, καὶ εἴ γε τῷ τελευτήσαντι ἀδελφῷ ὑπείκσαν καὶ ἑτέρου ἀδελφοῦ ἢ ἀδελφῆς προτελευτησάντων παῖδες, κληθήσονται πρὸς τὴν κληρονομίαν οὗτοι μετὰ τῶν πρὸς πατρὸς καὶ πρὸς μητρὸς θείων, ἀρρένων τε καὶ θηλειῶν „.

Ἐντεῦθεν λοιπὸν δῆλον ἐστίν, ὡς ἡ εἰρημένη Ἄννη μετὰ τοῦ Βενετικοῦ θείου ὄντος πρὸς πατρὸς τοῦ ἀποιχομένου παιδὸς [f. 129] τοῦ ἐκ τοῦ πρώτου συνοικεσίου τοῦ Κρητικοῦ ἐπίτης εἰς τὴν κληρονομίαν αὐτοῦ εἰσελεύσονται, κατὰ τὴν τοῦ ἀναπεφωνημένου νόμου περίληψιν, καὶ οὐδεὶς ἔσται ὁ ἐμποδίσων, εἰ μὴ ὁ προφάνως ἐθέλων παρανομεῖν.

ΞΒ'.

Περὶ τῶν ἐκ πλαγίου συγγενῶν.
De propinquis lateralibus.

Ὁ ἐν Πελαγονίᾳ οἰκῶν Βασίλειος ὁ Ἀρμενόπουλος, παραστὰς τὴν σήμερον τῷ πανσεβαστάτῳ ἡμῶν δεσπότῃ καὶ αὐθέντῃ τῷ ἀρχιεπισκόπῳ πάσης Βουλγαρίας τοιάνδε τινα προέθετο πρὸς τὴν αὐτοῦ μεγάλην ἁγιωσύνην ἀφήγησιν. Ὁ ἀποιχόμενος, φησίν, Ἰωάννης, ᾧ τε ἐπίκλην Λογγιβαρδίτης, συναφθεὶς γυναικὶ νομίμως κατὰ πρῶτον συνάλλαγμα, παῖδας ἐποίησε τρεῖς, τὸν Βάρδαν ἐκεῖνον, πάππαν Βασίλειον, καὶ τὴν Καλήν· ἧς δὴ θυγατρὸς ὁ αὐτὸς ἔγκμεν Ἀρμενόπουλος· ἀποβαλὼν δὲ θανάτῳ τὴν ἐκ τοῦ πρώτου συνοικεσίου, δευτέραν ἀνηγάγετο γαμετήν, καὶ δὴ καὶ μετ' αὐτῆς ἑτέρους παῖδας ἐποίησε τρεῖς, ἐπεὶ δὲ ἡ δευτέρα τέθνηκεν, ὡσεὶ πέντε ἐτῶν ἤδη γενόμενος καὶ τρίτην ἐπεισήγαγε, καὶ μετ' ἐκείνης ὁμοίως ἐτεκνογόνησε. Τῷ ἐκ τοῦ πρώτου δὲ συνοικεσίου υἱῷ τοῦ Λογγιβαρδίτου δηλαδὴ τῷ πάππῳ Βασιλείῳ θυγάτηρ γεννηθεῖσα κληρονόμος ἐκείνου γέγονεν. Ἡ τοιαύτη δὲ αὐτοῦ θυγάτηρ οὐ ζευχθεῖσα ἀνδρὶ μετ' οὐ πολὺ καὶ αὐτὴ ἄπαις καὶ ἀδιάθετος τὸν βίον ἐξέλιπε. Καὶ ἐπὶ τῇ ἀφηγήσει ταύτῃ ὁ εἰρημένος Ἀρμενόπουλος καθικέτευε μαθεῖν παρὰ τῆς δεσποτικῆς καὶ θείας μεγαλειότητος, εἰ πᾶσι ἁρμόζει τοῖς ἐκ τῶν τριῶν συνοικεσίων συγγενέσι τῆς τεθνηκυίας θυγατρὸς τοῦ πάππα Βασιλείου τὸ ἐξ ἀδιαθέτου κληρονομικὸν δίκαιον ἐπὶ τοῖς ἐκείνῃ ἀπὸ γονικοῦ κλήρου διαφέρουσι πάντες· γὰρ φιλονεικοῦσι, φησίν, τοῦ τοιούτου δικαίου ἀντιποιεῖσθαι.

Ἤκουσε δὲ ἐκεῖθεν, ὡς οἱ φιλευσεβεῖς νόμοι ἐπὶ ταῖς ἐξ ἀδιαθέτου κληρονομίαις βαθμοὺς καὶ τάξεις διετυπώσαντο, ὥστε εὐτάκτως καὶ εὐλόγως τὰς τοιαύτας κληρονομίας προβαίνειν καὶ μὴ συγκεχυμένως καὶ ἀνομάλως· ὅτι οὖν ἡ θυγάτηρ τοῦ ἀναπεφωνημένου πάππα Βασιλείου ἄπαις καὶ ἀδιάθετος, ὡς ἡ ἀφήγησις τέθηκε, περίεισι δὲ ἀδελφόπαιδες· | ἐξ ἑκατέρου γονέως τῷ πάππᾳ Βασιλείῳ συναπτόμενοι, ἅ τε δηλαδὴ σύνευνος τοῦ Ἀρμενοπούλου, καὶ ὁ ἱερεὺς Ἰωάννης, εὐλόγως καὶ κατὰ νομικὴν παρατήρησιν, ὡς ἐγγύτεροι τῷ βαθμῷ τῶν παίδων, προθυμηθήσονται τῶν ἑτεροθαλῶν ἀδελφῶν· αὐτοῖς γὰρ ἁρμόζει ἡ τοιαύτη κληρονομία κατὰ τὸ η'. κεφ. τοῦ γ'. τίτλ. τοῦ με'. βιβλ. τῶν βασιλικῶν ἐν μέρει ταῦτα δεξιόν·

* Εἰ δὲ μήτε ἀδελφοὺς, μήτε παῖδας ἀδελφῶν, ὡς εἰρήκαμεν, ὁ τελευτήσας καταλείψει, πάντας τοὺς ἐφεξῆς ἐκ πλαγίου συγγενεῖς πρὸς τὴν κληρονομίαν καλοῦμεν κατὰ τὴν ἑνὸς ἑκάστου βαθμοῦ προτίμησιν· ἵνα οἱ ἐγγύτεροι τῷ βαθμῷ αὐτοὶ τὸ λοιπὸν προτιμῶνται „.

Ἐπεὶ οὖν ἐγγύτεροι τῷ βαθμῷ κατὰ τὸν νόμον εὑρίσκονται οἱ τοῦ πάππα Βασιλείου ἀδελφόπαιδες, ὡς τῶν γονέων αὐτῶν ἐξ ἑκατέρου γονέως συναπτομένων ἐκείνῳ, ὡς ἀνατέτακται, εὐλόγως ἄρα [καὶ] δικαίως ἐξ ἀδιαθέτου κληρονομήσουσι τὴν ἀποιχομένην ἐξαδέλφην αὐτῶν, ὡς προτιμώμενοι τῶν ἄλλων ἐξαδέλφων, τῶν ἐκ τῶν ἑτεροθαλῶν φύντων ἀδελφῶν τοῦ αὐτοῦ πάππα Βασιλείου· ἐπειδὴ γὰρ πρώτους μὲν πρὸς τὴν κληρονομίαν ὁ νόμος καλεῖ τοὺς ἀδελφοὺς καὶ τὰς ἀδελφὰς τοὺς ἐκ τοῦ αὐτοῦ πατρὸς καὶ τῆς αὐτῆς μητρὸς τεχθέντας, τούτων δὲ μὴ ὑπόντων ἐν δευτέρᾳ τάξει ἐκείνους, τοὺς ἀδελφοὺς πρὸς τὴν κληρονομίαν καλεῖ οἵτινες ἐξ ἑνὸς γονέως συνάπτονται τῷ τελευτήσαντι ἀκόλουθόν ἐστι τοῖς τῆς πρώτης τάξεως τῶν τῆς δευτέρας προτιμηθῆναι, ὡς ἐγγυτέρους τῷ βαθμῷ κατὰ τὴν ἀναγεγραμμένου νόμου περίληψιν.

ΞΓ'.

Εἰ ἔξεστιν ἀδελφῷ κληρονομίαν ζητεῖν ἀπὸ μερίδος ἀδελφοῦ τελευτήσαντος, παίδων καὶ ἐκγόνων ἀνηλίκων καὶ ἐκείνων ὑπόντων καὶ ὑπὸ ἐπιτρόπους τελούντων.

An fratri liceat haereditatem quaerere de portione fratris mortui, liberis impuberibus relictis, iisque sub tutoribus existentibus.

Ὁ ἀπὸ τῶν Σκοπίων ὁρμώμενος Συμεὼν ἱερεὺς ὁ υἱὸς τοῦ πάππα Ἰωάννου, παραστὰς τὴν σήμερον τῇ ἡμῶν μετριότητι προκαθημένῃ συνοδικῶς, τοιάνδε τινα τὴν ἀφήγησιν ἐποιήσατο, φάμενος· [f. 130] ὡς ὁ πατὴρ αὐτοῦ τρεῖς θυγατέρας γεννήσας καὶ δύο υἱούς, αὐτόν τε δηλαδὴ καὶ τὸν ἀποιχόμενον ἱερέα Γεώργιον, τὰς μὲν τρεῖς θυγατέρας αὐτοῦ συζεύξας ἀνδράσι, καὶ προῖκας αὐταῖς παρασχόμενος τὰς ἐπιβαλούσας ἑκάστῃ αὐτῶν, πρὸς τὰς τῶν σφετέρων ἀνδρῶν οἰκίας παρέπεμψε. Τοὺς δέ γε διαλειφθέντας δύο υἱοὺς κληρονόμους ἀποκατέστησε, τῆς τε οἰκίας αὐτοῦ καὶ πάσης τῆς ὑποστάσεως. Τοῦ ἱερέως δὲ Γεωργίου ἐπὶ θυγατρὶ καὶ υἱῷ τὸν βίον ἐκλελοιπότος, ἡρμόσθη γαμικῶς ἀνδρὶ ἡ θυγάτηρ ἐκείνου Βασιλείῳ τινί· ἥτις καὶ ἐτύγχανε συζῶσα τῷ ἱερεῖ Συμεὼν μετὰ τοῦ ἀδελφοῦ αὐτῆς κατὰ τὸ τοῦ πάππου αὐτῶν τοῦ πάππα Ἰωάννου διάταγμα, ὡς τὸ τοῦ πατρὸς αὐτῆς τοῦ ἱερέως Γεωργίου ὑποδυομένη πρόσωπον καὶ τῆς κοινῆς κληρονομίας μετέχουσα, τέκνον δὲ καὶ αὐτὴ θῆλυ τεκοῦσα, τῷ δευτέρῳ τούτου ἔτι τὸν βίον ἐξέλιπεν· ἐναπελείφθη οὖν τὸ τοιοῦτον παιδίον, εἰς τὴν ἀνήκουσαν τῷ πάππῳ αὐτοῦ τῷ Γεωργίῳ μερίδα μετὰ τοῦ θείου αὐτοῦ. Τούτων δὲ οὕτως ἐχόντων μία τῶν ἀναγεγραμμένων θυγατὴρ τοῦ πάππα Ἰωάννου, αὐταδέλφη δηλαδὴ τοῦ ἱερέως Συμεὼν, ἄρτι διαχυαστάσα, ζητεῖ κληρονομίαν ἀπὸ τῆς ὑποστάσεως, ἣν κοινὴν, ὡς ἐρρέθη, τοῖς δυσὶν αὐταδέλφοις καὶ ἱερεῦσι, τῷ τε Γεωργίῳ καὶ τῷ Συμεὼν καταλέλοιπε, καὶ δι' ὅλου γίνεται τούτῳ συγκληρονόμος γενέσθαι ζητοῦσα τοῖς διαδόχοις καὶ κληρονόμοις τοῦ ἀποιχομένου αὐταδέλφου αὐτῆς. Ταῦτα ὁ ἀναπεφωνημένος ἱερεὺς Συμεὼν ἀφηγησάμενος, ἐζήτει μαθεῖν εἰ ἔξεστι τῇ διαλειφθείσῃ αὐταδέλφῃ αὐτοῦ κληρονομίαν ζητεῖν, ἀπὸ τῆς μερίδος τοῦ αὐταδέλφου αὐτῆς, παιδὸς καὶ ἐκγόνου ὑπόντων ἐκείνῳ· καὶ εἰ εὐλόγως τῷ ἱερεῖ Συμεὼν ἐπιφύεται κηδεμόναν τούτων ὡς ἀνηλίκων τυγχάνοντι. Ἤκουσε δὲ παρά γε τῆς ἡμῶν μετριότητος καὶ τῆς συνεδριαζούσης αὐτῇ ἱερᾶς ἀδελφότητος, ὡς μάτην καὶ οὐ κατὰ νομικὴν παρατήρησιν, ἐπιφύεται τῷ ἱερεῖ Συμεὼν ἡ αὐταδέλφη αὐτοῦ κληρονομικὴν ἀνακαλουμένη | δίκαιον, ἐκ τῆς μερίδος τοῦ τελευτήσαντος αὐταδέλφου αὐτῆς, εἰ γὰρ παῖς ἐκείνου καὶ ἔκγονος κληρονόμοι καὶ

CAP. LXIII. DE FRATRUM HAEREDITATE

διακάτοχοι τῶν ἐκείνου ἐναπελείφθησαν, αὕτη δὲ ὡς ἀνόπιν παρίστησιν ἡ ἀφήγησις· μετὰ τῆς ἀνηκούσης ταύτῃ προικὸς ἐξέπεμψε τοῦ οἴκου τοῦ πατρικοῦ παντάπασι κληρονομίαν ἐκ τῶν τοῦ αὐταδέλφου ἀναζητεῖν, οὐκ ἔστιν οὐδοποσοῦν οὐδ' ὅλως ταύτῃ ἐξὸν· τοῦτο δὲ καὶ ἀπὸ τῆς νομικῆς διατάξεως δῆλον καθίσταται.

Φησὶ γὰρ ἐν τῷ κεφαλ. τοῦ γ' τίτλ. τοῦ μς' βιβλ. τῶν βασιλικῶν ταῦτα οὕτω ῥητῶς· "Ἐπειδὴ πᾶσα ἡ τοῦ γένους ἐξ ἀδιαθέτου διαδοχὴ, τρισὶ γνωρίζεται τάξεσι, τουτέστι τῇ τε τῶν ἀνιόντων, καὶ τῇ τῶν κατιόντων, καὶ τῇ τῶν ἐκ πλαγίου, πρώτην εἶναι διατυπούμεν τὴν τῶν κατιόντων διαδοχὴν, εἴ τις τοίνυν ὑπείη τῶν κατιόντων, τῷ διαθέσει· τελευτήσαντι οἱαδήποτε φύσεως ἢ βαθμοῦ καὶ αὐτῶν τῶν γονέων προτιμᾶσθαι κελεύομεν, ὧν ὑπεξούσιος ἦν ὁ τελευτήσας „.

Ταῦτα τοῦ νόμου διακελευομένου, καὶ τοὺς παῖδας τῶν τελευτώντων εἰς τὴν πρώτην τάξιν τιθέντος τῆς ἐξ ἀδιαθέτου διαδοχῆς, καὶ αὐτῶν τῶν γονέων προτιμᾶσθαι, ὧν ἴσως ὑπεξούσιος ἦν ὁ τελευτήσας αὐτοῦ πατὴρ διαρρήδην θεσπίζοντος, οὐδὲν οὐδέποτε οὐδαμοῦ δίκαιον ἁρμόζει τῇ πολλάκις εἰρημένῃ αὐταδέλφῃ τοῦ ἱερέως Γεωργίου κληρονομίαν τινὰ ἕλκειν εἰς ἑαυτὴν ἀπὸ τῆς μερίδος τοῦ τοιούτου αὐταδέλφου αὐτῆς· οἱ ἐξ ἐκείνου γὰρ κατιόντες πάσης τῆς ἐκείνου περιουσίας κληρονόμοι παρὰ τοῦ νόμου καθίστανται. Ταῦτα πρὸς τὴν ἀφήγησιν τοῦ ἱερέως Συμεὼν συνοδικῶς γνωματευθέντα παρὰ τῆς ἡμῶν μετριότητος, τῷ παρόντι διελείφθησαν σημειώματι.

ΞΔ'.

Περὶ ἑτεροθαλῶν ἀδελφῶν καὶ εἰ ἐπίσης καλοῦνται πρὸς τὴν τοῦ κοινοῦ πατρὸς κληρονομίαν, καὶ ὅτι οὐ χρὴ τοὺς πατέρας τοῖς μὲν παίδων πλείονας καταλιμπάνειν μερίδα, τοῖς δὲ ἐλάττονα.

De fratribus alterius parentis et an ex aequo ad haereditatem communis patris vocentur, et quod non oportet ut patres his liberis plus, illis vero minus relinquant [f. 131].

Ὁ μὴ ἀποκρινόμενος ἐν τῷ ἐρωτᾶσθαι, δυνάμενός γε πάντως ἀκούειν, εἰ μὲν ἐξ ὑπεροψίας, ἀποθεῖται προφανῶς τὸ φιλάδελφον, εἰ δὲ ἐξεπίτηδες, ἀμαθίας πρόληψιν δίδωσιν· εἰ δὲ τυχὸν ἐκ ῥᾳστώνης ἢ δειλίας, ἀλλὰ τοῦτο εὐήθειαν ἄντικρυς ἐκείνου κατηγορεῖ. Τίς γὰρ δειλία ἢ ῥᾳστώνη περὶ πρᾶγμα μὴ ἔγκοπον ἐκ τοῦ παρ' αὐτὰ, ἤγουν ἀλλ' ἐν ὑποσχέσει κεφαλαίου τινὸς, ἢ ἀνάνευσιν ἢ κατάνευσιν, ἢ τὸ ναὶ ἢ τὸ οὐχὶ προφέρειν δυναμένων. Ἵν' οὖν μὴ καὶ ἡμεῖς, μήτε τὸ φιλάδελφον, ὡς ἀπανεῖς, μήτε τοὺς νόμους ἀγνοεῖν, ὡς ἐπίτιμον (Ῥωμαῖοι γὰρ ἐσμὲν), μήτε μὲν εὐήθειαν ἐγκαλοίημεν ὡς ἀκαίρως ῥᾳστωνευόμενοι, ἢ δειλιῶντες ἔνθα φόβος οὐκ ἔστι, κατὰ τὸν ψάλλοντα.

Ὁ ἐν Βερροίᾳ οἰκῶν Ἰωάννης, ᾧ τὸ ἐπώνυμον Ταντούρας διακόνῳ τῶν οἰκείων λόγων χρησάμενος, τῷ συγκατοίκῳ αὐτοῦ Στεφάνῳ τῷ Καππαδόκῃ ἀνήνεγκε τῇ ἡμῶν μετριότητι προκαθημένῃ συνοδικῶς, ὡς συνώκησε γαμικῶς Καλῇ τῇ τοῦ Σιλιγνᾶ θυγατρὶ ἐχούσῃ παῖδα ἐκ πρώτου συνοικεσίου τὸν περιόντα Μιχαὴλ, τηνικάδε καιροῦ τριετίζοντα ὑπεδέξατο καὶ προῖκα, ὅσην δηλοῦσι τὰ μέσον αὐτῶν προβάντα συμβόλαια, ἐν οἷς ἀνάγραπτος ἐτύγχανεν ὢν καὶ ὁ ἀμπελών, ὁ ἐνεργηθεὶς ἐπὶ τῆς ζωῆς τοῦ πρώτου τῆς Καλῆς ἀνδρός· ἐξ ἀναλωμάτων ἀπὸ τῆς εἰσόδου τοῦ προσόντος ἐκείνῃ ἑτέρου γονικοῦ προικιμαίου αὐτῆς ἀμπελῶνος, ὁ καὶ μέτρον μοδίων ὡσεὶ ἐξ περιοριζόμενος, ἀλλ' ἐκείνη μὲν ὑπὸ τῷ Ἰωάννῃ θυγατέρας τεκοῦσα τέσσαρας, τὸν βίον ἐπ' αὐταῖς ἐξεμέτρησεν ἐν ἀτελεῖ ἔτι τῇ ἡλικίᾳ βλεπούσαις τὸν ἥλιον. Ὁ Ἰωάννης δὲ τὴν ἀνατροφὴν καὶ κηδεμονίαν αὐτῶν τε καὶ τοῦ προγονοῦ αὐτοῦ Μιχαὴλ τὸ ἀπ' ἐκείνου ἀναδεξάμενος, ἀπάρτι μὲν καὶ συζεῦξαι τὸν Μιχαὴλ βούλεται γυναικί, ὡς τὸν εἰκοστὸν ἤδη τῆς ἡλικίας αὐτὸς ἐνιαυτὸν παραμείβοντα· αὐτὸς δὲ ὁ Μιχαὴλ οὐκ οἶδε δι' ἣν αἰτίαν διαστῆναι τούτου ἑλόμενος ἀπαιτεῖται τὰ ἐκ τῆς γονικῆς οὐσίας αὐτῷ ἐπιβάλλοντα. Ταῦτα ὁ Ἰωάννης εἴρηται, διὰ τοῦ Καππαδόκου διηγησάμενος, ἐζήτει μαθεῖν εἰ ἔστι τίς διαφορὰ τοῖς ἑτεροθαλέσιν αὐταδέλφοις· τά γε εἰς τὴν ἐξ ἀδιαθέτου κληρονομίαν τῶν προικιμαίων πραγμάτων τῆς κοινῆς τούτων μητρός, καὶ εἰ ἐπίσης ἢ κατὰ τὸ μᾶλλον καὶ ἧττον, τούτοις ὁ νόμος εἰς ταύτην καλεῖ.

Ἡ μετριότης δὲ ἡμῶν μετὰ τῶν ἄλλων συνεδριαζόντων αὐτῇ ἱερωτάτων ἀρχιερέων τῇ νομικῇ βασάνῳ τὰ τῆς ἐρωτήσεως ταυτησὶ παρατρίψασα, πρὸς ταῦτα τοιάνδε τίθησι τὴν ἀπόκρισιν.

Ὡς εἴπερ ἡ ἀναγεγραμμένη Καλὴ δευτέρους συναλλάττουσα γάμους τοῖς προικιμαίοις αὐτοῖς πράγμασιν οὐδ' ὅλως κατέμιξε τὴν προγαμιαίαν δωρεὰν τοῦ πρώτου ταύτης ἀνδρός, τὰ συμβόλαια δὲ μόνα τὰ οἰκεῖα αὐτῆς πράγματα περιέχουσιν, ἀμάχως καὶ ἀναντιρρήτως οἱ πάντες αὐτῆς παῖδες κατ' ἴσον αὐτὴν διαδέξονται· τῆς μητρὸς γὰρ ἐπὶ δευτερογαμίᾳ θνησκούσης, μόνοις τοῖς ἐκ τοῦ πρώτου συνοικεσίου παισὶν αὐτῆς τὴν κληρονομίαν τῆς προγαμιαίας δωρεᾶς τοῦ πατρὸς ἡ τοῦ νόμου εὐθύτης χαρίζεται·

εἰς τὴν τῶν προικιμαίων δὲ κληρονομίαν πάντας ἐπίσης καλεῖ, τοῦτο δὲ καὶ νόμῳ δοκεῖ τῷ λέγοντι· "Τῆς μητρὸς ἐξ ἀδιαθέτου κληρονομοῦσι πάντες οἱ παῖδες, καὶ εἰ ἐκ διαφόρων εἰσὶ γάμων„. Καὶ νεαρὰ δὲ νομοθεσία κειμένη ἐν τίτλ. ιδ' τοῦ κη' βιβλ. βασιλικῶν καὶ θεσπίζουσα· "Μητρὸς ἀδιαθέτου θανούσης ἐπὶ παισὶν ἐκ δύο γάμων, τὰ μὲν οἰκεῖα αὐτῆς πράγματα τοὺς ἐξ ἀμφοτέρων τῶν γάμων παῖδας κληρονομεῖν, τὴν μέντοι πρὸ γάμου δωρεὰν ἑκατέραν γονὴν τὴν τοῦ οἰκείου λαμβάνειν πατρός„. Ὅπως δὲ ἡ ἀναγεγραμμένη νεαρὰ ἐν κεφαλαίῳ λε' τοῦ εἰρημένου τίτλου παραινεῖ τοῖς δευτερογαμοῦσι γονεῦσιν, ἐπίσης καὶ οὐ κατὰ τὸ μᾶλλον καὶ ἧττον, τὴν ἀγάπην ὀφείλειν τοῖς ἐξ ἀμφοτέρων τῶν συνοικεσίων παισίν, ἐκ τῶν αὐτῆς ῥημάτων καταμαθεῖν ἔστιν ἐξόν. Φησὶ γὰρ μετὰ τῶν ἄλλων καὶ ταῦτα· "Εἰ γὰρ ἀδιαθέτων αὐτῶν τελευτώντων, ὁ νόμος ἅπαντας ἐξ ἴσου καλεῖ, προσῆκον ἐστὶν αὐτοὺς μιμουμένους τὸν νόμον, μὴ σφόδρα μεγάλαις αὐτοὺς συστέλλειν [f. 132] ταῖς ἐλαττώσεσιν αἰδουμένους τὸν νόμον. Οὕτω γὰρ ἔσονται πατέρες ἀγαθοὶ καὶ τῆς ἡμετέρας ἄξιοι νομοθεσίας. Καὶ δίκαιοι μὲν ἔσονται, μόνον τὸν νόμον φυλάττοντες. Εἰ δέ γε καὶ ὑπὲρ τὸν νόμον καταλίποιεν, ἔσονται δίκαιοί τε ἅμα καὶ φιλάνθρωποι πατέρες„. Οὕτω τούτων ἐχόντων, ἀκολούθως καὶ οἱ τῆς Καλῆς παῖδες, οἱ ἐξ ἑκατέρων δηλαδὴ τῶν συνοικεσίων, τὰ μὲν οἰκεῖα αὐτῆς πράγματα ἐξ ἀδιαθέτου κοινῶς καὶ ἐπίσης διαμερίσονται, ὅτι τε κοινὴ ἡ ἐξαγοῦσα τούτους γαστήρ, καὶ ὡς οὐκ ἔστι τις παραλλαγὴ διὰ τὸ ἑτεροθαλὲς εἰς τὸ ἐν αὐτοῖς ἀδελφικὸν καὶ καθῆκον καὶ ὅσον μόνος δὲ ὁ Μιχαὴλ τὴν προγαμιαίαν δωρεάν, ἤγουν τὰ πατρῷα αὐτοῦ ἰδιαζόντως λείψεται, καὶ δεσπόσει τούτων, ὡς κύριος αὐτῶν παρὰ τοῦ νόμου γινόμενος.

CAP. LXV. DE DUPLICI TESTAMENTO

ΞΕ'.

Ὅτι τότε ῥήγνυται ἡ πρώτη ἀτελὴς διαθήκη, ὅτε ἡ δευτέρα τελεία γένηται, καὶ ὅτι αἱ ἐκ τοῦ παρήκοντος μαρτυρίαι οὐδενὶ λόγῳ ὀφείλουσι κρατεῖν, καὶ ὅτι οἱ ἐγγύτεροι τῷ βαθμῷ προτιμῶνται εἰς διαδοχήν.

Quod primum testamentum imperfectum tunc infringatur, quando secundum perfectum est, et quod propinqui testimonia nulla ratione valere debeant, et quod propinquiores gradu in successione praeferantur.

Γρηγόριός τις τὴν κλῆσιν, Χαμιλὸς τὴν ἐπίκλησιν, πολλοὺς ἔχων ἀπὸ ὕψους πολεμοῦντας αὐτόν, τοῦτο δὴ καὶ τὸ Δαυιτικὸν δεῖν ἔγνω, φησί, τὴν ἀπὸ τῶν φιλευσεβῶν νόμων ἐπικουρίαν λαβεῖν, ἣν συνοδικὴ διάγνωσις οἶδε ψηφηφορεῖν, πρὸς ἀποτροπὴν τῶν συνεπιτιθεμένων αὐτῷ· καὶ μὴν δὴ περονήσας μήκος καὶ ὑγρὰς καὶ ξηρὰς καὶ τὸν ἐν τῷ μεταξὺ κάματον τῆς ὁδοιπορίας, ἀπὸ γὰρ τῆς περιφήμου Κορκύρας ὥρμητο, τὴν καθ' ἡμᾶς κατειλήφει μεσόγειον, καὶ τῇ ἡμῶν μετριότητι τὴν σήμερον προκαθημένη συνοδικῶς παραστάς, τὰ καθ' ἑαυτὸν διά τινος γραμματείου παρ' αὐτοῦ ἐκτεθέντος ἐγνώρισεν, ἐπιρρήδην οὕτω διεξιόντος.

"Πανιερώτατέ μου δέσποτα καὶ αὐθέντα, ἀρχιεπίσκοπε πάσης Βουλγαρίας, ἐξάκουστός ἐστι πανταχοῦ ἡ εὐθυδικία τοῦ δικαστηρίου τῆς μεγάλης ἁγιωσύνης σου καὶ τῆς κατ' αὐτὴν θείας καὶ ἱερᾶς συνόδου, καὶ διὰ τοῦτο προσήχθημαι καὶ ἐγώ, τῷ κατ' | αὐτὴν φιλαλήθῳ συνεδρίῳ, καὶ ζητῶ ἐφ' οἷς ἀναφέρω ὑπόκρισιν, τοῖς θείοις καὶ φιλευσεβέσι νόμοις συνᾴδουσαν. Τὰ δὲ τῆς ἐμῆς ἀναφορᾶς εἰσὶ ταῦτα·

„Ὁ ἀποιχόμενος πενθερός μου, ὁ Ζακινθηνὸς Νικόλαος, μετὰ τὸ διοικῆσαι τὰς θυγατέρας αὐτοῦ δύο οὔσας, ὧν τῇ μιᾷ συνεζεύχθην ἐγώ, ἔγραψε διαθήκην, καὶ τὰ εὑρεθέντα αὐτῷ πράγματα διένειμε ταῖς εἰρημέναις δυσὶ θυγατράσιν αὐτοῦ· ἐπλεόνασε δὲ τὴν φιλοτιμίαν αὐτοῦ πρὸς τὴν ἐμὴν σύζυγον, ὡς ἐβούλετο· μετὰ τινα δὲ χρόνον τελευ-

τήσαντος ἐκείνου, περιέπεσε νόσῳ τινὶ καὶ ἡ πενθερά μου ἑτέραν διαθήκην ἐξέδοτο ἐγγράφως, ἀκόλουθα τῇ διαθήκῃ τοῦ ταύτης ἀνδρὸς περιέχουσαν. Ἐπεὶ δὴ εἰρημένος πενθερός μου τῇ συμβίῳ αὐτοῦ καὶ πενθερᾷ μου τὸ ἑαυτοῦ ἅπαν ἀνέθετο θέλημα αὐτοῦ, ἐφ' οἷς διετάξατο, νῦν οὖν ὁ συγγαμβρός μου Βασίλειος ὁ Πετζικός, διαναστὰς μετὰ καὶ τινῶν ἄλλων, λέγει ὅτι ὁ πενθερὸς ἡμῶν ὁ Ζακινθηνὸς ἐκεῖνος παρήγγειλεν, ἵνα τὰ πάντα ἔχωσιν ἐπίσης αἱ δύο αὐτάδελφαι· παράγουσι δὲ καὶ τινὰς μαρτυροῦντας τοῦτο αὐτό, οἵ τινες αὐτόθεν ἐλέγχονται, μηδὲν λέγοντες ἀληθές· καὶ γὰρ δυνατὸν ἦν τῷ Ζακινθηνῷ ἐκείνῳ ἐναλλάξαι τὴν διαθήκην αὐτοῦ, εἴ γε ἐβούλετο· καὶ ὁ ταβουλάριος γὰρ γείτων ἦν ἐκείνου, καὶ αὐτὸς δὲ ὁ Ζακινθηνὸς οὐκ ἦν ἰδιώτης, ὥστε ἀγνοεῖν τὴν τοῦ καθήκοντος πρᾶξιν ἐπὶ τούτοις· καὶ ὁ πανσέβαστος σεβαστὸς κὺρ Ἀλέξιος ὁ Πεδιαδίτης μετὰ καὶ ἄλλων καὶ πολλῶν παρῆν τῷ Ζακινθηνῷ ἐκείνῳ ἐκλείποντι καὶ παρέμεινε καὶ αὐτός, μέχρι ἂν καὶ ἑκάρη κατὰ μοναχοὺς ἐκεῖνος· καὶ διανίσταται μαρτυρῶν μηδ' ὅλως ἀκοῦσαι παρ' ἐκείνου ῥήματος τινός, τὴν προγεγονυῖαν μὲν ἀνακιροῦντος διαθήκην, ἑτέραν δὲ καθιστῶντος. Διὰ ταῦτα οὖν ἐρωτῶ καὶ δέομαι μαθεῖν, εἰ τὴν ἀναγεγραμμένην διαθήκην δύναται ψιλῇ μαρτυρίᾳ ἀνδρῶν μὴ προκληθέντων, ἀλλὰ κατὰ συγκυρίαν παρατυχόντων ἐν τῷ θανάτῳ τοῦ Ζακινθηνοῦ εἰς τὸ ἄκυρον παραστῆσαι.

„Πρόσαπτι τούτοις ἀναφέρω, ὅτι τῷ πατρί τῆς πενθερᾶς μου τῷ Προβατᾷ Γεωργίῳ πέντε παῖδες γεγόνασιν, ὧν μία [f. 133] ἐστὶν ἡ ἐμὴ πενθερά, ἡ ὀνομαζομένη Μαρία, ἐκ τῶν λοιπῶν οὖν τεσσάρων ἡ λεγομένη Νίκαια ἀνδρὶ ζευχθεῖσα τῷ Εὐφημίῳ, καὶ ἐξ αὐτοῦ θυγατέρα μίαν τεκοῦσα τὴν Εὐδοκίαν, τὸν βίον ἐξέλιπεν. Ἡ Εὐδοκία δὲ συζευχθεῖσα ἀνδρὶ καὶ τριετῆ χρόνον αὐτῷ συνοικήσασα, καὶ μηδ' ὅλως παιδοποιησαμένη, ἔπειτα καὶ αὐτὴ τῷ χρεὼν ἐλειτούργησε. Καὶ ὁ μὲν Θεόδωρος ὁ ταύτης ἀνδράδελφος τὰ διαφέροντα τῷ αὐταδέλφῳ αὐτοῦ Εὐφημίῳ, ἐπεὶ καὶ αὐτὸς ἀδιάθετος τέθνηκεν, ἐξ ἀδιαθέτου ἐκληρονόμησεν. Ἡ Μαρία δὲ, ἤγουν ἡ ἐμὴ πενθερά, τὰ τῆς Εὐδοκίας ὁμοίως ἐκληρονόμησε, κατὰ τὸν ταύτῃ ἁρμόζοντα ἐξ ἀδιαθέτου βαθμόν. Ἄρτι δὲ οἱ παῖδες τῶν ἀναγεγραμμένων ὑπολοίπων τεσσάρων αὐταδέλφων τῆς πενθερᾶς μου, ἤγουν οἱ ἐξάδελφοι τῆς Εὐδοκίας, φιλονεικοῦσιν εἰς κληρονομίαν τῆς Εὐδοκίας ἐπίσης διελθεῖν μετὰ τῆς ἐμῆς πενθερᾶς, καὶ διὰ τοῦτο ζητῶ μαθεῖν εἰ εὔλογός ἐστιν ἡ περὶ τούτου ἐκείνων φιλονεικία „.

Ταῦτα τοῦ γραμματείου διασαφήσαντος, ἡ μετριότης ἡμῶν μετά γε τῆς συνεδριαζούσης αὐτῇ τῶν ἀρχιερέων ἱερᾶς ὁμηγύρεως, τὰ τοῦ πράγματος διασκεψαμένη, καὶ τὰς τῶν θείων νόμων διαταγὰς κατὰ τὴν τοῦ δικαίου ὁδὸν ὁδηγοὺς λαβοῦσα, πρὸς τὴν τοῦ καθήκοντος γνῶσιν, πρὸς ταῦτα οὕτω ψηφηφορεῖ.

Ὡς ἡ τοῦ Ζακινθινοῦ διαθήκη οὐκ ἐν πάθει περιτροπὴν ἐκ τῶν λεγόντων καὶ μαρτυρούντων, ὅτι ἐν ταῖς τελευταίαις αὐτοῦ ἀναπνοαῖς ἑτέραν βούλησιν ἔθετο, ἀναιροῦσαν τὰ πρότερον παρ' αὐτοῦ διατεταγμένα. Τότε γὰρ ἡ πρώτη ῥήγνυται διαθήκη, ὅταν ἡ δευτέρα τελεία γένηται. Τοῦ διατάγματος δὲ τοῦ Ζακινθινοῦ ἐπ' ἀσφαλοῦς κειμένου, κἀκτοῦ πλείονος παρὰ τῆς μεταγενεστέρας διαθήκης τῆς συμβίου ἐκείνου βεβαιουμένου, πῶς μαρτυρία ψιλὴ καὶ ἀτελὴς τῶν ἀντικαθισταμένων τῷ Χαμήλῳ κατὰ τοῦ τοιούτου διατάγματος στήσεται καὶ ἀνατρέψαι τοῦτο δυνήσεται; Εἰ δὲ καὶ ἐκ τοῦ παρήκοντος οἱ τοιοῦτοι μάρτυρες τοὺς ἑαυτῶν λόγους προτίθενται, εἰς ἔτι πλέον ματαιάζειν καταλαμβάνονται. Δεῖ γὰρ προκαλεῖσθαι | τοὺς περιόντας τινὸς μαρτυρῆσαι μέλλοντας, καὶ μὴ δι' ἑτέραν τινὰ χρείαν παρατυγχάνοντας ἀκούειν τινὸς λέγοντος τὰ παρ' αὐτῶν δήπουθεν μαρτυρούμενα.

Παρίστωσαν δὲ καὶ οἱ θεῖοι νόμοι τοὺς λόγους τούτους πιστούμενοι. Τὸ μὲν γὰρ ιζ΄ κεφ. τοῦ β΄ τίτλ. τοῦ λε΄ βιβλ. ταῦτα ἐν μέρει διαλαμβάνει· " Εἰ δέ τις ποιήσας πρώτην διαθήκην, καὶ ἡ ἔξωθεν τοῦ κεφαλαίου τούτου περιγραφή, ὅτε δηλονότι τῆς προτέρας ἀτελοῦς οὔσης, ἡ δευτέρα γένηται τελεία „. Τὸ δέ γε ε΄ κεφ. τοῦ κ΄ τίτλ. τοῦ αὐτοῦ βιβλ. ταῦτα ῥητῶς οὕτω διέξεισιν· " Εἰ μὴ τελείαν τις ποιήσῃ βούλησιν, οὐκ ἀκυροῖ τὴν πρώτην· ᾧ δέ γε ἐξῆν διαρρῆξαι τὸ γενόμενον καὶ ἑτέραν ποιήσασθαι βούλησιν, δηλοῦσαν τὴν τελευταίαν αὐτοῦ γνώμην „. Τὸ μ΄ μέντοι δὲ κεφ. τοῦ α΄ τίτλ. κα΄ βιβλ. περὶ μαρτυριῶν ἐκ μέρους ταῦτα οὕτω νομοθετεῖ· " Τὰς δὲ ματαίας ταύτας καὶ ἐκ τοῦ παρήκοντος γενομένας μαρτυρίας, μηδενὶ παντάπασι λόγῳ κρατεῖν καὶ τοιαύτας τινὰς ἀναπλάττειν μαρτυρίας, ὡς δι' ἄλλην τινὰ χρείαν παρατυχὼν ἀκούσαι τοῦδε λέγοντος εἰληφέναι παρὰ τοῦδε χρυσίον ἢ ὀφείλειν τοῦδε· αὗται γὰρ σαφῶς ἡμῖν ὑποπίπτοι καθεστᾶσι, καὶ οὐδενὸς ἡμῖν ἐξίαι λόγου „.

Ἔτι τοίνυν ἀτελὴς καταλαμβάνεται ἐν λέγουσι δευτέραν βούλησιν τοῦ Ζακινθινοῦ οἱ τῷ Χαμήλῳ ἀντικείμενοι· πάλιν δὲ αὐτοὶ ἑαυτοῖς περιπίπτουσιν, ὡς μὴ προκληθέντες παρὰ τοῦ Ζακινθινοῦ, ἀλλ' ἐκ τοῦ παρήκοντος εὑρεθέντες ἐν τῷ μέλλειν ἐκεῖνον ἀποβιοῦν. Τούτου ἕνεκεν ἡ τοῦ Ζακινθινοῦ διαθήκη τὸ πάγιον ἔχει καὶ ἀπερίτρεπτον. Οὐ γὰρ ἂν πότε τὸ ἀτελὲς καταπαλέσῃ τὸ τέλειον καὶ τὸ ἀπαγὲς περιτρέψῃ τὸ πάγιον. Ὧ γὰρ φησι τρόπῳ τί συνίσταται, τούτῳ καὶ ἀναλύεται. Ἡ μέν γε Μαρία ἡ τοῦ Χαμήλου πενθερὰ καλῶς καὶ νομίμως τὴν ἀδελφὴν αὐτῆς Εὐδοκίαν ἐξ ἀδιαθέτου κληρονομεῖ. Ὡς τῶν ἐκ πλαγίου ἐγγύτερον τρίτον βαθμὸν τῶν ἐξ ἀδιαθέτου καλουμένων προσώπων, καλῶς ἀποσώζουσα καὶ τὸν νόμον αὐτῇ [f. 134] συνασπίζοντα κεκτημένη, ταῦτα ἐν μέρει θεσπίζοντα· " Εἰ δὲ μήτε ἀδελφοὺς, μήτε παῖδας ἀδελφῶν, ὡς εἰρήκαμεν, ὁ τελευτήσας καταλείψει, πάντας τοὺς ἐφεξῆς ἐκ πλαγίου συγγενεῖς πρὸς τὴν κληρονομίαν καλοῦμεν κατὰ τὴν ἑνὸς ἑκάστου βαθμοῦ προτίμησιν, ἵνα οἱ ἐγγύτεροι τῷ βαθμῷ αὐτοὶ τῶν λοιπῶν προτιμῶνται „. Ἐπεὶ γοῦν ὁ τῆς θείας βαθμὸς τούτων ἐξαδέλφων ἐγγύτερός ἐστι, προτιμηθήσεται τούτων αὕτη ἀμάχως· εἰς τὴν ἐξ ἀδιαθέτου κληρονομίαν τῆς εἰρημένης ἀνεψιᾶς αὐτῆς Εὐδοκίας, καὶ παύσονται οἱ ἐξάδελφοι φιλονεικοῦντες περὶ τῆς τοιαύτης κληρονομίας, φυλακὴν ψαλμικῶς τῷ στόματι θέμενοι· ἀποκλείονται γὰρ παρὰ τοῦ νόμου, ὡς τῆς θείας δηλαδὴ τῆς Μαρίας κληρωσαμένης παρ' αὐτοῦ τὴν προτίμησιν. Ταῦτα πρὸς τὰ ἀνενεχθέντα.

ΞΣ'.

Περὶ διαθηκῶν καὶ χρονίας νομῆς καὶ χρόνου νομῆς κινητῶν καὶ αὐτοκινήτων καὶ ἀκινήτων, καὶ περὶ προτιμήσεως.

De testamentis et longa possessione et de tempore possessionis mobilium et per se mobilium et immobilium, et de praelatione.

Ἔοικεν ἄρα ταὐτόν τι πάσχειν τῷ ὑπὸ θηρὸς ἀγρίου ἢ ἀκαθέκτου ταῖς ὁρμαῖς πολέμιου διωκομένῳ καὶ κρησφύγετόν τι ἐπειγομένῳ καταλαβεῖν, ὁ ὑπ' ἀνάγκης ἐλαυνόμενος, ὁποία· οἶδεν ὁ παρὼν βίος· ἀπογεννᾶν πάντως· γὰρ ἑκάτερος τούτων σωτήριον τὸ καταφύγιον εὑρηκὼς, τῆς λύμης τοῦ διώκοντος ἀπαλλάττεται, καὶ τῆς συντονίας ἑαυτὸν ἐπαινεῖ, ἣν περὶ τὸν δρόμον ἔθετο τὸν εἰς τὸ ὀχύρωμα φέροντα, ὥσπερ ἂν εἴγε μέμφεσθαι, εἰ διὰ ῥᾳθυμίαν τῷ διώκοντι γέγονεν. Ὑπὸ τοιαύτης οὖν ἀνάγκης ὁ εὐλαβέστατος διάκονος καὶ κληρικὸς τῆς ἁγιωτάτης ἐπισκοπῆς Ἰωαννίνων Θεόδωρος, ᾧ τὸ ἐπωνύμιον Καντακουζηνὸς ἐλαυνόμενος, δεῖν ἐνενόησε καταφρονῆσαι μήκους τε ὁδοῦ καὶ τραχύτητος καὶ κόπου καὶ τῶν ἐντεῦθεν διαχερειῶν καὶ τὴν Ἀκρίδαν καταλαβεῖν· ὥστε τῷ συνοδικῷ δικαστηρίῳ τῇ ἡμῶν μετριότητι, ὡς καταφυγῇ | χρήσασθαι καὶ τὴν ἐνθένδε ἀσφάλειαν εἰς ἀποτροπὴν θέσθαι τῆς ἀνάγκης ὁρμήματος· τοῦτο δὴ καὶ ποιήσας· παρέστη τὴν σήμερον τῇ ἡμῶν μετριότητι προκαθημένῃ συνοδικῶς καὶ τὰ καθ' ἑαυτὴν ἐξηγήσατο, οὕτως εἰπών.

Γυναικὶ, φησὶν, συναρμόσθην τῇ θυγατρὶ τῆς περιουσίας Μαρίας, τῆς τοῦ ἀρχιδιακόνου, τῇ καλουμένῃ Ἀναστασίᾳ ἣν εἰς δεύτερον ἡ Μαρία ἐλθοῦσα συνοικέσιον ἔτεκεν· αὐτὴ δὲ φθάσασα πρῶτον ἄνδρα λαβεῖν τὸν ἀποιχόμενον ἀναγνώστην Στάνον τὸν τοῦ Σακελλίου, θῆλυ παιδίον μετ' ἐκείνου ἐποίησεν, ὅπερ δὴ καὶ πρὸ ἐκείνου τῷ χρεὼν ἐλειτούργησεν· ἐπεὶ δὲ καὶ αὐτὸς εἰς θάνατον κατήντησεν, ἔγραψε διαθήκην, καὶ κληρονόμον τῆς περιουσίας αὐτοῦ τὴν γυναῖκα αὐτοῦ τὴν εἰρημένην Μαρίαν ἐποίησε, μνησθεὶς καὶ τοῦ ἐν γαστρὶ ταύτης φερομένου ἐμβρύου, ὡς γοῦν ἐκείνου ἀποθανόντος, ἐγκρατῆς τῆς περιουσίας αὐτοῦ, ὡς ἀπὸ κληρονομίας κατὰ τὴν διαθήκην ἡ Μαρία ἐγένετο. Μετὰ δὲ τὸ τεκεῖν τὸ κυοφορούμενον, ἦλθεν εἰς δεύτερον γάμον. Ἀπέθανε δὲ μετὰ ταῦτα, καὶ αὐτὸ τὸ παιδίον, μετὰ τοῦ δευτέρου δὲ αὐτῆς ἀνδρὸς ἐποίησε θυγατέρας τρεῖς, ὧν τὴν μίαν ἤγουν τὴν Ἀναστασίαν συναρμόζουσα έμοί, χάριν προικός αυτής το ήμισυ της διαλειφθείσης περιουσίας του πρώτου ταύτης ανδρός εμοί παραδέδωκεν· ως γούν τούτο εγένετο, ανέστη τις γυνή εκ της σειράς ούσα του γένους του Στάνου, ή όνομα Ζωή, και διά του ανδρός αυτή του αναγνώστου Ιωάννου του Καλούδα, δίκην εκίνησε κατ' εμού τε και της πενθεράς μου, ανακαλουμένη την αναγεγραμμένην περιουσίαν του Στάνου, ως οιομένη ταύτην αυτή διαφέρειν κατά κληρονομίαν συγγενικήν. Έστι δε ο χρόνος εξότου η διαθήκη γέγονεν έως νυν έτη επτά προς τοις είκοσιν εν οις ούτε θείος, ούτε πρώτοι εξάδελφοι, ούτε δεύτεροι το οιονούν περί της τοιαύτης κληρονομίας ελάλησαν, εξ ων και ζώσίν τινες μέχρι του νυν, ήτε δηλονότι Αναστασία πρώτη εξαδέλφη ούσα της Στάνου μητρός Ελένης, και οι της αυτής [f. 135] Αναστασίας παίδες, ο Ιωάννης και ο Μιχαήλ, δεύτεροι εξάδελφοι του Στάνου τυγχάνοντες· αυτών δε σιωπώντων, ως την διαθήκην στεργόντων, μόνη η διαλειφθείσα Ζωή καλεί και ταύτα ευρισκομένη, του μετά θάνατον του Στάνου τεχθέντος θήλεος παιδίου, και αποθανόντος, ως είρηται· ου δη τάχα προς την διαδοχήν ελθείν, ως εξ αδιαθέτου φιλονεικεί. Διά ταύτα ζητώ μαθείν ει ευλόγως κινεί η Ζωή, εις εαυτήν την τοιαύτην κληρονομίαν μεθέλκουσα. Αλλά τα μεν της αφηγήσεως του αναπερωνημένου διακόνου του Καντακουζηνού ήσαν εν τούτοις.

Η μετριότης δε ημών μετά γε των συνεδριαζόντων αυτή ιερωτάτων αρχιερέων τούτοις προσχούσα, επεί μηδέ όσιον ην, μήτε καθήκον αποπέμψασθαι ημάς, άνδρα δυσχεραίνοντα και ζητούντα μαθείν εφ' οις ερωτά το συμβαίνον τοις νόμοις και τω δικαίω, και διά τούτο τέμοντα μακράν και αργαλέαν οδόν, επελθούσα δε και την του αναγνώστου εκείνου Στάνου διαθήκην, παρά του Καντακουζηνού εμφανιζομένην, ήτις την Μαρίαν ένστατον και υποκατάστατον κληρονόμον εν τη οικία αυτού και πάσι τοις υπ' αυτόν κινητοίς τε και αυτοκινήτοις πράγμασιν αποκαθίστησιν, εν τω μνημονεύειν και του εν γαστρί αυτής κυοφορουμένου, και γνούσα ταύτην αμέμπτως προβάσαν ως νομικήν τηρούσαν ακολουθίαν, ακολούθως τοις των φιλευσεβών νόμων θεσπίσμασι τοιάνδε ψηφοφορεί την απόκρισιν·

Ως ουκ ευλόγως ουδέ νομίμως η Ζωή κινεί την περί κληρονομίας αγωγήν κατά της γυναικός του Καντακουζηνού, δηλαδή της Αναστασίας· έχει γαρ ισχυρώς αντιβαίνοντα ταύτη και επιστομίζοντα την αυτής αγωγήν, τήν τε του Στάνου διαθήκην κληρονόμον αποτελούσαν την Μαρίαν απάσης της περιουσίας αυτού, μετά του τηνικάδε εν γαστρί ταύτης εμβρυοφορουμένου σπέρματος αυτού, κατά τους νομικούς όρους της τε ενστάσεως και υποκαταστάσεως· και την χρονίαν νομήν ην έσχεν αύτη επί τη κατοχή και δεσποτεία της τοιαύτης περιουσίας, και μην ώσπερ εξ επιμέτρου, και την | σιωπήν των εγγυτέρου βαθμού τυγχανόντων προσώπων, άπερ ο νόμος, ει χώραν εν αυτοίς εξ αδιαθέτου δίκαιον, κατά τον προσήκοντα τούτοις βαθμόν, εις την κληρονομίαν είχε καλείν της τεθνηκυίας, αυτώ συγγενίδος, ην κυοφορουμένην εν τω θανάτω του Στάνου η διαθήκη παρέστησεν· αυτό γαρ σιωπώντων κάκτεύθεν καταλαμβανομένων στέργειν την διαθήκην, ως εκ ταύτης εις την εξ αδιαθέτου κληρονομίαν αποτεταξιομένων, ματαία λογίζεται και πάντη ανεύλογος η του όντος κατωτέρου βαθμώ προσώπου περί τούτου λογομαχία· ευρίσκεται γαρ ενιστάμενον περί τω μηδέν τι ηρμοζόντων αυτώ, και διά τούτο παρά της των νόμων ακριβείας αποπεμπόμενον άπρακτον σφραγίς δε και βεβαίωσις του λόγω τα των φιλευσεβών νόμων θεσπίσματα, περί μεν γαρ της διαθήκης, εγκελευόμενα δηλαδή, έκαστον έχειν εξουσίαν διατίθεσθαι, και κατά νόμους τα οικεία ευτίθεσθαι, υπό μηδενός νόμου ή δόγματος κωλυόμενον. Εν τω α' κεφ. του α' τίτλ. του λε' βιβλ. των βασιλικῶν ταῦτα οὕτω φασί· " Διαθήκη ἐστιν δικαίου βούλησις, ὧν τις θέλει μετὰ θάνατον αὐτοῦ γενέσθαι „. Περὶ δέ γε τῆς χρονίας νομῆς ἐν μὲν τῷ δ' κεφαλ. τοῦ ε' τίτλ. τοῦ νβ' βιβλ. ταῦτα θεσπίζουσιν· " Ὁ ἔχων τὴν ἀπὸ τῆς διαθήκης βοήθειαν, δύναται ὡς κληρονόμος διὰ τῆς χρονίας νομῆς δεσπόζειν „. Ἐν δὲ τῷ γ' κεφ. τοῦ θ' τίτλ. τοῦ αὐτοῦ βιβλ. ταῦτα διαγορεύουσι· " Καὶ διάταξις κελεύει πάντα τὰ πράγματα, εἰ μὲν κινητὰ, ἢ αὐτοκίνητα εἴησαν, διὰ τριετίας· τῇ χρονίᾳ νομῇ δεσπόζεσθαι· εἰ δὲ ἀκίνητα, διὰ δέκα καὶ εἴκοσιν ἐνιαυτῶν τῇ χρονίᾳ νομῇ δεσπόζεσθαι δέκα μὲν, ὅτε πάρεισιν οἱ δεσπόται, εἴκοσι δὲ, ὅτε ἄπεισιν „. Ἐν δὲ τῷ β' κεφαλ. τοῦ ια' τίτλ. τοῦ αὐτοῦ βιβλ. ταῦτα διατάττονται· " Ἡ χρονία νομὴ συμβάλλεται τοῖς πίστει καλῇ νεμομένοις, καὶ μηδεμίαν προκάταρξιν ὑπομείνωσιν „. Ἐν δὲ τῷ ια' κεφ. τοῦ ιδ' τίτλ. τοῦ αὐτοῦ βιβλ. ταῦτα ἐν μέρει διορίζονται· " Θεσπίζομεν εἴ τις κακῇ πίστει πράγματα νεμόμενος ἢ κατὰ πρᾶσιν ἢ κατὰ δωρεὰν, ἢ ἄλλως, ταῦτα ἐκποιήσει· ὁ δὲ νομίζων τὰ [f. 136] αὐτὰ πράγματα προσήκειν ἑαυτῷ, τοῦτο γινώσκει ὡς ἐντὸς δέκα ἐνιαυτῶν μεταξὺ παρόντων καὶ εἴκοσι μετὰ δὲ ὑπόντων μὴ διαμαρτυρεῖται κατὰ τοὺς νόμους· τὸν ἀγοραστὴν ἢ τὸν τὴν δωρεὰν δεχόμενον, ἢ ἐκεῖνον εἰς ὃν τὰ πράγματα ἄλλῳ οἱῳδήποτε τρόπῳ μετενεχθείη, τὸν τὰ τοιαῦτα πράγματα κομιζόμενον· βεβαίως ταῦτα ἔχειν μετὰ τὴν τῆς δεκαετίας δηλονότι ἐπὶ τῶν παρόντων καὶ τῆς εἰκοσαετίας ἐπὶ τῶν ἀπόντων παραδρομήν „. Περὶ μέντοι τῆς τῶν συγγενικῶν βαθμῶν τάξεως, ἐν τῷ κ' κεφ. τοῦ γ' τίτλ. τοῦ με' βιβλ. ταῦτα δικελεύονται· " Εἰ δὲ μήτε ἀδελφοὺς μήτε παῖδας ἀδελφῶν, ὡς εἰρήκαμεν, ὁ τελευτήσας καταλείψει, πάντας τοὺς ἐφεξῆς ἐκ πλαγίου συγγενεῖς πρὸς τὴν κληρονομίαν καλοῦμεν, κατὰ τὴν ἑνὸς ἑκάστου βαθμοῦ προτίμησιν, ἵνα οἱ ἐγγύτεροι τῷ βαθμῷ, αὐτοὶ τῶν λοιπῶν προτιμῶνται.

Ταῦτα τῶν θείων νόμων θεσπιζόντων, πανταχόθεν ἡ Ζωὴ ἀποκλείεται κινεῖν περὶ τῆς τοῦ Στάνου περιουσίας, εἴτε ἐξ ὁλοκλήρου, εἴτε ἐκ μέρους. Νομίμως γὰρ ἐκεῖνο διαταξάμενος, καὶ μηδὲ τὸ κυοφορούμενον σπέρμα τούτου ἀμνημόνευτον καταλελοιπὼς, καλῶς τὴν κληρονομίαν τῶν πραγμάτων αὐτοῦ κατὰ ἔνστασιν καὶ ὑπόστασιν ὀργανικήν τε καὶ ἰδιωτικὴν, ἀμφοτέροις καὶ ἀμέμπτως παρέπεμψε τῇ γαμετῇ, δηλαδὴ καὶ τῷ σπέρματι ἐντεῦθεν ἄρα καὶ ἡ Μαρία κατὰ νόμους τὴν τοιαύτην περιουσίαν κληρονομήσασα, εὐλόγως οἷς ἐβούλετο ταύτην ἐμέρισε. Τῆς εἰρημένης δὲ διαθήκης ἕνεκεν, λοιπὸν ἐνταῦθα ἀργεῖ καὶ πᾶσα ἐξ ἀδιαθέτου περὶ δικαιοδοχῆς ἀγωγή, ἐπεί τοι γε καὶ εἰ μὴ τοῦ κυοφορουμένου ἡ τοῦ Στάνου διαθήκη ἐμέμνητο, ἠδύνατο ἡ χρονία νομὴ τῆς Μαρίας ἀπορραπίσαι τοὺς τὸ ἐξ ἀδιαθέτου προϊσχομένους δίκαιον καὶ τῆς κληρονομίας ἐκείνου δράττεσθαι θέλοντας, ὅτι περ οὔτε κακῇ πίστει τῶν τοῦ Στάνου πραγμάτων ἐγκρατὴς ἡ Μαρία ἐγένετο, καὶ παρόντων καὶ ὁρώντων καὶ γινωσκόντων ἐκ πλαγίου συγγενῶν ἐκείνου, οἳ ἐθέλεσι ταῦτα ἐκληρoδότησε· τὸ δὲ καὶ τῶν ἐξαδέλφων καὶ τῶν λοιπῶν τῶν ἐγγυτέρω ὄντων | βαθμοῦ τὴν διαθήκην ἀσπασαμένων, ὡς ἐπιγνόντων τὸ ταύτης ἰσχυρόν τε καὶ βέβαιον, τρισεξαδέλφην προτιθέναι τὸ ἐξ ἀδιαθέτου δίκαιον, καὶ περὶ τούτου φιλονεικεῖν· ἀλλὰ τοῦτο καὶ μυκτῆρα ἐπισπᾶται καὶ κόρυζαν κατὰ τοῦ φιλονεικοῦντος προσώπου φαίνεται προκαλούμενον· ὅθεν χρὴ μὲν τὸ τοιοῦτον πρόσωπον ἐγκαλυψάμενον τοῦ λοιποῦ σιωπᾶν, ὡς ἀποτρεπόμενον παρὰ τῆς τῶν νόμων παρατηρήσεως· τὸν Καντακουζηνὸν δὲ καὶ ὅσους ἄλλους (cod. ὅσοις ἄλλοις) παρὰ τῆς Μαρίας διεμερίσθησαν τὰ εἰς κλῆρον ἐλθόντα τοῦ Στάνου πράγματα κατέχειν τὰς λαχούσας αὐτοῖς μερίδας, ὡς εὐλόγως ἁρμοζούσας αὐτοῖς κατὰ τὸ ἄμαχόν τε καὶ ἀστασίαστον. Ταῦτα οὕτω γνωματευθέντα.

ΞΖ'.

Περὶ κληρονομίας τέκνων καὶ γονέων καὶ ἀλληλοκληρονομίας.
De haereditate liberorum et parentum et de mutua haereditate.

Παρέστη τὴν σήμερον τῇ ἡμῶν μετριότητι προκαθημένῃ συνοδικῶς ὁ ἀπὸ τῆς Βερροίας ὁρμώμενος τοὔνομα Βασίλειος, Παδοκομήτης τὸ ἐπωνύμιον, καὶ τὴν ὑποκειμένην ἀφήγησιν ἐκθέμενος, ἠντιβόλει λαβεῖν παρὰ τῆς ἡμῶν μετριότητος καὶ τῶν συνεδριαζόντων αὐτῇ ἱερωτάτων ἀρχιερέων ἀπόκρισιν τῇ προτάσει τε τῆς τοιαύτης ἀφηγήσεως ἀκόλουθον καὶ τοῖς τῶν θείων καὶ φιλευσεβῶν νόμων θεσπίσμασι συνῳδόν. Ἡ μετριότης δὲ ἡμῶν ἀνεῖσα τούτῳ τὰς ἀκοὰς, οὐδὲ γὰρ φιλάνθρωπον ἦν, οὐδὲ τῆς θείας ἐχόμενον ἐντολῆς, ἀποπέμψασθαι ἄνθρωπον ζητοῦντα λύσιν τοῦ ἀπορουμένου αὐτῷ· διὸ καὶ μακρὰν ὁδὸν ἤνυσε, καὶ πολὺν κόπον ἀπέμεινε, λέγειν αὐτῷ τὰ δοκοῦντα ἐπέτρεψεν. Ἐξηγεῖτο οὖν οὑτωσί.

Ἀδελφὴν εἶχον καλουμένην Μαρίαν. Ταύτην ὁ κοινὸς πατὴρ ἡμῶν, παρθένον οὖσαν, ἀνδρὶ συνήρμοσε κατὰ γαμικὴν ἀκολουθίαν τῷ τουρκογενεῖ Θεοδώρῳ, τῷ ἐπονομαζομένῳ Σαρᾷ, καταγραψάμενος καὶ προῖκα ταύτῃ, ὅσην τὰ τηνικάδε προβάντα τὰ γαμικὰ συμβολαῖα παριστῶσιν. Αὐτὴ δὲ ἡ ἀδελφή μου, συμβιωτεύσασα τῷ Σαρᾷ καὶ τρεῖς παῖδας ἀπ' ἐκείνῳ τεκοῦσα, τοὺς μὲν δύο ἔτι [f. 137] ζῶσα τῇ τοῦ θανάτου τομῇ ἀπεβάλετο. Τῶν λοιπῶν δὲ ἤγουν τῷ Θεοδώρῳ, αὐτ' ἐπιτέθνηκε, κληρονόμον λιποῦσα τοῦτον τῆς περιουσίας αὐτῆς. Ὁ Σαρᾶς δὲ ἀπιδὼν μετὰ ταῦτα πρὸς ἕτερον συνοικέσιον, συνήφθη γυναικὶ κατὰ τετάρτην συναρμογὴν, ὡς ὕστερον ἔγνωμεν, τρίτου γὰρ ὄντος· αὐτῷ τοῦ μετὰ τῆς ἐμῆς ἀδελφῆς συναλλάγματος· ὁ δὲ, ὡς δεύτερον αὐτὸ ἐξετέλεσε, τὸν ἐμὸν ἐξαπατήσας πατέρα, μετὰ ταῦτα τέθνηκεν ὁ Σαρᾶς ἐν πολέμῳ ληφθείς. Διαλιπόντος δὲ χρόνου ὀλίγου καὶ ὁ Θεόδωρος τὸν βίον ἐξέλιπε, ληστρικαῖς χερσὶ συλληφθείς. Ἄρτι γοῦν ἡ ἐσχάτη αὐτὴ γυνὴ τοῦ Σαρᾶ φιλονεικεῖ κατέχειν τὰ πράγματα τῆς ἐμῆς ἀδελφῆς, προβαλλομένη ὡς παρὰ τοῦ Σαρᾶ ταύτῃ προσενέχθησαν αὐτὰ λόγῳ προγαμιαίας δωρεᾶς, ὡς ἐκείνῳ τάχα ἐκ τῆς ἐμῆς αὐταδέλφης· διενεγκόντα. Ζητῶ τοίνυν μαθεῖν εἰ εὐλόγως ἡ γυνὴ αὕτη ἀντιποιεῖται τῶν ἀλλοτρίων πραγμάτων, καὶ εἰ συμβάλλεται ταύτῃ ἡ διαδοχὴ τοῦ Σαρᾶ εἰς τὸ κληρονομῆσαι τὰ τῆς ἐμῆς ἀδελφῆς καὶ τοῦ υἱοῦ καὶ κληρονόμου αὐτῆς πράγματα. Ἀλλὰ τὰ μὲν τῆς ἀφηγήσεως καὶ αἰτήσεως τοῦ Βασιλείου ἦσαν ἐν τούτοις.

Ἡ μετριότης δὲ ἡμῶν μετά γε τῆς συνδριαζούσης αὐτῇ ἱερᾶς ἀδελφότητος τὰ τοῦ πράγματος διασκεψαμένη, τοιάνδε τῷ Βασιλείῳ πρὸς τὰ παρ' αὐτοῦ ἀφηγηθέντα τὴν ἀπόκρισιν δί.. εν.

Ὦ; οἱ θι.. καὶ φιλευσεβεῖς νόμοι κληρονόμους ἀληθεῖς ἐνιστῶσι, τούς γε γονεῖς τῶν οἰκείων τέκνων, τῷ λόγῳ τοῦ οἴκτου, καὶ τὰ τέκνα τῶν γονέων αὐτῶν τῷ φυσικῷ λόγῳ καὶ τῇ τούτων εὐχῇ. Εἰσκυκλοῦσι δὲ καὶ τοὺς ἐκ πλαγίου συγγενεῖς βαθμηδὸν, ὅταν μήτε ἀνιόντες, μήτε κατιόντες· εὑρίσκονται καὶ μεσολαβήσῃ τὸ ἀδιάθετον, τότε δὲ τὴν ἀλλήλων κληρονομίαν τοῖς γαμικοῖς συναχθεῖσι θεσπίζουσιν, ὁπηνίκα δηλονότι ἀργῇ πᾶσα κλῆσις ἀνιόντων καὶ κατιόντων καὶ ἐκ πλαγίου συγγενῶν τῶν βαθμηδουμένων τοῖς τούτων θεσπίσμασιν εἰς τὴν ἐξ ἀδιαθέτου κληρονομίαν. Ἐπεὶ γοῦν πρὸς μητρὶ θεῖος τοῦ υἱοῦ | κληρονόμου τῆς εἰρημένης Μαρίας καὶ ἄλλοι συγγενεῖς ὕπεισι, μάτην

CAP. LXVII. DE HAEREDITATE LIBERORUM

ἡ τελευταία γυνὴ τοῦ Σαρᾶ τὴν τούτων οὐσίαν κληρονομῆσαι φιλονεικεῖ. Εἰ δὲ καὶ ὁ Σαρᾶς ἐκεῖνος ἐγγράφως ταύτην ὡς οἰκείαν ἴσως προσήγαγεν, οὐ δυνήσεται ἡ τοιαύτη γυνή, ὡς ἐπ' ἀσφαλεῖ τινι ἑδραιώματι, τῷ γραμματείῳ στῆναι καὶ ...περείσασθαι, μάταιον γὰρ καὶ εὐπερίτρεπτόν ἐστιν κατέχειν μὲν γὰρ τὴν τῆς Μαρίας ὕπαρξιν μέχρι ἂν περιῇ, δίκαιος ἦν ὁ Σαρᾶς κατὰ τὴν νομικὴν παρατήρησιν· τὸ δὲ καὶ ὡς οἰκείαν ταύτην καταγράφειν τῇ μετὰ τὴν Μαρίαν ἁρμοζομένῃ αὐτῷ, τῆς τῶν νόμων πολιτείας ἀλλοτρίως ἐποίει καὶ λόγου πρέποντος· ἄνευθεν. Διὰ ταῦτα τοίνυν κληρονόμοι μὲν τῆς οὐσίας τῆς Μαρίας καὶ τοῦ υἱοῦ αὐτῆς οἱ αὐτάδελφοι ταύτης ἀμάχως γενήσονται, τῷ ἐξ ἀδιαθέτου δικαιώματι ἑδραζόμενοι. Ἡ γυνὴ δὲ ἡ τὴν τοιαύτην οὐσίαν πρὸς ἑαυτὴν μεθέλκουσα παντάπασιν ἀποσκορακισθήσεται, ὡς παράνομα καὶ ἐννοσοῦμένη καὶ σπεύδουσα καὶ μηδεμίαν ἐπὶ τούτοις παρὰ τῶν νόμων κεκτημένη βοήθειαν.

Πολλῶν δὲ ὄντων τῶν νομίμων κεφαλαίων τῶν ἀποτειχιζόντων αὐτήν, ἐκεῖνα δὴ μόνα παρρησιάσθωσαν πρὸς τὴν τῆς παρούσης γραφῆς βεβαίωσιν. Ἡ μὲν κβ' νεαρὰ ἡ κειμένη ἐν τῷ ιδ' τίτλ. τοῦ κβ' βιβλ. τῶν βασιλικῶν ἐν μέρει ταῦτα διέξεισιν· "Ὡς πάντων ὁ πατὴρ τῶν εἰς τοὺς παῖδας ἀφικνουμένων, εἴτε ἐκ μητρῴας σειρᾶς, εἴτε ἐκ γαμικῆς τῶν παίδων αἰτίας, εἴτε ἀλλαχόθεν τὴν χρῆσιν ἔχειν, κἂν εἰ πρὸς δευτέρους ἔλθοι γάμους· τὴν γὰρ χρῆσιν αὐτῶν, μέχρι ἂν περιῇ, μένειν ἀδιάπτωτον αὐτῷ, καὶ οἱ πρὸ ἡμῶν ἅπαντες βούλονται νόμοι, καὶ ἐπὶ τοῖς μητρῴοις καὶ ἐπὶ τοῖς ἄλλοις ἅπασι καὶ ἡμεῖς σύμφαμεν, ὁ δὲ τῶν ἰδιοκτήτων καὶ οἱονεὶ ἰδιοκτήτων πεκουλίων, ὑπεξηρήσθω λόγος ". Τὸ δὲ α' κεφ. τοῦ δ' τίτλ. τοῦ με' βιβλ. τῶν βασιλικῶν περὶ μητρικῶν ὑπάρξεων τῶν ἀπὸ μητρικῆς συγγενείας καταγομένων διεξιὼν ταῦτά φησι· " Τὰ πράγματα τὰ μητρῷα εἰς τοὺς παῖδας περιελθόντα τοὺς ὄντας ὑπεξουσίους τοῦ ἰδίου πατρὸς διαφερέτωσαν τῷ πατρί· ὥστε αὐτὸν μόνον ἔχειν τὴν χρῆσιν, τὴν δὲ δεσποτείαν [f. 138] αὐτῶν τοῖς παισὶ διαφέρειν ". Τὸ μέντοι η' κεφάλ. τοῦ γ' τίτλ. τοῦ αὐτοῦ β' ταῦτα κατὰ ῥῆμα περὶ τὸ τέλος, διαλαμβάνει· " Εἰ δὲ μήτε ἀδελφοὺς μήτε παῖδας ἀδελφῶν, ὡς εἰρήκαμεν, ὁ τελευτήσας καταλείψει, πάντας τοὺς ἐφεξῆς ἐκ πλαγίου συγγενεῖς πρὸς τὴν κληρονομίαν καλοῦμεν κατὰ τὴν ἑνὸς ἑκάστου βαθμοῦ προτίμησιν, ἵνα οἱ ἐγγύτεροι τῷ βαθμῷ αὐτοὶ τῶν λοιπῶν προτιμῶνται ".

Δῆλον οὖν ἐντεῦθέν ἐστιν ὡς ἐπειδὴ ὁ ἀναπεφωνημένος Θεόδωρος διάδοχος τῆς μητρὸς αὐτοῦ Μαρίας γέγονε καὶ κληρονόμος τῆς οὐσίας αὐτῆς, οὐκ ἄλλως ἕξει κληρονομίαν πάλιν αὐτός, ἐπειδὴ τὸν βίον ἐξέλιπε μήτε γάμοις ὁμιλήσας καὶ παίδων πατὴρ γεγονώς, μήτε μὴν διαθέμενος, ἢ τοὺς ἐκ πλαγίου αὐτοῦ συγγενεῖς, οὓς τὸ ἀναγεγραμμένον τοὔνομα κεφάλαιον εἰς τὴν τούτου κληρονομίαν ἐξ ἀδιαθέτου καλεῖ. Εἰ δ' ἴσως ἐκ τῆς τελευτῆς τοῦ Σαρᾶ τῇ ἐσχάτῃ τούτου γυναικὶ ἁρμόζει τι ἐκ τῆς περιουσίας αὐτοῦ, ἔξεστιν αὐτῇ τὸ διαφέρον ἐκεῖθεν ἀναζητεῖν, οὐ μὴν ἐκ τῆς Θεοδώρου περιουσίας, ἀλλ' οἷς γὰρ ἡ κληρονομία ταύτης ἀνεῖται παρὰ τῶν νόμων, ὡς ἀνατέτακται.

ΞΗ'.

Εἰ δύναται ὁ πράτης μετὰ τὴν πρᾶσιν ἀλλαχοῦ μεθέλκων τὸ πεπραγμένον, ἐκ τοῦ μὴ τὸ τίμημα ἐξ ὁλοκλήρου καταβληθῆναι.

An venditor post venditionem alibi venditum distrahere possit, ex eo quod pretium non solvatur in solidum.

Ὁ εὐλαβέστατος δομέστικος τῆς ἁγιωτάτης ἐπισκοπῆς Βερροίας κυρὸς Μανουὴλ ὁ Ὀρυζιάτης, τοιάνδε τινὰ διήγησιν πρὸς ἡμᾶς ἐποιήσατο φάμενος, ὡς ἔφθασεν ἀγράφως κατὰ συναίνεσιν γενέσθαι πρᾶσις ἀκινήτων τινῶν πρὸς αὐτὸν παρὰ τοῦ ὑπ' ἀδελφῆς γαμβροῦ αὐτοῦ κυροῦ Θεοδώρου τοῦ Πετζῆ, ὑπὲρ ὧν δὴ ὁ τοιοῦτος δομέστικος καὶ μέρος τι τοῦ ὑπὲρ ἑκάστου αὐτῶν συμφωνηθέντος τιμήματος παρέσχεν αὐτῷ, ἤγουν τοῦ χιλιάδας ἐξ λαμβανόμενα εἰς ποσὸν ὑπερπέρων ιβ' ἐπὶ ὑποσχέσει καὶ τοῦ ὁλοκλήρου τοῦ τιμήματος διὰ μετρίου καιροῦ ἀποδόσεως· εἰσὶ δὲ τὰ μὲν ἀκίνητα ταῦτα· ἡ δὲ τυπωθεῖσα μέσον αὐτῶν ὑπὲρ ἑκάστου τούτων τιμὴ αὕτη· παραδοθέντων οὖν αὐτῷ τῶν οὕτω πραθέντων πρὸς αὐτὸν ἀκινήτων, Ὀρηθεὶς | Πετζῆς τὸν μοναχὸν μετὰ ταῦτα βίον ἑλόμενος, ἓν τούτων, τὸν ἀμπελῶνα δηλαδὴ, τῇ μονῇ ἐν ᾗ ἀποτρίξασθαι κέκρικε προσαγωγὴν ἐποιήσατο. Ταῦτα Ὀρηθεὶς δομέστικος ἀφηγησάμενος, ἐξήτει μαθεῖν παρ' ἡμῶν ἐξ ἀποκρίσεως νομικῆς, εἰ εὐλόγως ἐξ ὧν αὐτὸς ἐξωνήσατο ἡ πρὸς τὴν μονὴν προσένεξις παρὰ τοῦ Πετζῆ γέγονε, καὶ εἰ δικαιοῦται εἰς τοῦτο ἐκεῖνος, ἐκ τοῦ μὴ τὸ συμφωνηθὲν τίμημα ἐξ ὁλοκλήρου παρὰ τούτου καταβληθῆναι αὐτῷ, καὶ εἰ δύναται ὁ πράτης μετὰ τὴν πρᾶσιν ἀλλαχοῦ μεθέλκειν τὸ πεπραμένον.

Ἡμεῖς δὲ πρὸς ταῦτα ἀποκρινόμεθα, ὅτι ὁ νόμος καὶ ἔγγραφον καὶ ἄγραφον πᾶσι προσίεται· καὶ τὴν μὲν ἔγγραφον βεβαιοῖ, ὅτε πληρωθῇ ἢ ἀκολουθῇ τὸ περὶ αὐτῆς συμβόλαιον. Τὴν δὲ ἄγραφον δέχεται, ὅτε

ἢ μόνον τὸ τίμημα καταβληθῇ, ἢ τὸ πρᾶγμα παραδοθῇ, ἢ ἱκανοδοσία προβῇ, ἢ χωρὶς ἱκανοδοσίας καταπιστευθῇ τῷ ἀγοραστῇ. Καὶ ὅτι τὸ μὲν πραχθὲν, ἢ πρὸ τῆς τοῦ τιμήματος καταβολῆς παραδιδόμενον ἰσχυρὰν τὴν πρᾶσιν ποιεῖ, καὶ οὐκ ἀναιρεῖ αὐτὴν· τὸ δὲ δωρηθὲν, εἰ μὴ παραδοθῇ, ὡς μεταπίπτει τοῦ δωρησαμένου. Εἰ οὖν καὶ ὁ δομέστικος, κατὰ τὴν αὐτοῦ ἀφήγησιν, τῶν μὲν ἄλλων ἐπιδραττόμενος φαίνεται κατὰ τὸ τῆς ἐξωνήσεως δίκαιον, τοῦ δὲ ἀμπελῶνος στερεῖται, ὃν καὶ αὐτὸν ἡ μέσον ἑκατέρων ἐπὶ τῶν μερῶν τῇ πράσει συμφωνία συμπεριέλαβε, καὶ ἐναλογοῦσα ἐξ ἀρεσκείας ποσότης τιμήματος ἐπεσφράγισεν, οὐκ εὐλόγως ἄρα οὐδὲ νομίμως ὁ πεπρακὼς καταλαμβάνεται ἀναλῦσαι τὴν περὶ τούτου συμφωνίαν αὐτοῦ, οὔτε μὴν ἡ προσένεξιν λαβοῦσα τοῦτον μονὴ καλῶς καθέξει καὶ ἰσχυρῶς, ἀλλ' ἐκ μιμήσει τοῦτον αὐτὸς, ὡς ἀδίκως ἀπὸ τούτου μεθελκυσθέντα, καὶ οὐκ εὐλόγως ἀπορραγέντα τῶν συμπραθέντων αὐτῷ. Βεβαιώσει δὲ τῆς παρούσης γνώμης ὁ νόμος αὐτός·

Ὃς ἐν μὲν τῷ ις' κεφαλ. τοῦ α' τίτλ. τοῦ ιδ' βιβλ. ταῦτα θεσπίζει ῥητῶς· "Ὅπη ἐπώλησα, οὐ γίνεται τοῦ λαβόντος, εἰ μὴ δοθῇ τὸ τίμημα ἢ ἱκανοδοσία ἢ χωρὶς ἱκανοδοσίας καταπιστεύσω τῷ ἀγοραστῇ,". Ἐν δὲ ις' κεφαλ. τοῦ ε' τίτλ. τοῦ αὐτοῦ βιβλ. ἐν μέρει οὑτωσὶ διορίζεται· "Ἡ πρᾶσις ἐκ τοῦ μὴ καταβληθῆναι τὸ τίμημα [f. 139] οὐκ ἀνατρέπεται, εἰ μὴ ἄρα ἐξ ἀρχῆς κατὰ δωρεὰν ἐγένετο καὶ ὅτι ἡ τῆς ἀγορασίας πίστις ἐπὶ τῆς πράσεως χωρὶς ποσότητος, οὐδεμία ἐστίν, ἐκ δὲ τοῦ ἀρέσαντος τιμήματος μεἀριθμηθέντος, ἀλλὰ μόνη; τῆς νομῆς αὐτῷ παραδοθείσης, τὸ τοιοῦτον συνάλλαγμα οὐκ ἔστιν ἄκυρον· οὐδὲ διὰ τοῦτο ὁ ἀγοράσας κακῶς νέμεται, ὅτι μὴ κατεβλήθη ἡ ποσότης, ἣν δοθῆναι συνεφωνήθη ,, Ἐν δὲ τῷ ν΄ κεφαλ. τοῦ α΄ τίτλ. τοῦ αὐτοῦ βιβλίου ταῦτα διαγορεύων ἐστίν· " Ὁ πράτης κατὰ τοῦ ἀγοραστοῦ τὴν περὶ τοῦ τιμήματος ἀγωγὴν κινεῖ ,, Τὴν γὰρ περὶ πράγματος ἀγωγὴν μετὰ τὴν τοῦ πράγματος παράδοσιν ἔχειν οὐ δύναται.

Ἐπεὶ τοίνυν καὶ ἡ νομὴ τῶν ἀναγεγραμμένων τριῶν ἀκινήτων νομίμως ἐνεπιστεύθη τῷ δομεστίκῳ, καὶ αὐτὸς δὲ ἀπὸ τοῦ ὑπὲρ τούτων συμπεφωνημένου τιμήματος, καθὼς ἄνωθεν εἴρηκε, κατεβάλετο τὸ δεδηλωμένον ποσὸν, ἄδεια ἔσται τούτῳ ἐκνικῆσαι ἰσχυρῶς τὸν ἀμπελῶνα, ὡς ἀγορασθέντα μετὰ τῶν λοιπῶν καλῶς παρ᾽ αὐτοῦ, καὶ οὔτε τὸ ἄγραφον τῆς πράσεως, οὔτε μὴν τὸ μὴ ἐξ ὁλοκλήρου τοῦ τὸ τίμημα καταβαλεῖν, κατά τι αὐτῷ ἐναντιωθήσεται· περὶ τούτων γὰρ ὁ νόμος ὡς προεκκεῖται, τὸ ἀσφαλὲς καὶ ἀφρόντιστον τούτῳ προενοήσατο· μόνον γὰρ περὶ τῆς τοῦ τιμήματος καταβολῆς τῷ πεπρακότι ταῦτα ἐνάγειν ἁρμόζει κατὰ τὴν τοῦ νόμου περίληψιν· περὶ δὲ τῶν πραγμάτων αὐτῶν, οὐδεμία προσήκει τούτῳ ἀγωγή. Ταῦτα πρὸς τὰ διηγηθέντα.

ΞΘ΄.

Περὶ τοῦ ἀγοράσαντος ἀλλότριον πρᾶγμα ἐν εἰδήσει ἢ ἐν ἀγνοίᾳ, καὶ παρὰ τίνος τὸ τίμημα ἀντιστρέφεται.

De emente rem alienam scienter aut inscienter, et a quo pretium restituatur.

Ἀνήνεγκας ἡμῖν, ἱερώτατε ἐπίσκοπε Σερβίων, ἐν Κυρίῳ ἀγαπητὲ ἡμῶν ἀδελφὲ καὶ συλλειτουργὲ, ὡς ἐπώλησέ τις ἀλλότριον πρᾶγμα, εἶτα τὸν βίον ἐξέλιπεν. Ἀνίσταται δὲ νῦν ὁ τοῦ τοιούτου πράγματος κληρονόμος, τοῦτο ἀνακαλούμενος, ὡς δικαιούμενος ἀποκατασταθῆναι ἐν αὐτῷ, καὶ ἐθέλησας μαθεῖν παρὰ τῆς ἡμῶν μετριότητος παρὰ τίνος ὀφείλει τῷ ἀγοραστῇ ἀντιστραφῆναι τὸ τίμημα. Ὅτι μὲν οὖν ἐστιν ἡ τοιαύτη ὑπόθεσις δυσδιαίρετος, οὐδεὶς τῶν νομοτριβουμένων ἀμφιγνοεῖ· ὅμως διὰ βραχέων πειρασόμεθά σοι παραστῆσαι τὴν ταύτης ἀνάπτυξιν.

Διάφορα εἰσὶν αἴτια, ἐξ ὧν περιέρχονταί τισιν ἀλλότρια πράγματα· ἢ γὰρ δόλος καὶ ἁρπαγὴ τὴν κατοχὴν τούτων ἐκείνοις προξενεῖ· ἢ ἄγνοια, ὅτι διαφέρουσι κατὰ δεσποτείαν τινὶ, ἢ πρᾶσις, ἢ δωρεά, ἢ ὑποθήκη, ἤγουν ἐνέχυρον. Ὁ τοίνυν δόλῳ πρᾶγμα κατέχων ἀλλότριον, εἶτα καὶ εἰς πρᾶσιν τοῦτο καταγαγών, ἐπειδὴ ἐν εἰδήσει τοῦτο ποιεῖ, ἐκνικωμένου νομίμως τοῦ τοιούτου πράγματος, διπλοῦν τὸ τίμημα ἀναδίδωσιν· οὐ καταβλάπτει γὰρ τὸν ἀγοραστὴν ὁ δόλος πράτου, ὡς νομίζοντα εἶναι δεσπότην αὐτὸν, καὶ οὕτω καλῇ πίστει τὴν ἀγορασίαν ποιούμενον, κατὰ τὸν νόμον, τὸν λέγοντα· " Ὁ δόλος τοῦ πράτου τὸν πίστει ἀγαθῇ ἀγοράσαντα οὐδέποτε καταβλάπτει. Εἰ δὲ ἀγνοῶν ὅτι ἐστὶν ἀλλότριον, πιπράσκει τοῦτο, εἰ μὲν συνεφώνησε μὴ ἀναδοῦναι τὸ τίμημα, ἐκνικῶντος τὸ πρᾶγμα ἑτέρου, κρατεῖ τὸ σύμφωνον, καὶ οὕτως ὁ μὲν πράτης κερδαίνει τὸ τίμημα διὰ τὴν ἄγνοιαν. Ὁ δὲ ἀγοραστὴς τὸ πρᾶγμα ἀπόλυσι μετὰ τοῦ τιμήματος, ὡς περὶ ἀμφιβόλου πράγματος σύμφωνον θέμενος, αὐτὸ γὰρ τὸ συμφωνεῖν τὸν πράτην μὴ ἀναδοῦναι τὸ τίμημα, δῆλον καθίστησιν ὡς οὐκ ἀσφαλῇ τὴν τοῦ πράγματος κέκτηται κατοχὴν καὶ ἀγνοῇ τοῦτο εἶναι ἀλλότριον. Εἰ δέ τι τοιοῦτον συνεφώνησι διά γε τὴν ἄγνοιαν ἁπλοῦν, μόνον ὁ πράτης τὸ τίμημα ἀναδίδωσι „.

Βεβαίωσις δὲ τούτων, τὰ τῶν φιλευσεβῶν νόμων θεσπίσματα. Ἐν μὲν γὰρ τῷ ς΄ κεφαλ. τοῦ η΄ τίτλ. τοῦ ιθ΄ βιβλ. τῶν βασιλικῶν ταῦτα διαγορεύουσιν· "Ὁ πωλῶν ἐν εἰδήσει ἀλλότριον, ἢ ὑποκείμενον, ἐνέχεται, κἂν συμφωνήσῃ μηδὲν ἐκ τούτου παρασχεῖν „. Ἐν δὲ τῷ ια΄ κεφαλ. τοῦ αὐτοῦ τίτλου ταῦτα ἐν μέρει· " Ἐν τῇ περὶ νομῆς διακατοχῇ διδοὺς ὁ πράτης τὸ διπλοῦν, οὐδὲν ἀπαιτεῖται προφάσει τῶν ἄλλων τῶν ἐξ ἔθους τῇ πράσει συμφωνουμένων· καὶ ὅτι ἐὰν πωλήσω σοι, ἐφ' ᾧ μήτε ἐμὲ, μήτε τὸν κληρονόμον μου, ἃ τὰ φερόμενα εἰς ἐμὲ πρόσωπα ἐμποδίσαι σοι ἔχειν, καὶ [f. 140] ἄλλος, ἐκνικήσει τὸ πραθὲν, οὐκ ἀνέχομαι τῇ ἀγωγῇ περὶ τῆς μελλούσης ζημίας, οὔτε τῇ ἀγωγῇ, τῇ τὸ πρᾶγμα ἀπαιτούσῃ, εἰς τὸ διαφέρον, ἀλλ' εἰς τὴν ἀνάδοσιν τοῦ τιμήματος, εἰ μὴ ἄρα συνεφώνησα μηδὲν παρασχεῖν ἐκνικωμένου τοῦ πράγματος, ἐν ἀγνοίᾳ τοῦ πιπράσκειν ἀλλότριον. Ὁ γὰρ εἰδὼς καὶ τοῦ συμφώνου ὄντος, ἐνέχεται τῇ ἀγωγῇ τῇ ἀπαιτούσῃ τὸ πρᾶγμα, οὐ μὴν ἀγνοίας· ἐνδέχεται γὰρ τὸν πράτην κερδᾶναι τὸ τίμημα, καὶ τὸν ἀγοραστὴν μὴ σχεῖν τὸ πρᾶγμα, ὡς ἐπὶ ἀλείᾳ· καὶ θήρας, κἂν γὰρ μηδὲν κρατηθῇ, δίδωσιν ὁ ἀγοραστὴς τὸ τίμημα „. Ἐν δὲ τῷ κζ΄ κεφαλ. ἐν μέρει ταῦτα· " Ὁ ἐν εἰδήσει τῷ ἀγνοοῦντι πράσων ἀλλότριον, καὶ πρὸ ἐκνικήσεως ἐνάγεται τῇ περὶ πράσεως ἀγωγῇ εἰς ὃ διαφέρει τῷ ἀγοραστῇ αὐτοῦ εἶναι τὸ πρᾶγμα, καὶ μάλιστα εἰ βούλεται ὁ ἀγοραστὴς ἐλευθερῶσαι ἢ ἐνεχυράσαι τὸ ἀγορασθέν· ὁ δὲ μὴ ἐν εἰδήσει πωλῶν ἀλλότριον, οὐκ ἐνέχεται ἐπὶ τῷ ποιῆσαι δεσπότην τὸν ἀγοραστήν. Ἀλλ' ἐπὶ τῷ ἐξεῖναι αὐτῷ ἔχειν, καὶ ἡ τούτου παραγραφή· τουτέστιν ἐπὶ τῷ παραδοθῆναι μόνον τὸ πραθὲν, καὶ μὴ εὐθύνεσθαι ἐν τῇ ἐκνικήσει „. Ἐν δὲ τῷ ξε΄ κεφαλ. ταῦτα ῥητῶς· " Ὁ μὲν ἐν εἰδήσει ἀλλότριον ἀγοράσας, οὐδέποτε αὐτοῦ γίνεται δεσπότης· ὁ δὲ ἐν

ἀγνοίᾳ ἀγοράσας, αὐτὸς μὲν διὰ χρήσεως κυριεύει, λοιπὸν δὲ ὁ πεπρακὼς· αὐτὸ κατέχεται τῷ δεσπότῃ „.

Ἐπεὶ δὲ, ὡς εἴρηται, καὶ ἐκ πράσεως καὶ ἐκ δωρεᾶς καὶ ἐξ ἄλλων αἰτίων ἁρμόζουσι τισὶ τὰ ἀλλότρια, ἐπὶ μὲν ἄλλων θεμάτων, ἄλλως, τὰ περὶ τούτου διεκδιβάζονται· ἐπὶ δὲ τῶν ὀρφανικῶν, ἑτέρως· εἰ γὰρ ἀγοράσει τις πρᾶγμα διαφέρον ὀρφήλικι, αὐτὸς δὲ ἑτέρῳ τοῦτο πωλήσειε, ζητεῖται αὐτίκα παρὰ τοῦ ἐκνικῶντος τοῦτο, εἰ μετὰ δεκρέτου, τουτέστιν ἀποφάσεως, δικαστοῦ, ἡ τοῦ ὀρφανικοῦ τούτου πρᾶσις γέγονε· καὶ εἰ μὲν μετὰ τοιαύτης ὑποθέσεως, γέγονεν, ἔρρωται ἡ πρᾶσις, καὶ οὐκ ἔχει ἀγωγὴν ἀποκαταστάσεως· ὁ τοῦτο ἀνακαλούμενος· εἰ δὲ χωρὶς μὲν δεκρέτου, ἡ πρᾶσις· γέγονε τούτου, ἡ τυχὸν δωρεά, μετέβη δὲ εἰς ἕτερον πρόσωπον ἢ κατοχὴ τούτου ὡσαύτως, εἴτε διπλαθῇ διὰ δωρεᾶς, εἴτε διὰ πράσεως· εἰ μὲν ἔρρευσεν ὁ χρόνος· τῷ ὀρφήλικι | ὁ βοηθῶν αὐτῷ εἰς τὴν τούτου ἀποκατάστασιν, ἀποκλείει τοῦτον παντάπασιν· εἰ δὲ οὐκ ἀντίκειται τούτῳ ἡ τοῦ μακροῦ χρόνου παραγραφή, τὸ μὲν πρᾶγμα ἐκνικᾷ ὁ ὀρφήλιξ κατὰ καιρὸν περὶ τούτου κινῶν· ἡ καταβληθεῖσα δὲ ὑπὲρ τούτου τιμὴ ἀποδίδοται τῷ ἀγοραστῇ παρὰ τοῦ πράτου, ὅτι ὁ μὲν πράτης ἄνευ δεκρέτου τὸ ὀρφανικὸν ὑπήλασατο πρᾶγμα, ὁ δὲ ἀγοραστὴς καλῇ πίστει τοῦτο ἠγόρασεν· ὁ γὰρ ἐν τούτῳ ἀποκαθιστάμενος, οὔτε ζημιωθῆναι, οὔτε κερδᾶσαι ἐκεῖθεν ὀφείλει κατὰ τὸν νόμον τὸν λέγοντα· " Ὁ ἀποκαθιστάμενος· κατά τινος· πράγματος, οὔτε ζημιοῦσθαι, οὔτε κερδαίνειν ἐξ αὐτοῦ ὀφείλει „. Ὅπως δὲ ἀποκαθίστανται οἱ ὀρφήλικες ἐς τὰ αὐτοῖς διαφέροντα, καὶ ὅπως ἀποκλείεται αὐτοῖς ἡ ἀποκατάστασις, ἐκ πολλῶν μὲν καὶ ἄλλων νομικῶν θεσπισμάτων, ναὶ δὲ καὶ ἐκ τῶν ὑποτεταγμένων ἐξόν ἐστι μαθεῖν.

Φασὶ γὰρ τὸ κβ΄ κεφαλ. τοῦ α΄ τίτλ. τοῦ ιθ΄ βιβλ. τῶν βασιλικῶν ταῦτα ῥητῶς· " Ὁ ἐξ οἱουδήποτε ἀγοράζων, νομίζων αὐτὸν δεπίστην καλῇ¹) πίστει ἀγοράζει, οὐ μὴν ὁ ἀγοράζων παρὰ ἀνηβοῦ χωρὶς αὐθεντείας τοῦ ἐπιτρόπου ἢ ἐν εἰδήσει, σὺν αὐθεντείᾳ τοῦ πλαστοῦ ἐπιτρόπου". Καὶ τὸ ξδ' κεφάλ. τοῦ δ' τίτλ. τοῦ ι' βιβλ. ταῦτα· " Ἐὰν ἡ πρᾶσις χωρὶς ἀποράσεως γέγονε, καὶ μὴ δὲ μείζων γενόμενος ἐβεβαίωσε τὴν πρᾶσιν ὁ ἀφῆλιξ, μηδὲ διὰ χρονίας χρήσεως κυρίως· ἐκτήσατο τὸ πρᾶγμα ὁ ἀγοραστής καλῇ πίστει ἠγορακώς ἀποδίδωσιν αὐτὸ μετὰ τῶν καρπῶν",. Λέγει δὲ καὶ τὸ ξε' κεφάλ. τοῦ αὐτοῦ βιβλίου καὶ τίτλ. οὕτως αὐτολεξεί· " Εἴτε ἀνήβου, εἴτε ἀφήλικος, ἢ νοαρκτωρευομένου, ἢ αἰτήσαντος ἤδη συγγνώμην ἡλικίας, πρᾶγμα ἐξεποιήθη κἀκεῖνος ἐπὶ πολὺν χρόνον ἐσιώπησε, βεβαιοῦται μὲν ἡ πρᾶξις· δι-

λονότι ,,. Ὁρίζει δὲ χρόνον ἡ διάταξις, ὃν σιωπήσαι· ὁ ἀφῆλιξ μετὰ τὴν τελείαν ἡλικίαν, βεβαιοῖ τὴν πρᾶσιν ἢ τὴν ὑποθήκην· κελεύει γὰρ ἵνα ἐὰν πέντε ἐνιαυτοὺς συναπτοὺς μετὰ τοὺς εἴκοσι πέντε ἐνιαυτοὺς, μὴ μέμψηται ἢ αὐτὸς ἢ κληρονόμος· αὐτοῦ ἰσχύειν· ἐπειδὴ δὲ δωρεῖσθαι, οὐδὲ μετὰ ἀποράσεως· ἔξεστι τοῖς ἐλάττοσιν, εἰ μὴ ἄρα προγαμιαίαν δωρεὰν νομοθετεῖ, ἐὰν ὁ ἐλάττων συγγνώμην ἡλικίας αἰτήσας ἤδη δωρήσηται· τινὶ μὴ ἐρρῶσθαι [f. 141] τὴν δωρεὰν, εἰ μὴ μετὰ εἴκοσι πέντε ἐνιαυτοὺς δέκα διαδράμωσιν²). Εἰ δὲ ἐν τῷ μεταξὺ ὁ ἀφῆλιξ τελευτήσει, ζητοῦμεν ἵνα τὸ λοιπὸν τοῦ χρόνου διάταγμα δράμῃ, τοῦ κληρονόμου αὐτοῦ σιωπῶντος.

O'.

Περὶ τῶν ἀνὰ μέρος ἀγορασάντων τὸ αὐτὸ πρᾶγμα.
De vicissim ementibus eamdem rem.

Χάριν ὁμολογοῦμεν τῷ Κυρίῳ, πανίερε ἀδελφέ, τῷ τὴν παροῦσαν ἡμῖν προθεμένῳ ὑπόθεσιν, ὅτι ἐν τῷ ἐντεῦθεν προσθέγξασθαι τὴν σὴν ἡμῖν προσγίνεται ἱερότητα, ὑγιεροῦς τούτου τυγχάνειν οὐκ ἔχουσιν, ὁσάκις βουλόμεθα. Ὅσα γὰρ μεταξὺ Φρυγῶν καὶ Μυσῶν ὁ Παλαίφατος εἰσάγει λόγος· ὁμοραγματα, τοσαῦτα καὶ τὸ μέσον ἡμῶν τοῦ τόπου διάστημα χαίροις· τοίνυν καὶ ἀρχιερέων καὶ τῶν ἐμοὶ κατὰ πνεῦμα στεργομένων τὰ κάλλιστα καὶ θαυμασιώτατα, εὐεκτοίης καὶ τὰ εἰς σῶμα, ἵνα ἐν εὐρωστίᾳ τοῦ κατὰ διδαχὴν ἀντέχῃ πιστοῦ λόγου· καὶ ἅμα σου, τοῦ καλῶς ποιμένος, ἀπολαύσει τὸ σὸν ποίμνιον εἰς μακραίωνας, μνημονεύοις δὲ καὶ ἡμῶν τῶν σε ποθούντων, καὶ τοῖς κύρβεσι τῆς ἐν ἡμῖν μνήμης ἐγγραμμένων περιφερόντων σε. Ἀλλ' ἐν τούτοις μὲν τὰ

τῆς προσαγορεύσεως ἑστώσαν. Τὰ δὲ τῆς ὑποθέσεως ἔχουσιν οὕτως·

Ἀνὴρ οὗτος, ἀξίας μεταλαγχάνων τῶν ἱερατευόντων Θεῷ κέκτητάι ἀγέλης τοῦ ὑπὸ σὲ ποιμνίου τυγχάνων, προσῆλθε τῇ κραταιᾷ κυρίᾳ ἡμῶν τῇ μεγάλῃ Κομνηνῇ, μεσιτείᾳ τῆς παρὰ τοῦ κράτους αὐτῆς δεόμενος πρὸς τὴν σὴν ἱερότητα, ἔν τε καὶ ἐπάγεσθαι τὸ κῆδος ἐπίκουρον, ὃ πρὸς τὴν τροφὴν πανευγενεστάτων δεσποτικῶν βλαστῶν κέκτηται· λέγει γὰρ ὡς ἀφορισμῷ καθυπεβλήθη οὗτος παρὰ τῆς σῆς ἱερότητος, ὅτι οὐκ ἀποδίδωσι τὸ πρατήριον ἔγγραφον, ὅπερ αὐτῷ παρέθετό τις εἰς φυλακὴν, ἀλλὰ παρακατέχει δίκην ἐνιστῶν κατὰ τοῦ ἐκθεμένου τὸ τοιοῦτον πρατήριον, οἷα κακῶς ἐκθεμένου αὐτὸ πρὸς ἕτερον πρόσωπον διὰ τὸ φθάσαι τοῦτον τὸ ἀκίνητον, ὅπερ τῷ

---

¹) Cod. καλῇ, et iterum infra cod. αὐθέντας. Corr. marg. Ἴσως αὐθεντείας. Μοχ οὖν αὐθεντ᾿. —
²) τίσσει (ιαρωσι) marg.

Anal. VII, 10⁵.

τοιούτῳ ἐγγράφῳ ἐμφέρεται. Ἀλλ' ὅτι μὲν οὗτος ζητούμενος τὸ παρακατατεθὲν, οὐκ εὐθὺς ἀποδέδωκεν τοῦτο, ἐκρίθη καὶ παρ' ἡμῶν | ἄξιος μέμψεως· οὐ μόνον διὰ τὴν πεισμονὴν, ἀλλὰ καὶ διὰ τὴν ἀγροικίαν. Ποίαν γὰρ ἐκ τῆς παρακατασχέσεως τοῦ ἐγγράφου ἀπολεῖται τὴν βοήθειαν εἰς τὴν παρ' αὐτοῦ κινουμένην περὶ τῆς τοῦ ἀκινήτου ἐκνικήσεως ἀγωγήν; αὐτὸ γὰρ τὸ διαπραθῆναι πρὸς ἕτερον τὸ παρὰ τούτου προαγορασθὲν, καὶ τὴν τῆς πρώτης πράσεως ὡσανεὶ ἀναίρεσιν ἔκδηλον καθίστησι, καὶ τὴν κατὰ τοῦ πρώτου ἀγωγὴν τοῦτο συνίστησιν· ὅτι δὲ ἀφορίσθη παρὰ τῆς σῆς ἱερότητος, καὶ ὅτι ἁρμόζει τοῦτο ἡ κατὰ τοῦ πρώτου ἀγωγὴ κατὰ νομικὴν παρατήρησιν, καὶ δεῖται τῆς σῆς ἱερότητος, τῆς τε τοῦ δεσμοῦ λύσεως καὶ νόμων καὶ δικαίων, ἐφ' οἷς ἐνάγει τυχεῖν.

Ἡ μὲν κραταιὰ κυρία ἡμῶν περὶ τούτου λόγον πρὸς τὴν σὴν ἱερότητα οὐκ ἐθέλησεν ἀναδέξασθαι, οἷα πρὸς τοὺς ἀρχιερεῖς καὶ εἰς αὐτὰ τὰ ἀπόδικα, οὐδ' ἴατρὸ ὃ λέγεται βάλλειν ἐθέλουσα· καὶ τὴν πρὸς αὐτοὺς ἐνοῦσαν ταύτῃ εὐλάβειαν, ὁλοσχερῶς τηρεῖν ἀπαρέγκλιτον σπεύδουσα, ἡμῖν δὲ τὴν μεσιτείαν ἐπέτρεψεν, ὡς τὴν σὴν μάλιστα διὰ τὸ τῆς ἱεραρχικῆς ἀξίας σύγκληρον προσήκοντας ἱερώτατον, καὶ αὐτὸ δὲ τῷ πράγματι μεσιτεύομεν τοίνυν, ἵνα ἡ σὴ τελειότης, διὰ μὲν τῆς ἀγροικίας τοῦ ἱερέως καὶ τὸ δάκρυον, ἔτι δὲ καὶ τὴν τροφὴν τῶν δεσποτικῶν παίδων, λύσῃ αὐτὸν τοῦ παρ' αὐτῆς ἐπενεχθέντος· τούτῳ δεσμοῦ· διὰ δὲ τὴν ἁρμόζουσαν αὐτῷ δίκην περὶ τοῦ ἀκινήτου, προσδέξηται τοῦτον ἐνάγοντα, καὶ δοκιμάσασα τὰ τῆς ὑποθέσεως μεταξὺ αὐτοῦ καὶ τοῦ ἀντιδίκου αὐτοῦ, ἀποφάσει ἐκπεράνῃ ταῦτα τῷ δικαίῳ καὶ τοῖς νομικοῖς δοκοῦσι θεσπίσμασιν· οὐκ ἀγνοεῖ γὰρ ἡ σὴ ἁγγίνοια ὡς ὁ νόμος ἐν βιβλ. ιε' τίτλ. α' κεφ. ιζ' φησίν· " Ἐὰν δύο τινὲς τὸν αὐτὸν ἀγρὸν ἀγοράσωσιν ἐξ ὁλοκλήρου, ὁ πρώτως αὐτὸν λαβών, ἔσται βελτίων, εἰ καὶ τὸ τίμημα οὐ κατέβαλε, κἂν τὰ μάλιστα μὴ ἔλαβε τὰ δικαιώματα τοῦ ἀγροῦ ὁμοίως καὶ ἐπὶ δωρεᾶς ,, Καὶ πάλιν ἐν τίτλ. β' κεφαλ. θ' θέματι γ'· " Ἐὰν δύο τισὶ τὸ αὐτὸ πρᾶγμα κεχωρισμένως πραχθῇ καλῇ πίστει, εἰ μὲν ἀπὸ τοῦ αὐτοῦ κρείττων ἐστὶν ὁ πρώτως λαβών· εἰ δὲ παρὰ διαφόρων μὴ δεσποζόντων, (f. 142) κρείττων ἐστὶν ὁ νεμόμενος ,,.

Ταῦτα δὲ καὶ ἕτερα τούτοις ὅμοια τοῦ νόμου διακελευομένου, δύναταί σου ἡ ἱερότης τὴν τοῦ ἀκινήτου ἐκνίκησιν τούτῳ ἁρμόσαι. Εἴ γε τὸ ἐπ' αὐτῷ δίκαιον τοῦτο προσμειδιᾷ, καὶ τὴν κυρίαν ἡμῶν θεραπεύσαι κηδομένην τῆς εἰρημένης τροφοῦ καὶ τῶν δακρύων αὐτῆς μὴ παρακινοπῆσαι κατὰ τὸ λόγιον θέλουσαν. Ἀλλὰ τῆς μὲν περὶ τούτων ὁμιλίας, ἡμῖν ἅλις· σὺ δὲ εἴης μοι ὑπὸ Κυρίου φρουρούμενος, καὶ ἡμῶν ὑπερευχόμενος πάντοτε.

ΟΑ'.

Περὶ τοῦ μὴ ἀγοράζειν τοὺς ἄρχοντας ἢ στρατευομένους, ἐν ᾗ χώρᾳ ἐνηργοῦσιν, ἢ στρατεύουσι, περὶ πλησιαστοῦ, καὶ δόλου διατιμήσεως.

Quod magistratus et milites non possunt emere in quo loco agunt vel militant, et de proximo, et de dolo aestimationis.

Οὐκ ἄν τις τῷ Κερκυραίῳ Κωνσταντίνῳ, τῷ ἐπονομαζομένῳ Κρατερῷ, καὶ τῇ αὐτοῦ θείᾳ τῇ καλουμένῃ Καλῇ καλῶς μέμψιτο, σαρκὸς ἀσθενείᾳ μὴ δυνηθῶσι πέλαγός τε διαπλεῦσαι θαλάττιον καὶ ὁδὸν μακράν τε καὶ τραχεῖαν τεμεῖν, τὴν εἰς καθ' ἡμᾶς μεσόγαιαν φέρουσαν, διακόνῳ δὲ τοῦ θελήματι αὐτῶν χρησαμένοις τῷ εὐλαβεστάτῳ ἀναγνώστη καὶ ἐκδίκῳ Γεωργίῳ τῷ Τριχονταφύλλῳ, καὶ τούτου ἐντειλαμένοις δικαίῳ αὐτόν, τὸν τῆς ὁδοῦ κόπον ἀναδεξαμένῳ τῇ καθ' ἡμᾶς· παραστῆναι ἱερῷ συνεδρίῳ, καὶ ἐπὶ τῆς αὐτοῦ ἀκροάσεως· ἐκλαλῆσαι, τὰ σφίσιν αὐτοῖς βουλητέα, καὶ τῶν ἐν αὐτοῖς ἀμφιβόλων λύσιν αἰτήσασθαι. Ὁ τῆς ἀνάγκης γὰρ λόγος καὶ προβάλλειν οἶδεν ὡς τὰ πολλὰ, τῶν προαγουμένων τὰ δεύτερα, ἐκείνων δηλαδὴ ἀτονούντων πρὸς τὰς προδοκωμίας ἐκβάσεις, καὶ δεκτὰ ταῦτα ποιεῖν, ὥσπερ δὴ τὰ εἰκονίζοντα τὰ πρωτότυπα.

Οὕτω τοιγαροῦν ὁ ἀναγνώστης Τριχονταφύλλος, ἀπ' ἐντολῆς τῶν εἰρημένων προσώπων παραστὰς τὴν σήμερον τῇ ἡμῶν μετριότητι προκαθημένῃ συνοδικῶς, τὰ ἐντεταλμένα τε ἐξηγήσατο, καὶ γραμματεῖον ἐξήνεγκον παρὰ τῶν εἰρημένων τοῦ Κρατεροῦ καὶ τῆς Καλῆς ξυντεθὲν, προσεκόμισεν· ὃ κἂν ἀναγνωσθὲν ταῦτα λέξεσιν αὐταῖς διελάμβανε·

"Τολμήσαντες καὶ ἡμεῖς, οἱ ἀπὸ τοῦ κάστρου Κορυφῶν ὁρμώμενοι, | Κωνσταντῖνος ὁ Κρατερὸς καὶ ἡ τούτου θεία Καλῆ, προσερχόμεθα τῇ μεγάλῃ ἁγιοσύνῃ σου, παναγιώτατε δέσποτα ἡμῶν καὶ ἀρχιεπίσκοπε πάσης Βουλγαρίας, ἐξαιτούμενοι, ἐφ' οἷς μαθεῖν θέλομεν, ἀπόκρισιν λαβεῖν παρὰ τῆς μεγάλης ἁγιοσύνης σου, τὸ ἄπορον ἡμῖν ἐπιλύουσαν.

"Ὁ νῦν ἐνεργῶν ἐν τῇ καθ' ἡμᾶς νήσῳ τῶν Κορυφῶν, θέλων ἐξωνήσασθαι κτήματα ἐν τῇ νήσῳ ταύτῃ, εὐθέτου καιροῦ τῆς ἐνταῦθα δουκικῆς αὐτοῦ ἐξουσίας δραξάμενος, ἐξωνήσατο ἀπό τινος συγγενοῦς ἡμῶν τοῦ Σερριώτου Μιχαὴλ κτῆμα, μέσον τῶν ἡμετέρων κτημάτων κείμενον, μηδεμίαν ἔχων μετοχὴν οὔτε ἀπὸ πλησιασμοῦ, οὔτε ἐξ ἑτέρου τινός· κατὰ τόπον δικαίου ποιούμενος δὲ τὴν τοιαύτην ἐξώνησιν, οὔτε ἐπιφώνησιν ἔθετο κατὰ νόμους· πρὸς ἡμᾶς τοὺς πλησιάζοντας τῷ ἀγοραζομένῳ παρ' αὐτοῦ κτήματι, καὶ τὴν τιμὴν αὐτοῦ κατὰ ῥᾳδιουργίαν ὑπερεκορύφωσεν, ὡς ἂν δηλονότι ἀντίχυροι εὑρεθῶμεν ἡμεῖς οἱ πλησιασταὶ, ὥστε· αὐτὸ ἐξωνήσασθαι τῆς πράσεως δὲ ταύτης γινομένης, καὶ τοῦ πρακτηρίου συντελουμένου, ἡμεῖς οὐκ ἐτολμῶμεν λαλεῖν, οἵα τὴν ἐξουσίαν φοβούμενοι· ὅτι γὰρ καὶ ὑπεψιθυρίσαμεν πρός τινας, λέγοντες ἀδικεῖσθαι πρὸς τὸν πλησιασμὸν ἡμῶν, καὶ ἐνωτίσατο τοῦτο ὁ πράκτωρ, τὰ πάνδεινα πάσχειν ἐκινδυνεύσαμεν.

"Δεύτερον δὲ τοῦτο ἰδοὺ ἔτος· καὶ αὐτὸς τὴν δουκικὴν διέπον ἀρχὴν, στενοχωρεῖ καὶ ἐκτρίβει ἡμᾶς· καὶ τῶν ἡμετέρων ἤδη τοπίων ἁπτόμενος. Ὁ πρὸς μητρὸς δέ μου θεῖος, ὁ κυρὸς Θεόχαρις, ἐκεῖνος, ἀδελφικῷ σπλάγχνῳ κινούμενος, ἀπεχαρίσατο τῇ αὐταδέλφῃ αὐτοῦ, μητρὶ δὲ ἐμῇ, τὸ κτῆμα τὸ παρ' ἐμοῦ σήμερον κατεχόμενον καὶ νεμόμενον.

"Ἐγὼ δὲ μεμνημένος τῆς τοῦ θείου μου ἐκείνου χάριτος, ἠθέλησα ποιῆσαι ἀντίχαριν πρὸς τὴν θυγατέρα ἐκείνου καὶ ἐξαδέλφην μου κυρίαν Μαρίαν, αἰτησαμένην διαπωλῆσαι· πρὸς αὐτὴν τὴν ἥμισυ τοῦ πατρῴου μὲν ταύτης κτήματος, ἐμοὶ δὲ ἁρμόσαντος ἐκ τῆς διαδοχῆς τῆς μητρός μου, ὡς εἴρηται, ἣν δὴ χάριν καὶ ἐποίησα, πεπρακὼς [f. 143] πρὸς αὐτὴν διὰ τοῦ γαμβροῦ μου καὶ ἀνδρὸς αὐτῆς κυροῦ Δημητρίου τοῦ Βαρδάνη τὴν τοιαύτην ἡμίσειαν.

"Ἐπὶ τούτοις ὁ αὐτὸς πράκτωρ ἡμῶν, μὴ ἀρκούμενος ταῖς προλαβούσαις καθ' ἡμᾶς ἐπηρείαις αὐτοῦ, προστίθησι καὶ ταύτην. Ἀποθεῖται γὰρ τὴν εἰρημένην ἐξαδέλφην μου ἐκ τῆς τοιαύτης πράσεως, δίκαιον προτιμήσεως· ὅθεν ἀπὸ πλησιασμοῦ τοῦ κτήματος τοῦ Σερριώτου προβαλλόμενος.

"Ζητοῦμεν οὖν διὰ ταῦτα μαθεῖν, εἰ εὐλόγως οἰόμεθα ἀδικεῖσθαι, ἀνεπιρωνήτως τοῦ δουκὸς ἡμῶν τὸ διάφορον ἡμῖν δίκαιον τῆς ἐπὶ τῷ πλησιασμῷ προτιμήσεως· ἀφελομένου, καὶ καταναγκάζοντος ἡμᾶς ἀποδοῦναι ὅρκον, εἰ δηλαδὴ εὐχερῶς εἴχομεν καταβάλλεσθαι τὴν ποσότητα τοῦ τιμήματος, ἣν αὐτὸς κατεβάλετο, τὸ πλησιάζον ἡμῶν τοῦ Σερριώτου κτῆμα ἐξωνησάμενος· εἰ δ' ἐν ἀπόσχεσθαι δι' ἡμᾶς· εἴγε τῆς ἐξωνήσεως, καὶ εἰ ἁρμόζει τούτῳ πλησιασμοῦ δίκαιον, εἰς τὸ παρ' ἐμοῦ πραθὲν κτῆμα τῇ ἐξαδέλφῃ μου „.

Ταῦτα τῆς ἀναφορᾶς τοῦ Κρατεροῦ καὶ τῆς Καλῆς διαλαμβανούσης, ἡ μετριότης ἡμῶν τῇ τούτων αἰτήσει προσχεῖν, καὶ μὴ παριδεῖν αὐτοὺς ζητοῦντας μαθεῖν τὰ ἐφ' οἷς προτείνονται, τῷ νόμῳ καὶ τῷ δικαίῳ συμβαίνοντα, θεμιτόν τε καὶ ὅσιον κέκρικε. Πατέρας γὰρ καὶ πρεσβυτέρους ἀποκρίνεσθαι τοῖς ἐπερωτῶσιν θεογραφούμενόν ἐστι κέλευσμα. Ὅθεν καὶ κοινὴν τοῖς συνεδριάζουσιν ἡμῖν ἱερωτάτοις ἀρχιερεῦσιν, ἐν Κυρίῳ ἀγαπητοῖς ἡμῖν ἀδελφοῖς καὶ συλλειτουργοῖς, τὴν περὶ τούτων διάσκεψιν θέμενοι, ταῦτα πρὸς τὴν ἀναγεγραμμένην ἐρώτησιν ψηφοφοροῦντες ἀποκρινόμεθα.

Ὡς οἱ θεῖοι νόμοι καὶ τῶν εὐσεβῶν βασιλέων αἱ νοεραὶ διατάξεις, μετὰ τῶν ἄλλων καὶ τῆς προφάσεως τῶν εὐλόγως διαφερόντων τοῖς ἀνθρώποις κτημάτων, ὁλοσχερῆ ἔθεντο πρόνοιαν, ὥστε δηλαδὴ μὴ προσβαίνειν ταύτην ἑτέρων ἀδικουμένων ἢ ζημιουμένων· διὸ δὴ τὰς πιπρασκομένας κτήσεις πρὸς ἀποτροπὴν τῆς ἀδικίας τῷ τε δικαίῳ τῆς ἐπὶ τῷ πλησιασμῷ | προτιμήσεως· καὶ τῇ ἀπαγορεύσει τῆς ἀρχοντικῆς καὶ στρατιωτικῆς χειρὸς, λίαν πάνυ περιεστείχισαν. Ἐντεῦθεν λοιπὸν καὶ ὁ τὴν δουκικὴν διεζωσμένος ἀρχὴν ἐν τῇ ἀναπεπρωμένῃ νήσῳ, ὡς τὸν νομικὸν τοῦτον ὑπερβὰς τειχισμὸν διὰ τῆς ἀρχοντικῆς δυναστείας, τοῖς ἀγορασθεῖσιν οὐκ ἐπιτερρθήσεται, ἀλλ' ὡς ἐν ὀνείροις ἀπολαύσει τῆς δεσποτείας αὐτῶν· ἀνατρέπει γὰρ καθόλου τὴν ἀγορασίαν αὐτοῦ, τό τε δίκαιον τῆς προτιμήσεως τὸ ἁρμόζον τῷ Κρατερῷ ἐπὶ τῷ κτήματι τοῦ Σερριώτου καὶ τὸ τῆς δουκικῆς τούτου ἀξίας ὀρρίκιον, ναὶ μὴν καὶ τὸ ἀμάρτυρον καὶ ἀκήρυκτον τῆς τοιαύτης ἀγορασίας πρὸς τὸν πλησιάζοντα Κρατερόν.

Καὶ δὴ κρίτωσαν οἱ νόμοι, καὶ τοῖς ἐκ-

τῶν θεσπίσμασι τὸν λόγον ἐκρανέτωσαν βέβαιον· "Οὐδεὶς ἐκ τοῦ παρ' αὐτοῦ χειριζομένου ὀρρικίου ἀγοράζειν τι δύναται δι' ἑτέρου ἢ δι' ἑαυτοῦ, ἐπεὶ καὶ τοῦ πράγματος ἐκπίπτειν, καὶ εἰς τὸ τετραπλοῦν ἐνάγεται, ὑπεξαιροῦνται δὲ οἱ ῥητῶς ἐπιτετραμμένοι „. Ταῦτα τὸ λθ' διαλαμβάνει κεφάλ. τοῦ α' τίτλου τοῦ ιθ' βιβλ. τῶν βασιλικῶν, οὗ ἡ παραγραφὴ ἑρμηνεύουσα τὴν ὑπεξαίρεσιν τῶν ῥητῶς ἐπιτετραμμένων, οὕτω φησίν· "Ἐὰν ὁ ἄρχων ἔχῃ τι πατρῷον ἐν τῇ χώρᾳ ᾗ ἄρχει, ἐπιτέτραπται ἀγοράζειν αὐτὸ, φθάσαν ποτὲ πρὸς ἕτερον διαπραθῆναι ἢ μέλλον „. Συνῳδὰ δὲ τούτῳ καὶ τὸ να' κεφάλ. τοῦ αὐτοῦ τίτλ. φθεγγόμενον ταῦτα διακελεύσται· "Ὁ πράττων ὀρρίκιον ἐν ἐπαρχίᾳ ἢ στρατευόμενος οὐ δύναται ἀκίνητον ἀγοράζειν ἐν αὐτῇ, εἰ μὴ πατρῷον, παρὰ τοῦ δημοσίου „. Ἐπὶ τούτοις τὸ μα' κεφάλ. τοῦ β' τίτλ. τοῦ νϛ' βιβλ. ταῦτα φησίν· "Ἐὰν ὁ ἄρχων ἐπαρχίας, ἢ ἄλλως διοικῶν αὐτὴν ἀγοράσῃ τι ἐν αὐτῇ, κἂν διὰ μέσον τῆς πράσεως ἀκυρουμένης, ἐκδικεῖται τὸ πρᾶγμα, καὶ ἡ τιμὴ τῷ δημοσίῳ εἰσκομίζεται· τῷ δὲ διοικοῦντι οὐδὲ πλοῖον ἔξεστιν ἑαυτῷ κατασκευάζειν „. Περὶ στρατιωτῶν δὲ καὶ τὸ ιη' κεφάλ. τοῦ α' τίτλ. τοῦ νϛ' βιβλίου διαλαμβάνει διοριζόμενον· "Τὸν στρατιώτην, ἔνθα στρατεύεται, μὴ ἀγοράζειν χωρίον, εἰ μὴ πατρῷον, παρὰ τοῦ δημοσίου, ὡς τοῦ παρανόμου ἀγορασθέντος παρὰ [f. 144] τοῦ δημοσίου ἐκδικουμένου „.

Ἡ μέντοι νεαρὰ τῆς εὐσεβοῦς λήξεως βασιλέως κυροῦ Ῥωμανοῦ τοῦ γέροντος περὶ προτιμήσεως πολλὰ καὶ ποικίλα διεξιοῦσα ταῦτα ἐν μέρει φησί· "Θεσπίζομεν ἀπὸ τοῦ νῦν ἐν πάσῃ πόλει καὶ χώρᾳ καὶ ἐπαρχίᾳ, ἵνα εἴ τινες τύχον ὡς ἀπὸ συγγενείας διῃρημένοις, ἢ ἀδιαιρέτοις, ἢ ἐκ κοινῆς ἀγορασίας, ἢ ἄλλης τοιουτοτρόπου κτήσεως ἢ οἱ μὲν ἐκ συγγενείας. οἱ δὲ ἐξ ἐπιτάσεως· ἐπίκοινον οἰκίαν ἢ ἀγρὸν ἀμπελῶνα ἢ ἕτερον οἱονοῦν ἀκίνητον ἔχοντες, ἢ ἄλλοι καὶ οὐχ ὡς ἐξ ἐπικοίνου τοῖς ἐγγίζουσι κτλ.

μασι κατά τι μέρος άναμεμιγμένοι ἢ συμπαρακείμενοι ὁμοτελεῖς ἢ ἀπλῶς πλησιάζοντες· βουληθεῖεν ἐκποιῆσαι τὰ ἴδια κατὰ πρᾶσιν ἢ ἐμφύτευσιν ἢ μίσθωσιν, μὴ πρότερον ἑτέρῳ τινὶ ταῦτα ἐκποιῶσιν, ἐὰν μὴ πρὸς ἐκείνους διαμαρτύρωνται, οὓς καλοῦμεν κατὰ τάξιν πρὸς τὴν προτίμησιν, ἵνα πρῶτοι κληθῶσιν οἱ ἀναμὶξ συγκείμενοι συγγενεῖς, εἶτα οἱ οὕτω συμπεπλεγμένοι κοινωνοί· μεθ' οὓς οἱ μόνον ἀναμεμιγμένοι, εἰ καὶ ξένοι πάντη τῷ ἐγχωροῦντι τυγχάνοιεν· ἔπειτα οἱ συμπαρακείμενοι ὁμοτελεῖς· μετέπειτα οἱ ἀπλῶς ἐν τινι μέρει συνάπτως ἀνόμενοι „. Μετά τινα· " Πολλῶν δὲ περὶξ τοῦ ἐγχωρουμένου κτήματος ὁμορούντων κατὰ τὴν αὐτὴν τάξιν ἑκάστῳ ἡ προτίμησις διαμαρτυρίας τελεωθῇ, ἵνα τῶν προτιμουμένων ἴσως παραιτουμένων, οἱ ἑφεξῆς καλούμενοι, εἴ γε βούλοιντο, συναλλάξαιεν „. Ἀλλ' ἐν τούτοις μὲν τὰ τῆς προτιμήσεως.

Τὸ ἐπάγειν δὲ ὅρκον τῷ Κρατερῷ τὸν ἀγοράσαντα τὸ κτῆμα τοῦ Σερριώτου, οἷον ἡ ἀναγεγραμμένη τούτου περιέχει ἀναφορά, τῇ τε τῶν πραγμάτων φύσει καὶ ταῖς θείαις συλλαβαῖς τῆς διαλειφθείσης νεαρᾶς πάντη καὶ πάντως ἐστὶν ἀσύμβατον· ἡ τοῦ δικαίου γὰρ ἀκολουθία καὶ τὸ διάταγμα τῆς αὐτῆς νεαρᾶς, αὐτῷ μάλιστα τῷ πιπράσκοντι καὶ τῷ ἀγοράζοντι ὅρκον ἐπικλῶσι τὸν Ἰνδικόν, ὡς ὑποπτευομένοις, μήποτε ἄλλο μέντοι πράττειν ἐντὸς, ἄλλο δὲ ἐκτὸς χρωματίζειν τεχνάζονται, ἐπὶ ἀπάτῃ ἢ ζημίᾳ, τῶν τὸ δίκαιον ἐχόντων τῆς προτιμήσεως.

Φησὶ γὰρ καὶ περὶ τούτων οὕτω· ἡ νεαρά· " Διὰ ταῦτα γὰρ καὶ ὅρκον τοῦ τε διδόντος καὶ τοῦ λαμβάνοντος, οἱ τὸ προνόμιον τῆς προτιμήσεως ἔχοντες δύνανται ἀπαιτεῖν· οἱ δέ γε οἱ ἐκποιοῦντες πρὸς περιγραφὴν τῆς ἀρετῆς νομοθεσίας, ἄλλο τι πρᾶξαι τολμήσωσι, καὶ ἄλλο τι ἐκ τοῦ φανεροῦ προσποιήσονται, εἰ μὲν μετὰ τὸν ὅρκον ἐλεγχθῶσιν, αὐτοί τε καὶ οἱ οὕτω δολερῶς αὐτοῖς συναλλάξαντες τάς τε τῆς ἐπιορκίας ποινὰς ὑφέξουσι, καὶ οἱ μὲν τοῦ τιμήματος, ὁ δὲ τοῦ λάθρα καταβληθέντος τιμήματος ἐκπεσεῖται, καὶ ἀμφότερα τῷ δημοσίῳ εἰσκομισθήσονται, ἵνα ἐκ τοῦ δημοσίου εἰς τοὺς πλησιάζοντας διαπραθῇ, εἰ δὲ πρὸ τοῦ ὅρκου φωραθεῖεν τοιοῦτόν τι διαπραξάμενοι, καὶ τὸ πραθὲν ἄκυρον ἔσται, καὶ τὸ κτῆμα ὁ ἅπαξ πειραθεὶς κακῶς ἐκποιῆσαι, καὶ ἄκων ἀπεμπολῆσαι ἀναγκασθήσεται εἰς ἐκείνους, οἷς δεδώκαμεν τὴν προτίμησιν „.

Τούτων οὖν οὕτως ἐχόντων, οὐδὲ ὁ Κρατερὸς ὑποσχεῖν ὅρκον, οἷον ἀπαιτεῖται, ὅλως ἀναγκασθήσεται, ὡς παρανόμως εἰς τοῦτον ἑλκόμενος· ἀπαιτήσει δὲ μᾶλλον ὅρκον, ὡς τὸ ἀναγεγραμμένον νεαρὸν θέσπισμα βούλεται· τῆς ἀγορασίας δὲ τοῦ δουκὸς ἀναιρουμένης ὑπὸ τῶν αἰτίων ἅπερ ὁ λόγος ἀνόπιν ἐδήλωσεν, ἔτι γε μὴν καὶ ὑπὸ τῆς συγγενικῆς πρὸς τὸν Κρατερὸν οἰκειότητος· τῆς ἐξαδέλφης αὐτοῦ, καὶ πρός γε ὑπὸ τοῦ πατρικοῦ δικαίου ὅπερ αὐτὴ πρὸς τὸ παρ' αὐτῆς ἐξωνηθὲν μέρος ἀπὸ τοῦ κτήματος τούτου κέκτηται, συναιρεῖται ταῦτα καθόλου καὶ ἡ προτίμησις, ἣν ἔχειν ἀπὸ τοῦ κτήματος τοῦ Σερριώτου οἴεται. Εἰ γὰρ αὐτὸς ὁ παρὰ τῶν νόμων ἀποτρεπόμενος ἀγοράζειν, τὸ πατρῷον μόνον ἐπιτρέπεται ἐξωνεῖσθαι, πολλῷ δὲ πλέον τὸ πρόσωπον τὸ συγκεχωρημένον πωλεῖν τε καὶ ἀγοράζειν, ἄδειαν ἔχει τὸ πατρῷον ἀνεμποδίστως ἐξωνεῖσθαι, καὶ κρεῖττον διὰ τοῦτο τῶν ἐχόντων τὴν προτίμησιν γίνεσθαι· οὐ μὴν ἀλλὰ καὶ τῶν ἄλλων αἰτίων χωρὶς, αὐτὸ μόνον τὸ ἐξωνεῖσθαι τὴν Μαρίαν τὸ πατρῷον δύναται ἰσχυρὰν τὴν ἀγορασίαν ταύτης ποιεῖν, καὶ ἐκ τῶν ἐχόντων προτίμησιν, πάντη ἀνεπηρέαστόν τε καὶ ἀπερίτρεπτον.

ΟΒ'.

Περὶ τῶν ἀγαθῇ χάριτι ὠνουμένων καὶ τῶν διαφερόντων τῷ δημοσίῳ.
De bona fide emptis et de pertinentibus ad fiscum.

Δεινὸν ἀνὴρ γλωσσώδης τε καὶ παλίμφημος καὶ σκορπίου κέντρον, [f. 145] ἢ γραφικῶς εἰπεῖν, ὅπλα καὶ βέλη φέρων τοὺς ὀδόντας αὐτούς· τὴν γὰρ ψαλμικὴν φυλακὴν καθάπαξ ἐκ τοῦ ἰδίου περιελόμενος στόματος, ἀχάλινος φέρεται κατὰ παντὸς καὶ πράγματος καὶ ὀνόματος ἐν τῷ μηδενὸς πονηροῦ φείδεσθαι ῥήματος. Τοιοῦτός τις πέφηνεν ἄρτι καὶ Ἰωάννης ὁ ἐπιλεγόμενος μὲν Ἱερακάρης, γαμβρὸς δὲ τοῦ Βλαστηνοῦ Βρατωνὸς τοῦ Ῥάδου, τὸ δὲ γένος ἕλκων ἐκ Μακεδόνων· παρὰ διαφόροις γὰρ δικαστηρίοις καὶ δικασταῖς, τῷ τοῦ Γριδου Δράζῃ ἐπιφυεὶς, ὃς τὰς οἰκήσεις ἐν Ἀγγριδιωτικῷ χωρίῳ ποιεῖται, τῷ καλουμένῳ Ῥακίτᾳ, περὶ ἀμπελῶνος ἐξωνηθέντος μὲν παρὰ τοῦ αὐτοῦ Δράζῃ, ἀνακαλουμένου δὲ παρὰ τοῦ Ἰωάννου· καὶ πανταχόθεν τὴν ἥττονα ψῆφον ἀπενεγκάμενος, τελευταῖον αὐτοῦ δὴ τοῦ βασιλικοῦ μετεποιήσατο βήματος, εἴ πως ἐκεῖθεν γοῦν τὴν δοκοῦσαν αὐτῷ ψῆφον κομίσηται· πλὴν οὐδ' οὕτω τοῦ οἰκείου περισπασμοῦ τι ἀπώνατο, ἡ γὰρ βασίλειος θεία περιωπὴ τῆς τοῦ δικαίου ἐπιστήμης ἀρρεπῶς τε καὶ ἀπαρεγκλίτως καὶ ὡς φίλον Θεῷ προστατεύουσα, ἐπειδὴ ἐπέγνω τὸν Δράζην ἐπὶ τῇ ἀγορασίᾳ τοῦ ἀμπελῶνος δίκαιον ἀναμφίλεκτον ἔχοντα, οὐκ ἐπελθοῦσα καὶ τὸ προσὸν τούτῳ πρατήριον ἀναντίρρητον τυγχάνον τούτου συνήγορον, ἀπεντεῦθεν αὐτῷ καὶ τὴν τῆς δικαιώσεως ψῆφον ἐξήνεγκεν· ἐνσημήνασα δὲ ταύτην καὶ θείῳ γράμματι, τῷ Δράζῃ τούτῳ πρὸς ἀσφάλειαν, ἐπεβράβευσε, τὴν τοῦ ἀμπελῶνος κατοχὴν καὶ νομὴν αὐτῷ προσκληρώσασα· πλὴν ἄλλο Ἰωάννης πάντολμος ἔοικεν ὤν, οὐδὲ τὴν βασιλικὴν ἠθέλεσε αἰδεσθῆναι ἀπόφασιν, ἀλλὰ πάλιν τὰ τῆς καρδίας αὐτοῦ κινήματα τῇ ἑαυτοῦ ἐπιτρέψας γλώσσῃ, κατελάλει τοῦ Δράζη μηδὲ παράμουσα καὶ οἷα μὴ ἔχειν προφέρεσθαι, εὐλαβούμενος φθέγγεσθαι.

Τί τὸ ἐπὶ τούτοις; παραθῆναι καὶ ἄμφω τὰ μέρη ἐδέησε τῷ παναγιωτάτῳ ἡμῶν δεσπότῃ τῷ ἀρχιεπισκόπῳ πάσης Βουλγαρίας, τῇ κατὰ τὴν ἐζερίαν δὲ σεμνῇ μονῇ τῆς ὑπεραγίας δεσποίνης ἡμῶν Θεοτόκου ἐν Σκηνουμένῳ, οὐ μᾶλλον ἵνα τὰ τῆς ὑποθέσεω· ταύτης ἐνώπιον τῆς αὐτοῦ δοκιμασθῶσιν θειότητος, ἢ ἵνα ἐλεγχθῇ ὁ Ἱερακάρης γλωσσαλγῶν | καὶ τῇ βασιλικῇ ψήφῳ ἐμπαροινῶν· καὶ δὴ παρὰ τοῦ Δράζη. Πρῶτα μὲν προεκομίσθη τὸ τοῦ εἰρημένου ἀμπελῶνος πρατήριον, ἔπειτα τὸ ἀκολούθως τούτῳ προβὰν προσκυνητὸν πρόσταγμα, τὴν βασιλικὴν φέρον ἀπόφασιν, τὸ ἐπὶ τῷ ἀμπελῶνι, δίκαιον προσδικάζουσαν τῷ Δράζῃ, ὡς εἴρηται, ἀδήριτόν τε καὶ ἀστασίαστον.

Ὡς οὖν ἀνεγνώσθησαν καὶ ἀμφότερα, τοὺς μὲν παρόντας ἅπαντας, θάμβος ἔσχεν, ὅτι ἐφ' οὕτω γραμματείοις αἰδεσίμοις, ἀμέμπτοις καὶ βεβαίοις· ὁ Ἱερακάρης γλωσσαλγεῖ· οὐ μὴν ἀλλὰ καὶ ἡ δεσποτικὴ θεία μεγαλειότης μέμψιν τούτῳ προσέτριψε, ναὶ δὲ καὶ τραχυτέροις λόγοις ἐπέπληξε, καὶ βασιλικῆς ὀργῆς ἄξιον τοῦτον κέκρικεν. Ἐφ' οἷς τοῖς οἰκείοις χείλεσιν οὐκ ἐπιτίθησι χαλινόν.

Εἰ μέντοι πλείονα τούτου ἔλεγχον, ὥσπερ ἐξ ἐπιμέτρου πυθέσθαι ἠθέλησε καὶ τῶν παρὰ τοῦ Δράζη παραχθέντων μαρτύρων, ὥστε εἰπεῖν περὶ τοῦ ἐπιδίκου τούτου ἀμπελῶνος, ὅτι συνοίδασιν· ἐκ τούτων δὲ εἰ πλείους ἦσαν, ἐκ τῶν ἐν τῷ πρατηρίῳ ὑποσημηνγμένων εἰς τούτου βεβαίωσιν. Ἐρωθέντες οὖν, ὅτι δηλαδὴ γέρων ἱερεὺς Κωνσ-

CAP. LXXII. DE BONA FIDE EMPTIS

ταντῖνος ἀπὸ χώρας Βλαστοῦς, ἀνὴρ αἰδέσιμος· καὶ τὸ αὐτόπιστον ἔχων ἔκ τε τοῦ χρόνου, ἔκ τε τῆς αὐτοῦ εὐλαβείας, ὁ ἐκ τοῦ αὐτοῦ χωρίου γέρων Δροβοσλάβος ὁ Ἐλινάσος, ὁ ἀπὸ χώρας Ἐλοῦ γέρων ὁ Δραγόμαλος, καὶ ὁ γέρων Δόβρος, ἀπὸ χώρας Ἐξερίανες, καὶ τοῦ οἰκείου λόγου τὸν Θεὸν προστησάμενοι. Ἐπειδὴ καί παρὰ τῆς δεσποτικῆς θείας μεγαλειότητος, ἀφορισμῷ προσεπιμήθησαν, εἴ τι δηλαδὴ ψεύσασθαι βουληθεῖεν, ἐξεῖπον· ὡς ὁ ἀμπελών, περὶ οὗ διαμάχεται ὁ Ἱερακάρης, οὐκ οὐδόλως· οὐδαμοῦ μέρος τῆς ὑποστάσεως, ἣν ὡς γονικὴν ὁ πενθερὸς αὐτοῦ Βρατωνᾶς νέμεται σήμερον, ὡς ἐκ τοῦ Ῥάδου καὶ τοῦ Σαρακηνοῦ, τῶν δύο αὐταδέλφων καταχθεῖσαν εἰς τοῦτον· ὧν ὁ μὲν Ῥάδος, φασί, ὁ πατήρ τοῦ Βρατωνᾶ ἦν, θεῖος δὲ ὁ Σαρακηνός· ὁ μὲν γὰρ Σαρακηνὸς Στάνναν σχὼν θυγατέρα, ἤγουν ἐξαδέλφην τοῦ Βρατωνᾶ, καὶ ἀνδρὶ ταύτην ἁρμοσάμενος Βελκάνῳ τινὶ ἀπὸ τοῦ χωρίου ὁρμωμένῳ Ῥομπούς, τὴν ἀνήκουσαν ἑαυτῷ ἡμίσειαν ἀπὸ [f. 146] τῆς εἰρημένης ὑποστάσεως· πρὸς τὴν θυγατέρα τούτου τὴν Στάνναν παρέπεμψεν, ἣν καὶ νεμόμενος· ἦν ὁ Βελκάνος· χρόνους τινάς· μετὰ ταῦτα τόπον τινὰ ἐκ τοῦ χωρίου Βλαστοῦς ἀδεσπότου ὠνησάμενος, καὶ οἰνορύτοις αὐτὸν καταπυκνώσας, ἀμπελῶνα τοῦτον δόκιμον ἀπετέλεσεν, συμπιεθεὶς δὲ βάρεσι δημοσιακοῦ· καὶ τὴν εἰς τὸ χωρίον Βλαστοῦς. Διὰ ταῦτα κατοίκησιν ἀπαρνησάμενος, μέτοικος ἐκεῖθεν τελευτᾶιον εἰς τὸ χωρίον Γριντζαρίου· γεγένηται· πλὴν καὶ ἐκεῖσε παροικῶν ὡς οἰκεῖον ἐμπόνημα τὴν φυτείαν ἐνέμετο· οὐκ τὴν μὲν πενθερικὴν αὐτοῦ ἡμίσειαν τοῖς ἐγχωρίοις Βλαστηνοῖς κατελελοιπώς, ἤγουν τοῖς δικαιουμένοις ἀπὸ γονικοῦ δικαίου, εἰς τὸ κατέχειν αὐτήν, μόνην δὲ ἀγερσίαν αὐτοῦ παρακατασχών, ἔκτοτε τῇ θυγατρὶ αὐτοῦ Εἰρήνῃ τὴν τοιαύτην ἐκπροικίσας φυτείαν ἐκεῖνος· μὲν τὸν βίον ἐξέλιπεν. Ἡ Εἰρήνη δὲ τῷ συναφθέντι αὐτῇ ἀνδρὶ Κωνσταντίνῳ συμβιοτεύσασα, τῷ χρεών

καὶ αὐτὴ ἐλειτούργησεν, υἱὸν καταλιποῦσα Βασίλειον· ὁ Βασίλειος δὲ σὺν τῷ πατρὶ αὐτοῦ Κωνσταντίνῳ δυστυχίᾳ χρησάμενοι καὶ μὴ δυνάμενοι τὸν ἀμπελῶνα ἐργάζεσθαι, ὥστε εὐθαλῆ τοῦτον σώζεσθαι, κεχερσωμένον τοῦτον πρὸς τὸν Δράζην πεπράκασιν. Ὁ Δράζης δὲ πόνοις ἰδίοις· καὶ ἀναλώμασιν ἀνορθώσας τοῦτον οὕτω πονηθέντα, εἰς τὴν πρώτην ὄψιν ἀποκατέστησεν. Ἀλλ' οἱ μὲν τῶν μαρτύρων λόγοι ἦσαν ἐν τούτοις.

Ἐπεὶ δὲ παρῆσαν καὶ οἱ ἄρχοντες, ἤγουν ὁ Τζακηνὸς κυρὸς Νικόλαος καὶ ὁ Κομετόπουλος κυρὸς Μανουὴλ ὁ μὲν Τζακηνὸς ἐρωτηθείς· ὅτου χάριν φθάνει πρὸ ὀλίγων κατασχὼν τὸν τοιοῦτον ἀμπελῶνα, καὶ δικαίῳ τῆς ἐν τῇ περέσπῃ βασιλικῆς αὐλῆς τοῦτον ἐργασάμενος καὶ εἰσοδιάσας, καθὰ δὴ περὶ τούτου αὐτοῦ καὶ τὸ διαλειφθὲν προσκυνητὸν πρόσταγμα διαλαμβάνει, ἐξεῖπεν ὡς ἀπὸ συναρπαγῆς τοῦτο πεποίηκε, μὴ φθάσας ἐντελῆ πληροφορίαν λαβεῖν, ὅτι καλῇ πίστει τοῦτον ὁ Δράζης ὠνήσατο· ὁ δὲ γε κυρὸς Μανουήλ, ὅρκοις ἐμπεδώσας ἑαυτὸν, ἀπεφθέγξατο, ὡς οὐδεμίαν μετουσίαν ἐν τῇ φυτείᾳ ταύτῃ, οὔτε ὁ Ἰωάννης, οὔτε ὁ πενθερὸς αὐτοῦ κέκτηται, οἷα μηδαμῶς | οὔσῃ ἐκ τῆς ὑποστάσεως τῶν ἀναπεφωνημένων δύο αὐταδέλφων, τοῦ Ῥάδου τε καὶ τοῦ Σαρακηνοῦ. Ὡς σὺν ἐλέγχθη βατταρίζων ὁ Ἰωάννης, μὴ ἔχων τοῦ λοιποῦ ὅποι καταφύγῃ, καὶ ἀπερείσεται τὰς περὶ τοῦ ἀμπελῶνος εὑρεσιλογίας, τὴν τοῦ πενθεροῦ αὐτοῦ ἀπουσίαν ἐσκέψατο· πλὴν ἀλλὰ κἂν τούτῳ μάταια προφασιζόμενος· κατελαμβάνετο· ἀναπτυσσόμενον γὰρ τὸ πρατήριον εὑρίσκετο, καὶ τὴν τοῦ πενθεροῦ αὐτοῦ σιγνογραφίαν, δηλονότι τοῦ Βρατωνᾶ, σὺν ταῖς τῶν λοιπῶν μαρτύρων ἐπιφερόμενον. Εἰ γοῦν προσεμαρτύρει τῇ πράσει τῆς φυτείας ὁ Βρατωνᾶς πρὸ τρισκαίδεκα ἤδη ἐτῶν, πῶς νῦν ἔχει λαλεῖν τὰ εἰς ἀνατροπὴν ταύτης, ἢ εἰς δικαστήριον παραδέχεσθαι ἀπῳδὰ καὶ ἀσύμφωνα ἑαυτῷ προτεινάμενος;

Ἡ δεσποτικὴ τοίνυν θεία μεγαλειότης τὰ

τοῦ πράγματος διασκεψαμένη, καὶ γνοῦσα παντάπασι τὸν Δράζην ἐπὶ τῇ κατοχῇ καὶ νομῇ τοῦ πολλάκις εἰρημένου ἀμπελῶνος δικαιούμενον, ὡς καὶ ἀγαθῇ χάριτι τοῦτον ἐξωνησάμενον, καὶ μηδὲ τῷ δημοσίῳ λυμαινόμενον, ὡς μὴ κατέχοντά τι τῶν αὐτῷ διαφερόντων· ἔξωθεν γὰρ τῆς δημοσιακῆς ὑποστάσεως, τῆς καὶ τελέσμασιν ὑποκειμένης, καὶ παρὰ τοῦ Βρατωνᾶ κατεχομένης,

ὁ αὐτὸς ἀμπελὼν τυγχάνων εὑρίσκεται, ὡς ἄνωθεν μεμαρτύρηται, τὸν μὲν Δράζην δίκαιον κέκρικεν, εἰς τὸ ἀμάχως κατέχειν τὸν ἀμπελῶνα, ὡς εὐλόγως τούτῳ ἁρμόσαντα, τοὺς ἀνακαλουμένους δὲ τοῦτον ἀπέχεσθαι τὸ λοιπὸν, τοῦ μηδ' ὅλως αὐτῷ ἐπιφύεσθαι, ὡς μηδέν τι ἐπὶ τῷ ἀμπελῶνι δίκαιον ἔχοντας.

ογ'.

Περὶ τῶν εἰδήσει ἀγοραζόντων τὰ ἀλλότρια.
De scienter ementibus aliena.

Ἰωάννης, ὁ υἱὸς τοῦ ἀποιχομένου ἱερέως καὶ κληρικοῦ τῆς ἁγιωτάτης ἐπισκοπῆς Βουλγαρίας Ἰωάννου τοῦ Τειχωτίτζη, ἔλαβεν ἐνώπιον τοῦ παναγιωτάτου ἡμῶν δεσπότου καὶ αὐθέντου τοῦ ἀρχιεπισκόπου πάσης Βουλγαρίας τὴν σήμερον, ὡς μετὰ θάνατον τοῦ πατρὸς αὐτοῦ, ἀτονησάσης τῆς τούτου μητρὸς καὶ ταῖς τῆς χηρείας δεινοτάταις δυσχερείαις πιεζομένης, καὶ αὐτοῦ οὔπω τὸν πανάφηλικα [f. 147] διαμείψαντος, ἐναπελείφθησαν ἀπροστάτευτα, τά τε ἐν τῇ περιοχῇ τοῦ κάστρου, καὶ τὰ ἐν τῇ χώρᾳ διαφέροντα τούτοις ἀκίνητα. Ἐνηβήσας δὲ ἤδη καὶ τὸν κε' ἐνιαυτὸν τῆς ἡλικίας αὐτοῦ διανύων, καὶ τὰ γονικὰ ἑαυτοῦ δίκαια ἐπιγνούς, εὗρε τὸν ἐν τῷ κάστρῳ Ἀχρίδας οἰκοῦντα κτίστην Ἀθανάσιον κατέχοντα ἕνα τῶν ἀμπελώνων αὐτοῦ, τὸν διακείμενον ἐν τῇ τοποθεσίᾳ τῆς Βρύσεως· ᾧ καὶ διαφόρως συνάψας δίκην περὶ τοῦ τοιούτου ἀμπελῶνος, συμπαρέστη τούτῳ καὶ νῦν, ἵνα καὶ ἐπὶ τοῦ δεσποτικοῦ δικαστηρίου κροτήσῃ τὴν τοιαύτην ὑπόθεσιν, καὶ τὰς τοῦ Ἀθανασίου ἀντιλογίας ἐπιγνῶ, εἰ εὐλόγως καὶ κατὰ μοῖραν προτείνονται.

Ἐπεὶ οὖν παρᾷ καὶ Ἀθανάσιος, εἵλκετο πρὸς τὰς δοκούσας αὐτῷ ἀποκρίσεις, καὶ διεξεῖπεν, ὡς τὸν εἰρημένον ἀμπελῶνα παρὰ τῶν ἐν τῷ κάστρῳ Ἀχρίδας οἰκούντων ἐντοπίων φθάνει ἐξωνησάμενος· καὶ ἐπὶ τούτῳ καὶ πρῴως ἔγγραφον προσεκόμιζε συγγραφίας τῶν τοιούτων καστρινῶν φέρον ἄνω' ἐντεῦθεν μετενέχθη ὁ τῆς ἀγωγῆς λόγος πρὸς τοὺς αὐτοὺς καστρινούς, καὶ δὴ ἠρωτῶντο εἰπεῖν τὴν αἰτίαν δι' ἣν τὸ ὀργανικὸν τοῦτο πρᾶγμα πεπράκασιν· οἱ δὲ ἀπεκρίθησαν ὡς διὰ τέλη καὶ βάρη δημοσιακὰ τὴν πρᾶσιν τοῦ τοιούτου ἀμπελῶνος εἰργάσαντο. Ἀντιτίθει δὲ ὁ Ἰωάννης, ὡς οὐ κατὰ πρᾶσιν, ἀλλὰ κατὰ ἀνταλλαγὴν εἰς τὸν Ἀθανάσιον ἦλθεν ὁ ἀμπελών, τοῦ πράκτορος εἰς ἐπικάλυψιν γινομένου τῆς ἀνταλλαγῆς, ἵνα δηλαδὴ βεβαιωθῇ ἐντεῦθεν ἡ δεσποτεία τοῦ ἀμπελῶνος τοῦ Ἀθανασίου εἰς τὸν λαβόντα τοῦτον ὡς τῶν καστρινῶν ἀντιδόντων τῷ Ἀθανασίῳ τὸν ἀμπελῶνα τοῦ Ἰωάννου, ὡς δῆθεν ἐξηλειμμένον τε καὶ ἀδέσποτον.

Τούτων οὕτω παρ' ἀμφοτέρων τῶν μερῶν λαληθέντων, ὁ μὲν περὶ τῆς ἀνταλλαγῆς λόγος ἀνήρτηται εἰς τὸ γνωσθῆναι ἀκριβῶς εἰ οὕτως ἔχει· ὁ δέ γε τῆς πράσεως διάγνωσται παρὰ τῆς δεσποτικῆς θείας μεγαλειότητος, τὸ ἀνίσχυρον ἔχειν παντάπασιν· ἐπεὶ γὰρ ἐν εἰδήσει καὶ οἱ πρᾶται καὶ ὁ ἀγοραστὴς τὸ ἀλλότριον, οἱ μὲν ἐπίπρασκον, ὁ δὲ ἠγόραζε, τὸν νόμον εὑρίσκουσι κρατείω· | αύτοις άνθιστάμενον· όρώντες γάρ και αμφότεροι τον του πράγματος κύριον, ζώντα τε και τούτοις μετά της μητρός αυτού συναναστρεφόμενον, οι μέν ηδίκησαν, ο δε μάτην ηγόρασεν. Εις βέβαιον δε του λόγου αυτός· ο νόμος διά των εαυτού ρημάτων παρρησιαζέσθω, ούτως έχων επί των λέξεων· " Ὁ εν ειδήσει το αλλότριον αγοράσας, ουδέποτε αυτού γίνεται δεσπότης ".

ΟΔ'.

Περί φθοράς κόρης, και όπως ο φθορεύς κολάζεται, και περί των πορνευόντων εχόντων τε και γυναίκα και μη εχόντων.

De virginis defloratione, et quomodo deflorator puniatur, et de fornicatoribus qui uxorem habent et non habent.

Ὁ από του θέματος Δεαβόλως ορμώμενος Ιωάννης ο υιός του Ῥάδου, παραγενόμενος προς ημάς ηξίωσε μαθείν δι' εγγράφου αποκρίσεως, ει οφειλέτης εστί κολάσεως ο φθείρας την αυταδέλφην αυτού Στάνναν, αμνήστευτον και παρθένον τυγχάνουσαν, προαιρέσει μέν αυτής, αγνοούντος δε του αυταδέλφου αυτής, δηλονότι του Ιωάννου· ος δή φθορεύς και γυναίκα, φησίν, έχων ευρίσκεται.

Ημείς δε τας νομικάς τε και κανονικάς αναπτύξαντες δέλτους, εκ της αυτών περιλήψεως ταύτα αποκρινόμεθα.

Ὁ; παρά μέν του πολιτικού νόμου, άλλως μέν τιμωρείται ο βιασάμενος επί φθορά κόρην αμνήστευτον, και άλλως ο μεμνηστευμένην, και άλλως ο άνηβον, και ετέρως μέν ο αρπάσας αμνήστευτον, ετέρως δε ο μεμνηστευμένην, και ετέρως ο φθείρας· αμνήστευτον παρθένον προαιρέσει αυτής. Παρά δε των θείων κανόνων άπαντες ούτοι επιτιμίοις τοις δεδογμένοις λαμβάνουσι τον σωφρονισμόν.

Ἐπεί γούν και η αυταδέλφη του Ιωάννου συγκαταθέσει οικεία εφθάρη, εις μέν λόγον συναλλάγματος μετ' αυτής ο φθορεύς αυτής ουκ ελεύσεται διά το έχειν αυτόν γυναίκα, ένοχος δε έσεται ταις εγκειμέναις τω νόμω ποιναίς, ος εν τω ογ κεφαλ. του λζ' τίτλ. του ξ' βιβλ. ταύτα θεσπίζει ρητώς· " Ὁ παρθένον κόρη μιγνύμενος, εκείνης μέν προαιρέσει, αγνοούντων δε των γονέων, της πράξεως διαγινωσκομένης, ει μέν θέλει αυτήν λαβείν εις γυναίκα και συναίνουσι, και [f. 148] γενέσθω το συνάλλαγμα. Ει δε εν μέρος των γονέων, τουτέστιν εκατέρου προσώπου, ου θελήσει, ει μέν εύπορός εστιν ο φθορεύς, τη φθαρείση κόρη διδότω χρυσίου λίτραν μίαν· ει δε ενδεέστερος είη, το ήμισυ της αυτού υποστάσεως· ει δε παντελώς είη άπορος, τυπτόμενος και κουρευόμενος, εξοριζέσθω ".

Ἐν δε τω ος' κεφαλ. του αυτού τίτλου ταύτα· " Ὁ έχων γυναίκα και πορνεύων, διά δώδεκα αλλακτών σωφρονιζέσθω· και ο μή έχων δε και τη εαυτού περιπίπτων αμαρτία, δι' εξ αλλακτών σωφρονιζέσθω. Ὁ μέντοι γυναίκα έχων και τη ιδία δούλη μιγνύμενος, αυτός μέν τυπτόμενος σωφρονιζέσθω· η δε δούλη υπέρ επαρχίας πιπρασκέσθω, της τιμής αυτής τω μέρει του δημοσίου εισκομιζομένης ". Αλλ' ο μέν πολιτικός νόμος τοιαύτην θεσπίζει την επεξέλευσιν κατά των εχόντων γυναίκας και πορνευόντων.

Ἡ δέ γε εκκλησιαστική μετέλευσις άλλως επάγει τω ούτως αλόντι τον σωφρονισμόν. Φησί γάρ ο κα' κανών του εν αγίοις πατρός ημών Βασιλείου ούτως αυτολεξεί· " Εάν ο ανήρ γυναικί συνοικών, επειδ' αν μή αρκεσθείς τω γάμω, εις πορνείαν εκπέση, πόρνον κρίνομεν τον τοιούτον, και πλείον αυτόν παρατείνομεν τοις επιτιμίοις· ου μέντοι έχομὲν κανόνα τῷ τῆς μοιχείας αὐτὸν ὑπαγαγεῖν ἐγκλήματι, ἐὰν εἰς ἐλευθέραν γάμου ἡ ἁμαρτία γένηται, διότι ἡ μοιχαλὶς μὲν μιαινομένη, φησί, μιανθήσεται, καὶ οὐκ ἀναστρέψει πρὸς τὸν ἄνδρα αὐτῆς· καὶ ὁ κατασχὼν μοιχαλίδα, ἄφρων καὶ ἀσεβής. Ὁ μέντοι πορνεύσας οὐκ ἀποκλεισθήσεται τῆς πρὸς τὴν γυναῖκα αὐτοῦ συνοικήσεως, ὥστε ἡ μὲν γυνὴ ἀπὸ πορνείας ἐπανιόντα τὸν ἄνδρα αὐτῆς παραδέξεται· ὁ δὲ ἀνὴρ τὴν μιανθεῖσαν τῶν οἴκων αὐτοῦ ἀποπέμψει. Καὶ τούτων δὲ ὁ λόγος οὐ ῥᾴδιος, ἡ δὲ συνήθεια οὕτω κεκράτηκε.

Τούτων οὖν οὕτως ἐχόντων, καὶ ὁ τῆς Στάννας φθορεύς, εἰ μὲν εὔπορός ἐστι, δόσει ὑποπεσεῖται τῶν κατὰ χώραν ἐμπολιτευομένων καὶ πραττομένων ιι γ΄, ὅσον ὁ νόμος δηλοῖ | πρὸς αὐτήν· εἰ δὲ ἐνδεέστερος, τῇ ἡμισείᾳ τῆς αὐτοῦ ὑποστάσεως· ἐπιγνώσεται δὲ ὡς πόρνος παρὰ τοῦ κατὰ χώραν ἀρχιερέως, καὶ τὸ τῶν πορνευόντων ἐπιτίμιον ἐπιτεταμμένος· ὃ δηλοῦται ἐν τῷ θ΄ κανόνι τοῦ ἐν ἁγίοις πατρὸς ἡμῶν Βασιλείου, " Ὁ πόρνος, λέγοντι, ἐν ἑπτὰ ἔτεσιν ἀκοινώνητος· ἔσται τῶν ἁγιασμάτων, δύο προσκλαίων, καὶ δύο προσακροώμενος, καὶ δύο ὑποπίπτων, καὶ ἑνὶ συνεστὼς μόνον, τῷ ὀγδόῳ δεχθήσεται εἰς κοινωνίαν „. Ταῦτα πρὸς τὰ ἀφηγηθέντα.

ΟΕ΄.

Περὶ ἀναγνώστου ἀκουσίως φονεύσαντος, καὶ περὶ διακόνου ἀντιταξαμένου πολεμίοις, καὶ πολλοὺς ἐκ τούτων κατασφάξαντος.

De lectore involuntarie occidente, et de diacono pugnante cum hostibus, eorumque multos necante.

Πανιερώτατε ἀρχιερεῦ Ἀνακτοροπόλεως, ἐν Κυρίῳ ἀγαπητὲ ἡμῖν ἀδελφὲ καὶ συλλειτουργέ, ἔγνωμεν ἄρτι ἐξ ἐναργῶν τεκμηρίων ὕπερ πρώην ἐξ ἀκοῆς μόνης εἴχομεν, τὸ δηλαδὴ κοσμῆσθαι τὴν σὴν ἱερότητα παντοίαις ἀρεταῖς, ναὶ δὲ καὶ τῷ διπλῷ γήρᾳ τῷ τε ἀπὸ τοῦ χρόνου, καὶ τῷ ἀπὸ τῆς συνέσεως. Ὡς γὰρ τὸ γράμμα τῆς σῆς ἱερότητος ἐδεξάμεθα, καὶ τὴν τῶν δεδηλωμένων ἡμῖν ἐκεῖθεν ἀνελεξάμεθα δύναμιν, τοῦτο δὴ τοῦ εὐαγγελίου ἐκ τοῦ καρποῦ τὸ δένδρον ἐγνώκαμεν, κἀντεῦθεν ἐν σοὶ πολιτείαν ἐνθαλαμεύεσθαι, δι᾿ ἧς οἱ πάλαι τῷ Θεῷ εὐηρέστησαν, ἀπλάνως ἐγνωρίσαμεν· ὅθεν καὶ εὐχαριστοῦμεν τῷ ἁγίῳ Θεῷ, τῷ καὶ τὴν καθ᾿ ἡμᾶς γενεὰν βίοις ἀρίστων ἀνδρῶν ὡραΐζοντι· ἀλλὰ ταῦτα μὲν ἐν τούτοις.

Ἐπεὶ μαθεῖν ἠθέλησεν ἡ σὴ ἱερότης τὸ δοκοῦν ἡμῖν ἐπί τισι σφάλμασι συνενεχθεῖσι εἴς τινας τῶν τοῦ κλήρου τῆς κατὰ σὲ ἁγιωτάτης ἐπισκοπῆς, ἰδοὺ παραδελοῦμεν ὅτι οἱ θεοφόρων πατέρων ἡμῶν θεσμοὶ[1]) περὶ τῶν τοιούτων ἐξενεχθέντες διαλαμβάνουσι. Καὶ λέγομεν ὡς ὁ ἀναγνώστης καὶ ὁ διάκονος, ὧν ὁ μέν, ἤγουν ὁ ἀναγνώστης, λίθοις ἀκοντίσας κατὰ τῶν κυνῶν τῶν κατ᾿ αὐτοῦ λακτούντων, ἔλαθεν ἀποκρύφως καθήμενον πλήξας ἄνθρωπον, καὶ διὰ τῆς τοῦ λίθου βολῆς τοῦ ζῆν ἀποστερήσας αὐτόν. Ὁ δέ, ἤγουν ὁ διάκονος, πολεμίων [f. 149] τὴν καθ᾿ ὑμᾶς κυκλωσάντων πηλίγκην τόξοις καὶ βέλη μεταχειρησάμενος, οὐκ ὀλίγους τῶν ἀντικειμένων ἄνωθεν ἐκ τοῦ τείχους ἀπέσφαξεν· ἄμφω δὴ οὗτοι τῷ τῶν φονευτῶν ἐγκρινόμενοι τάγματι τῆς ἱερατικῆς ἀξίας ἐκπίπτουσιν.

1) Cod. θεμοί.

Ὅτε γὰρ ὁ ἀναγνώστης τὴν αὐτὴν ἤδη ἀπώλεσεν ἄνοδον καὶ ὁ διάκονος τὴν [1]) ἐκ ταύτης κάθοδον παθεῖν κεκινδύνευκεν, καὶ εἴ τις ἐθέλει τὰ περὶ τῶν τοιούτων μαθεῖν ἀκριβῶς, τὸν ὄγδοον κανόνα τοῦ ἐν ἁγίοις πατρὸς ἡμῶν μεγάλου Βασιλείου ἐπελθέτω μετὰ συνέσεως, καὶ γνώσεται σαφῶς ὁποῖα εἰσὶ τὰ τῶν φονέων γνωρίσματα. Ὅ γε μὴν ἀναγνώστης ὁ συντάξας ἑαυτὸν τοῖς προθεμένοις λῃστρικῶς κατὰ τῶν γειτόνων ἐπελθεῖν, κἂν μὴ καὶ ἡ αὐτοῦ χεὶρ εἰς τὴν ἀπώλειαν τῶν ἐκ τῆς ἐφόδου ἐκείνης πεσόντων ἐνήργησεν, ἀλλά γε τὰ τῆς γνώμης οὐδ' ὅλως ἀνεύθυνα· τοιοῦτος γὰρ ἐστὶν ἕκαστος, οἷς συνεῖναι καὶ συντρέχειν ἀσπάζεται· διὰ γὰρ τοῦτο καὶ Δαυὶδ καὶ Σολομῶν τὰ τῆς τοιαύτης ὁρμῆς ἀποτελέσματα προορώμενοι, ὁ μὲν ἐκ πάσης ὁδοῦ πονηρᾶς κωλύειν τοὺς πόδας ἐσπούδαζεν [2]), ὁ δὲ τοῦ συναναμίγνυσθαι τοῖς τρέχουσιν αἷμα ἐκχέειν, καὶ κοινὸν ἔχειν βαλάντιον ἐκ τῶν ἁρπαγησομένων [3]) ἀπεῖργε τὸν παρ' αὐτοῦ νουθετούμενον. Πῶς οὖν ὁ τοιούτῳ βίῳ μολύνας ἑαυτόν, εἰς τὸ ἱερᾶσθαι Θεῷ προσχθήσεται; οὔτε οὖν οὗτος, οὔτε οἱ ἀναγεγραμμένοι μερίδα ἔχουσιν ἐν τῷ βήματι, στήσονται δὲ εἰς τὸν ἔξω τούτου τόπον, καὶ ἐν τούτῳ τὴν ἑαυτῶν ζωὴν ἐκμετρήσουσι διὰ βίου παντὸς ἑαυτοὺς πολιτείᾳ θεαρέστῳ σεμνύναντες· οἵ τινες, οὐδὲ τῆς ἁρμοζούσης ἑκάστῳ αὐτῶν κλήρῳ στάσεώς τε καὶ ἐξακουσίας καὶ τῶν προσόδων, ναὶ δὲ καὶ τῶν ἑκάστοτε διαρίων στερηθήσονται· ἀλλὰ ἀπολαύσουσι τούτων παρ' ὅλην αὐτῶν τὴν ζωήν, καὶ τοῦ μείζονος ἐστερήθησαν.

Ἀλλ' ἡμεῖς μὲν ταῦτα, πρὸς ἅπερ παρὰ τῆς σῆς ἐμάθομεν ἱερότητος· σὺ δὲ οἶδας ὃ ποιήσεις ἐπὶ τοῖς οὕτω πταίσασιν· ἡ χάρις τοῦ Θεοῦ μετά σου καὶ μεθ' ἡμῶν δι' εὐχῶν σου.

ΟΣ'.

Περὶ ἀφορισμοῦ καὶ καθαιρέσεως ἐπισκόπων, ἱερέων καὶ τῶν λοιπῶν.
De separatione et depositione episcoporum, sacerdotum et reliquorum [4]).

| Ἱερώτατε ἐπίσκοπε Σκοπίων, ἐν Κυρίῳ ἀγαπητὲ ἡμῖν ἀδελφὲ καὶ συλλειτουργέ, ὁ παρὼν ἱερεὺς Δραγομηρὸς ὁρμώμενος, ὡς εἶπεν, ἀπὸ τοῦ Σκοπιωτικοῦ χωρίου τῆς Ἐχρόβου, ἐν τῇ Ἀχρίδᾳ γενόμενος, καὶ ἡμῖν παραστάς, ἐξεῖπεν ὡς πρὸ πέντε ἤδη μηνῶν πλέον, συνηνέχθη φόνου ὑπόθεσις μέσον τινῶν δουλευτῶν τοῦ πανευτυχεστάτου σεβαστοκράτορος, καὶ τινων κατοίκων τοῦ εἰρημένου χωρίου· καί τινες μέν, φησί, συμπλέκουσι καὶ αὐτὸν τῇ αὐτῇ ὑποθέσει, αὐτὸς δὲ οὗτος ἀνένοχος εἶναι ἐν τῷ ἐλευθέρῳ καὶ ἀκατάκριτον φέρειν ἐπὶ τῷ πράγματι τὴν οἰκείαν συνείδησιν· διεκόμισε δὲ ἡμῖν καὶ γραφὴν τοῦ πανευσεβεστάτου σεβαστοῦ κυροῦ Πρίμπου, ἀφηγουμένην ὅπως συνέβησαν τὰ τῆς ὑποθέσεως, καὶ ὅτι μετὰ τὸ δημευθῆναι τὴν τοῦ ἱερέως πᾶσαν περιουσίαν παρὰ τοῦ δημοσίου ἕνεκεν τοῦ τοιούτου πλημμελήματος, ἐπηνέχθη αὐτῷ παρὰ τῆς σῆς ἱερότητος ἐπιτίμιον, οὐ μόνον κωλύειν αὐτὸν τοῦ ἱερατικόν τι ἐνεργεῖν, ἀλλὰ καὶ ἀποκόπτον καὶ ἀφορίζον πάσης συνάξεως χριστιανικῆς. Ἔτι δὲ καὶ ὅτι πολλάκις διά τε ἑαυτοῦ καὶ διὰ τοῦ σεβαστοῦ δεηθεὶς τῆς σῆς ἱερότητος, ὥστε λυθῆναι τοῦ τοιούτου δεσμοῦ, ἤκουσεν ἀδυνάτως ἔχειν ταύτην πρὸς τοῦτο, ὡς εἰς τὴν συνοδικὴν ἀκρόασιν τὰ τῆς τοιαύτης ὑποθέσεως ἀναρτῆσαν. Καὶ ὁ μὲν ἱερεὺς τοιαῦτα ἐξεῖπεν ἡμῖν.

[1]) Cod. τῆς. — [2]) Prov. IV, 27. — [3]) Psalm. XIII, 3. — [4]) Titulus vix opist. congruit.

Ἡμεῖς δὲ ὠκνήσαμεν πιστεῦσαι τοῖς λεγομένοις οἷα μὲν ἔχοντες συμβιβάζειν ταῦτα εἰς τὴν ὁδὸν τοῦ καθήκοντος, καὶ διὰ τοῦτο μηδὲ προσήκοντα εἶναι ἡγούμενοι τῇ γνώσει τῆς σῆς ἱερότητος· ἢ γὰρ εὐλόγως καὶ κατὰ τοὺς κανόνας καθῄρετο ὁ ἱερεὺς, συναχθέντων δηλονότι μετὰ τῆς σῆς ἱερότητος ἑτέρων πέντε ἀρχιερέων πλησιοχώρων, καὶ συμψηφισαμένων αὐτῇ τὴν τούτου καθαίρεσιν, καὶ τίς ὁ λόγος λοιπόν, εἰς τὴν συνοδικὴν πάλιν ἀκρόασιν τὰ τῆς ἀποφάσεως ἀναρτᾶσθαι· ἢ οὐχ οὕτως καθῃρέθη, καὶ διὰ τὸ ἀμφιβάλλεσθαι, εἴτε ὑπεύθυνός ἐστιν οὗτος ἢ ἀνεύθυνος, εἰς τὴν συνοδικὴν ἀπόφασιν, τὰ κατ' αὐτὸν ταμιεύονται καὶ τίνος χάριν, καὶ τοῦ ἱερουργεῖν ἐπεσχέθη καὶ ἀπόβλητος γέγονε. [f. 150] Μέντοι γε δεῖν ἔγνωμεν περὶ τούτου παραδηλῶσαι τῇ σῇ ἱερότητι, ὡς εἴπερ οὕτως ἔχουσι τὰ εἰς τὸν ἱερέα γεγονότα, καὶ ἐταμιεύθησαν τὰ περὶ τούτου εἰς τὴν συνοδικὴν ἀκρόασιν παρὰ τῆς σῆς ἱερότητος, τὴν μὲν ἀνάρτησιν ἐπαινοῦμεν, συμβουλεύομεν δὲ καὶ πατρικῶς παραινοῦμεν, λυθῆναι τὸν ἱερέα τοῦ ἐπενεχθέντος αὐτῷ παρὰ τῆς σῆς ἱερότητος ἀφορισμοῦ· ἔξω γάρ ἐστι τοῦ φιλανθρώπου τῆς ἐκκλησίας ἔθους· καὶ τῆς τῶν θείων κανόνων περιλήψεως, τὸ πρὸ τῆς κυρίας καὶ ἐντελοῦς καταδίκης, ἐξωθεῖσθαι τῆς ἐκκλησίας τὸν τῷ ἱερῷ λόγῳ συντεταγμένον, διοριζομένων, ἀκέραιαν ἔχειν τὸν κατακρινόμενον τὴν οἰκείαν κατάστασιν, μέχρι ἂν ἐντελῶς τὰ κατ' αὐτὸν γυμνασθῶσιν· ὧν εἷς ἐστι καὶ ὁ τέταρτος κανὼν τῆς ἐν Σαρδικῇ συνόδου, ἀκριβῶς τὰ περὶ τῶν τοιούτων διαλαμβάνων,

καὶ τὸν ς' καὶ τὸν ιε' κανόνα τῆς ἐν Ἀντιοχείᾳ συνόδου προφανῶς ἀναιρῶν, ὡς μὴ ἀφορῶντας πρὸς τὸ φιλάνθρωπον, τοῦ καθαιρεῖσθαι μέντοι ἅμα καὶ ἀφορίζεσθαι ἐπισκόπους καὶ κληρικοὺς· τὰς αἰτίας ἰδικῶς οἱ θεῖοι ἀποστολικοὶ κανόνες, ὅτε κη', καὶ ὁ κθ', καὶ ὁ λ', καὶ ὁ ξδ' διαλαμβάνουσι, καὶ ἐν τοιαύταις αἰτίαις ἁλισκόμενος· τὴν ἐντεῦθεν πάντως ἐπιγνώσεται ἐπεξέλευσιν· ὁ δέ γε μὴ ἁλισκόμενος, οὐ πάντως ὡς ἐξ ὑποδειγμάτων, εἴπερ ἑτέραν ἁμαρτίαν καθαιρεθήσεται ἅμα καὶ ἀφορισθήσεται· τὴν τοιαύτην γὰρ ψῆφον, καὶ ἄλλοι μὲν κανόνες, ἐξαιρέτως δὲ οἱ τοῦ μεγάλου Βασιλείου, ὅτι γ' καὶ ὁ λβ', ναὶ μὴν καὶ ὁ να' ἐπέχουσι, μίαν λέγοντες ἐπὶ τοῖς παραπεσοῦσιν ὁρίζεσθαι τιμωρίαν, τὴν ἔκπτωσιν τῆς ὑπηρεσίας εἴτε ἐν βαθμῷ τυγχάνοιεν, εἴτε καὶ ἀχειροτονήτῳ ὑπηρεσίᾳ προσκαρτεροῖεν.

Ἀλλ' ἡμεῖς μὲν ταῦτα γράφομεν πρὸς τὴν σὴν ἱερότητα, ὑπομιμνήσκοντες αὐτὴν τῆς τῶν ἱερῶν κανόνων ἀκολουθίας· ζηλοῦμεν γὰρ τὸν κατὰ Θεὸν ζῆλον, ἵνα δῆλος δὴ ἐν τοῖς καθ' ἡμᾶς ἀρχιερεῦσιν αὕτη κατευθύνηται, ὡς ἐντεῦθεν μὲν πάσχειν ἐν μέρει τινὰς ἐννόμου καταδίκης χωρίς. Σὸν δ' ἂν εἴη, καὶ τὸν ἡμέτερον λόγον δέξασθαι, καὶ ἐπὶ τῷ πράγματι διατεθῆναι ὡς τὸ κανονικὸν δίκαιον καὶ ὅσιον ἀπαιτεῖ ἐντεῦθεν γὰρ | πρόκειται ἢ στεφανωθῆναι, ὡς τὸ κανονικὸν δίκαιον καὶ ὅσιον ἀπαιτεῖ, ἢ κατακριθῆναι τὴν σὴν ἱερότητα τὴν διάκρισιν καὶ τὸ ἀδιάκριτον ἀνὰ μέρος ἢ μισήσασαν ἢ ἀγαπήσασαν. Ἡ χάρις τοῦ Θεοῦ μετὰ σοῦ.

ΟΖ'.

Περὶ ἡγουμένων καὶ μοναχῶν, καὶ ὅτι πᾶσαι αἱ ἐκκλησίαι καὶ τὰ μοναστήρια τῷ κατὰ χώραν ὑπόκεινται ἀρχιερεῖ.

De praepositis et monachis, et quod omnes ecclesiae et monasteria episcopo loci subjecta sint.

Δημήτριος, ἐλέῳ Θεοῦ ἀρχιεπίσκοπος τῆς πρώτης Ἰουστινιανῆς καὶ πάσης Βουλγαρίας τῷ ἱερωτάτῳ ἐπισκόπῳ Σερβίων, ἐν Κυρίῳ ἀγαπητῷ ἡμῖν ἀδελφῷ καὶ συλλειτουργῷ, χάριν ἀπὸ Θεοῦ καὶ εἰρήνην καὶ τὸν ἐν ἁγίῳ Πνεύματι ἀσπασμόν. Ἀνήνεγκας διὰ γράμματός σου τῇ ἡμῶν μετριότητι, ὡς τὰ ὑπὸ τὴν κατὰ σὲ ἁγιωτάτην ἐπισκοπὴν ἱερὰ φροντιστήρια δυνάμενα ἔχειν ἀδελφοὺς ἀσκουμένους, ἐν αὐτοῖς ἀνενδεῶς μόνως ἔχουσιν ἡγουμένοις, μάταιον καὶ κενὸν πραγμάτων τὸ τῆς ἡγουμενείας περιφέροντας ὄνομα· οἵ τινες καὶ εἰσποιούμενοι τὰς τῶν τοιούτων μοναστηρίων εἰσόδους, ταύτας μὲν καταναλίσκουσιν ἔνθα καὶ ὅπως ἄρα καὶ βούλονται. Τῶν δὲ ἐν τούτοις κελλίων καὶ τῶν λοιπῶν καταγωγίων, σχεδὸν δὲ καὶ αὐτῶν τῶν θείων ναῶν τοσοῦτον καταμελοῦσιν, ὡς κινδυνεύειν ταῦτα καὶ ἀχρειοῦσθαι καὶ καταπίπτειν καὶ εἰς παντελῆ ἐρήμωσιν ἀφορᾶν. Ἀνακρινόμενοι δὲ οὗτοι παρὰ τῆς σῆς ἱερότητος καὶ νουθετούμενοι πατρικῶς, ὥστε καὶ τῆς τῶν μοναστηρίων φροντίζειν συστάσεως, καὶ ἀδελφοὺς ἔχειν μεθ' αὑτῶν, ὅσους ἂν ἕκαστον αὐτῶν πρὸς ἰσχὺς ἔχῃ ἀπὸ ὀρθῆς συνειδήσεως καὶ τρέφειν καὶ ἐνδύειν μοναδικῶς, οὐ μόνον μὴ ὅτι σε τοιαῦτα διδάσκοντα, ἀλλὰ καὶ ἀναιδείᾳ χρώμενοι ἀπᾴδοντα τινὰ ῥήματα πρὸς τὴν σὴν προσφέρουσιν ἱερότητα, λέγοντες ὡς οὐκ ἔχεις ἐξουσίαν ἀνακρίνειν ἡμᾶς, ἀλλ' ἐπειδὴ ἐσφραγισμένοι ἐσμὲν ἡγούμενοι, εἰς τυγχάνεις καὶ οὐ ἐξ ἡμῶν ἀδελφός. Σφραγὶς δὲ οὐδέποτε ἀνακρίνεται. Τοιοῦτοι δὲ λόγοι· οἱ αὐτοὶ καθηγούμενοι ἑαυτοὺς δῆθεν

ἀσφαλιζόμενοι, κατέλιπον μὲν τὰ κύρια μοναστήρια, ἐντὸς δὲ τοῦ κάστρου ἕτερα δομησάμενοι, ταῦτα μὲν εἰς καθολικὰς [f. 151] καθέδρας ἑαυτῶν ἀπέταξαν διὰ τὸ καὶ ταῖς ἐκ τῆς πόλεως συγκροτεῖσθαι ταῦτα τροφαῖς καὶ ἀνέσεσιν· ἐκεῖνα δὲ ἀντὶ μοναστηρίων κτησείδια θέμενοι, ὅσα καὶ προαστείων τινῶν εἰσόδους· τὰ ἐκεῖθεν καρπίζονται.

Ἠθέλησεν οὖν μαθεῖν ἡ σὴ ἱερότης παρὰ τῆς ἡμῶν μετριότητος, εἰ εὔλογα εἰσὶ καὶ κανόσι καὶ νόμοις ἀκόλουθα τὰ οὕτω παρὰ τῶν ἀναγεγραμμένων ἡγουμένων προτεινόμενα καὶ πραττόμενα, οὐκ ἀγνοοῦσα μέν, ὡς εὖ οἴδαμεν, τὰς παραλήψεις καὶ δυνάμεις αὐτῶν, ὅμως ἐθέλουσα βεβαιότερον ἐντεῦθεν τὸν ἑαυτῆς λόγον τιθέναι καὶ εὐπαράδεκτον. Ὅθεν καὶ παραδηλοῦμεν αὐτῇ, ὡς ἡ διαγωγὴ τῶν μοναχῶν περὶ ὧν γράφεις καὶ οἱ λόγοι οὓς προσφέρουσιν ἀπαιδευόμενοι, οὐκ εἰσὶν ἀνδρῶν εὐλαβῶν καὶ ἀσκητικήν, ἤγουν ἀγγελικὴν πολιτείαν μετερχομένων, ἀλλὰ ἀτάκτων τε καὶ κνυποτάκτων καὶ λῃστῶν εἰπεῖν ἄντικρυς. Εἰ γὰρ τὴν τοῦ Χριστοῦ πτωχείαν καὶ πραότητα καὶ ταπείνωσιν, ἔτι δὲ καὶ τὴν τάξιν τοῦ σώματος· καὶ τὸ ἐν τῷ κόσμῳ ἄδοξόν τε καὶ ἐν ἅπασιν ἀφιλότιμον ἡ μοναδικὴ πολιτεία ἐνδύεται, πῶς ἄρα οἱ τοῦ τοιούτου θείου καὶ σωτηρίου ἐνδύματος γυμνοὶ εὑρισκόμενοι μοναχοὶ τὴν τῶν κατὰ ἀλήθειαν μοναστῶν προσηγορίαν ἁρμόδιον ἕξουσι; Καὶ τοίνυν μαθέτωσαν οἱ τοιοῦτοι ὡς μάτην εἰσὶν ἢ λέγονται μοναχοί, μάτην δὲ καὶ ὑπερείδονται τοῖς λόγοις, οὓς οὐκ οἶδα ἐκ ποίων κανονικῶν ἢ καὶ νομικῶν δέλτων ἔχουσιν ἄρα καὶ ἀναλέγεσθαι, κάντεῦθεν παρὰ φαῦλον ἡγεῖσθαι τὴν σὴν διδαχὴν καὶ παραίνεσιν. Προδήλως γὰρ ἀπατῶσιν ἑαυτοὺς, δικαιοῦσθαι ἐντεῦθεν οἰόμενοι. Ταῦτα γὰρ προφάσεσιν μὲν εἰσὶν ἐν προλαβούσαις ἁμαρτίαις, κατὰ τὸ θεῖον μελώδημα, ἀφορμαὶ δὲ καὶ αἰτίαι ἐν ἐπακολουθούσαις, κατὰ τὸν θεῖον ἀπόστολον.

Μαθέτωσαν δὲ οἷα ὡς ἔοικε τῶν θείων καὶ ἱερῶν κανόνων ἀμύητοί τε καὶ ἀμελέτητοι, ὡς πᾶσαι αἱ τοῦ Θεοῦ ἐκκλησίαι καὶ τὰ μοναστήρια κατὰ τὰς κανονικὰς καὶ νομικὰς παρατηρήσεις ὑπὸ τὴν πνευματικὴν ἐξουσίαν τοῦ κατὰ χώραν ἀρχιερέως τυγχάνουσιν, | καὶ ὅτι ἀνεῖται τοῦτο ἐκεῖθεν, οὐ μόνον ἡ ἀνάκρισις τῶν ψυχικῶν σφαλμάτων, ἀλλὰ καὶ αὐτὴ ἡ ἐπιτήρησις τῶν διοικούντων τὰ μοναστήρια, μήποτε παρὰ τὴν τῶν πατέρων παράδοσιν πρὸς τὰ μὴ καθήκοντα ὀλισθαίνοι ἡ τούτων διοίκησις. Περὶ τούτου δὲ διαφόρων κανόνων κεῖνται θεσπίσματα· ὧν ὁ μὲν δ΄ τῆς ἐν Χαλκηδόνι συνόδου ταῦτα διέξεισιν· " Ἐπειδὴ δέ τινες τῶν μοναχικῶν κεχρημένοι προσχήματι, τάς τε ἐκκλησίας καὶ τὰ πολιτικὰ διαταρράττουσι πράγματα, περιιόντες ἀδιαφόρως ἐν ταῖς πόλεσιν, οὐ μὴν ἀλλὰ καὶ μοναστήρια ἑαυτοῖς συνιστᾶν ἐπιτηδεύοντες, ἔδοξε μηδένα μὲν μηδαμοῦ οἰκοδομεῖν, μηδὲ συνιστᾶν μοναστήριον ἢ εὐκτήριον οἶκον παρὰ γνώμης τοῦ τῆς πόλεως ἐπισκόπου, τοὺς δὲ καθ᾽ ἑκάστην πόλιν καὶ χώραν μονάζοντας· ὑποτετάχθαι ἐπισκόπῳ καὶ τὴν ἡσυχίαν ἀσπάζεσθαι καὶ προσήγειν μόνῃ τῇ νηστείᾳ καὶ τῇ προσευχῇ, ἐν οἷς τόποις ἀπετάξαντο προσκαρτεροῦντες· μήτε δὲ ἐκκλησιαστικοῖς, μήτε βιωτικοῖς παρενοχλεῖν πράγμασιν ἢ ἐπικοινωνεῖν καταλιμπάνοντας· τὰ ἴδια μοναστήρια, εἰ μήποτε ἄρα ἐπιτραπεῖεν, διὰ χρείαν ἀναγκαίαν ὑπὸ τοῦ τῆς πόλεως ἐπισκόπου· μηδένα δὲ προσδέχεσθαι ἐν τοῖς μοναστηρίοις· δοῦλον ἐπὶ τῷ μονάσαι παρὰ γνώμην τοῦ δεσπότου. Τὸν δὲ παραβαίνοντα τοῦτον τὸν ἡμῶν τὸν ὅρον, ὡρίσαμεν ἀκοινώνητον εἶναι, ἵνα μὴ τὸ ὄνομα τοῦ Θεοῦ βλασφημεῖται. Τὸν μέντοι ἐπίσκοπον τῆς πόλεως χρὴ τὴν δέουσαν πρόνοιαν ποιεῖσθαι τῶν μοναστηρίων „.

Ὁ δέ γε ὄγδοος ταῦτα ῥητῶς· " Οἱ κληρικοὶ τῶν πτωχείων καὶ μοναστηρίων καὶ μαρτυρίων ὑπὸ τὴν ἐξουσίαν τῶν ἐν ἑκάστῃ πόλει ἐπισκόπων κατὰ τὴν τῶν ἁγίων πατέρων παράδοσιν διαμενέτωσαν, καὶ μὴ κατὰ αὐθάδειαν ἀφηνιάτωσαν τοῦ ἐπισκόπου. Οἱ δὲ τολμῶντες· ἀνατρέπειν τὴν τοιαύτην διατύπωσιν, εἰ μὲν κληρικοὶ εἶεν, τοῖς τῶν κανόνων ὑποκείσθωσαν ἐπιτιμίοις· εἰ δὲ μονάζοντες ἢ λαϊκοί, ἔστωσαν ἀκοινώνητοι „.

Ὁ δὲ μ΄ κανὼν [f. 152] τῆς οἰκουμενικῆς ἕκτης συνόδου ταῦτα μετὰ τῶν ἄλλων διαλαμβάνει· " Ἔστω τοίνυν ὁ μέλλων τὸν μοναχικὸν ὑπέρχεσθαι ζυγὸν οὐχ ἧττον ἢ δεκαέτης ἐν τῷ προέδρῳ κειμένης καὶ τῆς ἐπὶ τούτῳ δοκιμασίας, εἰ τὸν χρόνον αὐξηθῆναι λυσιτελέστερον ἡγεῖται, πρὸς τὴν ἐν τῇ μονήρει βίῳ εἰσαγωγὴν καὶ κατάστασιν „.

Ὁ γε μὴν τῆς λεγομένης πρώτης καὶ δευτέρας συνόδου α΄ κανὼν ταῦτα ἐν μέρει θεσπίζει· " Ὥρισεν οὖν διὰ ταῦτα ἡ ἁγία σύνοδος· μηδενὶ ἐξεῖναι μοναστήριον οἰκοδομεῖν, ἄνευ τοῦ ἐπισκόπου γνώμης καὶ βουλῆς· ἐκείνου δὲ συνειδότος καὶ ἐπιτρέποντος, καὶ τὴν ὀφειλομένην ἐπιτελοῦντος εὐχὴν ὡς τοῖς πάλαι θεοφιλῶς νενομοθέτηται, οἰκοδομεῖσθαι μὲν τὸ μοναστήριον· πάντα δὲ τὰ αὐτῷ προσήκοντα σὺν αὐτῷ ἐκείνῳ βρεβείῳ ἐναπογράφεσθαι καὶ τοῖς ἐπισκοπικοῖς ἀρχείοις ἐναποτίθεσθαι, μηδαμῶς ἄδειαν ἔχοντος τοῦ ἀφιεροῦντος παρὰ γνώμην τοῦ ἐπισκόπου ἑαυτὸν ἡγούμενον ἢ ἀνθ᾽ ἑαυτοῦ ἕτερον καθιστᾶν „.

Περὶ δὲ τοῦ ἐποπτεύειν τοὺς διοικητὰς τὸν κατὰ τόπον ἀρχιερέα τὸ ζ΄ κεφ. τοῦ γ΄ τίτλ. τοῦ η΄ βιβλίου τῶν βασιλικῶν περὶ τὸ τέλος· ταῦτα ῥητῶς· διορίζεται· " Τῶν κατὰ τόπον ἐπισκόπων ἐποπτευομένων οἱ καλῶς· ἡ διοίκησις προβαίνει „.

Οὐκοῦν εἰ ἄνευ τῆς ἐπισκοπικῆς γνώμης καὶ βουλῆς καὶ δοκιμασίας οὔτε ἀποκείρειν

CAP. LXXVII. DE PRAEPOSITIS ET MONACHIS

γίνονται μοναχών, ούτε προβλήσεις· ηγουμένων, ούτε μην οικοδομήν μοναστηρίου ή ευκτηρίου οίκου συνίσταται, υπό την εξουσίαν δε τών εκάστη πόλει επισκόπων και ταύτα είσιν, ερείται δε αυτών και η πρόνοια τούτων και η τών διοικούντων αυτά επιτέρψεσι. Πώς άρα εύλογα λέγοντες δόξουσιν οι αναπεφωνημένοι ηγούμενοι ή εκθήσονται πορεύεσθαι, οπίσω τών ακανονίστων αυτών επιθυμιών; και ουχί δια την ανυπότακτον αυτών γνώμην και ακοινώνητοι, ήγουν αφορισμένοι γενήσονται; και εφ' ικανόν από του τοιούτου επιτιμίου σωφρονισθήσονται; μάλιστα ότι εν οι θείοι και ιεροί κανόνες υπερέχοντα τούτων τη αρχιερατική αξιώματι και επιστάτη τών ψυχών αυτών εργάζονται | αυτοί απεριμερίμνως ούτω και αναιδώς ισάδελφον εαυτοίς είναι και καλείσθαι διατυπούσιν αυτόν. Διά τοι τούτο και εθέλει η ση ιερότης εις επήκοον αυτών αναγνώναι τους αναγεγραμμένους θείους και ιερούς κανόνας, και διδάξαι, και παραινέσαι αυτοίς· τας μεν εν τη πόλει διατριβάς ως ανερρώστους τοις μοναχοίς και επιβλαβείς χαίρειν εάσαι, καταπτύσαι δε και τών ρημάτων, ά προς την σην ιερότητα επιβλάβη τής εαυτών ψυχής παραπτύουσι, προσκαρτερείν δε τοις τύποις εν οις απετάξαντο, και προσέχειν μόνη τη νηστεία και τη προσευχή και παντί τώ τύπω της μοναχικής αγωγής· εν τώ καλώς ειδέναι, ότι ώσπερ ή στήλη τον στηλογραφούμενον ζωγραφεί και τα κατ' αυτόν εις πρόοπτον τίθησιν, ούτως ή μοναδική πολιτεία την εν μετανοία ζωήν κατά τους θείους πατέρας υπογράφει τώ

μοναχώ· επιμελείσθαι δε και της ευκοσμίας και βελτιώσεως τών παλαιών ιερών σεμνείων ων προίστανται, και μη εάν παντάπασιν ατημέλητα και λογίζεσθαι ταύτα προάστεια, ασπάζεσθαί τε το συνοικείν μετά ασκητών αδελφών, ει μη πλειόνων, το έλαττον ουν τριών· πάσης γαρ οικοδομής μοναστηρίου σκοπός, ει και λίαν ελάττων εστίν, όμως εις απαρτισμόν ναού και οικονομίαν αυτού τε και τριών μοναχών τα αρκούντα εκ παντός τρόπου προκαταβάλλεται, ως η ιδ' νεαρά του εν βασιλεύσι φιλοσόφου κυρού Λέοντος, μετά τών άλλων και ταύτα διαλαμβάνει· " Φαμέν ουν ως επεί το θείον είπε στόμα· Όπου εισί δύο ή τρεις συνηγμένοι επί τώ ονόματί μου, εκεί ειμί εν μέσω αυτών, χρήναι το ελάχιστον τρισίν επαρκείν το μοναστηρίου κλήσιν υποδυόμενον έργον ". Καν μεν οι τοιούτοι μοναχοί εν συνέσει γένονται τών σών διδαχών τε και παραινέσεων, και μεταβάλλοντες την εν τη μοναδική πολιτεία καταστάσει ανατροπήν εαυτών προς τας περιλήψεις τών θείων και ιερών κανόνων και τών φιλευσεβών νόμων και προς τους λοιπούς τύπους τών θεοφόρων πατέρων απευθύνουσι, χάρις τώ Θεώ και αυτοίς· εκείθεν ειρήνη τε και ευλογία· ει δε μη το εκ τών κανόνων επηρτημένον αυτοίς επιγνώτωσαν επιτίμιον, ως αν [f. 153] μαθώσιν ως ου τη ση ιερότητι, αλλά ταις κανονικαίς συγκρούουσι διατάξεσιν· εντεύθεν δε πάντως· και θραυσθήσονται, ει μή γε θάττον ανακρονήσουσι και εν συναισθήσει γένωνται, ως κινδυνώδους πράγματος εγχειρήματι εαυτούς επιρρίπτουσιν.

OH'.

Πρᾶξις γενομένη ἐπὶ ψήφῳ καὶ χειροτονίᾳ ἑτέρας ἐπαρχίας ἀρχιερέως, γινομένη ὑπ' αὐτοῦ, μηνὶ μαΐῳ ιβ' ἰνδ. ιά.

Actio de electione et ordinatione archiepiscopi alterius provinciae, habita ab eodem mense Maio, die XII ind. XI.

Εἴπερ τις ἄλλη καὶ ἡ τῶν Σερβιωτῶν ἁγιωτάτη ἐπισκοπὴ τῆς κοσμικῆς μέτεσχε συγχύσεως (εἰς τοσοῦτον γὰρ ἤλασεν ἐρημώσεως, ὡς καὶ τὴν κλῆσιν αὐτὴν ἀπολωλεκέναι Ἰεβοῦς γενέσθαι ἀνθ' Ἱερουσαλήμ) ἐπεὶ δὲ ἤγειρε κέρας σωτηρίας ἡμῖν ὁ Θεός, μνησθεὶς ἐλέους τοῦ πρὸς ἡμᾶς, τὸν εὐσεβέστατον δὴ καὶ τρισαριστέα Κομνηνὸν κυρὸν Θεόδωρον τὸν Δούκαν, ἀντιστήσας τοῦτον τοῖς [cod. τῆς] καθ' ἡμᾶς ἐρημώσασιν ἔθνεσιν, κἀκείνοις μὲν σκανδάλου πέτραν εἰς πτῶσιν ἀνέγερτον, ἡμῖν δὲ στήριγμα εἰς ἀνόρθωσιν αὐτὸν θέμενος· ὥσπερ δὴ τῆς καταπτώσεώς τε καὶ ἐρημώσεως, οὕτω καὶ τῆς ἀναστάσεως, ἡ ἀναπεφωνημένη ἐπισκοπὴ ταῖς λοιπαῖς κεκοινώνηκε, κατέσχε γὰρ, εἰπεῖν γραφικῶς, ὁ περὶ ταύτης τοῦ Θεοῦ ζῆλος τὴν καρδίαν τοῦ κραταιοῦ τούτου ἀνδρὸς, καὶ ἡμᾶς συνάρασθαι τῇ περὶ τὴν ἀνόρθωσιν αὐτῆς τούτου σπουδῇ, κατὰ βάθους ἐνύξε. Τί γὰρ ἂν οὐκ ᾤκτειρε ποίμνιον ἐκ τῆς Χριστοῦ ἀγέλης ὁρμώμενον, τῇ κοσμικῇ ἑλκυσμένον ζάλῃ, καὶ εἰς πολλὰς διεσπασμένον καὶ νομὰς καὶ ὁδούς; καὶ τὸ μὲν αὐτοῦ εἰς κρημνοὺς ἀπονεῦον· τὸ δὲ εἰς ἐρήμους καὶ ἀβάτους καὶ ἀνύδρους ἀποπλανώμενον· ἔστι δὲ ὃ καὶ θηρίων γινόμενον πάρεργον, εἶεν δ' ἂν ὁδοὶ τὰ τῶν ψυχῶν ὁρμήματα καὶ κινήματα ἢ εἰς πάθη φθοροποιά, ὅσα καὶ πετρῶν σχισμὰς ταύτας ὠθοῦντα, ἢ εἰς ἐρήμας ἀρετῶν ἐλαύνοντα, ἢ εἰς ὀδόντας τῶν νοητῶν θηρίων ἐκφέροντα. Ὅθεν οὐδὲ παρηκόους εὗρεν ἡμᾶς ὁ ζηλωτὴς οὗτος καὶ θεοκυβέρνητος Κομνηνὸς πρὸς τὴν προκειμένην αὐτῷ περὶ τῆς ἐκκλησίας ταύτης σπουδὴν· ἀλλὰ τὸν λόγον προθέμενος, ἔσχε | ἡμᾶς, ὡς εὐλόγῳ καθήκοντι τούτῳ συντρέχοντας.

Οὐδὲ γὰρ εἶχεν ἰδεῖν πρός τε τὸν τῆς ἐπαρχίας μητροπολίτην, τὸν θεσπέσιον δηλονότι Θεσσαλονίκης καὶ τοὺς ὑπ' αὐτὸν ἱερωτάτους ἀρχιερεῖς, πάλαι τῶν κατ' αὐτοὺς ἁγίων ἀπελαυμένους ἐκκλησιῶν· ἔστι δὲ οὓς καὶ ἐν αὐτῷ τῷ διωγμῷ δυστυχῶς ἀπαλλάξαντας. Καὶ τοίνυν συνιδόντες αὐτοὶ, ὡς οὐκ ἄν τις ἡμᾶς ἐπιβασίας γράψαιτο, προαγαγόντα ἱεράρχην εἰς τὴν ἐρημωμένην ταύτην ἐπισκοπήν, ὅτι οὔτε οἰκεῖον ἄρτι ἀνακαλούμενοι δίκαιον, οὔτε τὸ ἁρμόσαι ἑτέρῳ παρασπῶντες, οὕτω ποιῆσαι προεθυμήθημεν. Ἀλλὰ πρὸς ἓν μόνον ὁρῶντες· τὸ ἀνορθῶσαι πεπτωκυῖαν ἱερὰν καὶ θείαν σκηνὴν καὶ ποίμνην διεσκορπισμένην συναγαγεῖν, ἐπειδὴ καὶ πᾶς ὁ πεσὼν οὐ τῶν καθ' αἷμα προσηκόντων αὐτῷ μόνων, ἀλλὰ καὶ τῶν ἀλλοτρίων δεῖται πρὸς σύναρσιν ἀνεγέρσεως, ψήφους ἐπὶ τῇ εἰρημένῃ τῶν Σερβιωτῶν ἁγιωτάτῃ ἐκκλησίᾳ ἐν ἁγίῳ Πνεύματι θέμενοι, καὶ ἄνδρα ἐκλεξάμενοι, προστατεῦσαι ταύτης ἱκανώσιν ἔχοντα εἰς τὴν τῆς ἀρχιερωσύνης ἀξίαν κατ' ἐπιταγὴν τοῦ ἐν ἡμῖν κρατοῦντος εὐσεβοῦς Κομνηνοῦ, ὃν ζῆλος ἐκινεῖ Θεοῦ, προηγάγομεν, ᾧ δὴ καὶ πνευματικῶς ἐπεσκήψαμεν τοῦ ἐπαρχεύντος μητροπολίτου δηλαδὴ τοῦ Θεσσαλονίκης τοῦτον ποιεῖσθαι ἀναφοράν· ὥστε ἀδιάλωβητον ἐν ταύτῃ σώζεσθαι τὸ τῆς μητροπόλεως δίκαιον, ὡς γὰρ διὰ τὴν τῶν πραγμάτων ἀνωμαλίαν τῆς κανονικῆς ἀκριβείας, τὴν οἰκονομίαν διὰ τὴν τῆς ἐκκλησίας ἀνέθωσιν προεθέμεθα, ὑπερορίως δηλονότι χειροτονήσαντες· οὕτω, διὰ τὴν τῶν κανόνων συντήρησιν, σώζεσθαι ἀκέραιον τὸ τῆς μητροπόλεως δίκαιον, διὰ τῆς ἀναφορᾶς προεκμηθευσάμεθα· μαθέτω τοιγαροῦν πρότερον τὸν λίθον ἄγειν ποτιτάν, σπάρταν καὶ τὸν ξῆρον πρὸς ἀκόνην ὁ προθέμενος, ὑπὲρ τῆς εἰρημένης ἱερᾶς πράξεως ἡμᾶς αἰτιάσασθαι. Εἰ δὲ τοὺς καιροὺς τοῖς πράγμασιν ἐφαρμόσειε καὶ ταύτῃ τῇ ἱεροπραξίᾳ ἐπιψεριεῖται παντάπασι τὸ ἀνεύθυνον.

ΟΘ'.

Περὶ μοναχῶν κτητορικὸν δίκαιον ἀνακαλουμένων.
De monachis jus fundatorium revocantibus.

Ὁ εὐλαβέστατος ἀρχιμανδρίτης τῶν κατὰ Πελαγονίαν ἱερῶν [f. 154] φροντιστηρίων καὶ καθηγούμενος τῆς ἁγίας μονῆς τῶν ἁγίων καὶ ἐνδόξων πανευφήμων ἀποστόλων, ὁ ἱερομόναχος Μεθόδιος, παραστὰς τὴν σήμερον τῇ ἡμῶν μετριότητι προκαθημένῃ συνοδικῶς, ἀνήνεγκεν, ὡς τῶν κληρικῶν τις τῆς ἁγιωτάτης ἐπισκοπῆς Πελαγονίας ᾧ τοὔνομα Βασίλειος, τὸ ἐπωνύμιον Παρδεισσιώτης, νόσῳ δεινῇ καὶ ἀπειλούσῃ θάνατον περιπεπτωκώς, καὶ εἰς μνήμην ἐλθὼν τῆς κατὰ μοναχοὺς μετασχηματίσεως μετεκαλέσατο τὸν εἰρημένον ἀρχιμανδρίτην, ἐπὶ τῷ τυχεῖν δι' αὐτοῦ τοῦ σχήματος τοῦ ἀγγελικοῦ, καὶ ὃς τὸ παρ' αὐτὰ γεγονὼς ἐν τῇ οἰκίᾳ αὐτοῦ, καὶ εὑρὼν αὐτὸν ἀμφίβολον ἔχοντα τὸ πρὸς ὑγείαν ἐπανελθεῖν, ἀπέκειρέ τε τοῦτον καὶ εἰς τὴν κατ' αὐτὸν μονὴν ἤγαγε, καὶ ἐπειδὴ ἤρξατο ῥᾴων ὁ νόσος γίνεσθαι καὶ ὁ νοσῶν χρηστοτέρων ἐλπίδων, ᾐτήσατο οὗτος οἴκαδε ἀπελθεῖν, ὥστε ἐπιμελείας τυχεῖν. Ὡς οὖν καὶ ὑγιὴς γέγονεν, ἐπελάθετο μὲν καὶ τῶν ὑποσχέσεων ἃς ἔτι νοσῶν ἔθετο, τοῦ τε δηλαδὴ τυγχάνειν ἐν ὑποταγῇ καὶ τοῦ προσενεγκεῖν τῇ μονῇ ἐκ τῶν ὑπαρχόντων αὐτῷ ἃ τηνικάδε τούτῳ καὶ ἔδοξαν, ἐπειδὴ καὶ διατροφὰς καὶ σκεπάσματα ἐκεῖθεν ἀποφέρεσθαι ἔμελλεν· ἀναγκάζειν δὲ ἤρξατο γενέσθαι αὐτὸν εὐθὺς οἰκονόμον τῆς μονῆς, προβαλλόμενος τι καὶ δίκαιον κληρονομικὸν ἐπὶ τῇ μονῇ. Καὶ οὐ τοῦτο μόνον, ἀλλὰ καὶ τὴν μὴ κατὰ νόμον γάμου συνοικοῦσαν αὐτῷ προσοικῆσαι παρὰ θύραν τοῦ φροντιστηρίου μετὰ τῶν παίδων αὐτοῦ, ἐπὶ τούτοις ἐλεγχόμενος ὅτι αἰτεῖται παράλογα, καὶ νουθετούμενος ἀποσχέσθαι τοιούτων αἰτήσεων, ὡς ἔξω τυγχανουσῶν τῆς μοναδικῆς καταστάσεως, οὐ μόνον οὐ πείθεται, ἀλλὰ καὶ βάρη ἐπινοεῖται καὶ θλίψεις ἐπάγεσθαι ὁθενοῦν κατὰ τῆς μονῆς, ὅτι ἀποτυγχάνει τοῦ ἐρετοῦ.

Ταῦτα εἰπὼν ὁ ἀρχιμανδρίτης, ἐζήτει μαθεῖν εἰ χρεὼν εἶξαι τῇ αἰτήσει τοῦ ἀναγεγραμμένου ἀνδρός, ἢ ἀποπροσποιήσασθαι ταύτην παντάπασι καὶ εἰ τοῦτο ἀναχαίτησιν ἐκείνου γενέσθαι διὰ συνοδικῆς ἐπιπλήξεως, ἐπειδὴ, φησί, καὶ τῶν τοῦ κατὰ χώραν ἀρχιερέως λόγων ἀνεπίστροφος γίνεται.

Ἡ μετριότης τοίνυν ἡμῶν τὰ τοῦ πράγματος | διασκεψαμένη μετά γε τῆς ἐνδημούσης ἱερᾶς ἀδελφότητος, ἐπελθοῦσα δὲ καὶ τὸ παρὰ τούτου ἀρχιμανδρίτου ἐμφανισθὲν τοῦ κτήτορος τυπικόν, ταῦτα ἐκφέρει πρὸς τὴν τοῦ εἰρημένου ἀρχιμανδρίτου ἀναφοράν.

Ὡς εἴπερ ἔχουσι τὰ περὶ τούτου, ἔοικεν ὅτι τὴν ἀπόκαρσιν ὁ ἀποκαρεὶς, οὐ πρὸς σωτηρίαν τῆς ἑαυτοῦ ψυχῆς, ἀλλ' εἰς ἀφορμὴν κέρδους ἐπινενόησε. Τὸ δὲ πρὶν ἢ τῇ ὑποταγῇ ἐντριβῆναι, καὶ ἐν ταύτῃ τῶν τοῦ κόσμου κηλίδων καθάρεσθαι, πραγμάτων οἰκονομίαν αἰτεῖσθαι, τί ἄλλο ἐστὶν ἢ πρὸς τὰς τοῦ κόσμου φροντίδας πάλιν ἐπιστροφή, καὶ πρὸς τὰς πρώην κηλῖδας ἀνάκαμψις, ὅποτε καὶ χεῖρον τὸ κακὸν διὰ τὸ μοναχικὸν σχῆμα φανήσεται; ὅτι οὖν ἀπεμφαίνοντα αἰτεῖται ὁ νεωστὶ ἀποκαρεὶς καὶ ἀπᾴδοντα ταῖς συνθήκαις τῶν εἰς τὸν μονάδα βίον παραγγελόντων, γνωματεύομεν τὰς μὲν εἰρημένας αἰτήσεις αὐτοῦ μηδαμῶς παραδεχθῆναι, ὡς ἀλογίστους, αὐτὸν δὲ τὸν τῆς ὑποταγῆς καὶ ὑπακοῆς τύπον ἐπανελέσθαι καὶ διάγειν ἐν τῇ μονῇ κατὰ τὴν πολιτείαν τῶν μοναχῶν, καὶ κατὰ τὴν περίληψιν τοῦ διαληφθέντος κτητορικοῦ τυπικοῦ· καὶ εἰ μὲν αἱρεῖται διατροφὰς, ἔχειν καὶ σκεπάσματα ἀπὸ τῆς μονῆς προσενεγκεῖν ταύτῃ ἅπερ ὑπέσχετο ἐκ τῶν ἐνόντων αὐτῷ· εἰ δὲ μὴ τοῦτο βούλοιτο, ἀποκληρωθῆναι αὐτῷ κέλλιον ἕν, τῶν ἐν τῇ μονῇ, ὥστε διάγειν καθ' ἑαυτὸν καὶ διατρέφεσθαι, ὅθεν οἶδεν αὐτὸς, ἕως ἂν ὁ τῆς ὑποταγῆς λόγος συμπληρωθῇ ἐν αὐτῷ· ἐπεὶ γὰρ ἔτι τὴν τοῦ κόσμου σχέσιν ἐπάγεται, δεῖ τοῦτον κατὰ μικρὸν ταύτης ἀπορραγῆναι τῇ μοναδικῇ ἀγωγῇ, καὶ οὕτως ἀποκαταστῆναι εἰς τὸν κατὰ ἀλήθειαν μοναχόν. Τὸ μέντοι τῆς μονῆς ἔγγιστα οἰκῆσαι τήν ποτε τούτου σύνοικον, μηδ' εἰς ἀκοὴν ὠτίου ὅλως παραδεχθῆναι. Εἰ γὰρ ὡς τὰ τῆς ἀσκήσεως τακτικὶ τοσοῦτον ἀπέχειν δεῖ τὴν μονὴν γυναικῶν, ὅσον μηδὲ φωνὴν ἔξωθεν τούτων ἐν ταύτῃ ἀκούεσθαι, πῶς ἡ πλησίον οἴκησις τούτων συγχωρηθήσεται; Ναὶ δὲ καὶ τὸ παροιμιασθῆναι τὸ τῆς κυνὸς ἐν τῷ τοιούτῳ νεοχαρεῖ μοναχῷ, ἥτις δηλαδὴ ἐπὶ τὸ ἴδιον ἐξέρημα ἐπανέρχεται· ἀπόβλητον δὲ ποιοῦσι παντάπασι [f. 155] οἱ θεῖοι καὶ ἱεροὶ κανόνες· τὸ περιτίθεσθαί τινας προσηγορίαν κληρονομίας ἐπὶ ταῖς σεβασμίαις μοναῖς, ἃς εἴτε αὐτοὶ Θεῷ καθηγίασαν, εἴτε γονεῖς τούτων ἢ οἱ ἔγγυθεν ἢ οἱ πόρρωθεν.

Τὰ περὶ δὲ εἰς πλάτος διεξιὼν ὁ πρῶτος κανὼν τῆς ἐν τῇ Κωνσταντινουπόλει συστάσης πρώτης καὶ δευτέρας συνόδου, συνελὼν περὶ τὸ τέλος ταῦτα φησίν· " Εἰ γὰρ ἅπερ τίς ἀνθρώπῳ χαρίζεται, τούτων οὐκέτι κύριος δύναται εἶναι, πῶς ἅπερ τίς καθαγιάζει Θεῷ καὶ ἀνατίθησι, τούτων ἀφαρπάζειν τὴν κυριότητα παραχωρηθήσεται; εἰ μὲν οὖν πεισθείη ἀπάρτι ὁ μοναχὸς οὗτος οὕτω ποιῆσαι, Θεῷ χάρις· Εἰ δὲ μὴ ἀφορισμῷ τῷ ἀπὸ τῆς ἁγίας τοῦ Θεοῦ ἐκκλησίας ἔσται ὑπόδικος, ἕως ἂν ἐπακολουθῇ τοῖς ἰδίοις θελήμασιν „.

Β΄.

Περὶ ὅρων ἐκκλησιαστικῶν καὶ ἐπαρχιῶν καὶ προνομίων καὶ σταυροπηγίων, καὶ περὶ μηδὲν δεῖν ἐν μοναστηρίῳ γάμους ἢ βαπτίσματα γίνεσθαι, καὶ περὶ δολερᾶς ἀναφορᾶς, καὶ ὅτι οὐκ ἀποκλείονται χρόνῳ τὰ ἐκκλησιαστικὰ προνόμια.

De limitibus ecclesiasticis et de provinciis et privilegiis et stauropigiis (seu monasteriis patriarchalibus), et quod in monasterio non oporteat nuptias aut baptismum fieri, et de fraudulenta in sacra liturgia commemoratione, et quod ecclesiastica privilegia tempore non excludantur.

Σαρῶς ἄρχ εἰδὼς ὁ ἱερώτατος ἐπίσκοπος Βοθρωτοῦ, Δημήτριος ἐν Κυρίῳ ἀγαπητὸς ἡμῖν ἀδελφὸς καὶ συλλειτουργὸς, ὡς οὐκ ἔστιν οὐδέν τι, οὔτε τῶν ἐγκωμίων, οὔτε μὴν τῶν πνευματικῶν, ὁ συστῆναι δύναται δίχα γε τοῦ συναντιλαμβανομένου καὶ ὑπερείδοντος, ἄριστα βεβούλευται τῇ καθ' ἡμᾶς ἱερᾷ συνόδῳ κοινὰ θέσθαι τὰ συγκυρήσαντα αὐτῷ δυσχερῆ, καὶ λαβεῖν ἐντεῦθεν συμβουλήν τε τῶν δεόντων καὶ ἐπικουρίαν καντνικήν, πρὸς ἀνατροπὴν καὶ λύσιν τῶν αὐτοῦ περιπετειῶν. Ὅθεν ἀδικεῖσθαι οἰόμενος παρὰ τοῦ μέρους τῆς ὑπὸ τὴν ἐνορίαν αὐτοῦ μονῆς τῆς ἐπιλεγομένης τοῦ Χοτεαχόβου, ἐπὶ δικαιοδοσίᾳ τινὶ ἁρμοζούσῃ κανονικῶς τῇ κατ' αὐτὸν ἁγιωτάτῃ ἐπισκοπῇ, καὶ οὕτω χρῇζων κατὰ τῶν ἀδικούντων συναντιλήψεως· αὐτάρκη γὰρ ἑαυτὸν οὐχ ἡγήσατο πρὸς τὴν κατ' αὐτῶν συμβολὴν, διὰ γράμματος αὐτοῦ πρὸς τὴν ἡμῶν ἀπηντήκει μετριότητα. Καὶ τὰ αὐτῷ προσιστάμενα ἐξηγήσατο, ἐπιρρήδην οὕτω διεξιών·

"Παναγιώτατέ μου δέσποτα, ἀρχιεπίσκοπε πάσης Βουλγαρίας, καὶ ὑμεῖς πανιερώτατοι] τῆς κατ' αὐτὸν ἐπαρχίας ἀρχιερεῖς.

"Ἐπεὶ ἰσχυροτέρα τῆς ἁπλῆς ἡ διπλῆ συναντίληψις, οὐκ ἄκαιρόν τι ποιῶ προστρέχων τῇ καθ' ἡμᾶς ἁγίᾳ συνόδῳ, καὶ πρὸς τῇ ἐπικουρίᾳ τοῦ ἐμοῦ ἁγιωτάτου μητροπολίτου Ναυπάκτου καὶ τῆς κατ' αὐτὸν ἱερᾶς συνόδου, καὶ τὴν ἐκ τῆς ὑμῶν ἁγιωτάτης, ἐφ' οἷς δέομαι, προλαβεῖν προκαλούμενος. Ἐν τοῖς δυτικοῖς γὰρ μέρεσι κατὰ τὴν ἐν Κωνσταντινουπόλει ἁγίαν σύνοδον, τὸ καθ' ἡμᾶς ἐκπελείφθη ἱερὸν ἄθροισμα, διαφοραῖς λίαν καὶ ζητήμασι ἐκκλησιαστικοῖς διαιτᾶν, ἱκάνωσιν ἔχον τῇ τοῦ Πνεύματος χάριτι, ὡς ἐκείνης διασκορπισθείσης τε καὶ διαχυθείσης, ἐκ τῆς γεγονυίας κατὰ τῆς Ῥωμανίας δεινῆς ἐφόδου τῶν νῦν Ἰταλῶν. Προσέρχομαι οὖν τῇ ὑμῶν ἁγιότητι διὰ τῆς δὲ μου τῆς γραφῆς, ὡς μὴ δυνηθεὶς διὰ τὴν ἀσθένειαν τοῦ ἐμοῦ σώματος δολιχὴν τεμεῖν[1]) καὶ ἀργαλέαν ὁδὸν, τὴν φέρουσαν δηλαδὴ πρὸς τὴν ὑμῶν ἁγιότητα, καὶ τὰ προσιστάμενα μοι καὶ ἀπορίαν ἐμποιοῦντα τῆς ὑμετέρας ἀκροάσεως ἐξαρτῶ καὶ ζητῶ συνοδικὸν ἐπὶ τούτοις τῆς ὑμῶν ἁγιότητος ψηφοφόρημα, λύον μοι νομίμως τε καὶ κανονικῶς τὰ ἀμφιβαλλόμενα, ἃ δὴ καὶ ὡς μὴ τὸν λόγον μηκύνειν ἔχουσιν οὕτω.

"Βλάχοι τινὲς εἰς γῆν προκαθήμενοι χωρίου τινὸς, ὑπὸ τὴν ἐμὴν ἐνορίαν ὄντος, τῷ ἐν τῷ τοιούτῳ χωρίῳ θείῳ τεμένει τὰ δῶρά τε προσέφερον ἑαυτῶν, τῶν θείων μεταλάμβανον μυστηρίων, καὶ τἄλλα πάντα, ὅσα εἰς χριστιανικὴν ἄγει κατάστασιν, ἐτελοῦντό τε καὶ ἐτέλουν· περιῆλθε τὸ χωρίον τῇ πλησίον οὔσῃ μονῇ τῇ τοῦ Χοτεαχόβου λεγομένῃ, ἐπὶ δὲ πατριαρχικῷ σταυροπηγίῳ ἀνεγερθείσῃ· τοῦ ἱερέως γοῦν ὅστις ἐν τῷ χωρίῳ τῆς θείας ἱεροτελεστείας Θεῷ ἀναφέρων ἦν, τὸν βίον ἀπολίποντος, ὁ τῆς μονῆς προεστὼς εἰς τὸν τῆς μονῆς ναὸν τοὺς Βλάχους ἐκκλησιάζεσθαι ὅπως δήποτε εἵλκυσεν· ἐχειροτονήθησαν μετὰ ταῦτα παρ' ἐμοῦ ἱερεῖς ἐν τῷ δηλωθέντι χωρίῳ· τοῦ δικαίου δὲ τῆς ἐκκλησίας ἐν τῇ ἀρχοντείᾳ περιπατοῦντος, ἔκδικον τοῦτον ἡ συνήθεια οἶδε καλεῖν, βοῦν ἐπὶ γλώττης τὸ παροιμιαζόμενον φέροντα, οὐκ ἐδικαιοῦντο ἐπὶ τοῖς Βλάχοις οἱ ἱερεῖς. Ἄρτι δὲ [f. 156] τὰ τοῦ πράγματος, ὅπως ἔχει μαθὼν, δίκαιον εἶναι λέγω ἐν ἐκείνῳ τῷ ἱερῷ τεμένει, τοὺς Βλάχους συνάγεσθαι, ἐν τῷ καὶ οἱ γονεῖς αὐτῶν, καὶ αὐτοὶ πρώην συνήγοντο, ἐν τῷ κατὰ τὸ χωρίον, δηλαδὴ διὰ δύο ταῦτα· ὅτι τε τοῦ ὑπὸ τὴν πνευματικὴν ἐξουσίαν τοῦ κατὰ χώραν ἀρχιερέως ὀφείλουσαν εἶναι οἱ λαϊκοὶ πάντες, ὁποίου ἄρα καὶ γένους, εἰσὶν· καὶ ὅτι ἄσεμνόν ἐστιν, ἐν σεμνείῳ γυναῖκας εἰσέρχεσθαι, προφάσει δῆθεν τοῦ τῶν ὀρθρινῶν καὶ ἑσπερίων θείων ᾀσμάτων κατακροᾶσθαι, καὶ τοῦ μὴ τῆς θείας λειτουργίας ἀπολιμπάνεσθαι.

"Ὁ τῆς μονῆς προεστὼς ἀντιπίπτει πρὸς ταῦτα, καὶ δίκαιον εἶναι λέγει, εἰς τὸν τῆς μονῆς ναὸν τοὺς Βλάχους· εἰσέρχεσθαι διά τε τὸ ὑπὸ τὴν μονὴν τὸ χωρίον γενέσθαι, καὶ ὅτι συνήθεια ἐπεκράτησεν ἐπὶ ιε' ἤδη ἐνιαυτοῖς· εἰς τὸ ἐντὸς τῆς μονῆς θεῖον ἐκκλησιάζεσθαι θέμενος· τῇ αὐτῇ δὲ πατριαρχικῇ μονῇ καὶ μέρος τί προσκεκύρωται γῆς ἀφ' ἑτέρου χωρίου ἀποσπασθὲν, Χοτεάχοβον

---

[1]) Cod. τέμνιν.

τὸ χωρίον καλεῖται τελεῖ δὲ καὶ αὐτὸ ὑπὸ τὴν ἐμὴν ἐνορίαν, ἐν ᾧ δὴ μέρει τῆς προσκυρωθείσης γῆς καὶ ἡ μονὴ τὴν ἀρχὴν ἀνεγήγερται, καὶ διὰ τοῦτο καὶ τοῦ Χοτεαχόβου κατονομάζεται οἱ γοῦν προκαθήμενοι ἐν τῷ χωρίῳ Χοτεαχόβου ἀθροίζονται ἐν τῷ κατὰ τὸ χωρίον ναῷ καὶ εἰσὶν ὑποκείμενοι τῇ ἐκκλησίᾳ μου κατὰ πάντα. Τοὺς δὲ προκαθημένους ἐν τῇ γῇ τῇ ἀποσπασθείσῃ ἀπὸ τοῦ χωρίου καὶ προσκυρωθείσῃ,[1]) τῇ μονῇ ἕλκουσιν οἱ κατὰ καιροὺς ἡγούμενοι, ὡς καὶ ὁ νῦν καθηγουμενεύων, εἰς τὴν ἔνδον τῆς μονῆς ἐκκλησίαν συνάγεσθαι, κἀκεῖσε ἱερολογεῖσθαι, καὶ βαπτίζειν τὰ ἀποτικτόμενα ἐξ αὐτῶν, καὶ μήτε κανονικὰ διδόναι τῇ ἐκκλησίᾳ μου, μήτε παρ' ἐμοῦ ἀνακρίνεσθαι, εἴ τι που σφαλῶσι τοῦ δέοντος, ζητοῦντα δέ με διορθωθῆναι ταῦτα, καὶ ἀποκλείεσθαι ἀπὸ τοῦ χρόνου, λέγει ὁ καθηγούμενος· ἐγὼ δὲ φημι δίκαιον εἶναι, ἢ ἐν τῷ κατὰ τὸ χωρίον ναῷ καὶ τούτους ἀθροίζεσθαι, ἢ ἐν ἑτέρῳ εὐκτηρίῳ ἐκ καινῆς ἀνοικοδομηθησομένῳ ἐν τῇ ἀποσπασθείσῃ ἀπὸ τοῦ χωρίου γῇ καὶ προσκυρωθείσῃ τῇ μονῇ, καὶ παρ' ἐμοῦ | λαμβάνειν πιττάκια ἱερολογιῶν καὶ τἆλλα πρὸς τὸ μέρος τῆς ἐκκλησίας μου καταβάλλεσθαι, ὅσα καὶ οἱ ἐν τῇ λοιπῇ ἐνορίᾳ μου καταβάλλονται· μὴ ἀποκλείεσθαι δέ με ἀπὸ τοῦ χρόνου τῶν κακῶς καὶ παρὰ τοὺς ἱεροὺς κανόνας γεγονότων ζητοῦντα διόρθωσιν.

„Ζητῶ τοίνυν μαθεῖν, εἰ εὔλογα τὰ παρὰ τοῦ ἡγουμένου εἰσὶ πρὸς ἀπολογίαν προτεινόμενα, καὶ εἰ ἀδικοῦμαι αὐτὸς τὴν ἁρμόζουσάν μοι δικαιοδοσίαν κολοβούμενος. Ἐπὶ τούτοις ἀναφέρω καὶ περὶ τούτου ἐν ἑτέρῳ χωρίῳ ὑπὸ τὴν ἀρχοντείαν ὄντι τοῦ Χοτεαχόβου, Τζερμενικῷ δὲ λεγομένῳ, ναὸς ἦν ἀνεγηγερμένος ἐξ ἀμνημονεύτων ἐτῶν ἐπὶ σταυροπηγίῳ τινὸς τοῦ πρὸ ἐμοῦ ἀρχιερέως· εἰς ὄνομα τοῦ ἐν ἁγίοις πατρὸς ἡμῶν Νικολάου. Ταρωνᾶς δέ τις ἄρχων ἐγχώριος

θέλων μὴ παρεισέρχεσθαι τὸ μέρος τῆς κατ' ἐμὲ ἐκκλησίας· ἐν τῷ τοιούτῳ χωρίῳ, ὡς καὶ ἐν αὐτῷ τὰς οἰκήσεις ποιούμενος, ναὸν ἕτερον ἐπὶ σταυροπηγίῳ πατριαρχικῷ, εἰς ὄνομα καὶ τοῦτον τοῦ ἁγίου Νικολάου ἀνήγειρεν, ἔγγιστά που τῶν θεμελίων τοῦ παλαιοῦ ναοῦ. Ζητῶ τοίνυν καὶ περὶ τούτου γνώμην τῆς ὑμῶν [2]) ἁγιότητος,,.

Προσηχαμένη τοίνυν ἀσμένως τῇ ἡμῶν μετριότητι τὴν τοῦ ἱερωτάτου Βοθρωτοῦ ἀφήγησιν, οὐδὲ γὰρ ὅσιον ἦν ἀποπεμφθῆναι ἀδελφοῦ πρόσοδον εὔλογον, προσεσχηκυῖα τε τοῖς γεγραμμένοις τὸν νοῦν, καὶ τὰ περὶ τούτων ἐπιστατικῶς διασκεψαμένη μετά γε τῶν συνεδριαζόντων αὐτῇ ἱερωτάτων ἀρχιερέων, παρέστη ἀπόφασις, ἣν αὐτίκα ὁ λόγος δηλώσει.

Σκοπητέον δὲ οὑτωσί· Ὡς ἄρχηθεν μὲν πατέρων θεσμοὶ καὶ βασιλικαὶ διατάξεις ἑκάστῳ ἐπισκόπῳ παροικίας λαῶν ὑποτάξαντες, καὶ ὅρους ἐδράχοις ταύτας ἀσφαλισάμενοι, ἐντὸς μένειν τούτων τοὺς λαχόντας διέπειν ταύτας, ἀρχιερεῖς διετάξαντο, καὶ διὰ τοῦτο καὶ τοῖς πόδα κινοῦσιν ὑπερόριον καὶ τοὺς οἰκείους ὅρους παρερχομένοις, καὶ ἐν τοῖς μὴ ὑποκειμένοις αὐτοῖς ἐνεργεῖν ἐθέλουσί τι ἱερατικόν, κανονικὰς αὐστηρίας ἐπήρτησαν ἵνα μὴ ἀναμέσον τῶν τῆς ἀγάπης καὶ τῆς εἰρήνης κηρύκων, μάχαι καὶ ἔριδες ἀναφύωνται· ἀλλ' ὁ χρόνος [f. 157] ἰσχὺν ἔχων ἐξευρίσκειν τὰς ἑαυτοῦ παρόδους καινότερα, προσέθετο τοῖς αὐτοκεφάλοις τῶν θρόνων. Καὶ τοῦτο δὴ τὸ προνόμιον, τὸ δηλαδὴ ἐπὶ σταυροπηγίοις αὐτῶν σεμνεῖά τε καὶ θείους ναοὺς κατοικιδίους τε καὶ ἑτεροίους ἱδρύεσθαι.

Καὶ τὸ μὲν προνόμιον τοῦτο μακρᾷ ἤδη συνηθείᾳ βεβαιωθὲν καὶ θεσπίσμασι συνδικοῖς τε καὶ βασιλικοῖς κρατυνθέν, ἐς τήμερον ἐνεργόν ἐστι καὶ ἀπαρεγχείρητον. Καὶ ὁ περὶ τούτου λόγος τοῖς ἐπισταμένοις ἐρρωμένως αὐτῷ, οὐκ ἔξω διανοίας καθηκού-

---

[1]) προσκυρωθείσῃ ut mox infra. Cod. προσκυρωθεῖσαι. — [2]) Cod. ἡμῶν.

CAP. LXXX. DE MONASTERIIS ET STAUROPIGIIS

σις τε καὶ ἐχομένης κανονικῆς παρατηρήσεως.

Ἐπεὶ γὰρ οἱ θεῖοι κανόνες, ὅτε ς΄ καὶ ὁ ζ΄ τῆς πρώτης συνόδου καὶ ὁ τῆς β΄ καὶ γ΄, καὶ ὁ τῆς τρίτης ὄγδοος, ἔτι γε μὲν καὶ ἡ ρλα΄ Ἰουστινιάνειος νεαρά, ἡ κειμένη ἐν βιβλ. ε΄ τῶν βασιλικῶν τίτλ. γ΄ κεφ. α΄ θέματι δευτέρῳ, τοῖς πέντε πατριάρχαις, πρὸς δὲ καὶ τοῖς μετ᾿ αὐτοὺς δυσὶν αὐτοκεφάλοις ἀρχιεπισκόποις τῷ τε Βουλγαρίας δηλαδὴ καὶ τῷ Κύπρου, τὰς ἐνορίας τῶν τεσσάρων κλιμάτων τῆς οἰκουμένης ὑπέταξαν, διελόντες τὰς ἐπαρχίας ὀνομαστί, καὶ τὰς προσηκούσας ἑκάστῳ αὐτῶν προσαρμόσαντες· εἰκότως οὖν τῷ δικαίῳ τῆς ἐν ταύταις τούτων ἀναφορᾶς, καὶ τὸ τῶν σταυροπηγίων παρηκολούθησεν· ἀλλὰ γὰρ ὥσπερ ἡ ἀναφορὰ τούτων, οὔτε παρασπᾷ, οὔτε μὲν ἐναλλάσσει τῶν ὑπ᾿ αὐτοὺς μητροπόλεων καὶ ἐπισκοπῶν παροικικὸν δίκαιον, καὶ οἱονδήτι ἱεραρχικὸν προνόμιον, οὕτω δὴ καὶ τὸ σταυροπήγιον οὐδὲν τι τοιοῦτον ποιεῖν δύναμιν πλήρες· τῷ τόπῳ γὰρ ἐκείνῳ ἔνθα καὶ πήγνυται, τὸ πατριαρχικὸν ἢ ἀρχιεπισκοπικὸν εἴωθεν ἐμπεριγράφειν δικαιοδότημα, ὡς ἀλώβητα ἐντεῦθεν ἀμφότερα δύνασθαι διασώζεσθαι· τό τε δηλαδὴ τοῦ αὐτοκεφάλου προνόμιον, καὶ τὸ τοῦ ἐγχωρίου ἀρχιερέως δίκαιον, τὸ παρὰ τῶν θείων κανόνων δεδωρημένον αὐτῷ.

Πλὴν ἀλλὰ πολλοὶ τῶν σκαιῶν [1]) τε καὶ ἀπαιδεύτων κἀνταῦθα τοῦ πλείονος ἀλογίστως ὀριττόμενοι καὶ ὁδοποιοῦντες τρίβον ταῖς ἰδίαις ὀρέξεσι, τὴν ἐν ἑνὶ δή που θείῳ ναῷ ἀποκληρωθεῖσαν διὰ τοῦ σταυροπηγίου πατριαρχικὴν μνήμην | καὶ εἰς τοὺς λοιποὺς ναοὺς μεταφέρειν ἀπαναιδεύονται, φθάσαντες δηλονότι ὑποκεῖσθαι κατά τινα δικαιοδοσίαν τῷ πατριαρχικῷ ἐκείνῳ ναῷ, κἀντεῦθεν καὶ παροικίας ὅλας οὐκ ἐρυθριῶσι καθυπάγειν τῷ τοιούτῳ ναῷ, τὸ σταυροπήγιον [2]) πρόφασιν προβαλλόμενοι, καὶ οὕτω τὴν τοῦ ἐγχωρίου ἀρχιερέως τυραννοῦντες ἐξουσίαν, τῆς ἐκεῖθεν δικαιοδοσίας ἐκκρούουσι· καὶ τὸ πρᾶγμα λίαν ἐστὶν ἄτοπον καὶ αὐτῷ φύσει δικαίῳ καὶ τῇ πρεπούσῃ ταῖς ἁγίαις τοῦ Θεοῦ ἐκκλησίαις τάξει τε καὶ εἰρήνῃ πολέμιον. Ἐχρῆν γὰρ συνιδεῖν τοὺς οὐχ ὑγιῶς ἐνταῦθα φρονοῦντας, ὡς ἱεραρχικαὶ εὐλογίαι, μόνην ἐν παντὶ πράγματι τὴν ἄνωθεν ῥοπὴν καὶ ἀντίληψιν μνημονεύουσι τοῖς πιστοῖς, οὐμενοῦν δὲ καὶ ἐναλλαγὴν ἢ μετάθεσιν ἀπεργάζονται πραγμάτων ἢ χρημάτων, ἃ ταῖς ἐξουσίαις τῶν κεκτημένων ὑπόκεινται· καὶ γάρ τοι [3]) καὶ γάμοι ἀρχιερέων εὐλογίαις τὰ νενομισμένα ἐπιθειάζοντων συνίστανται, καὶ οὐκ ἤδη ταῖς ἱερολογίαις αὐτῶν ἕδνα καὶ προῖκες καὶ ὅσα συνεισφέρειν ὁ ἔννομος γάμος φιλεῖ τοῖς συναπτομένοις, τοῖς κελεύσμασι τῶν εὐλογούντων ὑπόκεινται. Ἀλλ᾿ ἡ μὲν εὐλογία, τὸ μόνιμον τῷ γάμῳ ἐντίθησι. Τὰ κεκληρωμένα δὲ τούτῳ, τῆς ἐξουσίας τῶν συναφθέντων ἐξήρτηνται, καὶ αὐτοὶ οὗτοι τοῖς παροῦσιν ἐφεξῆς ἂν ἢ βουλομένοις αὐτοῖς ἀποκέχρηνται. Εὐλογεῖται δὲ τοῖς ἐπιδημίαις αὐτῶν, καὶ οἶκος εὐσεβῶν εἰς αὔξησιν αὐτῶν καὶ εὐημερίαν καὶ ἀποτροπὴν πάσης κακώσεως κοσμικῆς τε καὶ σατανικῆς. Ἀλλὰ τὰ ἐν τῷ οἴκῳ τοὺς οἰκοδεσπότας, ἀλλ᾿ οὐ τοὺς εὐλογοῦντας ἐπιγινώσκουσι. Κατὰ ταύτην γοῦν τὴν εἰκόνα καὶ ἡ τοῦ πατριαρχικοῦ σταυροπηγίου δόσις, εὐλογεῖ μὲν τὴν οἰκοδομὴν τοῦ ναοῦ, τοῦτο γὰρ τοῖς θείοις κανόσι δοκεῖ, ἵνα μένῃ στερρός τε καὶ πάγιος, καὶ ἵν᾿ ἔχῃ τὴν πῆξιν, ἀρξαμένην ἐξ εὐλογίας καὶ εὐδοκίας ἀρχιερατικῆς· καὶ τὴν μνήμην τοῦ πατριαρχίου κατεγγυᾶται τῷ τοιούτῳ ναῷ. Τὴν [f. 158] τοῦ κατὰ χώραν δὲ ἱεράρχου δικαιοδοσίαν παραιρεῖται οὐδέποτε οὐδαμῶς, ὡς ἐκ τῶν πατέρων ἀπονενεμημένην αὐτῷ τὴν τοῦ κακοῦ μέντοι ῥύμην.

---

[1]) Cod. σκιῶν. — [2]) f. τοῦ σταυροπηγίου. — [3]) Cod. inserit inepte καὶ γάρ μη, sed cum triplici puncto, et in margine corr. γάμοι.

Γενναίως ἀνέστειλαν πρὸ ἡμῶν πράξεις συνοδικαί, ἄλλαι τε καὶ δὴ καὶ αἱ προβάσαι ἐπὶ τῆς ἐφημερίας τῶν τῆς ὁσίας μνήμης ἁγιωτάτων πατριαρχῶν Κωνσταντινουπόλεως, τοῦ τε κυροῦ Μιχαὴλ καὶ τοῦ Ἀγχιάλου καὶ τοῦ Ξιφιλίνου κυροῦ Γεωργίου, ὧν αἱ περιλήψεις ἐκ μέρους ἄρτι πρὸς ἔκφανσιν τῆς ἀναστολῆς τοῦ τοιούτου κακοῦ παρρησιαζέσθωσαν, ῥητῶς ἔχουσαι οὑτωσί·

« Ἐπεὶ δὲ εἰς τὸν περίοπτον τοῦτον ἀνήχθην θρόνον τῆς ἁγιωτάτης ἀρχιεπισκοπῆς Κωνσταντινουπόλεως νέας Ῥώμης, καὶ ἰδίᾳ καὶ κοινῶς διηγουμένων τῶν αὐτῶν καὶ πάλιν ἐντελῆ πληροφορίαν ἔλαβεν ἡ μετριότης ἡμῶν, περὶ τῶν πολλάκις καὶ πρότερον παρὰ τῶν ἱερωτάτων ἀρχιερέων διηγουμένῳ ὡς ἀνωτέρω διείληπται, εὐδόκησε γνώμῃ τῶν ἐνδημούντων ἀρχιερέων ὑπόμνημα συνοδικῶς ἐκτεθῆναι περιαιροῦν τοῦ λοιποῦ, τὴν αὐθαιρέτῳ γνώμῃ, τολμωμένην παρά τινων ἀνεύλογον ταύτην πρᾶξιν· ἐν μόνοις γὰρ τοῖς ἐπὶ σταυροπηγίοις πατριαρχικοῖς ἀνεγειρομένοις ἱεροῖς τεμένεσιν, ἀναφέρεσθαι τὸ τοῦ κατὰ καιροὺς ἁγιωτάτου πατριάρχου ὄνομα προστάττει καὶ διορίζεται· ἀλλὰ καὶ τοὺς ἱερᾶσθαι μέλλοντας καὶ τὴν θείαν ἱεροτελεστείαν τελεῖν ἐν τοῖς ἄνευ σταυροπηγίου πατριαρχικοῦ ἀνεγειρομένοις εὐκτηρίοις παρὰ τοῦ κατὰ χώραν ἀρχιερέως χειροτονεῖσθαι, καὶ τὸ αὐτοῦ ἐν τούτοις ἀναφέρειν ὄνομα, καὶ τὰ παρ' αὐτῶν ὀφειλόμενα δίδοσθαι κανονικά, κατὰ τὴν κρατήσασαν συνήθειαν, ἀπαραιτήτως· τούτῳ διδόναι, καὶ ὡς οἰκείῳ ἀρχιερεῖ τούτῳ ὑπείκειν καὶ ὑποτάσσεσθαι. Ἀλλὰ μὴ προφάσει τοῦ ὑπὸ τὰ πατριαρχικὰ σεμνεῖα εἶναι τὰ παραύλια καὶ τὰ προάστεια ἐν οἷς τὰ εὐκτήρια, ὡς εἴρηται, ἀνεγείρονται, ὑπερφρονεῖν τῶν ἐπισκόπων, ταυτά τε καὶ ἑαυτοὺς πατριαρχικὰ ὀνομάζοντας· εἴπερ μέντοι τινὲς τῶν ἐλεγχθησομένων¹) ταῦτα καὶ τὰ τούτοις ὅμοια διαπράττεσθαι παρακλητεύουσι μὴ ἄδειαν ἔχειν τοὺς ἀρχιερεῖς ἐπὶ κοινοῦ ταῦτα προτίθεσθαι, ἔν τισι τούτων τὴν τοῦ χρόνου παραδρομὴν κωλύειν τούτους ἀπισχυριζόμενοι οὐδεμίαν, οὐδὲ οὗτοι ἕξουσιν ὠφέλειαν, ἀπὸ τοιαύτης τούτων δικαιολογίας, ὅτι μὴ δὲ χρόνῳ τὰ τοιαῦτα εἴωθε κλείεσθαι· εἰ γοῦν ἐπὶ πᾶσι τούτοις εὑρίσκονται τινὲς τῇ τοιαύτῃ δικαιοκρισίᾳ τῆς ἡμῶν μετριότητος συνοδικῶς ὑποτυπωθείσῃ ἀπαρεσκόμενοι καὶ ἀπαιθοῦντες, ὡς ἀφορισμῷ συνοδικῶς ἐκφωνηθέντι εἰσὶν ὑπόδικοι, πρὸς τὸ καὶ οὕτως τὸ κῦρος ἔχειν καὶ κρατεῖν τὰ παρὰ τῆς ἡμῶν μετριότητος ὑποτυπωθέντα καὶ ὁρισθέντα συνοδικῶς. Καὶ τὰ μὲν μέχρι τοῦδε ὁρισθέντα συνοδικῶς τοῦτον ἔχει τὸν τρόπον, καὶ ὀφείλουσιν ἀπαράθραυστα συντηρεῖσθαι μέχρι παντός „.

Ἐπεὶ δὲ καὶ παρὰ τοῦ ἱερωτάτου μητροπολίτου Πυργίου Κωνσταντίνου τοῦ Σπανοπούλου λύσις τοῦ ἁγιωτάτου πατριάρχου ἐκείνου κυροῦ Μιχαὴλ τοῦ Ἀγχιάλου προεκομίσθη ἐξενεχθεῖσα ἐπὶ ὑπομνήσει αὐτῷ ὄντος ἐπισκόπου, καὶ δῆτα καὶ ὑπαναγνώσθη ἐπὶ κοινοῦ ὁρισμῷ τῆς ἡμῶν μετριότητος, καὶ εὑρέθη ἔχουσα ἐν τῇ ἀρχῇ καὶ ἐν αὐτῷ τῷ τέλει ῥητά τινα συνᾴδοντα τῷ σκοπῷ τῆς ἡμῶν μετριότητος, ὥριστε κατασταυρωθῆναι καὶ ταῦτα, ἃ καὶ ἔχουσι αὐτολεξὶ οὑτωσί·

« Ὅσοι μὲν ἐπὶ παλαιοῖς ναῶν ὑποκειμένων τῇ κατὰ σὲ ἁγιωτάτῃ ἐπισκοπῇ, ἐρθασαν οἰκοδομῆσαι ναούς, οὐδὲν ὠφελήσονται οὗτοι εἰς τὸ μὴ ὑποκεῖσθαί σοι αὐτοί τε καὶ οἱ ἀνοικοδομηθέντες ναοί, κἂν σταυροπήγια πατριαρχικὰ ἐκ ψευδοῦς ἀναφορᾶς ἔλαβον, ἢ ἐὰν φθάσαντες οἰκοδομῆσαι ναοὺς μὴ ταῦτα²) σταυροπήγια γενέσθαι αὐτοῖς ᾐτήσατο ὡς ἐπιμέλουσιν ἀνοικοδομηθῆναι ναοῖς, ἀλλὰ καὶ οὗτοι ὡς ὑποκείμενοι τῇ σῇ ἐνορίᾳ κατὰ τοὺς θείους κανόνας ἔσονται παρὰ σοῦ διεξαγόμενοι „. Καὶ μετ' ὀλίγα πάλιν ταῦτα· « Καὶ οἱ λαοικοὶ ὡς ὄντες τῆς

¹) Cod. ἐλεγχησομένων. — ²) Id. μὴ ταῦτα.

σῆς ἐνορίας ὑπὸ τῆς σῆς θεοφιλίας σωφρονισθήσονται, καὶ τὸ δέον μεταδιδαχθήσονται, καὶ πρόφε τις ἔσται αὐτοῖς· εἰς τὸ μὴ ὑπακούειν σου, ὅτι τὴν ἀθεμιτοπραξίαν εἰργάσαντο, ἐν τοῖς ὑμῖν ὑποκειμένοις ναοῖς, ἢ ὅτι ὑπὸ τῶν ἐν τοῖς ἱεροπρακτούντων [f. 159] ἱερέων τὸ πρᾶγμα γέγονεν, ἔση οὖν καθ' ἱερὰν ἐξουσίαν, αὐτὸς σὺ καὶ τὰ ἱερολογηθησόμενα συνοικέσια ἐπιτάττων, καὶ τἄλλα ὅσα φέρει εἰς χριστιανικὴν κατάστασίν τε καὶ σεμνοπρέπειαν „.

Οὕτως ἐχουσῶν τῶν συνοδικῶν διαγνώσεων, ἀκολούθως καὶ ἡ μετριότης ἡμῶν τῷ τε φύσει δικαίῳ καὶ τοῖς ὑπ' αὐτῶν ὁροθετηθεῖσιν ἄδικα πάσχειν καταλαμβάνουσα τὸν ἱερώτατον Βοθρωτοῦ, διαγινώσκει νῦν ἅμα τῇ κατ' αὐτὸν ἱερᾷ ἀρχιερέων ὁμηγύρει, τὸ μὲν πατριαρχικὸν προνόμιον ἐν ἐκείνῳ μόνῳ τῷ ναῷ περιγράφεσθαι, ὃς δηλαδὴ ἐπὶ σταυροπηγίῳ τῷ ἐκεῖθεν ἀνῳκοδόμηται, εἰς τὰ ἔξωθεν δὲ τούτου τεμένη, κἂν ὁπωσοῦν εὑρίσκονται ὑποκείμενα τῷ τοιούτῳ ναῷ, τὴν τοῦ Βοθρωτοῦ ἀρχιερατικὴν δικαιοδοσίαν τὴν τοῖς ἱεροῖς κανόσι δοκοῦσαν, παρρησιάζεσθαι, τόν τε ἐκεῖσε λαὸν ἄγεσθαί τε καὶ ποιμάνεσθαι ἐπισκοπικῶς παρ' αὐτοῦ, καὶ τὴν συνήθειαν ἐτήσιον ἐξ αὐτῶν καρποφορίαν τὴν κατ' αὐτὸν ἁγιωτάτην ἐπισκοπὴν ἀποφέρεσθαι· ναὶ μὴν καὶ τοὺς Βλάχους ἐν ἐκείνῳ τῷ ἱερῷ τεμένει συνάγεσθαι, ἐν ᾧ καὶ οἱ γονεῖς αὐτῶν καὶ αὐτοὶ πρώην συνήγοντο τῷ κατὰ τὸ χωρίον δηλαδὴ ὡς ἡ ἀνατεταγμένη περιέχει ἀναφορά· ἀλλὰ καὶ τοὺς ἐκεῖσε ἱερουργοῦντας ἱερεῖς αὐτῷ ἀποτάσσεσθαι· ἔτι δὲ καὶ τοὺς βουλομένους εἰς ἱερωσύνην προάγεσθαι κἀκεῖσε ἱερουργεῖν, ὑπ' αὐτοῦ τὴν χειροτονίαν δέχεσθαι, καὶ μὴ τῇ τοῦ πατριαρχικοῦ σταυροπηγίου προφάσει, τῆς τούτου ἀρνιάζειν χειρός.

Ἀφορισμῷ μέντοι τῷ ἄνωθεν ἐκφωνηθέντι συνοδικῶς προσήκοντα κρίνει καὶ ἡ μετριότης ἡμῶν, τὸν τοῦ Χοτεαχόβου ἡγούμενον, εἴπερ δηλαδὴ καὶ εἰς τὸ ἑξῆς ἐπιμείνῃ τῇ οἰκείᾳ μονοτονίᾳ, ὅτι τὸν τοῦ Βοθρωτοῦ ὑποκείμενον λαὸν. ἐν τῇ κατ' αὐτὸν ἐκκλησιάζει μονῇ, καὶ ἰδιοποιεῖται τοῦτον λόγῳ τοῦ πατριαρχικοῦ σταυροπηγίου, καὶ γάμους ἐντὸς τῆς μονῆς συνίστησιν, καὶ βαπτίσματα ἐπιτελεῖ, καὶ ἄλλα ὅσα τῷ κόσμῳ καὶ τοῖς ἐν κόσμῳ ἁρμόζουσιν, ἵνα δηλονότι καὶ τὴν τοῦ ἀρχιερέως ἐξουσίαν κολούῃ ἐντεῦθεν ὁλοσχερῶς, κἀκτοῦ ἐκκαρποῦσθαι τὸν λαὸν, τὴν μοναδικὴν περιτρέπει καταστάσιν. | Πῶς γὰρ ἡ ἀκρίβεια τοῦ μονάδος βίου συντηρηθήσεται, τοῦ σεμνείου ἐπιμιξίας κοσμικὰς δεχομένου, καὶ ἀλογίστῳ φορᾷ μιγνύειν, φιλονεικοῦντος τὰ ἄμικτα; πρόδηλον δέ ἐστιν ὡς ὁ Ταρωνᾶς οὐχ ὑγιαίνοντι λογισμῷ καὶ ἀδόλῳ σύνεγγυς τῶν τεμελίων τοῦ παλαιοῦ τοῦ ἐπὶ σταυροπηγίου ἑνὸς τῶν πρὸ σοῦ ἀρχιερέων ἀνεγερθέντος ἐπ' ὀνόματι τοῦ μεγάλου πατρὸς ἡμῶν Νικολάου κατὰ τὸ χωρίον Τωρμενικὸν, ναὸν ἕτερον ἐπὶ σταυροπηγίῳ πατριαρχικῷ, καὶ ἐπὶ τῇ αὐτῇ τοῦ ἁγίου κλήσει ἰδρύσατο, ἀλλ' ἵνα δηλαδὴ τὴν τοῦ ἐγχωρίου ἀρχιερέως ἐκεῖσε δικαιοδοσίαν παρεγκωνίσηται, ὅθεν καὶ κατὰ τὸ ἀναπεφωνημένον πατριαρχικὸν ψηφιφόρημα τό τε οὕτω συστὰν ἐκ δολερᾶς ἀναφορᾶς, πατριαρχικὸν σταυροπήγιον ἀπρακτήσει. Καὶ ὁ τοιοῦτος ναὸς τῇ τοῦ Βοθρωτοῦ ὑποκείμενος ἔσεται ἐνορίᾳ, καὶ οἱ ἐν αὐτῷ συναγόμενοι λαοὶ παρὰ τῆς αὐτοῦ ἔσονται ἱερότητος, κατὰ τοὺς θείους κανόνας διεξαγόμενοι, ἐπεὶ οὐδὲ ὁ χρόνος κατά τι προστήσεται αὐτῷ, οἷα μηδὲ ἰσχὺν ἔχων τρέχειν ἐν τοῖς τοιούτοις καὶ τὸ ἁρμόζοντί τινι δίκαιον ἀποκλείειν, ταῖς ὁροθετηθείσαις τούτου παραδρομαῖς.

ΠΑ'.

Ὅτι οὐκ ἔξεστι τῇ μητρὶ διαλύεσθαι ἐπὶ τοῖς πρώτοις πράγμασιν, ἢ πιπράσκειν αὐτὰ· καὶ ὅτι τὰ ἀνατραπέντα ἔγγραφα διὰ μεταγενεστέρων νομίμων πράξεων, ἢ ἀπὸ δικαστικῆς ἀποφάσεως ἢ βουλήσεως τῶν ἐκθεμένων αὐτὸν ἀνίσχυρα καὶ ἀβέβαια μενῶσι· καὶ ὅτι ὁ κακῇ πίστει νομεὺς οὐ δύναται τοῦτο διὰ τῆς χρονίας νομῆς δεσπόσαι, οὔτε ὁ κληρονόμος αὐτοῦ· καὶ διὰ πόσων χρόνων δεσπόζονται τὰ καλῇ πίστει νεμόμενα κινητά τε καὶ αὐτοκίνητα, καὶ διὰ πόσων τὰ ἀκίνητα δεσπόζονται τὰ καλῇ πίστει νεμόμενα, ἐπί τε τῶν παρόντων καὶ ἀπόντων· καὶ ὅτι τὰ ἀσαφῆ ῥητὰ τῶν διαθηκῶν καὶ τῶν συμφώνων φιλανθρώπως ὀφείλουσιν ἑρμηνεύεσθαι· καὶ ὅτι οὐ πᾶσιν ἀνεῖται ἡ κατὰ τῆς διαθήκης μέμψις· καὶ ὅτι ὁ ἅπαξ διαλυσάμενος οὐ δύναται ἀνατρέψαι τὴν διάλυσιν μετὰ ταῦτα, εἰ μὴ κατὰ δόλον γέγονε, καὶ ὅτι ἡ παρὰ βαρβάρων γενομένη πρᾶξις ἀπαράδεκτος τοῖς νόμοις ἐστί, καὶ ὅτι τὸ κεκωλυμένον τῇ φύσει τῶν πραγμάτων οὐδενὶ βοηθεῖται νόμῳ.

[f. 160] *Quod matri non liceat transigere de primis rebus aut eas vendere; et quod scripta infracta per posteriores legitimas actiones aut judicialem sententiam aut voluntatem corum qui illud tradunt, irrita et invalida maneant; et quod malae fidei possessor non possit illius dominium acquirere per praescriptionem temporis, neque illius haeres, et quonam tempore dominium mobilium et per se mobilium bona fide possessorum acquiritur; et quoniam immobilia bona fide acquiruntur, si praesentes aut absentes sint; et quod obscura testamentorum et pactorum dicta benigne debeant interpretari, et quod non cuilibet permittatur testamentum criminari; et quod qui semel transigit, non possit transactionem infringere, nisi dolo facta sit, et quod actio a barbaris facta in lege non recipiatur; et quod rerum natura prohibitum nulla lege defendi possit.*

Ὁ ἀπὸ τοῦ κάστρου Βερροίας ὁρμώμενος Μανουὴλ ὁ υἱὸς ἀποιχομένου Λέοντος διακόνου Κανεστρισίου τοῦ ἐπονομαζομένου Σβηνίλου, παραστὰς τὴν σήμερον τῇ ἡμῶν μετριότητι προκαθημένῃ συνοδικῶς, γράμμα ἐρωτήσεις περιέχον αὐτοῦ προκεκόμικεν, ὃ καὶ ἔχει ἐπὶ τῶν λέξεων οὑτωσί·

"Παναγιώτατέ μου δέσποτα καὶ αὐθέντα, ἀρχιεπίσκοπε πάσης Βουλγαρίας, ὀρφανὸς ὢν καὶ ἀπροστάτευτος καὶ διὰ τοῦτο βοηθείας καὶ ἀντιλήψεως δεόμενος, προστρέχω τῇ σῇ παναγιότητι, καὶ ζητῶ λύσιν ἐφ' οἷς διαποροῦμαι, καὶ οἴομαι ἀδικεῖσθαι.

"Διάταγμα ἐπιτελεύτιον κατὰ τὴν νομικὴν παρατήρησιν ἔθετο ὁ πατήρ μου πρὸ χρόνων ἤδη δώδεκα, ἐν ᾧ καὶ ἐπιτρόπους μὲν ἐνεστήσατο, τοὺς ἐκείνῳ δόξαντας. Τῇ μητρὶ δέ μου, τήν τε προῖκα αὐτῆς ἀπεκατέστησε, καὶ ἀπὸ τῶν οἰκείων πραγμάτων εἴασεν, ὅσα δηλοῖ τὸ διάταγμα. Ἐμοὶ δὲ μετὰ τῶν ἄλλων ἄφηκε χωράφια τὰ ἀπὸ ἀγορασίας ἐκείνῳ ἁρμόσαντα, τῆς γενομένης κοινῶς παρ' ἐκείνου τε καὶ τοῦ ἐπ' ἀδελφῇ γαμβροῦ ἐκείνου τοῦ Καππάδουκα| ἐν τῇ τοποθεσίᾳ τῇ λεγομένῃ τοῦ Κοράτζη.

"Νῦν οὖν διανιστάμενος ὁ πρῶτος ἐξάδελφος τοῦ πατρός μου, ὁ Σβηνίλος Θεόδωρος, ἐπιφύεταί μοι καὶ ἀποσπᾷ ἐξ ἐμοῦ καθόλου τὰ εἰρημένα χωράφια, ἐμφανίζων διαλύσεις ἔγγραφον παρά τε τῆς μητρός μου καὶ τοῦ θείου μου τοῦ διαληφθέντος Καππάδουκα καὶ δηλοῦν τὴν ἀναστροφὴν τῶν τοιούτων χωραφίων πρὸς αὐτὸν σὺν τῷ πρακτηρίῳ, μηδεμίαν μετουσίαν εἰς ἐπιτροπικὸν δίκαιον τῆς μητρός μου ἐχούσης· εἰ δὲ καὶ ὁ Καππάδοκα εἰς τῶν ἐπιτρόπων τῆς τοῦ πατρός μου διαθήκης ἐστίν, ἀλλὰ τὴν διάλυσιν ὑπὲρ ἑαυτοῦ ἐποιήσατο.

Ζητῶ οὖν μαθεῖν εἰ δίκαιον εἶχε ἡ μήτηρ μου, ἐμοῦ ἀφήλικος ὄντος, χωρὶς ἀρχοντικῆς ἀποφάσεως ἢ συναινέσεως τῶν ἐπιτρόπων, ποιήσασθαι ἀντιστροφὴν τῶν τῷ πατρί μου ἀπὸ κοινῆς ἀγορασίας ἀνηκόντων χωραφίων, τῶν καταληφθέντων παρ' ἐκείνου ἐμοὶ καὶ διαλύσασθαι ἐπ' αὐτοῖς· φθάνει γενέσθαι πρᾶξις παρὰ τοῦ πατρός μου ἐπί τινι χωραφίῳ τὴν δεσποτείαν πρὸς τοὺς διαμαχομένους ὑπὲρ αὐτοῦ ἀμφίβολον ἔχοντι ἡ πρᾶξιν, ἣν σταυροδιαβασία [1]) οἱ διαμαχούμενοι αὐτός τε ὁ πατήρ μου καὶ ὁ ῥηθεὶς Σβηνίλος Θεόδωρος. Ἡ δὲ τοιαύτη πρᾶξις ῥηθέντος γέγονε τοῦ Σβηνίλου, καὶ σημειώματι διελήφθη ἐκκλησιαστικῷ, συνιστῶντι ταύτην ὅτι καλῶς γέγονε, καὶ ἀποκαθιστῶντι τῷ πατρί μου τὴν δεσποτείαν αὐτοῦ. Νῦν οὖν ὁ Σβηνίλος [2]) τὴν πρᾶξιν πανταπασιν ἀθετεῖ καὶ χωρὶς εὐλόγου προφάσεως ἐξωθεῖ με τῆς κατοχῆς τοῦ τοιούτου χωραφίου, λέγων κακῶς γενέσθαι τὴν πρᾶξιν.

Δέομαι οὖν μαθεῖν εἰ μετὰ χρόνους ἄλλους τοιαύτας, πλεῖον ἢ ἔλαττον, ἐξότου δηλονότι ἡ πρᾶξις αὕτη γέγονεν, εὐλόγως ἐκκαλεῖ ταύτην ὁ εἰρημένος Σβηνίλος, ἐμοῦ καὶ τὸ τοιοῦτον νεμομένου χωράφιον, καθὰ δὴ ἐνέκειτο τοῦτο καὶ ὁ πατήρ μου μετὰ γεγονυῖαν ἐπ' αὐτῷ σταυροδιαβασίαν, ὡς εἴρηται.

Ἔτι ἐρωτῶ· τούτου αὐτοῦ Σβηνίλου ὁ πατήρ μου μνημονεύσας ἐν τῷ αὐτοῦ διατάγματι, ἔγραψεν οὕτως· " Τῷ ἐξαδέλφῳ μου τῷ ἀναγνώστῃ κυρῷ Θεοδώρῳ ἀφίημι ἐπὶ τῶν γονικῶν [3]) ἡμῶν χωραφίων, τῶν ἐν τῷ Βάλλῳ [4]) τὰ [f. 161] ἡμίσεια „. Ἐπι-

δραττόμενος οὖν οὗτος τοῦ ῥητοῦ τούτου καὶ πρὸς τὸν οἰκεῖον σκοπὸν ἑρμηνεύων αὐτό, θέλει [5]) κατασχεῖν ἅπασαν τὴν ἐκεῖσε τῷ πατρί μου ἁρμόσασαν μερίδα, δηλαδὴ τὴν ἡμίσειαν. Γνώριμον δέ ἐστιν ἀπὸ τῆς ἐννοίας τοῦ ῥητοῦ τούτου ὅτι τὸ ἥμισυ τῆς, ὡς εἴρηται, αὐτῷ ἀνηκούσης ἡμισείας, ἀφῆκεν ὁ πατήρ μου αὐτῷ, καὶ οὐχ ὁλόκληρον τὴν ἡμίσειαν, ὡς ἐναπολιμπάνεσθαι ἡμῖν τοῖς κληρονόμοις ἐκείνου, τὸ τέταρτον τῆς τῶν ὀνομασθέντων γονικῶν χωραφίων ὁλότητος, ἐπεὶ γὰρ τὰ ἥμισυ τούτων ἥρμοζον τῷ Σβηνίλῳ, τὰ δὲ ἥμισυ τῷ πατρί μου ἀπὸ τούτων δὲ αὖθις τῷ ἥμισυ τῷ Σβηνίλῳ παρ' ἐκείνου εἰάθη πάντως τὸ καταληφθὲν ἥμισυ, ἤγουν ἐξ ἁπάσης τῆς ὁλότητος τὸ τέταρτον τοῖς κληρονόμοις ἐκείνου ἁρμόζει.

Ζητῶ οὖν μαθεῖν, εἰ καλῶς διενίσταται ὁ Σβηνίλος, ἕλκων εἰς ἑαυτὸν ἀπὸ τῆς διαθήκης τὸ πᾶν, καὶ εἰ δεκτὸς ἐστιν ὁ αὐτός, ἐνταῦθα στέργων τὴν διαθήκην, ἀλλαχοῦ δὲ ταύτην μεμφόμενος.

Ἔτι ἐρωτῶ· περιῆλθε τῷ πατρί μου κηποπερίβολον, ἐντὸς τοῦ κάστρου Βερροίας ἀπὸ τῆς θείας ἐκείνου κυρᾶς Εὐδοκίας τῆς θυγατρὸς τοῦ Μαξίμου, τῆς ὕστερον διὰ τοῦ μοναχικοῦ σχήματος μετονομασθείσης Εὐπραξίας. Ὁ δὲ κηπίον ἀφῆκεν ἐμοὶ διὰ τοῦ εἰρημένου αὐτοῦ διατάγματος. Νῦν δὲ ὁ Πανεγιώτης ἀνακαλεῖται αὐτῷ, μήτε τὴν διάταξιν τοῦ πατρός μου δεχόμενος, μήτε τὴν διάλυσιν αὐτοῦ, ἣν πρὶν τὴν διακληρωθεῖσαν κυρῷ Εὐδοκίαν ἔθετο, τὴν καὶ περὶ αὐτοῦ τοῦ κηπίου δηλοῦσαν· ἐμφανίζει δὲ δικαιώματα κατὰ πολὺ προγενέστερα τῆς τε τοῦ πατρός μου διαθήκης καὶ τῆς διαλύσεως αὐτοῦ, καὶ τοῦ διαθηκίου τῆς Εὐπραξίας, δι' ὧν ἐκλαμβάνεται πρὸς τὸν οἰκεῖον σκοπὸν τὰ τῆς διαλύσεως ἐμφερόμενα ῥητά, λέγων ἀνήκειν αὐτῷ, καὶ ἀπὸ τῆς

---

[1]) In compendio tantum σρο διαβ. Infra διαβιβασία et alibi διαβιβάσει. — [2]) Cod. modo σᾶνίλος modo σβυνίλος, modo σβινίλος. — [3]) Cod. γωνικῶν. — [4]) Alias βάλτῳ. — [5]) Cod. θλω.

ANAL. VII, 12.

περιλήψεως τῶν προσόντων πάλαι γενῶν δικαιωμάτων, τὴν ἡμίσειαν τοῦ ὅλου κηπίου ἐπέκεινα τοῦ μέτρου τῶν ἀπὸ τῆς διαλύσεως ἁρμοσάντων αὐτῷ τοπικῶν. | Ἐμφανίζει δὲ καὶ σημείωμα Βουλγάρου τινός προστάντος τῆς ἐπισκοπῆς Βερροίας, ἐν τῷ καιρῷ τῆς Δρουγουβιτῶν τυραννίδος, δηλοῦν ὅτι ἐλάλησεν ὁ Παναγιώτης περὶ τῆς προκειμένης ὑποθέσεως.

„Παρακαλῶ τοίνυν μαθεῖν εἰ εὐλόγως ὁ Παναγιώτης κινεῖ περὶ τοῦ τοιούτου κηπίου, καὶ εἰ δικαιοῦται ἀπὸ τῶν ἐμφανιζομένων παρ' αὐτοῦ δικαιωμάτων, προγενεστέρων ὄντων, ὡς εἴρηται, καὶ εἰ δεκτόν ἐστι τὸ ἐπὶ τῶν Βουλγάρων γεγονὸς σημείωμα.

„Πρὸς τούτοις ἐρωτῶ καὶ περὶ τούτου· συνεφώνησέ τις μετὰ τοῦ πατρός μου ἀνεγεῖραι ἐκ κοινῶν ἀναλωμάτων ὑδρομηλᾶ ἐργαστήρια ἔν τι[νι] τόπῳ διαφέροντι τῷ πατρί μου, καὶ ἐπειδὴ οὐκ ἔφθασαν οὕτω συμβὰν τὰ τοιαῦτα πηγθῆναι αὐτούργια, νῦν οὗτος ἐπιφύεταί μοι, λέγων ἀνήκειν αὐτῷ ἐκ τοῦ τοιούτου τοπίου μοίρας· εἰς κέρδος· ὅτι, φησί, πρόσταγμα ἐπορίσατο· ἐπὶ δεφενδεύσει τῶν τοιούτων αὐτουργιῶν, καὶ δαπάνας ὑπὲρ τοῦ πορίσασθαι αὐτὸ καταβάλλετο. Δέομαι οὖν ἀναδιδαχθῆναι, εἰ ἀνήκει τῷ ἀνθρώπῳ τούτῳ μερὶς ἀπὸ τοῦ τοιούτου τοπίου εὐλόγως, καὶ εἰ καλῶς κινεῖ μετὰ δεκαεπτὰ ἤδη ἔτη, ἐξ ὧν εἰσὶ ιβ' τὰ μετὰ θάνατον τοῦ πατρός μου.

„Ἀλλὰ ταῦτα μὲν τὰ ἡμέτερα ἐρωτήματα· ἐναπολιμπάνονται δὲ τούτοις αἱ παρὰ τῆς σῆς παναγιότητος λύσεις, αἱ τοῖς θείοις νόμοις καὶ τῷ δικαίῳ συνᾴδουσαι „.

Εἶχεν ὄπισθεν· " Δέησις Μανουὴλ ὀρφανοῦ Βερροιαίου τοῦ υἱοῦ τοῦ ἀποιχομένου Καστρισίου Λέοντος τοῦ Σβηνίλου „. Ταῦτα τοῦ δεκτηρίου περιέχοντος ἐνεφάνισεν ὁ αὐτὸς Μανουὴλ, καὶ τὰ ἔγγραφα, ὧν αἱ τούτου ἐρωτήσεις ἐμέμνητο.

Ἡ μετριότης δὲ ἡμῶν, μετὰ τῶν ἐνδημούντων ἱερωτάτων ἐπισκόπων ἐν Κυρίῳ ἀγαπητῶν ἡμῖν ἀδελφῶν καὶ συλλειτουργῶν τὰ ἀφηγηθέντα διασκεψαμένη, ἐπελθοῦσα δὲ καὶ τὰ ἀναπεφωνημένα ἔγγραφα, πρὸς ταῦτα οὑτωσὶ ἀπεκρίνατο.

Ὡς εἴπερ μὴ ἀνετράπησαν τὰ τοιαῦτα ἔγγραφα διὰ μεταγενεστέρων νομίμων πράξεων, ἢ ἀπὸ δικαστικῆς δηλαδὴ ἀποφάσεως, ἢ ἀπὸ ἑτέρας βουλήσεως τῶν ἐκθεμένων αὐτά, [f. 162] μένουσι δὲ ἐπὶ τῆς καταστάσεως, καθ' ἣν καὶ τὴν ἀρχὴν συνέστησαν, οὐ καλῶς νῦν οὐδὲ εὐλόγως τὰ ἀναγεγραμμένα πρόσωπα τῷ ὀρφανῷ Μανουὴλ ἐπιφύονται.

Τῷ μὲν γὰρ Σβηνίλῳ λυσιτελεῖ ἡ ἐμφανιζομένη παρ' αὐτοῦ διάλυσις, ὅσον πρὸς τὴν Καππάδοκα καὶ τοὺς κληρονόμους ἐκείνου καὶ διαδόχους. Πρὸς δέ γε τὸν Μανουὴλ παντάπασιν ἀπρακτεῖ, ὅτι οὐδὲ ἔγκειται τῇ διαλύσει ῥητῶς, ὅτι καὶ κατ' ἐπιτροπικὸν δίκαιον ἐν τοῖς ἀνήκουσι τῷ Μανουὴλ ὁ Καππάδοκας τὴν διάλυσιν ἔθετο, κἂν μὴ δὲ τοῦτο αὐτὸ αὔταρκες ἦν πρὸς τὴν ὑπὲρ τοῦ Μανουὴλ διάλυσιν, μὴ τῶν λοιπῶν ἐπιτρόπων συναινεσάντων· ἐπεὶ γὰρ τὸ τοῦ Κανστρισίου διάταγμα μόνον ἀνατρέφεσθαι, καὶ ἐπιμελείας τυγχάνειν παρὰ τῆς μητρὸς τοὺς παῖδας αὐτοῦ διωρίσατο τὴν τῶν πραγμάτων, ἐκείνου δὲ οἰκονομίαν ἐπιτρόποις ἀνῆκεν· οὐ καλῶς ἄρα, οὐδὲ νομίμως ἡ μήτηρ τοῦ Μανουὴλ τὴν διάλυσιν ἐποιήσατο, οἷα μήτε ἐπιτροπικὸν δίκαιον ἔχουσα, μήτε μὴν συγχωρήσει τῶν ἐπιτρόπων ἢ ἀρχοντικῇ ἀποφάσει τὴν τοιαύτην πρᾶξιν ποιησαμένη. Ὅθεν καὶ οὐκ ἀπόλυσιν ὁ Μανουὴλ τὸ ἐπὶ τοῖς χωραφίοις, τοῖς καταληφθεῖσιν αὐτῷ παρὰ τοῦ πατρὸς αὐτοῦ, ἁρμόζον αὐτῷ δίκαιον ἀπὸ τῆς διαλύσεως τῆς μητρὸς αὐτοῦ, ὅτι τε μὴ προσῆκεν αὐτῇ ἡ τοιαύτη πρᾶξις, καὶ ὅτι ἐκεῖνα εἰσὶ βέβαια τὰ παρὰ τῶν ἐπιτρόπων γενόμενα.

Φησὶ γὰρ τὸ παρατέλευτον θέμα τοῦ ι' κεφ. τοῦ ε' τίτλ. τοῦ κη' βιβλίου τῶν βασιλικῶν, ταῦτα ῥητῶς· "Τὰ μεταξύ τινῶν γινόμενα ἑτέρους βλάπτει „. Καὶ θέμα γ' τοῦ ια' κεφ. τοῦ ζ' τίτλ. τοῦ λζ' βιβλ ταῦτα ἐν μέρει· "Τὰ παρὰ τοῦ ἐπιτρόπου γινόμενα βέβαια εἰσί, καὶ τὸ παρ' αὐτοῦ νομίμως πραθέν, εἴτε ἀπορεῖ, εἴτε μὴ, οὐκ ἐκδικεῖ ὁ νέος ".

Οὐ παραβλαβήσεται τοίνυν κατά τι ὁ Μανουὴλ ἀπὸ τῆς γενομένης τῆς μητρὸς αὐτοῦ διαλύσεως, οἷα μὴ νομίμως τό γε εἰς τοῦτον γεγενημένης. Τῷ αὐτῷ δὲ Σβηνίλῳ ἐπὶ τῇ πράξει, ἤγουν τῇ τοῦ τιμίου σταυροῦ διαβιβάσει τῇ γενομένῃ παρὰ τοῦ πατρὸς τοῦ Μανουὴλ, ὡς ἡ ἀφήγησις περιέχει, ἀντίκειται ἡ τοῦ μακροῦ χρόνου παραγραφή, καὶ οὐ δύναται κατὰ τῆς τοιαύτης ἀνάγειν πράξεως, | ὡς τῇ νομίμῳ δεκαετίᾳ ἀποκλειόμενος, ἢ καὶ ἑτέρων ἐνιαυτῶν τετρὰς ἐπακολουθεῖ, καθὰ δὴ παριστῶσι τὰ παρὰ τοῦ Μανουὴλ ἐμφανιζόμενα ἐκμαρτύρια ἔγγραφα.

Φησὶ γὰρ ὁ νόμος ἐν βιβλ. ν' τίτλ. ι' κεφαλ. γ' ταῦτα ῥητῶς· "Ὁ κακῇ πίστει νεμόμενος οὐ δύναται διὰ χρονίας νομῆς δεσπόζειν, ἀλλὰ καὶ οἱ κληρονόμοι αὐτοῦ τὸ αὐτὸ πρᾶγμα νομηθέντες καλῇ πίστει νέμωνται διὰ τὸ τῆς ἀρχῆς ἐλάττωμα· διὰ χρήσεως οὐ δεσπόζουσιν αὐτό. Ἡ διάταξις κελεύει πάντα τὰ πράγματα, εἰ μὲν κινητά, ἢ αὐτοκίνητα εἴησαν διὰ τριετίας χρονίᾳ νομῇ δεσπόζεσθαι, δέκα μὲν, ὅτε πάρεισιν οἱ δεσπόται, εἴκοσιν δέ, ὅτε ἄπεισιν".

Ἐπεὶ γοῦν φαίνεται γενέσθαι τὴν πρᾶξιν ἀπὸ δικαστικῆς διαγνώσεως, ἣν παρίστησι καὶ βεβαιοῖ καὶ γραφὴ σημειώδης ἐκκλησιαστική, ἄρα καὶ ἡ ἀρχὴ τῆς νομῆς τῷ πατρὶ τοῦ Μανουὴλ οὐδέν τι ἔχει ἐλάττωμα, καλῇ γὰρ πίστει γέγονε, καὶ ὁ κληρονόμος τῆς τοιαύτης νομῆς, ἤγουν ὁ Μανουὴλ καλῶς ταύτης μεταποιεῖται, ἔχων ἤδη καὶ τὸν χρόνον ἐπίκουρον.

Ἡ ἑρμηνεία δὲ τοῦ ῥητοῦ τῆς πατρικῆς τοῦ Μανουὴλ διαθήκης περὶ τῶν γονικῶν χωραφίων ἀφιλανθρώπως παρὰ τοῦ εἰρημένου Σβηνίλου ἐκφέρεται. Εἰ γὰρ καὶ δοκεῖ ἀσάφειαν ἔχειν τὸ τῆς διαθήκης ῥητόν, ἀλλὰ χρὴ ἀγαθοθελῶς τὴν ἔννοιαν ἐξετάσαι τοῦ διαθεμένου, μᾶλλον δὲ καὶ αὐτὴν τὴν φύσιν τοῦ πράγματος· εἰ γὰρ ἀπὸ γονικοῦ κλήρου τὰ ἡμίση μὲν τῶν διαληφθέντων χωραφίων τῷ πατρὶ τοῦ Μανουὴλ ἥρμοζον, τὰ δέ γε ἡμίση τῷ ἐξαδέλφῳ αὐτοῦ τῷ Σβηνίλῳ, ἆρα ὁ πατὴρ τοῦ Μανουὴλ διατιθέμενος ἐπὶ τοῖς αὐτῷ διαφέρουσιν ὤφειλε διατίθεσθαι, καὶ ἐπειδὴ τὰ ἡμίση τούτῳ διέφερον, οὐ πάντως πρὸς ἀντιδιαστολὴν τῶν διαφερόντων τῷ ἐξαδέλφῳ αὐτοῦ τοῦτο εἴρηκεν, ὥστε νοεῖσθαι ἡμίση, τὰ, ὡς εἰπεῖν, ἀντιδιαιρούμενα τῇ ἡμισείᾳ τῇ τῷ Σβηνίλῳ ὑποκειμένῃ· εἰ μὲν γὰρ εἶχε προσθεὶς εἰπεῖν ὁ διατιθέμενος· ἀπὸ τῶν γονικῶν ἡμῶν χωραφίων τῶν ἐν τῷ Βάλτῳ, τὰ ἡμίση τὰ ἐμοὶ διαφέροντα, καλῶς ἂν εἶλκεν εἰς ἑαυτόν [f. 163] ὁ Σβηνίλος· ἐξ ὁλοκλήρου τὴν τοιαύτην ἡμίσειαν· ἐπεὶ δὲ τὰ ἡμίση μόνον εἶπεν, ἆρα νοεῖται, ὅτι τὰ ἡμίση τῶν ἀνηκόντων αὐτῷ τούτῳ εἴασεν· ὡς ἐναπολιμπάνεσθαι τοῖς κληρονόμοις ἐκείνου, καθὰ δὴ καὶ ἡ ἀναφορὰ περιέχει, ἐξ ἁπάσης τῆς τῶν γονικῶν ὁλοκληρίας τὸ τέταρτον, χρὴ οὖν τὸν Σβηνίλον φιλανθρώπως τὰ ἀσαφῆ καὶ ἀμφίβολα ἑρμηνεύειν, καὶ μὴ διὰ τῆς ἀσαφείας τῶν διαθηκώων ῥημάτων τῶν ὀρφανικῶν πραγμάτων ἀφιλανθρώπως καὶ ὠμῶς ἐπιδράττεσθαι.

Φησὶ γὰρ ὁ νόμος, ἐν μὲν τῇ ι' κεφαλ. τοῦ γ' τίτλ. τοῦ β' βιβλ. τῶν βασιλικῶν, ταῦτα ἐπὶ τῶν ἀσαφῶν· "Τὸ ἧττον ἐπιλεγόμεθα". Ἧττον δέ φασιν οἱ ἑρμηνευταὶ τὸ κουφότερον. Ἐν δὲ τῷ ζ' κεφ. "Ἐν τοῖς ἀμφιβόλοις τὸ φιλάνθρωπον κρατεῖν". Ἐν τῷ ρξδ' κεφ. "Ἐν τοῖς ἀσαφέσι τὸ φιλάγαθον ἑρμηνεύομεν". Ἐν δὲ τῷ ρπη' κεφαλ. "Ἐν τοῖς ἀμφιβόλοις τὸ καλοθελὲς δεχόμεθα".

Εἴπερ μέντοι ὁ αὐτὸς Σβηνίλος ἐν μέρει μὲν στέργει τὴν διαθήκην τοῦ Καναστρισίου, ἐν μέρει δὲ μέμψιν κινεῖν κατ' αὐτῆς, γενναίως παρὰ τῆς τοῦ νόμου διαταγῆς ἀποτρέπεται· ἐπίπτει δὲ καὶ τῶν ἀνηκόντων ἐκεῖθεν λεγάτων, ὅπως· μὲν γὰρ οὐ πᾶσιν ἀνεῖται ἡ κατὰ τῆς διαθήκης μέμψις, ἀλλὰ προσώποις ῥητοῖς παρίστησιν ὁ νόμος. Ἐν μὲν τῷ α΄ κεφαλ. τοῦ α΄ τίτλ τοῦ λθ΄ βιβλίου οὑτωσὶ διακελευόμενος· " Γονεῖς καὶ παῖδες καὶ ἀδελφοὶ κινοῦσι τὴν κατὰ τῆς διαθήκης μέμψιν, καὶ οὐδεὶς τῶν ἐκ πλαγίου συγγενῶν ἢ οἱ λοιποὶ συγγενεῖς „. Ἐν δὲ μγ΄ κεφαλ. " Οἱ ἀδελφόπαιδες οὐ κινοῦσι κατὰ τῆς τῶν θείων διαθήκης μέμψιν· οὐδεὶς γὰρ τῶν ἐκ πλαγίου συγγενῶν ὑπεξῃρημένου ἀδελφοῦ καὶ ἀδελφῆς, τὴν κατὰ τῆς διαθήκης μέμψιν κινεῖ· ὡς πλαστὴν δὲ καὶ οὗτοι δύνανται διαβάλλειν τὴν διαθήκην „. Ὅπως δὲ τῶν λεγάτων ἐκπίπτει ὁ κατὰ τῆς διαθήκης κινῶν, διασαφεῖ τὸ α΄ κεφ. τοῦ κγ΄ τίτλ. τοῦ μδ΄ βιβλ. οὕτω διεξιόν· " Οὐ μόνον λεγάτων ἐκπίπτει ὁ κινῶν κατὰ τῆς διαθήκης, ἀλλὰ καὶ πάντων τῶν ἀπὸ γνώμης τοῦ τελευτήσαντος, καὶ τῆς δι' ἀνηβότητα τοῦ ἀδελφοῦ ἀποκαταστάσεως „.

Καλῶς οὖν καὶ συνετῶς | ὁ Σθηνίλος ποιήσει, ἀποσχόμενος τοῦ μέμψεσθαι τὴν τοῦ Κανστρισίου διαθήκην, ὡς μήτε κινεῖν κατ' αὐτῆς μέμψιν παρὰ τοῦ νόμου παραχωρούμενος· ἐκ πλαγίου γάρ ἐστιν συγγενὴς καὶ ἔκπτωσιν τῶν ἐκεῖθεν ἀνηκόντων λεγάτων αὐτῷ ὑφορώμενος, προσέτι δὲ ἀποτρεπόμενος καὶ τῇ τοῦ χρόνου παραγραφῇ· πενταετία γὰρ ἀναιρεῖσθαι τὴν κατὰ τῆς διαθήκης μέμψιν ὁ νόμος διακελεύσται.

Ὁ Παναγιώτης δέ, τὸ ἐν τῇ ἀναφορᾷ δηλούμενον κηπίον ἀνακαλούμενος, οὐδαμῶς ὠφελεῖται προκομίζων παλαιὰ δικαιώματα, ἃ δὴ μεταγενέστεραι πράξεις ἀπέδειξαν ἄπρακτα· τῆς περὶ αὐτοῦ γὰρ γενομένης διαλύσεως καὶ τῶν διαταγμάτων τῆς τε Εὐπραξίας καὶ τοῦ Κανστρισίου Ποτριγγίου ἀσφαλοῦς περιρραγνύντων αὐτό, ἕκτον γίνεται ἀλλοτρίοις ποσί. Ἵσταται δὲ καὶ φυλάττει ἰσχυρὸς τούτου ὁ νόμος· τήν τε τοῦ χρόνου παραγραφὴν ἀντὶ ῥομφαίας κατέχων, καὶ ἀντὶ πετροβόλου ὀργάνου τὴν καλῇ πίστει νομήν, ἀντὶ δόρατος δὲ τὴν τῶν εἰρημένων διαθηκῶν καὶ τῆς διαλύσεως βε-

βαιότητα· ὅπως μὲν γὰρ αἱ νομίμως συνιστάμεναι διαθῆκαι καὶ διαλύσεις παρὰ τῶν νόμων κρατύνονται. Καὶ ὡς κατὰ τούτων οὐδὲ ϐ ϳιλικαὶ ἀντιγραφαὶ ἰσχύουσι, σαφῶς ἴσασιν οἱ νομοτριβούμενοι.

Ὅπως δὲ ἡ τοῦ χρόνου παραγραφὴ τοῖς καλῇ πίστει νεμομένοις προσβοηθεῖ, τὰ τε ἄνωθεν καταστρωθέντα νόμιμα κεφάλαια δηλοῦσι, καὶ αὐτὸ δὲ τὸ α΄ θέμα τοῦ κβ΄ κεφαλ. τοῦ δ΄ τίτλ. τοῦ ν΄ βιβλ. θεσπίζον ῥητῶς οὑτωσί· " Ἀπὸ αἰτίας διαλύσεως πρᾶγμα λαβὼν ἀλλότριον καλῇ πίστει ὡς ἀπὸ εὐλόγου αἰτίας ἔχων, διὰ τῆς χρονίας νομῆς δεσπόζει, ιβ΄ τοίνυν ἐτῶν, ὡς ἄνοπιν διείληπται, διερρυηκότων „.

Ἤδη μετὰ τὴν τοῦ Κανστρισίου διάταξιν ἀνισχύρως· ὁ Παναγιώτης ἐνάγει περὶ τοῦ τοιούτου κηπίου· ἐπεὶ γὰρ ἀπὸ αἰτίας διαλύσεως ἥρμοσε τοῦτο τῇ Εὐπραξίᾳ, ἐκ ταύτης δὲ κατῆλθεν εἰς τὸν Κανστρίσιον. παγιοῦται νῦν τῇ τοῦ Μανουὴλ δεσποτείᾳ [f. 164] διὰ τῆς χρονίας νομῆς, ὅτι καὶ ἡ ἀρχὴ τούτου οὐδέν τι ἔχει ἐλάττωμα, ὡς καλῇ πίστει χρησαμένη, τῇ διαλύσει δηλαδή· εἰ δ' ἴσως συναρπαγὴν προβαλλόμενος ὁ Παναγιώτης, λύειν ἐθέλει τὴν διάλυσιν, καὶ οὕτω παντάπασιν ἀποτρέπεται.

Φησὶν γὰρ κεφ. κζ΄ τοῦ β΄ βιβλίου τοῦ ιδ΄ τίτλ. οὑτωσὶ διακελευόμενον· " Διαλυσάμενός τις καὶ βουλόμενος ἀντιστρέψαι τὴν διάλυσιν, ἔλεγε μὴ ἔχων τὰ δικαιώματα, ὅτε διελυσάμην, συνηρπάγην ὑπὸ τοῦ ἐμοῦ ἀντιδίκου. Νῦν δὲ εὗρον τὰ ἐμὰ δικαιώματα, καὶ παρακαλῶ τὴν διάλυσιν ἀνατρέψαι „. Ἀλλ' ὁ βασιλεὺς ταύτην αὐτοῦ τὴν δικαιολογίαν, οὐ προσεδέξατο. Λέγει δὲ " ὡς ἐὰν ἀποδείξῃς, ὅτι ὁ διάδικός σου ἢ δι' ἑαυτοῦ, ἢ δι' ἑτέρου ὑφεῖλετο τὰ δικαιώματά σου, δι' ὧν ἡ ἀλήθεια ἐπεδείκνυτο, καὶ οὕτω τὴν πρὸς σὲ διάλυσιν ἐποιήσατο. εἰ μὲν ἔτι σώζεταί σου ἡ ἀγωγή, μέχρι γὰρ ψίλων συμφώνων διελύσατο. Ἐπιτρέπω μὲν σοι κινῆσαι καὶ μετὰ τὴν διάλυσιν τὴν συναγωγήν. Καὶ ἐὰν ἐκεῖνος ἀντιθῆσῃ σοι τὴν τοῦ συμφώνου παραγραφὴν, δίδωμί σοι δόλου παραγραφήν. Εἰ δὲ τελείως ἀνῃρέθη σου ἡ ἀγωγὴ, διὰ τῆς διαλύσεως, δίδωμί σοι κατ' αὐτοῦ τὴν περὶ δόλου ἀγωγὴν, εἴσω τῶν ὡρισμένων αὐτῇ χρόνων „.

Ἐπεὶ γοῦν οὐ ψιλῷ συμφώνῳ, ἀλλὰ νομίμως ἀπηρτισμένῳ φαίνεται γεγονυῖα ἡ τοῦ Παναγιώτου διάλυσις, ἆρα οὐ σώζεται τοῦτο ἡ κατ' αὐτῆς ἀγωγή. Προσέτι γε μὴν οὐδὲ ἡ τοῦ δόλου ἀγωγὴ, εἴπερ ἐντὸς τῆς νεμομένης διετίας αὐτὴν οὐ κεκίνηκεν. Φησὶ γὰρ βιβλ. ι' τίτλ. γ' ἐν κεφαλαίῳ μὲν χ' ταῦτα · "Δόλος κακὸς ἐστὶ πανουργία καὶ ἀπάτη καὶ μηχανὴ πρὸς περιγραφὴν ἑτέρου γενομένη. Ἔστι δὲ καὶ κακὸς δόλος, καὶ μάλιστα ὁ κατὰ τῶν πολεμίων καὶ λῃστῶν „. Ἐν δὲ τῷ μγ' κεφαλ. " Εἴσω δύο ἐνιαυτῶν κινεῖται ἡ περὶ δόλου ἀγωγή „.

Εἰ δὲ καὶ ἐπέκεινα τοῦ μέτρου τῶν ἀπὸ τῆς διαλύσεως διαφερόντων αὐτῷ τοπίων, ὁ Παναγιώτης καὶ τοῦ κρίσεως καιροῦ ἐπιλαμβάνεται, παλαιοῖς τισὶ δικαιώμασι ἐπερειδόμενος, ἄδικον πάντα ποιεῖ, ὡς ἀνθεκτικῇ χειρὶ τῶν μὴ ἀνηκόντων αὐτῷ ἐπιδραττόμενος.

Ἐπεὶ γὰρ εἰς τὸ αὐτὸ καὶ ἐν πρᾶγμα αἱ μεταγενέστεραι πράξεις ἀκυροῦσι τὰς προλαβούσας, πῶς ἔσται ἐκ τῶν ἤδη ἀκυρωθέντων δικαιοῦσθαι τινὰ καὶ αὐτὸ δὲ τὸ παρὰ τοῦ προστάντος τῆς ἐν τῇ Βερροίᾳ ἐκκλησίᾳ Βουλγάρων γεγονὸς (cod. γεγονὸς) σημείωμα· τίς νοῦν ἔχων ὡς ἔννομον δέξεται· εἰ γὰρ βάρβαροι πάντως οἱ Βούλγαροι, νόμοις δὲ Ῥωμαίων Βουλγάρους, χρῆμα εἰκαῖον καὶ μηδενὸς ἀξιούμενον λόγου, νόμῳ δὲ βαρβάρῳ· τὸ ἴδιον θέλημα, πῶς οἴχε πρᾶξις γενέσθαι παρὰ τοῦ βαρβάρου τοῦ, καθ' ἡμᾶς εὐσεβέσι νόμοις ἀκόλουθος; ἢ μήποτε καὶ τὴν τοιαύτην πρᾶξιν ἢ τυραννικήν τις ὑπολήψεται, ὡς τῇ ἐξουσίᾳ τούτων ἀκόλουθον, ἢ ῥᾳδιουργηθεῖσαν εἰς ἔπειτα, παρὰ τῶν προσφερόντων αὐτὴν, καὶ ἢ τὴν ἐκείνων ἐξουσίαν πλαστῶς· τὴν αὐτῆς ἔκθεσιν ἀναφερουσαν; Οὐδὲν γὰρ Βουλγάροις καὶ πράξεσιν ἐκ νομικῶν ἀρχῶν ἐχούσαις τὴν σύστασιν. Ὅθεν καὶ οὕτω πανταχόθεν ὁ Παναγιώτης ἀποτρεπόμενος, καλῶς ποιήσει ἡσυχάσας, ἵνα μήτε εἰκῇ καὶ μάτην παλαίων καταλαμβάνεται, μήτε σκώπτηται παρὰ νοῦν ἔχων, ὡς εἰς ἀέρα δέρων, κατὰ τὸ λόγιον.

Ὁ μέντοι συμφωνήσας· μετὰ τοῦ πατρὸς τοῦ Μανουὴλ, ἀνεγερεῖν μυλικὰ ἐργαστήρια, εὐλόγως· μὲν τὰς γεγονυίας παρ' αὐτοῦ δαπάνας ἐπὶ τῷ πορίσασθαι πρόσταγμα διὰ τὰ τοιαῦτα αὐτούργια προβάλλεται, εἴπερ μὴ ὁ χρόνος, αὐτὸν ἐμποδοστατεῖ· ὅτι δὲ οὔτε τὰ αὐτούργια ὅλως οὐδαμῶς συνέστησαν, οὔτε μὴν ὡς τὸ σύμφωνον δηλοῖ ταῖς συμπεφωνημέναις κοιναῖς δαπάναις καὶ ἡ διὰ τὸν ὁρισμὸν συνεισάγεται, ἀλλ' ἰδικὴ ἐστὶ καὶ μόνου τοῦ θελήματος ἀνηρτημένη, τοῦ κοινωνοῦ ἐγχειρίσαι μὲν τῇ ἀνεγέρσει τῶν αὐτουργιῶν, δίκαιον κέκτηται· ἐπειδὴ καὶ ὁ κληρονόμος περίεστι τοῦ μετ' αὐτοῦ συμφωνήσαντος, ἤγουν ὁ Μανουὴλ, οὕτω δὲ καὶ τὸ πρόσταγμα ἕξει τὸ ἐνεργὸν, ἄνευ δὲ τῆς τούτων ἀνεγέρσεως· ζητεῖν αὐτὸν ἀπὸ τοῦ τόπου κέρδος, [f. 165] μὴ καὶ ἀδέλτερον εἴη, καὶ τῇ φύσει τῶν πραγμάτων μαχόμενον, ὥσπερ ἂν εἴ τις θεμελίους μὴ προκαταβαλλόμενος, μηδὲ κίονας ὑποστήσας αὐτάρκη πρὸς θαλάμου πῆξιν μόνον ἡγεῖτο τὸν ὄροφον, τὸ τοῦ πράγματος δὲ τούτου ἀνυπόστατον, καὶ τῇ φύσει τῶν πραγμάτων ἑπακόλουθον καὶ ἀνοίκειον.

Καὶ κανόνες νομικοὶ παριστῶσιν, οἱ ἐν τῷ γ' τίτλ. τοῦ β' βιβλ. τῶν βασιλικῶν κείμενοι, ὁ μὲν γὰρ φησίν· " Ὅτι τὸ ἔτι ἠρτημένον οὐ δοκεῖ εἶναι „. Ἕτερος δέ· " Οὐδενὶ νόμῳ βεβαιοῦται τὸ τῇ φύσει τῶν πραγμάτων κεκωλυμένον „. Θεμετίσας δὲ τις τῶν παλαιῶν ἔξωθεν τοῦ τοιούτου κεφαλ. οὕτω φησίν· " Ἐὰν ὑπόσχωμαι τὸ τῇ δούλῃ μου κυοφορούμενον, τότε ἀπαιτοῦμαι αὐτὸ, ὅταν καὶ γεννηθῇ, οὐ μὴν δὲ πρὸ τοῦ τοκετοῦ. Τοῦτο γὰρ ἡ φύσις τῶν πραγμάτων οὐκ ἀπαιτεῖ „.

Τότε τοίνυν καὶ αἱ διὰ τὸ πρόσταγμα δαπάναι τῷ κοινωνῷ τοῦ πατρὸς τοῦ Μανουὴλ ἐκθεραπευθήσονται, ὅταν ἐνεργηθῶσι τὰ μυλικὰ ἐργαστήρια, ἔτι γὰρ ἠρτημένη ἐστὶν ἡ τούτων ἀνέγερσις, καὶ διὰ τοῦτο οὐδὲ εἶναι δοκεῖ. Τὸ δὲ ζητεῖν κέρδος μὴ ὑποστάντων τῶν αὐτουργιῶν κεκωλυμένον τῇ φύσει τῶν πραγμάτων, ἐστὶ τὸ τοῦ νόμου γνωμάτευμα.

Ταῦτα πρὸς τὴν τοῦ διαπεφωνημένου ὀρφανοῦ Μανουὴλ ἀναφορὰν γνωματευθέντα καὶ ψηφισθέντα τῷ παρόντι διελήφθησαν σημειώματι. Γένοιτο δὲ ἀποκαλυφθῆναι παρὰ Θεοῦ κατὰ τὴν ψαλμικὴν ἱκεσίαν· Τοὺς ὀφθαλμοὺς τῶν τε ἀντικρινομένων ἀλλήλοις ἐν ταῖς ἀνατεταγμέναις ὑποθέσεσι, τῶν τε δικαζόντων, εἰς τὸ κατανοῆσαι τὸ τοῦ νόμου δίκαιον, καὶ φυγεῖν τὸ ἐκ τῆς πλεονεξίας κατάκριμα.

ΠΒ'.

Περὶ ἀνήβων.
De impuberibus.

Εἰ καὶ τροφῆς ἔτυχε καὶ ἀναγωγῆς καὶ ἄλλης πάσης ἐπιμελείας ἐκ βρέφους ἕως καὶ εἰς ἄνδρας ὁ Βαρούσης, ᾧ τὸ ἐπίκλην Ἀπέργιος, παρὰ τὰς χεῖρας τοῦ εὐλαβεστάτου ἀναγνώστου καὶ χαρτουλαρίου τῆς μικρᾶς σακέλλης καὶ ἐπ' ἀδελφῇ γαμβροῦ αὐτοῦ Μιχαὴλ τοῦ Βερισλάβου, ἀλλά γε τὸ τῆς ἡλικίας τούτου ἐκ τῆς | νομικῆς ἀκριβείας ἐμπρόθεσμον, πέπεικε τοῦτον ἀπερυθριάσαι πρὸς τὸν Βερίσλαβον, καὶ ἀποκατάστασιν αἰτήσασθαι παρ' αὐτοῦ εἰς τὴν ἀνήκουσαν αὐτῷ ἐκ πατρῴας κληρονομίας διακατοχήν. Ἔλεγε γάρ·

Ὡς τοῦ πατρὸς αὐτοῦ τοῦ ἀποιχομένου Μιχαὴλ τοῦ Ἀπεργίου τὸ τοῦ θανάτου χρέος ἀποδιδόντος, καὶ τὴν οἰκείαν περιουσίαν κατὰ τὴν σφετέραν βούλησιν πρὸς τοὺς ἑαυτοῦ διαμερίζοντος παῖδας, ἐπεὶ τηνικάδε καιροῦ βρέφος ἐτύγχανε ὢν ὁ Βαρούσης, δύο γὰρ χρόνων διάστημα τοῦτον εἶχεν, ἐξότου τῆς μητρῴας γαστρὸς ἐξωλίσθησε, παρετέθη εἰς χεῖρας τοῦ ἀναγεγραμμένου Βερισλάβου παρὰ τοῦ Ἀπεργίου, ἵνα ἀπὸ τούτῳ τρέφῃ τε καὶ ἀνάγηται, ἅτε καὶ ἄπαιδι ὄντι καὶ ζητοῦντι τοῦτον ἐκτρέφεσθαι διὰ τὸ συγγενικὸν σπλάγχνος· καὶ διὰ τὸ κολακεῦσαι τὴν τῆς τεχνολογίας ἐπιθυμίαν, συμπαρετέθη δὲ αὐτῷ ἐκεῖσε καὶ ἡ λαχοῦσα τούτῳ ἐκ τῆς πατρικῆς οὐσίας μερίς, ἤγουν [1]) π' γ' κεφάλ. ἀγγελᾶτα ηγι' δύο καὶ δακτύλιον χρυσοῦν, ὡσεὶ ὀγ' ἓξ καὶ τόπος χωραφιαῖος καὶ ἕτερα π' γ' κεφάλ. πραττόμενα κ', δι' ὃν ἐπέσκηψεν ὁ πατὴρ εἰς ἀμπελῶνα καταστῆναι τὸ τοιοῦτον χωραφιαῖον τόπον, συνεργείᾳ καὶ συνδρομῇ τοῦ αὐτοῦ Βερισλάβου. Διά τοι τοῦτο καὶ ἐξαιτεῖ ὁ εἰρημένος Βαρούσης ἀποκατασταθῆναι αὐτῷ τὰ ἐκ πατρῴας, ὡς διείληπται, ὀμόσαντα τούτῳ διανεμήσεως.

Ἐπεὶ γοῦν καὶ ὁ Βερίσλαβος καὶ ἀκροατὴς τῶν λεγομένων, ἐπεχείρει μὲν λόγοις τισίν, ἀνεύθυνον ἑαυτὸν τῆς δίκης ταύτης ὑπειλῆσθαι, ὅτι δὲ εἰς ἀνήνυτον ἀπετελεύτα αὐτῷ τὸ ἀπομάχεσθαι τῇ ἀληθείᾳ, τούτου χάριν εὐθὺς μεταβουλευσάμενος· τὰ τῷ δικαίῳ καὶ τῇ ἀληθείᾳ συμβαίνοντα καὶ εἶπε καὶ διεπράξατο· διὸ καὶ ὡμολόγησε μὴ λαβεῖν μετὰ τοῦ Βαρούση βρέφος· ὄντα καὶ τὰ ἄνωθεν ἀπηριθμημένα πράγματα· τούτων δὲ τὰ μὲν δοῦναι τῷ Βαρούσῃ, τὰ

[1]) Obscura tantum compendia utcumque ex codice referimus.

δὶ χρεωστεῖν ὡμολόγησε καὶ δοῦναι μὲν τὸ τ́μιον ὃ εἰς ἀμπελῶνα παρ' αὐτοῦ ἀποκατέστη κατὰ τὸ τοῦ πατρὸς ἔνταλμα, ἤγουν τὸ συγκείμενον τῷ ἀμπελῶνι [f. 166] τοῦ Ἀπεργίου Θεοδώρου τοῦ αὐταδέλφου τοῦ Βαρούση· τὰ π᾿ δὲ καὶ τὸ δακτύλιον χρεωστῶν καὶ μὴ εὐπορῶν ἀποδοῦναι ταῦτα, κατέθετο τῆς τζακοστίνης· τὸ χωράφιον αὐτοῦ, τὸ πλησίον ὃν χωράφιον Μιχαὴλ τοῦ Θεοδωροπούλου· ἐν δὲ τῇ τοποθεσίᾳ τῆς Τρεχεωνῆς, ἀμπέλιον τὸ συγκείμενον τοῖς ἀμπελῶσι τοῦ τε Κωνσταντίνου τοῦ Βραχίονος καὶ Κωνσταντίνου τοῦ Λάχονος, ὅσον δηλαδὴ καὶ οἷον ἐστί.

Καὶ ὁ μὲν Βαρούσης, εἰ καὶ μὴ ἀπέσωζον τὰ τοιαῦτα ἀκίνητα τὸ ἱκανὸν αὐτῷ, ὅμως ἠρκέσθη ἐν τούτοις, καὶ κατέθετο ἀντὶ τῶν χρεωστημένων ταῦτα λογίσασθαι, οἷα χώραν διδοὺς καὶ τῇ πρὸς τὸν Βερίσλαβον εὐλαβείᾳ τε καὶ αἰδοῖ, διά τοι τούτου καὶ αἰτησαμένου τοῦ τοιούτου Βερισλάβου, τὸ μὲν τρίτον τοῦ εἰρημένου ἀμπελῶνος τὸν Βαρούση ἀπάρτι κ...πίζεσθαι, τὸ δὲ δίμοιρον τὸν Βερίσλαβον, ἕως ἂν ἐν τοῖς ζῶσι περίεστι, μετὰ δὲ θάνατον αὐτοῦ ἐξ ὁλοκλήρου τὸν Βαρούση ἐν κατοχῇ γενέσθαι τοῦ ἀμπελῶνος· οὐ γέγονεν ἀπειθὴς ὁ Βαρούσης, ἀλλ' εἶξαι τῇ τοιαύτῃ αἰτήσει τοῦ γέροντος.

Ὡς οὖν ᾑρέθησαν καὶ ἄμφω τὰ μέρη ἐν τούτοις, καὶ κατέθεντο ἐμμένειν, τοῖς οὕτω διδομένοις καὶ τυπωθεῖσιν ἐνώπιον τῆς δεσποτικῆς καὶ θείας μεγαλειότητος, καὶ οὐχ ὑπελείφθη τὶς ἀμφιβολία ἐν μέσῳ αὐτῶν ἡ παροῦσα παρ' ἡμῶν ὁρισμῷ δεσποτικῷ προέβη σημείωσις.

ΠΓ'.

Περὶ διηνεκοῦς παραγραφῆς, καὶ ἀνήβων παίδων, καὶ δικαίου πλησιασμοῦ αὐτῶν π :ρ' ἱτέρου κακῇ πίστει νεμομένου.

De continua praescriptione, et filiis impuberibus, et jure vicinitatis eorum ab altero in mala fide possesso.

Ἐξηύδατο ἡ ἀδικία ἑαυτήν, Δαυὶδ ὁ πανεύφημος φησί που, ψάλλων ἐν Πνεύματι. Ἀρχὴν γὰρ ἑαυτῆς ἡ ἀδικία τιθεμένη τὸ ψεῦδος, εἰ καὶ σκεπάζεσθαι τούτῳ, καθ' Ἡσαΐαν πέποιθεν, ἀλλά γε ψεύδεται ἑαυτὴν ἐφ' οἷς τὸ μηδὲν ἀτέχνως εἰς σκέπην ἑαυτῇ τίθεται· ἀντιπνέουσα γὰρ ἡ ἀλήθεια μετὰ τῆς τοῦ δικαίου δυνάμεως· τὸ πονηρόν τε περικιρεῖ τοῦτο περίβλημα, καὶ γυμνὴν τὴν ἀδικίαν τίθησιν, ὡς καὶ αἰσχύνεσθαι ταύτην καὶ αὐτίκα ὑποχωρεῖν μηδὲν | ὀναμένην τοῦ παρακαλύμματος.

Ταύτην δὲ τὴν ἀδικίαν μετὰ τοῦ σκεπάσματος αὐτῆς, ἤγουν τοῦ ψεύδους ἐπενδυσάμενος ὁ Γαναδαῖος Ἰωάννης κατάσχων ἦν τοὺς ἑαυτοῦ προσγενεῖς, ἤγουν τοὺς αὐταδέλφους Λούβρους, τόν τε δηλονότι Γεώργιον, Νικόλαον, τὸν Ἰωάννην, καὶ τὸν λοιπὸν Σαμουὴλ, οἷα τὰ διαφέροντα τούτοις ἐκ πατρῴου κλήρου κατέχων ἀκίνητα καὶ μηδ' ὅλως τούτων ἀποστρεφόμενος, στερουμένων τῶν τοιούτων ἀκινήτων καὶ κινδυνευόντων, ὡς ἀλλοτρίαν, τὴν ἰδίαν οἰκεῖν. Ἀλλ' οὗτοι μὲν ἐπὶ τῷ προσόντι τούτοις δικαίῳ, καὶ μὴν καὶ τῷ φιλοδικαίῳ τεθαρρηκότες, τοῦ κραταιοῦ καὶ ἁγίου ἡμῶν αὐτοκράτορος· καὶ προσελθόντες τῷ ἐνθέῳ κράτει αὐτοῦ καὶ πρόσταγμα θεῖον αὐτοῦ πορισάμενοι, ἐνεφάνισαν κατὰ τοῦ συγγενοῦς καὶ ἀντιδίκου αὐτῶν, δῆλον ὡς τοῦ Γαναδαίου κατὰ τόπον, καὶ τῆς δίκης νομίμως ἐκράτησαν, και ἐπὶ τῇ καταδίκῃ τοῦ τοιούτου Γαναδαίου καὶ ὑπομνήματα ἐκομίσαντο τοῦ τε ἱερωτάτου ἐπισκόπου Βελᾶς κυροῦ Μανουήλ, καὶ τοῦ μεγαλοδοξοτάτου δουκὸς τοῦ τόπου κυροῦ Νικηφόρου τοῦ Μύκαρι.

Παρ' αὐτοῖς γὰρ δικάσασθαι κατὰ συστάδην τὰ διαληφθέντα μέρη τὸ πρόσταγμα διωρίσατο οἷς ἐμέλησεν, ὡς ἐδήλουν τὰ ὑπομνήματα, καὶ προγεγονυῖαι[1]) πράξεις καὶ διάφορα ἔγγραφα προσόντα τοῖς Λούβροις, καὶ δικαιοῦντα τούτους εἰς τὰ ἀκίνητα περὶ ὧν ἐκίνουν, ἐπελθεῖν ἐσκεμμένως, κἀκεῖθεν τὴν τοῦ δικαίου ἀκρίβειαν ἀναλέξασθαι.

Ὅ γε μὲν Γαναδαῖος μὴ θελήσας αἰδεσθῆναι, μήτε τὰ προγενέστερα, μήτε μὴν τὰ νεαρὰ δικαιώματα τῶν Λούβρων, ἀλλὰ περιρρονήσας τούτων, καὶ ὡς ἕωλα ἡγησάμενος, οἷα κακῶς λογισάμενος, καὶ κατὰ τοὺς ἔξω ἑαυτῶν γινόμενος, τὴν ἀνακτορικὴν θείαν περιωπὴν ἀνεζήτησε, καὶ ὡς ἐκκλητάριον κατὰ τῆς τῶν χθιζῶν δικαστῶν ἐχώρησαν ἀποφάσεως, καὶ εἰς δίκην αὖθις κατήνεγκε τὰ τῆς ὑποθέσεως.

Καὶ τοίνυν ὁ κραταιὸς αὐτοκράτωρ τὰ τῆς τοιαύτης κρίσεως τῷ παναγιωτάτῳ ἡμῶν δεσπότῃ τῷ [f. 167] ἀρχιεπισκόπῳ πάσης Βουλγαρίας ἀναθέμενος, διωρίσατο τηρηθῆναι ταῦτα, ὥστε γνωσθῆναι εἰ καλῶς ἡ τοῦ Γαναδαίου ἔκκλητος γέγονε. Καὶ δὴ παραστάντων ἑκατέρων τῶν μερῶν τῇ τούτου μεγαλειότητι, καὶ τὰς οἰκείας προτάσεις συναψάντων εἰς ἔριν, εὑρέθησαν καὶ αὖθις οἱ Λούβροι κατὰ κράτος τοῦ ἀγῶνος περιγενόμενοι· συνασπίζοντο γὰρ τοῖς προοῦσιν αὐτοῖς ἐγγράφοις ὑπομνήμασι, παλαιοῖς τε καὶ νέοις οὖσιν, ὡς ἀνατέτακται, καὶ δὴ καὶ τῇ ἀποφάσει τῶν ἐγγύθεν δικαστῶν, οὓς ἀνόπιν ὁ λόγος ἐδήλωσεν· ἐπείπερ καὶ αὕτη ἀμέμπτως ἐξενεχθεῖσα ἐφαίνετο, καὶ κατὰ τὴν νομικὴν παρατήρησιν ἢ ἀκολούθως οὐδὲ παραδρομὴν χρόνου τῷ Γαναδαίῳ βοηθοῦσα εὑρίσκετο, ὡς τὴν τῶν Λούβρων ἀνηδότητος καὶ τοῦ ἀπορραχισμῷ μὴ ἑασόντων ῥεῦσαι τούτοις τὸν χρόνον, ὃν αἱ νομικαὶ δέλτοι διηνεκῆ παραγραφὴν ὀνομάζουσιν.

Ὁ Γαναδαῖος δὲ τὴν ἥττονα ψῆφον ἐπενεγκάμενος, ἄπρακτος καὶ κατακεκριμένος τοῦ δικαστηρίου ἐξελήλυθεν, οἷα μήτε ἐξ ἐγγράφων δικαιωμάτων, μήτε ἐκ μαρτυρίων, μήτε μὴν ὅθεν οὖν ἄλλοθεν δικαιολογῶν προβοηθοῦντα τούτῳ· ἔρανον ἔχων ὁπωσοῦν, πλημμελῆ δέ τινα, μηδὲ συγγραφῆς ἄξια προισχόμενος. Ὅθεν καὶ ἐδικαιώθησαν οἱ Λούβροι κατέχειν καὶ νέμεσθαι τοῦ λοιποῦ τὰ ἀκίνητα ἀπὸ γονικοῦ κλήρου αὐτοῖς διαφέροντα, περὶ ὧν ἐνήγαγον, καθὰ δὲ περὶ τούτου καὶ τὰ προσόντα αὐτοῖς διαλαμβάνουσιν ἔγγραφα, καὶ ὡς ἡ τοπικὴ τῶν διαληφθέντων δικαστῶν ἀπόφασις ἐξενήνεκται, ἐπεὶ δὲ εἰς δικαιολογίαν πατρῴων ἀγορασιῶν καὶ φυτειῶν ἐξ ἀπορίας τελευτῶν ὁ Γαναδαῖος κατέφυγε, τετύπωται μετὰ νομίμους καὶ καθαρὰς ἀποδείξεις ἐκείνων τῶν πατρικῶν ἀγορασιῶν ἐν κατοχῇ γενέσθαι τὸν Γαναδαῖον, ὡς οὐ κωλύει, εἴτε πλησιασμός, εἴτε ἄλλου τινὸς τρόπου δίκαιον, ἁρμόζον τοῖς γενικοῖς ἀκινήτοις τῶν Λούβρων· οὐδὲ γὰρ συνοίσει τῷ Γαναδαίῳ, εἰ ἐντεῦθεν ἐκτίσατό τι ὁ τούτου πατήρ, τῶν Λούβρων ἀνήβων ὄντων καὶ διεσκορπισμένων, ὡς ἀναγέγραπται.

---

[1]) Cod. πρεγιγινυίας.

ΠΔ'.

| Περὶ ἀποκαταστάσεως τῶν ὀρφανῶν, καὶ περὶ ἐπιτρόπων καὶ κουρατόρων καὶ κηδεμόνων, καὶ περὶ δεκρέτου, καὶ περὶ συγγνώμης ἡλικίας, καὶ περὶ δωρεῶν παντοίων, καὶ περὶ τῶν ἀνήβων γινομένων.

De restitutione orphanorum, et de tutoribus, curatoribus et procuratoribus, et de decreto, et de venia aetatis, et de donis omnimodis quae impuberibus fiunt.

Δεινὸν ἡ τῶν νέων ὀρφανία, καὶ ἡ τρογιλατοῦσα ἐν βίῳ τὰ κατ' αὐτοὺς περιπέτεια· σὺν τοῖς ἄλλοις γὰρ καὶ ὁ χρόνος ἐπίβουλος τούτοις ἐφίσταται, τῇ ἀτελεῖ δηλαδὴ τῆς ἡλικίας, τούτων ἐπευκαιρῶν, καὶ οἰκείοις καὶ ἀλλοτρίοις διασκορπίζων τὰ τούτοις ἁρμόζοντα, κἂν μὲν ὁ νόμος ὁθενοῦν αὐτοῖς ἀντιλήπτωρ ἀναφανείη κατὰ καιρόν, εἰ μή γε πάσας τὰς πλείστας γοῦν ἀποσοβεῖ τῶν ἐπερχομένων τούτοις δυσχερειῶν, καὶ ἐν καλῷ πολλῆς τὰ κατ' αὐτοὺς τίθησιν, ἐπιτρόπους δηλονότι καὶ κουράτορας καὶ λοιποὺς κηδεμόνας αὐτοῖς ἐφιστάς, καὶ ὅσα οἶδεν ἄλλα προβάλλειν εἰς φυλακὴν αὐτῶν ἀμυντήρια. Εἰ δέ γε τυχὸν τῆς ἐκεῖθεν ἐπικουρίας ἀμοιρήσαι, παντάπασι κινδυνεύουσιν, οὐδὲν τὸ μεσολαβοῦν, εἰς τὸ μὴ φθάσαι τούτους τῆς ἀπορίας τὸ ἔσχατον. Ἀλλ' ἐν τούτοις μὲν τὰ τῶν προοιμίων κείσθω προλάλκα, τὰ ἑξῆς δὲ διασαφήσουσιν ὅτου χάριν ταῦτα προτίθενται.

Ὁ γὰρ ἀπὸ τῆς Βερροίας ὁρμώμενος Ἰωαννάκις, Ἀγυραίτης τὸ ἐπωνύμιον, τὴν σήμερον παραστὰς τῇ ἡμῶν μετριότητι προκαλημένα συνοδικῶς, δεχθῆναί τε τὰ ἐγγράφως ἀναφερόμενα παρ' αὐτοῦ, καὶ αὐτὸν ἀπόκρισιν πρὸς ταῦτα παρά τε τῆς ἡμῶν μετριότητος, συνεδριαζόντων αὐτῇ ἱερωτάτων ἀρχιερέων, ἀποίσεσθαι καθικέτευσεν· ὡς οὖν τῇ αἰτήσει τούτου προσχεῖν ἐκρίναμεν ἄξιον, ἀνεπτύχθη ἐπὶ τοῦ μέσου τὸ τῆς δεήσεως ταύτης βιβλίον, ἔχον οὕτως ἐπὶ τῶν λέξεων·

¹ Παναγιώτατέ μου δέσποτα καὶ αὐθέντα

Anal. vii. 12*.

Θεοτίμητε, ἀρχιεπίσκοπε πάσης Βουλγαρίας ἐπειδὴ ὁ Θεὸς τοὺς κατὰ σὲ μεγάλους ἀρχιερεῖς τῶν ὀρφανῶν καὶ ἀδικουμένων καὶ ἀπροστατεύτων καταφύγιον ἔθετο, καταφεύγω καὶ ἐγὼ ὁ ὀρφανὸς καὶ ἀπροστάτευτος τῷ ἐλέει τῆς μεγάλης ἁγιοσύνης σου, καὶ δέομαι τυχεῖν βοηθείας· ἐφ' οἷς ἀδικεῖσθαι ὑπολαμβάνω. Ἔχουσι δὲ τὰ κατ' ἐμὲ οὕτως.

„Τέσσαρα τέκνα τῷ [f. 168] ἀποιχομένῳ πατρί μου κυρῷ Νικήτᾳ τῷ Ἀγυραίτῃ καὶ τῇ συνεύνῳ ἐκείνου καὶ μητρί μου κυρᾷ Μαρίᾳ γεγόνασιν· ὧν τὸ μὲν ἓν τέθνηκεν, ἔτι δὲ ἐν βίῳ τὰ λοιπὰ τρία περίεισι. Τούτων τὸ τελευταῖον εἰμὶ ἐγώ, ὁ Ἰωαννάκις. Καὶ ὁ μὲν πατὴρ ἡμῶν τελευτήσας τὸν βίον, ἐπίτροπον πάντων τῶν πραγμάτων αὐτοῦ καὶ ἡμῶν τὴν μητέρα κατέλιπε· θνῄσκουσα δὲ αὐτὴ μετέπειτα, διαθήκας γράφει. Καὶ μετὰ τῶν ἄλλων πραγμάτων ἀποκληροῖ ἡμῖν κἂν τῇ τοποθεσίᾳ τῇ ἐγχωρίῳ ὀνομαζομένῃ τοῦ Ἀσημούτζη, ἀμπελῶνας ὡσεὶ μοδ. ξ' πρὸς τοῖς δ'. Ἐνίστησι δὲ καὶ ἐπίτροπον τῶν παρ' αὐτῆς διατεταγμένων, τὸν πρῶτόν μου ἀδελφόν, Κωνσταντῖνον, ἐπισκήψασα τούτῳ καὶ περὶ ἡμῶν ταῦτα ῥητῶς·

„Ὁ δέ γε τοιοῦτος υἱός μου κυρὸς Κωνσταντῖνος ὀφείλει διέπειν, καὶ παντοίως περιποιεῖσθαι τὰ παρ' ἐμοῦ ταθέντα τοῖς ἀδελφοῖς· αὐτοῦ καὶ παισί μου πράγματα, προνοούμενος αὐτῶν ἐπὶ πᾶσι, καὶ παντοίως περιποιούμενος τὰ ἀκίνητα τὰ πράγματα αὐτῶν μέχρι τῆς τελείας αὐτῶν ἐνηλικιώσεως· ὡς ἔκτοτε παραδιδόναι ἑνὶ ἑκάστῳ αὐτῶν τὸ διαφέρον αὐτῷ τῆς οὐσίας, καὶ ἰδιοστατεῖν κατὰ τὸ αὐτοῖς θελητόν· οὐ γὰρ καταφρονῆσαι ἔχει τινὸς ἐξ αὐτῶν, ἀλλ' οὐδ' ἀμέλειάν τινα ἐνδείξασθαι ἐπί τινι τῶν διαφερόντων αὐτοῖς. ὅπερ ἀκριβῶς εἰδυία, προσεπεφιλοτιμήσαμεν αὐτῷ τὴν ἀνωτέρω κειμένην κατεπέκεινα δωρεάν.

„Ἀλλ' οὗτος μὲν τὰ καθ' ἑαυτὸν μᾶλλον ἐχόμενος εὐδιατίθεσθαι, καὶ πρὸς τὸ στρατεύεσθαι ἀποκλίνας, οὐ μόνον ἡμῶν κατημέλησεν, καὶ τῆς μητρικῆς περὶ ἡμῶν καταπεφρόνηκεν ἐπισκέψεως, ἀλλὰ καὶ πολλὰ τῶν γονικῶν ἡμῶν πραγμάτων ἐξ ὧν ἥρμοζον καὶ ἡμῶν μερίδες κατεδαπάνησεν. Ἡμεῖς δὲ διὰ τὸ τῆς ἡλικίας ἀτελὲς τοῖς ἐκ τῆς ὀρφανίας δεινοῖς ἀντιφέρεσθαι μὴ δυνάμενοι εἰς προστάτας ἑτέρους καὶ κηδεμόνας ἀπείδομεν. Ὁ μὲν γὰρ δεύτερός μου αὐτάδελφος ὁ Λέων τρισκαίδεκα ἐτῶν ἐν τῷ τῆς μητρὸς θανάτῳ ἐτύγχανεν ὤν, ἐγὼ τὸν ἔνατον ἤνυον. Καθόλου μὲν οὖν ἐμὲ ὡς ἀτελέστερον καί τινα τῆς ἀνηκούσης μερίδος, ἀπὸ τῶν τῇ μητρῴᾳ μου διαθήκῃ | ἐμφερομένων, ὁ ἐπὶ ἐξεδάλῃ μου γαμβρὸς ὁ Κάρσινος κυρὸς Βασίλειος, ἰδίῳ θελήματι ἀνεδέξατο· παρέλαβε δὲ εἰς φυλακὴν καὶ τὰ τοῦ αὐταδέλφου μου Λέοντος· αὐτὸν δὲ ἑτέρων φροντιστῶν θύρας ἐκτρίβειν εἴασεν. Ἃ δὲ παρέλαβεν ἐμὰ ταῦτα εἰσί· χρυσίου στ. λ', τῆς τιμῆς τῆς εἰκόνος ῡᾱ ζ' τοῦ ὁλοκρ. ἱμάτια ῡᾱ ι', ἀπὸ τῆς τιμῆς τοῦ χρυσίου τῆς αὐταδέλφης ἡμῶν ῡᾱ ι', ἀπὸ τῆς τιμῆς τοῦ μανδ. αὐτῆς καὶ τοῦ ὁλοκρ. ἱμάτιον ῡᾱ ϛ', ἀπὸ ἑτέρου μανδ. καὶ τοῦ σκιαδηψίου ῡᾱ δϛ' τῆς τιμῆς τῶν τοῦ καταβάτου μαργαρίτων ῡᾱ γ', τῆς τιμῆς τοῦ ὀζηνοῦ ῡᾱ βϛ' πανὶν αἰγυπτιακὸν πήχ. κ' ἕτερον πανὶν πήχ. κ', ἕτερον κουλάρικον πήχ. κ', σκέπαι β', κατκαὶ χρυσαῖ κλαπωταὶ β' γυρίων σινδόνι ζυγὴν α', σάβανον κομοεκλάσια γ', κουρτζουβάκαν α'. Διεκόμισα δὲ κἀγὼ ἐν τῷ ὀσπήτι αὐτοῦ σίτρ. μόδ. δ' βρίζ. μόδ. δ' καὶ οἴνου μέτρ. ν'. Παραλαβὼν δὲ καὶ τὰ ἀμπέλια ὅλα τὰ εἰς τὴν Ἀσιμούτζα ἅτινα ἦσαν πρωτόγερσα· ἀλλὰ δὴ καὶ τὰ τῆς ἐμῆς ἰδικῶς μερίδος τά τε εἰς τὴν Τούμπαν καὶ τὰ εἰς τὸ Δρακοντοσπήλαιον, ἃ καὶ ἦσαν σῶα καὶ εὐθαλῆ, ἐτρύγησε ταῦτα ὁ αὐτὸς κυρὸς Βασίλειος, καὶ τὸν μὲν πρῶτον χρόνον εἰσωδίασεν οἴνου μέτρα τ', τὸν δὲ δεύτερον σταφύλ. λίτρ. κορύτας η', τὸν δὲ τρίτον σταφύλ. πλήρη ληνόν, καὶ τὸν μετ' αὐτὸν κορύτας ε'.

„Ἐγὼ δὲ ἀποστελλόμενος παρ' αὐτοῦ μετὰ τῶν κοινωνῶν αὐτοῦ, καὶ μακρὰς καὶ πολυμέρους ἀνύων ὁδούς, τὰ ἐκ τῶν πραγματειῶν αὐτοῦ κέρδη, ἐν τῷ οἴκῳ αὐτοῦ συνεκόμιζον καὶ τοσοῦτον τῆς κηδεμονίας καὶ προμηθείας τούτου ἀπέλαυον, ὅσον μόλις ἔχειν με αὐτὰ μόνα ἀναγκαῖα, καὶ αὐτὰ σμικρολογικῶς· πάνυ καὶ μετὰ μυρίων ὀνειδισμῶν καὶ ἐξουδενώσεων. Νῦν οὖν ἐγώ τε καὶ ὁ αὐτάδελφός μου ὁ Λέων εἰς ἡλικίαν φθάσαντες, καθ' ἣν δεῖ ἡμεῖς τὰ οἰκεῖα ἀνακαλεῖσθαι, καὶ τὰς ἐν τῷ Ἀσημούτζῃ ἀνηκούσας ἡμῖν τῶν ἀμπελώνων μερίδας, ὡς εἴρηται, ἀναζητοῦντες, εὑρίσκομεν τὸν αὐτὸν Κράσινον κυρὸν Βασίλειον ἀντιθετοῦντα ἡμῖν· ἐμφανίζει γὰρ ἔγγραφον, σιγνογραφίαν μὲν φέρον ἡμῶν τῶν γ' αὐταδέλφων, δωρεὰν δὲ διάγραφον καθόλου [f. 169] τῶν τοιούτων ἀμπελίων, γεγονυῖαν δῆθεν παρ' ἡμῶν πρὸς αὐτόν· ἐκ μέρους δὲ καὶ ἀνταλλαγὴν, ὡς ἀντιδόντες τάχα τοῦ Κρασίνου ἡμῖν ἐν τῇ τοποθεσίᾳ τῆς Τούμπας, ἀμπελῶνα δυσὶ μοδ. μετρούμενον ὄν, οὐδὲ ἐγνωρίσαμεν ὅπως· τε αὐτῷ διαφέρει, καὶ εἰ κατὰ ἀνταλλαγὴν ἡμῖν τοῦτον δέδωκε, καὶ οὕτω φιλονεικεῖ διά τε τῆς δωρεᾶς, διά τε τῆς μερικῆς ταύτης ἀντιδόσεως κατακυριεῦσαι τῶν τοσούτων ἀμπελώνων ἡμῶν. Ἡμεῖς δὲ τὰ τῆς τοιαύτης πράξεως μὴ εἰδότες, οἷα τὴν ἡλικίαν ἀτελῆ περιφέροντες, ὅτε γέγονεν οὐδαμῶς· αὐτῇ προστιθέμεθα, εἰ καὶ ὁ πρῶτος ἡμῖν ἀδελφὸς ὁμολογεῖ ταύτην καὶ στέργειν, ὅπως οὐκ οἴδαμεν. Ὁ μὲν γὰρ Λέων τὸν κα' ἐνιαυτόν, ἐγὼ δὲ τὸν ιζ' ἡμείβον, ὅτε ἡ πρᾶξις τῆς δωρεᾶς ταύτης γέγονε, ὡς ἐν ταύτῃ τοῦ ἔτους ἐπισημασίᾳ δηλοῖ·

CAP. LXXXIV. DE ORPHANORUM TUTELA

„Παρακαλῶ τοίνυν μαθεῖν εἰ βοηθεῖται ὁ Κράσινος ἐκ τῆς εἰρημένης πράξεως, καὶ εἰ εὐλόγως ἡμεῖς κινοῦμεν τὰ διαφέροντα ἡμῖν ἐκ τούτου ἀναζητοῦντες, καὶ εἰ ἔχει δίκαιον οὗτος μερίδα ἐκ τῶν ἀμπελώνων ἡμῶν λαβεῖν, προβαλλόμενος ὅτι χερσωθέντας τούτους ἐβελτίωσεν. Καὶ ταῦτα τὰς προσηκούσας ἐμοὶ τῷ λ... τι προσόδοις· ἐκ τῶν ἐμῶν, τοὺς τοσούτους χρόνους καρπιζόμενος. Ὦ; δοῦλος τῆς μεγάλης ἁγιωσύνης σου, ταῦτα ἀνήνεγκα „.

Ἀναγνωσθέντων οὖν τούτων εἰς ἐπήκοον τοῦ καθ' ἡμᾶς ἱεροῦ συνεδρίου, ἡ μετριότης ἡμῶν, μετά γε τῆς ἐνδημούσης ἱερᾶς ἀδελφότητος πρὸς αὐτοῖς τὸν νοῦν σχοῦσα, καὶ μετ' ἐπιστασίας νομικῶς ταῦτα διασκεψαμένη, ἐπελθοῦσα δὲ καὶ τὴν μητρῴαν τῶν ἀναπεπωνημένων αὐταδέλφων διαθήκην, ὡς καὶ ταύτην παρὰ τοῦ Ἰωαννακίου προκομισθεῖσαν, τοιάνδε πρὸς ταῦτα τίθησιν τὴν ἀπόκρισιν.

Ὡς πολὺν καὶ πολυειδῆ πρόνοιαν οἱ φιλευσεβεῖς νόμοι ποιοῦνται τῶν ὀρφανῶν, περί τε γὰρ τῆς ἀποκαταστάσεως τούτων ἐκτάδην ἐν τοῖς θεσμοφόροις δέλτοις διεξιῶσι, ναὶ δὲ καὶ περὶ τῆς φυλακῆς τῶν ἁρμοζόντων αὐτοῖς, μεγίστην ἀσφάλειαν τίθενται. Τοιαύτην γὰρ φησὶν ἐπιμέλειαν οἱ ἐπίτροποι | καὶ οἱ κουράτορες χρεωστοῦσιν, οἵαν ἐπιμελὴς οἰκοδεσπότης ἐκ τοῖς ἰδίοις καλῇ πίστει ποιεῖται. Εὐλόγως μὲν οὖν καὶ κατὰ καιρὸν οἱ ῥηθέντες· νέοι κινοῦσι περὶ τῆς ἑαυτῶν ἀποκαταστάσεως, καί γε ἐνδυνάμως τῇ περὶ ταύτης ἀγωγῇ χρήσονται.

Ὁ γε μὴν ἐπίτροπος, ὁ καὶ αὐτάδελφος αὐτῶν Κωνσταντῖνος, καὶ ὁ τάξιν κηδεμόνος ἐπὶ τῷ Λέοντι εἰληχὼς ὁ Κράσινος δηλονότι Βασίλειος· ἄξιοι καταδίκης τῆς παρὰ τῷ νόμῳ κειμένης εἰσίν· ὅτι οὐ μόνον τούτων ἠμελείησαν, καὶ ἀνὰ μέρος· ἐκ τῶν διαφερόντων αὐτοῖς ἐνοσφίσαντο, ἀλλὰ καὶ ἐπὶ περιγραφῇ αὐτῶν, γραμματεῖον δωρεᾶς ἀνταλλαγῇ μεμιγμένης εἰργάσαντο. Ὅθεν οὐδὲ ὠφελήσει ὅλως τὸν Κράσινον ἡ πρᾶξις τῆς δωρεᾶς ταύτης, κἂν ὡς ἐπίτροπος, ἢ ὡς αὐτάδελφος ὁ Κωνσταντῖνος στέργῃ ταύτην καὶ βεβαιοῖ. Ὡς μὲν γὰρ ἐπίτροπος, ἀποτρόπαιος τῷ νόμῳ λογίζεται, ὡς τῇ κατὰ τῶν ἐπιτρόπων ἀγωγῇ ἐνεχόμενος.

Καὶ μαρτυρεῖ τὸ α' κεφ. τοῦ γ' τίτλ. τοῦ λη' βιβλ. ταῦτα οὕτω δεξιόν· " Εἴτε ποιήσῃ ἅπερ οὐκ ἐχρῆν ὁ ἐπίτροπος, εἴτε μὴ ποιήσῃ ἅπερ ἔδει, ἐνέχεται τῇ κατὰ τῶν ἐπιτρόπων ἀγωγῇ· χρεωστεῖ δὲ ῥᾳθυμίαν καὶ δόλον καὶ ἐπιμέλειαν, οἷαν ἐν τοῖς ἰδίοις πράγμασιν· ἐνέχεται δὲ συνενῶν τῷ ὀρφανῷ ποιοῦντι ἁπλῆν δωρεὰν ἢ θανάτου αἰτίᾳ „. Ναὶ μὴν καὶ ἐν τῷ ζ' τίτλ. τοῦ ι' βιβλ. κείμενον θεσμοθέτημα περὶ ἀφηλίκων, μετὰ τῶν ἄλλων διαλαμβάνον, ὅτι καὶ αὐτὸς ἐν οἷς ἂν περιγραφῶσιν, εἰ καὶ παρόντων ἐπιτρόπων καὶ κουρατόρων αὐτῶν ἔγγραψαν, ἀποκαθίστανται.

Ὡς δὲ αὐτάδελφος εὑρίσκει πάλιν ἀνθεστηκότα τούτῳ τὸν νόμον καὶ τὴν πρᾶξιν αὐτοῦ καταισχύνοντα, ἐν οἷς φασκεῖ, " μὴ ὑφίστασθαι περιγραφὴν τὸν ἀφήλικα ἐξ ὧν οἱ λοιποὶ τούτου ἔπραξαν ἀδελφοί „. οὐκοῦν ἐπειδὴ οἱ ἀνατεταγμένοι νέοι, οὔτε παρὰ Βασιλείου, πληρουμένων κατὰ τὸν νόμον τῶν εἴκοσιν ἐτῶν τῆς ἡλικίας αὐτῶν, συγγνώμην ἔλαβον, ὥστε τὰ ἴδια διοικεῖν, ὃ καὶ σπάνιον, κατὰ τὸ γ' κεφ. τοῦ δ' τίτλ. τοῦ ι' βιβλ. " Οὔτε μὴν μετὰ δεκρέτου, τουτέστι μετὰ ἀποφάσεως δικαστοῦ, τὴν ἀναγεγραμμένην [f. 170] δωρεὰν καὶ ἀνταλλαγὴν ἐποιήσαντο „.

Ἀναντιρρήτως· ἐν τοῖς ἀμπελῶσιν αὐτῶν κατασταθήσονται, ἀκυρουμένης καθόλου τῆς περὶ τούτων πρὸς τὸν Κράσινον πράξεως, ὡς κατὰ ῥᾳδιουργίαν καὶ ἐπὶ παραγραφῇ γεγενημένης αὐτῶν, ὅτι καὶ τὸν κε' ἤδη ἐνιαυτὸν ὑπερβάντες, τὴν τοιαύτην πρᾶξιν οὐδ' ὅλως ἐδέξαντο. Φησὶ γὰρ ὁ νόμος ἐν κη' τίτλ. τοῦ ι' βιβλ. περὶ τῶν ἐλαττόνων· " Ὡς ἐὰν δεκτὰ ἡγήσωνται, μετὰ τὸν κε' ἐνιαυτόν, τὰ ἐν ἐλάττονι ἡλικίᾳ πεπραγμένα οὐκ ἀποκαθίστανται „.

Ἀρχ οὖν οὗτοι ἐκ τοῦ ἀναντιρρήτου ἀποκατασθήσονται, ὅτι δεκτὰ τούτοις, ὡς διείληπται, οὐδ' ὅλως λογίζονται, ἀλλ' ἐν μὲν ταῖς ἄλλαις ἐκποιήσεσιν, ὅταν συγγνώμην ἡλικίας λάβωσιν οἱ ἐλάττονες· τὸ ἰσχυρὸν καὶ πάγιον αἱ πράξεις αὐτῶν ἔχουσιν. Ἐπὶ δέ γε ταῖς δωρεαῖς οὐδαμῶς καὶ εἰς τοῦτο παρρησιάζεται νόμος. Ὅς τὴν τάξιν ἐν ξε' κεφ. τοῦ δ' τίτλ. τοῦ δ' βιβλ. εἰληχὼς ἐν μέρει ταῦτα θεσπίζει ῥητῶς· « Ἐπειδὴ δωρεῖσθαι οὐδὲ μετὰ ἀποφάσεως ἔξεστι τοῖς ἐλάττοσιν, εἰ μὴ ἄρα προγαμίαιαν δωρεὰν νομοθετεῖ. Ἐὰν ὁ ἐλάττων συγγνώμην ἡλικίας αἰτήσας, ἤδη δωρήσεται τινί, μὴ ἐρρῶσθαι τὴν δωρεάν, εἰ μὴ μετὰ τοὺς κε' ἐνιαυτοὺς, δέκα ἢ εἴκοσιν ἐνιαυτοὶ διαδράμωσιν. Εἰ δὲ ἐν τῷ μεταξὺ ὁ ἀφῆλιξ τελευτήσει, ζητοῦμεν ἵνα τὸ λοιπὸν τοῦ χρόνου διάστημα δράμῃ, τοῦ κληρονόμου αὐτοῦ σιωπῶντος „. Ἀκόλουθα θεσμοθετεῖ καὶ τὸ α' κεφ. τοῦ θ' τίτλ. τοῦ λη' βιβλ. φάσκον· « Τὰ ἀκίνητα τοῦ νέου, κἂν πράσιμα ἦσαν παρὰ τῷ πατρὶ αὐτοῦ οὐκ ἐκποιεῖται, εἰ μὴ ῥητῶς· ὁ πατὴρ ἐν διαθήκῃ ἢ κωδικίλλοις τὴν ἐκποίησιν ἐπέτρεψεν „. Ὡσαύτως δὲ καὶ τὸ λ' κεφ. τοῦ αὐτοῦ τίτλ. καὶ βιβλ. ἐν δευτέρῳ καὶ τρίτῳ αὐτοῦ θέματι διέξεισιν οὑτωσί· « Ἁπλῶς οὖν ὡς ἐν κεφαλ. μὴ μόνον οἱ ἀγροὶ, ἀλλὰ καὶ οἱ οἶκοι καὶ πάντα τὰ ἀκίνητα φυλαττέσθωσαν τοῖς ἐλάττωσι μηδεὶς οὖν τὴν κηδεμόνων ἐκποιείτω πράγματα ἀφηλίκων, δίχα ἀποφάσεως κριτοῦ, ὑπεξῃρημένης ἐσθῆτος παλαιᾶς καὶ φυλαχθῆναι μὴ δυναμένης, καὶ ζώων | περιττῶν τῇ χρείᾳ τῶν ὀργανῶν „.

Οὕτω τῶν φιλευσεβῶν νόμων πανταχόθεν τοὺς νέους ἀσφαλιζομένων, καὶ ἀσυλίαν καὶ περιεπόντων τὰ τούτοις ἁρμόζοντα πράγματα, οὐ καλῶς οὐδὲ εὐλόγως, ἀλλ' ἐπιβούλως· καὶ δολερῶς ἐποίησαν ὁ μὲν Κράσινος, ὅτι ὀνόματι ἢ σχήματι δωρεᾶς καὶ ἀντιδόσει δήπουθεν φαύλου καὶ μικροῦ ἀμπελῶνος· ὀρφανικῶν πολυπλέθρων ἀμπελώνων ἐδράξατο, καὶ οὕτω τοὺς νέους ἠπάτησε, τὸ ἁπαλὸν τούτων καὶ ἀπροστάτευτον ὡς ἑρμαῖον ἡγησάμενος, ὅτι καὶ τοὺς τῶν παίδων ἀπειροκάκους σταφίσιν ἰσχναῖς καὶ ἐρεβίνθοις οἱ πανουργότεροι δελεάζουσιν, ἵνα πρός τινα οἰκεῖον σκοπὸν ἐλάσωσιν. Ὁ δέ γε ἐπίτροπος· ὁ Κωνσταντῖνος, δηλαδὴ ὅτι τοιαύτῃ πράξει συνήνεσε, ῥᾳθυμίᾳ μὲν καὶ δόλῳ περὶ τοὺς αὐταδέλφους χρησάμενος, ἀθετήσας δὲ τὰς περὶ τούτων ἐντολὰς τῆς μητρός.

Ὅθεν ἀπεντεῦθεν ὁ μὲν Κράσινος ἐκπεσεῖται τῆς τῶν διειλημμένων ἀμπελώνων καταχῆς καὶ νομῆς, τὸν οἰκεῖον μόνον ἀμπελῶνα παραλαβὼν, ὃν ἀντάλλαγμα, ὡς ἀνατέτακται, δέδωκεν. Ὁ δέ γε Κωνσταντῖνος, ὡς ἀμελήσας τῆς τῶν αὐταδέλφων κηδεμονίας, ἣν ἡ μήτηρ αὐτῷ μετὰ φιλοτιμίας ἀνέθετο, ἐπὶ περιγραφῇ δὲ αὐτὸν καὶ ἀδώρῳ δωρεᾷ συνκινέσας, ἔκπτωτος τῆς προσηκούσης αὐτῷ ἐν τῶν τοιούτων ἀμπελώνων τρίτης μερίδος εὐλόγως γενήσεται.

Καὶ βεβαιοῖ νόμος τὴν καταδίκην οὕτω διαλαμβάνων· « Ἐὰν μὴ πιστῶς διοικήσωσιν οἱ ἐπίτροποι, καταδικάζονται, καὶ εἴπερ ἀλογωθετήτους αὐτοὺς εἶναι, διὰ γὰρ τῶν τοιούτων οὐκ ἐναλλάσσεται τὸ κοινὸν νόμιμον, οὐκ ἄλλως μέντοι τῆς τοιαύτης μερίδος ἀξιωθήσεται „. Καὶ τοῦτο κατ' ἐπίκειαν, εἰ μὴ ἀποκαταστήσει ταῖς ἀδελφαῖς, ὅσα δὴ καὶ ὡς ἄρα ἡ μητρῴα τούτων διαλαμβάνει διάταξις.

Τόν γε μὴν παρὰ τοῦ Κρασίνου προβαλλόμενον λόγον, ὅτι ἀποχερσωθέντας τοὺς τοιούτους ἀμπελῶνας παραλαβὼν βελτίους εἰργάσατο, ἄπρακτον παντελῶς ἀπεργάζονται, ἅτε ἐξ αὐτῶν ἐτήσιοι πρόσοδοι καὶ τὰ τῶν λοιπῶν τοῦ Ἰωαννακίου πραγμάτων, ἃ περιέχε [f. 171] τὸ τῆς ἀναφορᾶς· αὐτοῦ γραμματεῖον, καὶ οἱ τοῦ αὐτοῦ Ἰωαννακίου κόποι καὶ πόνοι, οὓς κατεβάλλετο, διὰ ὑπηρέτου ταῖς τε πραγματείαις αὐτοῦ καὶ ταῖς ἄλλαις δουλείαις ταλαιπωρούμενος. Ἐξ ὧν εἰκάζειν ἐστὶ τὸν ὀρθῶς κρίνοντα, ὡς οὐ μόνον τοὺς ἀμπελῶνας εἰκὸς ἦν ἀπὸ χειρῶν κρειττόνως γενέσθαι εὐθαλεῖς, ἀλλὰ καὶ κήδος ἱκανὸν εἰς τὸν τοῦ Κρασίνου κόλπον ῥίπτεσθαι. Ὅθεν καὶ κατὰ τὰς διατάξεις τῶν νόμων ἐν τούτοις οἱ πολλάκις εἰρημένοι ἀντίδικοι ἀμάχως ἀποκατασταθήσονται, μηδὲ ἀπόρασιν δεδοικότες δικαστικήν, τὴν ἀποκατάστασιν τυχὸν αὐτῶν ἀκροτηριάζουσαν· ὅτι καὶ τὰ κατὰ ἀποφάσεως δικαστοῦ ἀποκαταστάσεως τοῖς ἀφήλιξι δέδοται. Νόμου καὶ τοῦτο ῥῆμα ἐν κς΄ τίτλ. τοῦ ι΄ βιβλ. κείμενον.

Ταῦτα οὕτω ψηφισθέντα πρὸς τὰ ἀνενεχθέντα τῷ παρόντι διελήφθησαν σημειώματι.

ΠΕ΄.

Περὶ ὀρφανικῶν ἄνευ δεκρέτου πιπρασκομένων, καὶ περὶ τῶν ἐν εἰδήσει ἢ ἀγνοίᾳ ταῦτα ἀγοραζόντων, καὶ περὶ χρονίας χρήσεως καὶ χρόνων βοηθούντων τοῖς ἀφήλιξι.

De orphanicis bonis sine decreto venditis, et de scienter aut inscienter ea ementibus, et de longo usu et temporibus impuberi succurrentibus.

Συμφορὰν ὀρφανίας ἐνέγκειν μὲν τὸν νέον ἐπικώς, χαλεπὸν ἀποσκευάσασθαι δὲ καὶ παντελῶς ἀπολέσθαι παγχάλεπον· καὶ μάλιστα τηνικάδε ὅτε μὴ εὑμενεῖ τῇ τύχῃ χρησάμενος, προμηθείας κηδεμόνων, ἅμα καὶ νόμων ἐκείνος ἐστέρηται· καὶ γὰρ ἡ τῶν πραγμάτων φορὰ καὶ περίστασις πολυειδεῖς τίκτειν εἰωθυῖα δυσχερείας, μικροῦ καὶ τῆς τῶν νόμων προμηθείας φιλονεικεῖ περιγίνεσθαι· ὡς καὶ τὸ τοῦ ἔπους ἐκείνο ἐνθάδε ἀληθεύον εὑρίσκεσθαι, ἀεὶ νικᾶν τὰ χερείονα φάσκοντος. Ἀλλ᾽ ἔργον τούτοις ἀντιμέτωπον ἐγγωμένων καὶ θεοφιλῶν δικαστῶν, ὡς οἷόν τε τοῖς οὕτω κινδυνεύουσι βοηθεῖν, καὶ τὸ ἐμπρακτον τοῖς θεσπίσμασι τῶν νόμων χαρίζεσθαι.

Τοιαύτης δὴ περιπετείας πάρεργον πέφηνε καὶ ὁ τὴν κλῆσιν πρώην μὲν Ἰσραήλ, διὰ τὸν παλαιὸν Ἰσραὴλ (ἐκεῖθεν γὰρ καὶ γένος ἕλκων καὶ τὴν θρησκείαν ἐτύγχανεν) ὕστερον δὲ Μανουήλ, διὰ τὸν Ἐμμανουήλ, εἰς τοῦτον γὰρ μετετάξατο διὰ τοῦ ἁγίου βαπτίσματος· οὐ μὴν, ἀλλ᾽ οὐκ εἰς τέλος οὗτος ἔμεινεν ἀβοήθητος, τοῦ πατρὸς τῶν ὀρφανῶν καὶ κριτοῦ τῶν χηρῶν, ὡς τὸ λόγιον, καὶ νόμους θείους καὶ προσήκοντας αὐτοῖς δικαστὰς κεκινηκότος εἰς τὴν τούτου ἀντίληψιν.

Ἡ μὲν γὰρ μήτηρ αὐτοῦ, μετὰ θάνατον τοῦ πατρὸς τούτου τοῦ καλουμένου Ἀβράμ, δευτέροις ὁμιλήσασα γάμοις καὶ συναφθεῖσα τῷ Ἰουδαίῳ Μωσεῖ, τὸν Μανουὴλ μὴ παραλλάξαντος ἔτι τὸν πανάφηλικα φθάνει μετὰ τοῦ αὐτοῦ Μωσέως ἀπημπολέσασα, πατρῷον τοῦ Μανουὴλ ἀμπελῶνα· τὸν κατὰ τὴν Καστορίαν, δηλονότι ἐν τῷ χωρίῳ Βραστιανῶν διακείμενον, ἀφ᾽ οὗπερ ἐλπὶς ἦν τὴν ὀρφανίαν τούτου παραμυθίαν εὑρεῖν. Οὐ μετὰ μικρὸν δὲ καὶ αὐτὴ τούτου μήτηρ τὸν βίον ἀπολιποῦσα, τὸν Μανουὴλ τῷ πατρῳῷ παρέθετο Μωυσεῖ, ὥστε διαίτης καὶ ἀνατροφῆς καὶ παντοίας ἐπιμελείας τυγχάνειν, τῆς παρ᾽ αὐτοῦ. Ἐπειδὴ καί τινα ἑτεροκίνητα πράγματα πατρόθεν τούτῳ ἁρμόζοντα ἐν παρακαταθήκῃ που ἔκειντο, ἀλλ᾽ ὁ πατρυιὸς Μωυσῆς μηδέν τι μηδαμῶς κηδεμονικὸν τῷ προγονῷ Μανουὴλ ἐνδεξάμενος, οὐ μόνον αὐτὸν παντάπασιν ἀτημέλητον εἴασεν, ἀλλὰ καὶ ἐπὶ τοῖς, ὡς εἴρηται, παρακατατεθεῖσιν πράγμασιν ἐπικρίστερα καὶ παρεγκεκλιμένα ἐννοησάμενος, καὶ τούτων αὐτὸν ἀφήρηκεν· ἐντεῦθεν λοιπὸν ἡ πλάνη παραλαβοῦσα τὸν Μανουὴλ ἐνέπλησε τῶν ἑαυτῆς πανταδαπῶν· δυσχερῶν ξενιτεύοντα δηλαδή, γυμνιτεύοντα, προσαιτοῦντα, μισθοῦ δουλεύοντα, κακουχούμενον καὶ θλιβόμενον, ἕως οὗ καὶ ἡ καπνηρὰ τέχνη καὶ πλήρης ἀσβόλης, ἡ μαγειρικὴ δηλονότι μεταδεξαμένη τοῦτον, ἑαυτῆς ὑποδρηστῆρα εἰργάσατο. Τί τὸ ἐπὶ τούτοις; ἀπὸ τῆς τέχνης ταύτης ἐν ἅπασι τὴν αὐτοῦ παραμυθησάμενος· εὐδειαν καὶ εἰς ἑαυτὸν, ὡς εἰπεῖν, ἐπανελθὼν, μιμνήσκεται τοῦ πατρίου ἐλάφους· καὶ τῶν πραγμάτων πατρικῶν. Γίνεται κατὰ τόπον, εὐρίσκει τούτων τὰ μὲν ἀπεμποληθέντα, παρά τε τῆς μητρὸς καὶ τοῦ πατρῳοῦ, [f. 172] τὰ δὲ ἀπὸ δυσνοίας ἀναλωθέντα, ὡς ἀνατέτακται· συνάπτει δίκην τῷ πατρῴῳ, καὶ ἐξ εὐθείας γίνεται τοῦ ἀγῶνος ἐπικρατής, ὡς ὑπὸ τοῦ δικαίου καὶ τῶν φιλευσεβῶν νόμων συνασπιζόμενος. καὶ τελευταῖον ἐπὶ πράξεως ὑπομνήματος, ἀπόφασιν τούτοις ἀκόλουθον κομίζεται τοῦ δικάσαντος· ὁ δὲ ἦν ὁ ἱερώτατος Καστορίας ἀρχιερεὺς καὶ πρωτόθρονος τῶν καθ' ἡμᾶς ἁγιωτάτων ἐκκλησιῶν, ἀνὴρ οὗτος δικαιοσύνης ἀγωνιστής, ὡς καὶ τὴν ἱερατικὴν γραφικῶς δικαιοσύνην ἐνδεδυμένος· καὶ παντοδαπεῖ σοφίᾳ κοσμούμενος· ὁ δὴ ὑπόμνημα καὶ προεκομίσθη τὴν σήμερον τῇ ἡμῶν μετριότητι, προκαθημένῃ συνοδικῶς· καὶ ἀνεγνώσθη ἐν μέσῳ, καὶ ἐπεγνώσθη καλῶς ἐκτεθειμένον, καὶ ἐπομένως ταῖς τῶν νόμων παρατηρήσεσιν ἐπὶ δικαιώσει τοῦ Μανουὴλ, μὴ γάρ τοι ῥᾳθυμήσας· οὗτος καὶ ἀναπεσὼν ἀλλὰ καὶ λίαν γρηγορήσας, ἴσχυσεν ἀνακύψαι τὸ ῥεῦμα τῆς τοῦ χρόνου παραδρομῆς, ἥτις χειμάρου δίκην, παρασύρειν οἶδε τὸ τῇ ἀποκαταστάσει τῶν νέων ἁρμόζον δίκαιον· μετὰ γὰρ τὸ ιδ' ἔτος· τῆς τῶν ἀνήβων ἡλικίας, ἀριθμεῖσθαι τούτοις τὴν τῆς τριακονταετίας παραδρομὴν οἱ νόμοι διακελεύονται, μεθ' ἣν οὐχ ὑπολείπεται τούτοις κίνησις ἀγωγῆς περὶ ἀνακλήσεως καὶ ἀποκαταστάσεως· τῶν διαφερόντων αὐτοῖς. Ὅτι δὲ εὐρέθη ὁ Μανουὴλ νῦν ἄρτι τριακοστὸν καὶ ἕβδομον ἔτος· ἀνύων τῆς ἡλικίας αὐτοῦ, ἀφ' ὧν εἰσι τὰ ιδ' τῆς αὐτοῦ ἀνηβότητος, καὶ δέουσι τούτῳ πρὸς τὴν μετὰ τὴν ἥβην τριακονταετηρίδα ἔτη ζ', τούτου χάριν ὡς ἐγκαίρως κινήσας, δίκαιος πέφηνεν, ἀμάχως· καὶ κατασιάστως ἐν τῷ πατρῴῳ αὐτοῦ ἀμπελῶνι

λαβεῖν τὴν ἀποκατάστασιν· ἀνευλόγως· γὰρ καὶ παρὰ τὰς τῶν νόμων διατυπώσεις, παρὰ μὲν τῆς μητρὸς αὐτοῦ καὶ τοῦ πατρῳοῦ τοιοῦτος ἀμπελὼν ἐκπεποίηται· παρὰ δὲ τοῦ ἀγοραστοῦ εἰσπεποίηται, ἐκεῖνοι μὲν γὰρ δεκρέτου χωρὶς, εἴτουν δικαστικῆς ἀποφάσεως, ἀπέδοντο τὸ ὀρφανικὸν, [ὁ δὲ ἐν εἰδήσει, καὶ οὐκ ἐν ἀγνοίᾳ τὸ ἀλλότριον ἐξωνήσατο, καὶ ταῦτα τοῦ Μανουὴλ μηδὲ τὴν μητέρα κληρονομήσαντος, ὡς τὸ πᾷ αὐτῆς ἐκτεθὲν πρακτήριον διελάμβανε, τὴν ἀπορίαν αὐτῆς προφανῶς περιστῶν· εἰ μή τις ἂν κοψευόμενος φαίη, αὐτῆς τῆς μητρῴας αὐτοῦ ἀπορίας κληρονόμον γενέσθαι τὸν Μανουήλ.

Παρείτωσαν δὲ οἱ θεῖοι νόμοι καὶ τὰ ἐπὶ τούτοις δοκοῦντα αὐτοῖς εἰσαγέτωσαν, πρὸς τὴν τῶν γνωματευθέντων βεβαίωσιν. Ἐν μὲν γὰρ τῇ λδ' κεφαλ. τοῦ α' τίτλ. τοῦ ιε' βιβλ. τῶν βασιλικῶν ταῦτα διαγορεύουσιν· " Ἐάν τις παρὰ γυναικὸς ἀγοράσῃ πρᾶγμα διαφέρον τῷ ταύτης παιδί, καλῶς ἐνάγεται τῇ ἐπ' αὐτῷ ἀγωγῇ. Δῆλος, ὡς αὐτὸς ὁ ἀγοραστής. Ἐὰν δὲ ὁ παῖς κληρονομήσῃ τὴν μητέρα, εἰς ὅσον αὐτὴν ἐκληρονόμησεν, ἀναγκάζεται ἐφησυχάζειν, ἐκβαλλόμενος διὰ δόλου παραγραφῆς ". Ἐν δὲ τῇ ϛ' κεφαλ. τοῦ η' τίτλ. τοῦ ιθ' βιβλίου ταῦτα θεσπίζουσιν· " Ὁ μὲν ἐν εἰδήσει ἀλλότριον ἀγοράσας· οὐδέποτε αὐτοῦ γίνεται δεσπότης, ὁ δὲ ἐν ἀγνοίᾳ ἀγοράσας· αὐτὸς διὰ χρήσεως κυριεύει· λοιπὸν δὲ ὁ πεπρακὼς κατέχεται τῷ δεσπότῃ ". Ἐν δὲ τῇ ξδ' κεφαλ. τοῦ ιδ' τίτλ. τοῦ ι' βιβλ. ταῦτα διακελεύονται· " Ἐὰν ἡ πρᾶσις χωρὶς ἀποφάσεως γέγονε, καὶ μηδὲ μεῖζων γενόμενος ἐβεβαίωσε τὴν πρᾶσιν ὁ ἀφῆλιξ, μετὰ διὰ χρονίας χρήσεως κυρίως ἐκτήσατο τὸ πρᾶγμα ὁ ἀγοραστής, ὡς κακῇ πίστει ἀγοράσας, ἀποδίδωσιν αὐτῷ μετὰ τῶν καρπῶν. Χρονίαν δὲ λέγει χρῆσιν τὴν μετὰ τὸν κατενιαυτὸν τοῦ νέου παραδρομήν, τῆς δεκαετίας· ἢ εἰκοσαετίας· τῆς· αὐτῆς· τούτου δηλονότι ἐκείνο τὸ νόμιμον, ὅτι ὅτε χρὴ διαιρέτου τὰ τῶν ἀφελίκων ἀκίνητα ἐκπεσεῖται, οὐδὲ οἱ προλαμβανόμενοι ἐγγυηταὶ εὐθύνονται· ἀλλὰ καὶ χωρὶς ἀποκαταστικοῦ δικαίου οἱ ἀφήλικες βοηθοῦνται ἐπὶ τούτοις ὡς ἐν τύπῳ φάναι. Καὶ ἐν τῷ ιδ' τίτλ. τοῦ κη' βιβλ. σαφῶς διορίζονται· " Ὡς ἐὰν πατὴρ ἢ μήτηρ ἐκποιήσονταί τι ἔχων παῖδα καὶ τελευτήσῃ, εἰ μὲν ἄνηβος εἴη ὁ παῖς, ἔχει τριάκοντα χρόνους μετὰ τὴν ἥβην, ἤγουν μετὰ [f. 173] τὸ ιδ' ἔτος· ἐπὶ τῶν ἀρρένων, ἐπὶ δὲ τῶν θηλειῶν μετὰ τὸ δωδέκατον. Εἰ δὲ οὐκ ἔστιν ἄνηβος· ἔχει δεκαετίαν ἢ εἰκοσαετίαν, μετὰ κε' ἐνιαυτὸν εἰς παραγραφήν· ταύτην δὲ κινεῖ ὁ παῖς, ἐφ' οἷς αὐτῷ διαφέρει· τυχὸν τῆς μητρὸς πωλησάσης τὸ πατρῷον τοῦ υἱοῦ ἢ τοῦ πατρὸς πωλήσαντος τὸ μητρῷον αὐτοῦ „. Ὅτι τοίνυν καὶ ὁ Μανουὴλ καὶ ἀφῆλιξ ἦν ὅτε ὁ πατρόθεν διαφέρων τούτῳ πέπρακται ἀμπελών, καὶ οὐδὲ τὴν μητέρα θανοῦσαν ἐκληρονόμησε, καὶ ὁ ἀγοραστὴς δὲ ἐν εἰδήσει ὠνήσατο τὸ ἀλλότριον, ἀναμφίβολόν ἐστι, καὶ πάντη καὶ πάντως ἀναντίρρητον ἐγκρατῆ τοῦτον γενέσθαι τοῦ ἁρμόζοντος αὐτῷ δικαίου ἐπὶ τῷ ἀμπελῶνι, ὡς ἰσχυρῶς παρὰ τῶν νομικῶν διατάξεων βοηθούμενον.

ΠΣΤ'.

Περὶ ἐπαρχιῶν, καὶ τῶν ὑπερορίως [1]) χειροτονούντων καὶ χειροτονουμένων.
De provinciis, et de iis qui extra fines ordinant et ordinantur.

Δημήτριος ἐλέῳ Θεοῦ ἀρχιεπίσκοπος τῆς πρώτης Ἰουστινιανῆς καὶ πάσης Βουλγαρίας καὶ ἡ τῶν ἀρχιερέων τῶν ὑπὸ τὴν κατ' αὐτὸν ἐπαρχίαν ἱερὰ καὶ θεία ὁμήγυρις, τῷ τιμιωτάτῳ ἐν μοναχοῖς καὶ υἱῷ τοῦ μεγάλου Ζουπάνου Σερβίας κυρῷ Σάββᾳ [2]) χάριν ἀπὸ Θεοῦ καὶ εἰρήνην καὶ τὸν ἐν ἁγίῳ Πνεύματι ἀσπασμόν.

Ἐκ πολλοῦ μὲν εἴχεν ἡμᾶς ἡ ἀκοὴ περὶ τῆς σῆς τιμιότητος, ὡς ἄρα καταλιπὼν τὴν γῆν σου καὶ τὴν συγγένειαν, καὶ πάντα τὸν πατρῷον κλῆρον, καὶ ἁπλῶς εἰπεῖν, τὸν κόσμον καὶ τὰ ἐν τῷ κόσμῳ, τὸν παρὰ τὴν θάλασσαν Ἄθων τὸ Ἅγιον Ὄρος, διὰ τοὺς ἐν αὐτῷ υἱοὺς ἀσκητὰς Ἅγον Ὄρος καὶ ὄντα καὶ λεγόμενον, ἐκ νεαρᾶς ἡλικίας κατέλαβες, ἔνθα δὴ καὶ ἀποθριξάμενος, τὸν μοναδικὸν βίον εἵλου καὶ τοῖς ἐκεῖσε ἀσκοῦσιν ἀνδράσι, καὶ κατὰ τοῦ ἀντιπάλου Σατὰν γενναίως παγκρατιάζουσιν, ἐφάμιλλος γέγονας· ἤδη δὲ καὶ μέχρι ὑπερορίας προῆλθες δόκιμος ἐν μοναχοῖς φημιζόμενος, καὶ ὡς ὕστερον πῶς, εἰπεῖν οὐκ ἔχομεν.

Παλινῳδίαν ᾖσεν ἡ φήμη, καὶ τὸ περὶ τοῦ σοῦ μεγαλείου τοῦ κηρύγματος ἀνεσκεύασεν, ὡς δηλαδὴ ὁ ἀσκητὴς Σάββας τὸν Ἄθων καταλιπὼν | καὶ τὰς ἐκεῖσε διατριβὰς ἐστράφη εἰς τὰ ὀπίσω κατὰ τοὺς μεταβουλευσαμένους κακῶς, καθ' ὧν δὴ καὶ σχετλιάζει τὸ ἱερὸν εὐαγγέλιον καὶ σχεδόν τι γέγονεν ὡς τὸ ἀπαρχῆς, οἱ τῆς πατρίδος γὰρ ἔρωτες· αὐτὸν ᾐχμαλώτευσαν ἐκ τῆς ἀκροπόλεως· τοῦ ἁγίου ὄρους τοῦτον σκυλεύσαντες, καὶ πάλιν τὴν Σερβίαν κατῴκησε, καὶ τὸν ἀσκητὴν μετήμειψεν εἰς· πραγμάτων τῶν ἐν μέσῳ διοικητὴν καὶ ἐπίτροπον, καὶ εἰς πρεσβευτὴν τῶν περικύκλων [3]) κεχειροτόνηκε [3]) δυναστῶν, καὶ οὕτω τὸ ἀπαρησίαστον ὃ ἐκτήσατο κατὰ μοναχοὺς εἰς λαϊκὴν ἐπιμιξίαν ἀπέδοτο· καὶ ὅλως· τῶν ἐν κόσμῳ φροντίδων καὶ τῆς ἐν τούτῳ δοξοκοπίας γεγένηται, συσσίτια συνιστῶν καὶ

---

[1]) Cod. in indice praefixo ὑπερορίων, ibi vero ὑπεριρίως. — [2]) Cod. in compendio κυρῷ Σάββα. — [3]) In marg. ἴσως περικλύτων. — [3]) Cod. χειρονότηκι.

ίπποις ἐποχούμενος, εὐγενεστάταις τὴν φύτλην, τὸ εἶδος καλαῖς, τὸν βάνδον ἐπαινεταῖς, καὶ θεραπείαν ὅτι πολλὴν ἐπαγόμενος, καὶ ἐν προόδοις σοβαρευόμενος, καὶ πολυτέλως καὶ πολυτρόπως δορυφορούμενος, ἐντεῦθεν ὁδῷ προβαίνων καὶ ἀξίας ἱεραρχικῆς ἐπεθύμησε, καὶ δὴ ἀπελθών, οὐκ οἴδαμεν ὅποι, καὶ τυχὼν τῆς ἀξίας ταύτης ἀθρόον, ἐπανῆλθεν εἰς τὴν πατρίδα, Σερβίας ἀρχιερεὺς μεγαλωστὶ κηρυττόμενος· ἔνθα δὴ καὶ πολλοὺς ἀρχιερεῖς προυχειρίσατο, εἴτε δηλαδὴ ἀπολελυμένως, εἴτε καὶ ἐν ὡρισμένοις τόποις τίσιν, οὐ γινώσκομεν· καὶ τὸ ὅλον εἰπεῖν, οὐ μόνον ταῖς μοναχικαῖς ἐπαγγελίαις ἐμπεπαρώνηκεν [1]), ἀλλὰ καὶ αὐτὴν τὴν τῶν ἐκκλησιαστικῶν πραγμάτων κατάστασιν ἀνεκύκησε [2]).

Ταῦτα καὶ τοιαῦθ' ἕτερα περὶ σοῦ, τὰ μὲν πρώην, τὰ δὲ τὸν ἄρτι καιρὸν ἀκούσαντες, οὐκ εἰς ἅπαν αὐτοῖς πεπιστεύκαμεν· φιλοψευδῆ γὰρ ἐπὶ πλεῖστον εἶναι τὴν φήμην ἐμάθομεν. Ὅθεν τὸ μὲν ἐξετάζειν, ὅπως ἀπὸ τοῦ ἁγίου ὅρους εἰς τὴν σὴν ἐπανῆλθες πατρίδα, καὶ πῶς τοῖς ἐν μέσῳ ἐχρήσω πράγμασιν, οὐχ ἡμέτερον ἡγησάμεθα· ἐρευνᾶν γὰρ βίους ἑτέρων, ὥστε ψόγον καταψηφίζεσθαι τούτων, οὐδαμῶς δεδιδάγμεθα, ἐπεὶ καὶ παντάπασιν τοῦτο παρὰ τῆς θείας ἐντολῆς ἀπηγόρευται· Μὴ κρίνετε γάρ, φησί, καὶ οὐ μὴ κριθῆτε [3]), καὶ μὴ πρὸ καιροῦ τι κρίνετε, καὶ ὅσα τοῦ αὐτοῦ στίχου [f. 174] τὰ ἱερὰ παραδιδόασι λόγια.

Εἰ μέντοι προεχειρίσθη ἀρχιερεύς, καὶ ὅπως, καὶ ποίας ἐκκλησίας· ἀλλὰ τοῦτο ζητεῖν προσῆκον ἡμῖν, καὶ λίαν ἐλογισάμεθα. Τοῖς θείοις καὶ ἱεροῖς κανόσιν εἰς τοῦτο καὶ τοῖς φιλευσεβέσι νόμοις ὁδηγοῖς χρώμενοι, εἰ τοίνυν ἀρχιερεύς, ὦ μακάριε, γέγονας, ὡς ἡ φήμη παρέστησε, θέλομεν μαθεῖν ποῦ· καὶ εἰ ἐν Σερβίᾳ, λέγομεν πῶς· καὶ εἰ παρὰ τοῦ ἁγιωτάτου πατριάρχου Κωνσταντινουπόλεως,

διὰ τί. Εἰ μὲν γὰρ κατὰ τὴν ἐκ πάλαι ταῖς βασιλεύσιν ἀνειμένην δικαιοδοσίαν τὴν πόλεις καινίζουσαν καὶ ἀπὸ τιμῆς ἐλάττονος ἐπισκοπῇ δηλονότι εἰς μείζω ταύτας ἀναγοῦσαν μητροπολιτικὴν ἢ ἀρχιεπισκοπὴν μητροπολίτης ἐγένου, οἱ τῆς ἐν Χαλκηδόνι συνόδου κανόνες, ὁ ιϛ' καὶ ὁ ιζ', καὶ ὁ λη' τῆς ἐν Τρούλλῳ τοῦ βασιλικοῦ παλατίου συστάσεως συνόδου διαλαμβάνουσιν, ἀλλ' ἔχρην ἐπίσκοπον τυγχάνειν σε πρότερον, εἶτα ἐκ τοῦ ὑποδεοῦς προελθεῖν εἰς τὸ τιμιώτερόν τε καὶ ὑψηλότερον· σὺ δὲ οὔτε ἐπίσκοπος ὑπῆρξας, καὶ τὴν βασιλικὴν δικαιοδοσίαν οὐδ' ὅλως ἔχεις, τὴν σὴν συγκροτοῦσαν προχείρησιν. Ποῦ δὲ καὶ βασιλεία νῦν, ἧς τά τε ἄλλα καὶ τὸ τοιοῦτον προνόμιον σέμνωμα, πολλῶν ἄρτι κατὰ τόπους ἐξουσιαζόντων, καὶ μηδενὸς ἀποσώζοντος ἀκέραιον τὸ τῆς βασιλείας ἀξίωμα; καὶ εἰ οὐκ ἔστιν ἀληθινὴ βασιλεία, οἴχεταί σοι πάντῃ καὶ πάντως τὸ εὔλογον.

Εἰ δὲ ὡς ἂν εἰς τὸ ἀνεπισκόπητον τὴν Σερβίαν ἐκκενουργήθης ἀρχιερεύς, ἀλλ' εὑρήσεις οὐδ' ὅλως ἀγνοῶν καθὰ δὴ καὶ τῶν ἁπάντων οὐδείς, ὡς ἡ Σερβία ὑπὸ τὴν ἐπαρχίαν τοῦ θρόνου τῆς Βουλγαρίας τελεῖ· εἴ τι δὴ Σερβία ἐπίσκοπον ἔλαχε τὸν Ῥάσου ἀρχιερέα, παρὰ τοῦ ἀρχιεπισκόπου Βουλγαρίας χειροτονούμενον, καὶ οὕτω παρὰ κανόνας τὴν τῆς ἀρχιερωσύνης ἀξίαν ἐνδέδυσαι, καὶ ἐπιβήτωρ ἐνορίας ἀλλοτρίας πεφώρασαι, καὶ ἔλαθες σεαυτὸν ἐξ ἀπονοίας, ὡς ἔοικε, τῶν θείων κανόνων ἐπεξελεύσει καταστάσας· ὑπεύθυνον, ὡς τοὺς καλῶς τεθέντας παρὰ τῶν πατέρων ὅρους, οὐδὲν δέον μετακινήσας ἢ συγχέας, εἰπεῖν οἰκειότερον. Κἀντεῦθεν τὴν | ἀρὰν ἐκείνων ἐνεδύσω ψαλμικῶς ὡς ἱμάτιον [4]).

Εἰ δὲ χρὴ τὸ ἀληθὲς εἰπεῖν, εἴπερ διὰ ζῆλου τοῦ εὐαγγελίου τῆς χάριτος, ὦ πάτερ, τὴν ἀρχιερωσύνην εἴλου, ἔδει σε κατὰ

---

[1]) In marg. παρέκεις γέγονε ἢ κατὰ φρόνου. — [2]) In marg. ἔγνων ἀλλοίως καὶ ἐτάραξε. — [3]) Matth. VII, 1. — [4]) Psalm. CVIII, 18.

τὸν μέγαν θεοκήρυκα Παῦλον, οὐχ ὅπου ὁ Χριστὸς ὠνομάσθη εὐαγγελίσασθαι [1]), ἵνα μὴ ἐπ' ἀλλότριον θεμέλιον οἰκοδομῇς, ἀλλὰ καθὼς γέγραπται, οἷς οὐκ ἀνηγγέλλει, περὶ αὐτοῦ ὄψονται καὶ οἱ οὐκ ἀκηκόασι, συνοίσουσι, καὶ οὐκ ἄν τις εὐσεβεῖ διοικούμενος λογισμῷ, τὴν σὴν χειροτονίαν ἐκάκισεν, ὡς πεπληγμένην ζήλου σαφῶς ἀποστολικοῦ. Εἰ δ' οὐκ ἔστι τόπος ὅπου τὸ τῶν ἀποστόλων οὐκ ἀπέδραμε κήρυγμα (εἰς πᾶσαν γὰρ τὴν γῆν ἐξῆλθεν ὁ φθόγγος αὐτῶν [2]), ὡς μανθάνεις), ἡ Σερβία δὲ Θεοῦ χάριτι εὐσεβῶς διάγει καὶ χριστιανικῶς· ἐπὶ τῷ θεμελίῳ βεβλημένη τῶν ἀποστόλων, καὶ ἐπισκοπουμένη, παρὰ τοῦ δεδομένου ταύτῃ παρὰ τῶν πατέρων ἀρχιερέως· ἆρα οὐ διὰ ζῆλον τοῦ εὐαγγελίου, ἀλλὰ διὰ δοξομανίαν τῇ τῆς ἀρχιερωσύνης ἀξιώματι ἐπεπήδησας, καὶ εἰς κρίμα ἑαυτοῦ καὶ κίνδυνον τοῦτο ἀνέλαβες, κατ' ἐκεῖνα τῶν ζώων, ἅπερ ἐθέλουσιν ὀρμαῖς, ἑαυτὰ κατὰ τομωτάτων ὠθοῦσι ξιφῶν· ὡς ὅπως τὰ τῆς σῆς ἱερατείας ἀπάγοντα εἰς τὸ ἄτοπον.

Καὶ μάλιστα εἰ κἀκεῖνό ἐστιν ἀληθές, ὅτι εὑρὼν καθεστῶτα ἐπίσκοπον κανονικῶς, δηλονότι τὸν Πρισδριάνον, αὐτὸν μὲν τυραννικῶς τοῦ ἐπισκοπίου ἐξέβαλες, παραιτήσεσθαι καταναγκάσας τὸν δείλαιον, ἵνα δῆθεν καὶ ἀνεύθυνον τὸ κακὸν λογίζηται τῇ τῆς παραιτήσεως σχήματι· ἀνθ' ἑτέρου δὲ τὸν σοὶ δοκοῦντα ἐκεῖσε κατέστησας, καὶ οὕτως ἐπιρίψας ἐφ' ἑαυτὸν τὴν τῶν κανόνων ἀγανάκτησιν, μᾶλλον δὲ τὴν τοῦ Θεοῦ διὰ τὴν τῶν κανόνων παράβασιν.

Εἰ δὲ καὶ χώραν δοῦναι τῇ σῇ ἐπιθυμίᾳ ἕως ἐχρῆν, ἔδει σε, ὦ βέλτιστε, οὐχ ἑτέρῳ τινί, ἀλλὰ τῷ τῆς Βουλγαρικῆς ἐπαρχίας προκαθημένῳ ὡς αὐτοκεφάλῳ καὶ τοῖς κατ' αὐτὸν ἐπαρχεώταις ἱεράρχαις προσδραμεῖν καὶ αἰτήσασθαι τὸ ἀξίωμα, καὶ πάντως ἐπιτυχὲς τούτου μετὰ οἰκονομίας πρεπούσης δοκιμασίᾳ κανονικῇ· τὸ δὲ λαβεῖν σε παρ' ἑτέρου χειροτονίαν εἰς τόπον αὐτοκεφάλου [f. 175] ἀρχιερέως, ὅσον τὸ ἄτοπον οἴδασιν οἱ τὰς τῶν νόμων καὶ κανόνων δέλτους ἠκριβωσάμενοι.

Ἵνα δὲ τοῦτο ἐμφανῶς ἀποδείξωμεν, αὐτὰς περιλήψεις τῶν θείων καὶ ἱερῶν κανόνων ῥητῶς ἀναπτύξομεν, ὧν ὁ μὲν λε' τῶν ἁγίων ἀποστόλων κανὼν ταῦτα φησίν· " Ἐπίσκοπον μὴ τολμᾶν ἔξω τῶν ἑαυτοῦ ὅρων χειροτονίας ποιεῖσθαι εἰς τὰς μὴ ὑποκειμένας αὐτῷ πόλεις καὶ χώρας· εἰ δὲ ἐλεγχθείη οὕτω πεποιηκώς, παρὰ τὴν τῶν κατεχόντων τὰς πόλεις ἐκείνας ἢ τὰς χώρας γνώμην καθαιρεῖσθω καὶ αὐτός, καὶ οὓς ἐχειροτόνησεν „.

Ὁ δὲ τῆς β' οἰκουμενικῆς συνόδου κανὼν [β'] ταῦτα κελεύεται· " Τοὺς ὑπὲρ διοίκησιν ἐπισκόπους ταῖς ὑπερορίοις ἐκκλησίαις μὴ ἐπιέναι, μηδὲ συγχέειν τὰς ἐκκλησίας. Ἀλλὰ κατὰ τοὺς κανόνας, τὸν μὲν Ἀλεξανδρείας ἐπίσκοπον τὰ ἐν Αἰγύπτῳ μόνον οἰκονομεῖν, τοὺς δὲ τῆς ἀνατολῆς ἐπισκόπους τὴν ἀνατολὴν μόνην διοικεῖν, φυλαττομένων τῶν ἐν τοῖς κανόσι τοῖς κατὰ Νίκαιαν πρεσβειῶν τῇ Ἀντιοχέων ἐκκλησίᾳ· καὶ τοὺς τῆς Ἀσιανῆς διοικήσεως ἐπισκόπους τὰ κατὰ τὴν Ἀσιανὴν μόνην οἰκονομεῖν, καὶ τοὺς τῆς Ποντικῆς τὰ τῆς Ποντικῆς, καὶ τοὺς Θρᾴκης τὰ τῆς Θρᾴκης μόνας οἰκονομεῖν· ἀκλήτους δὲ ἐπισκόπους ὑπὲρ διοίκησιν μὴ ὑπερβαίνειν ἐπὶ χειροτονίᾳ ἢ τισιν ἄλλαις οἰκονομίαις ἐκκλησιαστικαῖς. Φυλαττομένου δὲ τοῦ προγεγραμμένου περὶ διοικήσεων καὶ κανόνος, εὔδηλον ὡς τὰ καθ' ἑκάστην ἐπαρχίαν ἡ τῆς ἐπαρχίας σύνοδος διοικήσει κατὰ τὰ ὡρισμένα ἐν Νικαίᾳ. Τὰς δὲ ἐν τοῖς βαρβαρικοῖς ἔθνεσι τοῦ Θεοῦ ἐκκλησίας, οἰκονομεῖσθαι χρὴ κατὰ τὴν κρατήσουσαν συνήθειαν τῶν πατέρων „.

Ὁ δὲ τῆς ἐν Ἐφέσῳ συνόδου κανὼν η' ταῦτα θεσπίζει· " Πρᾶγμα παρὰ τοὺς ἐκ-

---

[1]) 1 Cor. III, 4. — [2]) Ps. XVIII, 8.

κλησιαστικούς θεσμούς καὶ κανόνας τῶν ἁγίων πατέρων καινοτομούμενον, καὶ τῆς πάντων ἐλευθερίας ἁπτόμενον προσήγγειλεν ὁ θεοφιλέστατος ἐπίσκοπος Ῥιγῖνος, καὶ οἱ σὺν αὐτῷ εὐλαβέστατοι ἐπίσκοποι τῆς Κυπρίων ἐπαρχίας Ζήνων καὶ Εὐάργιος, ὅθεν ἐπειδὴ τὰ κοινὰ πάθη μείζονος δεῖται τῆς θεραπείας, δέον καὶ μείζονα τὴν βλάβην φέροντα, | καὶ μάλιστα, εἰ μηδὲ ἔθος ἀρχαῖον παρηκολούθησεν, ὥστε τὸν ἐπίσκοπον τῆς Ἀντιοχέων πόλεως ἐν Κύπρῳ ποιεῖσθαι χειροτονίας, καθὼς διὰ τῶν λιβέλων καὶ τῶν οἰκείων φωνῶν ἐδίδαξαν· οἱ εὐλαβέστατοι ἄνδρες, οἱ τὴν πρόσοδον τῇ ἁγίᾳ συνόδῳ ποιησάμενοι, ἕξουσι τὸ ἀνεπηρέαστον καὶ ἀβίαστον οἱ τῶν ἁγίων ἐκκλησιῶν τῶν κατὰ τὴν Κύπρον προεστῶτες κατὰ τοὺς κανόνας τῶν ἁγίων πατέρων καὶ τὴν ἀρχαίαν συνήθειαν, δι' αὐτῶν τὰς χειροτονίας τῶν εὐλαβεστάτων ἐπισκόπων ποιούμενοι. Τὸ δὲ αὐτὸ καὶ ἐπὶ τῶν ἄλλων διοικήσεων, καὶ τῶν ἁπανταχοῦ ἐπαρχιῶν παραφυλαχθήσεται, ὥστε μηδένα τῶν θεοφιλεστάτων ἐπισκόπων ἐπαρχίαν ἑτέραν οὐκ οὖσαν ἄνωθεν καὶ ἐξ ἀρχῆς ὑπὸ τὴν αὐτοῦ, ἤγουν τῶν πρὸ αὐτοῦ χεῖρα καταλαμβάνειν· ἀλλ' εἰ καί τις κατέλαβε, καὶ ὑφ' ἑαυτὸν ἐπεποίητο βιασάμενος, ταύτην ἀποδοῦναι, ἵνα μὴ τῶν πατέρων οἱ κανόνες παραβαίνωνται, μηδὲ ἐν ἱερολογίας προσχήματι, ἐξουσίας τύφος κοσμικῆς παρεισδύηται, μηδὲ λάθωμεν τὴν ἐλευθερίαν κατὰ μικρὸν ἀπολέσαντες, ἣν ἡμῖν ἐδωρήσατο τῷ οἰκείῳ αἵματι ὁ Κύριος ἡμῶν Ἰησοῦς Χριστός, ὁ πάντων τῶν χριστιανῶν ἐλευθερωτής. Ἔδοξε τοίνυν τῇ ἁγίᾳ καὶ οἰκουμενικῇ συνόδῳ, σώζεσθαι ἑκάστῃ ἐπαρχίᾳ καθαρὰ καὶ ἀβίαστα τὰ αὐτῇ προσόντα δίκαια ἐξ ἀρχῆς καὶ ἄνωθεν, καὶ τὸ πάλαι κρατῆσαν ἔθος, ἄδειαν ἔχοντος ἑκάστου μητροπολίτου τὰ ἴσα τῶν πεπραγμένων πρὸς τὸ οἰκεῖον ἀσφαλὲς ἐκλαβεῖν. Εἰ δέ τις μαχόμενον τύπον τοῖς νῦν ὡρισμένοις προκομίσει, ἄκυρον τοῦτο ἔδοξε τῇ ἁγίᾳ πάσῃ καὶ οἰκουμενικῇ συνόδῳ „.

Ὁ δὲ ιγ' τῆς ἐν Ἀντιοχείᾳ συνόδου κανών οὑτωσὶ διορίζεται· " Μηδένα ἐπίσκοπον τολμᾶν ἀφ' ἑτέρας ἐπαρχίας εἰς ἑτέραν μεταβαίνειν, καὶ χειροτονεῖν ἐν ἐκκλησίᾳ τινὸς εἰς προαγωγὴν λειτουργίας· μηδὲ εἰ συνεπάγοιτο ἑαυτῷ ἑτέρους· εἰ μὴ παρακληθεὶς ἀφίκοιτο διὰ γραμμάτων τοῦ τε μητροπολίτου καὶ τῶν συνεδριαζόντων ἐπισκόπων, ὧν εἰς τὴν χώραν παρέρχεται· εἰ δὲ [f. 176] μηδενὸς καλοῦντος ἐπέλθῃ ἀτάκτως, ἐπὶ χειροθεσίᾳ τινῶν, καὶ καταστάσει ἐκκλησιαστικῶν πραγμάτων μὴ προσηκόντων αὐτῷ, ἄκυρα μὲν τὰ ὑπ' αὐτοῦ πραττόμενα τυγχάνειν, καὶ αὐτὸν ὑπέχειν τῆς ἀξίας αὐτοῦ[1]) καὶ τῆς παραλόγου ἐπιχειρήσεως· τὴν προσήκουσαν δίκην, καθῃρημένον ἐντεῦθεν ἤδη ἀπὸ τῆς ἁγίας συνόδου „. Ὁ δέ γε τῆς αὐτῆς συνόδου κβ' κανὼν ταῦτα διέξεισιν· " Ἐπίσκοπον μὴ ἐπιβαίνειν ἀλλοτρίᾳ πόλει, τῇ μὴ ὑποκειμένῃ αὐτῷ, μηδὲ χώρᾳ τῇ αὐτῷ μὴ διαφερούσῃ ἐπὶ χειροτονίᾳ τινός, μηδὲ καθιστᾶν πρεσβύτερον ἢ διάκονον εἰς τόπους ἑτέρῳ ἐπισκόπῳ ὑποκειμένους, εἰ μὴ ἄρα μετὰ γνώμης τοῦ οἰκείου τῆς χώρας ἐπισκόπου. Εἰ δὲ τολμήσειέ τις τοιοῦτον, ἄκυρον εἶναι τὴν χειροτονίαν, καὶ αὐτὸν ἐπιτιμίας ὑπὸ τῆς συνόδου τυγχάνειν „.

Ὁ δέ γε ιβ' τῆς ἐν Χαλκηδόνι συνόδου κανὼν ταῦτα διαλαμβάνει· " Ἦλθον εἰς ἡμᾶς, ὥς τινες παρὰ τοὺς ἐκκλησιαστικοὺς θεσμοὺς προδραμόντες, δυναστείαις, διὰ πραγματικῶν τὴν μίαν ἐπαρχίαν εἰς δύο κατέτεμον, ὡς ἐκ τούτου δύο μητροπολίτας εἶναι ἐν τῇ αὐτῇ ἐπαρχίᾳ. Ὥρισε τοίνυν ἡ ἁγία σύνοδος, τοῦ λοιποῦ μηδὲν τοιοῦτον τολμᾶσθαι παρὰ ἐπισκόπου· ἐπειδὴ τὸν ταὐτόν τι ἐπιχειροῦντα, ἐκπίπτειν τοῦ ἰδίου βαθμοῦ· ὅσαι δὲ πόλεις διὰ γραμμάτων βασιλικῶν τῷ τῆς μητροπόλεως ἐτιμήθησαν ὀνόματι, μόνης ἀπολαυέτωσαν τῆς τιμῆς

---

[1]) Fort. ut in edd. ἀταξίας. Sed infra post graeca varietates multas recensere juvabit.

καὶ ὁ τὴν ἐκκλησίαν αὐτῆς διοικῶν ἐπίσκοπος, σωζομένων δηλονότι τῇ κατὰ ἀλήθειαν μητροπόλει τῶν οἰκείων δικαίων ".

Ταῦτα τῶν ἱερῶν καὶ θείων κανόνων διακελευομένων, ἐπειδὴ οὐκ ἔδει ἡμᾶς ἐν σιωπῇ τὰ τοῦ πράγματος γενέσθαι, οὕτω προφανὲς δεικνύντος τὸ ἄτοπον, ἰδοῦ συνοδικῶς παραδηλοῦμεν τῇ σῇ τιμιότητι, ὡς εἰ μὲν ὑπείκοις ἡμῖν τῶν ἀνέκαθεν ἁρμοζόντων τῇ καθ' ἡμᾶς ἐπαρχίᾳ δικαίων, ἃ κατέχεις νῦν ἐμβατικῶς, εὖ ποιήσεις καὶ ἐπαναθήσῃ ὡς ἀπορρονήσας, καὶ ἐν συναισθήσει τῆς ἀκανονίστου ταύτης ἐπιχειρήσεως γεγονώς, καὶ εἰς τὴν ὁδὸν ἐπανελθών, ἣν ἀνέκαθεν οἱ σοὶ πατέρες ἐβάδισαν, καὶ τάχ' ἂν καὶ συγγνώμης τεύξῃ διὰ τὴν σύνεσιν· | εἰ δὲ τολμήματι στέρξῃς ἀμεταθέτως, καὶ τῆς ἰδίας μονοτονίας ἀνθέξῃ, τῆς ἡμετέρας ταύτης καταφρονήσας γραφῆς, ὑπόδικον αὐτὸς σεαυτὸν ποιήσεις ἐπεξελεύσει κανονικῇ, ἣν δὴ καὶ ἐνδίκως ἐπανατείνονταί σοι μετὰ τῆς τοῦ δικαίου δυνάμεως, ἀφορισμῷ ἀπὸ τῆς ἁγίας καὶ ζωαρχικῆς Τριάδος καθυποβάλλομέν σε, καὶ τῆς τῶν πιστῶν κοινωνίας ἐκκόπτομεν, ὡς παραβάτην τῆς τῶν ἱερῶν καὶ θείων κανόνων διαταγῆς, καὶ ὡς τὴν ἐκκλησιαστικὴν κατάστασιν, ἣν ἀρχῆθεν οἱ ἅγιοι πατέρες ὥρισαντο, συνταράξαντα καὶ συγχέαντα· ἐντεῦθεν δὲ καὶ οἱ κοινωνοῦντές σοι ταῖς αὐταῖς εὐθύναις ὑπόδικοι ἔσονται, εἴτε τοῦ βήματος εἰσίν, εἴτε τῆς λαϊκῆς τάξεώς τε καὶ καταστάσεως. Διαγωγέα δὲ τῆς παρούσης συνοδικῆς ἡμετέρας γραφῆς, τὸν ἱερώτατον ἐπίσκοπον Σκοπίων, ἐν Κυρίῳ ἀγαπητὸν ἡμῖν ἀδελφὸν καὶ συλλειτουργὸν κὺρ Ἰωάννην ἐχειροτονήσαμεν, ὥσαν καὶ διὰ ζώσης φωνῆς ἀναγεγραμμένα διασαφήσῃ τῇ σῇ τιμιότητι. Μηνὶ μαΐῳ ἰνδ. η'.

ΠΖ'.

Περὶ ἐπαφῆς πεπυρακτωμένου σιδήρου, καὶ ὅτι οὐ λογίζεται νόμοις ἀντὶ ὅρκου.
De contactu ferri candescentis, et quod legibus non pro jurejurando reputatur.

Ἱερώτατε ἐπίσκοπε Ἰωαννίνων, ἐν Κυρίῳ ἀγαπητὲ ἀδελφέ, καὶ συλλειτουργέ, ἀνήνεγκας τῇ ἡμῶν μετριότητι, διὰ τοῦ εὐλαβεστάτου διακόνου καὶ κληρικοῦ τῆς κατὰ σὲ ἁγιωτάτης ἐπισκοπῆς, Θεοδώρου τοῦ Καντακουζηνοῦ, περί τινος διακόνου καὶ ταβουλαρίου, χρηματικὴν ἀγωγὴν κινήσαντός κατά τινος λαϊκοῦ, θέλων μαθεῖν εἰ χρὴ τοῦτον τῆς ἱερατικῆς ἀξίας ἀντιποιεῖσθαι, καὶ τῆς κατ' αὐτὸν ταβουλαρικῆς στατίωνος μένειν ἀμετακίνητον, ὡς συκοφάντην ἐκφανθέντα, ἐπεὶ ὁ παρ' αὐτοῦ κατηγορηθεὶς κρίσει τοῦ κατὰ τόπον ἄρχοντος· πεπυρακτωμένον ἔλαβε σίδηρον εἰς ἀθώωσιν ἑαυτοῦ καὶ ἀλύμαντος ἐκ τούτου τετήρηται.

Ἀποκρινόμεθα οὖν τῇ σῇ ἱερότητι, ὡς ἡ τοῦ πεπυρακτωμένου σιδήρου ἐπαφή, ἡ τοῖς πολλοῖς ἀντὶ ὅρκου λογιζομένη καὶ δοκοῦσα φανερὸν ποιεῖν τὸ λανθάνον καὶ ἀμφίβολον τῆς γυμναζομένης ὑποθέσεως, [f. 177] παντάπασιν οὐ μόνον τοῖς ἐκκλησιαστικοῖς, ἀλλὰ καὶ τοῖς πολιτικοῖς νόμοις ἠγνόηται. Τί μέν· ὅτι ἐκ τοῦ βαρβαρικοῦ ἔθνους ὥρμηται. Τί δέ; ὅτι καὶ ὑποπτεύεται. Πολλοὶ γὰρ ὑπεύθυνοι ὄντες, καὶ ἅψασθαι τοῦ τοιούτου σιδήρου δικαιωθέντες, διά τινων γοητειῶν καὶ ἐπῳδῶν τὸν ἐντεῦθεν ἐξέκλιναν ἔλεγχον· ὅτι τοίνυν οὐκ ἀναστρέφεται τὸ τοιοῦτον ἔτος παρὰ τῇ πολιτείᾳ Ῥωμαίων.

Οὐδ' ἡμεῖς ἔχομέν τι γνωμοδοτεῖν ἐπὶ τῇ ὑποθέσει περὶ ἧς ἡμῖν ἡ σὴ ἱερότης ἀνήνεγκεν· οὔτε γὰρ τὸν κατηγορήσαντα συκοφάντην καλέσαι δυνάμεθα, οὔτε τὸν κατηγορηθέντα ἀθῶον κατὰ τοὺς τῶν Ῥωμαίων νόμους ἡγήσασθαι, κἂν τὸ θαῦμα ἴσως τοῦτον ἀθῶον ποιῇ. Τριῶν γὰρ ὄντων τῶν τρόπων, οἱ τὸν συκοφάντην δῆλον ποιοῦσιν, εἰς τούτων ἐστί καὶ τὸ φυγοδικεῖν αὐτὸν ἀναχωροῦντα τῆς κατηγορίας, ἢ μὴ θέλοντα τὸν συκοφαντικὸν ὅρκον ἀποτελέσαι· οὔτε οὖν ὁ εἰρημένος διάκονος συκοφάντης ἀπεδείχθη, ἐπειδὴ ὁ ἐπηρεαστικὸς ὅρκος αὐτῷ οὐκ ἐπηρτήθη, οὔτε μὴν ὁ τοῦ ἐμπύρου σιδήρου ἀψάμενος δοκεῖ ὅσον πρὸς τὴν νομικὴν παρατήρησιν ἠθωῶσθαι· ἐπειδὴ ἡ ἐπαφὴ τοῦ σιδήρου οὐ καθαρῶς εἰκονίζει τὸν τέλειον, κἂν τὰ μάλιστα δεκτὴ τοῖς νόμοις, ὡς εἴρηται· χωρὶς γὰρ συκοφαντικοῦ τέλειος ὅρκος οὐ γίνεται, ὡς ἐκείνου προηγεῖσθαι ὀφείλοντος κατὰ τὴν τῶν νόμων παράδοσιν· διὰ τοῦτο καὶ ὁ νόμος οὕτω περὶ τούτων φησίν· " Οὐ πάντως δὲ συκοφάντης ἐστίν ὁ μὴ ἀποδεικνὺς ὅπερ κατηγόρησεν, ἀλλ' ἐν τῇ κρίσει τοῦ δικαστοῦ μετὰ τὸ ἐλευθερῶσαι τὸν κατηγορούμενον, ζητῆσαι περὶ τούτου ,, καὶ ὅσα ἐξῆς. Ὥστε δῆλον ἐκ τῶν ῥημάτων τούτων ἐστιν τῶν νομικῶν, ὡς δεῖ πρότερον κατὰ νόμους τὴν κρίσιν γενέσθαι, καὶ διὰ συκοφαντικοῦ κ̣αὶ τελείου ὅρκου τμηθῆναι τὴν δίκην, καὶ μετέπειτα τὴν γνῶσιν τοῦ δικαστοῦ τὴν τοῦ συκοφάντου ποιήσασθαι ζήτησιν.

Ταῦτα ἐκ τῶν νόμων καὶ τῶν ἱερῶν κανόνων εἰδότες, τοιάνδε τὴν ἀπόκρισιν ποιοῦμεν πρὸς τὴν σὴν ἱερότητα. Τούτων γὰρ ἐπέκεινα εἰπεῖν τι οὐκ ἔχομεν. Ἡ χάρις τοῦ Θεοῦ μετὰ σοῦ.

ΠΗ'.

Περὶ κλοπῆς καὶ ἐπιορκίας ἱερωμένου προσώπου.
De furto et perjurio personae sacerdotalis.

|Ἐπειδὴ, ὦ ἱερομόναχε Σωφρόνιε, ἐξ ἀβουλίας ἐνέπεσες εἰς πταίσματα δύο, τὴν σὴν μοναδικὴν πολιτείαν καὶ τὴν ἱερωσύνην μολύνοντα, κλοπὴν δηλονότι καὶ ψευδορκίαν (κλέψας γὰρ καὶ ὑποπτευθεὶς, καὶ ἀσφαλῶς ἐρωτηθεὶς καθόλου ἠρνήσω, καὶ ἵνα βεβαιώσῃς τὴν ἄρνησιν, σωματικὸν ἀπετέλεσας ὅρκον, ἐνδυσάμενος τὴν ἱερατικήν σου στολὴν ἅπασαν, εἶτα ἐπιγνωσθεὶς ἐξ ἐλέγχων προδήλων, ὅτι ἀληθῶς ἔκλεψας καὶ ψευδῶς ὤμοσας), καὶ συναίσθησιν ὀψὲ ποτε λαβὼν τῶν ἁμαρτημάτων τούτων, προῆλθες ἡμῖν καὶ ἐξομολογήσω [1]) ὅτι ἔπταισας, καὶ ἠθέλησας λαβεῖν παρ' ἡμῶν τὰ λυσιτελήσοντά σοι εἰς τῶν τοιούτων ἁμαρτημάτων συγχώρησιν, ἰδοὺ τὸ παρὸν ἐπὶ τούτῳ γραμματεῖον συντάσσοντες, ταῦτα ἐκ τῶν κανονικῶν καὶ νόμων θείων δέλτων ἀναλεγόμενοι, ἐκτιθέμεθα.

Φαμὲν οὖν ὡς τὴν κλοπὴν μὲν ἐπὶ τῶν λαϊκῶν, τὴν μὴ ἑκουσίως ὁμολογηθεῖσαν, ἀλλὰ ἐλεγχθεῖσαν, ὁ ξʹ κανὼν τοῦ μεγάλου πατρὸς ἡμῶν Βασιλείου ἐπὶ δυσὶν ἔτεσιν ἀκοινωνησίᾳ κολάζει. Τὴν ἐπιορκίαν δὲ ὁ ξδʹ κανὼν τοῦ αὐτοῦ πατρὸς ἐπὶ δεκαετίᾳ τῷ αὐτῷ καθυποβάλλει ἐπιτιμίῳ. Ὅ γε μὲν κʹ τῶν ἁγίων ἀποστόλων κανὼν τὸν ἐπιορκήσαντα ἱερέα καθαιρέσει καθυποβάλλει. Ὁ ἀκολούθως καὶ [ἡ] ος' νεαρὰ τοῦ ἐν Βασιλεῦσι σοφωτάτου κυροῦ Λέοντος τὴν αὐτὴν ἐπάγει τοῖς ἱερωμένοις τιμωρίαν, ὁπηνίκα τοῖς ψευδέσι τούτων λόγοις καὶ ὅρκον εἰς βεβαίωσιν δῆθεν αὐτῶν ἐπακολουθήσῃ.

Ὅπως μὲν οὖν ἐγκρατείᾳ καὶ σκληραγωγίᾳ ἑαυτὸν καθαρίσῃς ἀπὸ τοῦ μολυσμοῦ τούτου, αὐτάρκης ἔσται σοι διδάσκαλος αὐτὴ ἡ ἀκριβὴς τῶν ἐρημικῶν καὶ μοναδικῶν ἀνδρῶν ἄσκησις, ἢ τινι σεαυτὸν πα-

[1]) Cod. ἰξορέλω. In marg. emendatio suggeritur.

ρχόχλων καὶ μὴ στραφῇς εἰς τὰ ὀπίσω διὰ τὸ ταύτης ἐπίπονον δυνήσῃ τοῦ ἐρετοῦ σοι τυχεῖν· τὸ χρέος γὰρ φιλοτιμίαν ποιήσεις, ἐπειδὴ ἐκεῖνοι μὲν τὴν ἄσκησιν, ὡς χρέως ἀπαραίτητον ἔχουσι· σὺ δὲ ταύτην ἐνθάδε ὡς φιλοτίμη[τος] μαθήσεις ὑπὲρ τῶν ἡμαρτημένων σοι.

Περὶ δὲ τοῦ ἐλθεῖν σε εἰς τὸ ἱερατεύειν οὐκ ἔχω [f. 178] σοι εἰπεῖν ἐγὼ μόνος· τοῦτο γὰρ συνοδικῶς δεῖται σκέψεώς τε καὶ ἀποφάσεως, ὡς τῶν εἰρημένων θεσπισμάτων τοῦ τε ἀποστολικοῦ κανόνος καὶ τῆς νεαρᾶς [cod. νοερᾶς] ἀντικαθισταμένων τῇ ἀποφάσει τῆς συγχωρήσεως.

ΠΘ΄.

Περὶ προχρονισμοῦ, καὶ ὅτι οὐ δεῖ ἀνατρέπειν τὴν ὅρκῳ τμηθεῖσαν δίκην, οὐδὲ προσχήματι ἐπιορκίας, ταύτην ἀναζητεῖσθαι.

De tempore anticipato, et quod non oporteat evertere causam juramento diremptam, neque praetextu perjurii eam repetere.

Καλῶς ἔδοξε τῷ κραταιῷ καὶ ἁγίῳ ἡμῶν αὐθέντῃ τῷ μεγάλῳ Κομνηνῷ, ἐν Πελαγονίᾳ διάγοντι, καὶ διωρισμένῳ τηρηθῆναι παρὰ τῆς ἡμῶν μετριότητος, τὴν ὑποτεταγμένην ὑπόθεσιν καὶ διατιθῆναι ταύτην κατὰ τὸ ἔννομόν τε καὶ δίκαιον, πάρεστι τὴν σήμερον τῇ ἡμῶν μετριότητι προκαθημένῃ συνοδικῶς.

Ὁ τὴν ἀγωγὴν τῆς τοιαύτης ποιούμενος ὑποθέσεως, ἤγουν ὁ Βερροιαῖος ὁ Κορυφηνὸς καὶ τὸν Καππαδόκην ᾐτίσατο Λέοντα σὺν τῷ ἐπ' ἀνεψιᾷ γαμβρῷ αὐτοῦ Κωνσταντίνῳ τῷ Πλύτῳ, παρουσιάζοντα τῷ δικαστηρίῳ καὶ ὑπερπονούμενον τοῦ γαμβροῦ αὐτοῦ Ἀνδρονίκου τοῦ Θρακησίου, τοῦ καὶ Κομάνου ἐπονομαζομένου, λέγων ὡς κατὰ τὸν φευρουάριον μῆνα τῆς παρούσης ἐπινεμήσεως, κατέσχε παρὰ πάντα δίκαιον λόγον ὁ διαληφθεὶς Καππαδόκης δικαίῳ τοῦ εἰρημένου γαμβροῦ αὐτοῦ τοῦ Κομάνου τὸν ἀμπελῶνα τοῦ διαληφθέντος Κορυφηνοῦ, τὸν ἐν τῇ τοποθεσίᾳ τῇ Λοζίτζῃ διακείμενον, καὶ ἐξ ἀγορασίας· τούτῳ ἁρμόσαντα πειρώμενος πλειασμὸς δικαιότητι ἐξωθῆναι αὐτὸν τῆς κατοχῆς τούτου καὶ κυριότητος. Παριστᾷ δὲ ὁ Κορυφηνὸς καὶ δι' ἐμφανείας διαφόρων γραμματείων, ὧν μὲν σημειωδῶν ὡς κατὰ καιροὺς ἐκτεθειμένων παρά τε τοῦ μέρους τῆς ἐκκλησίας καὶ τοῦ δημοσίου· ὧν δὲ ἀγοραίων ἐκμαρτυριῶν, ὅτι πολλάκις τὰ τῆς τοιαύτης ὑποθέσεως ἐπὶ δικαστηρίων ἐδοκιμάσθησαν καὶ ἐτρακταΐσθησαν, καὶ πέρας ἔλαβον τῇ νομικῇ παρατηρήσει ἀκόλουθον· κατέχων δὲ καὶ τὸ ἐνταλτήριον, δι' οὗ τῷ Καππαδόκῃ ἐξῆν ἀντιδικεῖν τῷ Κορυφηνῷ, δικαίῳ τοῦ ἀναγεγραμμένου αὐτοῦ ἀριδηλότερον διεσάφει, ὡς τὴν | νικῶσαν ἐπὶ τῇ τοιαύτῃ ὑποθέσει, ὁ Κορυφηνὸς ἀπενεγκάμενος· ἔλαβε τοῦτο παρὰ τοῦ ἀντιδίκου αὐτοῦ ὡς καταθεμένου· οἷον τὸ ὅπλον ᾧ κατὰ τοῦτο ἐκέχρητο.

Πρὸς ταῦτα ὁ Καππαδόκης ἀπελογίσατο φάμενος, ὡς τὸ παρὰ τοῦ Κορυφηνοῦ προκομιζόμενον ἐκμαρτύριον περὶ τῆς ἀγορασίας τοῦ τοιούτου ἀμπελῶνος διεξιὼν, οὐ καλῶς οὐδὲ κατὰ νόμους ἐκτέθειται· προχρονισμὸν γὰρ περιφέρων τὸν τῷ νόμῳ ἀπόβλητον, αὐτόθεν δῆλον καθίστησιν, ὡς ἐκ δόλου καὶ ῥᾳδιουργίας συνίσταται· ἔλεγε δὲ τοιόνδε τινὰ φαίνεσθαι τὸν προχρονισμόν.

Ὁ χαλκοματᾶς Νικηφόρος πράτης τοῦ ἀμπελῶνος εὑρίσκεται. Ἀγοραστὴς δὲ ὁ Κορυφηνὸς, συντελεστὴς τοῦ πράτορος, ὁ μάρτυς· μὴν τῆς α΄ ἐπινεμήσεως τοῦ ͵ϛϠα΄ ἔτους, ἀναφαίνεται τὴν κατοχὴν τοῦ ἀμπελῶνος τῷ χαλκοματᾷ Νικηφόρῳ, διαλυτέον ἐγγραφον ἐπεστήριξε γεγονὸς κατὰ τὴν ιε΄ τοῦ Ἰουνίου μηνὸς τῆς αὐτῆς ἰνδικτ. τοῦ αὐτοῦ ἔτους· συμπεραίνεται γοῦν ἐντεῦθεν ἀπό τινος ῥαδιουργίας προχρονισμός· ἐχρῆν γὰρ προηγήσασθαι τὴν διάλυσιν, εἶτα ἐπακολουθῆσαι τὴν πρᾶσιν· ἐνταῦθα δὲ τὸ ἔμπαλιν ἀναφαίνεται, καὶ οὕτω διαβολῇ τῶν γεγραμμένων καταπετάννυται, ὡς τῇ φύσει τῶν πραγμάτων ἀκόλουθον μὴ δεικνύντων τὴν ἔκβασιν· ἀνεκπτύσσοντος δὲ καὶ τὰ ἔγγραφα, καὶ κατελαμβάνοντο, διαβεβλημένην ὅσον ἐκ τῶν φαινομένων τὴν ἔκθεσιν περιφέροντα.

Ἀλλ' ὁ Κορυφηνὸς ἐξ ἐφόδου, οἷον ἁπάντων πρὸς τὴν τοιαύτην ἀντίθεσιν, ἐκμαρτύρια δύο ἐξεράνιζεν ἔγγραφα, γεγονότα μὲν κατὰ ῥῆμα φέροντα τῆς παρούσης ἰνδικτ. η΄· τὸ ἓν παρὰ τοῦ μεγαλοδοξοτάτου δουκὸς Βερροίας κυροῦ Κωνσταντίνου τοῦ Πηγονίτου, θάτερον δὲ παρὰ ἀνδρῶν τῷ πλήθει μὲν πολλῶν, λογάδων δὲ τοῦ κάστρου Βερροίας, ἔκ τε τῆς ἱερατικῆς μοίρας καὶ τῆς κατὰ κόσμον· παριστῶντα δὲ τὸν ὅρκον τοῦ ταβουλαρίου, τὸν παρ' αὐτοῦ ἐνώπιον αὐτῶν ἐκτελεσθέντα ἐπὶ πληροφορίᾳ ὡς χωρὶς δόλου καὶ ῥᾳδιουργίας ἁπάσης τὰ [f. 179] εἰς διαβολὴν πίπτοντα ἐκμαρτύρια ἔγγραφα τό τε δηλαδὴ πρατήριον, καὶ τὸ διαλυτέον παρ' αὐτοῦ συνεγράφησαν· εἰς μετάχρονον τὸ διαλυτέον φαίνεται γεγονός· ἀνάγκην γὰρ, φησὶ κατεπιξάσης· τὸν πεπρακότα πρὸς τὴν τοῦ ἀμπελῶνος διάπρασιν γενέσθαι, ὥσπερ ἂν εἰ καὶ μὴ πρότερον πέπρακται· καὶ οὕτως· ἥρκεσθαι πρὸς ἀπαρτισμὸν τῆς διαλύσεως· νόμιμον· ὁ πραθεὶς ἀμπελὼν τῷ τὴν πρᾶσιν ποιήσαντι, τοῦ ἐνισταμένου τότε καιροῦ, τὰ πρῶτα ὕστερον πείθοντο γίνεσθαι.

Ἡ μετριότης τοίνυν ἡμῶν, πολλῶν ἐν μέσῳ παρ' ἑκατέρων τῶν μερῶν λαληθέντων κατὰ ἀντιλογίαν δικηγορικήν, τὰ τοῦ πράγματος διασκεψαμένη μετὰ τῶν συμπαρόντων αὐτῇ ἱερωτάτων ἀρχιερέων ἐν Κυρίῳ ἀγαπητῶν ἡμῖν ἀδελφῶν καὶ συλλειτουργῶν, καὶ γνοῦσα τὸν μὲν Καππαδόκην μάτην ἐπιφυόμενον τῷ Κορυφηνῷ, ὡς τῆς ἀγωγῆς ἣν κινεῖ ἐν διαφόροις δικαστηρίοις δοκιμασθείσης, καὶ ἀποφάσεσι νομίμοις τμηθείσης, τὰ προκεκομισθέντα δέ, ὡς διείληπται, ἐκμαρτύρια ἔγγραφα παρὰ τοῦ Κορυφηνοῦ ἀναλύοντα τῷ ἐνδίκῳ ὅρκῳ τοῦ ταβελλίωνος τὸν προχρονισμόν, ὃν ὁ Καππαδόκης εἰς αἰτίασιν τοῦ εἰρημένου πρατηρίου προάγεται.

Καὶ γὰρ ἐχρῆν τὸν τοιοῦτον ταβουλάριον, οὕτω ἑαυτὸν ἀθωῶσαι, ὅτι καὶ τῷ νόμῳ τοῦτο δοκεῖ· διέγνω τὸν μὲν Καππαδόκην ὑπεκστῆναι δικαίῳ τοῦ γαμβροῦ αὐτοῦ τοῦ Κορυφηνοῦ τῆς κατοχῆς καὶ δεσποτείας τοῦ εἰρημένου ἀμπελῶνος, ὡς τὴν ἀγορασίαν τούτου κατὰ νόμιμον ἀκολουθίαν ποιησαμένῳ, καὶ κατὰ μηδὲν εἰς λόγον πλησιασμοῦ ἐν κατοχῇ ἀμάχῳ γενέσθαι τοῦ ἀμπελῶνος, καὶ τὴν νομὴν ἔχειν τούτου κατὰ τὴν περιόντος αὐτῷ πρατηρίου περίληψιν, μηδένι τοῦ λοιποῦ λόγον ἀντιδικίας παρά τινι ὑφορώμενον ἐπ' αὐτῷ, ὡς εὐλόγως τοῦτον κτησάμενον, καὶ μετὰ βασάνων πολυημέρων δικαστικῶν, ὧν σφραγὶς ὁ ἀναγεγραμμένος ὅρος γεγένηται.

Τοῦτον δὲ τοῦ λοιποῦ ἀνατρέπειν οὐ χρὴ κατὰ τὸν θεῖον νόμον τὸν ἐν κεφαλ. μγ΄ τοῦ ε΄ τίτλ. | τοῦ κβ΄ βιβλ. τῶν βασιλικῶν κείμενον, καὶ ταῦτα ῥητῶς λέγοντα· "Δίχα ὅρκου κατὰ συναίνεσιν ἑκατέρου μέρους ἢ τοῦ διαδίκου ἐπιφέροντος, ἐπενεχθέντος καὶ παρασχεθέντος ἢ συγχωρηθέντος τμηθείσα, οὐδὲ τῷ προσχήματι τῆς ἐπιορκίας ἀνατεῖσθαι δύναται, εἰ μὴ ἄρα ἰδικῶς τοῦτο νόμῳ ὑπεξαιρεῖται„. Τετύπωται μέντοι ἀντιστραφῆναι τῷ Καππαδόκῃ πρὸς τοῦ Κορυφηνοῦ πᾶν τὸ ἀπὸ ἐξετάσεως ἀκριβοῦς ἀναφανησόμενον δαπανηθῆναι παρὰ τοῦ Καππαδόκη τὸν ἄρτι καιρὸν εἰς τὴν τοῦ τοιούτου ἀμπελῶνος καλλιεργίαν, ὡς τοῦ Καππαδόκη οὐκ ἀνάρχως, ἀλλ' ὡς αὐτὸς ᾤετο ἐξ εὐλόγου αἰτίας ἐπιδραξαμένου τοῦ ἀμπελῶνος·

ζ'.

Περὶ τοῦ ἐκ συναινέσεως ὅρκου, καὶ περὶ τῶν παρὰ τοῦ βασιλέως κρινομένων.
De juramento ex consensu, et de judicatis ab imperatore.

Ἀντίληψις καὶ βοήθεια πενομένῳ μὲν γνώμη συμπαθής, καὶ χεὶρ ἰσχύουσα εὐποιεῖν ἐνδεεῖς· ἀδικουμένῳ δὲ, νόμος καὶ κρίσις ἀδέκαστος. Ταύτης δὲ τῆς νόμου βοηθείας καὶ ἀντιλήψεως δεόμενος· καὶ ὁ ἀπὸ τῆς περικλύτου Κορκύρας νήσου ὁρμώμενος τοὔνομα Κωνσταντᾶς, κατεφρόνησε τόπου καὶ ὁδοιπορίας μακρᾶς, ἵνα τὴν καθ' ἡμᾶς ἤπειρον καταλάβῃ, καὶ παραστῇ τῇ ἡμῶν μετριότητι, καὶ ἐφ' οἷς οἴεται ἀδικεῖσθαι τὴν νομικὴν ἐπικουρίαν αἰτήσηται, εἴ γε δηλαδὴ τῇ κατ' αὐτὸν παραστάσει εὑρεθείη προσήκουσα· καὶ τοίνυν παρέστη ὁ ἄνθρωπος τῇ ἡμῶν μετριότητι προκαθημένῃ συνοδικῶς, καὶ τὰ καθ' ἑαυτὸν ἐξελάλησεν οὕτως εἰπών.

Τοῖς πρὸς μητρὸς ἡμοῦ πάπποις, φησί, δύο παῖδες γεγόνασι, ὅ τε λεγόμενος Μακρονικόλαος καὶ ἡ ἐμὴ μήτηρ· ἀλλ' ὁ μὲν Μακρονικόλαος γενόμενος ἔφηβος τὸν θητευτικὸν [1]) εἵλετο βίον, διαφόροις δεσπόταις ἑαυτὸν θέμενος ὑποχείριον, καὶ οὕτως ἐπὶ μακροῖς ἔτεσι, τὴν πλανωμένην ἔτριφεν ἐνδημίαν. Τὴν ἐμὴν δὲ μητέρα οἱ γεννηθέντες, ἔτι αὐτοῦ ἐν τῇ πατρῴᾳ ἑστίᾳ διάγοντος, ἀνδρὶ νομίμως συζεύξαντες μετὰ τῶν ἄλλων καὶ τὴν ἡμίσειαν τῆς αὐτῶν ὑποστάσεως αὐτῇ [f. 180] προσεκλήρωσαν· ταύτης δὲ ἐπὶ παισὶν ἀφήλιξιν, ἐμοὶ δὲ δηλονότι, καὶ τοῖς λοιποῖς τρισὶ τὸν βίον τελευτησάσης, μετ' ὀλίγον δὲ καὶ τοῦ ἡμετέρου πατρὸς τὴν αὐτὴν τοῦ θανάτου ὁδὸν βαδίσαντος, πᾶσα ἡ τούτων περιουσία ὑπὸ τὴν τῶν πάππων κηδεμονίαν γέγονε σὺν ἡμῖν αὐτοῖς τοῖς ἀφήλιξιν· ἐνηλικιωθέντες δὲ ἡμεῖς, τῶν διαφερόντων τῇ μητρὶ ἡμῶν ἀκινήτων γεγόναμεν ἐγκρατεῖς, ἔτι ζώσης τῆς μάμμης ἡμῶν, καὶ δὴ καὶ ἐνεμήμεθα ταῦτα, παρόντος καὶ τοῦ θείου ἡμῶν τοῦ Μακρονικολάου. Ἐπανῆλθε γὰρ καὶ τῆς ἁρμοζούσης αὐτῷ ἡμισείας ἐδράξατο ἐπὶ δυσὶ καὶ εἴκοσιν ἔτεσιν. Μὴ θελήσας δὲ ἀρκεσθῆναι τῇ ἁρμοζούσῃ τούτῳ ἡμισείᾳ, κατέσχεν ἐξ ὁλοκλήρου τὸ κάλλιστον μέρος τῶν τοιούτων ἀκινήτων, τὸ ἐπιλεγόμενον Πιπεράδες, καὶ δυναστείᾳ χρησάμενος, οἰνοφύτοις τοῦτο ἐπύκνωσε καὶ ἀμπελῶνα ἐτέλεσεν. Ἡμῶν δὲ προφανῶς ἀδικουμένων εἰς τὸ τούτου ἥμισυ καὶ τὴν ἀδικίαν αὐτῷ ἐγκαλούντων, τὴν μὲν γὰρ ἀγαθὴν συνείδησιν ἀπεδύσατο, πονηρὰν δὲ μηχάνην ἐφεῦρε, δι' ἧς ἐπενόησε, μὴ μόνον τῆς τοῦ τόπου, ἀλλὰ καὶ τῶν ἄλλων ἀκινήτων τῆς ἡμισείας καθόλου ἡμᾶς ἐκβαλεῖν· ἡμεῖς δὲ ἀναδραμόντες εἰς τὸ τοῦ κραταιοῦ δεσπότου καὶ βασιλέως ἡμῶν δικαστήριον ἔγκλησιν ἐθέμεθα κατὰ τοῦ ἀδικοῦντος ἡμᾶς, παρόντος δὴ καὶ αὐτοῦ· ἀπαιτηθεὶς δὲ οὗτος παρὰ τοῦ δεσποτικοῦ δικαστηρίου, ἀπολογίαν ἀντέθετο, ὡς ἡ μήτηρ ἡμῶν ἔξω προικὸς γέγονε, καὶ διὰ τοῦτο οὐδέν τι τῶν ἀκινήτων συνεγράφη τῇ ταύτης προικί, καὶ ἐπὶ τούτῳ ἐζήτει ἐμφανισθῆναι τὸ προικῷον συμβόλαιον τῆς μητρὸς ἡμῶν, ὥστε δῆλον ἐντεῦθεν γενέσθαι, εἰ καὶ ἀκίνητα οἱ γονεῖς ἐκείνῃ κληροδότησαν· μακροῦ δὲ χρόνου καὶ τῆς ἡμετέρας ὀρφανίας ἰσχυσάντων διαφθεῖραι, καὶ εἴ τι τοιοῦτον χαρτῶον δικαίωμα συντηλοῦν προσῆν ἡμῖν, ἡτοιμαζόμεθα, εἰ ὅρκος ἐπαχθῇ ἡμῖν, ἀποτελέσθαι τοῦτον εἰς τὸ ἡμετέρους λόγους

---

[1]) In marg. ἔγουν τὸν μισθωτικόν.

πιστώσασθαι. Τοῦ πρὸς πατρὸς δὲ θείου ἡμῶν τοῦ Καλοῦ παρόντος, ἀνδρὸς γηραίου καὶ ἀκριβῶς εἰδότος τὰ τοῦ πράγματος, καὶ ἀνειπόντος ἀντὶ τῶν ἀνεψιῶν αὐτοῦ, | δηλονότι ἡμῶν ἀποδοῦναι τὸν ἐπαγόμενον αὐτοῖς ὅρκον, αὐτίκα ὁ Μακρονικόλαος καὶ τοῦ λόγου ἅμα καὶ τῶν ἱματίων δραξάμενος, ἀνεβόησε πρὸς τὸν βασιλέα, ὡς εἰ οὗτος ὁ Καλὸς τὸν τοιοῦτον ὅρκον ἀποτελέσει, ἀρκεσθήσομαι τούτῳ εἰς λύσιν τῆς ἀμφισβητήσεως.

Ὡς οὖν ὁ δεσπότης καὶ βασιλεὺς τὸν λόγον ἐδέξατο καὶ ἐπῄνεσεν, αὐτίκα καὶ ἀπόφασις ἐπὶ τῷ τοιούτῳ ὅρκῳ παρὰ τοῦ κρατοῦς αὐτοῦ ἐξενέχθη, καὶ βασιλικὸς θεῖος τύπος ἐξετέθη, διοριζόμενος τῷ κατὰ χώραν ἐνεργοῦντι, λαβόντι τὸ ὀρκωματικὸν ὅπερ τετυπῶται γραφῆναι παρὰ τοῦ ἁγιωτάτου μητροπολίτου Κερκύρας, διεξαγαγεῖν εἰς ἔργον τὴν βασιλικὴν ταύτην ἀπόφασιν. Καὶ ἐπειδὴ ἐνώπιον τοῦ τε δουκὸς καὶ πολλῶν ἀξιοπίστων προσώπων καὶ αὐτοῦ τοῦ ἀντιδίκου ἡμῶν Μακρονικολάου, ὁ εἰρημένος ὅρκος ἐτελεσιουργήθη ἐν τῷ ναῷ τοῦ ἁγίου Νικολάου, ἔκτοτε μὲν ἐπὶ δυσὶν ἤδη ἔτεσιν ἡσύχασεν ὁ Μακρονικόλαος, καὶ ἡμεῖς ἀμάχως τὰ μητρῷα ἡμῶν ἀκίνητα ἐνεμόμεθα, τῇ βασιλικῇ κρίσει καὶ τῷ δικαίῳ ἐπερειδόμενοι.

Νῦν δὲ ὁ ἀντίδικος ἡμῶν χρησάμενος ἑτέρῳ τινὶ δικαστηρίῳ ἀποφαινομένῳ, μὴ καλῶς γενέσθαι τὸν ὅρκον πάλιν ἡμῖν ἐπιφύεται, καὶ φιλονεικεῖ τῶν μητρόθεν διαφερόντων ἡμῖν ἐξωθῆσαι ἡμᾶς. Ζητῶ οὖν μαθεῖν εἰ εὐλόγως ὁ νέος οὗτος δικαστὴς ἀναψηλαφῶν, ἄπρακτον ἀποφαίνει τὸν ἀποτελεσθέντα ὅρκον, ἐξ ἐπαγωγῆς μὲν τοῦ ἀντιδίκου ἡμῶν, ἐξ ἀποφάσεως δὲ καὶ συναίσεως τοῦ κρατίστου βασιλέως ἡμῶν. Ἀλλ' ὁ μὲν Κωνσταντᾶς οὕτω καθ' ἑαυτὸν ἐξηγήσατο.

Ἡ μετριότης δὲ ἡμῶν, μετά γε τῶν συνεδριαζόντων αὐτῇ ἱερωτάτων ἀρχιερέων ἐν Κυρίῳ ἀγαπητῶν ἡμῖν ἀδελφῶν καὶ συλλειτουργῶν, τὰ τοῦ πράγματος διασκεψαμένη, καὶ καταλαβομένη (sic) δεκτὰς τοῖς φιλευσεβέσιν νόμοις τὰς φωνὰς εἶναι τοῦ Κωνσταντᾶ, ταῦτα γνωματεύει πρὸς τὴν τούτου ἀφήγησιν.

Ὡς αὐταρκὴς μὲν ἦν τῷ Κωνσταντίνῳ καὶ τοῖς ἀδελφοῖς αὐτοῦ εἰς βεβαίωσιν καὶ δικαίωσιν ἡ ἐπὶ ἔτεσιν εἴκοσιν καὶ δύο κατοχὴ καὶ νομὴ τῆς μητρόθεν διαφερούσης αὐτοῖς τῶν ἀκινήτων [f. 181] ἡμισείας· ἐπειδὴ παρόντος ἐν τοσούτῳ καὶ τοῦ θείου αὐτῶν τοῦ Μακρονικολάου, καὶ νεμομένην τὴν ἁρμόζουσαν αὐτῷ ἑτέραν ἡμίσειαν τῆς τοιαύτης κατοχῆς καὶ νομῆς, κύριοι ὄντες ἐτύγχανον· δεκαετία μὲν γὰρ ἐπὶ τῶν παρόντων, εἰκοσαετία δὲ ἐπὶ τῶν ἀπόντων, πᾶσιν ἀποκλείει τὰς ἀγωγάς, οἷς ἔξεστιν ἀνακαλεῖσθαι τὰ (cod. τὰς) σφίσιν ἁρμόζοντα, ὁπηνίκα ἀπαλλοτρίαν γένωνται κατοχὴν, ἢ διὰ δουλείας ἢ δι' ὁποιοσοῦν ἑτέρας τοιαύτης αἰτίας.

Ὅτι δὲ καὶ εἰς βασιλικὸν δικαστήριον τὰ τῆς ὑποθέσεως ταύτης ἐκροτήθησαν, καὶ ἀποφάσει ὅρκου ἐτμήθησαν, ὡς ἀφήγησις περιέχει, ἐπὶ πλέον τὸ δικαίωμα τῶν ἀναγεγραμμένων παίδων ἐκρατύνθη καὶ στερρότερον γέγονε παραπλήσιον, ὡς εἰ καὶ στερρὸς θεμέλιος, ἐπιβολαῖς ἐρεισμάτων ἀνεπιχείρητον πάντη λαμβάνει καὶ ἀκατάσειστον τὸ στερέμνιον.

Καλῶς δὲ καὶ κατὰ τὴν νομικὴν παρατήρησιν ἡ τοῦ ὅρκου ἀπόφασις ἐξενέχθη· ἐπὶ πάσης γὰρ δικανικῆς ἔριδος ἔνθα ἐγγράφων ἢ ἑτεροίων ἀποδείξεων ἀπορία τυγχάνει, ὅρκος ἐπιφέρεται εἰς τομὴν τῶν προκειμένων ἀμφισβητήσεων· καὶ τοῦτο αὐτὸ δηλῶν ὁ νόμος· ἐν μὲν α΄ κεφαλ. τοῦ α΄ τίτλ. τοῦ κβ΄ βιβλ. τῶν βασιλικῶν ῥητῶς οὕτω φησίν· "Ὅρκος ἐπιφερόμενος, εἴτε παρὰ τοῦ ἀντιδίκου, εἴτε παρὰ τοῦ δικαστοῦ, τέμνειν τὴν ἀμφισβήτησιν· ἔοικε γὰρ διαλύσει, καὶ μείζων ἐστὶ ψήφου „. Ἐν δὲ μ΄ κεφ. ταῦτα· " Ἡ δίκη ὅρκου κατὰ συναίνεσιν ἑκατέρου μέρους, ἢ τοῦ ἀντιδίκου ἐπιφέροντος, ἐπενεχθέντος καὶ παρασχεθέντος ἢ συγχωρηθέντος τμηθεῖσα, οὐδὲ τῷ προσχήματι τῆς ἐπιορκείας ἀναψηλαφᾶσθαι δύναται „. Ἐν μέντοι τῷ ν΄ κεφ. περὶ τὰ μέσα ταῦτα θεσπίζει " Ἀποφάσεως ἅπαξ ἐξενεχθείσης καὶ ἐκκλήτου μὴ ἐπιδοθείσης ἢ γενομένης ἐκκλήτου, βεβαιωθείσης δὲ τῆς πρώτης ἀποφάσεως· ἐν τῷ δικαστηρίῳ τῆς ἐκκλήτου, οὐκέτι ἔξεστι μεταμελεῖσθαι τῷ ἐπενεγκόντι τὸν ὅρκον καὶ μεταπηδᾶν πρὸς ἑτέρας ἀποδείξεις, ἵνα μὴ ἄνωθεν δικαζόμενος τὸ τέλος τῆς πρώτης ὑποθέσεως, ἀρχὴν ἑτέρου δικαστηρίου ποιήσηται „.

Ὅτι τοίνυν καὶ ἀπόφασις τοῦ | κρατίστου δεσπότου ἡμῶν καὶ βασιλέως τὸν γεγενομένον ὅρκον κατὰ νόμους ἐκράτυνε, σφόδρα ἐστὶ τολμηρὸν καὶ μηδ᾿ ὅλως βάπτον εἰς νοῦν συνετὸν καὶ νομοτριβούμενον. Ναὶ δὲ καὶ τοῖς νόμοις ἀνένδεκτον ὁπωσοῦν τινα πρᾶξαι ἢ ἐννοῆσαι τοῦ ἐπὶ τῇ παρούσῃ δίκῃ ἐκτελεσθέντος ὅρκου ἀναψηλάφησιν καὶ κατάλυσιν· παντὶ γὰρ ἀνάγκη καὶ πάντοτε

νόμῳ τοῦτο δοκοῦν ὑπομνήματι τῆς βασιλικῆς θειότητος ἐντυγχάνοντι τὸ σέβας τούτῳ ἐξ ἀνάγκης ἀπονέμειν καὶ τὴν προσκύνησιν. Τὸ γὰρ ἐπὶ τῇ βασιλικῇ κρινόμενον ἐξουσίᾳ τῆς ἔξωθεν οὐκ ἄν ποτε δεηθείη διατυπώσεως, ἐπεὶ καὶ τὰ τῆς ἐκκλήτου χώραν ἐν ταύτῃ οὐδ᾿ ὅλως ἔχουσι· δραπετεύουσι γὰρ τῇ βασιλικῇ ὑποχωροῦντα μεγαλειότητι, τὸ τῆς βασιλικῆς δὲ θειότητος μεγαλεῖον καὶ νόμος παριστῶν ταῦτά φησιν· " Ὅταν ἕτερόν τι τὸ νόμιμον βούληται, ἕτερον δὲ τὸ δίκαιον, μόνος ὁ βασιλεὺς τὴν περὶ τούτου τέμνει ζήτησιν, ἐπειδὴ αὐτῷ μόνῳ πρέπει τὰ τοιαῦτα τέμνειν „.

Οὕτως ἐχούσης τῆς νομικῆς παρατηρήσεως, φαίνεται προφανῶς ὁ Κωνσταντᾶς ἀδικούμενος, καὶ τὸ βασιλικὸν καὶ φοβερὸν ὕψος περιφρονούμενον, ᾧ δὴ πάντως καὶ μελήσει τοῦ καὶ τὴν οἰκείαν πρᾶξιν διὰ τῆς βασιλικῆς ἐξουσίας βεβαίαν ποιῆσαι, καὶ τὸν ἀδικούμενον τοῦτον ἐξελέσθαι ἐκ χειρὸς παρανομοῦντος καὶ ἀδικοῦντος· τὸ ψαλτῳδούμενον

ϟΑ΄.

Περὶ ὀρφανικῶν ἀκινήτων πατρικῶν, ἐκποιουμένων παρὰ τῆς μητρός.
De orphanicis immobilibus paternis a matre alienatis.

Ἐνθέως ἄρα καὶ ἄριστα τὸν χρόνον ὁ νόμος τοῖς ἀνήβοις ἐφήπλωσεν, ἵνα τῇ ἐντεῦθεν σκέπῃ τὰς ἐκ τῆς ὀρφανίας ἐπερχομένας τούτοις ἀνωμαλίας εὐχερῶς διαφεύγωσιν. Εἰ γὰρ τῆς ἐκ τούτων βοηθείας ἐστέροντο, οὐδὲν ἂν εἶχόν τι πλέον τῶν αἰχμαλώτων, ἐγγὺς δὲ εἰπεῖν, καὶ τῶν καταβαινόντων εἰς λάκκον, κατὰ τὸ λόγιον.

Τοιαύτης ἄρτι βοηθείας τετύχηκε καὶ ὁ ἐν κάστρῳ τῆς Ἀχρίδας τὰς οἰκήσεις ποιούμενος Γεώργιος, ὁ Κουρίτζης τὸ ἐπωνύμιον, ὃς τῷ τοῦ ἰδίου πατρὸς θανάτῳ ἄνηβος ἐναπολειφθείς, καὶ μετὰ τῆς ὀρφανίας τῇ μητρὶ συναπολαύων τῶν ἐκ τῆς χηρείας δεινῶν, τὴν γε πατρῴαν αὐτοῦ ἀκίνητον

οὐσίαν [f. 182] κεκινδύνευκεν ἀπολέσαι, ὡς ἐκ μέρους μὲν ἀποχερσωθεῖσαν, μέρους δὲ καὶ διαπραθεῖσαν, βίας κατεπειγούσης, ὅτι γοῦν εἰς μέτρον ἦλθεν ἡλικίας, καθ᾿ ἣν ἐφίασιν οἱ νόμοι τοῖς νέοις· ἀνακαλεῖσθαι τὰ εὐλόγως αὐτοῖς διαφέροντα, καὶ ἐν τούτοις ἀποκαθίστασθαι. Ἐν τοσούτῳ δὲ καὶ τὴν ἀποδημίαν ἔλυσεν, ἣν στέρξαι τοῦτον ἡ ὀρφανία πέπεικε, ἐν τῇ σφετέρᾳ δηλαδὴ πατρίδι καλῶς ἀποκαταστάς, τὸν ἐν τῷ χωρίῳ Βιδοβίστῃ οἰκοῦντα τοὔνομα Σιλβέστρον παρὰ τῷ δεσποτικῷ θείῳ δικαστηρίῳ τὴν σήμερον ᾐτιάσατο· φάμενος ἀνευλόγως οἴεσθαι κατέχειν αὐτὸν ἕνα τῶν ἀμπελώνων τούτου τῶν πατρικῶν, τὸν ἐν τῇ τοποθεσίᾳ τῆς

Σουσίτζης διακείμενον, καὶ ἀμπελῶσι τοῦ τε θεοσεβαστάτου δευτερεύοντος τῶν ἱερέων Νικηφόρου τοῦ Γρίτζη, καὶ τοῦ εὐλαβεστάτου ἱερέως Ἰωάννου τοῦ Χαϊτᾶ συγκείμενον· ἐπεὶ δὲ παρῆν καὶ ὁ Σίλβεστρος, οὐκ ἀμελέτητος δὲ τῷ δικαστηρίῳ, παρέλαβε τὸ παρ' αὐτὰ τὰς ἀντιρρήσεις ἐτίθετο, καὶ ἀκολούθως ἐκμαρτύριον ἔγγραφον προεκόμιζεν· ὃ δὴ ἀναπτυχθέν, παριστῶν ἐφαίνετο πρὸς αὐτὸν τοῦ τοιούτου ἀμπελῶνος διάπρασιν καὶ τῆς πράξεως ταύτης κατάρξαντας, τοὺς καὶ ἄνωθεν τοῦ ἐγγράφου δι' ἐπισεμάνσεως τιμίων σύγνων ὀνομαστὶ δηλουμένους, τήν τε δηλαδὴ μητέρα τοῦ Γεωργίου καὶ αὐτὸν τὸν Γεώργιον· ἔτι γε μὲν καὶ συντελευτὴν τούτου χρόνου, εἶτ' οὖν ἔτος ϛψιβ'· τῷ Σιλβέστρῳ δὲ ὁ Γεώργιος ἀντιταξάμενος παρεγράφετο τὴν διάπρασιν, οὐ μόνον ἐκ τοῦ χρόνου τῆς ἡλικίας αὐτοῦ (δεκαετὴς γὰρ κατελαμβάνετο εἶναι, ὅτι τὸ πρατήριον συνετάσσετο), ἀλλὰ καὶ ἐκ τοῦ μὴ ἐξεῖναι τῇ μητρὶ αὐτοῦ διαπιπράσκοντι τῶν πραγμάτων τούτου τῶν πατρικῶν· ὡς οὖν διέπεσε ἐνταῦθα τὸν Σίλβεστρον τὸ πρατήριον, οὐδὲ γὰρ εἶχεν ἀντιτιθέναι τι ταῖς τοῦ Γεωργίου νομίμοις παραγραφαῖς τὸ ἀποτρέπον αὐτάς· διεγνώσθη τῷ δεσποτικῷ θείῳ δικαστηρίῳ τὸ μὲν πρατήριον καθόλου ἄπρακτον εἶναι, ὡς ἐπὶ ζημίᾳ καὶ ἀρπαγίᾳ τοῦ ὀρφανοῦ γεγονός. Ὅτι τε δηλαδὴ αὐτὸς ἄνηβος τυγχάνων ὢν, τούτου προβαίνοντος, καὶ ὅτι ὁ τριακονταετὴς χρόνος οὐκ ἐρρύη αὐτῷ ἐκ τῆς ἀνηβότητος, καὶ | ὅτι μάτην ἡ τούτου μήτηρ τὴν τοῦ εἰρημένου ἀμπελῶνος πρᾶσιν ἐτίθετο, κατὰ τὴν νοερὰν νομοθεσίαν τὴν κειμένην ἐν ιδ' τίτλ. τοῦ κη' βιβλ. τῶν βασιλικῶν, καὶ ταῦτα ἐν μέρει διεξιοῦσαν ῥητῶς·

« Καὶ ἵστωσάν γε ἐκ τοῦδε ἡμῶν τοῦ νόμου, ὡς κἂν εἴ τινες παρὰ τῶν τοιούτων γονέων ἀγορασίαν ποιήσαντο, κἂν ἐλάβοιεν δωρεάν, κἂν εἴ τι τῶν πάντων πράξαιεν, ἐν ἴσῳ τοῖς μήτε πεπραγμένοις, μήτε γεγραμμένοις, ἔσται τὸ γινόμενον· ἐκδιδοῦσι γὰρ αὐτὰ πάντως, οἱ παῖδες, κληρονόμοι τε αὐτῶν καὶ διάδοχοι· παρά τε κληρονόμων ἐκείνων καὶ διαδόχων, οὐκ ἄλλως ἀποκλειόμενοι, πλὴν εἰ μὴ τριακονταετὴς παρέλθῃ χρόνος. »

Τὸν Γεώργιον δὲ ἐν κατοχῇ τοῦ τοιούτου ἀμπελῶνος γενέσθαι καὶ κυριότητι ἀπὸ τοῦ νῦν καὶ εἰς τὸ ἑξῆς, ὡς παρὰ τῆς ἡλικίας τῆς ἐν τῇ ἀνηβότητι κατὰ τὴν τοῦ νόμου περίληψιν βοηθούμενον. Ἐπεὶ δὲ μεμαρτύρηται ὡς κεχερσωμένον ἐπὶ διετίᾳ ὁ Σίλβεστρος· τὸν τοιοῦτον ἀμπελῶνα παρέλαβε, τετύπωται τρίτην ἐξ αὐτοῦ μοῖραν αὐτὸν ἀπενέγκασθαι, χάριν τῶν κόπων καὶ τῶν ἐξόδων αὐτοῦ, ὧν ὑπὲρ βελτιώσεως αὐτοῦ κατεβάλλετο, ἔτι γε μὲν καὶ τοῦ δοθέντος παρ' αὐτοῦ ὑπὲρ τούτου τιμήματος.

μβ'.

Ὅτι τὰ κατὰ βίαν γινόμενα οὐκ ἔρρωνται, οὐδὲ ἀπὸ βασιλικῆς ἀντιγραφῆς βεβαιοῦνται, καὶ περὶ πλαστοῦ, καὶ ὅτι τὸ ἐξ ἀρχῆς ἀνυπόστατον οὐδὲ τῇ χρονίᾳ νομῇ βεβαιοῦται.

Quod vi extorta non valeant, neque rescripto imperatorio confirmentur, et de fictitio, et quod ab initio caducum neque longa praescriptione instauratur.

Ἔδει τὸν εὐλαβέστατον ἱερέα Κωνσταντῖνον, τὸν ἐπονομαζόμενον Καλλοβελώνην, Βερροίαθεν ὁρμωθέντα τῷ καθ' ἡμᾶς ἱερῷ συνεδρίῳ παραλαβεῖν ἐπὶ ἐναγωγῇ τινὸς κατ' αὐτὸν ὑποθέσεως, συνεπάγεσθαι καὶ τὸν παρ' αὐτοῦ ἐναγόμενον, ἵνα ἥ τε ἀκοὴ τοῦ δικαστηρίου τὰς ἀμφοτέρων τῶν ἀντιδίκων προτάσεις δέξηται ἀπλανῶς, καὶ ἡ

CAP. XCII. DE CONTRACTIBUS VI EXTORTIS

ἀπόρσεις· μετ' αὐτοῦ ἑκατέρων πορεύηται ἀληθῶς· ὡς μηδὲ δόξαι ταύτην τισίν, ὥσπερ τι ἐρημοδίκιον. Ἐπεὶ δὲ ὁ διαληφθεὶς ἱερεὺς οὐ μόνον τὴν τοῦ φόρου παραγραφὴν, ἀλλὰ δὴ καὶ τὸ τῆς ὁδοῦ μῆκος κωλύοντα εἶχεν αὐτὸν εἰς τὸ καὶ τὸν ἀντίδικον αὐτοῦ συνεπάγεσθαι, πέπεικεν ἡμᾶς [f. 183] ἱκετικοῖς λόγοις κατὰ μίαν μοῖραν αὐτοῦ ἀρκέσασθαι, καὶ τῆς αὐτοῦ ἀφηγήσεως ἐξητασμένην θέσθαι ἀπόκρισιν, ὥστε δηλαδὴ, εἰ ἀληθής αὕτη κατὰ χώραν ἐξεταζομένη εὑρεθείη παρὰ τοῦ τὰ ἐκεῖσε ἁρμόζοντα δικαιωθῆναι τοῦτον ἐκ τῆς τοιαύτης ἀποκρίσεως, ὡς ταῖς τοῦ νόμου καὶ τοῦ δικαίου παρατηρήσεσι συνῳδοῦ· παραστὰς τοίνυν ὁ τοιοῦτος ἱερεὺς τῇ ἡμῶν μετριότητι προκαθημένῃ συνοδικῶς, ταῦτα οὕτως ἀποστοματίσε.

Νομισμάτων, φησί, γέγονεν ἐνδεὴς, καὶ δὴ προσῆλθεν ἑνὶ τῶν τὴν αὐτὴν τούτῳ πόλιν οἰκούντων, Κωνσταντῖνος ἐκείνῳ τὸ ὄνομα, Κοστομίρης τὸ ἐπώνυμον, καὶ ᾐτήσεις δύο χρυσίνους· δανειακῶς, οὐ πρότερον αὐτὸς ἔλαβε παρ' ἐκείνου, πρὶν ἢ συνεφώνησεν ἀντὶ τούτων δοῦναι αὐτῷ ἐν τῷ τοῦ θέρους καιρῷ, μετὰ τρεῖς μῆνας μέλλοντι ἐπιστῆναι, σίτου μοδίους δέκα ἐν τῷ ὑποθέσθαι αὐτῷ καὶ τὸν ἀμπελῶνα αὐτοῦ καὶ συμφωνῆσαι· ὥστε καιροῦ ἐπιστάντος εἴ γε εὐρεθείη κατά τι, μὴ ἀναδοῦναι αὐτὸν τὸ συμπεφωνημένον τοῦ σίτου ποσὸν, ἱκανωθῆναι τὸν δανειστὴν ἀπὸ τοῦ καρποῦ τοῦ τοιούτου ἀμπελῶνος· εἰ δὲ μὴ ἀποχρῶν τυχὸν αὐτῷ εὑρεθείη, τὸ λοιπὸν εἰς τὴν ἱκάνωσιν ἀνασωθῆναι αὐτῷ ἐκ τῆς λοιπῆς περιουσίας τοῦ ἱερέως· συνετέθειται δὲ οὕτω ταῦτα καὶ συμπεφώνηται μεταξὺ ἀμφοτέρων, καὶ ἐπὶ πλάξεως ἐκμαρτυρίων ἀσφαλῆ καὶ δῆλα γεγόνασιν, ἐπέστη λοιπὸν ὁ προσδοκώμενος, τοῦ θέρους καιρός· εὑρέθη κατησχυμμένη ἡ ἐλπὶς τῶν καρπῶν· ἐγγίζοντος γάρ, φησίν, τηνικαῦτα τοῦ καιροῦ τοῦ λιμοῦ, δέδωκεν οὐδαμῶς ἡ γῆ τὸν ἑαυτῆς καρπὸν τοῖς προσδοκοῦσιν αὐτόν. Ἐζητήθη ὁ συμφωνηθεὶς σῖτος, παρὰ τοῦ δανειστοῦ, εἵλκετο ὁ ἱερεὺς εἰς τὴν τούτου ἀπόδοσιν· μὴ ἔχων δὲ τὸν σῖτον διὰ τὴν ἀφορίαν, χρυσίνους ἓξ ἀντὶ τούτου παρεῖχε τῷ δανειστῇ, ἐκεῖνος δὲ μηδαμῶς ἀνασχόμενος τούτους λαβεῖν, τὸ ἐκμαρτύριον προεκόμιζε· τοῦτο δὲ ἀναγινωσκόμενον, ἄλλα τινα διελάμβανε παρὰ τὰ κοινῇ δόξαντα ἀμφοτέροις, ὡς ἄνωθεν εἴρηται· τὰ δὲ ἦσαν, ἵνα τοῦ χρέους | ἐγκαίρως μὴ ἀναδοθέντος, καταλογιστῇ ἀντὶ τούτου τῷ Κοστομίρῃ σύμπας· ὁ ἀμπελὼν, ὡς καὶ δεσπόζεσθαι παρὰ τούτου εἰς τὸ ἑξῆς· ἠρνεῖτο τὸ σύγγραμμα ὡς νόθον ὁ ἱερεύς. Ὁ Κοστομίρης ἀπρὶξ εἴχετο τούτου, τὸ χρέος ζητῶν· καὶ τέλος κατασύρει τοῦτον εἰς τὸ πρακτορικὸν δικαστήριον, καὶ ἐναγαγὼν κατ' αὐτοῦ, ἐμφανίζει τὸ ἔγγραφον· καὶ αὐτίκα τῆς δίκης μὲν αὐτὸς κρατεῖ, μὴ περιεργαζομένου τοῦ δικαστοῦ, εἴτε γνήσιόν ἐστιν, εἴτε νόθον τὸ ἐκμαρτύριον. Ὁ ἱερεὺς δὲ ἐγκλείεται φυλακῇ, τὸ χρέος ἀσυμπαθῶς ἀπαιτούμενος. Ἐντεῦθεν οὗτος βίᾳ καὶ φόβῳ συσχεθείς, βίᾳ μὲν ἀπὸ τοῦ δανειστοῦ, φόβῳ τε ἀπὸ τῆς ἐξουσίας καὶ τοῦ λιμοῦ, ἐκπληροῖ καὶ ἄκων ὅπερ ὁ Κοστομίρης ἐβούλετο, καὶ προχαράξας ἐν χάρτῃ μετὰ τοῦ τιμίου σταυροῦ τὴν οἰκείαν ὀνομασίαν· δι' ἐγγράφου ὁμολογίας ὑποτάττει τῷ Κοστομίρῃ τὸν ἀμπελῶνα, ὥστε τοῦ λοιποῦ κατέχεσθαι τοῦτον παρ' αὐτοῦ καὶ δεσπόζεσθαι. Τούτου δὴ οὕτω γενομένου, τῆς φυλακῆς αὐτὸς ἀπολύεται, ὡς ἀμήχανον ὄν. Ἄλλως ἐκεῖθεν αὐτὸν ἐξελθεῖν, καὶ τηνικαῦτα διά τε τὴν στέργησιν τοῦ ἀμπελῶνος, διά τε τὴν τῶν ζωαρκῶν (sic) ἔνδειαν, ἀπόδημος τῆς πατρίδος· ἐπὶ ἑπτὰ ἔτεσι γίνεται· ἐπανελθὼν δὲ ἤδη δίκης συνῆψε τῷ Κοστομίρῃ τὸν ἀμπελῶνα ἀνακαλούμενος.

Ταῦτα ὁ ἀναγεγραμμένος ἱερεὺς Κώνστας ἀφηγησάμενος, ἐζήτει μαθεῖν, εἰ ὁ Κοστομίρης ἰσχυρὰν ἐκληρώσατο τὴν νομὴν τοῦ ἀμπελῶνος τῷ ἀναπεφωνημένῳ ἐγγράφῳ πλαστῷ ὄντι, καὶ εἰ τὸ παρ' αὐτοῦ γεγονὸς ὕστερον ἔγγραφον, τὸ ἑδραῖον ἔχει καὶ ἀπερίτρεπτον, βία και φόβω παρ' αύτοῦ εκτεθέν, ώς διείληπται.

Ἡ μετριότης δὲ ἡμῶν, μετά γε τῶν συνεδριαζόντων αὐτῇ ἱερωτάτων ἀρχιερέων, τὰ τοῦ πράγματος διασκεψαμένη, πρὸς τὴν τοῦ ἱερέως ἀφήγησιν, ταῦτα ψηφίζεται.

Ὁ ἀγὼν πρόκειται γενναῖος, τῷ ἱερεῖ ἀποδεῖξαι τὰ τῇ ἀφηγήσει ἐμφερόμενα ἐκμαρτύρια, τὸ μὲν δηλαδὴ τὸ πρῶτον τοῦ πλαστοῦ ῥᾳδιουργίᾳ νενοθευμένον· τὸ δὲ ἤτοι τὸ ὕστερον, βίᾳ καὶ φόβῳ παρ' αὐτοῦ ἐκτεθέν. Εἰ γάρ τοι δυνηθείη τοῦ ἀγῶνος· [f. 184] κρατῆσαι ἢ μαρτύρων ἀξιοπίστων φωναῖς ἢ ὅρκοις ἢ τρόπῳ τινι ἑτέρῳ νομίμως ἀποφανθέντι παρὰ τοῦ κατὰ τόπον δικάζοντος, ἀμάχως αὐτίκα καὶ σὺν οὐδενὶ τῷ κωλύοντι εἰς τὴν τοῦ οἰκείου ἀμπελῶνος νομήν, ἧς ἐξεκρούσθη, ἀποκατασθήσεται, τῶν ἐγγράφων περιτραπέντων, ὡς ἀνισχύρων παντάπασιν· ὅτι μὲν γὰρ μεμίσηνται καὶ παρὰ τῆς θείας γραφῆς, αἱ ἄδικοι συγγραφαὶ καὶ τὰ βίαια συναλλάγματα, καὶ ἡ ἐκεῖθεν ἀπειλὴ τοὺς ἐκκλίνοντας εἰς τὰς στραγγαλιάς, ἀπάγειν βοᾷ τὸν Κύριον μετὰ τῶν ἐργαζομένων τὴν ἀνομίαν, γνώριμόν ἐστι πᾶσι τοῖς νουνεχῶς ἐφιστῶσιν αὐταῖς, οὐδὲν δὲ ἧττον καὶ ὁ πολιτικὸς νόμος οὐχ ὅπως κωλύει τὰς τοιαύτας πράξεις, ἀλλὰ καὶ ἰσχυρῶς τιμωρεῖται τοὺς μετιόντας αὐτάς, τοῖς ἀδικουμένοις νέμων ἐκδίκησιν.

Χρὴ δὲ πρὸς τὴν τοῦ λόγου πίστωσιν, αὐτὰς τὰς τοῦ νόμου διατάξεις ἐπιρρήδην παρρησιᾶσθαι. Ἐν μὲν γὰρ τῇ ρις' κεφαλ. τοῦ γ' τίτλ. τοῦ β' βιβλ. τῶν βασιλικῶν ταῦτα φησίν· "Οὐδὲν οὕτως ἐναντίον τῇ ἀγαθῇ πίστει ὡς ἡ βία καὶ ὁ φόβος „. Ἐν δὲ τοῦ ρνβ' κεφαλ. τοῦ αὐτοῦ βιβλ. τῶν βασιλικῶν, ταῦτα φησίν· " Ὁ ποιήσας βίαν ἢ τῷ περὶ βίας δημοσίᾳ ἢ τῷ περὶ βίας ἰδιωτικῆς ὑποπιπτομένῳ „. Ἐν δὲ τῷ νς' κεφ. τοῦ γ' τίτλ. τοῦ ν' βιβλ. ταῦτα διακελεύεται· " Οὐδὲ ἀπὸ θείας ἀντιγραφῆς τὴν βιαίως ληφθεῖσαν παρ' αὐτοῦ νομήν, βεβαιοῖ τίς „. Ἐν δὲ τῷ γ' κεφαλαίῳ τοῦ μα' τίτλ. τοῦ ξ' βιβλ. ταῦτα διαγορεύουσιν· " Ἀπὸ πλαστοῦ νομὴν οὐδεὶς δύναται ἑαυτῷ κατασκευάσαι, διὰ τοῦτο κατὰ τῶν λεγόντων ἑαυτοὺς εἶναι δεσπότας, δύναταί τις τὴν περὶ τοῦ πλαστοῦ κατηγορίαν κινῆσαι λέγων· αὐτοὺς ἀπὸ πλαστῶν δικαιωμάτων κατασκευάζειν ἑαυτοῖς τὴν δεσποτείαν τοῦ πράγματος „.

Ταῦτα τοῦ νόμου θεσπίζοντος, Κωστομίρης, ὡς μὴ ἀγαθῇ χάριτι τὸν τοῦ χρέους ἑαυτοῦ ἀντέλλογον ποιησάμενος, πρῶτα μὲν ἐκ τοῦ νενοθευμένου ἐγγράφου, ἔπειτα δὲ ἐκ τοῦ φόβου τε καὶ τῆς βίας καταδικασθήσεται εἰς τὸ ἀποκαταστῆσαι τῷ ἱερεῖ τὸν ἀμπελῶνα αὐτοῦ. Εἴ γε φανείη ἐκ πονηρᾶς οὕτω καὶ περιέργου μεθόδου τοῦτον εἰσπηνησάμενος, αὐτίκα γὰρ καὶ παρὰ νόμοις ποινὰς ὑποστήσεται. Ὁ δέ γε ἱερεὺς εἰς τὸ οἰκεῖον | ἀπεντεῦθεν ἀποκαταστήσεται, μηδὲ χρονίᾳ τυχὸν παραδρομῇ ἀπειργόμενος· κανὼν γὰρ καὶ τοῦτο νόμιμος, ὅτι τὸ ἐξ ἀρχῆς ἀνυπόστατον, οὐ βεβαιοῦται τῇ χρονίᾳ παραδρομῇ· ἀνυπόστατον δὲ πάντη πάντως ἐστὶ τὸ παράνομον καὶ τοῖς ἀγαθοῖς τρόποις ἐναντιούμενον.

μΓ' deest.

ϟδʹ.

Ὅτι τὰ οὐκ ἐξ εὐλόγου, ἀλλὰ ἐκ μεμολυσμένης αἰτίας τὴν ἀρχὴν τῆς νομῆς δεξάμενα σὺν πονήμασι καὶ οἰκοδομαῖς εἰς τοὺς δεσπότας ἀποκαθίστανται.

Quod quae non ex bona, sed ex vitiata causa ab initio possessionis acquiruntur, cum laboribus et structuris dominis restituuntur.

Καλῶς ὁ νόμος τὰς ἐκ μεμολυσμένης αἰτίας διὰ κατοχὰς, ἀστηρίκτους μένειν διακελεύεται, οὐκ εὐσεβεῖ τρόπῳ βουλόμενος μὴ λαμβάνειν χώραν τὴν ἀδικίαν, καὶ τὸ καταδυναστεύειν τῶν ἀδυνάτων τοὺς ἰσχυροὺς, τοιαύτην τοίνυν ὑπόθεσιν παρὰ τῷ δεσποτικῷ ἀρχιεπισκοπικῷ θείῳ δικαστηρίῳ ἐδοκιμάσθη τὴν σήμερον.

Ὁ γὰρ ἀπὸ τοῦ Ἄνω Πολόγου ὁρμώμενος, καὶ ἐν τῇ σεβασμίᾳ μονῇ τῆς ὑπεραγίας δεσποίνης ἡμῶν Θεοτόκου τῇ ἐν Κτεατόβῃ ἀσκούμενος μοναχὸς Γεράσιμος, μετὰ τοῦ παρ' αὐτοῦ ἐναγομένου, καὶ ἐκεῖθεν ὁρμωμένου, καὶ ἐν τῷ χωρίῳ Βανίστῃ οἰκοῦντος Δόβρου ἱερέως, τῷ παναγιωτάτῳ ἡμῶν δεσπότῃ τῷ ἀρχιεπισκόπῳ πάσης Βουλγαρίας παρστὰς, κατὰ τοῦ τοιούτου ἱερέως ἐνῆγε, λέγων·

Ὡς ὁ ἀποιχόμενος πενθερὸς αὐτοῦ ἱερεὺς ὁ Μόσχος, τοῦ εἰρημένου χωρίου ἐξάρχων, καὶ τῇ ἀρχῇ βαρείᾳ χρώμενος, καὶ τοὺς ἐκεῖσε κατοίκους πιέζων, φθάνει τρόπῳ τοιούτῳ καὶ τὸν πενθερὸν τοῦ διαληφθέντος Γερασίμου τοῦ Δράζην συσφίγξας, καὶ τόπον ἐκ γονικοῦ δικαίου ἐκείνῳ διαφέροντα κατασχὼν καὶ εἰς ἀμπελῶνα καταφυτεύσας, ἐπειδὴ ὀψέ ποτε καιροῦ δραξάμενος ὁ τοιοῦτος Δράζης, ἐξελάλησε τὴν ἀδικίαν, καὶ εἰς δικαστήριον τὸν ἀδικήσαντα εἵλκεισε, δίκαιος ἐγνώσθη λαβεῖν παρὰ τοῦ ἀντιδίκου αὐτοῦ τοῦ Μόσχου ἀνθέτερον τόπιον, ὃ δὴ καὶ δικαίῳ μετρηθὲν πρὸς ἰσότητα τοῦ οἰκείου, καὶ τούτῳ παραδοθὲν· ἐνεμήθη δὲ τοῦτο καὶ ἐπὶ τρισὶν ἔτεσιν, πλέον ἢ ἔλαττον. Ἀλλ' ὁ δυνάστης τὴν ἀδικίαν ἀεὶ ἀσπαζόμενος τοῖς κεκριμένοις οὐκ ἐφησύχασε, καιροῦ δὲ τυχὼν τῷ τούτου τρόπῳ προσήκοντος, ὅτε δηλονότι καὶ τῆς τοῦ Πολόγου χώρας ἡ Δρουγουβιτικὴ κατεχόρευσεν [f. 185] ἐξουσία, τὸ ἀντιδοθὲν, ὡς εἴρηται, τόπιον, μεθείλκυσεν αὖθις εἰς ἑαυτόν· ἐκείνου δὲ τοῦ πλεονέκτου πονηρῷ θανάτῳ τὴν ζωὴν ἐκμετρήσαντος, μεθῆλθεν εἰς τὸν ἐκείνου διάδοχον τὸν ἀναγεγραμμένον ἱερέα Δόβρον ἡ τοῦ τοιούτου τοπίου κατοχὴ καὶ νομή. Νῦν οὖν τῶν πραγμάτων εἰς τὸ καθεστὸς ἐπανελθόντων, νεύσει Θεοῦ, δικαιοῦσθαι ἔλεγεν οἴεσθαι ὁ Γεράσιμος εἰς τὸ ἐκνικῆσαι τόπιον. Ἀλλ' ὁ μὲν ταῦτα προέθετο.

Ὁ ἱερεὺς δὲ Δόβρος σαφῶς εἰδὼς τὰ τοῦ πράγματος, καὶ μὴ θέλων πιτανολογίαις τισὶ καὶ ἀπάταις τὴν ἀλήθειαν κρύπτειν, τὰ ἀπ' ἀρχῆς ἄχρι τέλους, παρὰ τοῦ μοναχοῦ Γερασίμου προτεθέντα, οὕτως ἔχειν καθωμολόγει, καὶ ὅτι ἡ γεγονυῖα κρίσις μέσον τῶν πενθερῶν ἀμφοτέρων, τὸν τοῦ Γερασίμου πενθερὸν ἐδικαίωσεν, εἰς τὸ λαβεῖν παρὰ τοῦ ἀντιδίκου αὐτοῦ τόπον ἀνθέτερον· ὅτι τοίνυν ὁμαλῶς ἀμφοτέροις τοῖς μέρεσιν, ἡ δίκη ἐχώρησε, καὶ εὑρέθη ὁ μοναχὸς Γεράσιμος δίκην ἔχων εἰς τὴν τοῦ διαληφθέντος τοπίου κατάσχεσιν· ἐκρίθη παρὰ τῆς δεσποτικῆς θείας μεγαλειότητος, τὸν μὲν ἱερέα Δόβρον παραχωρῆσαι τοῦ τοιούτου τοπίου τῷ μοναχῷ· αὐτὸν δὲ ἀπόσχεσθαι τοῦ λοιποῦ, τοῦ μήτε τὸ τοιοῦτον τόπιον ὡς γονικῷ τινι δικαίῳ διαφέρον τούτῳ ἀνακαλεῖσθαι, μήτε τῷ μοναχῷ Γερασίμῳ χάριν αὐτοῦ ἐπιφύεσθαι, οἷα μηδέν τι ἐν τούτῳ δίκαιον ἔχοντα.

Ἐπεὶ δὲ ὁ ἱερεὺς Δόβρος ἐκ μέρους εἰς τὸ τοιοῦτον τόπιον ἐφύτευσε κλήματα, ὡς ἀρξάμενος ἀμπελῶνα τοῦτο ἀποκαταστῆσαι, οὐκ ὀφείλει οὕτος, τὸ ἀπὸ τοῦδε ποιεῖσθαι λόγον τινὰ περὶ τῆς τοιαύτης φυτείας, ὡς δῆθεν διαφερούσης τῷ κόπῳ αὐτοῦ. Ἐπεὶ γὰρ οὐκ ἐξ εὐλόγου, ἀλλ' ἐκ μεμολυσμένης αἰτίας, τὸ τοιοῦτον κατέχων ἐτύγχανε τόπιον, ἅμα καὶ τὸ πόνημα τούτου, σὺν αὐτῷ τῷ τοποθεσίῳ εἰς τὴν δικαιουμένην ἐν αὐτῷ δεσποτείαν καθυπαχθήσεται· καὶ νόμιμος γάρ ἐστι κανών, διαγορεύων εἴκειν τὰ ἐπικείμενα τοῖς ὑποκειμένοις, ὅταν δηλαδὴ ἐπ' ἀλλοτρίοις τόποις πόνους εἴη καταβαλλόμενος.

ΜΕ'.

| Ὅτι ὁ ἀναισχύντως ἀρξάμενος νέμεσθαι τὸ ἀλλότριον, οὐδέποτε δεσπόζει αὐτοῦ, οὔτε ὁ κληρονόμος αὐτοῦ.

Quod qui impudenter alienum possidere incipit, dominium ejus non acquirit, nec ejus haeres.

Ἀγῶνα δίκης οὐχ ὅπως ῥᾶστον, ἀλλὰ καὶ λίαν ἐργώδη Νικόλαος ὁ Πυρρὸς κατὰ τοῦ Μαλακινοῦ Γεωργίου ἐν τῷ καθ' ἡμᾶς ἱερῷ συνεδρίῳ τὴν σήμερον ἐνεστήσατο· ἔφη γὰρ ὡς ὁ τοῦ Μαλακινοῦ πάππος ὁ ἀποιχόμενος Γεώργιος πλεονεξίᾳ τὴν χεῖρα ὁπλίσας, καὶ τοῦ προπάππου τοῦ Πυρροῦ, καὶ δυστυχείᾳ ἐκείνου ἐπευκαιρήσας ἐν κατασχέσει γέγονε, γονικοῦ δικαίᾳ διαφερούσης αὐτῷ ἀποστάσεως· ὅθεν ἄρτι κατὰ τῆς προγονικῆς τοῦ Μαλακινοῦ δυναστείας, στῆναι δεῖν ἐννοήσας αὐτός, καὶ τὴν περὶ ἐκνικήσεως κινῶν ἀγωγήν, εὐλόγως ἀντιποιεῖσθαι τοῦ δικαίου τοῦ ἐντεῦθεν αὐτῷ ἁρμόζοντος οἴεται.

Ἐπεὶ γοῦν καὶ ὁ Μαλακινὸς παρὼν εἰς ἀνταγωνιστὴν τοῦ Πυρροῦ ἑαυτὸν διεσκεύασεν, ὥσπερ στερρὸν ὅπλον τὴν ἐκ τοῦ χρόνου παραγραφὴν περιέθετο διηνεκῆ, καὶ ἀμεσολάβητον τὴν νομὴν ἔχειν ἐπὶ τῇ τοιαύτῃ ὑποστάσει ἰσχυριζόμενος, ἔτι ἐκ προγόνων καταδιαδοχῆς κλῆρον φθάσασαν εἰς αὐτόν, καὶ εἰς δεῦρο μείνασαν ἀπερίτρεπτον. Ἐχρῆν μὲν οὖν τὸν Πυρρὸν πρὸς τοιοῦτον ἀγῶνα μὴ εἰσδῦναι ψιλόν τε καὶ ἄρρακτον, καὶ ἀσθενέσι βέλεσι τῆς μάχης ἀντιποιούμενον· καὶ γὰρ ἀπετόξευε μὲν λόγους κατὰ τοῦ Μαλακινοῦ ἐκ μεμολυσμένης ἀρχῆς τὴν τῆς εἰρημένης ὑποστάσεως νομὴν πρὸς τὸν Μαλακινὸν κατιέναι φάσκοντος· οὐκ εἶχε δὲ καὶ δράττεσθαι τούτου δι' αὐτῶν, οἷα τὴν ἔρεισιν ἐχόντων ἀνίσχυρον, εἴτ' οὖν ἀμάρτυρον καὶ διὰ τοῦτο βαλλόντων κοφά, ἐπείπερ οὐδὲ διεκόπη διά τινος προκατάρξεως ὁ τῆς νομῆς τοῦ Μαλακινοῦ χρόνος, ἢ τοῦ πάππου δηλαδή, ἢ τοῦ πατρὸς τοῦ Πυρρῷ, παρὰ δικαστηρίῳ τινὶ περὶ ταύτης κινήσαντος. Ὃ δὴ καὶ ὁ Πυρρὸς ὡμολόγει ἀδυναμίαν εἰς τοῦτο τῶν γονέων αὐτοῦ προβαλλόμενος· ἐπεὶ δὲ κατὰ τόπον συμπλακῆναι δύνασθαι εἶπεν ὁ Πυρρὸς τῷ Μαλακινῷ, ἔνθα καὶ μαρτύρων πίστεσι, δυνατὸν ἔλεγεν ἔχειν τὰς ἑαυτοῦ συνασπίσαι προτάσεις· πόρρω γὰρ ἀλλήλων Βαγενιτία τε καὶ Πελαγονία, ὡσανεὶ καὶ Φρυγῶν καὶ Μυσῶν, κατὰ τὴν παροιμίαν, ὁρίσματα.

Ὡς ἐκεῖθεν μὲν τοῦ ἐπιδίκου τούτου πράγματος [f. 186] διακειμένου, καὶ ἐκεῖθεν ἡρμοσμένου καὶ κυροτέρων, ἐνταῦθα δὲ δικαμαζομένῳ τῆς περὶ τούτου δίκης, διεγνώσθη παρά τε τῆς ἡμῶν μετριότητος, καὶ τῆς συνεδριαζούσης αὐτῇ ἱερᾶς ὁμογύρεως, τὸν μὲν Μαλακινὸν ἀμετακίνητον μένειν τῆς νομῆς τῆς εἰρημένης ὑποστάσεως, ὡς ἕως ἄρτι ἐν αὐτῇ τὴν διηνέκειαν ἀπαρασάλευτον ἔχοντα, κατὰ τὸν νόμιμον κανόνα, τὸν ἐν τῷ ρκέ΄ κεφ. τοῦ γ΄ τίτλ. τοῦ β΄ βιβλ. τῶν βασιλικῶν κείμενον, καὶ ταῦτα οὕτω διαγορεύοντα· " Ἐν ἴσῃ αἰτίᾳ κρείσσων ἐστὶν ὁ νεμόμενος „. Τὸν δέ γε Πυρρὸν περισπούδαστον θέσθαι, εἴ γε βούλεται τὸ ἀποδεῖξαι κατὰ χώραν, ὅταν ἐκεῖσε γένηται, τὴν τοῦ Μαλακινοῦ νομὴν, μὴ καλῇ πίστει, ἀλλ᾽ ἐκ πονηρᾶς ἀρχῆς καὶ ἀπηγορευμένης τῷ νόμῳ τὴν σύστασιν ἔχουσαν· τότε γὰρ καὶ ἐκνικηθήσεται παρ᾽ αὐτοῦ τὸ ἀκίνητον τὸ παρὰ τούτου ἀνακαλούμενον, καθὰ δὴ τὸ νη΄ κεφ. τοῦ β΄ τίτλ. τοῦ ν΄ βιβλ. τῶν βασιλ. διέξεισιν· " Ἐάν τις, λέγον, ἀναισχύντως ἄρξηται νέμεσθαι τὸ ἀλλότριον, οὐδέποτε δύναται διὰ τῆς χρονίας νομῆς δεσπόζειν, οὕτε δίκαιόν τι νομῆς ἑαυτῷ κατασκευάζειν, ἐπειδὴ οὐδεὶς δύναται ἑαυτῷ τὸν τίτλον τῆς νομῆς ἐναλλάσσειν „. Ὡσαύτως δὲ καὶ τὸ ε΄ κεφάλ. τοῦ ε΄ τίτλ. τοῦ αὐτοῦ βιβλ. ταῦτα· " Ὁ κληρονόμος τοῦ κακῇ πίστει νεμηθέντος, κἂν αὐτὸς καλῇ πίστει νεμεθῇ, οὐ δύναται διὰ τῆς χρονίας νομῆς δεσπόζειν. Τὰ γὰρ ἐλαττώματα τοῦ τελευτήσαντος διαβαίνουσιν ἐπὶ τὸν κληρονόμον, καὶ ἐπὶ κληρονομίας διὰ τοῦ χρᾶσθαι δεσποτείᾳ, οὐκ ἔστιν, οὐδὲ δύναταί τις εἰπεῖν, ὅτι ὡς τῆς κληρονομίας ὑπάρχον τὸ πρᾶγμα διὰ τῆς χρήσεως ἐδέσποσα, ἐπειδὴ δοκεῖ καὶ αὐτὸς πίστει κακῇ νέμεσθαι „. Ταῦτα παρεκβληθέντα.

ϟϛ΄.

Περὶ βιαίων καὶ ἀδίκων συγγραφῶν.
De violentis et injustis syngraphis.

Κωνσταντῖνος ὁ εὐλαβέστατος διάκονος καὶ χαρτοφύλαξ τῆς ἐν τῷ κάστρῳ τῇ Δράμᾳ καθολικῇ ἐκκλησίας τῆς ἐπιλεγομένης τῶν Ῥωμαίων, ᾧ τὸ ἐπωνύμιον Πασπαλᾶς, παραστὰς τὴν σήμερον τῇ ἡμῶν μετριότητι προκαθημένῃ συνοδικῶς, τοιάνδε τινὰ τὴν ὑπόθεσιν περιπαθῶς ἀφηγήσατο ἐξειπὼν ὡς ὁ στρατιώτης Γεώργιος, ὁ τὴν | ἐπίκλησιν Κίνναμος, ὁρισμῷ θείῳ βασιλικῷ ἐπίτροπος τῆς χώρας τῆς Δράμας γενόμενος, οὐ τὰ τῶν ἀγαθῶν ἐπιτρόπων ἐπεδείξατο ἐν αὐτῇ, ἀλλὰ τὰ τῶν κακοτρόπων τε καὶ σκαιῶν· τῷ τῆς πλεονεξίας γὰρ πάθει ἑαλωκώς, ἀντὶ ἀρωγοῦ συκοφάντην ἑαυτὸν ἐν τῇ χώρᾳ ταύτῃ ἐνεδείξεν· ὅθεν καὶ αἰτίας πονηρῶν ἐγκλημάτων πλασάμενος, πολλοὺς τε ἄλλους καὶ δὴ καὶ τὸν εἰρημένον συνέλαβε Πασπαλᾶν, καὶ ποινῇ δόσεως χρυσῶν νομισμάτων οὐκ ὀλίγων αὐτοὺς ὑπεδίκασε· τῶν ἄλλων δὲ πλέον, τὸν Πασπαλᾶν διὰ τὴν ῥηθησομένην αἰτίαν ἐκάκωσεν, ἐνίοτε μὲν γάρ, φησί, κάτω κάρα τοῦτον ἐξαρτήσας δένδρου τινός, βαρέως ἐμάστιζεν· ἐνίοτε δὲ τὰς τούτου χεῖρας εἰς τὸν πίσω περιαγαγών, καὶ συνάψας αὐτὸν εἰς σφίγμα πονηρὸν καὶ ἐπώδυνον, ὡς καὶ γενέσθαι τοῦτον καὶ θανάτου ἐγγύς, ἀσυμπαθῶς ἀπῃτεῖτο τὰ ζητούμενα χρήματα· ἐκτείνας δ᾽ οὕτως τὴν ἀριστέραν χεῖρα, καὶ τοὺς τύλους ἔφραινε τοὺς ἐκ τῶν σφιγμάτων, καὶ τὸ ἐντεῦθεν τῆς χειρὸς αὐτοῦ ἀνενέργητον, ὃ ταύτῃ ἐπισυμβέβηκεν ἐκ τῆς τῶν νεύρων κακώσεως· ταῦτα δέ φησιν οὕτως ἔπασχεν, ὅτι ὁ δεινὸς Κίνναμος τῷ ἀμπελῶνι τούτου ἐπωφθαλμίασε, ὅτι εὐθαλής, ὅτι καρποφόρος, ὅτι μεγέθει μέγιστος εἰς πλάτος τε καὶ μῆκος ἐτύγχανεν, ἐκ πολλοῦ ἐμηχανᾶτο αὐτὸν ἰδιώσασθαι, ὅθεν ἔτι τῶν ποδῶν αὐτοῦ ἠσφαλισμένων σιδήρῳ, ἔτι τῶν χειρῶν χειροπέδαις πιεζομένων, καὶ ἑτεροίων ὀργάνων κολαστηρίων προτιθεμένων, ὁ Κίνναμος εἰς πρᾶσιν αὐτὸν τοῦ ἀμπελῶνος ἐξεκαλέσατο· ὁ δὲ μὴ μόνον τοῦ ἀμπελῶνος, ἀλλὰ καὶ αὐτῶν τῶν φιλτάτων ἐπιλαθόμενος, καὶ πρὸς μόνον τὸν τοῦ θανάτου κίνδυνον ἀφορῶν, ἐπειδὴ τοῦ δεσμοῦ λύσιν τὴν συγκατάθεσιν κατελάμβανεν· ὥσπερ τοὐναντίον ἀπώλειαν τὴν ἀνάνευσιν, αὐτίκα τε πρὸς τὴν τοῦ ἀμπελῶνος πρᾶσιν κατένευσε, καὶ τιμὴν αὐτοῦ τῆς ἐκείνου γλώττης ἐξήρτησε· τοιαῦτα γὰρ ὁ φόβος ὑποτίθησι ποιεῖν· οὕτω δὲ τυχὼν ὁ Κίνναμος, οὗ ἐφίετο, ἔστησέ τε τὴν τιμὴν τοῦ ἀμπελῶνος εἰς νομίσματα ὑπέρπερα κ' καὶ τὸν δεσμότην εὐθυωρὸν ἀπολέλυκε· [f. 187] τὰ νομίσματα δέ, φησίν, οὔτε κατεβλήθησαν πρὸς αὐτὸν ὅλως, οὔτε μὴν συνηριθμήσθησαν τῇ ποσότητι τῶν ζητουμένων παρὰ τῶν πρὸς τοῦ Κιννάμου κατασχεθέντων, ἀνδρῶν, ὡς διείληπται· ἀλλ' αὐτὰ μὲν καθὼς ἐζητοῦντο, κοινῇ παρὰ πάντων κατὰ τὸ ὁλόκληρον ἀπεδόθησαν· τά γε μὴν εἴκοσι, τὰ τῆς πράσεως δηλαδὴ, μόνῃ τῇ προφάσει τῆς συναριθμήσεως συγκματισθέντα παρὰ τῷ βιαίῳ τούτῳ δικαστῇ (in marg. ἄρα ἀγοραστῇ) μεμενήκασι. Ταῦτα μετ' ὀδύνης ὁ Πασπαλᾶς ἐξηγήσατο, καὶ ζητεῖ μαθεῖν εἰ τὰ τῆς πράσεως ταύτης δεκτά εἰσὶ καὶ τοῖς ἀμέμπτοις καὶ ἀσφαλέσι παρόμοια, καὶ εἰ τὸ ἐκτεθὲν ἐπὶ τούτοις συμβόλαιον τὸ ἰσχυρὸν ἕξει καὶ ἀπερίτρεπτον, ὡς καὶ τὴν αὐτοῦ προταγὴν φέρον, ἣν δέσμιος ὢν οὗτος, ὡς εἴρηται, αὐτοχειρίᾳ ἐνεσημήνατο.

Ἡ μετριότης δὲ ἡμῶν μετὰ τῶν συνεδριαζόντων αὐτῇ ἱερωτάτων ἀρχιερέων τὰ τοῦ πράγματος διασκεψαμένη, ταῦτα πρὸς τὰ ἀφηγηθέντα ψηφηφορεῖ.

Ὡς τὰ βίαια συναλλάγματα καὶ τὰς ἀδίκους συγγραφὰς, ἥ τε γραφικὴ ἀρὰ πόρρω ἀπελαύνει τῆς κατὰ Θεὸν πολιτείας καὶ τὸ οὐαὶ τοῖς τοιούτων ἐργάταις ἀποκληροῖ, ἀλλὰ καὶ τὰ τῶν φιλευσεβῶν νόμων θεσπίσματα, καθόλου τὸν τοιοῦτον ἐκφιλοφοροῦσι τρόπον, ὡς πονηρὸν καὶ ἐξάγιστον· διὸ δὴ καὶ μηδένα λόγον βεβαιώσεως ἔχειν τοῦτον παραχωροῦντες τὰς ἐντεῦθεν γινομένας πράξεις, ὡσεὶ μηδὲ ὅλως γεγόνασι λογίζεσθαι διατάττονται.

Αὐτὰ δὲ παρίτωσαν ῥητῶς τὰ τούτων κελεύματα, καὶ πιστὸν τὸν λόγον ποιείτωσαν· ἐν μὲν γὰρ τῷ β' κεφαλ. τοῦ β' τίτλ τοῦ β' βιβλίου τῶν βασιλ. ταῦτα οὕτω φασίν· "Ὅτι βίᾳ ἐστὶ μεγάλου πράγματος ἐπέλευσις, ἣν οὐ δυνατὸν ἀπωθεῖσθαι „. Ἐν δὲ τῷ ιδ' κεφ. τοῦ αὐτοῦ βιβλ. καὶ τίτλ. " Καὶ ὁ καλῇ πίστει ἀγοράσας παρὰ τοῦ βιασαμένου, ἢ κατὰ δωρεὰν ἢ λεγάτον λαβὼν, ἐνέχεται, καὶ ὅτι ὁ ποιήσας τὴν βίαν, ἀναγκάζεται ἀποκαταστῆσαι, εἰ καὶ ἕτερον ἔχει τὸ πρᾶγμα, καὶ ὁ τὸ ἀφαιρεθὲν βιαίως ἔχων, ἀποκαθίστησι, κἂν ἕτερος τὸν φόβον ἐπήγαγε, καὶ τὸ διαφέρον τετραπλασιάζεται, τουτέστι μετὰ τῶν καρπῶν καὶ πάσης αἰτίας „. Ἐν δὲ τῷ κεφ. ριγ' τοῦ γ' τίτλ. τοῦ αὐτοῦ βιβλ. " Οὐδὲν οὕτως ὑπεναντίον τῇ ἀγαθῇ πίστει ὡς ἡ βία καὶ ὁ φόβος „. Ἐν δὲ τῷ οκ' κεφαλ. τοῦ γ' τίτλ. τοῦ ν' βιβλ. " Οὐδὲ ἀπὸ θείας ἀντιγραφῆς τὴν βιαίως ληφθεῖσαν παρ' αὐτοῦ νομὴν βεβαιοῖ τις „. Ἐν δὲ τῷ η' κεφαλ. τοῦ ιζ' τίτλ. τοῦ ξ' βιβλ. " Ὁ βίᾳ ἐκβληθεὶς, ὅπερ ἐνέμετο λαμβάνει· δεῖ γὰρ εἰς τὸ ἀρχαῖον ἀποκαταστῆσαι τὸ πρᾶγμα, εἰς ὃ ἦν, εἰ μὴ ἐβιάσθη „.

Ταῦτα τῶν θείων νόμων κελευομένων, καὶ οὕτω τὴν βίαν, ὡς διαβεβλημένον χρῆμα καὶ πονηρὸν ἐκβαλλόντων, οὐδὲ τὸ κατὰ βίαν καὶ φόβον παρὰ τοῦ Πασπαλᾶ γεγονὸς ἔγγραφον ἐπὶ τῇ τοῦ οἰκείου ἀμπελῶνος πράσει, ὡς καλῶς καὶ ἀμέμπτως γραφὲν λογισθήσεται, ἀλλ' ὡς τυραννικῶς καὶ κατὰ βίαν καὶ φόβον προβὲν, ἣν ἀποθεῖσθαι οὐκ ἦν δυνατόν, βδελυχθήσεται καὶ ἀπορρίψεται· καὶ ὁ ἀμπελὼν ὑπὸ τὴν χεῖρα τοῦ οἰκείου δεσπότου, κατὰ τὰς τῶν νόμων διατάξεις, ἐπανελεύσεται.

μζ' desideratur.

ϟΗ'.

Ὅτι ὁ νόμος οὐ πρὸς τὴν τοῦ τελευτήσαντος βούλησιν,
ἀλλὰ πρὸς τὸ ἀποτέλεσμα ἐθέλει τὰ πράγματα γίνεσθαι.
Quod lex non velit rem judicari ad morientis voluntatem, sed juxta effectum.

Ὁ εὐλαβέστατος ἀναγνώστης ὁ Τρικκοκεφάλος πρὸς τὸν πενθερὸν αὐτοῦ τὸν θεοσεβέστατον ἱερέα Θεοφάνην διενεχθεὶς περὶ πραγμάτων τινῶν ἀκινήτων, παρέστη τὴν εἰρήνην τῷ παναγιωτάτῳ ἡμῶν δεσπότῃ τῷ ἀρχιεπισκόπῳ πάσης Βουλγαρίας, καὶ περὶ τούτων τὸν εἰρημένον πενθερὸν αὐτοῦ ῥητῶς λέγων, ὡς ἐν τοῖς γαμικοῖς συμβόλοις, τοῖς γενομένοις μέσον αὐτῶν, παρὰ μὲν τοῦ πενθεροῦ αὐτοῦ συμπεφώνηται γάμῳ τινὰ, μετὰ τῶν ἄλλων, προσέσεσθαι τῇ καθ᾽ αὐτοῦ τὸ τρίτον τῆς ὑποστάσεως, ἧς περὶ τοῦ τοιούτου πενθεροῦ αὐτοῦ κατηγγέλθαι· παρὰ δὲ τοῦ ἀποιχομένου Ἰωάννου ἱερέως, τοῦ πάππου αὐτῆς, τὸ τρίτον τῆς τε γυναικὸς ἐκείνου ὑποστάσεως καὶ τῶν κατ᾽ ἐκείνου προσεπιτεθέντων καὶ ὡς τὴν μὲν τριτομοιρίαν τὴν παρὰ τοῦ πενθεροῦ αὐτοῦ καταγραφεῖσαν, ἤδη ἀπέχει κατὰ τὸ εἰρημένον. Τὴν δέ γε παρὰ τοῦ πάππου ὀφείλουσαν οὐ παραχωρεῖται κατέχειν παρὰ τοῦ πενθεροῦ αὐτοῦ Θεοφάνους, ὅθεν καὶ ὡς ἀδικεῖσθαι οἰόμενος, ἀγωγὴν περὶ αὐτῆς ὧν ἐνεστᾶ. Ἐπεὶ δὲ παρῆν καὶ ὁ πενθερὸς αὐτοῦ ἱερεὺς Θεοφάνης [f. 188] ὡμολόγει μὲν καὶ οὐκ ἀπηρνεῖτο τὴν τοῦ πάππου γραφὴν περὶ τῆς παρ᾽ ἐκείνου προσεπιφιλοτιμηθείσης μερίδος τῇ ἐκγόνῃ αὐτοῦ ἐνεχείρησε δὲ διακῶλυσιν τοῦ αὐτοῦ πάππου, ἕτερα βουλομένου παρὰ τὰ ἐν τῷ γαμηλίῳ γεγραμμένα· ἐπαλλήλου γὰρ τὸ διάταγμα τῆς γυναικὸς αὐτοῦ ὑποστάσεως· ἔτι γε μὴν καὶ τῶν προσεπιτεθέντων αὐτῷ ἐξ εὐλόγων αἰτιῶν, τὴν μὲν ἡμίσειαν τῷ γαμβρῷ αὐτοῦ τῷ ἱερεῖ Θεοφάνῃ, τὴν δὲ ἑτέραν ἡμίσειαν τῷ υἱῷ αὐτοῦ Μιχαήλ· τῆς δὲ πρὸς τὴν

ἐκγόνην αὐτοῦ γενομένης παρ᾽ αὐτοῦ φιλοτιμίας, παντελῶς ἐλανθάνετο· καὶ τοῖς οὕτω γεγραμμένοις ὁ Θεοφάνης ἐπερειδόμενος, ἄμοιρον ἐκεῖθεν ἐβούλετο ἐκβαίνειν τὸν Μανουὴλ, ταῖς οἰκείαις τοίνυν ἐνστάσεσι τῶν μερῶν χρωμένων καὶ ἑκατέρου τὸ προσὸν αὐτῷ ἔγγραφον εἰς δικαίωσιν αὐτοῦ προϊσχομένου. Ὁ μὲν γὰρ παρὰ τοῦ πενθεροῦ αὐτοῦ, ὃς καὶ πάππος τῆς γυναικὸς τοῦ Μανουὴλ, ἄνωθεν τοῦ λόγου δεδήλωται. Ἡ δεσποτικὴ θεία μεγαλειότης, ἐκ νομικῆς παρατηρήσεως ἀφορμὰς λαβοῦσα ἤρετο, εἰ ἐν τῷ θανάτῳ τοῦ ἱερέως Ἰωάννου καὶ πάππου ἡ αὐτὴ κατάστασις τῆς περιουσίας αὐτοῦ θεωρεῖτο, ἥτις δηλαδὴ ἐτύγχανεν οὖσα, ὁπότε τὴν τῷ γαμηλίῳ ἐμφαιρομένην φιλοτιμίαν, πρὸς τὴν ἐκγόνην αὐτοῦ ἐπεποίητο. Εἰπόντων δὲ τοῦ τε Θεοφάνους καὶ πάντων τῶν παρεστώτων, οἵτινες ἀκριβῶς τὰ κατὰ τὸν ἱερέα ἐκεῖνον τὸν Ἰωάννην ἐγίνωσκον, ὡς οὐ κατά τι ἐνήλλακται ἡ τῆς περιουσίας ἐκείνου κατάστασις, παρ᾽ ὅλην αὐτοῦ τὴν ζωὴν, διέγνω ἀληθῶς ἀδικεῖσθαι τὸν Μανουὴλ. Εἰ μὲν γὰρ οὐκ ἔμεινεν ὁ πάππος αὐτῶν ἄχρι τέλους ἐπὶ τῆς αὐτῆς εὐπορίας καὶ τύχης, ἀλλὰ περιπετείαις τισὶ κατὰ βίον ἐχρήσατο, ἐξ εὐπόρου ἄπορον καθιστῶσαις αὐτὸν, εἶχεν ἂν εὔλογον ἐναλλάξαι τὰ πρώην αὐτῷ δόξαντα· ἐπεὶ οὐδέν τι τοιοῦτον πέπονθεν οὐ καλῶς, οὐδὲ εὐλόγως ἐν τῇ τελευταίᾳ βουλήσει, τὴν ἐκγόνην αὐτοῦ τῆς γραφείσης παρ᾽ αὐτοῦ φιλοτιμίας ἐστέρησεν· ὁ γὰρ νόμος, οὐ πρὸς τὴν τοῦ τελευτήσαντος βούλησιν ἐθέλει τὸ πρᾶγμα κρίνεσθαι, ἀλλὰ πρὸς τὸ καλούμενον ἀποτέλεσμα, ὅθεν Θεὸν μόνον ἔχον | κυβερνήτην ἐξ ἀδηλίας εἰς δήλωσιν ἔρχεται φησί γὰρ ἐν μέρει ταῦτα ῥητῶς· "Γράφουσι μὲν γὰρ ἄνθρωποι, καὶ ὧν ἔχουσι πλείονα, γράφουσι δὲ καὶ ἥττονα· αἱ δὲ ἐπισυμβαίνουσαι τύχαι τὰς ἐναντίας ἐμβάσεις ὡς ἐπίπαν ἐργάζονται ,,.

Ἐντεῦθεν λοιπὸν προσεμειδία ἡ δίκη τῷ Μανουήλ, δικαιοῦσα τοῦτον εἰς τὴν παρ' αὐτοῦ ἀνακαλουμένην τριτομοιρίαν ἐκ τῆς παππικῆς αὐτοῦ ὑποστάσεως, ἐπείπερ οὐκέτι συμβάσα τύχη τις, τῇ τοῦ πάππου αὐτοῦ περιουσία, ἐναντίαν εἰργάσατο ἔκβασιν· ἀλλ' ὁ Θεοφάνης τὴν ἥττονα ψῆφον ἐπερχομένην αὐτῷ ἐπιγνοὺς, λιπαρῶς ἀντιβόλησεν ἄλλο τι γίνεσθαι, παρὰ τὸ πρὸς Μανουὴλ προτεινόμενον, τὴν ἔκβασιν ἔχον ὡς ἐκ περιόδου τινὸς εἰς τὸ αὐτοῦ βούλημα. Τὸ δὲ ἦν, λαβεῖν μὲν πρός γε τὸ παρὸν καὶ αὐτίκα τὸν

Μανουὴλ μερίδα τετάρτην ἀπὸ τῆς παππικῆς αὐτοῦ ὑποστάσεως· μετὰ θάνατον δὲ τοῦ πενθεροῦ αὐτοῦ Θεοφάνους τὸ τρίτον ἀπενέγκασθαι τοῦ ἀμπελῶνος τοῦ παρὰ τῷ τοιούτου πενθεροῦ αὐτοῦ ἐν τῷ χωρίῳ Ἀνακολιτικῷ ἀγορασθέντος παρὰ Ἰωάννου τοῦ Βρατικοῦ, ὅτι γοῦν εὔλογον ἦν, καὶ οὐκ ἀπᾷδον δοθῆναι τόπον, τῇ παρακλήσει τοῦ Θεοφάνους γέγονε τοῦτο· καὶ ὁ Μανουὴλ κατένευσιν ὑπακοῦσαι, ὡς πατρὶ τῷ Θεοφάνῃ πεισθείς, καὶ ἀρέσκοντα τὰ αὐτῷ δόξαντα ἡγησάμενος, ὅθεν καὶ ἑκάτερα τὰ μέρη ἐνώπιον τῆς δεσποτικῆς θείας μεγαλειότητος, τοῖς οὕτω τυπωθεῖσιν ἐμμένειν ἀσφαλῶς ὡμολόγησαν, ἐπάρτησαν δὲ ἐκ τοῖς καὶ τὸν ἐκ ταύτης ἀφορισμὸν, εἰ παραβῆναί ποτε τὰ τυπωθέντα θελήσουσιν.

μθ'.

Περὶ τῶν αἰτιῶν τὰς ἀχαρίστου τῶν τέκνων πρὸς τοὺς γονεῖς, καὶ περὶ μέμψεως διαθήκης, καὶ ἀμνημονεύτων παίδων, καὶ περὶ φαλκιδίου.

De causis cur minus grati sint liberi parentibus, et de exceptione testamenti, et de omissis in eo liberis, et de falcidia.

Οὐδὲ τὸν Συρόπουλον Νικηφόρον ἡ στέρησις τῆς διαφερούσης αὐτῷ διακατοχῆς ἀπὸ τῆς γονικῆς αὐτῷ ὑπερουσίας, εἴασεν ἡσυχάζειν, καὶ οὕτως ἐνδείᾳ πιέζεσθαι, καὶ ἅμα πᾶσι λόγον ὑπέχειν τῆς τοῦ τοιούτου κλήρου ἐκπτώσεως· ὅθεν καὶ τοῦ πατρίου ἐδάφους, δηλαδὴ τῆς Βερροίας αὐτὸν ἐξεγείρασα ἐπὶ ἀναζητήσει νομίμου συναπισμοῦ, [f. 189] πρὸς τὴν ἀποκατάστασιν ὧν ἐστέρηται, τῷ καθ' ἡμᾶς τὴν σήμερον ἱερῷ δικαστηρίῳ παρέστησε, μαθεῖν ἱκετηριάζοντα, εἰ ἔξεστιν αὐτῷ κινῆσαι περὶ τῆς τοιαύτης ἀποκαταστάσεως, καὶ εἰ τὴν¹) τοῦ νόμου βοήθειαν περιεσκεμμένην ἔχει τούτῳ καὶ συνασπίζουσαν.

Τῆς ἡμῶν δὲ μετριότητος τὴν αὐτοῦ προσέλευσιν προσηκαμένης, ὡς τὸ εἰκὸς καὶ τὰ δοκοῦντα οἱ²) λέγειν τοῦτον προτρεψαμένης, ἐξελάλει αὐτὸς ταῦτα οὑτωσὶ ἐκτιθέμενος·

Τῷ ἀποιχομένῳ, φησί, γραμματικῷ Θεοδώρῳ τῷ Συροπούλῳ καὶ Ἄννῃ τοῦ Χρυσοβαλαντίτου κατὰ δεύτερον γάμον ἐκείνῳ συνοικησάσῃ παῖδες γεγόνασι γνήσιοι, τρεῖς μὲν ἄρρενες, τέτταρες δὲ θήλειαι. Τούτων δὲ ἡ μία, ἔτι ζώσης τῆς μητρὸς ἡμῶν, ἐ- νήρθη ἀνδρὶ καὶ ἐξεπροικίσθη· μετὰ ταῦτα δὲ τῆς μητρὸς τελευτησάσης, τὸν βίον, αἱ μὲν λοιπαὶ θήλειαι πόσαι τε τῆς τοῦ πατρὸς ἡμῶν κηδεμονίας ἐτύγχανον. Ἡμεῖς δὲ

¹) Cod. εἰς τὴν. — ²) Supra lin. ἔχων αὐτῷ.

οἱ ἄρρενες τῆς ἐκεῖθεν προμηθείας παντάπασιν ἐξεπίπτομεν· ἦν γὰρ ἐκεῖνος, τά γε εἰς ἡμᾶς τοὺς ἄρρενας, ἄκρατον ἔχων τὸ φιλότεκνον· διὸ καὶ ἐξ ἀπορίας, οἱ μὲν δύο ἐπὶ πορισμῷ ζωῆς καὶ τῶν λοιπῶν ἀναγκαίων, ἀπόδημοι γεγόναμεν ἐν ἀλλοδαπαῖς· ὁ δὲ λοιπὸς, ὁ καὶ πρῶτος οἴκοι μένειν προείλετο, οὐκ ἔχων μὲν πατρόθεν οἰκονομίαν, καὶ διὰ τοῦτο στενοχωρούμενος, στέργων δὲ ὅμως τὸ μονάζειν ἐν δώματι, καὶ οὕτω τὴν ἐκ τοῦ πλανᾶσθαι ἀπὸ τόπου εἰς τόπον ἐκκλίνειν δυσπάθειαν. Ἐν τοσούτῳ θνήσκει ἡ μία τῶν αὐταδελφῶν· ἡ λοιπὴ δὲ ἤγουν ἡ Θεοδώρα, καιροῦ προϊόντος ἀνδρὶ ἁρμόζεται παρὰ τοῦ πατρός· ἐγγίσαντος δὲ καὶ τοῦ τέλους αὐτοῦ τῆς ζωῆς, διαθήκας γράφει καὶ ὅπως μὲν τὰ τῆς βουλήσεως αὐτοῦ ἐξετίθησαν, λέγειν τοῦ νῦν οὐκ ἔστι καιρός, μέντοι γε τὸ πᾶν εἰπεῖν. Ἡμῶν τῶν δύο ἀπολίμπων αὐταδέλφων τοσοῦτον ἐν τῇ διαθήκῃ ἀπεμνημόνευσεν ὅσον εἰπεῖν, ὅτι οἱ δύο μου υἱοί, ὁ Ἰωσὴφ καὶ ὁ Νικηφόρος, ἔτι ζώσης τῆς μητρὸς αὐτοῦ καὶ ἐμοῦ, ὑπεχώρησαν καὶ ἔστωσαν οὗτοι καθὼς ᾑρετίσαντο. Ἵνα δὲ μὴ ἔσω αὐτοὺς ἀνεστερήτους τῆς εὐχῆς μου, ἐπ' αὐτοῖς ταύτην προσέθετο δὲ καὶ φιλοτιμίαν δῆθεν κατὰ λόγον λεγάτου, μικράν τινα καὶ οὐτιδανήν· ἡμεῖς δὲ, μάρτυς τοῦ λόγου Θεὸς, οὐκ ἀπεδημήσαμεν, ζώσης τῆς μητρὸς ἡμῶν, μὴ γένοιτο· μετὰ θάνατον δὲ ταύτης, τοῦτο πεποιήκαμεν, ὡς ἐξαπορηθέντες, καθὼς ἄνωθεν εἴπομεν. Ἐπὶ τούτοις θνήσκει ἐν τῇ ἀποδημίᾳ ὁ Ἰωσὴφ καὶ μόνος, ἐγὼ [1]) τῷ πελάγει ταύτης ἐγκυθεστὰν ὑπολέλειμαι. Ἡ περιουσία δὲ, ἥτε πατρῴα ἡμῶν καὶ μητρῴα, εἰς τὴν περιοῦσαν αὐταδέλφην μου Θεοδώραν κατήντησε ἅπασα.

Κατὰ οὖν μαθεῖν, εἰ εὐλόγως ἡμᾶς ἀποκλήρους ὁ πατὴρ ἔθετο, καὶ ἀρκεῖ μόνον τὸ τῆς ἀποδημίας ῥῆμα καταδικάσαι ἡμᾶς εἰς τὸ στερηθῆναι τοῦ ἡμῖν ἐκεῖθεν ἁρμόζοντος. Καὶ τοιαῦτα μὲν ὁ Συρόπουλος πρὸς τὴν ἡμῶν ἀνατείνατο μετριότητα.

Ἡ μετριότης δὲ ἡμῶν, μετά γε τῶν συνεδριαζόντων αὐτῇ ἱερωτάτων ἀρχιερέων, τὰ τοῦ πράγματος διασκεψαμένη, πρὸς ταῦτα τοῖς θείοις νόμοις ἀκολούθως τὰ παρόντα ψηφίζεται.

Ὡς πρωτοτύπως μὲν ἡ φύσις αὐτὴ τοὺς πατέρας πείθει τῶν τέκνων ἐκ πατρὸς [2]) τρόπου κήδεσθαι, καὶ τῶν τούτοις λυσιτελούντων φροντίζειν ἐπιεικῶς, ταύτῃ δὲ ἑπομένως· καὶ τὰ τοῦ νόμου θεσπίσματα τούτους καταναγκάζουσι μὴ μόνον τῆς ἀνατροφῆς, ἀλλὰ καὶ τῆς παιδεύσεως καὶ ἀναγωγῆς αὐτῶν ἐπιμέλεσθαι· ὅτι καὶ τὰ ἱερὰ τοῦτο βούλονται λόγια· ἐν παιδείᾳ καὶ νουθεσίᾳ τοὺς γεννήτορας ἀνάγειν τοὺς ἑαυτῶν παῖδας ἐγκελευόμενα· εἴπερ οὖν καὶ ὁ Συρόπουλος ἐκεῖνος Θεόδωρος, ὡς ἀφήγησις, οὐ μόνον τῆς ὀφειλομένης παρ' αὐτοῦ κηδεμονίας τοὺς ἐκ τῆς ὀσφύος αὐτοῦ ἄρρενας οὐκ ἠξίωσεν, ἀλλὰ καὶ τοὺς ἐξ ἀνάγκης ἀποδημήσαντας ἐξ οὐδεμιᾶς εὐλόγου καὶ νομίμου αἰτίας ἀποκλήρους ἐποίησεν, οὐ καλῶς, οὐδὲ ὡς πρέπει πατράσιν ἀγαθοῖς διεπράξατο· διὸ τὸ παρ' ἐκείνου γεγραμμένον ἐν τῇ διαθήκῃ περὶ αὐτῶν, ἰσχὺν ἕξει ὥστε εἰ τέλος προστρίψαι βλάβην αὐτοῖς· ἀλλ' ὡς προσκρούων τοῖς νόμοις, ἀνίσχυρον ἔσται καὶ ἄκυρον· ἐπεὶ γὰρ ιε' τὰ εἴδη τῶν αἰτιῶν τῆς τῶν παίδων κατὰ τῶν πατέρων ἀχαριστίας ὁ νόμος· [f. 190] ἀπαριθμεῖται, ὧν ἕνεκα τῆς τῶν γονέων διαδοχῆς οἱ εὑρισκόμενοι τούτοις ἐνέχεσθαι παῖδες καθολικῶς διεκπίπτουσι, καθὰ περὶ τούτων ὁ λη' τίτλ. τοῦ λε' βιβλ. τῶν βασιλ. διαλαμβάνει ἀριδηλότερον· οὐδαμῶς δὲ αὐτοῖς καὶ τὸ τῆς ἁπλῶς καὶ ὡς ἔτυχεν ἀποδημίας ἐγκεκριμένον εὑρίσκεται, οὐκοῦν οὐδὲ ὁ Νικηφόρος τι ἀνήκοντος αὐτῷ φαλκιδίου ἀπὸ τῆς γονικῆς περιουσίας αὐτοῦ ἀποτεύξεται· περιστάμενον γὰρ αὐτῷ τὸν νόμον καὶ συναιρό-

---

[1]) Cod. μέρος ἐγώ. — [2]) In marg. ἴσως παντός.

μενον κέκτηται εἰς τὸ καὶ μέμψασθαι τῇ διαθήκῃ γενναίως καὶ τὴν ἁρμόζουσαν αὐτῷ ἐκ τῶν πατρῴων τε καὶ μητρικῶν πραγμάτων ἐκνικῆσαι διακατοχήν.

« Γονεῖς γάρ, φησί, παῖδες καὶ ἀδελφοὶ κινοῦσι τὴν κατὰ τῆς διαθήκης μέμψιν, οὐ μὴν καὶ οἱ λοιποὶ συγγενεῖς ». Τὸ λη' δὲ κεφάλ. τοῦ η' τίτλ. τοῦ λε' βιβλ. ταῦτα φησί·
« Θεσπίζομεν μὴ ἐξεῖναι παντελῶς πατρὶ ἢ μητρὶ ἢ πάππῳ ἢ μάμμῃ ἢ προπάππῳ ἢ προμάμμῃ τὸν ἴδιον υἱὸν ἢ θυγατέρα ἢ τοὺς λοιποὺς παῖδας ἀμνημονεύτους καταλιμπάνειν ἢ ἀποκληρονόμους ἐν τῇ ἰδίᾳ ποιεῖν διαθήκῃ, εἰ μὴ ὀνομαστὶ τὰς τῆς ἀχαριστίας αἰτίας ἐγγράφοιεν ». Τὸ μέντοι η' κεφάλ. τοῦ δ' τίτλ. τοῦ μα' βιβλ. περὶ φαλκιδίου εἰς πλάτος διεξιόν, ἐν μέρει ταῦτα οὕτω φησίν· « Εἰ δὲ καὶ ὑπὲρ τοὺς τέσσαρας ἔχει παῖδας, τὴν ἡμίσειαν τῆς πάσης περιουσίας αὐτοῖς καταλιμπάνεσθαι μοῖραν, ὥστε ἐξαούγγιον εἶναι πάντως τὸ ὀφειλόμενον ἑκάστῳ κατ' ἴσον τὸ τετραούγγιον τυχόν, ἢ τὸ ἐξαούγγιον διαιρούμενον, καὶ τοῦτο οὐκ ἐν ἀδίκῳ περιστάσει πραγμάτων. Εἰκὸς γὰρ κἀνταῦθα τοὺς ἄλλους ἀδικηθῆναι, τῶν μὲν, τὰ καλλίονα· τῶν δὲ, τὰ χείρονα λαμβανόντων, ἀλλὰ τοῦτο δὴ τὸ ἐπιβάλλον ἑκάστῳ διὰ πάντων ἴσον εἶναι ἐν ποιότητι καὶ ποσότητι, εἴ τέ τις αὐτῷ κατὰ τρόπον εἰστάσεως, εἴτε κατὰ πρεσβείου καταλιμπάνει πρόφασιν· πάρεστι γὰρ αὐτῷ τὸ λοιπὸν ὀκταούγγιον τυχόν, ἔχειν καὶ φιλοτιμεῖσθαι, καθ' ὅσον ἂν βουληθείη, ἢ τοῖς παισὶν αὐτοῖς, ἢ τισὶν τῶν ἔξωθεν καὶ τῆς φύσεως πρότερον θεραπευθείσης τὰ εἰκότα, οὕτως ἐπὶ τὰς ἔξω φιλοτιμίας χωρεῖν· τοῦ νομίμου δὲ τοῦ μέρους ὅπερ | νῦν ἀφωρίσαμεν, πάντως καὶ τὴν χρῆσιν καὶ τὴν ἐπικαρπίαν πρὸς τῇ δεσποτείᾳ καταλιμπανέτω, εἰ βούλεται παίδων οὐκ εὐθὺς τελευτώντων, ἀλλὰ καὶ ζῆν δυναμένων καλεῖσθαι πατήρ ».

Διὰ ταῦτα τοίνυν ὁ ἀναπερωνημένος Νικηφόρος ὁ Συρόπουλος ἰσχυρῶς τε τὴν κατὰ τῆς πατρῴας διαθήκης μέμψιν κινήσει, καὶ τὸ ἐπιβάλλον αὐτῷ ἐκ τῆς γονικῆς αὐτοῦ περιουσίας μέρος κατὰ τοῦ νόμου παράγγελμα χωρὶς τινὸς κωλύμης ἀποίσεται, ὡς εὐλόγως ἁρμόζον αὐτῷ.

Ρ'.

Περὶ διαθήκης καὶ ἀμνημονεύτων παίδων, περὶ δικορητόρων, καὶ γαμηλίων συμβολαίων, καὶ συνεισφορᾶς καὶ ἐκποιήσεως ἐπικοίνων καὶ ἐκνικήσεως αὐτῶν, καὶ περὶ ἐπιτρόπων.

De testamento et praeteritis in eo liberis, de oratoribus in judicio et matrimonii contractibus, et de collatione bonorum et alienatione communium et evictione, et de tutoribus.

Παραλαβὼν τὴν σήμερον τῇ ἡμῶν μετριότητι προκαθημένῃ συνοδικῶς ὁ μεγαλοδοξότατος κυρὸς Γεώργιος ὁ Ἀλυάτης ἠθέλησε πυθέσθαι ἡμῶν περὶ τινων καθεστηκυίαν αὐτῷ εἰς ἄπορον. Ἡ μετριότης δὲ ἡμῶν οὐκ ἀποσεισαμένη τὴν τούτου αἴτησιν, τὰ δοκοῦντα οἱ [1]) λέγειν ἐπέτρεψεν.

Ἐξηγεῖτο τοίνυν, ὡς ὁ τοῦ πενθεροῦ αὐτοῦ, δηλαδὴ τοῦ Τανούσῃ πατὴρ ὁ ἀπο χόμενος Γιόνης, ἑπτὰ παίδων πατὴρ γεγονὼς, τὰ πρῶτα μὲν, τοὺς τέσσαρας τούτων γάμοις ὑποζεύξας νομίμοις ἐκ τῆς ἑαυτοῦ περιουσίας κλήροις προσήκουσιν ἐδωρήσατο. Σὺν αὐτοῖς δὲ καὶ ἑτέρους δύο, τόν τε δηλαδὴ Τανούσην καὶ τὸν Θωμᾶν γυναιξὶν ἁρμοζόμενος, γαμήλια γράφει συμβόλαια,

---

[1]) In marg. λέγειν αὐτῷ, pro quo jam alias et occurrebat, v. g. in col. 420 not. 2.

καὶ συμφωνεῖ δοῦναι ἑκατέρῳ τούτων μοῖραν ἀδελφικήν· φθάνει δὲ καὶ δεδωκὼς ἑκάστῳ αὐτῶν μέρος τι τῆς οὐσίας αὐτοῦ· μετὰ παρέλευσιν δὲ ὀκτὼ πλέον ἐτῶν καὶ τὸν ἕβδομον γυναικὶ συνάπτων τὸν Καβάσιλα δηλονότι, συμβολαιογραφεῖ καὶ τούτῳ τρίτην μοῖραν ἀπὸ τῆς εὑρισκομένης ἐκείνῳ τηνικαῦτα περιουσίας, οὔπω μέντοι καὶ ἀπεκλήρωσεν ἐκείνην αὐτῷ ἢ τί μέρος ἐκ ταύτης.

Τί τὸ μετὰ ταῦτα; θνήσκων ὁ Γίνης διαθήκας γράφει καὶ ἐπιτρόπους τῶν πραγμάτων αὐτοῦ, τήν τε σύζυγον καὶ τὸν υἱὸν Τανούσην ἐφίστησι· μετὰ βραχὺ δὲ συμφοραί τινες [f. 191] καὶ ἀνωμαλίαι περὶ τὸν βίον τῷ Τανούσῃ συμπεσοῦσαι, πάροικον αὐτὸν ἐν ταῖς Δέβραις καὶ παρεπίδημον πεποιήκασιν. Ἐντεῦθεν λοιπὸν ἐπὶ τοῖς εἰρημένοις τρισὶν αὐταδέλφοις ἡ πατρῴα οὐσία ἐκινδύνευσε μεῖναι ἀμέριστος. Ἀλλ' ὁ μὲν Θωρᾶς ἀναμένων ἦν τὴν τοῦ Τανούση ἀνάλυσιν καὶ ἐπάνοδον, ἵν' ἅμα καὶ ὡς ἐπίτροπος καὶ ὡς πρῶτος ἀδελφός, ποιήσῃ τὸν μερισμόν. Ὁ Καβάσιλας δὲ τὰ κατὰ τὸν Τανούσην θέμενος παρ' οὐδὲν, καὶ πάντων τῶν κτημάτων δεξάμενος ὅσα εἶχον οἱ γονεῖς ἐκείνου, ὅτε τὸ γαμήλιον αὐτοῦ ἐξέθεντο σύμφωνον, τὰ μὲν διαπέπρακε, τὰ δὲ οὐ καταλιπών, ἀλλὰ καταστοχῶν τῇ γυναικὶ καὶ τοῖς ἰδίοις παισὶν ἐν τῷ ἀποθνήσκειν καταθέλειν.

Ὅτι οὖν οὕτω ταῦτα συνηνέχθησαν, ἔξεστι μαθεῖν ὁ διαληφθεὶς Ἀλυάτας, εἰ ἔξεστι τῷ Τανούσῃ καὶ τῷ Θωρᾷ τὰς ἁρμοζούσας αὐτοῖς ἀδελφικὰς μοίρας, κατὰ τὴν πατρῴαν αὐτῶν ἀνακαλεῖσθαι γραφήν· πρὸς τούτοις ἀξιοῖ γνῶναι, καὶ εἰ ἀμέμπτως ἐποίησεν ἡ τοῦ Τανούση μήτηρ ἡ ἐπονομαζομένη Καβασιλίνα, ἐντὸς τοῦ κάστρου Δυρραχίου, μὴ παρόντων τῶν παίδων αὐτῆς διαθεμένη, καὶ καθόλου μὲν τῶν οἰκείων παίδων ἐν ταύταις ἐμνημονεύσασα. Τὰ δὲ ἀκίνητα αὐτῆς πράγματα, οὐκ ὀλίγα δὲ καὶ τὰ τῶν ἀνδρῴων πρὸς ἐξωτικὰ πρόσωπα, καὶ δὴ καὶ πρὸς τὸν Φιλάρετον Νικόλαον, ὃν καὶ ἐπίτροπον ἔθετο παραπέμψασα. Ἔτι γε μὴν καὶ εἰ ἀνεύθυνός ἐστιν ὁ τοιοῦτος Φιλάρετος, μηδόλως ἔννομον ποιήσας ἀπογραφὴν καὶ ἐπὶ τούτοις, εἰ ἁρμόζει τοῖς παισὶ τῆς Καβασιλίνης ἀγωγὴ κατὰ τῆς διαθήκης ἐκείνης, ὡς ἀμνημονεύτοις ἐν ταύτῃ μείνασιν, ὡς διείληπται ταῖς τοιαύταις· δὲ πεύσεσι κἀκεῖνο ὁ Ἀλυάτας προσέθετο, εἰ ἀπᾷδον τοῖς νόμοις καὶ τῷ δικαίῳ δοκεῖ τῶν ἀντικρινομένων ἀλλήλοις μερῶν, θάτερον θατέρου τῷ πλήθει τε καὶ τῇ τέχνῃ, πλείονας ἔχειν τοὺς δικορρήτορας;

Ἡ μετριότης δὲ ἡμῶν τὰ τῶν ἀναπεφωνημένων προτάσεων διασκεψαμένη, μετά γε τῶν συνεδριαζόντων αὐτῇ ἱερωτάτων ἀρχιερέων ἐν Κυρίῳ ἀγαπητῶν ἡμῖν ἀδελφῶν καὶ συλλειτουργῶν, καὶ τὰς νομικὰς | διφθέρας ἐπιστατικῶς ἀναλίξασα, τοιάνδε πρὸς ταῦτα τὴν ἀπόκρισιν ἔθετο.

Ὡς ἡ μὲν διαθήκη τοῦ Γιώνη, ἡ εὑρεθεῖσα ἀπολεσθεῖσα, ἢ ἐμφανισθεῖσα ὡς παρά τισι τυχὸν κεκρυμμένη, ἐκεῖνα πάντα καὶ πάντως γενήσονται, ἅπερ ἐπὶ τοῖς ἐκείνου πράγμασι κατὰ τὴν νομικὴν παρατήρησιν αὐτὴ καὶ γνωματεύει καὶ διατίθεται· εἰ δὲ ἀφανὴς μείναι παντάπασιν, ἀνάγκη ἐστὶν ἀκόλουθα γενέσθαι τοῖς παρ' ἐκείνου τυποθεῖσιν ἐν τοῖς γαμηλίοις συμβολαίοις τῶν τριῶν παίδων αὐτοῦ· φαίνονται γὰρ τὰ τοιαῦτα συμβόλαια ἐννόμως τοῖς τοιούτοις παισὶ τὸν μερισμὸν τῆς οὐσίας ἐκείνου ποιούμενα, οὐκ ἐπίσης τοῦτον αὐτοῖς γενέσθαι διαλαμβάνοντα· ὅσον γὰρ ἐπὶ τῷ παρόντι ῥητῷ, ταὐτόν ἐστιν, ἀδελφικήν τε εἰπεῖν μοῖραν καὶ τρίτην μερίδα. Ἐπεὶ γὰρ τρεῖς εἰσιν ἀδελφοί, ἁρμόζει ἑκάστῳ τούτων ἐπίσης κατὰ ἀδελφικὸν μερισμὸν τρίτη μέρις. Ἐντεῦθεν λοιπόν, χρεὼν ἀκριβῆ προβῆναι ἐξέτασιν καὶ εἴ γε μὴ ἐξισούμεναι ἀλλήλαις εὑρίσκονται αἱ μερίδες, αἱ νῦν παρ' ἑκάστου τῶν τριῶν αὐταδέλφων κατέχονται, γενέσθαι κατὰ τοὺς νόμους συνεισφοράν, ὥστε ἐν ᾧ ἂν τὸ πλέον εὑρεθῇ τῆς τοιαύτης ουσίας, εκ τούτου αναπληρωθήναι το τοιούτον υστέρημα τούτο έλαττον έχοντα· ει γαρ και καθ' έτερον τρόπον το της συνεισφοράς ιδίωμα τον μερισμόν ποιείν είωθεν, επειδή ουκ εξ εναντιώσεως κατά διαθήκης γεγονυίας ενταύθα τα της συνεισφοράς αρχήν λαμβάνουσιν αλλ' από των συμφώνων, δι' ων φαίνεται ο πατήρ, εκάστω των παίδων ρητήν και ίσην ποσότητα εκ της οικείας ουσίας εις κλήρον αρμόζων, εχόμενόν εστι κατά την των συμφώνων περίληψιν προβήναι τον μερισμόν.

Ότι δε και η του νόμου περίληψις η κειμένη εν τω α' κεφαλ. του κ' τίτλ. του λβ' βιβλ. των βασιλικών και τοις πατράσι κελεύουσα τας των οικείων πραγμάτων νεμέσεις προς τους παίδας ποιείν, ουκ εν διαθήκη μόνον ανάγκην έχειν ταύτα διαιρείν τούτους θεσπίζει, αλλά και καθ' έτερον σχήμα, το παρ' αυτής της διατάξεως εισαγόμενον ο κύριόν τε και ισχυρόν είναι βούλεται, ω άντικρυς και τα αναγεγραμμένα εοίκασι σύμφωνα· διά τοι τούτο [f. 192] και δει κατ' εκείνα γενέσθαι τον μερισμόν, ως διείληπται· επεί δε φθάνει και εκποιησάμενος ο Καβάσιλας εκ των τοιούτων ακινήτων τινα, ως η αφήγησις περιέχει, ανάγκη εστίν τα εκποιηθέντα εις τον εκείνου κλήρον πεσείν· επεί γαρ προς του μερισμού την πράσιν πεποίηκεν. Έξεστι δε κατά νόμους, και πιπράσκειν τινα το διάφερον αυτώ εκ των επικοίνων, ώσπερ ουκ έχουσιν αι τοιαύται πράσεις ανατροπήν, ως καλή πίστει γεγονυίαι και εις μερίδα του πιπράσκοντος πίπτουσαι. Ούτως ουδέ του μερισμού προβαίνοντος ύστερον, λαχείν ετέραν τούτον μερίδα χρεών ή εκείνην ην πέπρακεν, ει δε και εξ αυτών των πραθέντων αρμόζει μέρος τοις λοιποίς αδελφοίς, έξεστι τούτοις αυτό εκδικείν, ως βιβλ. ιθ' τίτλ. η' κεφ. ογ' και οδ' και οε' και ος', εν οις φησίν· " Ου δύναται ο κοινωνός το κοινόν πράγμα μονομερώς εκποιείν· εάν δε εκποιήση, ο έτερος κοινωνός το ίδιον μονομερώς

εκδικεί, ου μην και το του πεπρακότος, καν στρατιώτης είη ".

Περί δε γε της γεγονυίας διαθήκης παρά της Καβασιλίνης, εν η οι παίδες αυτής έμειναν αμνημόνευτοι, ταύτα ρητώς ο νόμος εν κεφ. λη' του η' τίτλ. του λε' βιβλ. διακελεύεται· " Θεσπίζομεν μη εξείναι παντελώς πατρί ή μητρί ή πάππω ή μάμμη ή προπάππω ή προμάμμη τον ίδιον υιόν ή θυγατέρα ή τους λοιπούς παίδας αμνημονεύτους καταλιμπάνειν, ή αποκληρονόμους εν τη ιδία ποιείν διαθήκη, ει μη ονομαστί τας της αχαριστίας αιτίας εγγράψειεν". Αλλά δη και εν τω α' κεφ. του β' τίτλ. του λθ' βιβλ. ταύτα επί των λέξεων· " Παράνομος λέγεται διαθήκη, ότε μη κατά νόμους γένηται, εξής ηδύνατό τις κληρονομήσαι ή υπεξούσιος επιτεχθή, άκυρος δε εστιν, ότε μη κληρονομείται η κληρονομία, τουτέστι όταν εξωτικοίς καταληφθή η κληρονομία". Είπερ τοίνυν και η Καβασιλίνα γράψασα διαθήκας των μεν οικείων παίδων ουκ εμνημόνευσεν, εξωτικοίς δε την εαυτής ουσίαν εμέρισεν, άκυρα τα παρ' αυτής διατεταγμένα κατά τον νόμον εισί, και δύνανται εντεύθεν οι παίδες την αρμόζουσαν αυτοίς εκδικήσαι κληρονομίαν, ως παρά του νόμου | συνασπιζόμενοι.

Και τον επίτροπον δε της τοιαύτης διαθήκης, επί τη διοικήσει των της Καβασιλίνης πραγμάτων, ταις νομίμοις ευθύναις υπαγαγείν, ει δηλαδή απογραφήν ουκ εποίησε, κατά το ε' κεφ. του ζ' τίτλ. του λζ' βιβλίου, ταύτα θεσπίζον ρητώς· " Εάν χωρίς ευλόγου αιτίας ο επίτροπος μη ποιήση καταγραφήν, ως δόλον αμαρτάνων υπόκειται, τω ενδίκω όρκω εις το διάφερον προ της ποιήσεως· ουν αυτής διοικείν ουδέν οφείλει, ει μη τα μηδέ μετρίας υπερθέσεως ανεχόμενα ". Και κατά το λς' κεφ. του γ' τίτλ. του λη' βιβλ. ταύτα διοριζόμενον· " Μη απτέσθω δε των πραγμάτων ο επίτροπος, ει μη πρότερον απογραφή γένηται. Ει μή τοι γε άρα, οι την ουσίαν παραπέμψαντες ειτοὺς ἀνήβους, αὐτοὶ τὴν ἀπογραφὴν ἐκώλυσαν γενέσθαι. Ὁ δὲ μὴ ποιήσας ἀπογραφὴν, καὶ ὡς ὕποπτος ἀποκινείσθω καὶ ἀτιμούσθω, μηδὲ ἀπὸ βασιλικῆς ἀντιγραφῆς συγνωθῆναι δυνάμενος „.

Χρὴ δὲ καὶ περὶ τῶν δικηγόρων εἰπεῖν, ὡς ἐξ ἴσου νέμει τούτους ὁ νόμος τοῖς διαδικαζομένοις. Κελεύει ἐν κβ΄ κεφ. τοῦ α΄ τίτλ. τοῦ ἡ βιβλίου, φάσκων ταυτί· " Ὁ ἄρχων ἐξ ἴσου τοὺς δικολόγους τοῖς μέρεσι διδότω· ὡς ἂν μὴ εὑρεθεῖεν εἰς ἓν μέρος οἱ ἀπαίδευτοι καὶ ἀτριβεῖς ἔτι „. Ταῦτα οὕτω θεσπίζων, τὴν ἑαυτοῦ διάνοιαν ὁ νομοθέτης παραγυμνοῖ, ὡς δηλαδὴ εἰ ἐξ ἀνίσων τῶν δικολόγων ἐν τῷ δικαστηρίῳ παράστασις γένηται, κινδυνεύουσιν ἐξ ἀνεπιστημοσύνης τῶν ἀτριβῶν καὶ εἴ τι ἀκριβῶς τὰ δικανικὰ μὴ πεπαιδευμένων ἑτερορρεπῆ γενέσθαι τὰ τῆς δίκης ζυγὰ, καὶ τὸ τοῦ δικαίου κράτος παραρρυήσεται, καὶ ὁ Θεὸς ἄνωθεν ὀργισθήσεται, ὁ καὶ δίκαιος καὶ δικαιοσύνας ἀγαπῶν γραφικῶς, καὶ πρὸ προσώπου ἑαυτοῦ γινώσκων εὐθύτητας.

ΡΑ΄.

Ὅτι τὰ φύσει τῶν πραγμάτων κεκωλυμένα, οὐ βιάζονται ἐκτελεῖσθαι, καὶ περὶ εὐσεβῶν βουλήσεων, καὶ ὅτι ἀρχιερεῖς ὀφείλουσιν ἀναγκάζειν ἐκπληροῦσθαι ταύτας.

Quod quae natura rerum prohibentur, non cogantur perfici, et de piis voluntatibus, et quod episcopi ad eas implendas cogere debeant.

Ὁ μεγαλοδοξότατος κῦρος Ἀλέξιος Ἀρμενοπουλίτης, ἀνήνεγκε [f. 193] τῇ ἡμῶν μετριότητι, προκαθημένη συνοδικῶς, καὶ ὑποτεταγμένα γράμματι ταῦτα ἐμπεριλαβὼν ἔχοντι ἐπὶ τῶν λέξεων οὑτωσί·

"Παναγιώτατέ μου δέσποτα, θεοτίμητε ἀρχιεπίσκοπε πάσης Βουλγαρίας, καὶ ὑμεῖς οἱ τῆς ἐπαρχίας αὐτοῦ θεσπέσιοι ἀρχιερεῖς, προδέξασθέ μου, δέομαι, τὴν παροῦσαν ἀπόρασιν, καὶ δότε μοι πρὸς ταύτην ἀπόκρισιν, τῷ νόμῳ καὶ τῷ δικαίῳ συνᾴδουσαν.

„ Ἡ μεγάλη τῆς ἐμῆς συζύγου θεία, ἤγουν ἡ αὐταδέλφη τῆς προσμητρὸς μάμμης αὐτῆς, ἡ ὀνομαζομένη Εἰρήνη, ἀνδρὶ συζευχθεῖσα νομίμως τῷ περιόντι Σαλερινῷ Μιχαὴλ, καὶ τὸν πάντα ἑαυτῆς βίον ἄπαις διατελέσασα, ἐπειδὴ τῷ θανάτῳ προσήγγισε, διαθήκας γράφει, καὶ τῷ μὲν ὁμευνέτῃ αὐτῆς τῷ Σαλερινῷ παρ' ὅλην αὐτοῦ τὴν ζωὴν τὴν χρῆσιν καὶ ἐπικαρπίαν τῶν διαφερόντων αὐτῇ ἀκινήτων ἀπογαρίζεται.

„Μετὰ δὲ θάνατον τούτου μέρος μὲν τῶν τοιούτων ἀκινήτων, ὅσων ῥητῶς ἡ διαθήκη περιέχει, ἤγουν τὸ ἀμπέλιον τὸ λεγόμενον Ἀναστάματα, καὶ τὸ κτῆμα τὸ καλούμενον τοῦ Μαυρικάτζου προσκληρωθῆναι διακελεύεται τῷ ναῷ τοῦ ἁγίου Νικολάου, τῷ παρ' ἐκείνης ἀνεγερθέντι, ἐν τῷ ἀποκαταστῆναι τὸν τοιοῦτον ναὸν εἰς μοναστήριον, εἰ δὲ οὐ φθάσει γενέσθαι μοναστήριον, διαπραθῆναι ταῦτα καὶ εἰς ψυχικὰς διαδόσεις αὐτῆς διαναμηθῆναι· τὰ κατὰ λοιπὰ δὲ τούτων κληρονομηθῆναι παρὰ τῶν ἀνεψιῶν αὐτῆς, τῶν τε δηλαδὴ παίδων τοῦ Μαυρωνᾶ, τῶν τῆς Εὐνοστίας καὶ τῆς Καλῆς. Ὁ Σαλερινὸς τοίνυν οὐκ ἐμμείνας τοῖς διατεταγμένοις, ξενίζουσαν τινα καὶ πρόωρον καὶ καινότροπον ἀγορασίαν τῶν τοιούτων ἀκινήτων θέσθαι ἠθέλησε· τῷ γὰρ ἀποιχομένῳ ἁγιωτάτῳ μητροπολίτῃ Κερκύρας τῷ Πεδαδίτῃ προσελθὼν, καὶ γνώμην οὐκ οἶδ' ὅπως παρ' ἐκείνου λαβὼν ἔγγραφον, ὥστε πρὸ καιροῦ διαπραθῆναι τὰ εἰρημένα ἀκίνητα, τὰ μετὰ θάνατον δηλαδὴ τοῦ Σαλερινοῦ, ὀφείλοντα τῷ τοῦ ἁγίου Νικολάου ναῷ προκυρωθῆναι, ὡς εἴρηται, εὑρέθη τούτων εὐθὺς ἀγοραστὴς αὐτὸς ὁ Σαλερινός, καὶ οὕτω τὰ τῆς βουλήσεως τῆς εἰρημένης Εἰρήνης ἠπράκτησαν· διὰ τοῦτο τοίνυν | παρακαλῶ μαθεῖν, εἰ ἐξὸν ἦν πρὸ τοῦ θανάτου τοῦ Σαλερινοῦ διάγνωσιν γενέσθαι διαπραχθῆναι τὰ εἰρημένα ἀκίνητα, πρὶν ἢ λαβεῖν τοὺς ἀνεψιοὺς τῆς Εἰρήνης, τὰ παρ' ἐκείνης κληροδοτηθέντα αὐτοῖς· καὶ εἰ εὔλογον ἦν τὸν Σαλερινὸν ἐξωνεῖσθαι ζῶντα, ἃ μετὰ θάνατον αὐτοῦ τυχὸν ἴσχυσαν ἂν τῷ ἀναπερωνημένῳ ναῷ προσκληρωθῆναι, ἢ εἰ μὴ τοῦτο ἐξ ἀνάγκης διαπραθῆναι„. Καὶ τὰ μὲν τῆς ἀρραγέσεως τοῦ Ἀρραβωνήτου ἦσαν ἐν τούτοις.

Ἡ μετριότης ἡμῶν πρὸς τὴν τοιαύτην ἀφήγησιν, μετά γε τῶν συνεδριαζόντων αὐτῇ ἱερωτάτων ἀρχιερέων, ἀκολούθως τοῖς θείοις καὶ ἱεροῖς κανόσι καὶ τοῖς φιλευσεβέσι νόμοις, ταῦτα οὕτως ψηφοφορεῖ.

Ὡς ἐκεῖνα τὸν νουνεχῆ χρὴ καὶ λέγειν καὶ πράττειν ὅσα τῶν πραγμάτων ἡ φύσις ἐφήκει· διὰ τοῦτο γὰρ καὶ ὁ νομικὸς κανών, ὁ ἐν τῷ ρπθ' κεφαλ. τοῦ γ' τίτλου τοῦ β' βιβλ. τῶν βασιλ. φησὶ ῥητῶς οὕτω· "Οὐδενὶ νόμῳ βεβαιοῦται τὸ τῇ φύσει τῶν πραγμάτων κεκωλυμένον„. Καὶ ὡς ἐπὶ θέματος τινὸς παραστῆναι, σαφηνείας χάριν τὸ εἰρημένον· "Ἐὰν ὑπόσχηταί τις δοῦναι τὸ τῇ δούλῃ αὐτοῦ κυοφορούμενον, τότε ἀπαιτεῖ αὐτὸ, ὅταν καὶ γεννηθῇ, οὐ μὴν δὲ πρὸ τοῦ τοκετοῦ· τοῦτο γὰρ ἡ φύσις τῶν πραγμάτων οὐκ ἀπαιτεῖ„. Ἔδει τοίνυν καὶ τὰ διατεταγμένα τῇ ἀναπερωνημένῃ Εἰρήνῃ μετὰ τὴν τελευτὴν τοῦ Σαλερινοῦ, ἀρχὴν λαβεῖν τοῦ ἐκτελεῖσθαι κατὰ τὴν ἐκείνης βούλησιν. Τὸ δὲ πρὸ τοῦ θανάτου τοῦ τοιούτου Σαλερινοῦ τὸ τέμενος τῆς μητροπόλεως ἀντιποιήσασθαι τῶν εἰς ἀνέγερσιν μοναστηρίου ἀποκληρωθέντων ἀκινήτων, καὶ αὐτὸν δὲ τὸν Σαλερινὸν ἀγοραστὴν τούτων γενέσθαι, ἅπερ τούτου δηλαδὴ κειμένου νεκροῦ διαπραχθῆναι ἐχρῆν, νεκρὸς δὲ, ὥσπερ οὔτε στεφανοῦται, οὕτως οὐδὲ ἀγοραστὴς γίνεται, οὐ μόνον τῇ φύσει τῶν πραγμάτων ἐναντιοῦται, ἀλλὰ καὶ αὐτοῖς εὑρίσκεται τοῖς ἀγαθοῖς τρόποις μαχόμενον, καὶ διὰ τοῦτο ἀνυπόστατον, καὶ ὂν, καὶ κρινόμενον, κατὰ τὸ ρξε' κεφαλ. τοῦ αὐτοῦ βιβλ. καὶ τίτλ. τὸ ἔτι ἡρτημένον οὐ δοκεῖ εἶναι.

Ὅθεν καὶ ἄκυρον ἔσται ἡ παρὰ τοῦ Σαλερινοῦ γενομένη ἀγορασία, καὶ ὡς μηδὲ ὅλως γεγονυῖα λογισθήσεται [f. 194] καὶ ἔτι ζῶντος αὐτοῦ, μετεώρου τυγχανούσης καὶ ἠρτημένης τῆς τῶν διατεταγμένων παρὰ τῆς Εἰρήνης, ὡς εἴρηται, περιλήψεως καὶ ἐλπίδων ὑποκειμένων, ὡς μετὰ θάνατον τούτου καὶ εἰς μοναστήριον ὁ διαληφθεὶς ναὸς ἀποτελεσθήσεται. Πολλάκις γὰρ σήμερον δοκοῦντα ἀδύνατα, δυνατὰ τὴν αὔριον γίνεται· τῶν καιρῶν ἄλλο τε ἄλλως, κινούντων καὶ ἐναλλασσόντων τὰ πράγματα· εἰ δὲ καὶ εὐσεβεῖς παλαιῶν νόμων καὶ νεαρῶν διατάξεις τοῖς κατὰ τόπον ἐπισκόποις ἀνατιθέασιν ἀναγκάζειν πληροῦσθαι τὰ διατυπωθέντα παρὰ τῶν δωρησαμένων πρᾶγμα κινητὸν ἢ ἀκίνητον ἢ αὐτοκίνητον ἐπὶ οἰκοδομῇ ναῶν ἢ ξενώνων ἢ γεροκομείων ἢ ὀρφανοτροφείων ἢ νοσοκομείων ἢ πτωχείων, ἢ ὑπὲρ ἀναρρύσεως αἰχμαλώτων, ἀλλ' οὐκ ἐκχωρεῖ τοῖς τοιούτοις ἀρχιερεῦσιν ἐπὶ τοῖς δεδωρημένοις τὰ δοκοῦντα ἑαυτοῖς ποιεῖν, ἀλλ' ἐκεῖνα καταναγκάζειν πληροῦσθαι, ὅσα οἱ τελευτήσαντες διωρίσαντο.

Περὶ τούτου γὰρ ἡ ολα' Ἰουστινιάνειος νεαρὰ ἡ κειμένη ἐν βιβλ. ε' τῶν βασιλ. τίτλ. γ' κεφαλ. ζ' ἐν μέρει ταῦτά φησιν· "Ἐν πᾶσαι; ταῖς τοιαύταις εὐσεβέσι βουλήσεσι τοὺς ὁσιωτάτους τῶν τόπων ἐπισκόπους βουλόμεθα προνοεῖν, ὥστε πάντα κατὰ τὴν τοῦ τελευτήσαντος βούλησιν προβαίνειν„.

Πῶς οὖν οὐκ ἀποίσεται τὸ διαπῖπτον ἢ γενομένη πρᾶξις κατὰ γνώμην τοῦ μέρους τῆς μητροπόλεως, ὅτι ἔξω τῆς φύσεως τῶν πραγμάτων γέγονε· ἐπειδὴ τῇ περιλήψει τῶν διαθηκῶν τῆς Εἰρήνης οὐκ ἀκολούθησαν· τὰ μὲν γὰρ τῆς βουλήσεως μετὰ θάνατον τοῦ Σαλερινοῦ λαβεῖν τὸ ἐνεργὸν ἐτυπώθησαν, τὰ ἀκίνητα δὲ, καὶ πρὸ [cod. πρὸς] τοῦ θανάτου τοῦ Σαλερινοῦ καὶ μὴ κατὰ τὰ διατεταγμένα διαπραχθέντα, σαφώς κατηγοροῦσιν ῥᾳδιουργίαν τῆς πράξεως, καὶ διὰ τοῦτο καὶ τὸ ταύτης ἀνυπόστατον διελέγχουσιν, ὅτι τοίνυν καὶ ἡ πρᾶσις παράνομος γέγονεν, οἷα μηδενὶ νόμῳ βοηθουμένη διὰ τὸ τῇ φύσει τῶν πραγμάτων κατὰ τὸν νόμον κωλύεσθαι, καὶ μὴ κατὰ βούλησιν τῆς διαθεμένης μοναστηρίου ἀνέγερσις γέγονεν·

οὐ γὰρ πάντη ἀνέλπιστος ἡ τούτου ἵδρυσις ἦν, ὡς ἄνωπιν δεδήλωται, μήπω ἐπιστάντος | τοῦ καιροῦ τῆς τούτου οἰκοδομῆς, ἡ μὲν πρᾶσις ἀπρακτήσει καθόλου· τὰ διατεταγμένα δὲ παρὰ τῆς Εἰρήνης, εἰς τὸν καιρὸν αὐτῶν ὃν ἡ διαθήκη ταύτη; ὁρίζει, βέβαια καὶ ἀπαρεγχείρητα ἔσονται.

PB′.

Ὅτι αἱ νόμιμοι διαλύσεις οὐδὲ διὰ βασιλικῆς ἀντιγραφῆς ἀνατρέπονται, εἰ καὶ παρὰ χρῆμα μετάμελος εἰσέλθῃ τὸν συμφωνήσαντα, καὶ ἄγραφος γένηται ἡ διάλυσις.

Quod legales transactiones neque regali rescripto rescindantur, licet statim poenitcat paciscentem, et transactio scripta non sit.

Ἀνήνεγκε τῇ ἡμῶν μετριότητι προκαθημένῃ συνοδικῶς· ὁ ἐν Βερροίᾳ οἰκῶν Ἰωάννης· τὴν ἐπωνυμίαν Πεπαγωμένος, ὡς πρὸ εἰκοστὸν κ΄ καὶ α΄ ἤδη συνέζυγα νομίμως Ἄννῃ τῇ γνησίᾳ θυγατρὶ τῶν Βερροιαίων κατοίκων ὁμοζύγων, τοῦ τε ἀποιχομένου Σπιράολου Μιχαὴλ καὶ τῆς ἔτι περιούσης Ἰαρίας τῆς Παυλοπουλίνας, προγαμιαίαν τε δωρεὰν εἰσενέγκων ἱκανήν, ἔτι δὲ καὶ θεόρετρον δοὺς καὶ προῖκα ὑποδεξάμενος· ὧν τὴν ποσότητά τε καὶ ποιότητα περιστῶσιν ἀρίδηλως· τὰ τηνικάδε καιροῦ προβάντα κατὰ νόμους συμβόλαια, ἐπεὶ ἀναγράφηκαν παρὰ τῶν πενθερῶν αὐτοῦ εἰς τὰ τῆς προικὸς καὶ τὸ ἥμισυ τῶν ζευγηλατείων αὐτῶν, τοῦ τε κατὰ Κολάνιζαν (*in marg.* Στλάνισταν) ὄντος ἐν τῇ Νερελιτζίστῃ, καὶ τοῦ ἐν τῷ χωρίῳ Βανίχνες· μετὰ τῶν διαφερόντων αὐτοῖς οἰκημάτων χωραφίων, ἀμπελίων, καὶ πάντων τῶν ἐν αὐτοῖς, γενομένου μερισμοῦ παρέλαβε μετὰ τῶν λοιπῶν ἀκινήτων προικιμαίων καὶ τὰ ἥμισυ τοῦ ζευγηλάτου τῆς Βανίχνες, παρουσίᾳ καὶ αὐτῶν τῶν δημοσιακῶν ἐφόρων τοῦ εἰρημένου χωρίου· Παρέλαβε δὲ ταῦτα καθ᾽ ὁμάδα μὲν ὁλοσῶν, κατὰ ἔχωρχα δέ, ἑκάστῃ δηλαδὴ ἰσομοιρίᾳ μεριζομένης, καὶ ἐξ ἡμισείας ἀποκαθισταμένης

ἀνὰ μέρος ἑκατέροις, τῷ τε Πεπαγωμένῳ καὶ τοῖς αὐτοῦ πενθεροῖς· καὶ τὸ ἀπ᾽ ἐκείνου ἐφ᾽ ἱκανοῖς ἔτεσι νεμομένοις ἦν τὰ τοιαῦτα ἀκίνητα, ἕως οὗ ἡ κοσμικὴ θύελλα καὶ τὰ κατὰ Βερροίαν συνέσεισέ τε καὶ συνετάραξε. Καὶ αὐτὸς ἐκεῖθεν φυγὰς γεγονώς, πλανήτην βίον ἔτριβε καὶ ταλαίπωρον, ἄρτι δὲ καὶ εἰς τὰ ἴδια ὑποστρέψας, εὑρίσκει Γεώργιον τὸν ἑαυτοῦ γυναικάδελφον ἐπὶ τοῖς ἀναγεγραμμένοις κατὰ τὴν Βανίχνες ἀκινήτοις· ἀντιξοῦντα τούτῳ παντάπασι, καὶ μόνοις νόμοις· παραχωροῦντα τούτῳ ἐκεῖσε [f. 195] ξερίου ἑνός· οἷα προβαλλόμενον, ὡς τῷ πάππῳ αὐτῶν τῷ ἀποιχομένῳ Βασιλείῳ τῷ Παυλοπούλῳ, καὶ διὰ τοῦ μοναδικοῦ σχήματος μετονομασθέντος· Βαρσανουφίῳ, δύο ὑποστάσεων γονικῶν ὑπουσῶν ἐν τῷ τοιούτῳ χωρίῳ ἡ μὲν μία ἥρμοσε τοῖς γονεῦσιν αὐτοῦ, ἥγουν τοῖς πενθεροῖς τοῦ Πεπαγωμένου, προικοδοτηθεῖσα δηλονότι αὐτοῖς· ἡ ἑτέρα δὲ παρ᾽ ἐκείνου κατεχομένη ἐτύγχανεν, ὅτι γοῦν φησί, γαμικὸν συμβόλαιον· οἱ τούτου γονεῖς· ἐκτιθέμενοι, τὸ ἥμισυ τοῦ εἰρημένου ζευγηλάτου αὐτῶν, εἰς προῖκα τῇ αὐταδέλφῃ αὐτοῦ ἀνετάξαντο· δῆλον ὡς τοῦ ἡμίσεως· τοῦ ἁρμόζοντος τούτοις ἐμνήσθησαν, ἀκεραίου δηλαδὴ τοῦ παρὰ τῷ Παυλοπούλῳ κατεχομένου μείναντος. Εἰ γὰρ περὶ τούτου ἐδήλου τὸ σύμφωνον εἶχεν ἄν φησι καὶ ὁ Παυλόπουλος, τῇ ἐκδήσει τούτου συνέπαινος φαίνεσθαι τὴν οἰκείαν ὀνομασίαν τοῦ γαμηλίου συμβολαίου κατὰ τὸ σύνηθες προγραψάμενος, ὅπερ οὐκ εὑρίσκεται ἐν τούτῳ φαινόμενον.

Ταῦτα δὲ εἰπὼν ὁ Πεπαγωμένος ἐνεφάνισε τῇ ἡμῶν μετριότητι αὐτό τε τὸ γαμήλιον σύμφωνον καὶ ὁμολογίαν ἔγγραφον καὶ ἐνυπόγραφον τῶν σεβασμιωτάτων ἀρχιερέων τοῦ τε ἐν ἁγίοις εὑρόντος Θεοδώρου τοῦ προστατεύσαντος θαυμαστῶς τῆς τῶν Γρεβενιτῶν ἐκκλησίας, καὶ Εὐδοξίου τοῦ ἐπισκόπου Δεβρῶν, ἀνδρὸς ἱεροῦ καὶ πίστει χάριτι τοῖς τοῦ Πνεύματος λάμποντος, ἥτις δὴ ὁμολογία παρίστα, ὡς ἐνώπιον αὐτῶν τὰ μέσῳ τοῦ Πεπαγωμένου καὶ τῆς πενθερᾶς αὐτοῦ, ἀλλὰ δὴ καὶ τοῦ διαληφθέντος μοναχοῦ Βαρσανουφρίου τοῦ Παυλοπούλου, ἀνακύψαντα σκάνδαλα περιέρρηνται, καὶ ὡς διελύσαντο τὰ οὕτω μαχόμενα μέρη, τοῦ μὲν Πεπαγωμένου ἐκχωρηθέντος παρὰ τῶν πενθερῶν αὐτοῦ ἀμάχως νέμεσθαι, καθὼς τὸ πρότερον τὰ παραδοθέντα αὐτῷ τόπια, ἤγουν τὰ ἡμίση πάντων τῶν ἀκινήτων, ὧν τὸ μέρος τοῦ Παυλοπούλου κατεῖχον, ἔν τε τῇ Βανιάνες καὶ ἐν τῇ Νεμελτίτζη, αὐτοῦ δὲ τοῦ Πεπαγωμένου καὶ τῆς πενθερᾶς αὐτοῦ ἐξ αἰτήσεως τοῦ Παυλοπούλου, ἀποτεμόντων γῆν ὡσεὶ μοδίων ἑκατὸν, ἀπὸ τῆς ὁλότητος τῆς ἐννηκύσης ἀμφοῖν εἰς τὴν Βανιάνες, καὶ ἀφορισάντων ταύτην | τῷ τοιούτῳ Παυλοπούλῳ ὥστε κατὰ δεσποτείαν κατέχειν αὐτὴν ἐκεῖνον καὶ νέμεσθαι καὶ ἄδειαν ἔχειν παραπέμπειν ταύτην ἔνθα καὶ βούλεται. Ναὶ μέντοι καὶ ὡς ἐπαύσαντο τοῦ προβάλλεσθαι ὥς τι ἄμαχον δικαίωμα, τὸ μὴ καὶ τὸν γέροντα τὸν Παυλόπουλον ἐν τῷ προικώῳ προσμεμείναθαι· διὰ τὸ ἀπελέγχεσθαι ἐκεῖνον περὶ τοῦ Γρεβενοῦ, ὡς ἀπολογίσατο τότε τούτου προθέμενος αἴτιον τὴν ἐκ τοῦ κόσμου φυγὴν διὰ τὴν μοναδικὴν ἀγωγήν. Πρὸς τούτοις ἐνεφάνισεν ὁ αὐτὸς Πεπαγωμένος καὶ συμφω-

νίας καὶ ἀσφαλείας ἔγγραφον γεγονὸς πρὸς αὐτὸν παρὰ τῆς αὐτοῦ πενθερᾶς ἐπὶ ὁμολογίᾳ τοῦ κατέχειν αὐτόν, τὸ εἰς τὴν Βανιάνες προικιμαῖον αὐτοῦ ζευγηλατεῖον ἀκωλύτως καὶ ἀνενοχλήτως καὶ ἀπαρεμποδίστως, ἐργάζεσθαί τε ἀφ' ὅλων τῶν χωραφίων, ὧν τε εἶχον κοινῶς καὶ ἐνέμοντο καὶ ἐδέσποζον· καὶ ὧν καθέξουσι μετὰ ταῦτα τὰ ἡμίση, ὁπηνίκα δηλαδὴ τῆς λατινικῆς χειρὸς καὶ ἐξουσίας, καὶ τὸ τοιοῦτον χωρίον ἐλεύθερον γένηται· μετὰ τοίνυν τὸ ἐμφανίσαι τὰ ἀναγεγραμμένα χάρτια, καθικέτευε θερμῶς ὁ Πεπαγωμένος ἀπόκρισιν λαβεῖν παρὰ τῆς ἡμῶν μετριότητος, πρός τε τὰ παρ' αὐτοῦ ἀφηγηθέντα καὶ πρὸς τὴν περίληψιν τῶν χαρτίων αὐτοῦ τοῖς θείοις νόμοις καὶ τῷ δικαίῳ συνᾴδουσαν.

Ἡ μετριότης ἡμῶν τῇ παρακλήσει τούτου καμφθεῖσα, καὶ τὰ τοῦ πράγματος διασκεψαμένη μετά γε τῶν συνεδριαζόντων αὐτῇ ἱερωτάτων ἀρχιερέων, τοιάνδε τὴν ἀπόκρισιν πρὸς ταῦτα ἐξήνεγκεν.

Ὡς εἴπερ παράδοσις προέβη πρὸς τὸν Πεπαγωμένον τῶν προικοδοτηθέντων αὐτῷ ἀκινήτων κατὰ τὸν μερισμὸν ὃν αὐτὸς ἀφηγεῖται, καὶ εἰ τὰ ἐμφανισθέντα παρ' αὐτοῦ ἔγγραφα ἐκ μεταγενεστέρων τινῶν νομίμων οὐκ ἀνετράπησαν πράξεων, ἀλλὰ μένουσιν ἀπερίτρεπτα, οὐκ ἀλόγως, οὐδὲ δικαίως ἐπιφύεται τούτῳ Γεώργιος ὁ αὐτοῦ γυναικάδελφος· ἥτε γὰρ παράδοσις βεβαιοῖ τούτῳ τὴν τοιούτων ἀκινήτων κατοχὴν καὶ νομήν, καὶ ἡ τῶν ἡγιασμένων ἀρχιερέων ὁμολογία ἀσφαλῆ πάντα τὰ πεπραγμένα καθίσταται. Ταύτης γὰρ μέρος καὶ τὸ ὁμολογεῖν τὸν μοναχὸν Βαρσανούφριον τὸν Παυλόπουλον μὴ ἔχειν τι ἴδιον αὐτόν. [f. 196] Ἀλλὰ πάντα τῇ θυγατρὶ αὐτοῦ, ἤγουν τῇ πενθερᾷ τοῦ Πεπαγωμένου, ἀποδοῦναι μετὰ τὸ κείρασθαι κατὰ μοναχούς, οὐ μόνον δὲ ἀλλὰ καὶ τὸ τῆς συμφωνίας τῆς πενθερᾶς αὐτοῦ ἔγγραφον, μεταγενέστερον ὄν, εἰς τὰ αὐτὰ ῥέπει τῇ τῶν ἀρχιερέων ὁμολογίᾳ, καὶ αὐτὸ δὲ τὸ αἰτήσασθαι τὸν μοναχὸν Βαρσανούφριον ἐγχειρισθῆναι οἱ παρ' ἀμφοῖν, τῆς θυγατρὸς αὐτοῦ καὶ τοῦ Πεπαγωμένου γῆν ξηρὰν ἱκᾷς, ὡς καὶ τοῦτο ἡ ὁμολογία τῶν ἀρχιερέων παρίστησι, δῆλον ὃ λέγεται καὶ τυφλῷ φησιν, ὡς τῆς θυγατρὸς αὐτοῦ ἀνῆκε πάντα τὰ ἑαυτοῦ ἀκίνητα ὁ Παυλόπουλος.

Αὐτὴ δὲ τὸ ἥμισυ τούτων τῷ Πεπαγωμένῳ, ἄρα λοιπὸν οὐ συντείνει τῷ Γεωργίῳ ἐπίσχεσθαι εἰς δικαίωσιν αὐτοῦ ὅτι ὁ πάππος αὐτοῦ ὁ Παυλόπουλος οὐ προεσσεμήνατο ἐν τῷ συμβολαίῳ τῷ τὴν προῖκα τῆς αὐτῆς θυγατρὸς αὐτοῦ Ἄννης ἀνάγραπτον φέροντι. Ἡ μὲν γὰρ παράδοσις τῆς ἡμισείας τῶν ἀκινήτων καὶ ἡ τούτων κατοχὴ καὶ νομὴ δηλοῖ, ὡς ἐκ τῆς ὁλότητος τῶν τοῦ Παυλοπούλου ἀκινήτων γεγένηται· ἡ τοῦ Παυλοπούλου δὲ φιλοτιμία τὴν τοιαύτην παράδοσιν βεβαιοῦσα ποιεῖ, ὡς οὐκ ἐξὸν ἦν αὐτῷ πράττειν ἐπὶ τῷ συναλλάγματι τῆς ἐκγονῆς αὐτοῦ, ἐπὶ τὴν μοναχικὴν μετενδυσαμένῳ στολὴν, καὶ τὰ ἁρμόζοντα τούτῳ ἀκίνητα τῇ ἑαυτοῦ θυγατρὶ καταλείποντι· οὐ χάριν καὶ γῆν ξεύγνιον ἑνὸς ἐξήτει, ὡς ἀνατέτακται· ἐπισημεάζει δὲ τὸν Γεώργιον καὶ ἡ τῆς μητρὸς ὑπὸ συμφωνία τε καὶ ἀσφάλεια ἡ γεγονυῖα πρὸς τὸν Πεπαγωμένον· οὐ μόνον δὲ ἀλλὰ καὶ ἡ διάλυσις ἡ, τὸ εἰρημένον ἀρχιερατικὸν γράμματεῖον μέμνηται. Ταύτην δὲ αὐτὸς

ἀνατρέψαι καὶ ἀγράφως προέβη, οὐ δύναται ὁπωσοῦν, οὐδέποτε οὐδαμῶς· ὡς ἐν τοῖς θείοις τῶν νόμων θεσπίσμασι, καθάπερ ὄρεσι τοὺς ἑαυτῆς θεμελίους κατὰ τὸ ψαλτῳδούμενον ἔχουσα· ἅπερ ἐν μὲν τῷ κδ' κεφ. τοῦ β' τίτλ. τοῦ ια' βιβλ. τῶν βασιλ. "Τὰς ὑποθέσεις, φησίν, αὐτὰς ἤτοι τὰς δικαστὰς διαλύσεσιν νομίμως περαιωθείσας, οὐδὲ διὰ βασιλικῆς ἀντιγραφῆς ἀνατρέπεσθαι χρή „. Ἐν δὲ τῷ μζ' κεφ. ταῦτα ῥητῶς ἐν μέρει θεσπίζουσιν· "Εἰ καὶ τὰ μάλιστα ἐκεῖνον τὸν συμφωνήσαντα παραχρῆμα μετάμελος εἰσέλθοι, ὅμως ἡ διάλυσις ἀνασχεθῆναι, καὶ ἡ δίκη ἀνεωθῆναι οὐ δύναται „. Ὅτι δὲ καὶ ἀγράφως διάλυσις γίνεται, δηλοῖ τοῦτο σαφῶς τὸ λς' κεφ. τοῦ αὐτοῦ βιβλ. καὶ τίτλ. ταῦτα διαγορεῦον· "Ἡ διάταξις ἐν ἀρχῇ κανόνα θαυμάσιον ἐκτίθεται τὸν λέγοντα ὅτι καὶ ἡ ἐν ὑπομνήμασι καὶ χωρὶς ὑπομνημάτων καὶ ἡ ἐγγράφως καὶ ἀγράφως γενομένη, διάλυσις βεβαία ἐστιν „. Οὐκ ἔστι τοίνυν ὅπως εἰς τὸ ἄπρακτον τῷ Πεπαγωμένῳ προσόντα καὶ ἡμῖν ἐμφανισθέντα ἔγγραφα περιστήσονται. Καὶ διὰ τοῦτο οὐδὲ Γεώργιος ἐμφρόνως αὐτοῖς ἀντεπανεγχθήσεται, ὥστε διασκελεύειν ταῦτα καὶ ἀνατρέπειν εἰ μή γε ὀφλῆσαι θελήσει γέλωτα τοῖς ἐχέφροσιν, ὡς ἂν εἰ καὶ δακτύλῳ σκαλεύειν ὄρη πειρώμενος.

ΡΓ'.

Περὶ μοιχῶν καὶ περὶ ἐθίμων ἐθνικῶν.
De moechis et de consuetudinibus gentium.

Ὁ ἐν τῇ χώρᾳ τῶν Πριαδριάνων οἰκῶν Βασίλειος, ὁ ἐπιλεγόμενος Δοβρέσινος, ἐν τῇ Ἀχρίδι παραγενόμενος, καὶ τῷ παναγιωτάτῳ ἡμῶν δεσπότῃ καὶ αὐθέντῃ τῷ ἀρχιεπισκόπῳ πάσης Βουλγαρίας τὴν σήμερον ὑπερεχει, διάλυσε κατὰ τοῦ συγάμβρου αὐτοῦ Γεωργίου, λέγων·

Ὅτι λαβὼν γυναῖκα νομίμως ἐκ πρώτου συνοικεσίου, τὴν θυγατέρα τοῦ Ῥαδοσλάβου τοῦ οἰκοῦντος ἐν τῷ Κάτω Πολόγῳ, τὴν καλουμένην Ὀμπράδα, ὕστερον ἐχωρίσθη ταύτης ἐνώπιον τοῦ ἀποιχομένου ἐπισκόπου Πριαδριάνων Νικηφόρου καὶ τῶν γονέων ταύτης καὶ συγγενῶν· καὶ μετὰ ταῦτα συνεζεύχθη τῇ γυναικαδέλφῃ τοῦ Δοβρεσίνου τῇ ὀνομαζομένῃ Τζερνοκόσῃ δωδέκατον ἔτος ἀγούσῃ τῆς ἡλικίας αὐτῆς· μεθ' ἧς καὶ διήγαγεν ἔτη ιη' καὶ η' παιδία ἐποίησε· ἡ πρώτη δὲ τούτου γυνὴ ἡ Ὀμπράδα μετὰ τὸ συζευχθῆναι αὐτὸν τῇ Τζερνοκόση, συνήρθη ἑτέρῳ ἀνδρί, μεθ' οὗ καὶ αὐτὴ παῖδας ἀπέτεκε. Νῦν δὲ ὁ Γεώργιος καταλείψας τὴν Τζερνοκόσαν, ἐπανέρχεται εἰς τὴν εἰρημένην πρώτην γυναῖκα αὐτοῦ Ὀμπράδαν, θέλων πάλιν αὐτῇ συνοικεῖν, διὰ τὸ ἀποθανεῖν τὸν ἄνδρα αὐτῆς.

Ἐπεὶ δὲ παρῆν καὶ ὁ Γεώργιος, συνομολόγει μὲν ταῦτα οὕτως ἔχειν· ἔλεγε δὲ ὅτι τὸ ἀθετῆσαι μὲν αὐτὸν τὴν μετὰ τῆς Ὀμπράδας οἴκησιν, συζευχθῆναι δὲ τῇ Τζερνοκόση, οὐκ ἄλλως [f. 197] ἐξεγένετο τοῦτο ἢ ὅτι παρετράπη τὸν νοῦν ἀπὸ μαγικῆς περιποιήσεως τῆς γενομένης ἀπὸ τοῦ μέρους τῆς Τζερνοκόσης.

Ἡ ὁμολογία δὲ αὕτη τὸ ἁμάρτυρον ἔχουσα καὶ ἀνυπόστατον, ἠλέγχετο ὑπὸ τοῦ χρονικοῦ διαστήματος ὅλου, καθ' ὃν συνοικῶν ἦν ὁ Γεώργιος τῇ Τζερνοκόση, καὶ μετ' αὐτῆς ἐπαιδοποίησε. Καὶ μὴν καὶ ὑπὸ τοῦ ὁρᾶν αὐτὸν τὴν Ὀμπράδαν συναλλάξασαν γάμον μεθ' ἑτέρου ἀνδρὸς καὶ μήτε κωλύειν τὸν γάμον, μήτε μιμνήσκεσθαι τῆς πρὸς αὐτὴν ἐπανελεύσεως.

Ὁ Δοβρέτιος δὲ προεκόμισε καὶ χάρταν τὸν περιέχοντα τὸ διαζύγιον τοῦ Γεωργίου ἀπὸ τῆς Ὀμπράδας, ὅπερ κατὰ ἐθνικὸν ἔθος ἐγχώριον, συγγνωγραφίας μὲν περιέφερε τῶν τῆς Ὀμπράδας γονέων, καὶ αὐτοῦ τοῦ Γεωργίου συνθήκας δὲ ὅρκοις βεβαιουμένας, ὥστε μήτε τὸν Γεώργιον ἀναζητῆσαί ποτε τὴν Ὀμπράδαν ὡς γενομένην τούτου γυναῖκα, μήτε τοὺς γονεῖς αὐτῆς τὸν Γεώργιον, ὡς γενόμενον τούτων γαμβρόν. Τὰς τοιαύτας δὲ συνθήκας ἐβεβαίου παρουσία τε προσώπων ἀξιοπίστων καὶ ὑποσημάνσις τοῦ ἀναγεγραμμένου ἐπισκόπου Πριεδριάνων Νικηφόρου.

Ὅτι γοῦν οὕτω ταῦτα διελήφθησαν καὶ ὁ τοῦ διαζυγίου χάρτης ἐνεφανίσθη, διεγνώσθη παρὰ τῆς δεσποτικῆς θείας μεγαλειότητος· ἐκ τοῦ λογισθῆναι τὸ τοιοῦτον διαζύγιον, ὡς ἀνυπόστατον· διὰ τὸ μὴ προβῆναι κατὰ τὴν νομικὴν παρατήρησιν, ἐνόχους, εἶναι καθαρῶς κολάσεως ἕνεκεν τῆς γεγονότος μεταξὺ ἁμαρτήματος τῆς μοιχείας, ὡς αἰτίους τούτου τούς τε γονεῖς τῆς Ὀμπράδας καὶ αὐτὸν τὸν Γεώργιον· οὐκ ἢ γὰρ τὰς γυναῖκας μοιχαλίδας τίς ὀνομάσει διὰ τὸ τὴν μὲν Ὀμπράδαν εἶξαι καὶ ἀκουσαν τῷ θελήματι τῶν γονέων αὐτῆς ἐπὶ τῷ γεγονότι διαζυγίῳ· τὴν δὲ Τζερνοκόσην ὑπελθεῖν τὸν μετὰ τοῦ Γεωργίου γάμον, διὰ τὸ τοιοῦτον διαζύγιον, ὡς κατὰ ἔθος ἐγχώριον γεγονός, ὡς διείληπται· ἐκείνας γὰρ ὀνομάζει μοιχαλίδας ὁ μέγας ἐν πατράσι Βασίλειος τὰς οἴκοθεν καὶ αὐθαιρέτως προσλαμβανομένας ἀλλοτρίους ἄνδρας· ὡς ἔξεστι τοῦτο καταμαθεῖν ἐκ τοῦ θ' αὐτοῦ κανόνος ταῦτα περὶ τὸ τέλος διαγορεύοντος· "Εἰ μέντοι ὁ ἀνὴρ ἀποστὰς τῆς γυναικὸς ἐπ' ἄλλῃ ἦλθε, καὶ αὐτὸς μοιχός ἐστι, διότι ποιεῖ αὐτὴν μοιχευθῆναι καὶ ἡ συνοικῶν αὐτῷ μοιχαλίς, διότι ἀλλότριον ἄνδρα πρὸς ἑαυτὴν μετέστησεν". Ὡς ἐντεῦθεν κυρίως ἀναφαίνεσθαι τοὺς ἄνδρας μοιχούς, τόν τε τῇ Ὀμπράδᾳ μετὰ τὸ διαζύγιον συζευχθέντα, καὶ τὸν τῇ Τζερνοκόση συνελθόντι Γεώργιον· αὐτὸν μέντοι τὸν Γεώργιον μὴ ἔχειν ἐπ' ἀδείας τοῦ λοιποῦ εἰς τὴν Ὀμπράδαν ἐπανελθεῖν, ὥστε συνοικεῖν ταύτῃ καθὰ καὶ τὸ πρότερον. Εἰ γὰρ ὁ νόμος ὁ κείμενος ἐν θ' κεφαλ. τοῦ ζ' τίτλ. τοῦ κβ' βιβλ. τῶν βασιλ. ἄδειαν δίδωσι τοῖς ἐπιχειροῦσι λῦσαι τὸν γάμον, παρὰ τὰς νομίμους αἰτίας, πάλιν ἑαυτοὺς συζευγνύναι, εἰ βούλονται, πρὸ τοῦ ἐμβληθῆναι εἰς μοναστήρια. Τοῦτο γάρ ἐστιν ἡ ποινὴ τῶν παρανόμως λυόντων τὰς συνοικεσίας· ἀλλ' ἐπειδὴ ἐνταῦθα καὶ ὁ Γεώργιος ἑτέρα συνήρθη γυναικὶ καὶ πολὺν καιρὸν μετ' αὐτῆς διήγαγε, καὶ ἡ Ὀμπράδα ἑτέρῳ ἀνδρὶ συνώκησε, καὶ ἑκάτεροι ἐπαιδοποιήσαντο, κἀντεῦθεν ἀναφανδὸν τὸ τῆς μοιχείας ἐγνωρίσθη κακουργημα, ὅπερ ἐξ αἰτίας ἐπράχθη τοῦ Γεωργίου, ὡς ἀνωτέρω διείληπται, πῶς ἐξόν ἐστι τοῦτον εἰς τὴν προτέραν συνοίκησιν ἐπαναδραμεῖν, ἀνόχῳ γε γράφει τῶν ἀπὸ τοῦ νόμου ποινῶν διά τε τὸ παράνομον διαζύγιον, καὶ διὰ τὸ τῆς χηρείας ἔγκλημα, οὗπερ αὐτὸς αἴτιος γέγονεν· Εἰ δὲ δεῖ καὶ ἔθεσιν ἐθνικοῖς χώραν ἔστιν ὅτε διδόναι ὥστε δεχθῆναι ὡς ἔννομον τὸ διαληφθὲν ἐθνικὸν διαζύγιον, ὡς καὶ ἐγκρατικῇ γνώμῃ τὸ κῦρος δεξάμενον, ἐπὶ ὁ Γεώργιος, ἀκατηγόρητον καὶ εἰς τὸ ἑξῆς τὸ μετὰ τῆς Τζερνοκόσης συνοικέσιον,

καὶ οὐχ ὑποπεσεῖται νομίμοις κολάσεσιν, ὡς παρανόμως Ὀμπράδα διαζευχθείς; Τοῦ πολλάκις ῥηθέντος διαζυγίου δεκτοῦ γεγονότος, διὰ τὸ ἐθνικὸν ἔθος, ὡς ἀνατέτακται, εἰ δὲ αὐτὸς οὗτος παράνομον τοῦτο λογίζεται, ἔνοχον ἐκ τοῦ ἀκολούθου αὐτὸς ἑαυτὸν ποιήσει ταῖς ἀπὸ τῶν φιλευσεβῶν [νόμων] ἠπαρτημέναις τοῖς μοιχοῖς ποιναῖς ἢ τοῖς ἀπὸ τῶν ἱερῶν καὶ θείων κανόνων ἐπιτιμίοις.

ΡΔ'.

Περὶ νομῆς ἐπικοίνων πραγμάτων, καὶ χρονίας παραγραφῆς, καὶ περὶ προσωπικῶν καὶ δικῶν ἀγωγῶν.

De possessione rerum communium, et longa praescriptione, et de personalibus et specialibus institutis.

[f. 193] Ὁ ἀπὸ τοῦ Θέματος τῆς Βαγενετίας ὁρμώμενος κῦρος Θεόδωρος ὁ Μάνδουκας, τῷ παναγιωτάτῳ ἡμῶν δεσπότῃ καὶ μέντε [τῷ ἀρχιεπισκόπῳ] πάσης Βουλγαρίας παραστὰς, ᾐτήσατο ἐπὶ τῆς ἀκροάσεως τῆς μεγάλης ἁγιωσύνης αὐτοῦ πρόθεσθαί τοι ἐρώτησιν, καὶ δέξασθαι ἀπόκρισιν κατὰ τὸν τοῦ νόμου καὶ τοῦ δικαίου ἀκολουθίαν ταύτῃ προσήκουσαν· ὡς οὖν ἔτυχε τῆς αἰτήσεως, τοιαῦτά τινα ἐξελάλησεν.

Ὅ ὁ πάππος αὐτὸς Ἰωάννης ἐκεῖνος ὁ Τριακονταφύλλος, ὁ διὰ τοῦ ἀγγελικοῦ σχήματος Ἀκίνδυνος μετονομασθείς, νομίμους παῖδας ποιήσας, διεμέρισεν αὐτοῖς τὴν οὐσίαν αὐτοῦ, ἑκάστῳ προσκληρώσας μέρος ἀνάλογον· ἐπεὶ δὲ καὶ ἡ μήτηρ αὐτοῦ ἡ ἐπωνομασμένη Ζωή, θυγάτηρ ἐκείνου ἐτύγχανε, τὸν τόπον τὸν λεγόμενον Ῥάκη, τὸν διακείμενον ἐν τῷ θέματι Βαγενετείας κατὰ τὸν ἄρχοντα τοῦ Βριτεποῦ καὶ τῶν Μανδίων, ἀπόμοιραν ταύτῃ τῆς τοιαύτης οὐσίας αὐτὸς ἐπιδέδωκεν. Ἐκεῖθεν δὲ κατὰ διαδοχὴν ὁ τοιοῦτος τόπος κατῆλθεν εἰς ἕνα τῶν παίδων τῶν τῆς Ζωῆς· ὁ χρόνος δὲ τῆς ζωῆς τῆς τοιαύτης μητρὸς αὐτοῦ Ζωῆς μετὰ τοῦ ἀνδρὸς αὐτῆς παρετάθη

εἰς ἔτη που ὡσεὶ ἑβδομήκοντα. Θνήσκων μέντοι ὁ πατὴρ αὐτοῦ Γεώργιος ὁ Μάνδουκας, καὶ διαθήκας γράψας, ἐπίτροπον ἀνεστήσατο τῶν διατεταγμένων τὸν κατὰ δεύτερον γάμον συνοικήσαντα τῇ Μαρίᾳ τῇ τῆς μητρὸς αὐτοῦ τῆς Ζωῆς ἀδελφιδῇ τὸν ἀπειργόμενον Ματζούκλην. Καὶ νῦν, φησίν, ἀνίσταται ἡ τοιαύτη Μαρία λέγουσα, διαφέρειν αὐτῇ τὸ ἥμισυ τοῦ εἰρημένου ἀκινήτου τῆς Ῥάκης, ὡς ἀπὸ διαδοχῆς δῆθεν τοῦ πατρὸς αὐτῆς Δημητρίου, ὅστις, ὡς λέγει ἡ Μαρία, κοινὸν εἶχεν αὐτὸ μετὰ τῆς αὐταδέλφης αὐτοῦ τῆς Ζωῆς. Ἐπὶ τούτοις τοίνυν ὁ Μάνδουκας ἐρωτᾷ, εἰ ἐξόν ἐστι τῇ διαληφθείσῃ ἐξαδέλφῃ αὐτοῦ τῇ Μαρίᾳ ἐνάγειν περὶ πράγματος πολυετοῦς ἤδη, παρὰ τῶν γονέων μὲν αὐτοῦ πρότερον, νῦν δὲ παρὰ τῶν παίδων αὐτῶν κατεχομένου καὶ νεμομένου, καὶ εἰ ἐπιστομίζεται, οὐ μόνον παρὰ τοῦ χρόνου ἀλλὰ καὶ ἐκ τοῦ τὸν δεύτερον αὐτῆς ἄνδρα τὸν Ματζούκλην ἐπίτροπον γενέσθαι τῆς διαθήκης τοῦ ἀναγεγραμμένου πατρὸς αὐτοῦ οὗπερ ζῶντος, ἔδει μάλιστα ταύτην περὶ τοῦ ἀκινήτου λαλῆσαι, ἐπειδή, φησίν, καὶ ἡ μήτηρ αὐτοῦ Ζωὴ τηνικαῦτα | ἐν τοῖς ζῶσιν ἐξετάζετο ὡς μετὰ θάνατον τοῦ πατρὸς (cod.

πνς) αὐτοῦ ζήσαντς, ἔτη ὡσεὶ εἴκοσι πλέον ἢ ἔλαττον· αὕτη δὲ οὐδὲν οὐδαμῶς ἐπὶ τῆς ζωῆς τῶν τοιούτων προσώπων περὶ τοῦ ἀκινήτου τούτου προέθετο εἰς ἐκνίκησιν τούτου αὐτῇ συμβαλλόμενον. Ἀλλὰ τὰ μὲν τῆς ἐρωτήσεως τοῦ Μάνδουκα ἦσαν ἐν τούτοις.

Ἡ δεσποτικὴ δὲ θεία μεγαλειότης τὴν ἐρώτησιν ταύτην προσηκαμένη, καὶ τὰ περὶ αὐτῆς νομίμως διασκεψαμένη, τοιάνδε τὴν ἀπόκρισιν ἐποιήσατο.

Ἐ. οἱ νομοθέται τὰ κατὰ βίον πράγματα καθιστῶντες εἰς τὸ εὔτακτον καὶ ἀδιόρθωτον διαιτητὴν τῆς κατασχέσεως καὶ νομῆς αὐτῶν, ἄριστα τὸν χρόνον ἐπέστησαν, καὶ διὰ τοῦτο, ἐπὶ μὲν τῶν παρόντων τὴν τῆς δεκαετίας παραδρομὴν, ἐπὶ δὲ τῶν ἀπόντων τὴν τῆς εἰκοσαετίας εἰς δικαίωσιν τῶν εὐλόγως καὶ οὐκ ἔκ τινος ῥυπαρᾶς αἰτίας νεμομένων τι πρᾶγμα ὡρίσαντο, τήν γε μὴν τριακονταετίαν, τὴν καὶ διηνεκῆ παραγραφὴν παρὰ τοῖς νόμοις ὀνομαζομένην, καὶ ἐπὶ τῶν εὐλόγως νεμομένων καὶ ἀνευλόγως ἐπιτειχισμὸν ἰσχυρὸν ἔστησαν, ὁπηνίκα δηλαδὴ ἀδιακόπως διολισθήσει καὶ χωρὶς ἐνοχλήσεως· εἴπερ οὖν καὶ ἐπὶ τῆς παρούσης ὑποθέσεως τοσοῦτος ἐρρύη χρόνος, ὅσον παρίστησιν ἡ τοῦ ἐρωτῶντος ἀφήγησις, τοὺς νεμομένους δηλαδὴ τὸ εἰρημένον ἀκίνητον ἀσυγχάζοντας παραδραμὼν καὶ πρὸς δικαστικὸν ἀσάλτους γυμνάσιον, μάτην ἡ Μαρία νῦν περὶ τούτου κινεῖ. Εἰ γὰρ ἡ διηνεκὴς τριακονταετία, ναὶ μὴν καὶ ἡ τεσσαρακονταετία κατὰ τοὺς νόμους ἀποκλείει πᾶσαν αὐτῆς περὶ τούτου δικαιολογίαν, πόσῳ μᾶλλον τὸ ἐπέκεινα τούτων διάστημα παντελῶς ἐπιστομίσει ταύτην καὶ διακρούσεται.

Τὰ τῶν νόμων δὲ θεία καὶ εὐσεβῆ διατάγματα τὸν λόγον ποιήσουσι βέβαιον· τὸ γὰρ ν' βιβλ. τῶν βασιλ. ἐν τῷ γ' κεφ. τοῦ ιθ' τίτλ. ταῦτα οὕτω φησίν· "Ἐάν τις τὸ ἐπίκοινον πρᾶγμα νεμηθῇ ἐξολοκλήρου, ἐπὶ δέκα ἢ εἴκοσιν ἐνιαυτοῖς οὐκ ἔχει μακροῦ χρόνου παραγραφήν· οὐδὲ γὰρ τὸ ἐπὶ τῆς διαιρέσεως τῆς ῥαμιλίας πραγμάτων δικαστήριον, οὐδὲ ἡ ἐπὶ τῇ διαιρέσει τῶν ἐπικοίνων πραγμάτων ἀγωγή, ἐκβάλλεται διὰ τῆς τῶν δέκα ἢ [f. 199] εἴκοσιν ἐνιαυτῶν παραγραφῆς· τῇ τριακονταετηρίδι δὲ μόνῃ ἀποκλείονται ". Ἐν δὲ τῷ ε' κεφαλ. τοῦ ιζ' τίτλ. τοῦ αὐτοῦ βιβλ. ταῦτα ἐκ μέρει διαλαμβάνει· "Ὥσπερ αἱ ἀγωγαὶ αἱ ἰδικαί, οὕτως, αἱ περὶ ὁμάδα καὶ αἱ προσωπικαὶ ἀγωγαί, ὑπὲρ τριάκοντα ἐνιαυτῶν διάστημα μηδαμῶς ἐκτεινέσθωσαν. Ἀλλ' ἐάν τί ποτε πρᾶγμα ἢ δίκαιόν τι ποτὲ ἀπαιτῆταί ἐ προσώπου οἱαδήποτε ἀγωγῇ ἢ μεθοδείᾳ συνωθεῖται· οὐδὲ ἧττον ἔσται τῷ ἐνάγοντι τριάκοντα ἐνιαυτῶν συναπτὴ σιωπῇ, ἐξ οὗ ἀρχομύσαι νομίμως ἤρξαντο τοῦ ζητεῖν, περαιτέρω μὴ ἐχέτωσαν εὐχέρειαν, μηδὲ ἀρκίτη δεήσεων προσενεχθείς, ἰδικήν τινα ἢ κατὰ σημείωσιν ἀξιῶσαι ἀπόκρισιν, ἢ ἐν δικαστηρίοις δικαιολογήσασθαι, εἰ μὴ ἄρα δικαιολογηθείσης τῆς θείας ἀντιγραφῆς ἢ ἐν δικαστηρίῳ μονομερῶς αἴτησις παρακολουθεῖ δι' ἐκβιβαστοῦ ὀχλήσεως οὐ φύσεως, ἀσθενείας οὐκ ἀπουσίας, οὐ στρατείας, κατὰ τὸ νόμον τούτου ἀσφαλιζομένης, ἀλλὰ τῆς ἀνήβου ἡλικίας μόνον ". Ἐν δὲ τῷ ς' κεφ. ταῦτα θεσπίζει ῥητῶς· "Ἡ δικαία βεβαία μὲν πάσχει τὰς παραγραφάς, κελεύει δὲ καὶ πᾶσαν ἄλλην ἀγωγὴν μὴ σβεννυμένην τριακονταετερίδα, ἀλλὰ παρηρμηνευομένην τεσσαράκοντα ἐνιαυτῶν παρατρεχόντων ἀπόλυσθαι, μηδενὸς προσώπου ταύτης τῆς παραγραφῆς ὑπεξαιρουμένου, εἴτε ἰδικοῦ, εἴτε δημοσίου ". Καὶ περὶ τὸ τέλος ταῦτα φησί· "Καὶ διὰ τοῦτο κελεύομεν ἐκείνους, εἴπερ πρᾶγμά τί ποτε ἐπισυνάπτων ἐνιαυτῶν τεσσαράκοντα δρόμον χωρὶς τινὸς νομίμου ἐνοχλήσεως ἐνεμήθησαν, ἀπὸ μὲν τῆς νομῆς τοῦ πράγματος καὶ τῆς δεσποτείας μηδαμῶς μετακινεῖσθαι· τὰς δὲ συντελείας ἢ τὸν πολιτικὸν κανόνα ἢ ἄλλην τινὰ πολιτικὴν εἰσφορὰν, ἐπικειμένων αὐτῷ καταβάλλειν ἀναγκάζεσθαι, καὶ οὐδὲ τούτου τοῦ μέρους ὁ οὐδήποτε χρόνου παραγραφὴν ἀντικείμενον δέξασθαι ".

Ταῦτα τῶν ἀναγεγραμμένων νομικῶν κεφαλαίων, καὶ λοιπῶν ἑτέρων ταῦτα τούτοις διακελευομένων, εἴπερ ἡ νομὴ τοῦ ἀναπερωτημένου ἀκινήτου τῆς Ῥάης, παρά τε τῇ Ζωῇ καὶ τοῖς παισὶν αὐτῆς ἐπισυναπτοῖς ἐμάχοντα, πολλῷ δὲ πλέον καὶ τεσσαράκοντα | ἔτεσιν ἀπαρασάλευτος ἔμεινε, μηδεμίαν δηλαδὴ προκάταρξιν μείνασα εἰς τὴν τοῦ τοιούτου χρόνου περικοπήν, ἅμαχον καὶ ἀναρίλεκτον παντάπασι τὸ τοιοῦτου ἀκινήτου δίκαιον τοῖς τῆς Ζωῆς ἐφαρμόσει παισίν· τὴν δέ γε Μαρίαν φανερῶς ἀποδείξει μάτην περὶ τούτου κινοῦσαν ὡς τοῦ χρόνου πᾶσαν ἐφεύρεσιν δικαιολογίας ἀποτρέποντος καὶ παντὸς δικαστηρίου θύραν ἐπιζυγοῦντος αὐτῇ. Εἰς δήλωσιν οὖν ταῦτα ἐξέθεντο.

ΡΕ΄.

Περὶ ἐπιτρόπων καὶ τῶν γινομένων παρ' αὐτῶν καὶ μητρῴων ἐπιτρόπων.
De tutoribus corumque rebus gestis et de maternis tutoribus.

Ἀνήνεγκε τῇ ἡμῶν μετριότητι προκαθημένῃ συνοδικῶς, ἐν τῷ κάστρῳ τῶν Βεροίων τὰς οἰκήσεις ποιούμενος Λέων ὁ Κοντὸς ἐξωνησάμενος ἀμπελῶνας πάνυ πεπονηκότας καὶ χερσωθέντας, τοὺς καὶ ἐν δυσὶ τμήμασι θεωρουμένους παρὰ τῆς ἐν Βερροίᾳ οἰκούσης Ἄννης τοῦ Κόμητος, συζύγου δὲ γενομένης τοῦ ἀποβεβηκότος ἀναγνώστου Ἰωάννου τοῦ Κουκούρα, καὶ μὴν καὶ παρὰ τοῦ υἱοῦ αὐτῆς Κωνσταντίνου, οἷα μεγίστην πενίαν συνελαθέντων καὶ τῶν ἀναγκαίων ἐνδείᾳ πιεζομένων, διὰ χρόνου τε καὶ πολλῶν ἀναλωμάτων τούτους ἀνέστησεν, εὐθαλεῖς ἀπειργάσατο. Ἡ Ἄννα δὲ μὴ θελήσασα ἐμμεῖναι τῇ πράσει ὡς νομίμως προβάσῃ, ἀλλὰ τῇ βελτιώσει τῶν ἀμπελώνων ἐνηδυνθεῖσα, ἐφιλονίκησεν ἀτεθῆναι τὰ πεπραγμένα, ὥστε εἰ ἑαυτὴν ἀντιπερισπᾶσαι τοὺς ἀμπελῶνας καὶ ἀπονητὶ τούτους καρπίζεσθαι. Ἐντεῦθεν εἰς δικαστήριον εἵλκυσε τὸν Κοντὸν καὶ δίκην τούτῳ ἐνέσεισε, προθεμένα κατ' αὐτοῦ τὰ ταύτῃ δόξαντα, ἃ δὴ καὶ πραττισθέντα, ταύτην μὲν ἐξ ἀποτελέσματος εἰς τὴν ἥττονα ψῆφον ἐπέρριψεν· τὸ κρίτος δὲ τῆς δίκης τῷ Κοντῷ ἐχορήγησαν. Ἀλλ' αὐτὴ πάλιν τοῖς δεδιγμένοις τῷ δικαστηρίῳ τούτῳ μὴ ἐφησυχήσασα, ἑτέρου δικαστηρίου θύραν ἐξέθριψε· κἀκεῖθεν αὖθις ἀπεπέμφθη, ὡς ἄδικα προφασιζομένη τε καὶ ἐνάγουσα. Μετὰ ταῦτα, φησί, δύναμιν χειρὸς ἡ Ἄννα ἐνδυσαμένη αὐθέκαστον, καὶ τὴν τοῦ Κοντοῦ ἰσχὺν ὑπερπαίουσα, ἄνευ ἀγωγῆς, ἄνευ δίκης, ἄνευ [f. 200] ἀκολουθίας δικαστηρίου, τῶν ἀμπελώνων ἐγκρατὴς γέγονε καὶ ἐνιαυτὸν ἰδοὺ συμπληροῖ τούτους κατέχουσα. Ἐπὶ τούτοις ὁ Κοντὸς καὶ τὸ πρατήριον ἐνεράνισε καὶ τὰς ἐπὶ πράξεως ὑπομνημάτων δύο κατὰ διαφόρους καιροὺς ἐνσεμανθείσας τῶν δικαστῶν ἀποφάσεις, αἱ τὴν Ἄνναν καταδικάζουσι· καὶ ἦν ἡ μὲν τοῦ πανυπερσεβάστου καὶ οἰκείου τῷ κραταιῷ καὶ ἁγίῳ ἡμῶν βασιλεῖ τοῦ κυροῦ Ἰωάννου τοῦ Πλύτου, ἡ δὲ ἑτέρα τοῦ μεγαλοδοξοτάτου κυροῦ Θεοδώρου τοῦ βεστάρχου· ὡς ἀμφοτέρων ἐν ἰδίοις καιροῖς τὴν δουκικὴν τῆς Βερροίας ἐνεργησάντων ἐπιτροπήν. Καὶ ἐξέτει μαθεῖν ὁ αὐτὸς Κοντός, εἰ ἔχει δίκαιον ἡ Ἄννα, ἐπίτροπος γενομένη τῶν οἰκείων παίδων, ἤγουν τοῦ εἰρημένου Κωνσταντίνου, καὶ τοῦ λοιποῦ Λέοντος, ὡς μὴ δευτέροις ὁμιλήσασα γάμοις· καὶ χάριν διατρέφαι ἑαυτὴν τε καὶ τοὺς παῖδας αὐτῆς λιμώττοντας τὸ πατρικὸν αὐτῶν κτῆμα κεχερσωμένον ὄν, πάντα, ὡς εἴρηται, ἀπεμπολήσασα, τὴν πρᾶσιν ἀνατρέψαι, ἐν τῷ προβάλλεσθαι τὴν τῶν οἰκείων παίδων ἀρηλικίωσιν καὶ τὸ πατρῷα εἶναι αὐτῶν τὰ ἀπεμποληθέντα τμήματα, καὶ εἰ καλῶς καὶ νομίμως οἱ ἀναγεγραμμένοι τὴν δίκην ταύτην ἐδίκασαν. Ἀλλ' οὕτω μὲν ὁ Κοντὸς ταῦτα ἀνήνεγκεν.

Ἡ μετριότης δὲ ἡμῶν, μετά γε τῶν συνεδριαζόντων αὐτῇ ἱερωτάτων ἀρχιερέων, τὰ τοῦ πράγματος διασκεψαμένη, πρός γε τὰ ἀνενεχθέντα καὶ πρὸς τὰ ἐμφανισθέντα δικαστικὰ ὑπομνήματα, ἔτι γε μὴν καὶ τὸ εἰρημένον πρατήριον, ταῦτα οὕτω ψηφηφορεῖ.

Ὡς ἱκανὰ τυγχάνουσι καὶ μόνα τὰ ἀναπεφωνημένα ἔγγραφα, ἐπιστομίσαι τὴν Ἄνναν καὶ τοὺς υἱοὺς αὐτῆς, ὥστε μηδεμίαν κινεῖν ἀγωγὴν κατὰ τοῦ Κοντοῦ περὶ τῶν πεπραγμένων τμημάτων τῶν ἀμπελώνων, οὐδεμιᾶς γὰρ ἔκ τινος νομίμου ἀντιποιίας, ἀποστῆναι ταῦτα περιτροπὴν ὑποπτεύεται· ἥτε γὰρ μήτηρ ὡς κηδεμὼν τῶν παίδων καὶ κοινωνὸς αὐτοῖς κατὰ δεσποτείαν τῶν πατρῴων καὶ τῆς ζωῆς αὐτῶν κινδυνευούσης προνοουμένη καλῶς, τὴν πρᾶσιν πεποίηκεν· εἴτε παῖδες, ὀφειλέται εἰσὶν ἐξ ἀνάγκης τῇ τῆς μητρὸς πράξει ἀκολουθεῖν ὡς ἐπιτρόπου, ὡς μητρὸς μονογόνου, καὶ ὡς διὰ τοῦτο συγκληρονόμου αὐτοῖς· ἐπεὶ καὶ ὁ νόμος, τὰ παρὰ τῶν ἐπιτρόπων γινόμενα, βέβαια εἶναι δικακελεύεται.

Φησὶ γὰρ ἐν τῷ γ' θέματι τοῦ ιαʹ κεφ. τοῦ ζʹ τίτλ. τοῦ λζʹ βιβλ. τῶν βασιλ. ταῦτα ῥητῶς· "Τὰ παρὰ τοῦ ἐπιτρόπου γινόμενα βέβαια εἰσί· καὶ τὸ παρ' αὐτοῦ νομίμως πραθέν, εἴτε εὐπορεῖ, εἴτε μὴ, οὐκ ἐκδικεῖ ὁ νέος„. Ὅτι δὲ ἐπιτροπεύουσιν αἱ μητέρες τῶν παίδων ἀκωλύτως μετὰ τῶν ἄλλων καὶ τοῦ αὐτοῦ βιβλ. σαφῶς παρίστησι τίτλ. ιςʹ, καὶ οἴδασι τὸν λόγον οἱ ἄριστα ὡς πρέπει τὴν νομικὴν μεταχειρόμενοι.

Εὐλόγως τοίνυν καὶ νομίμως ὁ Κοντὸς καθέξει τοὺς εἰρημένους ἀμπελῶνας ὡς καλῇ πίστει παρ' αὐτοῦ ἀγορασθέντας, καὶ ὡς ἐπὶ ἀποτροπῇ τῶν ἐχόντων αὐτοὺς πραθέντας κινδυνευόντων περὶ τὸ ζῆν. Ναὶ μὴν καὶ ὁ Θριγγίοις [1]) ἀσφαλέσι τοῖς ἀνατεταγμένοις ἐγγράφοις περιπεφραγμένους καὶ ἰσχὺν ἔχωσιν ἀποτρέπειν πάντα ἐπίβουλον εἰδ' ἴσως ὁ Κοντὸς τὸ τῆς Ἄννης ἐκκλίνων ἐπηρεαστικὸν καὶ παλίμφημον, ἑκὼν ἐθελήσει παραχωρῆσαι τῶν εἰρημένων τμημάτων, αὐτῇ τε καὶ τοῖς τέκνοις αὐτῆς, τὸ μὲν τρίτον τούτων, ὡς αὐτὴ κατὰ νόμους διαρέσει, αὐτὸς ἀμάχως καθέξει, οὐ καλῇ πίστει ἀγορασθέν, ὑπὲρ τοῦ διμοίρου δὲ ταξατίωνος κατὰ νόμους γενομένου, λήψεται τὸ ἁρμόζον αὐτῷ τίμημα κατὰ τὸ ἀπαράλειπτον, ὡς ἀναλώμασιν ἰδίοις τὴν τούτου ἀνοίκησιν περιποιησάμενος.

ΡϚʹ.

Περὶ μαρτυρίας ἀρχιερέων καὶ ἰλλουστρίων, ἤγουν ἀξιωματικῶν, καὶ περὶ τῶν παρὰ βασιλέως κρινομένων, καὶ περὶ κυρίως φόβου καὶ τοῦ τυχόντος, καὶ περὶ χρόνου παραγραφῆς φόβου ἢ βίας, καὶ περὶ ἔθους, καὶ περὶ συμφώνου φήμης, καὶ περὶ μαρτύρων.

De testimonio episcoporum et illustrium, scilicet in dignitate constitutorum, et de rebus ab imperatore judicatis, et de proprio metu et vulgari, et de tempore praescriptionis metu et vi, et de consuetudine, et de rumore astipulante, et de testibus.

Ὁ ἀπὸ τῆς περικλύτου πόλεως Θεσσαλονίκης ὁρμώμενος Δημήτριος, ᾧ Κραβογο- ... κὰς τὸ ἐπωνύμιον, τῷ καθ' ἡμᾶς ἱερῷ συνεδρίῳ παραλαβὼν, καὶ δακρύων πλήσας

---

[1]) In marg. ἤγουν φρακταῖς ἐξακοθὲν ἰσχυρῶν (?).

τοὺς ὀφθαλμοὺς, ἐξεῖπεν ὀδυνηρῶς, ὡς ἐκ μακροῦ πόρρω τῆς κατ' αὐτὸν οἰκίας· καὶ πόλεως παρεγκεκλιμένης οἴεται ψήφῳ τῆς κατὰ χώραν ἐξουσίας γενόμενος, δεῖν ἔγνω (f. 201) τὴν καθ' ἡμᾶς ταύτην καταλαβεῖν, ἵν ἅμα καὶ γνώη, εἰ εὐλόγως κατεδικάσθη ἐπὶ τῇ κινηθείσῃ κατ' αὐτοῦ ἀγωγῇ καὶ τὴν ἕνεκα ταύτης ζημίαν ὑπέστη, καὶ οὕτω στήσῃ τὸ κατ' αὐτὸν πλάνον, ὡς τοῦ λοιποῦ μὴ ἐννοίας ἄλλο πρὸς ἄλλοις [1]) εἰς μάτην φέρεσθαι. Ταῦτα δὲ εἰπὼν καὶ γραμματεῖον ἐπιδέδωκεν εἰς ἀνάγνωσιν, οὕτως ἔχον ἐπὶ τῶν λέξεων·

"Παναγιώτατέ μου δέσποτα ἀρχιεπίσκοπε πάσης Βουλγαρίας, καὶ ὑμεῖς πανιερώτατοι ἀρχιερεῖς, παρακαλῶ προσδεχθῆναι τὴν ἡμετέραν ἀφήγησιν παρὰ τῆς ὑμῶν ἱερότητος, καὶ ἀπόκρισιν πρὸς ταύτην ἐξενεχθῆναι, τοῖς νόμοις καὶ τῷ δικαίῳ ἀκόλουθον.

"Ἡ ἐμὴ πενθερά, ἡ λεγομένη Ὡραία, εἶχε τὸν ἀπειχθόμενον Ῥωμανὸν, τὸν ἐπονομαζόμενον Λογαρᾶν. Οὗτος δὲ, μετὰ θάνατον τῆς μητρὸς τῆς Ὡραίας, δευτέρᾳ συνήρμοσε γυναικὶ Καλῇ, τῇ ἐπικαλουμένῃ Σαχλικίνῃ· ζῶν δὲ ἔτι ἀνδρὶ συνήρμοσε τὴν Ὡραίαν Δημητρίῳ, τῷ ἐπιλεγομένῳ Χαρσανίτῃ, ἐπιδοὺς ταύτῃ καὶ προῖκα, ἧς μέρος ἐτύγχανε καὶ ὁ ἀμπελὼν ἐν τῇ περιοχῇ τοῦ τόπου τοῦ ἐπιλεγομένου Ἀγράδα, μηκέτι μὲν παραδοθεὶς παρ' ἐκείνου, χρεωστούμενος δέ.

"Ἐπεὶ δὲ ἐπὶ τούτοις, ἀφνιδίῳ θανάτῳ ἁρπάγη ὁ Λογαρᾶς, μήτε διαθήκην, μήτε ἔγγραφον βούλησιν ἐπιτελεύτιον θέμενος, καὶ ἡ τούτου κληρονομία τὴν Ὡραίαν ἑώρα, ἐπειδὴ ἅπαις ἀπὸ τῆς Σαχλικίνης εὑρέθη. Μετὰ τὰ ἔννατα τῆς ἐκείνου τελευτῆς, λόγους ἡ αὐτὴ Ὡραία πρὸς τὴν Σαχλικίναν ἐποιήσατο, ζητοῦσα τὴν ἁρμόζουσαν αὐτῇ κατὰ νόμους πατρῴαν διαδοχήν. Ὅτι δὲ καὶ ἡ Σαχλικίνα λόγους ἀντετίθει τῆς ἐκ-

νόσεως τῆς προικὸς αὐτῆς, ἣν εἰσήνεγκε τῷ Λογαρᾷ, ναὶ μὴν καὶ τῶν γαμικῶν κερδῶν κατέληξαν ἀμφοτέρων οἱ λόγοι, μεσολαβησάντων αὐτοῖς προσώπων συγγενικῶν καὶ ἀνδρῶν ἐντίμων εἰρηνοποιῶν. Ὧν εἷς ἦν τότε καὶ ὁ νῦν ἱερώτατος ἐπίσκοπος Ἱερισσοῦ κυρὸς Νεόφυτος, εἰς τὸ διαλύσασθαι κατὰ νόμους καὶ ἡσυχάσαι· ὃ δὲ καὶ γέγονε, καὶ συνέβησαν ἀλλήλοις τὰ οὕτω μαχόμενα πρόσωπα, καὶ τῇ διαλύσει αὐτῶν καὶ λῆψις, ὡς ἔθος, ἐπηκολούθησεν. Ἔλαβε γὰρ ἡ Ὡραία ἀπὸ τῆς πατρικῆς αὐτῆς, τόν τε | χρεωστούμενον αὐτῇ ἀμπελῶνα καὶ οἰκήματά τινα, πρὸς δὲ καὶ νομίσματα. Καὶ ἡ διάλυσις ἔγγραφος γέγονεν κατὰ πᾶσαν νομικὴν παρατήρησιν, περιέχουσα καὶ αὐτὰ τὰ παρὰ τῆς Ὡραίας ληφθέντα, τῆς συμβάσεως ἕνεκα, καὶ συντελεσθεῖσα κατὰ μῆνα Μαΐου τῆς α΄ ἰνδικτ. τοῦ ͵ϛψκα΄ ἔτους [2]), τῆς λοιπῆς ἁπάσης περιουσίας τοῦ Λογαρᾶ περιττῆς οὔσης καὶ ἱκανῆς, ἐναπομεινάσης εἰς κέρδος τῇ Σαχλικίνῃ, ἀντὶ πάσης τῆς προικὸς καὶ τῶν γαμικῶν ταύτης κερδῶν.

"Ἡ Ὡραία δὲ θυγατέρα ἔχουσα καλουμένην Μαρίαν, κατηγγυήσατο ταύτην ἐμοὶ κατὰ νόμους καὶ τὸν ἀναγεγραμμένον Ἀγραδιωτικὸν ἀμπελῶνα μετὰ τῶν ἄλλων εἰς προῖκα παρέσχεν αὐτῇ. Οὕτω μὲν οὖν εἶχον τὰ ἐν ἡμῖν πράγματα, καὶ ἡ Σαχλικίνα ἐν τοσαύταις ἐτῶν περιόδοις, τούτοις καλῶς ἐπησύχαζε.

"Τὸν ἄρτι δὲ χρόνον, οὐκ οἶδά τι παθοῦσα, διανέστη, καὶ τὴν περὶ τῆς προικὸς αὐτῆς ἀγωγὴν πάλαι τεθνηκυῖαν ἔστησε, καὶ εἰς δικαστήριον τὴν χήραν Ὡραίαν ἐν ἀωρίᾳ καθείλκυσε, καὶ παραγραφὴν κατὰ τῆς διαλύσεως φόβον καὶ βίαν προέθετο, καὶ τὴν ἱκάνωσιν τῆς προικὸς αὐτῆς ἀνελλιπῆ ἐκ τῆς οὐσίας τῆς ἡμετέρας ἐξήτησεν. Καὶ δὴ ἐπὶ τῇ ἀγωγῇ ταύτῃ τρία συνέστησαν δικαστήρια· τὸ μὲν πρῶτον παρὰ τῷ παναγιωτάτῳ μητροπολίτῃ Θεσσαλονίκης καὶ

---

[1]) Cod. uno verbo ἀλληπρεσελλαις. — [2]) A. Chr. 1213.

πατρί¹) καὶ δεσπότῃ ἡμῶν Κυρῷ Ἰωσὴφ, πρὸ τῆς εἰς τὸ ἱεραρχικὸν δηλαδὴ μεγαλεῖον τούτου προαγωγῆς· ὑποψήφιος· γὰρ τηνικαῦτα ἐτύγχανεν ὤν· τὸ δεύτερον δὲ παρὰ τῷ μεγαλυπερόχῳ δουκὶ Θεσσαλονίκης κυρῷ Ἀλεξίῳ τῷ Πηγονίτῃ, συνδικάζοντα ἔχοντι ἀρχιερατικά τε καὶ ἀρχοντικὰ πρόσωπα, οὗ δὴ καὶ διχῇ διαιρεθέντος, ἐν τῷ διαφωνῆσαι τοὺς δικαστάς, τὸ μὲν ἓν μέρος δηλονότι τὸ δουκὸς, ὁμαλῶς καὶ κατὰ νομικὴν ἀκολουθίαν τὴν δικαστικὴν ὁδὸν πορευθὲν, εἰς μίαν καὶ τὴν αὐτὴν τῷ προλαβόντι ἀπόφασιν ἔληξε, τὴν δικαιοῦσαν μὲν ἡμᾶς, οἷα συνασπιζομένους ἀσφαλῶς καὶ ἀμέμπτως τῷ ἐγγράφῳ τῆς διαλύσεως· ἀποτρέπουσαν δὲ τοὺς ἀντιθετοῦντας, ὡς μάτην διοχλοῦντας ἡμῖν, θάτερον δὲ ἀσύμφωνα τούτοις καὶ καθ' ἡμῶν [f. 202] φερόμενα, ἐγνωμάτευσε. Τό γε μὴν τρίτον παρὰ τῷ θέματι τοῦ ἐν ἡμῖν κρατοῦντος κρατίστου δεσπότου καὶ βασιλέως κυροῦ Μανουὴλ τοῦ Δούκα κροτηθὲν, ῥαγδαῖον ἐχώρησε καθ' ἡμῶν, ὡς ὑποθαρξὶν κακοπράγμοσιν ὁμιλίαις τῶν φρονούντων τὰ καθ' ἡμῶν· καθὰ δὴ τοῦτο δῆλον ὕστερον γέγονεν, ὡς καὶ αὐτὸς οἶδεν ὁ παναγιώτατός μου δεσπότης ὁ μητροπολίτης Θεσσαλονίκης καὶ τοῖς καθ' ἡμῶν, ὡς εἴρηται, ψήφοις ἀδίκους ἐξαγαγοῦσι προθέμενον, καὶ τούτοις καὶ τὴν τῶν ὑπομνημάτων ἔκθεσιν καὶ τὴν ἐκβίβασιν σχεδὸν τῆς ἀποφάσεως αὐτοῦ ἀναθέμενον· ἐντεῦθεν ἄδικον ἅπαν ἡμῖν ἐπέβρισεν ἀφειδῶς· τῶν γὰρ προσόντων ἡμῖν δικαιωμάτων ἀπραξίᾳ καθόλου κατεψηφίσθη, μηδὲ ἀναγνωσθέντων ἐπὶ τοῦ δικαστηρίου, ὅτι δηλαδὴ ἐπὶ τῆς τῶν Λατίνων ἐφημερίας γεγόνασι. Τὸ τῆς διαλύσεως ἔγγραφον τῇ τοῦ φόβου καὶ τῆς βίας περιετράπη παραγραφῇ, ἣν οἱ ἀντιθετοῦντες ἡμῖν ψιλοῖς λόγοις πρόθεντο, καὶ τὸ δὴ βαρύτατον, ἀφαίρεσις τῆς περιουσίας ἡμῶν ἁπάσης ἐπηκολούθησεν.

Ἡ Σαχλικίνα δὲ ἐνεδυναμώθη, ἀνενδότως ζητεῖν τὴν ἐκποίησιν τῆς οἰκείας προικὸς, πολλὴν εἶναι ταύτην λέγουσα καὶ πολυτελῆ, καὶ πρὸς ὅρκους χωρῆσαι πιστουμένη· τὴν ποσότητα τῆς προικὸς αὐτῆς καὶ ποιότητα, ἐπειδὴ ζητηθεῖσα τὸ γαμήλιον ἑαυτῆς συμβόλαιον, ἀπολωλεκέναι τοῦτο ἐσκήψατο. Ἡ Ὡραΐα δὲ ἐπιφωνηθεῖσα, ὥστε παρουσιάσαι ἐπὶ τῇ τοῦ ὅρκου τελεσιουργίᾳ, καὶ μὴ ἔχειν ὅρκον εἰποῦσα τὴν Σαχλικίναν νῦν περὶ ὑποθέσεως, ἧς ἕνεκα πρὸ ἐτῶν εἴκοσι δύο ἤδη καλῶς καὶ νομίμως καὶ δίχα βίας ἡστινοσοῦν διελύσατο, καὶ οὕτω τὴν ἀπόφασιν, ὥσπερ ἐκκαλουμένη, τὸ παράπαν οὐ προσεδέχθη. Οὐ μὴν ἀλλὰ καὶ ζητήσασα εἰς διάσκεψιν, τό τε κατάστιχον τῆς προικὸς καὶ τὸ τοῦ ὅρκου γραμματεῖον, ἑώρα γὰρ τὴν βίαν ἀνένδοτον. Τοσοῦτον ἀπερραπίσθη, ὡς τηνικαῦτα ἐμὲ μὲν ἐξ ἐπιτροπῆς τῶν ἐκβιβαστῶν τῆς ὑποθέσεως ταύτης, κατασχεθῆναι καὶ βληθῆναι ἐν τῇ φυλακῇ· τὴν δὲ πενθερὰν μου περιορισθῆναι παραδοθεῖσαν εἰς μοναστήριον.

Ἀλλ' ἐγὼ μὲν, ὡς ἠδυνήθην, ἐξέφυγον, καὶ τοῦ πατρίου ἐδάφους | ἐπὶ τριμήνῳ καιρῷ, καὶ ταῦτα χειμῶνος δριμυτάτου ἐνισταμένου, ἀπεπλανώμην μακράν. Ἡ πενθερά μου δὲ, μετὰ παρέλευσιν τινῶν ἡμερῶν τῆς μονῆς ἐκβληθεῖσα, ἤχθη συρομένη ἐν τῷ μεγάλῳ τῆς Θεοτόκου ναῷ, ὥστε καὶ ἄκουσα δέξασθαι τοὺς ὅρκους τῆς Σαχλικίνης²). Ὡς δὲ οὐκ ἠθέλησεν εἰσελθεῖν, ἀλλὰ πρὸ τῶν πυλῶν κατὰ γῆς ἐξ ἀνάγκης ἔρριψεν ἑαυτὴν, ὡς ἀδικουμένη τε καὶ βιαζομένη καὶ ἀδικίαν ἀναβοῶσα. Ὁ μὲν ὅρκος ἀφείθη, καταδίκης δὲ καθ' ἡμῶν ἐξετέθη σημείωμα, καὶ ὁ καστροφύλαξ μετὰ τῶν τοῦ καστελλίου τζακώνων εἰς τὴν οἰκίαν ἐμοῦ ἐξεπέμφθη· ὃς δὴ αὐτίκα τῇ Σαχλικίνῃ παρέδωκεν, αὐτήν τε τὴν οἰκίαν καὶ τὸν ἀμπελῶνα, ἅτινα κατὰ διάλυσιν, αὐτῇ τῇ Ὡραΐᾳ ἀποκατέστησεν, ὡς πατρῷα ταύτῃ τυγχάνοντα· καὶ πάντα τὰ ἐνόντα ἡμῖν τιμῆς νομισμάτων εὑρεθέντων τριακοσίων ἐπέκεινα

---

¹) Cod. ματρί. — ²) Id. Σαχλικίκη· mendose.

„Μετὰ δέ τινα καιρὸν, ὁ κρατῶν ὑπομνησθεὶς παρ' αὐτοῦ τε τοῦ ἁγιωτάτου δεσπότου μου τοῦ μητροπολίτου, καὶ παρ' ἑτέρων τῶν τὸν Θεὸν φοβουμένων περὶ τῆς τοιαύτης ἀδικίας, ἐπειδὴ καὶ τὰ προσόντα τῇ Ὡραίᾳ δικαιώματα δῆλα τούτῳ γεγόνασιν, καὶ ἐπέγνω καὶ αὐτὸς ὡς ἠδικήθημεν, καὶ οὕτω χρηστὸς ἡμῖν καὶ εὔσπλαγχνος γέγονε· διωρίσατο ἀπρακτῆσαι μὲν τὴν τελευταίαν κρίσιν, ἄνωθεν δὲ τὰ τῆς ὑποθέσεως κινηθῆναι καὶ ἀνανεωθῆναι τὴν δίκην παρὰ τῷ δικαστηρίῳ τοῦ διαληφθέντος ἁγιωτάτου μητροπολίτου, ὡς τῇ ἀρχιερατικῇ ἤδη Θεοῦ χάριτι προεδρίᾳ τετιμημένου, καὶ τὸ δικάζειν ἐν τῇ περιφανεῖ ταύτῃ καὶ λαμπρᾷ πόλει αὐτοκέλευστον ἔχοντος.

„Τὰ μέντοι κεφάλαια, ὧν ἕνεκα τὸ ἀπότομον δικαστήριον, τὴν καθ' ἡμῶν καταδίκην ἐξήνεγκεν, εἰσίν, ὅτι φόβῳ τῆς Λατινικῆς ἐξουσίας συνέστη τὸ διαλυτέον, καὶ σημεῖον τοῦ φόβου τούτου, φησίν, ἡ κατάσχεσις τῆς οἰκίας τοῦ Λογαρᾶ, μετὰ θάνατον ἐκείνου, ἥτις γέγονε παρὰ τοῦ τηνικαῦτα ἐξουσιάζοντος τῆς ἁγιωτάτης μητροπόλεως Θεσσαλονίκης Λατίνου τοῦ λεγομένου Γαρίνου, ἀναλαμβανομένου, φησίν, οἰκίαν χάριν κέρδους· αὐτοῦ ὑπερπέρων ρ', καὶ τὸ διαπεσταλῆναι τότε τὸν ἐμὸν πενθερὸν [f. 203] τὸν Χαρσιανίτην, καὶ διαρπαρπάζειν, ὡς ὁ Λογαρᾶς ξ' ὑπερπέρων καὶ ἄλλην ἱκανὴν περιουσίαν ἐκέκτητο· καὶ οὕτω, φησί, διὰ τὴν τοιαύτην φήμην φόβῳ κατασεισθῆναι τὴν Σαχλικίναν, κἀντεῦθεν βιασθῆναι ἐκθέσθαι τὸ τῆς διαλύσεως ἔγγραφον. Καὶ μάρτυρα τούτου αὐτοῦ εἰσάγει τὸ τῆς καταδίκης σημείωμα, τὸν ἱερώτατον ἐπίσκοπον Ἱερισσοῦ δι' ἐνυπογράφου χάρτου αὐτοῦ συνιστῶντα τὴν ἀνάγκην καὶ τὸν φόβον, ὃν ὑπέστη ἀπὸ τοῦ διαρπισμοῦ τοῦ Χαρσιανίτου. Καὶ τοιοῦτον μὲν τοῦτο τὸ κεφάλαιον. Ἕτερον δέ, ὅτι τὸ πλέον τοῦ Ἀγριδιωτικοῦ ἀμπελῶνος ἀπὸ νομισμάτων κατεσχευάσθη, ὅπερ ἡ Σαχλικίνα ἐπέκεινα τῆς προικὸς αὐτῆς τῷ Λογαρᾷ ἐκείνῳ προσήνεγκε.

„Τὰ τοιαῦτα δὲ κεφάλ. οὐδεμιᾶς ἔχονται ἀληθείας. Τὸ μὲν γὰρ φόβους ἐλέγχεται ὑπ' αὐτοῦ τοῦ καιροῦ ἐκείνου, ἀφ' οὗ γέγονεν ἡ διάλυσις, δῆλον γὰρ ὁ λέγεται καὶ τυφλῷ, ὅτι ὅτε ὁ Λογαρᾶς ἐτελεύτησεν, ἡ ἐξουσία ὑπῆρχε τῆς δεσποίνης κυρᾶς Μαρίας, τῆς χρηματισάσης γυναικὸς τοῦ μακαρίτου βασιλέως κυροῦ Ἰσαακίου τοῦ Ἀγγέλου, χηρευούσης τῷ τότε, καὶ προβεβλημένον εἰς τὴν δουκικὴν ἐχούσης ἀρχὴν τῆς Θεσσαλονίκης τὸν Φραγγόπουλον ἐκεῖνον κυρὸν Γεώργιον καὶ πάντας τοὺς κατὰ χώραν ἀρχιερεῖς ἐπὶ ταῖς πολιτικαῖς δίκαις συνέδρους αὐτῷ καὶ συνδικαστὰς εἶναι διακελευσαμένης, ἤγουν τὸν νῦν Κίτρους, τὸν αὐτάδελφον τούτου Βερροίας ἐκεῖνον, καὶ τοὺς λοιποὺς ἐκείνους, τὸν Κασσανδρείας, τὸν Στρυμβάκωνα, τὸν Καμπανείας, καὶ τὸν Ἀδραμέρεως, τὸν Φιλάγριον· οἵτινες καθεκάστην ἐν τῷ μεγάλῳ ναῷ τῆς Θεοτόκου συνήγοντο, καὶ τὰς κρίσεις ἐποίουν, μή τινος ὅλως ἀδικουμένου ἢ φοβουμένου. Καὶ ὁ Γαρῖνος δέ, οὔτε κατὰ βίαν, ἀλλὰ κατὰ τὸ παρὰ τοῖς Λατίνοις ἐκκλησιαστικὸν ἔθος, ἀπὸ τῆς οἰκίας τοῦ Λογαρᾶ ἀνελάβετο, οὐχ ἑκατὸν ὑπέρπερα, μὴ γένοιτο! ἀλλ' ἑαυτῷ μὲν δέκα, τῷ δὲ ἐξυπηρετουμένῳ αὐτῷ ἕτερα δύο. Θνησκόντων γὰρ τῶν ὑπ' αὐτοὺς ἐκκλησιαστικῶν προσώπων, ἔθος αὐτοῖς κερδαίνειν ἀπὸ τῆς οἰκίας ἐκείνων τὸ τούτοις δοκοῦν.

„Ὁ γε μὴν Χαρσιανίτης οὐ περὶ | νομισμάτων τῶν πενθερῶν αὐτοῦ τοῦ Λογαρᾶ διαρπισμὸν ἐποιεῖτο· περὶ τῆς ἁρμοζούσης δὲ τῇ γυναικὶ αὐτοῦ τῇ Ὡραίᾳ πατρῴας κληρονομίας, ἐμμόνως ἐλάλει καὶ παρηνόχλει τὴν παραδρομὴν τοῦ ὡρισμένου καιροῦ τῶν δικαιοχῶν εὐλαβούμενος· Τὸ ψεῦδος δὲ τὸ περὶ τοῦ Ἀγριωτικοῦ ἀμπελῶνος, λαμπρῶς ἐλέγχει ἡ σύμφωνος μαρτυρία, ἣν διατρανοῖ τὸ πρωτεκδικὸν σημείωμα, ὅπερ ἔχω ἐμφανίσαι τῇ μεγάλῃ ἁγιωσύνῃ σου.

„Διὰ τοι τοῦτο καὶ παρακαλῶ διάγνωσιν ταύτας δέξασθαι συνοδικήν, ψηφοφοροῦσαν, εἴτε εὐλόγως καὶ κατὰ νόμους, εἴτε μὴ, γέγονεν ή κατά τῆς ἐμῆς πενθερᾶς καὶ ἐμοῦ ἐξενεχθεῖσα ἀπόφασις, ὡς δοῦλος τῆς μεγάλης ἁγιοσύνης σου ἀνήνεγκα „.

Ταῦτα δεκτηρίου γράμματος περιέχοντος, ἐνεφάνισεν ὁ Κραμβοφωκᾶς καὶ τὸ ἐν τῷ τοιούτῳ γράμματι δηλούμενον τῆς διαλύσεως ἔγγραφον· ὃ δὴ καὶ ἀναπτυχθὲν, ἐπεγνώσθη κατὰ πᾶσαν αὐτοῦ τὴν περίληψιν, ἐσκεμμένως προβὰν καὶ ἀναπτυχθὲν ἀμέμπτως καὶ καθὼς οἱ φιλευσεβεῖς νόμοι τὰς ἐπὶ διαλύσεσιν ὁμολογίας καὶ ἐπερωτήσεις προβαίνειν διακελεύονται· ἐνεφάνισε δὲ σὺν αὐτῷ καὶ σημείωμα ἐνυπόγραφον πρωτότυπον Κωνσταντίνου τοῦ θεοφιλεστάτου πρωτεκδίκου τῆς ἁγιωτάτης μητροπόλεως Θεσσαλονίκης, τοῦ Ἁγιοαναστασίου, συντελεσθὲν μὲν κατὰ μῆνα Ἰούνιον τῆς ἐνισταμένης ἐπινεμέσεως. Ἐπὶ συνελεύσει δὲ γεγονὸς πολλῶν προσώπων ἐντιμοτάτων ἐκκλησιαστικῶν καὶ δηλοῦν ὡς ἐν τύπῳ φᾶναι, τήν τε εἰς τὴν ἁγιωτάτην ἐκκλησίαν πρὸς συνέλευσιν[1]) τοῦ Κραμβοφωκᾶ, καὶ τὴν ἀναφώνησιν ὡς· ἡ δίκη τε παρὰ τῆς τοῦ Χθζοῦ δικαστηρίου ἀποφάσεως, καὶ ὅτι τὰ περὶ τοῦ Ἀγριδιωτικοῦ ἀμπελῶνος προστιθέμενα παρὰ τῆς Σαχλικίνης πόῤῥω τῆς ἀληθείας εἰσὶ, καὶ πρός γε τὴν παρ' αὐτοῦ γενομένην τῶν ἀξιοπίστων προσώπων παραγωγὴν τὸ πεπλασμένον αὐτῶν, καὶ μάταιον διελέγχουσαν. Καὶ τὰ μὲν προτεθέντα παρὰ τοῦ Κραμβοφωκᾶ ἦσαν ἐν τούτοις.

Ἡ μετριότης [f. 204] δὲ ἡμῶν, μετά γε τῶν συνεδριαζόντων αὐτῇ ἱερωτάτων ἀρχιερέων ἐν Κυρίῳ ἀγαπητῶν ἡμῖν ἀδελφῶν καὶ συλλειτουργῶν, τὰ τοῦ πράγματος διακεψαμένη, καὶ συνιδοῦσα καθῆκον εἶναι καὶ ὅσιον μὴ ἀποπέμπεσθαι ἄνδρα ὀδυνώμενον, καὶ μακρὰν ἕως εἰς ἡμᾶς καὶ ἀργαλέαν τεμόντα ὁδὸν, καὶ τοῖς τῶν φιλευσεβῶν νόμων θεσπίσμασι τὴν ἑαυτῆς ἀπόκρισιν ἐφαρμόσασα, πρὸς ταῦτα τὰ ὑποτεταγμένα ψηφοφορεῖ, φράζουσα οὑτωσί.

Ἡ πολύστροφος καὶ ποικίλη καὶ πολυπείραστος, καὶ ὡσάντις εἴπῃ, λαβυρινθώδης τῶν πραγμάτων φορά, πολυμόρφους ἀποτελοῦσα δίκας καὶ ἀποφάσεων ἰδέας, ἐνίοτε παραδόξους ἀπογεννᾷ· ὥστε τὰς μὲν οὐκ ἀκεμφεῖς, οὐδὲ ἀνεπιλήπτους ἐκφαίνεσθαι, τοὺς δ' ἐξενεγκαμένους τὴν κρίσιν, συγνώμης τυγχάνειν, ὅτε δηλαδὴ ἁπλουστέρᾳ καὶ μὴ κακούργῳ γνώμῃ δικαιωμάτων ἀνάγνωσιν, ἢ ἀπλανῆ τῶν νόμων ἑρμήνειαν παρελθόντες, ἢ τῆς ἀκριβείας διαπεσόντες, ἥτις οὐ τοῖς πολλοῖς ἐστι περιληπτὴ, τὸ μὲν παρασυρμένην ἢ συγκεχυμένην τοῖς ἀμφισβητουμένοις ἐπήνεγκαν.

Διά τοι τοῦτο καὶ τὰς ἐκκλήτους ταῖς ἀποφάσεσι ταῖς ὑποκειμέναις ταύταις οἱ θεῖοι νόμοι ἐπέστησαν, ἵνα ἢ τὴν ἀδικίαν, ἢ τὴν ἀπειρίαν, ἢ τὴν ἄγνοιαν τῶν δικαστῶν διορθώσει νομικῇ θεραπεύσωσιν. Ἔδει τοίνυν τοὺς ἀμφισβητουμένους τὸ τοῦ κρατίστου δεσπότου καὶ βασιλέως τοῦ Δούκα Κυροῦ Μανουὴλ δικαστήριον, μὴ τῇ ἐξουσίᾳ, τῷ Θεῷ δὲ καὶ τῷ φύσει δικαίῳ, κατὰ τοὺς νόμους χαρίσκεσθαι, τὴν τῆς προκειμένης ὑποθέσεως διεξαγωγὴν, ἅτε παρ' αὐτοῦ τοῦ νόμου καὶ τοῦ δικαίου ἀπαιτουμένους τῇ τε κρίσει ταύτῃ ἄνωθεν καὶ ἐξ ἀρχῆς καὶ τῇ τῶν ἀναγεγραμμένων δικαστῶν διαφωνίᾳ διαιτῆσαι καλῶς. Οἱ δὲ τοῦ διαλυτέου ἐγγράφου καὶ τὴν ἀνάγνωσιν ἅμα καὶ τὴν δύναμιν παραβλεψάμενοι, ἀνεξέταστοι δὲ καὶ τὸν φόβον ἐάσαντες, ὃν εἰς παραγραφὴν τῆς τούτου ἐκθέσεως τὸ ἀντίθετον μέρος προέτεινεν· εἰ δεκτὸς δηλονότι τῷ νόμῳ ἐστὶ, σχολῇ ἀπελεγέως[2]) τοῦ τοιούτου ἐγγράφου κατεψηφίσαντο, καὶ τὴν συγγραφὴν τῆς ἀποφάσεως αὐτῶν θατέρῳ | μέρει τῶν διαφωνούντων δικαστῶν τῷ ἀντιλέγοντι κατὰ τῆς Ἱερίας ἐπέτρεψαν· κἀντεῦθεν ὕποπτον ἐξ ἀρχῆς, καὶ τὴν ἀπόφασιν καὶ τὴν πρᾶξιν τοῦ ὑπομνήματος ἔθετο· τῇ μὲν γὰρ ἀποφάσει μαρτύρων ἱκανῶν ἔδει παραγωγὴ

---

[1]) Cod. uno verbo προσευελευσιν. — [2]) In marg. ἐγών ἀπείρως, σκληρῶς, ἀκριβῶς.

ἔξιον λόγου τὸν φόβον παραστησόντων, ὥστε ταύτην ἀμέμπτως τε καὶ καλῶς καὶ κατὰ νόμους προενεχθῆναι· τῇ δὲ πράξει τοῦ ὑπομνήματος, συγγραφέως ἑτέρου, μηδήτινα ἔχοντος ἐν τῇ παρούσῃ δίκῃ λαβήν· τὸ δὲ ἐκ μαρτυρίας προσώπου ἑνὸς, εἰ καὶ ἀρχιερατικὸν τοῦτο ἦν, ἀπόφασιν τοιαύτην ἐξενεχθῆναι, πάντα καὶ πάντως τοῦ νόμου ἀλλότριον. Οἱ γὰρ ἀρχιερεῖς, ὡς ὁ νόμος ἐκφωνεῖ, καθὰ δὴ καὶ οἱ ἰλλούστριοι καὶ ὑπερβεβηκότες αὐτοὺς, οὔτε ἑκόντες οὔτε ἄκοντες μαρτυροῦσι, τοῦτο γὰρ τὸ προνόμιον παρὰ τῶν νόμων τούτοις· κεχάρισται ἀλλ᾽ εἴπερ ὅλως· δεηθεῖέν τινες τῆς αὐτῶν μαρτυρίας, ἐν τῷ δικαστηρίῳ μὲν, οὐδ᾽ ὅλως παρουσιάζουσιν· ἐν τοῖς ἐπισκοπείοις δὲ τούτων, προκειμένων τῶν θείων εὐαγγελίων, ἐρωτῶνται καὶ ἀποκρίνονται ἅπερ γινώσκουσι· καὶ περὶ τούτου φησὶν ὁ νόμος ἐν ιγ´ κεφ. τοῦ α´ τίτλ. τοῦ γ´ βιβλ. τῶν βασιλικῶν ταῦτα ῥητῶς· ' Οὐδενὶ δὲ τῶν ἀρχόντων ἐξέσται τοὺς θεοφιλεστάτους ἐπισκόπους ἀναγκάζειν εἰς δικαστήριον παραγενέσθαι ὑπὲρ τοῦ νεῖμαι μαρτυρίαν· ἀλλ᾽ ὁ δικαστὴς πεμπέτω πρὸς αὐτοὺς τινὰς ἐκ τῶν προσώπων τῶν ὑπηρετουμένων αὐτῷ, ἵνα προκειμένων τῶν ἁγίων εὐαγγελίων, κατὰ τὸ πρέπον ἱερεῦσιν εἴπωσιν ἅπερ γινώσκουσιν „. Ὅτι γοῦν οὐδὲ ἐπήχθησαν παρὰ τοῦ δικαστηρίου πρὸς τὸν εἰρημένον ἐπίσκοπον τὰ δοκοῦντα τοῖς νόμοις πρόσωπα, οὐδὲ προκειμένων τῶν ἁγίων εὐαγγελίων, ἡ ἐρώτησις τῶν ὑπευθύνων καὶ ἡ ἐκείνων ἀπόκρισις γέγονε, πῶς ἄρα ἡ τούτων μαρτυρία ἔσται δεκτή;

Εἰ δὲ καὶ ταῦτα ἴσως προέβησαν, ἀλλ᾽ ἑτέρωθεν ὁ νόμος ἀνανεύει τὴν τοῦ ἑνὸς μαρτυρίαν οὐδαμῶς προσιέμενος· φησὶ γὰρ ἐν λ´ κεφ. τοῦ α´ τίτλ. τοῦ κα´ βιβλ. περὶ τὰ μέσα ταῦτα αὐτολεξεί· " Δεῖ τοὺς μάρτυρας πρότερον ὀμνύναι πρὶν ἢ μαρτυρήσωσι. Δεῖ δὲ τοῖς τιμιωτέροις μᾶλλον πιστεύειν· ἑνὸς δὲ μαρτυρία οὐκ ἔσται δεκτὴ ἐν οἱᾳδήποτε δίκῃ, κἂν συγκλητικὸς εἴη „. Ὥσπερ οὖν οἱ ἀρχιερεῖς κατίσον τοῖς [f. 205] συγκλητικοῖς, οὔτε ἑκόντες, οὔτε ἄκοντες μαρτυροῦσι, τά τε ἄλλα καὶ ἵνα τὸ ὑπερέχον αὐτῶν καὶ σεβάσμιον μὴ κατευτελίζηται καὶ ὑβρίζηται κακογνώμοσιν ἔστιν ὅτι καὶ κακομηχάνοις δικηγόροις προσομιλοῦν, οὕτως οὐδὲ ἑνὸς ἀρχιερέως μαρτυρία δεκτὴ, ὅτι οὐδὲ συγκλητικοῦ. Τὸ αὐτὸ γὰρ ἀμφοῖν, ὡς εἴπομεν, τὸ προνόμιον· εἰ δέ τις ἴσως τὴν τοῦ κρατίστου δεσπότου ἀπόφασιν, ὡς βασιλικὴν, ἀξιοῖ μένειν ἀπαρεγχείρητον, τὸ γὰρ ἐπὶ βασιλικῆς κρινόμενον ἐξουσίας, καθὰ διδασκόμεθα, τῆς ἔξωθεν οὐκ ἄν ποτε δεηθείη διατυπώσεως· ἀλλ᾽ ἀκούσεται ὁ τοιοῦτος, ὡς τότε ἀκαταγώνιστος ἡ βασιλικὴ τηρεῖται ἀπόφασις, ὁ πότε ἐκ τῶν ἐξουσιαστικῶν δογμάτων τοῦ νόμου κέκτηται τὸ ἐνδόσιμον. Πᾶσα γὰρ ἡ πολιτικὴ νομοθεσία εἰς δύο διῄρηται δίκαια, τὸ δικαιωτικὸν δηλαδὴ, καὶ τὸ ἐξουσιαστικόν· ἢ γὰρ ἀπονεμητικὸν τοῦ δικαίου ἐστί, καὶ λέγοιτ᾽ ἂν δικαιωτικόν, ὅπερ οὐ τῇ φύσει, ἀλλὰ τῷ ἐνδεχομένῳ ἀκόλουθον. Δικαιωτικὰ μὲν οὖν εἰσιν νομοθετήματα, ὅσα τῷ φυσικῷ δικαίῳ κατακολουθοῦντες οἱ νομοθέται πρὸς τὰς τῶν διαζομένων δικαιολογίας, ἢ τὰς τῶν συναλλαγμάτων δυνάμεις, ἢ τὰ συμβαίνοντα φάκτα ἀκριβωσάμενοι, ἀπεφήναντο, ἀπονέμοντες ἑκάστῳ τὸ ἴδιον δίκαιον, καὶ τὰς ἀναφυομένας ἀμφιβολίας λύοντες, ἵνα μὴ κερδαίνῃ τις ἀνευλόγως τὸ διαφέρον ἑτέρῳ, μηδὲ ζημιῶτο ἀδίκως ὁ ἀφαιρούμενος τὸ οἰκεῖον· ἐκεῖνα δὲ πάλιν εἰσὶν ἐξουσιαστικὰ, ἡμῖν μὲν ἡ παροῦσα ὥρα οὐ συγχωρεῖ· ἡ γνῶσις δὲ τούτων τοῖς νομοτριβουμένοις ἐρήπλωται· ἐντεῦθεν λοιπὸν, τῶν μὲν ἐξουσιαστικῶν νόμων ὁ βασιλεὺς καθόλου ὑπέρκειται. Τῆς ἐξουσίας γὰρ αὐτὸς τὸ ὑπέρτατον καὶ κατ᾽ ἐξουσίαν καὶ λέγειν καὶ πράττειν κέκτηται δύναμιν, καὶ διὰ τοῦτο καὶ οἱ νόμοι τῇ τούτου αὐθέντου ἐκεῖνο τὸ νόμιμον, τὸ ὁ βασιλεὺς νόμοις οὐχ ὑπόκειται, ἀπεκλήρωσαν· καὶ τὸ δόξαν αὐτῷ ἀρεστὸν, ὡς νόμῳ τυγχάνειν ἐθέσπισαν· τοῖς δικαιωτικοῖς δὲ διατάγμασι τοῦτον ἀκολουθεῖν ἐδικαίωσαν, καὶ ἵνα μὴ τῆς ὁδοῦ τούτων ἐκτρέπηται, τὸ καὶ κατὰ τοῦ βασιλέως οἱ | γενικοὶ κρατείτωσαν νόμοι, καὶ τὸ πᾶσα παράνομος ἐκβαλέσθω ἀντιγραφή, καὶ τὸ μηδὲν παρὰ τὴν τῶν νόμων ἔννοιαν πραχθὲν, ἐρρώσθω, ἀλλ' ἄχρηστον ἔστω, κἂν μὴ τοῦτο ἰδικῶς ὁ νομοθέτης ἐπήγαγε, τρανῶς ἐξερώνησαν· καὶ τοῦτο ἔστι τὸ λεγόμενον, ὀφείλει ὁ βασιλεὺς κατὰ νόμους πολιτεύεσθαι.

Ὅτι γοῦν εἰς τὴν δικαιωτικὴν ἀνάγεται νομοθεσία καὶ ἡ παροῦσα ὑπόθεσις (ἑκάτερον γὰρ μέρος παρ' ἑκατέρου ζημιοῦσθαι ἀναβοᾷ), οὐκ ἄρα ἔσται ἀκαταγώνιστος ἡ τοῦ δεσπότου ἀπόφασις, τὴν φυσικὴν, εἴτ' οὖν δικαιωτικὴν παραδραμοῦσα νομοθεσίαν, καὶ διὰ τῆς αὐθεντικῆς κινηθεῖσά τε καὶ ὁδεύσασα, ἐπειδὴ φόβον οὐκ ἄξιον λόγου, ἀλλὰ τὸν τυχόντα ἐνέκρινε.

Καὶ τὰς ἐπὶ τῆς ἐξουσίας τῶν Λατίνων προβάσας κρίσεις καὶ συναλλαγὰς καὶ διαλύσεις κατὰ τὸ ἐνδαπὸν τῆς πόλεως ἔθος, Λατινικὰς ἐλογίσατο, καὶ εἰς παραγραφὴν προσεδέξατο· καὶ οὕτω καὶ τὸ τηνικαῦτα γεγονὸς ἐπὶ τῇ παρούσῃ ὑποθέσει τῆς διαλύσεως· ἀνέτρεψεν ἔγγραφον. Εἰ δὲ καὶ αὐτὸς, ὡς ἡ ἀφήγησις, ναὶ μὴν καὶ τὸ πρωτεκδικὸν σημείωμα οἴκοθεν κινούμενος πρὸς συμπάθειαν ἔνευσε καὶ ἀνασχεθῆναι τὴν ἑαυτοῦ ψῆφον, καὶ ἄνωθεν κινηθῆναι τὴν δίκην διεκελεύσατο, ἄριστον τοῦτο καὶ ἀξιέπαινον, καὶ τῆς αὐτοῦ εὐσεβείας πεποίηκεν ἄξιον· ἐπεὶ καὶ βασιλεύς ἐστιν, ὅτε καὶ κατὰ τῆς ἰδίας ψήφου χωρῶν καὶ ἀποκαθιστάνων ἐπιγινώσκεται, ὡς ὁ περὶ ἀποκαταστάσεων κείμενος νόμος διδάσκει ἡμᾶς. Ἀλλὰ ταῦτα μὲν περὶ τούτων.

Περὶ δέ γε τοῦ φόβου ταῦτα ἀποκρινόμεθα· ὡς ὅπερ εἰσὶν αἱ νόσοι τοῖς σώμασι, τοῦτο ταῖς ἀγωγαῖς αἱ παραγραφαί, καὶ ὥσπερ οὐ πᾶσα νόσος ἐστὶ πρὸς θάνατον, ἀλλὰ ταῖς ἰασίμοις· τούτων ἀντιτίθεται ἰατρικὴ τέχνη

καὶ μέθοδος, οὕτως οὐδὲ πᾶσα παραγραφὴ κατὰ πάσης ἰσχύει ἐναγωγῆς· ἀντιξοοῦσι γὰρ τούτων ἐνίαις ἀντιπαραγραφαὶ κατὰ τὰς μεθόδους τῆς νομικῆς. Θεωρητέον οὐκοῦν κατὰ τοὺς νόμους καὶ τὴν τοῦ προκειμένου φόβου παραγραφὴν, τὴν κατὰ τοῦ ἀναγεγραμμένου τῆς διαλύσεως ἐγγράφου προτιθεμένην. Εἰ δηλαδὴ ἱκανή ἐστι τοῦτο διασαλεῦσαι.
[f. 206] Λεκτέον δὲ, ὧδε τὸν φόβον ὁ νόμος ἐκεῖνος ἐγκρίνει, τὸν μὴ δοκοῦντα, ἀλλὰ τὸν ὄντα· τὸν γὰρ δοκοῦντα καὶ ὁ θεῖος χρησμὸς· ὡς μὴ ὄντα λογίζεται· ἐπεὶ γὰρ, φησίν, ἐφοβήθησαν φόβον, οὗ οὐκ ἦν φόβος [1]. Τὸν ὄντα δὲ φόβον, εἴς τε τὸν ἐμποίνιμον καὶ θανατηφόρον, καὶ εἰς τὸν ἀνειμένον καὶ ἀκίνδυνον ἡ νομικὴ διαιρεῖ· καὶ μαρτυρία τούτου τὰ θεῖα ταύτης θεσπίσματα. Φασὶ γὰρ ἐν μὲν τῷ ε' κεφ. τοῦ β' τίτλ. τοῦ ιβ' βιβλ. ταῦθ' οὑτωσί· "Ὅτι φόβον, οὐ τὸν τυχόντα δεχόμεθα, ἀλλὰ τὸν ἀπὸ μεγάλης κακοθελείας· καὶ τὸν δυνάμενον ἄνδρα τίμιον, οὐ μὴν μάταιον, καταπτοηθῆναι „. Ἐν δὲ τῷ κα' κεφ. τοῦ β' τίτλ. τοῦ ια' βιβλ. ταῦτα· " Τὰς παρεντεθείσας φόβου ἕνεκεν διαλύσεις, βεβαίας μὴ εἶναι τῷ διηνεκεῖ δόγματι περιέχεται, οὐχ ὁμοίως δὲ οἷς δήποτε φόβοις εἰς ἀνάστασιν ἐκείνων τῶν κατὰ συναίνεσιν περιέχεται παραιωθέντων ἀρκεῖ· ἀλλὰ τοιοῦτον φόβον ἀποδείκνυσθαι χρή, ὅστις τὸν ἐπὶ σωτηρίᾳ κίνδυνον, ἢ τὰς τοῦ σώματος τιμωρίας περιέχει „.

Καὶ τὴν Σχλικίνην τοίνυν, εἰ μὲν θανάτου ἢ δεινῶν βασάνων φόβος συνετάραξε, καὶ ἀληθῆ τεκμήρια τούτων πρὸς ταύτην περάνασι, καλῶς καὶ εὐλόγως τὴν τοῦ φόβου παραγραφὴν κατὰ τοῦ ἐγγράφου προΐεται. Καὶ δεῖ κατὰ τὸ ἀκόλουθον καὶ ἀποδείξεως γενναίας, παριστώσης τὴν τοῦ τοιούτου φόβου ποιότητα· εἰ δὲ μόνος, ὡς εἰπεῖν, φαντασιώδης φόβος περιέσχεν αὐτήν, παρὰ τὸν νόμον ἄρα τῷ φόβῳ τούτῳ ἐχρήσατο πρὸς τὸ κατασεῖσαι τὸ ἔγγραφον· ἀνί-

[1] Ps. XIII, 5.

CAP. CVI. DE TESTIMONIO EPISCOPORUM ETC.

γυρος γὰρ ἡ ἐκ τοῦ τοιούτου φόβου παραγραφή, ἐπεὶ καὶ ἡ Ὡραία δύναται ἀντιπαραγραφὴν¹) ἀνθυπενέγκειν κατὰ τῆς τοῦ ἐπισκόπου μαρτυρίας, ὡς ὄντος ἑνός, καὶ ὅτι τῇ, ἣν καὶ αὐτὸς τῶν προσώπων τῶν μεσολαβησάντων εἰς τὸ διαλύσασθαι τὴν Ὡραίαν μετὰ τῆς Σαγλικίνης, ὡς αὐτό τε διαλυτέον ἔγγραφον καὶ τὸ πρωτεκδικὸν σημείωμα παριστάνουσι. Ναὶ μὴν καὶ ὅτι μετὰ παρέλευσιν τῆς λατινικῆς ἐξουσίας δέκα πλέον ἤδη ῥεόντων ἐνιαυτῶν, καὶ ἐξουσιαζόντων τοῦ τε βεβασιλευκότος κυροῦ Θεοδώρου | τοῦ Δοῦκα καὶ τοῦ αὐταδέλφου αὐτοῦ τοῦ κρατίστου δεσπότου κυροῦ Μανουὴλ, ἐν τῷ δεκάτῳ ἔτει τὴν παροῦσαν ἀγωγὴν²) ἡ Σαγλικίνα κεκίνηκε, τοῦ νόμου κελεύοντος τὴν δόλῳ ἢ φόβῳ ἢ κακονοίᾳ τινὶ γενομένην διάλυσιν εἴσω διετίας τούτου τρανῶς δεικνυμένου ἀνατρέπεσθαι.

Ὅτι γοῦν δέκα, ὡς λέλεκται, περιππευσάντων ἐνιαυτῶν ἐν τῷ τῆς ἀροδίας τάχα καιρῷ, οὐχὶ ἐγκαίρως ἡ Σαγλικίνα ἐλάλησεν, οὔτε φόβον, οὔτε βίαν κινεῖν, ἐπὶ ἀναλύσει τῆς διαλύσεως, ἐξὸν ἦν αὐτῇ μετὰ τοσούτους ἐνιαυτοὺς, οὔτε βίαν ἢ κακουργίαν ὀνομάζειν δυνάμεθα τὴν προσήκουσαν τῇ Ὡραίᾳ, ὡς κληρονόμῳ, ἀγωγὴν ἐπὶ τῇ ἐξ ἀδιαθέτου διαδοχῇ τῶν πατρῴων, ἀρχιερῷ δηλονότι δικαίῳ· οἱ γὰρ ἐνισχημένοι περὶ χρεῶν ἢ κληρονομιαίων πραγμάτων ἐγκλήσειν, εἰ μὴ διοχλοῖντο καὶ περιέλκοιντο, καὶ τέλος βιάζοιντο, οὐκ ἄν ποτε ἢ τὰ ὀφειλόμενα ἐκτίσαιεν, ἢ τοῖς ἀληθέσι κληρονόμοις κατὰ τοὺς νόμους τῶν κληρονομικίων πραγμάτων παραχωρήσαιεν, ὅθεν καὶ ἀμέμπτως ἡ Ὡραία εὐθὺς μετὰ τὸν τοῦ πατρὸς περὶ τῆς τούτου κληρονομίας ἐλάλησε, δεδικαίᾳ εὐλόγως· μήποτε ὁ ἐπὶ τούτοις ὡρισμένος περὶ δικαιοδοσίας χρόνος, παραδραμὼν παντὸς δικαστηρίου θύραν ταύτῃ ἐπιζυγώσειε.

Τὸ μέντοι τοῦ Γαρίνου πρὸς φόβον ἄξιον λόγου καὶ λίαν ἐστὶν ἀπροσφυές· εἰ δηλαδὴ ἐκεῖνος, ἔθει λατινικῷ κατ' αὐτοὺς ἐκκλησιαστικῷ χρῶτο, ἐκ τῆς οἰκίας τοῦ τηνικαῦτα τεθνεῶτος ἐκκλησιαστικοῦ προσώπου ἀνείλετο, θανάτου αἰτίᾳ, νομίσματα ὁσαδήποτε, οὐδὲν γὰρ ἔθει ὁπωσοῦν κρατοῦν τι ὁπουδήποτε καὶ φόβῳ μεγάλῳ δῆθεν, διὰ τὸ τοιοῦτον ἔθος· ἔνθα γὰρ οὐκ ἔστιν ἔθος, ἐκεῖ φόβος παρεισέρχεται διὰ τὸ ἀσύνηθες· ἔνθα δὲ ἔθος, παρρησιάζεται, ἐνταῦθα οὐ προσήκων ὁ φόβος, ἀλλὰ ἀλλότριος, διὰ τὸ γνώριμον τοῦ ἔθους,³) καὶ σύνηθες, ἀποραπίζει δὲ τὸν τοιοῦτον φόβον καὶ ἡ τῆς ἐν τῇ ἀφηγήσει περιειλημμένης ἐξουσίας ἐφ' ἧς καὶ ὁ τοῦ Λογαρᾶ θάνατος γέγονε, καὶ μετ' αὐτῶν προσεχὴς ἡ διάλυσις. Εἰ γὰρ ἄνθρωπος ἐκείνης Ῥωμαῖος τὴν δουκικὴν τῆς Θεσσαλονίκης διεῖπεν ἀρχὴν, καὶ ἐπὶ συνεδρίου τῶν τηνικάδε ἐπιδημούντων [f. 207] τῇ πόλει ταύτῃ ἀρχιερέων, τὰς πολιτικὰς διεξῆγε δίκας, ἆρά γε τότε οὐδὲ φόβος θανάτου ἢ κολάσεων κατὰ τῶν ἀθῴων εἶχε παρρησιάζεσθαι· εἰς τοῦτο γὰρ κατὰ τὸ εἰκὸς καὶ ἡ τῶν ἀρχιερέων συνεδρία παρελαμβάνετο.

Αὐτάρκης μέντοι ἐστὶν ἡ διειλημμένη πρωτεκδικὴ σημείωσις παραστῆσαι, καὶ τὴν περὶ τοῦ Ἀγριδιωτικοῦ ἀμπελῶνος ἀλήθειαν, τὴν σύμφωνον περὶ τούτου φήμην διαλαμβάνουσα· " Εἰ καὶ μὴ πάντοτε, ἀλλ' οὖν ὡς ἐπὶ τὸ πλεῖστον καὶ χωρὶς δημοσίων ὑπομνημάτων ἡ ἀλήθεια δείκνυται· ποτὲ μὲν διὰ τοῦ ἀριθμοῦ τῶν μαρτύρων, ποτὲ δὲ, διὰ τῆς ἀξίας τούτων καὶ αὐθεντείας· ἄλλο τε δὲ διὰ τῆς συμφήμου φήμης „. Καὶ ἁπλῶς τῆς τοῦ δικαιοτοῦ γνώμης ἤρτηται πιστῶσαι καὶ μή. Οὕτως γάρ φησιν, ὡς ἄνωπιν εἴρηται, ὁ νόμος ἐν γ' κεφαλ. τοῦ α' τίτλ. τοῦ κα' βιβλ. περὶ τὰ μέσα· οἱ τῶν νόμων ἑρμηνευταὶ, τὴν ἀξίαν καὶ τὴν αὐθεντείαν, εἰς τιμὴν καὶ ὑπόληψιν ἐκλαμβάνονται. Τὴν δὲ σύμφωνον φήμην τὴν παρὰ πάντων θρυλλουμένην φασίν.

¹) Cod. ἀντιπαραγραφήν. — ²) Circa a. 1228. — ³) Cod. τοὺς ἴσους.

ΡΖ'.

Ἐπιστολὴ πρὸς τὸν γεγονότα μητροπολίτην Κερκύρων, κυρὸν Γεώργιον τὸν Βαρδάνην.
Epistola ad novum metropolitam Corcyrensem Georgium Bardanem.

Πολλοῖς ὀνόμασι περιβαλεῖν ἡμῖν ἐξεγένετο, τὸ σὸν ἥδύτατον καὶ σοφώτατον γράμμα δεξαμένοις· τοῦτο πόθῳ πολλῷ, κυδιστόν μοι κάρα καὶ ποθεινότατον. Ἐποίει γὰρ ἡμῖν τοῦτο τροπολογεῖν, εἴς τε ὄρνιν εὐκέλαδον ποικιλόδειρον, μολπάζοντα ἡμῖν μυστικῶς τὰ κατὰ σὲ τὸν ποθούμενον, οὗ δὴ καὶ τὸ πτέρωμα τὸ τῆς συνθήκης φημὶ καὶ τοῦ ῥυθμοῦ τεχνικόν, κέχρωστο εὐγενῶς καὶ πεποίκιλτο καὶ εἰς ἀλάβαστρον μύρου πολυτελοῦς, ἐν ᾧ ἐκκενωθέν, ἀρωματικῶς εἰπεῖν, τὸ σὸν ὄνομα, ἢ μὲν ἡμῖν τερψίθυμον εὐωδίασμα· οὐ μόνον δέ, ἀλλὰ καὶ εἰς σωλῆνα καλῶς ἡμῖν ὑδραγωγοῦντα τὴν τῶν σῶν λογίων λαμύραν, καὶ ἐμπιπλῶντα πολλῆς ἡμᾶς τῆς ἀγαλλιάσεως, ναὶ μὲν καὶ εἰς μοῦσαν, ἐξ ὧν ποιητικῶς Ἑλικῶνες ἐκεῖνοι καὶ Πιέριαι κυδάζονται, τῆς σῆς ἡδίστης ὄψεως· ἡμᾶς τὰς ἐλπίδας ψωμίζουσιν· προσέτι δὲ καὶ εἰς ἀμπέλου καρπὸν ἐριστάφυλον, ὃν ἡ σὴ γνῶσις | ἡ τοῖς μαθήμασι τῆς τοῦ λόγου παιδείας εὐκληματοῦσα καὶ περιττὰ τὰ κατὰ φιλίαν προῆκεν ἡμῖν εἰς εὐφροσύνην καρπισμόν· ἀραρότως δ' ἂν ἡμῖν τοῦτο ληφθείη καὶ εἰς πινάκιον ζωγραφικόν, εἰκονίζον ἡμῖν σὲ τὸν κάλλιστον, ὡς ἐξ ἀρχετύπου σκιαγραφηθέν, καὶ ἡμῖν ἐκπεμφθέν [1]) εἰς ἀνάμνησιν τῆς ὡραιότητος τῆς ἀγάπης, ἣν ἀναπάλειπτον αὐτὸς τηρεῖς πρὸς ἡμᾶς.

Οὕτω τοίνυν πολυειδῶς τοῦ σοῦ γράμματος ἀπολαύσαντες, τολμᾷ τι νεανικὸν ὁ λόγος, ὥσπερ ποτὲ τὸ θεογραφούμενον περὶ τοὺς θείους μαθητὰς πάγγλωσσον ἐκεῖνο ἀκροατήριον, ὃ ποικίλως ἐνηχεῖτο, μὴ δηλαδὴ φωνῆς ἐκ τῶν ἀποστολικῶν προϊούσης χειλέων, ἀνθομολογούμεθά σοι [2]) διὰ τῆς παρούσης ἡμετέρας ἀντιγραφῆς, καὶ εὐχόμεθα τοιούτου σου τυγχάνειν ἡμᾶς ἀεί, καὶ οὕτω τῶν ἐν σοὶ χαρίτων καὶ ὁρωμένῳ καὶ ἀπόπτῳ γινομένῳ κατατρυφᾶν. Τοῖος γάρ τοι πέπνυσε, κατὰ τὸν εἰπόντα σοφόν. Ἀλλὰ ταῦτα μὲν ἐν τούτοις.

Ἡμεῖς δὲ τοὺς σοὺς πρὸς ἡμᾶς ἐπαίνους περιθέμενοι, καθάπερ ἂν εἰ καὶ πιθηκίς περιρρέοντά τινα καὶ εὐπάρυφα, γουναζόμεθα τὴν σὴν ἁγιότητα μὴ παραθεωρεῖν τὰ καθ' ἡμᾶς, εἰς τὸ πᾶν, μήποτε καὶ γελοῖοι ἀντὶ ἐπαίνων δόξωμεν, ἐφ' οἷς ὑπὲρ ὃ ἐσμὲν ἀρχιγούμεθα· οὐδὲ γὰρ οὐδ' ὁ Θερσίτης λιγύς [3]) ἀγορητής, ἢ ἔπεα νιφάδεσσιν ἐοικότα προϊέναι ῥηθείς, ἐδέξατο ἂν οἶμαι οὐκ ἀηδῶς, ἀλλ' εἶχεν ἀποστραφῆναι, μὴ καὶ συγκρούσῃ τοῖς ἐγκωμίοις τῶν ἐξαιρουμένων τῷ ῥαψῳδήματι [4]). Τί γὰρ ἡμῖν καὶ τοῖς περιλόγοις ἐσπουδακόσι καὶ βίον τῷ λόγῳ κτησαμένοις· ὁμόστολον ἄνδρες; ἡμεῖς· εἰρήσθω γὰρ τἀληθές· βίου μὲν ἐνθέου μακρὰν πορευόμενοι, λόγοις δὲ ὠμιλακότες μέν, ἁμῶς γέ πως· ἀποκλύσαντες δὲ πάντη καὶ πάντως τὸ τούτων γλυκὺ ἐφ' οἷς· ἁλμυρᾷ θαλάσσῃ συμφυρῶν, ἐν τοῖς ἄρτι καιροῖς ἐβαπτίσθημεν, καὶ βαρβάροις παρεχρονίσαμεν. Διὸ καὶ εὔχου μᾶλλον ὑπὲρ ἡμῶν, καλέ μου δέσποτα, πρὸς Θεόν, ἵνα τοῦ ἐκεῖθεν ἐλέους τυγχάνωμεν· εὐχῶν γάρ, ἀλλ' οὐκ ἐπαίνων ἄξια τὰ ἡμέτερα· προσκυνῶ καὶ κατασπίλῶ σε, τῷ ἐνθέῳ καὶ ἀδελφικῷ φιλήματι, ἄριστε φίλων, καὶ λογίων καὶ παντὸς ἐπαίνου χωρίον ἐπιεικές· [f. 208] χαριέστατον, καὶ ἐπεύχομαί σοι ἀπὸ καρδίας, ζωὴν ἀταλαίπωρόν τε καὶ πολυχρόνιον.

[1]) Cod. ἐκπεμφθέν. — [2]) Ib. ἀνθομολογούμεθά σοι. — [3]) Ib. λιγύς. — [4]) Ib. ῥαψῳδήματι.

PΗ'.

Ἑτέρα πρός τινα Φιλικὴ ἐπὶ τῶν γονάτων.
Altera ad quemdam Felicem a genibus dilectum.

Θεοφιλέστατε ἐπὶ τῶν γονάτων τῆς ἁγιωτάτης ἐπισκοπῆς Βερροίας, καὶ ἐν Κυρίῳ αἰδίμως ἠγαπημένε μοι δέσποτα καὶ ἀδελφέ, εἰ καὶ τοῖς τεθνεῶσι καὶ τοῖς ἀποδημοῦσι συνεύχεσθαι, καὶ τὴν φιλίαν διαρρέειν λόγος δημοτικός, ἀλλ' οὐ βάπτουσιν εἰς τοῦτον οἱ κατὰ Χριστὸν ζῶντες καὶ πολιτευόμενοι, τοῖς τε γὰρ κατοιχομένοις ἐν πίναξι μνημοσύνων στηλογραφοῦσι τὰ τῆς φιλίας καὶ τοῖς ἀποδημοῦσι νοερῶς μὲν τὰς τῆς καρδίας πλάκας, ἰνδαλματικῶς δὲ καὶ ὡς ἐν αἰνίγματι, τὰ γράμματα εἰς γλύμμα τῆς πνευματικῆς ἀγάπης εἰσφέρουσι, καὶ οὕτως ἐκείνοις τε καὶ τούτοις ἀκραιφνῆτον φίλον ἀποσώζουσι τῷ τοι καὶ ἡμεῖς, εἰ καὶ ἀλλήλων διέστημεν οὕτω δόξαν Θεῷ, ἀλλ' οὐχὶ καὶ τὰ τῆς ἀγάπης συνδιεστάσαμεν, ἐνδιάγομεν δὲ ὑμῖν τοῖς ἐν Κυρίῳ πεποθημένοις τῷ πνεύματι, κἂν παρασάγγαι καὶ πλέθρα γῆς ἱκανὰ ἐπιπροσθῶσι τῷ σώματι ἡδὺ δὲ καὶ ὡς ἐν κατόπτρῳ τῷ παρόντι γράμματι καθορῶμεν ὑμᾶς, καί γε, εὐχόμεθα ἐν ὑγιείᾳ καὶ ἀταράχῳ βίῳ διάγειν ὑμᾶς.

Τὰ καθ' ἡμᾶς δὲ ἔχουσιν, ὡς ὁ Θεὸς ἐπηγέτρησε, καὶ ἄγοιντο διὰ τῶν σῶν εὐχῶν ἔπεινω. Ἀκούω δὲ σφόδρα διαλοιδορεῖσθαι καὶ ἐνυβρίζειν ἐς ἡμᾶς τὸν πανιερώτατον Βερροίας ἐπίσκοπον καὶ μάρτυρες ὑμεῖς, πρὸ ὑμῶν δὲ ὁ Θεός, εἰ κατά τι τῷ ἀρχιερεῖ ἐπεπλημμελήκαμεν, καὶ εἰ αἰσχρῶς καὶ οὐχ ὡς πρέπει ἀνδρὶ ἐκκλησιαστικῷ, ἐνεστράφημεν ἐν τῇ καθ' ἡμᾶς ἁγιωτάτῃ ἐκκλησίᾳ, κατά γε τὸ ἡμῖν δυνατόν, καὶ τὸ προσῆκον τῷ κατέχοντι τότε καιρῷ· ἀλλ' εἰ μὲν σι-

γήσει, πάντως ἐπαινεθήσεται καὶ ἐγγραφήσεται εἰς ἀντίμιμον Μωσέως καὶ Δαυὶδ τῶν πραοτάτων, καὶ αὐτοῦ δὲ τοῦ σωτῆρος Ἰησοῦ Χριστοῦ, τοῦ ποιμένος τε καὶ ἀμνοῦ, ὃς διδάσκων μέν Μάθετε ἀπ' ἐμοῦ, ἔλεγεν, ὅτι πρᾶός εἰμι[1]). Ἀγόμενος δὲ τοῦ ὑπὲρ ἡμῶν θύεσθαι, ὥσπερ τοὺς κερκυνοὺς κατάγειν κατὰ τῶν ὑβριστῶν, οὕτω καὶ τοῦ ἐρίζειν καὶ κραυγάζειν ἠμέλει προφητικῶς· εἰ δὲ καὶ ἔτι | τὰς καθ' ἡμῶν ὕβρεις ἀποπτύειν ἐπιτρέπει τῷ στόματι, καὶ ἐξ ἁμάξης, ὃ φασί, πέμπει τὰς λοιδορίας ἡμῖν, εἰ μὲν ὡς γέρων, καὶ ἤδη που καὶ κορύζων παραπαίει, ἢ καὶ ὡς νοσήματι κάτοχος, ὃ τοῖς ὑποκονδρίοις παῖδες Ἰατρῶν ὑρίζάνειν φιλοσοφοῦσι, λήρους ὅλους ἀφήσει τάχα διὰ τοῦτο ἀμεληθήσεται. Εἰ δὲ ἐν συναισθήσει τὴν γλῶτταν ἠκόνισεν ὡσεὶ ὄφεως, ἐγὼ οὐκ εἰς μακρὰν κατὰ αὐτοῦ τὴν εὐαγγελικὴν δύναμιν, ἐπάνω ὄφεων καὶ σκορπίων διακελευομένην πατεῖν[2]). Ἔχω τὸν θεογραφούμενον ἐκεῖνον συνασπισμόν· ἰδοὺ ἐγὼ ἐπὶ σὲ φάσκοντα τὴν ὑβρίστριαν καὶ πάλευσιν καὶ διάνοιαν, καὶ στηλιτεύσω τὸν δωρεὰν με μισήσαντα[3]), καὶ καταρρητορεύσω τῆς τούτου οἰήσεως· ὡς ἂν μὴ ὡς ἀσκὸς πνεύματος πεπλησμένος ἐπαίρηται, καὶ τάχιστα γνῷ μάτην τοῖς ἑαυτοῦ ἐπερειδόμενος μαθηταῖς ὡς ἐλλογίμοις, αὐτὸς ἀνόητος ὤν, καὶ κορύδου καὶ μελιτίδου τῶν περιᾳδομένων ἐκείνων ἀσυνετώτερος. Ἐπιγνῶσι δὲ καὶ οἱ νουνεχέστεροι, οἷον κάθαρμα τῇ Βερροιαίων θαυμασιωτάτῃ πόλει ἐπεισεκώμασεν. Εἰ μὲν οὖν μεταβαλεῖ, μεταβαλοῦμεν καὶ αὐτοί, καὶ σεβασθησόμεθα τοῦτον, ὡς ἀρχιερέα καὶ γέ-

[1]) Matth. xi, 29. — [2]) Luc. x, 19. — [3]) Ps. xxxiv, 19.

ροντα· εἰ δ' οὗ, μεταβαλεῖ. Ἀλλ' οὐδ' ἡμεῖς ἀνήσομεν τοῖς αὐτοῖς βέλεσι βάλλοντες, κατὰ τὸν Βρασίδαν ἐκεῖνον, οἷσπερ βαλλόμεθα, μετὰ γὰρ ὁσίου ὅσιος ἔσῃ, φησί, καὶ μετὰ στρεβλοῦ διαστρέψεις [1]). Οὐδὲ γὰρ ἐγὼ θαρρῶν ἐν τῷ Χριστῷ μου φημί τοῦ καμψορύμου καταδεέστερος, ἵνα μετρίως εἴπω, τά τε ἄλλα καὶ εἰς τοὺς λόγους αὐτοὺς ταῦτα μακρότερον μὲν, ἢ κατ' ἐπιστολήν, μέντοι γε ἐκ ψυχῆς ἐμβριμωμένης, ἐφ' οἷς, μάρτυς ὁ Κύριος, μάτην ὠνάδισται, οὐδὲ μέμνηται ἡμῶν ἕν τε ἄλλοις καὶ ἐν ἀντιγραφαῖς. Εἴη μοι πολυχρόνιος.

ΡΘ'.

Ἑρμηνεία εἰς τὸ τοῦ Θεολόγου ῥητόν, ἤγουν τὸ τοῦ Θεολόγου· "Ἐκ διαμέτρου κακὰ ,, καὶ εἰς ψαλμικὸν ῥητόν, τό· "Ἄνθρωπος ὡσεὶ χόρτος αἱ ἡμέραι αὐτοῦ ,, καὶ λοιπά.

Expositio in Theologi dictum, scilicet in hoc Nazianzeni: " Mala ex contrario...,, *et in psalmi dictum:* " Homo sicut fenum dies ejus ,, *et reliqua.*

Ἠθέλησας μαθεῖν παρ' ἐμοῦ, ὦ φίλων ἄριστε καὶ θαυμασιώτατέ μοι, [f. 209] κυρὲ Γεώργιε, τί δήποτε βούλεται σημαίνειν ἡ λεγομένη ἐκ διαμέτρου διάστασις, καθ' ἓν δὴ καὶ ὁ ἐν θεολογίᾳ περίπυστος καὶ μέγας Γρηγόριος, ἐλέγχων τὴν κακίστην Ἀρείου διαίρεσιν καὶ τὴν χείρονα Σαβελλίου συναίρεσιν· "Τὰ ἐκ διαμέτρου, φησί, κακὰ καὶ ὁμότιμα τὴν ἀσέβειαν ,,. Συνῆψας δὲ τῇ πεύσει ταύτῃ καὶ τὸ ψαλμικὸν ἐκεῖνο κρουμάτιον· "Ἄνθρωπος, φάσκων, ὡσεὶ χόρτος αἱ ἡμέραι αὐτοῦ, καὶ ὡσεὶ ἄνθος τοῦ ἀγροῦ, οὕτως, ἐξανθήσει, ὅτι πνεῦμα διῆλθεν ἐν αὐτῷ, καὶ οὐχ ὑπάρξει, καὶ οὐκ ἐπιγνώσεται ἔτι τὸν τόπον αὐτοῦ [2]) ,, καὶ τὰ ἑξῆς.

Καὶ δὴ ἠξίωσας καὶ τὴν τούτου ἀνάπτυξιν, εἴτ' οὖν διασάφησιν παρ' ἡμῶν ἀκριβώσασθαι· ἡμεῖς δὲ εἰδότες, ὡς τὸ μὲν πρῶτον πύσμα καὶ φιλοσόφων ἀνδρῶν ἀποκρίσει προσῆκον ἐστίν (ἀπὸ γὰρ γεωμετρικῶν ἀρχῶν) τὴν σύστασιν εἴληχε· τὸ δὲ δεύτερον, οὐ μόνον φιλοσόφων, ἀλλὰ καὶ τὰ θεῖα σοφῶν (ἀπὸ γὰρ θεοπνεύστων κρουμάτων τὴν ἁρμονίαν εἴληφε). Τὰ μὲν πρῶτα ὀκνοῦμέν σοι τὴν ἀπόκρισιν· οἷα δὴ μηδ' εἰς βάθος μαθηματικῆς ἐπιστήμης μετεσχηκότες, καὶ τοὺς μὲν Πυθαγόρους γινώσκοντες σχήματι

κατ' ἐκείνους εἰπεῖν καὶ βήματι πρότερον καταρτιζομένους, εἴτ' οὖν προτελουμένους ἐν τῷ προβιβάζεσθαι ἠρέμα τοῖς γεωμετρικοῖς θεωρήμασι. Τὸν Πλάτωνα δὲ ἐντὸς ἀπορρήτων θυρῶν τὴν πρώτην φιλοσοφίαν στήσαντα, καὶ μηδένα εἰσιέναι ἀγεωμέτρητον ἐπιτάσσοντα, εἴτ' οὖν, φημί, γεωμετρικῆς ἐπιστήμης ἀμέθεκτον, ὅτι δὲ νενίκηκεν ἡμᾶς ἡ πρὸς σε ἡμετέρα πνευματικὴ διάθεσις, καὶ οὕτω καὶ ἄκοντας τὰ δυνατά σοι ἀποκρίνασθαι πέπεικεν ἐς τοσοῦτον ὡς μηδὲ μελετῆσαι σχεδὸν τὴν ἀπόκρισιν, ἀλλ' ἐξ αὐτομάτου σοι ταύτην πεποιήκασθαι. Ἰδοὺ τὸ μὲν πρῶτον οὕτωσι σὺν Θεῷ ἐξηγούμεθα.

Ὁ τῶν γεωμετρικῶν σχημάτων καὶ μεγεθῶν στοιχειωτής, Εὐκλείδης ἐκεῖνος ὁ πάνσοφος, τὸν μὲν κύκλον ὁριζόμενος· "Κύκλος, φησίν, ἐστὶ σχῆμα ἐπίπεδον ὑπὸ μιᾶς γραμμῆς περιεχόμενον, ἣ καλεῖται περιφέρεια· τὴν δέ γε διάμετρον ὅρῳ περιλαμβάνων, διάμετρος, φησί, τοῦ κύκλου ἐστὶν εὐθεῖα τὶς διὰ τοῦ κέντρου ἠγμένη καὶ περατουμένη, ἐφ' ἑκάτερα τὰ μέρη ὑπὸ τῆς τοῦ κύκλου περιφερείας, ἥτις καὶ δίχα τέμνει τὸν κύκλον ,,. Καὶ πάλιν ἐν κύκλῳ μεγίστη μὲν ἐστίν ἡ διάμετρος· τῶν δ' ἄλλων ἀεὶ ἔγγιον τοῦ κέντρου τῆς ἀπώτερον μείζων

---

[1]) Ps. xvii, 27. — [2]) Ps. cii, 15, 16.

ἐστίν· ἐπεὶ γοῦν τῶν ὁπωσοῦν ἐντὸς τοῦ κύκλου εὐθειῶν, ἡ τέμνουσα δίχα τὸν κύκλον μείζων ἐστίν, εἰκότως κέκληται καὶ διάμετρος· ἡ "Διὰ" γὰρ πρόθεσις, ὅταν ἐπιτοῤῥέξ τινος λαμβάνηται, οὐ μερικήν, ἀλλὰ καθολικὴν σημαίνειν οἶδε διαίρεσιν, ὡς τὸ Διαμπερές, καὶ Διάνδιχα καὶ Διάζευξις, καὶ τὸ Διαπάξ, καὶ τὸ Διήλασε, καὶ ὅσα τοῦ τοιούτου στοίχου ἐστί. Καὶ ἔστιν ἐντεῦθεν ἰδεῖν ἐκ διαμέτρου διάστασιν, ἐπὶ τῶν μεγάλῃ διαιρέσει διαφορὰν ἐχόντων πρὸς ἄλληλα· ὥσπερ γὰρ ἡ διάμετρος διὰ τοῦ κέντρου ἠγμένη ἡμικύκλιον ἐργάζεται, καὶ ἕνα ὄντα τὸν κύκλον εἰς δύο διίστησιν, οὕτω καὶ πᾶν τὸ ἐξ ἑνοειδοῦς συστάσεως διαιρεθὲν καὶ ἀποκριθὲν εἰς διάστασιν, ὡς ἐκ τινος διαμέτρου τεμνόμενον λέγεται.

Οὐ μόνον δὲ ἐπὶ τοῦ κυκλικοῦ σχήματος ἡ διάμετρος θεωρεῖται· ἀλλὰ καὶ ἐπὶ τοῦ παραλληλογράμμου· τῶν γὰρ παραλληλογράμμων χωρίων καὶ ἀπεναντίον πλευραί τε καὶ γωνίαι, κατὰ τὸν αὐτὸν Εὐκλείδην, ἴσαι ἀλλήλοις εἰσί, καὶ ἡ διάμετρος αὐτὰ δίχα τέμνει· καὶ τῆς σφαίρας δὲ λόγον ποιούμενος ὁ αὐτός, συστατικήν πως αὐτῆς τίθησι τὴν διάμετρον. Σφαῖρα, λέγων, ἐστὶν ὅταν ἡμικυκλίου μενούσης τῆς διαμέτρου, περιενεχθὲν τὸ ἡμικύκλιον εἰς τὸ αὐτὸ πάλιν ἀποκατασταθήσεται, ὅθεν ἤρξατο φέρεσθαι τὸ περιληφθὲν σχῆμα.

Ἐντεῦθεν οὖν Ἄρειος καὶ Σαβέλλιος, ὁ μὲν τὴν μίαν τῆς Τριάδος οὐσίαν εἰς ἐμφύτους φύσεις κατατέμνων, ὁ δὲ συναλείφων τὰς τρεῖς ὑποστάσεις εἰς ἕν τι μονοειδὲς πρόσωπον, ἄμφω δὴ οὗτοι κατὰ τοῦτο τὸ σημαινόμενον, ἐκ διαμέτρου κακὰ, ἤτοι διῃρημένα παρὰ τοῦ μεγάλου πατρὸς Γρηγορίου προσαγορεύθησαν· ἐφ' οἷς ἀλόγιστος μὲν ἐν ἡ διαίρεσις τοῦ ἑνός, ἀλογιστοτέρα δὲ ἡ θατέρου συναίρεσις. Καὶ οὕτω μὲν τὸ πρῶτόν σοι δεδώκαμεν τὴν ἀπόκρισιν.

Πρὸς δὲ τὸ δεύτερον ταῦτα φαμέν· ὡς αἱ τῆς θεοπνεύστου γραφῆς ῥήσεις, τοῖς πνευματικῶς ταῦτα διαχειριζομένοις πολυμερῶς· καὶ πολυσχιδῶς ἀναπτύσσονται· ἐν ταῖς ὀλίγαις γὰρ [f. 210] συλλαβαῖς πολὺν ἐντεθησαυρισμένον περιφέρουσι νοῦν· ὧν δύνανται μερίσασθαι ἑαυταῖς, καὶ ἱστορία, καὶ σύγκρισις, καὶ παράδειγμα, καὶ ἦθος, παιδαγωγία, καὶ φυσική τις θεωρία, καὶ ἐπαναβαίνουσα ἔννοια. Ἔστιν οὖν τὴν προκειμένην ῥῆσιν διττῶς· ὧδε διαλευκάναι, παραδειγματικῶς τε φημὶ καὶ συγκριτικῶς, καὶ κατ' ἐπιβολήν τινα φυσιολογικήν, καὶ συγκριτικῶς· μὲν ἐν τῷ εἰπεῖν, ὡς ὁ ψαλμῳδὸς τὸ κατὰ τὴν ἀνθρωπίνην ζωὴν παροδικόν τε καὶ ἐπίκηρον συγκρίνων πρὸς τὴν θείαν ἀϊδιότητα, καὶ τὴν ἐκεῖθεν κηδεμονικῶς πηγάζουσαν ἐπὶ τοὺς φοβουμένους ἑκάστοτε τὸ θεῖον, ἐλεημοσύνην, χόρτῳ παρείκασε τὸ ἀνθρώπινον καὶ ἄνθει ἀγροῦ [1]).

Ὥσπερ γὰρ τὸ ἄνθος οἶδεν ἐκπίπτειν ταχύ, πνεύματος ἤτοι ἀνέμου διελθόντος ἐν αὐτῷ, καὶ διασαλεύσαντος τοῦτο καταρρυῆναι, μεθ' ὃ δὲ ἀποπέσῃ, οὐκέτι ἐπιγινώσκει· τὸν τόπον ὅθεν ἐρρύηκεν, οὕτω καὶ ὁ ἄνθρωπος ῥεύσας διὰ θανάτου εἰς γῆν, οὐκ ἐπιγνώσεται τὸν αὐτὸν τῆς ζωῆς καὶ τρόπον καὶ τόπον, ὃν ἐν τῷ παρόντι φθαρτῷ βίῳ ἐκέκτητο· ἄλλος γὰρ μετὰ θάνατον κόσμος αὐτὸν ἀναμένει, ὃ καὶ ἄφθαρτος· καὶ αἰώνιος καὶ ζωὴν ἔχων τῶν ἐνταῦθα φυσικῶν ἀπηλλαγμένην δυνάμεων. Ἐν κεφαλαίῳ οὖν τοῦτό φησι τὸ ψαλτῴδημα· ὡς ὁ θεῖος ἔλεος οὐ συγκαταλήγει τῇ φθαρτῇ τοῦ ἀνθρώπου ζωῇ, καὶ ταύτῃ συναποσβέννυται, ἀλλὰ διαμένει εἰς τὸν αἰῶνα, καθὸ κἀκεῖνος αἰώνιος, φθάνων κηδεμονικῶς τοὺς καθ' ἑκάστην, ὡς εἰπεῖν, γενεὰν εὐαρεστοῦντας αὐτῷ. Καὶ οὕτω μὲν τὸ κατὰ σύγκρισιν εἴρηται.

Ῥητέον δὲ καὶ τὸ κατ' ἐπιβολὴν φυσιολογικήν. Τρισὶ τούτοις· τὸ καθ' ἡμᾶς σῶμα συμπέπλεκται, στερροῖς καὶ ὑγροῖς καὶ πνεύμασι· καὶ τὰ μὲν στερρὰ [2]) ὑπόκεινται κατὰ

---

[1]) In margine ad haec: σημειῶσαι διαγραφέστατα, infra ἴδε. — [2]) Cod. στιρά.

τινα ὁρίζησιν· τὰ πνεύματα δὲ ἐποχεῖται διὰ λεπτότατα· τὰ δὲ ὑγρὰ μέσα τούτων ὄντα ἀμφοτέρων ἔχονται· εἰσὶ δὲ ἐν ἡμῖν πνεύματα, ἓν μὲν τὸ ἔμφυτον, ὅπερ ἀρχῆθεν ἡμῖν ἐν ταῖς σπερματικαῖς καταβολαῖς πατρόθεν καὶ μητρόθεν συνεισενήνεκται· τοῦτο δὲ τῆς ἐν ἡμῖν θερμότητος αἴτιον, ἕτερον δὲ τὸ ἔξωθεν ἐπεισερχόμενον. Ἐπεὶ γὰρ δεόμεθα καὶ τοῦ ἐμψύχοντος, ἔμπνουν ἡμῖν καὶ ἔκπνουν ἡ φύσις τὸ σῶμα εἰργάσατο, | διὸ καὶ αὐλίσκον τινὰ δεκτικὸν τοῦ ἐκτὸς ἐτεχνήσατο πνεύματος, ὡς δὴ μεταξὺ φάρυγγος καὶ πνεύμονος κείμενος, διὰ τῆς ἑλκτικῆς καὶ ἐμφύτου τούτου δυνάμεως τήν τε εἰσαγωγὴν καὶ ἐξαγωγὴν τοῦ ἐμψύχοντος κοινοεργεῖ πνεύματος. Τῆς τοίνυν λογικῆς ἡμῶν καὶ θείας ψυχῆς ἐν τῷ θανάτῳ χωριζομένης τοῦ σώματος, τὸ πνεῦμα τοῦτο, εἴτε τὸ ἔμφυτον κ᾽ θερμόν, εἴτε εἰ βούλει, τὸ ἐκτὸς ἐπεισερχόμενον (φθαρτὸν γάρ ἐστι πᾶν τὸ σπῶν ἀέρα δικυλωνίζοντα), διόλλυται· οὐ γὰρ δεῖται αὐτοῦ ἡ ψυχή, τὸ ὄργανον καταλείψασα. Ἀλλ᾽ οὐδὲν ἀπομένει τῷ σώματι, οὐκ ἔτι διοικουμένῳ ζωῇ φυσικῇ. Ἔστι δὲ καὶ ἄλλως εἰπεῖν, ἐν ταῖς συνελεύσεσι τὰ ἐναντία διά τινων μεσοτήτων πρὸς ἄλληλα συνέρχεταί τε καὶ διαπλέκεται. Πῶς γὰρ ἂν τὰ ταῖς οὐσίαις διεστηκότα εἰς μίαν ποτὲ συνδράμωσι σύμπνοιαν, μή τινος μέσου καταλλήλως πρὸς ἄμφω ἔχοντος, καὶ ὥσπερ χειρῶν ἐπιβολαῖς, εἰς ἑαυτὰ συνάγοντος, καὶ ἀδιάσπαστον ἐργαζομένου τὴν συνάφειαν, καὶ ψυχῆς τοιγαροῦν καὶ σώματος ἐναντίων πάντα καθεστηκότων πρὸς ἄλληλα, πῶς ἂν σύνοδος ἀμφοῖν προσεγένετο; ἢ πῶς τὸ ἀθάνατον προσηπλάκη τῷ θνητῷ σώματι ἢ τὸ ἀμερὲς τῷ πολυμερεῖ, ἢ τὸ ἀδιάστατον τῷ διαστατῷ, εἰ μή τις ἑτέρα φύσις μέσον τούτων τυγχάνουσα, ἐκεῖνα συνήγαγεν; ἐπεὶ γοῦν μετὰ τῶν ἄλλων, οἱ τοῦτο κατανοήσαντες, τὴν φύσιν καὶ τὴν φαντασίαν, μεσότητας καὶ συν-

δέσμους τῶν οὕτω διεστώτων ἐμβεβλήκασιν, εἴτε τὴν φύσιν παρεισάξεις, ἐνταῦθα δὴ αὐτῆς, εὑρήσεις τὴν λύσιν τοῦ ζητουμένου, εἴτε τὴν φαντασίαν, οὐκ ἀπορήσεις τῆς τούτου διευκρινήσεως. Τὴν μὲν γὰρ φύσιν οἱ ἀκριβέστατοι τῶν φιλοσόφων θερμὸν πνεῦμα ὁρίζονται καὶ ὑγρόν, δημιουργικὸν τῆς τοῦ σώματος διαπλάσεως· δυνάμεις γάρ τινας αὕτη ἔχουσα, ὅσα δὴ καὶ θεραπαινίδας, ὡσεὶ χειρῶν ἐπιβολὰς, τὰ μὲν ἀλλοιοῖ, τὰ δὲ διαπλάττει, τὰ δὲ ἕλκει, τὰ δὲ κατέχει, τὰ δὲ ἀποκρίνει, καὶ τῶν σωμάτων ἀχώριστος πεφυκυῖα, μεθ᾽ ὧν συνίσταται ἐκείνοις, καὶ συναπόλλυται· διελθὸν οὖν ἐν τῷ ἀνθρώπῳ τὸ πνεῦμα τῆς φύσεως καὶ διερρυηκὸς θανάτῳ, οὐχ ὑπάρξει καὶ οὐκ ἐπιγνώσεται ἔτι τὸν τόπον αὐτοῦ· οὐ γὰρ μετὰ θάνατον πάλιν ἐπανελεύσεται [f. 211] ὅτι ταῖς οἰκείαις δυνάμεσι χρήσεσθαι πρὸς σύστασιν [1]) τῶν τῆς ζωικῆς ἐνταῦθα βιώσεως. Τὴν δέ γε φαντασίαν ὄχημα τῶν τῆς ψυχῆς ἐν τῷ σώματι ἐνεργειῶν, τῶν κατ᾽ αἴσθησιν, ὁρισάμενοι, πνεῦμα ὠνόμασαν, καὶ ὄργανον αὐτοῦ τὴν ἐμπρόσθιον κοιλίαν τοῦ ἐγκεφάλου ἐγνώρισαν. Τοῦτο οὖν τὸ πνεῦμα, χωριζομένου τοῦ ζῴου, ἀπορρεῖ τε καὶ ἀπόλλυται καὶ οὐχ ὑφέστηκε, τῆς ψυχῆς καταλιπούσης τὸ ὄργανον.

Ταῦτά σοι πρὸς τὰ προτεθέντα ἔκ τε οἰκείων θησαυρισμάτων, καὶ ἐκ διδασκαλιῶν, οἷς τὸ οὖς ὑποκλίναμεν, ἀπεκρινάμεθα ἐν στενῷ καὶ κατηπειγμένως, φίλτατε ἡμῖν κυρὲ Γεώργιε, τοῦ κατὰ ψυχὴν Γεωργίου ἐπώνυμε, ὃ συγκομίζεις διὰ βίου σπείρων κατὰ τὸ γεγραμμένον ἐν δάκρυσι, καὶ ἐν κατανύξει καρδίας τὰ τῆς πίστεως ἔργα, καὶ γεωργῶν τοὺς τῆς σωτηρίας ἀστάχυς, καὶ εἰς τὰς ἐκεῖθεν ἀποθήκας συγκομίζων αὐτοὺς ἑαυτῷ· σὺ δὲ καὶ ταῦτα δέξαι, καὶ ἄλλοις τελεωτέροις τήν τε θείαν ἐπιστήμην καὶ τὴν κατὰ κόσμον φιλοσοφίαν, ἀνθυφαίνων τὰ τοιαῦτά σου πονήματα, καὶ ἀκριβέσ-

---

[1]) Cod. προυστασιν.

ἀρχὴν τούτων διασάφησιν αἰτησάμενος, κομίσῃ, εὖ οἶδα, συντελεσμένην τὴν γνῶσιν τῶν ζητουμένων σοι καὶ οὕτω θησαυρίσεις ἑαυτῷ πλοῦτον πνευματικὸν, ἄσυλον διὰ βίου σοι, καὶ ἀνεπιβούλευτον. Ὁ Θεὸς δὲ διδάσκων ἄνθρωπον γνῶσιν κατὰ τὸ λόγιον, δοίη καὶ σοὶ γνῶσιν τῶν συμφερόντων καὶ σύνεσιν, πάσης σε διατηρῶν ἀνώτερον κακώσεως καὶ κακώσεως.

PI´

Περὶ τῶν παρὰ βασιλέως γινομένων ποινῶν, καὶ ὅπως αἱ ὑπὲρ ὠφελείας τοῦ κοινοῦ γινόμεναι οὐ λογίζονται αὐτῷ εἰς ἁμαρτίαν.

De poenis ab imperatore constitutis, et quod pro utilitate publica factae, in peccatum ei non reputentur.

Ἅγιέ μου αὐθέντα, κράτιστε καὶ θεοστεφῆνετε Κομνηνέ, καὶ πρὸ τοῦ δέξασθαί με τὸ προσκυνητόν μοι γράμμα τοῦ κράτους σου, κατὰ νοῦν ἔστρεφον, ὡς εἰκὸς, ἃς ποιεῖς περιόδους, καὶ οὓς ὑφίστασαι κόπους καὶ πόνους ὑπὲρ συντηρήσεως τῶν παρὰ Θεοῦ σοι ἐπιπεπιστευμένων χωρῶν, ἐγγὺς δὲ εἰπεῖν, καὶ τῆς εὐσεβείας αὐτῆς, ἀποσοβῶν τοὺς ὁρμῶντας κατὰ τούτων λύκους· βαρεῖς, καὶ καὶ μὲν ᾧδε, | ποτὲ δὲ ἐκεῖσε περιτρέχειν, καὶ παντοῖος γινόμενος, ἵν' ἐκείνοις μὲν λιθὴς προσαλήμματος· γένῃ καὶ σκάνδαλον πτώσεως, τοῖς σοῖς δὲ φυλακή τε καὶ στήριγμα καὶ συντήρησις, καὶ οὕτω τὰ τῶν σῶν μόχθων ἀναλογιζόμενος περικαλὴς ἐγενόμην, καὶ προσήκοντα οἶκτον ἐλάμβανον. Ὅτι δὲ τὰ περὶ τούτων ἐκδηλότερον ἀπὸ τοῦ θείου σου γράμματος ἔμαθον, μάρτυς ὁ Θεὸς, ἐπὶ πλέον ἔπαθον, τὴν καρδίαν ἐπιδὼν πρὸς τὸ τῶν σῶν κόπων ἀπέραντον, καὶ τὸν μηδὲ ποτε λήγουσαν ἐκστρατείαν, καὶ ὅσα ταύτῃ ἀκόλουθα. Πλὴν ἀλλὰ τὴν τῆς σῆς καρδίας διάθεσιν καὶ ἀναλογισάμενος, (ἐκ τῆς ἑκάστου γὰρ διαθέσεως αἵ τε ἀρεταὶ καὶ κακίαι εἴωθε κρίνεσθαι), καὶ πρὸς τὴν ἀποκειμένην σοι παρὰ Θεοῦ μισθαποδοσίαν ἀποσκοπεύσας τοῦ ἄχθους, ἀνήνεγκα καὶ περιχαρὴς γέγονα ὅτι δηλαδὴ σὺ, οὐ δόξης ἐρῶν, οὐ χρημάτων, οὐ κτημάτων, οὐ τρυφῆς, οὐ χλιδῆς, οὐδέ τινος ἄλλου ὧν δεσμοῦνται οἱ χαμαὶ συρόμενοι, καὶ ταῖς τοῦ βίου τούτου ἀπάταις δελεαζόμενοι, τῆς προκειμένης στρατηγίας τε καὶ δημαγωγίας ἀντιποιῇ, ἀλλὰ ζῆλον ἔνθεον ζηλοῖς· ὑπὲρ τῆς πατρίδος σου καὶ τῶν ὁμοφύλων· καὶ οὕτω δυσπαθείαις τε καὶ ταλαιπωρίαις ἑαυτὸν παραβάλλεις ἑκάστοτε· καὶ οὐκ ἔστι σοι καιρὸς ἐν τούτοις ἀνέσεως οὐδέποτε οὐδαμοῦ· κἀντεῦθεν καὶ Μωσῆν ἐκεῖνον τὸν μέγαν, τὸν δημαγωγόν τε καὶ στρατηγὸν εἰκονίζεις, τοῦτό γε τὸ μέρος τρανότατα. Ἐκεῖνος γὰρ ἑλόμενος συγκακουχεῖσθαι τοῖς ὁμοφύλοις μᾶλλον ἢ τῶν τῆς Αἰγύπτου θησαυρῶν ἀπολαύειν, πρὸς τὴν μισθαποδοσίαν ἀπέβλεπε, καθὰ διδασκόμεθα.

Καὶ τοίνυν θάρρει, Κύριέ μου, ὡς ἀπόκειταί σοι, ὑπὲρ τῶν παρόντων πόνων ἀντίδοσις, καὶ ὁ λόγος ἔστω σοι βέβαιος, κἂν ἁμαρτωλὸς ἐστιν ὁ τοῦτόν σοι ἐγγυῶν· διὸ καὶ πρὸς ἐκείνην ὁρῶν, τοὺς σοὺς κόπους κολάκευε, καὶ τὴν ἐντεῦθεν βαρυθυμίαν ἐπιεικῶς κατάλεαινε. Εὖ γὰρ μετὰ Παύλου τοῦ μεγαλοθεοκήρυκος, πέπεισμαι, μὴ εἶναι ἄξια τὰ παθήματα, ἃ νῦν ὑπομένεις πρὸς τὴν μέλλουσαν ἀποκαλυφθῆναί σοι ἀνταπόδοσιν [1]), καὶ ἔντεινε, καὶ κατευοδοῦ ψαλμι-

---

[1]) Rom. VIII, 18.

κῶς ¹). Καὶ ἐν μέσῳ ἐχθρῶν σου [f. 212] κατακυριεύῃ, τῇ ἄνωθεν ῥοπῇ κραταιούμενος· ἀλλὰ ταῦτα μὲν ἐν τούτοις.

Πάνυ δὲ χαίρω, τὴν σύνεσιν βλέπων ἐν Κυρίῳ προκόπτουσαν, καὶ σημεῖον τούτου αὐτοῦ ἐναργὲς τίθεμαι, ὅτι καὶ τὰ τῶν ἁμαρτημάτων κουφότητα, βαρέα νομίζεις, καὶ τοὺς ὑπὲρ τούτων εὐθύνας φοβῇ, καὶ ζητεῖς τούτων ἐξάλειψιν, ὅπερ βάσιν ἀρετῆς ὁ καθ' ἡμᾶς λόγος ποιεῖται, εἴπερ σκοπὸς ἀρετῆς ἡ τῆς ψυχῆς σωτηρία, ἀρχὴ δὲ σωτηρίας φόβος Κυρίου καὶ ἑκάστου ἑαυτοῦ κατάγνωσις, κατὰ τό· Λέγε σὺ πρῶτος τὰς ἁμαρτίας σου, ἵνα δικαιωθῇς ²), καὶ εἴης μοι τὴν ὁδὸν ταύτην ἀπρόσκοπτα πορευόμενος, ὡς εἰς αὐτὰ τὰ ἀγαπητὰ σκηνώματα τῆς ἐκεῖθεν μακαριότητος φέρουσα. Τὸ μέντοι γεγονὸς εἰς τὸν περιβόητον λῃστὴν τὸν Πετζίλον, ὡς ὁ τὴν καθ' ἡμᾶς πολιτείαν ἰθύνων λόγος ἐξακριβοῦται, εὐλογίζεται φόνος· ἀλλὰ τῶν μὲν προλαβόντων φόνων καὶ κακώσεων ἔκτισις, τῶν παρ' αὐτοῦ δηλαδὴ εἰργασμένων, εἰς ἄπειρα πλήθη ἀνδρῶν, τῶν ἐφεξῆς δὲ κωλύμη, καὶ τῶν μελλόντων παθεῖν ἀπολύτρωσις, εἰ γὰρ ἔτι ζῆν εἶχεν ὁ κάκιστος, πόσοι ἔμελλον ὑπὸ ταῖς ἐκείνου χερσὶν ἀπολέσαι τὸ ζῆν· ἀλλ' ἐκεῖνος μὲν σὺν τοῖς υἱέσι κείσθωσαν κακοὶ κακῶς, ῥίζα πικρίας σὺν κλάδοις ὁμοίοις, οἷα κατάλληλον τὸ τέλος εὑρόντες τῇ σφετέρᾳ διαγωγῇ. Σὺ δὲ ἀπόθου μοι τὸν ἐντεῦθεν θόρυβον τῆς ψυχῆς· οὐ γὰρ εἰς ἁμαρτίαν λογισθήσεται ἡ ἐκείνου ἀπώλεια, ἐπείπερ εἰς κοινὸν ὄφελος γέγονεν. Εἰ ἔστι δέ σοι μικρά τις ἄδεια, βραχέα περὶ τούτου φιλοσοφοῦντί μοι πρόσχες, ἵν' ὁ λόγος διὰ τὸ σαφέστερον γένηται τῷ κράτει σου εὐπαράδεκτος.

Διαφόροις μεμέρισται βίοις ὁ ἄνθρωπος· οἱ μὲν γὰρ τὴν ἔξω κόσμου φιλοσοφίαν ἀσκοῦσιν· οἱ δὲ τὴν καλουμένην πολίτην μεταδιώκουσιν ἀρετήν· ἄλλοι δὲ βασιλείαν ἢ στρατηγίαν ἰθύνουσιν. Ἡ βασιλεία δὲ χρῆμά ἐστιν παρὰ Θεοῦ τεταγμένον πρὸς κοινὸν τῷ λαῷ ὄφελος· θυμῷ δὲ καὶ πλαρότητι ³) τοῖς ἀγαθοποιοὺς εὐεργεσίαις ἀμείβηται. Ἔστι δ' ὅτι καὶ ἄμφω ταῦτα κινῶν ἀλλήλοις πρὸς ἕν τι κοινόν, καὶ κοινωφελὲς ἀποτέλεσμα. Ἕκαστος οὖν ἐξετάζεται πρὸς τὴν πολιτείαν, ἣν εὑρίσκεται | μετερχόμενος· καὶ ἐξ ὧν πράττει ἢ δικαιοῦται ἢ κατακρίνεται. Τὸν βασιλέα τοίνυν ὁ λόγος οὐκ ἀπαιτεῖ, οὔτε ἀποστολικήν, οὔτε φιλόσοφον εἴτουν ἀσκητὴν τελειότητα, ἀλλὰ τὴν βασιλείαν ἁρμόζουσαν ἔτι γε μὴν οὔτε πολίτην, ἤγουν ἰδιοτεύουσαν. Οἱ μὲν ἀπόστολοι κατ' ἐκείνους φιλόσοφοι, μετὰ τοῦ ἀχάλκου καὶ ἀρράβδου καὶ μονοχίτωνος καὶ γυμνοποδῶν ἐκελεύσθησαν. Οἱ δὲ ἰδιωτεύοντες μετὰ τοῦ σεμνῶς ζῆν, τὸ εἰδέναι ἄρχεσθαι ἀρετὴν ἔχειν ἐντέλλονται. Ὁ βασιλεὺς δὲ καὶ μαχαίραν περιζώννυται, καὶ μάχαιραν φορεῖ, καὶ πλούτῳ κομᾷ, καὶ τἆλλα πάντα κίνηται, πρὸς τὴν τοῦ κοινοῦ λυσιτέλειαν. Ἔστι τοίνυν ὁ βασιλεὺς ὡς ἐν τύπῳ φανεὶ ἀλλότριον ἀγαθὸν καὶ γὰρ ὁ βασιλικῶς κρατῶν, ἄλλοις ἤγουν τῷ κοινῷ καὶ οὐχ ἑαυτῷ κολάζει οὓς ἂν κολάζει, καὶ οὓς ἂν φονεύει τῷ κοινῷ τούτοις φονεύει, ἵνα καὶ τὸ κακὸν ἀνακόψῃ, καὶ εὐεργετήσῃ τοὺς ὑπηκόους· καὶ πλουτῶν δέ, ἄλλοις πλουτεῖ καὶ τὰ λοιπὰ κατὰ τὸ ἀκόλουθον. Καὶ δὴ οὕτω μὲν τὴν τῆς βασιλείας πολιτείαν κυβερνῶν, οὐ μόνον ἀνεύθυνος, ἀλλὰ καὶ ἐπαίνου ἄξιος κρίνεται· ὅταν δὲ βλαβῇ εἰκαιαν βλάβην παρά τινος καὶ ἐξενεχθείη πρὸς ἄμυναν τούτου, εἰ μὲν τὴν ἐντολὴν ἀναλογισάμενος, τὴν κακὸν ἀντὶ κακοῦ μὴ ἀποδιδόναι, μηδὲ φονεύειν κελεύουσαν· οὕτω τε τὴν ὀργὴν καὶ ἀφήσει τῷ βλάψαντι τὸ ἁμάρτημα. Ἰδοὺ ἄριστα διεπράξατο τηρήσας τὴν ἐντολήν· εἰ δέ γε τρίβον τῇ ἑαυτοῦ ὁδοποιήσει ὀργῇ καὶ τῷ κατὰ τοῦ βλάψαντος ἐμπυρήσει ἀνταποδώματι, παραβάτης προφανῶς τοῦ εὐαγγελίου εὑρίσκεται· οὐδὲ

---

¹) Ps. XLIV, 6. — ²) Hic plura Scripturae loca memoriter mixta. — ³) Cod. πλάρω.

γὰρ εἰς οἰκείαν ἐκδίκησιν, ἀλλὰ εἰς τὴν τοῦ κοινοῦ, φορεῖν τὴν μάχαιραν τέτακται. Ταύτῃ δὲ κοινωφελῶς χρώμενος, οὔτε τὴν ἐντολὴν παραβαίνει, οὔτε ὅλως ἁμαρτάνειν λεχθήσεται· Θεοῦ γὰρ ὁ βασιλεὺς ἐστιν ἀντίτυπος, τὴν ἐπίγειον ἰθύνων ἀρχήν, καὶ ὥσπερ ὁ Θεὸς κολάζων, κοινωφελῶς κολάζει, καὶ οὐκ ἰδιοπαθῶς, καὶ οὐδήπου παραβαίνει τοὺς ὑπ' αὐτοῦ τεθέντας νόμους τοῦ τῆς εἰρήνης εὐαγγελίου, οὕτω καὶ ὁ βασιλεὺς, ὅπερ κολάζει, καθὸ βασιλεύς ἐστι, κοινωφελῶς κολάζειν, καὶ ὡς εἰπεῖν, θεομιμήτως, καὶ οὐ παραβαίνει [f. 213] τὸ εὐαγγέλιον. Εἰ δὲ ὡς ἰδιώτης ἀμύνεται, πάθος δηλονότι ἐκπνέων ἴδιον κολάζει, καὶ οὐ τῷ κοινῷ καὶ διὰ τοῦτο παρανομεῖ, καθὰ εἴρηται. Τὸ αὐτὸ τοῦτο, καὶ ἐπὶ τοῦ πλούτου σκοπεῖν χρεών, οὐ γὰρ ἑαυτοῦ τοῦτον ἔχει ὁ βασιλεύς, ἀλλὰ τῇ τοῦ ὑπηκόου λυσιτελείᾳ, καὶ ἁπλῶς πᾶς·[1]) ὁ εἰς τὴν ἀρχὴν τεταγμένος, τὸν πλοῦτον οὐχ ἑαυτῷ, ἀλλὰ τοῖς ὑπ' αὐτοῦ ἀρχομένοις ἔχειν ὀφειλέτης ἐστίν, ἵν' ἐκεῖθεν εἰς αὐτοὺς ἢ ὑπὲρ αὐτῶν κατὰ καιρὸν παγάζῃ.

Τὰ λυσιτελῆ τε καὶ σύμφορα καὶ τὸ σὺν οἰκείῳ κράτος μετελθὼν τὸν κακοῦργον ἐκεῖνον τὸν περιλάλητον, οὐχ ἑαυτῷ ἐκεῖνον ἐπέτεινεν, ἀλλὰ τοῖς ὑπεκείνου κακῶς πάσχουσι. Τί γὰρ ἐκεῖνος σέ ποτε ἰδίᾳ ἔβλαψεν ἢ ἠδίκησεν, ἵν' εἴπῃ τις ὡς κατὰ ἰδιοπάθειαν διέθου ἐκεῖνον κακῶς; καὶ διὰ τοῦτο φησὶς ἀνεύθυνος.

Ἔχεις δὲ καὶ τῆς πολιτείας νόμους, τὴν κατὰ τῶν τοιούτων σοι διδόντας ἀνενδοίαστον ἐπεξέλευσιν· θεσπίζουσι γὰρ ἐν βιβλ. ξ´ τίτ. νδ´ κεφ. λ´ θέματι β´ ταῦτα ῥητῶς· "Οἱ πειρώμενοι λῃσταί, ἐν οἷς ἐλῄστευσαν τόποις φουρκίζονται,,. Εἰ δὲ καὶ σεαυτὸν προθῶν ὁ ζῆλος, τῶν κατ' ἐκείνου κατάρξαι

πληγῶν ἠρέθισε, καὶ δὴ καὶ τοῦτο αὐτὸ ἁμαρτία λογίζεταί σοι, εὖ μέν σοι τῆς κατανύξεως καὶ τῆς καρδιακῆς συντριβῆς, ὅτι φροντίζεις, καὶ μέχρι τῶν ἐλαφρῶν τῆς συντηρήσεως τοῦ τῆς ψυχῆς σωτηρίας καθήκοντος· πλὴν ἐπεὶ σὺ καθ' ἑαυτὸν ἢ καθ' ἑαυτοῦ τὸ πεπραγμένον ἁμαρτίαν λογίζῃ καὶ ἀντιδοκοῦ τὸ κάρφος νομίζεις, εὖ ἴσθι διὰ τὴν ἐξομολόγησιν συνεχώρησέ σοι ὁ Θεὸς τὸ τοιοῦτον ἁμάρτημα· εἴ γε καὶ δοίημεν τηλικοῦτον τοῦτο εἶναι, ἡλίκου ἐνώπιον ἐκείνου ἵστασθαι καὶ θριαμβεύειν σε τὸν τοῦτον διαπραξάμενον κατ' ἐκείνην τὴν ἁμαρτίαν ἧς μεμνημένος, ὁ Δαυὶδ ἔλεγε· Σοὶ μόνῳ ἥμαρτον, καὶ τὸ πονηρὸν ἐνώπιόν σου ἐποίησα[2]). Εἰ δὲ ἐκείνην τὴν μεγάλην τὴν κατὰ ἰδιοπάθειαν τῷ Δαυὶδ πεπραγμένην ἁμαρτίαν διὰ τοῦ προφήτου ἐκείνου Θεὸς συνεχώρησε, εἰπόντος μετὰ τὴν ἐκείνου ἐξαγόρευσιν· Καὶ Κύριος παρεβίβασε τὸ ἁμάρτημά σου[3]). Τὸ δὲ ἦν ὁ τοῦ Οὐρίου φόνος, ὃς διὰ σαρκικὴν ἡδονὴν γέγονε. Πῶς ἄρα σοι τὴν παροῦσαν ἁμαρτίαν | οὐ συγχωρήσει, διὰ τῆς ἐξομολογήσεως, ἥτις οὐδὲ ὡς ἁμαρτία λογίζεται; Πρᾶξις δέ ἐστιν ἔλλογός·[4]) τε καὶ ἔννομος, ὡς ὑπὲρ τοῦ κοινοῦ γεγονυῖα συμφέροντος, εἴπερ τοίνυν εἰσί τινες, ἴσως τὴν ἔξω μετιόντες διαγωγήν, οἱ φονικοῖς ἁμαρτήμασι τοῦτο ἐγγράφουσιν. ἀλλά γε ἡμεῖς ἐκεῖθεν αὐτὸ διαγράφοντες ἀκολούθως τοῖς θείοις νομίμοις λέγομεν, ὁ Θεὸς συγχωρήσαί σοι καὶ ἐν τῷ νῦν αἰῶνι καὶ ἐν τῷ μέλλοντι· τὸ γὰρ πεπραγμένον ἀνεύθυνον ἡγούμεθα, ὡς καὶ τὸν πάνυ φιλόσοφον Ἠλιοῦ τὸν ἔξω κόσμον τῇ ἀσκήσει γενόμενον ἡμῖν συντρέχοντα ἔχοντες, ὃς κατὰ ζῆλον θεῖον τῶν τῆς αἰσχύνης ἱερέων ἀνδροφόνος γεγένηται, καὶ ὑπὲρ τούτου ἀοίδιμον κλέος ἠνέγκατο[5]).

---

[1]) Cod. πᾶς. — [2]) Ps. L, 6. — [3]) II Reg. XII. — [4]) Cod. ἔλογος. — [5]) III Reg. XVIII.

ΡΙΑ'.

Περὶ τῶν τελευτώντων ἀφωτίστων παίδων χριστιανικῶν βρεφῶν, εἰ τῆς τῶν Χριστιανῶν λήξεως ἐπιτυγχάνουσι, καὶ ὁποίαις καθαίρονται ἐπιτιμίοις οἱ τοῦ φωτισμοῦ τούτων ἀμελήσαντες.

De Christianorum liberis sine baptismo mortuis, an Christianorum sortem obtineant, et quibus poenis purgentur qui baptismum eis conferre neglexerunt.

Δημήτριος, ἐλέῳ Θεοῦ ἀρχιεπίσκοπος πρώτης Ἰουστινιανῆς καὶ πάσης Βουλγαρίας, τῷ ἐν Κυρίῳ ἀγαπητῷ ἡμῖν τέκνῳ τῷ νοταρίῳ Συμεών, χάριν ἀπὸ Θεοῦ καὶ εἰρήνην καὶ σωτηρίαν ψυχῆς.

Ἀνήνεγκας τῇ ἡμῶν μετριότητι, διὰ τοῦ ἐλλογιμωτάτου καὶ ἀγαπητοῦ ἐν Κυρίῳ υἱοῦ κυροῦ Θεοδώρου τοῦ Ἀλυάτου, ὡς ἐκ νομίμου συναφείας παιδίον ἄρρεν σοι γέγονεν· ὃ δὴ καὶ εἰώθει παρὰ σοῦ ἀφώτιστον ἕως τριῶν ἐτῶν καὶ ἡμίσεως· ἐν τούτῳ δὲ τῷ χρόνῳ, νόσῳ περιπεσόν, καὶ ἀδοκίμῳ τὴν τέχνην χρησάμενον ἰατρῷ, τὸν βίον ἐξέλιπε.

Καὶ ἠθέλησας μαθεῖν τί τε περὶ τοῦ θανόντος παιδὸς τούτου λογίζεσθαι χρή, εἰ δηλονότι οὕτως ἀβάπτιστον ἀπελθόν, χριστιανικῆς λήξεως ἔτυχεν οἷα σπέρμα χριστιανόν, καὶ τί σὺ δρᾶσαι ὀφείλεις εἰς ἐξίλευσιν τῆς ἀμελείας, ὅτι τοσοῦτον καιρὸν τὸ παιδίον ἀφώτιστον εἴασας;

Μάνθανε οὖν ὡς· τὸ μὲν τοιοῦτον παιδίον, οὕτως ἀπαλλάξαν τοῦ θείου ἐστερημένον λουτροῦ, διὰ μὲν τῆς ἡλικίας ἐν τοῖς ἐκεῖ δικαιωτηρίοις ἔσται ἀνεύθυνον· διὰ δὲ τὸ ἀφώτιστον καὶ ὅτι μόνῃ μὲν τῇ φθορᾷ ἐγεννήθη, τὴν ἀφθαρσίαν δ' οὐκ ἠμφιάσατο, τῆς μονῆς καὶ τῆς τάξεως τῶν τὸ βάπτισμα ἐνδυσαμένων οὐκ ἀξιωθήσεται. Οὕτω γὰρ ἄλλοι τε τῶν πατέρων καὶ αὐτὸς ὁ μέγας ἐν θεολογίᾳ [f. 214] Γρηγόριος ἐγνωμάτευσεν· ἐν γὰρ τῷ τοῦ βαπτίσματος λόγῳ μεμνημένος καὶ τῶν νηπίων, φησὶ περὶ αὐτῶν ταῦτα· "Τοῦ μὲν βίου τὰς εὐθύνας τηνικαῦτα ὑπέχειν ἄρχονται, ἡνίκα ἂν ὅ τε λόγος συμπληρωθῇ, καὶ τὸ μυστήριον μάθωσι· τῶν γὰρ ἐξ ἀγνοίας ἁμαρτημάτων παρὰ τῆς ἡλικίας αὐτῆς τὸ ἀνεύθυνον τετείχισται· δὲ τῷ λουτρῷ, παντιλόγῳ λυσιτελέστερον, διὰ τὰς ἐξαίφνης συμπιπτούσας ἡμῖν προσβολὰς τῶν κινδύνων, καὶ βοηθείας ἰσχυροτέρας„.

Τὸ τοῦ ἰατροῦ δὲ περὶ τὴν τέχνην ἀδόκιμον, οὐκ αἰτιασόμεθα τῆς τοῦ θανάτου ἀποβιώσεως, ἐπεὶ γὰρ εἰσὶ καὶ κινδύνων προβολαί, ἰσχυρότεραι βοηθείας, καθὼς ἀνατέτακται, ἄδηλον εἰς τὸ ἰατροῦ ἄτεχνον, ἀλλὰ μὴ τὸ τοῦ κινδύνου σφοδρὸν ἐπήγαγε τῷ παιδὶ τὸν θάνατον, σὺ δὲ ταῖς τῆς ἀμελείας ὑποπίπτεις εὐθύναις, ὅτι τοσοῦτον χρόνον τῷ παιδὶ τοῦ φωτισμοῦ τὰς πύλας οὐκ ἤνοιξας, ἀλλ' ἔξωθεν τούτου ἀθύραν εἴασας. Ὁ αὐτὸς γὰρ πάλιν μέγας πατὴρ οὕτω φησί· "Νήπιον ἔστι σοι, μὴ λαβέτω καιρὸν ἡ κακία, ἐκ βρέφους ἁγιασθήτω, ἐξ ὀνύχων καθιερωθήτω τῷ Πνεύματι„. Καὶ πάλιν· "Κρεῖσσον ἀναισθήτως ἁγιασθῆναι ἢ ἀπελθεῖν ἀσφράγιστα καὶ ἀτέλεστα„. Ὀφείλεις οὖν ὑπὲρ τῆς τοιαύτης ἀμελείας σου τὸ θεῖον ἐξιλεώσασθαι, καὶ διὰ τοῦτο, παραθήσωσίν σε ἐπιτίμια ταῦτα, ἤγουν τὸ ἐφ' ὅλῳ ἐνιαυτῷ ἀπόσχεσθαί σε τῶν ἁγιασμάτων, τὸ πᾶσαν δευτέραν, τετράδα, παρασκευὴν ἐν ξηροφαγίᾳ διαγαγεῖν, τὸ ἑκάστης ἡμέρας τεσσαρακοντάκις γονυκλιτεῖν, καὶ τὸ τὰς τεταγμένας νηστείας ἐπέκεινα τῆς μεγάλης τεσσαρακοστῆς κατὰ τοὺς μοναχοὺς ἐκτελεῖν· οὕτω δὲ τὸ εἰρημένον ἔτος ἐν μετανοίᾳ καὶ συντριβῇ καρδίας διαγαγόντι Ἵλεως ἔσται σοι Κύριος, καὶ τὸ τοιοῦτον ἀφελεῖ σου ἁμάρτημα.

ΡΙΒ'.

Πρὸς τὸν χειροθονηθέντα ἐν τῇ Νικαίᾳ πατριάρχην¹) Κωνσταντινουπόλεως κυρὸν Γερμανόν.
Ad ordinatum Nicaeae patriarcham Constantinopolitanum dominum Germanum.

Τῷ παναγιωτάτῳ δεσπότῃ καὶ πευματικῷ κυρίῳ μου καὶ πατρί, τῷ θεοτιμήτῳ Κωνσταντινουπόλεως νέας Ῥώμης καὶ οἰκουμενικῷ πατριάρχῃ, Δημήτριος ἐλέῳ Θεοῦ ἀρχιεπίσκοπος τῆς πρώτης Ἰουστινιανῆς καὶ πάσης Βουλγαρίας, χάριν ἀπὸ Θεοῦ καὶ εἰρήνην καὶ τοῦ ἐν ἁγίῳ Πνεύματι ἀσπασμόν.

Εὐλογητὸς ὁ Θεός, ὁ δοὺς ἡμῖν ἄρτι διὰ γράμματος προσκυνῆσαι τὸ μεγαλεῖον | τῆς σῆς ἁγιότητος, καὶ προθθέγξασθαι τὰ ὅσια καὶ καθήκοντα, καί τοι γε πάλαι ἐν ἑαυτοῖς τὴν ἔρεσιν ταύτην ἐθάλπομεν, καὶ εἰς ἔργον ἀγαγεῖν ἱμειρόμεθα· τί γὰρ καλόν, δεικτικῶς εἰπεῖν²) ἢ τί τερπνόν, ἀλλ' ἢ τὸ καὶ ὁράσει καὶ γράμμασι βλέπειν ἀλλήλους, ὡς ἱερωσύνη καὶ ἡ ὀρθοτομία τῆς πίστεως ἐκάλεσεν εἰς ἑνότητα; ἀλλ' ὅτι προηγουμένως μὲν ἀντέστησαν αἱ ἁμαρτίαι ἡμῶν, ἀκολούθως δὲ διὰ ταύτας, ὥσπερ σκιά κοσμική, τῶν πραγμάτων ἀνωμαλία καὶ σύγχυσις ἡμᾶς ἐπεκάλυψε. Τούτου χάριν τά γε πρὸς τὸν σὸν ἁγιώτατον ὕψος· καὶ ἡ ὅρασις καὶ τὰ γράμματα τὸ ἐνεργὸν αὐτῶν ἐν ἡμῖν ἀνεβάλλοντο, κἂν τούτῳ τῆς τοῦ Θεοῦ πατρικῆς τὰ ἑαυτῆς γνωρισάσης, ἵνα δηλαδὴ πατρικῶν καὶ ὄψεων καὶ φωνῶν καὶ ἡμετέρων πρὸς τοὺς θείους πατέρας ἡμῶν στερηθῶμεν ὁμιλιῶν. Νῦν μέντοι καιροῦ λαβόμενοι προσήκοντος, ὡς γράμμασι γοῦν ἡμᾶς τὸ πρὸς τὸ σὸν μεγαλεῖον ἡμέτερον σέβας ἐγκοινώσασθαι, εὐχόμεθα καὶ τὸ γράμμα τόδε, ἐπὶ τὸν τούτου διαγωγέα σωθῆναι, καὶ ἕως εἰς τὸ σὸν παραγγέλλαι βῆμα τὸ ἱερόν· ἀλλ' οὕτω μὲν ἔχομεν περὶ τούτων.

Σὺ δέ, ὦ θεία καὶ ἱερὰ κεφαλή, δέξαι ἡμᾶς

διὰ τῶν πενιχρῶν τουτωνὶ συλλαβῶν νοερῶς· τὸ σὸν μεγαλεῖον ἀσπαζομένους, τῶν σῶν τιμίων ἁπτομένους ἰχνῶν, καί σοι τὴν ἁρμόζουσαν προσκύνησιν ἀπονέμοντας, καὶ ἅμα δεομένους· ἐλθεῖν ἐφ' ἡμᾶς τὴν σὴν εἰρήνην καὶ εὐλογίαν· ἱκάνωσιν γὰρ ἔχεις τῇ τοῦ Πνεύματος χάριτι, ὡς τοῦ Χριστοῦ μιμητής, διδόναι ταύτην, ὥσπερ ἐκεῖνος πάλαι τοῖς μαθηταῖς. Οἶδα δὲ ὡς ἡ ἐντακεῖσά σοι μέριμνα πασῶν ἀποστολικῶν τῶν ἐκκλησιῶν πείθει σε ζητεῖν ὅπως ἔχει καὶ τὰ ἡμέτερα. Ἔχουσι γοῦν, διὰ τῶν σῶν ἁγίων εὐχῶν, εἰς δεῦρο καλῶς, καὶ ὡς ὁ τῆς εὐσεβείας νόμος καὶ λόγος βούλεται, τοῦ ἐν ἡμῖν κρατίστου καὶ θεοστηρίκτου αὐτοκράτορος εἰς τὴν πρώτην ὄψιν ἐπαναγαγόντος διὰ πολλῶν ἱδρώτων στρατηγικῶν καὶ πόνων καὶ μεριμνῶν καὶ ἀγρυπνιῶν· δι' αὐτῶν καὶ γὰρ οὗτος δὴ ὁ γεννάδας· τοὺς δίκην τῶν ἀρωματικῶν ἀλωπέκων, τῶν συντριβόντων ἀμπελῶνας· ἐνταυθοῖ ἐφρολεύσαντας, τῶν φωλεῶν πολέμου νόμοις ἐξήλασε καὶ ἠφάνισεν· ἐντεῦθεν τὰ ἱερὰ ἐπισκοπεῖα ποιμέσιν ἐπεσκομίθησαν, δίχα δηλονότι τῆς ἐμῆς ταπεινότητος, [f. 215] ἀρεταῖς διαλάμπουσιν, ὀρθοδοξίᾳ σεμνυνομένοις, τὰ θεῖα σοφοῖς. τὸ πᾶν εἰπεῖν, τὴν τῆς δικαιοσύνης ἱερωσύνην ἐνδεδυμένοις, τὰ εὐαγῆ σεμνεῖα, ὡς ἡ τοῦ φωσφόρου λαμπάς, ταῖς τῶν μονοτρόπων ἀσκήσεσιν ἠγλαΐσθησαν, ἡ χριστιανικὴ πολιτεία ἔστιν ἐν τῇ τάξει αὐτῆς, κἂν ἡ κοσμικὴ θύελλα σαλεύσαι ταύτην ἐφιλονείκησε, καὶ ὡς τὸ πᾶν εἰπεῖν κατὰ σύλληψιν³), οὐδὲν τῶν ἐνταῦθα κατ' εὐσέβειαν ὑπ' αὐτοῦ πεπραγμένων διὰ τὴν ἐνοῦσαν τούτων εὐσέβειαν, τῷ μώμῳ

¹) Cod. πατριάρχου. — ²) Ps. cxxxii, 1, aut fort. Zachar. ix, 17. — ³) Cod. σύλλυσιν.

παρῆκε παρείσδυσιν. Διὰ ταῦτα γοῦν εὐχαριστοῦντες τῷ ἁγίῳ Θεῷ, γλιχόμεθα καὶ τὴν ἑῴαν μοῖραν ταύτῃ συμβῆναι τῇ δυσμικῇ, καὶ τοὺς ἐν ἀμφοῖν κρατοῦντας, ὁμονοίας δεσμοῖς συνδεθῆναι, ἵνα καὶ ἡ τῆς ἁγίας τοῦ Θεοῦ ἐκκλησίας ἕνωσις παντὶ ψόγῳ μείνῃ ἀνεπιχείρητος, καὶ οἱ κατάλοιποι τῶν ὑπεναντίων εἰς τέλος ἀφανιστῶσιν, ἔμβλητοι γεγονότες ὡσεὶ κόπρος τῆς γῆς. Ὁ τῆς εἰρήνης δὲ Θεὸς καὶ τῆς ὁμονοίας, ὁ τὰ διεστῶτα συνάγων εἰς ἕν, καὶ οὓς δι' ὀργὴν παραδίδωσιν, ἐξαιρούμενος διὰ ἔλεος, τοὺς μὲν κρατοῦντας εἰρηνεῦσαι, καὶ καρδίαν μίαν εὐδοκῆσαι αὐτοῖς γενέσθαι, καὶ δι' αὐτῶν συνασπιζόντων ἀλλήλοις, τὸ κατέχον ἀποστολικῶς ἐκ μέσου ποιῆσαι, τὴν Ἰταλικὴν ἐξουσίαν φημὶ, καὶ τοὺς εἰς ἔτι πεπεδημένους καὶ τεθραυμένους ἐν ἀφέσει ἐξαποστεῖλαι, κατὰ τὸ ἱερὸν εὐαγγέλιον. Τῶν σῶν δὲ ἁγίων εὐχῶν καὶ πνευματικῶν ἐπισκέψεων καὶ ἡμᾶς τοὺς δυττικοὺς ἀξιῶσαι. Ναὶ δὲ καὶ τῶν τῆς σῆς ἁγιότητος ἐν καιρῷ δεκτῷ θείων ὁμιλιῶν ἐμφανῶς, ὡς καὶ τὸν ἥλιον καινόν τι τοῦτο ἰδεῖν, καὶ ἡμᾶς ᾆσαι ψαλμικῶς ᾆσμα καινὸν τῷ Θεῷ.

ΡΙΓ'.

Ἀντιγραφὴ τοῦ πατριάρχου κυροῦ Γερμανοῦ πρὸς τὴν ἀναγεγραμμένην γραφὴν τοῦ Βουλγαρίας ἀρχιεπισκόπου.

Responsio patriarchae domini Germani ad superiorem scripturam archiepiscopi Bulgariae.

Μακαριώτατε ἀρχιεπίσκοπε πάσης Βουλγαρίας, ἀλλὰ μὴ σύναγέ σου τὴν τοῦ προσώπου διάχυσιν ἐπὶ τὸ στυγνόν, μὴ δ' ὑποχάλα τὸ ἐπισκύνιον, ἀσυνήθως καὶ ξένως προσομιλούντων ἡμῶν, καὶ τὸ γλυκὺ παρατρεχόντων τῆς ἀδελφότητος πρόσρημα, καὶ τὸ τῆς συλλειτουργίας καθομοιούντων ἀξίωμα· οὐ γὰρ τῆς ἡμῶν μετριότητος | ἐκρεμὴς ἡ αἰτία, ἀλλὰ τῆς σῆς εἴτε ἀγνοίας χρὴ λέγειν, εἴτε τῆς ἀκαταμαχήτου λήθης, ἐξήρτηται. Ὁ μὲν δὴ λόγος τοῦ παρ' ἡμῖν ἀντιγράμματος, παχύτητι προσομιλήσας τοῦ μέλανος, καὶ οἷον σωματωθεὶς καὶ φάρος ἑαυτῷ περιάψας λευκὸν, χάρτην εἶναι τοῦτο τὸ ὀξὺ τῆς διανοίας σου διήρπασε, πρὸς πᾶσαν τὴν καταδύσιν ἱερὰν ἀδελφότητα ἐπεδήμησεν, ἐλέγξων καὶ παραστήσων κατὰ πρόσωπον ταύτης εἴ τι που παρηνόμηται, καὶ οὐ πτοηθήσεται λιθασμὸν, διὰ τὸν ἔλεγχον· ὁ λόγος γὰρ οὐ λιθάζεται.

Τὰ νῦν δὲ καὶ ἰδικώτερον ἡ μετριότης ἡμῶν τῇ σῇ προσλαλήσει μακαριότητι, καὶ τὴν δεξιὰν εὐτεθήσασα πρὸς τὰς τῶν γραμμάτων ξυσμὰς, καὶ τὸν γραφέα δορυφορήσασα κάλαμον κατὰ τῆς σῆς παροξυνθήσεται δεξιᾶς, καὶ πλήξει ταύτης τὸ προπετές τι καὶ ἀκρατές· εἰπὲ γὰρ, ἱερώτατε ἄνερ, ἐκ ποίων σοι πατέρων ὁ τῆς στεφοδοσίας κλῆρος εἴληθη; τίσι τῶν τῆς Βουλγαρίας ἀρχιεπισκόπων βασιλεῖς Αὐσόνων ἐστεφηφόρησαν πώποτε; πότε ἀρχιποίμην τῶν Ἀχριδῶν πατριαρχῶσαν προέτεινε δεξιὰν, καὶ κεφαλὴν βασιλεύσαν ἐστέψασε; δεῖξον ἡμῖν τὸν πατέρα, καὶ ἀρκεῖ ἡμῖν· ἀνέχου τῶν ἐλέγχων· σοφὸς γὰρ εἶ, καὶ ἀγάπᾳ πληττόμενος. Συγγνώμονος γὰρ τοῦτο ψυχῆς καὶ συγγνώμην αἰτούσης, καὶ παρὰ τῶν ἀνιαθέντων ἡμῶν ἀνιώμενος. Μὴ δυσχέραινε. Τῷ ὄντι γὰρ τὸ διὰ σοῦ καινοτομηθὲν χρῖσμα βασιλικὸν, οὐκ ἔλαιον ἡμῖν ἐστιν ἀγαλλιάσεως, ἀλλ' ὁποῖον τὸ ἐξ ἀγριελαίου δύσχρηστον καὶ δυσπρόσιτον ὅλως· δὲ καὶ τίνος μυρεψοῦ τὸ πολυτίμητον τοῦτο καὶ ἄπρακτον μύρον ἐπριω. Καὶ πόθεν συμμυροβλήτης Δημή-

CAP. CXIII. RESPONSIO GERMANI CP.

τρος μύρου, ὅπερ οἱ ἀπὸ λουτροῦ τῆς παλιγγενεσίας ἀναβαίνοντες χρίονται; καὶ ὑφ' ὧν αἱ πατρικαὶ σφραγίζονται δωρεαί; Πόθεν σοι τοῦτο τὸ μύρον; Ἡ γὰρ οὐδαμῶς ἔσχες, τὰ γὰρ παλαιὰ πάντα ἀλάβαστρα ὁ βοερὸς ἐξέλειξε χρόνος καὶ κεκένωκε [1] παντελῶς; Ἢ πόθεν πορισάμενος νέον, μυρεψοὺς ἐπέγνως ἑπᾶς; Καὶ ἵνα τί τὰ ἡμέτερα κεκίνηκας καθ' ἡμῶν; Καὶ ἀπεναντίας τῇ τοῦ ἐλαίου φύσει κυκαγωγίας ἀνήγειρε τὸ σὸν χρίσμα καὶ κλύδωνας κατὰ τῆς ἐκκλησίας, τὸν ἐνιαῖον τῆς [f. 216] Ῥωμαϊκῆς πατριαρχίας εἰς δύο διελεῖν ἀποθρασυνάμενον; Πόσης ἐπεξελεύσεως χρῄζει τὸ πρᾶγμα; Πόσης ἐπιτιμήσεως, δεῖται τὸ πταῖσμα; Στέργω δ' οὖν ὅμως τὴν ἀδικίαν, καὶ πρὸς τὸν ἀντίθρονον σπένδομαι, καὶ τὸν ἀντίζηλον ἐνστερνίζομαι, καὶ τὴν πλήξασαν χεῖρα ὁ πληγεὶς οὐ παρήγειρῶ.

Ὁ γὰρ ἐμὸς ἄνωθεν παρακλήτωρ ἐπιτιμᾷ τῷ κλύδωνι τῆς ψυχῆς μου· κατευνάζει τὸν τάραχον τῆς καρδίας, βραχυσύλλαβον ἐπάεις φωνήν, οὐ σὲ ἐξουθενήκασι λέγων, ἀλλ' ἐμὲ τὸν φυτεύσαντα κατὰ ἀνατολὰς τὸν νέον τῆς ἐκκλησίας παράδεισον, τὸν τάξαντα φλογίνην ῥομφαίαν φρουρὸν τοῦ παραδείσου φύλακα, τὸν χαριτώνυμον αὐτοκράτορα, τὸν ἐμπλεων νοῦν, τὸν κατὰ στόμα προσηπαντῶντα τοῖς ἀπίστοις Ἀγαρηνοῖς, καὶ τοῖς, ὅσοι ἄσημοι τῷ βαπτίσματι, εὐπρόσιτον δὲ ἄλλοις· τοῖς ὑπηκόοις καὶ ἱλαρόν.

Ἀλλὰ τί ἂν ἄνθρωπος πάθοι, κἂν τὰ μέγιστα ἀδικοῖτο, ἐπ' ἂν ὁ παραλυπήσας εὐγνώμων ᾖ καὶ συγγνώμην αἰτῇ, τὰς παρεκτροπὰς τοῦ καθήκοντος, μὴ ἐξ οἰκείας προαιρέσεως, ἀλλ' ἐξ ἀλλοτρίας συγχύσεως ἀνομολογῶν καὶ τὴν ἄνωθεν εἰρήνην, ὡς ὑπ' εἰρήνης αἰτῶν [2]), καὶ τὴν διχόνοιαν εἰς ὁμόνοιαν συνελθεῖν ἐπευχόμενος· ὡς ἐγώγε

δίδωμί σοι εὐχὴν τῷ ταῦτα ἐπευχομένῳ, καὶ πληρῶσαι Κύριος τὰ αἰτήματα τῆς καρδίας σου, καὶ τὴν θέλησιν τῶν χειλέων σου μὴ στερῆσαί σε. Ταῦτά σοι καὶ ἡμεῖς συνευχόμεθα, καὶ οὐκ ἐν λόγοις μόνοις τὴν ἕφεσιν τοῦ καλοῦ τούτου χρήματος παριστῶμεν, ἀλλὰ καὶ ἔργοις καὶ λόγοις διαβεβαιούμεθα καὶ ἐκλεξάμενοι κοινῇ ψήφῳ καὶ κρίσει συνοδικῇ τὸν πανιερώτατον μητροπολίτην Ἀμάστριδος ἐν Κυρίῳ ἀγαπητὸν ἡμῖν ἀδελφὸν καὶ συλλειτουργόν, ἐξαπεστείλακε πρός τε τὴν σὴν μακαριότητα καὶ τοὺς αὐτόθι ἀδελφοὺς ἡμῶν καὶ συμποίμενας [3]), καὶ ἅπαν τὸ τῆς δυσμικῆς ἐκκλησίας ἐξάπλωμα ἐπισκεψόμενόν τε ἅμα καὶ πληροφορίαν ληψόμενον, εἰ τὸ τῆς ἀγάπης καὶ τὸ τῆς ὁμονοίας καλὸν καὶ ἡμῖν ἐπιπόθητον· ὃν δὴ μεσολαβούσης τῆς ὑμῶν ἀδελφότητος, ἐμφανισθῆναι τῷ προσώπῳ τοῦ κρατοῦντος τῶν κατὰ δύσιν πόλεων | καὶ χωρῶν καὶ ποθεινοτάτῳ υἱῷ τῆς ἁγιωτάτης τοῦ Θεοῦ μεγάλης ἐκκλησίας, καὶ λαλῆσαι πρὸς τὸ ὕψος τῆς δόξης αὐτοῦ, ὅσα δὴ καὶ παρήγγελται παρὰ τῆς ἡμῶν μετριότητος· σοφὸς γὰρ ὢν τῷ λόγῳ, καὶ καλὸς τῷ ἤθει, κατὰ τὴν ἐκ παιδὸς ἁρμόσασαν τούτῳ ἐπωνυμίαν καὶ λαλήσει καὶ πράξει, ὅσα κατ' ἄμφω θεάρεστα.

Ναί, εἰρήνης ἄρχων, Χριστέ, καὶ τῆς μεγάλης βουλῆς ἄγγελε, ἀνάστηθι πάλιν εἰς τὴν ἡμῶν βοήθειαν· στῆθι πάλιν ἐν μέσῳ ἡμῶν, ὡς ἐν μέσῳ τῶν μαθητῶν σου ποτέ, καὶ τὴν εἰρήνην βραβεύσας ἐπισύναψον τὰθ' ἑῷα, τὰθ' ἑσπέρια, εἰς δόξαν σήν, εἰς ἔπαινον τῆς βασιλείας σου, εἰς δοξολογίαν καὶ ὕμνον τῆς ἐκκλησίας σου, καὶ δὸς ἡμῖν ἐν ἑνὶ στόματι καὶ μιᾷ καρδίᾳ καὶ ὁμονοίᾳ ψυχῆς μεγαλύνειν τὸ ὄνομά σου, τὸ αἰνετὸν ἀπὸ ἀνατολῶν ἡλίου μέχρι δυσμῶν.

---

[1]) Cod. καὶ κίνωκι. — [2]) Id. αὐτῶν liquido et inepte. — [3]) Id. συμποίμενος

ΡΙΔ'.

Πρὸς τὴν ἄνω ἀντιγραφὴν τοῦ ἁγιωτάτου πατριάρχου ἐπιστολὴ τοῦ αὐτοῦ ἁγιωτάτου ἀρχιεπισκόπου Βουλγαρίας τοῦ Χωματιανοῦ.

Ad superiorem responsionem sanctissimi patriarchae epistola ejusdem sanctissimi archiepiscopi Bulgariae Chomatiani.

Ἔδει μὲν ἡμᾶς, ὦ θεία καὶ ἱερὰ κεφαλὴ, μὴ ἀντιφθέγξασθαι πρὸς τὰ ἐναγχος γραφέντα ἡμῖν παρὰ τοῦ μεγαλείου τῆς σῆς ἁγιότητος· οὐχ ὅτι γλῶσσαν οὐκ ἔχομεν φθέγγεσθαι δυναμένην, ἢ ὅτι ἐφιμώθημεν τῇ δυνάμει τῶν γεγραμμένων· ἀλλ' ὅτι ἄλλα μὲν ἡμεῖς προλαβόντες ἐλαλήσαμεν πρὸς τὸ ὕψος τῆς σῆς ἁγιότητος, παρηλλαγμένα δὲ πρὸς ταῦτα ἠκούσαμεν, ὡς ἐντεῦθεν τὰς ἅμας καὶ τὰς σκάφας παροιμιακῶς θῆναι καὶ ἐν ἡμῖν, ἐκεῖνα μὲν ἀπαιτουμένας, ταύτας δὲ προτιθεμένας εἰς ἀνόμοιον ἄρνησιν. Ἡμεῖς μὲν γὰρ ἀδελφικὸν καὶ κοινωνικὸν ὅσιον καὶ καθῆκον πρὸς τὴν σὴν τελειότητα ἐνδεικνύμενοι, δι' ἐπιστολῆς ἀποδοῦναι ταύτῃ προσφώνησιν καὶ προσκύνησιν προεθέμεθα· ἡ δὲ πρὸς τὰ παρ' ἡμῶν γραφέντα, οὐχ ὅπως, οὐκ ἀντεφώνησεν ὅμοια, ἀλλ' ἐκ τοῦ πλείονος, καὶ ὀνείδεσι καὶ τοῖς ἐξ ἀμάξης τὸ δὴ λεγόμενον ἡμᾶς ἐξουδενώμασιν ἔβαλεν· οὗ χάριν καὶ τὸ πάλαι περὶ τοῦ Λυδοῦ ἀνδρὸς εἰρημένον ὃς πρᾶγμα τ' οὐκ ἔχων, ἀπελθὼν ἐπρίατο, πείσεσθαι καὶ ἡμεῖς ἄντικρυς ἄρτι κεκινδυνεύκαμεν· οὐδὲν γὰρ ἡμῖν καὶ τῇ ὑμῶν τελειότητι, πλὴν μόνης τῆς εὐσεβείας καὶ [f. 217] τῶν ὀρθῶν δογμάτων τῆς πίστεως. Ἵνα δὲ μὴ ἀναπολόγητοι δόξωμεν κατὰ τοὺς κατηγορουμένους, καὶ μηδέν τι εὔλογον προτείνειν ἰσχύοντας τὰς κατ' αὐτὸν κολοβὸν κατηγορίας, ταῦτα δὴ πρὸς τὰς συλλαβὰς τοῦ μεγέθους τῆς σῆς ἁγιότητος ἀντιγράφομεν.

Ὠνείδισας ἡμᾶς καὶ ἀξίους ἐπιτιμήσεων ἔκρινας, ὅτι ἐχρίσαμεν εἰς βασιλέα τὸν ἐν ἡμῖν κραταιὸν αὐτοκράτορα κυρὸν Θεόδωρον τὸν Δούκαν, καὶ τὸ πρᾶγμα εἰς μεγίστην τόλμαν ἀνέγραψας, ὅτι τε δηλαδὴ οὐκ ἔδει τοῦτον χρισθῆναι, καὶ ὅτι τὸ σὺν ἀναιδῶς ἡρπάσαμεν δίκαιον καὶ ὡς οὐδέ ποτέ τινες ὑπὸ χεῖρι τελεταρχούσῃ τῆς Βουλγαρίας ἐστερηφόρησαν.

Καὶ προηγουμένους μὲν λέγομεν, ὡς οὐ προσῆκεν εἶναι τὸ γράμμα πατριαρχικῆς διακρίσεως καὶ γνώμης καὶ συνθήκης ἐκφόριον. Εἰ μήποτε ὑπολαμβάνειν γὰρ ἡμᾶς οὕτω πᾶσα ἀνάγκη, τὸ πάλαι περὶ τοῦ πατριάρχου Ἰακὼβ ἱερογραφικῶς ἱστορούμενον ἐναλλὰξ ἐκληρώσατο, ὡς εἶναι δηλαδὴ τὴν μὲν φωνὴν, φωνὴν τῆς ἐνισταμένης ἐξουσίας, τὴν δὲ γράψασαν χεῖρα, χεῖρα τοῦ ὑπογράμματος τῆς σῆς ἁγιότητος· ἔπειτα φαμὲν ὡς οὐ τοσοῦτον ἡμεῖς ἀναιδεῖς καὶ ἀπαίδευτοι, ὡς ἀπροόπτως, κατατολμᾶν τῶν μὴ προσηκόντων ἡμῖν, οὐδὲ αὐτοτελεῖς ἔθων καταλύται καλῶς κειμένων καὶ ὁθενοῦν σεσωσμένων καὶ λυομένων· ἀλλ' ἐπειδὴ τῶν κοσμικῶν πραγμάτων γέγονε σύγχυσις, ὁποῖα ὡς ἐγῷμαι, οὐδέπω καὶ νῦν ἐς τὴν Ῥωμαίων ἐκώμασεν, ὡς κινδυνεύσαι καὶ αὐτὴν ἀκρωτηριασθῆναι τὴν ἀμώμητον πίστιν ἡμῶν, δόγμασί τε καὶ ἔθεσι τῶν τὴν μεγίστην τῶν Ῥωμαίων ἀρχὴν λυμηναμένων ἐθνῶν, ἐκρύλοις οὖσι καὶ ἀπευθρίνουσι, σαφῶς γέγονε κοινῇ τῶν ἐν τῇ δύσει περιληφθέντων ἀπό τε τῆς συγκλήτου βουλῆς καὶ τῆς ἱεραρχικῆς τάξεως, ναὶ δὲ καὶ σύμπαντος τοῦ στρατιωτικοῦ μυριοπληθοῦς ὄντως τῇ χάριτι τοῦ Θεοῦ, προβληθῆναι εἰς βασιλέα τὸν ἀναγεγραμμένον Δούκαν κυρὸν Θεόδωρον, ἅμα δὲ καὶ χρισθῆναι διὰ τὰ παραστάντα τηνικαῦτα ἐνταυθοῖ περιστατικά, ὅτι τε ἀλλαχόθεν συγκοπισμοῦ προσδοκία οὐκ ἦν· ἡ γὰρ ἑῴα λῆξις, μόγις ἔχει ἐπαρκεῖν ἑαυτῇ, ὡς πολλῶν καὶ ταύτην δυσχερειῶν ἑκάστοτε περικυκλουσῶν, καὶ ἵνα καὶ οἱ κύκλωθεν ἡμῶν δυσμενεῖς, | οἱ καθ' ἑκάστην ἡμῶν κατασχάζοντες [1]) ἐντεῦθεν συστέλλωνται, τῷ βασιλικῷ ὑποχωροῦντες ὀνόματί τε καὶ ἀξιώματι, οὗ ὁ κραταιὸς οὗτος καὶ ἅγιος ἡμῶν βασιλεὺς ἐκ τῆς περιγώρου ταύτης, ἀμυθήτοις ἱδρῶσι καὶ πόνοις ἀπήλασε, καὶ πρός γε, ἵνα καὶ τὸ ὑπήκοον καὶ μάλιστα τὸ στρατευόμενον τὴν πρὸς τὸν διαγωγὸν τοῦτον γνώμην σταθηρὰν σχῇ καὶ ἀτρέμβαστον· ὡς οὐκέτι δηλαδὴ ὑπὸ ψιλῷ στρατηγῷ, καὶ εὐκαταφρονήτῳ, ἀλλ' ὑπὸ βασιλεῖ κραταιοτάτῳ ταττόμενον καὶ ἀγόμενον. Οἶδε γὰρ τὸ τῆς βασιλείας φοβερὸν καὶ αἰδέσιμον, οὐ μόνον θαρρύνειν καὶ ἀγάλλειν τοὺς ὑπηκόους, ἀλλὰ καὶ ὑπεναντία καταστέλλειν φρονήματα.

Τῆς κοινῆς τοίνυν ταύτης σκέψεως καὶ ὁμοβουλίας ἔργον γέγονεν ἡ χρίσις [2]) τούτου τοῦ ἐν ἡμῖν αὐτοκράτορος, ἣν δὴ καὶ προσκρίθηκεν ἡμεῖς γνώμη πάντων ἱερουργῆσαι, ὡς τὴν ὑπεροχὴν ἔχοντες ἀπὸ τῆς τοῦ καθ' ἡμᾶς θρόνου μεγαλειότητος (οὕτω γὰρ ἡμεῖς μόνοι, θεσπέσιε δέσποτα, τὸν βασιλέα ἐχρίσαμεν), οὐ πληροῦντες ὄρεξιν ἀνθρωπίνην, ἢ ἀλλότρια δίκαια παρασπῶντες, ἀλλὰ τοῖς καιροῖς ἀκολουθοῦντες, οἵ τινες πείθουσιν ὡς τὰ πολλὰ τὴν οἰκονομίαν ὡς λυσιτελεστέραν προτιμᾶσθαι τῆς ἀκριβείας· ἔθη τὲ καλῶς λύουσι τὰ μὴ δυνάμενα πράγμασι δυσκόλοις ἀντεπεξάγεσθαι. Ἐπὶ τούτοις φαμὲν ὡς ὅπερ διεπραξάμεθα, οὐκ οἴκοθεν, ἀλλ' ὡς ἐκ παραδείγματος τοῦτο διεπραξάμεθα· ὃ γὰρ προλαβοῦσα πεποίηκεν ἡ Ἀνατολὴ, προηγοῦσαν πάντη καὶ πάντως ἔχουσα τὴν διατέρειαν, τοῦθ' ὕστερον ἡ δύσις· εἰργάσατο κατὰ μίμησιν· ὥσπερ γὰρ ἐπὶ παραλήψει τῶν ἐν Κωνσταντινουπόλει ἀρχαίων ἐθῶν καὶ βασιλεὺς ἀνηγορεύθη καὶ πατριάρχης προεβλήθη ἐν τῇ ἐπαρχίᾳ τῶν Βιθυνῶν· τοῦτο γὰρ ἡ τοῦ καιροῦ περίστασις, τυραννήσασα ἐπεισήγαγε· πότε γὰρ ἠκούσθη τὸν αὐτὸν μητροπολίτην Νικαίας ποιμαίνειν, καὶ πατριάρχης Κωνσταντινουπόλεως λέγεσθαι· οὕτω δὴ καὶ ἐν τῇ δύσει ταυτὸ τοῦτο συμβέβηκε.

Καὶ οὐκ ἄν εἴπῃ τις, ὡς τῆς συγκλήτου βουλῆς καὶ τῶν ἀρχιερέων συμπνευσάντων γέγονεν αὐτόθι ὃ γέγονεν· μετὰ γὰρ τὴν ἅλωσιν τῆς μεγαλοπόλεως, ὅσοι τῆς συγκλήτου βουλῆς ζῶντες ἐναπελείφθησαν, [f. 218] οἱ μὲν πρὸς τὴν Ἀνατολὴν ἀπεῖδον, οἱ δὲ πρὸς τὴν δύσιν ἐμάκρυναν φυγαδεύοντες, καὶ οὕτως οὐδ' ἐνταῦθα βασιλικὴ πρόβλησις συγκλήτου βουλῆς ἠμοίρησε καὶ ἀρχιερατικῆς συμπνοίας καὶ συνδρομῆς, καὶ οἶμαι ὡς εἰμὶ τὸ πλέον, ἀλλά γε τὸ ἥμισυ τῆς ὑπὸ τὸν τῆς Κωνσταντινουπόλεως θρόνον ἐπαρχίας, ἐν τῇ δύσει τυγχάνον ἐστίν. Ὁρᾷς, ὦ θειότατε καὶ μέγιστε ἀρχιερεῦ, ὅπως τοῦ καιροῦ καὶ τῆς τῶν πραγμάτων φορᾶς ἐπιτασσόντων, περιστατικὰ γεγόνασι τά τε καθ' ὑμᾶς, τά τε ἡμέτερα, καὶ τὰ ἐν Κωνσταντινουπόλει ἀρχαῖα ἔθη εἴς τε προβλήσεις βασιλέων, καὶ προχειρίσεις πατριαρχῶν, καὶ λοιπῶν ἀξιωμάτων, ἱερῶν τε καὶ κοσμικῶν, τῇ ἁλώσει τῆς περικλύτου Βοζαντίδος, ὡς ἄν τις φαίη, ἐξαναλώθησαν, ἐκεῖνος μέμφεται τοῖς τε αὐτόθι πεπραγμένοις καὶ τοῖς ἐνταυθοῖ, ὅστις οὐκ οἶδε καλῶς καὶ εὐθυβόλως, ναὶ δὲ καὶ μεγαλεπηβόλως κρίνειν καιρούς, καὶ τὸν λίθον ὃ φασὶν ἄγειν πρὸς τὴν Σπάρταν, ἁρμοδίως· δηλαδὴ τοῖς πράγμασι προσφερόμενος· καὶ εἴ τις ἀναθολίζει τὸν νοῦν εἰς τοὺς ἀνέκαθεν, μὴ μόνον τὰ κοσμικὰ κυβερνήσαντας πράγματα, ἀλλὰ καὶ τοὺς ἐν τῇ παλαιᾷ καὶ τῇ νέᾳ χάριτι τὴν εὐσέβειαν καὶ τὴν κατὰ Θεὸν πολιτείαν κηρύξαντας ἐν κρίσει τοὺς λόγους τῶν προκεχειρισμένων αὐτοῖς ἔργων, οἰκο-

---

[1]) Cod. primum κατάσχοντες, post corr. κατασχάζοντες sic. — [2]) Cod. χρῆσις.

νομήσαντας εὑρήσει κατὰ τὸ λόγιον, οὐδὲν δέ τι κατὰ τὸν ἐμὸν λόγον ἡ γραφικὴ αὕτη κρίσις, ἀλλ' ἡ τὸ τοὺς καιροὺς ἐριστὰν τῶν κατὰ βίον πραγμάτων διαιτητὰς, τῶν ὀρθοδόξων δογμάτων τῆς πίστεως ἀκεραίων δηλονότι συντηρουμένων, καὶ τῶν εὐαγγελικῶν καὶ ἀποστολικῶν παραδόσεων, τῶν ταύτην συνιστώντων ἑδραίων μενόντων, καὶ ἡμᾶς ἐχόντων τούτοις ἐμμένοντας· ἐπειδὴ καὶ ψυχὰς τῶν πραγμάτων τοὺς καιροὺς εἶναι σοφοὶ πάλαι φρένες ἐγνωμολόγησαν, ὡς εἰρήνης μὲν βραβευούσης τὴν ἀκρίβειαν εἰς μέσον παράγοντας, ἀνωμαλίας δὲ ἐνσκηπτούσης καὶ τὴν ἀκρίβειαν συγχεούσης καὶ ἀπρακτεῖν ταύτην ποιούσης, τοὺς τῆς οἰκονομίας λόγους καλῶς ἀντεισάγοντας, ἵνα δηλονότι ἐντεῦθεν τὸ τῆς ἀκριβείας ἄπρακτον δι' ἄλλης ὁδοῦ τὴν εἰς τὸ | ἔμπρακτον λαμβάνῃ ἀποκατάστασιν· ὅμοιον ὥσπερ ἂν εἴ τις διὰ τῆς λεωφόρου πρός τι κατάλυμα λυσιτελοῦν ἐπειγόμενος, εἰ ἀδιόδευτον ταύτην γνοίη διά τινα ἐν μέσῳ φυέντα σκῶλά τε καὶ προσκόμματα, μικρόν τι ταύτης παρεκτραπεὶς καὶ παρὰ μέρος, ἄλλην τεμὼν ἀστιβῆ ἐκ περιόδου εἰς τὸ αὐτὸ καταντήσει κατάλυμα, καὶ εἰ οὕτως ἔθους ἢ ἐθῶν λύσις, ἐξ ἀνάγκης συμβαίνει γίνεσθαι, ἀκατηγόρητον ἂν εἴη τὸ πρᾶγμα παρὰ τοῖς ταῖς ἐκκλησιαστικαῖς ἱστορίαις ἐγγυμνασθεῖσι, καὶ μαθοῦσιν ὡς οὐ πᾶν ἔθος λυόμενον παρανόμους ἢ ἀκοινωνήτους τινὰς ἰσχύει ἐργάζεσθαι, ἀλλὰ τὸ πρὸς διαφορὰν ἄγον δόγματος. Ταῦτ' ἄρα καὶ ἐχρῆν μάλιστα τὴν σὴν ἁγιότητα μὴ ὀνειδίζειν ἡμᾶς, ἀλλὰ καὶ φίλους ἡγεῖσθαι, καὶ ἀγαπᾶν διὰ τὴν ἐν ἀμφοτέροις, ὑμῖν τε δηλαδὴ καὶ ἡ, ἴν, τῆς περιστάσεως ἐς ἀκριβὲς ὁμοιότητα, καθότι καὶ ὁ ἐκ Σταγείρας σοφὸς τὴν πρώτην φιλίαν ἐξ ὁμοιότητος ἀκριβοῦς ἡρμόσθαι φιλοσοφεῖ.

Τίνα δὲ διὰ τῆς κρίσεως εἰς τὴν βασίλειον περιωπὴν προηγάγομεν; Ἆρά γε τῶν ἀδοξούντων καὶ ἀνωνύμων, ὥς εἴ τινα Σαοὺλ υἱὸν Κὶς ὄνους νέμοντα πατρικὰς καὶ πονηρῷ πνεύματι ἐνεργούμενον, ἢ Ἱεροβοάμ

δυσγενῆ καὶ ἀγνώμονα, οἷα δοῦλον καὶ ἀποστάτην, ἢ Ἐφραὶμ κατὰ δάμαλιν παροιστρήσαντα, καὶ μετὰ τῶν ἀλλοφύλων τῷ Ἰσραήλ, συνεπιτιθέμενον πάντως τὸν προσήκοντα τῷ ὕψει τῆς βασιλείας, οὐ μόνον ἐκ τῆς τοῦ γένους Εἰρεσιώνης, ἀλυσειδώσης, τὴν αὐτοκρατορίαν, ἀπό τε τῶν ἀνιόντων καὶ τῶν ἐκ πλαγίου τούτῳ λαμπρῶς, ἀλλὰ καὶ ἐκ τοῦ τῶν κατορθωμάτων μεγέθους, ὧν τῆς ἀκοῆς οὐ μόνον ἡ ἐκ γειτόνων ἡμῖν πλήρης, ἀλλ' ἤδη καὶ πᾶσα ἡ ὑπερόριος; Τί; δὲ τοὺς προηγησαμένους τῶν κατορθωμάτων τούτων πόνους καὶ μόχθους αὐτοῦ διηγήσεται; μηδαμῶς ἐνταῦθα διπλόης τινός· τὸν θῶπα λόγον δυναμένης ἐπεισκυκλεῖν, ἀλλ' ἐγκαλυπτομένης καὶ ὑποχωρούσης, ὡς εὐλαβουμένης τὴν τῶν πραγμάτων ἐνέργειαν· πᾶσι γὰρ ἀπαξαπλῶς· εἰπεῖν, ἄλγεσιν ἀρειθῶς ἑαυτὸν πεποίηκεν ἔκδοτον, καὶ οὐχ ὅπως ἀγρυπνίαις [f. 219] καὶ ἀσιτίαις καὶ ἄλλαις ἑκουσίαις δυσπαθείαις τεταλαιπώρηκεν, ἀλλὰ καὶ ταῖς ἐξ ἀέρος χειμεριναῖς· δηλαδὴ συστροφαῖς, παγετοῖς, ψύχεσιν οἷς συνέπνεον καὶ κελάδοντι κατὰ τὴν ποίησιν ἄνεμοι, ναὶ μὴν καὶ θερινοῖς καύμασι, καὶ ἡλίου σφοδροτάταις βολαῖς ἐν τόποις ἐρήμοις καὶ ἀβάτοις καὶ ἀνύδροις, ὥς τ' γραφούμενα λόγια. Ἵνα τί κατορθώσῃ; ἵνα τοὺς εἰσκωμάσαντας ἐνταῦθα θῆρας, τοὺς μὲν ἀπελάσῃ, τοὺς δὲ ἀναλώσῃ, καὶ τὴν μερίδα ταύτην τῆς Ῥωμαΐδος τῆς τούτων κακίας ἐλευθέραν ἐργάσηται· ὃ δὴ Θεοῦ συνεργοῦντος, εὖ ποιῶν καὶ συνέδραμε. Τί γοῦν καινὸν καὶ ἀλλόκοτον, εἰ τὸν ἐξ αἵματος ὄντα βασιλικοῦ, εἰ τὸν υἱὸν τοῦ ἐστεμμένου περικλύτου σεβαστοκράτορος, εἰ τὸν τῆς πορφυρογεννήτου ἔκγονον, εἰ τὸν τοῦ ἀοιδίμου καὶ μεγάλου βασιλέως τοῦ Κομνηνοῦ κυροῦ Ἀλεξίου δι᾿ ἔκγονον, εἰ τὸν κληρονόμον τῆς βασιλείας, εἰ τὸν τοιοῦτον ἀριστέα, εἰ τὸν ἐκ νεότητος καὶ ἕως ἄρτι στρατηγικοῖς μόχθοις ἐγγυμνασάμενον, νῦν τοῦ ὀνόματος ἀξιώσαμεν, τὸν πολλῷ πρότερον ἐν πράγματι βασιλείοντα, καὶ φύσει τῆς βασιλείας μετέχοντα; ὅτι τοι καὶ θεσμὸς ἀδραστείας ἐστὶν ἀπερίτρεπτος τὸν λέοντα σκύμνον εἶναι λέοντος, καὶ τὸν ἀετὸν ἀετοῦ νεοττὸν ἀλλ' οὕτω μὲν ἔχομεν περὶ τούτων.

Τὴν τοῦ μύρου δὲ τελετὴν οὐκ οἶδ' ὅπως ἡ σὴ τελειότης μόνῃ ἑαυτῇ ἀπεκλήρωσε, καὶ ταῦτα ὁμοταγῆ καὶ ἰσοδύναμον οὖσαν τῇ τῶν θείων ἁγιασμάτων, ὡς ὁ θεωρὸς καὶ ἐξηγητὴς τῶν οὐρανίων τάξεων καὶ τῶν θείων ἱερουργιῶν τε καὶ ἱεραρχιῶν Διονύσιος ὁ μέγας διδάσκει τρανῶς· εἰ γὰρ τὸ μυστήριον τῆς συνάξεως, εἴ τ' οὖν κοινωνίας παντὶ ἱεράρχῃ ἀνεῖται, ὁμοταγὲς δὲ τούτῳ καὶ ἰσοδύναμον, ὡς διείληπται, τὸ τῆς τοῦ μύρου τελετῆς καὶ χρῆται τοῦτο πρὸς πᾶσαν ἱεραρχικὴν τελεσιουργίαν ὁ ἱεράρχης, κατὰ τὸν αὐτὸν Διονύσιον, πῶς εἰς μὲν τὸ μὲν τὸ μεῖζον, τὸ βάπτισμα δηλαδή, ἀνεξέταστον τοῦτο ἄρίεται παρὰ τοῦ μεγαλείου τῆς σῆς ἁγιότητος; εἰς δὲ τὸ β' τούτου τὴν βασιλικὴν χρῖσιν, καὶ ἐξετάζεται, καὶ ὡς ἀθέσμως προσερχομένου κρίνεται, ὅτι μὴ | ἀπὸ τῆς τοῦ Κωνσταντινουπόλεως ἀποστάζει χειρός· ὅτι μὲν γὰρ ἡ βασιλικὴ χρῖσις μέρος ἐστὶ τῆς τελετουργίας τῆς ἱεραρχικῆς, οὐδεὶς ἀγνοεῖ· τὸ δὲ χρίεσθαι τοῦτον ὑπὸ τοῦ πατριάρχου εὐχάν, οὕτω παρά τινος τῶν εὐθὺς μετ' ἐκείνων ἀρχιερέων ἡ βασιλικὴ χρῖσις ἐκτελεῖσθαι. Ταύτην τοῦ καιροῦ ἀπαιτοῦντος καὶ κατεπείγοντος ἐπὶ ἐδραίοις καὶ ἀπεριτρέπτοις τοῖς τῆς εὐσεβείας ἔθεσί τε καὶ δόγμασιν, ἄλλως τε δὲ οὐδὲ τοῦ ἐπικρατοῦντος ἔθους ἐστὶ μύρῳ χρίεσθαι τὸν εἰς τὴν βασιλείαν ἀνάρρησιν προκαλούμενον, ἐλαίῳ δὲ ἱερῷ ἁγιαζομένῳ ἐπάσμασι, πῶς οὖν ὑπὲρ οὐκ ἐχρησάμεθα πρὸς κατηγορίαν ἡμῶν προέτεινας; καὶ διὰ τοῦτο οὐκ οἶδα εἴτε ἀστείως, εἴτε χλευαστικῶς μυροβλήτους ἡμᾶς Δημητρίους ὠνόμακας.

Καὶ τοίγε εἰ ἐξὸν ἦν μύρῳ χρίεσθαι βασιλεῖς, εἴπερ τυχὸν, οὐ προσῆν ἡμῖν σκευαστὸν εἴτ' οὖν σύνθετον. Ἵνα τί καὶ καινότερον φαίημεν; ἀπέχρησε ἂν ἡμῖν εἰς τὴν τελετὴν ταύτην ἡ τιμία λάρναξ Δημητρίου, τοῦ ἐνδόξου ἀθλονίκου μεγαλομάρτυρος, ποταμηδὸν τὰ μύρα προχέουσα, παντοίαις τοὺς χριομένους ὀλβίζοντα χάρισιν; οὐκ ἄρα σοῦ μόνου τὸ μύρον, ὡς γράφεις, οὔτε δηλονότι τὸ σκευαστὸν, καὶ ἐκ πολλῶν μυριπνόων συντεθειμένον εἰδῶν, παντὶ γὰρ εὐσεβεῖ καὶ ὀρθοδόξῳ ἱεράρχῃ ἡ τούτου ἀνεῖται κατασκευή, ὡς ὁ ϛ' διαγορεύει τῆς ἐν Καθαργένῃ συνόδου κανών, οὔτε μὴν τὸ ἁπλοῦν ὁ μόναις εὐχαῖς ἀπαρτίζεται, καὶ βασιλεῖς τελειοῦν, καὶ τῷ βαπτίσματι συναιρόμενον. Εἶεν.

Εἰ δὲ θέλεις ἐπεξελθεῖν ἡμᾶς εἰς τὸ παραστῆναι ὅπως εἰς τὸ χρίειν βασιλεῖς ὁ καθ' ἡμᾶς θρόνος κέκτηται δύναμιν, οὐκ ἂν οὐδὲ τὸν περὶ τούτου λόγον ὠκνήσαμεν. Εἰ δὲ τὸ δυνάμει τούτῳ προσὸν, οὐδέπω καὶ νῦν εἰς ἐνέργειαν προεχώρησεν οὐ καινὸν, ὅτι μηδὲ τῇ περικλύτῳ Κωνσταντινουπόλει εἰς δεῦρο κατὰ ταυτὸν τὰ διπλᾶ καὶ περιώσια λύχνα ἐσθέσθησαν, τῆς βασιλείας φημὶ καὶ τῆς ἱεραρχίας, ἅπερ κατὰ ἔθος ἀρχαῖον ὑπ' ἀλλήλων ἀνήπτοντο· ἔχει γὰρ ὧδε ὁ ἐν βασιλεῦσι μέγας [f. 220] καὶ περιβόητος Ἰουστινιανὸς, ὁ καὶ τὸν τῆς Κωνσταντινουπόλεως θρόνον λαμπροτάταις οἰκοδομαῖς καὶ ἐκκλησιαστικῶν τάξεων τύποις ἀναδείξας περιφανέστερον, τῶν πρεσβυτάτων καὶ μεγάλων ἱεραρχῶν τὰς προεδρίας καὶ ὑφεδρίας ὑποτυπῶν, καὶ πρῶτον εἶναι πάντων τῶν ἱερέων εἰπὼν τὸν ἁγιώτατον πάππαν τῆς πρεσβυτέρας Ῥώμης, ἔπειτα δεύτερον μετ' αὐτὸν τὸν μακαριώτατον Κωνσταντινουπόλεως, μετὰ τοῦτον εὐθὺς τοῦ ἀρχιεπισκοπικοῦ θρόνου τῆς Βουλγαρίας μέμνηται ἐν καὶ Ἰουστινιανὴν ὀνομάζει, ὅτι τε ἐκεῖθεν τὸ γένος εἷλκε, καὶ ὅτι μόχθοις ἰδίοις, ἱδρῶσι στρατηγικοῖς τὴν Βουλγαρικὴν ταύτην περίχωρον τοῖς ὅροις τῆς Ῥωμαΐδος προσήρμοσεν ᾧ δὴ θρόνῳ καὶ ἐπαρχίας διαφόρους ὑποθέμενος, περὶ ὧν ἡ ῥλα' αὐτοῦ νεαρὰ ἡ κειμένη ἐν βιβλίῳ τῶν Βασιλικῶν ε', τίτλ. ... κεφαλ. α', θέματι β', εἰς πλάτος διέξεισιν

Ἔπειτα καὶ τοῖς προνομίοις αὐτὸν τοῦ ἀποστολικοῦ Ῥώμης θρόνου ἐν ταῖς ὑπ' αὐτὸν ἐπαρχίαις ἐκόσμησε, καὶ τὸ δίκαιον τοῦ ἀρχιεπισκόπου Ἰουστινιανὸς[1]) Καρχηδόνος τῆς Ἀφρικῆς διοικήσεως τούτῳ ἀπεχαρίσατο, καὶ τὰ ὁρισθέντα ὑπὸ τοῦ ἁγίου πάπα Βιγίλλου περὶ τούτων τὸ ἐνεργὸν καὶ ἀπερίτρεπτον ἔχειν ἐθέσπισεν· ἃ δὴ καὶ εἰσὶ παρ' ἡμῖν, ὥσπερ στήλη τις λαμπρὰ καὶ περιφανής, τὸ τοῦ θρόνου τούτου ὑψηλὸν καὶ μακάριον πᾶσι προφαίνουσα, κἂν ἐταπείνωσαν τοῦτο οἱ ἀπὸ τῆς μεγάλης ἐκκλησίας, τῆς τοῦ Θεοῦ Λόγου Σοφίας, κατὰ καιροὺς προβαλλόμενοι ἀρχιεπίσκοποι, ἐφ' οἷς τρόφιμοι ταύτης ὄντες, καὶ τὴν σύμφυτον τούτοις ὑποταγὴν πρὸς τοὺς πατριάρχας Κωνσταντινουπόλεως, καὶ μετὰ τὴν ἀρχιερωσύνην τηροῦντες ἀνόθευτον συνεταπείνωσαν. Ἑαυτοῖς τὸ τοῦ θρόνου τῆς Βουλγαρίας ὕψος καὶ εὐκαταφρόνητον ἐν τῷ τῆς Κωνσταντινουπόλεως θρόνῳ εἰργάσαντο. Εἰ γοῦν τὰ προνόμια τοῦ Πάππα ἐν τῇ καθ' ἡμᾶς ἐπαρχίᾳ κεκτήμεθα, τί καινὸν εἰ καὶ ἡμεῖς βασιλέα ἐχρίσαμεν, ὃ δὴ καὶ ὁ Πάππας ποιεῖ, οὐ μὴν ἀλλά τι καὶ νεανικὸν ἐπὶ τούτοις ὁ λόγος τολμᾷ ζήλῳ Στέντορος ἀναβοῆσαι | τὴν ἀδικίαν προθέμενος:

Σὺ δὲ ἀνέχου τοῦ μακροθυμεῖν, ὡς καὶ τῶν ἄλλων ἀρετῶν, εἰκὼν πᾶσι προκείμενος, οὐκ ἐξ ἡμῶν, ὦ πάτερ καὶ δέσποτα, τὸ τοιαῦτα ποιεῖν, ἅπερ ἄμεμπτα μὲν εἰσί, δοκοῦσι δὲ παρ' ὑμῖν ἐπιλήψιμα, ἐκ τῶν αὐτόθι δὲ παραδειγμάτων, ἃ χρέων πάντως εὐθύτητος εἶναι κανονικῆς καὶ πάσης ἀγαθουργίας ἀρχετυπίαν. Αὐτόθεν γάρ, ἵνα τὸ ἀπόρρητον εἴπω, ἐπὶ ἀδικίᾳ ἡμετέρᾳ[2]), ἐχειροτονήθη ἀρχιεπίσκοπος Σερβίας, ἣν εὐσέβεια κοσμεῖ, καὶ εὐαγγελικὴ πολιτεία καὶ παντὸς ἀγαθοῦ τρόπου εὐπρέπεια, καὶ ἣν ποιμαίνουσιν ἱεράρχαι, καὶ ἰθύνουσι πρὸς τὰ φίλα Θεῷ καὶ καθήκοντα, ἄνωθεν καὶ ἐξ ἀρχῆς τῇ ἐπαρχίᾳ τοῦ θρόνου τῆς Βουλγαρίας ὑποκείμενοι. κατὰ τὸ ἀναπεφωνημένον Ἰουστινιάνειον θέσπισμα. Τίς οὖν ἂν λόγος, ἵνα ἀρχιερέων ὄντων ἐν τῷ τόπῳ καὶ ἀρχιεπισκόπου ἐπαρχεώτου, τοῦ Βουλγαρίας δηλονότι, αὐτοῖς ἐπενθρονίζομένου, παρεμβόλιμος· ἐπικηρυχθείη τούτοις ἀρχιεπισκόποις· καὶ ὥσπερ οἱ κατά τινα παιδιὰν χορεύοντες, καὶ ἐπωμαδίους χορευτὰς ἐν ἑαυτοῖς αἴροντες, ἱεράρχαι ἐπιστιβάσθωσαν ἱεράρχαις· καὶ καινή τις κτίσις ἱεραρχικῆς γένηται καταστάσεως; ὡς ἂν οὐκ οἶδα εἴτε πύργος τίς νέος Χαλάνης ἀνατειχισθῇ, εἴτε καθαιρεθῶσι, φεῦ! ὅσια κανονικὰ καὶ καθήκοντα. Εἰ τοίνυν κανονικὰ ταῦτα, καὶ ἄμεμπτα, καὶ ἀδικίας ἀμέτοχα, οὐδὲ τὰ ἡμέτερα πάντη καὶ πάντως ἐπίψογα· εἰ δὲ ἀνακόλουθα ταῖς τῶν κανόνων διαταγαῖς, ἀλλὰ καὶ οὕτως πάλιν ἄμεμπτα τὰ ἡμέτερα, ἐκ τῶν αὐτόθι γὰρ παραδειγμάτων, ὡς εἴπομεν, ἡμῖν ἡ τῶν καθηκόντων ἀθέτησις.

Εἰ δὲ καὶ τὴν προχείρησιν τῆς ἱεραρχικῆς κεφαλῆς τῆς αὐτόθεν δεδομένης τῇ Ζαγορᾷ εἰς μέσον προθήσομεν, εὑρήσομεν καὶ ταύτην ἐπισφραγίσασαν τοὺς ἐκεῖσε πάλαι προηγμένους ἀκανονίστως, οὓς μοιχοὺς καὶ ἐπιβήτορας ὁ τῆς ἐκκλησίας ὀρθὸς λόγος οἶδε καλεῖν, οὐ μόνον δέ, ἀλλὰ καὶ ἡμετέραν δίκαιον παρασπάσαν, μέρος γὰρ τῆς καθ' ἡμᾶς ἐπαρχίας ὁ Τέρνοβος· ἀλλ' ἐῶμεν ἄρτι οὐ μόνον τοὺς περὶ τούτων λόγους.

Ἀλλὰ καὶ τῶν ἄλλων [f. 221] τῶν ὁμοίων αὐτοῖς, οἷς τὸν καιρὸν ἡμῖν οὐκ ἔχοντι σύνδρομον, ὁρᾷς ὅπως ἡμᾶς, θειότατε μεγαλοποίμην, ἐλθεῖν εἰς τοὺς λόγους τούτους συνώθησας, οὓς ἀπορρήτους μὲν εἴχομεν, ὡς ἐπιστομιζούσης ἡμᾶς τῆς τῶν πραγμάτων ἀνωμαλίας, ἐξηρευξάμεθα δὴ νῦν, ἀναγκασθέντες ὑπὸ τοῦ γράμματος τῆς σῆς ἁγιότητος, οἵτινες εἰ μὲν δόξωσιν εὐλόγως ἐντοξευθέντες, χάρις ἔσται τῇ διακρίσει. Εἰ

---

[1]) Cod. Ἰουστινιανός, de qua re alibi fusius notatur. — [2]) Huc cod. inserit Σερβίας, ac repetit mox.

CAP. CXV. DE CAUTIONE JURAMENTI

δὲ εἰς λήρους ἀνατεθήσονται ἢ ἐκτιναχθήσονται, ὥς τινες ἀπορώλιοι, ἀλλ' οὐ φροντὶς, ὅ φασιν Ἱπποκλείδης [1]· οἴδαμεν γὰρ αὐτοί, ὅπως ἑαυτοὺς κυβερνῶμεν ἐν τοῖς παροῦσι καιροῖς, καὶ ὅπως ἀποδώσομεν λόγον, εἴτε ἐν τῷ νῦν αἰῶνι τοῖς ἡμᾶς ἀνακρίνουσιν, εἴτε ἐν τῷ ἐρχομένῳ τῷ κοινῷ κριτῇ καὶ ἀποδοῦναι μέλλον τι ἑκάστῳ κατὰ ἔργα αὐτοῦ.

ΡΙΕ'.

Περὶ ἐξομοσίας παραλόγου καὶ ἐπιψόγου.
De cautione juramenti absurda et vituperabili.

Πανυπερτιμώτατε, περιπόθητε μου ἐξάδελφε [2], κυρὲ Κωνσταντῖνε, ἀνήνεγκας ἡμῖν, ὡς ἀνήρ τις εὐξάμενος εἴτ' οὖν ἐπαγγειλάμενος πρὸς Θεὸν ἀπέχεσθαι κρεῶν κατὰ τὴν δευτέραν τῶν τῆς ἑβδομάδος ἡμερῶν, ἀδυνατεῖ πρὸς τὴν τῆς ἐπαγγελίας ἐκπλήρωσιν, ἐκ σώματι κεχρημένος προλαβούσαις παλαιμαίαις νόσοις προσπαλαίσαντι, καὶ τὸ ἔντινον πρὸς ἀποχὴν βρωμάτων στερεὸν ἀπολέσαντι, καὶ διὰ τοῦτο ζητεῖ συγχωρηθῆναι αὐτῷ τὴν τῆς εὐχῆς ταύτης ἀθέτησιν.

Καὶ αὖθις ἕτερος γυναικὸς ἔρωτι κατόχμος γεγονὼς, ὤμοσεν, ἦ μὴν ἀγαγέσθαι ταύτην καὶ κατὰ νόμους αὐτῇ συνοικῆσαι, εἰ δὲ συμβῇ ἀστοχῆσαι αὐτὸν τῆς συζεύξεως, μηδέποτε μεθ' ἑτέρας γυναικὸς γαμικὸν θέσθαι συνάλλαγμα, καὶ διὰ τοῦτο ζητεῖ μαθεῖν, εἰ ἀνεπιτίμητος ἔσται αὐτῷ ἡ τῆς τοιαύτης ὁρκωμοσίας περιφρόνησις.

Ἡμεῖς οὖν πρὸς ταῦτα λέγομεν, ὅτι τὰς τοιαύτας ἐξομοσίας καὶ ἐπαγγελίας, εἰ καὶ ἐπιψόγους καὶ καταγελάστους, τὰ τῶν θείων κανόνων καὶ τῶν φιλευσεβῶν νόμων διατάγματα κρίνουσιν, ἀλλ' οὐ πάμπαν ἐῶσιν ἀθεραπεύτους αὐτάς. Θεραπεία δὲ τούτων, πρώτη μὲν τό τε διδάσκεσθαι αὐτοὺς μὴ ὀμνύειν προχείρως, καὶ τὸ πάμπαν ἀπόσχεσθαι τούτους τοιούτων ἐπιχειρήσεων. Δευτέρα δὲ, τήρησις ἐπιτιμίων προσήκουσα, ὅθεν ὁ μὲν εὐξάμενος τῶν κρεῶν, ὡς εἴρηται, ἀποχὴν, ὀφείλει ἐκτιμᾶσθαι τὰ εἰς βρῶσιν τούτου ἑτοιμαζόμενα ὁποιαδήτινα κρέα κατὰ τὴν ἡμέραν ἐκείνην καὶ τὴν τούτων ἀξίαν καὶ Θεῷ ἀκατάγνωστον τιμὴν, διδόναι τοῖς πένησιν. Οὕτω γὰρ καὶ τὸν Θεὸν πρὸς ὃν ἡ ὑπόσχεσις, καὶ τὸ οἰκεῖον σῶμα θεραπεύσει, οὗ ἕνεκεν ἡ τῆς ἀπαγορευθείσης κρεωδαισίας συγχώρησις.

Ὁ δέ γε τῶν ἐρώτων κινούντων ἐπομοσάμενος, ὡς διείληπται, διαγαγεῖν ὀφείλει ὅλον ἐνιαυτὸν τῶν ἁγιασμάτων παντάπασιν ἀκοινώνητος· ἐξιλάσεται δὲ τὸν Θεὸν καὶ δι' ἱερουργίας ἕκτου ἱερέων καὶ ὀρφανὰς, καὶ ἀπόρους νεανίδας δύο ἢ καὶ τρεῖς συζεύξει ἀνδράσι, παρασχόμενος ἐκ τῆς περιουσίας αὐτοῦ τὰ τοὺς γάμους αὐτῶν, εἰς ὅσον χρὴ ἐξαρτύσοντα· οὕτω γὰρ καὶ αὐτὸς τὸ θεῖον ἵλεων ἕξει, ὡς πρόχειρον καὶ κατεγνωσμένον ὅρκον τετελεκώς.

---

[1] Cod. Ἱπποκλιδέκ. Ignotum nomen quaerendum inter innumeros γνωμολόγους. — [2] Nota, quod rarissime occurrit, aliquem fortasse ex parentela Chomatiani.

ΡΙϚ'.

Περὶ ἀκουσίου φονέως, καὶ ὁποίοις ἐπιτιμίοις καθαίρεται.
De homicida involuntario, et quibus poenis purgetur.

Πανιερώτατε Πελαγονίας ἀρχιερεῦ, ὁ ἀπὸ τοῦ Πριλάπου ὁρμώμενος Ῥαδοσλάβος, τῇ ἁγιωτάτῃ μεγάλῃ ἐκκλησίᾳ προσδραμών, ἔστη ἐνώπιον τοῦ παναγιωτάτου ἡμῶν δεσπότου ἀρχιεπισκόπου πάσης Βουλγαρίας, καὶ ἐξηγήσατο ταῦτα οὕτως, εἰπών·

Ὡς ἀνήρ τις τοὔνομα Κώνστας, βόσκων χοίρους, εἰσήλασε τούτους ἐν τῷ χωραφίῳ αὐτοῦ, οἵτινες καὶ ἐλυμαίνοντο τὸν ἐν τούτῳ καρπόν. Ὁ Ῥαδοσλάβος δὲ ζηλώσας ὑπὲρ τοῦ οἰκείου πόνου, δραμὼν ἐκεῖσε, τούς τε χοίρους ἀπήλασε, καὶ τὸν χοιροβοσκὸν ὕβρεσι βαλών, καὶ μὴν καὶ τῶν τριχῶν τῆς κεφαλῆς αὐτοὺς δραξάμενος, περιαγαγὼν αὐτὸν μετρίας καὶ κουροτάτας μαστίγας διὰ τοῦ ξυλαρίου ὃ ἐπέφερε, τὸ τῆς ῥάχεως ἐκείνου κατήνεγκεν. Ἀλλ' ὁ μὲν Κώνστας οὕτω παιδευθείς· διὰ τὴν τοῦ χωραφίου λύμην ἐκεῖθεν ἐμάκρυνεν· ἡμερῶν δὲ τὸ ἀπ' ἐκείνου διαγενομένων ὡσεὶ δεκατεσσάρων, κλινήρης ὁ αὐτὸς ἐκ τῆς συνήθους αὐτῷ νόσου γενόμενος, μεθ' ἡμέρας ὀκτὼ τῷ χρεὼν ἐλειτούργησε· καὶ τὰ μὲν τῆς ἀφηγήσεως ἦσαν ἐν τούτοις. [f. 222] Ἐζήτει δὲ ὁ Ῥαδοσλάβος μαθεῖν εἰ ἐνέχεται τῇ αἰτίᾳ τοῦ θανάτου τοῦ εἰρημένου Κώνσταν, ὥστε ὡς φονέα ἐκείνου λογίζεσθαι.

Ἡ δεσποτικὴ τοίνυν θεία μεγαλειότης μετά γε τοῦ συνεδριάζοντος αὐτῇ ἐπισκόπων Θλανίτζα¹) τὰ τῆς ἀφηγήσεως ταύτης διακεφαρμένα, διέγνω κατά τε τὸν ιδ' κανόνα τοῦ ἐν ἁγίοις πατρὸς ἡμῶν Βασιλείου, καὶ κατὰ τὸ β' θέμα τοῦ λθ' τίτλ. τοῦ ξ' βιβλίου τῶν βασιλικῶν, μὴ ἀνέχεσθαι τὸν Ῥαδοσλάβον τῇ αἰτίᾳ τοῦ θανάτου τοῦ Κώνστα,

εἴπερ οὕτως ἔχουσι τὰ τοῦ πράγματος ὡς αὐτὸς ἐξηγήσατο. Ὁ μὲν γὰρ κανὼν ταῦτα ῥητῶς ἐν μέρει διέξεισι· " Δῆλον γὰρ ὅτι ἐπὶ τῶν πληγέντων τὰ Μωσέως παρατηρήσομεν, καὶ τὸν κατακλιθέντα μὲν ἐπὶ τῶν πληγῶν δ; ἔλαβε, βαδίσαντα δὲ πάλιν ἐπὶ τῇ ῥάβδῳ αὐτοῦ, οὐ λογιζόμεθα περονεῖσθαι „. Ὁ δέ γε πολιτικὸς νόμος φησίν· "Ὁ σκοπὸν ἐσχηκὼς τοῦ φονεῦσαι, κἂν μὴ φονεύσῃ, ἀλλὰ τραυματίσῃ, φονεύς ἐστι· καὶ ὁ μὴ θελήσας φονεῦσαι, ἐὰν φονεύσῃ, οὐκ ἔσται φονεύς· ἡ δὲ διάθεσις ἐκ τοῦ πλήξαντος ὀργάνου ἐλέγχεται „.

Ὅτι γοῦν ὁ Ῥαδοσλάβος μὴ σκοπὸν ἐσχηκέναι τοῦ φονεῦσαι, ἀλλὰ σωφρονίσαι καὶ ἀποτρέψαι τὸν Κώνσταν καταλαμβάνεται· κἀκεῖνος δὲ μετὰ τὸν σωφρονισμὸν πάλιν περιεπάτει, καὶ τῆς οἰκείας θητείας· ἀντιλαμβάνετο, καὶ ἡ ῥάβδος δέ, δι' ἧς οὕτως τὰς μαστίγας ἔλαβεν, οὐ σκληρὰ ἦν, οὐδὲ βαρεῖα, ὡς ἡ ἀφήγησις· καὶ διὰ τοῦτο κατὰ τὴν δεσποτικὴν διάγνωσιν, ἀνένοχος ὁ Ῥαδοσλάβος λογίζεται.

Γράφομεν τῇ σῇ ἱερότητι, ἵνα τὰ τοῦ πράγματος ἀκριβῶς ἐξετάσῃς· ὑπὸ γὰρ τὴν σὴν ἐνορίαν τυγχάνειν τὸν ἀναγεγραμμένον Ῥαδοσλάβον μανθάνομεν. Καὶ εἰ μὲν εὕρῃς ἐκ τῶν πληγῶν τούτου εἴς τε ἀνέγερτον κατακλιθῆναι τὸν Κώνσταν καὶ τελευτὴν τεθνηκέναι, τοῖς τῶν φονέων ἐπιτιμίοις κατὰ τοὺς ἱεροὺς καὶ θείους κανόνας, τοῦτον ὑποβαλεῖν. Εἰ δὲ ἀληθεύουσαν ἐπιγνῷς τὴν τούτου ἀφήγησιν, ἀθωώσαι τοῦτον τῆς ἐνοχῆς, ἐπεὶ καὶ ἡ ἁγία τοῦ Θεοῦ ἐκκλησία μετὰ τῆς δεσποτικῆς διαγνώσεως, ἀθῷον

---

¹) Fort. ex aliqua dialecto Bulgarino. Silent Cangius et Sophoclos.

αὐτὸν καὶ ἀνενόχλητον, ὡς εἴρηται, κέκρικε· διά τοι τοῦτο καὶ ἀφορισμὸν ἡ ἁγία τοῦ Θεοῦ ἐκκλησία ἐπανατείνει, τοῖς τε | κατὰ χώραν τὰ τοῦ δημοσίου ἐνεργοῦσι καὶ πᾶσι τοῖς ἐν τοπίοις ἄρχουσι καὶ λοιποῖς, μηδέποτε μηδαμῶς χεῖρα ἐπιβαλεῖν· ὥστε κάκωσίν τινα ἢ ζημίαν τῷ Ῥαδοσλάβῳ ἐπαγαγεῖν τοῦ θανάτου ἕνεκα τοῦ εἰρημένου ἀνδρός. Οὔτε γὰρ οὗτος πεφονεῦσθαι λογίζεται, οὔτε μὴν ὁ Ῥαδοσλάβος ἀνδροφόνος κρίνεται τούτου, καθάπερ διείληπται· διὰ γὰρ τοῦτο καὶ ἐπεβραβεύθη αὐτῷ τὸ παρὸν ἐκκλησιαστικὸν γράμμα, ἵν' εἴη αὐτῷ εἰς ἀσφάλειαν.

ΡΙΖ'.

Περὶ δευτερογαμούντων, καὶ ποῖα τῶν πραγμάτων τῶν ἐκ τοῦ πρώτου γάμου τεχθέντων αὐτοῖς παίδων κατὰ δεσποτείαν κληρονόμων, ποῖα δὲ κατὰ χρῆσιν.

De secundo nubentibus, et qualium rerum dominium et usufructum ex primo matrimonio natis ipsis liberis haereditate acquirunt.

Τολμηρῶς ἀναφέρω, δέσποτά μου ἅγιε, ἐπὶ τῶν ἡμερῶν προβεβασιλευκότος αὐταδέλφου τῆς βασιλείας σου καὶ αὐθέντου μου κυροῦ Θεοδώρου, προέβη παρ' ἡμῶν συνοδικὸν ψηφοφόρημα, ἐξ ἀναφορᾶς τοῦ Λαμπέτου κυροῦ Κωνσταντίνου [1]), ἐπὶ τῇ δευτερογαμίᾳ τοῦ ἐπ' ἀδελφῇ γαμβροῦ αὐτοῦ τοῦ Χαμαιδράκοντος, γνωματεῦον κατὰ τοὺς νόμους· τὸν Χαμαιδράκοντα τὴν χρῆσιν ἔχειν τῶν μητρῴων πραγμάτων τοῦ τεθνηκότος παιδὸς τοῦ ἐκ τοῦ πρώτου συνοικεσίου γεγονότος· αὐτῷ μέχρι ἂν ζῇ, μετὰ δὲ θάνατον αὐτοῦ τὰ τοιαῦτα μητρῷα πράγματα γυμνὰ εἰς τοὺς τοῦ παιδὸς κληρονόμους, ἐπανελθεῖν· ὁ γὰρ δευτερογαμῶν τῆς μὲν κατὰ δεσποτείαν κληρονομίας τῶν πατρῴων πραγμάτων τοῦ τεθνηκότος ὑπεξουσίου παιδὸς ἐκπίπτει παντάπασι. Τοῦτο γὰρ τὸ τοῦ β' γάμου ἐλάττωμα· τὴν χρῆσιν δὲ τούτων μόνην ἔχει, διὰ πάσης αὐτοῦ τῆς ζωῆς· κατὰ δεσποτείαν δὲ κληρονομεῖ τὰ ἰδιόκτητα ἐκείνου πεκούλια μετὰ τῶν αὐταδέλφων ἐκείνου, εἴ γε ὕπεισι καὶ ἀδελφιδῶν, ἀδελφῶν τοῦ δηλαδὴ ἐπ' αὐτοῖς τελευτησάντος, ναὶ μὴν καὶ τὰ ἐκ τῆς ὑποστάσεως αὐτοῦ τῷ ὑπεξουσίῳ αὐτοῦ προσγινόμενα. Ἀποφέρεται δὲ εἰς οἰκεῖον κέρδος δεσποτικῶς καὶ τὰ ἐκ τῆς χρήσεως τῶν μητρῴων προσκτηθέντα αὐτῷ· τῷ τοιούτῳ δὲ ψηφοφορήματι ἠναντιώθησαν τινὲς ἀπορηνάμενοι [f. 223] ὅτι οὐ καλῶς ἐξενήνεκται. Ἡμεῖς δὲ τὴν περίληψιν γνόντες τῆς ἀποφάσεως ταύτης, ἀντίρρησιν ἐξεθέμεθα, συγκροτήσαντες ταύτην ἐκ νομικῶν θεσπισμάτων, ἃ κεφαλαιωδῶς μὲν ἐν τῷ συνοδικῷ ἐκείνῳ σημειώματι ἀνετάξαμεν, εἰς πλάτος δὲ ἐν τῇ τοιαύτῃ ἀντιρρήσει [2]) κατεστρώσαμεν, διελόμενοι ποῖα μὲν τῶν πραγμάτων τῶν τοῖς ὑπεζουσίοις ἁρμοζόντων, τοῖς τὸν πρῶτον γάμον τετιμήκοσιν εἰς κληρονομίαν κατὰ δεσποτείαν ἀνήκουσι, ποῖα δὲ τοῖς δευτερογαμοῦσι ἁρμόζουσιν.

Ἐπεὶ γοῦν τὸ τῆς ἁγίας βασιλείας σου παλάτιον οὐκ ἀμοιρεῖ, Θεοῦ χάριτι, ἀνδρῶν παντοδαπῇ σοφίᾳ κεκοσμημένων, αἰτῶ δοκιμασθῆναι παρ' αὐτοῖς τὰ ἐπὶ τῇ παρούσῃ ὑποθέσει δεδογμένα ἡμῖν· καὶ εἴπερ εὑρεθῶσι κατὰ μοῖραν, εἴτ' οὖν κατὰ νόμους·

---

[1]) Exstat supra cap. XXVI. — [2]) Respectu, ut videtur, ad proximam ejusdem diatribam de secundis nuptiis, quae infra sternitur sub num. CLI.

ἐξενηνεγμένα δοθῆναι τούτοις τὸ κῦρος παρὰ τοῦ κράτους σου, ὥστε καὶ τὸ δίκαιον φανερὸν γενέσθαι. Καὶ τὸν Λαμπέτη μὴ ἐκπεσεῖν τῆς προσηκούσης αὐτῷ διακατοχῆς, πέπεισμαι δέ, καὶ οἶμαι πλάνης ἐκτός, ὡς κἂν ἐν τοῖς ἀνωτερικοῖς μέρεσι, κἂν ἐν τοῖς κατωτερικοῖς, κἂν ὁποιδήποτ' ἂν τρίβην νόμων ἐμπολιτεύηται τὰ παρ' ἡμῶν ἐψηφισμένα ἐμφανῆ γένωνται, οὐκ ἂν εὑρεθείη τι ἐν αὐτοῖς ἐπιλήψιμον.

Σὺ δέ, κράτιστε δέσποτά μου, συγγνώμων ἡμῖν γίνου, ἐφ' οἷς οὐ δυνάμεθα τὸ προσκυνητὸν καθῆκον εἰς τὴν ἁγίαν βασιλείαν σου ἐκτελεῖν. Τῶν γὰρ ἄλλων ἡμῖν ἐμποδίων ἐπικρατεστέρα ἡ νόσος· ἡ ταλαιπωρία οἱ τλήμονες κατεκρίθημεν.

РΙΗ'.

Περὶ ἑκουσίου φόνου καὶ ὅπως ἐπιτιμᾶται.
De homicidio voluntario et quomodo puniatur.

Δεινόν τι χρῆμα θυμός, ὁ βριθὺς ὁπλίτης ἢ στρατηγός· εἰ δὲ καὶ ξίφος ταῖς ὁρμαῖς τούτου ὑπηρετεῖ, διπλοῦν ὡς ἀληθῶς τὸ κακόν· εἰ δὲ καὶ κόρος συντρέχει, ὃς πατὴρ ὕβρεως ὀνομάζεται, κατὰ τό· "Ἔφαγεν Ἰακὼβ καὶ ἐνεπλήσθη καὶ ἀπελάκτισεν ὁ ἠγαπημένος¹), εἰς ἔτι πλέον τὸ κακὸν πολλαπλάσιον. Ταῦτα δή, ταῦτα εἰς ἔργον ἐκβεβηκότα ὁ ἐφεξῆς λόγος δηλώσει σαφέστερον.

Ὁ γὰρ ἐκ τοῦ ἀνατολικοῦ μὲν ὁρμώμενος κλίματος, νῦν δὲ ἐν τῷ θέματι Ἀχελώου τὰς οἰκήσεις ποιούμενος, Θεόδωρος ὁ Δευνίτης τῇ ἁγιωτάτῃ | τοῦ Θεοῦ προσδραμὼν ἐκκλησίᾳ καὶ τῷ παναγιωτάτῳ ἡμῶν δεσπότῃ καὶ αὐθέντῃ τῷ ἀρχιεπισκόπῳ τῆς πρώτης Ἰουστινιανῆς καὶ πάσης Βουλγαρίας, τὴν σήμερον παραστάς, ἐξαγορεύσιν τοῦ πλημμελήματος, οὗ γέγονεν ἁλώσιμος ἐξ ἐπηρείας τοῦ πονηροῦ, μεθότι πολλῆς κατανύξεως ἐποιήσατο· κἀντεῦθεν καὶ τοὺς ἀκροωμένους πρὸς οἶκτον καὶ δάκρυα παρεκίνησεν, ὡς καὶ θρῆνον διαπραξάμενος ἄξια καὶ πρὸ τῶν λόγων. Ἔχων τὰ δάκρυα τρέχοντα καὶ καρδίᾳ συντετριμμένῃ καὶ τεταπεινωμένῃ κεχρημένος, κατὰ τὸ λόγιον.

Ἔλεγεν οὖν ὡς οἱ τῶν τοῦ δημοσίου εἰσφορῶν ἐν τῷ εἰρημένῳ θέματι προϊστάμενοι παρενόχλουν ἀνδράσι τισίν, ἐκ δεσποτικῆς δωρεᾶς πρὸς ὑπηρεσίαν τὴν κατὰ βίον ὑποκειμένοις αὐτῷ· ἐν μιᾷ τοίνυν τῶν ἡμερῶν ἀγγελθὲν αὐτῷ, ὡς ἐπηρεάζονται πάλιν ἐκεῖθεν οἱ ἄνδρες ἐκεῖνοι, θυμοῦ τε ἐπλήσθη εὐθύς, καὶ ξίφος προεχειρίσατο, καὶ εἰς ἐκδίκησιν τούτων ἐξέδραμεν. Ἦν δέ, φησί, μετὰ ἄριστον ἡ ὥρα, ὅτε καὶ τὸν κόρον ὁ θυμὸς ἐπίκουρον ἔσχεν· ἐντεῦθεν οἱ τοῦ δημοσίου μετὰ τοιᾶσδε παρασκευῆς ἥκοντες, τοῦ Δευνίτου αἰσθόμενοι, ῥοπάλοις τε καὶ λίθοις καὶ τοῖς παρατυχοῦσι πρὸς ἄμυναν ὡπλίσαντο τούς, καὶ πρὸς ἀντίθεσιν ἀντιπαρεσκευάσαν. Ὡς δὲ καὶ συνεπλάκησαν ἀλλήλοις, πρότερον μὲν τραχυτέροις λόγοις, ἔπειτα δὲ καὶ ταῖς ἀναμέρος κατεχομένοις παρ' αὐτῶν ἀμυντηρίοις ὀργάνοις, φθάνει τῶν ἀντιτεταγμένων ἑνί, ὃς δὴ Σγοῦρος ὀνομάζεται, πληγὴν ὁ Δευνίτης κατὰ τῆς κεφαλῆς ἐνεγκών, καὶ παράλοξα· εὐθὺς αὐτῇ· τὸ κρανίον, καὶ ἐπειδὴ τοιαύτη γέγονεν ἡ πληγή, εὐθιωρὸν ταύτην ὁ θάνατος διεδέξατο.

Ταῦτα οὕτω μετὰ θρήνων καὶ στεναγμῶν ὁ εἰρημένος Δευνίτης ἐξομολογησάμενος, ἐπιμελείας ἐδεῖτο ἐκκλησιαστικῆς τῆς ἴασιν τοῦ ἐντακέντος αὐτῷ κατὰ ψυχὴν οὕτω τραύματος, ὡς οὖν παραμυθίας ῥῆμα

---
¹) Deuteron. XXXII, 15.

τὴν τοῦ ἀνδρὸς ἀθυμίαν ἡ δεσποτικὴ με-
γαλειότης ἐφάρμαξε καὶ μὴ ἀπογνῶναι τῆς
ἱππτοῦ σωτηρίας τοῦτον ἐπιεικῶς νενουθέ-
τηκεν, εἰ ἔκτισιν τοῦ ἁμαρτήματος αὐτοῦ,
καὶ προσήκουσιν ἐπιτιμίοις αὐτὸν [f. 224]
καθυπέβαλε, τῇ μοίρᾳ τῶν ἑκουσίως γινο-
μένων φονέων τοῦτον ἐντάξασα, συμμέτρως
τε στοχασαμένη τῆς πρὸς τήρησιν τῶν ἐπι-
τιμίων ἰσχύος αὐτοῦ, καὶ ἀπιδοῦσα πρὸς τὸ
αὐτοῦ ἐπιτήδευμα· στρατιωτικὸς γὰρ εὑ-
ρίσκεται πόνοις ἐγγυμναζόμενος. Εἰσὶ δὲ τὰ
ἐπιτίμια ταῦτα.

Ἐν ιβ´ ἔτεσιν, ἀπὸ τῆς σήμερον ἀριθμεῖσ-
θαι ὀφείλουσι, τῶν ἁγιασμάτων μένει ἀκοι-
νώνητος. Ταῦτα δὲ οὕτως οἰκονομηθήσεται
ἐπ' αὐτῷ· τρία μὲν ἔτη ἔξω ἔσται τῶν
πρεσχῶν, πρὸ τῶν θυρῶν τοῦ θείου ναοῦ
ἱστάμενος, καὶ τῶν εἰσερχομένων καὶ ἐξερ-
χομένων πιστῶν δεόμενος εὐχὴν ποιεῖσθαι
ὑπὲρ αὐτοῦ· ἐν οἷς δὲ ἔτεσι καὶ κρέατος καὶ
τυροῦ καὶ ᾠοῦ ἀποχὴν τελείαν ποιήσεται.
Τέσσαρα δὲ ἔτη μετὰ τῶν ἀκροωμένων

θείων γραφῶν δεχθήσεται, καὶ μετ' αὐτῶν
ἐξελεύσεται· τὰ δὲ λοιπὰ πέντε συστήσεται
μὲν .... καὶ συνεύξεται, οὐ μέντοι τῆς κοι-
νωνίας τῶν θείων ἁγιασμάτων ἀξιωθήσεται
πρὸ τῆς αὐτῶν συμπληρώσεως· ἀλλὰ μὴν
καὶ δευτέραν, τετράδα καὶ παρασκευὴν δια-
τελέσει ξηροφαγῶν, ἄρτῳ μόνῳ καὶ ὀσπρίοις
καὶ λαχάνοις ἀνελαίοις εἰς τροφὴν ἑαυτοῦ
χρώμενος. Ὅταν αὐτὸς ἐστι τῶν στρατιω-
τικῶν ἐργομοχθημάτων καὶ ἐν ἡρεμίᾳ διάγῃ,
πεντηκοντάκις ἑκάστης ἡμέρας γονυκλιτή-
σει, τό· Κύριε, ἐλέησον· Κύριε συγχώρησόν
μοι ἁμαρτωλῷ ἐκ κατωδύνου καρδίας βοῶν,
ἄνευ δηλονότι σαββάτου καὶ κυριακῆς καὶ
τῶν δεσποτικῶν ἑορτῶν, ἐν αἷς γονυκλίνειν
οὐ προστετάγμεθα. Εἰ δὲ ἐπαρκεῖν ἰσχύει καὶ
τοῖς ἐνδεέσι ἐκ τῶν ἐνόντων καὶ εἰς ἐλεη-
μοσύνην ἐκτενεῖ τὰς χεῖρας αὐτοῦ, δι' ἧς
τὸ ἀναγεγραμμένον φόνον ἐξέτεινε καὶ ἐμό-
λυνε, καθαριεῖ καὶ ἐντεῦθεν ἑαυτόν, καὶ ἵλεων
ἕξει καὶ συμπαθῆ τὸν φιλάνθρωπον Κύριον.

ΡΙΘ´.

Ἐξομολόγησις τινὸς μοναχοῦ, καὶ ὅπως δεῖ αὐτὸν καθαρθῆναι.
Confessio cujusdam monachi, et quomodo illum mundari oporteat.

Προσῆλθες ἡμῖν, μοναχὲ Νήφων Γερβε-
νίτα, καὶ μετὰ δακρύων τὰ σὰ ἐξήγγειλας
παραπτώματα, εἰς ἃ δηλαδὴ μετὰ τὴν ἀπό-
κρισιν ὠλίσθησας· ἐπηρείᾳ τοῦ δαίμονος· τὰ
δὲ ἦσαν μοιχεία, πορνεία καὶ φόνος· τὸ τε-
λευταῖον, καὶ ἐξήτησας μαθεῖν τί δεῖ ποιῆ-
σαι πρὸς ἐξάλειψιν | τῶν τοιούτων παραπ-
τωμάτων καὶ σωτηρίαν τῆς σῆς ψυχῆς.

Ἐπεὶ γοῦν ἠριθμήθη ὁ χρόνος τῆς σῆς
ἀποκρίσεως εἰς ἔτη τριάκοντα πρὸς τοῖς ἕξ,
καὶ εὑρέθη μηδὲν ὠφεληθείς, ἀπὸ τοῦ τοσ-
ούτου χρονικοῦ μήκους, ἀλλ' ἐπορεύθης ὀπί-
σω τῶν θελημάτων τῆς σῆς καρδίας καὶ

τῶν σαρκικῶν ὀρέξεων, εἰ θέλεις σωθῆναι,
ὀφείλεις ἐν στερρότητι καρδίας καὶ λογισ-
μοῦ σταθερότητι ἀναλῦσαι τὰ αἴτια, ἐξ ὧν
εἰς τὰ ἀναγεγραμμένα ὠλίσθησας παραπ-
τώματα, καὶ ἐπανελθεῖν εἰς τὴν προτέραν
ὑπόσχεσιν, ἣν ἐνώπιον τοῦ Θεοῦ καὶ τῶν
ἁγίων ἀγγέλων αὐτοῦ ἐποιήσω καταρχάς,
τὸν μονάδα βίον αἱρούμενος.

Ἔστι δὲ ταύτης κελεύσεως [1] ἀπαντελὴς
τοῦ κόσμου ἀποταγή· κόσμος δὲ ἐστιν ἡ
ἐκπλήρωσις τῶν πονηρῶν θελημάτων, ποτὲ
μὲν κοινῶς τῆς τε ψυχῆς καὶ τοῦ σώματος,
ποτὲ δὲ ἀνὰ μέρος ἑκατέρου. Ἔστι δὲ ὧδέ πως

---

[1] Ex dubio compendio.

εἰπεῖν, ἀπότάξαι τῇ ἀνθρωπίνῃ δόξῃ, ἤγουν τῷ τιμᾶσθαι, τῷ δοξάζεσθαι παρ' ἀνθρώπων καὶ ὅσα τούτοις ἑπόμενα, τοῦτο τῆς ψυχῆς μόνης· ἀπότάξαι πολυτελείᾳ τροφῆς καὶ πάσῃ τρυφῇ, τοῦτο τοῦ σώματος μόνου· ἀπότάξαι ταῖς σαρκικαῖς ἡδοναῖς καὶ ἐπιθυμίαις, ἀπότάξαι θυμῷ, ἀπότάξαι φιλοχρηματίᾳ, καὶ ὅσα τούτοις ἀκόλουθα, ταῦτα κοινὰ ψυχῆς τε καὶ σώματος. Ἐπεὶ γοῦν ἐν κεφαλαίῳ εἰπεῖν, τοιαύτη ἐστὶν ἀληθὴς ἀποταγή, παντὶ τρόπῳ σπούδασον ἐπανελθεῖν εἰς αὐτήν· ὡς ἂν ἐκ ταύτης, ὥσπερ ἔκ τινος ὁρμητηρίου, δυνηθῇς συνεργίᾳ Θεοῦ διὰ τοῦ τοῖς μοναδικοῖς ὀφειλομένου ἀσκητικοῦ βίου ὁδεῦσαι καὶ σωτηρίαν εὑρεῖν· ἄρνησαι παῖδας καὶ τὴν τῶν παίδων στοργήν· ἕνεκεν γὰρ τούτων, ὡς ἐξηγόρευσας, εἰς τὸ τοῦ φόνου μῖσος ἐμπέπτωκας. Τὴν τοιαύτην στοργὴν ὀφθαλμὸν καὶ δεξιὰν ἡ κυριακὴ φωνὴ ἐν εὐαγγελίοις καλεῖ, καὶ διὰ τοῦτο ἐκκόπτειν καὶ βάλλειν ἡμᾶς· ταῦτα διακελεύεται ἀφ' ἡμῶν, ὡς ἂν μονόφθαλμοι καὶ μονόχειρες εἰς τὴν τῶν οὐρανῶν βασιλείαν εἰσέλθωμεν, καὶ μὴ δύο ἔχοντες ὀφθαλμοὺς ἢ χεῖρας ἐμβληθῶμεν εἰς τὴν γέενναν τοῦ πυρός. Τὸ μεῖζον τούτων, ἄρνησαι σεαυτὸν καὶ τῷ Χριστῷ ἀκολούθησον· "Ὅστις γάρ, φησίν, ἐθέλει ὀπίσω μου ἐλθεῖν, ἀπαρνησάσθω ἑαυτὸν, καὶ [f. 225] ἀράτω τὸν σταυρὸν αὐτοῦ, καὶ ἀκολουθείτω μοι¹).

Δύνασαι δὲ καταμαθεῖν τὸν τῆς ἀρνήσεως σημαινόμενον, ἐκ τῆς τῶν ἀλλοτρίων ἀρνήσεως· ὥσπερ γὰρ ἐάν τις, καθάπαξ ἕτερον ἀγοράσεται, τὰ εἰς ἐκεῖνον κακῶς γινόμενα, οὐ λογίζεται εἴτε γὰρ τύπτεται, εἴτε εἰρκτῇ παραδίδοται, εἴτε ζημιοῦται, εἴτε αἰχμαλωτίζεται, εἴτε ἄλλο τι πάσχει τῶν ἀνηκέστων ὁ ἀρνησάμενος, οὐδένα τούτων ποιεῖται λόγον, οὐδέ τινα αἴσθησιν ἐν τῇ αὐτοῦ λαμβάνει ψυχῇ· οὕτω δὴ καὶ ὁ ἑαυτὸν κατὰ τὴν θείαν ἀρνούμενος ἐντολήν, ὀφείλει παντάπασιν ἀφροντιστεῖν τῶν εἰς αὐτὸν ἐπερ-

¹) Matth. xvi, 24.

χομένων ἀνιαρῶν, διὰ τὴν κατὰ Θεὸν ἄσκησιν. Τούτων δέ ἐστι καὶ τὸ πεινῆσαι καὶ τὸ διψῆσαι, καὶ τὸ γυμνιτεῦσαι, καὶ παρχόντων τῶν φιλτάτων οὐδαμῶς ἐπιστρέφεσθαι· καρδία γὰρ τῶν γεννησαμένων οἱ παῖδες εἰσί. Καλῶς δὲ ποιήσεις εἰ καὶ τὸν τόπον καταλείψεις, ἐν ᾧ πεπαγίδευκέ σε ὁ πονηρὸς, καὶ ἔν τινι ἀναχωρητικῷ τόπῳ καταμόνας τὸ λοιπὸν τῆς σῆς ζωῆς διαγάγῃς· ἐντεῦθεν γὰρ καὶ οἱ ὀφθαλμοί σου καὶ ἡ γλῶσσά σου τῆς θέας καὶ τῆς ὁμιλίας τῶν τε παίδων, τῶν τε συνήθων σοι καὶ φίλων ἀποδιαστάντες, ἑαυτῶν μόνων καὶ τοῦ Θεοῦ γενήσονται, καὶ τὴν εἰς ἐκείνους συνήθειαν ἀποβαλλόμενοι, καθαρῶς καὶ ἀμέμπτως τῇ μοναχικῇ πολιτείᾳ προσμίξουσιν· ἀλλὰ ταῦτα μὲν ἐν τούτοις.

Ἐπὶ δὲ διὰ τὸ ἀναπεφωνημένα πλημμελήματα, πάντῃ καὶ πάντως τῆς ἱερωσύνης ἐκπίπτεις. Οὐδαμῶς γὰρ ὀφείλει ἀπό γε τοῦ νῦν λειτουργῆσαι Θεῷ, καὶ ἱερουργῆσαι τὸ ἄχραντον τοῦτο σῶμα καὶ τὸ τίμιον αἷμα, ἀλλ' ἔσῃ παντάπασιν τοῦ βήματος ἔξωθεν· εἰ καὶ ἀρκεῖν οἱ θεῖοι πατέρες ἡγοῦνται πρὸς τιμωρίαν τὴν τῆς ἱερωσύνης ἔκπτωσιν τῷ ταύτης κατὰ τοὺς θείους ἐκβεβλημένῳ θεσμούς, ἀλλ' ὅτι ἐν μοναχικῇ πολιτείᾳ καὶ μοιχείαν καὶ πορνείαν καὶ φόνον εἰργάσω, δίκαιον κρίνομεν ἐπέκεινα ταῦτα τηρῆσαί σε ἤγουν ἔτος ὁλόκληρον ἕν, τὸ ἀποστῆναί σε τῆς κοινωνίας τῶν ἁγιασμάτων, καὶ τὸ ἀποσχέσθαι τοῦ τυροῦ καὶ ᾠοῦ καὶ ξηροφαγεῖν τὰς πέντε τῆς ἑβδομάδος ἡμέρας· σαββάτου δὲ καὶ κυριακῆς ἐλαίου ἅπτεσθαι καὶ ἰχθύων εἰς βρῶσιν, κατὰ τὸ ἐγχωροῦν· ὅπως δὲ χρήσῃ διὰ πάσης σου ζωῆς τῆς κατὰ μοναχοὺς ἀντιποιεῖσθαι ἀσκητικῆς ἀγωγῆς, αὐτοί σε διδάξουσι τῶν θεοφόρων πατέρων, οἷς τὰ ἱερὰ καὶ κατὰ Θεὸν πολιτεύομενα ἰθύνοντες φροντιστήρια· οὐ μὴν ἀλλὰ καὶ αὐτὸς ὁ τοὺς λογισμοὺς ἄρχηθεν ἀναδεξάμενος ὁσιώτατος πατὴρ ἐν χιτὸς εἶπάς μοι. Ἱκανὸς γάρ ἐστι τῇ χάριτι τοῦ Θεοῦ (γινώσκω γὰρ καὶ αὐτὸς τοῦτον) εἰς τὸ ὁδηγῆσαί σε πρὸς τὴν τῆς σωτηρίας πορείαν.

Ὁ Θεὸς δὲ λογισμὸν κατανύξεως καὶ ἐπιστροφῆς καὶ ἰσχὺν καὶ σύνεσιν εἰς τὸ διαπράξασθαι ἃ καὶ ἡμεῖς παραινοῦμέν σοι, καὶ ἅπερ αὐτὸς προσεπινοήσεις ψυχικῶς σοι συμφέροντα καταδεξιῶσαι δέ σε κεκαθαρμένον καὶ ἡγιασμένον διὰ μετανοίας παραστάντα αὐτῷ, καὶ τῆς τῶν ἐκλεκτῶν αὐτοῦ τάξεώς τε καὶ στάσεως.

ΡΚ'.

Περὶ τῶν Ῥουσαλίων.
De Rosaliis[1]).

Οἱ ἀπὸ τοῦ θέματος Μολισκοῦ ὁρμώμενοι, ὁ δεῖνα καὶ ὁ δεῖνα τῇ ἁγιωτάτῃ τοῦ Θεοῦ ἐκκλησίᾳ προσδραμόντες, καὶ τῷ παναγιωτάτῳ ἡμῶν δεσπότῃ τῷ ἀρχιεπισκόπῳ πάσης Βουλγαρίας ἐμφανεῖς γενόμενοι, τοιόνδε τι ἁμάρτημα ἐξηγόρευσαν, εἰπόντες ὅτι παλαιοῦ ἔθους ἐν τῇ χώρᾳ τούτων κρατοῦντος, ὃ δὴ Ῥουσάλια ὀνομάζεται, τῇ μετὰ τὴν πεντηκοστὴν ἑβδομάδι σύνταγμα γίνεσθαι νεωτέρων, καὶ τὰς κατὰ χώραν κώμας αὐτοὺς περιέρχεσθαι, καὶ παιγνίοις τισὶ καὶ ὀρχήμασι καὶ βεβακχευμένοις ἄλμασι καὶ σκηνικαῖς ἐγχειρήσεσιν ἐκκαλεῖσθαι δῶρα παρὰ τῶν διακόντων εἰς κέρδος αὑτῶν. Ἐξῆλθον καὶ οὗτοι κατὰ τὸ παρὸν ἔτος, συντάξαντες ἑαυτοὺς καὶ παρασκευάσαντες, ἵν' οὕτω κατὰ χώραν σκηνοβατήσωσιν. Ἐν τῷ παράγειν δὲ, δύο ἐξ αὐτῶν εἰς μάνδρα προβάτων ἀπέδρησαν, ὁρωμένην ἀπέναντι ἔνθα γενόμενοι, τυρὸν ἀπήτουν τὸν τῆς μάνδρας ἐκείνης προεστάμενον· ἐκείνου δὲ πρὸς τὴν δύσιν ἀναβάλλοντος, ἐπεχείρουν αὐτοὶ ἀνθεκάστῳ λαμβάνειν χειρί· ἐντεῦθεν φιλονεικία ἠγέρθη μέσον αὐτῶν, ἤδη καὶ εἰς μάστιγας προεχώρει· θατέρου γὰρ τῶν παιγνιμόνων τούτων, ᾧ τοὔνομα Χρύσηλος, ξύλῳ τινὶ τὸν ποιμένα ῥαπίσαντος, ἐκεῖνος αὐτίκα [f. 220] μάχαιραν εἵλκυσε, καὶ εἰσωθεῖ ταύτην κατὰ τῶν σπλάγχνων τοῦ τύψαντος· ὅθεν οὐδὲ χρόνου τι μέρος μέσον τοῦ θανάτου καὶ τῆς μαχαίρας γέγονεν· εὐθυωρὸν γὰρ ὁ ἄνθρωπος τέθνηκε.

Ταῦτα οἱ ἀναγεγραμμένοι ἄνδρες ἀφηγησάμενοι, ἐζήτουν μαθεῖν, εἰ προστρίβεταί τις· καὶ τούτοις εὐθύνη ἀπὸ τοῦ συμβεβηκότος, ὡς ἀνατέτακται, ἁμαρτήματος, καὶ οἱ ὑπεύθυνοι κρίνονται, δέξασθαι καθικέτευον ἐκκλησιαστικὰ ἐπιτίμια πρὸς κάθαρσιν τῶν ψυχῶν αὐτῶν.

Ἡ ἁγία δὲ τοῦ Θεοῦ ἐκκλησία τὴν προσέλευσιν αὐτῶν δεξαμένη, διὰ τῆσδε δεσποτικῆς θείας μεγαλειότητος κανονικῶς τὰ κατ' αὐτοὺς ᾠκονόμησεν· ὅθεν ἐργάτας μὲν φόνου τούτους οὐδαμῶς κρίνεσθαι διέγνω. Τὸ μὲν γὰρ ἔργον τοῦ φόνου ἑτέρᾳ χειρὶ ἐξειργάσατο. Ὁ τούτων δὲ σκοπὸς τῇ κατὰ χώραν ἔθει ἀκόλουθος, οὐ πρὸς χύσιν ἀπέβλεπεν αἱμάτων, ἀλλὰ παίγνια· ὅτι δὲ τὰ παίγνια ταῦτα τοῖς θείοις καὶ ἱεροῖς κανόσιν ἀπηγορευμένα τυγχάνουσιν, ὡς ἐκ τῆς ἑλληνικῆς πλάνης καὶ μέθης ὁρμώμενα[2]) ὁποῖα δὴ τὰ λεγόμενα Βοτὰ, καὶ Βρουμάλια, καὶ αὐτὰ δὴ τὰ Ῥουσάλια καὶ ἕτερα τούτοις παραπλήσια· καὶ τούτου ἕνεκεν ὑπεύθυνοι κρίνονται, ὡς ἔργον ἀνόσιον μετιόντες, τοῦ τῶν χριστιανῶν βίου ἀλλότριον. Διὰ τοῦτο ἀπόσχεσθαι μὲν τῶν τοιούτων παιγνίων καθόλου τούτοις παρηγγύησατο. Ἐπιτιμίοις δὲ

---

[1]) De hoc argumento pauca in altera parte latina notare juvabit. — [2]) Cod. ὁρμώμενος.

αὐτοὺς καθυπέβαλλε πρὸς τὴν τοῦ ἐντεῦθεν μολυσμοῦ κάθαρσίν τε καὶ καρδίας ἀνάνηψιν καὶ ἀπαλλαγὴν τοῦ τοιούτου παραπτώματος, καὶ κωλύομεν αὐτοὺς ἐπὶ τρισὶν ἔτεσιν ἀκοινωνήτους αὐτοὺς τῶν ἁγιασμάτων γενέσθαι· τῷ ἐφ᾽ ἑνὶ τούτων ἀπόσχεσθαι μόνον τοῦ κρέατος, τῷ πᾶσαν τετράδα καὶ παρασκευὴν ξηροφαγεῖν, ἄρτῳ μόνῳ καὶ ὕδατι καὶ ὀσπρίοις καὶ λαχάνοις ἀρκουμένοις· καὶ τὸ ἑκάστης ἡμέρας τεσσαρακοντάκις γονυκλιτεῖν, ἄνευ σαββάτου καὶ κυριακῆς καὶ τῶν δεσποτικῶν ἑορτῶν· καὶ εἴπερ μέντοι τις ἐξ αὐτῶν ἐν τῷ μεταξὺ τῶν εἰρημένων τριῶν ἐτῶν, νόσῳ περιπέσοι, θάνατον ἀπειλούσῃ, τῆς μεταλήψεως τῶν ἁγιασμάτων ἀξιωθήσεται, καὶ οὐδαμῶς ἐν ἐκείνῳ τῷ καιρῷ ταύτης εἰρχθήσεται. Ὅτι δὲ τὸ | ἀναπεφωνημένον ἔργον βδελυκτόν ἐστιν καὶ ἀπόβλητον τῆς τῶν χριστιανῶν καταστάσεως, καθὰ δὴ τοῖς τε ἱεροῖς κανόσι καὶ τοῖς φιλευσεβέσιν νόμοις δοκεῖ.

Τούτου χάριν ἡ ἁγία τοῦ Θεοῦ ἐκκλησία διὰ τοῦ παρόντος γράμματος, ἀφορισμὸν ἀπὸ τῆς ἁγίας καὶ ζωαρχικῆς Τριάδος ἐπανατείνει, τοῖς τε τὴν δημοσιακὴν ἐξουσίαν ἐν τῇ χώρᾳ τοῦ Μολίσκου διαζωννυμένοις καὶ πᾶσι τοῖς ἐν τοπίοις ἢ ἐξ ἄλλων χωρῶν ὡρμωμένοις καὶ ἐν αὐτῇ κατοικοῦσιν, ὥστε μηκέτι τοῦ λοιποῦ μήτε μετέρχεσθαι τὸ τοιοῦτον θεοστυγὲς ἔργον, μήτε διεγείρειν εἰς τοῦτο τοὺς ἁπλουστέρους τε καὶ ὑποδεεῖς, ἐν τῷ συνεργίῳ τούτοις παρέχειν· εἰδέναι γὰρ ὀφείλουσιν ἅπαντες, ὡς ἀλλότριοι ἔσονται τοῦ Θεοῦ καὶ τῆς ἁγίας αὐτοῦ ἐκκλησίας. Τίς γὰρ κοινωνία φωτὶ πρὸς σκότος, ὥς φησιν ἀπόστολος; τίς δὲ συμφώνησις Χριστοῦ πρὸς Βελίαρ; ὅθεν καὶ οἱ ἀναγεγραμμένοι ἄνδρες ὡς ἐξομολογησάμενοι τὸ κακὸν μετὰ κατανύξεως, καὶ ἤδη Θεοῦ χάριτι διὰ τῶν δεδομένων αὐτοῖς ἐκκλησιαστικῶν ἐπιτιμίων καθηράμενοι πάσης χειρὸς ἐξουσιαστικῆς τιμωρῆσαι τούτοις ἐπιβαλλομένης ἢ ζημιῶσαι, πάντη ἐλεύθεροι ἔσονται γινώσκειν ὀφείλοντες τοῦ ὁπωσδήποτε τούτοις ἐπηρεάσαι ἐπιχειρήσαντες, ὡς ἀφορισμένος ἔσται ἀπὸ τῆς ἁγίας τοῦ Θεοῦ ἐκκλησίας, οἷα τοὺς πρόσφυγας αὐτῆς κακώσεσιν ὑποβάλλειν ἐπιχειρῶν. Ἐγράφη ταῦτα καὶ συνήθως βεβαιωθέντα ἐδόθη τοῖς ἀναγεγραμμένοις ἀνδράσιν, ἵν᾽ ὦσιν αὐτοῖς εἰς ἀσφάλειαν, προκομισθῆναι ὀφείλοντα τῷ κατὰ χώραν ἀρχιερεῖ, ὡς ἂν ἐπ᾽ ἐκκλησίας ἀναγνωσθεῖσιν καὶ ἐπιγνωσθῶσιν τοῖς ἐγχωρίοις ἐξουσιασταῖς καὶ οἰκήτορσιν.

ΡΚΑ'.

Περὶ γυναικὸς ἐπιβουλευσαμένης τὸν ἑαυτῆς ἄνδρα διὰ δηλητηρίων φαρμάκων, καὶ διαζύγιον πρὸς ταῦτα γεγονός.

De uxore viro suo insidiante venenosis medicamentis, ad haec divortio facto.

Τοῦ νόμου τὴν κατὰ τοῦ ἀνδρὸς τῆς γυναικὸς ἐπιβουλὴν ταῖς ἄλλαις συναριθμοῦντος αἰτίαις, αἳ διαλύειν τοὺς γάμους εἰώθασιν, ἡ τοῦ Σπαθᾶ Γεωργίου ἀνεψιὰ Χρυσῆ περὶ τοιαύτης ὑποθέσεως ἐξεταζομένη παρὰ τῷ δικαστηρίῳ τοῦ παναγιωτάτου ἡμῶν δεσπότου τοῦ ἀρχιεπισκόπου [f. 227] πάσης Βουλγαρίας· τὴν σήμερον εὑρέθη, οὐ μόνον τῇ ζωῇ τοῦ ταύτης ἀνδρὸς Μανουὴλ ἐπιβεβουλευσαμένη, ἀλλὰ καὶ καθ᾽ ἑαυτῆς αὐτόχειρα τὴν ἐπιβουλὴν σκευωρήσασα. Τὸ εἶδος δὲ τῆς τοιαύτης ἐπιβουλῆς ἦν, ὡς αὐτός τε ὡμολόγησε καὶ πολλοὶ συνειδότες ἐτύγχανον, δηλητήριον ποτήριον· ὃ πρῶτα μὲν τῷ συνεύνῳ κιρνᾷ, ἔπειτα δὲ ἑαυτῇ, ὡς τῷ κατὰ τοῦ ἀνδρὸς ἐγχειρήματος ἀστοχηση¹)· οὐκ ἔβλαψε γὰρ αὐτὸν οὐδαμῶς τὸ ταυτὸν τοῦ θανάτου ποτήριον, καὶ τὸ αἴτιον οὐκέτι στέγειν ἠδύνατο, πολλὰ πάσχουσα παρὰ τοῦ τοιούτου ἀνδρὸς τὰ ἀνήκεστα· οὗ ἕνεκα καὶ τὴν ἀπ' αὐτοῦ διάστασιν ἐνενόησεν, ἐπίσης ἑαυτῇ τε καὶ τούτῳ τὸν τοῦ θανάτου κυκεῶνα κεράσασα· ὡς ἂν δηλαδὴ ἀπ' ἐκείνου ὁπωσοῦν τὸ ποτήριον παρέλθῃ, ἀλλ' ἐν ταύτῃ ἐνεργὸν, ὡς ᾤετο, γένηται. Ὅτι τοίνυν ἡ Χρυσῆ τῇ γε προαιρέσει οὕτω πεφώραται ἀνδροφόνος, τοῦ τε ἡμετέρου καὶ ἑαυτῆς, εἰ καὶ ἄπρακτα τὰ πο-

τήρια, Θεοῦ προνοίᾳ, πεφήνασι (παρῆν γὰρ ὁ εἰρημένος Μανουὴλ, καὶ ταῦτα οὕτως ἔχειν διωμολόγει), διαζύγιον εὐθὺς κατεψηφίσθη τῶν τοιούτων ὁμοζύγων παρὰ τῆς δεσποτικῆς θείας μεγαλειότητος· καὶ ἡ μὲν Χρυσῆ τοῖς τῶν φονέων ἐπιτιμίοις καθυποβληθεῖσα, τὸ παρ' αὐτὰ καὶ εἰς τὴν σεβασμίαν γυναικείαν μονὴν τῶν ἁγίων καὶ πανευφήμων ἀποστόλων παρήγγειλεν. Ὁ Μανουὴλ δὲ ἐπετράπη τὰ καθ' ἑαυτὸν διεξαγαγεῖν, ὡς ἄρα καὶ βούλεται.

ΡΚΒ'.

Περὶ τοῦ μνηστευσαμένου κόρην ἑξαετῆ.
De sponso sponsae sexennis.

Ἑξαέτες κοράσιον μνηστευσάμενος Ἰάδωνα· ὁ τοῦ Πικρίδους, ἔγνω μάταια καὶ μνηστευσάμενος, καὶ δι' ἐγγράφων συμφωνήσας πρὸς τοὺς τοῦ κορασίου γεννήτορας· τοιαῦτα γὰρ τὰ πράγματα τοῦτον ἐδίδαξαν, ὡς ὁ τοῖς νόμοις ἐμπαροικῶν, οὐδαμῶς κατεπιθύνεται· συμφωνήσας γὰρ μετὰ τῶν ἄλλων, θητεύειν παρὰ τῷ οἴκῳ τῆς κόρης· τὸν ὑπολείποντα χρόνον τῇ τῆς μνηστῆς ἡλικίᾳ, χορηγεῖσθαι δὲ ἐκεῖθεν τὰ ἀρκοῦντα τούτῳ εἰς διατροφὰς καὶ σκεπάσματα, οὐ μόνον οὐδὲν ὤνατο τῶν συμφωνιῶν κενόσπουδος ἐπευχόμενος, ἀλλ' ἐκινδύνευε καὶ εἰς αὐτὴν τὴν ψυχὴν αὐτὸς ζημίαν παθεῖν· συνόμιλος γὰρ ἀεὶ τῶν ἐν τῷ οἴκῳ τυγχάνων, ἐπεμάνη κατὰ τῆς μητρὸς τῆς κόρης ἐρωτικῶς·²) ἐντεῦθεν γνοὺς κατ' ἀμφότερα ζημίαν ἐπιπεσοῦσαν αὐτῷ, πρὶν ἢ καὶ εἰς πεῖραν ὅλως τῆς ψυχικῆς, ἀπέστη τε τοῦ οἴκου, καὶ τὴν σήμερον παραστὰς τῇ δεσποτικῇ θείᾳ μεγαλειότητι, τὰ καθ' ἑαυτὸν ἐξελάλει καὶ τὴν μνηστείαν ἠθέτει· ἣν ἔγγραφοι μέντοι ἀρέσκειαι, ἐπερωτήσεσι κατησφαλισμέ-

ναι, ἠρτύσαντο. Ὡς οὖν παρέστη καὶ ὁ τῆς κόρης πατὴρ, ἤγουν ὁ Χωδίνας, καὶ τὴν ἀπόστασιν ἑώρα τοῦ μνήστορος, ἀντέλεγε μὲν πρὸς τὰ παρ' αὐτοῦ εἰσαγόμενα, καὶ τὰ ἔγγραφα ἐμφανίζων, καὶ τὸ πρόστιμον τὸ ἐκ παραβασίας προφέρων, ἄγχει ᾤετο τὸν Ἰάδωναν καὶ ἐγκρατῶς αὐτῷ ὑποκλίνειν. Ἀλλὰ γὰρ οὗτος τοῦ ἀποστασίου ἀπρὶξ εἴχετο, καὶ τοῖς τοῦ Χωδίνου λόγοις οὐδ' ὅλως ἐκάμπτετο.

Ἡ δεσποτικὴ τοίνυν θεία μεγαλειότης, τὰ τοῦ πράγματος διασκεψαμένη, καὶ γνοῦσα τὴν παροῦσαν μνηστείαν γενομένην παρά τε τὴν πρεσβυτέραν νομοθεσίαν, ὡς τῆς κόρης οὔσης ἑξαετοῦς, καὶ παρὰ τὰς νεαρὰς ³) νομοθεσίας τῶν ἀοιδίμων βασιλέων, τοῦ τε σοφωτάτου κυροῦ Λέοντος καὶ τοῦ Κομνηνοῦ κυροῦ Ἀλεξίου, μαθοῦσα δὲ καὶ τὸν ψυχικὸν τοῦ μνήστορος κίνδυνον, ὃς δὴ κἂν εἰς πρόφασιν τυχὸν προετέθη ἐνταῦθα, ὅμως καὶ χωρὶς τούτου ὕποπτος ἦν (πολλὰ γὰρ τοιαῦτα συμβαίνειν χώραν ἔχουσιν, ἔνθα τὸ τοῦ νόμου ἀκριβὲς τόπον οὐ κέκτηται), ἅ-

---

¹) Cod. ἀστηχίσκεα. — ²) fort. ἐρωτικῶς, et paulo post τὰς ψυχὰς. — ³) Cod. νεαρὰς·

πρακτον μεῖναι τὴν τοιαύτην μνηστείαν παντάπασιν ἀπεφήνατο, τοῦ ἐπερωτηθέντος προστίμου παρὰ τοῦ Ἰαδόνου δοθῆναι οὐδ' ὅλως ὀφείλοντος, διὰ τὸ ἀπρακτεῖν καὶ τὰ σύμφωνα, ὡς μὴ ἐγκαίρως καὶ κατὰ νόμους γενόμενα· καιρὸς δὲ τούτοις ἦν ἐπιτήδειος, εἴπερ κατὰ τὴν παλαιὰν νομοθεσίαν, ἣν καὶ αἱ νεαραὶ βεβαιοῦσιν, ἑπταετὴς ἡ κόρη ὤσα ἐτύγχανεν, ὅτι ταῦτα ἐγγράφοντο: (*Nec plura post duo puncta.*)

ΡΚΓ'.

Περὶ ἠλιθιότητος, καὶ ὅτι μετὰ τριετῆ χρόνον διὰ ταῦτα λύονται τὰ συνοικέσια.
De impotentia, et quod post tres annos matrimonium per haec solvitur.

Ὁ ἐν τῷ χωρίῳ Τζερνισοβίστῃ κατοικῶν Μαῦρος, παρέστη τὴν σήμερον τῇ ἡμῶν μετριότητι, καὶ ἐξελάλησεν, ὡς τέταρτον ἤδη ἔτος καὶ αὐτὸ οὐκ ἐξεγένετο ἐνδείξασθαι τὰ τῶν ἀνδρῶν εἰς τὴν συζευχθεῖσαν τούτῳ [f. 228] γυναῖκα τὴν Ἄνναν, καὶ οὕτω μένων εἰς ἄρτι πρὸς ταύτην ἀκίνητος, ζητεῖ τοῦ μετ' αὐτῆς συνοικεσίου ἀποστάσιον μήποτε, φησίν, ἡ τοιαύτη γυνὴ καὶ εἰς δεδημοσιωμένην πορνείαν ἐκκλίνειεν, ὡς ὑποπτευομένη πρὸς τὸν τοιοῦτόν τινα ὄλισθον. Ἐπειδὴ δὲ παρῆν καὶ ἡ γυνὴ καὶ ἠρωτᾶτο τὰ περὶ τούτου, καὶ δὴ καὶ ὡμολόγει τὰ τοῦ πράγματος οὕτως ἔχειν, καὶ οὐκέτι δύναται διακαρτερεῖν ἀνδρὶ συνοικοῦσα, οὕτως εἰπεῖν, ἀνεπιγνώστῳ αὐτῇ, δεῖν ἔγνω ἡ μετριότης ἡμῶν καὶ τῶν γειτονεύντων αὐτοῖς ἐν τῷ αὐτῷ χωρίῳ πυθέσθαι, εἰ ἄρα καὶ αὐτοὶ οὕτως ἔχειν τὰ περὶ τούτου συνοίδασι· καὶ ἐπειδὴ παρῆσαν καὶ ἐκ τῶν τοιούτων οὐκ ὀλίγοι συνῳδὰ καὶ αὐτὸς τοῖς ὁμόζυξι τούτοις ἅμα καὶ ἄζυξι συνεφθέγγοντο.

Ἡ μετριότης οὖν ἡμῶν τὰ τοῦ πράγματος διασκεψαμένη, καὶ διαγνοῦσα μὴ χρῆναι περαιτέρω προελθεῖν τὴν τῶν ὁμοζύγων τούτων συνοίκησιν, διαζύγιον ταύτης κατεψηφίσατο κατὰ τὴν νεαρὰν διάταξιν τὴν κειμένην ἐκ κη' βιβλ. τῶν βασιλ. τίτλ. ζ' καὶ ἐν μέρει οὕτω διεξιοῦσαν ῥητῶς· " Καὶ κατὰ πρόφασιν δὲ ἀναγκαίαν τε καὶ εὔλογον διαλύεται γάμος, ὅταν τις οὐχ οἷός τε εἴη συνιέναι τῇ γυναικί, καὶ τὰ παρὰ τῆς φύσεως ἀνδράσι δεδομένα πράττειν ἄχρι τριῶν τελείων ἐνιαυτῶν ἐκ τοῦ τῶν γάμων καιροῦ· πάρεστι γὰρ τῇ γυναικί[1]) .... αὐτῆς· πρᾶξιν διεζευχθῆναι τὸ συνοικέσιον, εἰ μὴ καὶ βούλοιτο τοῦτο ὁ συνοικῶν, κἀνταῦθα ἡ μὲν προίξ, ἥτις ἐστὶν ὅλως ἐπιδιδομένη, ἀκολουθήσει τῇ γυναικί, καὶ ἀποδώσει ταύτην ὁ ἀνήρ, εἴ γε τύχοι λαβών· ἡ δὲ διὰ τῶν γάμων, ἤτοι πρὸ τῶν γάμων δωρεὰ μενεῖ παρὰ τῷ ἀνδρί, οὐδὲν οἴκοθεν ζημιουμένῳ „. Γέγονε τοίνυν οὕτω τὸ διαζύγιον.

[1]) Cod. lacuna brevis.

ΡΚΔ'.

Περὶ τῶν μὴ κατὰ συναίνεσιν ἀμφοτέρων τῶν συναπτομένων γινομένων συναλλαγμάτων, καὶ τότε λέγεται νομίμως γαμετὴ, καὶ περὶ βίας, καὶ φόβου καὶ εὐχῆς μνηστείας.

De contractibus sine mutuo conjugum consensu factis, et quando uxor dicatur legitima, de vi, metu et ritibus sponsalium.

Ὁ μεγαλεπιφανέστατος κυρὸς Γεώργιος ὁ Σκώρης, ἀνήνεγκε τῇ ἡμῶν μετριότητι προκαθημένη συνοδικῶς, ὡς κατὰ τὸν σεπτέμβριον μῆνα τῆς παρούσης ἐπινεμήσεως συνήρθη γυναικὶ γαμικῶς τῇ | ἀνεψιᾷ τοῦ πανσεβάστου σεβαστοῦ κυροῦ Μαύρου τοῦ Βογδανοπούλου ἐν τῷ θέματι τῶν Δερβῶν· ὅτι γοῦν οὔτε ἑκούσιος γνώμη αὐτοῦ, οὔτε διάθεσις, οὔτε συναίνεσις κατὰ νόμιμον ἀκολουθίαν τοῦ τοιούτου συνοικεσίου προηγήσαντο, ἀνάγκη δὲ μάλιστα, εἴ γε ἀνάγκη πᾶσα κελεύσμασιν ὑπείκειν ἃ τηνικαῦτα παρατεῖσθαι αὐτῷ· οὐδ' ὅλως ἔλεγε δύνασθαι ἀνακύπτειν· δὲ καὶ πρόσκομμα ἕτερον, ὅτι ἀτελὴς ἡ κόρη τὴν ἡλικίαν ἐστὶ, δέκατον γὰρ ἀνύει ἔτος· ἤδη ἐκ γενετῆς, οὗ χάριν οὐδὲ τὴν ὁμιλίαν ἔγνω αὐτοῦ· διὰ τοῦτο διαζυγῆναι ταύτης ἐθέλει, οἷα πάντη ἀβουλήτως καὶ ἀηδῶς ἔχων πρὸς τὸ τοιοῦτον συνάλλαγμα.

Ταῦτα τοῦ Σκόρη εἰπόντος, ἐπεὶ παρῆν καὶ ὁ ῥηθεὶς πανσέβαστος Βογδανόπουλο, ἀπελογεῖτο λέγων, ἀμέμπτως προβῆναι τὸ εἰρημένον συνάλλαγμα, καὶ προφάσεις εἶναι τὰ παρὰ τοῦ Σκόρη προτιθέμενα, οἷα φεύγειν ἀνευλόγως ἐθέλοντος τὴν μετὰ τῆς κόρης συνοίκησιν. Ὡς οὖν μεταξὺ τῶν μερῶν ἀμφοτέρων ἱκανοὶ λόγοι ἐλέγχθησαν, ἀπισχυρίζετο δὲ ὁ Σκώρης καὶ δι' ὅρκου πιστώσασθαι ὡς ἀτελὴς τὴν ἡλικίαν ἡ κόρη ἐστὶν, συνιδὼν ὁ πανσέβαστος Βογδανόπουλος μήποτέ τι καὶ παρακεκινδυνευμένον μεταξὺ συμβαίη, ἀπεκάλυψε τὸ ἀπόρρητον εἰπὼν, ὡς κηδόμενος τῆς ἀνεψιᾶς αὐτοῦ, οἷα ὀρφανῆς καὶ ἀπροστατεύτου, καὶ θέλων ἀνδρὶ ταύτην ἁρμόσασθαι, τὸ τῆς ἡλικίας αὐτῆς ἐνδέον πρὸς τὸν νόμιμον ὅρον, ἐντελὲς εἶναι καθωμολόγησεν, ὅτε συνῆπτε ταύτην τῷ Σκόρῃ, ἵνα τὸ κατὰ σκοπὸν ἐξανύσειεν. Ἐπεὶ δέ φησιν ὁ αὐτὸς Σκώρης, τήν τε τῆς κόρης ἀφηλικίωσιν καὶ τὸ ἑκούσιον τῆς ἑαυτοῦ γνώμης· προτίθησι καὶ πειθανάγκην δέ τινα ἑτέραν, ὧν ἕνεκεν ἀηδῶς διατίθεσθαι, λέγει τὸ περὶ τὸ τοιοῦτον συνάλλαγμα, καὶ μηδ' ἂν μηδέποτε θέσθαι τούτῳ, ἀπισχυρίζεται ἀποφάσει νομίμῳ λυθῆναι δεῖ λοιπὸν τὸ ἀμφίβολον.

Οὕτως οὖν καὶ τοῦ Βογδανοπούλου εἰπόντος, ἡ μετριότης ἡμῶν τὰ τοῦ πράγματος διασκεψαμένη μετά γε τῶν συμπαρόντων ἱερωτάτων ἀρχιερέων, ἐπελθοῦσα δὲ καὶ τὰς θείας δέλτους, τάς τε κανονικὰς καὶ τὰς νομικὰς, καὶ ἀκριβῶς γνοῦσα μὴ ἐν πέτρᾳ στερρᾷ τοῖς νομίμοις παρατηρήμασι [f. 229] τεθεμελιῶσθαι τὸ ἀναπεφωνημένον συνάλλαγμα, ὡς ἐν ψάμμῳ δὲ τῷ ἀπερισκέπτῳ καὶ ἀπροβουλεύτῳ τοῦ ἐγχειρήματος· θεμέλιος γὰρ ἀσφαλὴς γαμικῶν συναλλαγμάτων διάθεσίς τε ἀμοιβαία καὶ χρόνος ὁ τῷ νόμῳ διωρισμένος, καὶ συναίνεσις τῶν συναλλασσόντων ἀπὸ γνώμης ἑκουσίου, καὶ πάσης ἀνάγκης καὶ βίας ὑπερκειμένης, διαζύγιον τοῦ τοιούτου κατεψηφίσατο συναλλάγματος.

Περὶ μὲν γὰρ βίας καὶ φόβου, φησὶν ὁ νόμος, ἐν κεφαλ. α' τοῦ β' τίτλ. τοῦ ι' βιβλ. ταῦτα ῥητῶς· " Τὸ κατὰ φόβον γινόμενον οὐκ ἔρρωται. Ἔνεστι δὲ τῷ φόβῳ καὶ ἡ βία ". Ἐν δὲ τῷ ριγ' κεφ. τοῦ γ' τίτλ. τοῦ β' βιβλ. ταῦτα· " Οὐδὲν οὕτως ὑπεναντίον τῇ ἀγαθῇ πίστει ὡς ἡ βία καὶ ὁ φόβος ".

Περὶ δὲ συναινέσεως καὶ διαθέσεως φησὶ τὸ β' κεφ. τοῦ δ' τίτλ. τοῦ κη' βιβλ. ταῦτα· " Οὐ γίνεται γάμος εἰ μὴ συναινέσουσιν οἱ συναπτόμενοι, καὶ οἱ ἔχοντες αὐτοὺς ὑπεξουσίους„. Καὶ κεφ. τοῦ αὐτοῦ τίτλ. νβ'· " Τὸν γάμον διάθεσις ἀμοιβαία ποιεῖ, τῆς τῶν προικώων οὐκ ἀεὶ ἐπιδεομένη προσθήκης „.

Εἰς τὴν αὐτὴν φέρειν ἐοίκασιν ἔννοιαν καὶ οἱ κανόνες τοῦ ἐν ἁγίοις πατρὸς ἡμῶν Βασιλείου, ἐν οἷς θεσπίζουσιν, ὅτε δηλονότι μα' καὶ μβ', τῇ ἐπινεύσει τῶν ἐχόντων τὸ κράτος τοῦ βούλεσθαι, τὸ τοῦ¹) γάμου δεικνύοντες βέβαιον, ὡς τοὺς ἄνευ τούτων γινομένους γάμους πορνείας κατονομάζοντες. Ἐπεὶ τοίνυν καὶ ὁ τοῦ παρόντος γάμου θεμέλιος οὐκ ἀσφαλὴς ἦν ἐξ ἀρχῆς· οὐδὲ ἔννομος, τά τε ἄλλα καὶ ὅτι καὶ ἡ κόρη ἥττων ἦν τῶν δώδεκα ἐτῶν, ὅτε τῷ Σκόρῃ ἡρμόζετο, τούτου ἕνεκεν ὁ τοιοῦτος γάμος, ὡς ἀνόπιν ἐρρήθη, διασπασθήσεται²), διὰ τὸ ἀνυπόστατον αὐτοῦ καὶ οὐκ ἔννομον κατά τε τοὺς νομικοὺς κανόνας, τοὺς λέγοντας, τὸν μὲν " ὅτι οὐ δοκεῖ τὸ ἐξ ἀρχῆς ἀνυπόστατον ἐκ τῶν μετὰ ταῦτα συμβαινόντων βεβαιωθῆναι„, τὸν δὲ " ὅτι θέμα παριστᾶν εἰς τάξιν ἐξ ἧς τὴν ἀρχὴν οὐκ ἠδύνατο συστῆναι ἄκυρόν ἐστι„, καὶ κατὰ τὸ να' κεφ. τοῦ δ' τίτλ. τοῦ κη' βιβλ. τῶν βασιλ. οὕτω δεξιόν· " Ἐννόμους γάμους μεταξὺ ἀλλήλων συνιστῶσι Ῥωμαῖοι, ἡνίκα τὰ περὶ τῶν γάμων τοῖς νόμοις διηγορευμένα φυλάσσωσι. Δεῖ δὲ τοὺς μὲν ἄρρενας ἐφήβους εἶναι, τὰς δὲ θηλείας | ἀνδρὸς δεκτικάς, τουτέστιν τοὺς μὲν ὑπερβεβηκέναι τὸ ιδ' ἔτος, τὰς δὲ μείζονας εἶναι τῶν ιβ' ἐνιαυτῶν„. Εἰ δὲ τῷ τοῦ συναλλάγματος τούτου ἀνυποστάτῳ καὶ ἡ συνήθης ἱερολογία ἐπηκολούθησεν, ἀλλ' οὐκ ἐντεῦθεν λογισθήσεται βέβαιον, ὡς ὁ ἀνατεταγμένος διαγορεύει κανών, ἐπείπερ οὐδ' ὅτι οὖν τῶν τοῖς νόμοις διαγορευομένων, ἐν τούτῳ πεφύλακται „. Αἱ ἱεραὶ δὲ εὐ-

χαί, ὡς ἀνυπότακτα καὶ ἀπόβλητα πολλάκις· πράγματα ἐκφωνούμεναι, οὐ βεβαιοῦσιν αὐτά, οἷον ἐστὶ τὸ τῆς ἀδελφοποιΐας καὶ τὸ τῶν γάμων τῶν τε ἀθεμίτων καὶ τῶν παρ' ἀξίαν προβαινόντων ³).

Περὶ ὧν τὸ β' θέμα τοῦ ζ' κεφ. τοῦ ε' τίτλ. τοῦ κη' βιβλ. οὕτω φησίν· " Οὐκ ἐρρωται ὁ γάμος τῆς θυγατρὸς ἢ ἐκγόνης τοῦ ἀξιωματικοῦ πρὸς ἀπελεύθερον, ἢ σκηνικὸν, ἢ υἱὸν σκηνικοῦ ἢ σκηνικῆ „. Ἔστι δ' ὅτε καὶ ἐξ ἀρχῆς ἱεραὶ εὐχαὶ βεβαιοῦσαι τὸν γάμον ὡς ἀμέμπτως προβάντα ἐκ τῶν ὕστερον συμβαινόντων, εἰς τὸ ἄκυρον περιΐστανται, ὡς ἐπὶ τῶν ἐξ ἁμαρτημάτων κατὰ νόμους γινομένων διαζυγίων· καὶ οὐκ ἔστιν ἀπισχυρίσασθαί τινα, μεῖναι ἄλυτον τὸ παράνομον, εἰ ταῖς θείαις δήπουθεν ἐπῳδαῖς συγκεκρότηται· αὗται μὲν γὰρ φυσικῶς ἔχουσι τὸ σεβάσμιον. Τὸ δὲ παράνομον ἀπόβλητον γίνεται, ὡς αὐτὸ τοῦτο παράνομον· αἱ ἱεραὶ μέντοι νομοθεσίαι τῶν ἀοιδίμων βασιλέων, τοῦ τε σοφωτάτου κυροῦ Λέοντος, καὶ τοῦ Κομνηνοῦ κυροῦ Ἀλεξίου, ἀριδηλοτέραν τὴν τῶν γάμων παραδίδοσθαι σύστασιν, ὅπερ ἡ πρεσβυτέρα νομοθεσία ἐθέσπισεν, εἰποῦσα τὴν ἥττονα τῶν δώδεκα ἐτῶν γαμηθεῖσαν τότε γίνεσθαι νόμιμον γαμετὴν, ὅτε παρὰ τῷ ἀνδρὶ αὐτῆς ἐκπληρώσῃ τὰ ιβ' ἔτη, ὡς δηλονότι ψιλῆς τότε συναινέσεως μόνης ἀρκούσης πρὸς σύστασιν γαμικήν. Τοῦτο αὗται πρὸς τὸ ἀσφαλέστερόν τε καὶ εὐπρεπέστερον ἄγουσαι, διωρίσαντο πρὸς τῇ συναινέσει καὶ διαθέσει τῶν συναπτομένων, καὶ ἱερῶν εὐχῶν ἐπῳδαῖς τὸν γάμον συνίστατται τοῖς αὐτοῖς χρονικοῖς ὅροις περιγραφόμενον, ἵνα δηλαδὴ τὴν πῆξιν βάσιμον λαμβάνῃ καὶ ἀπερίτρεπτον.

Καὶ ὥσπερ ἐκείνη τὴν πρὸ τῶν ιβ' ἐτῶν γαμηθεῖσαν τῷ γήμαντι συνοικοῦσαν μὴ λύεσθαι νόμιμον γαμετὴν, ἕως ἂν παρ' αὐτῷ διανύσῃ τὴν δωδεκαετηρίδα νενομοθέτηκε,

---

¹) Cod. τὴν βούλεσθαι τὸ τὸν γάμον. In ipso canone XLII: τότε λαμβάνει τὸ τοῦ γάμου βέβαιον. Cf. Jur. eccles. Graec. I, 503 — ²) Ib. διασπαθήσεται. — ³) In marg. σημ. περὶ ἀδελφοποιΐας.

[f. 230] οὕτως αἱ νεκραὶ αὖται τὸν γάμον, τὸν μὴ μετὰ τὸν νενομοθετημένον¹) χρόνον, ἀλλ᾽ ἐντὸς τούτου προβάντα, κἂν εὐχαὶ ἐπακολουθήσωσιν, ὡς μηδὲ γεγονότα λογίζεσθαι τεθεσπίκασιν, εἰ μήποτε, φησὶ βασιλεύς, πράττων οἰκονομίαν τινὰ καινοτομηθῆναι τὸν χρόνον διορίσεται, διὰ τὸ πάντως λυσιτελοῦν τῷ κοινῷ. Διὰ ταῦτα οὖν καὶ τὸ εἰρημένον συνάλλαγμα ἡ μετριότης ἡμῶν συνοδικῶς γινώσκει διασπασθῆναι, ὡς μὴ κατὰ τὴν νομικὴν καὶ κανονικὴν γεγονὸς παρατήρησιν, ἐκεῖνό γε μὴν τοῖς διασπασθεῖσι τούτοις προσώποις πρὸ ὀφθαλμῶν κείσεται· τῷ προρρήνως φυλάξαι τὰ τεθεσπισμένα τῷ νόμῳ, ὃς κεκωλυμένων προσώπων ἐπαρίθμησιν ἐποιήσατο, μὴ ἐφιεὶς ταῦτα εἰς τὴν ἀποζευχθεῖσαν τοῦ ἐγγίζοντος προσώπου εἰσέρχεσθαι. Τοῦτο γὰρ καὶ ἡ τοῦ διαληφθέντος ἀοιδίμου βασιλέως κυροῦ Ἀλεξίου νεαρὰ ἐπεκύρωσε²). Λέγει γὰρ ὁ νόμος ῥητῶς οὑτωσί· "Οὐ δύναμαι λαμβάνειν θυγατέρα τῆς ἀποζευχθείσης μου γυναικός, τὴν μετὰ τὴν ἀπόζευξιν τεχθεῖσαν ἐξ ἑτέρου ἀνδρός, τὴν τοῦ πατρός μου, ἢ τοῦ ἀδελφοῦ μου μνηστὴν οὐ δύναμαι λαμβάνειν, κἂν γαμεταὶ αὐτῶν οὐ γεγόνασιν· ἡ μὲν γὰρ μετρυιᾶς, ἡ δὲ νύμφης τάξιν ἐπέχει· ὁ θετὸς υἱὸς καὶ αὐτεξούσιος γενόμενος, οὐ δύναται τὴν γενομένην τοῦ θετοῦ πατρὸς γαμετὴν λαμβάνειν πρὸς γάμον, ὥσπερ οὐδὲ τὴν αὐτὴν τοῦ υἱοῦ γαμετὴν ὁ αὐτεξούσιον αὐτὸν ποιήσας θετὸς πατήρ, κἂν ἡ θέσις ἐλύθη· εἰ καὶ μὴ ἅπτεται τοῦ γένους αὐτῶν· ἡ μὲν γὰρ μητρυιᾶς, ἡ δὲ νύμφης τάξιν ἐπέχει „.

ΡΚΕ'.

Περὶ κεκωλυμένων βαθμῶν, καὶ αἱμομικτῶν, καὶ τιμωρίας αὐτῶν.
De prohibitis gradibus, et de incestuosis, et corum punitionibus.

Ἀνήνεγκε τῇ ἡμῶν μετριότητι ὁ ἀπὸ τοῦ Θήματος Σοσγοῦ ὁρμώμενος Γεώργιος ὁ Ἀνδρούτζος, ὡς φθάσας μνηστεύσασθαι Μαρίαν τὴν θυγατέρα τοῦ ἀποιχομένου ἱερέως Βασιλείου τοῦ Τζαούση, συνερθάρη πρὸ τοῦ γάμου πορνικῶς γυναικί τινι, δυσεξαδέλφῃ εὑρισκομένῃ τῆς μητρὸς τοῦ εἰρημένου πενθεροῦ αὐτοῦ τοῦ ἱερέως Βασιλείου, καὶ ταῦτα εἰπών, ἐζήτει μαθεῖν εἰ ἔξεστι διὰ τὴν τοιαύτην μῖξιν χωρισθῆναι | αὐτὸν τῆς εἰρημένης μνηστῆς αὐτοῦ.

Ἤκουσε δὲ πρὸς ταῦτα παρά τε τῆς ἡμῶν μετριότητος καὶ τῶν συνεδριαζόντων αὐτῇ ἱερωτάτων ἀρχιερέων, ὡς ἐπεὶ ὀγδόου βαθμοῦ εὑρίσκεται οὖσα ἡ τούτου μνηστὴ μετὰ τῆς δυσεξαδέλφης τῆς προπενθερᾶς αὐτοῦ, καὶ διὰ τοῦτο οὐκ ἔστιν ὅλως ἐνταῦθα ὑποπτεύειν αἱμομιξίαν, ὡς καὶ ἐπὶ τῶν ἐξ αἵματος συγγενῶν μὴ κωλυομένων παρὰ τοῦ νόμου εἰς γαμικὸν συνάλλαγμα, ἀλλὰ συγχωρουμένου τοῦ ὀγδόου βαθμοῦ· ἄρα οὐδὲ τοιοῦτος Γεώργιος τῆς ἑαυτοῦ μνηστῆς τῆς διαληφθείσης, δηλονότι Μαρίας ὅλως διασπασθήσεται, ἀλλὰ καὶ εἰς τὸ ἑξῆς μνηστὴν αὐτὴν ἕξει, καὶ τὸν γάμον μετ᾽ αὐτῆς, ὡς ἄμεμπτον διαπράξεται. Ῥητῶς γὰρ ὁ νόμος μέμνηται τῶν προσώπων, ἐν οἷς ἡ αἱμομιξία καὶ ἡ ἀθεμιτογαμία εὑρισκομένη, καὶ τιμωρίαν τοῖς ἁλισκομένοις ἐπάγει, καὶ τῶν ἐκ τοιαύτης ἀγωγῆς γινομένων συναλλαγμάτων ποιεῖται διάσπασιν.

Φησὶ γὰρ τὸ ος' κεφ. τοῦ λζ' τίτλ. τοῦ ξ' βιβλ. ταῦτα· "Οἱ αἱμομίκται, εἴτε γονεῖς πρὸς τέκνα, ἢ τέκνα πρὸς γονεῖς, ἢ ἀδελφοὶ πρὸς ἀδελφάς, ξίφει τιμωρείσθωσαν· οἱ δὲ κατὰ ἄλλην συγγένειαν πρὸς ἀλλήλους

¹) Cod. νενοθετημένον. — ²) Id. ἐπεκύρωσι.

συμφθειρόμενοι, τουτέστιν πατήρ εἰς γυναῖκα υἱοῦ, ἢ υἱὸς εἰς γυναῖκα πατρὸς ἤγουν μητρυιάν, ἢ πατρωὸς εἰς προγονήν, ἢ ἀδελφὸς εἰς γυναῖκα ἀδελφοῦ, ἢ θεῖος εἰς ἀνεψιάν, ἢ ἀνεψιὸς εἰς θείαν, ἢ εἰς δύο ἀδελφὰς, ἢ εἰς μητέρα ξένην καὶ τὴν αὐτῆς θυγατέρα ἐν εἰδήσει μιγνύμενοι, οἱ τοιοῦτοι τυπτόμενοι ῥινοκοπείσθωσαν, αὐτοί τε καὶ αἷς αὐτοὶ συνεφθάρησαν „. Ὡσαύτως καὶ τὸ οζ΄ κεφαλ. λέγει· " Οἱ πρὸς γάμον συναπτόμενοι ἢ ἄλλως σαρκικῶς συμπλεκόμενοι ἐξάδελφοι καὶ οἱ ἐξ αὐτῶν τικτόμενοι παῖδες καὶ μόνον, ἢ πατὴρ καὶ ὁ υἱὸς πρὸς μητέρα καὶ θυγατέρα ἢ δύο ἀδελφοὶ εἰς δύο ἀδελφὰς, ἢ δύο ἀδελφοὶ εἰς μητέρα καὶ θυγατέρα, ἢ ἀνεψιὸς εἰς γεγενημένην τοῦ θείου γυναῖκα, εἴτε θεῖος εἰς τὴν γεγενημένην αὐτοῦ ἀνεψιᾷ γυναῖκα, πρὸς τῷ χωρισμῷ καὶ τυπτέσθωσαν „. Ἐπεὶ γοῦν ἐν οὐδενὶ τῶν ἀπαριθμημένων προσώπων παρὰ τοῦ νόμου τὸ πραχθὲν παρὰ τοῦ ἀναπεφωνημένου Γεωργίου εὑρίσκεται ἐξεταζόμενον, τὸ μὲν συνάλλαγμα αὐτοῦ, ὡς καὶ τὸν ὄγδοον ὑπερ- [f. 231] βαῖνον βαθμὸν, διατηρηθήσεται ὅσον ἀπὸ τῆς τοιαύτης αἰτίας παντάπασιν ἀδιάσπαστον· αὐτὸς δὲ τοῖς τῶν πορνευόντων ἐπιτιμίοις παρὰ τοῦ κατὰ χώραν ἀρχιερέως σωφρονισθήσεται καὶ πρὸ τοῦ γάμου γὰρ καὶ μετὰ τὸν γάμον, πορνεία τὸ παρ' αὐτοῦ πεπραγμένον, οὐκ αἱμομιξία κριθήσεται· ὁ νόμος γὰρ, ὡς διείληπται, καὶ ἐν τοῖς ἐξ αἵματος καὶ ἐν τοῖς κατὰ ἀγχιστείαν μιγνυμένοις προσώποις· ἐπὶ τοῦ ὀγδόου βαθμοῦ, πολλῷ δὲ μᾶλλον καὶ ἐπὶ τοῦ ἐπέκεινα τοῦτον αἱμομιξίαν [cod. αἱμομιξίαι] οὐδ' ὅλως καταλαμβάνει.

ΡΚΣ΄.

Περὶ τῶν παρανόμως ἐπὶ μακρὸν ἀναχωρούντων τῶν οἰκείων μνηστῶν.
De nuptis contra legem et diu a sponsarum domo abeuntibus.

Παρέστη τὴν σήμερον τῷ παναγιωτάτῳ ἡμῶν δεσπότῃ τῷ ἀρχιεπισκόπῳ πάσης Βουλγαρίας Πέτρος ὁ ἀπὸ τοῦ χωρίου Ῥασίνης ὁρμώμενος, καὶ ἀνήνεγκεν ὡς κατεγγυήσατο τὴν θυγατέρα αὐτοῦ Στάναν ἀνδρὶ ὀνομαζομένῳ Πρεάβῳ, ἔννατον ἔτος ἀγούσην τῆς ἡλικίας αὐτῆς, ἐπακολουθησάσης τηνικαῦτα καὶ εὐχῆς μνηστείας δόξαν οὕτω τοῖς συναλλάξασιν· ἐπεὶ γοῦν ὁ τοιοῦτος μνήστωρ μετὰ τοὺς ἀρραβῶνας ἀπόδημος γέγονε, διαλειπόντων ἐτῶν ὀκτὼ ἐν τῷ ἀναψηλαφᾶσθαι παρὰ τοῦ εἰρημένου Πέτρου, εὑρέθη καὶ ἐπανήχθη, ὥστε συνοικεῖν τῇ μνηστῇ, ἐκεῖνος δὲ αὖθις ἔκτοτε ἀποδημίας μνησθεὶς, ἔκτοτε μέχρι τοῦ νῦν ἄφαντος γέγονεν. Ἐζήτει γοῦν ὁ ῥηθεὶς Πέτρος μαθεῖν τὸ ποιητέον ἐπὶ τῇ θυγατρὶ αὐτοῦ· ὑπερβῆναι γὰρ αὐτὴν ἔλεγε τὴν ἡλικίαν τὴν ἔφηβον.

Ὁ τοίνυν παναγιώτατος ἡμῶν δεσπότης τοῖς λελαλημένοις προσχὼν, καὶ ἀπιδὼν μὲν πρὸς τὸ διάστημα τοῦ χρόνου τῆς ἀποδημίας τοῦ διαληφθέντος Πρεάβου, ἐξετάσας δὲ ἀκριβέστερον καὶ τὰ περὶ τῆς ἡλικίας τῆς μνηστῆς αὐτοῦ Στάνας, καὶ μαθὼν ἀληθῶς ἔκ τε ἄλλων τῶν εἰδότων τὰ περὶ ταύτης, καὶ δὴ καὶ ἐκ τοῦ ἱερέως Στεφάνου, ὡς ἐννέα ἐτῶν οὖσα ἐτύγχανεν ἡ ἀναγεγραμμένη Στάνα, ὅτε τῷ Πρεάβῳ μεμνήστευται, διέγνω τὴν μὲν γενομένην οὕτω μνηστείαν λογισθῆναι ἀσύστατον, διὰ τὸ μὴ συνᾴδειν ταῖς περὶ τῶν μνηστειῶν ἐξενεχθείσαις ἱεραῖς νομοθεσίαις· τῶν ἀοιδίμων βασιλέων | τοῦ τε σοφωτάτου κυροῦ Λέοντος καὶ τοῦ Κομνηνοῦ κυροῦ Ἀλεξίου, τῇ Στάνᾳ δὲ ἐξεῖναι συναφθῆναι κατὰ νόμους ἑτέρῳ ἀνδρὶ μηδέν τι πρόκριμα ἐντεῦθεν ὑπηρομένῃ· ἡ γὰρ χρονία νομὴ τοῦ μνηστευθέντος αὐτῇ καὶ τὸ τῆς προβάσης· ἐπ' αὐτῇ μνηστείᾳ ἰσόστατον, ὡς εἴρηται, πᾶσαν κατ' αὐτῆς γραφὴν μέμψεως ἀποτρέπουσιν. Εἰς δήλωσιν οὖν τούτων: (*Nec plura in cod.*)

PKZ'.

Περὶ τῶν ἐπὶ μοιχῶν παραγενομένων μαρτύρων, ἃ δεῖ αὐτοὺς ὀμνύειν, καὶ ὅτι εἰ οὐκ ἀποδείξει ὁ ἀνὴρ τῆς γυναικὸς αὐτοῦ μοιχείαν, δύναται διαζυγῆναι αὐτοῦ.

De testibus facti adulterii, quid eos oporteat jurare, et quod si vir uxoris suae adulterium non probet, ab ipso separari possit.

Ὁ ἀπὸ τοῦ κάστρου Βερροίας ὁρμώμενος Μιχαὴλ ὁ Γουναρόπουλος, τῷ δεσποτικῷ βήματι παραστὰς, μοιχείας ἔγκλημα κατὰ τοῦ μεγαλοδοξοτάτου κυροῦ Κωνσταντίνου τοῦ Πηγονίτου τὴν σήμερον ἐνεστήσατο. Εἶπε γὰρ, ὡς ὁ τοιοῦτος Πηγονίτης πρὸ ὀλίγων τὰ ἐν Βερροίᾳ ὁρισμῷ δεσποτικῷ διεξαγαγών, ἐν τῷ τὴν δουκικὴν ἐκεῖσε διεζῆσθαι ἀρχήν, τοὺς ὀφθαλμοὺς αὐτοῦ διὰ πονηρῶν ἐρώτων ἐπαφῆκε κατὰ τῆς αὐτοῦ γυναικὸς, καὶ δὴ καὶ τὰ τῆς ἐπιθυμίας αὐτοῦ ἐξετέλεσε, μοιχεύσας αὐτήν.

Ἐπεὶ γοῦν παρῆν καὶ ὁ ἐγκαλούμενος Πηγονίτης, μηδ' ὅλως εἰδέναι τὰ παρὰ τοῦ Γουναροπούλου κατ' αὐτοῦ εἰσαγόμενα, διενίστατο· καὶ ἐξ ὧν ἔλεγε πανταχόθεν ἑαυτὸν εἰς τὸ ἀνεύθυνον ἠσφαλίζετο. Συνεδριάζων δὲ ὁ ἱερώτατος ἐπίσκοπος Βερροίας γράμμα τοῦ αὐταδέλφου τοῦ κραταιοῦ καὶ ἁγίου ἡμῶν αὐθέντου τοῦ πανευτυχεστάτου κυροῦ Μανουὴλ τοῦ Δούκα τῷ κραταιῷ Κομνηνῷ ἐνεχείρισεν· ὃ καὶ ἀναγνωσθέν, παρεδήλου ὡς ἐν τύπῳ φᾶναι τῷ κράτει αὐτοῦ, ὅτι τε κατὰ πρόσταξιν αὐτοῦ ἐν Βερροίᾳ γενόμενος τὰ τῆς αὐτῆς ἐτήρησεν ὑποθέσεως, ἀπόντος οὕτω συμβὰν τοῦ Πηγονίτου, καὶ ὅτι παρὰ τοῦ Γουναροπούλου παραχθέντες μάρτυρες, ἀκοῇ μόνῃ εἰδέναι τὴν λεγομένην ταύτην μοιχείαν διεμαρτύροντο, καὶ ὅτι ἐξ ἀπορίας μαρτύρων τῶν ἐπ' αὐτοφώρῳ τὴν μοιχείαν ἀκριβωσαμένων καὶ δυναμένων φανερὰν θέσθαι τὸν ἔλεγχον.

Ἐξῄτησεν ὁ Γουναρόπουλος δι' ἐπαφῆς πεπυρακτωμένου σιδήρου τοὺς οἰκείους λόγους συστήσασθαι, καὶ ὅτι ἐπὶ τούτοις ὁ πανευγενέστατος Δούκας τὰ τῆς τοιαύτης ὑποθέσεως τῆς δεσποτικῆς ἐξήρτησε διαγνώσεως· [f. 232] ταῦτα τοῦ γράμματος περιέχοντος, μετὰ τὴν τούτου ἀνάγνωσιν ἐξενεγκὼν ὁ Γουναρόπουλος διάφορα σημειώδη γραμματεῖα εἰς τὸ ἀναγνωσθῆναι καὶ ταῦτα δέδωκε.

Ἃ δὴ καὶ ἀναγνωσθέντα συνελόντα φάναι σαφὲς οὐδέν τι περὶ τοῦ Πηγονίτου παρέστησαν. Ἀφηγήσεις μὲν γὰρ περιεῖχον ἐοικυίας, ὡς εἰπεῖν, σκιαῖς τισι καὶ αἰνίγμασι, μαρτυρίας δὲ προεβάλλοντο μέχρι ἀκοῆς ἱσταμένας, αὐτῶν δὲ πραγμάτων ἀμοίρους παντάπασι, καὶ τὸν μοιχὸν οὐδ' ὅλως οὐδαμοῦ στηλογραφούσας εἰς πρόοπτον.

Ἀποδοκιμασθέντων δ' οὕτω τῶν γραμματείων διὰ τὸ σκοτεινὸν αὐτῶν καὶ ἀξύμφανες, ἀπῃτεῖτο αὖθις ὁ Γουναρόπουλος μάρτυρας παραγαγεῖν ἀποχρῶντας κατὰ νόμον τὸ δικαστήριον, καὶ δι' ὅρκου πληροφορήσοντας ἐπ' αὐτοφώρῳ ἁλῶναι τὸν Πηγονίτην μοιχὸν τῆς αὐτοῦ ὁμευνέτιδος· τοιούτους δὲ μάρτυρας παραστῆσαι οὐκ εὐπορῶν, ἀρκεῖν εἰς πληροφορίαν ᾤετο τὰ ἐξ ἀκοῆς μονῆς μαρτυρηθέντα, ὡς εἴρηται.

Ὁ τοίνυν παναγιώτατος ἡμῶν δεσπότης ὁ ἀρχιεπίσκοπος πάσης Βουλγαρίας μετὰ τῶν συνεδριαζόντων αὐτῷ ἱερωτάτων ἀρχιερέων τὰ τοῦ πράγματος διασκεψάμενος, καὶ γνοὺς τὸν Γουναρόπουλον πρὸς φανερὸν ἔλεγχον καὶ ἀπόδειξιν νόμιμον τοῦ εἰσαγομένου παρ' αὐτοῦ ἐγκλήματος, τοπικῶς τε δηλαδὴ ἐν Βερροίᾳ τοῦ πανευτυχεστάτου κρίνοντος Δούκα, καὶ ἐνταῦθα παντάπασιν ἀτονήσαντα· σιδήρου μὲν ἐπαρχὴ πεπυρακτωμένου, ὡς βαρβάροις μᾶλλον προσήκουσαν καὶ ἔξω τῶν φιλευσεβῶν νόμων καὶ τῶν [1]) ἱερῶν κανόνων οὖσαν, γενέσθαι οὐδόλως ἐπέτρεψε· πρὸς τὸ συμπαθὲς δὲ ἀπιδὼν [2]) καὶ φιλάνθρωπον ἐμμένειν τὸν Γουναρόπουλον τῇ τῆς γυναικὸς συζυγίᾳ παρηγγυήσατο· οἷα χώραν ἐνταῦθα τοῦ διαζυγίου μὴ ἔχοντος· διὰ τὸ μεῖναι τὸ ἔγκλημα ἀναπόδεικτον, εἰ μή ποτε τῷ ἀνεξελέγκτῳ τούτου ἴσως ἐπευκαιρήσασα ἡ τούτου γυνή, θελήσει αὐτῷ πέμψαι ῥεπούδιον· ἐρεῖται γὰρ ταύτῃ τοῦτο παρὰ τοῦ νόμου.

ΡΚΗ΄.

Περὶ τῶν ἀναισθήτως ἀποκειρομένων,
εἶτα ἐν συναισθήσει γενομένων καὶ ἀποδυσαμένων τὰ μοναδικὰ ἐνδύματα.
De tonsis extra mentis sensum, dein sentientibus et monasticum habitum exuentibus.

Παρέστη τὴν σήμερον τῇ ἡμῶν μετριότητι προκαθημένη συνοδικῶς Λέων, ὁ ἐπονομαζόμενος Χρῦσος, καὶ τοιάνδε τινὰ ἐξομολόγησιν ἐποιήσατο. Εἶπε γὰρ ὡς νόσῳ δεινοτάτῃ περιπεσών, τοσοῦτον ὑπ' αὐτῆς ἐκκακώθη ὡς εἰς ἀναισθησίαν ἐλάσαι καὶ νεκροῖς γενέσθαι παρόμοιος. Ἡ σύνοικος δὲ τούτῳ γυνή, ἅτε πρὸς ἀλλοτρίους ἔρωτας ἀπιδοῦσα, καὶ διάστασιν ἀπὸ τούτου ἐννοουμένη, τοῦ καιροῦ τε τῆς τοιαύτης νόσου ἐδράξατο, καὶ καρῆναι κατὰ μοναχοὺς τοῦτον ἐσπούδασε, καὶ τὸ τοῖς μοναχοῖς νενομισμένον ἱερὸν περιβόλαιον ἀμφιάσασθαι· ἀλλ' ἡ μὲν γυνὴ τοιαῦτα, φησί, καὶ ἐβουλεύσατο, καὶ ἐσπούδασε καὶ εἰς ἔργον προήγαγεν. Αὐτὸς δέ γε ῥάσον· [3]) ὁψέποτε τῆς νόσου τούτῳ γεγενημένης, ἐπέγνω τε τὸ πραχθὲν ὡς κακούργως καὶ ἀπὸ γνώμης τούτου ἐξειργασμένον, καὶ αὐτίκα τήν τε μοναδικὴν στολὴν ἀπεδύσατο, καὶ πρὸς τὴν συνήθη κοσμικὴν αὖθις ἐλήλυθε δίαιταν, διέζευξε δὲ ἑαυτὸν καὶ τῆς γυναικός, ὡς ἀντιβληθεῖσα, ἐπιβούλου τέ γε εἰς αὐτὴν ἥκον γεγενημένης αὐτῷ, καὶ τῶν αὐτῆς νομίμων πόθων ἀλλαξαμένης τοὺς πορνικούς. Ταῦτα ὁ ῥηθεὶς Χρῦσος ἐξομολογησάμενος, θερμῶς καθικέτευε συγχωρηθῆναι αὐτῷ καὶ παρὰ τῆς ἁγίας συνόδου, τὸ καὶ εἰς τὸ ἑξῆς κοσμικῶς διάγειν αὐτόν, καὶ μὴ ἀναγκασθῆναι κατὰ τὴν κανονικὴν παρατήρησιν τὰ μοναχικὰ φορεῖν ἄχρι παλαμναιοτάτοις γὰρ ὅρκοις· καὶ τῷ ἀπὸ τῆς ἁγίας συνόδου κανονικῷ ἑαυτὸν κατενεπέδου ἀφορισμῷ, ὡς οὐκ ἀνέβη ὅλως εἰς νοῦν αὐτῷ, ὅτε τῇ νόσῳ τρυχόμενος ἦν, τὸ μοναχικὸν περιθέσθαι σχῆμα καὶ παραγγέλλαι εἰς πολιτείαν μοναδικήν.

Ἡ μετριότης δὲ ἡμῶν μετά γε τῆς συνεδριαζούσης αὐτῇ ἱερᾶς τῶν ἀρχιερέων ὁμηγύρεως· τὰ τοῦ πράγματος διασκεψάμενη, ἐπειδὴ μετὰ πολλὰς παραινέσεις τὸ τοῦ Χρύσου βούλημα πρὸς τὸν μονάδα βίον ἐπέγνω ἀνένδοτον (ἐπερειδόμενος γὰρ οὗτος, ὡρᾶτο τῷ μὴ κατὰ γνώμην γενέσθαι αὐτῷ τὴν ἀπόκαρσιν, κἀντεῦθεν κατελαμβάνετο καὶ πρός τι ἀποβλέπων τῶν ἐπαγαγεῖν αὐτῷ δυναμένων κίνδυνον ψυχικόν), διέγνω τὴν μέσην βαδίζαι ὁδὸν [f. 233] καὶ τὰ κατ' αὐτὸν οὑτωσὶ διοικονομήσασθαι. Ὅθεν καὶ ἀπεφήνατο ἀπέχεσθαι μὲν αὐτὸν κρέατος κατὰ μοναχούς, τὸ περὶ αὐχένιον ῥάκος ὑπὸ τὴν χιτωνίσκον αὐτοῦ περιφέρειν, μελανι-

[1]) Cod. κατὰ τῶν. — [2]) Ib. ἀπιδὼν. — [3]) Ib. ῥάσον.

μονεῖν τε ἒκ τε ἐρυφῶν ἐσθημάτων καὶ λι-
νουργῶν καὶ σηρικῶν¹) δὲ, εἰ βούλοιτο, κα-
λύπτειν δὲ πίλῳ τὴν κεφαλὴν ἀπερίττῳ
μέλανι, καὶ αὐτῷ μεταποιεῖσθαι δὲ προσευ-
χῆς πρὸς Θεὸν καὶ δεήσεως, καὶ μὴ ἀφίσ-
τασθαι τούτων ἐν καιροῖς τοῖς καθήκουσι.
Καὶ οὕτως ἐν τοιᾷδε πολιτείᾳ πρός γε τὸ
παρὸν τὴν τοῦ βίου τρίβειν ὁδὸν καὶ μνή-
μην ποιεῖσθαι ἀεί ποτε τῆς πρὸς τὸν ἀκριβῆ
μοναδικὴν βίον ἐπαναζεύξεως.

Αὐτὸς δὲ ὁ Χριστὸς, τούτων ἀκούσας κα-
τέθετο ταῦτα φυλάττειν καὶ ὑπόσχεσιν δέ-
δωκε, παλινστρεφὴς μὴ διὰ μακροῦ γενέσθαι
πρὸς τὸ τῆς καθόλου μοναδικῆς πολιτείας
καλόν· ὃ δὴ καὶ ἡμεῖς ἐπευξάμεθα.

ΡΚΘ'.

Περὶ [τῶν] διὰ σωφρονισμὸν ἀκρωτηριαζόντων,
καὶ εἰ συμβῇ ἐκ τοιαύτης αἰτίας τινὰ ἀποθανεῖν.
De his qui propter correctionem mutilantur, et si ex tali causa eos mori contingat.

Ἡ ἀπὸ τοῦ θέματος Κολωνίας ὁρμωμένη
γυνὴ, τοὔνομα Ζωὴ, ἡ θυγάτηρ τοῦ ἀποι-
χομένου Νικολάου τοῦ Πετζικοπούλου, τὴν
ἁγιωτάτην τοῦ Θεοῦ ἐκκλησίαν καταλα-
βοῦσα, καὶ τῷ παναγιωτάτῳ ἡμῶν δεσπότῃ
τῷ ἀρχιεπισκόπῳ πάσης Βουλγαρίας παρασ-
τᾶσα, εἶτα καὶ κατὰ γῆς ἑαυτὴν ῥίψασα, τὸ
πλημμέλημα ἐξηγόρευε μετὰ δακρύων καὶ
στεναγμῶν, ὅτι πολλῶν, ἐν ᾧ ταύτην εἶλε
ὁ ἀρχέκακος Σατᾶν καὶ μισάνθρωπος· ἔλεγε
γὰρ ὡς πρὸ ἓξ ἤδη ἐνιαυτῶν τίς τῶν ἐκ
ὑπηρετουμένων ἐν τῷ οἴκῳ αὐτῆς, ὅλον χω-
ρίσας τὸν Σατανᾶν, οὐδ' ἔλειπε κατατρίβων
τὸν οἶκον αὐτῆς, ὅτε μὲν φανεραῖς δαπά-
ναις, ὅτε δὲ καὶ κρυφαίαις, κλέπτων δηλο-
νότι καὶ ἁρπάζων τὰ ἐν τούτῳ ὑπάρχοντα·
ὃς δὴ καὶ ἐλεγχόμενος καὶ ἀποτρεπόμενος
τοῦ μὴ τοιαῦτα ποιεῖν, ἔστι δὲ καὶ ὅτε καὶ
προσηκόντως πληγαῖς σωφρονιζόμενος, τῆς
ἐργασίας τοῦ τοιούτου κακοῦ οὐκ ἀφίστατο
ἔνθεν τι καὶ ὁδῷ προβαίνων, καὶ εἰς τὰ τῶν
δωμάτων ἐνδότερα τὰ τοῖς πολλοῖς τῶν
ὑπηρετῶν τὰ ἄβατα, προεχώρησε | καὶ ἐκ-
λέψας ἀπάγων τὰ εὑρισκόμενα· ἐπεὶ γοῦν
ἅμα καὶ ἅπαξ καὶ δὶς μετὰ τῶν κλοπίμων

νυκτὸς καὶ μάχαιραν ἐπανατείνων κατὰ τῆς
κυρίας αὐτοῦ ἐπὶ ταῖς οἰκείαις κειμένης εὐ-
νῆς· καὶ οὐκ ἦν δυνατὸν ἔτι στέγειν αὐτὴν
τὴν ἀφροσύνην αὐτοῦ, δεῖν ἔγνω αὐτῇ τε
ἡ κυρία τοῦ οἴκου καὶ πάντες οἱ ὑπ' αὐτὴν
τὸν τοιοῦτον ἀκρωτηριῶσαι εἴς τινα μέρη
τοῦ σώματος, καὶ οὕτω ῥυσθῆναι τῆς ἐπη-
ρείας αὐτοῦ· συλληφθεὶς οὖν ὑπὸ τῶν ὑπὸ
χεῖρα, ἐξεκόπη καὶ ἄμφω τῷ χεῖρε· μή τι-
νος δὲ παρηκολουθησάσης ἐπιμελείας, ὥστε
τὰς τομὰς ἰαθῆναι, τὸν βίον ἐντεῦθεν ὁ
ἄθλιος ἐκεῖνος ἀπέστρεψε.

Ταῦτα ἡ ἀναγεγραμμένη γυνὴ ἐξαγγεί-
λασα μετ' ὀδύνης, ἀνηγόρευέ τε ἑαυτὴν συν-
αιτίαν τοῦ θανάτου τοῦ ἀνθρώπου ἐκείνου,
καὶ ἐζήτει ἀπὸ τῆς ἁγίας τοῦ Θεοῦ ἐκκλη-
σίας τῷ κατὰ ψυχὴν αὐτῆς τοιούτῳ τραύ-
ματι κατάλληλα φάρμακα. Ὅτι γοῦν ὡράθη
αὕτη μετὰ συντριβῆς καρδίας καὶ ταπεινώ-
σεως πνεύματος ποιησαμένη τὴν ἐξαγόρευ-
σιν, καὶ σημεῖα ἐκ]ίδου τῆς ἐν αὐτῇ κατα-
νύξεως, οὐ τὰ δάκρυα μόνον καὶ τὸν στε-
ναγμὸν, ἀλλὰ καὶ τὸ δι' ἡμερῶν ἓξ ἀπὸ τῆς
οἰκείας αὐτῆς πεζῇ βαδίσαι ἕως ἐνταῦθα,
καταφρονήσασα ἑαυτῆς τε καὶ κόπου καὶ

¹) Cod. συρικὼν.

τραχυτάτης οδού, εδέχθη τε προρρόνως εν τη αγιωτάτη του Θεού εκκλησία, και λόγοις παραμυθητικοίς εις το μη απογνώναι της σωτηρίας αυτής, ενήχθη παρά του αγιωτάτου δεσπότου διδασκαλικώς. Έδέξατο δε και επιτίμια εις έκτισιν του πλημμελήματος, ανάλογον τε γυναικεία τη κατ' αυτήν ασθενεία, τω τε απαραμυθήτω του τόπου ως μανθάνομεν εν ω κατοικεί, και τη κατανύξει αυτής ταύτα. Το, εφ' όλοις τρισίν έτεσιν αρχομένοις από την σήμερον, ακοινώνητον αυτήν γενέσθαι των αγιασμάτων. Το, πάσαν δευτέραν, τετράδα, παρασκευήν της εβδομάδος ξηροφαγείν, εν άρτω μόνω και ύδατι την ανάγκην της φύσεως θεραπεύουσαν. Το, σαββάτου και κυριακής κρέατος εσθίειν τρίτης δε και πέμπτης ιχθυοφαγείν. Το, εκάστης ημέρας πεντηκοντάκις γονυκλιτείν, άνευ σαββάτου και κυριακής και των δεσποτικών εορτών, εν αις· [f. 231] γονυκλίνειν ου προτετάγμεθα. Το, τάς εκάστου έτους νενομισμένας τοις χριστιανοίς νηστείας εξολοκλήρου τηρείν. Και το, δι'

ευποιίας και ιερουργίας των ιερέων το θείον εξιλεούσθαι· επεί δε μετά των άλλων και τούτο εξήγγειλεν η αναγεγραμμένη γυνή ως φθάνει και επί δυσίν ήδη έτεσιν ακοινώνητος μείναι των αγιασμάτων ένεκεν, εξ επιταγής του πνευματικού πατρός αυτής.

Οφείλεις, πανιερώτατε επίσκοπε, διαβαλέων εξετάσαι τα περί τούτου, και ει εύρήσεις ούτως έχουσαν την αλήθειαν, εγκρίναι τοις εις το εξής τρισίν έτεσιν και τα προλαβόντα τοιαύτα δύο έτη, ώστε επισυναχθήναι εις πενταετηρίδα περιισταμένην την επινοηθείσαν τω πταίσματι ταύτης από της αγίας του Θεού εκκλησίας ίασιν· μετά μέντοι την συμπλήρωσιν των τοιούτων ετών έσται λελυμένη των δοθέντων ταύτη επιτιμίων, και των αγιασμάτων τη του Θεού μετέχουσα χάριτι· ων δη και είπερ συμβή αυτή μεταξύ των τοιούτων ετών νόσω θάνατον απειλούσα, ου κωλυθήσεται, μεταλήψεται δε τούτων εις εφόδιον αιωνίου ζωής. Ταύτα εδόθη μηνί Ιουλίω κ' ταύτη ινδ. ζ' του ͵ϛψκζ' έτους (a. 1219).

ΡΛ'.

Περί του εξ ολιγορίας εις Θεόν βλασφημήσαντος.
De blasphemante ex contemptu Dei.

Ανήρ τις τούνομα Αλισέριος, εκ γένους μεν ων Τουρκικού, εκ νεότητος δε τω θείω λουτρώ αναγεννηθείς, και καθαρός της καθ' ημάς αμωμήτου γενόμενος πίστεως, παρέστη την σήμερον τη ημών μετριότητι προκαθημένη συνοδικώς. Και το πτώμα συν δάκρυσιν εξηγόρευεν, ο πέπονθεν επηρεία του δαίμονος· είπε γαρ ως μετά το βάπτισμα έτη διαγαγών ικανά εν ευημερία και ευθυνία τη κατά βίον, είτα και δυσκληρία εχρήσατο, και τοιούτον εξηπορήθη ως μήτε τροφήν έχειν εφήμερον, μήτε σαρκός σκέπασμα· και δη εν τούτοις όντι επήλθε τούτω, φευ! κατά κακού οδοιπόρος· η ολιγορία και η προς Θεόν βλασφημία, ρήμασιν ασήμνοις συγκροτουμένη, και το τον τίμιον και ζωοποιόν καταπατήσαι σταυρόν, ότι γουν ου διά μακρού, ως έφη, εν συναισθήσει γέγονε του κακού, και εταλάνισεν εαυτόν, ως παίγνιον ραδίως του αντικειμένου γενόμενος. Δείν έγνω τη αγιωτάτη του Θεού εκκλησία προσδραμείν, και το αμάρτημα εξαγγείλαι και αιτήσασθαι του κατά ψυχήν τούτου συντρίμματος ίασιν.

Η μετριότης τοίνυν ημών μετά των συνεδριαζόντων αυτή ιερωτάτων επισκόπων τὴν τοῦ εἰρημένου ἀνδρὸς ἐξαγόρευσιν δεξαμένη, πρῶτα μὲν [λόγοις] παραμυθητικοῖς τὴν ἀθυμίαν τούτου ἀνεκαλέσατο, ὡς μὴ ἀπογνῶναι τῆς ἑαυτοῦ σωτηρίας, ἀλλὰ θαρμὴν ἠνεωγμένα τὰ τοῦ Θεοῦ σπλάγχνα εὑρεῖν διὰ μετανοίας καὶ ἐξομολογήσεως· ἔπειτα δὲ καὶ προσηκούσαις νουθεσίαις ἐμμένειν, αὐτὸν τῇ καθ' ἡμᾶς ὀρθοδόξῳ πίστει ἀμεταθέτως ἐστήριξε, συνεζευγμένον εἶναι τὸ τοῦ Χριστοῦ εὐαγγέλιον πειρασμοῖς τε καὶ θλίψεσι καὶ στενοχωρίαις· αὐτῷ παραστήσασα, καὶ ὅτι διὰ πολλῶν θλίψεων δεῖ ἡμᾶς εἰσελθεῖν εἰς τὴν βασιλείαν τῶν οὐρανῶν, καὶ ὅτι ὑπομονῆς καὶ καρτερίας χρεία τοῖς ἑλομένοις ἀκολουθεῖν τῷ Χριστῷ· ἐπὶ τούτοις δέδωκεν αὐτῷ καὶ ἐπιτίμια εἰς ἔκτισιν τοῦ εἰρημένου πλημμελήματος· ταῦτα ἤγουν τὸ, ἐφ' ὅλῳ ἐνιαυτῷ ἑνί, ἀρχομένῳ ἀπὸ τῆς σήμερον, ἀκοινώνητον αὐτὸν γενέσθαι τῶν ἁγιασμάτων· τὸ, πᾶσαν τετράδα καὶ παρασκευὴν ἐν ξηροφαγίᾳ διάγειν, ἄρτῳ μόνῳ καὶ ὕδατι χρώμενον εἰς διατροφὴν τοῦ σώματος· τὸ, ἑκάστης ἡμέρας πεντηκοντάκις γονυκλιτεῖν· καὶ τὸ, τὰς νενομισμένας χριστιανοῖς νηστείας· μετὰ τὴν μεγάλην τεσσαρακοστὴν, ἤγουν τὴν πρὸ τῆς ἑορτῆς τῶν ἁγίων ἀποςτόλων, τὴν πρὸ τῆς κοιμήσεως τῆς ὑπερενδόξου δεσποίνης ἡμῶν Θεοτόκου, καὶ τὴν πρὸ τῆς τοῦ Χριστοῦ γεννήσεως τοῦ Θεοῦ ἡμῶν, ἀπ' ἀρχῆς ἄχρι τέλους, κατὰ μοναχοὺς τελεῖν, καὶ ἐν κατανύξει καρδίας τὸν Θεὸν ἱλάσκεσθαι.

ΡΛΑ'.

Περὶ τοῦ ἀκουσίως τὸν οἰκεῖον παῖδα ἀνελόντος, καὶ ποίοις ἐπιτιμίοις τὸν Θεὸν ἐξιλεώσεται.
De eo qui involuntarie filium suum occidit, et quibus poenis Deum placet.

Δάκρυσι καὶ θρήνῳ προσήκουσαν ἐξαγόρευσιν ἔθετο σήμερον Δραγάνος ὁ ἀπὸ τοῦ Πρισάκου ὁρμώμενος, τὴν ἁγιωτάτην τοῦ Θεοῦ μεγάλην ἐκκλησίαν καταλαβών, καὶ πρὸ τῶν ἱερῶν πυλῶν στὰς τοῦ θείου ναοῦ, καὶ σχηματίσας ἑαυτὸν τοῖς ὁρῶσιν αὐτὸν ὡς πλήρη συμφορᾶς ἄνθρωπον· ἔλεγε γὰρ ὡς ἡμέρα τίς ἦν τῶν ἐπισήμων, καὶ αὐτὸν [f. 235] εἶχε τὸ ὑπ' αὐτῶν νεμόμενον ποίμνιον, οἷα προβάτων ποιμένα ἐκεῖσε προβεβλημένον· εἶχε δὲ σὺν αὐτῷ καὶ παιδίον ἐκπότε;, ὁ φίλος τούτου υἱὸς ἐτύγχανεν ὤν, καὶ δὴ παρώρμησε τοῦτον τὸ τῆς ἡμέρας ἐκείνης ἑόρτιον πρός τινα παιδιάν· ἦν δὲ ἡ παιδιὰ τόξον ἐντείνειν, βέλη ἑτοιμάζειν ἐν τούτῳ, καὶ τὸν ὁροθετηθέντα σκοπὸν φιλονεικεῖν βάλλειν ἢ ὑπερβάλλειν ταῖς ῥιπαῖς τῶν βελῶν. Ὑπερέσχεν οὖν ὁ Δραγάνος· τῷ προκειμένῳ τῆς παιδιᾶς ταύτης σκοπῷ τοὺς συντοξότας τε καὶ συμποιμένας· ἡ δὲ ἐντεῦθεν χαρὰ καὶ δευτέρᾳ καὶ τρίτῃ χρήσασθαι τοξουλκίᾳ τοῦτον κεκίνηκεν· ἀλλὰ γὰρ ὁ σκότιος τοξευτὴς ἐκ τοῦ ἀφανοῦς τῇ ἑαυτῇ φαρέτρᾳ σκεύη θανάτου ἡτοίμασε, καὶ τὴν χαρὰν εὐθὺς εἰς πένθος μετεχρωμάτισε· τοῦ γάρ τι Δραγάνου βέλος αὖθις ἀφέντος ἐκ τῆς νευρᾶς, ἐπειδὴ κατ' αὐτὸν ἐκ τῆς τῶν προβάτων ἀγέλης ὁ ἀγαπητὸς τούτου υἱὸς ἐτύγχανε ἐκπηδήσας πρὸς συναγωγὴν τῶν προσχεθέντων βελῶν, φθάνει τοῦτον ἐξ ἀνελπίστων, φεῦ! τὸ βέλος· τὸ πατρικὸν καὶ αὐθημερὸν εἰς ᾅδην παραπέμπει τὸν φίλτατον τὸν ἐγκάρδιον, καὶ οὕτω τοῦ παιδὸς ἀνδροφόνος ἄθροον ὁ πατὴρ ἀναπέφηνεν. Ἀλλὰ τὰ μὲν τῆς ἐξομολογήσεως τοῦ ἀναγεγραμμένου ἀνδρὸς ἦσαν ἐν τούτοις.

Τὸ κοινὸν δὲ καταφύγιον, ἡ ἁγία τοῦ Θεοῦ ἐκκλησία ἐδέξατο τοῦτον, καὶ λόγοις παραμυθητικοῖς δι' ἡμῶν ἀθυμοῦντα τοῦτον ἀναλοφῆσαι ἐποίησεν, καὶ μὴ ἀπογνῶναι τῆς ἑαυτοῦ σωτηρίας αὐτὸν νενουθέτηκεν· εἰς ἔκτισιν δὲ τοῦ πλημμελήματος· αὐτοῦ καὶ ἐπιτιμίοις τοῖς ὑποτεταγμένοις αὐτὸν καθυπέβαλεν, ἤγουν τῷ ἐπὶ τέτρασιν ἔτεσιν ἀρχομένοις ἀπὸ τοῦ ἐνεστῶτος μηνὸς τῆς παρούσης ἐπινεμήσεως· ἀκοινώνητον αὐτὸν γενέσθαι τῶν ἁγιασμάτων· τῷ ἐπὶ τοῖς δυσὶ τούτων ἔξω ἵστασθαι τοῦ θείου ναοῦ, τῶν πιστῶν ἐντὸς εὐχομένων καὶ ἐξαγορεύειν τὸ ἁμάρτημα καὶ δεῖσθαι τῶν εἰσιόντων καὶ ἐξιόντων εὐχὴν ποιεῖσθαι ὑπὲρ αὐτοῦ, ἀπέχεσθαι δὲ ἐν τούτοις καὶ κρέατος καὶ τυροῦ καὶ ὠοῦ· τῷ ἐν τῷ τρίτῳ ἔτει μετὰ τῶν ἀκροωμένων ἵστασθαι, καὶ μετὰ τούτων ἐξέρχεσθαι· ἐν δὲ τῷ δ΄ συνίστασθαι μὲν τοῖς πιστοῖς καὶ συνεύχεσθαι, τῆς θείας | κοινωνίας ἀπέχεσθαι· τῷ πᾶσαν τετράδα καὶ παρασκευὴν ξεροφαγεῖν, ἄρτῳ μόνῳ καὶ ὕδατι τὸ σῶμα παραμυθούμενον· καὶ τῷ [1]) ἑκάστης ἡμέρας πεντηκοντάκις γονυκλιτεῖν, ἄνευ σαββάτου καὶ κυριακῆς καὶ τῶν δεσποτικῶν ἑορτῶν. Εἴπερ μέντοι ἐν τῷ μεταξὺ τῶν ἀπαριθμημένων ἐτῶν νόσῳ περιπέσῃ θανάτῳ ἀπειλούσῃ, μεταλήψεται τῶν ἁγιασμάτων, καὶ τῆς αὐτῶν κοινωνίας οὐ στερηθήσεται. Καὶ τὰ μὲν ἐπιτίμια ἔχουσιν οὕτως.

Σὺ δέ, πανιερώτατε Στρουμίτζης ἀρχιερεῦ, ὑφ᾿ ὃν τελεῖ ὡς μανθάνομεν τὸ χωρίον, ἔνθα ὁ ἄνθρωπος· οὗτος ἐστι κατοικῶν, τὰ τῆς ἐξομολογήσεως τούτου ἐξετάσας, εἰ μὲν οὕτως ἔχοντα ταῦτα εὑρήσεις, ὁδήγησον αὐτὸν εἰς τὴν τῶν ἀναπεφωνημένων ἐπιτιμίων τήρησιν· εἰ δὲ ἄλλως, οἰκονόμησον αὐτόν, κακὸς [2]) ἂν συνίδῃς· δέον ἀκολούθως τοῖς τῶν ἱερῶν καὶ θείων κανόνων θεσπίσμασιν· οὐδεὶς δὲ τῶν ἀρχοντικὴν ἢ δουλικὴν περιζωσμένων ἐξουσίαν, χεῖρα ἐπιβαλεῖ εἰς τὸ κακῶσαι τὸν Δραγάνον ἢ ζημίαν τούτῳ ἐπαγαγεῖν τοῦ εἰρημένου πλημμελήματος ἕνεκεν, εἰ μὴ βούλεται ὑπεύθυνος εἶναι τῷ ἀπὸ τῆς ἁγίας τοῦ Θεοῦ ἐκκλησίας ἀφορισμῷ, ὡς τὸν ταύτης τιμωρούμενον πρόσφυγα.

PΛΒ΄.

Περὶ τῶν ἐξ ἠλιθιότητος γινομένων διαζυγίων.
De factis ex impotentia divortiis.

Προσῆλθε Σβίνα ἡ θυγάτηρ τοῦ ἀποιχομένου Γεωργίου τοῦ Νέστορος, καὶ περὶ διαζύγιον ἐν τῷ δεσποτικῷ δικαστηρίῳ ἐνήγαγεν, εἰποῦσα ὡς πέμπτον ἤδη ἔτος ἠνύσθη ταύτῃ μετὰ Γεώργιον τὸν Σερβόπουλον, οὐκ ἐπέγνω τὰ τῶν ἀνδρῶν ἐν ταύτῃ διαπραξάμενον· οὐ χάριν καὶ τὸ διαζύγιον εἰς νοῦν, φησίν, ἦλθεν αὐτῇ δεδοικυίᾳ, ὡς εἰκός, μήποτε ἡ νεότης εἰς ἄθεσμον μίξιν ἐπιρρίψῃ αὐτήν.

Ἐπεὶ γοῦν παρῆν καὶ ὁ ταύτης ἀνὴρ ὁ εἰρημένος Γεώργιος, καὶ ἠκροᾶτο τῶν λεγομένων, τὰ πρῶτα μὲν μὴ ἀληθῆ λέγειν τὴν Σβίναν ἀπισχυρίζετο· ὡς δὲ ἐξέτασιν τὴν δοκοῦσαν τοῖς νόμοις παραπεμπομένην εἶδε τὴν Σβίναν παρὰ τοῦ δεσποτικοῦ δικαστηρίου, ἐξ ἧς ἀνάγκη φανῆναι προέκοιτε, εἰ σώζονται τὰ τῆς παρθενίας αὐτῇ, μεταβαλὼν ὁ εἰρημένος Γεώργιος καθωμολόγησεν οὕτως ἔχειν τὸ πρᾶγμα, ὡς ἡ Σβίνα διέξεισι· πεπυρῶσθαι [f. 236] γὰρ ἐν ἑαυτῷ τὰ τῆς φύσεως ἔλεγε πρὸς τὴν συναφθεῖσαν αὐτῷ Σβίναν, ὡς γνωσθῆναι αὐτὸν ἄνδρα ταύτης ἀπὸ τῆς μίξεως.

Ἐν τοιαύτῃ τοίνυν ὁμολογίᾳ τὰ τοῦ πράγματος καταστάντα, ἡ δεσποτικὴ θεία μεγαλειότης τὰ τοιαῦτα ἐπιγνοῦσα, διαζύγιον κατὰ νόμους· τοῦ συνοικεσίου τούτου κατεψηφίσατο· ὡς τοῦ λοιποῦ μηδεμιᾶς ζημίας ἑκατέροις τοῖς μέρεσι συμβαινούσης

---

[1]) Cod. τῇ, ut in superiori capitulo, supra vero mendosius τῷ τρίτι. — [2]) fort. κακῶς.

ἴδειαν ἔχειν, τὴν μὲν Σβίναν λαβοῦσαν σῶαν τὴν προῖκα ἑαυτῆς, ἑτέρῳ, εἰ βούλοιτο, συναρμοσθῆναι ἀνδρί· τὸν δὲ Γεώργιον ὁμοίως τὰ ἱματοῦ λαβόντα, ἤγουν τὴν εἰσενεχθεῖσαν παρ' αὐτοῦ προγαμιαίαν δωρεάν, διαθέσθαι τὰ καθ' αὑτὸν, ὡς ἄρα καὶ βούλεται· οὐδὲ γὰρ ἐχρῆν τὴν διαληφθεῖσαν κόρην, περαιτέρῳ στέγειν τὸ ἄνανδρον τῆς νομίμου τριετίας εἰς πενταετίαν ἤδη ἐκτεταμένης.

ΡΛΓ'.

Περὶ τοῦ συμφθαρέντος πορνικῶς τῇ γυναικὶ τοῦ θείου αὐτοῦ.
De eo qui uxorem avunculi sui labefactavit.

Παρέστη τὴν σήμερον τῷ παναγιωτάτῳ ἡμῶν δεσπότῃ τῷ ἀρχιεπισκόπῳ πάσης Βουλγαρίας, ὁ ἀπὸ τοῦ θέματος Βαγενιτίας ὀρμώμενος Σταῦρος, καὶ ἐξωμολογήσατο περιπαθῶς, ὡς τοῦ πρὸς πατρὸς θείου αὐτοῦ τῷ χρεὼν λειτουργήσαντος, συνεφθάρη οὗτος πορνικῶς τῇ ἐκείνου γυναικὶ καὶ θείᾳ αὑτοῦ· εἶτα συναισθήσει γενόμενος τοῦ κακοῦ, καὶ πρὸς τὴν ὁδὸν τῆς μετανοίας τραπείς, δεῖν ἔγνω τὴν ἁγιωτάτην τοῦ Θεοῦ ἐκκλησίαν καταλαβεῖν, καὶ τὰ πρὸς σωτηρίαν αἰτήσασθαι φάρμακα. Οὕτως οὖν τὸν εἰρημένον ἄνδρα ἐξομολογησάμενον, καὶ οἴκτον παρὰ τῶν συμπαθεστέρων ψυχῶν ἐπὶ τῇ παγχαλέπῳ ἐπισπασάμενον, ἐδέξατο ἡ δεσποτικὴ θεία μεγαλειότης, καὶ ἐπιτιμίοις προσήκουσιν εἰς διόρθωσιν τοῦ τοιούτου σφάλματος αὐτὸν καθυπέβαλεν· ἃ καὶ ἔχουσιν οὕτως.

Ἐν ἑπτὰ ἔτεσιν, ἀρχομένοις ἀπὸ τῆς σήμερον, ἀκοινώνητος ἔσται τῶν ἁγιασμάτων, ταῦτα δὲ οὕτως οἰκονομηθήσονται ἐπ' αὐτῷ· τρία μὲν ἔτη προσκλαίων τῇ θύρᾳ τῶν εὐκτηρίων οἴκων παρεστώς, καὶ δεόμενος τοῦ λαοῦ εἰσιόντος ἐπὶ τὴν προσευχὴν, ὥστε ἕκαστον μετὰ συμπαθείας ὑπὲρ αὐτοῦ ἐκτενεῖς ποιεῖσθαι πρὸς Κύριον τὰς δεήσεις· μετὰ δὲ ταῦτα ἐπὶ δυσὶν ἔτεσιν εἰς ἀκρόασιν μόνην παραδεχθήσεται, καὶ ἀκούων τῶν εὐχῶν καὶ τῆς διδασκαλίας, μετὰ τῶν κατηχουμένων ἐξελεύσεται | καὶ οὐκ ἀξιωθήσεται προσευχῆς· ἔπειτα ἐν τοῖς λοιποῖς δυσὶν ἔτεσιν δεχθήσεται εἰς τὸ συνίστασθαι τοῖς πιστοῖς καὶ συνεύχεσθαι χωρὶς κοινωνίας· μετὰ δὲ τὴν συμπλήρωσιν τούτων τῆς τοῦ ἀγαθοῦ κοινωνίας ἀξιωθήσεται. Τὸ πρῶτον ἔτος κρέατος μόνου ἀποχὴν ποιήσεται, πᾶσαν τετράδα, παρασκευὴν ξηροφαγῶν ἔσται, καὶ ἑκάστης ἡμέρας πεντηκοντάκις γονυκλιτῶν, ἄνευ σαββάτου καὶ κυριακῆς καὶ τῶν δεσποτικῶν ἑορτῶν, καὶ διὰ τοῦτο ἐξεδόθη αὐτῷ καὶ τὸ παρόν.

Τὸ αὐτὸ δὲ ἐπιτίμιον ἐδόθη καὶ Μιχαὴλ τῷ υἱῷ τοῦ Βούλκου, μιγῆναι πορνικῶς μετὰ θάνατον τῆς νομίμου γυναικὸς αὐτοῦ τῇ αὐταδέλφῃ ἐκείνης· τῇ γυναικαδέλφῃ αὐτοῦ.

ΡΛΔ'.

Περὶ τῶν ἀπὸ βίας συναλλαγμάτων διάλεξις.
De contractibus ex vi dissertatio.

Ὁ πανεύδαιμος σεβαστὸς κυρὸς Λέων ὁ Μυσηρόπουλος, παραστὰς τὴν σήμερον τῷ παναγιωτάτῳ ἡμῶν δεσπότῃ ἀρχιεπισκόπῳ πάσης Βουλγαρίας, ἐζήτει δικασπαθῆναι τὸ μέσον αὐτοῦ καὶ τῆς θυγατρὸς τοῦ ἀποιχομένου πανσεβάστου σεβαστοῦ κυροῦ Στεφάνου τοῦ Γαβρᾶ γεγονὸς γαμικὸν συνάλλαγμα· προτιθέμενος ὅτι τέ καὶ καρικῇ τινὶ δυσκολίᾳ καὶ βίᾳ τοῦ τηνικαῦτα κρατοῦντος τῶν ἐνταῦθα χωρῶν τοῦ ἀποιχομένου Στρεάζου καθυπείξας τοῦτο πεποίηκε, καὶ ὅτι ἀτελής ἦν τὴν νόμιμον ἡλικίαν ἡ κόρη, ὅτε τὴν τῆς μνηστείας εὐχὴν μετὰ τούτου ἐδέξατο.

Ἐπεὶ γοῦν παρῆν καὶ τὸ μέρος τῆς εἰρημένης κόρης δικαίῳ αὐτῆς τε καὶ τῆς μητρὸς αὐτῆς οἱ μεγαλεπιφανέστατοι, ἤγουν ὁ Βουρούγος· κυρὸς Βασίλειος, ὁ κυρὸς Μανουὴλ ὁ τοῦ Δέσκου, ὁ Γαβρᾶς κυρὸς Γρηγόριος, καὶ ὁ κυρὸς Βερωτᾶς· καὶ ἐν ἀκροάσει τῶν προτιθεμένων παρὰ τοῦ πανσεβάστου Μοσχοπούλου ἐγένετο, ἐν ἀρχαῖς μὲν ἀντείχοντο τῆς τοῦ συναλλάγματος συστάσεως, λέγοντες μήτε βίαν προβῆναι, μήτε τὴν κόρην εἶναι ἀτελῆ ἐν τῷ τῆς μνηστείας καιρῷ. Ἐπεὶ δὲ ὁ Μοσχόπουλος ὁ πανσέβαστος εὐτόνως ἀντεποιεῖτο τῶν οἰκείων προτάσεων [f. 237] καὶ μάρτυσιν ἀξιοπίστοις τὰ περὶ τούτων ἦν διαβεβαιούμενος, μὴ ἔχοντες τί λέγειν οἱ τοῦ μέρους τῆς εἰρημένης κόρης, δυνάμενον καταπαλαίειν τοὺς λόγους τοῦ Μοσχοπούλου, καθωμολόγησαν ὕστερον καὶ αὐτοὶ τήν τε βίαν καὶ τὸ τῆς κόρης ἀτελὲς περὶ τὴν ἡλικίαν αὐτῆς.

Ἡ τοίνυν δεσποτικὴ θεία μεγαλειότης, μετά γε τῶν συνεδριαζόντων αὐτῇ ἱερωτάτων ἀρχιερέων, τὰ τοῦ πράγματος διασκεψαμένη, καὶ γνοῦσα τὸ μὲν κατὰ βίαν γινόμενον, μὴ ἐρρῶσθαι κατὰ τὴν νομικὴν παρατήρησιν, τὰς δὲ γινομένας μνηστείας ἐντὸς τοῦ δοκοῦντος τοῖς νόμοις καιροῦ ἀσυστάτως κρίνεσθαι παρὰ τῶν νεαρῶν νομοθεσιῶν τοῦ τε σοφωτάτου ἐν βασιλεῦσι κυροῦ Λέοντος, καὶ τοῦ ἀοιδίμου κυροῦ Ἀλεξίου τοῦ Κομνηνοῦ, διέγνω διασπασθῆναι τὸ τοιοῦτον συνάλλαγμα, ὡς ἀσύστατον καὶ τοῖς νόμοις ἀπρόσδεκτον· διασπασμοῦ δὲ γεναμένου, τὸν μὲν Μοσχόπουλον τὰ οἰκεῖα, ἤγουν τὴν προγαμιαίαν δωρεὰν ἀπενέγκασθαι, τὴν κόρην δὲ τὴν οἰκείαν προῖκα λαβεῖν, ὅσην δηλαδὴ προσώπου αὐτῆς ὁ Μοσχόπουλος ἀνελάβετο, καὶ οὕτως ἕκαστον τῶν μερῶν τὰ δοκοῦντα τοῖς οἰκείοις θελήμασι διαπράττεσθαι.

ΡΛΕ΄.

Περὶ παλλακῆς καὶ τῶν ἐξ αὐτῆς παίδων, καὶ εἰ δεῖ εἰσακούεσθαι τὰς παλλακὰς ζητούσας ἱερολογίαν.

De concubina et filiis ex ea, et si audire oporteat concubinas quae nuptiarum benedictionem quaerunt.

Παρέστησαν τὴν σήμερον τῷ παναγιωτάτῳ ἡμῶν δεσπότῃ πάσης Βουλγαρίας ἀρχιεπισκόπῳ Ἰωάννῃ ὁ τοῦ ἱερομονάχου Βαρνάβα, καὶ γυνή τις ὀνομαζομένη Δραγόστη, βρέφος ἀγκαλοφοροῦσα τῶν αὐτῆς ὠδίνων καρπόν, καὶ τὴν μεταξὺ αὐτῶν διαφορὰν εἰς μέσον προέθεντο· καὶ ὁ μὲν Ἰωάννης ἔλεγεν, ὡς χρησάμενος κατὰ παλλακισμὸν τῇ εἰρημένῃ Δραγόστῃ ἀκαθέκτοις ὁρμαῖς νεότητος, καὶ νῦν ἐν συναισθήσει τοῦ κακοῦ γενόμενος, ἀπωθεῖται αὐτὴν, φιλονεικοῦσαν ἀεὶ αὐτῷ συνοικεῖν.

Ἡ δέ γε Δραγόστη, τὸν παλλακισμὸν συνομολογοῦσα, ᾤετο δίκαιον ἔχειν μηδέποτε μηδαμῶς διασπασθῆναι τοῦ Ἰωάννου, τό τε μῆκος τοῦ χρόνου εἰς συνασπισμὸν προβαλλομένη ἑαυτῆς, ἔτος που ἤδη πέμπτον, καὶ μικρόν τι πρὸς, καὶ δὴ καὶ τὴν ἐκ τοῦ Ἰωάννου | παιδοποιΐαν· τὸ βρέφος γὰρ ὃ ἐπεφέρετο ἐπὶ δυσὶν ἑτέροις προτελευτήχίσιν, ὑπὸ τῷ Ἰωάννου ἐγείνατο· καὶ διὰ τοῦτο οὖν καὶ τὴν διενεκῆ μετ' αὐτοῦ συνοίκησιν ἤθελε, καὶ ἱερολογίαν ἐπεζήτει τὴν ἔθιμον.

Τούτων οὕτω προτεθέντων παρ' ἀμφοτέρων τῶν μερῶν, ἡ μὲν δεσποτικὴ θεία μεγαλειότης παρῄνει τῷ Ἰωάννῃ ἁρμοσθῆναι καὶ κατὰ νόμους τῇ Στραγόστῃ (sic), δηλαδὴ μετ' ἱερολογίας, καὶ εἰς τὸ ἐξῆς· ταύτῃ ὡς νομίμῳ γυναικὶ συνοικεῖν. Ὅτι δὲ ἀπεδυσπέτει ὁ Ἰωάννης καὶ οὐδ' ὅλως οὐδαμοῦ ἔστεργεν αὐτῷ τὸ μετὰ τῆς Δραγόστης συνοικέσιον, παντάπασιν εἰς τοῦτο αὐτὸς σκληρὸς καὶ ἀνένδοτος κατεφαίνετο, δέδοκται καὶ τετύπωται, ἀπό τε τῆς δεσποτικῆς διαγνώσεως· καὶ ἀπὸ ἀρεσκείας καὶ συγκαταθέσεως, καὶ ἀμφοτέρων τῶν μερῶν, λαβεῖν τὴν Δραγόστην παρὰ τοῦ Ἰωάννου χάριν αὐτῆς τε καὶ τοῦ νηπίου, τὴν προσοῦσαν αὐτῷ ἀγελαίαν βοῦν, καὶ ἀπὸ τῆς ἐνισταμένης εἰσόδου τῶν σπορίμων καρπῶν ἀναλογοῦσαν μερίδα, πράττειν δὲ τὰ ἑαυτοῦ ἕκαστον τῶν μερῶν, ὡς ἄρα καὶ βούλεται.

ΡΛΣΤ´.

Περὶ τῶν ἐχόντων γυναῖκας καὶ πορνευόντων.
De iis qui uxores habent et fornicantur.

Δι' ἀπορίαν τῶν ἀναγκαίων ἐν τοῖς καιροῖς τοῦ λιμοῦ τὴν πατρίδα Καστορίαν καταλιπών, ἅμα δὲ καὶ τὴν νομίμως συνεζευγμένην αὐτῷ γυναῖκα, Χρῦσος ὁ χυτροπλάστης, καὶ τὴν Ἀχρίδαν καταλαβών, συνῴκησεν ἐνταῦθα γυναικαρίῳ τινί, ἕλκοντι μὲν ἐκ Βλάχων τὸ γένος, ὄνομα δὲ περιφέροντι Τζόλα, ἐκ τοῦ κόμματος δὲ ὄντι τῶν σεσωσμένων, κατὰ Παῦλον εἰπεῖν, ἁμαρτίαις, καὶ δυναμένων ἕλκειν εἰς ἑαυτὰς ὀφθαλμοὺς καὶ καρδίας ἀρρένων πονηροῖς τισι μηχανήμασιν, καὶ ἐν τῷ τοιούτῳ γυναίῳ συνὼν κατὰ παλλακισμόν. Ἐπεὶ δὲ ὀψέ ποτε τὰ κατ' αὐτὸν μαθοῦσα ἡ νόμιμος σύζυγος ἐπορεύθη ὀπίσω αὐτοῦ, καὶ τοῦτον κατέλαβε συνοικοῦντα τῇ παλλακῇ· αὐτὸν μὲν εἰ καὶ μόγις, ὅμως δ' οὖν τῶν πορνικῶν ἐκείνης ἐπέσπασεν ἐγκαλῶν καὶ δεσμῶν, τῷ τε νόμῳ βοηθουμένη καὶ τῇ ἰσχύϊ τοῦ κατὰ Χριστὸν πολιτεύματος. Ἐκείνην δὲ κατὰ κράτος [f. 238] ἀπώσατο, σὺν αὐτοῖς τοῖς βεβήλοις αὐτῆς μηχανήμασιν. Ἐπεὶ οὐδὲ ὅλον ἡ κακία νομίμῳ καὶ ἀγαθῷ πράγματι ἴσως οὖν ἀντιτίθεσθαι, ὅτι δὲ ἡ Τζόλα προέθετο σήμερον δικαιολόγημά τι συντεῖνον αὐτῇ, ὡς τὰ ἐνόντα δηλαδὴ τῷ Χρύσῳ σήμερον, κοινοῖς κόποις καὶ μόχθοις· δι' ὅλου τοῦ καιροῦ, καθ' ὃν τούτῳ συνῴκησεν, ἐπεκτήθησαν, καὶ οὐκ ἀπεικότα λέγειν ἔδοξεν ἡ τοιαύτη γυνή· ἐρωτήθη ὁ Χρῦσος περὶ τούτου αὐτοῦ, καὶ καθωμολόγησεν ὡς τὰ προσόντα αὐτῷ καὶ τοῦ κόπου τῆς Τζόλης μετέχουσι· διά τοι τοῦτο καὶ ἐδικαιώθη λαβεῖν ἡ Τζόλα ἐκ τούτων, ἀγελάδα μετὰ μοισχαρίου διετοῦς, χοίρους δύο, σίμβλον ἤτοι κυβέρτιον ἕν, ὕφασμα λινοῦν τριάκοντα πήχεων, ὄνον θήλειαν μετὰ τοῦ πώλου αὐτῆς· καὶ ἐριουργὲς κατάστρωμα τὸ λεγόμενον βαρβαρικῶς· Τζέργαν· ἐν οἷς δὴ καὶ ἀρεσθεῖσα ἡ Τζόλα καὶ ἀρκεσθεῖσα, κατέθετο τοῦ λοιποῦ μὴ ἐνοχλῆσαι τῷ Χρύσῳ ἢ ἐπιρρῆναι περὶ ζητήσεως· ἐπέκεινα τούτων τοιούτου τινὸς πράγματος, ἀλλ' ἡσυχάσαι καθόλου τὰ πρὸς τὸν Χρῦσον, καὶ τὰ καθ' ἑαυτὴν ὡς βούλεται διαπράττεσθαι· τετύπωται δὲ ὡς εἴ γέ ποτε εὑρεθείη ἡ Τζόλα ἢ πρὸς σαρκικὴν μίξιν ἕλκουσα πάλιν τὸν Χρῦσον διά τινων μηχανῶν, εἴτε φανερῶν, εἴτε ἀφανῶν ἢ ἐνογλῶσσα τούτω περὶ πραγμάτων, οὐ μόνον μαστίζεσθαι ταύτην παρὰ τῆς ἐξουσίας προσηκόντως εἰς σωφρονισμὸν αὐτῆς, ἀλλὰ καὶ ἀφαιρεῖσθαι τῶν ἀντιγεγραμμένων πραγμάτων, ὧν παρὰ τοῦ Χρύσου ἀπείληφεν.

ΡΑΖ'.

Περὶ τῶν ἐπ' αὐτοφώρῳ καταληφθεισῶν μοιχαλίδων, καὶ ὅτι εἰ καὶ ἡ γυνὴ ὁμολογεῖ τὴν μοιχείαν, οὐ χρὴ παραδέχεσθαι παραχρῆμα τὴν ὁμολογίαν αὐτῆς, καὶ ὅτι ἡ μοιχευθεῖσα εἰς μοναστήριον εἰσάγεται.

De adulteris in ipso facto deprehensis, et quod si mulier fateatur adulterium, non oporteat statim admittere ejus confessionem, et quod adultera in monasterium detrudatur.

Οὐ μάτην ἀπέδυ τὸν κατὰ τῆς γυναικὸς αὐτοῦ Κράσνης· ἀγῶνα Δημήτριος ὁ υἱὸς τοῦ Ῥάδου, μοιχείαν ταύτῃ ἐπεγκαλῶν· οὐ μόνον γὰρ ταῖς ἔξωθεν μαρτυρίαις, ἀλλὰ δὴ καὶ αὐτῇ τῇ ὁμολογίᾳ τῆς γυναικὸς τὴν ἀγωγὴν ἐβεβαίωσεν. Ἀλλ' αὐτὸς μὲν ὅπως μετὰ πολλοὺς μόχθους ἑλεῖν ἠδυνήθη τὴν Κράσναν ἐπ' αὐτοφώρῳ μεμοιχευμένην ἐκτάδην | ἀφηγήσατο τῷ δικαστηρίῳ παραστὰς τοῦ παναγιωτάτου δεσπότου ἡμῶν· ἡ δέ γε Κράσνα οὐκ αἰσχυνθεῖσα εὐθὺς ἐπὶ τοῦ ἐδάφους· ἔρριψεν ἑαυτὴν καὶ τὴν ἁμαρτίαν καθωμολόγει. Ἀλλὰ κατὰ τὸν ἀκριβῆ τῆς νομικῆς παρατηρήσεως λόγον, οὐ παράχρημα καὶ ἐπιστεύετο· τῶν γάρ τοι μαρτύρων, φήμῃ μόνῃ, οὐκ ὄψει τὰ τῆς μοιχείας αὐτῆς διατεινομένων εἰδέναι, ὅρκων εἰς τὸ πιστευθῇ ἡ Κράσνα βεβάρηται· ἡ δὲ πάσῃ προσθυμίᾳ μὴ μόνον ἐπομόσασθαι, ἀλλὰ καὶ εἴ τι ἂν ἄλλο ἐπιταχθείη πρὸς πληροφορίαν τοῦ γεγονότος, ποιῆσαι ἐπισχυρίσατο. Ὅτι γοῦν δῆλα τὰ τῆς μοιχείας ταύτης γεγόνασιν, ἀπόρασις· διεζυγίου κατὰ τοῦ κεχραμένου τούτου συνοικεσίου παρὰ τῆς δεσποτικῆς θείας μεγαλειότητος ἐξενήνεκται ὅθεν καὶ τετύπωται τὸ ἀπὸ τοῦδε, τὸν μὲν ἄνδρα ἤγουν τὸν Δημήτριον, πράττειν τὰ ἑαυτοῦ καθὼς ἄρα βούλεται· τὴν δὲ γυναῖκα τούτου, ἤγουν τὴν Κρασίναν (sic) εἰσελθεῖν κατὰ νόμους ἐν μοναστηρίῳ καὶ καρῆναι μοναχικῶς, εἴ γε μετὰ τὸν νόμιμον χρόνον, μὴ θελήσας ταύτην μεταμεληθεῖ· ὁ Δημήτριος ἑλκύσαι πρὸς ἑαυτόν. Πραγμάτων δὲ μὴ εὑρισκομένων αὐτοῖς, οὐδὲ λόγον γενέσθαι περὶ τούτων ἐδέησεν. Εἰς δήλωσιν οὖν: (*Nec plura.*)

ΡΑΗ'.

Περὶ τοῦ σκοπεῖν ἀκριβῶς καὶ τὸ εἶδος τοῦ ὅρκου καὶ τὴν διάθεσιν, καὶ τὰ ῥήματα τοῦ ὅρκου, καὶ πῶς δεῖ οἰκονομεῖν τοὺς ποιοῦντας τὰς ὑποσχέσεις δι' ὅρκου πρὸς τὸν Θεόν.

De consideranda exacte forma jurisjurandi, et dispositione et verbis ejus, et quomodo agendum cum iis qui promissiones juratas Deo fecere.

Φόβοι δύο, οὕτως εἰπεῖν, ἐκ διαμέτρου ἀγαθοί, καὶ τὴν σύνεσιν ὁμότιμοι περιέχοντες τὸν πανευγενέστατον Κομνηνὸν κυρὸν Γεώργιον, καὶ τοῦτον εἰς ἑαυτὸν ἑκάτεροι ἕλκοντες, δραμεῖν κατηνάγκασαν πρός τε τὴν ἡμῶν μετριότητα καὶ τὴν καθ' ἡμᾶς

ἡμῶν ἀδελφότητα, ὡς ἂν τὸν ἐντεῦθεν κα‑
τανάσεις τάραχον· ἀλλ' αὐτὸς μὲν δι' ἑαυ‑
τῶ τὸν δρόμον οὐκ ἔθετο πρὸς ἡμᾶς, οἷα
φροντίδας ἀναγκαίας τῆς τῶν σκοτίων ἐπι‑
τροπῆς τε καὶ φυλακῆς περικείμενος, τὴν
περὶ τούτων δ' ἀναφορὰν διά τε τοῦ ἱερω‑
τάτου ἐπισκόπου [f. 239] Μογλένων, ἐν Κυ‑
ρίῳ ἀγαπητοῦ ἡμῖν ἀδελφοῦ καὶ συλλει‑
τουργοῦ, καὶ τοῦ ἐπιτηδείου αὐτῶν Νικη‑
φόρου τοῦ Παραδεισιώτου πεπείηκεν. Ἦσαν
δὲ τὰ τῆς ἀναφορᾶς ἔχοντα οὑτωσί.

« Νόσῳ, φησί, περισχεθείς, ἰατροῦ χερσὶν
ἐπραξα ἐμαυτόν, καὶ ἴασιν ἐκεῖθεν ἔσεσθαί
μοι προσδοκῶν· ὁ δὲ ἄτεχνος ὢν καὶ τὴν
εἰς ᾅδου κάθοδον ταχεῖάν μοι ἔσεσθαι δια‑
γνούς, τὴν ἀπὸ τῆς νόσου ἐπάνοδον ἀκο‑
λούθως ἀπείπατο. Ὅτι γοῦν οὗτος ὁ θάνατος
ἐμηνύθη καὶ ἐν σθένει τὰ κατ' ἐμὲ τότε γε‑
γόνασιν, τινὲς τῶν παρεστηκότων μοι συγ‑
γενῶν γνώμην αὐτίκα εἰσήγαγον, οἷα περὶ
τῇ ἐμῇ μεταστάσει δείσαντες, μεθ' ὅρκου
πρὸς τὸν Θεὸν ἐπαγγείλασθαι, εἰ ἐκ τῆς
νικρᾶς δηλαδὴ ἀναστήσομαι κλίνης, μετὰ
τὸν ὄγδοον ἐξ ἐκείνου ἐνιαυτὸν καρέντα με
παραγγεῖλαι εἰς μοναχούς· καὶ τὴν ἀγγελι‑
κὴν τοῦ μονάδος βίου ἑλέσθαι διαγωγήν·
ᾧ τοιούτῳ τελχθεὶς αὐτὸς λογισμῷ, τὴν
ἐπαγγελίαν ταύτην οὕτω τηνικαῦτα ἐθέμην
πρὸς τὸν Θεόν. Ἐπεὶ τοίνυν ἰδοὺ τὸ τέλος
ἐγγίζει τῆς ὀγδοάδος τῶν τοιούτων ἐτῶν,
ὡς μὲν φόβος μοι συναντᾷ, τὴν τοῦ Θεοῦ
ἐπιλθὼν ὀργήν, εἰ ἐμπαροινήσω ταῖς ὑπο‑
σχέσεσιν. Ἕτερος δὲ ἀντιπεριασπᾷ με, τήν
τε κατ' ἐμὲ προβάλλων νεότητα, καὶ τὰ
πρὸς τὰ χείρω ταύτης εὐώλισθον, καὶ ἐγ‑
κλίνουσαν διὰ ταύτην τῶν μοναχικῶν πα‑
ραβάσειν ὑποσχέσεων. Ναὶ μὴν καὶ τὴν τῆς
συζύγου μνήμην, νέας οὔσης καὶ τὸ εἶδος
καλῆς, καὶ τὸν τῶν φιλτάτων διάπυρον πό‑
θον. Καὶ τούτων αὐτῶν ἕνεκεν, ψυχικόν μοι
προδιαγράφων ἔσεσθαι κίνδυνον, διὰ τὸ τῆς
μοναδικῆς πολιτείας ἐργῶδές τε καὶ ἐπί‑

πονον, διὸ δὴ καὶ δέομαι τὸν ἐκ τοῦ διπλοῦ
τούτου φόβου κατευνασθῆναί μοι κλύδωνα ».
Ἀλλ' ἐν τούτοις μὲν τὰ τῆς ἀναφορᾶς ἦσαν
τοῦ εὐγενοῦς τούτου ἀνδρός.

Ἡ μετριότης δὲ ἡμῶν, μετά γε τῶν συ‑
νεδριαζόντων αὐτῇ ἱερωτάτων ἀρχιερέων,
τὰ τοῦ πράγματος διασκεψαμένη, ἐπελθοῦ‑
σα δὲ καὶ τὸν δεκτὸν κανόνα τοῦ ἐν ἁγίοις
πατρὸς ἡμῶν Βασιλείου τὸν διαγορεύοντα·
« Δέον εἶναι σκοπεῖν καὶ τὸ εἶδος τοῦ ὅρκου
καὶ τὰ ῥήματα, καὶ τὴν διάθεσιν, ἀφ' ἧς
ὠμωμόκασι, καὶ τὰς καταλεπτὸν ἐν τοῖς
ῥήμασι προσθήκας „ καὶ γνοῦσα παραμυ‑
θίαν εὑρίσκειν τὸν εἰρημένον Κομνηνὸν κυρὸν
Γεώργιον, τήν τε τοῦ ἰατροῦ ἄτεχνον ἀπα‑
γόρευσιν, καὶ τὸ ἐξ ἀνάγκης καὶ οὐκ ἀπὸ
γνώμης αὐτοκινήτου τὴν ἐπαγγελίαν τοῦ‑
τον ποιήσασθαι, ἔτι δὲ καὶ τὰς ὀργώσας
ὁρμὰς τῆς νεότητος μοναχῶν διαίτῃ μὴ
συντρεχούσας, ὡς ἂν εἰ καὶ λεόντων γαβρία‑
μα προβάτων ἡσυχίῳ καὶ ἱλαρῷ καταστή‑
ματι, τὸ μὲν μονάσαι τοῦτον κατὰ τὴν
ἔνορκον ἐπαγγελίαν αὐτοῦ οὐκ ἐνδεδώκαμεν,
οἷα τῇ ἀνθρωπίνῃ συγκεχωρηκότες ὀλιγω‑
ρίᾳ, διὰ τὰς εἰρημένας αἰτίας, αἵ προφανῶς
δηλοῦσαι, τὸ μὴ οἴκοθεν καὶ ἀπὸ μεριμνη‑
μένου σκοποῦ τὴν ὑπόσχεσιν Θέσθαι τὸν
Κομνηνόν, τὴν ταύτης ἐκπλήρωσιν εἰς κίν‑
δυνον ἀπορρίπτουσι. Θεραπείαν δὲ τῆς παρ‑
ορχίας ταύτης ἐπενοήσαμεν, ἣν ὁ λόγος τε
διασαφήσει ἑξῆς, καὶ ὁ Θεός, ὡς ἐλπίζομεν,
δέξεται, καὶ ἵλεως ἔσται τῷ ταύτης ἁλω‑
σίμῳ γεγονότι ἀνδρί. Τὸ μὲν γὰρ νῦν ἔτος
τῆς δεκάτης ἐπινεμήσεως, ἕκτας καθιερώσει
Θεῷ ἀπὸ πάσης περιουσίας αὐτοῦ μοναστη‑
ρίοις ἐνδεέσι καὶ ναοῖς θείοις· καὶ πτωχοῖς·
ἀδελφοῖς μερίσας αὐτά· μετὰ τοῦτο δέ, διὰ
βίου παντὸς ἑκάστου ἔτους· δεκάτας ἀποδώ‑
σει Θεῷ, μηδὲν μηδέποτε μηδαμοῦ τῶν
ὑπαρχόντων αὐτῷ φειδόμενος· πρὸς τὴν τοι‑
αύτην ἐκβίωσιν........[1]) ἑκάστης ἡμέρας
τριακοντάκις γονυκλιτήσει, τετράδα καὶ

---

[1]) In marg. σημ. ἀπέφανσις ἐν ἐπιτιμίαις διὰ τῆς τοῦ ὅρκου συνταγῆς, cum lacuna in textu exigua.

παρασκευὴν εἰς τροφὴν ἄρτον μόνον σὺν ὁσπρίοις καὶ λαχάνοις προσοίσεται, ναὶ δὲ καὶ οἴνῳ εἰς πόσιν, διὰ τὸ στρατιωτικοῖς πόνοις αὐτὸν ἀεὶ γυμνάζεσθαι· καὶ πρὸς τούτοις τὰς νενομισμένας ἑκάστου ἔτους τοῖς χριστιανοῖς νηστείας κατὰ μοναχοὺς ἐκτελέσει, μηδεμίαν ἀναβολὴν ὅλως ποιούμενος, καὶ αὐτὸς μὲν οὕτω ποιήσει ὡς ἂν τὸ θεῖον ἐξιλιώσηται.

Ἐπεὶ δὲ καὶ τὴν σύζυγον αὐτοῦ τὴν πανευγενεστάτην Κομνηνὴν κυρὰν Θεοδώραν, ὑποσχέσθαι τότε καὶ αὐτὴν μεμαθήκαμεν, ὡς οὐκ ἀποληφθήσεται τῆς συνεύνου, ἑαυτὸς πρὸς τὸν μοναχικὸν βίον πορεύσεται,

ἀλλὰ μελανδυτήσει καὶ αὐτὴ κατὰ μοναχοὺς πρὸς πολιτείαν μονότροπον, τυπῶμεν τηρεῖν καὶ ταύτην τὰ τῷ ἀνδρὶ αὐτῆς δεδομένα ἐπιτίμια, διά τε τὴν τῆς ὑποσχέσεως ὁμοιότητα, καὶ ἅμα χρὴ ταύτην ὥσπερ ἐν τοῖς ἄλλοις, οὕτω δὴ κἂν τούτῳ βοηθὸν εὑρίσκεσθαι [1]) τῷ ἀνδρί.

Οὕτω τὰ τῆς ἀναφορᾶς τοῦ Κομνηνοῦ ἐξετάσαντες ῥήματα, καὶ τὸν σκοπὸν γνόντες [f. 240] αὐτοῦ, τὴν παροῦσαν πρᾶξιν ταῖς κανονικαῖς παρατηρήσεσιν ἐχομένην ἐθέμεθα, ἐπειδὴ κατὰ τὸν μέγαν ἐν πατράσι Βασίλειον, οὐκ ἐσμὲν καρδιῶν κριταί, ἀλλ' ἐξ ὧν ἀκούομεν, κρίνομεν.

ΡΑΘ'.

Ὅτι ἔξεστι τῷ ἀνδρὶ λαμβάνειν αὖθις τὴν ἑαυτοῦ γυναῖκα κατηγορηθεῖσαν ἐπὶ μοιχείᾳ.
Quod viro licitum sit recipere uxorem suam ob adulterium condemnatam.

Ὁ ἐν τῷ Μοκρῳ τὰς οἰκήσεις ποιούμενος Ῥάδος ὁ στρατιώτης τῷ παναγιωτάτῳ ἡμῶν δεσπότῃ, ἀρχιεπισκόπῳ πάσης Βουλγαρίας, τὴν σήμερον παραστάς, μοιχίας ἔγκλημα κατὰ τῆς γυναικὸς αὐτοῦ Σλάβας [2]) ἐνετείνατο, φάμενος ὡς ἐν τῷ ἀποδημεῖν αὐτὸν ἐν τῷ στρατοπέδῳ, ἡ ἐξυπηρετουμένη τῷ οἴκῳ αὐτοῦ Καλὴ, πρὸ ἀγωγῆς τινὸς ἀνδρὸς πρακτορικαῖς μὲν δουλείαις προσανέχοντος, θετοῦ δὲ ἀδελφοῦ γενομένου αὐτῆς, καὶ τὴν εἰρημένην Σλάβαν ἐξαπατήσασα, μοιχευθῆναι ταύτην παρ' αὐτοῦ ἐβασκεύασεν [3]) μετὰ τὴν ἀτοπίαν δὲ ταύτην ἡ τοιαύτη Καλὴ φοβηθεῖσα μήποτε καὶ φωραθείη καὶ πάθοι παρὰ τοῦ Ῥάδου δεῖνα, τῇ τούτου ζωῇ ἐπεβούλευσε, δηλητήρια σκευασμένη, καὶ τῇ τροφῇ ταῦτα τούτου συμμίξασα· κἂν οὐκ ἴσχυσαν ταῦτα καὶ ὄλεθρον τούτῳ ἐπαγαγεῖν. Καὶ ταῦτα μὲν εἶπεν ὁ Ῥάδος.

Ἐπεὶ δὲ παρῆν ἥ τε γυνὴ αὐτοῦ ἡ εἰρημένη Σλάβα σὺν τῷ πατρὶ καὶ τῇ μητρὶ αὐτῆς, ἀπητεῖτο λέγειν πρὸς ταῦτα τὰ δοκοῦντα αὐτῇ· ἡ δὲ τὰς ὄψεις τῷ ἐδάφει ἀτενῶς ἐνερείσασα, καὶ ἐπὶ πολὺ ἄφωνος μείνασα, ὀψέποτε οἰκτρὰν μετὰ δακρύων προῆει φωνήν, ὡς ἀπάτῃ τοῦ τε [4]) δαίμονος καὶ ἐπειρείᾳ τῆς κακίστης Καλῆς τὴν τοῦ ἀνδρὸς αὐτῆς κοίτην ἐμίανε, πολλὴν ὑποστᾶσα βίαν εἰς τοῦτο αὐτό· καὶ ταχὺ τὸν λόγον συγκλείσασα, καθωμολόγησεν ὡς ἅπαντα τὰ παρὰ τοῦ ἀνδρὸς αὐτῆς λαληθέντα, ὡς ἀνατέτακται, οὕτως ἔχουσι καθὰ παρ' αὐτοῦ ἐλαλήθησαν. Δέησαν δὲ καὶ τοὺς γονεῖς ταύτης περὶ τούτου ἐρωτηθῆναι· ἔδει γὰρ αὐτοὺς πάντως· ὑπερπονεῖσθαι τῆς θυγατρός· οὕτω κατηγορουμένης καὶ περὶ τὴν τοιαύτην ὁμολογίαν ὑποπτευομένης, μήποτε δηλαδὴ κατά τινα τρόπον καθ' ἑαυτῆς ἐπιστηρίζῃ τὸ ἔγκλημα, ὥστε τοῦ ἀνδρὸς

---

[1]) Cod. εὑρίσκεσθαι. — [2]) Id. Λάσβας mendose ob sequentia. — [3]) Id. βασκεύασεν, novum et fort. corruptum verbum ex βασκαίνω, fascino. — [4]) Id. ταῦτα.

αὐτῆς τοῦ Ῥάδου ἴσως διαζυγῆναι· οἱ δὲ ἐρωτηθέντες εἶπον ὡς αὐτοὶ μὲν οὔτε χειρὶ, οὔτε ὄψει τοῦ λεγομένου τούτου μίσους, κατάληψιν ἔσχον· διδασκάλους δὲ τούτου τήν τε γλῶσσαν τῆς θυγατρὸς καὶ τὴν ἔξωθεν φήμην ἔχουσι.

Τούτων οὖν οὕτω παρ' ἀμφοτέρων τῶν μερῶν λαληθέντων, προσέθετο τὸ δεσποτικὸν δικαστήριον ἐρωτῆσαι τὴν Σλάβαν εἰ ἀγαπᾷ τὸν ἄνδρα αὐτῆς τὸν Ῥάδον, καὶ θέλει καὶ αὖθις τούτῳ συμβιωτεύειν. Ἐξεῖπε δὲ αὐτὴ ὡς καὶ μάλα θέλει τοῦτον καὶ ἀποδέχεται, εἰ θελήσει ταύτην ὁ ἀνὴρ αὐτῆς εἰσοικίσασθαι, καὶ ἀμνημοσύνον θέσθαι τοῦ πταίσματος.

Ἡ δεσποτικὴ τοίνυν θεία μεγαλειότης μετά γε τῶν συνεδριαζόντων αὐτῇ ἱερωτάτων ἀρχιερέων τὰ τοῦ πράγματος διασκεψαμένη, καὶ γνοῦσα τὴν μοιχείαν οὖσαν ἀληθῆ, οὐ μόνον παρὰ τῆς Σλάβας τῆς ὁμολογίας, ἀλλὰ καὶ ἐκ τοῦ ζητεῖν πάλιν αὐτὴν τὴν μετὰ τοῦ ἀνδρὸς ταύτης συνοίκησιν, ἐντεῦθεν οὐκέτι ὕποπτος ὁ λόγος ὑποκαθήμενος τῇ ὁμολογίᾳ τῆς Σλάβας περιαιρεῖται, ἢ γὰρ ἂν εἰ ἐπόθει τὴν ἀπόστασιν, οὐκ ἂν ἀντεποιεῖτο τῆς συνοικήσεως, τὴν μὲν Σλάβαν συγγνώμης ἠξίωσεν, ὥστε δηλαδὴ τὰς παρὰ τοῦ νόμου ἐπηρτημένας αὐτῇ ποινὰς ἐκφυγεῖν, διά τε τὴν ἐξομολόγησιν αὐτῆς καὶ τὸ ἄσχετον δάκρυον καὶ ὅτι ὡς νεωτέρα ἐξηπατήθη καὶ ἁπαλή· τὸ γὰρ δωδέκατον ἔτος τῆς ἡλικίας αὐτῆς ἤδει παραμείβουσα ὡμολόγηται· τὸ διαζυγῆναι δὲ ταύτης τὸν Ῥάδον εἴτε μὴ τῆς βουλήσεως τούτου ἐξήρτησε. Δίδοται γὰρ αὐτῷ ἐξουσία παρὰ τοῦ νόμου εἴσω διετίας ἀναλαβεῖν αὐτὴν, εἴ γε καὶ βούλεται, καὶ συνοικεῖν αὐτῇ, μηδένα κίνδυνον εὐλαβουμένῳ, μήτε διὰ τῶν ἐν μέσῳ γενομένων καταβλαπτομένου τοῦ γάμου. Καὶ ταῦτα μὲν ἦσαν γεγονότα κατὰ τὴν κʹ Ἰουνίου μηνός. Ἐζήτησαν οὖν καὶ οἱ τῆς Σλάβας γονεῖς ἀσφάλειαν τοῦ Ῥάδου, ὥστε ἀφόβως αὐτῷ ταύτην συνοικεῖν, καθὰ δὴ καὶ αὐτὸς ὡς ἔδοξεν ὑποσχόμενος· ἣν ὁ δὲ ἀνανεύσας πάντη πρὸς τὸ θέσθαι τοιαύτην ἀσφάλειαν ψιλῇ μόνῃ καταθέσει τὴν μετ' αὐτῆς ἔλεγε συνοίκησιν ἀγαπᾶν· ὡς δὲ καὶ αὖθις πρὸς τὴν τοιαύτην ἀσφάλειαν κατετείνετο, τὴν σκηνήν τε αὐτίκα λέλυκε, καὶ τὸ σκέμα κατάρωρον ἔθετο, κακῶς χρήσασθαι τῇ Σλάβᾳ καὶ ἐπιβουλευόμενον.

Ὡς δὲ διέγνω ἡ δεσποτικὴ θεία μεγαλειότης τὴν τοῦ Ῥάδου κατάνευσιν [f. 241] οὖσαν μᾶλλον ἐπιβουλὴν κατὰ τῆς Σλάβας ἢ ἀγάπησιν, διαζύγιον τούτων κατεψηφίσατο. Εἴσω δὲ διετίας ἐξέστω τῷ Ῥάδῳ παρὰ τοῦ νόμου τὸν γάμον μετὰ τῆς Σλάβας ἀνανεώσασθαι, εἴτε στέρξαι τὸ διαζύγιον· τὸ γὰρ μετεώρου τῆς γνώμης αὐτοῦ τυγχανούσης συνοικεῖν τούτῳ τὴν Σλάβαν, διὰ τὴν φωραθεῖσαν κατ' αὐτῆς ἐπιβουλὴν τούτου παντάπασιν ἀπηγόρευται.

ΡΜʹ.

Περὶ τῶν ἀπὸ τοῦ ἁγίου βαπτίσματος ἀναδεχομένων,
καὶ μέχρι πόσων βαθμῶν κωλύονται συνάπτεσθαι.
De suscipientibus e sacro baptismo, et ad quem usque gradum cohibeantur copulari.

Ἔοικε πᾶσα ἐρώτησις καθεύδουσαν ὥσπερ διανιστᾶν τὴν ἀπόκρισιν, καὶ δεῦρο ἀκολούθει μοι ταύτῃ ἐπεμβοᾶν· ἀληθὲς καὶ γὰρ φιλεῖ τῇ ἐρωτήσει ἐκ παντὸς τρόπου ἀκολουθεῖν ἡ ἀπόκρισις· εἰ δὲ καὶ ἐρωτώμενός τις οὐκ ἀποκρίνεται δήπουθεν, εἰ μή γε σκέπτεταί τι βαθύτερον, ὡς τηνικαῦτα γενέσθαι κρείττονα τοῦ λόγου τὴν σιωπήν, πάντως που, δυοῖν θάτερον ἐγκληθήσεται, ἢ ἀγροικίαν δηλαδὴ ἢ ἀπόνοιαν. Ὅτι τοίνυν ἡ πρὸς τὴν ἡμῶν μετριότητα νῦν ἐλθοῦσά ἐρώτησις, ἣν ἀνὴρ περιφανὴς καὶ τῶν εὖ γεγονότων συνέπλεξε, χρείαν ἔσχε χωρίς τινος εὐλόγου ἀναβολῆς τῆς παρ' ἡμῶν ἀποκρίσεως, ἐξάγομεν νῦν ἰδοὺ, μηδαμῶς ἐπιζυγοῦντες θύραν περιοχῆς περὶ τὰ χείλη ἡμῶν· μήπως ἢ ἀμφοτέροις ἢ ἑνὶ γοῦν τῶν ἀνόπιν τοῦ λόγου δεδηλωμένων ἐγκλημάτων προφανῶς ὑποπέσωμεν, καὶ ἅμα ψυχοφελῆς οὔσης τῆς ἐρωτήσεως ταύτης· οὐκ ἂν εὔθυνον ἡμῖν παρὰ Θεῷ τὸ μὴ ἀποκρίνασθαι, ἀλλὰ τὰ μὲν τῆς ἐρωτήσεως ταύτης ἔχουσιν οὑτωσί.

Πρόγονον ἔχων τὶς ἐδέξατο ἀπὸ τοῦ ἁγίου βαπτίσματος παῖδά τινα, ἔχοντα αὐταδέλφην τῶν αὐτῶν γονέων τούτῳ μεταλαγχάνουσαν. Ταύτη δὴ νομίμῳ γάμῳ ζητεῖ συζευχθῆναι ὁ πρόγονος, καὶ ἐρωτᾷ εἰ ἀνέγκλητόν ἐστι τὸ συνάλλαγμα.

Ἡ μετριότης τοίνυν ἡμῶν μετά γε τῶν συνεδριαζόντων αὐτῇ ἱερωτάτων ἀρχιερέων τὰ τῆς ἐρωτήσεως ταύτης διασκεψαμένη, ἀκόλουθον ταύτῃ τήνδε τὴν ἀπόκρισιν τίθησιν. Ὡς οἱ θεῖοι καὶ ἱεροὶ κανόνες καὶ οἱ φιλευσεβεῖς νόμοι μετὰ τῶν ἄλλων καὶ τῆς κατὰ πνεῦμα συγγενείας | ἐσπουδασμένως φροντίσαντες, τὰ κατ' αὐτὴν εὐπρεπῶς καὶ κοσμίως διέθεντο, συγγένειαν δὲ πνευματικὴν ὀνομάζουσι, καὶ εἰς λόγον τίθενται, τήν τε ἀπὸ τοῦ ἁγίου βαπτίσματος ἀναδοχὴν καὶ τὴν υἱοθεσίαν, ἣν ἱερῶν εὐχῶν συνίστησι τελετή. Ἐπεὶ γοῦν ὁ μὲν νγ' κανὼν τῶν κατὰ τὴν Κωνσταντινούπολιν ἐν τῷ Τρούλλῳ τοῦ βασιλικοῦ παλατίου συνελθόντων ἁγίων πατέρων, στενῶς πῶς τὰ περὶ τῆς οἰκειότητος τῆς ἀπὸ τοῦ ἁγίου βαπτίσματος διαλαμβάνει. Τὸ δὲ ἕκτον θέμα τοῦ ι' κεφ. τοῦ ε' τίτλ. τοῦ κη' βιβλ. τῶν βασιλ. πλατύτερον τὰ περὶ ταύτης διεξιὼν, ἐκ μόνης τῆς τῶν ἀνιόντων καὶ κατιόντων τάξεως, ῥητῶν ἐμνήσθη προσώπων, ἃ καὶ διεκώλυσε συνάπτεσθαι γαμικῶς, φαμὲν ἀνενδοιάστως· ὡς ὁ πρόγονος τοῦ ἀπὸ ἁγίου βαπτίσματος τὸν εἰρημένον παῖδα λαβόντος ἀκωλύτως πρὸς τὴν τοῦ ἀναδεχθέντος αὐταδέλφην γαμικὸν συνάψει συνάλλαγμα· ὅτι τε τὰ συναπτόμενα πρόσωπα παρ' ἑκάτερα τυγχάνουσι, τοῦ τε δηλαδὴ ἀναδόχου καὶ τοῦ ἀναδεχθέντος, καὶ οὐκ εἰς ἀνιόντων ἢ κατιόντων τούτοις μοῖραν εὑρίσκονται· καὶ ὅτι κατὰ τὴν ἐξ αἵματος οἰκείωσιν ὁ πατρωὸς τῷ προγόνῳ οὐ συγκέκραται, ἀλλὰ κατὰ τὸ συμβάν, ὅπερ ἐστὶν ὁ τῆς αὐτοῦ μητρὸς δεύτερος γάμος· ὅθεν οὐδὲ καθαρὰν τὴν τοῦ υἱοῦ προσηγορίαν αὐτὸς πρὸς τὸν πατρωὸν, ἀλλὰ κεκολασμένον πως· δηλαδὴ τὴν τοῦ προγόνου ἐκληρώσατο· ἴσμεν δὲ ἀκριβέστατα καὶ πράξεις συνοδικὰς ἐπὶ κωλύμῃ γαμικῶν ἐξενηνεγμένας συναλλαγμάτων, θελόντων ἐκ τῆς τοιαύτης συγγενείας ξυνίστασθαι, καὶ τὰς ψήφους τῆς κωλύσεως οὐκ ἐκ τῶν βαθμῶν ἢ τὴν ἀγχιστείαν ὁρωμένας, ἀλλ' ἐκ τῶν τὰ συγγενικὰ καὶ ἐξ αἵματος πρόσωπα περιλαμβανόντων ἐξαγούσας, ὧν μία τυγχάνει καὶ ἡ προβᾶσα ἐπὶ τῶν ἡμερῶν τοῦ τῆς οὐσίας μνήμης ἁγιωτάτου πατριάρχου Κωνσταντινουπόλεως κυροῦ Νικολάου ἥτις πέμπτον βαθμὸν ἐκτὸς αὐτῆς πνευματικῆς ἐγγύτητος κατὰ τοὺς ἐξ αἵματος διεκώλυσεν· ὅθεν καὶ τῶν εἰρημένων τοῦ τε κανόνος καὶ τοῦ νόμου μέχρι τοῦ ἀναδόχου καὶ τῆς παρ' αὐτοῦ ἀναδεχομένης, καὶ μὴν καὶ τῆς μητρὸς αὐτῆς, ἔτι δὲ καὶ τοῦ υἱοῦ ἐκείνου τὰς γαμικὰς συνελεύσεις ἀπειρηκότων [f. 242] καὶ τῆς διαληφθείσης δὲ συνοδικῆς πράξεως μόνοις τοῖς ἐξ ἀμφοτέρων τῶν γενεῶν κατιοῦσι καὶ τάξιν ἐπέχουσι τὴν ἐξ αἵματος τὸν πέμπτον κωλυσάσης βαθμὸν, ἀκατηγόρητον προδήλως ὁ ἀναπερωνημένος πρόγονος πρὸς τὴν αὐταδέλφην τοῦ ἀναδεχθέντος παρὰ τοῦ πατρωοῦ αὐτοῦ ἐκτελέσει συνάλλαγμα, οἷα μήτε παρὰ τοῦ κανόνος ἢ τοῦ νόμου ῥητῶς κωλυόμενος, μήτε τοῖς ἐξ αἵματος δεσμοῖς πρὸς τὸν πατρωὸν αὐτοῦ συσφιγγόμενος, καὶ πρός γε τούτοις μηδὲ βαθμῷ τινι τῶν ἐξ ἀγχιστείας συλλαμβανόμενος, ὃς ὁ νομικὸς ὅρος ἀδυνατεῖ συνιστᾶν, ὅταν διαφόρων γενῶν εἴς τι γαμικὸν συνάλλαγμα συνέλευσις γένηται.

ΡΜΑ'.

Περὶ γυναικὸς μὴ εἰς συγγενικὴν, ἀλλ' εἰς ἀλλότριον οἶκον ποιησάσης μονὴν, καὶ διὰ τοῦτο διαζυγῆναι ὀφειλούσης.

De uxore non in cognatorum, sed in aliena domo domicilium figente, ideoque separanda.

Νεανίσκος τις τοὔνομα Θεόδωρος ὁ Χλωροπώδης, αὐτουργὸν μετερχόμενος βίον, προσαίτην ὡς ἐπιπολὺ γάμον συνάψας, Εἰρήνῃ τῇ θυγατρὶ τοῦ Βοδηνιάτου Μιχαὴλ, τὸν αὐτὸν καὶ αὐτοῦ βίον μετιόντος, τῇ δεσποτικῇ θείᾳ μεγαλειότητι παρέστη τὴν σήμερον, τὴν τοῦ συναλλάγματος αὐτοῦ δυστυχίαν ἀποκλαιόμενος. Ἔλεγε ὡς ἡ συζευχθεῖσα τούτῳ τέλειον μῖσος αὐτὸν μισοῦσα εὑρίσκεται. Φεύγει γὰρ αὐτὴν, ἀποδυσπετεῖ καὶ τὴν μετ' αὐτοῦ συνοίκησιν, ὡσεὶ καὶ ἴαμος ἀποστρέφεται· καὶ μέχρι τούτων ῥημάτων τὸν λόγον στήσας, τοῦ γυναικείου τούτου μίσους, μᾶλλον δὲ τὴν τῆς συμφορᾶς λύσιν ἐξῄτει, ἀποκαθίστωσαν τούτῳ τὴν ἑαυτέτιδα· στέργειν γὰρ ἔλεγε τὸ μετ' αὐτοῦ συνοικέσιον.

Ἐπεὶ δὲ καὶ ἡ Εἰρήνη παρῆν σὺν τοῖς γονεῦσιν αὐτῆς· αὐτὴ μὲν τοὺς λόγους ἀπαιτουμένη πρὸς τὸν ἄνδρα μίσους αὐτῆς, οὐδὲ ἄλλο τι προέτεινεν, ἢ ὅτι εἰ μὴ τούτου διαζυγείη, καὶ βαθέα ὕδατα καὶ κρήμνους καὶ ἀγχόνην ἀναζητήσει κατὰ τῆς οἰκείας ζωῆς· μὴ θέλειν γὰρ ἔλεγεν ὅλως τὴν μετὰ τοῦ Θεοδώρου συμβίωσιν. Οἵ γε μὴν γονεῖς αὐτῆς ἐκρίνοντο παθαινόμενοι καὶ αὐτοὶ ἐπὶ τῷ οὕτω μίσουν τὴν νέων τούτων ὁμοζύγων συμβάντι κακῷ, καὶ ἔλεγον ὡς πολλάκις τὰ μὲν διὰ παραινέσεως, τὰ δὲ καὶ διὰ βίας, ἔστι δ' ὅτε καὶ μαστίγων τὴν Εἰρήνην τῇ ἀνδρὶ ταύτης | ἀποκατέστησαν φεύγουσαν· ἡ δὲ μίαν καὶ δευτέραν ἢ καὶ τρίτην τὸ πλεῖστον ἡμέραν τῷ ταύτης ἀνδρὶ συνοικήσασα, τὸ ἀπ' ἐκείνου δρασμὸν ἐνενόει, καὶ φεύγουσα καὶ ἐν ἀλλοτρίαις οἰκίαις καταλήγουσα, τὰ πολλὰ ἐκεῖσε ἐχρονοτρίβει.

Τοῦ λόγου δ' οὕτως ναὶ μὴν καὶ περιεργότερον ἐξεταζομένου, καὶ τῆς Εἰρήνης ἀναγκαζομένης ἑλέσθαι ἀπαραιτήτως· τὴν εἰς τὸν οἰκεῖον ἄνδρα ἐπάνοδον, αὐτῆς δὲ ἀπρὶξ ἀπανακαινομένης· τὸ συνεῖναι αὐτῷ, ἡ αὐταδέλφη τοῦ Θεοδώρου Μαρία, συμπαρισταμένη τῇ ἀδελφῇ, τὸ ἀπόρρητον ἐξεκάλυψεν, εἰποῦσα ὡς ἡ Εἰρήνη τὸν Χολαύρην Γεώργιον ποθήσασα, καὶ τοῖς ἐκείνου ἵμέροις ἀπρὶξ ἑλκομένη, τήν τε εὐνὴν τοῦ ἀνδρὸς αὐτῆς ἐκκλίνει, καὶ ἐν ἀλλοτρίαις οἰκίαις μονὰς ποιουμένη, οὐχ ἡμερῶν μόνον, ἀλλὰ καὶ μηνῶν ἑβδομάδας ἐν ταύταις διάγει, κἀντεῦθεν δῆλη ἐστι πάθους ἀλλοτρίου· ἀλλαξαμένη τῶν τοῦ οἰκείου ἀνδρός. Οἱ δὲ εἶπον καὶ οἱ γονεῖς ὡς ἐγνώκασι μὲν τὸ θυγάτριον αὐτῶν πρὸ τοῦ συνοικῆσαι τῷ Θεοδώρῳ μέπον εἰς τὴν μετὰ τοῦ Χολαύρου συμβίωσιν, αὐτοὶ δὲ τοῦτον μὴ θέλοντες, ἄκουσαν τῷ Θεοδώρῳ συνήρμοσαν συνωμολόγουν δὲ καὶ αὐτοὶ ὡς πολλάκις καὶ ἑπτάμηνος ὅλη ἔσχε τὴν Εἰρήνην τὸν Θεόδωρον φεύγουσαν, καὶ ἐν ἀλλοτρίαις οἰκίαις προσμένουσαν· περὶ μέντοι τοῦ Χολαύρου εἰ ποθεῖ τοῦτον ἐρωτηθεῖσα καὶ ἡ Εἰρήνη, ἀνερυθριάστως τοῦτο καθωμολόγησεν.

Ἡ δεσποτικὴ τοίνυν θεία μεγαλειότης τὰ περὶ τούτου διασκεψαμένη, καὶ γνοῦσα ἐξ τῶν ἐξεταζομένων σαφῆ μοιχείαν εἶναι τὸ πρᾶγμα (τὸ γὰρ ἀνομολογεῖσθαι τοῦ τοῦ

Χολαύρου ἱμέρους ἐν τῇ καρδίᾳ προσηλῶσ-θαι τῆς Εἰρήνης, καὶ τὸ ἔξω τῆς τε πρώτης ἑστίας καὶ τῶν συγγενικῶν πολυημέρους αὐτὴν ποιεῖσθαι μονὰς πρόδηλον τὸ μῖσος ἐργάζονται), διαζύγιον τοῦ τοιούτου συνοικεσίου κατεψηφίσατο. Καὶ τῷ μὲν Θεοδώρῳ, εἰ βούλοιτο, ἑτέρᾳ συνοικῆσαι γυναικὶ ἄδειαν δέδωκε, μηδέν τι πρόκριμα ἐντεῦθεν ὑφορωμένῳ. Τὴν δὲ Εἰρήνην ὡς μοιχαλίδα ὑπεύθυνον εἶναι ταῖς περὶ μοιχείας ἐκπεφωνημέναις κανονικαῖς ἐπεξελεύσεσιν ἀπεφήνατο τῆς ποινῆς μέντοι μεσολαβούσης [f. 243] οὔτε ἡ ζημίας, οὔτε περὶ ποίνης, οὔτε περὶ ἄλλης τινὸς τιμωρίας, περὶ ὧν οἱ πολιτικοὶ ἐπὶ τοῖς τοιούτοις διεξίασι νόμοι, λόγος τις γέγονεν, ὡς ἀρκούσης τῷ γυναικείῳ μέρει ἀντὶ ποινῆς, τῆς πενίας καὶ τῆς ἐντεῦθεν ταλαιπωρίας καὶ ἀθλιότητος.

ΡΜΒ'.

Ὅτι δύναται ἡ γυνὴ νόμιμον αἰτεῖν διαζύγιον, ὅτε ὁ ἀνὴρ αὐτῆς οὐκ ἀποδείξει τὴν περὶ μοιχείας ἀγωγήν.

Quod uxor legitimum petere divortium possit, quando vir adulterii crimen in judicio non probaverit.

Ἐπεβάλετο μὲν ὁ στρατιώτης Ῥάδος ὁ τοῦ Μοτζίλου μοιχείας ἔγκλημα κινῆσαι κατὰ τῆς ὁμοζύγου αὐτοῦ Ζωῆς παρὰ τῷ δικαστηρίῳ τοῦ παναγιωτάτου ἡμῶν δεσπότου καὶ αὐθέντου, τοῦ ἀρχιεπισκόπου πάσης Βουλγαρίας, εὐμαρῶς δὲ οὐκ ἠδυνήθη διανῦσαι τὸν ἀγῶνα τῶν ἀποδείξεων, ἅτε τῶν παραχθέντων παρ' αὐτοῦ μαρτύρων ὀφθαλμοῖς μὲν οὐδαμῶς, ἀκοῇ δὲ μόνῃ παραλαβεῖν εἰπόντων τὸ κατὰ τῆς εἰρημένης γυναικὸς κινούμενον κατηγόρημα· τὸ λοιπὸν ὁ μὲν Ῥάδος ἐζήτει δι' ἑαυτοῦ συστῆσαι τὸ ἔγκλημα ἐν τῷ βεβαιῶσαι δηλαδὴ ὅρκῳ, ὡς αὐτόπτης γέγονε τῆς μοιχείας τῆς ἀναγεγραμμένης Ζωῆς, εἴ γε μὴν Ζωὴ ἴσοις μέτροις καὶ αὐτὴ ἀπισχυρίζετο ἐπομόσασθαι, ὡς οὐδὲν οὐδαμῶς σύνοιδεν, ἀφ' ὧν ἐνάγει κατ' αὐτῆς ὁ ταύτης ἀνήρ. Καὶ ἐπὶ τούτοις ἐμέσαζε πρὸς καταλλαγὴν τὸ ἀνένδοτον τῆς αὐτῶν ἔριδος ἀγαθῶν καὶ εὐσεβῶν ἀνδρῶν νουθεσία, τὸ εἰρηνοποιεῖν πρεσβευόντων, κατὰ τὴν δεσποτικήν, ἀλλ' ὦ τῆς ἐκ διαμέτρου συμφωνίας! δεῖ γὰρ οὕτως εἰπεῖν τῶν διαμαχομένων τουτωνὶ ὁμοζύγων, ἄμφω δὴ πρὸς καταλλαγὴν καὶ σύμβασιν ἐπίσης ἀνένευσαν. Ὁ μὲν γὰρ Ῥάδος ἀδυνάτως ἔλεγεν ἔχειν τοῖς οἰκείοις ὀφθαλμοῖς ἀπιστεῖν, οἷς μάρτυσι τοῦ πεπραγμένου ἐχρήσατο, καὶ ἀπρὶξ ἐζήτει ἐκχωρηθῆναι αὐτῷ τὴν ὑπὲρ τούτου ἀπόδειξιν ὀρκωμοσίαν· ἡ δὲ ἡ Ζωὴ τῆς ἐκ μαρτύρων νομίμου συστάσεως ἀποροῦντι ὁρῶσα τὸν Ῥάδον, καὶ διὰ τοῦτο ἐπικλώσα τὸ αἴτιον τοῦ μώμου, ὃν ὑπέστη κατηγορηθεῖσα χωρὶς ἀποδείξεων, ἀπαρεγκλίτως ἐζήτει τὸ διαζύγιον· ὃ δὴ τελευταῖον καὶ προέβη ἴσοις ὁρμαῖς καὶ γνώμαις διεστάντων ἀλλήλων, τούτων δὴ τῶν | συνεύνων. Ἀλλ' ἡ μὲν διάζευξις τούτων οὕτω δὴ γέγονε· κριθὲν δὲ καὶ τυπωθὲν ὡς οἱ νόμοι διακελεύονται, ἀντεστράφη πρὸς τὴν Ζωὴν παρὰ τοῦ Ῥάδου ἡ προὶξ αὐτῆς ἅπασα, καὶ ἐπέκεινα ταύτης προσεπεδόθη αὐτῇ καὶ ἐκ τῶν ὑπαρχόντων τοῦ Ῥάδου, ὅσα τούτων ἐν τῇ Πρέσπῃ ἐξεπονήθησαν ἀκίνητα. Τὴν ἀντιστροφὴν δὲ τῆς προικὸς καὶ τὴν ἀπόδοσιν τῶν ἐκ τῆς περιουσίας τοῦ Ῥάδου ἀπόδειξις ἔγγραφος πεπιστωμένη δηλοποιήσασα, ἐνεργανίσθη καὶ τῇ δεσποτικῇ ὑμῶν μεγαλειότητι, ἐν ᾗ καὶ διελύσαντο ἄμφω τὰ μέρη ἐπικαταθέσει τε καὶ ὁμολογίᾳ, ὥστε τοῦ λοιποῦ μηδέποτε μηδαμῶς περὶ ἀνατροπὴν χωρῆσαι τῆς ἑαυτῶν διαλύσεως.

μήτε μὴν περὶ πραγμάτων κινῆσαι ἐκ μέρους, ἢ καθ' ὁλόκληρον ἀπεναντίας τῇ ἀποδείξει, ἥτις ἐξ ἀρεσκείας ἀμφοτέρων, ὡς εἴρηται, γέγονε.

ΡΜΓ'.

Ὅτι γίνεται διαζύγιον, ὁπότε ἡ γυνὴ εἰς ἀλλότριον καταμείνῃ οἶκον, καὶ ἐπιβουλεύῃ τὸν ἑαυτῆς ἄνδρα.

Quod divortium fiat, quando uxor in aliena domo manet et viro suo insidietur.

Παρέστη τὴν σήμερον τῷ παναγιωτάτῳ ἡμῶν δεσπότῃ καὶ αὐθέντῃ πάσης Βουλγαρίας·[1]) ἡ ἀπὸ τῆς Πρέσπης ὁρμωμένη γυνὴ τοὔνομα Ἄννα, σὺν ἅμα τε τῷ ἐπ' ἀδελφοῦ γαμβρῷ αὐτῆς Μίχῳ τῷ τοῦ Τζούρκου, καὶ ἐξελάλησεν, ὅτι συνοικήσασα νομίμῳ ἀνδρὶ τῷ καλουμένῳ Νίκῳ, καὶ χρόνον οὐκ ὀλίγον μετ' αὐτοῦ διαγαγοῦσα, ἔπειτα τελείῳ μίσει· τοῦτον ἐμίσησεν· οὕτω δὲ διατεθεῖσα πρὸς αὐτόν, ὥστε μὴ φέρειν τοῦτον ὅλως ὁρᾶν, διαφόρως φυγῇ χρησαμένη, καὶ εἰς ἀλλοτρίας χώρας ἄποικος γέγονε· τῷ τοιούτῳ δὲ μίσει κινουμένη, καὶ ἐπιβουλὴν κατὰ τῆς οἰκείας ζωῆς ἐνενόησε, καὶ κρημνῷ ἢ ῥεύματι ποταμοῦ ἢ ἀγχόνῃ τὸν βίον ἐκλιπεῖν ἐβουλεύσατο. Ἵνα οὖν, φησί, μὴ τῷ τοιούτῳ πάθει τοῦ μίσους κατὰ κράτος ἡττηθεῖσα, εἰς ἔργον προαγάγῃ τὸ ἔχθιστον τουτοῒ διαβούλιον, ὁλοσχερῶς ἐδεῖτο διαζυγῆναι τοῦ εἰρημένου ταύτης ἀνδρός, ὡς ἂν δηλαδὴ τῇ ἀποστάσει καὶ ἡ τοῦ μίσους φλεγμονὴ κατεστορεσθῇ, καὶ ἄπρακτον μείνῃ τὸ διαβούλιον. Ἀλλ' ἡ μὲν Ἄννα τοιαῦτα προέθετο.

Ἐπεὶ δὲ παρῆν, καὶ ὁ ταύτης ἀνὴρ ὁ Νίκος, ἐρωτᾶτο περὶ ὧν αὐτὴ ἐλάλησεν, εἰ ἄρα οὕτως ἔχει [f. 244] ταῦτα· ὁ δὲ ἀπὸ τῆς τοῦ προσώπου στυγνότητος καὶ κατηφείας περιπαθῶς ἔχειν τὴν ἑαυτοῦ καρδίαν ἐμφαίνων, ἐν ὀλίγοις λόγοις τὴν ἀπόκρισιν περιλαβών, οὕτως ἔχειν ἐξεῖπε τὸ πρᾶγμα, ὡς ἡ τῆς Ἄννης ἀφήγησις παριστᾷ, καὶ ἐπὶ τούτῳ παρεκάλει καὶ αὐτὸς δεόμενος διαζυγίῳ ἀποστῆναι τῆς Ἄννης, ἐπειδή, φησίν, οὐ δύναται φέρειν ἔτι τὸ μῖσος αὐτῆς, καὶ τόπον ἐκ τόπου ἀμείβειν εἰς ἀναζήτησιν ταύτης, καὶ καρπὸν ἐντεῦθεν ἀποφέρεσθαι, οὐ μόνον τὸ τλῆπαθές· καὶ τὴν δυστυχῆ βιοτήν, ἀλλὰ καὶ τὸν[2]) ἐξ ἀνθρώπων ὀνειδισμόν.

Ταῦτα δὲ καὶ τοῦ Νίκου εἰπόντος, ἡ δεσποτικὴ θεία μεγαλειότης τὰ τοῦ πράγματος διασκεψαμένη, καὶ γνοῦσα βαρεῖαν μὲν καὶ τὴν τοῦ μίσους αἰτίαν, ναὶ δὴ καὶ ὕποπτον εἰς τὸ ἀποτελεῖν τι ἐπικίνδυνον, βαρυτέραν δὲ τὴν ξενηλασίαν τῆς Ἄννης, ὡς ἀθέσμου μίξεως, εἰσάγουσαν πρόληψιν (διὰ τοῦτο γὰρ καὶ οἱ φιλευσεβεῖς νόμοι ἐξὸν εἶναι διακελεύονται τῷ ἀνδρὶ ἀπολύειν τὴν φοραθεῖσαν ἔξω τῆς οἰκίας τῆς ἑαυτοῦ ἄνευ γνώμης αὐτοῦ, μὴ ἐν συγγενεῖ, ἀλλ' ἐν ἀλλοτρίῳ μεῖναι οἰκήματι), διέγνω διαζύγιον γενέσθαι μέσον τοῦ Νίκου τε καὶ τῆς Ἄννης διὰ τὰς ἀναγεγραμμένας αἰτίας καὶ τὰ ἀνακύπτοντα ἐξ αὐτῶν ἀνοσιουργήματα· ὅθεν ὀφείλουσιν ἀπάρτι τὰ τοιαῦτα πρόσωπα οὕτω διαζευχθέντα, τοῦ λοιποῦ ἑκάτερον πράττειν τὰ ἑαυτοῦ, ὡς ἄρα καὶ βούλεται.

---

[1]) Cod. om. καὶ ἀρχιεπισκόπῳ. — [2]) καὶ τῶν ld.

ΡΜΔ'.

Όπως ἐπιτιμᾶται ὁ τῇ πρώτῃ ἐξαδέλφῃ τῆς γυναικὸς τοῦ αὐταδέλφου αὐτοῦ μιγείς.

Quomodo puniatur cum prima sorore mulieris patruelis sui fornicatus.

Προσῆλθε τῇ ἡμῶν μετριότητι ὁ ἐν τῷ Πριλάπῳ οἰκῶν Κώνστας, ὁ αὐτάδελφος τοῦ Μπάλου, καὶ ἐξηγόρευσε τὸ ἁμάρτημα εἰς ὃ ἐξ ἀγνοίας καὶ ἀγροικίας ἐνέπεσε, καὶ ἐζήτησεν οἰκονομηθῆναι κανονικῶς τὴν ἀπὸ τοῦ τοιούτου πταίσματος ἀνάκλισιν καὶ σωτηρίαν τῆς ψυχῆς αὐτοῦ· ἐξεῖπεν οὖν ὅτι ἐμίγη σαρκικῶς ἐξ ἀγνοίας τῇ πρώτῃ ἐξαδέλφῃ τῆς γυναικὸς τοῦ αὐταδέλφου αὐτοῦ Μπάλου τῇ Μαρίᾳ, καὶ ὡς ἐπέγνω ὕστερον τὴν συγγενείαν, δεῖν ἔγνω τῇ ἁγιωτάτῃ τοῦ Θεοῦ ἐκκλησίᾳ προσδραμεῖν, καὶ τοῦ τοιούτου μιάσματος καθαρθῆναι δι' ἐπιτιμίων ἐκκλησιαστικῶν.

Ἐπεὶ οὖν προσεδέχθη τῇ ἁγίᾳ τοῦ Θεοῦ ἐκκλησίᾳ ὁ τοιοῦτος Κώνστας (καταφύγιον γάρ ἐστι πάντων, ἐξαιρέτως δὲ τῶν εἰς ἁμαρτήματα ἐμπιπτόντων καὶ δεομένων καθαρσίων πνευματικῶν) ἐδέξατο καὶ ἐπιτίμια, εἰς ἔκτισιν τοῦ τοιούτου πλημμελήματος ταῦτα.

Ἤγουν τὸ ἐφ' ὅλοις ἓξ ἔτεσιν ἀκοινώνητον αὐτὸν γενέσθαι τῶν ἁγιασμάτων· ταῦτα δὲ οὕτως· οἰκονομηθήσονται ἐπ' αὐτῷ· τὸ πρῶτον μὲν ἔτος, εἰς τοὺς προσκλαίοντας δεχθήσεται, παρὰ θύραν δηλαδὴ τοῦ ναοῦ ἱστάμενος, καὶ τῶν εἰσερχομένων καὶ ἐξερχομένων πιστῶν δεόμενος εὐχὴν ποιεῖσθαι ὑπὲρ αὐτοῦ· ἐν ᾧ δὴ ἔτει, κρέατος καὶ τυροῦ καὶ ᾠοῦ ἀποχὴν τελείαν ποιήσεται. Τὸ δεύτερον ἔτος, εἰς τοὺς ἀκροωμένους τῶν θείων γραφῶν δεχθήσεται, καὶ μετ' αὐτῶν ἐξελεύσεται, τοῦ ἱεροῦ δηλονότι κήρυκος τὸ ὅσοι κατηχούμενοι προέλθετε, μεγαλοφωνοῦντος. Τὰ δὲ λοιπὰ τέσσαρα ἔτη συστήσεται μὲν τοῖς πιστοῖς καὶ συμμετασχῇ τῶν προσευχῶν· τῆς τοῦ ἀγαθοῦ δὲ κοινωνίας οὐκ ἀξιωθήσεται μέχρι τῆς τῶν ἀπεριθμημένων ἐξ ἐτῶν συμπληρώσεως. Τὸ πᾶσαν τετράδα καὶ παρασκευὴν ξηροφαγεῖν, ἄρτῳ μόνῳ καὶ ὕδατι καὶ ὀσπρίοις καὶ λαχάνοις εἰς παραμυθίαν τοῦ σώματος χρώμενος· καὶ τὸ ἑκάστης ἡμέρας τεσσαρακοντάκις γονυκλιτεῖν, ἄνευ σαββάτου καὶ κυριακῆς· καὶ τῶν δεσποτικῶν ἑορτῶν, ἐν αἷς γονυκλίνειν οὐ προστετάγμεθα. Εἴπερ μέντοι ἐν μεταξὺ τῶν εἰρημένων ἐτῶν νόσῳ περιπέσοι θάνατον ἀπειλούσῃ, τῆς τῶν ἁγιασμάτων μεταλήψεως οὐκ εἰρχθήσεται, ἀλλὰ μεταλήψεται τούτων εἰς ἄφεσιν τῶν τούτου ἁμαρτιῶν. Οὐδεὶς μέντοι τῶν ἐπ' ἐξουσίας τολμήσει χεῖρα ἐπιβαλεῖν εἰς κάκωσιν αὐτοῦ καὶ ζημίαν, εἰ μὴ βούλεται ὡσὰν καὶ εἴη τὸν ἀπὸ τῆς ἁγίας τοῦ Θεοῦ ἐκκλησίας ἀφορισμὸν ἐπισπάσασθαι, ὡς τὸν τῆς ἐκκλησίας πρόσφυγα τιμωρούμενος, ἀρκοῦσι γὰρ αὐτῷ ἀντὶ πάσης ποινῆς, τὰ δεδομένα αὐτῷ ἐπιτίμια. Ἀλλ' οὐδὲ τῷ γάμῳ τοῦ αὐταδέλφου αὐτοῦ Μπάλου μῶμος· τίς προστριβήσεται διὰ τὴν ἀθέμιτον πορνείαν τοῦ ἀδελφοῦ. Τίμιος γάρ ἐστιν ὁ τοιοῦτος γάμος καὶ ἄμεμπτος, διὰ τὸ ἐννόμως· προβῆναι· ἐπειδὴ καὶ κανόνι νομίμῳ διηγορεύεται, τὰ ἐξ ἀρχῆς βέβαια ἐκ τῶν μετὰ ταῦτα συμβαινόντων [f. 245] μὴ ἀκυροῦσθαι· ὅθεν καὶ ἐπεδόθη αὐτῷ ... (*Nec plura.*)

ΡΜΕ'.

Περὶ τοῦ δι' ἀπόκαρσιν διαζυγίου.
De divortio propter tonsuram.

Ταῖς δὲ εἰρημέναις αἰτίαις συνείδομεν καὶ ταύτας προσθεῖναι ὀνομαστί, ἐξ ὧν τοὺς γάμους δίχα ποινῆς ἔξεστι διαλύειν· διαλύεται γὰρ γάμος κατὰ πρόφασιν ἄμεμπτον [1]), ὅταν ἄσκησιν θάτερον ἕληται τῶν μερῶν, πρὸς τὴν ἐπὶ τὰ κρείττω μεταβαῖνον ἰδὼν, καὶ τὸν ἐν ἁγνείᾳ [2]) βίον αἱρούμενον. Τηνικαῦτα κελεύομεν παρρησίαν εἶναι καὶ ἀνδρὶ καὶ γυναικὶ πρὸς τὰ καλλίω μεθισταμένῳ διαλύειν τὸ συνοικέσιον καὶ ἀναχωρεῖν μετά τινος βραχείας ὑπολελειμμένης τῷ καταλελειμμένῳ παραψυθίας· ὅπερ γὰρ ἂν συμφωνήσειαν οἱ συμβάλλοντες ἀπὸ τελευτῆς γίνεσθαι κέρδος, τοῦτο ἔχειν δεῖ τὸν καταλελειμμένον παρὰ θατέρου, εἴτε ἀνήρ, εἴτε γυνὴ καθεστήκει διότι καὶ οὗτος τό γε ἐπὶ τῷ συνοικήσαντι δοκεῖ τελευτᾶν, ἱερὰν ἀνθ' ἑτέρου βίου πορείαν ἑλόμενος, ἀλλὰ ταῦτα μὲν ὁ νόμος διακελεύεται.

Τὸ λέγειν δέ τινας συγκρούειν τῷ ἀποστολικῷ διατάγματι τοὺς δι' ἔρωτα τοῦ μοναχικοῦ βίου διαζευγνυμένους, τῷ λέγοντι Δέδεσαι γυναικί, μὴ ζήτει λύσιν [3]), ἀπρόσφορόν ἐστι πρὸς ἐναντίωσιν τοῦ γεγραμμένου νόμου· πᾶν γὰρ τὸ δι' ἄσκησιν γιγνόμενον, παντάπασίν ἐστι ἀνεπιτίμητον, καὶ μάρτυρες τούτου αὐτοί τε οἱ ἐν ἀσκήσει λάμψαντες ἅγιοι, ὧν ἡ ἀναχώρησις ἐκ μέσων αὐτῶν παστάδων καὶ γάμων καὶ τρυφερᾶς βιωτῆς γέγονεν, καὶ ὁ νγ' κανὼν τῶν ἁγίων καὶ πανευφήμων ἀποστόλων, τὴν ἄσκησιν πρὸς διορισμὸν τῆς οἰκείας νομοθεσίας ποιούμενος· " Εἴ τις γάρ, φησίν, ἐπίσκοπος ἢ πρεσβύτερος ἢ διάκονος ἐν ταῖς ἡμέραις τῶν ἑορτῶν οὐ μεταλαμβάνει κρεῶν καὶ οἴνου, βδελυσσόμενος καὶ οὐ δι' ἄσκησιν, καθαιρείσθω, ὡς κεκαυτηριασμένος [4]) τὴν οἰκείαν συνείδησιν καὶ αἴτιος σκανδάλου πολλοῖς γινόμενος „. Ἀπλανῶς τοίνυν ἐξὸν ἐστὶ νοεῖν ὡς ὁ θεῖος ἀπόστολος· οὐκ ἐπιτιμᾷ τοῖς δι' ἄσκησιν ζητοῦσι λύσιν τοῦ γάμου, ἀλλὰ τοῖς δι' ἔρωτα ἑτέρου συνοικεσίου, τυχὸν δὲ καὶ διὰ βίον ἄσωτον καὶ ἐκλελυμένον τὸ συνιστάμενον ἀθετοῦσι καὶ λύουσιν. Ὁ αὐτὸς γὰρ κἀκείνην τὴν νομοθεσίαν | καὶ τὴν παροῦσαν ἐξέθετο· καὶ δεῖ τὰς τούτων ἑρμηνείας ἀνεπιλήπτως ἐκφέρεσθαι· οὐ γὰρ ἐκεῖ χρεὼν σκοπεῖν ὅτι κωλυμὴ τῷ ἀποστόλῳ πεπραγμάτευται τοῦ ἀνέδην τοὺς ἀνθρώπους φέρεσθαι πρὸς τὰ συνοικέσια, ὅπερ ἦν τῆς κατὰ Μωσέα παλαιᾶς παραδόσεως· οὕτως ἐνταῦθα, ὅτι τὸ νομοθετηθὲν περὶ τῆς τῶν κρεῶν καὶ τοῦ οἴνου μεταλήψεως, οὐκ ἀπροσδιορίστως ἐξενήνεκται· ἀλλὰ τῷ τῆς κακώσεως κρεῶν καὶ τοῦ οἴνου μεταλήψεως [5]) λόγῳ διέσταλται· ὡς ἐντεῦθεν μηδὲ τὸν ἀποστολικὸν νόμον μεσολαβοῦσαν τὴν ἄσκησιν ἔχοντα ἐναντία θεσπίζειν εἰληφέναι τῷ ἀποστολικῷ διατάγματι.

---

[1]) Cod. ἄμεμπτες. — [2]) Id. ἁγνείᾳ. — [3]) I Cor. VII, 27. Cod. δέδεισθαι. — [4]) κεκαυστηρία μένες id. — [5]) Verba καὶ τοῦ οἴνου μεταλήψεως punctis infrapositis jugulantur, quasi expungenda. Mox satis ex abrupto disputatio solvitur, voluti imperfecta, neque etiam a capite integra videtur, nec nisi incuriose scribitur per totum.

ΡΜΣ'.

Πρᾶξις συνοδικὴ γενομένη ἐπὶ τῇ χειροτονίᾳ τῶν ἱερέων καὶ τῶν διακόνων, τῇ γενομένῃ παρὰ τῶν ἀπὸ τῆς Ζαγορᾶς ἐξελθόντων Βουλγαροεπισκόπων, καὶ ὅτι ἐν τοῖς ἀμφιβόλοις δεῖ νεύειν πρὸς τὸ φιλάνθρωπον, καὶ ὅτι τοὺς χειροτονηθέντας παρὰ ἀκανονίστων ἀρχιερέων ἡ ἐκκλησία δέχεται.

Actio synodalis de ordinatione sacerdotum et diaconorum facta a Bulgaris episcopis Zagora egressis, et quod in dubio spectandum ad humanitatem, et quod ordinatos ab episcopis non canonicis ecclesia recipiat [1].

Ἄριστόν τι χρῆμα καὶ ὅσιον ἡ βουλή· τῶν γὰρ ἀσθενῶν καὶ ἐπισφαλῶν ἀνθρωπίνων λογισμῶν ἕδρα τυγχάνει καὶ στήριγμα, διά τοι τοῦτο καὶ τὸ θειογραφούμενον λόγιον μετὰ βουλῆς ποιεῖν πάντα διακελεύσεται, ὡς ἐντεῦθεν βάσιμον ἔχειν τὰ πρακτέα τὴν καταρχήν, καὶ μὴ κατ' ἐκείνας τῶν ῥιζῶν αἱ καθ' ὕδατος ὀχοῦνται διὰ τὸ μὴ ἔχειν πῆξιν, σαλεύεσθαί τε καὶ παραφέρεσθαι. Εἴπερ τοίνυν ἄλλο τι καὶ τὴν περὶ τῶν χειροτονηθέντων πρεσβυτέρων καὶ διακόνων παρὰ τῶν Ζαγαρηνῶν Βουλγαροεπισκόπων ἀμφιλογία ἐλθεῖν ὑμῖν εἰς τρακτάτον ἐδέησεν ἐν κοινοβουλίῳ καθισταμένοις τὴν σήμερον, ὡς ἐκ κοινῆς σκέψεως ἡ περὶ τούτων ψῆφος βεβηκυῖα ἐξενεχθείη καὶ ἑδρασμένη τοῖς κανονικοῖς καὶ νομίμοις παρατηρήμασιν.

Ἔχει δὲ ὧδε τὰ κατ' αὐτήν.

Ἔτη συχνὰ ἤδη καὶ οἱ ἐν τῇ χώρᾳ τοῦ Ζυγοῦ κατοικοῦντες, κατὰ τῆς Ῥωμαϊκῆς ἐξουσίας τραχηλιάσαντες, ὡς τὸν ζυγὸν ταύτης ἀναιδῶς ἀπαυχενισάμενοι, καὶ τῇ ἑαυτῶν τυραννίδι πολὺν κύκλον περιλαβόντες χωρῶν, σχεδόν τι τῆς Ἑσπερίου λήξεως, ὅσα τοὺς Τέρμονας· εἰς θάλασσαν ἴσχουσι τῆς [f. 246] σφετέρας ἐξουσίας ἔσωθεν ἔθεντο· ἐντεῦθεν ἐπαρθέντες· ἐρυθροβαφέσι τε ἐσθήμασι καὶ λοιποῖς ἐξανθήμασιν, ἃ τὴν βασίλειαν περιωπὴν παρασημαίνειν εἰώθασι, ἔτι γε μὴν καὶ αὐτῇ τῇ βασιλείας προσηγορίᾳ τὴν τυραννίδα ἐξ ἀπονοίας μετέχρωσαν· οὐκ ἐνταῦθα δὲ τὸ πάντολμον ἔστησαν, ἀλλὰ καὶ εἰς αὐτὸ τὸ γα τῆς ἱεραρχίας ἀξίωμα τὴν ἑαυτῶν ἀκρατῶς ἐξέτειναν ἔρεσιν, ἤθελον γὰρ τῇ βασιλικῇ ἀξίᾳ παραζεῦξαι καὶ πατριαρχικήν, ὡς μὴ χωλεύῃ δήπουθεν τὰ τῆς ἐξουσίας αὐτῆς· τῇ ἑτέρᾳ ἐλλείποντα. Καὶ τοίνυν ἱερέα τινὰ (τῶν ἐννόμων δὲ οὗτος ἦν) εἰς ἐπισκοπικὸν ἀξίωμα διὰ χειρὸς Ῥωμαίου ἀρχιερέως, τοῦ μακαρίτου δηλονότι Βιδίνης προαγαγόντες, ἔπειτα καὶ τὴν τοῦ Πάππα τῆς πρεσβυτέρας Ῥώμης χεῖρα δι' ἀποστολῆς Καρδιναλίων ἐπεῖθεν ἑλκύσαντες, πατριαρχικῇ προσηγορίᾳ δι' ἐκείνης· τοῦτον ἐτίμησαν, ἐντεῦθεν σειρᾶς· δίκην παρὰ μὲν τοῦ καινοτομηθέντος τούτου πατριάρχου ἐπίσκοποι Βούλγαροι κατὰ πάσης· τῆς Βουλγαρίας ἐκκλησίας ἐπεκηρύχθησαν, ἐν τῇ τοὺς κανονικοὺς καὶ ἐννόμους ἀρχιερεῖς, τοὺς μὲν φυγῇ διὰ τὴν κοσμικὴν ταύτην θύελλαν [2] ἑαυτοὺς ἐπιτρέψαι, τοὺς δὲ καὶ ἐν αὐτῇ τοῦ καιροῦ δυσχολίᾳ δυστυχῆς [3], ... Παρ' αὐτῶν δὲ τῶν Βουλγαροεπισκόπων πρεσβύτεροι καὶ διάκονοι πανταχοῦ ἐχειροτονήθησαν· ὧν δὴ καὶ ἡ ἀπ' αὐτῶν ἀγωγὴ μετὰ ταῦτα τοῖς ἐννόμοις ἀρχιερεῦσιν ἀμφισβητήσιμος· γέγονεν ἔνθεν τοι καὶ σκέψεως συνοδικῶς [4] ἐξ ἀνάγ-

---

[1] Cujus synodi historia ratio in altera parte latina habebitur. — [2] Cod. θύελαν. — [3] Vacat una alterave vox, fort. τελευτῆσαι ἐλεεινῶς. — [4] fort. συνελθεῖν.

κης ήμας έδέησεν, εί δει δεχθηναι παρ' ήμων είς ίεραρχικήν κοινωνίαν τούς είρημένους έπισκόπους, άλλά δή καί τούς παρ' αύτων χειροτονηθέντας.

Καί μέν δή συνοδικως προκαθημένης της ήμων μετριότητος, δοκιμασία συνέστη περί τούτου αύτου έν μέσω της καθ' ήμας ίερας όμογύρεως.

Έν ή δή καί των άδελφων οί μέν της κανονικης άκριβείας καί του ίερου έκκλησιαστικου έθους έχόμενοι, ών ήγειτο ό ίερώτατος Καστορίας καί πρωτόθρονος, άποβλήτους έτίθεντο τούς διαληφθέντας έπισκόπους καί τούς παρ' αύτων χειροτονηθέντας, ώς προτιθέμενοι άλλα τε εύλογα, καί δή κάκεινα, ώσεί ό έκκλησιαστικήν παράβασιν παραβαίνων καθαιρειται, ώς έν τω | τέλει του ζ' κανόνος της οίκουμενικης έβδόμης συνόδου δηλουται. Πως ούχί καί οί Βουλγαροεπίσκοποι καί άκολούθως καί οί παρ' αύτων χειροτονηθέντες άπόβλητοι έσονται, παρά τάς έγγράφους καί κανονικάς παραδόσεις, νεωτερικως τάς χειροτονίας τη συνεργία της Βουλγαρικης έξουσίας δεξάμενοι, κάν τούτω τω Κυνικω Μαξίμω παρομοιούμενοι, ούπερ ό τέταρτος της οίκουμενικης δευτέρας συνόδου κανών μέμνηται, καί τό διά προστασίας δέ άρχοντικης καί έπιβατικης γενέσθαι τινα έπίσκοπον ύπό τό της καθαιρέσεως οί κανόνες άγουσιν έπιτίμιον. Πρός τούτοις καί εί έπί παντός πράγματος τό μή άποδοχης άξιον είς έργον έκβαινον ύπεύθυνον, ώς ό έν άγίοις πατριάρχης Κωνσταντινουπόλεως Σισίννιος φησίν, ήτις ούχ ώς άρπαγμά τι λαμβάνεται, άλλ' ώς θεία δωρεά μετά δοκιμασίας καί έτέρων έκκλησιαστικων παρατηρημάτων, παρέχεται. Ού μόνον δέ, άλλά καί τό ζώντων άγχιερέων έπιβηναι έκείνοις των θρόνων αύτων μοιχικως, ύπευθύνους αύτούς άπεργάζεται. Οί μέν ούν ούτω καί διά τοιουτόν τινων τήν οίκείαν γνώμην προέφερον.

Οί δέ τήν του καιρου καί των πραγμάτων δυσκολίαν προτιθέμενοι, καί πρό τό φιλάνθρωπον της έκκλησίας έθος έπιεικως άπονεύοντες, ών ήρχεν ό ίερώτατος έπίσκοπος Μολγένων, έλεγον ώς της 'Ρωμαϊκης βασιλείας καί της κατ' αύτήν ίεραρχίας τη τυραννίδι των έπεισφρησάντων τη 'Ρωμανία έθνων, σαλευθείσης, άνάγκη ήν καί αύτό τό έθος της των ίερασθαι λαγχανόντων προαγωγης καινοτομηθηναί πως καί παραλλαγήν τινα δέξασθαι· πολλά τε γάρ άλλα παρά τό τοιουτον ίερόν έθος έν τοις καιροις τούτοις γεγόνασι, καί δή καί χειροτονίαι των ύποκειμένων τω θρόνω της Κωνσταντινουπόλεως έν τω κατά δύσιν κλίματι μητροπολιτων άνευ παρησίας, ήγουν είδήσεως καί έπιτροπης του έν αύτοις πρωτεύοντος, του πατριάρχου δηλονότι, προέβησαν· δ πάντη καί πάντως τοις ίεροις των κανόνων θεσπίσμασιν άπηγόρευται, καί διά τουτο δει συγκαταβηναι τω γεγονότι, ένδόντας τι της άκριβείας, ίνα μή τι [f. 247] παρακεκινδυνευμένον, κάν τοις καιροις καί άπαραιτήτως συμβη· τη χειροτονία γάρ τούτων, ώς είκός, καί τό παρ' αύτων γεγονός βάπτισμα καί αί εύχαί καί αί προσφοραί, καί αί λοιπαί ίεροτελεστίαι, αί τήν χριστιανικήν πολιτείαν ούσιουσαί τε καί συνέχουσαι συνανατραπήσονται καί πάντως τούς παρ' αύτων τω βαπτίσματι τελεσθέντας, εί μέν ζωσιν, άναβαπτισθηναι δεήσει [1]· εί δέ των τηδε μετέστησαν, άρωτίστους άνάγκη λογίζεσθαι. Καί ότι ού χρή τά έπί τινων έκφωνηθέντα προσωπικως, καί ώς ό κατ' έκείνους άπήτει καιρός· μεθέλκειν έπ' άλλους καθολικως· τόν κυνα γάρ Μάξιμον, ού μόνον ώς διά χρημάτων σπεύσαντα της ίεραρχικης άξίας τυχειν, καί πολλης ταραχης καί στάσεως τήν έκκλησίαν μεστώσαντα, της ίεραρχικης άξίας καί κλήσεως [2], οί πατέρες γυμνώσαντες άπεκήρυξαν, ώς ή κατ' αύτόν ίστορία διέξεισι. Πρός έπί τούτοις καί ώς

---

[1] Primum πειάσει, supra lineam δεήσει. — [2] In marg. σηρ. άναγκαιον δ δή οί λατίνοι διϊσχυρίζονται.

οὐδὲ χρεὼν αὐτοὺς μοιχοὺς καὶ ἐπιβήτο-
ρας ὀνομάζεσθαι· ἐπειδὴ γὰρ ἐκ τῆς εὐδαί-
μονος ποτὲ Κωνσταντινουπόλεως τῇ τῶν
ἐθνῶν ἐπιδρομῇ, ὡς διείληπται, ἡ τῆς βα-
σιλείας τε καὶ ἱεραρχίας σεμνότης ἐράντω-
ται, καὶ διεσπάρησαν ἄλλως ἀλλαχοῦ οἱ
ἀρχιερεῖς, ὧν καὶ οἱ πλείους καὶ ἐν αὐτῇ τῇ
ὑπερορίᾳ τὸν βίον ἀπέλιπον· ἡ ἐξουσία δὲ
τῆς βασιλείας κατὰ δυσὶν σχεδόν τι πᾶσα
ἐν τοῖς Βουλγάροις περιέστη κατ' ἐκεῖνο
καιροῦ, ὅποτε καὶ αὐτὸς ὁ βασιλεὺς Ῥω-
μαίων φυγὰς ἐκ τῆς Κωνσταντινουπόλεως
γεγονώς, ἐκείνοις προσέδραμε, καὶ ὁ τηνι-
κάδε Κωνσταντινουπόλεως πατριάρχης (Ἰω-
άννης· ἐκεῖνος ἦν ὁ Καμάτερος) εἰς ὁμιλίαν
τῷ βασιλεῖ τῶν Βουλγάρων, ἀλλὰ δὴ καὶ
αὐτῷ τῷ Βουλγαρικῷ πατριάρχῃ ἐλήλυθεν,
οὐκ ἦν ἀπεικὸς ἐννοῆσαν τὴν τοιαύτην ἡγε-
μονίαν, καὶ ἀρχιερεῖς αὐχεῖν ἐν ταῖς ὑπ'
αὐτὴν χώραις, ἐν τῷ ἀπογνῶναι τῆς ἀνα-
κλήσεως τῆς Ῥωμαίων ἀρχῆς. Τότε δ' ἂν
ὡς ἐπιβάτορες ἐλογίσθησαν, ὅταν τῶν πραγ-
μάτων ἠρεμούντων καὶ ἐν τῷ καθεστῶτι
μενόντων, ὡς ἐπὶ τοῦ Κυνικοῦ, αὐτοὶ θρα-
συνόμενοι κατ' ἐκεῖνον ἐπέδησαν, καὶ τοὺς
καθεστῶτας ἀρχιερεῖς ἀπελάσαντες, ἅρπαγ-
μα τὴν τῆς θείας χάριτος δωρεὰν ἐποιή-
σαντο. Ἐπεὶ δὲ ὡς χρεωστοῦσαι ταῖς ἐκ-
κλησίαις ἐπεκηρύχθησαν, | οὐ πρόκριμα ὑπί-
δοιντο ἂν ἐν τῇ σφετέρᾳ χειροτονίᾳ, οὐδ'
ἡ τῶν μοιχῶν προσηγορία ἴσως τούτοις ἁρ-
μόσειεν. Ἀλλ' ἐν τούτοις μὲν καὶ τοιούτοις
τὰ τῆς προκειμένης δοκιμασίας ἐθεωροῦντό
τε καὶ ἐμερίζοντο.

Καὶ ἀμφιρεπῆ ἐν τοσούτῳ τὰ τῆς γνώμης
τοῦ καθ' ἡμᾶς ἱεροῦ δικαστηρίου ἐτύγχανον.
Ἐπεὶ δὲ χρεὼν ἦν καὶ ὁμογνωμονῆσαι ἡμᾶς,
ἑλομένους τεμεῖν τὴν μέσην ὁδὸν καὶ βα-
σιλικήν, ἵνα μήτε παντάπασι τὴν ἀκρίβειαν
τῶν ἱερῶν κανόνων περιφρονήσωμεν, μήτε
τοῖς τούτων καταφρονηταῖς χώραν δῶμεν
ἐκ παραδείγματος ὡς ἔννομα καὶ κανονικὰ
πράττειν τὰ μὴ καθήκοντα· τοῦτο δὴ οὖν,
τοῦτο εὖ ποιοῦν καὶ συνέδραμε, βραβευσάσης

ἐν ἡμῖν τῆς τοῦ Πνεύματος χάριτος· καὶ τοί-
νυν ὡδοποίησαν τρίβον τῇ ἡμετέρᾳ συνοδικῇ
γνώμῃ, ἥ τε ιβ' καὶ ιγ' πρᾶξις τῆς ἐν Χαλκη-
δόνι θείας καὶ ἱερᾶς συνόδου, ἐν αἷς τὰ κατὰ
Βασιανὸν καὶ Στέφανον τοὺς γεγονότας ἐπι-
σκόπους Ἐφέσου ἐδοκιμάσθησαν, ὁπότε δὴ
καὶ διέγνωσται, ὅτι καὶ Βασιανὸς ἐφόδῳ
βιαίᾳ τὴν ἐπισκοπὴν ἑαυτῷ περιεποιήσατο,
καὶ Στέφανος ἐκ συναμοσιῶν καὶ περινοίας
τοιαύτης, καὶ αὐτίκα ἐκρίθη ἀμφοτέρους
ἀποκινηθῆναι τῆς κατ' Ἔφεσιν ἐκκλησίας,
ἔχειν δὲ τὴν ἀξίαν τοῦ ἐπισκόπου, χειρο-
τονηθῆναι δὲ κανονικῶς ἀντὶ τούτων ἐπί-
σκοπον ἕτερον.

Ἀλλὰ δὴ καὶ τὸ μήνυμα τοῦ εὐσεβεσ-
τάτου καὶ φιλοχρίστου κυρίου ἡμῶν τοῦ
κρατίστου μεγάλου Κομνηνοῦ κυροῦ Θεο-
δώρου τοῦ Δούκα τὸ γενόμενον πρὸς ὑμᾶς
διὰ τοῦ ἱερωτάτου ἐπισκόπου Ἰλλυριῶν, ἤτοι
Ἰανίνων, ἐν Κυρίῳ ἀγαπητοῦ ἡμῖν ἀδελφοῦ
καὶ συλλειτουργοῦ, παρακινοῦν ἡμᾶς καὶ συγ-
καταβάσει χρήσασθαι πρὸς τὴν προκειμέ-
νην ὑπόθεσιν, δι' αὐτό τε τὸ φύσει καὶ φι-
λάνθρωπον καὶ τὸ τῶν πραγμάτων ἀνώ-
μαλον ἀμέλει καὶ τοιάνδε ψῆφον συνοδικῇ
ὁμογνωμοσύνῃ καὶ διαγνώσει ἐξηνέγκαμεν,
ὥστε δηλαδὴ τοὺς μὲν ἐν τῇ Χαγορᾷ χει-
ροτονηθέντας Βουλγαροεπισκόπους ἀποκεκι-
νημένους εἶναι τὸ ἀπὸ τοῦδε καθόλου τῶν
ἐκκλησιαστικῶν, ἐν αἷς ἐπεκηρύχθησαν, ὡς
παρὰ τὴν κανονικὴν προαχθέντας ἀκρίβειαν
καὶ παράδοσιν καὶ ἀρχοντικῇ μάλιστα ἐξ-
ουσίᾳ, τὸ ἐπισκοπικὸν περιθεμένη [f. 248]
ἀξίωμα, καὶ μή τινα τοῦ λοιποῦ ἀνακλή-
σεως ἐλπίδα τούτοις ἐνθάλπεσθαι· ὡς τῶν
μὲν ζώντων ἐννόμων ἀρχιερέων, ἀποκατα-
στάντων ἤδη εἰς τὰς λαχούσας αὐτούς, ἐν
αἷς οὗτοι ἔφθασαν ἐπικηρυχθῆναι ἑτέρων δὲ
ἀντὶ τούτων κηρυχθησομένων, ἐν αἷς οὐ πε-
ρίεισιν οἱ πρὸ αὐτῶν κανονικῶς ἀρχιερατεύ-
σαντες. Τοὺς δέ γε παρ' αὐτῶν χειροτονη-
θέντας, ὑποδιακόνους καὶ διακόνους καὶ ἱερεῖς
δεκτοὺς γενέσθαι τῷ βήματι καὶ συλλει-
τουργεῖν τῷ λοιπῷ ἱερατικῷ πληρώματι· ὡς

παρὰ ὀρθοδόξων καὶ κατὰ τὸ ἱερατικὸν τῆς ἐκκλησίας ἔθος τὴν χειροτονίαν δεξαμένους, ὅτι μὴ δ' οἱ παρὰ Βασιανοῦ καὶ Στεφάνου χειροτονηθέντες ἀπεβλήθησαν.

Καὶ ἅμα προσήκει καὶ τούτοις τὸ φιλάνθρωπον ἔθος τῆς ἐκκλησίας, ὃ διαρκῆ πρὸς πάντας ἔχει τὸν ἔλεον· καὶ μάλιστα ἐν οἷς ἀμφιβολία μεσολαβεῖ, ἐπεὶ καὶ γενικὸν νόμιμόν ἐστι θέσπισμα ἐν τοῖς ἀμφιβόλοις νεύειν πρὸς τὸ φιλάνθρωπον. Εἰ γὰρ καὶ παρὰ τῶν ἤδη ἀποβλήτων ἐπισκόπων τὴν χειροτονίαν ἐδέξαντο, ἀλλ' οὐ προσίσταται ταύτῃ ἡ ἐκείνων προαγωγὴ παρὰ τὴν ἐκκλησιαστικὴν γεγενημένη παράδοσιν, ὅτι καὶ ὀρθοδόξους παρ' αἱρετικῶν τῶν καὶ προδήλῳς καταγνωσθέντων καὶ ἀποβληθέντων χειροτονηθέντας ἡ ἐκκλησία καὶ ἐδέξατό τε καὶ δέχεται. Μάρτυρες δὲ τούτου πλεῖστοί τε καὶ ὅσοι οὓς μνῆμαι καὶ ἱστορίαι δέλτοι φέρουσι· καὶ δὴ Ἀνατόλιος ὁ τῆς μακαρίστης μνήμης Κωνσταντινουπόλεως πατριάρχης, τὴν χειροτονίαν δεξάμενος παρὰ Διοσκόρου τοῦ πάππα Ἀλεξανδρείας, αἱρετικοῦ ὄντος, καὶ αὐτόχειρος γεγονότος τοῦ ἐν ἁγίοις Φλαβιανοῦ, εἴ τι προσέχειν τῇ κατ' αὐτὸν ἱστορίᾳ χρεών.

Ἡ τῆς χάριτος γὰρ τοῦ ἁγίου Πνεύματος ἐπίκλησις [1]) ἐκείνους προεχειρήσατο, ἐπεὶ μηδὲ τῶν οἰκείων ἐλαττωμάτων ἢ τῶν ψυχικῶν ἢ τῶν σωματικῶν ὁ χειροτονῶν τῷ παρ' αὐτοῦ χειροτονουμένῳ μεταδίδωσιν, ἀλλὰ μόνης τῆς τοῦ ἁγίου Πνεύματος δωρεᾶς τῆς τελειοποιούσης τὸν προαγόμενον· τῶν θείων γάρ ἐστιν χαρίτων ὁ ἱεράρχης διάκονος, καὶ ἡ χάρις τοῦ Πνεύματος ἐνεργεῖ δι' αὐτοῦ.

Εἰς μνήμην μέντοι διαρκεστέραν τοῦ πράγματος τετύπωται ἐπιτιμίῳ τούτοις τοιῷδε καθήρασθαι, ἵνα δηλαδὴ ἐπὶ μησὶ τέσσαρσι δευτέρᾳ μὲν καὶ πέμπτῃ ἀποχὴν ποιῶνται [2]) κρέατος καὶ τυροῦ καὶ ᾠοῦ, τετράδος δὲ καὶ παρασκευῆς ξηροφαγῶσιν, ἄρτῳ μόνῳ καὶ ὕδατι χρώμενοι, καὶ ἑκάστης ἡμέρας τεσσαρακοντάκις, γονυκλιτῶσιν, ἄνευ σαββάτου καὶ κυριακῆς καὶ τῶν δεσποτικῶν ἑορτῶν, ἐν οἷς γονυκλίνειν οὐ προστετάγμεθα.

Πεποίθαμεν δὲ ὡς ὁ φιλάνθρωπος Κύριος, παρ' οὗ πᾶσα δόσις ἀγαθὴ καὶ πριτανεύεται, καὶ ἱλασμὸν τῶν ἀνθρωπίνων ἀγνοημάτων, ἐπισφραγίσει τὴν συνοδικὴν ταύτην ἡμῶν πρᾶξιν διὰ τῆς αὐτοῦ εὐλογίας καὶ χάριτος καὶ ἵλεως πᾶσι γενήσεται, νῦν τε καὶ εἰς τὴν τελευταίαν ἡμέραν τῆς κρίσεως. Ταῦτα οὕτω πραχθέντα συνοδικῶς καὶ ἀναγνωσθέντα τοῖς κωδικίοις τοῦ ἱεροῦ Χαρτοφύλακος τῆς καθ' ἡμᾶς ἁγιωτάτης ἀρχιεπισκοπῆς ἐγκατεστρώθησαν, ἵν' ἐντεῦθεν εἰς εἴδησιν τοῖς βουλομένοις μεταλαμβάνωνται.

ΡΜΖ'.

Ἔνταλμα πρὸς Ἡγούμενον.
Mandatum ad Hegumenum.

Ἐπειδή σε ἡ τοῦ Θεοῦ χάρις διὰ τῆς ἡμετέρας χειρὸς καθηγούμενον προεβάλλετο τῆς κατὰ Γλαβηνίτζαν ὑφ' ἡμᾶς σεβασμίας μονῆς, τῆς ἐπ' ὀνόματι τοῦ ἁγίου Δημητρίου τιμωμένης, δεῖ τὴν σὴν τιμιότητα προηγουμένην μὲν τῆς εἰς τὸ θεῖον ἐπιμελεῖσθαι δοξολογίας κατὰ τοὺς τῶν ἁγίων καὶ θεοφόρων πατέρων ἡμῶν τύπους, οἵ τινες τὰς τῶν μοναχῶν προσευχάς τε καὶ ψαλμῳδίας ἐν καιροῖς τεταγμένοις ῥυθμίζουσι γίνεσθαι. Ἔπειτα δὲ καὶ φροντίζειν τῆς διαγωγῆς αὐτῶν καὶ πολιτείας καὶ κα-

---

[1]) Cod. ἐπίκλισις. — [2]) Id. ποιῶται.

τασιάσεως, ὅπως δηλαδὴ ἡ τούτων ἐν βίῳ ἀναστροφὴ ἀεὶ πρὸς τὴν τῶν ἀρετῶν ἀποβλέπῃ κατόρθωσιν· οὗ ἕνεκα καὶ τὰς μετὰ τῶν κοσμικῶν ἐπιμιξίας αὐτῶν καὶ ἀκαίρους συνάξεις, ναὶ μὴν καὶ ἀδελφοποιΐας καὶ πᾶν ἄλλο τοιοῦτον πρὸς τὴν τοῦ κόσμου σχέσιν καθέλκον, κωλύσεις παντάπασιν. Ἀλλ' οὐδὲ πεκουλίων τούτους ἔχειν συγχωρήσαις (sic) ἂν ποσαῖς τὰ τὴν ἀκτημοσύνην μὲν καταστρέφοντα τὴν πρέπουσαν μοναχοῖς, ἀφορμὰς δὲ φιλοχρηματίας εἰσάγοντα, καὶ εἰς τὸν κόσμον πάλιν τὸν ταῦτα μετερχόμενον ἀποστρέφοντα, καὶ τῆς τῶν οὐρανῶν βασιλείας ἀπομακρύνοντα. Ὅτι δὲ καὶ ἐργάζεσθαι διαπορισμὸν τροφῆς καὶ σκεπασμάτων καὶ τῶν ἄλλων χρειῶν τοῦ σώματος ἀνάγκην ἔχομεν. Εἰς τοῦτο γὰρ ὁ τοῦ μεγάλου Παύλου θεσμὸς ἡμᾶς διανίστησιν· Ταῖς χρείαις μου, [f. 249] φάσκων, καὶ τοῖς οὖσι μετ' ἐμοῦ ὑπηρέτησαν αἱ χεῖρες αὗται. Δεῖ τὴν σὴν τιμιότητα τῶν τῆς μονῆς πραγμάτων προσηκόντως ἀντιλαμβάνεσθαι, καὶ τὰ μὲν καθιστῶτα τούτων συντηρεῖν, τὰ δὲ κινδυνεύοντα καταπίπτειν, ὡς δύναμιν, ἀνορθεῦν καὶ τὰς δουλείας ἐπιτηρεῖν, ἐξ ὧν ὁ πορισμὸς τῶν ζωαρκῶν ἐπεισέρχεται, ὅπως καλῶς τε καὶ ἐπιμελῶς γίνωνται τά τε τῆς μονῆς εἰσόδους· εἰς κοινὸν ταμιεῖον ἀποτίθεσθαι σπεύδειν καὶ γνωρίμους πᾶσι τοῖς ἀδελφοῖς γίνεσθαι, ὡς ἂν τὸ ἀσκανδάλιστον συντηρεῖται μέσον τῆς ἀδελφότητος. Ἐπεὶ γὰρ καὶ ἀκτημοσύνη ἐστιν ὁ βίος τοῦ μοναχοῦ, πῶς οὐκ ἔστιν ἐνδεχόμενον, καὶ εἰς τὸ μέσον τίθεσθαι καὶ πᾶσι γίνεσθαι γνώριμον τῶν τῆς μονῆς πραγμάτων τὴν εἴσοδόν τε καὶ ἔξοδον, ὡς ἂν δὲ ἐν ἅπασι μέσον ὑμῶν φυλαχθείη τὸ ἀσκανδάλιστον, ἐνδέχεται καὶ ἐν τοῖς βρώμασιν ὑμῶν καὶ ἐν τοῖς πόμασιν, εἶναι ἰσοτιμίαν, καὶ μήτε οἱ τὸν καθηγούμενον διὰ τὴν ὑπεροχὴν πολυτελέστερά τε καὶ τιμιώτερα προσίεσθαι, μήτε τοῖς ἄλλοις μοναχοῖς, διὰ τὸ ὑποδεῖ εὐτελέστερα παρατίθεσθαι· χρὴ γὰρ τὸν λαχόντα προστασίαν ἀνδρῶν ἐν ἀρεταῖς μὲν σπουδάζειν ἔχειν τὸ ὑπερέχον, ὡς ἂν καὶ τοῖς ὑπ' αὐτὸν ἐν αὐταῖς ὑπόδειγμα γίνηται, ἐν τοῖς ἄλλοις δὲ τὴν ἰσοτιμίαν ἀσπάζεσθαι καὶ τοῖς ταπεινοῖς συναπάγεσθαι [Εἶεν] ἂν οὕτω ταῦτα. Σὺ μὲν ὁ τιμιώτατος καθηγούμενος φυλάξῃς ὑπὸ σὲ τὴν πρεπίκουσαν ὑποταγήν, καὶ τιμὴν εἰς σὲ συντηρήσωσιν, εὖ καὶ κατὰ Θεὸν ἀμφότεροι πράξετε καὶ μετὰ τῶν εὐαρεστησάντων Θεῷ εἰς τὴν βασιλείαν τῶν οὐρανῶν εἰσελεύσεσθε.

Ἐγράφη ταῦτα καὶ ἐπεδόθη πρὸς ὑπόμνησιν τῶν ἐνταλμένων σοι

ΡΜΗ'.

Περὶ παρεισπράξεως βιαίας παρεισελθούσης ἐν ἐνορίᾳ ἐκκλησίας.
De exactione violenta in ecclesiae territorium introducta.

Καλὸν μὲν, αἱ εἰς τὸν ἅγιον τοῦ Θεοῦ ναὸν γινόμεναι ὁποιαιδήτινες· εἰσφοραὶ τρόποις εὐσεβέσιν, ἑκουσίῳ τε γνώμῃ καὶ χερσὶν ὁσίαις καρποφορούμεναι· Θεῷ γὰρ φίλον καὶ τὸ βραχὺ καὶ τὸ εὐτελὲς οὕτω συνεισφερόμενον· ἐπειδὴ καὶ ἡ πάλαι τοῦ μαρτυρίου σκηνὴ οὐδὲ τὰ φαυλότατα ἐξηθέριζε προσαγόμενα, τρίχας αἰγείας φημὶ καὶ δέρματα κριῶν ἐρύθρῳ δανόμενα, συγκροτοῦντα τὰ κάτεργα ἐκείνης, κατὰ τὸ θεῖον διάταγμα. Καλὸν δὲ καὶ τὸ μὴ βιαστὰς, ἀλλ' αὐτεπαγγέλτους καὶ τῆς προαιρέσεως ἡττημένας | τῶν προσαγόντων τὰς τοιαύτας προσαγωγὰς γίνεσθαι, ἵνα καὶ τοῖς προσάγουσιν, ὡς ἀρετὴ καὶ μὴ βίᾳ εἴη τὸ κατορθούμενον. Καὶ ὁ Θεὸς προσδεχόμενος

CAP. CXLVIII. DE EXACTIONE VIOLENTA

τοῦτο τῷ μέτρῳ τῆς προαιρέσεως, ἴσον ἢ καὶ ὑπερχυνόμενον¹) ὡς ἡ ὑπόσχεσις ἀντιπαάγῃ τὸ μέτρον τῆς ἀντιδόσεως· εἰ γὰρ καὶ βιαστὴν εἶναι τὴν βασιλείαν τῶν οὐρανῶν τὸ ἱερόν φησιν εὐαγγέλιον, καὶ βιαστὰς εἶναι τοὺς ταύτην ἁρπάζοντας, ἀλλὰ τὴν προαιρετικὴν καὶ οἴκοθεν ἐνταῦθα βίαν, οὐ τὴν τυραννικὴν καὶ ἔξωθεν ὑποβάλλει νοεῖν.

Ἐπειδήπερ καὶ ὁ ἀσκητικὸς βίος, βιαστὸς μὲν ἐστί, διὰ τὸ κατ' αὐτὸν ἐπίπονον, ἀλλ' ἑκούσιος. Βιαστὸς δὲ καὶ ὁ ἁρπακτικὸς, ἀλλὰ τυραννικὸς²) καὶ ἐπίβουλος· διά τοι τοῦτο καὶ μὴ μόνον πόρρω ἀμοιβῶν ὁ τοιοῦτος βίος καθέστηκεν, ἀλλὰ καὶ τῆς κληρονομίας παντάπασι τῆς τῶν οὐρανῶν βασιλείας ἐκκήρυκτος. Τούτων δὲ οὕτως· ἡμῖν προυποτεθειμένων, χρεών ἐστι τοῦ λοιποῦ προτεθῆναι καὶ διὰ ταῦτα προυπετέθησαν.

Τῶν ὑποκειμένων τῇ ἁγιωτάτῃ ἐπισκοπῇ Πελαγονίας ἱερέων πάλαι ἦν ἐτήσιον καρπεφόρημα πρὸς τὴν τοιαύτην ἁγιωτάτην ἐπισκοπὴν, κηρὸς δηλαδὴ, σῖτος καὶ κριθαὶ καὶ ἀρνακίδες καὶ λίνον καὶ κατοικίδιοι ὄρνιθες· καὶ δὴ εἰσεκομίζετο τοῦτο καθ' ἑκούσιόν τινα ὀφειλήν, καὶ ἦν δώρημα χρηστῆς ἐμφόρου προαιρέσεως· ἀλλὰ τὸ λίχνον καὶ ἄπληστον τῶν τινων τῶν ἐξ ὑπηρετουμένων τοῖς ἐνταῦθα ἀρχιερεῦσιν ἀνδρῶν ἑκάστου εἴδους· τῶν ἀπηριθμημένων ηὔξησε καὶ ὑπερεξέτεινε τὴν ποσότητα, καὶ ἐν τῷ μὴ ἀνεμεῖναι τὴν ἑκούσιον τῶν οὕτως ὀφειλόντων προσαγωγὴν εἰς εἴσπραξιν βιαίαν τε καὶ τυραννικὴν αὐτὴν περιέστησεν, ἧς κατ' ἴχνη καὶ ἄλλον χεῖρον ἐπηκολούθησε τὰ Ῥωμαϊκῶς μὲν λεγόμενα σπόρτουλα, ἐγχωρίως δὲ ποδοκόπια. Καὶ οὕτω τὸ καλὸν τὸ ἐκ προαιρέσεως ἀχρειωθὲν τοῖς προσάγουσιν ἑσπέρεια γέγονεν.

Ὅτι τοίνυν εὗρε τοῦτο οὕτως ἔχον ἡ ἐμὴ μετριότης καὶ ἀπῳδὸν ἐλογίσατο καὶ τῆς ἐκκλησιαστικῆς ἱλαρότητος καὶ φιλανθρωπίας ἀνάξιον, μᾶλλον δὲ πόρρωθεν τῶν ταύτης ὁρίων παρὰ τοῦ κατ' αὐτὴν ὁσίου ἔθους ἀπελαυνόμενον, ὡς ἐθνικῆς θηριωδίας καὶ [f. 250] ἀγριότητος μέτοχον· οὐ μὴν ἀλλὰ καὶ τὰ τῶν ἱερέων δάκρυα καὶ οἱ στεναγμοὶ οὐκ ἀνασχετὸν ὅλως· ἡγεῖσθαι τοῦτο δὴ τὸ κακὸν ἡμᾶς ἔπεισαν. Διὰ ταῦτα ἔγνω περιλαλεῖν αὐτὸ καθὰ δήπου ψαλμικῶς εἰπεῖν, ὄνειδός τι καὶ ἐξουδένωσιν· καὶ τὴν μὲν ἀπὸ τῶν εἰρημένων ἱερέων συνεισφορὰν, εἰς δήλην παραστῆσαι ποσότητα, ὥστε ταύτην καὶ κατάλληλον εἶναι τῇ δυνάμει καὶ προαιρέσει αὐτῶν, καὶ τὸν τεθειμένον ταύτῃ ὅρον βέβαιον μένειν καὶ ὅλως· ἀμετακίνητον τὰ ἐπέκεινα δὲ ταύτης ὡς περιττὰ καὶ φαῦλα καὶ τῷ ἅρπαγι τρόπῳ προσήκοντα, καὶ ἐκ τοῦ πονηροῦ ὄντα, κατὰ τὸ γράμμα τὸ ἱερὸν, ὡς ἄκανθαν ἐκτεμεῖν τοῖς ἱερεῦσιν ἐμπαγεῖσαν εἰς αὐτὸ πκρενόχλημα.

Τοίνυν καὶ διορίζεται ἡ μετριότης ἡμῶν τὸν μὲν Ζευγαρᾶ τὸν ἱερέα σίτου μὲν διδόναι κρίνας τρεῖς, κριθῆς δὲ τρεῖς, τὸν δέ γε Βοϊδάτον ἐξ ὑφέσεως τὸ ἀνάλογον, ἀρνακίδας τρεῖς, λίνου κατειργασμένου δράγματα πεντήκοντα, καὶ κηρίου λίτραν μίαν τοῦ λεγομένου μέντοι ποδοκοπίου μηδὲ ἕνα φόλιν. Εἴ τι τούτου λεπτότερον, παντάπασι γὰρ ταύτην τὴν εἴσπραξιν μετὰ τῶν ἄλλων περιττῶν καὶ αὐτοῦ τοῦ ἀπαισίου ὀνόματος· αὐτῶν ἡ μετριότης ἡμῶν ἀπὸ τῶν τοιούτων ἱερέων ἐξέκοψεν· ἀλλ' οὐδὲ ἐπέκεινα τῶν συνήθων κατοικιδίων ὀρνίθων καὶ τοῦ συνήθους μετρητικοῦ τῶν γεννημάτων οἱ τοιοῦτοι ἱερεῖς ἑλκυσθήσονται, ἀλλὰ διαμένουσιν ἀπό γε τοῦ νῦν, καὶ εἰς τὸ ἑξῆς.

Τὰ μὲν ἀναγεγραμμένα εἴδη τῇ ἁγιωτάτῃ ἐπισκοπῇ τῆς Πελαγονίας, καθὰ δὴ καὶ πεπόσωνται συνεισφέροντες, τῶν δὲ ἐπέκεινα τούτων ἕως· νῦν ἐβαρύνοντο, κυώτεροι φυλαττόμενοι, ὡς ἂν καὶ αὐτοὶ μετὰ τῆς προαιρετικῆς αὐτῶν καὶ ἱλαρᾶς· εἰσφορᾶς · ἐν τῷ ναῷ τῆς θεομήτορος γινόμενοι, τρανῶς λέγουσι δόξαν κατὰ τὸν ψάλλοντα· παρεγ-

---

¹) vel ὑπερχυνόμενον, verbum in altera utra scriptura insolens. — ²) Cod. τυραννικῶς.

γυόμεθα δὲ καὶ τοῖς ἐνταῦθα ἐσομένοις ἁγιωτάτοις ἀρχιερεῦσι καὶ ἐν ἁγίῳ ἐπισκήπτομεν Πνεύματι, στέρξαι καὶ ἐμμεῖναι τοῖς παρὰ τῆς ἡμῶν μετριότητος οὕτω τετυπωμένοις καὶ ὁρισθεῖσιν, ὡς εὐσεβῶς αὐτῇ δεδογμένης· ἀκριβεῖς φύλακες εὑρεθῶσι καὶ τῶν ἐντεῦθεν ἀμοιβῶν εἰς τὴν ἐκεῖ κατάπαυσιν τύχωσιν, | ἀλλὰ μὴ κατακριθῶσιν, ὡς τοὺς τῶν πατέρων αὐτῶν λόγους ἐξωριάζοντες.

ΡΜΘ'.

Σιγίλλιον Πρωτοπαπαδικόν.
Titulus Protopapae.

Ὁ πρωτοπρεσβύτερος, εἴτουν πρωτοπαπᾶς, οὐδὲν ἄλλο ἢ παντὸς ἔργον ἀγαθοῦ καὶ τῆς κατὰ τὴν ἱερωσύνην δικαιοσύνης, ὑπογραμμὸς καὶ πρωτοτυπία καθέστηκε· ἣν δῆτα δικαιοσύνην καὶ ὁ μακάριος Δαυῒδ, ὡς ἔνδυμα θεοπρεπὲς θεωρῶν, ὡς ἱερατικὴν στολὴν τοὺς ἱερεῖς ἐνδύεσθαι ταύτην θεσπίῳδεῖ.

Δεῖ σε τοίνυν, θεοσεβέστατε ἱερεῦ, ἐπειδὴ τὸ τοῦ πρωτοπαπᾶ περίθου ἀξίωμα, πρωτοπέτρος προβληθεὶς τῶν ἐν τῷ Πριλάπῳ ἱερέων, ἐν πρώτοις μέν, ὡς πρωτότυπον σεαυτὸν προστήσασθαι πίνακα, ὥστε παρὰ σοῦ ἄλλους ἀφορμὰς λαμβάνειν, ἄλλου τε παντὸς ἀγαθοῦ καὶ δὴ καὶ τῆς ἱερατικῆς δικαιοσύνης καὶ καταστάσεως· τοῦτο γάρ, ὡς εἴπομεν, τὸ κατὰ σὲ ἀξίωμα βούλεται. Ἔπειτα δὲ τοὺς ἐν αὐτοῖς σφάλλοντας, ἀνορθοῦν κατὰ δύναμιν, καὶ τὰ σκάνδαλα ἐν οἷς προκόπτοντες εὑρίσκονται, παντὶ τρόπῳ περικιρεῖν, συνεργὸν τοῦ σοῦ ἀρχιερέως προσλαμβάνοντα δύναμιν. Τῆς τοῦ λαοῦ ψυχικῆς σωτηρίας κήδεσθαι, συχναῖς νουθεσίαις καὶ παραινέσεσι χρώμενος, ἵν' ἐντεῦθεν ψαλμικῶς ἐκκλίνωσι μὲν ἀπὸ τοῦ κακοῦ, τὸ ἀγαθὸν δὲ πᾶσι τρόποις ἐργάζωνται· ἐπὶ τούτοις διὰ φροντίδος ποιεῖσθαι, τὰς ἐκκλησιαστικὰς προσόδους, τὰς ἐτησίως ἐπιγινωσκομένας τῇ ἁγιωτάτῃ ἐπισκοπῇ τῆς Πελαγονίας, ἀπαρατρώτους διατηρεῖσθαι καὶ ἀνοθεύτους· καὶ μήτε ἐπιβαρεῖς ταύτας γίνεσθαι τοῖς ἐξ ὧν ἐπιγίνονται, ἵνα μὴ τελωνικὴ τούτων ἀποτελοῖτο συλλογή, μήτε μὴν ἀμελεῖσθαι, ὡς ἢ κακῶς σκορπίζεσθαι καὶ παρανοσφίζεσθαι ἢ συνάγεσθαι κατὰ πολὺ τοῦ ὀφειλομένου, καὶ δέοντος ἔλαττον, καὶ ἁπλῶς εἰπεῖν, τὴν ἑαυτοῦ ἀναστροφὴν ἐν πᾶσι θέσθαι σοι ἄμεμπτον· οὕτω γὰρ τὸν πρωτοπαπᾶ ἑαυτῷ προστήσεις, τῇ κλήσει τὰ πράγματα σύνδρομα φέροντα, καὶ τὸν μισθὸν κομίσῃ τὸν τοῖς καλῶς διακονήσουσιν ἀποκείμενον· ὅθεν δὴ καὶ ὀφείλουσιν οἵ τε ἱερεῖς καὶ ὁ λαὸς καὶ οἱ τῆς κοσμικῆς ἐξουσίας, τηρεῖν εἰς σὲ [f. 251] τιμὴν τὴν προσήκουσαν καὶ αἰδῶ, καὶ ὑπακοὴν ἀπονέμειν σοι τῷ σῷ κατάλληλον ἀξιώματι· ὑμέτερον δ' ἂν εἴη τὸ λοιπόν, ᾧ οἱ λοιποὶ ἱεροὶ Πριλάπου ποιμένες· καὶ τῇ ἡμῶν συμποίμενες μετριότητι μὴ ἐξωριάσαι λόγους πατρός, ἀλλὰ καὶ δέχεσθαι τούτους· καὶ ἀποδέχασθαι καὶ ἀκαιρέως φυλάξαι καὶ ἀμετατρέπτους, ὡς ἂν καὶ τὰς ἡμετέρας πράξεις οἱ μεθ' ἡμᾶς ἀπαρεγχειρήτους τηρήσωσιν· εὖ γὰρ οἴδατε ὅτι ὥσπερ οὐκ ἄμισθον παρὰ Θεῷ τὸ τοῖς ὅροις τῶν πατέρων ἐμμένειν οὓς ἐκεῖνοι καλῶς ἔθεντο καὶ ἀμέμπτως, οὕτω δὴ καὶ τὸ μετατιθέναι τούτους οὐκ ἀτιμώρητον.

ΡΝ΄.

Λόγος ἀπολογητικὸς πρὸς τὸν ἁγιώτατον πατριάρχην Κωνσταντινουπόλεως κυρὸν Γερμανὸν καὶ τὴν ὑπ᾽ αὐτὸν σύνοδον, γεγονὼς ὡς ἐκ προσώπου τοῦ ἐπισκόπου Σερβίων ὑπὸ τὴν ἐπαρχίαν τελοῦντα τῆς μητροπόλεως Θεσσαλονίκης, χειροτονηθέντα δὲ κατὰ περίστασιν ὑπ᾽ αὐτοῦ διὰ τὸ τὴν μὲν Θεσσαλονίκην κατέχεσθαι ὑπὸ τῶν Λατίνων [1], τὸν μητροπολίτην δὲ ὑπερόριον εἶναι.

Sermo apologeticus ad sanctissimum patriarcham Constantinopolis domnum Germanum ejusque synodum, factus tamquam ex persona episcopi Serviorum, qui in eparchia praefectus est metropoli Thessalonicensi, et consecratus ex hac circumstantia, nempe Thessalonicam esse sub potestate Latinorum, et metropolitam exsulare.

Καιρὸς ἄρτι με τὸ τῆς θείας γραφῆς εἰπεῖν, μικρὸν παραξέσαντα· εὑρέθη τοῖς ἐμὲ ζητοῦσιν, ἐμφανὴς ἐγενόμην [2] τοῖς ἐμὲ ἐπερωτῶσιν ἢ ἀνακρίνουσιν· ἀνάγκη καὶ γὰρ τὸν ἀνακρινόμενον καὶ παρρησιάζεσθαι, καὶ εὐθύνας ὑπέχειν τοῖς αὐτοῦ λογισταῖς· ὑπὲρ ὧν ἀνακρίνεταί· ἰδοὺ τοίνυν ἐγώ, καὶ δέξασθε [3], εἰ ἐμοὶ κριταί, τὴν ἡμετέραν ἀπολογίαν, ἵνα εἰ μὲν ἔγκριτος γένηται, τῆς εὐθύνης· ἐμὲ ἀπολύσητε· εἰ δ᾽ ἴσως ἀπορώλιος λογισθείη, τὸ δοκοῦν τῇ τῆς Θέμιδος ὀρθοτομίᾳ ᾠχρίσησθε. Ἐγώ γε τοίνυν (ὁ Θεὸς οἶδεν) ὦ θεῖον ἀκροτήριον, καὶ ἡ προκαθεζομένη τοῦ κυκλώματος· τούτου πάνσεπτος καὶ ἁγίοις· αἰδέσιμος κεφαλή, ἀνατροφῆς καὶ παιδεύσεως· ἱκανῆς μετασχὼν ἐν οἴκῳ Θεοῦ, καὶ ἐκκλησιαστικοῖς εἰς ὅσον εἰκὸς ἐγγυμνασάμενος ἔθεσιν, ὁδοὺς βωμολόγων καὶ νεωτεροποιῶν καὶ φιλοδόξων, εἰ καὶ φορτικὸς ὁ λόγος· διὰ τὸ φίλαυτον, πάμπαν ἠγνόησα· ἐμαυτῷ γὰρ ἔσπευδον ζῆν κατὰ τοὺς ἀγαθῇ χάριτι στρεφομένους εἰς ἑαυτούς, καὶ ὑφ᾽ ᾧ ἐταττόμην ἱεράρχης, φέρων [4] ἐπαυχένιον τὸν ζυγὸν τῆς ὑπακοῆς. [Τῆς Λατινικῆς δὲ χειρὸς σχεδόν τι πάντα περιλαβούσης τὰ πρὸς

ἥλιον δύνοντα, τῆς Βουλγαρικῆς ἄνευθεν λήξεως, καὶ τῶν ἐννόμων ἀρχιερέων τῶν ὑπ᾽ αὐτοὺς ἐπισκοπείων ἀπελαθέντων καὶ τὴν ὑπερορίαν, τῶν μὲν τέλος τοῦ βίου εὑρόντων, τῶν δὲ ἀρχὴν ὀδυνηρᾶς βιοτῆς, οὐδὲ ἡ τῶν Σερβιωτῶν ἐκκλησία τοῦ κοινοῦ τούτου κακοῦ διέμεινεν ἀπείραστος εἰς τὸ πᾶν [5], ἀλλ᾽ ἡ μὲν ἱεραρχικὴ κεφαλὴ ταύτης ᾤχετο κατὰ τοὺς λοιπούς (τὴν γὰρ πρὸς θάνατον ὥδευσεν), ὁ δέ γε λαὸς τῇ σιδηρᾷ ῥάβδῳ τῆς ἐφισταμένης ἐξουσίας ἐτρύχετο, καὶ ὁ ταύτης θηριώδης θυμός· ὁ ἀνδροφόνος δηλαδὴ τῶν [6] Ἰθαγενῶν, οὐδὲ ἦν τηνικάδε πρὸς τὴν τυραννουμένην μετάθεσιν τῶν καθ᾽ ἡμᾶς ἐκκλησιαστικῶν ἐθῶν καὶ πατρικῶν παραδόσεων, ᾗ δὴ καὶ πολλοὶ δυστυχῶς ἠκολούθησαν, τί μέν, ἑκόντες ὡς ἀρχαϊκόν τε καὶ ἀμαθεῖς [7], τί δέ, ὡς μὴ δεδυνημένοι ἕως τέλους ἀντιστῆναι τῇ τυραννίδι καὶ τοῖς ἐκ ταύτης ἀνιαροῖς. Ὅτι δὲ τηνικαῦτα τοῦ ὑπολελειμμένου κατὰ δύσιν μέρους τῶν Ῥωμαίων ἡγεμονίας τὴν ἀρχὴν διεζώννυτο Θεόδωρος ὁ ἐκ Δουκῶν καὶ Ἀγγέλων καὶ Κομνηνῶν, καὶ ταῖς Λατινικαῖς ὁρμαῖς κραταιῶς ἀντισθάμενος, ὑπέσπα πολλὰς ἑκάσ-

---

[1] ὑπὸ τῶν Λατίνων non legitur hic, ad num. CL, sed reperitur in praevio codicis indice. Mox etiam particula εἰ abest, tum ab initio legitur Γερμανὸν Κωνσταντινουπόλεως. Alibi inquiretur de hujus sermonis historia satis obscura, et de impedita nonnihil et corrupta scriptura — [2] Is. XII, 12? — [3] Cod. δέξασθαι. Mox ἀπολύσετε, dein ψηφίσεσθε. — [4] Cod. φαίρων vel φόρων. — [5] Id. παν verbo ἰστησαν. — [6] Id. τῷ. — [7] Sic cod.

τότε τῶν ὑπ' αὐτοὺς χωρῶν· καὶ πρὸς ἑαυτοῦ ταύτας ποιούμενος ἦν, τὰς μὲν δηλαδὴ πολέμου νόμῳ, τὰς δὲ μεθόδοις στρατηγικαῖς· φθάνει λοιπὸν καὶ τὴν τῶν Σερβίων ἐλευθερίαν ἔργον ἀόπλου μηχανῆς ποιησάμενος, καὶ ἀπελαύνει μὲν τοὺς κατέχοντας τυράννους, λυτροῦται δὲ τοὺς ἀθλίως κατεχομένους, καὶ τὸ τῆς χώρας αὐτῶν ὄνομα τῆς σφετέρας ἐξουσίας τοῖς ὅροις ἐγγράφεται.

Τί τὸ ἐπὶ τούτοις; χρήζει ἀρχιερατικῆς· τὸ σῶμα τοῦ λαοῦ κεφαλῆς, ἵνα τὸ σεσαλευμένον στηρίξῃ, καὶ τὸ ἀπωσμένον καὶ πεπλανημένον ἀνασώσηται, καὶ τὸ μεμολυσμένον τῆς Λατίνων βδελυγμίας [1]) ἀποκαθάρῃ περὶ ῥαντηρίοις προσήκουσι· περὶ τούτου δεῖται τοῦ ἐλευθερωτοῦ, καὶ ἀντιβολεῖ λιπαρῶς· καὶ τὴν τῆς αἰτήσεως ἀποτυχίαν, ἡγεῖται ἀνύποιστον· ὁ δὲ, ἀφορᾷ πρὸς τὸν χρίστην τὸν πρόσφορον, καὶ ἀναζητεῖ τοῦτον ἐπιμελῶς· ἐκεῖνος δὲ οὐδ' ὅλως παρῆν, [f. 252] καὶ γὰρ ὑπερόριος ἦν· ἀποβλέπει πρὸς τὰ λείψανα τῆς ὑπερορίας, δηλαδὴ τοὺς ὑπ' ἐκεῖνον ἀρχιερεῖς· οἱ δὲ, τὸ τῆς θείας γραφῆς προσφόρως, εἰπεῖν, ἔθεντο σκότος ἀποκρυφὴν ἑαυτῶν [2]), τῆς Θεσσαλονίκης ἐν παραβύστοις, ἐγκωνιάζοντες καὶ τὴν ἐνισταμένην, ὡς ἐξὸν ἦν, κακίαν ἀποκρυπτόμενοι. Ἀναθλίβει τὸν νοῦν πρὸς παλαιὰς ἐκκλησιαστικῆς ἱστορίας, καὶ περιστατικῶν ἀναμιμνήσκεται πράξεων· αἳ δὴ πρὸς μὲν τὴν κανονικὴν ἀκρίβειαν ἐπλαγίασαν, πρὸς τὴν δυσχέρειαν δὲ καὶ τὴν παρ' αὐτῆς ἀπαιτουμένην οἰκονομίαν κατ' εὐθυωρίαν ἀπιδοῦσαν τὸ τῆς ἀκριβείας χωλεῦον ἀνορθῶσαν. Πρόσεισιν ὑπερορίῳ συνόδῳ καὶ τῷ προκαθημένῳ ταύτης τῇ τῶν Ἰλλυριῶν ἱεραρχῶν δηλαδή, τῇ καὶ τὴν τῶν Βουλγάρων, ὕστερον κληρωμένη ἐπίκλησιν· ἀσάλευτα γὰρ ἐς δεῦρο ἔκειτο ταύτῃ, καὶ κοινὸν τούτοις τὸν λόγον ποιεῖται, καὶ τὴν μὲν πρώτην ἀστοχεῖ τοῦ προκειμένου βουλεύματος· ἤδη γὰρ ἡ ἱερὰ σύνοδος αὕτη τὰς παραδόσεις τῶν πατέρων παρανομήσουσα, εἰ δηλαδὴ ταῖς τοῦ κρατοῦντος ἐπικαμφθείη δεήσεσιν. Ἐπειδὴ οὐκ ἀνῆκεν οὗτος, τὰ μὲν ἱκετεύων, τὰ δὲ βιάζων, τὰ δὲ ὁδοιποιῶν εὐλογίας ταῖς οἰκείαις προτάσεσιν, ὧν μία ἦν ἡ κοσμικὴ σύγχυσις· καὶ τὸ τῶν πραγμάτων ἀνώμαλον· εἶξεν ὀψὲ γοῦν καὶ μόλις ὁ ἱερὸς οὗτος σύλλογος· ταῖς αὐτοῦ παρακλήσεσι, καὶ ὁρῶν τὴν ἀκρίβειαν βαπτιζομένην τοῖς κύμασι τῆς τῶν πραγμάτων μεταβολῆς, ἐγκινδυνευόμενα δὲ ταύτῃ τά τε τῆς ἐκκλησίας ἔθη καὶ τὸ σωτήριον τοῦ λαοῦ, τὸ μὲν ὑποπτευόμενον ὑπὲρ διοίκησιν ὅρμημα καὶ τὸ ἐπηρτημένον ἐπιτίμιον τοῖς ἐπιοῦσιν ἐν ὑπερορίοις ἐκκλησίαις τῷ τέως· παρεῖδε διά τε τὸν τοῦ καλοῦ ζῆλον, διά τε τὸν τῆς οἰκονομίας λόγον, καὶ διὰ τὴν ἐνεστῶσαν δυσχέρειαν (ὧν δὴ καὶ οἱ θεῖοι κανόνες, ὅτε δηλαδὴ δ' τῆς α' συνόδου καὶ λζ' τῆς ἕκτης τρανότατα μέμνηνται). ψηφίζεται δὲ τὸν προστησόμενον τῆς ἐκκλησίας ταύτης, καὶ οὕτω προάγει κατὰ τὸ ἔθος· τὸ ἱερόν, τὴν χεῖρα δοὺς τῇ τούτου κεφαλῇ | καὶ τῷ Πνεύματι.

Αὐτὸς δὲ ἤμην ἐγώ, ὃς δὴ καὶ παρίσταμαι σήμερον, καὶ λόγον ὑπέχω τῆς ἐμῆς ταύτης προαγωγῆς, καὶ συνίστημι ταύτην ὑπὸ μάρτυρι τῷ παμβασιλεῖ Θεῷ καὶ τῷ τυράννῳ τούτῳ καιρῷ, ὃν οὐκ ἄν τις ὡς ψευδομάρτυρα παραγράψαιτο, εἰ μήποτέ τ' ἂν εἴη ἐκεῖνος, ψυχή τις καὶ γλῶσσα καὶ αἴσθησις, ἔμπληκτος καὶ παράφορος· ἐντεῦθεν λοιπὸν, οὔτε ἐγὼ νεωτερίστης ἂν κριθείην καὶ ἐφοδοποιὸς κατὰ Βασιανόν τε καὶ Στέφανον, οὓς αἱ πράξεις τῆς θείας καὶ ἱερᾶς οἰκουμενικῆς τετάρτης συνόδου τοιούτους ἀναγράφουσι καὶ ἀμφοτέρων [3])........ τὴν ἐν τῇ ἐκκλησίᾳ προεδρίαν, εἰς ἣν ἑκάτερος ἀτάκτως τὴν οἰκείαν προαγωγὴν ἐνεώμοσεν οὔτε μὴν ἡ ὑποβαλλομένη με σύνοδος ἐγκληθείη ἂν κίνημα, χειρὸς μὲν ἀνθέκαστον,

[1]) Cod. τοῖς λατιν. βδελυγμίας, deinde uno verbo περιραντηρίοις. — [2]) Ps. xvii, 12. Mox cod παρβύστοις. — [3]) Lacuna in cod.

ποδὸς δὲ ὑπερβάθμων, ἁρπάσαι ἀλλότριον δίκαιον καὶ ἁρμόζον ἑτέρᾳ ἐπαρχίᾳ προνομεῦσαι προνόμιον· πόρρω γὰρ τοιαύτης γνώμης καὶ τὰ τῆς συνόδου ταύτης καὶ τὰ ἡμέτερα.

Εἰ δ' ὅτι ποτὲ βούλεται τῆς οἰκονομίας ὁ λόγος, δῆλόν ἐστι τῷ ἐπιστατικῶς ἐξετάζοντι. Τί ἄρα καινὸν, εἰ καὶ τὰ καθ' ἡμᾶς ὁ λόγος οὗτος παραλαβὼν, καὶ τὰς ἀφορμὰς ἐκ τῶν πρώτων ὑποδειγμάτων λαβὼν, ὡς ἄρα καὶ ἔχουσιν ἄρτι, ταῦτα διέθετο; ἐπιμνησθῆναι τούτων ἐκ μέρους ἡμᾶς ἐπὶ τῆς ὑμετέρας μηγαλειότητος, ἐπιεικῶς ἂν, ὦ θεῖον συνέδριον, δοίη τε οὐχ ἵνα δηλονότι διδάξωμεν (τοῦτο γὰρ ἄτοπον, καὶ ἡμῖν πάντη καὶ πάντως ἀπρόσφορον, ἐπειδὴ τῆς οἰκουμένης ὑμεῖς φωστῆρές τε καὶ διδάσκαλοι), ἀλλ' ἵνα μόνον δείξωμεν ὁποίοις ἴχνεσιν ἐκ περιστάσεως ἠκολούθησαν τὰ ἡμέτερα· τῇ μὲν γὰρ ἀνάγκῃ, κατὰ τὸν ἀληθῆ λόγον ἀπολογίαν περιλείπεσθαι, κατηγορίαν δὲ ἀκολουθεῖν τῷ αὐθαιρέτῳ πειθόμεθα.

Οἰκονομία μὲν οὖν ἐστιν, ὡς ἐμὲ θεωρεῖν, καὶ αὐτὰ τὰ πράγματα μαρτυρεῖν, προηγησαμένου καλοῦ καθ' ἑτέραν ἐπιβολὴν ἐπανόρθωσις, ὁπηνίκα δηλαδὴ περιστάσει τινὶ, ὁ ποὺς ἐκείνου σφάλῃ. Καὶ ἐκ τῶν ἀνωτάτω μὲν πείθει με τρανῶς ἡ τοῦ Θεοῦ σοφία, τῷ μυστηρίῳ τῆς ἐνσάρκου οἰκονομίας, τὴν πτῶσιν [f. 253] τοῦ πάλαι Ἀδὰμ ἀνορθώσασα καὶ διὰ θανάτου τὸ θνητὸν αὐτοῦ πρὸς τὸ ἀθάνατον, ἐν ᾧ πρώην τοῦτον ἔκτισε, μετοστοιχειώσασα, καὶ τῇ κακίᾳ τῆς ὑπερηφάνου καὶ ἀποστατίδος φάλαγγος φαρμακῷ χρησαμένη πρὸς ἀρετὴν τοῖς γε τεχνικῶς ταύτην λαμβάνουσιν.

Ἐκ γε μὴν τῶν κάτω, Πέτρος καὶ Παῦλος με πείθουσιν οἱ κορυφαῖοι ἀπόστολοι, οἱ κωλυθέντες ὑπὸ τῆς τοῦ Σωτῆρος νομοθεσίας κακὸν ἀντὶ κακοῦ μὴ ἀποδιδόναι καὶ τοῖς πονηροῖς μὴ ἀνθίστασθαι, ἀλλ' ἐμπαρέχειν ἑαυτοὺς ἀφελῶς,¹) τοῖς ἐπηρεάζουσιν. Ὕστερον δῆλοι γεγόνασιν, ὅπως διὰ τὸν τῆς οἰκονομίας λόγον Πέτρος μὲν Ἀνανίᾳ καὶ Σαπφείρᾳ ἐχρήσατο, Παῦλος δὲ τῷ Ἐλλύμᾳ καὶ τοῖς περὶ Ἑρμογένην καὶ Φύγελλον.

Καὶ πρός γε πείθει με τούτων αὐτῶν ἡ ἀρίστη ὑποστολὴ καὶ ὑπόκρισις, ἣν καιροῖς ἰδίοις οἰκονομικῶς διὰ τοὺς ἐκ περιτομῆς ἄμφω ὑπέδυσαν, ὡς ἂν δηλονότι μὴ σκανδαλίσωσιν ὡς ἀρτιπαγεῖς τοὺς πιστεύσαντας· Πέτρος μὲν γὰρ, τῆς περιτομῆς ἀπόστολος ὢν, ὡς εἶδεν ἠνεῳγμένην καὶ τοῖς ἔθνεσι τὴν θύραν τῆς πίστεως, ἀναφανδὸν μὲν οὐκ ἔστεργε τὴν μετ' αὐτῶν συνουσίαν καὶ συνεστίασιν· ἐκρύπτετο γὰρ ἐν τούτῳ τοὺς ἐκ περιτομῆς· ἀπόντων δὲ τούτων, ἐκείνοις συνῆν καὶ συνήσθιε ²). Καὶ διδάσκουσιν ἡμᾶς αἱ πρὸς Γαλάτας θεῖαι τοῦ Παύλου ξυσμαί, περὶ τοῦ Πέτρου ταῦτα διαλαμβάνουσαι· " Πρὸ τοῦ ἐλθεῖν τινὰς ἀπὸ Ἰακώβου, μετὰ ἐθνῶν ὁ Πέτρος συνήσθιεν· ὅτε δὲ ἦλθον, ὑπέστελλε καὶ ἀφόριζεν ἑαυτὸν, φοβούμενος τοὺς ἐκ περιτομῆς ³) ,. Ὁ Παῦλος δέ γε τὴν τῆς ἀκροβυστίας πεπιστευμένος ἀποστολὴν, καὶ τομῶς χωρῶν κατὰ τοῦ νόμου ἔθων, ἀλλ' ὅμως διὰ τὸν τῆς οἰκονομίας λόγον, τόν τε Τιμόθεον περιέτεμε· καὶ αὐτὸς ἀνελθὼν εἰς Ἱεροσόλυμα καὶ ἁγνισμῷ καὶ ξύρῳ καὶ δαπανήματι τῶν ἐφ' ἑαυτοὺς ἐχόντων εὐχὴν κατὰ τὸν νόμον ἐχρήσατο, καὶ ἐπὶ τούτοις· τὸ κατ' αὐτοῦ συστὰν ὕστερον ἐκ Φαρισαίων καὶ Σαδδουκαίων συνέδριον διχάζων, ὡς ἑνὶ τούτων θέμενος, καὶ Φαρισαῖον ἑαυτὸν ἀποκαλέσας, θατέρῳ μέρει θάτερον ἐπανέστησε, καὶ ἐπὶ τοῦ Φήστου ἐπεκαλέσατο Καίσαρα, ὡς ἂν ἐκεῖ μὲν ἐκφύγῃ ψῆφον πονηρὰν καὶ ἀπάνθρωπον, ἐνταῦθα δὲ ἐπιβουλὴν καὶ σκευωρίαν θανάσιμον. Καὶ ταῦτα καὶ τοιαῦθ' ἕτερα οἱ τῶν μυστηρίων οἰκονόμοι ἐποίουν, οἱ τὴν τοῦ εὐαγγελίου ἀκρίβειαν εἰδότες, τοῖς μωσαϊκοῖς δὲ ἀνθιστάμενοι ἔθεσι πρὸς τοὺς ἐνισταμένους, ὁρῶντες δηλονότι καιροὺς καὶ τὰ πρό-

¹) fort. ἀψελῶς. — ²) Cod. συνῄδιε. — ³) Gal. II, 11, 12.

σωπα. Τοῦτο γὰρ ἡ οἰκονομία πρὸς τὸ συμφέρον ἑκάστης ἁρμόζεσθαι, καὶ τὸ ἴσον ῥυλάττειν ἐν ἀνισότητι· ἐκεῖνο μὲν διὰ τὸν ἀγαθὸν σκοπὸν, ἵνα καὶ τὸν αὐτὸν ἀεὶ ὄντα, τοῦτο δὲ διὰ τὸ τῆς οἰκονομίας πολυειδές· ταῖς ποικίλαις τῶν καιρῶν καὶ τῶν πραγμάτων συμμορφαζόμενον.

Πείθουσί με Βασίλειος μὲν πρότερον, Κύριλλος δὲ ὕστερον, οἱ μεγάλοι φωστῆρες τῆς οἰκουμένης καὶ τῶν ἀποστολικῶν δογμάτων ὑπερμαχοῦντες λαμπρῶς. Ἐρ' οἷς ὁ μὲν εἰδὼς Θεὸν τὸ Πνεῦμα τὸ ἅγιον ἀπλανῶς, ὅμως τὴν κυρίαν τούτου φωνὴν ὑπερετίθετο δι' οἰκονομίαν, ἣν ὁ τηνικάδε ἀπῄτει καιρὸς καὶ τὸ τῆς [1]) παρρησίας ἀνέμενεν, ἵνα τὴν γλῶσσαν τούτῳ χαρίσηται. Κύριλλος δὲ ἐπιστολιμαίᾳ προσρονῶν Γενναδίῳ πρεσβυτέρῳ τῷ ἀρχιμανδρίτῃ [2]), ἐπαινεῖ μὲν ἐκεῖνον σφόδρα, οἷα μετὰ τῆς ἐκκλησιαστικῆς ἀκριβείας ἐθέλοντα ζῆν, πλὴν ἀλλὰ τὴν τῶν πραγμάτων οἰκονομίαν τούτῳ παρίστησιν, ἔσθ' ὅτε παραβιαζομένην, βραχὺ τοῦ δέοντος ἔξω φέρεσθαί τινα, ἵνα τι μεῖζον κερδάνωσι· καὶ παράγει πρὸς ὑπόδειγμα τοὺς ναυτίλους, οἳ χειμῶνος ἐπικειμένου, καὶ κινδυνευούσης τῆς νηὸς, ἁλόντες ἀποφορτίζονταί τινα τοῦ σῶσαι τὰ πλείονα. Τὸν αὐτὸν γὰρ τρόπον δὴ, φησὶ, καὶ ἡμεῖς ἐν τοῖς πράγμασιν ὅταν μὴ ἐξῇ τὸ λίαν ἀκριβὲς ἀποσώζειν, παρορῶμέν τι μέρος, ἵνα μὴ ζημιωθῶμεν τὸ πᾶν.

Πείθει με ἡ ἐπὶ τῇ ἑνώσει τῆς διαστάσεως, ἣν ὅτε τῶν πατέρων οἰκονομία ἡ καὶ τάξεως ἐκκλησιαστικῆς ἐναλλαγὴν στέρξασα, καὶ ὑπερορίους χειροτονίας μηδαμῶς ἀποστέρξασα, καὶ τοῦ κατ' αὐτὴν ἐκ τοῦ πρώτου περὶ εἰρήνης λόγου τοῦ μεγάλου πατρὸς Γρηγορίου τοῦ Θεολόγου τοῖς βουλομένοις ἔξεστιν ἀναλέγεσθαι· " Ἡμεῖς τε γὰρ, φησὶ, τὰς δοθείσας τῷ τμήματι κεφαλὰς ὑπὲρ εὐσεβείας καινοτομηθείσας, καὶ εἰς βοήθειαν τοῦ ὀρθοῦ λόγου κάμνοντος, ἐν χάριτι [f. 254] προσηκάμεθα, καὶ οὐχ ὡς ἐχθροὺς ἀπεστράφημεν, ἀλλ' ὡς ἀδελφοὺς περιεπτυξάμεθα, μικρὸν ὑπὲρ κλήρου στασιάσαντας ἀδελφικῶς, ἀλλ' οὐ πονηρῶς· καὶ τῆς μὲν ἔχθρας, οὐκ ἐπῃνέσαμεν, τοῦ ζήλου δὲ ἀπεδεξάμεθα· κρεῖσσον γὰρ ἐμπαθοῦς ὁμονοίας ἡ ὑπὲρ εὐσεβείας διάστασις· καὶ διὰ τοῦτο προσθήκην ἑαυτῶν τὴν ἀφαίρεσιν πεποιήμεθα, κλέψαντες ἀγάπῃ τὴν καθ' ἡμῶν ἐπίνοιαν, καὶ τοσοῦτον τῆς τάξεως ἐπανηλλάξαντες, ὅσον μὴ τῇ ψήφῳ τὴν χάριν ἀκολουθῆσαι, τὴν δὲ ψῆφον τῇ χάριτι, καὶ χερσὶν ἀλλοτρίαις· εἰς ταύτην προχρήσασθαι, μικρόν τι προληφθέντας ὑπὸ τοῦ πνεύματος· ἡμεῖς τε τὴν κατὰ τοῦ γράμματος ἀφέντες ὑπόνοιαν τῷ πνεύματι προσεδράμετε· τῆς μὲν ἀπλότητος οὐκ ἐπαινέσαντες ἐπὶ τῷ φαινομένῳ τῶν ῥημάτων, ἀσέβειαν δὲ οὐκ ἐννοήσαντες [3]) „.

Πείθει με ἡ τὰ κατὰ τὸν μέγαν Εὐσέβειαν ἐκτεθειμένη ἐκκλησιαστικὴ ἱστορία, τὸν ἱεράρχην Σαμωσάτων τὸν γεννάδαν, τὸν [4]) δὲ τοῖς ἀθλητικοῖς ἱδρῶσι περιρρεόμενον· οὕτω γάρ φησι πολλὰς τῶν ἐκκλησιῶν ἐρήμους εἶναι ποιμένων μαθὼν, τὴν μὲν ἀκρίβειαν ὡς τηνικαῦτα μὴ λυσιτελοῦσαν ἀπέθετο, ζῆλον δὲ ἀποστολικὸν ἐνεδύσατο, καὶ ὅτι τοῦ ζήλου τούτου εἰργάσατο στρατηγικῶς· γὰρ ἀπεχόμενος σχῆμα, καὶ περικαλύπτων τὴν κεφαλὴν, τὴν Συρίαν καὶ τὴν Φοινίκην καὶ τὴν Παλαιστίνην διήρχετο, καὶ πρεσβυτέρους ἐχειροτόνει καὶ διακόνους, καὶ τἄλλα τάγματα τῆς ἐκκλησίας ἀνεπλήρου ἦν, εἰ δέ ποτε καὶ ἐπισκόπων ὁμογνωμόνων ἐπιτύχε, καὶ προέδρους ταῖς δεομέναις τούτων ἐκκλησίαις προὐβάλλετο [5]).

---

[1]) Cod. τὸν τῆς. — [2]) Juris eccles. Graec. t. ι, p. 251. — [3]) Orat. vi, Opp. t. 1, 184 edd BR Patrol. gr. xxxv, col. 718. Variant: κεφαλὰς ὡς ὑπὲρ... ἐχθροὺς (cod. malo ἀπεστράφημεν).... ἐπὶ κλήρου πατρικῇ στασιάσαντας... μικρόν τι προληφθέντες minus bene... — [4]) Cod. τὸ δὲ. Cf. Euseb H. E. l. iv. c. 12. — [5]) Cod. προβάλλετο.

Πείθει με ἡ τοῦ μεγάλου Μελετίου οἰκονομία, τὸ δύσκολον τοῦ ἐνισταμένου τότε καιροῦ θεραπεύουσα, καὶ τὸν ἀντίθρονον Παυλῖνον καταμαλθάσσουσα¹). Εὐζωΐου γὰρ, τοῦ συγκαθαιρεθέντος Ἀρείῳ, καταστάντος ἐπισκόπου Ἀντιοχείας παρὰ τῶν ὁμοδόξων αὐτῶν, κἀντεῦθεν τῶν ὀρθοδόξων ἀποστάντων αὐτοῦ καὶ εἰς δύο διαιρεθέντων (τῶν μὲν Παυλῖνος, τῶν δὲ Μελέτιος προεϊστήκεισαν), τοῦ Εὐζωΐου δὲ τεθνηκότος, ἐπειδὴ καὶ νόμῳ βασιλικῷ καὶ ἐκκλησίαι τοῖς ὀρθοδόξοις ἀποκατέστησαν, στάσις ἠγέρθη, ἣν | καταστέλλων ὁ θεῖος Μελέτιος τῷ τῆς οἰκονομίας λόγῳ ἐχρήσατο. Μετὰ τῶν ἄλλων ἡ κατ' αὐτὸν ἱστορία καὶ ταῦτα διέξεισι· Μελέτιος δὲ, ὁ πάντων ἀνθρώπων πρᾳότατος, φιλοφρόνως ἅμα καὶ ἠπίως ἔφη πρὸς τὸν Παυλῖνον· Ἐπειδὴ καὶ ἐμοὶ τῶνδε τῶν προβάτων τὴν ἐπιμέλειαν ὁ τούτων ἐνεχείρησε Κύριος, καὶ σὺ τῶν ἄλλων ἀναδέδεξαι τὴν φροντίδα, κοινωνεῖ δὲ ἀλλήλοις τῆς εὐσεβείας τὰ θρέμματα, συνάγωμεν, ὦ φιλότης,²) τὰ ποίμνια καὶ τὴν περὶ τῆς ἡγεμονίας καταλύσωμεν διαμάχην· κοινῇ δὲ τὰ πρόβατα νέμοντες, κοινὴν αὐτοῖς καὶ τὴν θεραπείαν προσφέρωμεν. Εἰ δὲ ὁ μέσος ὄθκος τὴν ἔριν γεννᾷ, ἐγὼ καὶ ταύτην ἐξαλλάξαι πειράσομαι. Ἐν γὰρ τούτῳ τοῦ θείου τεθέντος εὐαγγελίου, ἑκατέρωθεν ἡμᾶς καθῆσθαι παρεγγύω· καὶ εἰ μὲν πρῶτος ἐγὼ δεξαίμην τοῦ βίου τούτου τὸ πέρας, μόνος σχήσεις, ὦ φιλότης, τὴν τοιαύτην ἡγεμονίαν· εἰ δὲ σὺ τοῦτο πρότερον πάθῃς, ἐγὼ πάλιν εἰς δύναμιν τῶν πραγμάτων ἐπιμελήσομαι „. Οὕτως ἡ τῶν πραγμάτων μεταβολὴ τὰ μὴ δοκοῦντα τῇ ἀκριβείᾳ ἐξ ἀνάγκης οἶδε καινοτομεῖν, καὶ οὕτω τὰ τῆς οἰκονομίας ἐν τοῖς τοιούτοις ὁσαύτως παρρησιάζονται. Οὐ μὴν, ἀλλὰ καὶ τινα τὸν μὲν τῆς οἰκονομίας παρατρέχοντα λόγον, πρὸς ἔριν δὲ ἀπευθυνόμενα καὶ οἰκειακῶν θελημάτων ἐκπλήρωσιν, εὑρήσει τίς ἀνελίττων τὰς δέλτους τῶν τῆς ἐκκλησίας ἱστοριῶν.

Καὶ πείθει με Δαμάσου τοῦ μεγάλου ἱεράρχου τῆς Ῥωμαίων ἐκκλησίας, καὶ τῶν σὺν αὐτῷ καὶ μετ' ἐκεῖνον ὀρθοδόξων ἱερέων ἡ τὴν Εὐαγρίου προαγωγὴν βεβαιοῦσα ψηφοφορία³), κανονικαῖς μὲν παραδόσεσιν οὐδαμῶς ἑπομένη, συνιστῶσα δὲ γνώμην ἰδίου θελήματος. Τὸ γάρ τοι ψήφῳ κοινῇ τὸν Φλαβιανὸν τὴν τοῦ μεγάλου Μελετίου διαδέξασθαι προεδρίαν πολλὴν δυσμένειαν τῶν Ἑσπερίων πρὸς τὴν Ἕω καὶ μακροτάτην εἰργάσατο. Οὐδὲ γὰρ, οὐδὲ τῷ τοῦ Παυλίνου⁴) θανάτῳ συγκατελύθη τὸ ἔχθος, ἀλλὰ καὶ μετ' ἐκεῖνον Εὐαγρίου τὸν ἐκείνου παρειληφότος θρόνον, διέμειναν οἱ δυτικοὶ⁵) τῷ μεγάλῳ Φλαβιανῷ χαλεπαίνοντες καὶ τῇ τοῦ Εὐαγρίου χειροτονίᾳ τιθέμενοι⁶), καὶ ταῦτα παρὰ τὸν [f. 255] ἐκκλησιαστικὸν θεσμόν· μόνος γὰρ αὐτὸν ὁ Παυλῖνος προυβάλλετο, πολλοὺς κανόνας κατὰ ταυτὸν παραβάς· οὔτε γὰρ ἀνθ' ἑαυτοῦ τῷ τελευτήσαντι⁷) χειροτονεῖν ἐπιτρέπουσι, καὶ πάντας συγκαλεῖσθαι τῆς ἐπαρχίας τοὺς ἐπισκόπους κελεύουσι· καὶ αὖ πάλιν δίχα τριῶν ἐπισκόπων ἐπισκόπου χειροτονίαν ἀπαγορεύουσι γίνεσθαι· ἀλλ' ὅμως τούτων οὐδὲν αἰδεσθῆναι θελήσαντες, τὴν Εὐαγρίου μὲν κοινωνίαν ἠσπάζοντο, κατὰ Φλαβιανοῦ δὲ τὰς βασιλικὰς ἐκίνησαν⁸) ἀκοὰς, τυραννικὸν ἀποκαλοῦντες· τὴν τούτου προαγωγὴν, τοῦ βασιλέως δὲ ὑπερμαχοῦντος Φλαβιανοῦ, μᾶλλον δὲ αὐτοῦ τοῦ φύσει δικαίου, καὶ τὸ τῆς τυραννίδος εἶδος ἀπαιτοῦντος· προτεθῆναι εἰς μέσον. Ἐπειδὴ κατὰ πάθος· προσέρεσθαι διεγνώσθη τὸ ἔγκλημα, λυθῆναι τὴν ἔριν ἀγαθῇ χάριτι, καὶ τὴν ἀνόνητον σβεσθῆναι φιλονεικίαν ἡ βασιλικὴ

---

¹) Greg. Nyssen. apud Bolland. Febr. II, 584 sqq. — ²) Cod. sic: συνάξωμι ὦ φιλότης, et iterum post 10 versus ὦ φιλότης. — ³) Cf. Baron. a. 372, xxxviii xxxix, xliii. — ⁴) Cod. Παυλίνῳ. — ⁵) Cod. satis constanter ὁυτικοί. — ⁶) fort. ἀντιθέμενοι. — ⁷) ταύτῃ sic cod. ibidem et supra depravatissimus. — ⁸) Cod. ἐκίνησας.

ἐπιείκεια παρηγγύησε· " Παυλῖνός τε γὰρ, φησὶν, ἐτελεύτησε, καὶ Εὐάγριος οὐκ ἐννόμως προβέβληται, καὶ τῆς Ἐώας αἱ ἐκκλησίαι τῆς Φλαβιανοῦ προεδρίας ἀντέχονται. Πρὸς δὲ τῇ Ἑώᾳ καὶ τὴν Ἀσιανὴν ἅπασαν καὶ τὴν Ποντικὴν καὶ μέντοι καὶ τὴν Θρᾳκικὴν κοινωνοὺς ἔχει καὶ συνημμένους, καὶ τὸ Ἰλλυρικὸν δὲ ἅπαν ἐκεῖνον εἶδε τῶν κατὰ τὴν Ἀνατολὴν ἐπισκόπων ἡγούμενον. Ταύταις εἴξαντες ταῖς παραινέσεσιν οἱ τῆς ἑσπέρας ἐπίσκοποι κατέλυσαν τὴν δυσμένειαν, καὶ τοὺς πεμφθησομένους ὑπέσχοντο δέξασθαι πρεσβευτάς¹) ,,.

Τοιαύτῃ ἀλυσιτελῆ φιλονεικίᾳ ὁ θεῖος Ἐπιφάνιος φερόμενος, χειροτονίας καὶ συνάξεις παρὰ τὴν Ἰωάννου τοῦ Χρυσοστόμου γνώμην ἐποίησε, τὸν τόπον τὸν λεγόμενον τοῦ Ἑβδόμου καταλαβών, καὶ τοῦ Ἰωάννου τούτῳ συγχωρῆσαι θελήσαντος, καὶ προτρεψαμένου τοῦτον διαιτηθῆναι αὐτῷ ἐν τῷ τοῦ ἐπισκοπείου καταγωγίῳ, τοῦτο ἐκεῖνο ποιῆσαι οὐχ εἵλετο· ταῖς γὰρ ὑπὸ Θεοφίλου καινοτομηθείσαις κατὰ Ἰωάννου διαβολαῖς προκατείληπτο. Καὶ οὕτως τὸ ἐν μέσῳ φιλόνεικον ὡς ἀνόνητον, οὔτε τὴν Ἰωάννου δόξαν τοῦ μεγάλου ἐλυμήνατο, καὶ τὸν μέγαν Ἐπιφάνιον ἀκατηγόρητον ἔφηνεν ὡς παθόντα τι ἀνθρώπινον ²).

Τοιούτων δὴ μυρίων ἐκ τοῦ ἐδαφίου ἀνακυπτόντων τῶν ἐκκλησιαστικῶν διφθερῶν, ὧν τὰ μὲν τῷ τῆς οἰκονομίας καὶ διακρίσεως λόγῳ κεκόσμηνται, τὰ δὲ ζήλῳ καὶ ἔριδι καὶ ἰδιορυθμίᾳ παρασημαίνονται, ἀρκεῖν ἡγούμεθα τῇ ἡμετέρᾳ ταύτῃ ἀπολογίᾳ τὸ κῦρος χαρίσασθαι οἷς ἀκόλουθα τολμᾷ τι νεανικὸν ὁ λόγος, καὶ τὰ νέα καὶ πρόσφατα τῷ δυσκόλῳ τούτῳ καινοτομηθέντα καιρῷ.

Οἷς γὰρ ἡ τοῦ Βύζαντος πρὶν ἐλαμπρύνετο, καὶ διὰ τοῦτο καὶ πανευδαίμων ἐπωνομάζετο, τούτοις νῦν ἡ Βυθινῶν ἐναμβρύνεται, τῆς βασιλείας δηλαδὴ καὶ τῆς ἱεραρχίας τὰς ἀκροτάτας φέρουσα, καὶ φέρει φεῦ! ὁ ἔνδοξος Βύζας τὸν εὐτελῆ Βιθυνὸν ὁρῶν τὴν ἑαυτοῦ δόξαν μεταμπισχόμενον, καὶ τὴν τῶν πραγμάτων μεταβολὴν τὴν τοῦ κόσμου βίαν ³) ἐπιγραφόμενον.

Εἰ τοίνυν πᾶσαν μέμψιν ταῦτα ὑπερεκπίπτουσιν, ἆρά γε ὡς ἐμαυτὸν πείθω, ἀκατηγόρητα καὶ τὰ καθ᾽ ἡμᾶς, ὡς ἐκ τῆς δυσχερείας τὸν τῆς ἀρίστης οἰκονομίας λόγον ἀνακύψαντα κληρωσάμενα. Ἀλλ᾽ ἡμεῖς μὲν ἐνταῦθα τὸν λόγον στήσαντες, ἡσυχάζομεν, οὐ γὰρ θέμις ὑπὲρ τὸν νενομισμένον μέτρον ῥέειν τοὺς λόγους τῶν νουνεχῶν. Ὥρα δὲ ἤδη διεκραίνεσθαι τὴν ἀπόχρισιν, εἴτε λευκὴν ἡμῖν, εἴτε μέλαιναν, ὁποτέρα δ᾽ ἂν ἐπανατελῇ ἡμῖν· αὐτὸν δ᾽ ἂν οἱ ἐκτέρων εἰδείη τε κύριοι· οἱ καὶ εἰς νοῦν λαμβάνοντες τὸ τῆς ἐσχάτης ἡμέρας κριτήριον τὸ ἀδέκαστον, τὸ ἀπαραλόγιστον, ἐν ᾧ ἂν κρίματι κρίνων ἐκείνῳ καταλαμβάνεται.

---

¹) Cf. Tillemont, *Mém. Hist.* x, 523-511. — ²) Cf. Baron. a. 402, ix. Quae quidem agendi ratio, salva tanti viri reverentia, vix ac ne vix quidem excusari potest. — ³) κυδίαν liquido cod. nec quid sibi velit in hoc monstro, extunditur.

ΡΝΑ'.

Τοῦ αὐτοῦ μελέτη περὶ α' γάμου καὶ β', ἅμα δὲ καὶ ἀντίρρησις πρὸς τοὺς λέγοντας ἰσοστατεῖν τὸν δεύτερον γάμον τῷ πρώτῳ εἰς τὴν κληρονομίαν τῶν λεγομένων ἀπροσπορίστων[1]), τεθνηκότος τοῦ παιδὸς ἢ τῶν παίδων, οἷς ἡ δεσποτεία τῶν τοιούτων ἀπροσπορίστων πραγμάτων ἐμπέπηκται.

Ejusdem consideratio de primo et secundo matrimonio, simul et confutatio eorum qui dicunt secundum matrimonium aequivalere primo quoad haereditatem bonorum adventitiorum, mortuo puero vel pueris, quibus dominium talium adventitiorum adhaeret.

Πρὸς τοὺς δικανικοὺς ψηφοφόρους ὁ λόγος, οἵτινες ἀρχιερατικοῦ ψηφίσματος ἀπραξίαν κατεψηφίσαντο, τοῦ τοὺς διγάμους μὴ ἐῶντος, ὡς οἱ φιλευσεβεῖς νόμοι διακελεύονται, τοῖς ἐν τῷ πρώτῳ [f. 256] γάμῳ μεμνηκόσιν ἰσοστατεῖν, ἔν τε ἄλλοις καὶ ἐν αὐτῇ τῇ τῶν ὑπεξουσίων παίδων ἐξ ἀδικαίου κατὰ δεσποτείαν ἐν τοῖς λεγομένοις ἀπροσπορίστοις κληρονομίᾳ· ἀλλὰ τὰ δευτέρεῖα φέρειν κατὰ τὰς τῶν νόμων ὑποτυπώσεις, καὶ ἵνα τὴν τοῦ λόγου καταρχὴν ἀπὸ τοῦ θείου ποιήσομαι γράμματος, ἰδοὺ ἐγώ ἐπί σε τὴν ὑβριστίαν καὶ ἀντίθεσιν καὶ ἐπάξασιν.

Ἆρα γὰρ οὐχ ὕβρις νόμων τὸ παρερμηνεύειν νόμους, καὶ τὰς τούτων διαιρέσεις μὴ ὀρθοτομεῖν, ἀλλὰ πλαγίως ταύτας διαχειρίζεσθαι, καὶ πρὸς τὸν οἰκεῖον ἐφαρμόζειν σκοπόν; Ἆρ' οὐχ ὕβρις ἱεραρχικῶν κεφαλῶν τὸ λέγειν τούτους ἀγνοεῖν νόμους, οὓς οὐκ ἰδὼν ὅλως ἀνδρὰ Ῥωμαῖον ἀγνοεῖν, ὡς καὶ τῆς ἀγνοίας διὰ τοῦτο ταύτης κομιζομένης τὸ πάντη ἀσύγνωστον; Ναὶ πάντως.

Ἀλλὰ γὰρ ὅπως τὸ τῆς ὕβρεως ταύτης ἐπαίσιον ἐξ αὐτῶν τῶν πραγμάτων ἀποδειχθῇ, χρηστέον ὧδέ πως τῷ λόγῳ· τῆς κληρονομίας τὸ ὄνομα πολύτροπόν ἐστι καὶ πολυμερές, ἐπειδὴ καὶ ἡ τῆς περιουσίας κτῆσις τοιαύτη· ὅτι τοίνυν καὶ ἡ γαμικὴ συναρμογὴ ἐξ ἑκατέρων τῶν μερῶν καὶ περιουσίαν συνίστησι, καὶ παῖδας προάγει, ὧν δὴ ἕνεκεν ἐκ τοῦ πλείονος εἰς τὰ συνοικέσια φοιτᾶν σπεύδουσιν ἄνθρωποι· ἔπειτα καὶ ἀπαλλάτουσι τῇ τῆς φύσεως ἐπικήρῳ ὑπείκοντες, πολλὴν οἱ νόμοι πρόνοιαν ἔθεντο, ἵνα μὴ τῶν συνοικησάντων αἱ περιουσίαι τῷ τῆς τύχης ῥεύματι παρασύρωνται, καὶ ἀτάκτου διασκορπισμοῦ πάρεργον γίνωνται· τῷ τοι καὶ κληρονομίας ὅροις ταῦτα ἐμπεριέγραψαν· καὶ αὐτὴν δὴ τὴν κληρονομίαν διαστίξεων ὑποτυπώσεσι ἐβεβαίωσαν, τῇ φύσει τε δικαίῳ καὶ τοῖς ἀγαθοῖς τρόποις ἑπόμενοι. Ἐντεῦθεν τὸν μὲν πρῶτον γάμον ὑπερετίμησαν, καὶ τοὺς ἐν τούτῳ μεμενηκότας ἐπὶ παισί, καὶ μὴ πρὸς δεύτερον ὀλισθήσαντας προνομίοις ἐξαιρέτοις καὶ σεμνοῖς ἐχαρίσαντο. Τὸν δεύτερον δὲ ὑπεβίασαν καὶ ἐκόλασαν, ὡς τὰ πρῶτα χράναντα λέκτρα, καὶ τὴν τοῦ ἀπελθόντος ψυχὴν λυπήσαντα, καὶ τοὺς παῖδας ἐπιεικῶς ἀτιμήσαντα. Ὑπερέχει τοίνυν τιμώμενος ὁ τῶν πρῶτον γάμον τετιμηκώς, ἐφ' οἷς ζῶντος μὲν τοῦ παιδὸς, ὑπεξουσίου δηλαδὴ ὄντος, τὴν χρῆσιν ἔχει τῶν τούτῳ διαφερόντων πραγμάτων, τῶν τε ἀπὸ μητρικῆς κληρονομίας, καὶ τῶν ὑπὸ κληρονομίας πάππων καὶ προπάππων μητρόθεν·

---

[1]) Nulla vox latina graeco nomini perspicue aptatur, sed infra sigillatim recensentur bona ἀπροσπόριστα apud Graecos dicta et quasi reservata liberis post alteras parentum nuptias.

ναὶ μὴν καὶ τῶν ἀπὸ φιλοτιμίας τῆς τύχης καὶ καμάτων ἰδίων κτωμένων αὐτῷ, καὶ πρός γε τῶν ἀπὸ γαμικῆς αἰτίας τούτῳ προσγινομένων, καὶ ταῦτα γὰρ σὺν τοῖς εἰρημένοις ἀπροσπόριστα ὀνομάζονται, ἐφ' οἷς οὔτε ὁ πατὴρ, ζῶντος τοῦ παιδὸς, οὔτε ὁ παῖς, ζῶντος τοῦ πατρὸς, δύναται διατίθεσθαι, ὡς ἐπὶ μόνοις τοῖς στρατιωτικοῖς πεκουλίοις, τουτέστι τοῖς καυστρεσίοις καὶ ὡσανεὶ καυστρεσίοις, ἀνειμένου τοῖς ὑπεξουσίοις τοῦ διατίθεσθαι. Τεθνηκότος δὲ τοῦ τοιούτου παιδὸς, κληρονομεῖ καθόλου τῶν διαφερόντων αὐτῷ καὶ κατὰ δεσποτείαν, καὶ διοικεῖ ταῦτα, ὅπως ἂν αὐτῷ βουλομένῳ παραστείη, καὶ ἐπὶ τούτοις εἴπερ ἐν τῷ ζῆν ὁ παῖς αὐτεξούσιος γένηται, λαμβάνει μοῖραν ἑνὸς παιδὸς ἐκ τῶν ἀπροσπορίστων δεσποτικῶς.

Τοιούτων δὲ προνομίων τῷ μὴ τὸν πρῶτον γάμον ὑπερβάντι δεδομένων, χρὴ τοὺς νόμους εἰς μέσον παρεισελθεῖν, ἵνα καὶ αὐτοὺς ἑρμηνεύσωσι, καὶ τὸ περὶ αὐτοὺς, εἴτε πλάνον, εἴτε περίεργον τῶν πολλῶν θριαμβεύσωσιν. Ἴδια μὲν οὖν περὶ τοῦ α' γάμου ἐν πρώτῳ κεφαλ. τοῦ δ' τίτλ. τοῦ με' βιβλ. τῶν βασιλικῶν ταῦτα διαγορεύουσι·

" Τὰ πράγματα τὰ μητρῷα εἰς τοὺς παῖδας περιελθόντα, τοὺς ὄντας ὑπεξουσίους τοῦ ἰδίου πατρὸς, διαφερέτωσαν τῷ πατρὶ, ὥστε αὐτὸν ἔχειν μόνην τὴν χρῆσιν, τὴν δὲ δεσποτείαν αὐτῶν τοῖς παισὶ διαφέρειν „.

Καὶ ὁ Θαλελαῖος ἐν ταῖς περιγραφαῖς τούτου τοῦ κεφαλαίου φησὶν οὕτως· " Αὕτη ἡ διάταξις, ὡς τὸ παλαιὸν τῶν πραγμάτων πάντων προσποριζομένων καὶ κατὰ δεσποτείαν, λέγει νῦν τὰ μητρῷα πράγματα ἀπροσπόριστα εἶναι περὶ τὴν δεσποτείαν „.

Ἐν δὲ τῷ β' κεφαλ. τοῦ αὐτοῦ τίτλ. φησὶν οὕτως· " Εἴ τις πάππος ἢ μάμμη ἢ πρόπαππος ἢ προμάμμη ἀπὸ μητρικῆς συγγενείας ἐρχόμενοι τῷ ἐκγόνῳ, ἢ τῇ ἐκγόνῃ ἢ τῷ προεκγόνῳ ἢ τῇ προεκγόνῃ ἐν διαθήκῃ κατὰ ἀποκατάστασιν ἢ λεγάτον ἢ δωρεὰν ἢ ἄλλον οἱονδήποτε κεφάλαιον φι-

λοτιμίας ἢ καὶ ἀδιάθετοι τελευτῶντες ἀπὸ κληρονομίας εἰσαγάγωσιν, ὁ πατὴρ τῷ παιδὶ ἢ τῇ θυγατρὶ ἀκέραια καὶ ἀμείωτα φυλάττει, ἵνα πιπράσκειν, δωρεῖσθαι, καταλιμπάνειν ἑτέρῳ [f. 257] ὑποτίθεσθαι, ὥσπερ οὐδὲ τὰ μητρῷα πράγματα, μὴ δύνηται, μόνης τῆς χρήσεως ἀνηκούσης αὐτῷ οὕτως· ἵνα ὥσπερ αὐτὸς τὴν περὶ τούτων ἄδειαν πάσης τῆς ἐξουσίας ἀπόλυσιν, ἤγουν τοῦ πιπράσκειν καὶ τοῦ δωρεῖσθαι καὶ τῶν λοιπῶν, οὕτω τελευτῶντος· τοῦ παιδὸς ἢ τῆς θυγατρὸς, κατ' ἐξαίρετον αὐτὸν λογίζονται, καὶ μὴ ἔκ τινων οἵτινες ἀπὸ τοῦ πατρὸς εἰσὶ συγκληρονόμοι, διεκδικῶνται „.

Ὁ δὲ τὸ νομικὸν τοῦτο κεφάλαιον λέγει, σαφηνείας χάριν, τοιοῦτόν ἐστιν· ὥσπερ γὰρ, φησὶν, αὐτὸς ὁ πατὴρ τὴν ἄδειαν τῆς ἐξουσίας ἀπόλυσι τοῦ πιπράσκειν, τοῦ δωρεῖσθαι, καὶ τῶν λοιπῶν πρακτέων τῶν ἀνειμένων αὐτῷ ὡς πατρὶ τοῦ παιδὸς ἢ τῆς θυγατρὸς αὐτεξουσίων γεγενημένων, οὕτω δὴ τελευτώντων, κατ' ἐξαίρετον αὐτῷ ταῦτα λογίζονται, καὶ οὐδαμῶς παρά τινων ἐκδικοῦνται, τῶν ἀπὸ πατρικῆς σειρᾶς εἰς τὸ συγκληρονομεῖν ἐρχομένων.

Καὶ περὶ μὲν τῶν ἀπὸ γαμικῆς αἰτίας προσγινομένων τοῖς ὑπεξουσίοις, τὸ ε' κεφάλ. τοῦ αὐτοῦ τίτλ. φησίν· " Ὥσπερ τὰ ἀπὸ μητρικῆς συγγενείας ἁρμόζοντα τοῖς παισὶ τοῖς ὑπεξουσίοις οὐ προσπορίζονται τοῖς πατράσιν, οὕτω καὶ τὰ ἀπὸ γαμικῆς αἰτίας κερδανόμενα ὑπὸ τῶν ὑπεξουσίων, οὐ προσπορίζονται αὐτοῖς, ἀλλὰ μένει ἡ δεσποτεία αὐτῶν παρὰ τοῖς παισίν „.

Ὁμοίως καὶ τὸ ζ' κεφ. τοῦ αὐτοῦ τίτλ. " Ὅσα ἀπὸ γαμικῆς αἰτίας κερδαίνουσιν οἱ ὑπεξούσιοι, ταῦτα τελευτώντων αὐτῶν ἐπὶ πκισὶ, τοῖς παισὶν αὐτῶν ἁρμόζουσι, καὶ οὐδὲ προσπορίζονται ἐξ αὐτῶν τοῖς πάπποις, τουτέστι τοῖς πατράσι τῶν τελευτησάντων. Ἐὰν δὲ τελευτήσωσιν ἐπὶ πατρὶ καὶ πάππῳ, ὁ πατὴρ αὐτῶν τοῦ πάππου προτιμᾶται, καὶ αὐτὸς τὰ μητρῷα αὐτῶν καὶ τὰ ἀπὸ γαμικῆς αἰτίας κέρδη κληρονομεῖ τῆς χρήσεως καὶ ἐν τούτοις τοῖς θέμασι τῷ πάππῳ ἐν ὅσῳ περίεστι φυλαττομένης „.

Περὶ δὲ τῶν ἀπὸ τῆς τύχης ἢ καμάτων ἰδίων προκτωμένων τοῖς ὑπεξουσίοις, τὸ θ΄ κεφάλ. τοῦ αὐτοῦ τίτλ. ταῦτά φησιν· " Εἴ τις τοίνυν ὑπεξούσιος, ἢ ἐν τῷ τοῦ ἰδίου πατρὸς ἢ ἐν τῇ τοῦ πάππου ἢ τοῦ προπάππου ὑπεξουσιότητι τυγχάνων, τί ποτε ἑαυτῷ προσεκτήσατο | μὴ ἐκ τῆς ὑποστάσεως, οὕτινος ἐστὶν ὑπεξούσιος, ἀλλ' ἐξ ἄλλων οἱωνδήποτε αἰτιῶν, αἵ τινες ἀπὸ φιλοτιμίας τῆς τύχης ἢ ἀπὸ καμάτων ἰδίων εἰς αὐτὸν φέρονται, ταῦτα τοῖς ἰδίοις γονεῦσιν, οὐκ εἰς ὁλόκληρον θεσπίζομεν, ἀλλ' ὡς μόνης τῆς χρήσεως, προσποριζέτω καὶ τούτων ἡ μὲν χρῆσις παρὰ τῷ πατρὶ ἢ τῷ πάππῳ ἢ τῷ προπάππῳ, ὧν ἐν τῇ ὑπεξουσιότητι ἐστί, διαμενέτω· ἡ δεσποτεία δὲ τοῖς ὑπεξουσίοις ἐμπεπήχθω κατὰ μίμησιν, τοῦτο μὲν τῶν μητρῴων πραγμάτων, τοῦτο δὲ καὶ τῶν ἀπὸ γαμικῆς αἰτίας τοῖς ὑπεξουσίοις προσποριζομένων πραγμάτων „.

Καὶ μετ' ὀλίγον· " Ὑπεξηρημένων τῶν στρατιωτικῶν πεκουλίων, ὧν οὐδὲ τὴν χρῆσιν τὸν πατέρα, ἢ τὸν πάππον ἢ πρόπαππον ἔχειν οἱ παλαιοὶ συγχωροῦσι „.

Τοῦ αὐτοῦ τούτου παραφυλαττομένου καὶ ἐν τούτοις τοῖς πεκουλίοις, ἅτινα οἱονεὶ στρατιωτικά εἰσι πεκούλια κατὰ μίμησιν τῶν στρατιωτικῶν πεκουλίων, ἐντεῦθεν οὖν γνώριμον καὶ δῆλον ὅ φασι καὶ τυφλῷ, ὡς τῶν μητρῴων πραγμάτων καὶ τῶν ἄλλων τῶν τοῖς ἀπροσπορίστοις συντεταγμένων, ὡς ἀνωτέρω ὁ λόγος ἐδήλωσεν, ἡ μὲν χρῆσις τῷ πατρὶ ἀνεῖται ἀδιαστίκτως· ἡ δεσποτεία δὲ μεταξὺ αὐτοῦ τε καὶ τοῦ παιδὸς μετέωρος φέρεται, ἵνα δηλαδὴ ἐξ ὕστερον μετὰ θάνατον τοῦ ἑνὸς μέρους τῷ ζῶντι καταπτᾶσα συναρμοσθῇ.

Τοῦτο δ' αὐτῷ παριστῶν καὶ τὸ ζ΄ κεφ. τοῦ α τίτλ. τοῦ αὐτοῦ βιβλ. ταῦτά φησί· ' Τῷ λόγῳ τοῦ οἴκτου κληρονομοῦσιν οἱ γονεῖς τῶν παίδων· οἱ δὲ παῖδες τῶν γονέων, καὶ τῷ φυσικῷ λόγῳ καὶ τῇ εὐχῇ τῶν γονέων „.

Καὶ ἔστιν ἐντεῦθεν καταμαθεῖν, ὡς ὁ νομοθέτης, ἐν τῷ εἰπεῖν δι' οἴκτον μὲν τοὺς γονέας τῶν παίδων, διὰ δὲ φυσικὸν λόγον τὰς παῖδας τῶν γονέων κληρονομεῖν, ἐδήλωσε, τοῦ τὸν πρῶτον γάμον τιμήσαντος ἐκ τοῦ δευτέρου γαμοῦντος, διὰ τοῦτο τὸν οἶκτον εἰσήγαγε· δι' οἴκτον γὰρ καὶ τιμὴν τῶν τε παίδων καὶ τῆς εὐνῆς ἅμα καὶ τῆς ψυχῆς τῆς ἐκείνων μητρός, τὸν β΄ γάμον ἐξέκλινεν, καὶ οὕτω καὶ κληρονόμος τοῦ παιδὸς ἐχρημάτισε.

Περὶ μέντοι τοῦ λαμβάνειν μοῖραν ἑνὸς παιδὸς κατὰ δεσποτείαν τοὺς μὴ [f. 258] δευτερογαμήσαντας, διαλαμβάνει τὸ α΄ καὶ β΄ κεφ. τοῦ ιβ΄ τίτλ. τοῦ κη΄ βιβλίου ταῦτα ἐν μέρει· " Ἐπειδὴ δὲ καὶ τὰς γυναῖκας τὰς εἰς δεύτερον γάμον οὐκ ἐρχομένας, προτιμήσεως τινὸς ἀξίας παρὰ τὰς δευτερογαμούσας εἶναι νομίζομεν, θεσπίζομεν εἴ τις ἀποβαλομένη τὸν ἄνδρα, ἑτέρων ἀπόσχοιτο γάμων, ἔχειν μὲν αὐτὴν τὴν χρῆσιν τῆς πρὸ γάμου δωρεᾶς, καθὰ καὶ πρότερον ἐθεσπίσαμεν· ἔχειν δὲ αὐτὴν καὶ δεσποτείαν τοσοῦτον, ὅσον ἡ πρὸς τοὺς παῖδας ἀναλογία ποιεῖ, ἵνα κατὰ τὸν τῆς δεσποτείας λόγον, ἑνὸς καὶ αὐτὴ παιδὸς πρόσωπον ἔχειν δοκεῖ. ταῦτα δὲ κρατεῖν οὐκ ἐπὶ μητρῴων μόνον κελεύομεν, ἀλλὰ καὶ ἐπὶ πατέρων καὶ τῶν ἄλλων ἀνιόντων βουλόμεθα, τῶν εἰς δευτέρους γάμους οὐκ ἐρχομένων· καὶ ἔσονται ταῦτα αὐτοῖς οἰκεῖα, οὐδὲν σχεδὸν τῆς ἄλλης αὐτῶν διαφέροντα κτήσεως, καὶ πᾶσαν ἄδειαν ἕξουσιν εἰς τὸ ἐκποιεῖν ταῦτα καὶ ἔτι περιόντες καὶ τελευτῶντες, καθ' ὃν βούλονται τρόπον „.

Ἐπεὶ σφραγίζει δὲ ταύτην τὴν νομοθεσίαν καὶ νεαρὸν τοῦ ἐν βασιλεῦσι σοφωτάτου Λέοντος θέσπισμα, ὑπερβαλλούσης τιμῆς ἀξιοῦν τοὺς ἄθικτον τὸν πρῶτον γάμον τηρήσαντας· ἀλλὰ τοιαῦτα μὲν οἱ νόμοι τὰ γέρα τῷ πρώτῳ γάμῳ χαρίζονται, λείαν καὶ εὔπορον αὐτῷ τὴν ὁδὸν ὑποστρώσαντες, καὶ καθαρεύουσαν ἀπὸ παντὸς προσκόμματος ἀντιλογίας καὶ διαστίξεως, τόν γε μὴν δεύτερον ὑποβιβάσαντες, ἄλλως τούτῳ προφέρονται, καθὰ διὰ τῶν οἰκείων πάλιν θεσπισμάτων αὐτοὶ παραστήσουσιν.

Ἔστιν οὖν ἀκούειν τῆς κβ' νεαρᾶς τῆς κειμένης ἐν τῷ ιδ' τίτλ. τοῦ κη' βιβλ. τῶν βασιλ. οὕτω θεσπιζούσης ἐπὶ τῶν λέξεων· " Εἰ δὲ ἀναμείνοιε μὲν τὸν χρόνον ἡ γυνὴ καὶ ταύτῃ διαφύγοι τὰς εἰρημένας ποινὰς, ἐπὶ δεύτερον δὲ ἀφίκοιτο συνοικέσιον, τῶν προτέρων ἀμελήσασα γάμων, εἰ μὲν οὐκ ἔχει παῖδας, εἰρήσθω γὰρ καὶ αὖθις ἀκίνδυνον ἅπαν τὸ ἐντεῦθεν. Εἰ δὲ ὑπείη γονὴ καὶ παῖδας ἐντεῦθεν ὁ νόμος ἀτιμασθέντας ἴδῃ, τηνικαῦτα πάσης φιλοτιμίας παρὰ τοῦ ἀνδρὸς εἰς αὐτὴν ἐλθούσης, κατὰ τὸ τῆς δεσποτείας ἀφαιρεῖται μέρος, μόνην αὐτῇ καταλιπὼν τὴν χρῆσίν τε καὶ ἐπικαρπίαν καὶ ταῦτα νενομοθετείσθω | καὶ ἐπὶ τῆς προγαμιαίας δωρεᾶς καὶ ἐπὶ πάσης ἑτέρας φιλοτιμίας, εἴ τι ἐν ζωῇ παρὰ τοῦ ἀνδρὸς εἰς αὐτὴν γενόμενον ἢ ἐκ διαθήκης ἢ θανάτου αἰτίᾳ δωρεᾶς, εἴτε ἐνστάσεως εἴη μέρος, εἴτε πρεσβεῖον, καὶ γενικῶς εἰπεῖν, ἅπαξ αὐτὴν ἐπιλείψει δεσποτείας τρόπος, ἐπὶ τοῖς παρὰ τοῦ προτέρου ἀνδρὸς εἰς αὐτὴν ἀφιγμένοις, καὶ οἱ παῖδες αὐτὰ λήψονται, καὶ τῆς δεσποτείας ἔσονται κύριοι κατὰ καιρὸν εὐθὺς, καθ' ὃν ἡ μήτηρ συνῴκησεν ἄλλῳ· καὶ ταῦτα κοινὰ ἀνδρὸς τε καὶ γυναικὸς ἐπιτίμια κείσθω· εἰ γὰρ δὴ κἀκεῖνος παῖδα ἔχων, δευτέραν αὐτοῖς ἐπεισαγάγοι γαμετὴν, οὐ τὴν ἐκ τῆς προικὸς ἀπολαύσει κερδῶν κατὰ δεσποτείας λόγον, οὐ φιλοτιμίαν ἄλλην παρὰ τῆς γυναικὸς λαβών, ταύτην ἕξει βέβαιον, πλὴν ὅσον χρῆσθαι καὶ καρποῦσθαι μέχρι περιῇ μόνον „. Καὶ ὅσα ἑξῆς.

Καὶ μετά τινα· " Καὶ οὕτως ἀσφαλὴς τῶν τοιούτων αὐτοῖς ὁ νόμος γενήσεται φύλαξ, ὅτι περ οὐδὲ ἐκποίησιν, οὐδὲ μίαν ἐρήσει τοῖς γονεῦσιν ἐπὶ τοῖς τοιούτοις, οὐδὲ ὑποθήκην· ἀλλὰ κἂν εἴ τι πράξαιεν οἱ γονεῖς, εὐθὺς τὴν αὐτῶν ὑποτίθησιν αὐτοῖς περιουσίαν, οὐχ ὥστε κωλύειν τοὺς γονεῖς ἐπ' αὐτοῖς τι πράττειν ὧν βούλονται· αἰσχύνεται γὰρ ὁ νόμος σωφρονιστὰς τοὺς παῖδας τοῖς γεννήτορσιν ἐπιστῆσαι, ἀλλ' ἐκείνους μὲν ἐρυθριᾷ· διαπειλεῖ δὲ τοῖς λαμβάνουσιν, ὡς οὐδὲν αὐτοὺς τὸ ληφθὲν ὠφελήσεται· καὶ ἴστωσάν γε ἐκ τοῦδε ἡμῶν τοῦ νόμου, ὡς κἂν εἴ τινα παρὰ τῶν τοιούτων γονέων ἀγορασίαν ποιήσαιντο, κἂν εἰ λάβοιεν δωρεὰν, κἂν εἴ τι τῶν πάντων πράξαιεν, ἐν ἴσῳ τοῖς μήτε πεπραγμένοις, τοῖς μήτε γεγραμμένοις ἔσται ἐκ τῶν κληρονόμων αὐτῶν καὶ διαδόχων οὐκ ἄλλως ἀποκλειόμενοι, πλὴν εἰ μὴ τριακοντὴς παρέλθῃ χρόνος, καὶ ἡ κατοχὴ κυρίους τοὺς λαβόντας καταστήσει „.

Καὶ πάλιν μετά τινα· " Ὥστε πλειόνων ὄντων παίδων τελευτήσειεν εἷς, εἰ μὲν ἔχει παῖδας ἐπ' ἐκείνους φέρεσθαι τὸν κλῆρον, τοῦτο ὅπερ πολλάκις εἰρήκαμεν· εἰ δὲ οὐκ ἔχει παῖδας, μὴ πάντως εἰς τοὺς ἀδελφοὺς τὸ πᾶν ἔρχεσθαι· ἀλλ' ὅσον ἐκ τοῦ συμφώνου τοῦ ἐξ ἀπαιδείας [f. 259] ἐγένετο τῷ γεγεννηκότι, τοῦτο αὐτὸν κερδαίνειν· τὸ λοιπὸν δὲ συγχωρεῖν ἔρχεσθαι ἐπὶ τοὺς τοῦ παιδὸς διαδόχους, εἴτε ἀδελφοὶ καθεστήκοιεν, εἴτε ἐξωτικοὶ τυχόν· ὅπερ μάλιστα ἐπὶ μητρὸς συμβαίνει, εἴτε διάθοιντο τὰς αὐτῶν περιουσίας, εἴτε ἀδιάθετοι τελευτήσαιεν· ὥστε κἀνταῦθα εἶπερ ἐκποιήσειεν ὁ γονεὺς· πρὶν εἰς δευτέρους ἀφίκεσθαι γάμους, εἶτα τελευτήσειε τῶν παιδίων εἷς, κατὰ τοσοῦτον ἔρρωνται τὰ ἐκποιηθέντα μόνον καθόσον εἰς τὸν ἐκποιήσαντα κατὰ τὸ ἐξ ἀπαιδείας περιέρχεται σύμφωνον. Ἐπεὶ τοίγε κατὰ τὰ ἄλλα μέρη, ὁπόσον εἰς τοὺς τοῦ παιδὸς κληρονόμους χωρεῖ, παντοίως ἄκυρον ἔσται „.

Τοῦ δὲ αὐτοῦ τίτλ. καὶ τὸ ιζ' κεφ. ταῦτα φησί· " Θεσπίζομεν τοῦτο ὅπερ ἔμπροσθεν ἡμῖν ἐπὶ τινος εἴρηται διατάξεις, ἵνα εἴ τις ἐπιδοίη πράγματα κατὰ προγαμιαίαν δωρεὰν, εἰ μὲν ἅπαντα ἀκίνητα καθέστηκε, μείνῃ ἡ τούτων χρῆσις παρὰ τῇ μητρὶ πρὸς δευτέρους ἐλθούσῃ γάμους· καὶ αὐτὴ ταῦτα

ἐλέγοι, καὶ μὴ παραίτοιτο, μήτε ἀπαιτοίη
τοὺς παῖδας ὑπὲρ τῆς τούτων ἀποτιμήσεως·
ηκον· ἀλλ' ἐπιμελοῖτό τε αὐτῶν καθόσον
ὁ νόμος δίδωσι τοῖς τῆς χρήσεως οὖσι κυ-
ρίοις, φυλάττοι τε ταῦτα κατὰ νόμους τοῖς
περιοῦσι παισίν· ἢ εἰ πάντες τελευτήσαιεν,
κατὰ τὸν ἡμέτερον νόμον, τοῦ μὲν ἐξ ἀπαι-
δίας κάσου τῇ μητρί, τοῦ δὲ λειπομένου τοῖς
τῶν παίδων κληρονόμοις φυλαττομένου „.

Τούτῳ συνᾴδει καὶ τὸ ιη' κεφ. περὶ τὰ
μέσα ταῦτα οὕτω διαγορεῦον· " Εἰ δὲ ἀδιά-
θετος ὁ παῖς τελευτήσει, ἤδη πρὸς δευτέ-
ρους ἐλθούσης γάμους τῆς μητρός, ἢ καὶ
ὕστερον ἐρχομένης, καλείσθω μὲν καὶ αὐτὴ
μετὰ τῶν τοῦ παιδὸς ἢ τῆς παιδὸς ἀδελ-
φῶν ἢ ἀδελφοπαίδων προσωπικῶς δηλονότι
κατὰ τὴν ἡμετέραν διάταξιν ἐξ ἀδιαθέτου
πρὸς τὴν ἐκείνου διαδοχήν· ἀλλ' ὅσα μὲν
ἐκ πατρῴας οὐσίας εἰς τὸν παῖδα περιῆλ-
θεν, τούτων μόνην ἐχέτω τὴν χρῆσιν, εἰς
δευτέρους ὅλως ἢ πρῶτον ἢ ὕστερον ἀφι-
κομένη γάμους· εἰς δὲ τὰ λοιπὰ πάντα
πράγματα ὁπόσα ἔξωθεν ἦν τῷ παιδὶ παρὰ
τὴν τοῦ πατρὸς διαδοχὴν, ἐρχέσθω | κατὰ
τὴν κλῆσιν τὴν ἡμετέραν ἣν αὐτίκα ἐροῦ-
μεν· καὶ ταῦτα φάμεν ἐπὶ τοῖς πράγμασι
τοῖς ἔξω τῆς προγαμιαίας δωρεᾶς· τὰ γὰρ
ἐπ' ἐκείνοις νενομοθετημένα παρ' ἡμῶν καὶ
πρός γε παρὰ τῆς τοῦ Λέοντος τοῦ τῆς εὐ-
σεβοῦς λήξεως διατάξεως, ἀκέραια φυλάτ-
τομεν, ἐφ' οἷς μόνην ἡ μήτηρ ἕξει τὴν
χρῆσίν τε καὶ ἐπικαρπίαν· ἀλλ' ἐπὶ τοῖς
ἄλλοις πράγμασι ταῦτα νομοθετοῦμεν· καὶ
τῷ ἑξῆς παραδίδομεν χρόνῳ, ὅσα μετὰ τὴν
προγαμικίαν δωρεάν ἐστιν ἐκ πατρὸς ἀφι-
κόμενα τῷ παιδὶ ἢ ἐξ ἄλλων αἰτιῶν ἐπί τε
τῶν ἐκ διαθήκης, ἐπί τε τῶν ἐξ ἀδιαθέτου
κλήσεων „.

Ἐπὶ τούτοις τὸ λδ' κεφ. τοῦ α' τίτλ. τοῦ
μγ' βιβλίου ταῦτά φησιν· " Ὁσάκις μήτηρ
ὧν κληρονομήσασα ἴδιον ἢ θυγατέρα ἐξ
ἀδιαθέτου, εἰ μὲν μὴ δευτερογαμήσῃ, μετὰ
τὴν τοῦ παιδὸς τελευτὴν μενέτω τέλειον
ἔχουσα τὸ εἰς αὐτὴν περιελθὸν κέρδος. Ἐὰν

δευτερογαμήσῃ, τὰ μὲν ἔξωθεν εἰς τὸν υἱὸν
περιελθόντα πράγματα ἐχέτω· ὅσα δὲ ἐκ τῆς
τοῦ πατρὸς οὐσίας εἰς τὸν υἱὸν ἦλθον, τού-
των τὴν χρῆσιν ἐχέτω. Τὴν δὲ δεσποτείαν
φυλαττέτω τοῖς ἀδελφοῖς καὶ ταῖς ἀδελφαῖς
τοῦ τελευτήσαντος παιδός· τοῦτο γὰρ κρα-
τείτω καὶ ἐπὶ τῶν ἄλλων πραγμάτων, ἅπερ
ἐκέρδανε παρὰ τοῦ πρώτου ἀνδρὸς ἡ δευ-
τερογαμήσασα γυνή „.

Τούτων οὕτως ἐχόντων, ἔγνως πάντως ὁ
εὐγνωμόνως τὰ βάθη τῆς νομικῆς ἐρευνῶν,
ὅπως ὁ μὲν πρῶτος γάμος ὑπερτετίμηται,
ὁ δεύτερος δὲ ὑποβέβηκεν· ἐφ' οἷς ὁ μὲν
πρῶτος μετὰ τῆς χρήσεως καὶ δεσποτείαν
ἐκληρώσατο τῶν ἀπροσπορίστων, ἢ καθόλου
τεθνεῶτος δηλαδὴ τοῦ ὑπεξουσίου παιδός,
ἢ ἐκ μέρους, γεγονότος ἐφήβου, ἢ αὐτεξου-
σίου αὐτοῦ, καὶ τὸ πᾶν εἰπεῖν, κληρονόμος
αὐτὸς ἀδιαστίκτως· τοῦ παιδὸς εἰσενήνεκται.
Ὁ δέ γε δεύτερος καὶ τὴν δεσποτείαν ἀφῄ-
ρηται τῶν κερδῶν, καὶ τὴν χρῆσιν ὡρισμέ-
νην ἔλαβε, καὶ ἀνατροπὴ τῶν παρ' αὐτοῦ
γενομένων πράσεων ἢ ὑποθηκῶν ἐκ τῶν τοῦ
παιδὸς πραγμάτων ὑποδεδίκασται· καὶ τῆς
καθόλου κληρονομίας ἀπείρκται, καὶ οὕ-
τω καὶ κληρονόμοις καὶ διαδόχοις ἑτέροις
[f. 260] τῶν παίδων εὖ μάλα κατῄσχυν-
ται. Εἰ γὰρ αὐτὸς κληρονόμος ἦν κύριος,
οὐκ ἂν ὁ νόμος ζῶντος αὐτοῦ ἑτέρων κλη-
ρονόμων ἐμνήσθη. Ἀνένδεκτον γὰρ καὶ τῇ
φύσει τῶν πραγμάτων οὐδ' ὅλως ἀκόλουθον,
τὸν αὐτὸν ἐκποιεῖσθαι ὡς πατέρα καὶ τὰς
σφετέρας πράσεις ἀνατρέπειν ὡς κληρονόμον
τοῦ τεθνηκότος παιδός· οὕτω μὲν οὖν οἱ θεῖοι
νόμοι τὰ περί τε τοῦ πρώτου γάμου καὶ τὰ
περὶ τοῦ δευτέρου διακριδὸν διετάξαντο· κοι-
νὰ δὲ ἀμφοτέροις εἰς κληρονομίαν ἀφώρισαν,
ἅπερ τὰ τούτων θεσπίσματα περιέχουσιν,
ἤγουν τὸ δεσποτικῶς ἀποφέρεσθαι τὰ τῷ
ὑπεξουσίῳ κτηθέντα ἐκ τῆς ὑποστάσεως, οὗ
τινός ἐστιν ὑπεξούσιος. Καὶ τὸ, τὰ τῆς ἐκ
τῆς χρήσεως αὐτοῖς προσκτηθέντα ὡσαύτως
κερδαίνειν. Ἔτι γε μὴν καὶ τὸ ἐξ ἀδιαθέ-
του κατὰ δεσποτείαν κληρονομεῖν, καὶ αὐτὰ

τὰ τὴν φύσιν τοῦ πατρὸς ἢ τοῦ πάππου φεύγοντα στρατιωτικὰ καὶ ὡσανεὶ στρατιωτικὰ πεκούλια.

Καὶ περὶ μὲν τῶν ἐκ τῆς ὑποστάσεως κτηθέντων τὸ ἀνωτέρω καταστρωθὲν θ' κεφάλ. τῆς διατάξεως διαλαμβάνει σαφῶς. Περὶ δὲ τῶν τῆς χρήσεως κερδῶν τὸ αὐτὸ θ' κεφ. οὕτω περὶ τὰ μέσα διαγορεύει· " Ἀλλ' ἐχέτω ὁ πατὴρ εἰς τὰ ἄλλα πράγματα ἅτινα ἀνωτέρω ἠριθμήσαμεν, τελειοτάτην ἐξουσίαν, τοῦ καὶ χρῆσθαι καὶ ἀπολαβεῖν καὶ διοικεῖν τὰ πράγματα κατὰ τὸν εἰρημένον τρόπον κτηθέντα, καὶ εἴ τι ὁ πατὴρ ἢ ὁ πάππος ἐκ τῆς χρήσεως αὐτῶν εἰσαγάγοι, ἐχέτω ἐξουσίαν, ὃν τρόπον ἐπιθυμεῖ τοῦτο διατιθέναι καὶ εἰς ἄλλους κληρονόμους παραπέμπειν, εἴτε κινητὸν ἢ ἀκίνητον ἢ αὐτοκίνητον κτήσεται, εἴς τε παῖδας ἰδίους ἢ ἐξωτικούς, εἴτε οἷον δήποτε πρόσωπον ".

Περὶ δέ γε τῆς κληρονομίας τῶν στρατιωτικῶν καὶ ὡσανεὶ στρατιωτικῶν πεκουλίων, μετὰ τῶν ἄνωθεν καταστρωμένων κεφαλαίων, τοῦ τε ιη' τοῦ ιδ' τίτλ. τοῦ κη' βιβλ. καὶ τοῦ ιδ' τοῦ α' τίτλ. τοῦ με' βιβλ. Καὶ ριη' νεαρὰ ἡ κειμένη ἐν γ' τίτλ. τοῦ αὐτοῦ βιβλ. τῶν βασιλικῶν διαλαμβάνει πλατύτερον· αὐτὴ γὰρ διαιροῦσα τὰς ἐξ ἀδιαθέτου κληρονομίας τῶν συγγενῶν, καὶ τὰς τάξεις τούτων ὑποτυποῦσα, πρώτην ποιεῖται | τάξιν τῶν κατιόντων, καὶ λέγει· "Ὅτι ἐὰν ὑπεξούσιος τελευτήσῃ ἔχων παῖδας, προτιμῶνται οἱ τούτου παῖδες εἰς τὰ πράγματα τούτου ". Καὶ δίδωσι νοεῖν ἡ νοερὰ περὶ τούτων τῶν πραγμάτων λέγειν ἅτινά εἰσι κανοστρέσια καὶ ὡσανεὶ κανοστρέσια, ἐπεὶ δὲ τῶν ἄλλων πραγμάτων τοῦ τελευτήσαντος παιδός, ὧν ἡ χρῆσις τοῖς πατράσι προσπορίζεται, βουλομένη κρατεῖν τοὺς τοιούτους νόμους, ἀφ' οὗ ὑπεξεῖλε τὰ τοιαῦτα πράγματα καὶ πρόσωπα, ἐπιφέρει καὶ τὴν τῶν ἀνιόντων κληρονομίαν καὶ λέγει ὅτι μετὰ τοῦ πατρὸς καὶ τοῦ πάππου κληρονομοῦσι τὸν τελευτήσαντα παῖδα καὶ οἱ ἀδελφοὶ καὶ οἱ ἀδελφόπαιδες καὶ τὸ ἐκ τῆς τοιαύτης κληρονομίας ὑπεργόμενον τοῖς ἀδελφοῖς, δεσπόζεσθαι παρ' αὐτῶν καὶ κατὰ χρῆσιν καὶ κατὰ δεσποτείαν, εἰ καὶ ὑπεξούσιοί εἰσι καὶ ὀφείλει νοεῖν ὁ κατ' ἐπιστήμην τὰς διαιρέσεις τῶν νόμων εἰδώς, καλῶς εἰρῆσθαι τοῦτο περὶ τῶν κανστρεσίων καὶ ὡσανεὶ κανστρεσίων πραγμάτων τοῦ τελευτήσαντος· εἰ γὰρ παίδων ὑπόντων τῷ τελευτήσαντι, ἡ χρῆσις τῷ πατρὶ φυλάττεται τῶν ἀπροσπορίστων, πῶς οἱ ἀδελφοὶ καὶ οἱ ἀδελφόπαιδες ὑπεξούσιοι ὄντες λήψονται ταῦτα, οὐδὲ χρῆσιν δώσουσι τῷ πατρὶ ἀνεπίδεκτον τοῦτο; ἀλλ' ὁ νομοθέτης ἀφ' οὗ διεῖλε ποῖα οἱ παῖδες τῶν τελευτησάντων ὑπεξουσίων λαμβάνουσι, καὶ τίνων τὴν χρῆσιν καταλιμπάνουσι τῷ πάππῳ καὶ τυποῦσαι τὴν πρώτην τῆς διαδοχῆς τάξιν τῶν κατιόντων, μεταβαίνει καὶ εἰς τὴν δευτέραν τῶν ἀνιόντων, καὶ καλεῖ μετ' αὐτῶν τοὺς ἀδελφοὺς καὶ τοὺς ἀδελφόπαιδας εἰς τὰ αὐτὰ πράγματα, ἃ καὶ οἱ παῖδες τῶν τελευτησάντων ὑπεξουσίων ὤφειλον ἔχειν καὶ κατὰ χρῆσιν καὶ κατὰ δεσποτείαν, δηλαδὴ τὰ κανστρέσια καὶ ὡσανεὶ κανστρέσια. Ἔχει γὰρ ἡ νοερὰ οὕτως·

" Εἴ τις τοίνυν ὑπείη τῶν κατιόντων τῷ ἀδιαθέτως τελευτήσαντι οἱασδήποτε φύσεως ἢ βαθμοῦ, εἴτε ἐξ ἀρρενογονίας, εἴτε ἐξ θηλυγονίας καταγόμενος, καὶ εἴτε αὐτεξούσιος ἢ ὑπεξούσιος· εἴη ἐκ τῶν ἀνιόντων καὶ ἐκ πλαγίου συγγενῶν προτιμάσθω, καὶ γὰρ ὁ τελεύτησας ἑτέρου ὑπεξούσιος ὤν, τοὺς αὐτοῦ παῖδας, οἱασδήποτε ἂν ὦσι φύσεως· ἐκ βαθμοῦ, καὶ αὐτῶν τῶν γονέων προτιμᾶσθαι κελεύομεν, ὧν ὑπεξούσιος ἦν ὁ τελευτήσας ἐπ' ἐκείνοις, δηλαδὴ τοῖς πράγμασιν, ἅτινα κατὰ τοὺς ἄλλους ἡμῶν νόμους τοῖς πατράσιν οὐ προσπορίζονται· ἐπὶ γὰρ τῇ φύσει τῶν πραγμάτων [f. 261] τούτων, ἃ ὀφείλουσι προσπορίζεσθαι ἢ φυλάττεσθαι, τοὺς περὶ τούτων ἡμῶν νόμους τοῖς γονεῦσι φυλάττομεν ".

Ταῦτα τὰ ῥητὰ συντέμνει καὶ Συμβάτιος οὕτως· " Τελευτήσαντός τινός, οἱ κατιόντες

CAP. CLI. DE MONOGAMIS ET BIGAMIS

αὐτοῦ ἐξ ἄρρενος ἢ θήλεος προσώπου, αὐτεξούσιοί τε καὶ ὑπεξούσιοι καλοῦνται εἰς τὴν αὐτοῦ διαδοχὴν, προτιμώμενοι τῶν ἀνιόντων αὐτοῦ· εἰ καὶ ὑπεξούσιος αὐτῶν ἐτύγχανεν ὁ τελευτήσας καὶ ἥρμοζεν αὐτοῖς· ἡ χρῆσις, μὴ καινιζομένων τῶν περὶ τῆς χρήσεως τῶν ἀπροσπορίστων κειμένων νόμων „.

Καὶ ὁ Θεόδωρος δὲ οὕτω φησιν· " Ἐὰν εἰς τῶν παίδων κληρονομήσας τοῦ ἰδίου γονέως, προσπορίζει τῷ ἑαυτοῦ πάππῳ τὸν οὐσούρρουκτον¹) τῶν ἀπροσπορίστων· τὰ γὰρ περὶ τῆς χρήσεως τῶν ἀπροσπορίστων παλαιὰ νόμιμα οὐ κεκαίνισται „.

Καὶ πάλιν φησὶν ἡ νεαρά²)· " Εἰ τοίνυν ὁ τελευτήσας κατιόντας μὴ καταλίπῃ κληρονόμους, πατὴρ δὲ ἢ μήτηρ ἢ ἄλλοι γονεῖς αὐτοῦ ἐπιζήσουσι, πάντων τῶν ἐκ πλαγίου συγγενῶν προτιμᾶσθαι τούτους θεσπίζομεν, ἐξῃρημένων ἀδελφῶν καὶ ἀδελφοπαίδων ἐξ ἑκατέρου γονέως· συναπτομένων τῷ τελευτήσαντι „.

Καὶ περὶ τὰ μέσα· " Εἰ δὲ μετὰ τῶν ἀνιόντων ἀδελφοὶ εὑρεθῶσι καὶ ἀδελφαὶ ἢ ἀδελφόπαιδες ἐξ ἑκατέρων γονέων συναπτόμενοι τῷ τελευτήσαντι, μετὰ τῶν ἐγγυτέρων τῷ βαθμῷ ἀνιόντων κληθήσονται, εἰ καὶ πατὴρ ἢ μήτηρ εἴησαν, διαιρουμένης εἰς αὐτοὺς τῆς κληρονομίας κατὰ τὸν τῶν προσώπων ἀριθμὸν, ἵνα καὶ τῶν ἀνιόντων καὶ τῶν ἀδελφῶν ἕκαστος ἴσην ἑκάτεροι ἔχοιεν μοῖραν, ἀλλὰ καὶ οἱ ἀδελφόπαιδες τὴν μοῖραν τοῦ ἰδίου γονέως λαμβάνουσιν· οὐδεμίαν χρῆσιν ἐκ τῆς τῶν υἱῶν ἢ θυγατέρων μοίρας, ἐν τούτῳ τῷ θέματι δυναμένου τοῦ πατρὸς ἑαυτῷ παντελῶς ἐκδικεῖν, ἐπειδὴ ἀντὶ ταύτης τῆς χρήσεως, μέρος αὐτῷ τῆς κληρονομίας, καὶ κατὰ δεσποτείας δίκαιον, διὰ τοῦ παρόντος δεδώκαμεν νόμου „.

Οὕτω τοίνυν τῆς νεαρᾶς ἐχούσης, χρεὼν τοῖς τεθεσπισμένοις ἀκολουθεῖν, καὶ μὴ θαυμάζειν, εἰ καὶ τοῖς παισὶ τῶν τελευτησάντων ὑπεξουσίων καὶ ἀδελφοῖς καὶ ἀδελφόπαισιν τὰ διδόμενα, καὶ κατὰ | χρῆσιν καὶ κατὰ δεσποτείαν δίδονται· ἃ μὲν γὰρ εἶχεν ὁ πατὴρ αὐτῶν ἢ ὁ ἀδελφὸς, καὶ ἠδύνατο εἰς αὐτὰ διατίθεσθαι, μηδεμίαν μέμψιν εὐλαβούμενος, τουτέστι τὰ καστρέσια καὶ ὡσανεὶ καστρέσια πεκούλια, καλῶς καὶ αὐτοὶ κατὰ χρῆσιν καὶ κατὰ δεσποτείαν διαδέχονται ταῦτα καὶ κληρονομοῦσι. Τῷ μέντοι πατρὶ ἀρκεῖ, ὅτι καὶ ἐν τούτοις ἐξ ἀδιαθέτου ἐκλήθη μετὰ τῶν υἱῶν τοῦ τελευτήσαντος καὶ μετὰ τῶν ἀδελφῶν· διότι οὗτος ἐκτὸς τούτων ἔχει τὴν χρῆσιν τῶν μητρῴων καὶ τῶν γαμικῶν κερδῶν καὶ τῶν ἀπὸ φιλοτιμίας τῆς τύχης καὶ καμάτων τοῦ παιδὸς μετὰ τὰς προεκτεθειμένας διατάξεις· ἐντεῦθεν λοιπὸν ἀρίδηλόν ἐστι καὶ τηλεφανὲς, ὡς ἡ ἀναγεγραμμένη ριη΄ νεαρά, ἡ τὰς ἐξ ἀδιαθέτου κληρονομίας τυποῦσα, ὡς εἴρηται, μόνων τῶν καστρεσίων καὶ ὡσανεὶ καστρεσίων καὶ τῶν ἄλλων τῶν τούτοις ὁμοίων πραγμάτων, μνείαν εἰς κληρονομίαν ποιεῖται· τὴν χρῆσιν δὲ τῶν μητρῴων καὶ τῶν κατὰ μίμησιν τούτων λεγομένων ἀπροσπορίστων τῷ πατρὶ ἢ τῷ πάππῳ τοῦ τελευτήσαντος ὑπεξουσίου συντηρεῖ ἀπερίτρεπτον· ἥτις δὴ χρῆσις τῷ μὲν τὸν πρῶτον γάμον τετιμηκότι πατρὶ ἢ πάππῳ καὶ κατὰ δεσποτείαν, ὡς ἄνωθεν ὁ λόγος ἐμπήγνυται· ἐν τούτῳ γὰρ ἡ τοῦ πρώτου γάμου ὑπεροχή· τῷ γε μὴν δευτερογαμήσαντι, παρ᾽ ὅλην αὐτοῦ τὴν ζωὴν ἐμφιλοχωρήσασα, μετὰ θάνατον τούτου εἰς τοὺς κληρονόμους μεταχωρεῖ τοῦ διαληφθέντος ὑπεξουσίου παιδὸς, εἴτε ἀδελφοὶ εἰσὶν, εἴτε ἄλλοι ἐκείνῳ προσήκοντες. Ἐπειδὴ καὶ περιόντος αὐτοῦ δὴ τοῦ δευτερογαμήσαντος, τῶν τοιούτων κληρονόμων οἱ νόμοι ἐμνήσθησαν, καθὰ δὴ ἔνοπιν τὰ τούτων θεσπίσματα διετράνωσεν· τοῦτο γὰρ τοῦ δευτέρου γάμου τὸ πρόστιμον.

Ταῦτα δὲ καὶ ὁ θαυμάσιος Κυστάθιος ὁ Ῥωμαῖος ἑρμηνεύων τε καὶ διευκρινῶν, ὁ

---

¹) Cod. ὠσόυφρουκτον. — ²) Id. νεαρά.

τὴν καρδίαν καὶ τοὺς νεφροὺς τῆς νομικῆς, τὸ τῆς γραφῆς εἰπεῖν, δικαίως ἐτάζων, ἐν τῇ περὶ τούτων μελέτῃ οὕτω φησί· "Καὶ τοῦτο δὲ ὀφείλει νοεῖν ὁ ἀναγινώσκων, ὅτι εἰ καὶ γέγραπται ἐπὶ τούτοις, τὸν δευτερογαμήσαντα μὴ κληρονομεῖν, ἀλλὰ τοὺς ἀδελφοὺς ἢ ἄλλους, ὅμως ὁ πατὴρ ἕως [f. 262] ζῇ, τὴν χρῆσιν ἔχει, καὶ ὅταν ἀποθάνῃ, τότε λαμβάνουσι τὰ πράγματα οἱ κληρονομήσαντες. Εἰ γὰρ ζῶντος τοῦ κυρίου τῶν πραγμάτων, ὁ πατὴρ εἶχε τὴν χρῆσιν, πῶς τελευτήσαντος τοῦ κυρίου τῶν πραγμάτων, τοῖς κληρονόμοις αὐτοῦ αὐτίκα ἡ χρῆσις δοθήσεται „;

Οὐκ ἔχει νοῦν τοῦτο, ὥστε τύπον ποιεῖ ἡ ναερὰ¹), οὐ μέντοι καὶ τὰ πράγματα δίδωσιν αὐτίκα, ἀλλ' οὕτω μὲν αἱ παλαιοὶ διατάξεις, καὶ τὰ νεκρὰ θεσπίσματα, ἵνα τὸν λόγον ἐπαναλάβωμεν, τὸν μὲν πρῶτον γάμον ἐτίμησαν, τὸν δεύτερον δὲ ὑπεβίβασαν· ἔστι δὲ ὅπου καὶ κοινὰ προνόμια ἐχαρίσαντο, οἵ γε μὴν σεμνοὶ δικασταὶ τὴν καθήκουσαν τούτων διαίρεσιν χαίρειν ἐάσαντες, φύρδην τε καὶ συγκεχυμένως προενεγκόντες τὰ νομικὰ διατάγματα, πρὸς μὲν τὰ ἐπομένως αὐτῇ ψηφισθέντα, λίαν ἀντεῖπον ἀπηλεγέως, καὶ καθὼς ἄρα ἦν αὐτοῖς βουλομένοις, ἀπόφασιν δὲ ἀπετόξευσαν, ἣν ἀκριβὴς μὲν νομικὸς ἀνὴρ οὐκ ἐπρίοι ἂν κατὰ τὸν τραγῳδόν, καθὰ δὴ καὶ καθαρὸς ἕλλην τὸν ἑτερόγλωσσον, ἡμίγραικος δέ τις ἢ μιξέλλην, ὡς οὕτως εἰπεῖν, ἐκκωφηθείη τὴν ἀκοὴν τῇ παραβόλῳ προσνέξει τῶν νομικῶν κεφαλαίων πληττόμενος· καὶ οὕτω πεφήνασιν οἱ βέλτιστοι, τοῦ κανόνος μὲν εὐθύτεροι, τοῦ νόμου δὲ νομιμώτεροι, καὶ τοῦ δικαίου μὲν δικαιότεροι, σοφώτεροι δὲ τοῦ σοφοῦ. Ταῦτα δὴ τὰ τῷ σοφῷ Σολομῶντι καὶ μισούμενα καὶ ἀποτρεπόμενα, ταυτὸν δὲ εἰπεῖν, ἔξω τοῦ καλοῦ καὶ τῆς ἀρετῆς δι' ὑπερβολῆς πίπτοντα. Μὴ γίνου γάρ, φησί,

δίκαιος πολύ, μηδὲ σοφίζου περισσά²)· τὸ γὰρ αὐτὸ πάθος περὶ δικαιοσύνην τε καὶ περὶ σοφίαν, ὅπερ ἐστὶ φιλαυτία καὶ οἴησις.

Ἡ τί; καὶ γὰρ ἄλλο βούλεται τούτοις, τὸ, τὰ μὲν τὰ τῶν νομικῶν θεσπισμάτων ἐξαθερίζειν, καὶ ταῦτα τοῖς βασιλικοῖς ἐγκεκριμένα καὶ τὸ πολίτευμα διεξάγοντα, τὰ δὲ γενικὰ τιθέναι καὶ ὀνομάζειν, καὶ καθολικὰ καὶ ἐπικρατέστερα, ἵνα τοῖς αὐτῶν ἐκείνων λόγοι, χρησώμεθα, πάντων τῶν ἐναντιολογημάτων τῶν ὁπουδήποτε, φησίν, ἐν ἄλλοις νομικοῖς κεφαλαίοις συναναμεμιγμένων καὶ ἄκροις³) χείλεσιν, ὡς εἰπεῖν, ἐκπεφωνημένων καὶ περεισμένως πῶς καὶ βραχυλογικῶς, καὶ οἷον σμικρολογικῶς | καὶ ὅτι ἑξῆς ἀταμιεύτως· ἡ τούτων γλῶσσα ἐξήνεγκε, πάντως, ἵνα τὸ τοῦ οἰκείου σκοποῦ συστήσωσι βούλημα.

Τοῦ νόμου δὲ διαρρήδην βοῶντος· ἐν θέματι ς΄ τοῦ μα΄ κεφ. τοῦ α΄ τίτλ. τοῦ δευτέρου βιβλίου τῶν βασιλικῶν· "Ὥσπερ ἡ θέσις τοῦ νόμου ἔγγραφος καὶ ἄγραφος ἐστίν, οὕτως, καὶ ἡ ἀναίρεσις αὐτοῦ, ἢ δι' ἐγγράφου γίνεται νόμου, ἢ δι' ἀγράφου, τουτέστι τῆς ἀχρησίας „. Καὶ τῶν τούτου τοῦ κεφαλαίου παλαιῶν ἐκείνης ἀχρησίας μνημένων τῆς μηδὲν ἐναντίον τῷ ἐγγράφῳ⁴) πραττούσης· δυνατὸν μὲν γάρ, φησίν, ἐκ τῆς ἀσυνηθείας μὴ κεχρῆσθαι νομίμῳ· οὐ μὴν καὶ ἐναντίως κεχρῆσθαι ἀνάγκη πᾶσι τούτους πρὸς ἀναίρεσιν τῶν νόμων οὓς ἀποκρίνουσιν, ἢ ἔγγραφον προκομίσαι νεαρὸν θέσπισμα, ἢ παραδεῖξαι τὴν ἀχρησίαν, μηδὲν ἐναντίον τῷ ἐγγράφῳ πράττουσαν, ἢ μὴ οὕτω προκομίσαντας, μηδὲ παραδείξαντας, αὐτονομίας ἀμάχως γραφὴν ἀπενέγκασθαι, ἐν τῷ τὸν νόμον μὲν ἕτερα βούλεσθαι, αὐτοὺς δὲ ἕτερα κρίνειν καὶ ἀποκρίνεσθαι. Εἰ βούλει δὲ οὕτως, εἰ κατὰ νόμον ποιεῖν σχηματίζοιντο ἢ ἀπισχυρίζοιντο, ἢ δείξαι συναγορορούντας τοῖς αὐτῶν λόγοις τοὺς

---

¹) Cod. iterum hic et paulo post νεαρά, sed rectius in altera col. νεαρὸν θέσπισμα. — ²) Ecclo. VII, 17. — ³) Cod. ἄκραις corr. in marg. — ⁴) Id. ἐγγράφως. Vide id. paulo post rectius.

νόμους, ἢ τοῦτο μὴ δείκνυντας δόξαι προ-
φανῶς, ἢ ὡς ἐναντιουμένους νόμῳ, ἢ ὡς
περιγράφοντας νόμον, ἢ καὶ ὡς ἀμφότερα
ἁμαρτάνοντας, τό γε μὴν λέγειν, ἄκροις χεί-
λεσι καὶ πεφεισμένως ἐκφωνηθῆναι νόμους·
μὴ ἀσαφὴς ὕβρις εἴη τῶν θείων ἐκείνων
νομοθετῶν, ὡς μὴ κατὰ τοὺς τῆς δικαιο-
σύνης νόμους ἀκριβῶς τὰ ἑαυτῶν ἐξαγαγόν-
των ξύμπαντα διατάγματα.

Ἀλλὰ τὰ μὲν, ὡς εἰπεῖν, ἐκ βαθέων καὶ
ἀπὸ καρδίας, κατὰ τοὺς νήφοντας, τὰ δὲ
ἐπιπολῆς καὶ παρεγκεκλιμένως, καὶ τοῦτο
δὴ τὸ παρ' αὐτῶν λεγόμενον ἄκροις χείλεσι,
κατὰ τοὺς ἀπὸ Κάρου, πολλάκις ταῖς ἑαυ-
τῶν ὁμιλίαις ἐπινυστάζοντας, καὶ τῷ βάρει
τοῦ νυσταγμοῦ παρακεκομένα καὶ ἀσαφῆ
ταῖς χείλεσι ὑποψήλλοντας, οἷς ἀκολούθως
ἔξὸν ἐστιν εἰπεῖν· ὡς εἰ μὲν περιττὰ καὶ
ἀνόνητα ταῦτα, τίνος ἕνεκα τοῖς βασιλικοῖς
ἐνεκρίθησαν; εἰ δὲ συμφέροντα καὶ λυσιτε-
λῆ τῇ πολιτείᾳ, τίνος χάριν ἐξαθερίζονται;
μήτε δηλαδὴ νόμον ἐγγράφου θεωρέτρου,
μήτε μὴν ἀγράφου τῆς ἀχρησίας [f. 263]
ἀγγελίαν παντελῆ καταψηφιζομένων αὐτῶν,
ᾧ· ἐντεῦθεν καὶ μῶμον προστρίβεσθαι τῷ
τὴν ἀνακάθαρσιν τῶν παλαιγενῶν καὶ νεκ-
ρῶν νομοθεσιῶν ἐπιστατικῶς ποιησαμένῳ
τῷ ἀοιδίμῳ καὶ μακαρίστῳ βασιλεῖ, καὶ κατ'
ἐκλογὴν τὴν συντελοῦσαν τῇ πολιτείᾳ εἰς
ἑξήκοντα βιβλία τὴν τοιαύτην ἀνακάθαρσιν
πήξαντι καὶ στηρίξαντι, ὡς δηλαδὴ νόμους
ἐν τῷ αὐτῷ καὶ ἑνὶ συντάγματι, τοὺς μὲν
ἀσφαλῶς πήξαντι καὶ στηρίξαντι, τοὺς δὲ
κατὰ τοὺς πλανήτας, πλημμελῶς ἐάσαντι
φέρεσθαι· καὶ οὕτω διὰ τὸ πλάνον αὐτῶν
μηδενὶ μηδαμῶς δεκτοὺς γίνεσθαι· ὃ δὴ καὶ
βάλλειν εἰς νοῦν ἄνδρα συνετόν, οὐκ ἂν γέ-
νοιτο· κἂν εἰ μόνῃ λιχάνῳ, φασὶ, τῆς νομι-
κῆς ἀπεγεύσατο.

Τοὺς μὲν οὖν κατὰ λεπτὸν ἐλέγχους τοῦ
τῶν εἰρημένων δικαστῶν ἰδιοτρόπου σκοποῦ
αὐταῖς παρήσομεν ταῖς τοῦ νόμου κατατο-
μαῖς, ἃς οἱ τούτων τρίβωνες ἴσασιν· ἡμεῖς
δὲ εἰς μέσον ἕνα τούτων προθέμενοι, διὰ

τούτου ὡς ἐκ μέρους τὸ πᾶν, τῶν δικαστῶν
τούτων τὸ πλάγιον παραστήσομεν. Τὸ γὰρ
ιη' κεφ. τοῦ ιδ' τίτλ. τοῦ κη' βιβλ. τῶν
βασιλ. ὅπερ ἄνωθεν τέτακται, οἱ θαυμάσιοι
οὗτοι προχειρησάμενοι πρὸς ἐπιστοσμισμὸν
τοῦ ψηφίσματος, τὸ λέγειν· "Εἰ δὲ ἀδιά-
θετος ὁ παῖς τελευτήσαιεν, ἤδη πρὸς δευ-
τέρους τῆς μητρὸς ἐλθούσης γάμους, ἢ καὶ
ὕστερον ἐρχομένης, καλείσθω μὲν καὶ αὐτὴ
μετὰ τῶν παιδὸς ἀδελφῶν καὶ ἀδελφοπαί-
δων, προσωπικῶς δηλονότι, κατὰ τὴν ἡμε-
τέραν διάταξιν ἐξ ἀδιαθέτου πρὸς τὴν ἐκεί-
νου διαδοχήν „.

Καὶ τούτου δὴ τοῦ ῥήματος "τῆς δια-
δοχῆς „ ἐγκρατῶς δραξάμενοι, κἀνταῦθα τὴν
ῥύμην τοῦ κεφαλαίου τούτου στήσαντες, τὰ
δὲ ἑξῆς τούτου μάτην ῥέειν ἐάσαντες, τὰ
δὴ μάλιστα τὴν τοῦ νομοθέτου διάνοιαν
ἐναργῶς παριστῶντα, εἶτα γνωματεύσαντες
παχυλῶς τε καὶ ἀπεριεργάστως, οὕτω ῥη-
τῶς ταῦτα τοιαῦτα καὶ τὰ τοῦ παρόντος
νόμου ἀριδηλότατα καὶ σαφέστατα διοριζό-
μενα, καὶ τὰς διγάμους κληρονόμους εἶναι
τῶν οἰκείων τέκνων τελευτώντων ἀδιαθέτων
καὶ ἀτέκνων τῷ ἐξ ἀδιαθέτου δικαίῳ ἔδοξαν
μὲν ἐπικρατεῖς τοῦ ἀγῶνος γενέσθαι, τὸ
ἀναπεφωνημένον | ῥῆμα "τῆς διαδοχῆς „
ὥσπερ ὅπλον ἰσχυρὸν περιθέμενοι. Ἐλέγχον-
ται δὲ, συκίνην τοῦτο ἐπικουρίαν, ὃ δὴ λέγε-
ται προβληματισάμενοι· τὸ "τῆς διαδοχῆς „
γὰρ ταύτης ῥητὸν ἢ μετ' αὐτὸ συνεχὴς τοῦ
κεφαλαίου ὑφὴ, ὅπως ἔχει διερμηνεύει σα-
φέστατα, καὶ συλληπτικῶς εἰπεῖν, τῶν μὲν
ἀπροσπορίστων τὴν χρῆσιν τοῖς γονεῦσι
προσποριζομένων τὴν δεσποτείαν ἐξ ἀδια-
θέτου ταύτῃ χαρίζεται μετὰ τῶν αὐταδέλ-
φων τοῦ τελευτήσαντος· οὕτω γὰρ καὶ ριπ'
νεαρά, ἧς ἀνωτέρω ἐμνήσθημεν, τὰ περὶ
τούτων διατυποῖ.

Εἰ δὲ καὶ τῶν δεδομένων τῷ τοιούτῳ
κεφαλαίῳ περὶ κληρονομίας, τὸ μὲν "προσ-
λαμβάνεται „, τὸ δὲ "φυλοχωρεῖται „ παρὰ
τῶν αὐτῶν δικαστῶν, ὡς μὴ συνᾷδον τῷ
τούτων σκοπῷ, ἀλλ' ἡμεῖς γε ὅλως οὐκ ἀφε-

ξόμεθα τοῦ πείθεσθαι τούτοις καὶ ἀκολούθως αὐτοῖς ψηφίζεσθαι, οὐδὲ ἀναχωρήσομεν ὅλως τῆς σημασίας τῶν νομικῶν λέξεων (νόμος γὰρ καὶ τοῦτο κελεύει), οὐδὲ μεταποιήσομεν τὰ τὴν ἑρμηνείαν πρόδηλον ἔχοντα· οὐδ᾽ ἄν ποτε φωνῆς ἁπλῆς ἀρχαικῶς καὶ ἀνεπιστημόνως δραξάμενοι, εἴτε δηλαδὴ κληρονομίας ἢ διαδοχῆς ἢ ἄλλης τοιαύτης ὁποιασοῦν καὶ περιεργασάμενοι ταύτην, τῷ οἰκείῳ σκοπῷ παρὰ τὴν νομικὴν παρατήρ σιν ἐφαρμόσαιμεν, ἵνα μὴ ἕνωσιν ἀντικειμένην καὶ σύγχυσιν ἐργασώμεθα· παραπλήσιον ὡς ἄν εἴ τις εἰπὼν " μακάριος ἀνὴρ ", ἢ " μακάριος ἄνθρωπος ", ἢ " μακάριοι οἱ δεδιωγμένοι [1]), καὶ μή τι ἐπαγωγὸν ἁρμόδιον τῷ μακαρισμῷ, δῆλος γένοι μακαρίζων πονηρούς τε ἅμα καὶ ἀγαθούς· ὁ μέντοι ἐπαγαγὼν τό " ὃς οὐκ ἐπορεύθη ἐν βουλῇ ἀσεβῶν ", ἢ τό " ὁ φοβούμενος τὸν Κύριον ", ἢ τὸ "ἕνεκεν δικαιοσύνης ", ταῦτα δὴ τὰ τοῦ μουσικοῦ προφήτου καὶ τοῦ ἡμετέρου δεσπότου Χριστοῦ, ἄριστα ἂν κριθείη, καὶ νουνεχῶς διαστέλλων τοὺς πονηροὺς ἐκ τῶν ἀγαθῶν, κακῶν εὖ ἐχόντων τὰ ὡς ἑτέρως ἔχοντα, καὶ ὡς αὐτῇ τῇ ἀληθείᾳ δοκεῖ, ποιούμενος τὸ [2]) τοῦ οἰκείου λόγου συμπέρασμα.

Ἐπεὶ καὶ τοῦ " τῆς διαδοχῆς " ῥήματος ἐπὶ τῆς τῶν ἀπροσπορίστων κληρονομίας διχῇ θεωρουμένου, κατά τε χρῆσιν ἅμα καὶ δεσποτείαν, καὶ κατὰ μόνην χρῆσιν, ἐκείνην μὲν ὡς βραβεῖον, τοῖς τὸν πρῶτον γάμον τετιμηκόσι, ταύτην δὲ ὡς εὔθυναν τοῖς δευτερογαμήσασι [f. 264] οἱ νόμοι ἀφώρισαν, ὅτι καὶ τῶν ἀηττήτων, οὐχὶ τῶν ἡττηθέντων οἱ στέφανοι.

Ἃ μὲν οὖν ἐχρῆν λαλῆσαι ἡμᾶς πρὸς τοὺς ἀντειπόντας, οὐκ οἶδα τοῖς νόμοις, εἴτε τῷ ἀρχιερατικῷ περὶ τῶν διγάμων ψηφίσματι, ταῦτά ἐστιν· εἰ καὶ προσθῆναι πλείονα εὐλαβήθην, ἵνα μὴ διὰ τὸν κόρον, ἀηδῆ τὸν λόγον ποιήσωμεν. Τὸν κόρον γάρ, σοφή γνώμη φησίν, ἀκοαῖς εἶναι πολέμιον [3]). Ἡμεῖς δὲ τὰ ἀναγεγραμμένα ἐν κεφαλαίῳ περιλαβόντες, καὶ ὡς ἐν τύπῳ τὴν ἡμετέραν περὶ τῆς προκειμένης ὑποθέσεως γνώμην, τοῖς νόμοις ἀκόλουθον, παραστήσαντες, τὴν δοκιμὴν ταύτην τοῖς εὖ εἰδόσι τὰ τῆς νομικῆς ἐπιστήμης ἀφήσομεν, ὡς οἱ πιστεύοντες τῷ μὲν κελτικῷ ῥίνῳ, τῶν γνησίων ἢ τῶν νόθων γόνων τὸν διορισμόν, ἐπὶ δὲ τῶν τιμωμένων ὑλῶν, τῇ λυδίᾳ λίθῳ, τοῦ καθαροῦ ἢ τοῦ κιβδήλου τὴν βάσανον.

Λέγομεν τοίνυν, ὡς οἱ θεῖοι νομοθέται ἀνὰ μέσον τοῦ τιμηέντος καὶ τοῦ ἐπιτίμου, καὶ τοῦ μοναδικοῦ καὶ τοῦ χυδαίου διακρίνοντες, τὸν μὲν πρῶτον γάμον, διὰ τὸ μοναδικὸν καὶ τὸ πρὸς ἑαυτὸν στρέφεσθαι καλῶς προετίμησαν· τὸν δέ γε δεύτερον, διὰ τὸ δυαδικὸν καὶ ἐκκεχυμένον, τοσοῦτον ὑπεβίβασαν, ὅσον καὶ κόλασιν τούτῳ ἐπενεγκεῖν, ὅτι περ τῇ προτέρᾳ εὐνῇ καὶ τοῖς ἐκεῖθεν παισί, ναὶ μὴν καὶ τῇ τοῦ ἀπελθόντος ψυχῇ, λύπης καὶ ἀθυμίας αἴτιος γέγονεν· οἷα μηδένα τούτων οἶκτον λαβών, τοῖς πάλαι οἶκαι σοφοῖς, ἱνατί καὶ κομψευόμενοι φαίημεν ἐν τῷ μεταξὺ κατακολουθέσαντες, οἱ τὴν δυάδα ἐκκηγόρησαν, τόλμαν αὐτὴν ὀνομάσαντες; καθότι πρώτη τὴν μονάδα, τὴν ἀρχικὴν καὶ ἁπλῆν, ἐν ἑαυτῇ συνθεῖναι ἐτόλμηκεν· μάλιστα μὲν οὖν τἀληθὲς· εἰπεῖν, τοῖς θείοις πατράσιν οἱ κανονικαῖς εὐθύναις τὸν γάμον τοῦτον ἐπέβαλον· καὶ ἴσασι ταύτας οἱ μὴ παρέργως ἀναγινώσκοντες τοὺς ἱεροὺς τῶν ἁγίων συνόδων κανόνας, τόν τε δηλαδὴ ιθ᾽ τῆς ἐν Ἀγκύρᾳ τῆς [κατὰ] Γαλάτας, τῆς ἐν Νεοκαισαρείᾳ τὸν ζ᾽, τῆς ἐν Λαοδικείᾳ τὸν α᾽, καὶ τοῦ μεγάλου καὶ φωστῆρος ἱεροῦ Βασιλείου πατρὸς τὸν δ᾽, ὅθεν τῷ μὲν ἐπὶ τοῦ πρώτου γάμου στάντι, παίδων μὲν ὑπόντων ἔτι ὄντων ὑπεξουσίων | τὴν χρῆσιν τῶν λεγομένων ἀπροσπορίστων πραγμάτων ἀνῆκαν ἀδήριτόν τε καὶ ἀστασίαστον· εἰς αὐτεξουσιότητα δὲ προελθόντων, μοῖραν ἑνὸς παιδὸς ἐκεῖθεν αὐτῷ κατὰ

[1]) Ps. I, 1. Matth. VII, 2, 8. — [2]) Cod. τῷ τοῦ. — [3]) Prov. XX, 12.

δεσποτείαν ἀφώρισαν· τεθνηκότων δὲ ἀδιαβέτων τε καὶ ἀτέκνων καθολικὸν κληρονόμον τῶν ὑπαρχόντων αὐτοῖς τοῦτον ἐπέστησαν. Τῷ γε μὴν δευτερογαμήσαντι τὴν αὐτὴν μὲν χρῆσιν τῶν ἀπροσπορίστων δεδώκασι, μέχρι ἂν περιῇ, τῆς δεσποτείας δὲ τοῦ ἑνὸς παιδὸς ἀνάλογον μοίρας, ναὶ μὴν καὶ τοῖς ἐξ ἀδιαθέτου ἐπὶ τούτοις, τεθνηκότων τῶν παίδων ἀπαίδων κληρονομίας αὐτὸν ἀπεστέρησαν.

Τοῦτο γάρ, ὡς εἴπομεν, τῆς δευτερογαμίας ἡ εὔθυνα, καὶ διὰ τοῦτο καὶ κληρονόμων ὅλων τῶν παίδων ἐπὶ μόνης τῆς δευτερογαμίας οἱ νομοθέται ἐμνήσθησαν, ἵνα δηλαδὴ πρὸς ἐκείνους μετὰ θάνατον τῶν δευτερογαμούντων τὰ πατρῷα ἢ μητρῷα τῶν τοιούτων παίδων ἐπανατρέχωσι πράγματα· καὶ τούτου μάρτυρες ἀπαράγραπτοι τὰ ἄνω καταστρωθέντα νομικὰ διατάγματα· κοινωνίαν δὲ ἀμφοῖν ἐχορήγησαν ἐπὶ τῇ δεσποτείᾳ τῶν τε τῷ ὑπεξουσίῳ προσκτηθέντων ἐκ τῆς ὑποστάσεως οὑτινός ἐστιν ὑπεξούσιος, καὶ τῶν ἀπὸ τῆς χρήσεως τῶν ἀπροσπορίστων· ναὶ μὴν καὶ τῶν καναστρεσίων καὶ ὡσανεὶ κινστρεσίων, εἴπερ ἐπὶ τούτοις οἱ ὑπεξούσιοι ἀδιάθετοι τελευτήσουσιν, ἐπ' αὐτοῖς γὰρ μόνοις ἐξὸν ἐστὶν αὐτοῖς διατίθεσθαι· τὸ μέντοι λέγειν τινὰς μέχρι τῆς τῶν παίδων ζωῆς· τὰ κοινὰ ἀνδρὸς καὶ γυναικὸς ἐπιτίμια ἔχειν τὸ ἐνεργόν, ἀπρακτεῖν δὲ μετὰ τὴν αὐτῶν τελευτήν, ὡς τοῦ τῆς κληρονομίας λόγου παρεισερχομένου, καὶ τὰ ἐπιτίμια λύοντος, ἀπῳδόν ἐστι καὶ ἀνένδεκτον. Ἔστι γὰρ ἀνθυπενεγκεῖν, ἐν πρώτοις μὲν, ὅτι ἡ κολάζουσα τὴν δευτερογαμίαν κβ' νεαρά, τοιούτου τινὸς οὐκ ἐμνημόνευσεν ἐπὶ λύσει τῆς ἐπενεχθείσης ταύτῃ ποινῆς. Εἰ γὰρ τοιοῦτο, ἐνῆν τῇ νεαρᾷ ταύτῃ σκοπός, ἐμνήσθη ἂν καὶ τῆς τοιαύτης λύσεως, καθὰ δὴ καὶ ἐπὶ τῆς ἐμπαροινησάσης τῷ πενθίμῳ χρόνῳ καὶ ἀτιμίᾳ καὶ ποινῇ παραπολῷ γε ἐπὶ καθυποβληθείσης τοῦτο πεποίηκε, τὴν λύσιν τῆς ἀτιμίας βασιλικῆς κελεύσεως ἐξαρτήσασα, καὶ [f. 265] ἄλλως· μὲν παίδων

μὴ ὄντων, ἑτέρως δὲ παίδων ὑπόντων, τὴν τοιαύτην λύσιν ὡς εἰκὸς μεθοδεύσασα.

Ἔπειτα ὅτι αὐτὸς ὁ νομοθέτης ἑαυτὸν ἑρμηνεύει σαφῶς, ἐπὶ μὲν τοῦ πρώτου δηλαδὴ γάμου ἀδιάστικτον τὴν χρῆσιν τῶν ἀπροσπορίστων ὑποστρωννύς, μὴ προστιθεὶς δηλονότι τὸ " μέχρι ἂν περιῇ „, οἷα ἐκ τῶν οἰκείων τύπων εἰδὼς, τὸν μὲν ὑπερβάντα τὸν πρῶτον γάμον, μετὰ τῆς χρήσεως· δικαιούμενον, καὶ εἰς δεσποτείαν ἐλθεῖν ἢ καθολικὴν, ὡς ἄνωθεν εἴπομεν, ἢ μερικήν. Ἐπὶ δέ γε τῶν δευτερογαμούντων, τῇ ζωῇ τούτων τὴν χρῆσιν ἐμπεριέγραψεν, ἵνα δηλαδὴ τούτοις ἡ δεσποτεία παντάπασι τῶν ἀπροσπορίστων ἀποκλεισθῇ· καὶ τούτου χάριν καὶ ὑποθήκαις ὑποπίπτειν τὰ πράγματα τούτων ἀντὶ τῶν ὑποτεθέντων παρ' αὐτῶν ἢ ἐκποιηθέντων πραγμάτων τῶν παίδων διακελεύσατο· ὅπερ γνώριμον ποιεῖ, ὡς οὐδεμίας δεσποτείας ἴχνος, καὶ θανόντων τῶν ὑπεξουσίων παίδων αὐτοῖς ἐναπολιμπάνεται· εἰ γὰρ προσήρμοσεν αὐτοῖς δεσποτεία, οὐκ ἂν διαδόχοις ἑτέροις τῶν παίδων, ἐκνικᾶν ἀπὸ τῶν λαβόντων τὰ ἐκποιηθέντα, μεγίστην ἐνέθηκε δύναμιν, ἐπειδὴ καὶ γενικῶς, ἀλλ' οὐχὶ μέρει τινὸς, ἢ ποτὲ τὸ ἐπιλείπειν τοὺς δευτερογαμοῦντας δεσποτείας ἅπαντα τρόπον ἐπὶ τοῖς ἀπροσπορίστοις ἔντρανον ἐξεφώνησε.

Πῶς δὲ καὶ ἑλκυσθήσεται ἡ ριη' νεαρά, ἡ τὰς ἐξ ἀδιαθέτου κληρονομίας τυποῦσα εἰς τὸ λῦσαι τὰ τῶν δευτερογαμούντων ἐπιτίμια, καὶ ταῦτα δήλας τὰς ἑαυτῆς ἐννοίας ποιοῦσα, τοῖς ἐπιστατικῶς ταύτην ἀναγινώσκουσιν; οὐ γὰρ περὶ τῶν ἀπροσπορίστων ποιεῖται λόγον εἰς τὴν ἐξ ἀδιαθέτου κληρονομίαν, ἀλλὰ περὶ τῶν ἔξωθεν τῷ τεθνηκότι προσγενομένων, ἐν οἷς δηλαδὴ ἠδύνατο μὲν δικαίῳ δεσποτικῷ διαθέσθαι, φθάνει δὲ ἀποβεβιωκὼς ἀδιάθετος. Τῶν γὰρ ἀπροσπορίστων ἀμάχως ὁ πατὴρ ἔχει τὴν χρῆσιν, ὡς μηδὲ διαθήκαις ὑποπιπτόντων· τῶν ἔξωθεν δὲ τούτων μετὰ τῶν ἀδελφῶν ἢ ἀδελφοπαίδων κληρονομεῖ κατὰ χρῆσιν ἅμα καὶ δεσποτείαν, λογιζόμενος καὶ αὐτὸς ὡς εἷς ἀδελφός· δῆλον τοίνυν ἐστὶν, ὡς ἐπὶ τῶν ὑπεξουσίων, τὸ μὲν ἐξ ἀδυνάτου ἀδιάθετον | εἰς τὰ μητρῷα ζῶντος τοῦ πατρὸς, τὸ δὲ ἐκ περιστάσεως ἀδιάθετον εἰς τὰ καυστρέσια καὶ ὡσανεὶ καυστρέσια ἐκλαμβάνεται. Καὶ συλλήβδην¹) εἰπεῖν, ὡς ἡ ἀναγεγραμμένη νεαρὰ ἐκείνων τῶν πραγμάτων ποιεῖται μνείαν, τῶν εἰς τὴν δεσποτείαν τῶν παίδων ἀναντιρρήτως πηχθέντων, εἴτε τῶν ἀπροσπορίστων, μετὰ θάνατον δηλαδὴ τῶν γονέων, εἴτε τῶν καυστρεσίων καὶ ὡσανεὶ καυστρεσίων.

Καὶ οὐκ ἄν τις, εὖ φρονῶν εἴπῃ δύο κυρίους νόμους ἐναντιοῦσθαι ἀλλήλοις, ὡς τοῦ μὲν τὴν δευτερογαμίαν κολάζοντος, τοῦ δὲ ἀντιθεμένου καὶ τὸ ἐπιτίμιον λύοντος, ὡς κινδυνεύειν ἐντεῦθεν μηδὲ εὑρίσκεσθαι, ἐν τίνι ἀμφοτέρων τῶν γάμων ἐστὶ τὸ διάφορον, εἰ καὶ κατὰ δεσποτείαν δοίημεν τῶν ἀπροσπορίστων ἑκατέρους κληρονομεῖν, καὶ οὕτως ἔχειν τὸ ἰσοστάσιον. Ἀλλ' οὕτω μὲν ἔχομεν περὶ τούτων.

Ἵνα δὲ καὶ ὥσπερ ἱμάντα τοῖς εἰρημένοις ἐγκαταθήσωμεν, καὶ ταῦτα προστίθεμεν. Ὁ πρώτως τὸν νόμον ὁρισάμενος, καὶ εἰπὼν εἶναι τοῦτον δόγμα φρονίμων ἀνδρῶν καὶ θεῖον εὕρημα καὶ πόλεως εὐσυνθεσίαν κοινὴν, θαυμαστὸν ὑποβάλλει δίδαγμα²). Ἵνα φυλάττωνται πάντες, ὑπονοεῖν δύο νόμους ἀλλήλοις ἐναντίους, ἅμα καὶ κυρίους· εἶναι τοῦτο γὰρ καὶ νομοθετῶν ἐστὶν ἀνάξιον, καὶ οὐ μόνον οὐχὶ φρονίμων ἀνδρῶν ἐπιτήδευμα, οὐδὲ θεῖον δῶρον, οὐδ' εὐσυνθεσία πόλεως, ἀλλὰ καὶ λίαν τοῖς πολιτευομένοις ἀσύμφορον καὶ ἐπίβουλον· καὶ διὰ τοῦτο, ἐναντίος μὲν οὐδεὶς ἑτέρῳ κεῖται τῶν κυρίων, ἐναντιοφανεῖς δὲ πολλοὺς ἐστὶν εὑρεῖν καὶ δυσφράκτους, ἢ κατ' ἔννοιαν, ἢ κατὰ λέξιν.

οὐ μὴν ἀλλὰ καὶ ἀμφιβολίας πολλὰς ἔχοντας, οὐ παρὰ τὴν τῶν ἐκδεδοκότων ἀμαθίαν, ἀλλὰ παρὰ τὴν τῶν ἀναγινωσκόντων δύναμιν, καὶ τοὺς τοιούτους ἅπαντας νόμους, πῶς δεῖ νοεῖσθαι καὶ μελετᾶσθαι, τοῖς νόμοις ἐπιμελῶς πεπραγμάτευται· καὶ περὶ μὲν τῶν σαφῶν, μὴ δεῖν μεταποιεῖν τὰ πρόδηλον ἑρμηνείαν ἔχοντα, μήτ' εὐχερῶς ἀναχωρεῖν τῆς·³) σημασίας τῶν λέξεων γνωματεύουσι· περὶ δὲ τῶν ἀμφιβόλων καὶ ἀσαφῶν τὴν ἀνεπίληπτον ἑρμηνείαν προσίενται, ἐργαζόμενοι ταύτην κατὰ τὴν καλλίστην διαίρεσιν, εἰ βούλεται, [f. 266] τὰ ἀσαφῆ ἐκ τῶν σαφῶς εἰρημένων καταλαμβάνεσθαι· οἷς τισι δὴ νόμοις ἑπόμενοι καὶ οἱ τῶν νόμων ἐξηγηταὶ, τὰς φαινομένας μὲν, μὴ οὔσας δὲ ἐναντιωτάτας, διαλύουσι πολλάκις καὶ θεματισμοὺς παρ' ἑαυτῶν τοῖς νόμοις προσάπτοντες, ἵνα τὰς συγκρούσας καὶ τὰς ἀπονοουμένας ἐναντιώσεις ἐξεύρωσιν.

Ἡμεῖς τοίνυν τῶν μὲν σαφῶς ἐξενηνεγμένων νόμων τὴν γνῶσιν οἴκοθεν ἔχοντες, τῶν δὲ ἀσαφῶς ῥηθέντων ἐκ τῶν παλαιῶν ἐξηγημάτων λαμβάνοντες (Θαλελαῖοι οὗτοι καὶ Θεόδωροι καὶ Συμβάτιοι καὶ Θεόφιλοι, καὶ ὁ λοιπὸς τῶν τοιούτων ἔγκριτος, ἐν οἷς μεταχρόνως διέλαμψεν ὅ τε σοφώτατος Γαρίδας καὶ ὁ Θαυμάσιος Ἰταλὸς, ναὶ μὴν καὶ ὁ ἀξιάγαθος καὶ μεγαλεπήβολος Εὐστάθιος ὁ Ῥωμαῖος), ταῦτα τούτοις ἀκολούθως καὶ νοοῦμεν καὶ γνωματεύομεν. Οἵ γε μὴν τὴν ἐναντίαν ὁδεύοντες, ὁδεύετωσαν ταύτην, ὡς βούλονται, εἰ δὲ καὶ προσκομμάτων χωρὶς, ὀξειῶν δηλονότι λιθάκων καὶ ἀκανθῶν, πεισθείην οὐκ ἄν, ἕως ἂν οἱ νόμοι τοῖς πρὸς αὐτοὺς ἀτενίζουσι δι' ἑαυτῶν τε καὶ τῶν ἑρμηνευόντων αὐτοὺς ἁπλανῶς, ἑαυτοὺς ὅπως ἔχουσι ἐννοίας τε καὶ συνθήκης ἀνακαλύπτουσιν. (Ἀτελὴς *ampla μελέτη videtur.*)

---

¹) Cod. inepte ἐκλαβάνιται καὶ συλλέξω. — ²) Platonis est aphorisma. — ³) Cod. τῶ.

PNB'.

Περὶ συνεισφορᾶς καὶ φαλκιδίου διοικηθέντων καὶ ἀδιοικήτων παίδων, καὶ περὶ κωφοῦ καὶ ἀλάλου, εἰ ἔξεστι αὐτῷ συναφθῆναι γυναικί, καὶ εἰ διαθέσθαι συγχωρηθήσεται.

De collatione bonorum et de falcidia praeditorum dote et non praeditorum liberorum, et de surdo et muto, an liceat ei nubere mulieri, et an testari permittatur.

Ἤρετό τις ἡμᾶς περὶ τριῶν αὐταδέλφων γυναικῶν, ὡς ἡ μὲν πρώτη παρὰ τοῦ πατρὸς αὐτῶν ἔτι περιόντος διωκήθη πρὸς γαμικὴν συζυγίαν, προῖκα λαβοῦσα ὅσην ὁ πατὴρ αὐτῇ προσεκλήρωσεν. Αἱ δὲ λοιπαὶ δύο, μετὰ θάνατον τοῦ πατρὸς ἀνδράσι συζευχθεῖσαι, τὰ κατάλοιπα τῆς πατρῴας οὐσίας εἰς κλῆρον εἰλήφασιν. Ἡ μήτηρ δὲ τούτων, τὴν οἰκείαν κατέχουσα καὶ νεμομένη περιουσίαν, καὶ ταῖς θυγατράσιν ἐπιβιῶσα χρόνον τινά, ὕστερον ἀδιάθετος τὸν βίον ἐξέλιπεν. Ἐρχόμεναι αἱ τοιαῦται τρεῖς αὐτάδελφαι εἰς τὴν τῆς μητρὸς κληρονομίαν, ἀνωμάλως | ταύτῃ προβάλλουσιν. Αἱ μὲν γὰρ δύο τὴν πρώτην αὐτῶν αὐταδέλφην ἀπωθοῦνται παντάπασι, δίκαιον κρίνουσαι μηδέν τι ταύτην λαβεῖν ἀπὸ τῶν μητρῴων πραγμάτων, ἐφ' οἷς ἐκ τῶν πατρῴων, κατὰ πολὺ πλείονα τούτων ἔλαβεν. Εἰ δὲ λαβεῖν ἐθέλει, φασί, συνεισενέγκειν ἃ παρὰ τοῦ πατρὸς αὐτῇ ἐδωρήθησαν, καὶ οὕτω κοινῶν γεγονότων τῶν τε πατρῴων, καὶ τῶν μητρῴων πραγμάτων, ἔκτοτε καὶ αὐτὴν ἀπενέγκασθαι κατὰ ἰσοκληρίαν τὸ ἐξ ἑκατέρων τῶν περιουσιῶν ἐπιβάλλον αὐτῇ. Ἐκείνη δέ, δίκαιον αὖθις κρίνουσα μὴ περιεργάζεσθαι ταύτας, τὴν πρὸς αὐτὴν δεδομένην τοῦ πατρὸς δωρεάν, τὸ ἁρμόζον αὐτῇ ἐκ τῶν μητρῴων ἐξ ἀδιαθέτου, εὐλόγως οἴεται ἀπαιτεῖν, καὶ ἠθέλησε μαθεῖν ὁ τὴν πεῦσιν ταύτην προθέμενος, ὁποίων τῶν μερῶν τουτωνὶ προτεινόμενον εὔλογα φαίνεται.

Φαμὲν οὖν, ὡς ἐξουσία μὲν δίδοται καὶ πατρὶ καὶ μητρί, καθὰ βούλονται, κληροδοτεῖν τοῖς παισὶ τοῖς κεχαρισμένοις αὐτοῖς,

καὶ μὴ εἰς ἀχαριστίαν ὠλισθηκόσι, πλὴν οὐκ ἐπὶ ζημίᾳ τούτων τινὸς καὶ περιγραφῇ τοῦ νομικοῦ διατάγματος· ὃ μέχρι μὲν τριῶν ἢ τεσσάρων παίδων, ἀφορίζει τοῖς κληροδοτουμένοις· τὸ τετραούγγιον· ὑπὲρ δὲ τοὺς τέσσαρας τὴν ἡμίσειαν τῆς πάσης περιουσίας, ἤγουν τὸ ἑξαούγγιον· ὅθεν καὶ ἐπὶ τῆς προκειμένης ὑποθέσεως, εἰς μὲν τὰ μητρῷα πράγματα, κατὰ τὸ ἐξ ἀδιαθέτου δίκαιον, ἐπίσης αἱ εἰρημέναι τρεῖς αὐτάδελφαι ἀμάχως ἐλεύσονται, καὶ ἑκάστη λήψεται τὸ κατὰ ἰσοκληρίαν ἐκεῖθεν διαφέρον αὐτῇ, ὡς ἡ περὶ τῶν ἐξ ἀδιαθέτου κληρονομιῶν διακελεύεται νομικὴ διατύπωσις. Εἰς δὲ τὰ πατρῷα ὁ μὲν τοῦ φαλκιδίου λόγος κατὰ τοὺς νόμους παρρησιάζεται· ὁ δέ γε τῆς συνεισφορᾶς· οὐδαμῶς, ἐπειδὴ οὔτε κατὰ διαθήκης ἐναντιώσει· ὡς μηδὲ προβάσης, οὔτε μὴν περὶ κληρονομικοῦ δικαίου ἀμφισβήτησις ὕπεστι· ταῦτα γὰρ τὰ αἴτια τῆς συνεισφορᾶς, ἀλλὰ περὶ ἀμέτρου φιλοτιμίας, ὅτι περ ὁ πατὴρ ἔτι ζῶν τοὺς κλήρους ταῖς ἑαυτοῦ θυγατράσι διένειμε, ὡς ἐβούλετο, τὴν μὲν πρώτην ἀνδρὶ συναρμόσας, ἀπαλλάξας δὲ πρὶν ἢ καὶ τὰς λοιπὰς τῇ ζεύγλῃ τοῦ γάμου ὑπαγαγεῖν. Ἐπεὶ δὲ [f. 267] αὐταὶ νῦν σχεθλιάζουσιν ἐλαττονηθῆναι αὐταῖς τοὺς κλήρους, οἰόμεναι τῇ περιττῇ πρὸς τὴν τούτων πρώτην αὐταδέλφην φιλοτιμίαν, ἀνάγκη πᾶσα ἐστὶ γενέσθαι ἁπάσης τῆς πατρῴας τούτων οὐσίας καθολικῶς ἀπαρίθμησιν, τῆς ἐγνωσμένης δηλαδὴ πρὸ τῆς ὁδευσάσης εἰς ἐκείνην φιλοτιμίαν· καὶ εἰ μὲν κατὰ τὸν τύπον τοῦ φαλκιδίου εὑρεθῶσιν αὐταὶ ἐκεῖθεν ἔχουσαι ἀμείωτον τὸ ἁρμόζον αὐταῖς, ὀφείλουσιν ἠσυχάσαι, καὶ μηκέτι δι' ὄχλον τῇ αὐτῶν αὐταδέλφῃ γίνεσθαι, ὡς περιτρέπειν φιλονεικοῦσαι τὸ φθάσαν αὐτὴν παρικὸν φιλοτίμημα· εἰ δέ γε φανῶσιν ἐπ' ἔλαττον τοῦ ἀνήκοντος ταύταις φαλκιδίου κληροδοτηθεῖσαι, αὐταὶ μὲν παρὰ τῆς εἰρημένης αὐταδέλφης αὐτῶν, ἐκ τῶν πρὸς αὐτὴν ἀνίσως ἐπελθόντων τὸ ἐλλεῖπον ἰκανωθήσονται, ὡς τῆς ἐπικουρίας τῆς νομικῆς τελεσφόρημα. Τὸ δὲ ἐπέκεινα ἐκείνῃ προσέσθαι, ὡς πατρῷον ἀστασίαστον δώρημα.

Βεβαιοῖ ταῦτα καὶ ὁ νόμος, ὁ τὰ περὶ τοῦ φαλκιδίου διεξιών, οὖτινος τὸ η' κεφάλ. τοῦ δ' τίτλ. τοῦ μα' βιβλ. τῶν βασιλ. ἐν καταρχῇ θεσπίζον· "Ἐπὶ μὲν τριῶν ἢ τεσσάρων παίδων τοὺς γονέας τὴν τρίτην μοῖραν τῆς ἑαυτῶν περιουσίας, τουτέστιν οὐγγίας τέσσαρας, εἰ δὲ ὑπὲρ τοὺς τέσσαρας, εἰσὶν οἱ παῖδες, τὴν ἡμίσειαν τουτέστι τὸ ἐξαούγγιον ἀφορίζειν εἰς κλῆρον αὐτῶν „.

Περὶ τὰ μέσα ταῦτα διαλαμβάνει ῥητῶς· "Πάρεστι γὰρ αὐτῷ τὸ λοιπὸν ὀκταούγγιον τυχὸν ἢ ἐξαούγγιον, ἔχειν καὶ φιλοτιμεῖσθαι καθ' ὅσον ἂν βουληθείη, ἢ τοῖς παισὶν αὐτοῖς ἢ τισι τῶν ἔξωθεν· καὶ τῆς φύσεως πρότερον θεραπευθείσης τὰ εἰκότως οὕτως ἐπὶ τὰς ἔξω φιλοτιμίας χωρεῖν „.

Τὸ δέ γε α' κεφάλ. τοῦ ε' τίτλ. τοῦ αὐτοῦ βιβλίου ταῦτα θεσπίζει· "Θεσπίζομεν ὥστε εἴ τις δωρεὰν ἄμετρον εἴς τινα ἢ τινας τῶν παίδων ποιήσαιτο, ἀνάγκην ἔχειν ἐν τῇ διανομῇ τοῦ κλήρου, τοσοῦτον ἑκάστῳ τῶν παίδων φυλάττειν τὸ ἐκ τοῦ νόμου μέρος, ὅσον ἂν πρὶν τὴν δωρεὰν ὁ πατὴρ εἰς τὸν παῖδα ἢ τοὺς παῖδας τοὺς ταύτῃ τετιμημένους ποιήσαιτο, οὕτω γὰρ οὐδὲν ἐπὶ ταῖς δωρεαῖς | ἐγκαλέσουσιν, ἔχοντες μὲν ἐπὶ πάσῃ τῇ οὐσίᾳ τοῦ πατρὸς τὸ ἀπὸ τῶν νόμων, κατὰ τοσοῦτον δὲ αὐξανομένου τοῦ μέτρου, καθόσον καὶ τὰ πράγματα εἶχε τοῦ πατρός, πρὶν ταῖς δωρεαῖς ἐναντληθείη, οὐ δυναμένων τῶν ταῖς δωρεαῖς τετιμημένων παίδων φάσκειν, ἀρκεῖσθαι μὲν ταῖς ἀμέτροις ταύταις δωρεαῖς, δοκεῖν δὲ ἀρίστασθαι τοῦ πατρῴου κλήρου, ἀλλ' οὐκ ἀναγκαζομένων μὲν εἰ ἀρκοῦνται ταῖς δωρεαῖς καταδέχεσθαι τὸν κλῆρον, ἀνάγκη δὲ ἐχόντων πᾶσι τρόποις ἐπανισοῦν τοῖς ἀδελφοῖς τὸ ἐντεῦθεν διαφέρον, καθ' ὅσον εἰρήκαμεν μέτρον, ὥστε μὴ ἔλαττον αὐτὰς ἔχειν τὸ ἐκ τῶν νόμων αὐτοῖς ὀφειλόμενον, διὰ τὴν γεγενημένην ἐπὶ ταῖς δωρεαῖς ἀμετρίαν „. Ἀλλὰ ταῦτα μὲν περὶ τῆς ἀναγεγραμμένης ἐρωτήσεως· ἀκολούθως τοῖς φιλευσεβέσι νόμοις ἀποκρινόμεθα.

Περὶ δὲ τοῦ κωφοῦ καὶ ἀλάλου, εἰ ἔξεστιν αὐτῷ δηλαδὴ συναφθῆναι γυναικὶ κατὰ νόμους, εἰ βούλεται, καὶ εἰ διαθέσθαι συγχωρεῖται παρὰ τοῦ νόμου, ταῦτα ἀποκρινόμεθα.

Ὡς εἰ νουνεχής ἐστιν οὗτος καὶ παντὸς πρακτοῦ σύνεσιν ἔχων καὶ παρατροπῆς φρενῶν τυγχάνει ἐλεύθερος, κατὰ τὴν ἐρώτησιν, οὐδαμῶς γήρασθαι κωλυθήσεται· ἐλπὶς γάρ ἐστιν ἐντεῦθεν καρπογονίας καὶ κληρονομίας τῆς ἁρμοζούσης τούτῳ οὐσίας (καὶ μάλιστα ὅτι μητρῷα τούτου ἐστὶν) εἰς τοὺς ἐξ αὐτοῦ κατιούσης κατὰ τοὺς νόμους. Ὅθεν οὐδὲ ἐμποδὼν ἔσται αὐτῷ εἰς τοῦτο ἢ τελευταία τοῦ πατρὸς αὐτοῦ βούλησις, μετὰ θάνατον τοῦ τοιούτου υἱοῦ αὐτοῦ, εἰς ψυχικὰς διαδόσεις ὁδεῦσαι τὴν τοιαύτην οὐσίαν κελεύουσα. ἆρα γὰρ εἰ μὴ νομίμως συναρμοσθῇ γυναικί, οὐκ εἰς ἀνειμένην ὀλισθήσει πορνείαν, καὶ τὴν οὐσίαν κατασπαθήσει, ἀσώτως καὶ ἀσέμνως βιῶν· καὶ οὕτω δυστυχὲς καὶ τὴν ἑαυτοῦ ψυχὴν μακρὰν ἀποστήσει τῆς σωτηρίας· κἀντεῦθεν, οὐδὲ ἔσται τυχὸν τὸ ὑποληφθησόμενον, ἵνα πρὸς ψυχικὰς διαδόσεις χωρήσῃ κατὰ τὴν διατύπωσιν τοῦ πάντως· καὶ τίς λοιπὸν ἡ ἀνάγκη τοῦτον τοῦ σεμνοῦ καὶ τιμηέντος βίου, τὸν κατεγνωσμένον ἀνθέλεσθαι καὶ ἄτιμον;

Περὶ μέντοι τοῦ διαθέσθαι αὐτοὺς ὀφείλει προβῆναι ἐξέτασις, εἴτε κατὰ φύσιν ἐστὶ τὸ κατ' αὐτὸν κωφεύειν τοῦτον καὶ [f. 269] μὴ λαλεῖν, εἴτε ἀπό τινος πάθους τοιοῦτος γέγονε, καὶ οὕτω γενέσθαι τὸ τῷ νόμῳ δοκοῦν, ὃς ἐν κεφ. ι' τοῦ γ' τίτλ. τοῦ λϛ' βιξύλου τῶν βασιλ. ταῦτα θεσπίζει αὐτολεξεί· «Ὁ κατ' αὐτὸν κωφὸς καὶ ἄλαλος ὢν κατὰ φύσιν, μηδὲ ἐν τελευταίᾳ διατυπούτω βουλήσει, μηδὲ θανάτου αἰτίᾳ δωρείσθω, οὔτε δὲ ἐλευθερίαν καθ' οἱονδήποτε τρόπον ἐπιτιθέσιν. Ὁ δὲ ἐκ πάθους τοιοῦτος γενόμενος, γράμματα εἰδώς, δι' αὐτὸν τυπούτω ὅσα καὶ βούλεται. Εἰ μέντοι μόνον ἐστὶ κωφὸς κατὰ φύσιν, μηδὲ ἐν κωλυέσθω τῶν τελευταίων διατυποῦν, καὶ πολλῷ πλέον ὁ μὴ κατὰ φύσιν, ἀλλὰ ἀπὸ πάθους κωφός· ὁ δὲ μὴ κωφὸς μέν, ἄλαλος δὲ μόνον ὢν κατὰ φύσιν, ἢ καὶ ἀπὸ πάθους, ἐὰν γράμματα εἰδώς, διαθήκην γράψῃ, ἢ ἕτερόν τι διατυπώσῃ, ἐρρώσθω τὸ γινόμενον. Τὰ αὐτὰ καὶ ἐπὶ θηλειῶν κρατείτω».

Ταῦτα οἱ φιλευσεβεῖς νόμοι καὶ ἀκολούθως αὐτοῖς ἡ ἡμετέρα ἀπόκρισις πρὸς τὰς ἀνατεταγμένας πεύσεις τοῦ προσελθόντος ἡμῖν.

Ἐρωτήσεις τοῦ ἁγιωτάτου μητροπολίτου Δυρραχίου κυροῦ Κωνσταντίνου τοῦ Καβάσιλα, καὶ ἀποκρίσεις πρὸς ταύτας τοῦ ἁγιωτάτου ἀρχιεπισκόπου πάσης Βουλγαρίας, κυροῦ Δημητρίου τοῦ Χωματιανοῦ.

Quaestiones sanctissimi metropolitae Dyrrachii domini Constantini Cabasilae, et responsiones ad illas sanctissimi archiepiscopi totius Bulgariae domini Demetrii Chomatiani[1]).

ΡΝΓ'. Προοίμιον.

Ὑπακοὴ καὶ ὄκνος, εἴτουν δειλία[2]), παρεπάγησάν μοι ἐξάπινα, θεσπεσία μοι καὶ ἱερὰ κεφαλή, τὸ πρός με περὶ τινων πεύσεων πρῴζα φοιτῆσαν εἰσδεξάμενον[3]) ἀξίωμα τῆς σῆς τελειότητος, ὅτι μηδὲ ἐξῆν μοι τοῦτο ἀποδιοπομπήσασθαι, οἷα εὖ οἶδ' ὅτι[4]) ἀκολούθως ταῖς ἐρωτήσεσιν, ἐξ ἀνάγκης τὰς ἀποκρίσεις προβαίνειν· κἂν ἦ[5]) κατὰ μοῖραν ἢ οὐχ οὕτως, ἕως προέρχονται καὶ οὕτω τούτων ἑκάτερον πρὸς ἑαυτοῦ με ποιῆσαι σφόδρα ἐφιλονείκησαν, ὡς γενέσθαι με τούτων μεθόριον, μηδενὸς δηλονότι γινόμενον ἢ ἀκουόμενον ἡ μὲν γὰρ ὑπακοὴ τῆς ταπεινοφροσύνης οὖσα θαυμάσιον ἀπόκνημα, πρὸς τὴν τοῦ ἀξιωμάτος με[6]) παρεκίνει φιλοφροσύνην τε καὶ δεξίωσιν· ὁ δέ γε ὄκνος ἀποβλέπειν ἔπειθε πρὸς τὸ ἐργῶδες καὶ δυσεξάνυστον τοῦ ἐγχειρήματος[7])· καὶ οὕτως ὀρρωδεῖν καὶ συστέλλεσθαι ναὶ δὲ καὶ αὐτὸν ὑποβλέπεσθαι τὸν ἀναιδέστατον μῶμον, ὃς εἴωθε καὶ | αὐτῶν τῶν ἀψαύστων ἐπιλαμβάνεσθαι. Ἐντεῦθεν ἐγὼ ἑκατέρων τουτωνὶ τῶν ἄκρων μίγμα τι καινὸν ἀναπεφῆνα, ὃν τρόπον ἐκ τοῦ δειλοῦ καὶ τοῦ θράσεως, ὁ κατὰ Ἀριστοτέλην συνετέθη θρασύδειλος, καὶ οὕτω μὲν[8]) δεύτερον ἀποσώζειν ἐν ἑαυτῷ πρὸς ὁλόκληρον κεκινδύνευκα, οἷα τὴν μὲν ὑπακοὴν, ἰκνῶν, τὸν δὲ ὄκνον τῇ ὑπακοῇ καταργῶν. Ἐπεὶ δὲ τὰ γεννήματα τοῖς οἰκείοις πατράσιν ἐοικέναι πεφύκασιν, ἰδοὺ καὶ τὸ ἡμέτερον τουτὶ κύημα, τὸ τῆς σῆς δηλονότι αἰτήσεως,

---

[1]) Incipiunt aliquot capitula, quae non semel, nec bene, nec tuto sub nomine Demetrii Chomat. edita sunt, tanquam ad eumdem Constantinum Cabasilam respondentis. Nostra conferimus cum editione G. A. Rhalli in *Syntagm.* t. v, p. 427. — [2]) Cod. δειλία. — [3]) Id. εἰσδεξάμενος. Edd. R. δεξάμενος. — [4]) R. πόθεν ἀκολούθως τὰς ἐρωτήσεις ἐξ ἀνάγκης ταῖς ἀποκρίσεσι. — [5]) Cod. ἐκατὰ. — [6]) Cod. μοι. — [7]) R. ἐγχειρήματος. — [8]) R. οὕτω μάλιστα ἀποσώζειν πρὸς ἑαυτὸν πρῶτα.

πλήρωμα, ὡς ἄρα καὶ ἔχει πρόεισι, τὴν μὲν σύστασιν ἢ ὑπόστασιν ἐκ τῆς·[1] ὑπακοῆς, τὸ δὲ μόρφασμα ἐκ τοῦ ὄκνου λαχόν· κέχρωσται γὰρ ὑπὸ τούτου πρὸς ὦχρον, τρόμος·[2] γάρ μοι εἰλιγγυιᾷ καὶ ὦχρος τὰς παρείας κατὰ τὸν εἰπόντα· ὡς εὐλαβεῖσθαι κατὰ τοὺς φοβουμένους, καὶ ἀναπόδα[3] χωρεῖν ἀπὸ προσώπου τῶν μεγίστην καὶ ἀνθηρὰν[4] ἐν λόγῳ καὶ σοφίᾳ ἑκατέρᾳ περιβεβλημένων ἰσχύν· εἰ δέ τις ἔπαινός πως[5] ἐκ παραβόλου τὸ ἀπὸ τοῦ ὤχρου εἰδεχθὲν[6], εἰς ἔρευθος τοῦτο μεταβαλεῖ, ὡς ὁραθῆναι τοῦτο καὶ καλλίπαρχον, ἅμα καὶ χαροπὸν, καὶ παρρησίας τῆς καθηκούσης μέτοχον ἀγαπῴημεν ἄν· τίνα γὰρ πατέρα, τὸ τοῦ σοφοῦ Σολομῶντος· εἰπεῖν, υἱὸς οὐκ εὐφραίνει καὶ κάλλιστος καὶ σοφὸς[7]); εἰ δὲ παραμενεῖ τούτῳ φεῦ! τὸ δύσμορφον ἀναλλοίωτον, πᾶσα ἀνάγκη πρὸς τὸν πατρῷον τοῦτο κόλπον ἀποστραφῆναι, ὡς ἂν ἐκεῖσε ἀφανισθὲν ἐκ γε τοῦ μὴ ὁρᾶσθαι, τὸν γοῦν τοῦ αἴσχους ὀνειδισμὸν ἀποκρύπτοιτο.

ΡΝΔ'. Ἐρώτησις Α'.

Ἐν ταῖς ἐνάρξεσι τῶν ἀναστασίμων[8] ἑσπερινῶν, εἰ δεῖ ἄρχεσθαι εὐθέως ἀπὸ τοῦ· " Δεῦτε, προσκυνήσωμεν καὶ προσπέσωμεν ", ὡσαύτως καὶ ἐν τοῖς τοσούτοις ὄρθροις· ἀπὸ τοῦ· " Δόξα τῇ ἁγίᾳ καὶ ὁμοουσίῳ ", καὶ τὰ ἑξῆς, καὶ μήτε τρισάγιον (ἑσπέρας φημὶ καὶ ὄρθρου) λέγεσθαι, μήτε τὰς αἰτήσεις ἐκφωνεῖν τὸν διάκονον, πρὸ τῆς ψαλμολογίας δηλαδή;

An ab initio vesperarum anastasimorum oporteat inchoare ab hoc: "Venite, adoremus et procidamus", ac similiter in matutino hujusmodi officio ab hoc: "Gloria sanctae et consubstantiali", et caetera, neque tamen trisagion ad vesperas et matutinas preces, neque supplicationes recitari a diacono, videlicet ante psalmodiam.

Ἀπόκρισις. Ἡ παροῦσα πεῦσις[9] πλατείας ἀποκρίσεως δεῖται, καὶ πολυστίχου συγγραφῆς, ἵνα γνωσθῇ ὡς ἔχει ἡ κατ' αὐτὴν παράδοσις. Πλὴν ἀλλ' ἡμεῖς συνεπτυγμένως, ἵνα τὸν τοῦ λόγου φύγωμεν κόρον, λέγομεν [f. 269] ταῦτα.

Δύο καταστάσεις τὴν ἐκκλησιαστικὴν ἀκολουθίαν ἐν προσευχαῖς καὶ ὕμνοις καὶ πνευματικαῖς ᾠδαῖς περιέχουσι καὶ ῥυθμίζουσι· μία μὲν ἡ καὶ τελεωτέρα, ἡ κατ' ἐξοχὴν λεγομένη ᾀσματική ἥτις οὐδὲ ἐφηπλωμένη, ἀλλ' ἐν τόποις περιγεγραμμένη τυγχάνει εὐαριθμήτοις, οὗς καὶ ἡμεῖς οἴδαμεν, ἤγουν τῇ μεγάλῃ ἐκκλησίᾳ τῆς εὐδαίμονος Κωνσταντινουπόλεως, τῇ περικλύτῳ μητροπόλει Θεσσαλονίκης καὶ τῇ περιωνύμῳ μητροπόλει τῶν Ἀθηνῶν. Εἰ δ' ἴσως εἰσὶ καὶ ἄλλαι ταύταις κατὰ τοῦτο ἰσοστατοῦσαι ὁπουδήποτε τῶν χριστιανικῶν χορῶν, πλὴν οὐκ ἔσονται, οἶμαι, τῶν ἀπαριθμημένων ἐπέκεινα. Δευτέρα δὲ ἡ λεγομένη Ἁγιοπολίτις, ἥτις πάγκοινός ἐστιν, ὡς πάσῃ ἐκκλησίᾳ χριστιανῶν ὀρθοδόξων ἐπιχορεύουσα.

Ἡ τοίνυν ᾀσματικὴ οὔτε τὸ τρισάγιον ἔχει εἰς τὴν ἔναρξιν τοῦ ἑσπερινοῦ καὶ τοῦ ὄρθρου, οὔτε μὴν τὸ " Δόξα τῇ ἁγίᾳ καὶ ὁμοουσίῳ " προηγούμενον τῆς ἑωθινῆς ψαλμῳδίας· ἀλλὰ μετὰ τὸ τοῦ διακόνου· " Εὐ-

---

[1] ἐκτεθῆναι ὑπακοῆς cod. sic. — [2] R. om. τρόμος usque ad ὡς εὐλαβεῖσθαι. Cod. εἰλεγγυιᾷ. — [3] R. ἐπὶ πόδα μὲν... — [4] R. μεγ. ἰαχύντων ἐν. — [5] R. ἴσως. — [6] Cod. εἰδεχθές. — [7] Prov. xv, 20. — [8] Cod. ἀναστασίμων, scilicet in diebus dominicis. — [9] Cod. ἀπόκρισις, perperam videtur.

λέγησον, δέσποτα „ καὶ τὸ τοῦ ἱερέως· " Εὐ-
λογημένη ἡ βασιλεία „, εὐθὺς· ὁ μὲν διά-
κονος λέγει τὴν συναπτήν, ὁ δὲ ἱερεὺς τὴν
πρώτην εὐχὴν τὴν ἑωθινήν, καὶ μετὰ τὴν
ἐκφώνησιν, ἄρχονται εὐθὺς οἱ ψάλται τῶν
συνήθων ᾀσματικῶν ἀντιφώνων· καθ' ἕκασ-
τον δὲ ἀντίφωνον ὁ μὲν διάκονος λέγει τὰς
συνήθεις αἰτήσεις, ὁ δὲ ἱερεὺς τὰς ἑωθι-
νὰς εὐχάς τε καὶ ἐκφωνήσεις, καὶ καθεξῆς
ἐκτελεῖται κατὰ τὸν ᾀσματικὸν τύπον ἡ
τοῦ ὄρθρου ἀκολουθία. Τὸ αὐτὸ δὲ γίνεται
καὶ εἰς τὰς ἑσπερινὰς ὑμνῳδίας, ἀναγινωσ-
κομένων τηνικαῦτα παρὰ τῶν ἱερέων τῶν
τοῦ λυχνικοῦ εὐχῶν, εἴτουν τοῦ ἑσπερινοῦ.
Διὰ τοῦτο οὖν, οὔτε τὸ τρισάγιον ἐν τῇ
τοιαύτῃ ᾀσματικῇ ἀκολουθίᾳ προηγεῖται,
ὡς εἴπομεν, οὔτε τὸ " Δεῦτε, προσκυνήσω-
μεν „, οὔτε τὸ " Δόξα τῇ ἁγίᾳ καὶ ὁμο-
ουσίῳ ,· χώραν γὰρ ἐνταῦθα ταῦτα οὐκ
ἔχουσι, καὶ τοιαύτη μέν ἐστιν, ὡς ἐν τύπῳ
φάναι, ἡ ἀκολουθία τοῦ ᾄσματος.

Ἡ ἁγιοπολίτης δὲ τὸ τρισάγιον ἔχει προη-
γούμενον, καὶ τὸ " Δεῦτε, προσκυνήσωμεν „,
καὶ τὸ " Δόξα τῇ ἁγίᾳ καὶ ὁμοουσίῳ „, καὶ
ὅσα πρὸ τούτου λέγονται· " Ὑπὲρ εἰρήνης
τοῦ κόσμου, καὶ ὑπὲρ σωτηρίας καὶ κράτους
καὶ διαμονῆς τῶν βασιλέων „ τροπάρια, | καὶ
συνελόντα φάναι, τοῦτό ἐστιν ἡ ἁγιοπολί-
της ἀκολουθία· τρισάγιον, παναγία Τριάς,
καὶ τὰ τούτοις ἀκόλουθα· ἐξάψαλμον, στι-
χολογία τοῦ ψαλτηρίου ἐν καιροῖς νηστίμοις
τε καὶ ἑορταστικοῖς· αἱ ᾠδαὶ μετὰ τῶν συν-
τεταγμένων ἐπῳδῶν, εἴτουν κανόνων κα-
τανυκτικῶν τε καὶ τῶν ᾀδομένων εἰς ὕμνον
Θεοῦ καὶ τῆς Θεομήτορος, καὶ μὴν καὶ
τῶν ἀπ' αἰῶνος ἁγίων τροπάρια τῆς τε
κατανύξεως, καὶ τὰ λεγόμενα ἰδιόμελα, καὶ
ὅσα ἄλλα τούτοις προτίθενται, καθ' ὁμοίω-
σιν παρὰ τῶν εὐσεβῶν ἐκτιθέμενα.

Τινὲς οὐκοῦν μὴ εἰδότες ἀκριβῶς τὸ διά-
φορον τῶν τοιούτων ἀκολουθιῶν, ἢ εἰδότες
μὲν, φιλοτιμούμενοι δὲ μιμηταὶ δήπουθεν
κρείττων, ἐθέλουσι παραμιγνύειν ἔν τε ἄλ-
λαις καὶ ἐν αὐταῖς ταῖς ἐνάρξεσιν τῶν ἑσ-
περινῶν καὶ ἑωθινῶν ὑμνολογιῶν ἰδιώματά
τινα τῆς ᾀσματικῆς ἐν ἑορτασίμοις ἡμέραις,
καὶ ἐπαινετὸν μὲν ἔσται τούτοις τὸ τοιοῦτον
ἔρον (sic), συναρμολογοῦσι τοῦτο καθηκόν-
τως καὶ συμβιβάζουσιν, ὡς ἐξ ἀμφοῖν ὁρᾶσ-
θαι τοῦτο καλῶς ἡρμοσμένον· ἐπίψογον δὲ
τὸ ἀνάπαλιν καὶ ἀνάρμοστον, ἀκαίρως καὶ
ὡς ἔτυχε ποιουμένοις τὴν τοιαύτην παρά-
μιξιν.

Εἰσὶ δὲ καὶ ἄλλαι ἀκολουθίαι χωρὶς τρισ-
αγίου καὶ τῶν λοιπῶν τούτου παρακολου-
θημάτων ἁπανταχοῦ τῶν χριστιανίων συ-
νάξεων τὴν ἔναρξιν ἔχουσαι, οἷα τὴν συγ-
γένειαν, ὡς εἰπεῖν, πρὸς τὴν ᾀσματικὴν
ἀναφέρουσαι· ἤγουν ἡ τῶν λεγομένων με-
γάλων ἑσπερινῶν, τῶν τε συνεζευγμένων
ταῖς θείαις ἱεροτελεστίαις· ἐν ταῖς ἡμέραις
τε τῆς σαρακοστῆς καὶ ἐν ταῖς παραμοναῖς
τῶν δύο δεσποτικῶν ἑορτῶν, ἤγουν τῶν γε-
νεθλίων τοῦ Χριστοῦ καὶ τῶν φώτων, καὶ
τῶν ἁπλῶς τελουμένων ἐν ἑσπερινοῖς μεγά-
λων ἑορτῶν, ἤγουν τῆς πεντηκοστῆς καὶ
τῶν ἄλλων, ἢ τῆς μεγάλης παννυχίδος,
ἥτις μάλιστα τελεῖται κατὰ τὴν πρώτην
ἑβδομάδα τῶν νηστειῶν καὶ τῆς λαμπρᾶς
κυριακῆς τοῦ πάσχα καὶ τῶν ἐφ' ἑξῆς ἑπτὰ
ἡμερῶν καὶ τῶν φωτισμάτων ἢ τῆς λιτῆς
ἢ τοῦ καθ' ἑκάστην ἀρχιμηνίαν γενομένου
ἁγιασμοῦ, ἢ τῶν ἐγκαινίων ἢ τῆς τριτοέκ-
της· καὶ ἄλλαι παρόμοιαι· ἐν ταύταις γὰρ
μετὰ τό· " Εὐλόγησον, δέσποτα „, καὶ τὸ
" Εὐλογημένη [f. 270] ἡ βασιλεία „, ἔστι
δ' ὅτε καὶ μετὰ πρόασμα προσφόρου ψαλ-
μικῶς γίνεται εὐθὺς ἡ συναπτὴ καὶ καθεξῆς
προβαίνει ἡ συνήθης ἑκάστῃ τούτων ψαλ-
μῳδία κατὰ τὴν κρατοῦσαν παράδοσιν, εἰ
τοίνυν ἐνιαῖοι ἁγιοπολίτην ἀκολουθίαν ἔχου-
σιν, ἐπεκράτησεν ἐξ ἔθους μακροῦ τὸ ἄνευ
τρισαγίου καὶ τῶν λοιπῶν ἐν ταῖς ἐπισή-
μοις ἡμέραις ἄρχεσθαι τῶν ἑσπερινῶν καὶ
τῶν ἑωθινῶν ὑμνῳδιῶν, οὐκ ἐπαινετὸν μὲν,
ὡς κολοβοῦν μάλιστα τὰ τῆς ἁγιοπολίτου
ἰδιώματα· συγχωρητέον δὲ ὅμως διὰ τὴν
μακρὰν συνήθειαν, ἧς ῥαγῆναι κλῆρον καὶ

λαὸν ἐργῶδες καὶ ἀδύνατον, οὐκ ἀπᾷδον δὲ καὶ τὸ δίδοσθαι χώραν θεληματαίνοντι ἔθει· ὁπηνίκα τοῦτο εὐσεβές ἐστι καὶ εὐσεβεῖ οὐκ ἀντιφέρεται δόγματι.

PNE'. Ἐρώτησις Β'.

Εἰ δέον ἔστι γίνεσθαι ἐν τοῖς ὄρθροις καὶ τῶν κυριακῶν καὶ τῶν δεσποτικῶν ἑορτῶν εἴσοδον ἱερέων καὶ διακόνων;

An oporteat fieri in matutinis precibus dierum dominicalium et festivorum processus sacerdotum et diaconorum?

Ἐν τοῖς ὄρθροις μὲν τῶν κυριακῶν γίνεται εἴσοδος ἱερέων καὶ διακόνων κατὰ μίμησιν τῆς μεγάλης ἐκκλησίας· πλὴν ἐκεῖ μὲν ἡ γινομένη εἴσοδος ὄντως καὶ ἔστι καὶ ὀνομάζεται εἴσοδος· ψαλλομένου γὰρ ἐν τῷ προτεμενίσματι, τῷ καὶ νάρθηκι καλουμένῳ, τελευταῖον τοῦ ἀμώμου μετὰ μελῳδίας παρὰ τῶν ἱεροψαλτῶν, καὶ τῶν βασιλικῶν πυλῶν κεκλεισμένων οὐσῶν, καὶ τοῦ ἱερατικοῦ παντὸς ἔμπροσθεν αὐτῶν ἱσταμένου, καὶ τὰ συνήθη ἱερὰ ἐκτελοῦντος ἐπᾴσματα, ὅταν ἐκφωνηθῇ ὁ στίχος, ἤγουν τὸ " Εἰσέλθετε ,, τὸ " Ἀξιωμά μου ἐνώπιόν σου ,, τηνικαῦτα τῶν πυλῶν ἀνοιγομένων, γίνεται εἴσοδος, καὶ οἱ μὲν ἱεροψάλται τοὺς οἰκείους τόπους καταλαμβάνουσι ψάλλοντες. Τὸ δὲ ἱερατικὸν ἔνδον τοῦ βήματος γίνεται, καὶ καθ' ἑκάστην δὲ ἡμέραν ἐκεῖσε εἴσοδος καὶ ὄρθρου καὶ ἑσπέρας τελεῖται· διὰ τὸ ἔξωθεν τοῦ ναοῦ πρὸ τῶν βασιλικῶν πυλῶν, ὡς εἴρηται, τὴν ἔναρξιν τῆς ᾀσματικῆς ἀκολουθίας γίνεσθαι. Ἐνταῦθα δὲ ἡ μὲν μίμησις ποιεῖ εἴσοδον, ἡ εἴσοδος δὲ οὐκ ἔστι κατ' ἀλήθειαν εἴσοδος· οἱ ἱεροδιάκονοι δὲ ἐντὸς τοῦ ναοῦ κατὰ τὸ ἔθος ἱστάμενοι μεθ' ὃ τὴν τοῦ ὄρθρου ἀκολουθίαν πᾶσαν τελέσουσιν, ἐν τῷ | τέλει τούτου ἐκ τῶν οἰκείων τόπων ἀναχωροῦντες καὶ ὄπισθεν τοῦ ἄμβωνος γινόμενοι, ψαλλομένου τοῦ ἑωθινοῦ ὕμνου, ποιοῦσιν εἴσοδον, καὶ ἔστιν ὡς ἄν τις εἴπῃ ὁ περὶ τούτων λόγος, γρῖφος καὶ τῆς περιᾳδομένης σφιγγὸς ἐκφόριον, οἱ ἐντὸς γὰρ ὄντες, ἔσω γίνονται· πλὴν ὅτι τοῦτο μίμημά ἐστιν εὐσεβές, συγκεχώρηται γίνεσθαι, καὶ πρόσφορος τῇ εἰσόδῳ ταύτῃ καιρὸς, ὁ μετὰ τὸν ἑωθινὸν ὕμνον ἀφώρισται, ὅτι καὶ ἐν τῷ τέλει τούτου, μετὰ τὸ ἀναστάσιμον τροπάριον καὶ τὸ " Ἀνάστηθι, Κύριε ,, τὸ ἀναστάσιμον εὐαγγέλιον ἀναγινώσκεται. Τηνικαῦτα καὶ γὰρ ἐν τῇ μεγάλῃ ἐκκλησίᾳ ἡ τούτου ἀνάγνωσις γίνεται. Οὕτω μὲν οὖν ὡς εἴρηται, καὶ διὰ ταῦτα ἐν τοῖς ὄρθροις τῶν κυριακῶν ἡ τῶν ἱερέων καὶ τῶν διακόνων τελεῖται εἴσοδος. Ἐν τοῖς ὄρθροις δὲ τῶν δεσποτικῶν ἑορτῶν, ἔνθα ἡ ἁγιοπολίτης ἐστιν ἀκολουθία, οὐδαμῶς γίνεται εἴσοδος, κἂν ἐν κυριακῇ ἐπιστῶσιν αὐταί, καθ' ἣν ἀναστάσιμα διὰ ταύταις οὐ ψάλλονται· μετὰ τὴν ἕκτην γὰρ ᾠδὴν καὶ μετὰ τὴν μελῳδίαν τοῦ κοντακίου, ἀναγινώσκεται τὸ πρόσφορον τῇ ἑορτῇ εὐαγγέλιον· ἡ εἴσοδος δὲ τῶν ἱεροδιακόνων παντελῶς ἀπρακτεῖ, ὡς μήτε καιρὸν ὅλως ἔχουσα, μήτε μίμησιν προσφυῆ καὶ ἁρμόζουσαν.

ΡΝΣ'. Ἐρώτησις Γ'.

Πῶς¹) λογίζονται τὰ παρὰ τῶν Λατίνων ἱερουργούμενα ἄζυμα, κοινὰ ἢ ἅγια; ὡσαύτως καὶ τὰ ὑπουργούμενα²) τούτοις σκεύη καὶ τὰ ἱερατικὰ ἄμφια καὶ εἴ τι τοιοῦτον; καὶ εἰ εὔλογόν³) ἐστι τὸ τούτους δακτυλιοφορεῖν.

Quomodo censeantur Latinorum azyma in sacris usurpata, sive profana, sive sancta, perinde quid cogitandum de vasibus et sacris vestibus, et caeteris hujusmodi, et an rectum illis sit annulum digito ferre?

Ὁ μὲν ἑβδομηκοστὸς τῶν ἁγίων καὶ πανευφήμων⁴) ἀποστόλων κανών, καὶ ὁ λζ' καὶ ὁ λη' τῆς ἐν Λαοδικείᾳ συνόδου, καὶ ὁ ἑξηκοστὸς τῆς ἐν Καρθαγένῃ ἀζύμων μέμνηται⁵) ἰουδαϊκῶν καὶ ἑορταστικῶν πεμπομένων τοῖς πιστοῖς παρὰ αἱρετικῶν, καὶ ἀποτρέπουσι καὶ τὸ λαμβάνειν ταῦτα, καὶ τὸ συνεορτάζειν αὐτοῖς τοὺς πιστούς. Λατινικῶν δὲ ἀζύμων οὐδεὶς οὐδαμοῦ κανὼν μέμνηται, οἷα ὕστερον, ὡς ἔοικε, τοῦ τῶν ἀζύμων ἔθους, ἐν τῇ τῶν Λατίνων⁶) ἐκκλησίᾳ ἐπεισκωμάσαντος. Ἐξ οὗ μέντοι τὸ τοιοῦτον [f. 271] ἔθος ἀνέκυψε, πολλοὶ τῶν ἡμετέρων κακὸν ζῆλον⁷) ὑπερβάλλοντες, συγγράμμασιν οἰκείοις καθ' ἑαυτοὺς ὡς ἔκφυλον τοῦτο ἀπεσκοράκισαν. Κείμενον⁸) δὲ τοῦτο, ἀλλὰ καὶ τὸ περὶ τῆς ἐκπορεύσεως τοῦ ἁγίου Πνεύματος τοῖς Λατίνοις δογματιζόμενον, ἀπᾷδὸν καὶ ἀπεμφαῖνον παντάπασιν ἤλεγξαν, καὶ πολλὰ δὲ ἔτι ἕτερα τούτων, ὡς τῇ καθολικῇ ἐκκλησίᾳ μὴ ἀκολουθοῦντα, βδελυκτὰ ἐλογίσαντο⁹). Ἔνιοι μέντοι φιλανθρωπότερον τῷ πράγματι χρησάμενοι, ἐπὶ μὲν τοῖς ἄλλοις συγκατέθησαν αὐτοῖς, τὸ τοῦ ἔθους εἰδότες σκληρὸν καὶ ἀγέρωχον, καὶ βαρβαρικοῖς, ὡς τὰ πολλά, συναναχρωννύμενον ἤθεσιν.

Ἐπὶ μόνῳ δὲ τῷ περὶ τῆς τοῦ ἁγίου Πνεύματος ἐκπορεύσεως, οὐδαμῶς συγκεχωρήκεσαν καὶ συνέθησαν¹⁰), ὧν εἷς ἐστι καὶ ὁ σοφώτατος Βουλγαρίας ὁ μακαριστὸς Θεοφύλακτος· ὃς ἐν τῷ πρὸς Νικόλαον διάκονον καὶ κανστρέσιον¹¹), τὸν ὕστερον ἐπίσκοπον Μαλεσόβης πεμφθέντι παρ' αὐτοῦ λόγῳ, μετὰ τὸ μέμψασθαι τοῖς διακρίτως προσφερομένοις αὐτοῖς καὶ τὰ αὐτῶν ἀποβαλλομένοις καθόλου, καὶ μετὰ τὴν ἀπαρίθμησιν τῶν δοκούντων ἐλαττωμάτων αὐτῶν, καὶ ταῦτα οὕτω διέξεισιν¹²).

" Ἐγὼ δὲ καὶ¹³) „τούτων τὰ μὲν οὐδεμίας „ἐπιστροφῆς δεῖσθαι νομίζω, τὰ δὲ μετρίας, „καὶ οἵας εἰ μὲν ἀνύσειέ τις, μικρὰ τῇ ἐκ„κλησίᾳ χαρίζεσθαι. Εἰδ' οὖν, ἀλλὰ μηδὲ „ζημίαν¹⁴) τιθέναι τὸ ἀνεξάνυστον. Ὁ δὲ „μάλιστά μοι δοκεῖ τὴν¹⁵) πρὸς Λατίνους „κοινωνίαν τοῖς εὐφρονοῦσι ποιεῖν ἀπώμοτον „καὶ ὁ μὴ κατορθούμενον, μεγάλην προξε„νεῖ τὴν ζημίαν τῇ τοῦ Υἱοῦ κληρονομίᾳ, „ἣν ἐν τοῖς ἔθνεσιν ἔλαβε, τοῦτό σοι καὶ „δείξω καὶ διελέγξω καθόσον ἔνεστι „.

Καὶ μετά τινα· " Ἔστιν οὖν τὸ μέγιστον „ἐκείνων σφάλμα, καὶ τοῦτο δὴ τὸ Σο„λομῶντος· ᾅδου πετύρῳ ποιοῦν συναν-

¹) Rhalli l. l. p. 430. — ²) Cod. ὑπουργοῦντα malo. R. αὐτοῖς. — ³) R. εὔλογον. — ⁴) R. om. καὶ πανευφήμων. — ⁵) R. μέμνηνται τῶν. — ⁶) R. τῶν Ῥωμαίων. Cf. intra cxcvii. — ⁷) R. κατα ζῆλον ὑπερβάλλοντα Cod. ὑπερβάλλονται. — ⁸) R. οὐ μόνον δὲ, ἀλλὰ. — ⁹) R. ἔλεγ. καὶ ἀπώσαντο. — ¹⁰) R. συνήνεσαν. — ¹¹) C. R. κανστρίσιον. R. Μελεσόβης. — ¹²) Opus Theophylacti, primus integrum edidit Mingarellius in *Anecdotor. fasc.* a. 1756, post eum Finettius inter Theophylacti Opp. t. III, p. 519 (*Patrol. gr.* t. cxxvi, col. 212). Demetrii excerpta Leunclavius edidit in *Jure gr. Rom.* l. v, p. 818. Nemo codicem Monacensem adhibuit, cujus non temnendae videntur varietates. — ¹³) *Patrol.* 224 D. — ¹⁴) ζημίαν γε edd. — ¹⁵) τὴν cod. om. mox Patr. τοῖς φρονοῦσι πιεῖν ἀπότομον.

ANAL. VII, 20*.

„τᾶν¹), ἣ ἐν τῷ τῆς πίστεως συμβόλῳ
„καινοτομία, ἣν ἐποιήσαντο κηρύττοντες,
„τὸ Πνεῦμα ἐκ τοῦ Πατρὸς καὶ τοῦ Υἱοῦ
„ἐκπορεύεσθαι„.

Καὶ μετὰ πολλά· "Ἐπεὶ δὲ καὶ²) περὶ τῆς
„προσφορᾶς τῶν ἀζύμων πολὺς ὁ ζῆλος τοῖς
„πολλοῖς καὶ πυρὸς θερμότερος, ὃ δὴ λέγεται
„καὶ πρότερον αὐτὰς ψυχὰς πρόοιντο | ἢ
„τὴν περὶ τούτων δόξαν αὐτῶν παραλύ-
„σαιεν. Εἰ δέ τινες³) καὶ οἰκείῳ πάθει κα-
„ταχαρίζονται ὃ κρῖμα καὶ παγὶς τοῦ δια-
„βόλου τῷ Παύλῳ δοκεῖ· ἃ μὲν δεῖ πρὸς
„τούτους εἰπεῖν ἐν ὑστέρῳ λέξομεν, τῶν μὲν
„τὸ ἄμετρον τοῦ ζήλου κολάζοντες, τοῖς δὲ
„ταπεινὸν δεικνύντες τὸ ἀταπείνωτον„.

Καὶ αὖθις μετὰ πολλά· "Καὶ τοῖς δυτι-
„κοῖς⁴) τοίνυν, εἴ τι μὲν περὶ τὸ δόγμα δια-
„μαρτάνεται τὴν πατρικὴν πίστιν σαλεῦον,
„οἷον δὴ τὸ ἐν τῷ συμβόλῳ περὶ τοῦ ἁγίου
„Πνεύματος προστιθέμενον, ἔνθα καὶ ὁ κίν-
„δυνος μέγιστος, τοῦτο μὴ διορθώσεως ἀξι-
„ούμενον ὁ συγχωρῶν ἀσυγχώρητος· κἂν
„ἀπὸ τοῦ θρόνου τοὺς λόγους ποιῶνται, ὃν
„ὑψηλὸν ὑψηλοῖ προτιθέασιν, κἂν τὴν τοῦ
„Πέτρου ὁμολογίαν προβάλλωνται, κἂν τὸν⁵)
„ἐπ' ἐκείνῃ μακαρισμὸν περιφερῶσι, κἂν
„τὰς κλεῖς τῆς βασιλείας ἡμῖν ἐπισείωσι„.

Καὶ πάλιν μετὰ πολλά· "Οὐ τοίνυν⁶) οὔτε
„περὶ τῶν ἀζύμων, οὔτε περὶ τῶν νηστειῶν
„ἀντισκληρυνθησόμεθα τῷ ἀκαμπεῖ τοῦ ἔθ-
„νους⁷) φρονήματι· τοῦτο γάρ ἐστιν ὀστρά-
„κῳ συγκολᾶν ὄστρακον, μηδὲν ἦθους ὑγρο-
„τέρου παρεντιθέντας· ὅπερ ἐγένετ' ἂν ἴσως
„ἐχέκολλον, οὐδὲ πολλοῦ δεῖ τῶν ἀπηριθμη-
„μένων λοιπῶν ἅπερ ὁμολογοῦντες καὶ αὐτοὶ
„τηρεῖν, ἐκτὸς τῆς πνικτοφαγίας (ταύτης
„γὰρ οὐδὲ τοὔνομα Λατίνοις σώφροσιν ἀνεκ-

„τόν, ὥσπερ οὐδὲ παρ' ἡμῶν⁸), οὐδὲ τὸ τῆς
„λῃστείας⁹) καὶ πορνείας, κἂν οἱ θηριώδεις
„καὶ κτηνώδεις ταύτην ἐπιτηδεύουσι), δο-
„κοῦσι πολλοῖς ἀσύγνωστα σφάλλεσθαι· ὧν
„μὴ συντίθεσθαι τοῖς λόγοις, ἀνδρὸς ἐστίν,
„ὡς οἶμαι, ταῖς ἐκκλησιαστικαῖς ἱστορίαις
„ἐγγυμνασθέντος, καὶ μαθόντος ὡς οὐ πᾶν
„ἔθος ἀποσχίζειν ἐκκλησίας ἰσχύει, ἀλλὰ τὸ
„πρὸς διαφορὰν ἄγον δόγματος. Ἔθη δὲ
„πάντως καὶ ταῦτα τὰ παρὰ τοῖς θαυμα-
„στοῖς κριταῖς σφάλματα, τὰ μὲν ἐξ εὐλα-
„βείας, ὡς τὸ προσάγον τοὺς ἀσπασμοὺς τοῖς
„θείοις ἐδάφεσι, μὴ γὰρ παραδεξαίμεθα¹⁰)
„τὴν σατανικὴν ἐκείνην συκοφαντίαν, ὡς
„ἄρα Λατίνοις οὐ παραδεκτέα ἡ τῶν εἰκό-
„νων προσκύνησις. Τὰ δὲ ἐξ οἰκονομίας οἰκο-
„νομοῦσιν ἀσθένειαν, τάχα μὲν καὶ ψυχῆς,
„πάντως δὲ τὴν σωματικήν, [f. 272] ὡς τὸ
„τοὺς μοναχοὺς ἐν ταῖς νόσοις¹¹) μεταλαμ-
„βάνειν κρεῶν, καὶ τοῦτο κεκολασμένως καὶ
„τῷ ὄντι πνευματικῶς. Εἰ δέ τινες αὐτὸ χυ-
„δαιοῦσι ταῖς ἀδιαφορίαις, ἕτερος οὗτος λό-
„γος πρὸς τούτους¹²), οὐ πρὸς τοὺς πρώτους·
„τοῦτο κατὰ λόγον οἰκονομήσαντας, καὶ ἀλ-
„λὰ κατ' ἄλλους τινὰς λόγους ἐμπαγέντας¹³)
„ταῖς δυτικαῖς ἐκκλησίαις· ὧν οὐδὲν διαπᾶν
„ἡμᾶς δύναται; οὐκ, ἤν γε τοὺς κρίνοντας
„ἔχοι¹⁴), τὴν ψῆφον φέροντας πατρικοῖς νό-
„μοις ἀκόλουθον. Καὶ εἴ γε μὴ μακρός μοι ὁ
„λόγος ἔμελλεν ἔσεσθαι, καὶ ἱστορίας ἐγγὺς
„ἔδειξα ἄν σοι μυρία ἐπὶ μυρίοις ἔθη τοῖς
„παλαιοῖς πατράσι παρακεχωρημένα, πρὸς
„τὴν τῶν ἀδελφικῶν ψυχῶν περιποίησιν·
„ᾔδεσαν γὰρ ἐκεῖνοι μὴ ἑαυτοῖς ἀρέσκειν,
„ἀλλ' ἕκαστος τῷ πλησίον εἰς τὸ ἀγαθὸν
„πρὸς¹⁵) οἰκοδομήν· ἀλλὰ νῦν φεῦ! τοῦ ὑδε-
„ρικοῦ ἡμῶν ὄγκου! Καὶ τίς ἐστί μου πλη-

---

¹) Prov. IX, 19. — ²) Patrol. 232 D. — ³) Patrol. οὐδέ τινες. R. οἱ δέ τινες. Mox 1 Tim. II, 6. R. om. ὁ κρῖμα. — ⁴) Patrol. 241 B. Cod. περὶ δόγμα. — ⁵) Patrol. τὸν ἐπ' ἐκείνῃ μακαρ. ἐπιφέρωσι. — ⁶) Patrol. 215 A. — ⁷) Cod. ἔθους. Mox Patrol. μηδὲν ἔθους, R. μηδὲν ἦθος ὑγρότερον sic. — ⁸) Patrol. παρ' ἡμῖν τὸ τῆς. — ⁹) R. οὐδὲ τῆς πορνείας καὶ τῆς νηστείας, κἂν... Patrol. λῃστ. ἢ πορν. Mox Patrol. ταῦτα. — ¹⁰) Edd. μὴ γὰρ δέ... Patrol. παραδεξάμεθα. Mingar. παραδεξώμεθα. — ¹¹) Cod. ἐν τοῖς νόμοις, an perperam? — ¹²) Patrol. om. πρὸς τούτους. Mox cod. κατάλεγον. — ¹³) Cod. ἐμπαγέντα. — ¹⁴) Edd. ἔχη. — ¹⁵) Rom. XV, 1, 2.

„οἷον λέγομεν¹), καὶ μυρίους καταβάλλομεν ἱσταμένους, ἵνα τὸ οἰκεῖον στήσωμεν θέλημα, καὶ ἐφεξῆς κατατρέχειν σφοδρῶς τῶν ἰδιακρίτως καὶ ἀνέδην μεμφομένων τοῖς Λατινικοῖς ἔθεσι, καὶ εἰς μέγιστα καὶ ἀπόβλητα σφάλματα ἐγγραφέντων αὐτά²)„.

Ἔστιν οὖν συνιδεῖν ἐκ τῆς ἐγκειμένης ἐννοίας τῷ σοφωτάτῳ συγγράμματι³), ὡς ἐλάχιστα μὲν χρὴ ἐπὶ παντὸς ἔθνους προσδεξαμένου τὸ κατὰ Χριστὸν κήρυγμα, ἐπιτηρεῖν τὰ τῶν ἐν αὐτοῖς ἐθῶν ἐλαττώματα. Τά γε μὴν ἔκφυτα⁴) τῶν δογμάτων καὶ ἐπεκφαίνοντα καὶ λίαν ὑποβλέπεσθαι καὶ φεύγειν, ὡς γαγγραίνας ὧν ὁ θεῖος μέμνηται Παῦλος⁵), καὶ ὡς ἑτεροῖα κακοήθη νοσήματα, ἐπείπερ τὰ μὲν ἔθη οὐ τοσοῦτον, τὰ δέ γε πονηρὰ δόγματα, διασπᾶν ἡμᾶς τούτων δύνανται.

Ὅθεν οὔτε τὰ ἱερουργούμενα παρὰ τῶν Λατίνων ἄζυμα, οὔτε τὰ ὑποδεχόμενα ταῦτα καὶ ὑπηρετούμενα τῇ τούτων ἱερουργίᾳ σκεύη, καὶ ἀκολούθως οὔτε τὰς ἱερατικὰς τούτων στολάς⁶), οὔτε τι τοιοῦτον ἕτερον κοινὰ λογισόμεθα· πῶς γὰρ τῆς τοῦ δεσποτικοῦ ὀνόματος ἐπικλήσεως ἐπισφραγιζούσης ταῦτα, καὶ τῶν τοῦ θείου Ἰακώβου τοῦ ἀδελφοθέου ἱερῶν ἐπιχαμάτων τὴν ἁγιστείαν, ὡς μανθάνομεν, ἱερολογούντων αὐτοῖς;

Εἰ δέ τις ἐρεῖ, ὡς εἴπερ κοινὰ τὰ τῶν Λατίνων ἄζυμα οὐκ εἰσίν, οὐ προκριματισθησόμεθα καὶ ἡμεῖς τούτων μεταλαμβάνοντες· ἀλλ' ἀκούσεται ὡς ἐπειδή, καθὼς ἄνωθεν εἴρηται, μετὰ τῶν ἄλλων ταῖς δυτικαῖς ἐκκλησίαις καὶ τὸ ἐπὶ τοῖς ἀζύμοις ἔθος ἐμπέπηκται, καθὰ καὶ ἡμῖν τὸ προσφέρειν, καὶ ἱερουργεῖν ἔνζυμα, ἀδύνατος ἑκατέροις·⁷) ἔσται ἡ τῶν οἰκείων ἐθῶν παράβασις, εἰ μήποτε θάτερον μέρος μεταθέσθαι πρὸς θάτερον αἱρετίσεται· τὴν κοινωνίαν αὐτοῦ ἀσπασάμενον· πλὴν ὥσπερ ἐκεῖνοι τὰ παρ' ἡμῶν ἱερουργούμενα λέγουσιν ἅγια⁸), ἡμεῖς τὰ παρ' ἐκείνων ἅγια εἰπεῖν οὐ δυνάμεθα; ὅμως αἱρετικῶν γὰρ χειροτονίαι τοῖς ὀρθοδόξοις δεκταί εἰσι, κατὰ τὴν τῶν πατέρων παράδοσιν, ὀρθοδόξων ἢ ὄντων ἢ γινομένων τῶν ὑπ' αὐτῶν χειροτονουμένων.

Τὸ δακτυλιοφορεῖν δὲ τοῖς μὲν κατὰ πνεῦμα περιπατοῦσι πνευματικῶς ἐκλαμβάνεται. Ἐπειδὴ γὰρ νυμφίος ὁ Χριστὸς καὶ τῆς ἐκκλησίας καὶ τῶν καθαρῶν καὶ παρθένων ψυχῶν ὀνομάζεται, τὸν αὐτὸν τρόπον, καὶ οἱ ἑκασταχοῦ τῶν ἁγίων ἐκκλησιῶν προστάται νυμφίοι προσαγορεύονται, ὡς δακτύλιον λαβόντες τὴν σφραγῖδα τοῦ Πνεύματος, ὅτι καὶ ὁ Σωτὴρ ἐν δακτύλῳ Θεοῦ⁹), τουτέστι τῷ ἁγίῳ Πνεύματι, τὰ δαιμόνια ἐκβάλλειν πρὸς τοὺς ἀπειθεῖς ἔλεγεν Ἰουδαίους, οἱ Βεελζεβοὺλ ἐκερτόμουν ἔχειν αὐτὸν· καὶ τὸν ἐπανελθόντα δὲ ἄσωτον υἱὸν δακτυλίῳ χρυσῷ ἐπεκόσμησεν, ὅλον δηλαδὴ τοῦτον ἐκτελέσας πνευματικὸν ἀντὶ σαρκικοῦ. Τοῖς γε μὴν Λατίνοις οὐ πνευματικῶς, ἀλλὰ σαρκικῶς, οὐδ' ὑπερκοσμίως, ἀλλὰ κοσμικῶς τὴν τοῦ δακτυλίου προσηγορίαν ἐκλαμβανομένοις, περισπούδαστον γίνεται τὸ δακτυλιοφορεῖν, ὡς καὶ τῶν ἐκκλησιῶν δήπουθεν μνήστορσιν. Ὅθεν οὐδὲ τοῦτο προσάπτει μέμψιν αὐτοῖς.

---

¹) Luc. x, 29. — ²) *Patrol.* om. post ἀκόλουθον ea quae sequuntur. An Demetrii sunt, non Theophylacti? — ³) R. τούτῳ συγγρ. συνιδεῖν. — ⁴) R. ἐκφυλατ. δ. κ. ἀπεκφαίνοντα. — ⁵) II Tim. II, 17. — ⁶) R. τὰς ἱερὰς αὐτῶν στολάς. R. om. ἕτερον. — ⁷) R. ἐφ' ἑκατέροις. — ⁸) R. om. perperam λέγουσιν ἅγια, sed bene habet ἡμεῖς οὕτω, pergit τὰ παρ' ἐκ. ἅγια λεγιόμεθα, καὶ οὐκ σφαλλόμεθα, καὶ αἱρετικῶν. — ⁹) R. male om. Θεοῦ.

PNZ'. Ἐρώτησις Δ' ¹).

Εἰ δεῖ τὸν ψηφισθέντα καὶ καταδεξάμενον μετατεθεῖναι εἰς ἑτέραν ἐπισκοπήν ¹);
*An oporteat eum qui episcopo addictus est et ab eo receptus,
in aliam diocesin transferre?*

Τοῦτο κανονικὸν μέν οὐκ ἔστιν, οὔτε μὴν τῆς ἐγγράφου ἢ ἀγράφου ἐκκλησιαστικῆς παραδόσεως. Γίνεται δὲ πολλάκις, βασιλέως κελεύοντος διά τινα οἰκονομίαν λυσιτελοῦσαν κοινῇ. Καὶ γέγονε [f. 273] τοῦτο ἐπὶ τῶν ἡμερῶν Μανουὴλ τοῦ ἀοιδίμου βασιλέως καὶ Πορφυρογεννήτου ²) τοῦ Κομνηνοῦ· τοῦ γὰρ σοφωτάτου ἐκείνου Εὐσταθίου, τοῦ κατὰ Φλῶρον διακόνου ὄντος τῆς μεγάλης ἐκκλησίας καὶ μαΐστορος τῶν ῥητόρων, εἰς τὴν ἐκκλησίαν τῶν Λυκίων Μυρέων ³) ψηφισθέντος καὶ ἀσπασαμένου καὶ καταδεξαμένου, καὶ ἤδη καὶ πρὸς τὴν χειροτονίαν ἑτοιμασθέντος, πρόσταγμα τοῦ μακαρίτου βασιλέως ἐκείνου καταπεφοίτηκε πρὸς τὴν σύνοδον, καὶ διακελευόμενον δέξασθαι ταύτῃ παρακιτούμενον τὸν Εὐστάθιον, προαγαγεῖν ⁴) δὲ τοῦτον πρὸς τὴν περίκλυτον τῶν Θεσσαλονικαίων μητρόπολιν, ὡς τηνικάδε χηρεύουσαν.

Τὰ τοιαῦτα οὖν, ὡς εἴπομεν, κέλευσις μόνη βασιλικὴ δύναμιν ἔχει μεταλλάττειν τε καὶ καινοτομεῖν. Ὁ βασιλεὺς γάρ, οἷα κοινὸς τῶν ἐκκλησιῶν ἐπιστημονάρχης, καὶ ὢν καὶ ὀνομαζόμενος, καὶ συνοδικαῖς γνώμαις ἐπιστατεῖ, καὶ τὸ κῦρος ταύταις χαρίζεται, καὶ ἐκκλησιαστικὰς τάξεις ῥυθμίζει, καὶ νομοθετεῖ βίῳ καὶ πολιτείᾳ τῶν τοῦ βήματος, ναὶ μὴν καὶ δίκαις ἐπισκόπων καὶ κληρικῶν, καὶ πρός γε χηρευουσῶν ψήφοις ἐκκλησιῶν· ἀνάγει δὲ καὶ ἀπὸ ἐλάττονος τιμῆς εἰς μείζονα, δηλαδὴ ἀπὸ ἐπισκοπῆν ⁵) εἰς μητρόπολιν, ἢ ἀνδρὸς ἀρετὴν ἢ πόλιν τιμῶν.

Ταῦτα δὲ πάντα ῥᾷον ἐστὶ καταμαθεῖν τὸν φιλομαθῆ ἀπό τε τῆς τῶν θείων καὶ ἱερῶν κανόνων περιλήψεως, καὶ ἀπὸ τῆς Ἰουστινιανείου νεαρᾶς νομοθεσίας, τῆς κειμένης ἐν ὅλῳ τῷ τρίτῳ βιβλ. τῶν βασιλ. τὰ περὶ ἐπισκοπείων ⁶) καὶ κληρικῶν, καὶ προνομίων αὐτῶν καὶ βίου καὶ καταστάσεως·⁷) καὶ δικῶν ἐγκληματικῶν τε καὶ χρηματικῶν εἰς πλάτος διαλαμβάνοντι, καὶ ὡς ἔπος εἰπεῖν, πλὴν μόνου τοῦ ἱερουργεῖν, τὰ λοιπὰ ἀρχιερατικὰ προνόμια σαφῶς εἰκονίζει ὁ βασιλεύς, ἐφ' οἷς πράττει νομίμως τε καὶ κανονικῶς·⁸)

Εὕρηται δὲ ἐν τῷ ιθ' λόγῳ τῆς Ἰουδαϊκῆς Ἀρχαιολογίας Φλαβίου Ἰωσήπου, ὑπογραφὴ βασιλικὴ οὕτως ἔχουσα· " Τιβέριος Κλαύδιος Καῖσαρ σεβαστός, Γερμανικὸς ἀρχιερεὺς μέγιστος δημαρχικῆς ἐξουσίας, ὕπατος χειροτονηθεὶς τὸ δεύτερον „. Ὅτι οὖν | καὶ χριστὸς Κύριος ὁ κατὰ καιροὺς βασιλεύς ἐστι, διὰ τὸ χρίσμα τῆς βασιλείας· ὁ δὲ Χριστὸς καὶ Θεός· ἡμῶν μετὰ τῶν ἄλλων καὶ ἀρχιερεὺς ἡμῶν καὶ γέγονε καὶ ἀνακηρύττεται εὐλόγως καὶ αὐτὸς ἀρχιερατικοῖς κατακοσμεῖται χαρίσμασι.

---

¹) Rhalli v, 429. — ²) R. Πορφυρογεννήτου Κων. — ³) R. μύρων. — ⁴) R. προσαγαγεῖν, postea Θεσσαλονίκιον. — ⁵) R. ἐπισκοπῶν. — ⁶) R. ἐπισκόπων. — ⁷) R. βίου καταστάσεις, mendo typogr. Pergii καὶ διωκῶν. — ⁸) Heul piget pro decoro Graecorum non plura variari, sed de sequentibus magis pudendum.

ΡΝΗ'. Ἐρώτησις Ε'.

Εἰ ὁ ἀρχιερεὺς μετὰ τὴν ἱερουργίαν αὐτοῦ καὶ τὴν ὀπισθάμβονον εὐχὴν, ποιεῖν ὀφείλει τρισάγιον καὶ μετὰ ταῦτα τὴν εὐχὴν ἀπολύσεως, ἢ ἐξέρχεσθαι μετὰ σιωπῆς καὶ τὴν ἀρχιερατικὴν στολὴν ἀπεκδύεσθαι;

An episcopus, peractis ab ipso sacris, et recitata retro ambonem oratione, debet exequi trisagion et postea preces absolutionis, vel tacitus exire et pontificiam exuere stolam?

Μετὰ τὴν ἐν τῇ ἱερουργίᾳ τοῦ ἀρχιερέως λειτουργίαν ἡ καθολικὴ εὐχὴ τῆς τοῦ ἐκκλησιάζοντος λαοῦ ἀπολύσεως, τουτέστι τὸ Εὐλογία Κυρίου ἐφ' ἡμᾶς, ὅπερ ἐκφωνεῖται παρὰ μὲν τοῦ ἀρχιερέως διὰ τοὺς ἐν τῷ βήματι καὶ διὰ τοὺς πλησιάζοντας λαϊκοὺς ταῖς τούτου βιγλίσι, παρὰ δὲ τοῦ ἱερέως ὄπισθεν τοῦ ἄμβωνος, διὰ τοὺς καὶ ἐν ταῖς ἐσχατίαις τοῦ ναοῦ ἱσταμένους. Εἰ δὲ τυχὸν παρουσιάζει βασιλεὺς, ἢ τίς τῶν μεγάλων στρατηγῶν ἢ σατραπῶν, καὶ χρεὼν ἢ διὰ τὴν παρουσίαν αὐτῶν ἢ ἁπλῶς διὰ ἱκεσίαν ὑπὲρ τοῦ κόσμου καὶ δέησιν γενέσθαι τρισάγιον καὶ εὐχὴν παρὰ τοῦ ἀρχιερέως, ἀμέμπτως τοῦτο γενήσεται· ὅτι δὲ οὐκ ἐπάναγκες ἐστὶν ὡς μηδὲ τῷ ἐκκλησιαστικῷ ἔθει συντεταγμένον, τοῦ θελήματος μόνον τοῦ ἀρχιερέως ἢ καὶ τῆς τοῦ σώματος τούτου δυνάμεως ἐξήρτηται, εἴτε δηλαδὴ γενέσθαι τοῦτο, εἴτε καὶ μή.

ΡΝΘ'. Ἐρώτησις Σ'.

Εἰ δέον ἐστὶ καὶ ἐν τοῖς πορφύροις ἀρχιερατικοῖς ἐσθήμασι τεθῆναι, καθάπερ καὶ ἐν τοῖς λευκοῖς, ἐν μὲν τῷ στιχαρίῳ τοὺς ποταμοὺς, ἐν δὲ τῷ φελονίῳ σταυροὺς, καὶ εἰ δεῖ καὶ πορφύριον γενέσθαι σάκκον [1]);

An opportunum sit etiam cum purpura veste pontificia stare, sicut et in albis, additis sticharis undosis sinibus, et phelonio crucibus, et utrum etiam purpureus fieri saccus debeat?

Τὸ ἔθος τῆς ἐκκλησίας τὰ πορφυρᾶ ἀρχιερατικὰ θεῖα ἐσθήματα ἁπλᾶ βούλεται εἶναι, καὶ χωρὶς προσθήκης τῶν εἰρημένων ποταμῶν καὶ σταυρῶν· σάκκον δὲ πορφυροῦν οὐδ' ὅλως ἐπιγινώσκει, ἐπειδὴ ὁ σάκκος ἐν τρισὶ μόναις τοῦ ἔτους λαμπραῖς δεσποτικαῖς ἑορταῖς, τὴν ἑαυτοῦ χρῆσιν παρέχει, ἤγουν ἐν τῇ μεγάλῃ τοῦ πάσχα [f. 274] κυριακῇ, ἐν τῇ πεντηκοστῇ, καὶ ἐν τῇ γεννήσει τοῦ Χριστοῦ· αὐτὸ γοῦν τοῦτο πληροφορεῖν ἐξαρκεῖ, ὡς οὐ χρεὼν εἶναι σάκκον πορφύρεον, καὶ ἅμα ὅτι πένθους εἰσὶ τὰ πορφυρᾶ τοιαῦτα ἐσθήματα σήμαντρον· ἐν μόναις γὰρ νηστίμοις ἡμέραις καὶ ἐν μνημοσύνοις ἀπελθόντων [2]) χριστιανῶν, μετὰ τῶν τοιούτων οἱ ἀρχιερεῖς εἰώθασιν ἱερουργίας ποιεῖν.

---

[1]) R. p. 430. — [2]) Caetera a voce χριστιανῶν usque in finem R. om.

ΡΞ'. Ἐρώτησις Ζ'.

Εἰ συμβῇ ἱερουργῆσαι μητροπολίτην ἐν ἐνορίᾳ τοῦ ὑπ' αὐτὸν ἐπισκόπου, τίνος ἀναφορὰν ποιήσεται, αὐτοῦ ἢ τοῦ πατριάρχου, καὶ πῶς ταύτην ποιήσεται;

Si contingit metropolitam sacris fungi in finibus episcopi sub eo positi, cujusnam nomen memoratur, an ejusdem, an patriarchae, et quomodo memoria fiet?

Τὸ ἱερουργῆσαι μητροπολίτην ἐν ἐνορίᾳ τοῦ ὑπ' αὐτὸν ἐπισκόπου ἄμεμπτον ἔσται εἰ κατ' ἐπιτροπὴν τοῦ ἐπισκόπου γενήσεται· ἐντεῦθεν γὰρ καὶ ἡ πρέπουσα ταπεινοφροσύνη τοῖς ἱερεῦσι συντηρηθήσεται, καὶ αἱ τῶν ἱερῶν καὶ θείων κανόνων διατάξεις ἀπαράτρωτοι διαφυλαχθήσονται· τύραν γὰρ αὗται ὀνομάζουσι καὶ ὑπὸ ἐπιτίμιον ἄγουσιν αὐστηρὸν τὸ ἐνεργεῖν τινὰ ἀρχιερατικὰ δίκαια ἐν προσηκούσῃ ἑτέρῳ ἀρχιερεῖ δικαιοδοσίᾳ, τῆς τούτου ἄνευ ἐπιτροπῆς· διά τι τοῦτο; τῇ μὲν τιμῇ τοῦ ἐπισκόπου καὶ τῷ ἀπεριφρονήτῳ τῆς δικαιοδοσίας ἀρκέσει τε κατ' ἐπιτροπὴν αὐτοῦ καὶ συναίνεσιν ἐν τῇ ὑπ' αὐτὸν ἐνορίᾳ ἱερουργῆσαι τὸν μητροπολίτην αὐτοῦ. Τῷ μητροπολίτῃ δὲ ἐπάναγκες ἔσται, κατὰ τὸ ἔθος, τὴν ἀναφορὰν τοῦ πατριάρχου ποιήσασθαι· ἀνένδεκτον γὰρ καὶ τάξεως θείας ἔμπαλιν, τὸ τὸν ὑπερέχοντι τοῦ ὑποκειμένου τούτῳ ποιεῖσθαι ἀναφοράν.

ΡΞΑ'. Ἐρώτησις Η'.

Συνήθεια ἔστιν ὧδε εἰς τὴν ἔξω χώραν χειροτονεῖσθαι ἀζυμίτας ἱερεῖς παρὰ τῶν ἡμετέρων ἀρχιερέων· δεκτόν ἐστι τοῦτο, ἢ οὔ;

Consuetudo hic obtinet, extra regionem ordinari presbyteros azymis utentes ab episcopis nostris. Recte ne id fit, an non[1]?

Τὸ ἄγραφον ἔθος τῆς ἐκκλησίας ὡς νόμον κρατεῖν, ὁ τοῦ κόσμου φωστὴρ ὁ μέγας θεσπίζει Βασίλειος· ὅτι οὖν[2] τὰς τοιαύτας χειροτονίας οὐκ ἐπιγινώσκει ὁ νόμος τῆς ἐκκλησίας, διὰ τοῦτο οὐδὲ ἡμεῖς δυνάμεθα τὴν ἐν ταύταις[3] συνήθειαν γνωματεῦσαι, ὡς βεβαίαν κρατεῖν· εἰ γὰρ καὶ μακρὰ ἴσως ἐστίν, ἀλλ' οὐκ οἴδαμεν ἀκριβῶς, εἰ καὶ ἐν συνοδικῷ δικαστηρίῳ κρατηθεῖσα ἐβεβαιώθη· ἐκείνην γὰρ τὴν μακρὰν συνήθειαν βεβαίαν οἱ νόμοι τυγχάνειν διακελεύονται, τὴν δοκιμασθεῖσαν ἐν δικαστηρίῳ καὶ κυρωθεῖσαν, τὴν μὴ τοιαύτην δὲ ὁλοσχερῶς ἀποβάλλονται· ἐξετασθῆναι τοίνυν χρεών, εἰ καὶ ἡ εἰρημένη συνήθεια τῆς χειροτονίας τῶν ἱερέων συνοδικῶς ἐγγυμνάσθη καὶ ἐκυρώθη ποτέ· κἂν μὲν γέγονε τοῦτο, κρατείτω καὶ τὸ εἰς τὸ ἑξῆς. Εἰ δὲ μή, ἀνάγκη καὶ τῇ ἱερᾷ καὶ μεγάλῃ συνόδῳ τὰ περὶ ταύτης ἀνενεχθῆναι, ὥστε τὸ δόξαν ἐκείνῃ γενέσθαι· τὰ συνοδικῶς γὰρ σκεπτόμενα καὶ διαγινωσκόμενα τῶν κατὰ μόνας γνωματευομένων κρείττονά εἰσι καὶ ἐπικρατέστερα[4].

---

[1] R. p. 403, sub nomine Joannis Citri episcopi. — [2] R. ὅταν γοῦν. — [3] R. ἐν ταύτῃ. — [4] Dein pars paginae major vacat.

ΡΞΒ'. Ἐρώτησις Θ'.

[f. 275] Εἰ στερκτέον ἐστὶ τὸ γινόμενον ὑπὸ ἀρχιερέως ἐνδόσιμον πρὸς ἱερέα τοῦ δέχεσθαι λογισμούς, ἑτέρῳ ὑποκείμενον ἐπισκόπῳ, καὶ μητροπολίτῃ [1]) ὑφ' ἑαυτὸν τὸν τοιοῦτον ἀρχιερέα.

An firmanda sit facultas ab episcopo concessa sacerdoti recipiendi confessiones, qui subditus est alii episcopo, et utrum idem liceat metropolitae erga episcopum sub eo positum?

Τὴν ἀρχιερατικὴν δικαιοδοσίαν, ἐντὸς μένειν τῶν ὅρων τῶν ἑκάστῳ ἐπισκόπῳ ὑποτεταγμένων, χωρῶν τε καὶ πολέων, τὰ κανονικὰ διακελεύονται θεῖα θεσπίσματα· ὅθεν καὶ τὸ ἐκχωρεῖν ἀρχιερέα τινὰ ἱερεῖ ὑποκειμένῳ ἑτέρῳ ἀρχιερεῖ ἐξαγορεύσεις δέχεσθαι τῶν προσερχομένων αὐτῷ καὶ δι' ἐπιτιμίων καταλλάττειν αὐτοὺς τῷ Θεῷ, παντὶ καὶ πάντως· ἀνένδεκτον, ὡς ἔξω τῶν κανονικῶν ὅρων καὶ λόγων φερόμενον· τὸ λύειν γὰρ καὶ δεσμεῖν καὶ τὸ καταλλάττειν τοὺς ἁμαρτάνοντας τῷ Θεῷ, μόνοις δέδοται τοῖς ἀρχιερεῦσιν, ὡς διαδόχοις τῶν ἀποστόλων· τοῦτο δὲ αὐτὸ τὸ χάρισμα παρ' αὐτῶν χορηγεῖται τοῖς ὑπ' αὐτοὺς ἱερεῦσι τοῖς κατ' ἐκλογὴν δόξασιν αὐτοῖς ἱκανοῖς πρὸς τὴν τούτου ἐνέργειαν· ὅθεν καὶ ἕκαστος ποιμὴν οὐδαμῶς περὶ ἀλλοτρίου, ἀλλὰ περὶ τοῦ οἰκείου ποιμνίου λόγον ἀποδώσει, εἴτε ἐν ὁσιότητι καὶ δικαιοσύνῃ τοῦτο ἐποίμανεν, εἴτε τῆς τούτου σωτηρίας ἠμέλησεν.

ΡΞΓ' *desideratur.*

ΡΞΔ'. Ἐρώτησις Ι'.

Ἀποφαίνεταί τις τῶν ἐν ἀρχιερεῦσι δοκούντων τὰ γινόμενα ἐνδόσιμα παρὰ ἀρχιερέων πρὸς τινας ἱερεῖς ἐπὶ τῷ δέχεσθαι λογισμοὺς συγκαταλύεσθαι τῷ θανάτῳ τῶν ταῦτα παρεσχημένων, ὥστε δεῖσθαι πάλιν τοὺς τοιούτους ἱερεῖς ἑτέρων περιόντων ἀρχιερέων εἰς περιοχὴν ἀνθ' ἑτέρων ἐνδοσίμων.

Compertum est aliquem esse inter eos episcopos qui autumant datas ab episcopo facultates quibusdam sacerdotibus recipiendi confessiones dissolvi in obitu eorum qui concesserunt, ut oporteat iterum praefatos sacerdotes recurrere ad episcopos viventes ad renovandas novas facultates.

Τὸ φύσει δίκαιον, ᾧ καὶ οἱ φιλευσεβεῖς νόμοι ἐπηκολούθησαν, ἐκεῖνα λογίζεται καὶ ἐγκρίνει τὰ τῆς φύσεως [2]) τῶν πραγμάτων τοῖς ἀγαθοῖς τρόποις ἐχόμενα, καὶ ὡς ἐπὶ θέματός τινος τὸν λόγον διατρανῶσαι, τὸ ἅπαξ τεχθὲν, δὶς τεχθῆναι οὐκ ἔχει δύναμιν· ἔξω γὰρ τῆς φύσεως, ἐξὸν δὲ τὸν κεκτημένον, ἔχειν τὸ τεταγμένον αὐτῷ, παλιντοκίας λόγος οὐδείς· πλήρωμα γὰρ τοῦ τῆς φύσεως, ὅθεν καὶ νόμος ἀκολούθως τὸν ἅπαξ ἀποφάσει δίκην τεμόντα, διαρρήδην κωλύει πρὸς δευτέραν ὁρμᾶν ἐπὶ τῇ αὐτῇ δίκῃ ἀπόφασιν.

---

[1]) Hic hiat breve spatium, ac si deesset aliquid tituli, qui omittitur in indice codicis liminari. — [2]) Cod. φύσει, fort. τῇ φύσει.

Τοιοῦτόν ἐστί | καὶ τὸ ἀναπεφωνημένον ἐρώτημα. Ἐφάπαξ γὰρ ὁ ἱερεὺς λαβὼν παρὰ τοῦ ἀρχιερέως τὸ δέχεσθαι [1]) ἁμαρτανόντων ἐξαγορείας καὶ δεσμεῖν τούτους ἐπιτιμίοις κανονικῶς, ἢ ἀπολύειν [2]) ἐκ τούτων, οὐκ ἄλλως ἀπολέσει τὴν χάριν αὐτὴν, εἰ μή γε σφαλῇ παραπτώματι τῆς ἱερωσύνης τοῦτον ἐκβάλλοντι· μένοντι δὲ καὶ τὴν χάριν ἔχοντι τινὸς ἕνεκεν ἀνάγκη ἔσται δοθῆναι τούτῳ ὃ κέκτηται, οὐκ ἔχει νοῦν τοῦτο, οἷα καὶ ἀπρε..ὲς καὶ τῇ φύσει τῶν πραγμάτων οὐδ' ὅλως ἀκόλουθον. Εἰ δὲ τοῦτο δοίημεν, συνελαθήσονται κατὰ τὸ ἀκόλουθον, καὶ ἀρ-

χιερεῖς καὶ ἱερεῖς καὶ διάκονοι καὶ ὅσοι τῶν λοιπῶν ἐκκλησιαστικῶν πραγμάτων, τεθνηκότων τῶν προαγαγόντων αὐτοὺς, ζητεῖν νέας χειροτονίας παρὰ τῶν νέων μητροπολιτῶν καὶ ἐπισκόπων, ὡς τῶν παλαιῶν δήπουθεν ἀχρειωθεισῶν καὶ τοῖς πεποιήκασιν αὐτοῖς συντεθνηκυιῶν. Εἰ δέ τις ἀναπτύσσειν ἐθέλει τὰ ἐντεῦθεν ἐφεξῆς ἀνακύπτοντα ἄτοπα, πολλὰ ταῦτα εὑρήσει καὶ ἐκ τόπῳ ταῖς ἐκκλησιαστικαῖς παραδόσεσι λυμαινόμενα· ἀνένδεκτος λοιπὸν ἡ ἀπόφασις καὶ ἀνεύλογος, καὶ οὐδ' ὅλως προσέχειν ταύτῃ χρεών.

ΡΞΕ'. Ἐρώτησις ΙΑ'.

Ὁ γυναῖκα ἔχων ἱερεὺς, ἢ διάκονος ἢ ἀναγνώστης, εἰ αὐτὸς μὲν ἀποκαρῇ, μείνῃ δὲ ἡ σύζυγος αὐτοῦ ἐν τῷ κόσμῳ, ἆρα δύναται εἰς ἱερωσύνην ἢ ἀρχιερωσύνην προαχθῆναι ὁ ἀποκαρεὶς, εἰ καὶ ἡ σύμβιος αὐτοῦ τὴν ἀπόκαρσιν οὐ καταδέχεται [3]);

Conjugem habens sacerdos vel diaconus vel lector, si ipse monachum agat, maneat vero uxor ejus in saeculo, an is tonsus potest promoveri in presbyterum aut in episcopum, quamvis conjux monacha fieri non admiserit?

Οἱ θεῖοι καὶ φιλευσεβεῖς νόμοι τὰ αἴτια [4]) καταλέγοντες, ὧν ἕνεκα τὰ τῶν γαμικῶν συνοικούντων διαζύγια γίνονται, ταύταις ἐντάττουσι καὶ τὸ γινόμενον δι' ἀπόκαρσιν, ὅπερ καὶ πρόφασιν ἄμεμπτον καὶ ἀκατηγόρητον ὀνομάζουσιν· ἣν δὴ καὶ θανάτῳ παρεοικέναι σοφῶς γνωματεύουσιν, ὡς ἑτέραν ἀνθ' ἑτέρου βίου πορείαν αἱρουμένου τοῦ εἰς τὴν μοναδικὴν βιοτὴν παραγγέλοντος· εἰ τοίνυν τὸ τοιόνδε διαζύγιον νόμιμόν ἐστι καὶ ἄμεμπτον διὰ τὴν ἀπόκαρσιν, καὶ δύναται ἡ γυνὴ τοῦ κειραμένου, εἴ γε βούλεται, μεθ' ἑτέρου ἀνδρὸς ἀκατηγόρητον θέσθαι συνάλλαγμα, ἆρα καὶ ὁ ἀποθριξάμενος [f. 276] ἀνὴρ ταύτης ὡς τῷ κόσμῳ νεκρὸς καθάπαξ γενόμενος δύναται, εἰ ἄξιος εὑρεθείη, καλεῖς τὸ τοῦ ἱερέως καὶ εἰς τὸ τοῦ ἀρχιερέως ἀναχθῆναι ἀξίωμα, τὸ εἰς τοῦτο δὲ ἀκώλυτον, ἐξόν ἐστι καταμαθεῖν ἀπὸ τῆς περιλήψεως τοῦ ὀγδόου κανόνος τῆς ἐν Νεοκαισαρείᾳ συνόδου θεσπίζοντος ταῦτα ῥητῶς· « Ἐὰν γυνὴ τινὸς λαϊκοῦ ὄντος μοιχευθεῖσα ἐλεγχθῇ φανερῶς, ὁ τοιοῦτος εἰς ὑπηρεσίαν ἐλθεῖν οὐ δύναται. Ἐὰν δὲ μετὰ τὴν χειροτονίαν μοιχευθῇ, ὀφείλει ἀπολῦσαι αὐτήν. Ἐὰν δὲ συζῇ, οὐ δύναται ἔχεσθαι τῆς ἐγχειρισθείσης αὐτῷ διακονίας ». Εἰ τοίνυν ὁ ἀπολύσας κατὰ τὴν τοῦ κανόνος περίληψιν τὴν ἑαυτοῦ γαμετὴν, ὡς μοιχευθεῖσαν μετὰ τὴν χειροτονίαν αὐτοῦ, ἔχεται τῆς δοθείσης αὐτῷ ἱερατικῆς διακονίας ἀνεμποδίστως, ἄρα γε πολλῷ πλέον ὁ κατὰ πρόφασιν ἄμεμπτον διαζυγεὶς τῆς οἰκείας γυναικὸς, ἀκολούθως καὶ τὸ ἱερατικὸν καὶ τὸ ἀρχιερατικὸν ἀξίωμα δέξεται.

[1]) Cod. ἐυχιοθαι. — [2]) Id. ἀπολύει. — [3]) R. p. 405, inter Joannis responsa. — [4]) R. τὰς αἰτίας

ΡΞΣ'. Ἐρώτησις ΙΒ'.

Τίνες προτιμῶνται εἰς τὸ ψηφίζεσθαι εἰς ἐπισκοπάς, ὁ πρωτόπαπας καὶ οἱ μετ' αὐτὸν ἱερεῖς, ἢ οἱ διάκονοι, οἱ ἔχοντες ἀρχοντικὰ ἐκκλησιαστικὰ ὀφφίκια [1]);
Quinam anteponantur in suffragiis ad episcopatus, an protopapa et post illum presbyteri, vel diaconi, adepti praecipua ecclesiae officia?

Αἱ τῶν χηρευουσῶν ἐκκλησιῶν ψῆφοι, κατὰ τὸν ἀκριβῆ λόγον, ἀνάλογον [2]) τόποις καὶ προσώποις προβαίνουσιν· οὐ γὰρ εἰ ὁ τόπος μὲν περίβλεπτος καὶ δεόμενος ποιμένος ἐπιστημονικοῦ καὶ λογίου καὶ τῷ βίῳ τὸν λόγον [3]) σύνδρομον ἔχοντος, τὸ πρόσωπον δὲ τὸ ὑπὸ χρόνου τυχὸν ἢ θελήματος ἀρχιερατικοῦ εἰς βαθμὸν ἀναχθὲν ἐπίσημον ἐκκλησιαστικὸν πείρας ἱκανῆς καὶ λόγου καὶ γνώσεως στέρεται, δεῖ τοῦτο [4]) διά γε τὸν βαθμὸν ἐπικηρυχθῆναι τόπῳ λαμπρῷ, τούτου χάριν ἵνα μήτε τὸ ἀρχιερατικὸν ἀξίωμα κενωθῇ διὰ τὴν τούτου ἀφέλειαν, μήτε μὲν ἡ πόλις ἐστερημένη μείνῃ καταλλήλου ταύτῃ ποιμένος καὶ κηδεμόνος, διὰ ταῦτα προσήκοντα καὶ ἁρμόδια ὀφείλουσιν εἶναι τοῖς τόποις τὰ ψηφιζόμενα πρόσωπα, ὥστε μὴ τὴν τάξιν τῆς τε εὐσεβείας καὶ τῆς ἐκκλησιαστικῆς καταστάσεως ἀχρειοῦσθαί τε καὶ συγχέεσθαι· τῶν ἀξιωτέρων γὰρ, οὐ τῶν προβαθμιωτέρων καὶ δυνατωτέρων οἱ θρόνοι. Τὰ περὶ τούτων [5]) δὲ καὶ ἡ ρκγ' νεαρὰ | Ἰουστινιάνειος ἡ κειμένη ἐν κεφ. η' τοῦ α' τίτλ. τοῦ γ' βιβλίου τῶν βασιλικῶν εὐσεβῶς καὶ πανσόφως εἰς πλάτος διέξεισι κατὰ τοῦτον τὸν λόγον [6]), ἕκαστον τῶν εἰρημένων προσώπων εἰς τὸ κατάλληλον τῇ τούτου ἐνεργείᾳ καὶ ἀρετῇ ἐπισκοπεῖον ψηφισθῆναι προτιμηθήσεται· οὐ [7]) μέντοι γε τοὺς ἐκκλησιαστικοὺς ἄρχοντας ὁρῶσιν οἱ ψῆφοι ἐπὶ πλέον, οἷα κατ' ἐκλογὴν καὶ δοκιμασίαν εἰς τὰς ἀξίας τῶν ἀρχοντικίων ἀναγομένους, ὡς ὁ ἐκκλησιαστικὸς καὶ ὁ νομικὸς θεσμὸς βούλεται.

ΡΞΖ'. Ἐρώτησις ΙΓ'.

Ἐδέξατό τις ἀπὸ τοῦ ἁγίου βαπτίσματος παῖδα τινός· ζητεῖ οὖν αὐτὸς συνάψαι τῷ ἑαυτοῦ υἱῷ θυγατέρα τοῦ αὐταδέλφου τοῦ πατρὸς τοῦ ἀναδεχθέντος. Ἔξεστι τοῦτο γενέσθαι, ἢ οὔ [8]);
Suscepit aliquis e sacro baptismate puerum cujusdam: is ergo intendit filio suo conjungere filiam fratris ipsius patris pueri quem suscepit. Licetne id agi, necne?

Ἐπειδὴ τὴν κατὰ Πνεῦμα συγγένειαν κρείττον [9]) εἶναι τῆς σαρκικῆς καὶ οἱ φιλευσεβεῖς νόμοι καὶ οἱ ἱεροὶ κανόνες διακελεύονται καὶ [10]) σαφῶς γνωματεύουσιν· ἆρα γε οὐδὲ τὸ παρὸν συνάλλαγμα προβῆναι συγχωρηθήσεται· ἐγγύτης γὰρ ἐντεῦθεν ἀνακύπτει πρωτεξαδέλφων, ἡ σαρκικὴ γὰρ πρώτη ἐξαδέλφη τοῦ ἀναδεχθέντος· διὰ τῆς πνευ-

---

[1]) Rb. v, 406, apud Joannem Citrum. — [2]) R. ἀναλόγως τοῖς τ. κ. τοῖς π. — [3]) R. τὸν βίον τῷ λόγῳ. — [4]) R. τοῦτον. — [5]) R. τούτου. [6]) R. Periodo inounto: Κατὰ τοῦτον τοίνυν τὸν λόγον. — [7]) οὐ cod. om. — [8]) R. v, 407 apud eumdem, ἢ οὐκ ἔξεστιν. Ἐπειδή. — [9]) R. κρείττονα. — [10]) R. om. ἐκδήλως καί.

ANAL. VII, 21.

ματικῆς συγγενείας, καὶ τοῦ υἱοῦ τοῦ¹) ἀναδόχου ἐξαδέλφη λογίζεται, ὡς ἀδελφοῦ ὄντος διὰ τοῦ βαπτίσματος τοῦ ἀναδεχθέντος παρὰ τοῦ πατρὸς τούτου. Ἐπεὶ καὶ ὁ τῆς γυναικὸς ἀδελφὸς καὶ ὁ τοῦ ἀνδρὸς δι' ἀλλήλων, ὁ μὲν γυναικάδελφος τῷ ἀνδρὶ, ὁ δὲ ἀνδράδελφος τῇ γυναικὶ ὀνομάζεται διὰ τὴν ἐγγύτητα. Γέγονε δὲ καὶ πρᾶξις συνοδικὴ ἐπὶ τῆς ἐρημερίας Νικολάου²) τοῦ ἐν ἁγίοις πατριάρχου Κωνσταντινουπόλεως γνωματεύσκα ἀκολούθως· τῷ τε νγ' κανόνι τῆς ἐν τῷ Τρούλλῳ ἁγίας καὶ οἰκουμενικῆς συνόδου, καὶ τῷ ς' θέματι τοῦ ι' κεφ. τοῦ ε' τίτλ. τοῦ κη' βιβλίου τῶν βασιλικῶν τοῖς αὐτοῖς βαθμοῖς περιγράφεσθαι καὶ τὴν πνευματικὴν συγγένειαν ἧς καὶ³) ἡ φυσικὴ ἤτοι σαρκικὴ περιορίζεται. Κατὰ τοῦτο οὖν καὶ τὸ ἐρωτώμενον τοῦτο συνάλλαγμα γενέσθαι ὁ συγχωρηθήσεται, ὡς εἰς τὸν ἐκ πλαγίου τέταρτον βαθμὸν ἀναγόμενον.

ΡΞΙΓ'. Ἐρώτησις ΙΔ'.

Ὁ ἐξομολογησάμενος πρός τινα καὶ λαβὼν [f. 277, ἐκεῖθεν τῶν ἐξαγορευθέντων ἀφέσιμον, ἀνάγκην ἔχει πρὸς ἕτερον ποιούμενος ἐξαγόρευσιν, ἐξ ἀρχῆς καὶ ἄνωθεν τὰ αὐτὰ καὶ πρὸς τοῦτον ἐξαγγεῖλαι, ἢ οὔ, ὡς ἀρκούσης δηλαδὴ αὐτῷ τῆς προτέρας ἐξαγορεύσεως καὶ τοῦ ἀφεσίμου; ἆρα δὲ καὶ τὰ πρὸ τῆς ἱερωσύνης ἢ ἀρχιερωσύνης ἐξαγγειλεῖ πάντα κατὰ λεπτὸν, ἢ οὔ;

Qui apud aliquem sacerdotem confessus, absolutionem inde excepit eorum quae confessus est, necesse-ne est idem, si apud alterum exomologesin facit, apud istum eadem peccata priora ab initio renunciet, necne, ut cui nempe satis est prior confessio una cum absolutione? Num vero etiam commissa ante sacerdotium vel episcopatum, omnia sigillatim aperiet, necne?

" Κέκτηται τὸ ὠφέλιμον, καθότι ἐνώπιον τοῦ Θεοῦ καὶ τῶν ἁγίων ἀγγέλων, τρυχιεύει καὶ καταισχύνει τὸν ἁμαρτήσαντα, προσθήκην δὲ ἔχει τῆς ὠφελείας ταύτης, εἰ καὶ τὴν αἰδὼ διακόψει, ἣν τίκτειν οἶδε παρουσίᾳ ὁμοφύλων τούτῳ ἀνδρῶν, τὴν ἐξαγόρευσιν δὲ μέρος τῆς μελλούσης τυγχάνειν κολάσεως „ ὁ μέγας ἐν πατράσιν, ὁ Θεολόγος, φημὶ, Γρηγόριος ἀποφαίνεται.

Εἰ τοίνυν ὁ ἐξομολογησάμενος, δι' ἀγνωσίας μετανοίας ἀποστῇ τῶν προλαβόντων σφαλμάτων καὶ προσηκούσαις πνευματικαῖς ἐργασίαις, περιελῇ καὶ καθάρῃ τὸ ἐκ τούτων αἶσχος, τὸ γεγονός τε ἀφέσιμον ἐκ παντὸς τρόπου λυσιτελήσει, καὶ αὐτὸς οὐχ ἕξει ἀνάγκην, πάλιν ἐξ ἀρχῆς καὶ ἄνωθεν τὰ αὐτὰ πρὸς ἕτερον ἐξαγγέλλειν· τίνος γὰρ δεῖ καθάρσεως τοῖς πεπλυμένοις ἐκείνῳ καὶ ἀφεθεῖσι, καὶ ἐν καλῷ καθαρότητος μένουσιν, ἐκεῖνα δὲ ἀνάγκην ἐξαγγεῖλαι, ὅσα ἕτερα μετὰ ταῦτα πλημμελήσας εὑρίσκεται. Εἰ δὲ καὶ εἰς τὰ προεξαγγελθέντα πάλιν ὠλίσθησε, καὶ προσέθετο τούτοις ἀθλίως καὶ ἕτερα, ἀνάγκην ἔχει πάλιν ἐξ ἀρχῆς καὶ ἄνωθεν ταῦτα ἐκεῖνα ἐξαγορεύειν, καὶ πένθος περὶ τούτων ἀναλαμβάνειν δεύτερον, καὶ ὡς εἰς εὐρεῖαν δεξαμενὴν τὴν αὐτοῦ καρδίαν ὑποτεύειν δακρύων κρουνούς, ὡς ἂν ἀντισωθῇ τῷ ῥύπῳ τῶν δευτέρων ἁμαρτιῶν πρὸς ἀπόρυψιν. Τὰ μέν γε πρὸ τῆς ἱερωσύνης ἁμαρτηθέντα, εἰ μὲν καὶ πρὸ τῆς χειροθεσίας ἀπαλείφθησαν, οὐ δεῖ ταῦτα πάλιν ἐξαγγέλλεσθαι, ὡς εἴπομεν. Εἰ δὲ μένουσιν, ἀνάγκη πᾶσα ταῦτα δι' ἐξαγορεύσεως θριαμβεύεσθαι

¹) Cod. om. τοῦ — ²) R. addit τοῦ Μυστικοῦς om. τοῦ ἐν ἁγίοις. — ³) R. οἷς καὶ.

ἵνα τῇ συνεχείᾳ ταύτης ἐγκοπὴν καὶ διόρθωσιν δέχωνται. Τὰ μέν γε πρὸ τῆς ἀρχιερωσύνης ὡς τῷ χρίσματι ταύτης ὡσεὶ καὶ περὶ δαπανηθέντα τε καὶ ἀναλωθέντα, καθὰ δὴ πειθόμεθα | ἱεροῖς λόγοις καὶ ὑποδείγμασι ἐξαγγελμάτων ὅλως· οὐ χρήζουσιν. Λύτης μὲν γὰρ ὁ μέγας Γρηγόριος, ἐν τῷ μετὰ τὴν χειροτονίαν αὐτοῦ ἐκτεθέντι λόγῳ, τοὺς ἀξίως μὲν προσελθόντας τῷ χρίσματι, φυλάξαντας δὴ τὴν ἀξίαν καὶ τὴν κατ' αὐτὴν ἁρμονίαν ἀνεπιλήπτως, καὶ ἐν καθαρότητι τὸ λοιπὸν τοῦ βίου ἀνύσαντας, οὐκ ἐλάττονας εἶναι γνωματεύει τῶν ἀπ' ἀρχῆς ἱερωθέντων καλῶς καὶ ἀξιωθέντων τῆς χάριτος, ὡς ἐντεῦθεν καταλαμβάνεσθαι σαφῶς, ἐξαλείρεσθαι τὰ πρὸ τοῦ χρίσματος ἁμαρτήματα, τῇ τε δυνάμει τοῦ χρίσματος καὶ τῇ τοῦ βίου ἐφεξῆς καθαρότητι.

Πρᾶξις δὲ συνοδικὴ γεγονυῖα ἐπὶ τῆς ἐρημίας τοῦ τῆς ὁσίας μνήμης πατριάρχου Κωνσταντινουπόλεως Πολυεύκτου ἐπὶ τῇ εὐσεβῇ βασιλέως Ἰωάννου τοῦ Τζιμισχῆ,

τοῦ τὸν Φωκᾶν ἀνελόντος, γνωματεύει ἰσοδύναμον εἶναι τὸ χρῖσμα τοῦ βαπτίσματος τῷ ἐξαλείφοντι πᾶν πρὸ τούτου ἁμάρτημα· καὶ οὕτω διαγινώσκει, μηδὲ τὸν Τζιμισχῆν φονέα λογίζεσθαι, ὡς τοῦ μίσους τοῦ φόνου καταποθέντος τῷ βασιλικῷ τούτου χρίσματι. Ἐντεῦθεν οἱ μετὰ ταῦτα τὴν τοιαύτην διάγνωσιν καὶ εἰς τὰ πρὸ τῆς χρίσεως τῶν ἀρχιερέων ἁμαρτήματα ἐφαρμόζοντες, διενίστανται καὶ ταῦτα ὡσαύτως ἀπαλείρεσθαι διὰ τὸ συγγενὲς καὶ ἰσοδύναμον ἀμφοτέρων τῶν χρίσεων· καὶ οὕτω καλῶς ἔχειν ἀπισχυρίζονται περὶ τῶν τοιούτων πταισμάτων τοὺς ἀρχιερεῖς μηδαμῶς, ὥσπερ τοὺς ἱερεῖς, ἀνακρίνεσθαι, σημεῖον δὲ φανερὸν τῆς καθάρσεως ταύτης τίθενται, καὶ τὸ ἐξουσίαν λαμβάνειν ἅμα τῇ χρίσει[1]) τοὺς ἐπισκόπους τοῦ δεσμεῖν τε καὶ λύειν καὶ παρέχειν ἁμαρτημάτων ἀφέσεις· πῶς γὰρ ἂν καὶ δεσμήσῃ ἢ λύσῃ καὶ ἄφεσιν δοίη ὁ δι' ἁμαρτίας κολάσει ὑπεύθυνος;

ΡΞΘ'. Ἐρώτησις ΙΕ'.

Εἰ ἐν ἀγγείῳ ἔχοντι οἶνον ἢ ἔλαιον ἢ μέλι ἢ ἕτερόν τι τῶν μεταλαμβανομένων ὑγρῶν μῦς ἐμπέσῃ, ἆρα πρόκριμα ἕξουσιν οἱ ἐν γνώσει ἢ ἐν ἀγνοίᾳ τινὶ τῶν τοιούτων ὑγρῶν χρησάμενοι εἰς μετάληψιν; Καὶ ἔσται ἀνάγκη αὐτά τε τὰ ὑγρὰ [f. 278] ἐκχυθῆναι, καὶ τὰ ἀγγεῖα ὡς μεμιασμένα ἀπορριφῆναι; Ἢ δεῖ εὐχῇ καὶ ἁγιασμῷ, καὶ αὐτὰ καὶ τὰ ἐν αὐτοῖς ἁγιασθῆναι καὶ σώζεσθαι ἀκατηγορήτως τοῖς ταῦτα ἔχουσιν; Εἰ δὲ καὶ σκώληκες ἐκ τοῦ ἐμπεσόντος ζώου ἐκεῖ ἀναδειχθήσονται, τί γενήσεται;

Si in vas quo continetur vinum vel oleum aut mel aut quid aliud liquorum qui potu usurpantur, mus ceciderit, reatum ne habebunt ii qui conscii vel inscii aliquo hujusmodi liquore usi fuere, participes facti ejusdem? An etiam necesse erit hos liquores effundere, et vasa uti immunda projicere? Oportet ne cum precibus et benedictione eadem et quae continent sanctificare, eaque sine piaculo retinere in possessorum usuram? Sin autem vermes ex incidente bestiola ibidem pullulaverint, quid fiet?

Τὸ μὲν στόμα Χριστοῦ, Παῦλος ὁ μέγας πρὸς Τιμόθεον ἐπιστέλλων, καὶ στηλιτεύων τοὺς ἐν ὑποκρίσει ψευδολόγων[2]), καὶ τὴν ἰδίαν κεκαυτηριασμένην συνείδησιν, τοὺς κωλύοντας γαμεῖν καὶ ἀπέχεσθαι βρωμάτων νομοθετοῦντας, ἃ ὁ Θεός, φησίν, ἔκτισεν εἰς

[1]) Cod. χρήσει, uti paulo supra τὰς χρήσεως, sed interponitur τῶν χρίσεων. — [2]) 1 Tim. iv, 2.

μετάληψιν μετ' εὐχαριστίας τοῖς πιστοῖς, καὶ ἐπεγνωκόσι τὴν ἀλήθειαν· καὶ τοῦτο οἷς γράφει προστίθησιν, ὅτι πᾶν κτίσμα Θεοῦ καλόν, καὶ οὐδὲν ἀπόβλητον μετ' εὐχαριστίας λαμβανόμενον· ἁγιάζεται γὰρ διὰ λόγου Θεοῦ καὶ ἐντεύξεως. Ἡμῖν δὲ ἀπέχεσθαι τινῶν ἐκ τούτων δύο ποιοῦσιν αἴτια, τό τε βλαβερόν, καὶ τὸ ἀηδές· κατὰ μὲν γὰρ τὴν ἀξίαν, οὐδὲν ἀπόβλητον τῶν τοῦ Θεοῦ κτισμάτων, καθὰ διδασκόμεθα. Κατὰ δὲ τὴν τῶν συμφερόντων διάκρισιν, τοῦ χρησίμου τὸ βλαβερόν, καὶ τοῦ ἡδέος τὸ ἀηδὲς διακρίνομεν. Ἐπεὶ λάχανόν ἐστι καὶ τὸ κώνειον, ὡς ὁ μέγας φησὶ Βασίλειος, ὥσπερ κρέας ἐστὶ καὶ τὸ γύπειον, ἀλλ' ὅμως οὔτε ὑοσκύαμον φάγοι ἄν τις νοῦν ἔχων, οὔτε κυνὸς ἄψαιτο, μὴ μεγάλης κατεπειγούσης ἀνάγκης, ὥστε ὁ φαγὼν οὐκ ἠνόμησεν. Οὕτως ἐχόντων τῶν θείων ῥημάτων, τοῦ τε μεγάλου ἀποστόλου, καὶ τοῦ Ἰσαποστόλου πατρός, δῆλόν ἐστιν ὡς ἀνεπιτίμητον τυγχάνειν τὸ μεταλαμβάνειν παντὸς ἐδεστοῦ τὸν πιστόν· κτίσμα γὰρ ἅπαν Θεοῦ, καὶ δι' αὐτὸ οὐκ ἀπόβλητον· εἰ καὶ ἐν μόνῳ τῷ ἔθνει τῶν Ἰουδαίων διὰ τὴν τοῦ ἤθους τούτου σκληρότητα, καὶ πρὸς πᾶν ἄτοπον ἀχαλίνωτον καθαρὰ καὶ μὴ καθαρά τινα ὠνομάσθησαν· εἰ δὲ καὶ τὰ καθαρὰ πρὸ τῆς μεταλήψεως· διὰ λόγου Θεοῦ καὶ ἐντεύξεως ἁγιάζομεν ἀποστολικῶς, πολλῷ μᾶλλον ἁγιάσομεν τὰ μετασχόντα τινὸς ἀκαθαρσίας, καὶ τούτων ἀνενδοιάστως μεταληψόμεθα. Εἰ δέ τις ἀηδία καὶ συγχασμὸς ἐπιπροσθῇ, | ναὶ μὴν καὶ βλάβη ἀπὸ τῆς μεταλήψεως· εἰ ἀποσχόμεθα, οὐ παρανομήσομεν, ἐπεὶ οὐδὲ μεγάλης ἀνάγκης κατεπειγούσης φαγόντες, ἀνομήσομεν, ὡς διείληπται, οἷα δηλαδὴ τῷ τῶν ἐν ὑποκρίσει ψευδολόγων αἱρετικῷ δόγματι μηδαμῶς ὑποκύπτοντες· ἁγιασθέντα τοίνυν τὰ ἀναγεγραμμένα ὑγρὰ μετὰ τῶν ἀγγείων αὐτῶν τῇ συνήθει ἀκολουθίᾳ, ἔσται τοῖς ἔχουσι ταῦτα εἰς χρῆσιν ἀνεπιτίμητον. Οἱ σκώληκες μέντοι σήψεως ὄντες ἀποτέλεσμα, τὸ βδελυκτὸν αὐτόθεν ἔχουσι καὶ τὸ ἀηδές, καὶ διὰ τοῦτο αὐτοὶ μὲν ἐκβλητέοι, ὡσεὶ κόπρος γενήσονται, τὸ ἀγγεῖον δὲ τούτων ἁγιασθήσεται, καὶ εἰς χρῆσιν ἔσται τοῖς κεκτημένοις.

ΡΟ'. Ἐρώτησις ΙΣ'.

Εἰ οὐκ ἀνένδεκτον τὸ μένειν τινὰ διηνεκῶς ἔνδον θείου ναοῦ, καὶ ἐντὸς τούτου ἐσθίειν, καὶ μάλιστα ἐὰν οὐδὲ νεωκόρος εἴη ἐκεῖνος;[1]);

An illicitum sit quemquam in sacro templo immanere, et intus comedere, tum maxime si ille non est sacellarius?

Τὸ μένειν ἐντὸς τοῦ[2] θείου ναοῦ νεωκόροις μόνοις ἀνεῖται, διά τε τὰς ἀναγκαίας ἐν τούτῳ ὑπηρεσίας, καὶ δι' ἐπιβουλὴν κλεπτῶν, ἢ τοιχωρύχων, ἢ ἑτέρων κακοποιῶν. Ἄλλῳ δέ τινι μὴ περικειμένῳ τοιαύτην φροντίδα, ἐνδέδοται οὐδαμῶς. Τὸ δὲ ἐσθίειν ἔνδον ναοῦ, οὐχ ὅπως καθ' ἑκάστην, ἀλλ' οὐδὲ ἐκ διαλειμμάτων ὁπωσοῦν τινι, ἀλλ' οὐδ' αὐτῷ συγκεχώρηται[3] νεωκόρῳ· καὶ τὰ περὶ τούτου τρανῶς διασαφοῦσιν ὅ τε ἐκκλησιαστικός νόμος καὶ ὁ πολιτικός. Καὶ[4] ὁ μὴ ἐκκλησιαστικὸς ἐν διαφόροις κανόσιν, ἀλλὰ δὲ καὶ ἐν τῷ οδ' τῆς οἰκουμενικῆς ἕκτης συνόδου ταῦτα διαγορεύει· "Ὅτι οὐ δεῖ ἐν τοῖς κυριακοῖς ἢ ἐν ταῖς ἐκκλησίαις τὰς λεγομένας ἀγάπας ποιεῖν, καὶ ἔνδον ἐν τῷ

---

[1]) Rh. v, 408 apud Joannem Citr. — [2]) Cod. om. τοῦ, mox R. om. ἐν. — [3]) Cod. τῷ ν. — [4]) R. om. καί.

ίλω ἐσθίειν καὶ ἀκούβιτα στρωννύειν· οἱ δὲ τοῦτο ποιεῖν τολμῶντες, ἢ παυσάσθωσαν, ἢ καθαιρείσθωσαν „ ¹). Ἀκούβιτον δὲ λέγεται ἐπὶ στρωμνῆς κατασκεύασμα, εἰς ὕψος ἠρμένον καὶ μαλακὸν, ἀκούμβω²) γὰρ παρὰ Λατίνοις τὸ ἀνακλίνω. Ὁμοίως καὶ ἐν τῷ ι~β~ κανόνι ³) ταῦτα· " Τοὺς ἢ γαμετῇ συνοικοῦντας, ἢ ἄλλως, ἀδιακρίτως τοὺς ἱεροὺς τόπους κοινοποιοῦντας καὶ [f. 279] καταφρονητικῶς περὶ αὐτοὺς ἔχοντας, καὶ οὕτως ἐν τοῖς καταμένοντας, καὶ ἐκ τῶν ἐν τοῖς ἀβασμίοις ναοῖς κατηχουμενείων προστάσσομεν ἐξωθεῖσθαι. Εἰ δὲ μή τις τοῦτο παραφυλάξει, εἰ μὲν κληρικὸς εἴη, καθαιρείσθω· εἰ δὲ λαϊκὸς, ἀφοριζέσθω „. Ὁ δέ γε

πολιτικὸς νόμος ⁴) ἐν κεφ. ι' τοῦ α' τίτλ. τοῦ ε' βίβλ. τῶν βασιλ. ταῦτα φησί· " Μέχρι τῶν πρὸ τῆς δημοσίας ἀγορᾶς τῆς ἐκκλησίας ὅρων, τὸ ἀσφαλὲς ἐχέτωσαν οἱ προσφυγόντες, τοῖς ἐνδοτέροις, λουτροῖς ἢ κήποις ἢ οἰκήμασιν ἢ αὐλαῖς ἢ στοαῖς χρώμενοι, κωλυέσθωσαν δὲ ἐν τῷ ναῷ⁵) ἢ ἐσθίειν ἢ ὑπνοῦν „. Ἀλλὰ καὶ ἡ ογ' νεαρὰ τοῦ βασιλέως κυροῦ Λέοντος τοῦ σοφωτάτου⁶) παρομοίως κολάζει καὶ τοὺς ἐπιτρέποντας τὴν εἰς τὰ κατηχουμενεῖα κατοίκησιν. Ἐκ τῆς περιλήψεως οὖν τῶν τοιούτων θεσπισμάτων ἀπηγορευμένον ἐστὶ παντάπασι καὶ τὸ ἐσθίειν καὶ τὸ μένειν ἔνδον θείου ναοῦ.

POA'. Ἐρώτησις ΙΖ'.

Τίς ὁ λόγος τῆς ἀνάψεως τῶν κηρῶν [καὶ] τοῦ ἐλαίου ἔν τε τοῖς θείοις ναοῖς καὶ ἐν τοῖς τάφοις τῶν κεκοιμημένων; Τίς δὲ καὶ ὁ τοῦ θυμιάματος;

Quae ratio sit accendendi candelas et oleum in sacris aedibus et in tumulis defunctorum? Quae etiam causa thurificandi?

Τὸ ἀνακάειν λύχνους ἐν τοῖς ναοῖς καὶ ἐν τοῖς τάφοις τῶν ἀπελθόντων καὶ προσάγειν θυμίαμα, προσεχῶς μὲν ἐκ παραδόσεως ἔχομεν τῶν ἁγίων καὶ θεοφόρων πατέρων ἡμῶν, τῶν τὴν ἁγίαν τοῦ Θεοῦ ἐκκλησίαν κεκοσμηκότων ταῖς ἐνεργουμέναις ἡμέραν ἐν αὐτῇ καταστάσεσι, πόρρωθεν δὲ ἀπὸ τῆς πρεσβυτέρας χάριτος· εἰ καὶ ἤρχοντο τὰ κατ' ἐκείνην τῆς νέας ἐλθούσης, ἀλλὰ πολλὰ τῶν ἐν ἐκείνῃ τελουμένων, παρ' ἡμῖν ἄρτι μένουσιν ἐνεργοῦντα, ὅσα δηλαδὴ τὴν τοῦ γράμματος παχύτητα διαφεύγουσιν ὅπως δὲ ὠφελοῦσι τοὺς οἰχομένους, πιστοὶ αἱ ὑπὲρ αὐτῶν γινόμεναι προσευχαὶ καὶ ἱερουργίαι, καὶ πρὸς τοὺς πένητας διαδόσεις καὶ αἱ τῶν λύχνων ἀνάψεις, πλὴν ὀλίγων σχεδὸν ἅπαντες οἱ τῶν θείων πατέρων πρόκριτοι συνεγράψαντο καὶ τὸ ἐπιμνησθῆναι τῆς ἑνὸς ἑκάστου τούτων συγγραφῆς, ἄρτι δυνατὸν ἡμῖν· οὐκ ἂν γένοιτο διὰ τὸ πολύστιχον.

Ἑνὸς δὲ μόνου γνώμην χρεὼν ἐντάξαι τῇδε τῇ ἀποκρίσει, ἵν' ἐκ ταύτης ὡς ἐκ μέρους τὸ πᾶν γνωρισθῇ· ὁ μέγας φωστὴρ Ἀθανάσιος ἐν ἑνὶ τῶν αὐτοῦ λόγων τάδε κατὰ ῥῆμα φησί· " Κἂν εἰς ἀέρα ὁ ἐν εὐσεβείᾳ τελειωθεὶς κατετέθη, μὴ ἀπαναίνου ἔλαιον καὶ κηροὺς ἐν τῷ τάφῳ προσάψαι, δεκτέα ⁷) γὰρ ταῦτα Θεῷ· τὸ γὰρ ἔλαιον καὶ ὁ κηρὸς ὁλοκαύτωσίς ἐστιν· ἡ δέ γε ἀνάκαυσις

---

¹) Cf. *Jur. eccl. Graecor.* t. II p. 60. — ²) Cod. ἄμβω et in marg. αἰκούμβω. Glossam recepit Demetrius a Balsamone, Balsamon a Zonara fusiore. Cf. Rh. III, 477, 478. — ³) Cod. malo ἰβ κανόνι ιζ'. — ⁴) R. ἐν κεφ. ιχ'. — ⁵) R. ἐντὸς τοῦ ναοῦ. — ⁶) R. τοῦ φιλοσόφου. — ⁷) Cod. δεκτέα.

θυσία, ἐξιλασμὸς· ἡ δὲ πρὸς τοὺς πένητας εὐποιΐα, προσθήκη πάσης ἀγαθῆς ἀντιδόσεως „. Ἀλλ' ἐν τούτοις μὲν τὰ προσεχῆ τῆς παραδόσεως ταύτης εἰσί· τῶν γε μὴν πόρρωθεν μαρτύριον ἀκριβὲς ὁ ἐν τῇ τοῦ μαρτυρίου σκηνῇ, λυχνοῦχος ἐκεῖνος ὁ χρυσοῦς, ὁ ἐπτάκλαδος, ἢ ἑπτάκαυλος [1]). τὸ ἐν τῷ θυσιαστηρίῳ ἄσβεστον πῦρ, καὶ τὸ ἀοίδιμον ἐκεῖνο θυμίαμα τῆς συνθέσεως· συνθέσεως δὲ ὠνομάζετο τὸ θυμίαμα, ὅτι ἐξ ἡδυσμάτων διαφόρων συνέκειτο, ἦσαν δὲ τὰ ἡδύσματα στακτὴ, ὄνυξ, χαλβάνη, λίβανος, τέσσαρα ταῦτα πρὸς τὰ τέσσαρα στοιχεῖα ἐξ ὧν τὰ σώματα συγκεῖται, τὴν ὁμοιότητα ἔχοντα κατὰ τὸν μέγαν Βασίλειον· ἡ μὲν στακτὴ πρὸς τὸ ὕδωρ, ὁ δὲ ὄνυξ διὰ τὸ ξηρὸν πρὸς τὴν γῆν· ἡ δὲ χαλβάνη διὰ τὸ θερμὸν πρὸς τὸ πῦρ, ὁ δὲ λίβανος διὰ τὸ διαφανὲς πρὸς τὸν ἀέρα· τὸ δὲ τοιοῦτον ἐπηγόρευται ἑαυτῷ τινα ποιεῖν εἰς ἀπόλαυσιν διὰ τὸ ἐσκευάσθαι μόνῳ Θεῷ [2]).

Ἐκεῖθεν τοίνυν καὶ ἡμεῖς τὰς ἀφορμὰς ἐνθέως λαμβάνοντες, ἀνάπτομεν λύχνα ἐν τῷ ναῷ κατὰ διαφόρους λυχνούχους διὰ κηροῦ καὶ ἐλαίου· ταῦτα γὰρ πάσης ὕλης πολυτρόπου τυγχάνουσι τιμαλφέστατά τε καὶ τιμιώτατα· ἐπειδὴ καὶ ἐξ ἐλαίων τὸ ἐν τοῖς λύχνοις ἔλαιον καὶ ἄτρυγον εἶναι προστέτακται. Τὰ μὲν γὰρ τῶν ἄλλων γενῶν, σισάμων, φοίνικος, καρύων καὶ τῶν λοιπῶν νόθα εἰσί· κυριολογεῖται δὲ μεῖνον τὸ ἀπὸ τῆς ἐλαίας, ὅτι περ τὰ μὲν ἄλλα, μίγμασιν ἑτέροις ἑνούμενα πρὸς ἐλαίου φαρμάττεται γένεσιν· ἡ δ' ἐλαία καθ' ἑαυτὴν ἔλαιον ἀποστάζει πιεσθεῖσα, καθάπερ καὶ ὁ τῆς ἀμπέλου καρπὸς ἀμιγῆ τὸν οἶνον προΐησιν· [f. 280] ὁ λόγος δὲ τοῦ ἐκ τῶν δύο τούτων ὑλῶν φωτὸς καὶ πάνυ ἁρμόδιος τῷ Θεῷ μὲν, ὡς πατρὶ τῶν φώτων, καὶ ὡς οἰκοῦντι φῶς ἀπρόσιτον, καὶ ὡς ἀναβαλομένῳ φῶς ὡς ἱμάτιον [3])· τοῖς ἁγίοις δὲ, ὡς λαχοῦσι κλῆρον τὸ ἀνέσπερον φῶς, καθὰ δὴ καὶ ὁ ἐν παροιμίαις Σολομῶν γνωματεύει, φῶς λέγων δικαίοις διὰ παντός [4]).

Καὶ πρός γε τοῖς ἀπελθοῦσι πιστοῖς, ὡς ταῖς ἄλλαις ὑπὲρ αὐτῶν λατρείαις καὶ τοῦ ὑλικοῦ τούτου φωτὸς προστιθεμένου εἰς ὁλοκαύτωσιν, ὡς τὸ τοῦ μεγάλου πατρὸς Ἀθανασίου γνωμάτευμα, λεπτοτέρων ᾧ μεταλαβόντες· εἰς ταῦτα πνευματικῶς τὸ σημαινόμενον τῆς ὁλοκαυτώσεως, ἧς ὁ παλαιὸς νόμος μέμνηται οὑτωσί· " Οὗτος ὁ νόμος τῆς ὁλοκαυτώσεως· αὕτη ἡ ὁλοκαύτωσις ἐπὶ τῆς καύσεως αὐτῆς, ὅλην τὴν νύκτα, ἕως τὸ πρωΐ, καὶ τὸ πρωΐ πρωΐ καύσει ὁ ἱερεὺς ἐπ' αὐτοῦ ξύλα. Καὶ στοιβάσει ἐπ' αὐτὸ τὸ στέαρ τοῦ σωτηρίου, καὶ πῦρ διὰ παντὸς καυθήσεται ἐπὶ τὸ θυσιαστήριον, [οὐ] σβεσθήσεται „ [5]).

Προσάγομεν δὲ καὶ θυμίαμα οὐ σύνθετον μὲν, ὁποῖον ἐκεῖνο τὸ παλαιὸν, ἐξ εὐώδους δὲ καὶ τιμιωτέρας ὕλης ἀναλεγόμενον, ὡς τῆς ἡμετέρας προσευχῆς εἰκόνα μόνον φέρον ἀνιούσης εἰς τὸν Θεόν· καὶ γὰρ οὕτω περὶ τούτου καὶ γέγραπται· " Καὶ θήσεις τοῦτο ἀπέναντι τοῦ μαρτυρίου ἐν τῇ σκηνῇ, ὅθεν γνωσθήσομαί σοι ἐκεῖθεν „. Ὄντως γὰρ ἐκ τῆς ἀληθοῦς προσευχῆς τοῖς προσευχομένοις καθαρῶς καὶ ἀδιστάκτως ἐπιγινώσκεται Κύριος.

---

[1]) Exod. xxxix, 86 sqq. — [2]) Videtur respici opus dubium de sacra liturgia, tam Basilio quam Germano et aliis ascriptum. — [3]) Jac. 1, 17. Ps. ciii, 2. i Tim. vi, 16. — [4]) Prov. iv, 18 etc. — [5]) Levit. vi, 9. Vulgati lxx om. aut alibi ponunt: καὶ τὸ πρωΐ πρωΐ καύσει ὁ ἱερεὺς ἐπ' αὐτοῦ ξύλα. Cod. in fine ineptissime ἀσβεσθήσεται.

ΡΟΒ'. Ἐρώτησις ΙΙΙ'.

Ἐν τοῖς ἀρχοντικοῖς ἐκκλησιαστικοῖς ἀξιώμασιν, τίς πρῶτος καὶ τίς δεύτερος καὶ τίς τρίτος, καὶ πῶς ἐφ' ἑξῆς ἡ τούτων στάσις [1]);

In majoribus Ecclesiae dignitatibus quis primus, quis secundus, quis tertius, et qualis in caeteris ordo?

Ἐκ μὲν τῆς παλαιᾶς παραδόσεως πρῶτος ἐστὶν ὁ μέγας οἰκονόμος, δεύτερος ὁ ἐπὶ τῆς μεγάλης σακέλλης, ἤγουν ὁ μέγας σακελλάριος, τρίτος ὁ μέγας σκευοφύλαξ, τέταρτος ὁ χαρτοφύλαξ, πέμπτος ὁ ἐπὶ τῆς ἱερᾶς σακέλλης, ἤγουν ὁ σακελλάριος [2]· καὶ ἕκτος ὁ πρωτέκδικος, οἵτινες καὶ ἐξωκατάκηλοι λέγονται. Τὸ τοῦ πρωτεκδίκου δὲ ὀφφίκιον ἐν τοῖς ὑποβεβηκόσιν, ὃν ἐκ πάλαι, ὕστερον τοῖς ὑπερέχουσι συνετάγη παρὰ τοῦ τῆς μακαρίας λήξεως πατριάρχου Κωνσταντινουπόλεως Γεωργίου τοῦ Ξιφιλίνου τῇ πράξει· δὲ ταύτῃ ἐπηκολούθησε | καὶ γνώμῃ γενναίᾳ τοῦ ἐν ἁγίοις μητροπολίτου Θεσσαλονίκης Εὐσταθίου, ἐπαινοῦσα καὶ ἐξαίρουσα τὸ γεγονός, ὡς εὐλόγως καὶ ἀμέμπτως πραχθέν, οἷα τηνικαῦτα τινῶν ἀντειπόντων, ὡς μὴ ἀποδεξαμένων τὴν πρᾶξιν.

Μετὰ τοὺς ἐξωκατακήλους δέ, πρῶτός ἐστιν ὁ πρωτονοτάριος, δεύτερος ὁ ὑπομνηματόγραφος, τρίτος ὁ λογοθέτης, τέταρτος ὁ κανστρίσιος, πέμπτος ὁ ἱερομνήμων, ἕκτος ὁ ῥεφερενδάριος [3], ἕβδομος ὁ ἐπὶ τῶν γονάτων, ὄγδοος ὁ ἐπὶ τῆς ἱερᾶς καταστάσεως, ἔνατος ὁ ὑπομιμνῄσκων, δέκατος ὁ ἐπὶ τῶν αἱρέσεων, ἑνδέκατος ὁ ἐπὶ τῶν κρίσεων, δωδέκατος ὁ δευτερεύων τῶν διακόνων [4]· οὐκ ἁπλῶς γίνεται, ἀλλὰ κατ' ἐκλογήν, δεῖται γὰρ τὸ τοιοῦτον ὀφφίκιον ἀνδρὸς ἱκανοῦ καὶ ἐπιτηδείου εἰς τὸ ἐκπληροῦν ἀμέμπτως τὰς ἁρμοζούσας τούτῳ διακονίας· αὐτοῦ γάρ ἐστιν ἡ μετὰ τὴν εἴσοδον εὐφημία τῶν βασιλέων καὶ τῶν ἀρχιερέων, τὸ ἐν ταῖς λιταῖς βαστάζειν τὸ εὐαγγέλιον, καὶ τὰς ἐν αὐταῖς συναπτὰς καὶ αἰτήσεις ποιεῖν τὸ, ἀπόντος τοῦ ἀρχιδιακόνου, διδόναι κήρους [5] τοῖς ἐν τῷ ἄμβωνι διακόνοις, καὶ ἄλλα τινὰ τούτου ὑστερήματα ἐκπληροῦν· κατὰ τοῦτο γοῦν καὶ λέγεται δευτερεύων [6], οὐχ ὅτι δευτερεύει ἐν τῇ τάξει τῶν διακόνων.

Τοιαύτη μὲν οὖν ἡ παλαιοτέρα παράδοσις· εἶχαν [7] τὴν τῶν ἀρχοντικίων τάξιν καὶ στάσιν, ὅτι δὲ αἱ τούτων σφραγῖδες τοῦ θελήματος τῶν ἀρχιερέων ἐξήρτηνται· διάφοροί [8] εἰσι καὶ ταῖς γνώμαις καὶ ταῖς ὀρέξεσιν οἱ ἀρχιερεῖς. Τούτου γάριν συνεχέθη ἡ τάξις ἡ παλαιά· κἀντεῦθεν οὐδὲ ἡ στάσις τῶν ἀρχοντικίων ἐπὶ τῆς πρώτης ἱδρύσεως ἔμεινεν, ἀλλὰ μετακεκίνηται κατὰ τὸ τοῖς ἀρχιερεῦσι δοκοῦν. Ἡ σύγχυσις δὲ αὕτη ἐν τοῖς πλείοσι τούτων καὶ ὡς νόμος λοιπὸν ἐπεκράτησεν.

Ὅτι δὲ ἐν τούτοις εὑρίσκονταί τινες μέτοχοι ὁπωσοῦν πείρας ἐκκλησιαστικῆς, τὰ μὲν τῆς ὑπερεχούσης τάξεως ἀρχοντικὰ ἐπὶ τῆς οἰκείας μένειν ἐῶσι καταστάσεως, ἢ ἱδρύσεως· τὰ δὲ τῆς δευτέρας εἰ καὶ μετατιθέασιν, ὅμως οὐ χωρὶς εὐλόγου αἰτίας τοῦτο ποιοῦντες καταλαμβάνονται, ἢ ἀρετὴν δηλαδὴ [f. 281] τιμῶντες, ἢ λόγον ἢ

---

[1] Rh. v, 409 apud Citrum. τάξις. Ἀπὸ μὲν π. π. — [2] Cod. σακελλίου sic, et supra μεγάλης σακέλης· et σακελλάριος. — [3] Cod. ῥαιφερενδάριος. — [4] R. add. μετ' αὐτοὺς οἱ τρεῖς ἄρχοντες τῶν ἐκκλησιῶν. Ἡ προχείρισις δὲ τοῦ δευτερεύοντες οὐχ ἁπλῶς, quae male om. cod. qui et inepte habet δευτέρων τῶν δ. — [5] R. καιρούς f. bene. — [6] Cod. iterum δευτέριον. — [7] R. εἶχε. — [8] R. διάφοροι δέ.

ἄλλην ἐπαινουμένην ἐνέργειαν. Οἵ γε μὴν παντάπασι πείρας ἀμέθεκτοι καὶ ἀνεπιστήμονες τὰ ἄνω κάτω ποιοῦντες εὑρίσκονται, καὶ ἡ παροιμία τούτοις ὁμόστολος, ἄνω ποταμῶν χωρεῖν λέγουσα τὰς πηγάς, καὶ τὰ παρ' Ἰουδαίοις δευτερόπρωτα σάββατα, καὶ τὰ παρὰ τοῖς δεινοῖς σοφισταῖς τὰ πρωθύστερα. Χρεὼν οὖν ἐμοὶ δοκεῖ [1]), τοῖς παλαιοῖς ἔθεσιν ἀναντιρρήτως ἀκολουθεῖν· εἰ δέ τι καὶ καινοτομεῖν ἀνάγκη ἐν τούτοις, ἐξ εὐλόγων αἰτίων [2]), ἀλλ' οὐκ ἐκ θελημάτων ἰδίων τοῦτο ποιεῖν.

Εἰσὶ δὲ καὶ ἕτερα ὀφφίκια, ἅπερ μάλιστα τοῖς ἱερεῦσιν ἁρμόζουσιν· ὁ ἐπὶ τῶν κατηχήσεων, ὁ ὀρφανοτρόφος, οἱ τέσσαρες ἔκδικοι, ὁ ἄρχων τῶν φώτων, ὁ νουμμοδότης, καὶ ὁ περιοδευτής.

Ἀναγνωστῶν δὲ ὀφφίκια ταῦτα· ὁ δομέστικος τοῦ δεξιοῦ χοροῦ, ὁ δομέστικος τοῦ ἀριστεροῦ χοροῦ [3]), λαοσυνάκτης, ὁμοίως ὁ δομέστικος τῶν ψαλτῶν, ὁ παρά τινων λεγόμενος πρωτοψάλτης· ὁ πριμικήριος τῶν ἀναγνωστῶν, ὁ ἄρχων τῶν κοντακίων, ὁ πρωτοκανόναρχος, καὶ χαρτουλλάριοι τῆς τε μεγάλης σακέλλης καὶ τοῦ σκευοφυλακίου.

Θεωροὶ δὲ καὶ δεπώτατοι, καὶ καμισάτοι οὐκ εἰσὶν ὀφφίκια, ἀλλὰ διακονίαι περὶ τὸ ἅγιον βῆμα τούτοις ἁρμόζουσαι. Οἱ μὲν γὰρ θεωροὶ τὴν φυλακὴν καὶ τήρησιν πιστεύονται τῶν ἱερῶν σκευῶν καὶ τῶν καλυμμάτων αὐτῶν, εἰ μάλιστα εὑρίσκονται ταῦτα λίθοις καὶ μαργάροις κοσμούμενα.

Οἱ δεπώτατοι [4]) δὲ μανδυοφοροῦντες μετὰ λαμπάδων προπορεύονται τοῦ τε ἁγίου εὐαγγελίου, ὁπότε ἀναφέρεται εἰς τὸν ἄμβωνα πρὸς ἀνάγνωσιν, καὶ τῶν ἁγίων δώρων, ἔν τε τῇ εἰς τὴν ἁγίαν τράπεζαν εἰσόδῳ καὶ ἐν τῇ εἰς τὴν πρόθεσιν ἐπανόδῳ αὐτῶν. Οἱ λοιποὶ δέ, ἤγουν οἱ καμισάτοι ἐνασχολοῦνται περὶ διακομιδὴν ἀνθράκων πυρός εἰς τὸ θυμιατήριον [5]), καὶ περὶ τὴν τῶν θείων λεβήτων ἐκπύρωσιν, ἵν' ἐκεῖθεν συνήθως ζέον ὕδωρ τοῖς ἁγίοις ποτηρίοις κατὰ καιρὸν ἐγχέθῃ, καὶ περὶ ἄλλας ὁμοίας τούτοις ὑπηρεσίας.

Εἰσὶ δὲ καὶ οἱ λεγόμενοι πατριαρχικοὶ δομεστικοί, καὶ τοῦτο τὸ ὀφφίκιον τῶν ἀναγνωστῶν ἐστί, διακονία δὲ τούτου τὸ ἐν ταῖς προόδοις τοῦ πατριάρχου λέγειν· " Εἰς πολλὰ ἔτη, δέσποτα ". |

ΡΟΓ'. Ἐρώτησις ΙΘ'.

Τὸ ἀρχιδιακονικὸν ὀφφίκιον [6]) ποίας ἐστὶ τάξεως, καὶ ποίου βαθμοῦ; καὶ εἰ προΐσταται τῶν ὅλων διακόνων ὡς ἀρχιδιάκονος· καὶ αὐτῶν τῶν ἐκκλησιαστικῶν ἀρχόντων; καὶ εἰ προτιμᾶται πάντων ἐν τῇ μεταλήψει τῶν θείων μυστηρίων; καὶ εἰ ἐπ' ἀδείας ἔσται [7]) τῷ ἀρχιερεῖ, ἐπάνω τῶν προεισοδευσάντων, μηδὲν δὲ ἐχόντων ὀφφίκιον τιθέναι τινάς, μηδὲν μηδ' αὐτοὺς ἔχοντας ὀφφίκιον, ἀλλὰ πιττακίῳ μόνῳ καὶ προστάγματι τούτου [8]) τὴν ὑπεροχὴν λαβόντας; Τίς δέ ἐστιν ἡ ἐνέργεια τοῦ ἱερομνήμονος; καὶ εἰ διάκονος οὗτος ὀφείλει εἶναι, ἢ ἱερεύς;

Archidiaconi munus cujusnam est ordinis et qualis gradus? an praecedit omnes diaconos, ut princeps diaconus, et ipsorum ecclesiae priorum? an praeit omnibus in communione sacrorum mysteriorum? an illud penes episcopum est, supra procedentes, nec tamen officia habentes, aliquos collocare, qui nullo officio funguntur,

---

[1]) Cod. δοκεῖν, R. τοῖς πολλοῖς, minimo. — [2]) R. αἰτίων. — [3]) R. om. χοροῦ, porgit ὁ λαοσυνάκτης.— [4]) R. ἐισάεται bis. — [5]) R. θυσιαστήριον. - [6]) Rh. v, 411 apud eumd. — [7]) R. ἐστί. — [8]) R. om. τούτου.

sed dumtaxat ex rescripto aut jussu ejusdem hanc praeeminentiam assumunt? Qualis est actio Hieromnemonis, utrum debet esse diaconus, an presbyter?

Τὸ ἀρχιδιακονικὸν ὀφφίκιον οὐκ ἔστιν ἀρχοντικὸν [1]), οὐδὲ ἐκ φιλοτιμίας ἀρχιερατικῆς, ὥσπερ τὰ ἀρχοντικά, περιφορᾶς δὲ πολλῶν ἡλίων συμπέρασμα, διὸ καὶ ὡς χρόνου καὶ ἰδίου κόπου δώρημα ὁ ἀρχιδιάκονος· ἔχει καὶ τὴν ὑπεροχὴν ἐπὶ πάντων τῶν διακόνων, εἴτε ἀρχοντικοῖς ὁποιοισοῦν τετίμηνται, εἴτε καὶ μή· ἔν τε τῷ ναῷ, ἐν τῷ ἁγίῳ βήματι καὶ ἐν τῇ μεταλήψει τῶν θείων μυστηρίων. Τὸ δὲ διὰ πιττακίων τιθέναι τινὰς, κἂν ὀφφίκια ἔχωσιν, ἐπάνω τῶν προεισοδευσάντων, πάντῃ ἀνένδεκτον, ὡς δὲ καὶ προδήλως· ἄδικον. Ἡ γὰρ τάξις καὶ στάσις τῆς εἰσόδου τῶν διακόνων τῷ χρόνῳ ῥυθμίζεται καὶ στηρίζεται, καὶ ἔστιν ἀμετακίνητος. Ἀρκεῖ δὲ τοῖς οὕτω προτιμωμένοις, τὸ, ἱερουργοῦντος τοῦ ἀρχιερέως, ἐν τῇ εἰσόδῳ καὶ ἐν τῇ μεταλήψει, τηνικαῦτα μόνον προτιμᾶσθαι τῶν προεισοδευσάντων, οὐδ' ἄλλο τι ἢ ὅτι ἀρχοντικίοις τετίμηνται· χωρὶς δὲ τοῦ ἀρχιερέως, οὐδέποτε οὐδαμοῦ ταύτης τῆς προτιμήσεως ἀπολαύσουσιν. Εἰ γὰρ οὐδὲ ἀρχοντικὰ ἔχουσιν, ὑπερβάλλον τὸ ἄδικον. Εἰς τί γὰρ ἁπλοῦς διάκονος ἑτέρου προτιμηθήσεται ἁπλοῦ διακόνου προεισοδεύσαντος; πλὴν εἰ ἀγαπᾷ τὴν ἀδικίαν ὁ προεστώς, καὶ τοῦ πράττειν ἀλογίστως, οὐκ ἐπιστρέφεται, ἀλλ' εἰς τοῦτο λόγος οὐδεὶς, ὥσπερ οὐδὲ φωνὴ ἐπᾳδόντων εἰς ἀσπίδος ὦτα, κατὰ τὸ ψαλτῳδούμενον [2]).

Τὸ τοῦ ἱερομνήμονος δὲ ὀφφίκιον διακόνῳ ἐξ ἀνάγκης προσήκει, ἐπειδὴ σύνυπουργὸς [f. 282] οὗτός ἐστι [3]) τῷ κανστρισίῳ, εἰς τὸ περιτιθέναι τὴν ἱερὰν στολὴν τῷ ἱεράρχῃ μέλλοντι ἱεροπρακτεῖν· εἰ δὲ ἱερεύς ἐστιν ὁ ἱερομνήμων, κενῷ ὀνόματι, ὡς οὕτως εἰπεῖν, ἱερομνημονεῖ. Οὐδὲ γὰρ ἔξον αὐτῷ ἐν ταῖς ὑπηρεσίαις τῶν ἱεραρχικῶν στολισμάτων διακόνου τάξιν τηρεῖν. Τινὲς δὲ τῶν ἀρχιερέων ἐξ ἀπειρίας τὰς ἐγγράφους τῶν μαρτύρων, τὰς γινομένας περὶ τῶν ἱερᾶσθαι θελόντων, ἀνατιθέασι τῷ ἱερομνήμονι, καὶ λανθάνουσι προφανῶς ἀδικοῦντες τὸν χαρτοφύλακα· τῷ τούτου γὰρ ὀρρικίῳ ἐμπέπηκται καὶ ἡ τῆς τοιαύτης διακονίας ἐνέργεια, καὶ οὐδαμῶς ἐκ τούτου παρασαλεύεται [4]), ὥσπερ δὴ καὶ ἡ τῶν ἱερολογιῶν.

ΡΟΔ'. Ἐρώτησις Κ'.

Εἰ ἐπ' ἀδείας ἐστὶ τῷ ἀρχιερεῖ, χαρτοφύλακος ὄντος, ἑτέρῳ οἱῳδήτινι ἐπιτρέπειν, εἴτε πάντοτε σημειοῦσθαι, εἴτε καθάπαξ τοῦτο διενεργῆσαι; ποίας ἐστὶ γλώσσης ἡ τοῦ δομεστίκου προσηγορία, καὶ ἐπὶ ποίαις ἐξουσιάζει τῶν ἐκκλησιαστικῶν ἀκολουθιῶν [3]), καὶ τὸ 'Θεὸς Κύριος,, παρὰ διακόνου λέγεσθαι δεῖ ἢ παρὰ δομεστίκου, ἢ παρὰ ἀναγνώστου;

An potest episcopus, dum adest chartophylax, alteri, quicumque demum sit, notitias dandi committere munus, sive continuo, sive semel? Quanam ex lingua oritur nomen domestici, et quibusnam praeest officiis ecclesiasticis? Tum illud Deus Dominus ,, *utrum dici debeat a diacono, an a domestico vel a lectore?*

Τὸ σημειοῦσθαι τὰ παρεμπίπτοντα τῷ χαρτοφυλακικῷ ἀξιώματι ἀπαρέγχειρήτως ἐγκεκόλαπται, ὅθεν καὶ παρόντος μὲν αὐτοῦ, οὐκ ἔξόν ἐστιν ὅλως τῷ ἀρχιερεῖ, ἑτέρῳ ἀνα-

---

[1]) R. ἀρχοντικὸν constanter — [2]) Ps. LVII, 6. — [3]) R. om. sequentia usque ad τῷ ἀρχιερεῖ. — [4]) R. παρασαλεύηται. — [5]) R. v, 412 apud eumd. sed om. sequentia in titulo.

ANAL. VII. 21*.

Θεῖναι σημείωσ.ν οἱανδήτινα, εἰ μήποτε ἀνάγκη ἐπείγει διὰ μακρᾶς ὁδοῦ γενέσθαι σημείωσιν, διά τινα κατὰ τόπον ἀναφυεῖσαν ὑπόθεσιν. Τηνικαῦτα γὰρ ὃν ἂν ἐκλέξηται ὁ ἀρχιερεύς, ἀποστέλλει, δικαίῳ αὐτοῦ τηρήσοντα καὶ σημειωσόμενον τὴν ὑπόθεσιν, νοσοῦντος μέντοι τοῦ χαρτοφύλακος ἢ ἀποδημοῦντος, ἀντ' ἐκείνου τῷ ὑπομνηματογράφῳ ἀνεῖται ἡ ἔκθεσις· καὶ ἡ ἀνάγνωσις τῶν τοῦ χαρτοφυλακικοῦ σεκρέτου ὑπομνηματισμῶν.

Ἡ τοῦ δομεστίκου δὲ προσηγορία κατὰ Λατίνους· τὸν ἐξάρχοντα, τὸν προηγούμενον, τὸν ἐπιστάτην δηλοῖ. Καθὰ δὴ καὶ παρὰ ταῖς βασιλικαῖς ταξιαρχίαις λέγεται δομέστικος ἀνὰ μέρος, καὶ ἀνατολῆς, καὶ δύσεως καὶ σχολῶν κατὰ τὸν αὐτὸν δὴ λόγον, κἂν ταῖς ἐκκλησιαστικαῖς τάξεσι, δομέστικος λέγεται, εἴτ' οὖν [1]) | ἀρχῳδὸς καὶ ἐπιστάτης

τῶν μελῳδιῶν τε καὶ τῶν μελῳδῶν, οἷα εἰς ῥυθμὸν καὶ τάξιν καθιστῶντας [2]), ᾠδάς τε καὶ τὰ μελῳδήματα. Ἐνέργειαν δὲ ἔχει αὐτό τε τοῦτο, καὶ τὸ ἐν καθολικαῖς παννυχίαι, τὰς ἐνάρξεις ποιεῖν ἐν τῷ ἐκφωνεῖν πρὸς τὸν ἀρχιερέα, ἢ τὸν παρόντα ἱερέα, τὸ "εὐλόγησον, δέσποτα,,. Αἱ τοιαῦται δὲ παννυχίδες γίνονται μὲν ἐν ἄλλοις καιροῖς, ἐξαιρέτως δὲ ἐν τοῖς πέντε ἡμέραις τῆς πρώτης ἑβδομάδος τῶν νηστειῶν, μετὰ τὴν τῆς ἱερουργίας τῶν προηγιασμένων ἀπόλυσιν [3]) καὶ τὰ μὲν τοῦ δομεστίκου ἔχουσιν οὕτως.

Τὸ δὲ "Θεὸς Κύριος,, κυρίως μὲν παρὰ διακόνου ἀφώρισται λέγεσθαι. Εἰ δὲ διάκονος οὐ παρῇ, λέγεται καὶ παρὰ ἀναγνώστου, καὶ ἔστιν ἀνεπιτίμητον, ὅτι καὶ τὰ ψαλλόμενα ἀντίφωνα καὶ παρὰ ἀναγνωστῶν τὴν ἔναρξιν ἔχουσι, καὶ παρ' αὐτῶν ψάλλονται.

POE'. Ἐρώτησις ΚΑ'.

Τὰ Ἀντιμίνσια [4]) καὶ ἐν ἑτέραις ἆρα ἐπαρχίαις παρρησιάζονται, ἢ ἐν μόνῃ τῇ τοῦ διενεργήσαντος ταῦτα, καὶ οὐ παρ' ἐνορίαν· καὶ τί σημαίνει τοῦτο ἑλληνικῶς; καὶ πῶς δεῖ γράφεσθαι δι' ἦτα ἢ δι' ἰῶτα; εἰ σπάνις δέ ἐστι μύρου, ἔξεστι τὸ εὑρισκόμενον διὰ μίγματος ἐλαίου πληθύνεσθαι;

An Antiminsia etiam pro aliis eparchiis accommodantur, sive in ea sola ubi illa usurpantur, non vero extra territorium? Et quid isthoc graece significat, et qualiter scribi debet, utrum cum eta an cum iota? Si rarum est unguentum sacrum, licet ne illud quod occurrit cum mixtura olei adaugere?

Τὰ Ἀντιμίνσια τῆς ἁγιαστικῆς δυνάμεως μετασχόντα, ἣν αὐτοῖς ἡ τῆς καθιερώσεως τῶν ἐκ νέου ἀνηγειρομένων ναῶν ἀκολουθία καὶ ἡ ἐπτάημερος, ἐν τῷ ἐκεῖσε θυσιαστηρίῳ κειμένοις [5]) ἱερουργία ἐμποιεῖ, ἀνεμποδίστως ἔνθα ἡ τούτων χρῆσις ἐστίν, διαδόσιμα γίνονται, καὶ οὐ περιγράφονται ἐν τῇδε τῇ ἐνορίᾳ ἢ ἐκείνῃ, κατά τινα δικαιοδοσίαν ἀποκεκληρονομημένην αὐτῇ· καὶ ὑπερόρια γὰρ γινόμενα, καθὸ [6]) δὴ καὶ τὸ θεῖον μύρον, καὶ ἀλλὰ ἅγια, τὴν ἑαυτῶν χρῆσιν ἀνεπιτίμητον ἔχουσι· μόνον ἱερουργηθέντα κατὰ τὴν κειμένην περὶ τούτων τῶν πατέρων παράδοσιν.

Ἡ προσηγορία δὲ αὕτη παράγεται ἀπὸ τοῦ μίνσου, τοῦ καθ' Ἕλληνας τὸ κανοῦν δηλοῦντος, κατὰ δὲ τὴν Ἰταλὴν γλῶτταν τὸ πεπραγμένον τοῖς ὀψοποιοῖς ἔδεστόν. Κατὰ

---

[1]) Sic cod. post. correct. R. ἀρχῳδός. — [2]) R. καθιστῶν αὐτούς τε καὶ τὰ μελ. — [3]) R. huc usque. — [4]) R. v, 418 apud eund. — [5]) R. κειμένης. — [6]) R. καθά.

τοῦτο γὰρ καὶ τὰ ταῖς τραπέζαις ἐραπλούμενα ὀθόνια μινσάλια λέγονται, οἷα [f. 283] πρὸς κόσμον τῆς τραπέζης καὶ τῶν μίνσων τιθέμενα· κατὰ κοινολεξίαν δὲ Ἀντιμίνσια λέγονται, ὥσπερ ἐν τοῖς ἱματισμοῖς τὰ Ἀντίπανα καὶ, ὅσα ἐκ τῆς κατὰ ἀνάκλησιν [1]) ἐνεργείας, τὴν τοιαύτην ἐν τούτοις προσηγορίαν εἰλήχασιν. Ἐν ἐκείναις δὲ ταῖς ἁγίαις τραπέζαις ταῦτα τίθενται, ἃς καθιέρωσις ὡς ἡγίασεν· ἐκ τῶν Ἀντιμινσίων γὰρ αὐτή τε ἡ μὴ καθιερωθεῖσα τράπεζα καὶ ἡ ἱερουργουμένη προσφορὰ λαμβάνουσι τὸν ἁγιασμόν. Ἡ γάρ τοι ἁγιασθεῖσα ἀφ' ἑαυτῆς ἁγιάζει τὰ δῶρα· οὐ γὰρ οἴκοθεν εἰσὶν ἅγια, καὶ τοῦτο ἐν τοῖς εὐαγγελίοις ἡ δεσποτικὴ φωνὴ μαρτυρεῖ, μείζονα τῶν δώρων λέγουσα [2]) καὶ τοῦ χρυσοῦ, τὸ θυσιαστήριον καὶ τὸν ναὸν, ὡς τοῦ μὲν τὰ δῶρα, τοῦ δὲ τὸν χρυσὸν ἁγιάζοντος. Εἰ γοῦν ἀκαθιέρωτός ἐστιν ὁ ναὸς, τὸ ἐλλεῖπον τούτου ἀναπληροῖ ἡ ἁγιαστικὴ τοῦ Ἀντιμινσίου δύναμις, ὅθεν οὐδὲ ἔξεστιν ἐν ἀκαθιερώτῳ ναῷ χωρὶς Ἀντιμινσίου ἱερουργίαν γενέσθαι ποτέ. Πῶς γὰρ τὸ θυσιαστήριον ἁγιάσει τὸ δῶρον, μὴ μετασχὸν ἁγιότητος; καὶ τῷ τολμήσαντι τοῦτο ἱερεῖ πρόστιμόν ἐστιν [3]) ἡ καθαίρεσις.

Δι' ἰῶτα δὲ γράφεται, διὰ τὸ ἐθνικὸν, τὰ γὰρ ἐθνικὰ κατὰ τὸν γραμματικὸν κανόνα οὔτε παραγωγὰς, οὔτε κανόνας ἔχουσιν. εἴθισται δὲ τοῖς γραμματικοῖς δι' ἰῶτα καὶ ὄ μικροῦ καὶ ἒ ψιλοῦ τὰς ἐθνικὰς φωνὰς γράφεσθαι.

Οὐκ ἔχει δὲ χώραν ὅλως· καθ' ἕτερον τρόπον, ἄνευ καθιερώσεως νέου ναοῦ τὸ γίνεσθαι Ἀντιμίνσια, καὶ λανθάνουσιν ἑαυτοὺς οἱ ἀλλοτρόπως καινοτομοῦντες τὴν τούτων ποίησιν, παραβάσεις [4]) ποιοῦντες τῶν ἐκκλησιαστικῶν παραδόσεων καὶ ἄδωρα δῶρα, καὶ οὐκ ἐνήσιμα, κατὰ τὸν εἰπόντα [5]), προσάγοντες. Οὐκ ἐριστᾶν δὲ χρὴ, εἰ ἐκ καινῆς ἅμα καὶ προσφάτως ἐστὶν ἀνεγηγερμένος ναὸς, ἵνα τούτου καθιέρωσις γένηται· ἀλλ' εἰ καὶ εὑρίσκεταί τις ἐκ πολλοῦ μὲν ἀνεγηγερμένος, καθιέρωσιν δὲ μὴ δεξάμενος, τῆς ἁγιστείας ταύτης καὶ ὁ τοιοῦτος ἀξιωθήσεται, ὡς δέξασθαι ταύτην ἀμέμπτως δυνάμενος.

Εἰ σπάνις δέ ἐστι μύρου ἐν τε τοῖς θείοις βαπτίσμασι καὶ ἐν τῇ τῶν ναῶν καθιερώσει, καὶ ἐν ἄλλῃ τούτου χρήσει, τῷ εὑρισκομένῳ | ὀλιγοστῷ μύρῳ συγκαταμίγνυσθαι ἔλαιον συγκεχώρηται, ὡς ἂν οὕτω πληθυνθέν, ἀρκέσῃ ἐκπληρῶσαι τὸν ἁγιασμὸν τοῖς δεομένοις αὐτοῦ.

ΡΟΣ'. Ἐρώτησις ΚΒ'.

Εἰ ἔξεστι τοῖς Ἀρμενίοις, ἐν αἷς πόλεσιν οἰκοῦσιν, κατὰ πᾶσαν ἄδειαν κτίζειν ἐκκλησίας, καὶ εἴ τε χρὴ κωλύεσθαι, ἢ ἐᾶν αὐτοὺς ποιεῖν ὡς βούλονται [6]);

An liceat Armenis, in civitatibus quas incolunt, plena licentia condere ecclesias, et utrum vetare oporteat aut eis permittere ut faciant sicut volunt?

Ἐν ταῖς τῶν χριστιανῶν χώραις καὶ πόλεσιν ἐνδέδοται μὲν ἀρχῆθεν οἰκεῖν καὶ ἀλλογλώσσους καὶ ἑτεροδόξους, ἤγουν Ἰουδαίους, Ἀρμενίους, Ἰσμαηλίτας, Ἀγαρηνοὺς καὶ λοιποὺς τοιούτους· πλὴν οὐκ ἀναμὶξ μετὰ τῶν χριστιανῶν, ἀλλὰ κεχωρισμένως· ὅθεν καὶ ἀφορίζονται τόποι ἑκάστῃ τούτων φυλῇ, εἴτε ἐντὸς πόλεων, εἴτε ἐκτὸς, ὥστε τούτοις ἐμπεριγράφεσθαι, καὶ μὴ ἐπέκεινα τούτων τὰς οἰκήσεις αὐτῶν ἐκτείνεσθαι.

---

[1]) Cod. ἀνάκλυσιν. R. ἀνάκλασιν. — [2]) Matth. xxiii, 17-19. — [3]) Cod. om. ἐστιν. — [4]) R. παραβάσεις. — [5]) Sophocl. Αἴας 674. — [6]) Rh. v, 415 apud eumdem. Ἐν ταῖς χριστιανῶν.

Ἐπινενόηται δέ τοῦτο τοῖς πάλαι βασιλεῦσιν, ὡς οἶμαι, τριῶν ἕνεκεν· ἑνὸς μὲν, ἵνα τῷ ἐστενωμένῳ καὶ ἀφωρισμένῳ τῆς τούτων οἰκήσεως λαμβάνωσιν αἴσθησιν, ὡς ἀπόβλητοι διὰ τὴν κατ' αὐτοὺς αἵρεσιν κρίνονται· ἑτέρου δὲ, ἵνα κατὰ μικρὸν διὰ τὸ συχνῶς ὁμιλεῖν τοῖς χριστιανοῖς πρὸς μετάθεσιν ὑπαλλάττωνται[1]), εἰ καὶ μὴ πάντες, ἀλλὰ τινὲς γοῦν[2]), ὅσους δηλαδὴ ἡ σωτηρία ἠγάπησε· καὶ τοῦ τρίτου, ἵνα τοὺς καρποὺς τῶν ἐπιτηδευμάτων αὐτῶν οἱ κατὰ βίον χρήζοντες αὐτῶν ἀποφέρωνται

Τοίνυν καὶ οἱ Ἀρμένιοι, οἱ ἐν τῷ τόπῳ ἔνθα περιγράφονται, καὶ ναοὺς κτίζουσι, καὶ τὰ τῆς αἱρέσεως αὐτῶν ἐκτελοῦσι, μενοῦσιν ἀνεπηρέαστοι. Τὸ αὐτὸ δὲ[3]) καὶ Ἰουδαίοις πρόσεστι, καὶ Ἰσμαηλίταις οἰκοῦσιν ἐν πόλεσι χριστιανικαῖς· εἰ δὲ τοὺς ὅρους ὑπερβαίνουσι τῆς ἀφορισθείσης αὐτοῖς συνοικήσεως, οὐ μόνον αὐτοὶ κωλυθήσονται, ἀλλὰ καὶ τὰ οἰκοδομήματα τούτων, ὁποῖα δ' ἂν καὶ ὦσι, καταστραφήσονται· τὸ γὰρ ἀνέτως ἔχειν καὶ εὐπαρρησιάστως ἐν τοῖς τοιούτοις πάλαι ἀπώλεσαν.

ΡΟΖ'. Ἐρώτησις ΚΓ'.

Τί σημαίνει τὸ μὴ ἐλευθεροβοᾶν τὸν δοῦλον, ὅπερ τοῖς δουλικοῖς ὠνητηρίοις οἱ ταβελλίωνες ἐγγράφειν εἰώθασιν[4]);

Quid significat illud " non libera voce clamare servum ,, quod publici notarii in servorum venditione inscribere solent?

(f. 284). Ἡ τῶν καταδουλωμένων[5]) ἀνθρώπων δουλεία τοσοῦτον τοῖς κεκτημένοις ἐμπέφυκεν, ὡς μὴ δύνασθαι τοὺς δούλους· μὴ μόνον ἐν αὐτοῖς τοῖς μέτροις τῆς δουλείας φωνὴν αἴρειν προσήκουσαν εὐγενέσι καὶ ἐλευθέροις[6]) κατὰ τῶν δεσποτῶν, ἀλλ' οὐδ' ἂν εἰς ἐλευθερίαν ἀξιωθείη τὴν τοιαύτην ἀναλαβεῖν φωνὴν πώποτε· ὅθεν καὶ ἐπιτίμιον τῆς ἐλευθεροφωνίας ταύτης οἱ ἀπελεύθεροι τὴν ἀναδούλωσιν ἐκληρώσαντο. Καὶ μάρτυρες οἱ νόμοι οἱ παλαιοί, καὶ αὐτὰ δὴ τὰ νεαρὰ[7]) τοῦ σοφωτάτου ἐν βασιλεῦσιν[8]) θεσπίσματα, ἅτινα τοὺς ἐν ἀγνοίᾳ τῶν κεκτημένων δούλους· ἢ κληρικοὺς γεγονότας, καὶ τὸ τῆς ἱερωσύνης σεμνὸν ἀξίωμα περιβαλλομένους[9]), ἢ τὸν μοναδικὸν βίον ἀνῃρημένους, ἢ τὸ μεῖζον εἰς τὸν ἐπισκοπικὸν ἀναδεχθέντας βαθμὸν, πάλιν εἰς τὴν προτέραν

τῆς δουλείας τάξιν ἀποκαθίστασθαι διορίζονται, μηδὲν δηλαδὴ ἐκ τῶν τοιούτων χειροτονιῶν, ἢ τοῦ μοναδικοῦ σχήματος εἰς ἀποφυγὴν τῆς δουλείας βοηθουμένοις· δουλοῦσθαι δὲ διακελεύονται καὶ τοὺς συναπτομένους ἐλευθέρους οἰκετικοῖς προσώποις· ἐπὰν μὴ δύνηται τὸ ἐλευθερίᾳ τιμώμενον πρόσωπον καταβολὴν προσομολογῆσαι τιμήματος, δι' οὗ ἀπολελυμένου τῆς δουλείας τὸ ὑπ' αὐτῇ κατεχόμενον μέρος, τῇ ἐλευθερίᾳ γενήσεται· ὡσαύτως δουλοῦσθαι καὶ τὸ ἐλευθερίας μὲν ἀξιωθὲν παρὰ τοῦ δεσπότου μέρος, ἀμφοτέρων δηλαδὴ ὄντων δούλων, ἀφορμὴν δὲ τὸ οἰκεῖον ποιούμενον ἄνετον, πρὸς τὸ ἴδιον σχῆμα τοῦ βίου ἀναρπάζειν πειρᾶσθαι τὸ καταλειφθὲν μέρος· καὶ μὴ μόνον ἐκ τῆς αὐθαδείας ταύτης μηδὲν ἐξανύειν, μηδ' ἰσχὺν ἔχειν ἐλευθερίαν ἑτέρῳ

[1]) R. ἀπαλλάττωνται. — [2]) R. τινὶς μέν. — [3]) R. αὐτὸ γάρ. — [4]) Rb. v, 416. — [5]) R. καταδελευμένων. — [6]) R. πληρώσεις. Mox καὶ πληρώσεις ἀξιωθεῖη. — [7]) Cod. νεαρά. — [8]) fort. deest Λέοντος.— [9]) R. περιβαλομένους.

χαρίζεσθαι, ἀλλὰ καὶ αὐτὸν ἐκεῖνον, ἧς ἔλαβεν ἐκπίπτειν τιμῆς, καὶ πάλιν ὑποκύπτειν τῷ τῆς δουλείας ζυγῷ, ἅτε δὴ γνώμῃ περιυβρίσαντα μοχθηρᾷ, χρηστὴν καὶ εὐεργέτιδα τοῦ ἰδίου δεσπότου προαίρεσιν, καὶ τὴν ἐκείνου κρίσιν ἀπονοηθέντα παρὰ φαῦλον ἡγήσασθαι, ἣν ἐχρῆν δι' αἰδοῦς ἄγειν καὶ εὐλαβείας. Ἀρ' ἴ τοίνυν ἡ τῶν τοιούτων θεσπισμάτων περίληψις, τὴν τοῦ ª ἐλευθεροβοᾶν ˌ σημασίαν τοῖς ἀγνοοῦσι διαλευκάναι σαφῶς, | ὡς ἐν κεφαλαίῳ δὲ εἰπεῖν, καὶ δοῦλος καὶ ἀπελεύθερος τοῦ βοᾶν ἐλεύθερα παντάπασιν ἀπεστέρηνται.

POH.' Ἐρώτησις ΚΔ'.

Τί δηλοῖ τὸ ἐν τῷ εὐαγγελίῳ κείμενον ῥητόν· " Ὑμεῖς δὲ λέγετε, ὅτι ὃς ἂν εἴπῃ τῷ πατρί ἢ τῇ μητρί· δῶρον ὃ ἐὰν ἐξ ἐμοῦ, ὠφεληθῇς, ˌ ¹);
Quid significat hoc evangelii verbum: " Vos dicitis quod ille qui patri vel matri dicit: Donum quodcumque ex me, tibi proderit?„

Ἐν τῇ Γεννησαρὲτ γενομένου τοῦ σωτῆρος Χριστοῦ, οἱ ἀπὸ Ἱεροσολύμων κατελθόντες γραμματεῖς, καὶ προσελθόντες εἶπον αὐτῷ· Διὰ τί οἱ μαθηταί σου παραβαίνουσιν τὴν παράδοσιν τῶν πρεσβυτέρων; οὐ γὰρ νίπτονται τὰς χεῖρας αὐτῶν, ὅταν ἄρτον ἐσθίωσιν ²). Οἱ γὰρ Φαρισαῖοι καὶ πάντες οἱ Ἰουδαῖοι, ἐὰν μὴ πυγμῇ, φησί, νίψωνται τὰς χεῖρας, καὶ ἀπὸ ἀγορᾶς ἐὰν μὴ βαπτίσωνται, οὐκ ἐσθίουσι, κρατοῦντες τὴν παράδοσιν τῶν πρεσβυτέρων. Ὁ δεσπότης δὲ τὸ κακοῦργον τῆς γνώμης αὐτῶν εἰδὼς καὶ κακόηθες, καὶ ὅτι φιλάργυροι ὄντες κατασπαθᾶν σπεύδουσι τὰ ἀλλότρια, τὴν παρ' αὐτῶν τοῖς μαθηταῖς προστριβεῖσαν μέμψιν εἰς ἔλεγχον αὐτῶν αἰσχυντηλῶς ἀντιπεριέστησε, παραβάτας αὐτοὺς ἀποδείξας τοῦ νόμου τοῦ μωσαϊκοῦ φανερῶς, καὶ τῇ συγκρίσει ἑκατέρων τουτωνὶ τῶν παραβάσεων, ψηφηφορήσας βαρεῖαν αὐτοῖς τὴν κατάκρισιν. Τί γὰρ ἡ τῶν πρεσβυτέρων παράδοσις πρὸς τὸν νόμον Μωσέως, ὡς τιμᾶν τὸν πατέρα καὶ τὴν μητέρα, καὶ τὸν κακολογοῦντα πατέρα ἢ μητέρα θανάτῳ τελευτᾶν ἐγκελεύεται;

Οὐκοῦν δείκνυσιν ἐντεῦθεν τούτους προδήλως διὰ τὸ συστῆναι τὴν οἰκείαν παράδοσιν, ἀκυροῦντας τὴν ἐντολὴν τοῦ Θεοῦ· ἡ παράδοσις δὲ ἦν, ὃς ἐὰν εἴπῃ ³) τῷ πατρὶ ἢ τῇ μητρί· δῶρον, ὃ ἐὰν ἐξ ἐμοῦ, ὠφεληθῇς. Τοῦτο δὲ τοιαύτην ἔχει ἑρμηνείαν. Οὓς ἂν τῶν παίδων εὕρισκον οἱ Φαρισαῖοι περιουσιαζομένους, ἢ ἀπὸ κόπων ἰδίων, ἢ ἀπὸ φιλοτιμίας τῆς τύχης, ἢ ὁθενοῦν ἄλλοθεν, ἐπαίδευον αὐτοὺς εὐσεβείας προσχήματι ἀνατιθέναι τῷ Θεῷ ἢ πᾶσαν τὴν περιουσίαν αὐτῶν, ἢ τὸ πλεῖον ⁴) αὐτῆς· καὶ ἐὰν ἐνδεεῖς ἦσαν οἱ τούτων γονεῖς, καὶ ἐδέοντο τῆς παρὰ τῶν παίδων προμηθείας, ἐδίδασκον αὐτοὺς λέγειν πρὸς τοὺς γονεῖς, ὡς εὔλογόν τι καὶ ἀπαραίτητον καὶ ἀποτρέπειν αὐτοὺς ⁵) δυνάμενον, ὅτι κορβᾶν [f. 285], τουτέστι δῶρον ἀνατεθειμένον ἐστὶ τῷ Θεῷ· ὃ ζητεῖς ἐξ ἐμοῦ ὠφεληθῆναι, τουτέστι κερδᾶναι, ὡς ἐκ τούτου συστέλλεσθαι μὲν τοὺς γονεῖς, τὸν Θεὸν δεῖν προτιμᾶσθαι τῶν γονέων ⁶) γινώσκοντας. Τοὺς δὲ Φαρισαίους ἀδεῶς τοῦ λοιποῦ καθέσθειν τὰ δῆθεν ἀνατεθειμένα, οἷα τοὺς παῖδας μὲν ἀπατῶντας

---

¹) Rh. ν, 417. Matth. xv, 2-5. Marc. vii, 12. Cod. ἐν τῇ Γεννησαρίτ. — ²) R. ἐσθίωσιν τὸν ἄρτον. — ³) R. ὃς ἂν εἴπῃ. — ⁴) R. πλεῖστον. — ⁵) R. ἐκείνους. — ⁶) R. om. τῶν γονέων.

καὶ συμπεθόντας, ἃ εἶχον δήποθεν ἀφιε- τῶν ἀτελεστέρων περιουσίας ἐφελκομένους
ροῦν τῷ Θεῷ, καὶ οὕτω τοὺς πατέρας πενο- διὰ τῆς φωνῆς τοῦ " κορβᾶν ".
μένους περιφρονεῖν· πρὸς ἑαυτοὺς δὲ τὰς

ΡΟΘ'. Ἐρώτησις ΚΕ'.

Εἰ δεῖ μεταλαμβάνειν τοὺς μὲν κοσμικοὺς κρεῶν, τοὺς δὲ μοναχοὺς τυροῦ, εἴ γε συ-
νεχθῇ τὴν τῶν ἁγίων Θεοφανίων ἑορτὴν ἐν τετράδι γενέσθαι ἢ παρασκευῇ; καὶ εἰ κατὰ
τὴν πρὸ αὐτῆς ἑσπέραν, ἐλαίου χρὴ ἢ καὶ ἰχθύων μεταλαμβάνειν, ὡσαύτως καὶ ἐν τῇ
τῆς μεταμορφώσεως ἑορτῇ, καὶ ἐν ταῖς ἑορταῖς τῆς Θεοτόκου, ἔτι δὲ καὶ τοῦ τιμίου
Προδρόμου, καὶ ἐν τῇ τῶν ἁγίων ἀποστόλων, τῶν τε κορυφαίων, καὶ τῶν ἄλλων, καὶ
παντὸς ἁγίου ἐπιφανοῦς; ναὶ μὴν καὶ ἐν τῇ ἑβδομάδι τῆς διακαινησίμου καὶ μέχρι τῆς
Πεντηκοστῆς, καὶ ἐν τῇ τῆς μεσοπεντηκοστῆς, καὶ ἐν τῇ πρὸ τῆς ἀναληψίμου τετράδι;
ἐν αὐταῖς γὰρ δυσὶ τετράσιν ὁ τοῦ ἁγίου πάσχα κανὼν ἐν ταῖς καθολικαῖς ἐκκλησίαις
εἴωθε ψάλλεσθαι.

An comedere fas est saecularibus carnes, monachis caseum, si ecciderit festum sacrae Theophaniae in feria IV aut VI? an etiam sub ejusdem vesperas sumere licet oleum vel etia. pisces? ac similiter in Transfiguratione, et in festis Dei Genitricis, tum et in die venerabilis Praecursoris, et sanctorum Apostolorum, tam coryphaeorum quam caeterorum, aut cujuscumque sancti insignis, immo et in hebdomade Dedicationis et usque ad Pentecostem, et in media Pentecoste, et in feria IV ante Ascensionem? in quibus binis feriis quartis canonem paschalem per catholicas ecclesias psalli consuetum est.

Ἡ εὔπορος καὶ βασιλικὴ τῆς καθαρτικῆς
καὶ ἁγιαστικῆς τῆς νηστείας ὁδὸς, αὕτη ἐσ-
τὶν, ἤγουν ἐν ταῖς νηστίμοις ἡμέραις κατὰ
τὴν ἐννάτην ὥραν τὰς συνήθεις προσευχὰς
καὶ ὑμνῳδίας τῷ Θεῷ ἀποδιδόντας ἡμᾶς
ἀπονηστίζεσθαι, ἄρτῳ μόνῳ καὶ ἰσχάσι καὶ
φοίνιξι καὶ λαχάνοις, καὶ ἀντὶ ποτοῦ ὕδατι
κεχρημένους εἰς παραμυθίαν τοῦ σώματος,
εἰ μή τις σωματικὴ ἀσθένεια ἐνοχλοίη· τη-
νικαῦτα γὰρ μεσολαβήσει διάκρισις διὰ θε-
ραπείαν τῆς ἀσθενείας τοῦ σώματος. Οἱ
μέντοι διὰ δύο τυχὸν ἡμερῶν, ἢ τριῶν, ἢ
ἑβδομάδος, ἢ εἰκάδος, ἢ τυχὸν καὶ τεσσα-
ρακοντάδος ἐσθίοντες, ἀλλ' οὗτοι τρίβους
ταύτας ἰδίους καινοτομοῦσιν, ἃς οὐ πᾶσα
ἀνάγκη τρίβειν ἅπαντας, οἷα δὲ παραδεδο-
μένας μηδὲ προσηκούσας πᾶσιν καὶ βάρος
διὰ τὸ | δυσπόρευτον.

Εἴπερ τοίνυν ἡ ἑσπέρα τῆς πρὸ τῶν ἁγίων
Θεοφανίων ἡμέρας ἢ ἐν δευτέρᾳ ἢ τρίτῃ ἢ
τετράδι ἢ πρὸ σαββάτου ἐπιστῇ, ἀνάγκην
ἔχομεν τὴν τῆς ἐννάτης νηστείαν ἐπιτελεῖν·
ἐπεὶ καὶ τοὺς ἑσπερινοὺς ὕμνους ἐν τῇ ἱερο-
τελεστίᾳ, τηνικαῦτα συζεύγνυμεν· πῶς οὖν
ἔστιν ἐξὸν μετὰ τὴν ἀπόλυσιν τὴν τῆς ἐν-
νάτης νηστείαν εἰς ἔλαιον, καὶ εἰς ἰχθῦς;
πολλῷ πλέον· δόξομεν γὰρ διὰ τὸ νηστεύειν,
οὐχ ἵνα τὸ σωτήριον ἔθος τῆς νηστείας φυ-
λάξωμεν, καὶ τὸν Θεὸν θεραπεύσωμεν, ἀλλ'
ἵνα τρύφωμεν, καὶ τῇ σαρκὶ χαρισώμεθα·
ὅτι δὲ δεῖ φυλάττεσθαι τὸ τῆς ἡμέρας ταύτης
νήστιμον ἀνόθευτον καὶ ἀπαρακοίνητον, δη-
λοῦται τοῦτο σαφῶς ἀπὸ τῆς τοῦ ἀρχιεπι-
σκόπου Ἀλεξανδρείας Θεοφίλου προσφωνή-
σεως· τῆς γενομένης, ἐπιστάντων ἐν ἑσπέρᾳ
κυριακῆς τῶν ἁγίων Θεοφανίων· περιέχει
γὰρ ἐκείνη ταῦτα οὕτως· ἐπὶ τῶν λέξεων·
" Καὶ τὸ ἔθος καὶ τὸ πρέπον ἡμᾶς ἀπαιτεῖ

πᾶσαν κυριακὴν τιμᾶν, καὶ ἐν ταύτῃ πανηγυρίζειν, ἐπειδήπερ ἐν ταύτῃ ὁ Κύριος ἡμῶν Ἰησοῦς Χριστὸς τὴν ἐκ νεκρῶν ἀνάστασιν ἐπρυτάνευσε· διὸ ἐν ταῖς ἱεραῖς γραφαῖς καὶ πρώτη κέκληται ἀρχὴ ζωῆς ἡμῖν ὑπάρχουσα, καὶ ὀγδόη, ἅτε δὴ ὑπερβεβηκυῖα τὸν τῶν Ἰουδαίων σαββατισμόν. Ἐπεὶ οὖν συνέβη τὴν τῶν ἁγίων Θεοφανίων ἡμέραν νήστιμον εἶναι, ταύτῃ οἰκονομήσωμεν καὶ πρὸς ἑκάτερα ἐπιστημόνως χωρήσωμεν, ἵνα μεταλαβόντες ὀλίγων φοινίκων ἐκκλίνωμεν ἅμα καὶ τὰς αἱρέσεις τὰς μὴ τιμώσας τὴν ἀναστάσιμον τοῦ Κυρίου ἡμῶν Ἰησοῦ Χριστοῦ ἡμέραν, καὶ τὸ ὀφειλόμενον τῇ νηστίμῳ ἡμέρᾳ ἀποδῶμεν, περιμένοντες τὴν ἑσπερινὴν σύναξιν, ἥτις ἐνταῦθα Θεοῦ θέλοντος τελεῖται, συναχθῶμεν τοίνυν ἀπὸ ὥρας ἐννάτης ἐνταῦθα. [1]).

Ὁρᾷς ὁ ἐρωτῶν ὅπως καὶ κυριακὰς εὐμοιρούσης τῆς πρὸ τῶν Θεοφανίων ἡμέρας, οὐ καταλύεται τὸ τῇ νηστίμῳ ἐποφειλόμενον, εἰ γοῦν καὶ ἐν ταύτῃ διὰ τὸ σεβάσμιον αὐτῆς καὶ μηδόλως νηστείᾳ ὑποπίπτον, ἰχθύσι μόνον καὶ φοίνιξι μετὰ τὴν λειτουργίαν κεχρήμεθα, ἵνα μόνον παραδείξωμεν ὡς οὐ νηστεύομεν· πῶς μετὰ τὴν ἐν ταύτῃ ἑσπερινὴν ὑμνῳδίαν, καὶ ἁγιστείαν πλὴν τοιούτων τινῶν ἄλλων εἰς τροφὴν λιπαροτέρων ἁψόμεθα; Εἰ μέντοι τύχῃ [f. 286] ἐπιστῆναι αὐτὴν τὴν τῶν Θεοφανίων ἡμέραν τῆς ἑορτῆς ἐν τετράδι ἢ παρασκευῇ, ἀρκετόν ἐστιν ἡμῖν καταλῦσαι τὴν ἐννάτην τὴν ταῖς τοιαύταις ἡμέραις ὀφειλομένων κατὰ τὸν ξθ' κανόνα τῶν ἁγίων ἀποστόλων εἰς ἔλαιον καὶ ἰχθύας. Τὸ δὲ καὶ εἰς κρέα καὶ τυροὺς προτενθεύσασθαι, ἀλλὰ τοῦτο γαστριμάργων τὸ ἔργον, καὶ τὰ ἀποστολικὰ κατανωτιζομένων παρεγγέλματα, καὶ νομιζόντων βρώμασιν ἁβροτάτοις καὶ πόμασι τὸ θεῖον θεραπεύειν ἐν ταῖς δεσποτικαῖς ἑορταῖς· οὐκ ἔστι δὲ ἡ βασιλεία τοῦ Θεοῦ βρῶσις καὶ πόσις [2]· ἀλλ'

ὅσα ἑξῆς ὁ ἀποστολικὸς λόγος παρίστησιν.

Ὑπεξαιροῦνται δὲ τῶν νηστίμων αἱ τετράδες· καὶ αἱ παρασκευαί, αἵ τε δηλαδὴ τῆς διακαινησίμου ἑβδομάδος· αἱ τοῦ δωδεκαημέρου, αἱ τῆς λεγομένης προφωνησίμου ἑβδομάδος· καὶ αἱ τῆς τυροφάγου· ἐν ταύταις γὰρ οὐδαμῶς νηστεύομεν· ἡ μὲν γὰρ διακαινήσιμος πᾶσα, ὡς μία ἡμέρα λογίζεται, ἤγουν ὡς αὐτὴ ἡ μεγάλη καὶ λαμπρὰ κυριακή· διὰ γὰρ τοῦτο καὶ ἑωθινὰ ἀναστάσιμα εὐαγγέλια ἐν ταύτῃ καθ' ἑκάστην ἡμέραν ἀναγινώσκονται.

Τὸ δωδεκαήμερον δὲ νηστείαν ἔχει τῶν Ἀρμενίων· οὗτοι γὰρ τὰς τρεῖς ἑορτάς, ἤγουν τὸν εὐαγγελισμὸν καὶ τὴν γέννησιν καὶ τὰ Θεοφάνια συνάπτως ἐκτελοῦσι κατ' αὐτὴν τὴν ἡμέραν τῶν ἁγίων Θεοφανίων, ἀκολουθοῦντες τοῖς ἄλλοις τε αἱρετικοῖς καὶ τῷ ἀρχηγῷ αὐτῶν, τῷ Μαντακουνῷ, ὃς καὶ Ἐχάνιος ὀνομάζεται· διὰ τοῦτο γὰρ καὶ πρὸ Θεοφανίων δώδεκα ἡμέρας νηστεύουσι. Κατὰ τὴν προφωνήσιμον δὲ οἱ αὐτοὶ νηστεύουσιν Ἀρμένιοι ὑπὲρ τοῦ λεγομένου Ἀρτζιβούρτζη, εἰ καὶ συγκαλύπτειν τὸ αἰσχρὸν τῆς τοιαύτης νηστείας ἐθέλοντες, οἱ μὲν αὐτῶν διὰ τοὺς Νινευίτας νηστεύειν λέγουσιν, οἱ δὲ διὰ τὴν ἐξορίαν τοῦ Ἀδάμ· τὸ ἀληθὲς δέ ἐστιν, διὰ τὴν ἀπώλειαν τοῦ κυνός, ὃς Μανδάτωρ ἦν, τουτέστι μηνυτὴς τοῦ διδασκάλου αὐτῶν Σεργίου· ἀποστελλόμενος γὰρ παρ' αὐτοῦ ὁ κύων ἐκεῖνος μόνῃ τῇ ἑαυτοῦ παρουσίᾳ προεμήνυε τὴν τοῦ διδασκάλου ἐπιδημίαν ἐν κώμαις ἢ πόλεσιν ἔνθα προὔκειτο ἐκεῖνον παραβαλεῖν. Ἡ γὰρ προσηγορία τοῦ Ἀρτζιβούρτζη δηλοῖ κατὰ τὴν τῶν Ἀρμενίων διάλεκτον τὸν Μανδάτορα. | Ὅτι γοῦν ἐπένθησε τότε ὁ Σέργιος τὸν κύνα, ὡς ὑπὸ θηρίων βρωθέντα, συνεπένθησαν δὲ ἐκείνῳ καὶ οἱ Ἀρμένιοι. Διὰ τοῦτο καὶ νηστείαν τῷ πένθει προσέθηκαν.

Κατὰ μέντοι τὴν τυροφάγον οἱ αἱρετικοὶ οἱ λεγόμενοι Τετραδῖται μεγάλην νηστείαν

---

[1]) Cf. Juris eccl. Graec. t. 1, p. 646. — [2]) Rom. xiv, 17.

παρατηροῦσιν· ἵνα γοῦν μὴ συνεμπίπτωμεν ταῖς τῶν αἱρετικῶν τούτων νηστείαις, διὰ τοῦτο ἀντιρρόπως ἐκείναις τὰς ἐν ταῖς εἰρημέναις ἑβδομάσιν νηστίμους ἡμέρας, ἤγουν τετράδας καὶ τὰς παρασκευὰς ταῖς ἀνεσίμοις ἐξισοῦντες, τοῖς αὐτοῖς καὶ ἐν ταύταις κεχρήμεθα βρώμασι· τὰς γὰρ ἐν τῇ διακαινησίμῳ, ὡς εἴπομεν, τῇ πρώτῃ ἀναστασίμῳ ταυτίζομεν, καὶ οὕτω κρεωφαγοῦμεν ἀνενδοιάστως.

Τὰς μέντοι μετὰ τὴν διακαινήσιμον τετράδας καὶ παρασκευὰς μέχρι καὶ τῆς πεντηκοστῆς, νηστίμους μὲν οὐκ ἔχομεν, διὰ τὸ ἑορτάζειν, πλὴν οὐ κρεωφαγοῦμεν ἐν ταύταις· διὰ γὰρ τὴν ἑορτήν, τὸ τῆς ἐνάτης νήστιμον καταλύομεν, καὶ ἔλαιον ἢ καὶ ἰχθύας εἰς βρῶσιν προσιέμεθα.

Διά τε τὸ τῶν ἁγίων ἀποστόλων διάταγμα, καὶ ὅτι ἐν ταῖς τοιαύταις ἡμέραις μνείαν ποιούμεθα τῆς τοῦ σωτῆρος σταυρώσεως, τὴν κρεωφαγίαν ἀποσειόμεθα· τούτου γὰρ ἕνεκα καὶ ἐν πάσαις ταῖς ἡμέραις τῆς πεντηκοστῆς τοῖς ἀναστασίμοις τροπαρίοις, καὶ κατανυκτικὰ καὶ σταυρώσιμα ψάλλοντες παραμίγνυμεν.

Τὸ δ' αὐτὸ ποιοῦμεν καὶ ἐν τῇ τῆς μεταμορφώσεως ἑορτῇ, ὡς ἐν μέσῳ οὔσῃ νηστίμων ἡμερῶν. Καὶ ἐν πάσαις ταῖς πανδήμοις τῆς Θεομήτορος πανηγύρεσιν, ἔτι δὲ καὶ τοῦ τιμίου Προδρόμου καὶ Βαπτιστοῦ τῶν τε κορυφαίων ἀποστόλων Πέτρου καὶ Παύλου καὶ παντὸς ἀποστόλου καὶ ἁγίου ἐπισήμου καὶ ἐπιφανοῦς.

Εἰ δέ τις ἐρεῖ, ὅτι ἐν τῇ δ' τῆς μεσοπεντηκοστῆς οὐδ' ὅλως σταυρώσιμα ψάλλονται, ἀλλὰ πάντα ἀναστάσιμα, ἀκούσεται ὅτι τότε κρεωφαγία ἐν ταύτῃ ἔσεῖται, ὅταν καὶ εὐαγγέλιον ἀναστάσιμον ἐν τῷ ὄρθρῳ ἀναγνωσθῇ καθὰ δὴ τοῦτο γίνεται ἐν τῇ τετράδι, καὶ τῇ παρασκευῇ τῆς διακαινησίμου [1]), ὅτι δὲ τοιοῦτόν τι τότε οὐ γίνεται, ὡς μηδὲ [f. 287]

παραδοθὲν ἡμῖν ἐξ ἀνάγκης, οὐδὲ κρεωφαγήσωμεν.

Ὅλως δὲ οὐκ ἔστιν ἐπάναγκες τὸ ἐν ταύτῃ τῇ δ' καὶ τῇ πρὸ τῆς ἀναλήψεως τὸν κανόνα τοῦ πάσχα ψάλλεσθαι· ἐκείνη μὲν γάρ, ἤγουν ἡ τῆς μεσοπεντηκοστῆς ἴδιον κανόνα κέκτηται· αὕτη δὲ ψαλλόμενα ἔχει τὰ τῆς ἀναλήψεως προεόρτια· οὐ μήν, ἀλλ' οὐδὲ τύπος τις ἐπίσημος τοῦτο ἡμῖν παραδέδωκεν. Εἰ δέ τις ἴσως λίαν ἐστὶ πασχαλικὸς καὶ φιλέορτος, εἰ βούληται, καὶ πάσας τὰς ἡμέρας τῆς πεντηκοστῆς, τὸν τοιοῦτον κανόνα ψαλλέτω· εἰς κρεωφαγίαν γὰρ τοῦτο οὐδαμῶς λυσιτελήσει αὐτῷ, εἰ μή ποτε νόμοις ἰδίοις, καὶ οὐχὶ τύποις ἐκκλησιαστικοῖς ἐθέλει τὰ καθ' ἑαυτὸν διακυβερνᾶν.

Τὸ λέγειν δὲ τὸν νγ' κανόνα τῶν ἁγίων ἀποστόλων (ὅτι καθαιρείσθω εἴ τις ἐπίσκοπος ἢ πρεσβύτερος ἢ διάκονος ἐν ταῖς ἡμέραις τῶν ἑορτῶν οὐ μεταλαμβάνει κρέων καὶ οἴνου, βδελυσσόμενος καὶ οὐ δι' ἄσκησιν, ὡς κεκαυτηριασμένος τὴν οἰκείαν συνείδησιν καὶ αἴτιος σκανδάλου πολλοῖς γινόμενος), οὐ συνίσταται τὸ μεταλαμβάνειν κρέατος· καὶ ἐν ταῖς τετράσι καὶ ταῖς παρασκευαῖς, ἐν αἷς ἂν συνεχθῇ ἐπιστῆναι ὁποιανδήτινα ἑορτήν· εἰ γὰρ τοῦτο δοίημεν τὸν κανόνα λέγειν, εὑρήσομεν τοὺς ἀποστόλους αὐτοὺς ἑαυτοῖς ἐναντιουμένους, ὡς ἀλλὰ μὲν ἐν τῷ ξθ' κανόνι αὐτῶν νομοθετοῦντας περὶ τῶν τετράδων καὶ τῶν παρασκευῶν, ἄλλα δὲ ἐν τῷ νγ' κανόνι θεσπίζοντας· ἀλλ' ἐπειδὴ ἦσάν τινες τὴν τοῦ κρέατος μετάληψιν καὶ τὴν τοῦ οἴνου πόσιν διαβάλλοντες, καὶ διὰ τὸ βδελύττεσθαι παντελῶς αὐτῶν ἀπεχόμενοι, τούτου χάριν ἀκριροῦντες οἱ θεῖοι ἀπόστολοι τὴν τοιαύτην γνώμην αὐτῶν, ὡς μὴ γινομένην [2]) κατὰ ἄσκησιν, ἀλλὰ κατὰ αἵρεσιν (ἣν καὶ νῦν οἱ λεγόμενοι Βογόμιλοι στέργουσι) τὸν τοιοῦτον κανόνα ἐξέθεντο· διὰ γὰρ τοῦτο προστιθέντο, καὶ τὸ " βδελυσσόμενον „ καὶ τὸ " δι

---

[1]) Cod. sacro διακαινισίμου, διακαινίσιμος. — [2]) Id. γινομένων.

ἄσκησιν „, ὥστε τὸ μεταλαμβάνειν κρέατος, ἐν ἑορταῖς, ἐν ἐκείναις ταῖς ἑορταῖς ἐκληπτέον, ταῖς ἐρισταμέναις ἐν ἀνεσίμοις ἡμέραις, εἰ γὰρ ἐν τετράδι ἢ | παρασκευῇ ἐπιεστῶσι, καὶ τὸ τῶν ἑορτῶν σεβάσμιον ἐν τῇ καταλύσει τῆς νηστείας καὶ τὸ τῆς νηστείας αἰδέσιμον ἐν μόνῃ μεταλήψει ἐλαίου ἢ ἰχθύων κατὰ ταύτας τὰς ἡμέρας ἐκ παντὸς τρόπου συντηρηθήσεται· ταύτην γὰρ τὴν ἔννοιαν καὶ τὸ ἀναπεφωνημένον τοῦ σεβασμίου πατριάρχου Ἀλεξανδρείας Θεοφίλου περιέχει κανόνισμα.

ΡΠΓ΄. Ἐρώτησις ΚΣ΄.

Ἅγιον ποτήριον ἢ δίσκος, ἄν γε θραυσθῇ, πῶς ἀνακαινισθήσεται, καὶ μετὰ ποίων ἐργαλείων; καὶ τί ἐπὶ τοῖς ἐργαλείοις γενήσεται μετὰ τὴν περιποίησιν τοῦ ἱεροῦ σκεύους; ἔχ γε ἄθικτα ἔσονται ταῦτα ἢ ἐν θαλάσσῃ ῥιφήσονται;

Sacer calix vel patena si laedantur, quomodo renovabuntur et quibusnam opificiis? quoad opificia, quid fiet post vasis innovationem? erunt ne haec vasa accepta, aut in mare projicientur?

Φυσικός τις λόγος ἐπίσταται, μετέχον μὲν εἶναι πάντῃ καὶ πάντως τὸ ὑγιαῖνον· μετεχόμενον δὲ οὐδαμῶς· ἀνάπαλιν δὲ μετεχόμενον μέν, ὡς ἐπὶ τὸ πολύ, τὸ νοσοῦν· μετέχον δέ, μηδέποτε μηδαμῶς· μετέχει μὲν γὰρ νόσου τὸ ὑγιαῖνον πλησίον τοῦ νοσοῦντος γινόμενον· μετέχεσθαι δὲ τὸ νοσοῦν, ἐγγίσαντος τούτῳ τοῦ ὑγιαίνοντος, ὡς τὸ μεταδοτικόν, προσεῖναι μὲν τῷ νοσοῦντι πρός γε τὸ ὑγιαῖνον· τῷ ὑγιαίνοντι δὲ πρὸς τὸ νοσοῦν[1]) οὐδαμῶς· δῆλον δὲ ὡς εἰσὶν ἐξ ἐγγύτατος, νόσοι μὲν μεταδιδόμεναί τε καὶ μεταλαμβανόμεναι, ὑγίεια δὲ οὐδαμῶς, ὁ αὐτὸς δὲ λόγος· κἀπὶ τοῦ φαύλου καὶ τοῦ σπουδαίου· οἱ γάρ τοι ἑκατέροις ἀνὰ μέρος ἐγγίζοντες τῆς μὲν τοῦ φαύλου μοχθηρίας, εὐθὺς καὶ σὺν οὐδενὶ πόνῳ μετέχουσι· τῆς ἀρετῆς δὲ τοῦ σπουδαίου μηδαμῶς αὐτίκα μεταλαμβάνουσι, πόνῳ δὲ πολλῷ καὶ μακρᾷ πείρᾳ τε καὶ τριβῇ, ἐπεὶ καὶ σοφός τις τῶν παλαιῶν ἀρετῆς προπάροιθεν ἱδρῶτας κεῖσθαι, πανσόφως ἐγνωμοδότησε.

Λόγος δὲ γραφικὸς οἶδε, τὸ μὲν ἅγιον, τῷ ἁπλῶς πλησιάσαντι μὴ παράχρημα μεταδιδόναι τῆς ἑαυτοῦ ἁγιότητος· τὸ δέ γε μεμολυσμένον τῆς οἰκείας ἀκαθαρσίας εὐθέως· τῷ ἁγίῳ μεταδιδόναι τοῦτο προσομιλήσαντι· τὸν λόγον δ' ἡ βίβλος φέρει Ἀγγαίου τοῦ πανευφήμου προφήτου λαὸν παραδεικνύντα, ὡς ἐν εἰκόσιν ἀκάθαρτον· καὶ μεταγεῖν μὲν [f. 288] ἁγιασμοῦ διὰ μοχθηρὰν προαίρεσιν μὴ δυνάμενον, τῆς σφετέρας δὲ μεταδιδόναι ἀκαθαρσίας· καὶ λίαν ἀκαθέκτως· ἔχοντα· ἔχει δὲ ὁ λόγος οὕτως· ἐπὶ τοῦ ῥήματος· Ἐγένετο λόγος Κυρίου πρὸς Ἀγγαῖον τὸν προφήτην λέγων. Τάδε λέγει[2]) Κύριος παντοκράτωρ· Ἐπερώτησον τοὺς ἱερεῖς νόμον, λέγων· Ἐὰν λάβῃ ἄνθρωπος κρέας ἅγιον ἐν τῷ ἄκρῳ τοῦ ἱματίου αὐτοῦ, καὶ ἅψηται τὸ ἄκρον τοῦ ἱματίου ἄρτου ἢ ἑψέματος ἢ οἴνου ἢ ἐλαίου ἢ παντὸς βρώματος, εἰ ἁγιασθήσεται; Καὶ ἀπεκρίθησαν οἱ ἱερεῖς καὶ εἶπον οὔ. Καὶ εἶπεν Ἀγγαῖος· Ἐὰν ἅψηται μεμιασμένος ἐπὶ ψυχῇ ἀπὸ παντὸς τούτου, εἰ μιανθήσεται; Καὶ ἀπεκρίθησαν οἱ ἱερεῖς καὶ εἶπον· Μιανθήσεται ,,.

Οὕτως ἐχόντων τῶν λόγων τοῦ φυσικοῦ καὶ τοῦ προφητικοῦ, καὶ οὕτως ἀμφοτέρων προυποτεθειμένων, χρηστέον ὧδέ πως· τῷ λόγῳ πρὸς τὴν προσκειμένην ἐρώτησιν· εἰσὶ

---

[1]) Cod. τὸ νοσ. — [2]) Aggaei II, 10-18.

τινα παρ' ήμιν και μέλη και σκεύη και εργαλεία, ών ή χρήσις ήμιν αναγκαίως εις έκατέραν υπηρεσίαν λυσιτελεί, αγίαν τε φαμι και κοινήν, και ούτε δυνάμεθα παραιτεΐσθαι και άποβάλλειν ή σωματικώ έν ήμιν ή βιωτικώ μολυσμώ τινι ομιλήσουσι τα μεν γαρ φυσικώς, τα δε εξ ανάγκης ήμιν έμπεπήγασιν, ούτε μην αργά ταύτα έχειν δι' εύλαβέων δήπουθεν, ει αγίω τινί χρήματι πλησιάσουσιν· είσι δε μέλη μεν, αι χείρες ημών, δι' ών ότε μεν άγια μεταχειριζόμεθα και δώρα τώ Θεώ προσφέρομεν, και τών αγιασμάτων μετέχομεν· ότε δε τα έν ήμιν άποκαθαίρομεν, ρύπη τε και μολύσματα, ναι δε και καθίεμεν ταύτας εις έλκη νοσούντων και μολυσμούς· σκεύη δε τα εξ αργύρου και χαλκού καθυπουργούντα ήμιν, εις κάθαρσίν τε ρυπασμάτων έν βαλανείοις και εις μετάληψιν[1]) βρωτών και ποτών· εργαλεία δε, τα ταις χαλκοτύποις τέχναις προσήκοντα· και αι μαχαιρίδες, αι ταις καθ' ημάς κατά βίον υπηρετούσι σφαγαίς και τομαίς· όσα ούν σκεύη και εργαλεία έκ τοιούτων υλών απαραίτητα τώ βίω τυγχάνουσι διά το της ύλης δυσπόριστον· περί γαρ τών χειρών ουδείς λόγος, ώς ενουσών ήμιν φυσικώς, κάν μεμιασμένοις | τισίν ή ηγιασμένοις· είδεσι προσεγγίσωσιν, ούτε ως άγια, ούτε ως μεμολυσμένα λογίζονται, ει μήποτε δημοσία θείω άνατεθέντι ναώ εντεύθεν ιερά άγια γένωνται, ή έν απίστοις και

άνιέροις παραμείναντα, της έκειθεν άκαθαρσίας μετασχώσι τούτο γαρ και ή έννοια περιέχει του φυσικού λόγου και του προφητικού.

Εντεύθεν ούν κατά τον ίσον λόγον, ουδέ τα εργαλεία, τα υπηρετησάμενα εις άνακαίνισιν[2]) τεθραυσμένων σκευών ιερών, άργα έν γωνία κείσονται ή έν θαλάσση ριφήσονται· ουδέ γαρ έκ του ομιλήσαι τοις αγίοις γεγόνασιν άγια, αλλ' ουδέ τόπος έν ώ ανανεούντες ταύτα οι τεχνικοί εχρώνεον, ή κατασκαρήσεται εις άλλοίωσιν ή επηλυγασθήσεται ύλη τινί, ώς αστιβή γενέσθαι τούτον του λοιπού και άπάτητον· ούτε γάρ ώς είπομεν, άγια τα εργαλεία ευθέως έκ του ομιλήσαι τοις αγίοις γεγόνασι σκεύεσιν· αλλά και το πυρ ει και δύναμεν ίσως αγιασμού ταύτα μετασχείν ηδυνήθη αλλοιώσαι την μέθεξιν διά την ένουσαν αυτώ φυσικώς δραστικήν και αλλοιωτικήν δύναμιν και ενέργειαν. Επεί και νόμος ο έν βιβλ. ε' τών βασιλικών τίτλω β' κεφ. κα' κείμενος, τα ιερά σκεύη μη μόνον πιπράσκεσθαι, αλλά και χωνεύεσθαι προς άνάρρυσιν τών αιχμαλώτων διακελεύεται, και πάντως το χωνευθέν τον αγιασμόν έν τώ χωνευτηρίω άπέβαλε, και ουκ έτι ως άγιον, αλλ' ως κοινόν τών αιχμαλώτων ρύσιον γίνεται και ώς άν τις είπη προσφυώς εκενώθη της δόξης της σφετέρας αγιότητος, ίνα λύτρωσιν και σωτηρίαν τοις κατεχομένοις εργάσηται.

ΡΙΙΑ'. Ερώτησις ΚΖ'.

Αι παρά[3]) του μακαρίτου πατριάρχου Αντιοχείας Θεοδώρου του επιλεγομένου Βαλσαμών, γεγονυΐαι αποκρίσεις προς τας ερωτήσεις Μάρκου του οσιωτάτου πατριάρχου Αλεξανδρείας, ευρίσκονται τινας παρεκβάσεις ποιούμεναι έν τε κανονικαίς και νομικαίς διατάξεσι· δει ούν ταύταις προσέχειν, ή ου;

Beati patriarchae Antiocheni Theodori cognomine Balsamonis responsa facta ad quaestiones Marci, sanctissimi patriarchae Alexandrini, deprehenduntur nonnullas

---

[1]) Cod. μετάληψι. — [2]) Id. ἀνακαίνισιν. — [3]) Rh. v. 418 apud Joannem Citr.

afferre exceptiones legibus sive ecclesiasticis sive politicis. Oportet ne eas sequi, vel non?

Ὁ ἱερὸς οὗτος ἀνὴρ ὁ¹) Ἀντιοχείας, τρίβων μὲν ἦν ἐν ἀκριβὲς τῶν νομικῶν [f. 289] καὶ κανονικῶν μαθημάτων, καὶ παρὰ πᾶσιν ἐν τούτοις περισπούδαστος· τὰ μέν γε²) συγγράμματα τούτου, ὅσα πρὸς κανονικὰ καὶ νομικὰ λήμματα ἐξηνέχθησαν, καὶ οὐκ ἐς τὸ πᾶν ἀκριβείας ἐχόμενα καταφαίνονται, τὸ παράδοξον ἀλλ' ὡσπερανεὶ ἐκ λήθης μάλιστα καὶ παροράσεως προιόντα, καί που καὶ ἐφ' ἑαυτὰ μεριζόμενα καὶ οὐκ ἄν τις ἐρωτῶν τούτοις, οὐκ ἀπορήσειεν, εὑρίσκων τῇ ἐκείνου ἀκριβείᾳ τὰ ἑαυτοῦ συγγράμματα μὴ συντρέχοντα. Ἐγὼ δὲ, καὶ ζῶντος ἐκείνου, πολλῶν ἐν Κωνσταντινουπόλει νομοθετουμένων ἀκήκοα, ἐπιλαμβανομένων τινῶν τοῦ ἀνδρὸς ἐκείνου γνωμοδοτημάτων, ὡς μὴ κατὰ μοῖραν ἐξενεχθέντων, ἔκ τε κανόνων ἑρμηνείας καὶ νόμων, καὶ ἄλλοις τοιοῖσδε συντάγμασι. Λείπεται οὖν εἰπεῖν ἡμᾶς κατὰ λόγον εἰκότα, ὡς τὰ εἰρημένα συγγράμματα ἐκείνου ἀναγινώσκειν χρεών, τὸν ἀκριβῶς τὸ πολυσχεδὲς τῆς νομικῆς ἐπιστάμενον, καὶ ἐπιστημόνως ταῖς πολυειδέσιν ἐλίξεσι τῶν κανονικῶν ἐγγυμνασάμενον περιλήψεων ὁ τοιοῦτος γὰρ³) ἀκριβῶς εἴσεται τό τε ἀνεπιλήπτως καὶ τὸ μὴ ὡσαύτως ἐν τούτοις γραφῆναι φαινόμενον. Τὸν γε μὴν μὴ τοιαύτην αὐχοῦντα πεῖραν, μηδαμῶς αὐτοῖς ὁμιλεῖν, ἵνα μὴ κατὰ τοὺς ἀπειροτέρους τῶν ἐμπολώντων⁴) κατ' ἴσον τοῖς χρυσοῖς καὶ ἀργυροῖς καὶ τὰ χρυσοειδῆ καὶ ἀργυροειδῆ καὶ ὑπόχαλκα⁵) καὶ καττιτερίνα ἐμπολῶν, τὴν ζημίαν καὶ εἰς αὐτὸ τὸ κεφάλαιον ὑποστῇ.

ΡΠΒ'. Ἐρώτησις ΚΗ'.

Ἐμνηστεύσατό τις⁶) κόρην οὐ μετὰ τῶν συνήθων ἱερῶν εὐχῶν, ἀλλὰ διὰ συναινέσεως μόνης καὶ συμβολαίων γραφῆς· ἔξεστιν αὐτῷ συζευχθῆναι τῇ αὐταδέλφῃ τῆς τοιαύτης κόρης ὡς τεθνηκυίας, ἢ οὔ; ἕτερος δέ τις, τὸν αὐτὸν τρόπον γυναῖκα μνηστευσάμενος, ἄλλην ἤγαγεν⁷), θανούσης ἐκείνης· ἆρα οὖν οὗτος ὡς δίγαμος λογισθήσεται, ἢ οὔ;

Sponsam aliquis admisit, sine solitis precibus sacris, sed cum solo consensu et scriptis promissis mutuis. Licet ne eidem, defuncta hac puella, ipsius propriam sororem sibi coniungere? Alter simili modo sponsalia peregit cum muliere; qua mortua, aliam sibi nupsit: is igitur digamus ne reputabitur, vel non?

Δύο εὐσεβῶν βασιλέων νεαραὶ νομοθεσίαι, (ἡ μὲν προγενεστέρα, ἡ τοῦ σοφοῦ δηλαδὴ Λέοντος, ἡ δὲ μεταγενεστέρα, ἡ τοῦ Κομνηνοῦ Ἀλεξίου), τὰ περὶ τῶν μνηστειῶν καὶ τῶν γάμων σοφῶς τε καὶ φιλοθέως πρὸς εὐκοσμίαν τοῦ χριστιανικοῦ πολιτεύματος διετάξαντο, ἀναπληρώσασαι | καὶ τὸ τῶν παλαιῶν νόμων τῶν περὶ τούτων κειμένων ὑστέρημα· οὐδὲ γὰρ ἐπ' ἀτεθήσει καὶ ἀργίᾳ ἐκείνων καθολικῇ τὰς ἑαυτῶν διατάξεις ἐξήνεγκαν. Ἐκεῖνοι μὲν οὖν καὶ ἐν ἑπταετεῖ ἡλικίᾳ καὶ συναινέσει μόνῃ καὶ γραφῇ συμβολαίων τὸ κῦρος ἐχαρίζοντο ταῖς μνηστείαις, καὶ πλέον οὐδὲν τούτων περιειργάζοντο· αἱ ἀναγεγραμμέναι δὲ νεαραὶ καὶ τὸν χρόνον τῆς ἡλικίας τοῦ τε μνήστορος καὶ

---

¹) Cod. om. ἱ. — ²) R. μέντοι. — ³) R. om. γάρ. — ⁴) R. ἐμπολούντων. — ⁵) Cod. ὑπόχαλκα. —
⁶) Rh. v, 110. — ⁷) R. ἐγάγετο.

τῆς μνηστῆς ἐπὶ τῷ πολλῷ πλέον ἐκτείνασαι ὡροθέτησαν, θεσπίσασαι τὸν μὲν ἄρρενα τὸν τεσσαρεσκαιδέκατον ἐνιαυτὸν, τὴν δὲ θήλειαν τὸν τρισκαιδέκατον συμπληροῦν, καὶ¹) τὴν μνηστείαν δὲ, οὐχ ἑτέρῳ δέ τινι τρόπῳ, ἀλλ' ἱεροτελεστίᾳ βεβαιοῦσθαι διετάξαντο, ὡς καὶ²) τὸ ἄλυτον ἐντεῦθεν, κατὰ δὲ τοῦ γάμου προνόμιον καὶ ταύτην αὐχεῖν· καὶ τὴν μὴ οὕτω προβᾶσαν μνηστείαν ἀνυπόστατον, καὶ ὡς μηδὲ γεγονυῖαν λογίζεσθαι. Οὐ μὴν, ἀλλ' οὐδὲ τὴν περὶ τῆς δηλωθείσης ἑπταετίας παλαιὰν νομοθεσίαν ἀργῆσαι καθόλου· τὸ ἐνεργὸν δὲ ταύτην³) ἔχειν ἐκ μέρους ἐθέσπισαν, οὐχ ὥστε καὶ ἀπαρτίζειν τελείαν μνηστείαν, ἀλλὰ μόνον κρατύνειν⁴) τὰς περὶ μνηστείας λογοποιΐας ὡς ἀνθρώπων ἁπλῶς ἀρεσκείας κατησφαλισμένας ἐπερωτήσεσι καὶ πρός γε κωλύειν εἰσέρχεσθαι, ἐπὶ τὴν ἀποζευχθεῖσαν⁵) μνηστὴν τὰ εἰρημένα⁶) καὶ πεφωνημένα συγγενικὰ πρόσωπα, εἴτε ἐπὶ τοῦ ἑβδόμου, εἴτε ἐπὶ τοῦ τρισκαιδεκάτου ἐνιαυτοῦ ὁ τῆς μνηστείας συνέστη λόγος καὶ ἡ ταύτης διαζυγή.

Τοίνυν καὶ οἱ μνηστῆρες περὶ ὧν ἡ ἐρώτησις⁷), ὁ μὲν πρῶτος, εἰ μὲν ἑπταετὴς ἦν ἡ κόρη ἢ καὶ ἐπέκεινα, ὁπότε κατὰ συναί-νεσιν μόνην ἢ μέσον τούτων μνηστεία προέβη, κωλυθήσεται τὴν αὐταδέλφην αὐτῆς·⁸) κατὰ νόμον εἰς γυναῖκα ἀγαγεῖν, θανούσης δηλονότι ἐκείνης, εἰ δὲ ἐλάττων ἐτύγχανε τῶν ἑπτὰ· (ἐν τοιαύτῃ γὰρ ἡλικίᾳ οὐδὲ διὰ μόνης συναινέσεως μνηστεία ὅλως συνισταμένη ἐπιγινώσκεται) ἀμέμπτως καὶ ἀκατηγορήτως αὐτῇ συζευχθήσεται· τοὺς χρονικοὺς γὰρ ὅρους τῶν νόμων οὔτε καινίζειν, οὔτε ὑπερβαίνειν δυνάμεθα.

Ὁ δέ γε δεύτερος, ἐπειδὴ τῇ συναινέσει [f. 290] τῆς μνηστείας ἡ συνήθης ἱεροτελεστία, ὡς ἡ ἀφήγησις, οὐκ ἐπηκολούθησεν, οὐδαμῶς ὡς δίγαμος λογισθήσεται· γάμον γὰρ οὐ λογοπραγία συνίστησιν, ἀλλ' οὐδὲ φανερὰ ἢ λαθραία συνάφεια (πορνεία γάρ ἐστιν αὕτη), εὐχῶν δὲ ἱερῶν ἐπῳδαὶ καὶ τὰ ταύταις⁹) ἀκόλουθα· πῶς δὲ ὀνομασθήσεται ἢ λογισθήσεται δίγαμος, ὁ μὴ γάμου πεπειραμένος, τοιούτοις προνομίοις ἐγκοσμούμενος; καθόλου δὲ τὰ τῶν συναινέσεων μόνων, ὡς ἐν κεφαλαίῳ εἰπεῖν, ἐπί τε συστάσει μνηστείας καὶ ἐπὶ γάμου λύσει τὸ ἄπρακτον ἐκ τῶν διαληφθεισῶν νεκρῶν διατάξεων ἀπηνέγκαντο¹⁰) εἰ καὶ ἐπὶ τῶν πρεσβυτέρων νομοθεσιῶν τὸ κράτος ἐκέκτηντο.

ΡΠΓ'. Ἐρώτησις ΚΘ'.

Ἐψηφίσθη τις διάκονος, ὧν καὶ ὀφφικιάλιος, εἰς χηρεύουσαν ἀρχιερέως ἐπισκοπὴν, καὶ ἠσπάσατο¹¹) μὲν, καὶ ἐχειροτονήθη πρεσβύτερος, καὶ διάγει ἐν ταύτῃ ἔκτοτε μέχρι καὶ νῦν, οὐκ ἔφθασε δὲ καὶ τὴν τοῦ ἀρχιερέως χειροτονίαν δέξασθαι, διά τε τὸ προκπελθεῖν τὸν ψηφισάμενον τοῦτον μητροπολίτην, καὶ διὰ τὸ μάλιστα μὴ θέλειν ὅλως τὴν αὐτοῦ σύζυγον διαζυγῆναι, κατὰ τοὺς θείους κανόνας, καὶ εἰσελθεῖν ἐν μοναστηρίῳ, καὶ αὕτη μὲν εἰσέτι τοῦ αὐτοῦ σκοποῦ ἀπρὶξ ἔχεται διαβεβαιωμένα, ὡς ἅμα τὸ χειροτονηθῆναι ἐπίσκοπον τὸν τοιοῦτον ἄνδρα αὐτῆς, εὐθέως αὕτη συνοικήσει φανερῶς ἑτέρῳ ἀνδρί. Ὅτι οὖν αὐτὸς μὲν οὗτος ὁ ψηφισθεὶς βιάζει τὴν χειροτονίαν γενέσθαι παρὰ τοῦ μητροπολίτου, ἡ δὲ σύμβιος αὐτοῦ τὴν διάζευξιν καὶ τὴν ἀπόκαρσιν αὐτοῦ¹²) ὁλοσχερῶς ἀπαναίνεται, τί χρὴ ἐπὶ τούτῳ γενέσθαι; Ναὶ μὴν καὶ ἐπὶ τῷ ἑρεξῆς· ἕτερος γὰρ καὶ ἐκκλησιαστικὸς, καὶ

---

¹) R. om. καί. — ²) R. om. καί, mox δέ. — ³) R. καὶ ταύτην. — ⁴) R. κρατύναι — ⁵) R. ἀποζυγεῖσαν. — ⁶) R. τὰ ὡρισμένα καὶ ἐκπεφωνημένα. — ⁷) R. ὧν ἐρώτησις, mox om. καί. — ⁸) R. ταύτης κ. τὸ νόμον ε. γ. λαβεῖν. — ⁹) Cod. ταύτης. R. πῶς δὲ καὶ λεγισθήσεται δ. ἢ ὀνομασθήσεται. — ¹⁰) R. ἀπηνέγκατο. — ¹¹) Cod. ἀσπάσατο. — ¹²) f. αὐτῆς.

αὐτὸς ψηφισθεὶς εἰς ἑτέραν ὡσαύτως χηρεύουσαν ἐκκλησίαν, καὶ ἐπαγγειλάμενος ὥστε ἀποκαρῆναι τὴν γυναῖκα αὐτοῦ, τὴν μὲν χειροτονίαν ἐδέξατο, τὴν ἐπαγγελίαν δὲ οὐκ ἐπλήρωσεν· ἀλλ' αὐτὸς μὲν ὡς ἀρχιερεὺς ἐν τῷ ἐπισκοπείῳ διάγει, ἡ δὲ σύζυγος αὐτοῦ ὡς κοσμικὴ ἐν τῷ κόσμῳ, καὶ τὸ χείριστον, ὅτι καὶ ἀνερυθριάστως ἀνδρῶν ἑτέρων ἐρᾷ.

Aliquis suffectus est, diaconus cum esset ac officialis, in vacantem episcopi sedem, et salutatus et ordinatus est sacerdos, et in episcopi aedibus ab hinc usque nunc inhabitat. Haud tamen processit ad episcopalem consecrationem recipiendam, tum quia decessit metropolita qui elegit eum, tum maxime quia nullatenus vult uxor ejus facere divortium juxta sacros canones, et recedere in monasterium. Et ipsa insuper in hunc finem strenue obstat, asseverans fore ut statim ac vir iste in episcopum ordinatus fuerit, subito et palam alteri se viro adjungat: quum vero idem ille electus urgeat ut a metropolita consecratio fiat, uxor vero ejus omnino respuat divortium et tonsuram, quid agendum in hoc casu est? Immo et sequentia instant. Alius vir ecclesiasticus, electus quoque in aliam ecclesiam similiter vacantem, pollicitusque ejus mulierem tondendam esse, ubi consecrationem recepit, sed promissa non implevit; ipse vero, qua episcopus in episcopio degit, conjux autem ejus qua saecularis in saeculo manet, et quod pejus est, spreta verecundia, alios homines furit.

| Ἡμῖν ρλζ' Ἰουστινιάνειος νεαρά, ἡ κειμένη ἐν βίβλ. γ' τῶν βασιλικ. τίτ. α' κεφ. ζ', τὰ περὶ τῶν ψήφων καὶ τῶν χειροτονιῶν τῶν ἐπισκόπων εἰς πλάτος διαλαμβάνουσα, καὶ τὸ σεμνὸν καὶ ἁγιοπρεπὲς τῆς ἱερᾶς καταστάσεως περὶ πολλοῦ ποιουμένη, μετὰ τῶν ἄλλων, περὶ τὴν ἐπιλογὴν ποιουμένων τῶν ψηφιζομένων, καὶ ταῦτα θεσπίζει οὕτω ῥητῶς·

"Ἀλλ' εἰδότες αὐτοὺς τῆς ὀρθῆς καὶ καθολικῆς πίστεως καὶ σεμνοῦ βίου, καὶ ὑπὲρ τὸ τριακοστὸν ἔτος εἶναι τούτους ἐπελέξαντο, καὶ ὅτι οὐδὲ γαμετὴν ἔχειν ἢ παλλακὴν ἢ παῖδας φυσικοὺς γινώσκουσιν ἐσχηκέναι ἢ ἔχειν· ἀλλ' εἰ καὶ πρότερόν τις ἐξ αὐτῶν γαμετὴν εἶχε καὶ αὐτὴν μίαν, καὶ οὐδὲ χήραν, οὐδὲ ἀνδρὸς ἀποζευχθεῖσαν, οὐδὲ τοῖς νόμοις, οὐδὲ τοῖς ἱεροῖς κανόσιν ἀπηγορευμένην „.

Ἥ τις δὲ νεαρὰ καὶ καταλαμβάνεται, βούλεσθαι μὴ προάγεσθαι εἰς ἀρχιερωσύνην τὸν νομίμῳ γαμετῇ συνοικοῦντα, ὡς ἀνένδεκτον ἡγουμένη καὶ ἀπρεπὲς, ἱεράρχην γυναικὶ συμβιοτεύειν κατὰ τοὺς λαϊκοὺς, κἂν εἰ καὶ δεδομένον τοῦτο πρότερον, οἷα τῆς εὐσεβείας καὶ τῆς σεμνοτέρας διαγωγῆς ἐν στενῷ

τηνικαῦτα κειμένης, καὶ μὴ εἰς πλάτος ἔτι προερχομένης. Οἵ γε μὴν τῆς ἕκτης συνόδου θεῖοι πατέρες τῇ τοιαύτῃ νεαρᾷ ὡς εὐσεβείας πεπληρωμένῃ ὕστερον, ὡς ἔοικεν, ἐξακολουθήσαντες, καὶ οἰκονομίᾳ τινὶ τὸ ταύτης λίαν ἀκριβὲς ἠρέμα ὑποτεμόντες, ἐν μὲν τῷ ιϛ' αὐτῶν κανόνι παντάπασιν ἀπηγόρευσαν, μὴ συνοικεῖν τοὺς τῶν ἁγίων ἐκκλησιῶν προέδρους ταῖς ἰδίαις γαμεταῖς, καὶ μετὰ τὴν ἐπ' αὐτοὺς προελθοῦσαν χειροτονίαν, ὡς πρόσκομμα ἐντεῦθεν, καθά φασι, τοῖς λαοῖς τιθέντας καὶ σκάνδαλον.

Ἐν δὲ τῷ μη', καὶ τοὺς ἔχοντας γαμετὰς εἰς ἱεραρχικὴν προεδρίαν ἀνάγεσθαι συνεχώρησαν, πρὸ τῆς χειροτονίας δηλαδὴ γινομένου διαζυγίου, καὶ ἵνα μὴ τυραννικὴ καὶ βιαία δοκῇ γίνεσθαι ἡ διάζευξις. Δεῖ γὰρ κατὰ νόμους τὰ συνοικέσια λύεσθαι ἀπὸ κοινῆς συμφωνίας, προδιαζεύγνυσθαι τὰς τοιαύτας γυναῖκας τῶν οἰκείων ἀνδρῶν διωρίσαντο ὅτι δὲ πᾶσα [f. 291] διάζευξις ἐξ αἰτιῶν εὐλόγων τῶν καὶ τοῖς νόμοις ἐγνωσμένων προβαίνειν εἴωθε, μιᾷ δὲ τῶν ἐκτὸς δικαστικῆς ἀποφάσεως καὶ ποινῆς· ἀγαθῇ δὲ χάριτι γινομένων τυγχάνει καὶ ἡ δι' ἀπόκαρσιν θατέρου μέρους τῶν συνοικούντων προβαίνουσα, τούτου χάριν ό κανών και της προδιαζεύξεως και της εις μοναστήριον εισελεύσεως της του προαγομένου γυναικός έμνημόνευσε. Προσέθετο δε και το έκ συμφώνου, έπειδήπερ ούχ ούτως έπι των λαϊκών ή δι' απόκαρσιν διάζευξις γίνεται, και άκοντος γάρ του ενός μέρους, θάτερον εις τον μονάδα βίον μετατάττεσθαι άδειαν κέκτηται, όπερ ενταύθα περιαιρών ό κανών το έκ συμφώνου προσέθετο, ίνα δε μή δώση χώραν και κατά συναίνεσιν γίνεσθαι διαζύγιον, όπερ ή ριζ' του αύτοϋ βασιλέως νεαρά, ή και αυτή τοις βασιλικοίς έγκριθείσα, παντάπασιν απαγορεύει· τούτου ένεκα τήν έν μοναστηρίω εισέλευσιν της γυναικός του χειροτονουμένου ένομοθέτησε, διά τούτου αύτοϋ σημαίνουσα τήν απόκαρσιν· ού γάρ άν μή αποκαρείσα, μηδέ εις μοναστήριον είσελθοϋσα, διαζυγήναι του οικείου ανδρός νομικώς και αγαθή χάριτι δόξειεν.

Ούτως ούν εχόντων τών τε θείων και ιερών κανόνων και τών νεκρών θεσπισμάτων, επειδή αμφοτέρως αι αναπεφωνημέναι γυναίκες, ως ή άφήγησις, αποδυσπετοϋσι και απειθούσι πρός τήν απόκαρσιν έπι μέν της πρώτης, απρακτήσει καθόλου ανατιρήτως ή άρχιερατική χειροτονία, και έσται αυτή συνοικούσα πάλιν τω ίδίω άνδρί· επί δε της λοιπής, ή μέν χειροτονία εξ ανάγκης συντηρηθήσεται άπερίτρεπτος· αυτή δε ή γυνή άναγκασθήσεται διά της αποκάρσεως τελειώσαι το διαζύγιον· μάλιστα μέν ούν και έπιτιμίοις κατά κανονικήν αύστηρίαν σωφρονισθήσεται, ότι τη πρός τον άνδρα αυτής υποσχέσει έμπεπαρώνηκεν, και παίζειν έν ού παικτοίς είλετο, έξορκησαμένη δηλονότι άναίδην, και ψύχους, και χειροθεσίας ιεράν τελετήν· έξήν γάρ αυτή πρό της χειροτονίας μή διαζυγήναι του οικείου ανδρός, ως εντεύθεν μηδόλως προβήναι, μήτε τήν χειροτονίαν εκείνον | μήτε τήν ταύτης απόκαρσιν· αυτό γάρ το ύπόσχεσθαι διαζυγήναι προεμνηστεύσατο αύτη τήν απόκαρσιν. Τό δε μένειν αυτήν έν τω κόσμω μεγίστης έσται πρόξενον ατιμίας τω προαχθέντι, και δι' αύτοϋ τω μεγάλω της άρχιερωσύνης χρήματί τε και χρίσματι, ώς κινδυνεύειν έξομοιωθήναι τούτο τοις έπι σκηνής παίζουσι, και αλλότρια ύποκρινομένοις και σχήματα και κινήματα και στολίσματα και ονόματα. Εντεύθεν ούδ' ό χειροτονήσας εκείνου μητροπολίτης κατά το άκόλουθον έξω μενεί μέμψεως, και ευλόγου κατηγορίας και καταψάλματος, εφ' οίς απροόπτως και άνευ ακριβασμού και κανονικών και νομικών παρατηρημάτων τήν χειροτονίαν έτέλεσε και εντεύθεν, ως πείρας και γυμνώσεως εκκλησιαστικής αμέθεκτος, έχει άποσυρίττεσθ.

Εις δε τά εκείθεν δικαιότερα λόγον ύφέξει της έπιψόγου ταύτης χειροτονίας, ότι περ ουδεμία εκείνον ανάγκη κατήπειγε τήν κανονικήν και νομικήν παρατρώσαι ακρίβειαν. Ό δε μάλιστα τήν ατοπίαν του πεπραγμένου παρίστησιν, ή υποψία έστι, μήποτε δηλαδή της άκουσίου ένεκα και βίαιας διαζυγής, ή γαμετή του χειροτονηθέντος εις τό άγιον και άγγελικόν ένυβρίση σχήμα μετέπειτα, ή άποτειναξαμένη τούτο και βίψασα, ή συνέκδημον έχουσα πρός τήν της πορνείας όδόν, ού τί άν είη χείρον και ασεβέστερον; ού μήν, άλλ' ουδέ τον άνδρα ταύτης τον επίσκοπον, έμοί γε τέως δοκούν, χρεών εκτός μείναι αφορισμού ε......μίων, ότι γε της εαυτού απάτης, ήν παρά της όμευνέτιδος ήπατήθη, και τω χρίσαντι τούτον ως λύμης μετέδωκεν· και ούτως άμφω της νόσου απέλαβον, και τέως, δει, τούτον ως περιόντα έπιγνώναι άλειτουργείσας και κανονικώς, ως ειπομεν, επιτίμιον, ίνα μή και άλλοι της νόσου ταύτης μετάσχωσι, και αυτός γνώ, ότι ουκ έξω αμαρτίας εστί τό υπό της σφετέρας άπατηθείς γυναικός, ότι μηδέ τω γεννάρχη συνήνεγκε τήν της παραβάσεως αμαρτίαν τή απάτη της προμήτορος επιγράψαντι, [f. 292] κατακέκριται γάρ και αυτός, ως το έαυτοϋ στερρόν τε και αρχικόν τω άπαλωτέρω και ασθενεστέρω μέρει προδούς.

Ἀλλ' ἡμεῖς μὲν, κατὰ τὴν ἐνοῦσαν ἡμῖν γνῶσιν, ταῦτα γνωμοδοτοῦντες ἀποκρινόμεθα, ἐπεὶ δὲ αἱ τοιαῦται μελέται καὶ συνοδικῶν μάλιστα δέονται σκέψεων εἰδείσει, καὶ τῇ ὑπερεχούσῃ θείᾳ καὶ ἱερᾷ συνόδῳ ἀνενέχθήτωσαν τὰ τοῦ πράγματος, καὶ οἴδασιν ἃ γνωματεύουσιν οἱ τὰ θεῖα σοφοὶ καὶ ἱεροὶ ἄνδρες, οἱ τὰ περὶ τούτων κοινῇ συνδιασκεψόμενοι.

ΕΡΩΤΗΣΕΙΣ

τοῦ πανευγενεστάτου ῥηγὸς Σερβίας κυροῦ Στεφάνου [1]) τοῦ Δούκα διάφοροι, καὶ πρὸς αὐτὰς ἀποκρίσεις τοῦ αὐτοῦ ἀρχιεπισκόπου πάσης Βουλγαρίας, κυροῦ Δημητρίου τοῦ Χωματινοῦ.

Quaestiones variae nobilissimi regis Serbiae Stephani Ducae, et ad eas responsiones ejusdem archiepiscopi totius Bulgariae, domini Demetrii Chomatiani.

Καὶ ἐξ ἄλλων μὲν πολλῶν, πανευγενέστατέ μοι Ῥὴξ ἁπάσης Σερβίας καὶ Διοκλείας, ἐπέγνωμεν τὸ τῆς σῆς συνέσεως μεγαλοπρεπές τε καὶ ἀνηγμένον πρὸς τὴν εὐσέβειαν· ἀκριβέστερον δὲ τοῦτο νῦν κατελάβομεν, δεξάμενοι τὸ γραμματεῖον τῶν σῶν ἐρωτήσεων, ὃ σαφῶς ἐδήλωσε τὴν σὴν διάπυρον πρὸς τὰ θεῖα διάθεσιν· καὶ χαίρομεν διὰ τοῦτο, ὅτι ἐκ προγόνων ἔχων τὸ εὐσεβές καὶ φιλόθεον, τοσοῦτον αὔξεις τοῦτο καὶ μεγαλύνεις, ὅσους καὶ τοὺς σοὺς πατέρας μακαριστοὺς δεικνύειν, ὡς τῆς ἐκείνων εὐσεβείας διὰ τοῦ σπέρματος αὐτῶν χεομένης | καὶ ὁδευούσης, καὶ σεαυτὸν εἰς τὸν ἴσον ἄγειν μακαρισμόν, ὡς μήτε τὴν ἐκείνων γονὴν καταισχύναντα, καὶ πρὸς τὴν ἴσην δραμόντα τῆς ἀρετῆς εὐδοκίμησιν. Σὺ μὲν οὖν οὕτως ἀπολαύοις τῆς τε τῶν προγόνων κατ' εὐσέβειαν δόξης τε καὶ λαμπρότητος, καὶ τῆς ὀρθοδόξου καὶ φιλοθέου προθέσεως πρὸς ἣν ὁλοσχερῶς ἀπευθύνεις τὰ κατὰ σέ.

Ἡμεῖς δέ, τοῦ Θεοῦ διδόντος ἡμῖν λόγον ἐν ἀνοίξει τοῦ στόματος, καὶ τὴν ἡμετέραν διάνοιαν συνετίζοντος, τὰς σὰς ἐρωτήσεις προθέμενοι, πρὸς ἑκάστην αὐτῶν δώσομέν σοι ἀπόκρισιν, ταῖς τῶν ἁγίων πατέρων ἡμῶν διδασκαλίαις, καὶ τῷ ἐγγράφῳ καὶ ἀγράφῳ ἔθει τῆς ἐκκλησίας συνᾴδουσαν· πλὴν οὐ κατὰ τὴν ἐν ἡμῖν τοῦ λόγου τέχνην, ἀλλὰ κατὰ τὴν χυδαίαν καὶ ἀφελῆ καὶ πεζὴν ὁμιλίαν, ἵν' ἐντεῦθεν εὔγνωστα γένωνται τὰ γραφέντα· οὐδὲ γὰρ δύναται ἡ ἄτεχνος γνῶσις καὶ μάλιστα ἡ Βουλγαρικὴ δέχεσθαι ἑρμηνείαν ἢ ὁμιλίαν, ὁρμωμένην ἀπὸ τῆς λογικῆς τέχνης. Ὁ τῶν γνώσεων δὲ Θεὸς δῴη τῇ σῇ ὑψηλότητι γνῶσιν καὶ σύνεσιν, ὧν ἐπιζητεῖς· εἰς σωτηρίαν τῆς σῆς ψυχῆς καὶ κληρονομίαν τῆς βασιλείας τῶν οὐρανῶν· διὰ πλείονα μέντοι σαφήνειαν, τὴν μὲν τῆς ἐρωτήσεως προσηγορίαν τοῦ σοῦ λόγου προτάξομεν, τὴν δέ γε τῆς ἀποκρίσεως τοῦ ἡμετέρου ἀντιφωνήματος. Ἀρκτέον οὖν ὡδέ πως.

[1]) Cf. supra cap. I, col. 2, cap. x, col. 49 et infra *Synoptica* ab initio.

ΡΠΔ'. Ἐρώτησις Α'.

Λέγουσι τινὲς ὡς ἐν μόνῳ τῷ σαββάτῳ καὶ τῇ κυριακῇ ἐνδέχεται τὰ βρέφη βαπτίζεσθαι, ἐν ἄλλῃ δὲ ἡμέρᾳ, οὐχὶ καλῶς λέγουσιν, ἢ οὔ;
Aiunt nonnulli quod in solo sabbato et in die dominica pueri baptizantur, in alia autem die, minime: recte ne aiunt, nec ne?

Ἀπόκρισις. Πᾶσι μὲν τοῖς κατὰ βίον πράγμασι καιρὸς ἀπεκληρώθη ὁ πρόσφορος· διὰ τοῦτο καὶ ὁ πάνσοφος Σολομὼν ἔλεγε· Τοῖς πᾶσιν ὁ χρόνος, καὶ καιρὸς τῷ παντὶ πράγματι[1]· καὶ γὰρ καιρός ἐστι τοῦ ἀροτριᾶσαι καὶ ποιῆσαι νεώματα, καιρός ἐστι τοῦ σπεῖραν, καιρός ἐστι τοῦ θερίσαι, καιρός ἐστι τοῦ συγκομίσαι τοὺς καρποὺς τῶν ἀμπέλων, καιρός ἐστι τοῦ φαγεῖν, καιρός ἐστι τοῦ ὑπνῶσαι, καιρός ἐστι τοῦ πλεῦσαι, καιρός ἐστι τοῦ ἐκστρατεῦσαι καὶ τοῖς ἐχθροῖς ἀντιτάξασθαι, καὶ ἁπλῶς, [f. 293] εἰπεῖν, καιροῦ χωρὶς οὐδαμῶς γίνεταί τινος πράγματος ἐπιχείρησις. Μόνον δὲ τῶν ἁπάντων τὸ βάπτισμα οὐκ ἔχει καιρὸν ὡρισμένον αὐτῷ καὶ ἀποκεκληρωμένον, διὰ τὴν συνοῦσαν τῷ ἀνθρώπῳ θνητότητα καὶ τὴν ἀθρόαν καὶ ἄωρον τοῦ θανάτου ἐπιδρομήν· ἵνα μὴ οὖν, ἐξαίφνης τοῦ θανάτου ἐπελθόντος, ἀφώτιστοι μείνωσιν οἱ ἐφιέμενοι τοῦ βαπτίσματος, διὰ τοῦτο πάντα καιρὸν καὶ πᾶσαν ὥραν καὶ ἐν νυκτὶ καὶ ἐν ἡμέρᾳ οἱ θεῖοι πατέρες ἡμῶν ἀνῆκαν τῇ τελετῇ τοῦ βαπτίσματος. Χρὴ οὖν μὴ καιρὸν ὁροθετεῖσθαι ἢ ἡμέραν ἐπίσημον, ἀλλ' ἐν παντί, ὡς εἴπομεν, καιρῷ, πάσῃ ὥρᾳ τὸ βάπτισμα γίνεσθαι· τοῦτο γὰρ καὶ ὁ τῆς ἐκκλησίας θεσμὸς βούλεται, καὶ διάφοροι τῶν ἁγίων πατέρων λόγοι τρανῶς γνωματεύουσιν.

ΡΠΕ'. Ἐρώτησις Β'.

Ἐνδέχεται καὶ δι' ἑνὸς ἄρτου ἤγουν προσφορ... ...εσθαι προσκομιδήν, ἢ οὔ;
Num admittitur proscomiden fieri ex uno pane, scilicet oblationis, an non?

Ἀπ. Τὸ ἄγραφον τῆς ἐκκλησίας ἔθος νόμον ἡγεῖται ἡ τῶν χριστιανῶν πολιτεία· ἐπεὶ γοῦν ἐξ ἀγράφου παραδόσεως ἔχομεν διὰ τριῶν ἄρτων τὸ ἔλαττον τὴν θείαν ἱερουργίαν ποιεῖν, ἀνάγκην ἔχομεν φυλάττειν τὴν τοι...την παράδοσιν. Εἰ δέ ποτε ἴσως ἐπέλθῃ ἀνάγκη τις ἀπαραίτητος· ἱερουργίαν γενέσθαι, ἢ δεσποτικῆς μεγάλης ἑορτῆς ἐπιστάσης, ἢ τινὸς ἀνθρώπου τὰ ἔσχατα πνέοντος, καὶ δεομένου τῶν ἁγιασμάτων κοινωνίας, συμβῇ δὲ μὴ εὑρηθῆναι τρεῖς ἄρτους, τότε διὰ τὸ ἀναγκαῖον τοῦ πράγματος καὶ μετὰ δύο ἄρτων ἱερουργία γενήσεται· εὑρίσκομεν γὰρ καὶ τοὺς ἁγίους πατέρας ἡμῶν ἐν καιροῖς δυσχερείας τὴν ἀκρίβειαν παραιτουμένους, ὥστε μὴ ὁλόκληρον ἀπολέσαι τὸ λυσιτελές· δεῖ οὖν ἐκ παντὸς τρόπου τηρεῖν τὴν ἀκρίβειαν, ὅταν μὴ παρῇ ἡ δυσχέρεια· δεῖ δὲ καὶ τῇ δυσχερείᾳ χώραν διδόναι, ὅταν ἐκ τῆς ἀκριβείας ζημιωθῆναι τὸ πᾶν κινδυνεύωμεν, ὅθεν διὰ δύο μὲν ἄρτων ἡ ἱερουργία γενήσεται διὰ τὴν ἀνάγκην, δι' ἑνὸς δέ, οὐδαμῶς.

[1] Prov. III, 1.

ΡΠΣΤ'. Ἐρώτησις Γ'.

Ἐὰν παρέλθῃ ἡ τρίτη ὥρα, γενήσεται λειτουργία τοῦ ἁγίου Ἰωάννου τοῦ Χρυσοστόμου, ἢ οὔ;
Si transierit hora diei tertia, num fiet liturgia sancti Joannis Chrysostomi, vel non?

Ἀπ. Καὶ τοῦτο ἐξ ἀγράφου ἔθους ἐστὶν ἐκκλησιαστικοῦ, κατὰ τὴν τρίτην | ὥραν τῆς ἡμέρας ἄρχεσθαι τὴν ἱερουργίαν τῶν θείων μυστηρίων γίνεσθαι· ἐνδέχεται οὖν τὸν τυχεῖν ἐφιέμενον τοῦ ἐκεῖθεν ἁγιασμοῦ μὴ ῥᾳθυμεῖν, ἀλλὰ προπαρασκευάζεσθαι εἰς τοῦτο, καὶ σπουδὴν ἔχειν καὶ φροντίδα, ὥστε μήτε τὴν νενομισμένην ὥραν παραδραμεῖν, μήτε ἐλλοιπῇ τυγχανεῖν τῶν προσφερομένων ἄρτων τὸν τετυπωμένον ἀριθμὸν, οὐδὲ γὰρ ἐκ τῆς ἡμετέρας ῥᾳθυμίας χρὴ καινοτομεῖσθαι τὸ ἔθος τῆς ἐκκλησίας.

ΡΠΖ'. Ἐρώτησις Δ'.

Κατὰ τὴν παραμονὴν τῶν φώτων ἐνδέχεται μετὰ τὸ βάπτισμα κρέας ἐσθίειν, ἢ οὔ;
In pervigilio epiphaniae an recipitur carnem comedere, an non?

Ἀπ. Ἡ νηστεία ἐπενοήθη τοῖς ὀρθοδόξοις, οὐχ ἵνα τούτοις γαστριμαργίας ἀφορμὴ γένηται, ἀλλὰ ψυχικῆς σωτηρίας ὑπόθεσις· ἐντεῦθεν οὖν νηστεία, ἐκεῖ πάσης ἡδονῆς καὶ τρυφῆς ἀποχή· ἐπεὶ γοῦν ἡ τῆς ἐκκλησίας παράδοσις καὶ ἐν ταῖς ἡμέραις τῆς παραμονῆς τῶν μεγάλων δεσποτικῶν ἑορτῶν, τῆς τε Χριστοῦ γεννήσεως, καὶ τῶν φώτων, νηστείαν τοῖς χριστιανοῖς νομοθετεῖ, ὥσπερ καὶ ἐν ταῖς ἡμέραις τῆς μεγάλης τεσσαρακοστῆς, πῶς ἔσται τὴν τοιαύτην νηστείαν συμπαραμίξαι ἢ κρεωφαγίᾳ ἢ ἰχθυοφαγίᾳ; οὐ μόνον γὰρ ἀλόγιστον τοῦτο, ἀλλὰ καὶ ἔξω παντάπασι τοῦ τῶν νηστειῶν ἱερωτάτου θεσμοῦ. Νηστείας τοίνυν παρούσης, ἀργεῖ παντελῶς καὶ τῶν κρεῶν καὶ τῶν ἰχθύων κατάληψις· διὰ τοῦτο οὐδὲ μετὰ τὸ φώτισμα χρὴ κρεωφαγεῖν ἢ ἰχθυοφαγεῖν, συντηρεῖν δὲ τὸ τῆς νηστείας ὅσιον, ἀμιγὲς καὶ ἀθόλυτον· εὑρίσκομεν γὰρ καὶ προσφώνησιν τοῦ Ἀλεξανδρείας ἀρχιεπισκόπου Θεοφίλου, τῶν Θεοφανίων ἐπιστάντων ἐν κυριακῇ, ἥτις δὴ προσφώνησις τοῖς τῶν ἁγίων πατέρων κανόσι συντέτακται καὶ ἐκ ταύτης μανθάνομεν ὅτι ἀπαραίτητός

ἐστιν ἡ τοιαύτη νηστεία, καὶ ἐν αὐτῇ γὰρ τῇ κυριακῇ τὸ σεβάσμιον αὐτῆς συντηρεῖται· καὶ διὰ τὴν κυριακὴν μὲν, ὡς ἀναστάσιμον καὶ αἰτίαν ἡμῖν πανηγύρεως, διακόπτεται ἡ μέχρι τῆς ἐννάτης ὥρας ἀποχὴ τῆς βρώσεως, ἡ ἐννάτη γὰρ τῆς νηστείας ὅριον. Διὰ δὲ τὸ εἶναι νήστιμον τὴν τῶν φώτων παραμονὴν κατὰ τὴν ὥραν τοῦ ἀρίστου, ἤγουν τοῦ γεύματος, ἁγνῶν τινῶν [f. 294] μόνον μεταλαμβάνομεν, ἤγουν φοινίκων καὶ ἰσχάδων καὶ τοιούτων ἑτέρων. Ἡ τοιαύτη δὲ προσφώνησις ἐν μέρει ταῦτα διαλαμβάνει ῥητῶς· " Ἐπεὶ γοῦν συνέβη τὴν τῶν ἁγίων Θεοφανίων νήστιμον ἡμέραν εἶναι, ταύτην οἰκονομήσωμεν, καὶ πρὸς ἑκάτερα ἐπιστημόνως χωρήσωμεν, ἵνα μεταλαμβάνοντες ὀλίγων φοινίκων, ἐκκλίνωμεν ἅμα καὶ τὰς αἱρέσεις· τὰς μὴ τιμώσας τὴν ἀναστάσιμον τοῦ Κυρίου ἡμῶν Ἰησοῦ Χριστοῦ ἡμέραν, καὶ τὸ ὀφειλόμενον τῇ νηστίμῳ ἡμέρᾳ ἀποδῶμεν, περιμένοντες τὴν ἑσπερινὴν σύναξιν· συναχθῶμεν τοίνυν ἀπὸ ὥρας ἐννάτης ἐνταῦθα ... Εἰ τοίνυν καὶ ἐν αὐτῇ τῇ ἀναστασίμῳ ἡμέρᾳ συντηρεῖται μετὰ οἰκονομίας ή όφειλομένη τῇ παραμονῇ τῶν φώτων νηστεία, καὶ μνήμη τῆς ἐννάτης ὥρας καὶ ἐν ταύτῃ γίνεται, πάντα καὶ πάντως ἀνένδεκτόν ἐστι κρέας ἢ ἰχθύας κατὰ τὴν αὐτὴν ἡμέραν, μετὰ τὸ βάπτισμα, τὴν τῶν ὀρθοδόξων τράπεζαν δέξασθαι.

ΡΠΗ'. Ἐρώτησις Ε'.

Τὸν ἀκολουθοῦντα τῷ ῥηγὶ ἱερέα, ποῖον ἐνδέχεται ἀναφέρειν ἀρχιερέα, τὸν χειροτονήσαντα αὐτὸν ἢ τὸν ἐγχώριον, οὗ τὴν ἐνορίαν πολλάκις συμβαίνει τὸν ῥῆγα διέρχεσθαι;

Sacerdos qui regem subsequitur, qualem debet in sacris nominare archiepiscopum, an illum a quo ordinatus est, an loci ordinarium, in cujus territorium saepe contingit regi pertransire?

Ἀπ. Ἕκαστος τῶν ἀρχιερέων ἐν τῇ ἀποκληρωθείσῃ αὐτῷ ἐνορίᾳ τὸ οἰκεῖον ἔχει προνόμιον ἀκολόβωτον· ἐπεὶ γοῦν οὐδὲ ἀρχιερεύς τις εἰς ἐνορίαν ἑτέρου ἀρχιερέως δύναται ἱερουργῆσαι, ἢ ἄλλο τι διαπράξασθαι ἀρχιερατικὸν χωρὶς ἐπιτροπῆς καὶ γνώμης τοῦ ἐγχωρίου ἀρχιερέως, πολλῷ πλέον ἱερεὺς οὐ δύναται τὸν χειροτονήσαντα αὐτὸν ἀναφέρειν εἰς ἄλλου ἐξουσίαν ἀρχιερέως· ἐνδέχεται οὖν τὸν ἀκολουθοῦντα τῷ ῥηγὶ ἱερέα τὸν ἐντόπιον ἐξ ἀνάγκης ἀναφέρειν ἀρχιερέα, ὡς ἂν ἡ ἱερατικὴ εὐταξία τε καὶ κατάστασις μένῃ ἀσύγχυτος.

ΡΜΘ'. Ἐρώτησις Σ'.

Εἰς τὴν ἔναρξιν τοῦ ὄρθρου καὶ τοῦ ἑσπερινοῦ ἐνδέχεται τὸν ἱερέα προλέγειν τὸ "Εὐλόγησον, δέσποτα„, εἶτα "Εὐλογητὸς ὁ Θεός„ ἐπιλέγειν, ἢ ἄρχεσθαι ἀπὸ μόνου τοῦ "Εὐλογητὸς ὁ Θεός„;

Sub initium matutini et vespertini officii, an recipitur quod praemittat sacerdos illud: "Benedic, Domine„ deinde: "Benedictus Deus„ addat, vel quod incipiat a solo versu: "Benedictus Deus„?

Ἀπ. Καὶ τοῦτο ἐξ ἀγράφου παραδόσεως τῇ ἐκκλησίᾳ νενομισμένον | ἐστίν, εἰ γὰρ τὴν ἀκολουθίαν τοῦ τε ὄρθρου καὶ τῆς λειτουργίας καὶ τοῦ ἑσπερινοῦ, τὸν ἀρχιδιάκονον ἢ τὸν δευτερεύοντα τῶν διακόνων ἢ ἀντ' αὐτῶν ἕτερον διάκονον ἐν τῇ ἐνάρξει προαναφωνεῖν πρὸς τὸν ἱερέα τὸ "Εὐλόγησον, δέσποτα„, ἐκεῖνον δὲ ἐπιλέγειν τὸ "Εὐλογητὸς ὁ Θεός„, ἢ τὸ "Εὐλογημένη ἡ βασιλεία·„ εἰς δὲ τὴν ἀκολουθίαν τῶν παννυχίδων, τὸν δομέστικον τῶν ἀναγνωστῶν τὴν τοιαύτην ποιεῖν προαναφώνησιν, ὥσπερ πάλιν εἰς τὴν ἀκολουθίαν τῶν ἁγίων παθῶν τὸν δευτερεύοντα τῶν ἱερέων τοῦτο αὐτὸ ποιεῖν. Ἀλλ' ἡ μὲν ἀκρίβεια τῆς ἐκκλησιαστικῆς παραδόσεως τοιαύτη ἐστίν, ἥτις καὶ ὀφείλει ἐξ ἀνάγκης φυλάττεσθαι, εἴς τε τὰς ἐπισκοπὰς καὶ τὰς μητροπόλεις καὶ εἰς τὰς βασιλικὰς αὐλὰς καὶ ἀρχοντικάς· δυνατὸν γὰρ ἐν ταύταις εἶναι πληθυσμὸν ἱερέων καὶ διακόνων καὶ ἀναγνωστῶν· ὅτι δὲ συμβαίνει μὴ εἶναι διακόνους εἰς παροικίας διακειμένας εἰς ἐσχατιάς τινας καὶ τόπους ἐρημικούς, διὰ τοῦτο συγκεχώρηται καὶ χωρὶς διακόνων τοὺς ἱερεῖς τὰ τῆς ἱερατείας ἐπιτελεῖν, πληροῦντας καὶ τὴν διακονίαν τῶν διακότων και τα τούτων αναφωνήματα· το γαρ "Ευλόγησον, δέσποτα „ και ή συναπτή και ή εκτενής και πασαι αι αιτήσεις· δι' όλης της ιεράς λειτουργίας, και ή του ευαγγελίου ανάγνωσις, και ή των αγίων δώρων μετά- βάσις; των διακόνων εστίν· αλλ' ή τούτων ερημία ποιεί τον ιερέα και την διακονίαν αυτών εκπληρούν· ώσπερ ούν και τα άλλα των διακόνων εκπληροί ο ιερεύς· και εκφω- νεί, ούτως οφείλει και το " Ευλόγησον, δέσ- ποτα „ προλέγειν εις την έναρξιν του όρ- θρου και των λοιπών ιερών υμνωδιών τε και τελετών, όταν δηλονότι ερημία διακό- νων εστίν.

Ρζ'. Ερώτησις Ζ'.

Πόθεν παρελάβομεν οι χριστιανοί επαίρειν παναγίαν, αφ' ου φάγομεν, και ει ενδέχεται, όταν μη παρή άρτος ένζυμος επ' αζύμων την τοιαύτην παναγίαν ποιείν;
Undenam nos christiani recepimus attollere Panagiam, quando manducamus, et utrum, deficiente fermentato pane, admittitur ex azymis Panagiam istam fieri?

Απ. Ο Κύριος ημών Ιησούς Χριστός, ο του Θεού Λόγος και Θεός, οπότε περιεπάτει [f. 295] σωματικώς εν τω κόσμω, κατά την ώραν ην έμελλε φαγείν ως άνθρωπος μετά των μαθητών αυτού, προ του άρξασ- θαι του φαγείν, ευχαριστίαν εποίει προς τον Θεόν και ευλογίαν εις το προκείμενον ψω- μίον, και αφ' ου έφαγε, πάλιν ευχαριστίαν επιει, και εν τούτο γνώριμον εις πολλούς τόπους του αγίου ευαγγελίου, αλλά και εις τας των αγίων αποστόλων γραφάς· γράφουσι γαρ οι δύο ευαγγελισταί ο Ματθαίος και ο Μάρκος· τα περί του υστέρου δείπνου του Χριστού ούτως· " Και εσθιόντων αυτών, λα- βών ο Ιησούς άρτον και ευλογήσας, έκλασε και έδωκεν αυτοίς, και είπε Λάβετε, φά- γετε, τούτό εστι το σώμά μου. Και λαβών ποτήριον, ευχαριστήσας έδωκεν αυτοίς, ει- πών "Πίετε εξ αυτού πάντες. τούτό εστι το αίμά μου „. Είθ' ούτως λέγουσι "Και υμνή- σαντες εξήλθον εις το όρος των ελαιών „ [1]).

Από τούτων γούν παρέλαβον οι χριστια- νοί και πριν άρξονται τρώγειν και αφ' ου φάγωσιν, ίνα ποιώσιν ευχαριστίαν εις τον Θεόν, ώσπερ δε και τα άλλα όσα παρελά- βομεν από του Χριστού, ηύξησαν ει άγιοι πατέρες, και επλάτυναν αφ' ότου ηπλώθη ή πίστις των χριστιανών εις τον κόσμον, ήγουν το άγιον βάπτισμα, και την του όρ- θρου και της λειτουργίας και του εσπερινού ακολουθίαν. Ούτε γαρ το βάπτισμα τότε μετά πολλών ευχών και ελαίου και μύρου και των αφορκισμών, αλλά μετά μόνου του ύδατος εγένετο· ούτε ή ψαλμωδία του όρ- θρου και της λειτουργίας και του εσπερινού ετελείτο ώσπερ νυν τελείται παρ' ημών· ώσπερ ούν, ως είπομεν, και τα άλλα προς το μεγαλοπρεπέστερον ηύξησαν οι πατέρες. Ούτως προσέθηκαν εις την ευχαριστίαν, αφ' ου φάγομεν [2]), το κόπτειν ημάς από του ψωμίου μέρος, και τιθέναι τούτο εις καθαρόν αγγείον, και μετά το ειπείν την ευχαρισ- τίαν, ήγουν το " Ευλογητός ο Θεός ο τρέ- φων ημάς εκ νεότητος ημών „, υψούν τούτο και εν πρώτοις μεν λέγειν· " Μέγα το όνομα της αγίας Τριάδος „, και ακολούθως τούτο λέγειν· " Παναγία Θεοτόκε, βοήθει ημίν „ διό τι ουκ ένι οδός [3]), ίνα λίπη το όνομα της υπεραγίας Θεοτόκου, ούτε εις τας ψαλ- μωδίας ημών, ούτε εις τας προσευχάς, ούτε

[1]) Matth. xxvi, 26, 27, 30. Marc. xxii, 22, 23, 26. — [2]) Cod. constanter αφ' ου φάγωμεν, licet semel αφ' ου έφαγε. — [3]) f. όλως.

εἰς ἄλλην τινὰ χριστιανικὴν ἀκολουθίαν. Ἔστιν οὖν τοῦτο γνώριμον καὶ εἰς τὰ στιχηρά, καὶ εἰς τὰ καθίσματα καὶ εἰς τοὺς κανόνας, καὶ εἰς εἴ τι ἂν ψάλλωμεν, ὅτι οὐ λείπει τὸ ὄνομα τῆς Θεοτόκου, διότι αὐτὴ ἐμεσολάβησεν εἰς τὴν ἔνσαρκον τοῦ Χριστοῦ οἰκονομίαν, καὶ ὅταν περιεπάτει ὁ Χριστὸς ἐπὶ τῆς γῆς, πάντοτε μετ' αὐτοῦ ἦν, καὶ ἀχώριστος ἀπ' αὐτοῦ ἦν· καὶ διὰ τοῦτο καὶ εἰς τὰς πρὸς Θεὸν παρακλήσεις, καὶ εἰς τὰς εὐχαριστίας, καὶ εἰς τὰς ὑμνῳδίας τῶν χριστιανῶν, ἔστι καὶ ἔσται ἀχώριστος ἡ Θεοτόκος· οὕτως λοιπὸν καὶ ὅταν ποιῶμεν εὐχαριστείαν ἀφ' οὗ φάγωμεν, μεγαλύνομεν πρῶτον τὴν ἁγίαν Τριάδα, καὶ ἔκτοτε εὐθὺς ἐπικαλούμεθα τὴν τῆς Θεοτόκου βοήθειαν, καὶ κρατεῖ τοῦτο εἰς τοὺς χριστιανούς, ὡς εὐσεβὲς πρᾶγμα καὶ ὀρθόδοξον.

Ὁ ἄζυμος δὲ ἄρτος, διὰ τὴν συντομίαν τὰ πλεῖστα τοῖς ἀνθρώποις ἐπενέχθη, ἵνα καὶ πεῖναν θεραπεύσῃ αὐτίκα καὶ τὸ ἐργατικὸν ἄνθρωπον εἰς τὸ προκείμενον αὐτῷ ἔργον ἐκπέμψῃ, μήποτε βραδύνων καὶ ὑπὸ τῆς πείνης βλαβῇ καὶ τὸ ἐκ τοῦ ἔργου ὄφελος ἀπολέσῃ· διὰ τοῦτο ὁ μὲν Ἰσραηλιτικὸς λαὸς, ἐκ τῆς Αἰγύπτου πάλαι μετὰ σπουδῆς ἐξερχόμενος, τὴν μὲν ζύμην ἣν ἐκεῖθεν ἐπεφέρετο, παλαιὰν καὶ ἄχρηστον γενομένην ἀπέρριψεν, ἐξ ἀζύμων δὲ ἑαυτῷ τὴν τροφὴν ἐσχεδίασεν· ὅθεν καὶ οἱ ἐξ ἐκείνων μέχρι καὶ νῦν εἰς μνήμην τοῦ γεγονότος, μετὰ ἀζύμων καὶ πικρίδων τὸ ἑαυτῶν πάσχα τελειοῦσι κατὰ τὴν τοῦ Μώσεως παράδοσιν. Ὁ μέγας δὲ ἐν προφήταις Ἡλιοῦ πρόσπεινος γενόμενος λίαν, τὴν Σαραφθίαν κατήπειγεν ἐν πρώτοις αὐτῷ ἐγκρυφίαν ποιῆσαι, ἐπ' ἐσχάτων δὲ ἐκείνῃ καὶ τοῖς τέκνοις αὐτῆς. Ἀλλ' οὕτω μὲν οἱ ἄνθρωποι τὸν ἄζυμον ἄρτον ἐσθίομεν, προσφέρειν δὲ αὐτὸν εἰς εὐχαριστίαν τῷ Θεῷ κωλυόμεθα, μήποτε κοινωνοῦντες κατὰ τοῦτο εὑρεθῶμεν Ἰουδαίοις καὶ Λατίνοις καὶ Ἀρμενίοις, οἳ διαφερόντως τιμῶνται τὰ ἄζυμα· ἐπεὶ οὖν τὰ τοῦ μωσαϊκοῦ νόμου κατηργήθησαν, καὶ οὐκ ἔχομεν ἀνάγκην πολιτεύεσθαι κατ' ἐκεῖνα, ἑτέρᾳ δὲ ὁδῷ, ἡμῖν τῆς εἰς τὸ θεῖον λατρείας ὑπὸ τῆς νέας χάριτος [f. 296] ὑπεδείχθη, ὥσπερ οὐδὲ ἐν τῷ ναῷ προσφέρομεν ἄζυμα, οὕτως οὐδὲ μετὰ τὴν βρῶσιν τὴν εἰς Θεὸν εὐχαριστίαν δι' ἀζύμων ὀφείλομεν ἐκτελεῖν· δυνατὸν γάρ ἐστι καὶ διὰ μόνης τῆς δοξολογίας τῆς εὐχαριστίας ἀποδοῦναι τὴν ὀφειλήν[1]).

ΡϞΑ'. Ἐρώτησις Ϟ'.

Ἀπὸ ποίας αἰτίας ἐγένετο ἡ ἀρχὴ τῶν ἀζύμων;
Quali de causa factum est initium azymorum?

Ἀπ. Εἰς τὸ βιβλίον τὸ λεγόμενον τῆς Ἐξόδου ἱστορεῖται[2]), ὅτι ὅτε ἀπέλυσεν ὁ Φαραὼ ἤγουν ὁ βασιλεὺς τῶν Αἰγυπτίων τὸν λαὸν τῶν Ἑβραίων, ἵνα ἀπέλθῃ ἔνθα ὥρισεν ὁ Θεὸς τῷ Μωϋσεῖ, τότε παρήγγειλεν ὁ Μωϋσῆς τῷ λαῷ τοῦ μὴ ἀργῆσαι, ἀλλ' ἐξελθεῖν ἀπὸ τῆς Αἰγύπτου ὡς ἐν συντόμῳ, ἵνα μὴ μεταμεληθῇ πάλιν ὁ Φαραὼ καὶ κρατήσῃ αὐτούς, ἐπεὶ πολλάκις τοῦτο ἐποίησε· τότε δὲ ἔφθασαν ζυμῶσαι μετὰ τὸ συνηθὲς ἄλευρα, ἵνα ἀρτοποιήσωσι ταῦτα, καὶ ἔχωσιν εἰς τροφὴν ἑαυτῶν κατὰ τὴν ὁδόν· διότι δὲ προσετάχθησαν ἐξελθεῖν ἐν συντόμῳ, οὐκ ἔφθασαν βαλλεῖν εἰς τὸν φοῦρνον τὸ ζυμάριον, ἀλλὰ ἐμὸν τοῦτο λαβόντες, ἐξῆλθον μετὰ σπουδῆς ἀπὸ τῆς Αἰγύπ-

---

[1]) Paungino ritus et preces occurrunt in Horologio post horam vi. Ed. Rom. 1876 p. 90. —
[2]) Exod. xii, xiii.

του, καὶ ὡς ἔφευγον πολλὰς ἡμέρας, ὤξισε τὸ ζυγάριον, αὐτοὶ δὲ μὴ δυνάμενοι τοῦτο φαγεῖν, ἔρριψαν αὐτὸ, διότι ἄχρηστον ἐγένετο· ἔκτοτε δὲ μὴ ἔχοντες ὁδὸν ποιεῖν ἄρτον μετὰ ζύμης, ἐξ ἀνάγκης ἐποίουν χωρὶς ζύμης καὶ ἔτρωγον τούτους. Τὸν δὲ τοιοῦτον ἄρτον ἡ μὲν κοινὴ γλῶσσα ὀνομάζει λειπανόβατον, ἡ γραφὴ δὲ καλεῖ ἄζυμον. Ὅτε δὲ ἐξῆσαν εἰς τὸ Σινᾶ ὄρος, ὅπου ἐλέξατο ὁ Μωϋσῆς τὰς θεογράφους πλάκας τοῦ νόμου, τότε ὥρισεν ὁ Θεὸς τῷ Μωϋσεῖ μετὰ τῶν ἄλλων, ἵνα ποιῶσιν οἱ Ἑβραῖοι καὶ πάσχα, τὸ δὲ πάσχα ἐν τοιούτῳ τὴν τεσσαρακαιδεκάτην τοῦ πρώτου μηνὸς πρὸς ἑσπέραν ἔσφαζεν ὁ καθεὶς πρόβατον ἐνιαύσιον, ἤγουν ἑνὸς χρόνου, καὶ ἐποίει τοῦτο ὀπτὸν ὅλον, καὶ ἔτρωγον αὐτὸ ἱστάμενοι καὶ κρατοῦντες βακτηρίας, ἤγουν δεκανίκια, μετὰ ψωμίου λιπανοβάτου, ἤγουν ἀζύμου, καὶ βοτανῶν λεγομένων πικρίδων, καὶ ἀπὸ τότε ἔτρωγον τὸ ἄζυμον καὶ τὰς πικρίδας, ἑπτὰ ἡμέρας σωπτάς· καὶ οὕτως πάλιν μετὰ τὴν τούτων συμπλήρωσιν ἔτρωγον ψωμίον ἔνζυμον κατὰ τὸ σύνηθες. Τοῦτο δὲ ὁ Θεὸς οὕτως ὥρισε γίνεσθαι παρὰ τῶν Ἑβραίων, ἵνα ἔχωσιν ἐνθύμησιν τῆς ἡμέρας, ὅταν ἀπελύθησαν ἀπὸ τῆς Αἰγύπτου, καὶ τί ἐγένετο εἰς τὴν ἀπόλυσιν αὐτῶν, καὶ ὅπως ἐπίκρανεν αὐτοὺς ὁ Φαραὼ, ἕως ἂν ἀπολύσῃ αὐτοὺς, καὶ ὅτι ἐν τῷ μὴ ἔχειν κατὰ τὴν ἔρημον ἄρτον ἔνζυμον, ἔτρωγον ἄζυμον· διὰ τοῦτο γὰρ καὶ ἡ ἀπόλυσις αὐτῶν καὶ ἡ διάβασις ἀπὸ τῆς Αἰγύπτου εἰς τὴν γῆν Χαναὰν, ἤγουν εἰς τὰ Ἱεροσόλυμα, φάσκα λέγεται, ἡ ἑβραϊκὴ γὰρ γλῶσσα φασὲκ τὴν διάβασιν λέγει.

Καὶ αὐτοὶ διὰ τὴν διάβασιν αὐτὴν, καὶ διότι ἔφαγον τὰ ἄζυμα, ὀνομάζουσι τὰς ἑπτὰ ταύτας ἡμέρας πασχὰ καὶ ἑορτὴν τῶν ἀζύμων.

Ἀπὸ ταύτης γοῦν τῆς αἰτίας ἔλαβον ἀρχὴν τὰ ἄζυμα, καὶ κρατεῖ ἡ τούτων ἑορτὴ τοὺς Ἑβραίους. Ἀλλὰ καὶ οἱ Ἀρμένιοι καὶ οἱ Λατίνοι ἄζυμα προσφέρουσιν εἰς τὰς λειτουργίας αὐτῶν, οἵτινες πλανώμενοι λέγουσιν, ὅτι ὁ Χριστὸς ὅταν ἐποίησε τὸ πάσχα μετὰ τῶν μαθητῶν αὐτοῦ, μετὰ ἀζύμου τοῦτο ἐποίησεν· ἐλέγχονται δὲ μὴ ὀρθῶς λέγοντες, ἀλλὰ ὡς πλανώμενοι, ὅτι οὐδεὶς τῶν εὐαγγελιστῶν ῥητῶς λέγει, ὅτι ἄζυμα ἐδείπνησεν ὁ Χριστὸς μετὰ τῶν αὐτῶν μαθητῶν, καὶ ὅτι ὅταν ἔφαγε τὸ πάσχα, οὐκ ἦν ἡμέρα τῶν ἀζύμων. Τότε γὰρ ἡ ἀρχὴ τῶν ἀζύμων, ἡ ἑσπέρα ἦν τῆς παρασκευῆς· ὁ Χριστὸς δὲ τῇ πέμπτῃ ἑσπέρας προλαβὼν ἐποίησε τὸ πάσχα· διότι ἔμελλον αὐτὸν οἱ Ἑβραῖοι τὴν παρασκευὴν ἐκ πρωΐας παραδοῦναι τῷ Πιλάτῳ· διὰ τοῦτο καὶ ὁ εὐαγγελιστὴς φησί· Τῇ παρασκευῇ πρωῒ ἀπήγαγον τὸν Ἰησοῦν εἰς τὸν Πιλάτον, καὶ αὐτοὶ οὐκ εἰσῆλθον εἰς τὸ πραιτώριον, ἵνα μὴ μιανθῶσιν, ἀλλ' ἵνα φάγωσιν τοῦ πάσχα [1]). Εἰ γὰρ τῇ πέμπτῃ ἑσπέρας εἶχον οἱ Ἑβραῖοι τὸ πάσχα, πῶς ἦν ὁδὸς περιπατεῖν αὐτοὺς τὴν παρασκευὴν, καὶ καταλαλεῖν τοῦ Χριστοῦ παρὰ τῷ Πιλάτῳ; ἀλλὰ καὶ διὰ τοῦτο ἀπήγαγον αὐτὸν πρωῒ τὴν παρασκευὴν, καὶ παρέδωκαν, διότι κατὰ τὴν ἐρχομένην ἑσπέραν, ἔμελλον ποιῆσαι τὸ πάσχα· ἀπὸ τούτου λοιπὸν φαίνονται καὶ οἱ Λατῖνοι καὶ οἱ Ἀρμένιοι, ὅτι κακῶς φρονοῦσι, καὶ εὑρίσκονται συγκοινωνοῦντες τοῖς Ἰουδαίοις [2]).

[1]) Matth. xxvii, 1, 2. — [2]) Cf. supra col. 625.

ΡϞΒ'. Ἐρώτησις Θ'.

Τί λέγεται ὁ καθαρισμός;
Quid dicitur καθαρισμός, *sive purgatio?*

Ἀπ. [f. 297] Τὸ ὄνομα τοῦ καθαρισμοῦ εἰς πολλὰ νοεῖται, καὶ εἰς μὲν τὰς τῶν Ἑβραίων συνηθείας, εὑρίσκονται πολλοὶ καθαρισμοί. Εἰς δὲ τὸν τοῦ Χριστοῦ νόμον ἤγουν εἰς τὸ ἅγιον εὐαγγέλιον δύο καθαρισμοί εἰσιν, οἵτινες καθαρίζουσι τὸν ἄνθρωπον ἀπὸ τῶν ἁμαρτιῶν· καὶ πρῶτος μέν ἐστι καθαρισμὸς τῶν χριστιανῶν τὸ ἅγιον βάπτισμα, δεύτερος δὲ καθαρισμὸς ἡ μετάνοια, ἤγουν τὸ ἀπορυγεῖν τινὰ τὴν ἁμαρτίαν ἣν ἐποίει, καὶ κλαῦσαι καὶ νηστεῦσαι καὶ τοὺς λοιπούς τῆς μετανοίας καρποὺς ποιῆσαι. Ἵνα δὲ γνῷς ποταποὶ ἦσαν οἱ καθαρισμοὶ οὓς ἡ τῶν Ἑβραίων εἶχε συνήθεια, τοὺς μὲν ἀπὸ τοῦ νόμου τοῦ Μωσέως, τοὺς δὲ ἀπὸ τῆς παραδόσεως τῶν πρεσβυτέρων, λέγομεν καὶ περὶ αὐτῶν ταῦτα·

Ὅταν ἐγένετό τις λεπρός, καὶ ἐγνωρίσθη, ἐδιώκετο ἔξω τοῦ λαοῦ, καὶ οὐκ ἐπλησίαζεν οὔτε ἤγγιζεν ἔνθα ἦσαν καθαροὶ ἄνθρωποι ἀλλ' οὐδὲ ἔμενεν οὔτε εἰς κάστρον, οὔτε εἰς χωρίον· ἐλέγετο γὰρ ὁ τοιοῦτος· ἀκάθαρτος· ὅταν δὲ ὑγιαίνῃ, ἢ ἀπὸ Θεοῦ, ἢ ἀπὸ προσευχῆς προφήτου, ἢ ἀπὸ ἄλλου τινὸς ἁγίου, προσήρχετο εἰς τὸν ἱερέα, καὶ προσέφερε θυσίαν εἰς τὸν Θεόν, διὰ τὸν καθαρισμὸν ἑαυτοῦ· ἡ θυσία δὲ ἦν ὀρνίθια δύο, καὶ τὸ μὲν ἀπ' αὐτῶν ἐσφάζετο· τὸ δὲ ἄλλο ζῶν ἐβαπτίζετο εἰς τὸ αἷμα τοῦ σφαγέντος ὀρνιθίου καὶ ἀπελύετο εἰς ἐλευθερίαν. Εἰς δὲ τὸ αἷμα τοῦ σφαγέντος ὀρνιθίου ἐπέχεε τὸ ὕδωρ καὶ ἐτίθετο καλάμου στάχυς, ὅπερ λέγεται ὕσσωπον, εἰς κέδρινον ξύλον, καὶ ἐδεσμεῖτο μετὰ σχοινίου κοκκίνου κεκλωσμένου, καὶ ἐβάπτετο εἰς τὸ αἷμα τοῦ ὀρνιθίου, καὶ οὕτως, ὁ ἱερεὺς ἐράντιζε τὸν καθαριζόμενον λεπρόν, καὶ ἐκ τούτου καθαρὸς ἐκεῖνος τελείως ἐγίνετο· ἐχρίετο δὲ ὁ λεπρὸς καὶ ἐν ἐλαίῳ, ὅπερ ἔκειτο εἰς τὸν ναὸν ἐν ἀγγείῳ λεγομένῳ κοτύλῃ· ἐχρίετο δὲ τὸ δεξιὸν ὠτίον, τὴν δεξιὰν χεῖρα καὶ τὸν δεξιὸν πόδα, καὶ τοιοῦτος· μὲν ἦν ὁ καθαρισμὸς τοῦ λεπροῦ [1]).

Περὶ τούτου δὲ γράφουσι καὶ οἱ εὐαγγελισταὶ ὁ Μάρκος καὶ ὁ Λουκᾶς, ὅταν ἰάσατο ὁ Χριστὸς ἐν ἄλλῳ μὲν καιρῷ ἕνα λεπρόν, ἐν ἄλλῳ δὲ δέκα, καὶ περὶ μὲν τοῦ ἑνὸς γράφουσιν οἱ δύο εὐαγγελισταὶ οὕτως· "Καὶ λέγει αὐτῷ· Ὅρα, μηδενὶ μηδὲν εἴπῃς· | ἀλλὰ ὕπαγε, σεαυτὸν δεῖξον τῷ ἱερεῖ, καὶ προσένεγκε περὶ τοῦ καθαρισμοῦ ὃ προσέταξε Μωσῆς, [2]). Περὶ τῶν δέκα γράφει ὁ Λουκᾶς οὕτως· "Καὶ ἰδὼν εἶπεν αὐτοῖς· Πορευθέντες ἐπιδείξατε ἑαυτοὺς τοῖς ἱερεῦσιν, [3].

Ἦν δὲ ἄλλος καθαρισμὸς τοιοῦτος· καθ' ἑκάστην ἡμέραν οἱ Ἑβραῖοι πρὸ τοῦ φαγεῖν ἐλούοντο ἀπὸ τοῦ ἀγκῶνος μέχρι τῶν δακτύλων· καὶ ὅταν ἀπὸ τοῦ φόρου ὑπέστρεφον, ἐβαπτίζοντο, καὶ οὕτως ἔτρωγον· καὶ εἰ μὲν ἐνίπτοντο καθ' ἡμέραν οὕτως, ὡς εἴπομεν, καὶ εἰ μὴ ἐβαπτίζοντο, ὅταν ἀπὸ τοῦ φόρου ὑπέστρεφον, ἄλλως οὐκ ἔτρωγον· διὸ καὶ ἐλέγοντο οἱ τοιοῦτοι Ἡμεροβαπτισταί· εἶχον δὲ βαπτισμοὺς καὶ ποτηρίων καὶ ξεστῶν καὶ κραββάτων καὶ ἄλλων τοιούτων, ἐκαθάριζον τοῦτο καὶ δι' ἄλλας αἰτίας, ἤγουν ὅταν ἥψατό τις λεπροῦ σώματος ἢ νεκροῦ, ἢ ὅταν συνεγένετο μετὰ τῆς γυναικὸς αὐτοῦ. Ἐτελεῖτο δὲ καὶ εἰς γεννήσεις τῶν παιδίων καθαρισμός, οὗ μέμνηται ἡ μωσαϊκὴ τῆς ἐξό-

---

[1]) Levit. xiii, xiv. — [2]) Marc. i, 40. — [3]) Luc. v, 14; xvii, 12.

δου βίβλος λεγούσα ούτως· Καὶ ἔσται πᾶς, ὃς ἂν τέκῃ παιδίον ἄρσεν, τῇ ἡμέρᾳ τῇ ὀγδόῃ περιτεμεῖ τὴν σάρκα τῆς ἀκροβυστίας αὐτοῦ, καὶ τριάκοντα καὶ τρεῖς ἡμέρας οὐκ εἰσελεύσεται εἰς τὸ ἁγιαστήριον τοῦ Θεοῦ πρὸς τὸν ἱερέα, ἕως πληρωθῶσιν αἱ ἡμέραι καθάρσεως· [1]). Ἦσαν δὲ καὶ ἄλλοι καθαρισμοὶ τῶν Ἰουδαίων, περὶ ὧν γράφειν περισσὸν λογιζόμεθα· ἀρκοῦσι γὰρ ἅπερ ἐγράψαμεν, ἵνα πληροφορήσωσι τί λέγεται ὁ καθαρισμός.

ΡϟΓ'. Ἐρώτησις Γ'.

Γράφει εἰς τὸ στιχηρὸν τὸ ψαλλόμενον εἰς τὴν ἐκκλησίαν· " Ὅλον ἑαυτὸν ἐκένωσεν ἀρρήτως ἐν μήτρᾳ σου „.

Scriptum est in stichero quod psallitur in Ecclesia : " Totum se evacuans ineffabili modo in utero tuo „.

Ἀπ. Ὅστις ἐποίησε τὸ στιχηρὸν τοῦτο, ἀπὸ τῆς πρὸς Φιλιππησίους ἐπιστολῆς τοῦ μεγάλου Παύλου τὸν λόγον τοῦτον ἀνελέξατο. Γράφει γὰρ ἐκεῖνος περὶ τῆς σαρκώσεως τοῦ Υἱοῦ τοῦ Θεοῦ καὶ περὶ τῆς ταπεινώσεως, τοιαύτῃ ἐπιστολῇ οὕτως· [2]) " Ὅς, ἐν μορφῇ Θεοῦ ὑπάρχων, οὐχ ἁρπαγμὸν ἡγήσατο τὸ εἶναι ἴσα Θεῷ, ἀλλ' ἑαυτὸν ἐκένωσε, μορφὴν δούλου λαβών „. Ἡ ἑρμηνεία δὲ τοῦ λόγου τούτου ἐστι δύσκολον, ἴσως εἰς τὴν ἄτεχνον γνῶσιν· ἡ γλῶσσα δὲ τῶν Βουλγάρων οὐ γινώσκει τί λέγεται οὐσία καὶ φύσις καὶ μονάς, καὶ τί λέγεται ἡ ὑπόστασις καὶ [ſ. 298] πρόσωπον, καὶ τί λέγεται ὅλον καὶ τί μερικόν· αὐτὰς γὰρ τὰς λέξεις κρατεῖ ἡ σοφία καὶ ἡ γλῶσσα, ἤγουν ἡ ῥωμαϊκή, ὅταν θέλῃ εἰπεῖν τι περὶ τῆς ἁγίας Τριάδος, ἢ περὶ τῆς σαρκώσεως τοῦ Θεοῦ τοῦ Υἱοῦ. Πλὴν ἡμεῖς δι' ἄλλων λέξεων, κατὰ τὸ δυνατόν, ἑρμηνεύσωμεν τί λέγει τὸ " Ὅλον ἑαυτὸν ἐκένωσε „. Λέγομεν δὲ οὕτως· εἰς τοὺς ἄνω χρόνους ὁ Θεὸς τὰ μεγάλα ἔργα ἅτινα ἐποίει, ἐποίει ταῦτα καὶ δι' ἀγγέλων καὶ δι' ἀνθρώπων. Καὶ δι' ἀγγέλων μέν, ἐποίησε τὰ ὑποτεταγμένα, ὅταν ὁ Ἰακὼβ ὑπέστρεφε μετὰ τῶν γυναικῶν αὐτοῦ καὶ τῶν παίδων καὶ πάσης τῆς περιουσίας αὐτοῦ ἀπὸ τοῦ πενθεροῦ αὐτοῦ Λαβὰν εἰς τὴν γῆν Χαναάν. Τότε ἀπέστειλεν ὁ Θεὸς ἀγγέλους, ἵνα φυλάξωσιν αὐτὸν ἀπὸ τῆς ἐπιβουλῆς τοῦ ἀδελφοῦ αὐτοῦ τοῦ Ἠσαῦ. Φησὶ γὰρ οὕτως· ἡ γραφή· Ἀναβλέψας [3]) Ἰακώβ, εἶδε παρεμβολὴν Θεοῦ παρεμβεβληκυῖαν, καὶ συνήντησαν αὐτῷ οἱ ἄγγελοι τοῦ Θεοῦ· εἶπε δὲ Ἰακώβ, ἡνίκα εἶδεν αὐτούς· Παρεμβολὴ αὕτη Θεοῦ. Παρεμβολὴ δὲ λέγεται τὸ παρὰ τῆς κοινῆς γλώσσης λεγόμενον φοσᾶτον. Καὶ ὅταν ἐποίησε τὴν δεκάτην πληγὴν εἰς τοὺς Αἰγυπτίους διὰ τοὺς Ἑβραίους, τότε ἀπέστειλεν ἄγγελον εἰς τὴν Αἴγυπτον, καὶ ἐθανάτωσεν ὅλα τὰ πρωτογεννήματα τῶν Αἰγυπτίων [4]), καὶ οὕτως ἐλυτρώσατο τοὺς Ἑβραίους ἀπὸ τῆς χειρὸς τοῦ Φαραώ. Καὶ ὅταν συνεκρότησε τὸν Ἰησοῦν τοῦ Ναυῆ, ἵνα παραλάβῃ τὴν Ἰεριχώ, τότε ἀπέστειλε πρὸς αὐτὸν τὸν ἀρχιστράτηγον Μιχαὴλ [5]). Καὶ ὅταν ἐλευθέρωσε τὴν Ἱερουσαλὴμ ἀπὸ τοῦ πολέμου τοῦ Σεναχηρείμ [6]), τότε ἀπέστειλεν ἄγγελον, καὶ ἐφόνευσεν ἑκατὸν ὀγδοήκοντα καὶ πεντεχιλιάδας ἀπὸ τοῦ φοσάτου ἐκείνου, καὶ οὕτως ἔφυγεν ὁ Σεναχηρείμ. Ἀλλὰ καὶ εἰς τὸν Τωβὴτ ἄγγελον ἀπέστειλε [7]), καὶ ἐποίησεν εἰς ἐκεῖνον τὸ θαῦμα, καὶ τὰ ἄλλα ὅσα ἡ

---

[1]) Levit. XII, 2. — [2]) Phil. II, 6. — [3]) Genes. XXXII, 2. — [4]) Exod. XII, 29. — [5]) Jos. V, 18. — [6]) IV Reg. XIX, 36. — [7]) Tob. V.

γραφὴ καταλέγει· εἰσὶ δὲ καὶ ἄλλα πολλὰ θαύματα ὅσα ἐποίησεν ὁ Θεὸς δι' ἀγγέλων, ἀρκοῦσι δὲ διὰ μόνην πληροφορίαν αὐτὰ τὰ ἀνωτέρω γραφέντα.

Δι' ἀνθρώπων δὲ ἐποίησε πάλιν θαύματα, οἷον· διὰ τοῦ Μωσέως καὶ τοῦ Ἀαρὼν διέσωσε τὸν λαὸν τῶν Ἑβραίων· ὅτε ἐξήγαγεν αὐτὸν ἀπὸ τῆς Αἰγύπτου, ἔσχισε τὴν ἐρυθρὰν θάλασσαν, καὶ τὸν μὲν λαὸν διήγαγεν ἐν μέσῳ τῆς θαλάσσης ἀβρόχως διελθόντα· τὸν δὲ Φαραὼ κατεπόντισεν εἰς τὴν θάλατταν μετὰ τῶν | ἁρμάτων αὐτοῦ· ἐξήγαγεν ὕδωρ ἀπὸ πέτρας στερεᾶς, καὶ ἐπότισε τὸν λαὸν δι' ὅλης τῆς ἐρήμου, ἐνίκησε τὸν Ἀμαλὴκ καὶ τοὺς ἄλλους δυνάστας, ὅσοι ἀντεπαρετάττοντο [1]) πρὸς τὸν λαὸν τῶν Ἰουδαίων. Ταῦτα δὲ πάντα ἐγένοντο παρὰ τοῦ Θεοῦ διὰ τοῦ Μωϋσέως καὶ τοῦ Ἀαρὼν, ὡς καὶ ὁ Δαυῒδ λέγει Ὡδήγησας· ὡς πρόβατα τὸν λαόν σου ἐν χειρὶ Μωϋσῆ καὶ Ἀαρών [2]). Μετὰ θάνατον δὲ τοῦ Μωϋσέως, ἐποίησεν ὁ Θεὸς ἀρχηγὸν τοῦ λαοῦ τὸν Ἰησοῦν τοῦ Ναυῆ. Καὶ πάλιν· Αὐτὸς ἐν τῇ δυνάμει τοῦ Θεοῦ ἐποίησε μεγάλα θαύματα, ἕως οὗ εἰσήγαγε τὸν λαὸν εἰς τὴν γῆν ἣν ὑπέσχετο ὁ Θεὸς, ἵνα δώσῃ τῷ Ἀβραάμ [3]). Καὶ μετὰ ταῦτα ἐποίησαν οἱ κριταὶ καὶ οἱ προφῆται καὶ οἱ βασιλεῖς τῶν Ἑβραίων διὰ τῆς δυνάμεως τοῦ Θεοῦ ὅσα ἡ γραφὴ καταλέγει, καὶ οὕτως, ὡς εἴπομεν, καὶ δι' ἀγγέλων καὶ δι' ἀνθρώπων ἐποίησεν ὁ Θεὸς εἰς τοὺς ἄνω χρόνους δυνάμεις μεγάλας καὶ θαύματα.

Ἐπεὶ δὲ ὕστερον ἠθέλησεν, ἵνα σωτηριάσῃ τὸ γένος τῶν ἀνθρώπων, διότι καθόλου ἐξέκλινεν εἰς τὰς ἁμαρτίας, καὶ διὰ τῶν ἁμαρτιῶν ἐγένοντο καθόλου ὑπὸ τὴν ἐξουσίαν τοῦ διαβόλου (μεγάλη γὰρ παρὰ τὰς ἄλλας ἁμαρτίας ἦν ἡ εἰδωλολατρεία), οὐκ ἠθέλησεν ἵνα ἀποστείλῃ ἄγγελον ἢ ἄνθρωπον, εἰς τὸ ποιῆσαι τὴν σωτηρίαν τῶν ἀνθρώπων, ἀλλ' αὐτὸς ὅλος ὁ Υἱὸς τοῦ Θεοῦ κατέβη ἀπὸ τοῦ οὐρανοῦ, καὶ εἰσῆλθεν εἰς τὴν κοιλίαν τῆς ὑπεραγίας Θεοτόκου, καὶ ἐφόρεσεν ἀπὸ τῶν ἁγίων αἱμάτων αὐτῆς σάρκα ἀνθρωπίνην, καὶ οὕτως· ἐγεννήθη ὡς ἄνθρωπος· ἀπὸ τῆς Θεοτόκου, καὶ ἐφάνη εἰς τὸν κόσμον, καὶ ἐποίησε τὴν σωτηρίαν τῶν ἀνθρώπων, ὡς ἀκούεις ἀπὸ τῶν ἁγίων εὐαγγελίων, καὶ ἀπὸ τῶν ἄλλων θείων γραφῶν· τὸ ἔργον γὰρ ἦν μέγα, καὶ ἑαυτὸν ἐχρῄζεν ὅλον τὸν Θεὸν καταβῆναι, καὶ ἐκτελέσαι τὸ τοιοῦτον ἔργον δι' ἑαυτοῦ· διὰ τοῦτο γὰρ καὶ ὁ ἅγιος Λόγος οὗτος περὶ τούτου λέγει οὕτως· Οὐκ ἄγγελος, οὐκ ἄνθρωπος· ἀλλ' αὐτὸς ὁ Κύριος ἔσωσεν ἡμᾶς. Τὸ αὐτὸς δὲ δηλοῖ, ἤγουν αὐτὸς δι' ἑαυτοῦ· Ὥσπερ ὅταν ἀκούωμεν οἱ ἄνθρωποι περί τινος βασιλέως μεγαλοδυνάμου, εἰ μὲν ἀποστείλῃ κεφαλὴν ἢ στρατηγὸν αὐτοῦ μετὰ φοσσάτου κατά τινος ἐχθροῦ αὐτοῦ, λέγομεν ὅτι δύναμιν ἀπέστειλε μεγάλην ὁ βασιλεὺς κατὰ τοῦ δεῖνος τοῦ ἐχθροῦ αὐτοῦ· ὅταν δὲ ἀκούσωμεν, ὅτι αὐτὸς ὁ βασιλεὺς ὥρμησε [f. 299] κατ' αὐτοῦ, τότε λέγομεν ὅτι ὁ βασιλεὺς ὅλως ὑπάγει κατ' αὐτοῦ, ὅπερ λέγει ἡ κοινὴ γλῶσσα, ὁλοστός· οὕτως οὖν καὶ διὰ τὸν Υἱὸν τοῦ Θεοῦ λέγομεν, ὅτι αὐτὸς ὁλοστὸς ἦλθε καὶ ἔσωσεν ἡμᾶς, καὶ ὁλοστὸς εἰσῆλθε εἰς τὴν ἁγίαν τῆς Θεοτόκου κοιλίαν. Καὶ αὐτὸ τοῦτο λέγει εἰς τὸ στιχηρὸν, ὅτι ὅλον ἑαυτὸν ἐκένωσε. Τὸ " ἐκένωσε „ δὲ δηλοῖ τὸ ἐταπείνωσεν· ἐταπείνωσε γὰρ ἑαυτὸν ὁ Υἱὸς τοῦ Θεοῦ ἀπὸ τῆς δόξης τῆς αὐτοῦ Θεότητος διὰ τὴν σωτηρίαν ἡμῶν, καὶ ἐφόρεσε τὴν σάρκα τοῦ ἀνθρώπου, ἡ σάρξ δὲ ἣν ἐφόρησεν οὐκ ἦν ὑποστατική, ἤγουν μερικὴ, ὥσπερ ἐστι τοῦ δεῖνος καὶ τοῦ δεῖνος, ἀλλὰ ὅλη ἦν ἡ ἀνθρωπότης, ἤγουν ὅλον τὸ γένος, ἤτοι ἡ φύσις τῶν ἀνθρώπων· καὶ οὕτως· πιστεύομεν καὶ ὁμολογοῦμεν, ὅτι ὅλος ὁ Υἱὸς τοῦ Θεοῦ ὅλον τὸν ἄνθρωπον ἐφόρεσε, καὶ οὕτως· αὐτὸν ἐλευθέρωσεν ἀπὸ τῆς ἁμαρτίας· καὶ τῆς πλάνης τοῦ διαβόλου· αὐτὸ δὲ τοῦτο καὶ ἐν τῷ πρότερον δηλῶ-

---

[1]) Cod. sic cum duplici augm. — [2]) Psalm. vii, 21. — [3]) Psalm. civ, 9.

ται τῆς τρίτης ᾠδῆς τοῦ κανόνος τῆς Μεταμορφώσεως τοῦ Κυρίου ἡμῶν Ἰησοῦ Χριστοῦ, ὃν παρέλαβεν ἡ ἐκκλησία ψάλλειν, οὕτως ἔχοντα· " Θεὸς Λόγος ὑπάρχων, ὅλος βροτὸς γέγονας, ὅλῃ τῇ θεότητι μίξας τὴν ἀνθρωπότητα ἐν ὑποστάσει, ἣν ἐν δυσὶ ταῖς οὐσίαις Μωϋσῆς, Ἠλίας τε εἶδον ἐν ὄρει Θαβώρ „ ¹).

ΡϞΔʹ. Ἐρώτησις ΙΑʹ.

Ἐὰν ἀποδημῇ ὁ ἱερεὺς καὶ ὁ διάκονος, ἐνδέχεται ἵνα εἴπῃ ὁ ἀναγνώστης τὸ εὐαγγέλιον τῆς ἡμέρας, ἢ οὐκ ἐνδέχεται;

Si abfuerit sacerdos et diaconus, conceditur ne ut lector recitet evangelium diei, aut non conceditur?

Ἀπ. Εὑρίσκομεν ὅτι τὰ ἐξ ἀνάγκης διὰ τὸν Θεὸν γινόμενα δέχεται ὁ Θεός· μόνον ἐκεῖνο τὸ γινόμενον ὀφείλει γίνεσθαι, οὐχὶ ἀπὸ ῥᾳθυμίας καὶ καταφρονήσεως, ἀλλὰ ἀπὸ μόνης ἀνάγκης· ἐπεὶ γοῦν ἔνι ἀναγκαῖον, ἵνα ἀναγνωσθῇ τὸ εὐαγγέλιον διὰ τὸν λαόν, ὅταν λείπῃ ὁ ἱερεὺς ἢ ὁ διάκονος, ὀφείλει ἀναγνῶναι τοῦτο ὁ ἀναγνώστης· τὸ ἅγιον γὰρ εὐαγγέλιον διὰ τοῦτο ἐπληρώθη εἰς τὸν κόσμον ὅλον, ἵνα πάντες οἱ χριστιανοὶ τούτου ἀκούωσιν, καὶ ἐπεὶ καὶ ὁ ἀναγνώστης μέρος ἔνι τῆς παπαδικῆς τάξεως, ὅταν λείπῃ ὁ ἱερεὺς ἢ ὁ διάκονος, οὐ κωλύεται, ἵνα ἀναγνώσῃ τὸ εὐαγγέλιον· ἀναγκαῖον γάρ ἐστιν, ἵνα ἀναγνώσῃ τοῦτο, διὰ τὸν ἁγιασμὸν καὶ τὴν ὀφέλειαν τοῦ λαοῦ.

ΡϞΕʹ. Ἐρώτησις ΙΒʹ.

Ἐάν τις περιπατῶν εἰς ταξίδην, καὶ οὐχ εὑρίσκεται ἡ ἐκκλησία, ἵνα ποιήσῃ λειτουργίαν, ἐνδέχεται γίνεσθαι λειτουργίαν εἰς τένταν ἣν ἐπ' αὐτῷ τούτῳ [ἕστηκε] ὥστε εἶναι ὡς ἐκκλησίαν, ἢ οὔ; Ἐὰν δὲ οὐκ ἔχῃ τοιαύτην τένταν, ἐνδέχεται ἀπὸ τῶν προστυχόντων κλαδίων γενέσθαι ὡς καλύβην, καὶ ἐκτελεσθῆναι ἐν τούτῳ λειτουργίαν, ἢ οὐκ ἐνδέχεται;

Si quis deambulet cum agmine exercitus, nec inveniatur ecclesia in qua sacra faciet, permittitur ne liturgiam agere in tentorio, quod in eo ipso sit veluti ecclesia, an non? At si tentorium hujusmodi non habeat, admittitur ne ut fiat ex obviis ramusculis quasi umbraculum, et in eo liturgia impleatur, vel non admittitur?

Ἀπ. Ὅπερ εἴπομεν εἰς τὴν ἄνω ἐρώτησιν, ὅτι δέχεται ὁ Θεὸς καὶ τὰ ἐξ ἀνάγκης γινόμενα, ὅταν διὰ τὸν Θεὸν γίνωνται, καὶ οὐκ ἀπὸ ῥᾳθυμίας καὶ καταφρονήσεως, τοῦτο καὶ ὧδε λέγομεν· ὅτε γοῦν οὐκ εὑρίσκεται ἐκκλησία, ἐὰν γένηται λειτουργία εἰς ἐκκλησίαν κατεσκευασμένην ἢ ἀπὸ λιναρίου, ἢ ἀπὸ βαμβακίου, ἢ ἀπὸ μαλίου, οὐκ ἔχει τινὰ ἐπιτίμησιν ἢ κριματισμόν, μόνον ὀφείλει εἶναι ἡ ἁγία τράπεζα, εἰς αὐτὴν μόνην τὴν δουλείαν τῆς ἁγίας λειτουργίας ἀφιερωμένη, καὶ μὴ εἰς ἄλλην τινὰ χρείαν βιωτικήν. Ὀφείλει δὲ ὁ ἱερεὺς ἐφαπλοῦν ἐν αὐτῇ ἀντιμίνσιον· χωρὶς γὰρ ἀντιμινσίου οὐχ οἷόν τε γενέσθαι λειτουργίαν, εἰ καὶ ξυλίνη ἡ κτιστὴ εὑρίσκεται ἐκκλησία εἰς τὰς ἀπορίας.

---

¹) Manuscr. Aug. d. vi. Vonct. 1871 p. 84. Minus bene incipit ibi: Οὐδὲ ὅλως ὑπάρχων.

Εὑρίσκομεν δὲ εἰς τὴν παλαιὰν γραφὴν ὅτι ἐκ προστάξεως τοῦ Θεοῦ ἐποίησεν ὁ Μωϋσῆς ἐκκλησίαν τὴν λεγομένην σκηνὴν τοῦ μαρτυρίου ἀπὸ πανίων, ἵνα ἁγιάζηται ἐν αὐτῇ ὁ λαὸς τῶν Ἑβραίων· οὕτως δὲ κατεσκεύασε τὴν τοιαύτην ἐκκλησίαν, ὥστε διά τινος μηχανῆς συμπεριπατεῖν καὶ αὐτὴν μετὰ τοῦ λαοῦ, καὶ εἰς ὃν ἂν τόπον κατέπαυον, ἐκτελεῖσθαι ἐν αὐτῇ τὰς λατρείας, ἤγουν τὰς λειτουργίας, καθὼς προσέταξεν αὐτῷ ὁ Θεός· συνῆν δὲ ἡ τοιαύτη ἐκκλησία τῷ λαῷ δι' ὅλης τῆς ἐρήμου, ἕως οὗ εἰσῆλθον εἰς τὰ Ἱεροσόλυμα.

Διὰ τοῦτο γοῦν οὐκ ἔνι κεκωλυμένον γίνεσθαι λειτουργίαν εἰς ἐκκλησίαν, ἀπό τινος ὑφάσματος κατασκευασθεῖσαν· μόνον ὀφείλει εἶναι ἡ τοιαύτη ἐκκλησία, εἰς αὐτὸ τοῦτο ἀφιερωμένη, καὶ ἡγιασμένη, καὶ μὴ συρομένη εἰς ἄλλην τινὰ βιωτικὴν δουλείαν· εἰς κλαδωτὴν δὲ ἐκκλησίαν τὴν γενομένην ἀπὸ συντομίας τὴν ὥραν ἐκείνην, οὐκ ἔστι τρόπος γένεσθαι λειτουργίαν, διότι μετὰ ταῦτα ἢ ἄνεμος [f. 300] μέλλει σκορπίσαι τὰ κλαδία, ἢ ἄνθρωπος ταῦτα λαβεῖν καὶ χρήσασθαι πολλάκις εἰς ἄτιμον δουλείαν βιωτικὴν, ὅπερ ἐστὶν ἀνοσιούργημα καὶ ἐπιβλαβές.

ΡϞϚ'. Ἐρώτησις ΙΓ'.

Ἐνδέχεται ἵνα λέγωνται τρία εὐαγγέλια εἰς τὴν λειτουργίαν, ἢ οὐκ ἐνδέχεται;
Licet ne dicere tria evangelia in liturgia, an non?

Ἀπ. Εἰς τὴν ἀκολουθίαν τῆς ἐκκλησίας, ἤγουν τοῦ ὄρθρου τῆς λειτουργίας καὶ τοῦ ἑσπερινοῦ, τὰ μὲν ἔχομεν ἀπὸ συνηθείας ἀγράφου [1]), τὰ δὲ ἀπὸ παραδόσεως ἐγγράφου τῶν ἁγίων ἀποστόλων καὶ τῶν ἁγίων πατέρων· φησὶ δὲ καὶ ὁ μέγας ἐν πατράσι καὶ ἱερὸς Βασίλειος ὅτι τὸ ἄγραφον ἔθος τῆς ἐκκλησίας ἀντὶ νόμου κρατεῖ. Ἐπεὶ γοῦν μετὰ τῶν ἄλλων ἐπεκράτησεν εἰς τὴν ἐκκλησίαν ἀγράφως καὶ αὕτη ἡ συνήθεια, τὸ λέγεσθαι δύο μόνα εὐαγγέλια εἰς τὴν λειτουργίαν, πῶς ἐστιν οἷόν τε ἵνα γένηται ἄλλό τι παρὰ τὴν συνήθειαν αὐτὴν τῆς ἐκκλησίας; Διὰ τοῦτο οὖν οὐκ ἐνδέχεται ἵνα λέγωνται τρία εὐαγγέλια, ἀλλὰ μόνα δύο.

ΡϞΖ'. Ἐρώτησις ΙΔ'.

Πότε ἤρξατο ἡ τῆς Ῥώμης ἐκκλησία ἱερουργεῖν τὸ ἄζυμον;
Quandonam incoepit ecclesia Romana azyma in sacris usurpare?

Ἀπ. Μέχρι τοῦ Λιβερίου πάππα Ῥώμης διὰ ζύμης ἡ ἱερὰ λειτουργία ἐτελεῖτο· τούτου δὲ τελευτήσαντος, καὶ τοῦ Φήληκος χειροτονηθέντος πάππα, καὶ ἐπὶ ὀκτὼ ἔτεσι διαρκέσαντος, καὶ τοῦ Ἀπολλιναρίου δόγμα κρύπτοντος, καὶ ἄψυχον τὸ τοῦ Κυρίου σῶμα δοξάζοντος, γέγονεν ἡ λειτουργία προστάξει αὐτοῦ ἄζυμος, προφασισαμένου ὡς ὁ Κύριος διὰ ἀζύμων τὸ οἰκεῖον πάσχα παρέδωκεν· τοῦ χρόνου δὲ προϊόντος, ἐπελάνθοντο οἱ ὑπὸ τὴν Ῥώμην ὡς τοῦ Φήληκος ἡ τοιαύτη παράδοσις, ἣν καὶ οὐχὶ τοῦ ἁγίου Πέτρου [2]).

Ἰστέον δὲ καὶ τοῦτο ὡς ἐπὶ τῶν ἡμερῶν

---

[1]) Cod. ἐγγράφου. — [2]) Mendacia Demetrii, vix sibi probata, quis non exsufflaverit?

τοῦ βασιλέως Μονομάχου, ἀναχθεὶς εἰς τὸν πατριαρχικὸν θρόνον ὁ ἁγιώτατος πατριάρχης κυρὸς Μιχαὴλ ὁ Κηρουλλάριος, ἐξέκοψε τὴν τοῦ πάππα Ῥώμης ἀναφορὰν διὰ τὸ τηνικαῦτα μαθεῖν τοὺς ἐν Ῥώμῃ προστιθέναι τῷ ἁγίῳ συμβόλῳ τὸ ἐκ τοῦ Πατρὸς καὶ τοῦ Υἱοῦ τὸ ἅγιον Πνεῦμα ἐκπορεύεσθαι.

] Ἐρωτήσεις κανονικαὶ πρὸς τὸν χαρτοφύλακα ἐκεῖνον καὶ ἐπ' αὐταῖς ἀποκρίσεις.
Canonicae quaestiones ad eumdem chartophylacem et responsiones ad easdem.

ΡϞΗ΄. Εἰ χρὴ γυναῖκα διγαμήσασαν εἰς τρίτον ἐλθεῖν συνοικέσιον;

CXCVIII. *An oportet mulierem post binas nuptias in tertium transire matrimonium?*

Τρίτος γάμος παρὰ τῆς ἐκκλησίας οὔτε ἔγνωσται, οὔτε ἐπιτρέπεται· ἀλλὰ καὶ εἴ τις ἱερεὺς τοιοῦτον γάμον ἱερολογήσει, καθαιρείσθω.

ΡϞΘ΄. Εἰ χρὴ στεφανοῦσθαι τοὺς διγαμοῦντας, καὶ εἰ τὸ ἓν μέρος παρθενεύει, τί ὀφείλει γενέσθαι;

CXCIX. *An oportet coronare bigamos, et si una pars virgo est, quid agendum?*

Διγαμοῦντες οὐ στεφανοῦνται, κἂν τὸ ἓν μέρος παρθενεύει, οὐδὲ τοῦτο στεφανωθήσεται, ἐπειδὴ ἄμφω κοινωνοῦσιν ἀλλήλοις, καὶ τὸ τοῦ ἑτέρου ἐλάττωμα θάτερον καταδέχεται.

Σ. Ἐὰν γυνὴ ὑποχωρήσῃ ἐάσασα τὸν ἑαυτῆς ἄνδρα, ἄνευ αἰτίας τινὸς, λάβῃ δὲ ἐκεῖνος ἑτέραν γυναῖκα, χρὴ λαβεῖν καὶ τὴν γυναῖκα ἕτερον ἄνδρα, ἢ οὔ; Καὶ εἰ διὰ τὸ μοιχεύεσθαι αὐτὴν καταλείψῃ ταύτην ὁ ἀνὴρ αὐτῆς, καὶ λάβῃ ἑτέραν, χρὴ κἀκείνην λαμβάνειν ἄνδρα, ἢ οὔ;

CC. *Si mulier lubens missum fecerit virum suum, sine aliqua causa, vir autem aliam duxerit uxorem, mulier ne debet alterum sumere virum, nec ne? Et si propter adulterium mulieris, hanc vir reliquerit et aliam sumpserit, derelicta ne debet virum accipere, an non?*

Ἀνίσχυρός ἐστι καὶ ἡ τοῦ ἀνδρὸς μεθ' ἑτέρας γυναικὸς συζυγία, καὶ ἡ τῆς γυναικὸς μεθ' ἑτέρου ἀνδρός, τῷ τοι καὶ ἄμφω τὰ συναλλάγματα λυθήσονται· καὶ οἱ μὲν ἱερολογήσαντες ταῦτα καθαιρεθήσονται, οἱ δὲ σύνοικοι καὶ αὖθις συνοικεῖν ἀλλήλοις ἀναγκασθήσονται· ὁ δὲ διὰ μοιχείαν τῆς γυναικὸς διαζευχθείς, εὐλόγως ἑτέραν λαμβάνει γυναῖκα, ἡ δὲ γυνὴ ἀποκαρῆναι ἀναγκασθήσεται.

ΣΑ΄. Εἴπερ κέκτηταί τις παλλακὴν, οὐ βούληται δὲ ἢ καταλιπεῖν αὐτὴν ἢ εὐλογηθῆναι αὐτὴν, χρὴ τὴν αὐτοῦ εὐλογίαν δεκτὴν εἶναι ἐν τῇ ἐκκλησίᾳ, ἢ οὔ;

CCI. *Si quis concubinam acquisierit, nec velit eam dimittere, nec eam benedici, oportet ne hujus viri oblationem in ecclesia recipere, nec ne?*

Ὁ τῇ ἐκκλησίᾳ μὴ πειθόμενος, καὶ ἀποστῆναι τοῦ πταίσματος οὐχ αἱρούμενος, καταφρονητὴς αὐτῆς ἐστι καὶ ὑβριστής, καὶ μέχρις ἂν εὐπειθήσῃ τῆς παλλακῆς ἀποστῆναι ἢ ἱερολογηθῆναι μετ' αὐτῆς, ἀπρόσδεκτος ἔσται τῇ ἐκκλησίᾳ, ὁμοίως καὶ τὸ παρ' αὐτοῦ προσφερόμενον.

ΣΒ'. Εἰ μοναχὸς τὸν μοναχικὸν ἀποθέμενος σχῆμα κρεωφαγήσῃ, λάβῃ δὲ [f. 301] καὶ γυναῖκα εἰς γάμον, εἶτα βουληθῇ ὑποστρέψαι πάλιν, καὶ τοῦ μοναχικοῦ σχήματος καταξιωθῆναι, ποταποῖς ἐπιτιμίοις ἔσται ὑπεύθυνος;;

CCII. *Si monachus, monastica veste deposita, carnem ederit, quin et mulierem sumpserit, voluerit porro rursus converti et monastico habitu honorari, quibusnam poenis subjicietur?*

Οὐκ ἐπιτιμίοις, ἀλλὰ τελείῳ ἀναθέματι ὁ τοιοῦτος καθυποβληθήσεται μὴ ἐπιστρέφων· δεῖ δὲ καὶ ἄκοντα τοῦτον τὰ μοναχικὰ ἐνδυθῆναι, καὶ ἐν μοναστηρίῳ κατακλεισθῆναι.

ΣΓ'. Ἐὰν ἱερεὺς ἀφορισθεὶς διὰ τὸ ἔχειν παλλακήν, ἢ δι' ἄλλην αἰτίαν, καταφρονήσας τοῦ ἀφορισμοῦ λειτουργήσῃ, ποίοις ἐπιτιμίοις ἐνέχεται;

CCIII. *Si sacerdos, depositus eo quod habet concubinam aut ob aliam causam, spreto interdicto, sacra faciat, quibusnam poenis subjacet?*

Ὁ ἱερεὺς ἔχων παλλάκην καθαιρῆται, οὐκ ἀφορίζεται· εἰ δὲ διά τι ἕτερον ἀφορισθεὶς ἠθέτησεν, ἐπεκτανθήσεται αὐτῷ ὁ καιρὸς τοῦ ἀφορισμοῦ καθ' ὅσον ἂν ὁ ἀφορίσας αὐτὸν συνορᾷ δίκαιον· καὶ αὖθις λυθήσεται πρὸς τὴν αὐτῷ δηλονότι διάθεσιν.

ΣΔ'. Ἐάν τις ἅπαξ πορνεύσας βουληθῇ γενέσθαι ἱερεύς, ἑκτὰς δηλονότι πρότερον τοῦ τοιούτου σφάλματος, χρὴ τοῦτον χειροτονεῖσθαι;

CCIV. *Si quis semel fornicatus velit esse sacerdos, dum videlicet primum ab hoc peccato recesserit, oportet ne eum ordinari?*

Εἰ καὶ νεκροὺς ἀνιστᾷ, φησὶν ὁ ἐν πατράσιν ἱερὸς καὶ μέγας Βασίλειος, ἱερεὺς οὐ γενήσεται.

ΣΕ'. Ἐάν τινες χριστιανοὶ συνεσθίωσιν Ἀρμενίοις, παραγελλόμενοι δὲ μὴ συνεσθίειν αὐτοῖς, καταφρονῶσι τῆς παραγγελίας, ποίοις ἐπιτιμίοις ὑποβληθήσονται;

CCV. *Si qui christiani comedunt cum Armenis, postquam ammoniti sunt a comestione abstinere se, spreta monitione, quibus poenis subjicientur?*

Οἱ τοῖς ἀκοινωνήτοις συγκοινωνοῦντες ἀκοινώνητοι ἔσονται, καὶ πάσης ἐκκλησίας ἐκτός, μέχρις ἂν ἀπόσχωνται.

ΣΣ'. Ἐάν τις λέχω μὴ φθάσῃ πληρῶσαι μ' ἡμέρας, καὶ ἔστιν ἅγιον Πάσχα, ὀφείλει μεταλαβεῖν; καὶ εἰ οὐκ ὀφείλει μεταλαβεῖν, μεταλάβῃ δέ, ποίοις ἐπιτιμίοις ἐνέχεται;

CCVI. *Si post partum mulier non evaserit implere* XL *dies, et aderit sanctum Pascha, oportet ne eam communicari? aut si non oportet eam communicari, communicaverit autem, quibus poenis obnoxia est?*

Οὐκ ὤφειλε μὲν μεταλαβεῖν, οὐδὲ ποιῆσαι τοῦτο· εἰ μὲν ὀλίγον λειπομένη, διὰ θεῖον πόθον καὶ καθαρὸν ποιήσει τοῦτο, καὶ οἱονεὶ διὰ γυναικείαν μικροψυχίαν τοῦτο ἐποίησεν, ἔλαττον αὐτῇ ἔσται τὸ ἐπιτίμιον· εἰ δὲ ἀποκαταφρονήσει, ἐπιτιμηθείη αὐστηρότερον.

ΣΖ'. Ἐάν τις συζευχθεὶς γυναικί, λάβῃ ταύτης εὐλογίας εὐχήν, οὐ φθάσῃ δὲ συγκοιμηθῆναι αὐτῇ διὰ τὸ εἶναι ἀνήλικον ταύτην, ἀλλὰ τελευτήσῃ | ἡ γυνή, εἶτα ἔλθῃ εἰς δευτέραν συνοικέσιον, τελευτήσει δὲ καὶ ἡ δευτέρα, χρὴ λαμβάνειν αὐτὸν καὶ τρίτην γυναῖκα καὶ εὐλογεῖσθαι;

CCVII. *Si quis mulieri junctus, receperit benedictionis preces, sed a concubitu abstinuerit, ob impubertatem sponsae, ea vero obierit, deinde transierit ad alterum conjugium, obierit quoque altera conjux, fas ne est eumdem tertiam ducere uxorem et benedici?*

Ἐὰν μὴ συνάφεια γέγονε, τέλειος ὁ πρῶτος γάμος ἦν· εἰ γὰρ καὶ ἄνηβος ἦν ἡ κόρη, ἀλλ' αὐτὸς ἔστερξε καὶ ἐπέμεινε· διὰ τοῦτο ὢν ἱερολογηθῆναι αὐτὸν μετὰ τρίτης γυναικὸς οὐκ ἐπιτρέπομεν.

ΣΘ'. Ἐάν τινες μέλλοντες ποιεῖν ἀδελφοποιΐας, ὀφείλομεν αὐτοῖς ἐπιτρέπειν;
CCVIII. *Si nonnulli adoptiones filiorum sint acturi, fas ne est illis id permittere?*

Ἀνεπίγνωστοί εἰσιν αὗται τῇ ἐκκλησίᾳ.

ΣΘ'. Ἐάν τις γυνὴ συνοικέσιον μετὰ Ἀρμενίου, οὖσα χριστιανὴ, καὶ οὐ προαιρεῖται ὁ Ἀρμένιος προσελθεῖν τῇ ἐκκλησίᾳ, τί ὀφείλει ποιεῖν;
CCIX. *Si quae mulier nupserit Armeno, christiana licet, Armenus vero nolit accedere ecclesiae, quid agendum?*

Διϊστάσθω μὲν ὁμολογουμένως· εἰ δὲ καὶ μετ' εἰδήσεως τοῦτο πεποίηκε, σωφρονιζέσθω ἐπιτιμίοις.

ΣΙ'. Εἰ χρὴ στεφανοῦσθαι τοὺς Γραικοὺς παρὰ Λατίνων ἱερέων, καὶ μετὰ ταῦτα ἱερολογεῖσθαι παρὰ τῆς ἡμετέρας ἐκκλησίας, τί ὀφείλει γενέσθαι;
CCX. *Si necesse fuerit Graecos conjuges coronari a sacerdotibus Latinis, ac postea benedici in ecclesia nostra, quid agendum?*

Οὐ χρὴ τοὺς Γραικοὺς στεφανοῦσθαι παρὰ Λατίνων ἱερέων· ἀλλ' ἐν ᾗ ἐκλήθη τάξει, μανέτω ἐν ταύτῃ, φησὶν ὁ ἅγιος ἀπόστολος Παῦλος. Εἰ δὲ [ἢ] ὁ ταῦτα τολμήσας ποιῆσαι, ἀφοριζέσθω, καὶ ὁ μετὰ ταῦτα τολμήσας ὁ ἱερεὺς ἱερολογῆσαι, καθαιρείσθω· οὐ γὰρ χρὴ μιγνύειν τὰ ἄμικτα, οὐδὲ τὰ καθαρὰ τοῖς ἀκαθάρτοις, ἀλλὰ διακρίνειν τὰ ἅγια τῶν βεβήλων.

ΣΙΑ'. Ἐάν τις νόθος ὢν γένηται ἱερεύς, τί ὀφείλει γενέσθαι;
CCXI. *Si quis spurius fit sacerdos, quid agendum?*

Ὁ τοιοῦτος καθαιρείσθω.

ΣΙΒ'. Ἐάν τις ὢν ἱερεὺς καταφρονήσῃ τοῦ τοιούτου ἀξιώματος, καὶ ἔλθῃ εἰς γάμον, εἶτα ἀποκαρῇ, χρὴ δέχεσθαι αὐτὸν πνευματικῶν παίδων λογισμοὺς, ἢ οὔ;
CCXII. *Si quis sacerdos contempserit tantam dignitatem, et matrimonium inierit, deinde tonsus fuerit monachus, fas ne est eum admittere ad recipiendas confessiones filiorum spiritualium, nec ne?*

Ἀρκεῖ αὐτῷ τὰ καθ' ἑαυτὸν ἐπισκέπτεσθαι, διορθοῦσθαι δὲ ἑτέρους· καὶ συγγνωμονεῖν αὐτοὺς τῆς συγγνώμης οὐκ ἐνδέχεται.

ΣΙΓ'. Ἐάν τις καταλείψῃ τὴν ἑαυτοῦ γυναῖκα ἄνευ αἰτίας, καὶ ὑποχωρήσῃ, εἶτα αὐτοῦ ἐν ἀλλοδαποῖς ὄντος, μετὰ χρόνων πολλῶν παρέλθῃ, τῆς γυναικὸς αὐτοῦ συμφθαρείσης ἑτέρῳ, ὑποστρέψει ὁ ὑποχωρήσας, [f. 802] καὶ οὐ θέλῃ τὴν ἑαυτοῦ γυναῖκα λαβεῖν διὰ τὴν αἰτίαν ταύτην, ἀλλ' ἑτέραν λάβῃ, εἰ χρὴ κἀκείνην εὐλογηθῆναι μεθ' οὗ συμφθάρῃ;
CCXIII. *Si quis uxorem dimiserit sine causa, et abierit, is vero postea alibi degens, post multos annos adierit, dum ejus*

mulier ab alio corrupta fuit, reversus autem peregrinus, nolit uxorem suam, ob illam causam, recipere, et aliam duxerit, fas ne est benedicere mulierem cum ejus corruptore?

Ἐὰν ὁ καταλιπὼν αὐτὴν ἄνευ αἰτίας ἥμαρτεν, ἀλλ' ἔδει τὴν γυναῖκα ἐκείνου ἀνακαλεῖσθαι· ὃ δὲ πεποίηκε, μοιχεία ἐστίν, καὶ οὐ ζευχθήσεται τῷ μοιχεύσαντι.

ΣΙΔ'. Τοῦ ἐκ πρώτου συνοικεσίου ὄντος ἀνδρὸς, καὶ μιγνυμένου γυναικὶ ἐκ δευτέρου συνοικεσίου οὔσῃ, ὥστε τῷ μὲν εἰς δεύτερον συνοικέσιον τὸν τοιοῦτον γάμον λογίζεσθαι, τῇ δὲ εἰς τρίτον, χρὴ τὴν τούτου δέχεσθαι εὐλογίαν;

ccxiv. Si quis post primum matrimonium nupserit mulieri iterum nubenti, ita ut vir quidem sit bigamus censendus, mulier vero tertio convolans, oportet ne istius oblationem recipere?

Εἰ τοιοῦτον ἐστὶ τὸ πρόσωπον ὁποῖον ἐν τῷ συνοδικῷ τῆς ἑνώσεως, ἔχει τινὰ συγγνώμην ἐπὶ τρίτον γάμον ἐρχόμενος κατὰ τὰς ἐν ἐκείνῳ διαστίξεις, καὶ προσδεκτέον ἔσται τὸ ὑπὲρ ἐξιλασμοῦ προσφερόμενον.

ΣΙΕ'. Τοῦ θείου ἀποστόλου λέγοντος, εἴ τις ἀδελφὸς ὀνομαζόμενος πόρνος ἢ πλεονέκτης ἢ μέθυσος; τῷ τοιούτῳ μὴ συνεσθίειν, ποίῳ πόρνῳ μὴ συνεσθίειν φησίν;

ccxv. Cum apostolus dixerit: Si quis frater renuntiatur fornicator, vel avarus vel ebrius, cum eo nolite comedere, quali cum fornicatore non esse edendum ait?

Οὐκ ὃν ὁ δεῖνα ἢ ὁ δεῖνα εἶπε πι,νεύοντα, λέγειν δοκεῖ, ἀλλὰ τὸν ὀνομαζόμενον, ἤτοι πᾶσι γινωσκόμενον καὶ πρόφανῆ, ἐκείνῳ μηδὲ συνεσθίειν φησίν· τὰ γὰρ ἀναισχύντως πλημμελούμενα πλείονα τὴν κόλασιν δέχεται.

ΣΙΣ'. Ὁ εἰς τρίτον γάμον ἐλθών, καὶ ἐπιτίμιον δουλεύσας, συνοικῶν δὲ ἔτι τῇ ἐκ τρίτου γάμου συνελθούσῃ αὐτῷ, συγκεχώρηται εὐλογίαν προσφέρειν;

ccxvi. Qui ter nupserit et paenas obierit, adhuc vero cohabitans cum muliere tertii matrimonii, admissus ne est ad oblationem praestandam?

Συγκεχώρηται τοῦτο ποιεῖν, εἴ γε τῶν συγγνωμονούντων ὑπάρχει πρόσωπον.

ΣΙΖ'. Ἐάν τις, μὴ ὢν ἱερεὺς τῆς θείας λειτουργίας κατατολμήσῃ, εἶτα ἀπελθών, καὶ κλέψας λογισμὸν ἀρχιερέως πρὸ τοῦ γενέσθαι διάκονος, χειροτονήθη ἱερεὺς, ποίοις ἐπιτιμίοις ἔσται ὑπεύθυνος;;

ccxvii. Si quis, cum presbyter non sit, ausus fuerit sacra facere, deinde abiens et surripiens consensum episcopi ut priusquam diaconus sit, fiat sacerdos, quot poenis subjiciendus est?

Ὁ τοιοῦτος ἐπὶ τρίσιν ἁμαρτήμασιν ἁμαρτήσας οὐκ ἀθωωθήσεται, ὅτι μὴ ὢν ἱερεὺς ὡς ἱερεὺς ἐλειτούργησεν, ὅτι προσελθὼν ἠπάτησε τὸν ἀρχιερέα, ὡς δῆθεν διάκονος ὤν, καὶ ὅτι πρὸ τοῦ χειροτονηθῆναι | διάκονος, τοῦ πρεσβυτέρου τὴν χειροτονίαν κατεδέξατο [1])· πλὴν, ἐπεὶ διὰ πάντων εἰς τὴν ἱερωσύνην προσέπεσε, φαίνεται δὲ ἁμαρτωλὸς χειροτονηθείς, τῆς ἱερωσύνης ἀπογυμνωθήσεται.

ΣΙΗ'. Ἐάν τις μοναχὸς ἢ παπᾶς κλέψῃ[2]) τίμιον ξύλον, καὶ τὸν μὲν χρυσὸν ὃν ἔχει ὁ σταυρὸς πωλήσῃ, τοῦτον δὲ πυρὶ παραδώσῃ, ποίοις ἐπιτιμίοις ἐνέχεται;

---

[1]) Cod. ἐκατεδίξατο sic. — [2]) Id. κλέψει... πωλήσει... παραδώσει.

CCXVIII. *Si quis monachus vel pappas furatus erit sacrum lignum et aurum crucis vendiderit, lignum vero tradiderit igni, quibusnam poenis subjacet?*

Τῷ τῆς ἱεροσυλίας ἐγκλήματι ἔνοχος ὁ τοιοῦτος γέγονε, καὶ ὡς ἱερόσυλος ἐπιτιμηθήσεται· τὸ γὰρ πυρὶ δοῦναι τὸ τίμιον ξύλον πρὸς τὸ λαθεῖν τὴν ἱεροσυλίαν ἐποίησε.

ΣΙΘ'. Ἐάν τις συμφθαρῇ Σαρακινῷ, δέξεται δὲ καὶ τὸ πτύσμα αὐτοῦ εἰς τὸ ἴδιον στόμα, ποίοις ἐπιτιμίοις ἔνοχος ἐστίν;

CCXIX. *Si quis cum Sarraceno pollutus fuerit, et sputum acceperit in ore proprio, qualem poenitentiam meretur?*

Ὁ τοιοῦτος, ὡς ἀρρενοκοίτης ἢ καὶ τι πλέον, τοῖς κατὰ τῶν τοιούτων φερομένοις ἐπιτιμίοις κανονισθήσεται· πλὴν ὀφείλει μετὰ τὴν μετάληψιν ἅγιον δῶρον δέξασθαι τῷ στόματι.

[f. 303] Ἴσον τῆς ἐκτεθείσης συνοδικῆς ψήφου ἐπὶ Μιχαὴλ τοῦ ἁγιωτάτου καὶ οἰκουμενικοῦ πατριάρχου, παρὰ Νικήτα τοῦ ἁγιωτάτου πρωτοσυγγέλου καὶ χαρτοφύλακος τῆς μεγάλης ἐκκλησίας.

Exemplar editi synodici decreti sub Michaele sanctissimo et oecumenico patriarcha, a Niceta sanctissimo protosyncello et chartophylace magnae ecclesiae.

Ἀνήνεγκας, ἱερώτατε...

Sententia est Michaelis Caerularii de vetitis in septimo gradu nuptiis, edita a. 1049, Exstat vero apud Leunclavium, in *Jure Graeco Romano*, cura M. Freheri, Francofort. 1596 t. 1 p. 206, et apud Rhalli, Σύνταγμα κτλ. t. v p. 40.

Totus ut exhauriatur codex Monacensis, praestat colligere lectiones varias codicis, ad ultimam editionem Atticam collatas.

Rhalli p. 40, l. 11. Codex ἐξ ὧν αὖθις καὶ οἱ νέμει...

l. 13, τίς ζητέσειεν...

l. 14, ἐπιχειρήσῃ κώλυσιν...

l. 17, τὰ πορρώτερον..

p. 41, l. 8, τὴν ἑαυτοῦ τρισεξαδέλφην...

l. 8, πρὸς ἑαυτὸν καὶ αὖθις...

In marg., οἱ τρισεξάδελφοι οὐ κωλύονται. — Ὁ ἕκτος βαθμὸς κἂν ὁπόθεν εἴη κεκώλυται.

l. 12, ἔχων τὴν συνέλευσιν...

l. 16, ἀνεπιφθόνῳ ἑνὶ διαιρούμενον· τὰ μὲν γὰρ...

l. 17, συνηγμένων...

l. 19, λάβηται καὶ ἀδιάλυτα μ. ὡς ἐξ ἀμέμπτων συναχθέντα..

l. 23, ἄγιον οἱ πρῶτοι...

l. 29, ἐπὶ τὸν ἰθέσμον οὐκ εἴργοντος. Τῶν δέ γε...

l. 30, ἱξδίμῳ βαθμῷ..

l. 31, ἐπέλθωσι...

In marg., Ὁ ζ' οὐ κωλύεται βαθμός, ὅταν οἱ πρῶτοι ἐξαδελφοι πρὸς μεγάλην θείαν καὶ ἀνεψιὰν ἐπι-

ρογενεῖς μίγνυνται. — Ὅτι ἐξ αἵματος ὕστερος βαθμὸς παντάπασι κεκώλυται.

p. 42, 1. 2, 3, γένους καὶ φυρμὸς συγγενείας καὶ φθορὰ καὶ μίξις...

l. 5, τῶν τε ἐξ ἀγχιστείας...

l. 6, ἀπεγνωσμένου, ἵνα καὶ ὁ ζ' βαθμὸς ἐπίσης ἀμφοτέρωις ἡ συγχωρηθῇ...

l. 7, ἐκ πλαγίου συγγενῶν... καὶ ἡ πηγή...

l. 10, om. γενῶν.

(Cod. f.. 304) l. 11, μετακεντριζόμεναι...

l. 13, ἀλλ' ἐκ νομικῶν...

l. 16, ἡ γυνὴ μία...

l. 18, καὶ ταύτης.. ἐστι πρόσωπον...

l. 25, ὑπ' αὐτῶν βαθμῶν...

l. 28, ἀπηλήλατο βαθμόν, εἰ δὲ...

l. 32, μηβόλως καταρρυπαίνοντες. Οὐδεὶς...

l. 34, τῶν ἐκ τοῦ γένους...

p. 43, l. 2, τρισὶν ἐξαδῆψεις...

l. 5, κατεστέσατο σκοπόν...

l. 6, om. πρὸς τὴν τοῦ οἰσεξαδέλφου...

l. 7, ἀπιὼν ἐπιγαμβριάσαι (edd. ἐπι- γαυριάσαι?).
l. 11, ὑπερκναβᾷ τὸν ἀριθμὸν (edd. φραγμὸν).
l. 13, εἰσπηδήσαι γάμων...
l. 14, καὶ σφαλερῶς... ταύτην γαμήσας...
l. 16, αἰσχρῶς...
l. 20, om. θεοφιλέστατα...
l. 22, συγκατηρίθμηται... post corr.
l. 23, ἐκφυλοφορουμένων συνεικέσιεν (om. εὐσεβέστατα), καὶ οὕ- τω...
l. 26, καιρῶν περιτυπώσαντο...
l. 27, τεθείκασιν ὅρον...
l. 28, καὶ συστήσεται...
l. 30, μολύναντα. Ὁ δὲ μακάριος...
l. 32, ἀναιδῶν...
l. 33, ἀδελφοὶ δύο ἑτερογένεσιν ἐξαδ....
p. 44, l. 4, εἶπε γάρ...

l. 7, δύο ἀδελφαὶ δυσὶν ἐξαδέλφαις (sic).
l. 8, ἐπιβαινούσης...
(Cod. f. 805) l. 12, καὶ τῷ κατωτάτῳ...
l. 13, om. χώραν.
l. 14, ταῦτα τῶν πάλαι νομοθετῶν (brevis lacuna) καὶ κανονίων...
l. 17, καὶ γὰρ μέχρι... διὰ τὸ ἀπρεπές...
l. 20, ἡ τοῦ ἐκγόνου μου...
l. 22, οὕτω ὁ σοφός...
l. 23, ἡ τἆλλα νομικῶς κωλύει περι- δών...
l. 28, ἐγκαλυψάμενος κατεθρήνησεν...
l. 29, ἐξ ἔτι παίδων...
l. 34, τὴν ἀκριβεστάτην...
p. 45, l. 6, περὶ τῶν γάμων...
l. 7, om. ἐγγράφως.
l. 8, καὶ ὡραίῳ...
l. 10-17, om. appendiculam edd.

AUCTARIUM I.

Περὶ βαθμῶν συγγενείας.
De gradibus ex sanguine, affinitate, baptismo et adoptione[1]).

Ὁ μὲν λόγος, ὃν ᾔτησω ἡμῖν, τιμιώτατε δέσποτα, καὶ τῶν ἀληθῶς προσγενῶν τὰ λίαν ὑπερέχοντά τε καὶ κράτιστα, οὔκουν ῥᾴδιος, οὐδὲ εὐχερής, μᾶλλον δὲ πολλῆς δεόμενος τῆς ἐπιστημονικῆς ἐκ τῶν τοῦ νόμου ἀκρι- βασμῶν καὶ πείρας καὶ γνώσεως, εἰς τελε- φανῆ τούτου σαφήνειαν καὶ παράστασιν, διὰ τὸ κατ' αὐτὸν ποικίλον τε καὶ πολυσχιδές· ἔνθεν καὶ ἀνεβαλλόμην τὰ πλεῖστα πρὸς τὸ ἐγχείρημα. Ἐπεὶ δὲ καθάπαξ γίνεσθαί σοι πειθήνιοι ἐν ἑαυτοῖς ἐκυρώσαμεν, διά τε τὸ τῆς συγγενικῆς οἰκειότητος ἀπαρκίτητον, καὶ διὰ τὴν θείαν ἐντολὴν τὴν τῷ αἰτοῦντι πᾶν ὁτιοῦν δοῦναι διακελεύουσαν· τούτου δὴ ἕνεκα, τῷ λόγῳ τοῦ Θεοῦ θαρρήσαντες, τῷ καὶ τοῖς ἀσόφοις καὶ ἀγραμμάτοις σύνε- σιν καὶ σοφίαν τελείαν παρέχοντι καὶ λόγον ἐν ἀνοίξει τοῦ στόματος, οὐκ ἀποδυσχεραί- νομεν πρὸς τὸ αἴτημα, σαφῶς εἰδότες ὡς εἴπερ τις ἡμᾶς ἀμαθείας καὶ τόλμης ἐγ- γράψαιτο, διὰ τὸ τῆς λέξεως ὁμοῦ ἀκαλ- λές, καὶ τῆς ἐννοίας τὸ ἀτελές, συγγνώμων αὖθις ἔσται ἡμῖν, ὡς οὐκ ἀφ' ἑαυτῶν ὁρ- μηθεῖσι πρὸς τὸ ἐγχείρημα, ἀλλὰ τὸ τῆς ἀκραιφνοῦς συγγενείας καὶ εἰλικρινοῦς δια- θέσεως εἰσπράττουσιν. Ἀλλ' ἐν τούτοις μὲν τὸ λόγου προοίμιον.

Λεκτέον δὲ τὰ τῆς αἰτήσεως οὕτως· ἠθέ- λησας μαθεῖν ἐξ ἡμῶν, ὅπως τε τὰ τοῦ γένους βαθμηδὸν ται πρόσωπα, καί τινα μὲν

---

[1]) Ne quid operibus Demetrii desit, accedat opusculum non semel editum *De consanguineis et affinibus*, quod a caeterorum copia, nunc primum luci data, vix separari decet. Solet prae- mitti nomen τοῦ Χωματηνοῦ. Multorum codicum notitiam alio reservamus. Rhalli in *Syntagm.* t. V p. 421 repetit Leunclav. et Freher., *Jur. Graeco-Rom.* t. II p. 311-316.

ἐκ τούτων πρὸς κοινωνίαν γάμου κωλύονται· τίνα δὲ αὖθις παραχωροῦνται συνάπτεσθαι, ὡς ἀνεπιτίμητα. Καὶ δὴ κατὰ τὴν ἐνοῦσαν ἡμῖν γνῶσιν καὶ πεῖραν, τοῦ Θεοῦ διδόντος ἰσχὺν, ἐκ τῶν νομικῶν ἐδαφίων τὰ λεχθησόμενα ἀναλεγόμενοι ταῦτα, οὕτως ἀποκρινόμεθα.

Ἡ τοῦ γένους σειρὰ τρισὶ συνείρεται τάξεσι, τῇ τε τῶν ἀνιόντων δηλονότι, τῶν κατιόντων, καὶ τῶν ἐκ πλαγίου. Ἀνιόντες δέ εἰσιν οἵ τε γονεῖς, καὶ οἱ πάπποι, καὶ οἱ πρόπαπποι. Κατιόντες δὲ οἱ παῖδες, καὶ οἱ ἐξ αὐτῶν τικτόμενοι ἔκγονοι καὶ δισέκγονοι, καὶ οἱ τούτων ἀπόγονοι. Οἱ γε μὴν ἐκ πλαγίου θεῖοι, ἀνεψιοὶ, ἐξάδελφοι, καὶ οἱ λοιποί.

Ἡ μὲν οὖν τῶν ἀνιόντων καὶ κατιόντων πρὸς γάμου κοινωνίαν συναρμογὴ εἰς ἀπέραντον παρὰ τοῦ νόμου κεκώλυται· οὐ γὰρ πατρὶ ἢ πάππῳ ἢ προπάππῳ, εἴ τε μητρὶ ἢ μάμμῃ ἢ προμάμμῃ ἐστὶ θεμιτὸν γάμον συναλλάξαι μετὰ υἱοῦ ἢ ἐκγόνου ἢ δισεκγόνου, τὸ σύνολον. Οὔτε μὴν τὸ ἀνάπαλιν υἱὸς ἢ ἔκγονος ἢ δισέκγονος πατρὶ ἢ μητρὶ ἢ πάππῳ ἢ μάμμῃ ἢ προπάππῳ ἢ προμάμμῃ.

Ἡ τῶν ἐκ πλαγίου δὲ μέχρι καὶ ἑβδόμου βαθμοῦ τὴν κώλυσιν ἔχουσα, ἔκτοτε τοῖς βουλομένοις συνάπτεσθαι τὸ ἄνετον παρὰ τοῦ νόμου λαμβάνει καὶ ἀνεμπόδιστον.

Οἱ βαθμοὶ μέντοι γε ἀπὸ συγγενικῆς ῥιζουχίας λαμβάνοντες τὴν ἀρχὴν, ἐκ τῶν βαθμίδων τῆς κλίμακος ὠνομάσθησαν. Ὥσπερ γὰρ αἱ βαθμίδες ἐξ ἐπιπέδου τινὸς τὴν ἀρχὴν λαμβάνουσαι, καὶ εἰς τὰ πρόσω προβαίνουσαι, τὴν ἄνοδον ἢ τὴν κάθοδον συμπεραίνουσιν, οὕτω καὶ οἱ βαθμοὶ ὡς ἐκ ῥίζης ὁμοφυεῖς κλάδοι τοῦ πρώτου γεννήτορος προϊόντες, τὴν συγγένειαν ἀπαρτίζουσιν· ἑκάστη οὖν γέννησις ἕνα βαθμὸν ἀποτελεῖ.

Πατὴρ γοῦν πρὸς υἱὸν οὐδαμῶς βαθμιδοῦνται, καθότι ῥίζα τούτου πέλει καὶ καταρχή· εἰς δὲ βαθμὸς ὁ υἱὸς πρὸς τὸν πατέρα λογίζεται. Οἱ γε μὲν δύο αὐτάδελφοι,

διότι ἐκ δύο γεννήσεων προέρχονται, καὶ δύο ἀποτελοῦσι βαθμούς· ἑκάστη γὰρ γέννησις, ὡς εἴρηται, βαθμὸν ἕνα ἀποτελεῖ. Οἱ μέντοι πρωτεξάδελφοι τετάρτου βαθμοῦ τυγχάνουσιν· ὡσαύτως καὶ οἱ δισεξάδελφοι ἕκτου κατ' ἀναλογίαν καταριθμοῦνται βαθμοῦ. Οἱ δέ γε τρισεξάδελφοι τοιουτοτρόπως ὀγδόου.

Ἡ τοιαύτη τοίνυν συγγένεια καλεῖται ἐξ αἵματος· ἔνθεν καὶ τὸ τῆς κωλύσεως ὅριον μέχρι τοῦ ἑβδόμου βαθμοῦ ἐκληρώσατο, ὡς ἔστιν ἐξὸν καταμαθεῖν τὸν φιλομαθῆ ἀπό τε τῆς νομικῆς περιλήψεως, καὶ τῆς συνοδικῆς διατάξεως. Ὁ μὲν γὰρ νόμος ἐν ε΄ τίτλ. τοῦ κη΄ βιβλ. οὕτω φησί· " Μεταξὺ τῶν ἐκ πλαγίου προσώπων ἔστι τις κώλυσις· τὴν γὰρ τοῦ ἀδελφοῦ μου ἢ τῆς ἀδελφῆς μου θυγατέρα λαμβάνειν πρὸς γάμον οὐ θέμις, οὐδὲ τὴν τούτων ἐγγόνην· ὁμοίως οὐδὲ τὴν θυγατέρα τοῦ θείου ἢ τῆς θείας, τουτέστι τὴν ἐξαδέλφην μου· ἀλλ' οὐδὲ ὁ υἱός μου τὴν ἐκγόνην αὐτῶν, οἵτινες λέγονται δισεξάδελφοι ". Καὶ οὕτω μὲν τοὺς τῶν ἐξαδέλφων παῖδας, ἤγουν τοὺς δισεξαδέλφους, οἵτινές εἰσιν ἕκτου βαθμοῦ, τὸ τῶν κεκωλυμένων γάμων ἡ νεαρὰ αὕτη τέθεικε ὁροθέσιον. Ὁ δὲ ἕβδομος βαθμὸς διὰ τὸ ἐκ τούτων παρασιωπηθῆναι, χώραν ἐλάμβανε, καὶ εἰς γάμου κοινωνίαν οὐκ ἐκωλύετο.

Ἡ δὲ συνοδικὴ διάγνωσις, ἡ ἐπὶ τῆς ἐφημερίας γενομένη τοῦ ἁγιωτάτου ἐκείνου πατριάρχου κυρίου Λουκᾶ, ὡς αἰσχρὸν καὶ ἄσεμνον καὶ τοῦτον τὸν ἕβδομον βαθμὸν, διὰ τὴν τῶν προσώπων ἐγγύτητα, τοῖς ἀπηγορευμένοις καὶ ἀποτετραμμένοις ἐνέκρινε, καὶ τῆς τῶν χριστιανῶν πολιτείας ἐξεκόψεν. Ἐπηκολούθησε δὲ τῇ συνοδικῇ ταύτῃ πράξει καὶ νεαρὸν θέσπισμα τοῦ ἐν βασιλεῦσι ἀοιδίμου καὶ πορφυρογεννήτου κυρίου Μανουήλ, καὶ τὰ ψηφισθέντα ἐκύρωσεν ἀσφαλῶς. Ἔκτοτε οὖν μέχρι καὶ νῦν οἱ κεκωλυμένοι τῶν ἐξ αἵματος βαθμῶν ἕως τοῦ ἑβδόμου βαθμοῦ καταλήγουσιν· οὐδὲ γὰρ οἷόν τέ ἐστι λαβεῖν τὸν δισεξάδελφον τὴν τοῦ δισεξαδέλφου αὐτοῦ θυγατέρα, ἀνεψιὰν τούτου τυγχάνουσαν.

Τὸ φύσει δίκαιον καὶ εὐπρεπὲς καὶ σεμνὸν, ὥσπερ τινὰ χαλινὸν, ὁ νόμος τοῖς γάμοις ἐπέθηκεν, ὡς ἂν τούτου ἐχόμενοι οἱ συναλλάττοντες, μὴ, ὡς ἵππος καὶ ἡμίονος, οἷς οὐκ ἔστι σύνεσις[1]), ἐπὶ τὸ συγγενὲς χρεμετίζωσι. Τὰ μέντοι ἐπέκεινα τοῦ ἑβδόμου τούτου βαθμοῦ πρόσωπα ἀκωλύτως ἐλεύσονται πρὸς γάμων συναρμογὴν, εἰς γὰρ τὴν ἐξ αἵματος συγγένειαν, ὡς προέκκειται, ὁ ἕβδομος βαθμὸς τῆς τῶν γάμων κοινωνίας κωλυτικὸν ὅριον πέφηνε. Τὰ μὲν οὖν περὶ τῆς ἐξ αἵματος συγγενείας ἐν τούτοις.

Ἐπεὶ δὲ καὶ ἡ ἀγχιστεία κατὰ τὴν νομικὴν ἀκρίβειαν προσώπων ἡμῖν οἰκειότητα ἐμποιεῖ, ἐκ γάμων συνημμένων ἄνευ συγγενείας, οὐδὲ ταύτην τὸ τοῦ νόμου ἀκριβὲς ἀφῆκεν ἀόριστον· φησὶ γὰρ ἐν γ΄ κεφ. τοῦ ἀναπεφωνημένου ε΄ τίτλ. τοῦ κη΄ βιβλ. ταῦτα· "Πενθερά ἐστιν ἡ μήτηρ καὶ ἡ μάμμη καὶ ἡ προμάμμη τῆς γαμετῆς μου, καὶ οὐδεμίαν αὐτῶν λαμβάνω, καὶ νύμφη λέγεται ἡ τοῦ υἱοῦ καὶ τοῦ ἐκγόνου καὶ τοῦ προεκγόνου γαμετή· καὶ προγόνη λέγεται ἡ ἐξ ἄλλου θυγάτηρ καὶ ἐκγόνη καὶ προεκγόνη τῆς γαμετῆς μου, καὶ οὐδεμίαν αὐτῶν λαμβάνω ".

Τὰ τοιαῦτα γοῦν πρόσωπα τετάρτῳ περιλαμβανόμενα βαθμῷ τὸν γάμον ἔχουσι κατὰ τὴν νεαρὰν, ἀσυγχώρητον. Ὥσπερ δὲ ἐν τοῖς ἐξ αἵματος βαθμοῖς ὁ ἕβδομος βαθμὸς, ὡς ἄνωθεν εἴρηται, διὰ τὸ εὐπρεπὲς καὶ σεμνὸν κεκώλυται ὕστερον, οὕτω καὶ ἐν τοῖς ἐξ ἀγχιστείας ὁ πέμπτος καὶ ὁ ἕκτος μετὰ ταῦτα παρὰ τοῦ ἐν ἁγίοις πατριάρχου Σισιννίου ἐπετιμήθη, καὶ δηλοῦται τὰ περὶ τούτων τρανῶς ἐν τῷ παρ' αὐτοῦ ἐκτεθέντι τόμῳ. Καὶ οὕτω μέχρι τοῦ ἕκτου βαθμοῦ οἱ κεκωλυμένοι τῶν ἐξ ἀγχιστείας γάμων καταλαμβάνονται. Δύο γὰρ ἀδελφοὺς δύο πρώτας ἐξαδέλφας, ἢ τὸ ἀνάπαλιν δύο πρώτους ἐξαδέλφους, δύο ἀδελφὰς λαβεῖν εἰς γάμον ἀδύνατον· οἱ μὲν γὰρ δύο πρῶτοι ἐξάδελφοι τετάρτου εἰσὶ βαθμοῦ· οἱ δέ γε δύο αὐτάδελφοι, δευτέρου. Καὶ διὰ τὴν τῶν προσώπων ἐγγύτητα οὐδόλως πρὸς γάμου ἔρχεσθαι κοινωνίαν συνεχωρήθησαν· ἐκ γὰρ δύο τεσσάρων ἕκτος βαθμὸς συμπεραίνεται, καὶ τὸ ἀνάπαλιν· καὶ διὰ τοῦτο κεκώλυται. Ὡσαύτως, καὶ θεῖος καὶ ἀνεψιὸς πρὸς δύο ἑτέρου γένους· αὐταδελφὰς γαμικὸν συνιστᾶν συνάλλαγμα κωλύονται· πέμπτος γὰρ ἐκ τούτων τῶν προσώπων βαθμὸς συνάγεται· ὁ μὲν γὰρ θεῖος πρὸς τὸν ἀνεψιὸν τρίτον ἐπέχει βαθμόν, αἱ δέ γε δύο αὐτάδελφαι πρὸς ἀλλήλας δεύτερον. Οὕτω τοίνυν καὶ εἰς τὴν ἐξ ἀγχιστείας συγγένειαν μέχρι πέμπτου καὶ ἕκτου βαθμοῦ τὸ κωλυτικὸν ὅριον ἔστηκεν.

Ἔστι δὲ καὶ ἕτερος ἕκτος βαθμὸς ἐξ ἀγχιστείας ἄλλως συναγόμενος· ὃν ἀκώλυτον εἶναι παντάπασιν ἥ τε τοῦ ῥηθέντος τόμου σιωπὴ, οὐ μόνον δὲ, ἀλλὰ καὶ θεσπίσματα βασιλικὰ, καὶ πράξεις συνοδικαὶ πᾶσιν ἐγνώρισαν· θεῖος γὰρ καὶ ἀνεψιὸς, τρίτου ὄντος βαθμοῦ, θείᾳ καὶ ἀνεψιᾷ, ἐξ ἑτέρου γένους τὸν αὐτὸν ἐχούσαις βαθμὸν, γαμικῶς συναπτόμενοι, οὐδόλως ἐπιτιμῶνται· οὐδὲ γὰρ ἀθέμιτον τὸ τοιοῦτον συνάλλαγμα κρίνεται, ὡς εἰς ἕκτον βαθμὸν ἐκ τριῶν καὶ τριῶν ἀναγόμενον. Οὐδὲ γὰρ ἡ αὐτὴ τῶν ἀδελφῶν ἐγγύτης καὶ ἡ τοῦ θείου πρὸς τὸν ἀνεψιὸν, καὶ ἡ τοῦ ἐξαδέλφου καὶ τῶν ἄλλων συγγενῶν· ἀλλ' ἐκ μὲν πηγῆς μιᾶς τοῦ πρώτου γεννήτορος ἐξέρχονται, κατὰ μικρὸν δὲ ἀλλήλων μακρύνουσιν, ὥσπερ εἰς διαφόρους σχιζόμεναι ῥύακας.

Ἔστι δὲ καὶ ἄλλο εἶδος συγγενείας ἐξ ἀγχιστείας, ὅπερ βαθμοῖς μὲν οὐδαμῶς περιέχεται, διὰ τὸ συμπλοκὴν τριῶν ἔχειν γενῶν· κεκωλυμένων δὲ μόνων προσώπων ῥητῶς ὁ νόμος· μνησθεὶς, τὰ ἑξῆς ἀκώλυτα καὶ ἀνέγκλητα εἴασεν. Ἐν γὰρ τῷ δ΄ κεφ.

---

[1]) Psalm. XXXI, 9.

τοῦ ε΄ τίτλ. τοῦ κη΄ βιβλ. φησὶν αὐτολεξεὶ οὑτωσί· " Οὐδὲ τὴν ποτὲ γυναῖκα λαμβάνω τοῦ προγόνου μου, οὔτε ἡ μητρυιὰ λαμβάνει τὸν γενόμενον ἄνδρα τῆς προγόνης αὐτῆς „. Καὶ οὕτω μὲν ἔχομεν περὶ τῆς ἐξ αἵματος καὶ ἀγχιστείας συγγενείας· καὶ, ὡς ἐγῷμαι, ἐχομένως τῆς ἀκριβείας, εἰ καὶ τὰ πλεῖστα τῶν κανονικῶν καὶ νομικῶν θεσπισμάτων ἐν τούτοις, διὰ τὸ τῆς πολυγραφίας πολύστιχον, κατελείφθησαν.

Ὅτι δὲ καὶ μείζων συγγένεια ἐκ πνευματικῆς ἀκολουθίας ἀνακύπτουσα ἐν ἡμῖν τοῖς εὐσεβέσι μεσολαβεῖ, καὶ περὶ ταύτης χρεὼν οὕτω διαλαβεῖν.

Οἱ νς΄ κανὼν τῆς ς΄ συνόδου περὶ τῆς τοιαύτης συγγενείας ταῦτα διαγορεύει· " Ἐπειδὴ μείζων ἐστὶν ἡ κατὰ Πνεῦμα οἰκειότης τῆς τῶν σωμάτων συναφείας, ἔγνωμεν δὲ ἔν τισι τόποις τινὰς ἐκ τοῦ ἁγίου καὶ σωτηριώδους βαπτίσματος παῖδα ἀναδεχομένους, καὶ μετὰ τοῦτο ταῖς ἐκείνων μητράσι χηρευούσαις γαμικὸν συναλλάττοντας συνοικέσιον, ὁρίζομεν ἀπὸ τοῦ παρόντος μηδὲν τοιοῦτον πραχθῆναι. Εἰ δέ τινες καὶ μετὰ τὸν παρόντα κανόνα φωραθεῖεν τοῦτο ποιοῦντες, πρωτοτύπως μὲν οἱ τοιοῦτοι ἀριστάσθωσαν τοῦ τοιούτου παρανόμου συνοικεσίου, ἔπειτα δὲ καὶ τοῖς τῶν πορνευόντων ἐπιτιμίοις ὑποβληθήτωσαν „.

Ὅτι τοίνυν ὁ παρὼν κανὼν μείζονα καλεῖ τὴν πνευματικὴν συγγένειαν παρὰ τὴν σαρκικὴν, ἀνάγκην ἔχουσιν οἱ διὰ ταύτης συνδιθέντες εἰς τοσούτους βαθμοὺς συντηρεῖν τὸ ταύτης σεβάσμιον καὶ εὐπρεπὲς, εἰς ὅσους καὶ τὸ τῆς ἐξ αἵματος συγγενείας· διὰ γὰρ τοῦ βαπτίσματος Θεοῦ, φησί, μεσάζοντος, αἱ ψυχαὶ αὐτῶν συνάπτονται, καὶ εἷς ἄνθρωπος ὅ τε ἐκ τοῦ ἁγίου βαπτίσματος τὸν παῖδα δεξάμενος καὶ ὁ κατὰ σάρκα τούτου πατὴρ γίνονται· ὅθεν ἀκολούθως καὶ οἱ τούτων παῖδες, ἀδελφοὶ ὀνομάζονται, καθὰ καὶ ἐκεῖνοι σύντακνοι· ὡσαύτως· καὶ τὰ ἐκ τούτων καταγόμενα ἐφεξῆς πρόσωπα τὰς τῆς ἐξ αἵματος συγγενείας κλήσεις μεταλλάγνουσι, καὶ εἰσὶν ἀληθῶς, καὶ ὀνομάζονται συγγενεῖς. Ἡ γὰρ τοῦ ἁγίου Πνεύματος ἑνωτικὴ δύναμις εἰς γνησίαν ἐγγύτητα πάντας συνήρμοσεν, ἢ συνθολοῦσθαι συναλλάγμασιν ἀθέσμοις πάντη ἀδύνατον· παρατηρηθήσεται δὲ ἐν ταύτῃ τὸ κωλυτικὸν ὅριον, κατὰ τὴν ἐξ αἵματος συγγένειαν, μέχρι καὶ ἑβδόμου βαθμοῦ.

Ἔστι δὲ καὶ ἑτέρα συγγένεια διὰ θέσεως, εἴτουν υἱοθεσίας· ἣν δὲ καὶ αὐτὴν οὕτω παραφυλάττειν ὀφείλομεν, καθάπερ καὶ τὴν ἐξ αἵματος, καὶ τὴν διὰ τοῦ θείου βαπτίσματος· ταύτας γὰρ ἔκ τε τῶν ἱερῶν κανόνων, καὶ τῶν φιλευσεβῶν νόμων τηρεῖν παρελάβομεν, ὡς προέκκειται. Ἡ δέ γε διὰ θέσεως ἀδελφότης, ὡς ἀσύστατος καὶ ἀβέβαιος καὶ τῇ φύσει ἀνακόλουθος, καὶ τῷ νόμῳ ἀπόβλητος, οὐδόλως· οὐδὲ εἰς γαμικὰ συνοικέσια ἐμποδοστατεῖ.

Φησὶ γὰρ τὸ λε΄ κεφ. τοῦ ιγ΄ τίτλου τοῦ ε΄ βιβλ. ῥητῶς οὑτωσί· " Μηδὲ παρὰ ξένοις τοῖς ἔξω Ῥώμης οἰκοῦσι διὰ θέσεως ἀδελφότης συνιστάσθω, κἄν τις ὡς ἀδελφὸς προσληφθεὶς, κληρονόμος γραφῇ, ἐκπιπτέτω τῆς κληρονομίας „. Ὅθεν ἐπειδὴ οὕτω παρὰ τῶν νόμων ἡ διὰ θέσεως ἀδελφότης ἀποσκορακίζεται, οὐδὲ πρὸς συναλλαγὰ γαμικὰς ἔχει κώλυσιν ὁπωσοῦν, ὡς ἔξω τῆς τῶν ἱερῶν κανόνων καὶ τῶν φιλευσεβῶν νόμων πίπτουσα· ἀλλ᾽ ἐξ ταύτας προβαίνειν, ὡς μηδαμόθεν κώλυσίν τινα ἢ μέμψιν ἐπισυρομένας· ἡ θέσις γὰρ μιμεῖται τὴν φύσιν· ἡ φύσις δὲ υἱὸν ἐπιγινώσκει διὰ γεννήσεως. ἀδελφὸν δὲ οὐδαμῶς· εἰ δὲ ἀδελφὸν ἡ φύσις· οὐ πέφυκεν ἀποτίκτειν, ἆρα καὶ ἡ θέσις, ὡς μιμουμένη τὴν φύσιν, οὐκ ἐξισχύει πρὸς ποίησιν ἀδελφότητος.

Ἀκώλυτα οὖν καὶ ἀκαταγόρητα καὶ παντάπασιν ἄμεμπτα τὰ συναλλάγματα τὰ ἔξωθεν τῶν ἄνωθεν εἰρημένων, ἔκ τε αἵματος, ἔκ τε ἀγχιστείας καὶ ἐκ θέσεως ἀμφοτέρων, τῆς τε διὰ τοῦ ἁγίου βαπτίσματος καὶ τῆς υἱοθεσίας· καὶ οὔτε δὲ ἀδελφοποιΐας, οὔτε δι᾽ ἄλλης αἰτίας ὅλως παρατραπήσονται, ὡς παρὰ τῆς τοῦ νόμου σιωπῆς τὸ ἔμπρακτον ἔχειν σαφῶς καταλαμβανόμενα.

Αὕτη σοι παρ' ἡμῶν ἡ τῆς ἀξιώσεως ἐκπλήρωσις, τιμιωτάτη μοι καὶ τριπόθητε κεφαλή, ἥτις εἰ μὲν τοῦ κατ' ἀξίαν ἐφίκοιτο, χάρις τῷ Θεῷ, τῷ τῇ ἀνθρωπίνῃ ἀσθενείᾳ τὴν ἑαυτοῦ ἰσχὺν μεγαλύνοντι· εἰ δὲ πολὺ τοῦ δέοντος ἀπολίποιτο, καὶ οὕτω χάρις τῷ ἑκάστῳ πρὸς τὸ συμφέρον τὴν τοῦ Πνεύματος διδόντι φανέρωσιν· ἐπεὶ οὐδὲ ἀπόστολοι ἢ διδάσκαλοι ἢ προφῆται, κατὰ τὸν μέγαν ἀπόστολον [1])· ἡμῖν δὲ συγγνώμη πάντως ἔσται παρὰ τῶν τοὺς οἰκείους λόγους οἰκονομούντων ἐν κρίσει, εἴτουν διακρίσει, κατὰ τὸν ψάλλοντα [2]), ὡς οὐ θράσους ἢ ἐπιδείξεως, ἀλλ' ὑπακοῆς καὶ ἀγάπης πνευματικῆς καὶ σαρκικῆς οἰκειότητος προθεμένοις ἀποδοῦναι ὄφλημα. Γένοιτο δὲ καὶ τὴν σὴν τιμιότητα ἐν τῷ φωτὶ τῶν τοῦ Κυρίου ἐντολῶν πορευθῆναι ἀμετατρέπτως, καὶ ἡμᾶς διὰ τῶν σῶν ἱλαστηρίων δεήσεων, καὶ τυχεῖν τῆς ἐκ δεξιῶν αὐτοῦ τάξεώς τε καὶ στάσεως, μετὰ τῶν ἀπ' αἰῶνος εὐαρεστησάντων αὐτῷ· ᾧ πρέπει δόξα, τιμὴ καὶ κράτος, αἰώνιον, νῦν καὶ εἰς τὸν ἀπέραντον αἰῶνα τῶν αἰώνων. Ἀμήν.

AUCTARIUM II.

Ἐρώτησις.

Εἰ πρόκριμα [3]) τῷ ἀρχιερεῖ τὸ εἰσέρχεσθαι εἰς τὰς Λατινικὰς ἐκκλησίας, καὶ προσκυνεῖν, ἡνίκα ἂν προσκληθείη παρ' αὐτῶν, καὶ εἰ μεταδόσει τούτοις κατακλαστοῦ, ὅταν εἰς τὴν ἁγίαν καὶ καθολικὴν ἐκκλησίαν ἐν τῇ λειτουργίᾳ παραγίνωνται;

An piaculum est episcopo ingredi in Latinorum ecclesias et adorare, quando ab ipsis invitatus fuerit, et an cum illis particeps erit panis distributi, quando id fit inter sacra in sancta et catholica ecclesia?

Τινὲς τῶν Λατίνων εὑρίσκονται μὴ καθόλου διαφερόμενοι πρὸς τὰ καθ' ἡμᾶς ἔθη, τά τε δογματικὰ καὶ τὰ ἐκκλησιαστικά, καί εἰσιν, ὡς ἄν τις εἴπῃ, κατὰ τοῦτο ἐπαμφοτερίζοντες. Ὥσπερ τοίνυν τὸ ἀντισκληρύνεσθαι τοῖς ἐπίπαν διαφερομένοις, ἡμῖν, ἐξαιρέτως ἐπὶ τῷ δόγματι τῆς τοῦ ἁγίου Πνεύματος ἐκπορεύσεως, καθῆκον καὶ ὅσιον· οὕτω τὸ συγκαταβαίνειν τοῖς μὴ τοιούτοις καὶ συνέρχεσθαι, οὐ προκρίνει τῷ ἀρχιερεῖ, ὡς οἰκονομίαν πεπιστευμένῳ καὶ μετερχομένῳ τὴν πρέπουσαν οἰκονόμοις ψυχῶν. Ὅθεν καὶ εἰς τὰς ἐκκλησίας αὐτῶν προσκληθεὶς οὗτος, ἀνενδοιάστως ἀφίξεται· τῶν ἁγίων γὰρ εἰκόνων εἰσὶ καὶ οὗτοι προσκυνηταί, καὶ ἐν τοῖς κατ' αὐτοὺς ναοῖς ἀναστηλοῦσιν αὐτάς· καὶ προθύμως προσερχομένοις τούτοις μεταδώσει κατακλαστοῦ, ὅταν ἐν τῇ καθολικῇ ἐκκλησίᾳ παραγίνωνται· ἡ τοιαύτη γὰρ συνήθεια δύναμιν ἔχει κατὰ μικρὸν μετελκύσαι αὐτοὺς καθόλου πρὸς τὰ καθ' ἡμᾶς ἱερὰ ἔθη καὶ δόγματα.

Πυκνοῦται δὲ καὶ ἡ Ἰταλία θείων ἀποστόλων καὶ μαρτύρων ναοῖς, ὧν κορυφαῖος ὁ ἐν τῇ Ῥώμῃ περίκλυτος τοῦ ἐν ἀποστόλοις κορυφαίου Πέτρου ναός· ἐν οἷς ἡμέτεροι εἰσερχόμενοι ἔκ τε τῆς ἱερατικῆς μερίδος καὶ τῆς λαϊκῆς, προσευχάς τε ποιοῦνται πρὸς Θεόν, καὶ τοῖς ἐν αὐτοῖς τιμωμένοις ἁγίοις τὴν σχετικὴν προσκύνησιν καὶ τιμὴν ἀπονέμουσι. Καὶ πρόκριμα ἐντεῦθεν οὐδόλως ὑφίστανται, ἐφ' οἷς δηλαδὴ ὑπὸ τοὺς Λατίνους εἰσὶ ναοῖς.

Μεμνήμεθα δὲ, ὡς γεγόνασιν ἐρωτήσεις

---

[1]) 1 Cor. xii, 29. — [2]) Ps. cxi, 5. — [3]) Rhalli v, 434.

πρὸ ἐτῶν ἤδη ἱκανῶν παρὰ Μάρκου τοῦ τῆς ὁσίας μνήμης πατριάρχου Ἀλεξανδρείας, καὶ ἐπ' αὐταῖς ἀποκρίσεις Θεοδώρου τοῦ μακαρίτου πατριάρχου Ἀντιοχείας τοῦ Βαλσαμῶν· αἳ συντεταγμένη ἦν καὶ περὶ Λατίνων αἰχμαλώτων ἐρώτησις, εἰ χρὴ δηλαδὴ τούτους προσδέχεσθαι παρουσιάζοντας εἰς τὰς καθολικὰς ἐκκλησίας, καὶ ζητοῦντας μεταλαμβάνειν τῶν θείων ἁγιασμάτων [1]). Καὶ ἀκολούθως ἐπὶ ταύτῃ ἀπόκρισις, καθόλου ἀπαγορεύουσα τοὺς εἰρημένους Λατίνους διὰ χειρῶν τῶν καθ' ἡμᾶς ἱερέων τῆς θείας κοινωνίας ἀξιοῦσθαι· ἥτις δὴ ἀπόκρισις, τὸν οἰκεῖον λόγον συγκροτοῦσα ἀπὸ τῆς θείας γραφῆς, τῷ κυριακῷ ἐκείνῳ ἐχρήσατο ῥήματι· Ὁ μὴ ὢν, λέγοντι, μετ' ἐμοῦ, κατ' ἐμοῦ ἐστι, καὶ ὁ μὴ συνάγων μετ' ἐμοῦ, σκορπίζει [2]).

Τῇ τοιαύτῃ δὲ ἀποκρίσει τηνικαῦτα πολλοὶ τῶν ἐλλογίμων οὐκ ἔθεντο, οἷα πολὺ ἐχούσῃ τὸ ἀπηνές τε καὶ ἰταμὸν, καὶ μὴ προσῆκον μέμψει Λατινικῶν τύπων τε καὶ ἐθῶν· ὅτι τε, φασίν, οὐ διεγνώσθησαν ταῦτα συνοδικῶς· καὶ οὐδ' αὐτοὶ ὡς αἱρεσιῶναι ἀπόβλητοι δημοσίᾳ γεγόνασιν, ἀλλὰ καὶ συνεσθίουσιν ἡμῖν καὶ συνεύχονται. Καὶ δύναταί τις, φασί, τὸν λογισμὸν τοῦτον ἐκ τοῦ ιϛ' κανόνος τῆς ἐν Κωνσταντινουπόλει ἁγίας συνόδου, τῆς λεγομένης πρώτης καὶ δευτέρας, καλῶς ἀναδέξασθαι· καὶ ὅτι αὐτὸ τοῦτο τὸ προσέρχεσθαι Λατίνους ἡμῖν, καὶ ζητεῖν τῆς ἐνζύμου μεταλαμβάνειν ἁγίας προσφορᾶς ἐξ ἡμῶν, δῆλον ποιεῖ ὡς εἰ μὴ περιεφρόνουν τὰ ἄζυμα, καὶ ὡς οὐ περὶ πολλοῦ ποιοῦνται τὸ στέργειν αὐτοῖς, οὐκ ἂν προσήρχοντο τῇ παρ' ἡμῶν γενομένῃ τῶν θείων μυστηρίων ἱερουργίᾳ. Τὸν οἰκεῖον δὲ λόγον καὶ οὗτοι συνιστῶντες ἐκ τοῦ εὐαγγελίου τὸ παρὰ τοῦ θείου Ἰωάννου πρὸς τὸν δεσπότην εἰρημένον προέτεινον· Εἴδομεν, εἰπόντος, τινὰ ἐπὶ τῷ ὀνόματί σου ἐκβάλλοντα τὰ δαιμόνια, καὶ ἐκωλύσαμεν αὐτὸν, ὅτι οὐκ ἀκολουθεῖ μεθ' ἡμῶν. Καὶ εἶπε πρὸς αὐτὸν ὁ Ἰησοῦς· Μὴ κωλύετε· ὃς γὰρ οὐκ ἔστι καθ' ἡμῶν, ὑπὲρ ἡμῶν ἐστι [3]). Προσήγαγον δὲ καὶ ὅτι τὸ μὲν· "Ὁ μὴ ὢν μετ' ἐμοῦ, κατ' ἐμοῦ ἐστι„, προδήλως καὶ γυμνῶς κατὰ τοῦ διαβόλου παρὰ τοῦ Σωτῆρος ἀποτοξεύεται, καθὰ δὴ τοῦτο παρίστησιν ἡ αὐτόθι τοῦ εὐαγγελίου περικοπή· καθὸ γὰρ ἐχθρός ἐστιν ἀπ' ἀρχῆς ὁ Σατὰν, καὶ ἀμετάτρεπτος ἀπὸ τῆς κακίας μένει, καὶ καθόλου μετανοίας ἐστέρηται, κατὰ τοῦτο μὴ ὢν μετὰ τοῦ δεσπότου, κατ' αὐτοῦ ὢν καὶ ἔστι καὶ ὀνομάζεται, ὡς αὐτοῦ μὲν ἀγαπῶντος τὸ ἑαυτοῦ πλάσμα καὶ συνάγοντος· ἐκείνου δὲ μισοῦντος αὐτὸ καὶ διασκορπίζοντος. Τὸ δέ· "Ὃς οὐκ ἔστι καθ' ἡμῶν, ὑπὲρ ἡμῶν ἐστι„, πρὸς ἄνθρωπον εἴρηται οὐκ ἀκολουθοῦντα μὲν τῷ Ἰησοῦ, ζηλοῦντα δὲ τοὺς ἀκολουθοῦντας αὐτῷ, καὶ ἐπὶ τῷ ὀνόματι τούτου ἐκβάλλοντα δαιμόνια· καὶ οὕτω δυνάμενον ἐκ τοῦ ἀποστάδην περιπατεῖν, ῥᾳδίως μετατεθῆναι εἰς τὸ ἀκολουθεῖν· τῆς ἀνθρωπίνης γὰρ μόνης ἀσθενείας βοήθημα, ἡ ἐπιστροφὴ καὶ μετάνοια, καὶ ἡ ἀπὸ τῶν χειρόνων εἰς τὰ κρείττω μεταβολή. Προέφερον δὲ καὶ γνώμην ἐπὶ τούτῳ Θεοφυλάκτου τοῦ σοφωτάτου ἀρχιεπισκόπου Βουλγαρίας, ἧς τὴν σύνοψιν ἐν ἑτέρᾳ ἡμῶν ἀποκρίσει ἀνωτέρω ἐποιησάμεθα [4]), θαυμαστὰ περὶ συγκαταβάσεως καὶ οἰκονομίας ἐκτιθεμένην καὶ ἀξιέπαινα. Ἐντεῦθεν ἐκρίθησαν οἱ ἀντειπόντες, ὡς εἴρηται, καλῶς καὶ εὐλόγως ἐνστῆναι, ὡς τῆς ἰταμότητος προτιθέμενοι τὴν οἰκονομίαν πρὸς τὸ μὴ καταβαλεῖν, ἀλλὰ κερδῆσαι ἠρέμα καὶ κατὰ μικρὸν τοὺς ἀδελφοὺς· ὑπὲρ ὧν ὁ κοινὸς σωτὴρ καὶ δεσπότης ἡμῶν τὸ ἑαυτοῦ αἷμα ἐξέχεεν.

---

[1]) Exstat resp. Balsamonis apud Rhalli ιv, 460. — [2]) Luc. xi, 23. — [3]) Marc. ix, 38. — [4]) Vide supra cap. CLVII, col. 625.

AUCTARIUM III.

Περὶ στολῆς [1].
De stola sacerdotali.

Βεβαμμένην στολὴν οἱ ἱερεῖς κατὰ τὸ τεσσαρακονθήμερον τῆς νηστείας ἀμπεχόμεθα, διὰ τὸ συγνόν τε καὶ κατηφὲς τῆς κατὰ τὴν νηστείαν διαγωγῆς, ἢ διὰ τὸ πορφυροῦν ἱμάτιον, ὃ πάσχων ὑπὲρ ἡμῶν πρὸ τῆς ἀναστάσεως ὁ Σωτὴρ ἐνεδύσατο.

AUCTARIUM IV.

Τοῦ μακαριωτάτου ἀρχιεπισκόπου πάσης Βουλγαρίας κυροῦ Δημητρίου τοῦ Κοματηνοῦ σημείωμα περὶ τοῦ τοιούτου ζητήματος [2].

Beatissimi archiepiscopi totius Bulgariae domini Demetrii Chomateni sententia supra quaestionem de cognatorum matrimonio.

Μεγαλοδοξότατε, περιπόθητέ μοι αὐτάδελφε [3], κῦρε Στέφανε, ἠρώτησας ἡμᾶς διὰ γράμματός σου, εἰ ἔξεστι μιγέντα τινὶ γυναικί, συμμιγῆναι γαμικῶς τῇ ἐκείνης δισεξαδέλφῃ, καὶ πρὸς τοιαύτην [4] ἐρώτησιν, τοιάνδε ποιούμεθα τὴν ἀπόκρισιν.

Ὡς τὸ τοιοῦτον συνάλλαγμα καὶ ἐπὶ τῶν ἡμερῶν τοῦ βασιλέως τοῦ πορφυρογεννήτου κυροῦ Μανουὴλ [5], καὶ μετὰ ταῦτα εἰς ὅτι πολλὴν ἀντιλογίαν ἐνέπεσεν· ὡς ἐνίων μὲν ἀπαγορευόντων αὐτὸ ὡς ἀθέμιτον, ἐνίων δὲ μὴ ἀπειργόντων τοῦτο ὡς ἔννομον.

Καὶ οἱ μὲν κωλύοντες τοῦτο, τὴν οἰκείαν ἔνστασιν συνεκρότουν, ἔκ τε ἄλλων, καὶ ἐκ τοῦ διαγινώσκειν, ἑνὸς βαθμοῦ τυγχάνειν τὸν ἄνδρα μετὰ τῆς γυναικός, καὶ οὕτω τὸν ἕκτον βαθμὸν τῶν δισεξαδέλφων μένειν ἀκέραιον συνεπέραινον, μηδαμῶς δηλαδὴ τῇ ἐπεισαγωγῇ [6] τοῦ ἀνδρὸς παρακτιτρωσκόμενον, ὥστε ἀναβαίνειν εἰς ἕβδομον, τὸν τοῖς θείοις νόμοις ἀκώλυτον ἐπιγινωσκόμενον [7]· ναὶ μὴν καὶ ἐκ τοῦ γραφικοῦ θείου ῥήματος τοῦ θεσπίζοντος· " Οὐκ εἰσελεύσῃ εἰς πάντα οἰκεῖον σαρκός σου, ἀποκαλύψαι ἀσχημοσύνην αὐτοῦ „ [8], οἰκείαν σαρκὸς τοῦ ἀνδρὸς τὴν δισεξαδέλφην τῆς, ὡς εἴρηται, μιγείσης αὐτῷ γυναικὸς ὀνομάζοντες. Ὧ δὲ ῥήματι καὶ ὁ μέγας ἐχρήσατο φωστὴρ τοῦ κόσμου Βασίλειος, ἀθέμιτον ἀπείργων συνάλλαγμα.

---

[1] Ex Vatic. 430 f. 150 v° et Vatic. 629 f. 29 sub eodem lemmate τοῦ Βουλγαρίας κυροῦ Δημητρίου, et sine ullis varietatibus exsulat hoc breve nostri Demetrii ἀποσπασμάτιον. — [2] Rhalli v, 487. Tantum varias lectiones collectas habes supra col. 78-76. Sed ne mutilum sit opus Chomatiani, praestat in hac calce addere integram sententiam, ut apud Atticum jurisperitum. — [3] Jam supra c. CXI, col. 498 occurrebat quidam Constantinus ex parentela Demetrii: hic vero, si scriptura fidelis est, lucidimus in proprium archiepiscopi fratrem Stephanum germanum, et quidem *Summe gloriosissimum*. Cod. incipit: Ἠρώτησας ἡ. δ. γ. σου περιπο). αὐτάδελφέ μου κ. στ. Ὥστε μαθεῖν εἰ ἀκόλουθόν τινα περικῶς μιγέντα τ. γ. συναφθῆναι γαμ. — [4] Cod. τὴν τοιαύτην ἐ. τ. σοι. — [5] Id. τοῦ Κομνηνοῦ. De eadem controversia alter Demetrius Cyzicenus metropolita fuse agit, Rhalli v, 054-060. — [6] Id. ἐπαγωγῇ. — [7] Cf. supra cap. II, col. 11 sqq. — [8] Lovit. XVIII, 6.

Οἱ δέ γε τοῦτο τοῖς συγκεχωρημένοις ἐγγράφοντες, ἑβδόμου ἐξ ἀγχιστείας συνῆγον εἶναι βαθμοῦ ὡς ἐξ μὲν ἐκ τοῦ ἑνὸς γένους εὑρισκομένων βαθμῶν, ἐκ δὲ τοῦ ἑτέρου γένους, βαθμοῦ ἄλλου ἑνός· καὶ οὕτω τὰ παρὰ τῶν ἐπειργόντων προτιθέμενα, ὡς ἀπᾴδοντα καὶ ἀπεμφαίνοντα διεγράφοντο. Εἰ γὰρ καὶ πᾶσα ἀνάγκη, φασί, δύο γένη[1]) ἀλλήλων ἀλλότρια συνελθεῖν, ἵνα τὴν ἀγχιστείαν ἐργάσωνται, ἐξ ἑκατέρων δὲ τῶν γενῶν τούτων συνάγονται οἱ βαθμοί, καὶ οὕτως ἢ τὰ κεκωλυμένα, ἢ τὰ συγκεχωρημένα τῶν ἐντεῦθεν συναλλαγμάτων ἀναφαίνονται, πῶς ἄν τις εἰς βάθος πεπειραμένος τῆς νομικῆς συλλογίσαιτο, ἑνὸς βαθμοῦ εἶναι τὸν ἄνδρα μετὰ τῆς γυναικός;

Ἐντεῦθεν[2]) γὰρ ἀσύμφωνα ἑαυταῖς αἱ θεσμοθεσίαι καὶ ἄτοπα θεσπίζουσαι εὑρεθήσονται, τὰ μὲν δευτέρου καὶ τρίτου καὶ τετάρτου καὶ πέμπτου, ναὶ δὲ καὶ ἐκ τεσσάρων καὶ δύο ἕκτου βαθμοῦ συναλλάγματα, κωλύουσαι ὡς ἀθέμιτα, τὰ δὲ τοῦ ἑνὸς ἐπιτρέπουσαι γίνεσθαι. Ὁ ποίας ἂν ἀτοπίας καταλείψῃ ὑπερβολήν;

Ἄλλως τε δὲ καὶ ἐκ τῆς τοῦ γένους σειρᾶς· τῶν βαθμῶν εἰωθότων γεννᾶσθαι, ἑκάστης· γεννήσεως κατὰ τοὺς νόμους ἕνα βαθμὸν ἀποτελούσης, ἐξ ἀνάγκης ὁ ἀνὴρ καὶ ἡ γυνή, ἢ ὡς πατὴρ καὶ θυγάτηρ λογισθήσονται, ὡς ἂν δηλαδὴ ὑπὸ βαθμὸν ἕνα γένωνται, καὶ ἀκολούθως· ἢ ὡς ἀδελφὸς καὶ ἀδελφή, ἢ ὡς θεῖος καὶ ἀνεψιά, ἢ ὡς ἐξάδελφος καὶ ἐξαδέλφη, καὶ ἐφεξῆς· κἀντεῦθεν ἀνέδην τὰ τοιαῦτα πρόσωπα χωρήσουσιν, ὥσπερ ἀπό τινος ὁρμητηρίου, πρὸς τὰς τῶν ἀθεμίτων γάμων συναλλαγάς. Καὶ μὴν συγγενείας μὴ μεσολαβούσης ἐν τῷ ἀνδρὶ καὶ τῇ γυναικί, νοῦν ὅλως· οὐκ ἔχει τὸ λέγειν, ἑνὸς βαθμοῦ ἢ δύο εἶναι τὸν ἄνδρα μετὰ τῆς γυναικός· τὰ[3]) συγγενικὰ γὰρ πρόσωπα τοὺς βαθμοὺς ἀποτίκτουσιν, ὡς διείληπται.

Τούτων δὲ οὕτως ὁμολογουμένως ἐχόντων, ἀναιρεῖται λοιπὸν καὶ τὸ λογίζεσθαι οἰκείαν σαρκὸς τοῦ ἀνδρὸς τὴν δισεξαδέλφην τῆς αὐτοῦ γυναικός[4]). Τὴν μέντοι περὶ τοῦ γραφικοῦ τούτου ῥήματος ἔννοιαν Βασιλείου, τοῦ μεγάλου καὶ θεοφόρου πατρός, γοργῶς καὶ συνεπτυγμένως ἐξενεχθεῖσαν οἱ τῆς ἁγίας καὶ οἰκουμενικῆς ἕκτης συνόδου μακάριοι πατέρες τρανῶς ἀναπτύσσοντες καὶ διαλευκαίνοντες, τὸν νδ' κανόνα ἐξέθεντο, περὶ τὰ μέσα πρὸς λέξιν οὕτω θεσπίζοντα· " Ἐπεὶ δὲ τῇ τοιαύτῃ σιγῇ καὶ ἀδιαγνώστῳ[5]) τῆς τῶν ἀθέσμων γάμων ἀπαγορεύσεως, ἑαυτὴν ἡ φύσις συνέχει, συνείδομεν γυμνότερον τὰ περὶ τούτων ἐκθέσθαι· ὁρίζοντες· ἀπὸ τοῦ νῦν, τὸν τῇ οἰκείᾳ ἐξαδέλφῃ πρὸς γάμου κοινωνίαν συναπτόμενον, ἢ πατέρα καὶ υἱὸν μητρὶ καὶ θυγατρί, ἢ δύο κόραις ἀδελφαῖς πατέρα καὶ υἱόν, ἢ ἀδελφοῖς δυσὶ μητέρα καὶ θυγατέρα, ἢ ἀδελφοὺς δύο δυσὶν ἀδελφαῖς, ὑπὸ τὸν τῆς ἑπταετίας κανόνα πίπτειν, ἀφισταμένων αὐτῶν προδήλως· τοῦ παρανόμου συνοικεσίου „.

Ταῦτα τοῦ ἱεροῦ κανόνος διαγορεύοντος, οὐδεμία τις μνήμη παρ' αὐτῷ τῶν οὕτως ἐχόντων πρὸς ἄλληλα προσώπων, καὶ τὸν γάμον, ὡς διείληπται, συναλλασσόντων εὑρίσκεται, οὐδὲ ὑπ' αἰτίαν ὅλως τι τούτων ἠνέχθη, ἢ διαστάσει ὑπέπεσε. Τοῖς τοιούτοις δὲ λογισμοῖς καὶ ταῖς πράξεσι μετέπειτα κινουμένη καὶ ἡ κατὰ τὴν Κωνσταντινούπολιν ἁγία σύνοδος, ἐπὶ τῆς ἐφημερίας τοῦ τῆς ὁσίας μνήμης Θεοδοσίου τοῦ ἁγιωτάτου πατριάρχου Κωνσταντινουπόλεως· σημείωμα κατὰ τὴν λ' τοῦ Ἰουλίου μηνὸς τῆς ιβ'[6]) ἐπινεμήσεως· ἐξέθετο, οὕτως ἔχον ἐπὶ λέξεως·

" Ὁ ἱερώτατος μητροπολίτης Ἄπρω, ἀ-

---

[1]) Cod. ὡς γίνηται. — [2]) Id. om. duos sequentes paragraphos. — [3]) Inde cod. retexitur.
[4]) Id. γαμετῆς. — [5]) Id. καὶ τῷ διαγνώστῳ male. Cf. Rhalli v, p. 858, Jur. eccl. Graec. II, 62. —
[6]) Cod. τῆς Γ'. Mox ἐπὶ τῶν λέξεων.

δελφὸς καὶ συλλειτουργὸς¹) τῆς ἡμῶν μετριότητος, Ῥωμανὸς ὁ Ἀρτάβασδος, ἔγγραφον προεκόμισε συνοδικῶς, τάδε κατὰ ῥῆμα διαλαμβάνον· " Κόρη τις, Εἰρήνη καλουμένη, ἔλαβεν εὐχὴν μνηστείας μετά τινος Ἰωάννου, δεκαετὴς τότε²) οὖσα τὴν ἡλικίαν· λαληθείσης δὲ τῆς περὶ τούτου παρανόμου μνηστείας, γέγονε σημειώμα συνοδικόν, ἐπιτρέπον διαζυγῆναι τοὺς τάχα μνηστευσαμένους, διὰ τὸ εἶναι τὴν μνηστείαν παράνομον, ὡς διείληπται. Βούληται γοῦν σήμερον ἡ Εἰρήνη νομίμως συναφθῆναι τῷ Θεοδώρῳ, δευτέρῳ ὄντι ἐξαδέλφῳ τοῦ Ἰωάννου. Καὶ ἐρωτῶ, εἰ ἔχει τινὰ παρεμποδισμόν ,. Ἠξίωσεν οὖν τὴν ἡμῶν μητριότητα καὶ τὴν ἱερὰν ἀδελφότητα, μαθεῖν, εἴπερ οὐκ ἔχει κωλύμην τινὰ τὸ περὶ οὗ γέγονεν ἡ γραφή, συνάλλαγμα· ἤκουσε δὲ ἐκ ταύτης καὶ ἐκ τῆς παρουσιαζούσης τῶν ἀδελφῶν ὁμηγύρεως, ὅτι τὸ τοιοῦτον συνάλλαγμα πανταχόθεν ἀκώλυτόν ἐστιν. Ἐπεὶ γὰρ ἡ μετὰ τοῦ Ἰωάννου τελεσθεῖσα μνηστεία, ὡς ἀνυπόστατος, λύεται διὰ τὴν τῆς Εἰρήνης ἀνηβότητα, καλῶς ἡ Εἰρήνη δευτέρῳ ἐξαδέλφῳ αὐτοῦ κατὰ νόμον γάμου συζευχθήσεται· οὔτε γὰρ συγγενικὸν πρόσωπον τῇ Εἰρήνῃ λογίζεται ὁ Θεόδωρος, οὔτε τοῖς ἐξ ἀγχιστείας δεσμοῖς καὶ ὅροις συσφίγγεται, διὰ τὸ ὑπερβῆναι τὸν ἐξ ἀγχιστείας ἕκτον βαθμόν³) ,.

Τοιαύτης οὖν τῆς συνοδικῆς ἀποφάσεως ἐξενεχθείσης περὶ τοῦ ἀνατεταγμένου⁴) συναλλάγματος, οὐ κωλυθήσεται καὶ ὁ πορνικῶς συναφθεὶς γυναικί, λαβεῖν εἰς γυναῖκα νόμῳ γάμου τὴν δισεξαδέλφην αὐτοῦ⁵), ὅτι μηδὲ γάμον εἶναι τὴν πορνείαν, μηδὲ γάμου ἀρχήν, ὁ μέγας γνωματεύει Βασίλειος, ἀλλ᾽ ἁμάρτημα ἐπιτιμίοις ἐκκλησιαστικοῖς ὑποκείμενον· καὶ ὅτι εἰς τὸν ἐξ ἀγχιστείας ἕβδομον τὸ τοιοῦτον συνάλλαγμα περιίσταται, καὶ ὃς δὴ ἐκ τεσσάρων καὶ τριῶν, δηλονότι πρωτεξαδέλφων μὲν ἐξ ἑτέρου γένους, θείας δὲ καὶ ἀνεψιᾶς ἐξ ἑτέρου· καὶ ἐκ πέντε καὶ δύο⁶), ἤγουν πρώτου ἐξαδέλφου καὶ ἀνεψιοῦ ἐκ πρωτεξαδέλφων καὶ δύο αὐταδέλφων, καὶ ἀκολούθως ἀπὸ ἓξ καὶ ἑνός, ἤγουν δισεξαδέλφων, καὶ οὕτω ταύταις⁷) ἐξ ἑτέρου γένους συναπτομένου συνίστασθαι πέφυκε· καὶ τὸ πλέον, ὅτι οὐδὲ τοῖς ἀπηγορευμένοις ὡς ἀθεμίτοις συντάττεται⁸), κατὰ τὴν τοῦ ἀναπεφωνημένου νδ´ κανόνος τῆς οἰκουμενικῆς ἕκτης συνόδου περίληψιν· διά γε μὴν τὴν πορνείαν ὀφείλει ὁ περὶ οὗ ὁ λόγος ἀνήρ, δι᾽ ἔργων ἑαυτὸν καθάρας τῶν δυναμένων ἐξιλεοῦσθαι τὸν τοὺς μετανοοῦντας δεχόμενον, καὶ ἐπὶ κακίαις ἀνθρώπων μετανοούντων φιλάνθρωπον Κύριον.

---

¹) Id. ἀδελφοὶ καὶ συλλειτουργοί. Unde non liquet nomen esse episcopi, quod sequi videtur. — ²) Id. om. τότε. — ³) R. om. ἕκτον. — ⁴) Cod. ἀναγεγραμμένου. — ⁵) Cod. αὐτοῖς fort. αὐτῆς. — ⁶) Cod. add. ἀπὸ ἓξ καὶ ἑνός. — ⁷) Edd. καὶ τοῦ ταύταις. — ⁸) Cod. συνάπτεται.

AUCTARIUM V.

Τοῦ ἁγιωτάτου ἀρχιεπισκόπου πάσης Βουλγαρίας κυροῦ Δημητρίου λόγος κατεχητήριος [1] ἕκτος.

Sanctissimi archiepiscopi totius Bulgariae domini Demetrii Chomatiani sermo catecheticus VI.

Ἔοικεν, ὦ παρόντες, ὅπερ εἰσὶ τοῖς ἀνθρωπίνοις σώμασι τὰ ἐκ θερμῶν ὑδάτων λουτρά, τοῦτο εἶναι ταῖς εὐσεβέσι ψυχαῖς τὸν δι' ἔτους ταύταις ἐπανελθόντα [2] τεσσαρακονθήμερον τῆς νηστείας καιρόν· ὥσπερ γὰρ ἐκεῖνα τῶν σωμάτων τὰ μὲν ῥυπωθέντα καθαίρουσι [3] .... ὅσα .. ἀσθενηκότας ῥωννύουσι τῶν .... σωτηροῦσι τὸ ὑγιὲς καὶ εὐτονώτερον ἀπεργάζονται· οὕτω δὴ οὗτος τῶν ψυχῶν τὰς μὲν ἐκ πονηρῶν ἐννοιῶν μολυνθείσας [4] ἐκπλύνει, τὰς δὲ παραλυθείσας ἐκ πολυαδῶν τῆς σαρκὸς ἡδονῶν πρὸς στερρωστείαν ἐπανάγει πνευματικήν· τοὺς δέ γε σωζούσας τὸ ὑγιὲς φυλάττει ἐπασφαλῶς, ὡς κἂν προφυλακήν τινα ταύτῃ γίνεσθαι τοῦτον εἰς ἀποτροπὴν ἐπιδίκης ὀλετρίου νοσήματος, εἰ δὲ καὶ τοῦ καιροῦ τούτου χωρὶς ψυχικαὶ καθάρσεις δύνανται γίνεσθαι· πάντα γὰρ τὸν χρόνον ἡ ἐπιστροφὴ καὶ ἡ νηστεία λυσιτελεῖς εἰσὶ τοῖς [5] ἐπιστημόνως μεταποιουμένοις αὐτῶν, ὅτι τοι καὶ τῶν βαλανείων ἐκτὸς, ἔν τε κρήναις καὶ λύμναις καὶ ποταμοῖς λουτρὰ τοῖς πολλοῖς σχεδιάζονται, ἀλλὰ γὰρ οὗτος πλέον ἔχει τι τῶν ἄλλων δηλαδὴ τὸ ἐπάναγκες· διὰ τοὺς ῥαθύμους τε καὶ νωθεῖς [6] καὶ πρὸς πᾶν ἔργον σπουδάσθαι ἐξυπτιάζοντας· ἐπειδὴ καὶ τὸ ἀναγκάζεσθαι πρὸς τὰς τῆς σωτηρίας εἰσόδους τοῖς θείοις ἐγκρίνεται παραγγέλμασιν· εἶτα μὲν παρέργως

τὸ εὐαγγελικὸν ἐκεῖνο ἀναγινώσκεται, τό· Ἔξελθε εἰς τὰς ὁδοὺς καὶ φραγμοὺς, καὶ ἀνάγκασον εἰσελθεῖν, ἵνα γεμισθῇ ὁ οἶκός μου [7]. Ἥ τε γὰρ ἀλήθεια τοῦ κηρύγματος καὶ τῶν σημείων δύναμις καὶ Ἰουδαίους καὶ βαρβάρους καὶ ἕλληνας τῶν ἰδίων καταφρονῆσαι διατριβῶν, καὶ μεταθέσθαι πρὸς τὴν τῶν οὐρανῶν βασιλείαν ἠνάγκασαν· εἰσὶ καὶ γὰρ, εἰσὶν οἱ διὰ παντὸς ἀμελεῖς, αἱροῦντες βιοῦν πρὸς τὴν σπουδαίαν καθάπαξ μύσαντες· δίαιταν, καὶ ἀεὶ ὑπερτιθέμενοι τὴν τῶν καλῶν ἐργασίαν .... πλὴν ἐφίσταται τούτοις ὁ καιρὸς οὗτος, ὁλοσχερῶς ἐπείγων αὐτοὺς πρὸς τὴν κάθαρσιν, τὰ μὲν ταῖς ἀπειλαῖς τῶν ἡτοιμασμένων τοῖς ἀκαθάρτοις κολάσεων, τὰ δὲ τῷ ζήλῳ τῶν ἑκουσίως τρεχόντων εἰς τὸ λουτρὸν καὶ λαμπρῶς ἐπανατρεχόντων ἐκ τῆς καθάρσεως· ἐπειδὴ τοίνυν [8] .... τάξιν ἀναλαβὼν καὶ Ἡσαΐου καὶ Παύλου, [καὶ] τῶν βροντ[ῆς υἱῶν] Ἰωάννου καὶ Ἰακώβου διδάγματα διχνησάμενος καὶ ἀπό τινος μεσιτείας περιωπᾶς (?) τοῦ οὐρανίου τούτου καὶ θείου ναοῦ. Δεῦτε, ὦ ἀδελφοί, ἐν ἰσχύϊ βοᾷ, λούσασθε, καθαροὶ γένεσθε, ἀφέλετε τὰς πονηρίας ἀπὸ τῶν καρδιῶν ὑμῶν [9]. Καὶ ἐὰν ὦσιν αἱ ἁμαρτίαι ὑμῶν, ὡς φοινικοῦν, ὡς χιόνα λευκανῶ. Ἐὰν δὲ ὦσιν ὡς κόκκινον, ὡς ἔριον λευκανῶ. Καθαρίσατε ἑαυτοὺς ἀπὸ παντὸς μολυσμοῦ σαρκὸς καὶ πνεύ-

---

[1] Vatic. Ottob. 167 f. 172. Saec. xv, codex singulis foliis aqua imbutus semel et iterum ante et post scripturam pessimam. In primis udore inficitur ad singula folia pars superior. — [2] Cod. ἐπανελθόντα. — [3] Lacuna in marg. supor. — [4] Cod. μολυνθέσας, et sic porro ex perpetuo itacismo, paulo infra χωρὶς. — [5] Cod. τοῦ. — [6] νωθεὶς cod. — [7] Luc. XIV, 28. — [8] Lacuna duorum vers. evanidorum. — [9] Is. 1, 16-18.

ANAL. VII, P↓.

μματος, ἐπιτελοῦντες ἁγιωσύνην ἐν φόβῳ Θεοῦ, ὡς ἄρα θαυμαστή τις ἡ τοῦ λουτροῦ τούτου χάρις καὶ δύναμις. Εἰ τὸ φοινικοῦν καὶ τὸ κόκκινον τὰς δυσοποιοὺς ταύτας βαφὰς καὶ δυσαπονίπτους μεταβάλλειν εἰς χίονος καὶ ἐρίου λευκότητα ἐπαγγέλλεται τὸ λουτρὸν τοῦτο, τὸ τῆς παλιγγενεσίας ὑμῖν ἀνακαινίζει λουτρόν, καὶ βοηθεῖ τῇ ἐκεῖθεν καθάρσει, ἣν ἐκ τοῦ φρούδου τούτου βίου ἡδονῶν ἠχρειώσαμεν· τοῦτο παρθενευούσας μὲν ψυχὰς ὡραΐζει, καὶ τῷ οὐρανίῳ νυμφίῳ τε καὶ νυμφῶνι προσήκουσας ἐργάζεται, ἀσωτείᾳ δὲ παραινούσας καταλλάττει Θεῷ διὰ τῆς καθάρσεως, καὶ τῇ παραινέσει τὰς τῶν καλῶν ἐργασίας ὑπτιαζούσας δυναμοῖ καὶ διανίστησι πρὸς μετάνοιαν. Τοῦτο τοὺς ἀκαθάρτους αἰσχύνει δαίμονας, καὶ φεύγειν παρασκευάζει, τὸν τοῦ ἰδίου αἴσχους μὴ φέροντας ἔναγχον. Τοῦτο, συνελόντα φάναι, τῶν ἀνέκαθεν ἁγίων τὸν θεῖον κατάλογον κατελάμπρυνε· νηστείᾳ γὰρ ἐλευκάνθησαν, ὅση τε τὸν κόρον καὶ τὰ τῶν βρωμάτων ἡδεῖα παντάπασιν ἀποσαίεται, καὶ ὅσα τὰ τῶν ὑδορρόων μὲν τὴν ζυγάδα τῶν ὀφθαλμῶν θέμενοι, ὡς ἀποδεξαμένης τῆς καρδίας δίκρουνεν τὸ ῥεῖθρον ἐκπέμποντα· ὡς πλυνὸν δὲ τὴν κλίνην μηχανησάμενος· καὶ τῇ θερμότητι¹) ....
.... σάκκον δὲ ἀντὶ λουτηρίων σπαργάνων καὶ ἀποδημάτων περιεβάλλετο, τὸ ἀντὶ κλύδης ᾗ τῶν λουομένων πολλοὶ μαλακίζονται· παρετίθετο τὴν ἐν νηστείᾳ ταπείνωσιν· ἐνεδυόμαι σάκκον γάρ, φησί, καὶ ἐταπείνουν ἐν νηστείᾳ τὴν ψυχήν μου²). Οὕτως οἱ ἐκεῖνοι ἀπόγονοι νεανίσκοι ἐπλύναντο· νηστείᾳ δὲ δηλονότι ἐπολυμενίσαντες, καὶ τὴν ἐκεῖθεν ὡραιότητα τοῖς παρθένοις αὐτῶν σώμασι ἐνσημάναντες, καὶ τὰ μὲν ἄνθη τοῦ σκεύους (?) ὅπερ ἡ τῆς ψυχῆς λαμπρότης ἔνδοθεν ἔχρωζε. Τοὺς ἑαυτῶν ὑπερβάλλοντες ὁμήλικας, οἷς καθημέραν ἡ βασιλικὴ τράπεζα πρὸς κατασάρκωσιν παρετίθετο·

τὴν φλόγα δὲ τῆς καμίνου ὡς ἐσθῆτα χρυσουφῆ τε καὶ περιρρέουσαν ἐνδυσάμενοι, εἴ γε πρός τινι τῶν παρ' ἕλλησι σοφῶν χρεὼν ἔχειν τὸν νοῦν, ὃς ἐσθομένῳ πυρὶ παρείκασε τὸν χρυσόν. Οὕτως ὁ διορατικώτατος Δανιὴλ καθηράμενος, τὸν λάκκον τῶν θηρίων ἔσχε ἀναπαύσεως θάλαμον, ὡς δορυφόρους δὲ μετ' εὐλαβείας αὐτοὺς παρεστηκότας τοὺς λέοντας, ἑστιάτορα δὲ πρότερον καὶ τοῦτον μετάρσιον, τὸ παράδοξον! ἐκ Παλαιστίνης εἰς Βαβυλῶνα, τὸ δεῖπνον τούτῳ κομίζοντα. Οὕτως ἐκρυπωθέντες οἱ θεῖοι ἀπόστολοι τὴν αἴγλην τοῦ παναγίου Πνεύματος καὶ τὴν τῶν θαυμάτων ἐνέργειαν, ὡς εὐπάνορα καὶ στίλβοντα περιέθεντο, καὶ τὴν ὑπ' οὐρανοῦ ἅπασαν ὡς χωρίον τρυφῆς ἔθεντο, τοῦ Κυρίου κατατρυφῶντος· ἐν τῷ κηρύγματι, καὶ ἐνιδρουργοῦντος τὸ τῆς χάριτος εὐαγγέλιον. Οὕτως, οἱ ἐν σπηλαίοις, ἐν γῇ ἐρήμῳ καὶ ἀδιάτῳ ἀσκητικῶς ἐνεμάζοντες ἀπονίζονται τῇ κολυμβήθρᾳ τῶν ἀσκητικῶν ἱδρώτων καὶ δακρύων ἐγκυλιστῶντες, καὶ ἐκεῖθεν καθαροὶ καὶ ὁλόλευκοι ἀναβαίνοντες. Οὕτω δὴ καὶ ἡμᾶς διὰ ταῦτα χρεὼν λούεσθαι ἢ καθαίρεσθαι κτλ.

f. 174. Pergit, suadetque arcendas esse tam corporis voluptates, quam animae passiones, variasque fuse recenset conterendas.

(f. 175 aut omissum, aut praetermissum in duplici foliorum numeratione: prior quidem a 179 transit ad 180, sed posterior a 174 ad 176, quin rupta series videatur.)

f. 176. Disputat de mendacio, de multiplici peccato carnis, de vi et injuria; tum ad balneum reversus, convocat ad domum Dei, in qua abluant lacrymas et gemitus, ubi (f. 177 non signatur) f. 178, nuptiae agni celebrantur, victima immolatur et pascha mysticum. Nova sint omnia, vetera recedant. Commendat eleemosynas.

f. 179. Commemorat Syrum Neeman, balneo septemplici mundatum, disserit de mundis indumentis et de sacerdotum vestibus, in quibus sunt flumina (ποταμοί); (f. 180) de Christi

---

¹) Altera duorum plus minus versuum lacuna marginis udore corrupti. — ²) Ps. xxxiv, 13.

baptismo et columba Jordani insidente, de peccatrice lacrymis irrigante pedes Salvatoris de peccato contra Spiritum. (f. 181) Ad injustitias redit, ad justos et iniquos, (f. 182) ad inanes hominum curas, vitaeque fluxae vanitates, (f. 183) divitem pravum obiter carpit, ut in parabola, tum alia exempla Scripturae praebet, Abrahamum, Zachariam etc. (f. 184) Iterum de divite in bysso et purpura damnato, (f. 185) de pauperum beatitudine, de balneo et munditia, et de mystico pascha.

Διὰ τοῦτο παρεδόθη ἡμῖν ἡ νηστεία καὶ τὰ ἐπίπονα τῆς ἀσκήσεως ἀγωνίσματα· δι' ὧν καθαιρόμεθα, ὧν δὴ καὶ ἡμᾶς μεταποιήσωμεν, σπεύσωμεν κατὰ δύναμιν, ἵνα δι' αὐτῶν τὸν τῆς ἁμαρτίας νόμον ἐκ τῆς σαρκὸς ἡμῶν ἀποθλίψωμεν, καὶ δοχεῖα γενώμεθα πρὸς ὑποδοχὴν, ἐνταῦθα μὲν τοῦ πάσχα τοῦ μυστικοῦ, ἐκεῖθεν δὲ τῆς μακαρίας καὶ ἀκηράτου καὶ ἀϊδίου ζωῆς, ἧς γένοιτο πάντας ἡμᾶς ἐπιτυχεῖν ἐν Χριστῷ Ἰησοῦ Σωτῆρι καὶ Θεῷ ἡμῶν, ᾧ πρέπει δόξα τε καὶ προσκύνησις εἰς τοὺς αἰῶνας. Ἀμήν. Haec satis sunto, ut ex initio et clausola sermonum, codex melior detegatur.

AUCTARIUM VI.

Τοῦ ἁγιωτάτου ἀρχιεπισκόπου πάσης Βουλγαρίας κυροῦ Δημητρίου λόγος κατεχητήριος ἔννατος [1]).
Ejusdem sermo catecheticus IX.

Ἔθος εἶναι λόγον τοῖς ὄντως εὐθέρμων μαθημάτων προϊσταμένοις· ἔστι δὲ ὧν διαβαινούσων οὐχ ἅπαξ, οὐδὲ δὶς, οὐδὲ τρὶς, ἀλλὰ πολλάκις τὸν αὐτὸν τῆς διδασκαλίας λόγον τοῖς παρ' αὐτῶν παιδοτριβουμένων ἐπιμελῶς ἐνηχεῖν, καὶ πυκνὰ τοῦτον αὐτοῖς παρατίθεσθαι, ἵνα δηλαδὴ τὴν ἐνδελεχίαν τῆς διδασκαλικῆς φωνῆς ἀκριβὴς τούτοις ἡ τῆς προκειμένης τέχνης ἢ ἐπιστήμης ἀνάληψις γίνηται. Διδασκαλία γὰρ... ἐπίμονος βεβαιοῦσι τοῖς μαθητευομένοις τὰ διδασκαλικά, μὴ μόνον τοῖς ὀξυτέροις καὶ πρὸς ταῦτα ἔχουσιν εὐφυῶς, ἀλλὰ καὶ τοῖς ἥκιστον λαχοῦσι τὸν δρόμον τῆς φύσεως καὶ ὑστάτοις ἐλαύνουσιν· εἰ τοίνυν συχνῆς τριβῆ καὶ γυμνάσιον τὸ κράτος ταῖς ἐπιστήμαις καὶ τέχναις παρέχουσι, τὸ ἄρα περὶ τῆς πνευματικῆς ἀγωγῆς καὶ παραδόσεως φαίημεν ἄν, ἣν ὁ τῆς εὐσεβείας λόγος· τέχνην τε Χριστοῦ οἶδεν ὁρίζειν καὶ ἐπιστήμην ἐπιστημῶν, πάντως δήπου χρεὼν ἅπαντα πιστὸν ὁλοσχερῶς ταύταις ἀντιποιεῖσθαι καὶ

διπλῆ ἀνθ' ἁπλῶν τὴν ἐνταῦθα ποινὴν ἀναλαμβάνειν, ἐπεὶ δὲ τὸ τέλος αὐτῆς μακάριον καὶ πρὸς τὰ αἰώνια καταλύον σκηνώματα· ὥσπερ γὰρ βιωφελῆ τὰ κατὰ τὸν βίον ἐπιτηδεύματα, καὶ τούτων ἄνευ οὐκ ἂν εἴη τὸν βιωτικὸν ἄνθρωπον βίῳ ποριστᾶν, οὕτω δὴ ψυχωφελὴς ἡ κατὰ Θεὸν ἀγωγὴ, καὶ ταύτης χωρὶς οὐκ ἔστι εὑρεῖν εἴσοδον εἰς τὰς τῶν ἁγίων λαμπρότητας, ἐπειδὴ καὶ ἀρχηγὸς αὐτὸν καὶ τελειωτὴς Χριστός, ὁ μέγας καθηγητὴρ ἡμῶν καὶ διδάσκαλος πέφυκε, καὶ ὡς ἐν πυριφανέσι πίναξι τοῦ ἱεροῦ εὐαγγελίου ταύτην ἡμῖν παραδέδωκε, τὴν αὐτὴν οὖσαν εἰς τέχνην καὶ ἐπιστήμην· τέχνην μὲν διὰ τὸ κατὰ τὸ πρακτικόν· ἐπιστήμην δὲ, διὰ τὸ θεωρητικὸν καὶ τὰς περὶ θείων δογμάτων ἀναβαινούσας ἐννοίας, καὶ πᾶν ὑπεριπταμένας ὑλικὸν καὶ κάτω συρόμενον. Καὶ μή μοι τὸν λῃστὴν ἀντιπαραγάγῃς, εὐθυωρὸν καὶ ἀπονητὶ κληρονομήσαντα τὸν παράδεισον, ἢ τινα ἕτερον μετ' ἐκεῖνον ἐπιτυχόντα ῥᾳδίως

[1]) Ex cod. Ottob. 167 f. 165.

τῶν αὐτῶν ἀμοιβῶν τῷ πολυετῶς μαθητεύσαντι τῷ εὐαγγελίῳ Χριστοῦ καὶ πόνοις ἑαυτὸν παραβάλλοντι πολλοῖς. Εἰ γὰρ ἀκριβῶς σκοπήσεις, ἄρεστα λύσεις τὸ ἄπορον, πρὸς τὰς ὀξυτάτας δηλονότι καὶ βραδυτάτας τῶν μαθηματευομένων ἀποβλεψάμενος, ὡς ὁ λόγος ἀνόπιν ἐδήλωσε, καὶ τὸ τῆς γνώσεως ὀξυλάβον τῆς βραχυωρίας αἴτιον ἀκριβούμενος. Τί οὖν καινὸν, εἰ καὶ λῃστὴς τοιαύτην εἴληχὼς γνῶσιν καὶ ὥσπερ τινα διατριβὴν τὸν ἐν τῷ σταυρῷ κρεμασμὸν, ἠγγυσάμενος· [1] συνεσταυρωμένῳ, ὡς διδασκάλῳ Χριστῷ, μεμαθήτευκε καὶ τὰς ἥλων ἀλγηδόνας εἰς πόνους μαθητιῶντας μεθοδεύσας, ἄριστα προσήρμωσεν ἑαυτῷ, κατήγορος ἑαυτοῦ δηλαδὴ γεγονὼς, καὶ οὐκ ἀναξιοπαθεῖν καλῶς ἐγνωκὼς, καὶ οὕτω τοῖς πόνοις τούτοις τῇ τοῦ σταυροῦ αἰσχύνῃ καὶ τῇ ἐξαγορεύσει τῶν πονηρῶν αὑτοῦ πράξεων, τὴν ἐδὲμ ἐκληρώσατο;

Ὁρᾷς ὅπως· οὐδ' ὁ λῃστὴς ὧν μετέσχεν ἀγαθῶν ἀπόνως τετύχηκε, καὶ τὸ βραχὺ τῆς ὥρας, ἀντὶ μακροῦ χρόνου, τούτῳ γέγονε, διὰ τὸ τάχος τῆς γνώσεως καὶ ὅπως τοῦ διδασκάλου, σταυρὸς καὶ τὰ ἑπόμενα ὠτικὰ τὴν τούτου σύνεσιν οὐδ' ὅλως ἀνέτρεψαν. Εἰ βούλει δὲ, καὶ τῆς ἑνδεκάτης ὥρας ἀπομνημόνευσον, ἐν ᾗ τὸν ἴσον μισθὸν οἱ κατ' αὐτὴν ἐν τῷ παραβολικῷ ἀμπελῶνι γενόμενοι, τὸ βάρος τῆς ἡμέρας καὶ τὴν τοῦ καύσωνος [f. 166] διάστασιν ἐξημίσαντο .... λογισμὸν εὐσεβῆ διαιρεῖται διαλευκάνας τὸ τῆς .... παραδόξου σκοτεινόμορφον καὶ πρός γε συμβολεῖταί σοι Κύριος τὸ λαβεῖν εἰς νοῦν τοὺς μαθητὰς τοῦ σωτῆρος καὶ ἀποστόλους· ὧν ἔνιοι μὴ ἀναστᾶναν τοῖς αὐτοῦ θαύμασι προσφερόμενοι, ναὶ μὴν καὶ βραδύνοντες πρὸς τῆς οἰκονομίας κατάλυσιν ἥκευον· ποτὲ μὲν ὡς ἐπὶ τῆς ζύμης τῶν φαρισαίων, ὅτι οὔπω νοεῖται, οὐδὲ μνημονεύεται· ποτὲ δὲ ὡς ἐπὶ τῶν κοινοτάτων τὸν ἄνθρωπον ἔνδοθεν, τὸ, οὕτως

[1]) Cod. ἠγισάμινις.

καὶ ὑμεῖς εὐσύνετοί ἐστέ; Ἔστι δὲ καὶ τὸ· ὦ ἀνόητοι καὶ βραδεῖς τῆς καρδίας, περὶ τὸν Κλέοπαν εἰρημένον μετὰ τὴν ἔγερσιν, καὶ τὸ, ἀφέντες δὲ αὐτὸν πάντες, ἔφυγον ἐπὶ τῆς αὐτοῦ κατασχέσεως, τὸ ἀσθενὲς ἔτι τῆς τούτων παρίστησι γνώσεως. Ταῦτ' ἄρα καὶ ἡμεῖς εἰς διδασκάλους τεταγμένοι πνευματικοὺς, καὶ τὴν κατάκρισιν δεδοικότες τὴν ἐπηρταμένην τοῖς ῥᾳθυμοῦσι μυσταγωγοῖς, καὶ νῦν ὥσπερ δὴ καὶ τὰς παραχηκότας ἐνιαυτοὺς τὴν περὶ τῆς ἀγωγῆς καὶ παιδεύσεως, ὡς ἐξῆν, ἀνιστῶμεν παραίνεσιν· κἂν μακρὰν ἀφέστηκεν ἡμῶν τὸ τῆς προσηγορίας ταύτης ἐχέγγυον· ὅτι τε ἀσθενεῖς δηλονότι παρὰ τὸν λόγον ἡμᾶς, καὶ ὅτι τὸν βίον ἀνθιστάμενον ἔχομεν. Ἃ δὴ συμβαίνειν ἀλλήλοις χρεών, ἵνα τὸν διδάσκαλον ἀξιόπιστον φαίνωσι· δεῖ γὰρ τοῦτόν τι σιωπῶντα καὶ φθεγγόμενον ἑκάστῳ ὑποτιθέναι τὰ καθήκοντα καὶ λυσιτελῆ· ἐκεῖνο μὲν βίου καὶ πολιτείας λαμπρότατης, τοῦτο δὲ λόγου δυνάμει καὶ χάριτι. Τίνα γὰρ κατὰ τὸν εἰπόντα σοφὸν, μᾶλλον εὐφραίνει τὰ ἔργα τῆς ἀρετῆς, ἢ τὸν σύμπαντας ἀνθρώπους θεατὰς καὶ μάρτυρας ἔχοντα τῆς αὑτοῦ ψυχῆς. Πλὴν ἀλλ' ὡς | ἄρα ..... κατὰ τὸν ἔθος λαλήσομεν, καὶ οὐκ ἂν ὡς περιττὰ φθεγγόμενοι δόξωμεν, οὐδὲ τὸ περὶ τὴν ταυτολογίαν σιώπημα, τὸν δι' ὃς Κόρινθος ἢ Βάσκανος παροιμία προστρίψῃ ἡμῖν, ἀλλ' ἔσονται τὰ ἡμέτερα λόγια τοῖς μὲν εἰδόσι τοῦ κατ' αὐτοὺς μνήμονος, οἷον ἀναζωπύρησίς ἐστι· τοῖς δ' ἀγνοοῦσι στοιχείωσίς τις ἀναπυρὴ ἐστί· προσκέντημα, καὶ ἄρτοι πολλοὶ τῶν περωτισμένων, τοῦ μὲν θείου λουτροῦ τὴν χάριν ἐδέξαντο, τὴν πίστιν δὲ γυμνὴν παρέθεντο· ὡς τὰ ἑαυτῶν ἤθη τῆς τῶν ἀρετῶν γυμνασίας ἄγευστα περιφέροντες· οἱ διὰ τοῦτο χρὴ κατὰ συνέχειαν καὶ διδασκαλικῶς· περὶ τῶν αὐτῶν συγγίνεσθαι καὶ κατεπάδειν λογισμοῖς δι' ἐγέρσεως. ἐπεὶ καὶ μανθάνομεν πάλαι ἄνδρα σοφὸν διὰ χρόνου

πλείονος ἀκούοντα τοῦ Σωκράτους λέγοντος
περὶ δικαιοσύνης καὶ ἀρετῆς εἰπεῖν· Πάλιν
σὺ τὰ αὐτά, Σώκρατες. Τὸν δὲ γελάσαντα
φάναι· Οὐ τὰ αὐτὰ μόνον, ἀλλὰ καὶ περὶ
τῶν αὐτῶν, τοὺς καὶ ψευδομένους, φησί· Οἴ-
δαμεν πολλὰ καὶ ἄνομοια λέγοντας, τοὺς
δέ γε ἀληθεύοντας· ἕτερα τῶν ἀληθῶν, οὐκ
οἷόν τε εἰπεῖν, ὅτι καὶ ἰατρὸς καὶ κυβερνή-
της, ὁ μὲν οὐκ ἂν ἄλλους· ἀκούει ἢ λέγει
λόγους ἢ τοὺς περὶ ὑγείας καὶ νόσου σω...
.... ὁ δὲ τοὺς περὶ ὡρῶν καὶ
ἀνέμων καὶ ἄστρων, ὡς ἐκείνους ὑγιεῖν καὶ
ἰατροὺς, τούτους δὲ κυβερνήτας καὶ εἶναι
καὶ λέγεσθαι, ἀρκτέον οὖν ὧδε.

Τὸν παρόντα καιρὸν, ὦ ἱερὸν σύνταγμα,
τεσσαρακοστὴν τοῦ πάσχα οἱ θεῖοι ἀπόσ-
τολοι ἐν τοῖς ἱεροῖς κανόσιν αὐτῶν ὀνομά-
ζουσι· τετύπωται γὰρ προηγεῖσθαι ταύτας
τοῦ πάσχα δύων ἕνεκεν· ἑνὸς μὲν ὅτι τῶν
ἄλλων μυστηρίων περίεστι τὸ τῆς ἀναστά-
σεως· [f. 167] ὡς μακρότης καὶ τέλος τῆς
κατεχέσεως,

Alterum, quod oportet praeparari eos qui paschali mysterio communicant.... Laudat eos qui offensa dimittunt, ut Deus dimittat (f. 168) debita, quot et quanta recenset, maximo hypocrisin et (f. 169) vaniloquia... Memorat Danielis jejunium, Davidis poenitentiam, Pauli hortamenta. (f. 170) Commendat eleemosynas, ad thesaurum in coelis habendum. (f. 171) Pauperibus ea dentur quae saepius heu! meretricibus elargiri non timetur.

f. 172 Concludit. Ἐκ γὰρ τοῦ ἀρθρῆναι
τὰ ἄνω τὸν ὀφθαλμὸν ὁ ἄνθρωπος λέγεται·
τὸ γὰρ ἄνω βλέπειν τὸν ἄνθρωπον δύο ταῦ-
τα παρίστησι, τό τε συγγένειαν ἔχειν ἡμᾶς
πρὸς τὰς νοερὰς οὐσίας διὰ τὸ ἐν ἡμῖν τῆς
ψυχῆς νοερὸν· καὶ ὅτι δεῖ καὶ ἡμᾶς ἐπεί-
γεσθαι πρὸς τὰ οὐράνια, ἔνθα κατὰ Παῦ-
λον πρόδρομος· ἡμῶν ὁ Χριστὸς εἰσῆλθε
μετὰ τοῦ ἡμετέρου φυράματος· ἀλλὰ γὰρ
γένοιτο πάντας· ἡμᾶς τὸ κατ᾿ εἰκόνα Θεοῦ
τηρῆσαι ἀνόθευτον ἢ ἀχρειωθὲν φαύλαις
πράξεσιν, εὐαρέτοις ἀναμορφώσασθαι, καὶ
τῷ Χριστῷ παραστῆναι ἀμέμπτους καὶ κα-
θαροὺς, νῦν μὲν ἀνερχομένῳ ἐκ τάφου καὶ
κόσμον ὅλον τῷ φωτὶ τῆς ἀναστάσεως κα-
ταυγάζοντι· ὕστερον δὲ ἐξ οὐρανοῦ ἐρχομένῳ
μετὰ δόξης, ἵνα κρίνῃ ζῶντας καὶ νεκροὺς,
καὶ ἀποδώσῃ ἑκάστῳ κατὰ τὰ ἔργα αὐτοῦ,
αὐτῷ ἡ δόξα καὶ τὸ κράτος εἰς τοὺς αἰῶ-
νας. Ἀμήν.

AUCTARIUM VII.

Ἐπιστολαὶ τρεῖς κυροῦ (?) ἀρχιεπισκόπου Βουλγαρίας περὶ τῶν ἀζύμων καὶ σαββάτων πρὸς τοὺς Βενετίας καὶ Ῥώμης [1]).

Tres epistolae domni archiepiscopi Bulgariae de azymis et sabbatis ad eos qui Venetiis et Romae praesunt.

Ἡ τοῦ Θεοῦ μεγάλη ἀγάπη καὶ τὰ χρησ-
τὰ τῆς συμπαθείας σπλάγχνα ἔπεισεν ἡμᾶς
γράψαι πρὸς τὴν σὴν ἁγιότητα, καὶ διὰ σοῦ
πρὸς πάντας τοὺς ἀρχιερεῖς τῶν Φράγκων,
καὶ πρὸς αὐτὸν τὸν αἰδεσιμώτατον πάπαν,
ὑπομνῆσαι περὶ τε τῶν ἀζύμων καὶ τῶν
σαββάτων, ἃ μωσαϊκῶς [καὶ] ἀσυντηρήτως·[2])
ἐπιτελοῦντες, συγκοινωνεῖτε τοῖς Ἰουδαίοις.

Τὰ γὰρ ἄζυμα καὶ τὰ σάββατα ἐκεῖνοι
φυλάττειν παρὰ τοῦ Μωσέως ἀνετάχθησαν·

---

[1]) Ex Vatic. 712 f. 92, chartac. saec. xv, qui permultis, sed solitis compendiis obstetricatur. — [2]) Cod. ἀσυντηρίτως, fort. a συντηρία, unde συνέρχεις, traditio, ex quo ἀσυντηρητικός, ac fort. mel. ἀσυντηρητικῶς: absque traditione. Quidni ἀσυνέτως? Sed quid Byzantinis non fas est?

τὸ δὲ ἡμέτερον πάσχα ὁ Χριστός ἐστιν, ὃς ἵνα μὴ νομισθῇ ἀντίθεος, καὶ περιετμήθη, καὶ τὸ νομικὸν πάσχα ἐτέλεσε πρότερον· εἶτα ἐκεῖνο καταπαύσας, τὸ ἡμέτερον ἐκαινούργησε. Καὶ τοῦτο δῆλον ἀνθ' ὧν ἐν τῷ κατὰ Ματθαῖον εὐαγγελίῳ, περὶ τοῦ μυστικοῦ δείπνου διαλεγόμενος, ὁ θεῖος οὗτος εὐαγγελιστὴς οὕτως πως φησί[1]).

Τῇ δὲ πρώτῃ τῶν ἀζύμων προσῆλθον τῷ Ἰησοῦ οἱ μαθηταὶ αὐτοῦ, λέγοντες αὐτῷ· Κύριε, ποῦ θέλεις, ἑτοιμάσομέν σοι φαγεῖν τὸ πάσχα; Ὁ δὲ εἶπεν· Ὑπάγετε εἰς τὴν πόλιν πρὸς τὸν δεῖνα, καὶ εἴπατε αὐτῷ· Ὁ καιρός μου ἐγγύσας ἐστί, πρὸς σὲ ποιῶ τὸ πάσχα μετὰ τῶν μαθητῶν. Καὶ μετ' ὀλίγον· Ὀψίας δὲ γενομένης, ἀνέκειτο μετὰ τῶν δώδεκα, καὶ ἐσθιόντων αὐτῶν, εἶπεν· Ἀμὴν, ἀμὴν λέγω ὑμῖν, εἷς ἐξ ὑμῶν παραδώσει με. Καὶ μετ' ὀλίγα· Εἰπόντος τοῦ Ἰούδα· Μήτι ἐγώ εἰμι, ῥαββί; λέγει αὐτῷ· Σὺ εἶπας.

Μέχρι μὲν τούτου, ὦ τοῦ Θεοῦ ἄνθρωποι, τὰ νομικὰ πάσχα εἰσίν· εἶτα τὰ τοῦ μυστικοῦ καὶ ἡμετέρου προσθεὶς ὁ εὐαγγελιστὴς λέγει· Ἐσθιόντων δὲ αὐτῶν, λαβὼν ὁ Ἰησοῦς τὸν ἄρτον, ἔκλασε καὶ δέδωκε τοῖς μαθηταῖς αὐτοῦ, καὶ εἶπε· Λάβετε, φάγετε· τοῦτό μου ἐστὶ τὸ σῶμα, τὸ ὑπὲρ ὑμῶν κλώμενον. Καὶ λαβὼν ποτήριον, καὶ εὐχαριστήσας, ἔδωκεν αὐτοῖς λέγων· Πίετε ἐξ αὐτοῦ πάντες· τοῦτό μου ἐστὶ τὸ αἷμα, τὸ τῆς καινῆς διαθήκης[2]).

Εἰπὼν δὲ " καινῆς „ ἔδειξεν ὅτι τὰ τῆς παλαιᾶς παρῆλθε καὶ ἐπαύθη. Ὁρᾶτε πῶς τὴν γνώμην (?) αὐτοῦ ἐπὶ τῆς καινῆς διαθήκης ἐκάλεσε, ὡς ζωτικὸν καὶ ὡς ἔμπνουν καὶ ὡς θερμόθυτος ἐμποιητικόν· ὁ γὰρ ἄρτος, ἐκ τοῦ αἴρω, τὸ ἐπαίρω καὶ φέρω ἐπὶ τὰ ἄνω λέγεται, ἀπὸ τῆς ζύμης καὶ τοῦ ἅλατος τὴν θερμότητα καὶ τὴν ἔπαρσιν

ἔχων. Τὰ δὲ ἄζυμα οὐδὲν διαφέρει λίθου ἀψύχου καὶ πηλοῦ πλινθίνου καὶ κεράμου, κάτω προσκολλώμενα τῇ γῇ, ναὶ τῷ καταξήρῳ πηλῷ προσφυόμενα, ἅτινα καὶ μετὰ νηστείας καὶ πικρίδων ὁ Μωσῆς ἐσθίειν τοῖς ἀθλίοις Ἰουδαίοις ἅπαξ τοῦ ἐνιαυτοῦ ἐνομοθέτησε, λέγων ὅτι κακοπαθείας ταῦτα καὶ λύπης σύμβολα εἰσίν. Εἰ γὰρ καὶ ἐπὶ τῆς παλαιᾶς οἱ ἄρτοι τῆς προθέσεως ἄρτοι λέγονται, ἀλλὰ καταχρηστικῶς καὶ ἀδιαφόρως οὕτω λέγονται, ὡς τό· "Ἄρτον οὐρανοῦ ἔδωκεν αὐτοῖς, καὶ ἄρτον ἀγγέλων ἔφαγεν ἄνθρωπος[3]· Καί· Ἐγενήθη τὰ δάκρυά μου ἐμοὶ ἄρτος, ἡμέρας καὶ νυκτός[4]· τὸ μάννα δὲ διὰ τούτων δηλοῦται. Τὸ δὲ ἡμέτερον πάσχα χαρὰ καὶ εὐφροσύνη ὅλον ἐστί, καὶ ἐπαίρει ἡμᾶς ἀπὸ τῆς γῆς διὰ τῆς χάριτος πρὸς τὸν οὐρανὸν, ὥσπερ καὶ ζύμη διὰ τῆς ἰδίας θερμότητος τὸν ἄρτον, ὃς καὶ ἅλατος καὶ ζύμης μετέχων, πάσης ἡδύτητος ἀνάμεστός ἐστι· τὸ δὲ ἄζυμον μήτε ἅλς, μήτε ζύμην ἔχον, πηλός ἐστι ξηρός.

Ἢ οὐκ ἀκούετε τοῦ Χριστοῦ τοῖς μαθηταῖς λέγοντος· Ὑμεῖς ἐστε τὸ ἅλας τῆς γῆς[5]; Καί· ὅτι ὁμοιώθη ἡ βασιλεία τῶν οὐρανῶν ζύμῃ, ἣν λαβοῦσα γυνή, ἔκρυψεν εἰς ἀλεύρου σάτα τρία, ἕως οὗ ἐζυμώθη ὅλον[6]. Γυναῖκα τὴν ἁγίαν ἐκκλησίαν καλεῖ· σάτα τρία τρεῖς εἰσὶ μόδιοι, πληρέστατοι ὑπάρχοντες, τὴν χάριν οἱ κρυφιομύσται· τὸν Πατέρα καὶ τὸν Υἱὸν καὶ τὸ ἅγιον Πνεῦμα αἰνίττονται, ἐν οἷς· καὶ ἡμεῖς πνευματικῶς ἀεὶ ζῶμεν καὶ κινούμεθα καὶ ἐσμέν[7], ὧν οὐδόλως τὸ πήλινον ἄζυμον μετέχει. Εἰ γὰρ κακὸν ἦν τὸ ἅλς καὶ ἡ ζύμη, διὰ τί ὁ Χριστὸς ἐν τοῖς ὀνόμασι τούτοις τοὺς μαθητὰς ἁλατώσας, καὶ τῇ χάριτι τοῦ ἁγίου ἀναζυμώσας Πνεύματος, φῶς αὐτοὺς τοῦ κόσμου καὶ ζωὴν τέθεικεν;

Ἀλλ' ὅρα πάλιν τί ψάλλων περὶ τοῦ

---

[1]) Matth. XXVI, 17-25. — [2]) Synoptica miscuit cum I Cor. XI, 23. — [3]) Psalm. LXXVII, 25. — [4]) Ps. XLI, 4. — [5]) Matth. V, 13. — [6]) Matth. XIII, 33. σάτα sic cod. — [7]) Act. XVII, 23.

Χριστοῦ λέγει ὁ Δαυίδ· Σὺ εἶ ἱερεὺς εἰς τὸν αἰῶνα κατὰ τὴν τάξιν Μελχισεδέκ ¹), ὃς πρὸ τοῦ Μωσέως καὶ Ἀβραὰμ ἀπό τε τοῦ οὐρανοῦ καὶ τῆς γῆς καὶ τῶν λοιπῶν κτισμάτων γνοὺς τὸν Θεὸν, παρθένος καὶ ἀγενεαλόγητος ἐν τοῖς λογίοις φερόμενος, καὶ ἀρχιερεὺς λεγόμενος· ²), ἀναστὰς ἔθυσεν αὐτῷ ἄρτον καὶ οἶνον ³), τὴν καθ' ὑμῶν ἐν τούτοις ἐν πνεύματι καὶ ἀληθείᾳ θείαν λατρείαν ἄνωθεν προτυπῶν· διὰ τοῦτο λέγει ὁ θεῖος ἀπόστολος, ὅτι ἡ μὲν τελείωσις διὰ τῆς λευιτικῆς ἀρχιερωσύνης ἦν ⁴), οὐκ ἂν κατὰ τὴν τάξιν Μελχισεδὲκ, ἱερεὺς ὁ Χριστὸς ἐλέγετο, καὶ ὅτι μετατιθεμένης τῆς ἱερωσύνης, ἐξ ἀνάγκης καὶ νόμου μετάθεσις γίνεται· παυθέντος οὖν τοῦ νόμου, κατὰ τὸν αὐτὸν ἀπόστολον περὶ τούτων διαλεγόμενος ἐν τῇ περικοπῇ τῇ ἀναγινωσκομένῃ κατὰ τὴν ἁγίαν καὶ μεγάλην πέμπτην λέγει· Ἀδελφοί ⁵), ἐγὼ παρέλαβον ἀπὸ τοῦ Κυρίου, ὃ καὶ παρέδωκα ὑμῖν, ὅτι ὁ Κύριος ἐν τῇ νυκτὶ ᾗ παρεδίδοτο ἔλαβεν ἄρτον, καὶ εὐχαριστήσας, ἔκλασε καὶ εἶπε· Λάβετε, φάγετε, τοῦτό μου ἐστὶ τὸ σῶμα, τὸ ὑπὲρ ὑμῶν κλώμενον τοῦτο ποιεῖτε εἰς τὴν ἐμὴν ἀνάμνησιν. Ὁμοίως καὶ περὶ τοῦ ποτηρίου, ὃ ἡ καινὴ διαθήκη ἐστὶν ἐν τῷ ἐμῷ αἵματι. Τοῦτο ποιεῖτε, ὁσάκις ἂν πίνητε, εἰς τὴν ἐμὴν ἀνάμνησιν· ὁσάκις γὰρ ἂν ἐσθίητε τὸν ἄρτον τοῦτον, καὶ τὸ ποτήριον τοῦτο πίνητε, τὸν θάνατον τοῦ Κυρίου καταγγέλλετε. Τὰ δὲ ἄζυμα οὔτε ἀνάμνησιν ἔχουσι τοῦ Κυρίου, οὔτε τὸν θάνατον αὐτοῦ εὐαγγέλλουσιν, ὡς μωσαϊκὸν, καὶ πρὸ χιλίων ἑξακοσίων ἐτῶν νομοθετηθέντα, καὶ διὰ τῆς καινῆς διαθήκης, ἤγουν τοῦ εὐαγγελίου, καταργηθέντα καὶ παυθέντα.

Καὶ τὸ σάββατον πῶς κατὰ τὴν ἁγίαν τεσσαρακοστὴν Ἰουδαϊκῶς φυλάττετε; ἢ οὐκ ἀκούετε τοῦ εὐαγγελίου λέγοντος ⁶) ὅτι ἐρχόμενοι οἱ μαθηταὶ ἐν τοῖς σάββασι, ἤρξαντο ὁδὸν ποιεῖν, τίλλοντες τοὺς στάχυας καὶ ἐσθίοντες; Τί ἐστιν τὸ ὁδὸν ποιεῖν, ἢ τὴν οὕτω· ἀρχὴν τῆς καταλύσεως τοῦ νόμου, τὴν οὕτω· σαββάτου ἐποίουν κατάλυσιν, ὁδὸν εἰς ἀθέτεσιν τοῦ νόμου εἰσάγοντες; Ἔλεγον καὶ Ἰουδαῖοι πρὸς τὸν Χριστόν· Ὁρᾷ· τί οὗτοι ποιοῦσιν ἐν τοῖς σάββασιν; Ὁ δὲ εἶπε· Ναὶ, ἢ οὐκ ἀκούετε τί ἐποίησεν Δαυῒδ, ὅτε ἐπείνασεν αὐτὸς καὶ οἱ μετ' αὐτοῦ, πῶς εἰσῆλθεν εἰς τὸν ναὸν, καὶ τοὺς ἄρτους τῆς προθέσεως ἔφαγε; καὶ τὰ ἑξῆς. Καὶ ὅτι τὸ σάββατον διὰ τὸν ἄνθρωπον ἐγένετο, οὐχ ὁ ἄνθρωπος διὰ τὸ σάββατον ⁷). Οἱ δὲ ἔλεγον· Ὅτι ὁ ἄνθρωπος οὗτος οὐκ ἔστιν ἐκ τοῦ Θεοῦ, ὅτι τὸ σάββατον οὐ τηρεῖ. Καὶ πάλιν εἰπόντι τῷ Χριστῷ ἐν τῷ σαββάτῳ τῷ ἐξηραμένην ἔχοντι τὴν χεῖρα· Ἔκτεινόν σου τὴν χεῖρα ⁸). Ὁμοίως· καὶ τῇ ἀσ[θενείᾳ] δαιμονίῳ πνεύματι συνεχομένῃ σαββάτῳ καθαρίσαντι καὶ γογγυζόντων Ἰουδαίων καὶ τὰ ὅμοια λεγόντων, λέγει ὁ Χριστός ⁹)· Ὑποκριταί, ἕκαστος ὑμῶν τῷ σαββάτῳ οὐ λύει τὸν ὄνον ἀπὸ τῆς φάτνης, ἢ καὶ τὸν βοῦν αὐτοῦ, καὶ ἀπηγαγὼν ποτίζει αὐτόν; καὶ πῶς τοῦ παραλύτου ὁμοίως, ὃν ὑγιῆ ἐν σαββάτῳ ἐποίησε;

Καὶ διὰ τοῦτο οἱ τὰ σάββατα μετὰ τῶν ἀζύμων φυλάττοντες, καὶ λέγοντες εἶναι χριστιανοί, οὔτε Ἰουδαῖοι, οὔτε χριστιανοὶ καθαροί εἰσιν, ὅμοιοι ὄντες δορᾷ παρδάλεως, ὡς ὁ μέγας λέγει Βασίλειος, ἧς ἡ θρὶξ οὔτε μέλαινά ἐστι, οὔτε δι' ὅλου λευκή.

Πῶς δὲ καὶ τὰ πνικτὰ οἱ τοιοῦτοι ἐσθίουσιν, οἷς τὸ αἷμα συγκείμενον; ἢ οὐκ οἴδατε ὡς παντὸς ζώου τὸ αἷμα ψυχὴ αὐτοῦ ἐστι ¹⁰), καὶ ὅτι ὁ ἐσθίων αἷμα, ψυχὴν ἐσθίει; Πλὴν κρέα γὰρ, φησὶν ἡ θεία γραφὴ, ἐν αἵματι ψυχῆς οὐκ ἔδεσθε ¹¹). Καὶ γὰρ τὸ ὑμέτερον αἷμα ἐκζητήσω ἐκ χειρὸς τῶν θηρίων, καὶ

---

¹) Ps. cix, 4. — ²) Hebr. vii, 1. — ³) Genes. xiv, 18. — ⁴) Ibid. — ⁵) i Cor. xi, 23-26. — ⁶) Matth. xii, 1-4. — ⁷) Marc. ii, 27. — ⁸) Matth. xii, 10. — ⁹) Luc. xiii, 15. — ¹⁰) Levit. xvii, 11. — ¹¹) Genes. ix, 5.

ἐκ χειρὸς ἀνθρώπου ἀδελφοῦ αὐτοῦ ἐκζητήσω αὐτό. Καὶ πάλιν κατὰ τοῦτο, οὐδὲ ἐθνικοὶ καθαροὶ εἰσί· κἀκεῖνοι γὰρ σφάττοντες οἱ πλείονες ἐσθίουσι. Καὶ οὔτε Ἰουδαῖοι καθαροί· κἀκεῖνοι γὰρ οὔτε τὸ αἷμα. οὔτε τὰ πνικτὰ ἐσθίουσιν. Ἀλλ᾽ οὔτε χριστιανοὶ καθαροί, κρᾶσιν θολερὰν καὶ σύγχυσιν τῇ θρησκείᾳ αὐτῶν εἰσάγοντες, καὶ τὸ κατ᾽ εἰκόνα τῆς ὀρθοδόξου πίστεως ἀπολλύοντες.

Ὅτι δὲ καὶ τὸ ἀλληλούϊα κατὰ τὴν τεσσαρακοστὴν ψάλλετε, ἀλλὰ κατὰ πάσχα μόνον, ὅπερ ἑρμηνεύεται· Ὁ Κύριος ἦλθε, καὶ αἰνεῖτε, ὑμνεῖτε, εὐλογεῖτε αὐτὸν· κατὰ τοῦτο γοῦν, μηδὲ τό· Θεὸς κύριος καὶ ἐπεφάνη ἡμῖν, μηδὲ τό· εὐλογημένος ὁ ἐρχόμενος ψάλλετε. Καὶ τοῦτο γὰρ ἀλληλούϊα ἐστί. Τίς ἡ τοσαύτη ὑμῶν ἐπὶ τῶν τοιούτων πλάνη; οὐκ ἀναβλέψετε; οὐ νοήσετε; οὐ διορθώσεσθε ἑαυτούς; καὶ τὸν λαόν, ὡς μέλλοντες κριθῆναι περὶ τούτων ὑπὸ τοῦ Θεοῦ; οὐ καταλείψετε τὸ λέγειν, ὅτι οὕτω Πέτρος καὶ Παῦλος καὶ οἱ λοιποὶ ἀπόστολοι καὶ ὁ Χριστὸς ἐδίδαξε· καὶ αἱ ἁγίαι καὶ οἰκουμενικαὶ ἑπτὰ σύνοδοι κυρώσασαι ἐδεβαίωσαν· καὶ ἡ ἁγία καὶ καθολικὴ ἐκκλησία ἐδείξατο καὶ φυλάττει θεοσεβῶς· καὶ ὑμεῖς διορθωσάμενοι εὐσεβῶς φυλάττετε. Τὰ δὲ ἄζυμα καὶ τὴν φυλακὴν τῶν σαββάτων ἀπορρίψατε τοῖς ἀθέοις Ἰουδαίοις· ὁμοίως καὶ τὰ τῶν πνικτῶν τοῖς ἀπίστοις βαρβάροις·

ἐάσατε ἔθνεσιν, ἵνα καλῶς καὶ συνετῶς σωφρονήσαντες γένησθε μεθ᾽ ἡμῶν καθαροὶ ἅπαντες, διὰ τῆς ὀρθῆς καὶ ἀμωμήτου πίστεως, μία ποίμνη ἑνός· τοῦ καλοῦ καὶ ἀληθοῦς ποιμένος Χριστοῦ, τοῦ μὴ θέλοντος τὸν θάνατον τοῦ ἁμαρτωλοῦ, ὡς τὸ ἐπιστρέψαι καὶ ζῆν αὐτόν, ἐν τῷ ἐπὶ σταυροῦ θείῳ αἵματι συγκραθέντι δοξάσωμεν τὸν Πατέρα καὶ τὸν Υἱὸν καὶ τὸ ἅγιον Πνεῦμα, πάντα τὸν μωσαϊκὸν νόμον καὶ τὰς ἐκείνου παρατηρήσεις καταλιπόντες τοῖς Ἰουδαίοις, οἵτινες ὡς τυφλοὶ ψηλαφῶντες τοῖχον, τὸ φῶς ἀφέντες, προσμένουσι τῇ σκιᾷ, ὡς ἄφρονες ἀεί ποτε καὶ ἀσύνετοι.

Ταῦτα, ὦ ἄνθρωπε τοῦ Θεοῦ, πολλάκις ἀναγνοὺς καὶ αὐτὸ μετὰ τοῦ ἰδίου λαοῦ καὶ διδάξας οὕτως αὐτούς, καὶ διορθωσάμενος μεταγραφῆναι πρόσταξον ἐν πολλοῖς ἰσοτύποις, οὕτως ἔχοις τὴν σωτηρίαν τῆς ἑαυτοῦ ψυχῆς, καὶ ἀπόστελλε τοῖς ἀρχιερεῦσι τῶν ἐπισκοπῶν, τοὺς κατὰ τὴν Ἰταλίαν θρόνων, καὶ ὅρμιζε αὐτοὺς διορθοῦσθαι ἅπαντας, ἵνα μέγιστον μισθὸν καὶ ἐν τούτοις ὥσπερ καὶ ἐν τοῖς λοιποῖς σου καλοῖς ἔχῃς. Καὶ εἰ τοῦτο ποιήσεις, προσθήσω καὶ διὰ δευτέρας γραφῆς τὰ μείζονα καὶ τελειώτερα τούτων εἰς ἔνδειξιν πρόδηλον τῆς ἀληθοῦς καὶ θείας πίστεως, καὶ δόξαν Θεοῦ, καὶ τῶν σωτηρίαν καλῆς καὶ ὀρθοδόξης πίστεως [ὁδὸν] αἱρουμένων, ὑπὲρ ὧν Χριστὸς εὐκαίρως ἔθηκε τὴν αὐτοῦ ψυχήν.

AUCTARIUM VIII.

Ἐπιστολὴ τοῦ αὐτοῦ περὶ τῶν αὐτῶν.
Ejusdem de iisdem [1]).

Εὐλογητὸς ὁ Θεός, ὅτι ἔδωκεν ἡμῖν καιρόν, ὦ ἄνθρωποι τοῦ Θεοῦ, εἰπεῖν πρὸς ὑμᾶς μικρά τινα, καὶ ἔτι διὰ γραφῆς περὶ τῶν ἀζύμων· ἀλλὰ μικρὸν ἄνωθεν ἀρξώμεθα σαφῶς καὶ εὐκόλως λέγειν περὶ τούτων.

Δύο λαοὺς οἶδεν ἡ θεία γραφή, ἕνα τῶν Ἰουδαίων καὶ ἕτερον τὸν ἐξ ἐθνῶν, καὶ δύο διαθήκας, μίαν τὴν παλαιὰν καὶ ἑτέραν τὴν καινήν. Πῶς, καὶ διὰ τί; ἐπειδὴ γὰρ πάντες οἱ ἐξ Ἀδὰμ γεννηθέντες πορνείαις καὶ

[1]) Ex cod. Vatic. 712 fol. 94.

ἀσελγείαις καὶ μοιχείαις ἑαυτοὺς κατερύπωσαν, κα. διὰ τοῦ κατακλυσμοῦ ἀπώλοντο, ἔπειτα καὶ οἱ ἀπὸ τῶν τριῶν υἱῶν τοῦ Νῶε γεννηθέντες, καὶ τὸν κόσμον πληρώσαντες, ταῖς αὐταῖς ἀσελγείαις καὶ ἀζωτίαις καὶ ταῖς εἰδωλολατρείαις ἑαυτοὺς κατεμόλυναν, καὶ οὔτε ἐκ τῆς γλωσσῶν συγχύσεως, οὔτε ὁ τῶν Σοδόμων ἐμπρυσμὸς, οὔτε ἀλλὰ πολλὰ εἰς παίδευσιν παρὰ τῆς ἄνωθεν προνοίας γινόμενα αὐτοὺς ἐσωφρόνισε, τότε διὰ τὸ πρὸς ἡμᾶς αὐτοῦ ἔλεος· ὁ Θεὸς ἐκάλεσε τὸν Ἀβραὰμ ἀπὸ τῆς Περσίδος, καὶ εἶπεν αὐτῷ [1]· Ἔξελθε ἐκ τῆς γῆς σου καὶ ἐκ τῆς συγγενείας σου, καὶ δεῦρο εἰς γῆν ἥν ἄν σοι δείξω, καὶ ποιήσω τὸ σπέρμα σου ὡς τὰ ἄστρα τοῦ οὐρανοῦ, καὶ ὡς τοὺς ἄμμους τοὺς παρὰ τὸ χεῖλος θαλάσσης. Καὶ κατήγαγε τὸ σπέρμα αὐτοῦ εἰς Αἴγυπτον, καὶ ἐδούλευσεν ἐν αὐτῇ τῷ πηλῷ καὶ τῇ πλινθείᾳ ἔτη τετρακόσια τριάκοντα. Καὶ ἐβόησαν πρὸς Κύριον θλιβόμενοι, καὶ ἐλέησεν αὐτοὺς ὁ Θεὸς, καὶ ἀπέστειλε τὸν Μωυσῆν, καὶ ἐξήγαγεν αὐτοὺς διὰ τῆς ἐρυθρᾶς θαλάσσης ἀπὸ τῆς Αἰγύπτου, καὶ δέδωκεν αὐτοῖς τὸν νόμον τὸν παλαιὸν, ἔχοντα μικρὰ καὶ ἐλαφρά.

Καὶ λέγει περὶ τούτου ὁ Θεολόγος Γρηγόριος, "ὅτι ἐπειδὴ πάντες ταῖς θυσίαις τῶν εἰδώλων προσέκειντο ἄνθρωποι, καὶ οὐκ ἦν δυνατὸν εἰς τελείαν πίστιν αὐτοὺς ἐπανελθεῖν, ὥσπερ οὖν οὐδὲ ἵππος θρασὺς τὸν χαλινὸν καταδέξεται δίχα κολακείας καὶ τῆς κατ' ὀλίγον ἡμερότητος, τὴν ἐπίγνωσιν αὐτοῦ δέδωκεν αὐτοῖς ὁ Θεὸς διὰ τοῦ νόμου, τὰς δὲ θυσίας συνεχώρησε γίνεσθαι· ἔπειτα ὅτε ἦλθε καιρὸς ἐπὶ τὸ εὐαγγέλιον μετένεγκε, καὶ οὕτω γεγόναμεν ἀντὶ ἑλλήνων Ἰουδαῖοι, καὶ ἀντὶ Ἰουδαίων νέος λαὸς ἅπαντες τοῦ Χριστοῦ ,.

Ἀλλὰ τέως εἴπωμεν περὶ τῶν ἀζύμων· ἐπειδὴ γὰρ ἡ Αἴγυπτος πᾶσα εἰδωλομανὴς λίαν ἦν, καὶ ἐν αὐτῇ χρονίσαντες Ἰσραηλῖται ἔθυσαν κἀκεῖνοι τοῖς γλυπτοῖς αὐτῶν καὶ τοῖς δαιμονίοις αὐτῶν· θέλων ὁ Θεὸς δι' αἰσθητοῦ πράγματος, νομοθετῆσαι αὐτοῖς, μηδόλως τῆς κακίας τῶν Αἰγυπτίων μετέχειν προσέταξε, καὶ δέδωκεν αὐτοῖς διὰ τοῦ μωσαϊκοῦ νόμου, μηδόλως ζύμην ἀπὸ τῆς Αἰγύπτου καταλαβεῖν· διὰ τοῦτο οἰκονομῶν, τὸ μηδεμίαν αὐτοὺς ἔχειν κοινωνίαν μήτε τῆς εἰδωλολατρείας, μήτε τῆς ἄλλης κακίας καὶ πονηρίας τῶν Αἰγυπτίων, καὶ ἐν ἑπτὰ ἡμέραις μόναις προσέταξεν αὐτοὺς ταῦτα ἐσθίειν μετὰ πικρίδων, κἂν οἱ Φράγγοι καὶ οἱ Λογγίβαρδοι δι' ὅλης τῆς ζωῆς αὐτῶν ἐσθίοντες ταῦτα οὐκ αἰσχύνονται.

Διὰ τί δὲ ἐν ἑπτὰ ἡμέραις; ἵνα διὰ τὴν τοιαύτην κακουχίαν καταλείπωσιν αὐτὰ, καὶ ἔλθωσιν ἐπὶ τὸ ἡδὺ καὶ θεῖον καὶ ἡμέτερον πάσχα. Καὶ ἔλεγεν ὁ νομοθέτης ὁ Μωϋσῆς καὶ ἄλλα μὲν πολλὰ περὶ τοῦ Χριστοῦ, δεικνύων ὅτι μέλλει καταλυθῆναι ὁ νόμος ὁ παλαιός· ἔλεγε δὲ καὶ τοῦτο [2] ὅτι προφήτην ὑμῖν ἀναστήσει Κύριος ὁ Θεὸς, ὡς ἐμὲ, αὐτοῦ ἀκούσεσθε κατὰ πάντα, καὶ ἔσται πᾶσα ψυχὴ, ἥτις οὐκ ἀκούσει τοῦ προφήτου ἐκείνου ἐξολοθρευθήσεται ἀπὸ τῆς γενεᾶς αὐτῆς.

Ὁρᾶτε πῶς περὶ τοῦ Χριστοῦ ἐνταῦθα φανερῶς λέγει ὅτι μέλλει παῦσαι τὸν μωσαϊκὸν νόμον, καὶ στῆσαι τὸ εὐαγγέλιον, καὶ ἀπειλαῖς ταῖς ἀπὸ τοῦ νόμου καὶ ἐνδίκοις ταῖς τιμωρίαις καθυποβάλλειν τὸν μὴ διὰ τῆς ἀποβολῆς τοῦ νόμου τῇ νέᾳ χάριτι προσεχόμενον. Καὶ διὰ τί, τοῦ νόμου ὑπὸ τοῦ Χριστοῦ παυθέντος, ἐπιτελεῖτε ὑμεῖς τὰ ἄζυμα, ὡς Ἰουδαῖοι καὶ οἱ πεπλανημένοι Ἀρμένιοι; ἢ οὐκ ἀκούετε τοῦ Χριστοῦ λέγοντος, ἐν τῷ εὐαγγελίῳ· Προσέχετε ἀπὸ τῆς ζύμης τῶν φαρισαίων [3] ἤγουν τῶν Ἰουδαίων· Οὐ μᾶλλον γὰρ διὰ τὴν ὑπόκρισιν καὶ τὴν ἄλλην κακίαν ταῦτα λέγει, ἢ διὰ τὴν τοῦ νόμου ἄκαιρον παρατήρησιν. Οὐκ ἀκούετε τοῦ ἀποστόλου Παύλου λέγοντος [4]· Ἀδελφοὶ, ὁ παρέλαβον ἀπὸ τοῦ Κυρίου καὶ

---

[1] Genes. XII, 1. — [2] Deuter. XVIII, 18. — [3] Matth. VI, 11. — [4] I Cor. XI, 23-26.

παρέδωκα ὑμῖν, ὅτι ὁ Κύριος, ὅταν ἔμελλεν ἐπὶ τὸ πάθος ἐλθεῖν, ἔλαβεν ἄρτον καὶ ἔκλασε, καὶ εἶπε· Λάβετε, φάγετε. Ὁμοίως καὶ τὸ ποτήριον ἔλαβε καὶ εἶπε· Πίνετε ἐξ αὐτοῦ, τοῦτο ἐστὶ τὸ αἷμά μου, τοῦτο ποιεῖτε εἰς τὴν ἐμὴν ἀνάμνησιν· ὁσάκις γὰρ ἂν ἐσθίητε τὸν ἄρτον τοῦτον καὶ τὸ ποτήριον τοῦτο πίνητε, τὸν ἐμὸν θάνατον ὑπαγγέλλετε.

Ἀλλ' ἐνταῦθα μοι ἐμβλέψατε εἰς τὸ ὕψος τοῦ οὐρανοῦ· φοβήθητε τὸν Θεόν, καὶ νοήσατε· οὐκ ἦν ὁ Παῦλος Ἰσραηλίτης φυλῆς βενιαμίτιδος; καὶ πῶς οὐκ εἶπε· Ἐγὼ παρέλαβον ἀπὸ τοῦ Μωσέως τὰ ἄζυμα; ἀλλ' εἶπε Παῦλος· " Ἐγὼ παρέλαβον ἀπὸ τοῦ Κυρίου¹) „ Πάλιν πῶς οὐκ εἶπεν ὅτε ἐξήρχετο ἐκ τῆς Αἰγύπτου ὁ Μωσῆς, ἀλλ' " ὅτε ἐξήρχετο ὁ Χριστὸς ἐπὶ τὸ πάθος,,; παρέλαβε δὲ τί; ἄρτον καὶ οἶνον ἐν τοῖς θείοις μυστηρίοις. Ἀνάμνησιν τοῦ Κυρίου ἐπιτελεῖς. Πῶς εἶπεν " ἀνάμνησιν τοῦ Κυρίου,, καὶ οὐκ εἰς ἀνάμνησιν τοῦ Μωσέως; Πῶς δὲ πάλιν εἶπεν· " Ὁσάκις ἂν ἐσθίητε τὸν ἄρτον τοῦτον, ἐμὸν θάνατον καταγγέλλετε, τὴν ἐμὴν ἀνάμνησιν ἐπιτελεῖτε,, καὶ οὐκ εἶπε· τὴν τοῦ Μωσέως θάνατον ἐπιτελεῖτε; οὐ γὰρ ὁ Μωϋσῆς δι' ἡμῶν, ἀλλ' ὁ Χριστὸς ἀπέθανε.

Καὶ τοῦτο λέγει πάλιν ὁ Παῦλος· ὅτε ἤμην νήπιος ²), ὡς νήπιος ἐφρόνουν, ὡς νήπιος ἐλογιζόμην. Ὅτε γέγονα ἀνὴρ κατὰ Χριστόν, κατήργηκα τὰ τοῦ νηπίου, ἤγουν τὰ ἄζυμα καὶ τὰ λοιπὰ τοῦ νόμου ἐντάλματα.

Διὰ τί δὲ καὶ ἐν τοῖς θείοις μυστηρίοις ἡμεῖς ἱερεῖς, ἐν ταῖς εὐχαῖς τοῦ ἁγίου Βασιλείου καὶ τοῦ θείου Χρυσοστόμου λέγομεν· Καὶ ἔλαβεν ἄρτον, καὶ τὰ λοιπά; ὁμοίως καὶ τὸ ποτήριον, καὶ τὰ λοιπά; καὶ γὰρ πάντες οἱ θεῖοι καὶ θεοφόροι πατέρες, τῇ διδασκαλίᾳ καὶ τῇ παραδόσει τῶν ἁγίων ἀποστόλων στοιχοῦντες, παρέδωκαν ἡμῖν ἄρτον καὶ οἶνον ἐν τοῖς θείοις μυστηρίοις μετὰ εὐχῶν ἐπιτελεῖν, οὐχὶ τὰ ἄζυμα, οὐδὲ

ὅσα ὁ νόμος ὁ παλαιὸς ἔλεγε· κατηργήθησαν γὰρ ταῦτα διὰ τοῦ ἁγίου εὐαγγελίου καὶ πέπαυται καὶ οἴχηται, καὶ οὐδὲν ἐξ αὐτῶν ποιεῖν ὀφείλομεν, ἵνα μὴ συνεορτάζωμεν τοῖς Ἰουδαίοις καὶ τοῖς Ἀρμενίοις καὶ τοῖς Ἰακωβίταις καὶ τοῖς λοιποῖς.

Ἢ οὐκ ἀκούητε τοῦ θεολόγου Γρηγορίου λέγοντος εἰς τὸν Χριστός γεννᾶται, " τὰ ἀρχαῖα παρῆλθον, ἰδοὺ γέγονε τὰ πάντα καινά, τὸ γράμμα ὑποχωρεῖ, τὸ πνεῦμα πλεονεκτεῖ· αἱ σκιαὶ παρατρέχουσι „. Σκιὰν καὶ γράμμα καὶ τύπον τὸν μωσαϊκὸν νόμον ἀποκαλεῖ· πνεῦμα δὲ τὸ ἅγιον εὐαγγέλιον, διὰ τοῦτο λέγει· τὸ γὰρ νομικὸν πάσχα τέλος, καὶ λέγω· τύπου τύπος ἦν ἀτελέστερος, οἷον τὰ ἄζυμα τοῦ νόμου τύπος ἦν τοῦ ἡμετέρου πάσχα· ὁ δὲ τύπος οὐ σώζει τὸ πρωτότυπόν πως· οὔτε ἅλς, τὸ ἄζυμον, οὔτε ζύμην, οὔτε ἔπαρσιν ἐφ' ὕψους ἔχει, μονονουχὶ τὸ εἶναι φύραμα πάλινον ἐξ ἀλεύρου.

Πάλιν καὶ τὸ ἡμέτερον πάσχα τύπος ἐστι τοῦ ὁρανίου· ἐκεῖσε δὲ πάσχα, ἀλλ' ἐκεῖνο πάλιν τὸ πάσχα ὑπέρτερον τοῦ ἡμετέρου τοῦ νῦν ἐπιτελουμένου παρ' ἡμῶν· διὰ τοῦτο λέγει ὁ Χριστὸς πρὸς τοὺς ἀποστόλους· "ἀπαρτι οὐ μὴ πίω ἐκ τοῦ γεννήματος τῆς ἀμπέλου πάντως, ἕως ἂν αὐτὸ πίνω καινὸν μεθ' ὑμῶν ἐν τῇ βασιλείᾳ τοῦ Πατρός μου· καινὸν δὲ εἰπών, ἔδειξεν ὅτι ἄλλο παρὰ τοῦτο πάλιν τὸ πάσχα ἐκεῖνο ἐστί. Οὐχ ὁρᾶτε πῶς; κατὰ μικρὸν ὁ Θεὸς ἡμῶν ἀπὸ τῆς κατ' ἀρετὴν παιδικῆς ἡλικίας ἐπὶ τὴν μείζονα, καὶ ἀπ' ἐκείνης πάλιν ἐπὶ τὴν τελειωτέραν ἀνάγων, ἄνδρας τελείους ποιεῖ, οὕτω; καὶ γὰρ ἀπὸ τῶν εἰδώλων ἔφερεν εἰς τὰ ἄζυμα καὶ τὰς θυσίας, καὶ ἀπὸ τῶν ἀζύμων πάλιν ἀνῆξεν ἐπὶ τὰ ἅγια αὐτοῦ θεῖα μυστήρια, καὶ ἀπ' ἐκείνων πάλιν μέλλει ἡμῖν καινά, ἤγουν καινούργια δοῦναι ἐν τῇ βασιλείᾳ αὐτοῦ;

Εἴπω μὲν πάλιν καὶ περὶ τῶν δύο λαῶν, ὃν ὁ μὲν ἦν ὁ τῶν Ἰουδαίων καυχώμενος

---

¹) 1 Cor. xi, 23. — ²) 1 Cor. xiii, 11. — ³) Matc. xiv, 25.

τῷ νόμῳ τῶν ἀζύμων· ὁ δὲ ἕτερος, ἦν ὁ ἐξ ἐθνῶν, ἤγουν πάντες ἡμεῖς, οἱ τῷ Χριστῷ πιστεύσαντες, μήτε ἄζυμα ἔχοντες, μήτε νόμον μωσαϊκὸν μήτε Θεὸν γινώσκοντες· ἐπεὶ δὲ τοῦ Χριστοῦ παραγινομένου, καὶ ἐβαπτίζοντο καὶ ἐξ Ἰουδαίων τινές, ἐβαπτίζοντο δὲ καὶ οἱ ἐξ ἐθνῶν· ἔλεγον οἱ ἐξ Ἰουδαίων βαπτισθέντες καὶ ζηλωταὶ ἔτι τοῦ μωσαϊκοῦ νόμου ὑπάρχοντες· πρὸς τὸν ἐξ ἐθνῶν βαπτισθέντα, ὅτι ἐὰν μὴ περιτέμνησθε καὶ φυλάσσητε βαπτιζόμενοι τὸν νόμον τὸν μωσαϊκόν, σωθῆναι οὐ δύνασθε. Καὶ ἐκ τούτου διέστρεψαν πολλοὺς πείθοντες· περιτέμνεσθαι καὶ τὰ σάββατα τηρεῖν· διὰ τοῦτο οἱ θεῖοι ἀπόστολοι ἀκούσαντες περὶ τούτων, καὶ γινώσκοντες ὅτι οἱ ἐθνικοὶ προσκυνοῦντες τὰ εἴδωλα, ἐσθίουσι μὲν τὸ πνικτὸν καὶ αἷμα, ὡς καὶ νῦν οἱ Φράγγοι ποιοῦσιν ἄζυμα καὶ σάββατα καὶ τὰς λοιπὰς παρατηρήσεις τοῦ νόμου, οὐκ οἴδασιν εἶναι ὅλως· ἔγραψαν πρὸς αὐτούς· διὰ Παύλου καὶ Βαρνάβα καὶ Σίλα καὶ Σιλουανοῦ¹)· Ἀνεμάθομεν διὰ τῶν ἀποσταλέντων πρὸς ἡμᾶς ὅτι τινὲς τῶν ἐξ Ἰουδαίων θέλουσιν ὑμᾶς διαστρέψαι καὶ πείθουσι περιτέμνεσθαι καὶ φυλάσσειν τὸν νόμον, οἷς ὅλως μὴ προσέχετε, μηδὲ τοῦ μωσαϊκοῦ νόμου τι ποιήσετε, φεύγοντες καὶ μισοῦντες τήν τε πορνείαν καὶ τὸ πνικτὸν καὶ τὸ αἷμα, οἷς ὅτε ἔθνη ἄνομα ἦτε, κατεχραίνεσθε· ταῦτα γὰρ ποιοῦντες, καὶ μηδέν τι ἄλλο, εὐπράξετε.

Ταῦτα πλατύτερον εὑρήσετε, ἀναγνόντες τὴν βίβλον τῶν πράξεων τῶν θείων ἀποστόλων, καὶ γνώσεσθε ἀναγνόντες οἵαν πλάνην πλανῶνται οἱ λέγοντες εἶναι χριστιανοί, καὶ ἐσθίοντες μετὰ Ἰουδαίων κακορρόνως τὰ ἄζυμα.

Ἤθελον δὲ κἀγὼ πλατύτερον περὶ τούτων γράψαι· ἀλλ' ἐπεὶ λέγει ἡ θεία γραφή· δίδου σοφῷ ἀφορμήν, καὶ σοφώτερος ἔσται²), διὰ τοῦτο τὰ πολλὰ καὶ καταλιπών, ἐκεῖνο μόνον λέγω, ὅτι ἐπόρνευσέ τις περὶ Κωρινθίοις, καὶ ἀκούσας τοῦτο ὁ Παῦλος, ἔγραψεν αὐτοῖς³)· Ὅλως ἀκούεται ἐν ὑμῖν πορνεία, καὶ τοιαύτη πορνεία ἥτις οὐδὲ ἐν τοῖς ἔθνεσι ὀνομάζεται. Ἢ οὐκ οἴδατε ὅτι μικρὰ ζύμη ὅλον τὸ φύραμα ζυμοῖ; Τί λέγει ἐνταῦθα; μὴ βλέπετε ὅτι εἷς ἐπόρνευσε; τοῦτο γάρ ἐστι ἡ μικρὰ ζύμη· ἀλλ' ὅτι ἡ ἀπ' ἐκείνου αἰσχύνη ὅλους ἡμᾶς αἰσχύνει, καὶ ἀχρείους ποιεῖ, καὶ ἐπιφέρει λέγων· Ἐκκαθάρατε οὖν τὴν παλαιὰν ζύμην. Τί ἐστι ἡ παλαιὰ ζύμη; ἡ ἁμαρτία ἣν οἱ ἀπὸ τοῦ Ἀδὰμ διὰ τῆς παραβάσεως παραλαβόντες μέχρι τοῦ νῦν ποιοῦντες ἐξ ἀμελείας καὶ ῥαθυμίας οὐ παυόμεθα· ἐκείνην γὰρ καλεῖ παλαιὰν ζύμην, ἵνα ἦτε, φησί, νέον φύραμα. Καὶ γὰρ τὸ πάσχα ἡμῶν ὑπὲρ ἡμῶν ἐτύθη Χριστός· ὥστε ἑορτάζωμεν μὴ ἐν ζύμῃ κακίας καὶ πονηρίας, ἀλλ' ἐν ἀζύμοις εἰλικρινείας καὶ ἀληθείας, ἤγουν καθαρᾷ· καὶ ὀρθῆς πίστεως· καὶ ἀρετῆς κατὰ Θεὸν τὸ λαμπρὸν καὶ καθαρὸν καὶ διαυγὲς καὶ μηδένα ῥύπον ἀπὸ δόλου καὶ πονηρίας, τῆς κατὰ ψυχὴν ἐχούσης. Βλέπετε τίνα ζύμην καλεῖ ὁ θεῖος ἀπόστολος; κακίαν καὶ τὴν πονηρίαν. Δύο οὖν ζῆμαι εἰσί, μία μὲν ἡ κατ' ἀρετήν, ἐν ᾗ καὶ ζυμωθέντες οἱ θεῖοι ἀπόστολοι δι' ὅλου τοῦ Θεοῦ καὶ τῆς ἀρετῆς γεγόνασιν ὡς φωστῆρες ἐν κόσμῳ λάμψαντες, καθὼς νοεῖται τό· ὁμοιώθη ἡ βασιλεία τῶν οὐρανῶν τῇ ζύμῃ⁴)· ἑτέρα ζύμη ἡ τῆς κακίας ἐν ᾗ ζυμωθεὶς Ἰούδας παρέδωκε τὸν Χριστόν, καὶ οἱ λοιποὶ οἱ κατ' ἐκεῖνον τοῖς ὁμοίοις μολυνόμενοι πάθεσι· διὰ τοῦτο παλαιὰν ζύμην τῆς κακίας καλεῖ, καὶ διδάσκει παρατρέχειν τὰ μωσαϊκά, ὡς κακίαν καὶ ψεῦδος, ἤγουν τὰ ἄζυμα, ἐπιτελεῖν δὲ τὰ θεῖα μυστήρια ἃ καὶ ὁ Χριστὸς τελέσας καὶ τοῖς ἑαυτοῦ μαθηταῖς παραδούς, καὶ ἡμῖν δι' ἐκείνων τὴν θείαν αὐτῶν διὰ τὴν οἰκείαν φιλανθρωπίαν παρέπεμψε χάριν.

---

¹) Act. xv. Const. apost. lib. vi. *Juris eccl. Gracc.* t. i, 919. — ²) Prov. ix, 9. — ³) i Cor. v, 1, 6, 7. — ⁴) Luc. xiii, 21.

Ταῦτα, ὦ φίλοι καὶ δοῦλοι τοῦ Θεοῦ, μετὰ σπουδῆς καὶ πόνου ἀναγνόντες, τοὺς ἀγνοοῦντας διδάξατε καὶ διορθώσασθε, ἵνα καὶ ἡμᾶς καὶ ἑαυτοὺς κἀκείνους υἱοὺς καὶ κληρονόμους ποιήσητε τῆς οὐρανίου βασιλείας· καὶ ἐὰν τοῦτο γένηται, προσθήσω διὰ τρίτης γραφῆς πλατυτέρα περὶ τούτων καὶ θεολογικώτερα, εἰ θέλει Θεὸς εἰς τὸν μετέπειτα καὶ δι' ἑτέρας γραφῆς διηγήσασθαι εἰς δόξαν τοῦ Θεοῦ καὶ Πατρὸς καὶ τοῦ Κυρίου ἡμῶν Ἰησοῦ Χριστοῦ καὶ τοῦ ζωοποιοῦ καὶ παναγίου αὐτοῦ Πνεύματος, καὶ εἰς ἡμέτερον καύχημα καὶ σωτηρίαν ψυχῆς τὴν προσγινομένην ὑμῖν διὰ τῆς ὀρθῆς καὶ ἀμωμήτου πίστεως, νῦν καὶ εἰς τοὺς αἰῶνας. Ἀμήν.

AUCTARIUM IX.

Τοῦ αὐτοῦ τρίτη ἐπιστολὴ περὶ τῶν αὐτῶν.
Ejusdem epistola III *de iisdem.*

Ἀδελφοί, μὴ παιδία γίνεσθε ταῖς φρεσί, Παῦλος ὁ θεῖος ἀπόστολος φησί[1]), ἀλλὰ τῇ κακίᾳ νηπιάζετε, ταῖς δὲ φρεσὶ τέλειοι γίνεσθε. Τέλειος δὲ πῶς ἂν γένοιτό τις χριστιανὸς εἶναι λεγόμενος, καὶ μὴ τελείαν τὴν κατὰ Χριστὸν ἔχων πίστιν; ἥτις οὔτε ἐκ τῆς περιτομῆς, οὔτε ἐκ τῆς ἀκροβυστίας μετέχειν ὀφείλει· ἐν γὰρ Χριστῷ, λέγει πάλιν ὁ αὐτὸς ἀπόστολος, οὔτε περιτομή τι ἰσχύει, οὔτε ἀκροβυστία, ἀλλ' ἡ καινὴ πίστις, δι' ἀγάπην ἐνεργουμένη [2])· περιτομὴ δὲ ὅλως ὁ παλαιὸς νόμος λέγεται, ἀκροβυστία δὲ ἡ τῶν ἐθνῶν καὶ ἑλλήνων θρησκεία. Ἀφ' οὗ οὐδὲν ὅλως ἡ κατὰ Χριστὸν μετέχει πίστις. Διὰ τοῦτο πάλιν ὁ αὐτὸς φησὶν ἀπόστολος· Ἐν γὰρ Χριστῷ Ἰησοῦ διὰ τοῦ εὐαγγελίου ἐγὼ ὑμᾶς ἐγέννησα [3]) τὸ γὰρ " ἐν Χριστῷ Ἰησοῦ „, διὰ τοῦ εὐαγγελίου, καὶ τὸ " ἐγὼ ὑμᾶς ἐγέννησα „ δείκνυσι ὅτι ὅλους δι' ὅλου ἀμετόχους τῆς περιτομῆς, ἤγουν τοῦ μωσαϊκοῦ νόμου καὶ τῆς ἀκροβυστίας, ἤγουν τῆς ἑλληνικῆς θρησκείας, ἡ κατὰ Χριστὸν πίστις ἡμᾶς συνέχουσα, υἱοὺς καὶ κληρονόμους τῆς βασιλείας ἐπεργάζεται· οὐκ ἔστιν οὖν ἡμῖν, οὐ μὲν οὖν οὐκ ἔστι τοῦ μωσαϊκοῦ νόμου ὅλως μετέχειν, ἀλλ' ὑπεράνω τούτου ὡς τελείους πολιτεύεσθαι, καὶ τὴν κατὰ πνεῦμα τελείαν λατρείαν τῷ Θεῷ ἀκίβδηλον καὶ καθαρὰν προσάγειν. Καὶ ὅτι οὐκ ἔξεστι τοῦ μωσαϊκοῦ νόμου οὐδέν, οὐ μικρόν, οὐ μέγα τοῦ παλαιοῦ νόμου διατηρεῖν, μηδὲ φυλάττειν, οὕτω γνώσεσθε......

f. 100, legem ergo per omnia antiquari renunciat, solum vivificari spiritum novae legis, nova esse omnia; f. 101, in solo Christo vivendum, in quo omnes gentes benedicuntur, in quo liberamur a servitute legis; f. 102, in quo crucifixi, mundo morimur, sublata circumcisione cum preputio, de qua re Paulus cum Petro certavit, Petrus ex visione animalium edoctus est. f. 103. Videte proscribi azyma et sabbata ex synodo Hierosolymorum. f. 104. Jam unus est populus, haeres bonorum coelestium.

Ἀπαιτήσει τοὺς ἐξ ἐθνῶν βαπτιζομένους περιτομήν, ἢ ἄζυμα, ἢ σάββατα, ἢ νεομηνίας ἢ παρατηρήσεις νομικὰς φυλάττειν, οἷς οἱ ἐμμένοντες μεματαίωνται, νήπιοι ἀντὶ ἀνδρῶν καὶ ἀτελεῖς ὄντες ἀεὶ καὶ γινόμενοι· ἡμεῖς δὲ δόξαν ἀναπέμψωμεν τῷ τῶν ὅλων Θεῷ, διὰ σπλάγχνα ἐλέους αὐτοῦ τοὺς δύο λαοὺς εἰς ἓν διὰ τοῦ ἁγίου βαπτίσματος συναγαγόντες, τοὺς ἐξ ἐθνῶν καὶ τοὺς Ἰουδαίων ἀφ' ὧν καὶ μία ποίμνη γενόμενοι

---

[1]) Galat. VI, 15. — [2]) 1 Cor. XIV, 20. — [3]) 1 Cor. IV, 15.

ἵνα καὶ ποιμένα ἔχει τὸν Κύριον ἡμῶν Ἰησοῦν Χριστὸν, τὸν χωρὶς νόμου καὶ τῶν ἐν αὐτῷ σκιωδῶν παρατηρήσεων σῶσαι ἡμᾶς δι' ἑαυτοῦ καὶ τῆς ἐν αὐτῷ θείας πίστεως εὐδοκήσαντα, δι' ἧς ἡμῶν ἡ βασιλεία τῶν οὐρανῶν ἀποκεκλήρωται καὶ τὰ ἐν αὐτῇ μόνιμα καὶ αἰώνια ἐκεῖθεν ἀγαθὰ ἄφθονα καὶ θεῖα τεταμίευται εἰς δόξαν τοῦ ἀνάρχου Πατρὸς καὶ τοῦ μονογενοῦς αὐτοῦ Υἱοῦ καὶ τοῦ ἁγίου Πνεύματος τῆς μισθότητος καὶ ἐξουσίας καὶ δυνάμεως, ᾗ πρέπει πᾶσα δόξα, τιμὴ καὶ προσκύνησις εἰς τοὺς αἰῶνας. Ἀμήν.

AUCTARIUM X.

Ἑτέρα ἐπιστολὴ περὶ τῶν αὐτῶν καὶ περὶ σαββάτων νηστείας, γάμου ἱερέων καὶ τελείας ἀναφορᾶς ἐπὶ τῶν πανσέπτων καὶ ἱερῶν νηστειῶν [1]).

Altera epistola de iisdem azymis et sabbatis, tum de jejunio, de sacerdotum nuptiis et de plena liturgia in venerandis et sacris jejuniis.

Εἰ ἔστι σοι σύνεσις, φησὶν ὁ σοφός, ἀποκρίθητι τῷ πλησίον, καὶ μὴ κωλύσεις λόγον ἐν καιρῷ σωτηρίας [2]). Τοῦτο καὶ Πέτρος ἡ τῶν κορυφαίων ἀκρότης, οὕτω προτρεπόμενος λέγει Ἕτοιμοι ἦτε πρὸς ἀπολογίαν ἀεὶ παντὶ τῷ αἰτοῦντι ὑμᾶς λόγον περὶ τῆς ἐν ὑμῖν ἐλπίδος [3]) μετὰ πρᾳότητος καὶ φόβου, ἵνα οὐ μὴ κἂν κενοὶ συνέσεως· καὶ τῆς προσηκούσης ἀπολογίας ὀφθῶμεν Ῥωμαίοις, ἄρτι πρὸς ἡμᾶς ἐπιδημηκόσι διὰ τοῦ εὐλαβεστάτου πατρὸς καὶ ἀδελφοῦ Βασιλείου προηγουμένου τῶν κατὰ τὸν ἅγιον ἐκεῖσε Βενεδικτον ἱερῶν μοναστῶν, καὶ διὰ τοῦ θεοφιλεστάτου ἐπισκόπου Βάρης, προτεινομένων ἡμῖν τινῶν κεφαλαίων εἰσζήτησιν τῶν εἰς τὴν ἐκκλησιαστικὴν αὐτῶν ἱεραρχίαν τελουμένων, φημὶ δὴ τῶν ἀζύμων, τῆς τοῦ σαββάτου νηστείας, τοῦ γάμου τῶν ἱερέων, καὶ τῆς ἐν τῷ καιρῷ τῆς πανσέπτου νηστείας τελουμένης πρὸς αὐτοὺς τελείας καθ' ἑκάστην μυσταγωγίας· οὕτως πρὸς αὐτοὺς κατὰ τὴν ἄνωθεν χορηγίαν τοῦ Πνεύματος λόγον ποιούμεθα, τοῦτο αὐτοῖς ἐκ προοιμίων δεικνύοντες διὰ προφητικῶν καὶ ἀποστολικῶν ἀποδείξεων ἀντεχομένοις ἐκ μέρους τῆς παλαιᾶς διαθήκης, ὡς πέπαυται μὲν καὶ πεπλήρωται τὰ τοῦ παλαιοῦ ἀτελῆ παρὰ τοῦ τὰ πάντα πεπληρωκότος Χριστοῦ, καὶ τελείου Θεοῦ· πολιτεύεται δὲ παρρησίᾳ τὰ τῆς καινῆς διαθήκης κατὰ τὸν νυμφαγωγὸν Παῦλον τῆς ἐκκλησίας οὕτω βοῶντα· Τὰ ἀρχαῖα παρῆλθε [4]), ἰδοὺ γέγονε τὰ πάντα καινά. Ἀλλὰ δότε μοι τὴν ἀκοὴν ἕτοιμον εἰς ὑποδοχὴν τοῦ λόγου, τὸν τούτου νοῦν

---

[1]) Ex eodem Vatic. 717 f. 104-121. Quum fol. 99 tres tantum epistolae Bulgarorum episcopo tribuantur, aegre tuli quartam illam addere, caeteris cunctis prolixiorem. Si quis vero concesserit tres priores Demetrio esse jure ascriptas, eidem omnino scriptori quarta ascribatur, eaeeo videtur. Immo suspicio est malo dividi priores, tertiam secundae conjungi posse, ultimam vero eamdem esse quae in clausula secundae multo cum ambitu nuntiatur uti ampliorem et theologice longe locupletissimam. Dijudicent lectores. Argumentum de azymis extenditur ad jejunia sabbati et quadragesimae, et ad matrimonia sacerdotum. Mirum est in omnibus hisce epistolis, quibus praecipua cum Graecis disputatio acerrime ventilatur, silentium fieri tum de primatu pontificis, tum de Spiritus sancti decantata processione. Auget stuporem novus litigantium chorus, episcopus nempe Barensis et monachi S. Benedicti, quos esse Casinenses, autumare in promptu est, quamvis obstet nomen Basilii abbatis. — [2]) Eccles. v, 14. — [3]) 1 Petr. III, 15. — [4]) II Cor. v, 17.

συνεχῶς ἀνιχνεύουσαν, τὸν λογισμόν τε μέσον κριτὴν ὥσπερ ἱστάμενον, καὶ τὴν δύναμιν τῶν λόγων εὐδιακρίνοντα. Ἄρξομαι δὲ οὕτως.

I.

Ἄνδρες Ῥωμαῖοι, ὅσοι τε πρὸς ἡμᾶς ἥκετε, καὶ ὅσοι ταῖς πόλεσιν ἡμῶν ἐνδημεῖτε φιλευσεβεῖς καὶ φιλακρεάμονες, ἡ πρώτη καὶ μεγάλη τῶν πιστῶν ἐκκλησία, ἀφ᾽ ἧς ἡμῖν ἄνωθεν ὡς ἑωσφόρος ὁ μέγας ἔλαμψε Κωνσταντῖνος, ἐν ᾗ τοῦ λόγου οἱ μεγάλοι φωστῆρες, οἱ ὀφθαλμοὶ τοῦ Θεοῦ τῆς οἰκουμένης, αἱ σάλπιγγες τὸ τῶν ἱερῶν πόνων κατάλυμα πεποιήκασι, παρ᾽ ἧς ὁ ποταμὸς τοῦ Θεοῦ πληρωθεὶς τῶν ὑδάτων τοῦ Πνεύματος πᾶσαν τὴν γῆν τῆς τῶν πιστῶν ἐκκλησίας κατήρδευσεν, οὗ καὶ τὰ ὁρμήματα ταύτην, ὡς μεγάπολιν Θεοῦ, κατευφραίνουσιν, ἴστε ὡς οὐδὲν κοινὸν ἡμῖν, πιστοῖς οὖσι καὶ ἀπὸ Χριστοῦ καλουμένοις, καὶ τῶν Ἰουδαίων τοῖς παλαιοῖς ἐθίμοις, πάλαι καλῶς τῶν τῆς λευιτικῆς λατρείας αὐτῆς ἀποβληθέντων παρὰ Θεοῦ καὶ πρὸ τῆς ἐπιδημίας τοῦ Λόγου, καθὰ διακεκράγασιν οἱ κατ᾽ ἐκείνην τρανῶς προφητεύσαντες.

Καὶ πρῶτον μὲν γεγονότερον . . . τῆς σάλπιγγος διὰ Ἡσαΐου [1]). Τί μοι πλῆθος, φησί, τῶν θυσιῶν ὑμῶν; πλήρης εἰμι ὁλοκαυτωμάτων κριῶν· καὶ στέαρ ἀρνῶν καὶ αἷμα ταύρων καὶ τράγων οὐ βούλομαι, οὐδὲ ἐὰν ἔρχησθε ὀφθῆναί μοι· τίς γὰρ ἐξεζήτησε ταῦτα ἐκ τῶν χειρῶν ὑμῶν; πατεῖν τὴν αὐλήν μου οὐ προσθήσεσθε ἔτι· ἐὰν φέρητέ μοι σεμίδαλιν, μάταιον θυμίαμα, βδέλυγμά μοί ἐστιν, τὰς νεομηνίας ὑμῶν καὶ τὰ σάββατα μισεῖ ἡ ψυχή μου, καὶ ἡμέραν μεγάλην οὐκ ἀνέχεται, νηστείαν καὶ ἀργίαν καὶ τὰς ἑορτὰς ὑμῶν βδελύττομαι, ἐγενήθητέ μοι εἰς πλησμονήν „.

Εἶτα δι᾽ ἑτέρου [2])· Ἵνα τί μοι λίβανον φέρεις, φησί, ἐκ Σαβὰ καὶ κιννάμωμον ἐκ γῆς μακρόθεν; τὰ ὁλοκαυτώματα ὑμῶν οὐκ ἔστι δεκτά, αἱ θυσίαι ὑμῶν οὐκ ἥδυνάν με, συναγάγετε μετὰ θυσιῶν ὑμῶν τὰ ὁλοκαυτώματα ὑμῶν, καὶ φάγετε τὰ κρέα, ὅτι οὐκ ἐνετειλάμην ὑμῖν, ἡνίκα ἐξήγαγον ὑμᾶς ἐκ τῆς Αἰγύπτου περὶ ὁλοκαυτωμάτων καὶ θυσιῶν. Καὶ πάλιν· Ἀπόστησαν ἀπ᾽ ἐμοῦ ἦχος ᾠδῶν σου, καὶ ψαλμῶν ὀργάνων σου οὐκ ἀκούσομαι.

Καὶ διὰ Ἰερεμίου [3])· Ἐγκαταλέλοιπα τὸν οἶκόν μου καὶ τὴν κληρονομίαν μου· ἀνήσω τὸν ἀμπελῶνά μου, καὶ οὐ μὴ τμηθῇ, οὐδ᾽ οὐ μὴ σκαφῇ, καὶ ἀναβήσεται εἰς αὐτὸν ὡς εἰς χέρσον ἀκάνθων· καὶ ταῖς νεφέλαις ἐντελοῦμαι μὴ βρέξαι ὑετὸν εἰς αὐτόν.

Τοίνυν δὲ ἐπεὶ ἐν πάσαις ταῖς θείαις γραφαῖς ὁμοίως ὁ Θεὸς τὰς θυσίας αὐτῶν ἀπαναίνεται διὰ τὸ ἐξαμαρτάνειν αὐτοὺς εἰς αὐτόν· Θυσίαι γάρ, φησίν, ἀσεβῶν βδέλυγμα Κυρίῳ [4]), καὶ γὰρ παρανόμως ταύτας προσφέρουσι, καὶ πάλιν· Θυσίαι αὐτῶν ὡς ἄρτος πένθους αὐτῶν [5]), πάντες οἱ ἐσθίοντες αὐτὰς μολυνθήσονται. Οὐδεμία ἡμῖν κοινωνία, ὡς εἴρηται, υἱοῖς φωτὸς καὶ ἡμέρας, καὶ τῆς σκιᾶς ἐλευθερωθεῖσι τοῦ νόμου, καὶ αὐτοῖς τοῖς ἔτι ἐν τῷ σκότει καὶ τῇ σκιᾷ καθημένοις Ἰουδαίοις· ποιούντων γὰρ ὑμῶν καὶ ἐσθιόντων τούτων τὰ ἄζυμα, καὶ νηστευόντων τὰ σάββατα, ποιεῖν ἐστι πάντως καὶ φυλάττειν τὰ τοῦ νόμου σὺν αὐτοῖς, τοῖς ἔτι ἐν τῷ σκότει, καὶ τῆς δουλείας τούτω τὰ ἐπιτίμια, ἀλλ᾽ οὐκ ἔξεστι οὕτω ποιεῖν τοῖς ἐλευθέροις ἡμῖν.

Φησὶ γὰρ ὁ Θεῖος Ἰάκωβος [6])· Οὕτω λαλεῖτε, καὶ οὕτω ποιεῖτε, ὡς διὰ νόμου ἐλευθερίας μέλλοντες κρίνεσθαι· εἰ γὰρ πνεύματι περιπατοῦμεν, τί ἡμῖν καὶ τοῖς χοϊκοῖς; ἢ οὐκ οἴδατε ὅτι τὸ μὲν γράμμα τοῦ νόμου αὐτῶν κατὰ τὸν θεῖον ἀπόστολον ἀποκτέ-

---

[1]) Is. I, 11-14 cum varietatibus et omiss. — [2]) Jerem. VI, 20. — [3]) Jerem. locus fugit. — [4]) Prov. XXI, 27. — [5]) Osee IX, 4. — [6]) Jac. I, 25

νει ¹), τὸ δὲ πνεῦμα, ὃ ἡμεῖς ἔχομεν, ἀπὸ Χριστοῦ ζωοποιεῖ, ὡς ἀπὸ γῆς ἀνυψοῦν, καὶ πρὸς οὐρανοὺς ἀναβιβάζον τοὺς κεκτημένους αὐτό· εἰ καὶ ἡ σὰρξ μὲν τῆς τοῦ νόμου θυσίας κατὰ τὸν τοῦ Κυρίου λόγον οὐδὲν ὠφελεῖ, τὸ δὲ πνεῦμα ἐστὶ τὸ ζωογονοῦν τὰς καρδίας ἡμῶν, ἐπώμεθα προθύμως αὐτὸ, ἵνα καὶ δουλεύειν Θεῷ ἐν καινότητι φαινώμεθα πνεύματος, καὶ μὴ παλαιότητι γράμματος κατηργηθέντα πάλαι δῆλον, ὅτι ἀπὸ τῆς τοῦ νόμου καὶ τοῦ γράμματος παλαιότητος.

Ὁ γὰρ νόμος, ὥς φησι Παῦλος ²), διόλου πνευματικός ἐστι, καὶ πνευματικῶς ὑφ' ἡμῶν κρίνεται, καὶ πνευματική ἐστιν ἡ πρὸς Θεὸν λατρεία ἡμῶν· ἐπεὶ καὶ τὸ λογικὸν ἄδολον γάλα, ὅ ἐστι τὸ σῶμα τοῦ Χριστοῦ τρώγομεν, ὡς Πέτρος ἡμῖν μεμυσταγώγηκε γράψας ³)· Ἀποθέμενοι οὖν πᾶσαν κακίαν, φησί, καὶ πάσας καταλαλίας, ὡς ἀρτιγέννητα βρέφη, τὸ λογικὸν ἄδολον γάλα ἐπιποθήσατε, ἵνα ἐν αὐτῷ αὐξηθῆτε εἴπερ ἐγεύσασθε ὅτι Χριστὸς ὁ Κύριος. Καὶ μετ' ὀλίγα· Ἀνενέγκαι θυσίας πνευματικὰς εὐπροσδέκτους· τῷ Θεῷ διὰ Ἰησοῦ Χριστοῦ. Ὅρα ὅτι πνευματικὰς εἶπε, καὶ οὐ νομικάς· εἰ γὰρ σάρκα Χριστοῦ ἐσθίομεν, τοῦ θελείου ἀνθρώπου καὶ θελείου Θεοῦ, ζώσαντι σαρκὶ ζῶμεν τῇ ἐμψύχῳ Θεοῦ. Καὶ ἀζύμοις, ὦ Ῥωμαῖοι, μετέχετε, ὑπὸ τὴν σκιὰν ἔτι τοῦ νόμου ἐστὲ, καὶ τράπεζαν Ἰουδαίων ἐσθίετε, οὐχὶ δὲ Θεοῦ λογικὴν, ζῶσαν, καὶ ἡμεῖς τοῖς πεπιστευκόσι ἀνθρώποις ἐπιούσιόν τε καὶ ὁμοούσιον, καθὼς τὸν ἄρτον τὸν ἐπιούσιον ἐξαιτεῖσθαι ἄνωθεν ἐδιδάχθητε.

Τί γάρ ἐστιν ὁ ἐπιούσιος; εἰ μὴ ὅτι ὁ ἡμῖν ὁμοούσιος; ἕτερος δὲ οὐδείς ἐστιν ἡμῖν ὁμοούσιος ἄρτος, ἀλλ' ἢ τὸ σῶμα τοῦ Χριστοῦ, ὡς ὁμοουσίου γεγονότος ἡμῖν, κατὰ τὴν σάρκα τῆς αὐτοῦ ἀνθρωπότητος. Εἰ ἐμψυχής ἐστιν ἡ οὐσία τοῦ ἡμετέρου φυράματος, ἣν ὁ Λόγος ἀνέλαβεν, ἆρα οὐ τὸν ἡμῖν ἐπιούσιον καὶ ὁμοούσιον ἄρτον ἐσθίετε, ἀζύμων

μετέχοντες; τὰ γὰρ ἄζυμα δηλονότι καὶ ἄψυχα, ὡς καὶ αὐτὸ τῶν πραγμάτων ἡ φύσις ἐκδηλότερον διδάσκει· προκαταβληθεῖσα γὰρ ἡ μικρὰ ζύμη ἐν τῷ φυράματι τοῦ ἀλεύρου καὶ συμφυραθεῖσα αὐτῷ, καὶ μία τὸ ὅλον ζύμη ἀποτελεσθεῖσα δυνάμει τινὶ ζωτικῇ ἐκθερμαίνει αὐτὴν, καὶ κινητικὴν οἷον δὴ ζῶσαν ἐργάζεται, ὅπερ ἐν ἀζύμῳ ζύμῃ τῶν φαρισαίων, ἣν καὶ φεύγειν ὁ λόγος ἡμῖν ἐπισκήπτει, οὔτ' ἐγένετο πότε, οὔτε μὴν καθόλου γενήσεται.

Θείας ἐσμὲν κοινωνοὶ καὶ γεγόναμεν φύσεως, ἧς καὶ καθ' ἑκάστην μετέχομεν, οἱ κοινωνίαν ἐσχηκότης μετὰ Χριστοῦ, καθὰ καὶ αὐτὸς Πέτρος ὁ κορυφαῖος φησί ⁴). Χάρις ὑμῖν καὶ εἰρήνη πληθυνθείη ἐν ἐπιγνώσει τοῦ Θεοῦ καὶ Ἰησοῦ τοῦ Κυρίου ἡμῶν. Καὶ μετ' ὀλίγον· Ἵνα διὰ τοῦ γινέσθε θείας κοινωνοὶ φύσεως, οὐχὶ δὲ ζύμης ἀζύμου τῶν θεοκτόνων. Θείαν δὲ φύσιν τίς ἂν καὶ εἴποι ποτὲ κυρίου ὢν λογισμοῦ, τὸ ἄζυμον καὶ νεκρὰν ζύμην τῶν Ἰουδαίων; ἣν εἰς θυσίαν ὑμεῖς τῷ Κυρίῳ ἀναφέρετε, καὶ ἣν ὡς ἀντίτυπον τῆς ζώσης σαρκὸς τοῦ Κυρίου ἀποπλανηθέντες ἐσθίετε. Πῶς καὶ κοινωνίαν ἕξετε μετὰ Χριστοῦ τοῦ ζῶντος Θεοῦ, τὴν νεκρὰν, ὡς εἴρηται, ἄζυμον ζύμην ἐσθίοντες, τῆς τοῦ νόμου σκιᾶς, καὶ οὐ τῆς καινῆς διαθήκης; Ἐὰν γὰρ καὶ τοῦτο (εἴπερ τε ἀλλὴν ψεύδεσθε, φησὶν ὁ ἠγαπημένος τοῦ Χριστοῦ μαθητής ⁵). Ἐὰν εἴπωμεν ὅτι κοινωνίαν ἔχομεν μετ' αὐτοῦ, καὶ ἐν τῷ σκότει περιπατῶμεν, ψευδόμεθα καὶ οὐ ποιοῦμεν ἀλήθειαν, ἐὰν δὲ ἐν τῷ φωτὶ περιπατῶμεν, ὡσαύτως ἐστιν ἐν τῷ φωτὶ, κοινωνίαν ἔχομεν μετ' ἀλλήλων, καὶ τὸ αἷμα Ἰησοῦ Χριστοῦ τοῦ Υἱοῦ αὐτοῦ καθαρίζει ἡμᾶς ἀπὸ πάσης ἁμαρτίας.

Ὁ οὖν τὰ ἄζυμα ἐσθίων ἐν τῷ σκότει τοῦ νόμου περιπατεῖ· καὶ πῶς κοινωνίαν ἕξει μετὰ Χριστοῦ, τοῦ ὄντος ἐν τῷ φωτὶ τῆς καινῆς αὐτοῦ διαθήκης καὶ χάριτος; οἱ

---

¹) ii Cor. iii, 6. — ²) Rom. vii, 14. — ³) 1 Petr. ii, 2. — ⁴) 1 Petr. i, 2. — ⁵) 1 Joan. i, 6.

γὰρ ἐν τῷ φωτὶ περιπατοῦντες τῆς χάριτος, ἄρτον ἐσθίουσι, τὸ σῶμα τοῦ Χριστοῦ, καὶ πίνουσιν αἷμα τὸ ἄχραντον αὐτοῦ, καὶ οὕτως ἔχουσι μετ' ἀλλήλων καὶ μετὰ Χριστοῦ τοῦ Θεοῦ κοινωνίαν, καθαριζόμενοι, ὥσπερ εἴρηται, ἀπὸ πάσης ἁμαρτίας· τὸ δὲ ἄζυμον οὐκ ἄρτος· οὐ γὰρ ἄρτιον, οὐδὲ αὐτοτελές ἐστι, ἀλλ' ἐλλιπές, ἡμιτελές, δεόμενον τοῦ πληρώματος τῆς προζύμης. Ὁ ἄρτος δὲ ἄρτιος, αὐτοτελής, τέλειος καὶ πληρέστατος, ὡς τὸ ὅλον ἔχων ἐν ἑαυτῷ, δηλαδὴ τοῦ πληρωμάτος.

Εἰ τις τὸ ἄζυμον καὶ ἐγκρυφίαν καλέσειεν, ὃν Ἠλίας ποτὲ τὴν Σωμανίτιν ἐξητήσατο [1], ἢ κολλύριον, ὃ τὰ παρ' ἡμῖν νήπια κουλίαν κοινῶς ὀνομάζουσιν, οὐ διαμάρτῃ τοῦ πρέποντος, πλήρωμα τοίνυν τῆς ἀζύμου ζύμης τῶν Ἰουδαίων ὁ Χριστός ἐστι, ὅς ἐλθὼν τὸ ἐλλιπές τε καὶ ἀτελὲς τοῦ νόμου ἐπλήρωσε, καὶ τοῦτον τελείως κατέπαυσε· ὃ τῶν Ἰουδαίων ἠγνοηκότες οἱ παῖδες βασκαίνῳ ψυχῇ ἔτι ἄζυμα παρανόμως ἐσθίουσιν· οἷς ἀκολουθεῖν καὶ οὓς μιμεῖσθαι οὐκ ἔξεστι Ῥωμαίοις, οὖσιν ὑμῖν καὶ πιστοῖς ἐν Κυρίῳ.

Ἐν μὲν γὰρ τοῖς ἀζύμοις· οὐδεμία τίς ἐστι ζωτικὴ δύναμις, νεκρὰ γάρ εἰσιν· ἐν δὲ τῷ ἄρτῳ, ἤγουν τῷ σώματι τοῦ Χριστοῦ τριὰ τὸ ζῶντα καὶ ζωὴν παρέχοντα τοῖς αὐτοῦ ἀξίως ἐσθίουσι· τὸ πνεῦμα, τὸ ὕδωρ καὶ τὸ αἷμα, ὡς καὶ αὐτὸς ὁ τοῦ Χριστοῦ ἐπιστήθιος Ἰωάννης συμμαρτυρεῖ τῷ λόγῳ [2]· Τρεῖς εἰσὶν οἱ μαρτυροῦντες, φησί, τὸ πνεῦμα καὶ τὸ ὕδωρ καὶ τὸ αἷμα, καὶ οἱ τρεῖς εἰς τὸ ἓν εἰσί, δηλονότι τὸ σῶμα τοῦ Χριστοῦ, ὃ καὶ κατὰ τὸν καιρὸν τῆς τοῦ Κυρίου σταυρώσεως δῆλον γέγονεν, ὁπηνίκα τὸ ὕδωρ καὶ τὸ αἷμα ἐκ τῆς ἀχράντου πλευρᾶς αὐτοῦ ἔρρευσε [3], λόγχῃ νυγείσης αὐτοῦ τῆς σαρκός· τὸ δὲ ζῶν ἅγιον πνεῦμα ἔμεινεν ἐν τῇ τεθεωμένῃ σαρκὶ αὐτοῦ, ἣν ἐσθίοντες ἡμεῖς ἐν τῷ ἄρτῳ τῷ μεταβαλλομένῳ διὰ τοῦ Πνεύματος καὶ γινομένῳ εἰς σάρκα Χριστοῦ, ζῶμεν ἐν αὐτῷ, ὡς ζῶσαν καὶ τεθεωμένην σάρκα ἐσθίοντες, οὕτω δὲ τὸ αἷμα τὸ ζῶν καὶ θερμότητα αὐτοῦ πίνοντες.

Μετὰ τοῦ ἐκρεύσαντος ὕδατος ἐκ τῆς ἀκηράτου πλευρᾶς αὐτοῦ καθαιρόμεθα πάσης ἁμαρτίας, καὶ ζέοντος πληρούμεθα πνεύματος· θερμὸν γάρ, ὡς ὁρᾶτε, οἷα δὴ ἐκ τῆς πλευρᾶς τοῦ Κυρίου τὸ ποτήριον πίνομεν, ἐπειδὴ ἐκ ζώσης σαρκὸς τῷ πνεύματι ᾗ θερμότητι Χριστοῦ, θερμότατον τὸ αἷμα ἡμῖν καὶ τὸ ὕδωρ ἐξέβλυσε, ὅπερ ἐν τοῖς τὰ ἄζυμα ἐσθίουσιν οὐκ ἔχει χώραν τοῦ γίνεσθαι.

Εἰ δὲ νεκρὰν ζύμην ἐσθίητε, ὦ σοφώτατοι τῶν Ῥωμαίων, ὡς ὁ λόγος ἀπέδειξε, τίνος χάριν αὐχεῖτε λέγοντες· ὅτι οὐχ ὥσπερ ἡμεῖς, ἄλευρον καὶ προζύμην καὶ ὕδατι τὸ ἄλευρον φύρομεν, καὶ οὕτω ποιοῦμεν τὴν ἀναφορὰν τῶν ἀζύμων ἡμῶν, ἀλλ' ὕδατι μόνῳ καὶ ἀλεύρῳ καὶ πυρὶ τὸ ἄζυμον ἀπαρτίζομεν, καὶ ἐν τοῖς τρισὶ τούτοις ἁγνὴν ποιοῦμεν ἡμῶν τὴν θυσίαν;

Πυνθάνομεν οὖν, ὑμῶν τὰ τρία ταῦτα, τὸ ὕδωρ, τὸ ἄλευρον καὶ τὸ πῦρ, εἰς τί λαμβάνετε; καὶ τίνος ἀντίτυπα εἶναι ταῦτα δοκεῖτε; τῆς σαρκὸς τοῦ Κυρίου; ἀλλ' οὐκ εἶπεν ὁ ἠγαπημένος Ἰωάννης· Τρεῖς εἰσὶν οἱ μαρτυροῦντες, τὸ ὕδωρ, τὸ ἄλευρον καὶ τὸ πῦρ, ἀλλὰ τὸ πνεῦμα καὶ τὸ ὕδωρ καὶ τὸ αἷμα, καὶ οἱ τρεῖς εἰς τὸ ἓν εἰσί, δηλονότι τὸ σῶμα τοῦ Χριστοῦ, ὡς εἴρηται, ὅπερ ἡμεῖς ἐσθίοντες, ἑνοποιούμεθα τῷ δι' ἡμᾶς σαρκωθέντι καὶ τυθέντι Χριστῷ, σύνσωμοι γενόμενοι αὐτοῦ· καθὸ σὰρξ ἐσμὲν ἐκ τῆς σαρκὸς αὐτοῦ καὶ ὀστοῦν ἐκ τῶν ὀστέων αὐτοῦ, ὥσπερ γέγραπται [4].

Εἰ δὲ εἰς τὸν ἄκτιστον καὶ ἀσώματον φύσιν τῆς ἁγίας Τριάδος ταῦτα λαμβάνετε, ὀφείλετε πίπτοντες εἰς τὴν τῶν Θεοπασχίτων αἵρησιν, οἳ φασι συμπεπονθέναι τῇ

[1] III Reg. XVII, 18. — [2] I Joan. v, 5. [3] Joan XIX, 84. — [4] Gen. II, 23.

σαρκὶ τοῦ Λόγου καὶ αὐτὴν αὐτοῦ τὴν θεότητα, οὐ γὰρ ὁμοῦ ἡ Τριὰς ἐσαρκώθη, ὁ Πατὴρ, ὁ Υἱὸς καὶ τὸ Πνεῦμα, ἵνα θεωρῆται ταῦτα εἰς αὐτὸν τὰ τρία, τὸ ὕδωρ, ὡς φατὲ, καὶ τὸ ἄλευρον καὶ τὸ πῦρ, καὶ ὡς ἀντίτυπον αὐτοῦ ποιεῖτε τὸ ἄζυμον, καὶ εἰς θυσίαν προσφέρητε· ἀλλ' ὁ εἷς τῆς Τριάδος, ὁ Υἱὸς καὶ Λόγος τοῦ Θεοῦ σαρκωθεὶς ἐξ ἁγνῶν τῆς ἁγίας Παρθένου σαρκῶν ἐνηνθρώπησε, καὶ πάντα τὰ τῆς οἰκονομίας τελέσας αὐτοῦ, ἐσταυρώθη σαρκὶ, μὴ παθούσης αὐτοῦ τῆς θεότητος· σαρκὶ οὖν σταυρωθεὶς, παρέδωκε ἡμῖν ἐσθίειν διὰ τοῦ ἄρτου τὴν σάρκα αὐτοῦ, τὴν ἐν πνεύματι ζῶσαν ἁγίῳ· οὕτως εἶπεν· Λάβετε, φάγετε, τοῦτό ἐστὶ τὸ σῶμά μου, τὸ ὑπὲρ ὑμῶν κλώμενον εἰς ἄφεσιν ἁμαρτιῶν [1]).

Τί οὖν ὑμῖν κοινὸν τοῖς ἐν Χριστῷ ἀδελφοῖς ἡμῶν, καὶ τῷ νόμῳ τῷ καταργηθέντι ἐν τῷ Χριστῷ, ὅτι ἔτι τὴν ἄζυμον ζύμην τούτου ἐσθίετε; καινὴ κτίσις ἐσμὲν ἐν Χριστῷ [2]), τὰ ἀρχαῖα παρῆλθε, Παύλου λέγοντος· ἀκούετε, ἰδοὺ γέγονε τὰ πάντα καινά. Εἰ δὲ ταύτην ἐσθίειν κεκρίκατε δίκαιον, τί μὴ καὶ μὴ περιτέμνεσθε; Χριστὸς περιετμήθη. Τί μὴ καὶ καθαρίζεσθε, Παύλου καὶ τοῦτο πράξαντος; καὶ τὰ ἄλλα πάντα ὡσαύτως παρατηρεῖσθαι τῶν παλαιῶν· ὡς οἱ τὰ τοῦ Μωσέως ποιοῦντες, δι' οὓς τὸ ὄνομα τοῦ Θεοῦ ἐν τοῖς ἔθνεσι βλασφημεῖται [3]), καθὼς γέγραπται.

Ὅσα τοίνυν ὁ νόμος ἐν τῷ Λευϊτικῷ λέγει, τοῖς ἐν τῷ νόμῳ λαλεῖ, ὥς φησι Παῦλος· [4]) ἡμῖν δὲ τοῖς πιστεύσασιν εἰς Χριστὸν οὐδαμῶς· ἡμεῖς γὰρ νόμον ἵσταμεν διὰ τῆς πίστεως, ὡς ὑπὲρ νόμον ἐλευθέρως πολιτευόμενοι. Πῶς οὖν ἡ καύχησις, φησίν, ὑμῖν τοῖς Ῥωμαίοις· ὁ Παῦλος τοῦ νόμου ἐξεκλείσθη, ἤγουν ἐξηλήλαται, διὰ ποίου νόμου τοῦ ἔργου; οὐχί, ἀλλὰ διὰ νόμου πίστεως. Εἰ δὲ διὰ νόμου πίστεως Χριστοῦ, ἐξελήλεται ὁ νόμος ὁ παλαιὸς, περιττὸν τὰ ἄζυμα, περιττὸν τὰ ἄλλα πάντα, καὶ ἡ τοῦ σαββάτου νηστεία. Καὶ χρὴ πιστοὺς ἡμᾶς ὄντας ἐν Θεῷ, ἄρτον σῶμα Χριστοῦ ἐσθίειν, καὶ οὐκ ἄζυμα.

Εἴ γε ἀληθῶς ἐνεκρώθητε τῷ νόμῳ, καὶ οὐκ ἐστὲ ὑπὸ νόμον, ἀλλ' ὑπὸ χάριν, ὡς αὐτὸς πάλιν ὁ Παῦλος βοᾷ πρὸς ὑμᾶς, ὥστε ἀδελφοί, ὁμοῦ καὶ ὑμεῖς θανατώθητε τῷ νόμῳ διὰ τοῦ σώματος τοῦ Χριστοῦ· μὴ διώκοντες γὰρ δικαιοσύνην, κατελάβετε δικαιοσύνην, δικαιοσύνην δὲ τὴν ἐκ πίστεως Χριστοῦ· Ἰσραὴλ δὲ διώκων νόμον δικαιοσύνης, εἰς νόμον δικαιοσύνης οὐκ ἔφθασε. Τέλος γὰρ νόμου ὁ Χριστὸς εἰς δικαιοσύνην παντὶ τῷ πιστεύοντι [5]). Ὃν εἰ φάγοιτε, γνώσεσθε ὅτι Χριστὸς ὁ Κύριος, καὶ οὐκέτι γεύσασθε τῶν ἀζύμων, ἀλλ' οὐδὲ τὰ σάββατα νηστεύσητε, πλὴν τοῦ ἑνὸς, κατὰ τὴν τῶν ἀποστόλων διάταξιν, οὐ καλὸν τὸ καύχημα ὑμῶν.

Ἵνα κἀγὼ τὰ τοῦ ἀποστόλου φθέγξωμαι πρὸς ὑμᾶς [6]), οὐκ οἴδατε, φησί, ὅτι μικρὰ ζύμη ὅλον τὸ φύραμα ζυμοῖ, καὶ ἄρτος τηνικαῦτα οὐκ ἄζυμον γίνεται; ἀλλὰ τί τοῦτο λέγων ὁ ἀπόστολος γράφει πρὸς Κορινθίους; Μὴ ὥσπερ ὑμεῖς ὑπολαμβάνετε περὶ τοῦ ἑορτάζειν αὐτοὺς ἐν ἀζύμοις, οὐδαμῶς· ἀλλ' ἐπειδὴ ἐκεῖνοι τοῦτο μὲν παρεβλέποντο τὸν τὴν μητρυιὰν λαβόντα, τοῦτο δὲ ἐν τοῖς παλαιοῖς ἐθίμοις τῆς ψυδωνύμου γνώσεως αὐτῶν ἐνεκαυχῶντο θέλων αὐτοὺς ἐντρέψαι, καὶ τῆς παλαιᾶς ἀποκινῆσαι κακίας, ὁ Παῦλος· οἷον διὰ τῆς εἰκόνος ταύτης, ζύμης λέγω καὶ τοῦ φυράματος, ἔδειξεν αὐτοῖς· ὅτι τὸ ἓν κακὸν, ὡς μικρὸν ἀμελούμενον καὶ καταφρονούμενον, μεγάλην εἰς τὸ κοινὸν σῶμα τῆς ἐκκλησίας τὴν ζυμίαν ποιεῖται, διὸ καὶ ἐπιφέρων φησί· Καὶ οὐκ ἐπενθήσατε [7]), ἵνα ἐξαρθῇ ἐκ μέσου ὑμῶν ὁ τὸ ἔργον ταύτης τῆς ζύμης, λέγω, ποιήσας· τοῦτο δύναται

---

[1]) Matth. xxvi, 27. — [2]) 1 Cor. v, 17. — [3]) Rom. ii, 24. — [4]) Rom. iii, 19. — [5]) Rom. x, 4. — [6]) 1 Cor. v, 6. — [7]) 1 Cor. v, 2.

γάρ, φησί, ἡ κακία αὐτὴ εἰς πάσας ὑμῶν τὰς πόλεις διαδοθῆναι, καὶ καθάπερ μικρὰ ζύμη ὅλον τὸ φύραμα ζυμοῖ, οὕτω πάντα κατακρατῆσαι καὶ ἀναζυμῶσαι, καὶ ἐν φύραμα μεγάλην ἁμαρτίαν ἐργάσασθαι. Ἐκκαθάρετε οὖν, φησί, τὴν παλαιὰν ζύμην τῆς ἁμαρτίας, ἐξάρατε ταύτην ἐκ μέσου ὑμῶν, ἵν᾽ ἦτε νέον τῷ Χριστῷ φύραμα, καθὼς ἐστὲ βαπτισθέντες, ἄζυμοι ἤγουν καθαροί, νενεκρωμένοι τῷ κόσμῳ καὶ ταῖς σαρκικαῖς προσύλοις ἐπιθυμίαις· καὶ γὰρ τὸ πάσχα ἡμῶν τοῦτό ἐστιν, ὅτι ὑπὲρ τοῦ γενέσθαι ἡμᾶς ἐλευθέρους ἀπὸ τῆς ἁμαρτίας καὶ τοῦ θανάτου, ἐτύθη Χριστός, ὥστε, φησί, ἑορτάζωμεν[1] μὴ ἐν ζύμῃ παλαιᾷ ἁμαρτίας, μὴ ἐν ζύμῃ κακίας καὶ πονηρίας, ἀλλ᾽ ἐν ἀζύμοις εἰλικρινείας καὶ ἀληθείας, ἤγουν καθαρότητος βίου καὶ πίστεως, μεθ᾽ ἧς εἰς Θεὸν πιστεύοντες τὴν ἀλήθειαν, ἀληθινοὶ προσκυνηταὶ τούτου γινόμεθα.

Καθὼς καὶ ὁ Κύριος τῇ Σαμαρείτιδι ἔφη· Πνεῦμα ὁ Θεός[2], καὶ τοὺς προσκυνοῦντας αὐτὸν ἐν πνεύματι καὶ ἀληθείᾳ δεῖ προσκυνεῖν. Οὕτως οὖν ἐστιν, ὦ σοφώτατοι τῶν Ῥωμαίων, τὰ τῆς διανοίας τοῦ ἀποστολικοῦ ῥητοῦ, καὶ πάσης θείας γραφῆς, καὶ οὐχ ὥσπερ ὑμεῖς αὐτὸ ἐκλαμβάνετε, περὶ τῆς τῶν ἀζύμων ἑορτῆς, καὶ μεθ᾽ ἕξεως· δεῖ οὖν ὑμᾶς καὶ πάντας ἄλλους μεταναστῆναι τοῦ κατ᾽ αἴσθησιν λόγου, καὶ τὴν ἐγκειμένην ἔννοιαν ἀεὶ ζητεῖν τοῦ ῥητοῦ, ἐπεὶ ἐντεῦθεν πολλοὶ εἰς αἱρέσεις χαλεπὰς ἐξετράπησαν, μόνου δηλαδὴ τοῦ γράμματος ἀντεχόμενοι, καθάπερ οἱ δι᾽ ὀλισθηρᾶς ὁδοῦ βαδίζοντες ὑποσκελίζονταί τε καὶ πίπτουσιν· οἱ δὲ διὰ ξηρᾶς τε καὶ λεωφόρου, ἀπταίστῳ χρῶνται πορείᾳ· οὕτως· οἱ μὲν διὰ τοῦ σωματικοῦ καὶ τοῦ ἐκτὸς τοῦ ῥητοῦ τὰ τῆς θείας γραφῆς ἐκλαμβανόμενοι, οὐδὲν ἀλλ᾽ ἢ πίπτειν ἑαυτοὺς ἐθίζουσι εἰς ἐκφύλους· ἀλλοτριότητος, ὀλισθηρὰ γάρ τὰ τῶν ῥητῶν καὶ ἀβεβαιότατα· οἱ δὲ διὰ τῆς διανοίας γράμματος τὰ τῆς γραφῆς ἐξετάζοντες, ἀσφαλῇ καὶ ἀκράδαντον ὁδὸν εὐθύνουσιν ....

Tum fuse exposito canone, ut fertur, apostolico LXX, inde, iisdem fere verbis ac supra, rescribitur ultima Christi coena, eademque argumenta urgentur ex 1 Cor. XI, 23-27, Matth. XXVI, 17, Luc. XXII, 14, unde transit ad Constitutiones quas dicunt apostolorum:

Καθὼς οἱ δώδεκα ἐν τῷ τετάρτῳ βιβλίῳ τῶν διατάξεων, ἐν ᾧ περὶ ὀρφανῶν γέγραπται[3] εἶπον· Καὶ ἡμῖν παρέδωκαν τοῦτο ποιεῖν, καὶ φησίν· ἐν τῇ πέμπτῃ φάγοντες, παρ᾽ αὐτῷ τὸ πάσχα, βάψαντος τὴν χεῖρα τοῦ Ἰούδα ἐν τῷ τρυβλίῳ καὶ τὸ ψωμίον λαβόντος καὶ ἐξελθόντος, ἦν καὶ ὀψίαν ὁ Ματθαῖος καὶ ὁ Μάρκος εἶπον, ὀψίας, φασί, γινομένης[4] ἀνέκειτο μετὰ τῶν δώδεκα, ὁ δὲ Ἰωάννης δεῖπνον καὶ πρὸ τῆς ἑορτῆς τοῦ πάσχα, φησὶ γάρ· Πρὸ δὲ τῆς ἑορτῆς τοῦ πάσχα, εἰδὼς ὁ Ἰησοῦς[5] ὅτι ἐλήλυθεν αὐτοῦ ἡ ὥρα, ἵνα μεταβῇ ἐκ τοῦ κόσμου τούτου πρὸς τὸν Πατέρα. Καὶ μετ᾽ ὀλίγον· Καὶ δείπνου γενομένου, τοῦ διαβόλου ἤδη βεβληκότος εἰς τὴν καρδίαν Ἰούδα Σίμωνος Ἰσκαριώτου, ἵνα αὐτὸν παραδῷ. Ἀλλ᾽ ἐπὶ τὸ προκείμενον ἐπανέλθωμεν.

Καὶ ὅτε, φησί, ἐγένετο ἡ ὥρα, ἤγουν ὅτι παρέστη ὁ καιρὸς τοῦ προδοθῆναι αὐτόν, καθὼς ὁ Ἰωάννης ἔφη, ἀνέστησαν καὶ οἱ δώδεκα ἀπόστολοι σὺν αὐτῷ, καὶ εἶπε πρὸς αὐτούς·[6] Ἐπιθυμίᾳ ἐπεθύμησα τοῦτο τὸ πάσχα φαγεῖν μεθ᾽ ὑμῶν πρὸ τοῦ με παθεῖν, ὁρᾷς πρὸ τοῦ με παθεῖν φησίν. Ἐπεὶ οὖν ἔδει παθεῖν αὐτὸν κατὰ τὴν ἡμέραν αὐτὴν τοῦ νομικοῦ πάσχα, καθ᾽ ἣν καὶ ὁ ἀμνὸς παρὰ τῶν Ἰουδαίων ἐθύετο· ἔμελλε δὲ γενέσθαι τὸ πάσχα παρὰ τῶν θεοκτόνων

---

[1] 1 Cor. V, 8. — [2] Joan. IV, 24. — [3] Jur. eccl. Graecor. I, 80, 404 ex libro VIII. Liber IV ab initio et in cap. I inscribitur de orphanis, sed non habet ea quae sequuntur. — [4] Matth. XXVI, 20. — [5] Joan. XIII, 1, 2. — [6] Luc. XXII, 15.

παρασκευῇ ἡμέρᾳ, ὡς αὖθις, φησὶν Ἰωάννης, ἐπεὶ παρασκευὴ ἦν, ἣν γὰρ μεγάλη ἡμέρα ἐκείνου τοῦ σαββάτου, ἐν ᾗ τηνικαῦτα καὶ ἡ τεσσαρεσκαιδεκάτη τῆς σελήνης, κατὰ τὸν πρῶτον μῆνα ἐν τῷ ερλδ', ἐμπεσεῖν ἔτυχε. Κύκλος γὰρ ἦν ὀκτωκαιδέκα τοῦ ἡλίου καὶ πέμπτος τῆς σελήνης, ἵνα μὴ παραδοθεὶς οὐ φθάσῃ τὸ οἰκεῖον πάσχα τοῖς μαθηταῖς παραδοῦναι· ἐν τῷ δείπνῳ ἀναπεσὼν ὀψὲ καὶ βραδὺ περὶ τῆς νυκτός, κατὰ τὴν ὀψίαν δηλονότι τῆς πέμπτης, ἦρχε μὲν, ἀλλὰ τὸ οἰκεῖον τηνικαῦτα πάσχα πρὸ τῆς ἑορτῆς τῶν ἀζύμων, καὶ τοῦτο δῆλον ἐκ τοῦ ἀναπεσεῖν αὐτόν· οὐκ ἦν γὰρ τοῦτο νενομοθετημένον, ἐπεὶ ἱσταμένους καὶ ὑποδεδεμένους ἐκέλευσεν ἐσθίειν τὸ πάσχα μετὰ σπουδῆς τοῖς Ἰουδαίοις ὁ νόμος. Κατέπαυσε μὲν γὰρ πληρώσας τοῖς ὄπισθεν χρόνοις· αὐτοῦ τοῦ κηρύγματος τὸ πάσχα τὸ νομικόν· παρέδωκεν δὲ τὸ οἰκεῖον διὰ τοῦ δείπνου, διὸ καὶ μετὰ τὸ δειπνῆσαι λαβὼν ἄρτον καὶ κλάσας, παρέδωκε τοῖς ἀποστόλοις τὸ μυστήριον τῆς καινῆς διαθήκης καὶ λειτουργίας αὐτοῦ, ἐν τῇ νυκτὶ τῆς πέμπτης, ἐν ᾗ καὶ παρεδόθη ὑπὸ τοῦ Ἰούδα, καθὼς γέγραπται.

Τοῦτο δὲ καὶ ἐν τῇ ἀναγεννήσει τοῦ βαπτίσματος ὁμοίως πεποίηκεν, ὥσπερ γὰρ ὧδε ἐν τῷ φαγεῖν τὸ πάσχα τὸ νομικὸν ἐν τοῖς τρισὶ χρόνοις· τοῦ κηρύγματος αὐτοῦ τὸν νόμον πληρῶσαι, λαβὼν ἄρτον ἐν τῷ τετάρτῳ χρόνῳ ἐν ᾧ καὶ ὡς ἄνθρωπος πέπονθε, παρέδωκε τὸ οἰκεῖον τοῖς ἀποστόλοις ποιεῖν εἰς τὴν αὐτοῦ ἀνάμνησιν, καὶ διὰ τῶν ἀποστόλων ἡμῖν· οὕτω κἂν τῷ βαπτίσματι. Ἐπειδὴ γὰρ τὸ τοῦ Ἰωάννου βάπτισμα ἐν ὕδατι μόνῳ ἐγίνετο, ἐν τῷ βαπτισθῆναι αὐτὸν τὸ τοῦ Ἰωάννου βάπτισμα, παρέδωκεν ἡμῖν τὸ οἰκεῖον, διὰ τῆς πρὸς αὐτὸν τοῦ ἁγίου Πνεύματος παρουσίας καὶ νῦν οὐχ ὕδατι μόνῳ ἡμεῖς ἔκτοτε βαπτιζόμεθα, ὥσπερ τότε οἱ Ἰουδαῖοι ὑπὸ Ἰωάννου ἐβαπτίζοντο, ἀλλ' ἐν ὕδατι καὶ Πνεύματι, καθὼς παρὰ τοῦ Κυρίου παρέλαβον οἱ ἀπόστολοι, καὶ ἡμῖν τῇ αὐτοῦ ἐκκλησίᾳ παρέδωκαν.

Ἀτελῆ γὰρ ὑπάρχοντα τότε πάσχα τῶν Ἰουδαίων καὶ ὁ γενόμενος αὐτοῖς διὰ τοῦ βαπτίσματος καθαρισμὸς ὑπεισελθὼν ὁ Χριστὸς ἡμῶν καὶ Θεὸς τετελείωκε τὰ ἀμφότερα, τὸ μὲν διὰ τοῦ ἄρτου καὶ τοῦ ποτηρίου εἰπών· Λάβετε, φάγετε καὶ πίετε ἐξ αὐτοῦ, παύσας τὰ ἄζυμα· τὸ δὲ, διὰ τῆς ἐπιδημίας τοῦ ἁγίου Πνεύματος, εἰπών· βαπτίζοντες αὐτοὺς εἰς τὸ ὄνομα τοῦ Πατρὸς καὶ τοῦ Υἱοῦ καὶ τοῦ ἁγίου Πνεύματος [1], παύσας τὴν νομικὴν κάθαρσιν, καὶ τὴν τῶν ἁμαρτημάτων ἄφεσιν ἐπιβραβεύσας ἡμῖν.

Ὅτι δὲ ἀτελὲς ἦν τὸ πάσχα τὸ νομικόν, ἄκουσον τί φησὶν ἐν τῷ Λουκᾷ ὁ Χριστός [2]· Λέγω γὰρ ὑμῖν ὅτι οὐκέτι οὐ μὴ φάγω ἐξ αὐτοῦ, ἕως ὅτου πληρωθῇ ἐν τῇ βασιλείᾳ τοῦ Θεοῦ. Ὁρᾶτε ὅτι κενὸν ἦν καὶ ἀτελὲς τὸ πάσχα τὸ νομικόν, ἕως ὅτου πληρωθῇ, φησίν.

Ποίαν δὲ βασιλείαν ἐνταῦθα λέγει Θεοῦ; ἀλλ' ἢ πάντως, τὴν τῶν πιστῶν ἐκκλησίαν, καθὼς τινὲς καὶ τῶν πρὸ ἡμῶν ἐξειλήφασι. Πῶς δὲ ἐπληρώθη, εἴτουν ἐτελειώθη; διὰ τῶν ἀζύμων; οὐχί, ἀλλὰ διὰ τοῦ παθόντος σώματος τοῦ Χριστοῦ· καθ' ἣν γὰρ ὥραν ἐσταύρωσαν οἱ θεοκτόνοι τὸν Κύριον, κατ' αὐτὴν καὶ τὸν ἀμνὸν θύσαντες, ἔφαγον τὸ πάσχα τὸ νομικόν, καὶ τοῦτο δῆλον ἐκ τοῦ εἰπεῖν τὸν Ἰωάννην [3]· Καὶ οὐκ εἰσῆλθον εἰς τὸ πραιτώριον, ἵνα μὴ μανθῶσιν, ἀλλ' ἵνα φάγωσι τὸ πάσχα. Γνῶτε οὖν ὅτι τοῦτό ἐστι τὸ πάσχα ἡμῶν, ὅτι ὑπὲρ ἡμῶν ἐτύθη μετὰ τοῦ ἀμνοῦ ἐν ἡμέρᾳ μιᾷ ὁ Χριστός, καὶ τὸ ἀτελὲς τοῦ νόμου καὶ τὸ πάσχα τῶν Ἰουδαίων ἐπλήρωσεν· εἰ γὰρ τέλειον ἦν ἐκεῖνο καὶ πεπληρωμένον, οὐκ ἂν εἰρήκειν, ἕως ὅτου πληρωθῇ, οὐ μὴ φάγω αὐτό· ὥστε τοίνυν πληρώσας· αὐτὸ διὰ τοῦ οἰκείου

---

[1] Matth. xxviii, 19. — [2] Luc. xxii, 16. — [3] Joan. xviii, 28.

σώματος καί αίματος, συνεσθίει τούτο ήμίν, κατά την πρός ημάς αυτού θείαν ύποσχεσιν, ούχ ότι αισθητώς εκείνο, αλλά δι' ημών εις ούς ευδόκησε κατοικείν, καί ών τό φύραμα ενεδύσατο πνευματικώς. Επειδή καί τρέφεσθαι παρ' ημών λέγεται Χριστός καί ποτίζεσθαι, καί γάμους ποιών, ώς βασιλεύς τού παντός, μυστικώς ό Πατήρ τώ Υίώ συνανακλίνεσθαι μετά τών δαιτυμένων τής αχράντου σαρκός τού Υίού αυτού εν ευαγγελίοις κηρύσσεται· βασιλεύει γάρ εις ημάς αληθώς κατά τον θείον Δαυίδ, καί την τής καθολικής αυτού εκκλησίας ευπρέπειαν μετά τού φωτός τού πνεύματος αυτού επενδύεται.

Αλλά τί καί ό Λουκάς φησι; καί λαβών άρτον, ευχαριστήσας έκλασεν[1]). Ιδού καί ούτος, άρτον είπε λαβείν τόν Χριστόν, καί ουκ άζυμον, ού γάρ έτι ήν, πέμπτης ούσης τηνικαύτα τής ημέρας· τρισκαιδεκαταία γάρ ήν έτι ή σελήνη πέμπτη εκείνη, καί ουκ ήν άζυμα, διά τό μήπω γενέσθαι τήν άρσιν τού άρτου· τά γάρ άζυμα τή πεντεκαιδεκάτη τής σελήνης γίνεσθαι νενομοθετημένον ήν, τή δε τεσσαρεσκαιδεκάτη τον αμνόν καί μόνον θύεσθαι· διό καί τήν μέν τεσσαρεσκαιδεκάτην τού πρώτου μηνός τής σελήνης πάσχα προσαγορεύει ό νόμος· τήν δε πεντεκαιδεκάτην πρώτην τών αζύμων καί σάββατον ονομάζει καί ουκ ήν άζυμα κατά τήν πέμπτην εκείνην, τρισκαιδεκάτης ούσης τής σελήνης· κατά γάρ τήν πεντεκαιδεκάτην αυτής νενομισμένον ήν, ώς είρηται, τά άζυμα γίνεσθαι, ώσπερ καί ό αμνός κατά τήν τεσσαρεσκαιδεκάτην θύεσθαι, καθ' ήν ό Χριστός ετύθη, ό αμνός τού Θεού, ό αίρων τήν αμαρτίαν τού κόσμου.

Εί δε Χριστός ετύθη καί εσταυρώθη τεσσαρεσκαιδεκάτη τής σελήνης, κατά τήν ημέραν τής παρασκευής, το δε σάββατον ήν τών αζύμων ή εορτή, πότε τά άζυμα έφαγε;

[1]) Luc. xxii, 19.

καί πότε ταύτα τοίς αποστόλοις ποιείν εν τή καινή διαθήκη παρέδωκεν; ότι λέγετε ότι τά άζυμα παρά τών αποστόλων ποιείν παρελάβομεν, μή μετά τό αναστήναι αυτόν εκ νεκρών. Ούχ οράτε ότι πρωδήλως από τών πραγμάτων ελέγχεσθε; ού γάρ τό πάσχα τό νομικόν κατά τόν καιρόν εκείνον φαγείν έφθασεν ό Χριστός. Πώς γάρ; μέλλων αυτός τυθήναι, αμνός ών άμωμος ό αίρων τήν αμαρτίαν τού κόσμου, εν τώ καιρώ τού πάσχα.

Ότι δε ούτως έχει τό αληθές, προϊών ό λόγος δηλώσει, επιβεβαιών αυτό, αλλ' επί τό προκείμενον επανέλθωμεν. Τούτο, φησί, τό ποτήριον ή καινή διαθήκη, ώς ού τής παλαιάς· ταύτα εισί τά μυστήρια, αλλά τής καινής διαθήκης, ής ό άρτος καί τό ποτήριον· τής γάρ παλαιάς τά άζυμα, τής γηρασάσης καί εξελαθείσης παρά Χριστού, καί νύν μή ούσης αυτής, μηδέ ενεργούσης. ουδέ άζυμα, ουδέ σάββατα, ού βαπτισμοί, ού καθάρσεις, ούτε τι έτερον τών λευιτικών τού νόμου εστί· πάντα γάρ οίχεται ταύτα, καί μόνα καινά κτίσις εστιν εν Χριστώ, ή τών πιστών εκκλησία, εν ή μόνος ό άρτος τό σώμα Χριστού καί τό ποτήριον τού αχράντου καί θείου αίματος.

Εί δε καινή κτίσις εσμέν εν Χριστώ Ιησού, ώς άνωθεν παρ' ημών πολυτρόπως απεδείχθη, ουκ άζυμα, καί ρητώς απεδοκιμάσθη ταύτα παρά τών πατέρων, εν τή έκτη συνόδω καί νενομοθέτηται μή ποιείν ταύτα, παρανομείτε τών αζύμων μετέχοντες υμείς, καί σχίζοντες τήν ενωθείσαν τού Θεού εκκλησίαν, ίνα δή καί έτι αποδείξωμεν υμίν από τών αποστόλων καί ετέρων περί τού άρτου ικανήν αποδείξεις.

Φέρε καί από τών οκτώ βιβλίων τών διατάξεων αυτών, τών διά Κλήμεντος πάπα Ρώμης γραφέντων αρξώμεθα.

Πρώτος μέν Ιάκωβος ό αδελφός τού Κυρίου ἐν τοῖς μυστηρίοις τῆς θείας λέγει ἀναφορᾶς κατὰ τὸ ὄγδοον βιβλίον [1]). " Μεμνημένοι οὖν ὧν δι' ἡμᾶς ὑπέμενεν, εὐχαριστοῦμέν σοι, Θεὲ παντοκράτορ, οὐχ ὅσον ὀφείλομεν, ἀλλ' ὅσον δυνάμεθα, καὶ τὴν διάταξιν αὐτοῦ πληροῦμεν· ἐν ᾗ γὰρ νυκτὶ παρεδίδοτο, λαβὼν ἄρτον ταῖς ἁγίαις καὶ ἀμώμοις αὐτοῦ χερσὶ καὶ ἀναβλέψας πρὸς σὲ τὸν Θεὸν αὐτοῦ καὶ Πατέρα, καὶ κλάσας, ἔδωκε τοῖς μαθηταῖς, εἰπών· Τοῦτο τὸ μυστήριον τῆς καινῆς διαθήκης· λάβετε ἐξ αὐτοῦ, φάγετε, τοῦτό ἐστι τὸ σῶμά μου, τὸ περὶ πολλῶν θρυπτόμενον εἰς ἄφεσιν ἁμαρτιῶν „.

Ὁρᾶτε πῶς καὶ οὗτος, ἐν ταῖς μυστικαῖς διατάξεσιν αὐτοῦ, ἄρτον λέγει λαβεῖν τὸν Κύριον, ὅτε αὐτοῖς ἐν τῇ νυκτί, ᾗ παρεδίδοτο, τῆς πέμπτης, παρεδίδου τὴν μυστικὴν αὐτοῦ μυσταγωγίαν τῶν μυστηρίων. Πῶς οὖν οὐχ εὑρίσκετε τίσι τῶν ἀποστόλων εἰπὼν ἄζυμα αὐτοῖς παραδόντα τὸν Κύριον;

Ἀλλὰ γὰρ καὶ ἐν τῷ ἕκτῳ βιβλίῳ τῶν αὐτῶν διατάξεων ἐν ᾧ περὶ σχημάτων γέγραπται κατὰ τὸ εἰκοστὸν τρίτον κεφάλαιον φασὶν οἱ ἀπόστολοι· " Τὴν περιτομὴν ἔπαυσεν εἰς ἑαυτὸν πληρώσας „. [2]). Τὸ βάπτισμα τῆς θυσίας, τὴν ἱερωσύνην τὴν τοπικὴν λατρείαν ἑτέρως μετεποίησε. Καὶ μετ' ὀλίγον· " Ἀντὶ θυσίας τῆς δι' αἵματος τὴν λογικὴν καὶ ἀναίμακτον καὶ τὴν μυστικήν, ἥτις εἰς τὸν θάνατον τοῦ Κυρίου, ὡς συμβόλων χάριν ἐπιτελεῖται τοῦ σώματος αὐτοῦ καὶ τοῦ αἵματος „. Εἰ οὖν ἑτέρως πάντα τὰ τῆς παλαιᾶς διαθήκης, ὡς οἱ αὐτόπται καὶ ὑπηρέται τοῦ Λόγου, ὧδέ φασι, μετεποίησε δηλονότι, ὡς νῦν ἡ ἐν Κωνσταντινουπόλει, ἡ ἐν Ἀντιοχείᾳ καὶ ἡ ἐν Ἀλεξανδρίᾳ τε καὶ ἡ ἐν Ἱεροσολύμοις ἐκκλησία κρατεῖ καθὰ οἱ ἀπόστολοι παρὰ τοῦ Κυρίου παρέλαβον, καὶ πάσαι ταῖς ῥηθείσαις παρέδωκαν ἐκκλησίαις, ἄρτον προσφέρειν, τίνα τρόπον ὑμεῖς παρὰ ταύτας ἀμεταποίητον τηρεῖτε τὴν τῶν ἀζύμων θυσίαν, προσφέροντες· καθὰ καὶ Ἰουδαῖοι τὰ ἄζυμα; μὴ τῶν τεσσάρων τούτων μεγάλων ἐκκλησιῶν ὑμεῖς μᾶλλον κρατεῖτε τὴν τοῦ Κυρίου παράδοσιν, ἐκείνων ἀπολειφθεισῶν τῆς παραδόσεως ταύτης, μὴ γένοιτο!

Ἀλλ' ἔτι ταῖς ἀποστολικαῖς, εἰ βούλεσθε, προσέχετε διατάξεσιν· φασὶ γὰρ ἐν τῷ ἑβδόμῳ βιβλίῳ τῶν διατάξεων οἱ ἀπόστολοι, ἐν ᾧ περὶ πολιτείας καὶ κατὰ Χριστὸν μνήσεως· καὶ εὐχαριστίας· ἐπιγέγραπται κατὰ τὸ εἰκοστὸν ἕκτον κεφάλαιον οὕτω περὶ τοῦ ἄρτου [3])· " Σύ, δέσποτα παντοκράτορ, Θεὲ αἰώνιε, ὥσπερ ἦν τοῦτο διεσκορπισμένον καὶ συναχθὲν ἐγένετο εἰς ἄρτος, οὕτως συνάγαγέ σου τὴν ἐκκλησίαν ἀπὸ τῶν περάτων τῆς γῆς εἰς τὴν σὴν βασιλείαν „.

Τὰ τοσαῦτα οὖν ἐκ τοσούτων βιβλίων συναγαγόντες, οὐδαμοῦ εὕρομεν, ὡς ὁρᾶτε, περὶ τῶν ἀζύμων ἢ τὸν Κύριον ἢ ἕνα τῶν ἀποστόλων αὐτοῦ διαμνημονεύσαντα, μᾶλλον μὲν οὖν ἀποβαλλομένους ὁρῶμεν πανταχοῦ τοὺς κορυφαίους τῶν ἀποστόλων πάντα τὰ τῆς παλαιᾶς ἐθίματα.

Inde pergit noster, eadem indefesso calamo retexens, — f. 113 provocat ad Paulum in epistolis ad Hebraeos, ad Galatas. — f. 114. sacerdotium juxta Melchisedech cum Aaronico confert, rodit ad pascha leviticum, ejus legem, diem, lunam et ritus regerens — f. 115 azymos per septem tantum dies usurpari notat, non toto anno, neque in ultima Christi coena, testo Epiphanio, cum Paulo et Davide, — f. 116 coena singulare fuit pascha, sine azymis, extra pascha legale; ἄρτος pro ἄζυμον nusquam dicitur, nec sumi potest in sacris, quin occurrat haeresis Apollinaris. — f. 117 quod vetat sexta synodus habita sub Agathone papa [4]), astante Gregorio Agrigentino etc.

[1]) *Jur. eccles. Graecor.*, t. I p. 404, sine ulla varietate. Multa ex iisdem libris tacitus auctor mutuatus est, in primis ex libro VI l. l. p. 891-895. — [2]) Ibid. p. 836. — [3]) l. l. p. 869. — [4]) Ad nauseam infra noster oggerit inter Trullanos Patres adfuisse consentaneum S. Agathonem, saltem ob ejus legatos, quo parachronismo graeculi gaudent. Cf. *Jur. eccl. Gr.* t. II, p. 4, 76, etc. ubi fabulae Graecorum de Trullanis canonibus exploduntur.

II.

De sabbati jejunio.

Πόθεν, εἴπατέ μοι, νηστεύειν τὰ σάββατα παρελάβετε ἀπὸ τῶν ἀποστόλων; μὴ γένοιτο! Τῶν ἀποστόλων οἱ κορυφαῖοι, ἐν μὲν τῷ πέμπτῳ βιβλίῳ τῶν διατάξεων ὑπὸ Κλήμεντος πάπα Ῥώμης γραφέντων ἐν ᾧ περὶ μαρτύρων ἐπιγέγραπται, ταῦτά φασί [1]· " Τετράδα καὶ παρασκευὴν προσέταξεν ἡμῖν νηστεύειν ὁ Κύριος, τὴν μὲν διὰ τὴν προσοδίαν, τὴν δὲ διὰ τὸ πάθος... αὐτὸ δὲ νηστεῦσαι τὸ σάββατον παρέδωκεν, οὐχ ὅτι δεῖ τὸ σάββατον νηστεύειν, κατάπαυσις δημιουργίας ὑπάρχον, ἀλλ' ὅτι ἐκεῖνο μόνον χρὴ νηστεύειν, τοῦ δημιουργοῦ ἔτι ἐν αὐτῷ ὑπὸ γῆν ὄντος " . Κατὰ δὲ τὸ τέλος τοῦ βιβλίου οὕτω φασί [2]· " Πᾶν μὲν σάββατον, ἄνευ τοῦ ἑνός, καὶ πᾶσαν κυριακὴν ἐπιτελοῦντες συνόδῳ εὐφραίνεσθε ". Καὶ μετ' ὀλίγον· " Εὐφρανθῆναι γὰρ δεῖ ἐνταῦθα, ἀλλ' οὐ πενθῆσαι ". Ἐν δὲ τῷ ἑβδόμῳ βιβλίῳ τῶν αὐτῶν διατάξεων τάδε φασί [3])· " Τὸ σάββατον μὲν καὶ τὴν κυριακὴν ἑορτάζετε, ὅτι τὸ μὲν δημιουργίας ἐστιν ὑπόμνημα, ἡ δὲ ἀναστάσεως ". Ἓν δὲ μόνον σάββατον ὑμῖν φυλακτέον, ἐν ὅλῳ τῷ ἐνιαυτῷ, τῆς τοῦ Κυρίου ταφῆς, ὅπερ νηστεύειν προσήκει, ἀλλ' οὐκ ἑορτάζειν. Ἐν ὅσῳ γὰρ ὁ δημιουργὸς ὑπὸ γῆν τυγχάνει, ἰσχυρότερον τὸ περὶ αὐτοῦ πένθος τῆς κατὰ δημιουργίαν χαρᾶς.

Ἀλλὰ γὰρ ταῦτα μυστικῶς διὰ Κλήμεντος πάπα Ῥώμης γεγραφότες καὶ διαταμενοι, οὐκ ἔστησαν ἕως τούτων, ἀλλ' εἰδότες θείῳ Πνεύματι οὐ τὴν τυχοῦσαν παράβασιν εἶναι τὸ νηστεύειν τὰ σάββατα, καὶ ἐπιτιμίῳ σφοδρῷ καταδεσμοῦσι τὴν ἐκκλησίαν περὶ τούτου· φασὶ γὰρ ἐν τῷ ξδ' κανόνι τῶν ἱερῶν κανόνων αὐτῶν κτλ.

---

[1]) Ibid. p. 283, 284. — [2]) l. l. p. 291. — [3]) l. l. p. 68. — [4]) l. l. p. 026, ubi innumerae varietates, praeter eas exinde addendas.

Adducto canone LXIV apostolorum, revocantur similes canones Trullani, inquit, adversus Romanos sanciti, coram legatis Papae Agathonis; inde invehitur in usum Latinorum, liturgiam celebrandi quotidie in quadragesima, — f. 118 contra alium canonem apostolicum, et can. Gangrensem, Laodicenum, tum fuse exponitur liturgia praesanctificatorum.

III.

De matrimonio sacerdotum.

Τίς δέ ἐστιν ὁ παραδοὺς ὑμῖν καὶ τὸ κωλύειν τὸν γάμον ἢ καὶ τέμνειν τῶν ἱερέων; ποῖος τῶν διδασκάλων τῆς ἐκκλησίας τοῦτο ἡμῖν παρέδωκε τὸ ἀτόπημα; εἰ μὲν γὰρ μὴ γαμήσας χειροτονεῖται, εἶτα πρὸς γάμον ὁρμᾶ ὁ χειροτονηθείς· ἄγαμος, νομίμως τοῦτο καὶ κατὰ κανόνας ποιεῖτε, τὸν τοιοῦτον γάμον κωλύοντες· Εἰ δὲ προγεγαμηκὼς ἦν ὁ ἱερεὺς ἐν σέμνῳ τῷ βίῳ καὶ σώφρονι, τὸν αὐτὸν γάμον λύοντες παρανομεῖτε, καὶ ὅτι ἁμαρτάνοντες· κἂν τοῦτο παρανομεῖτε, ἀπὸ τῆς τῶν ἀποστόλων διαταγῆς καὶ τῶν ἱερῶν ἀποδείξω κανόνων. Ἐν μὲν γὰρ τῷ ἕκτῳ βιβλίῳ τῶν διατάξεων κεφαλ. ιζ' ἀπόστολοι φασί [4])· " Ἐπίσκοπον καὶ πρεσβύτερον καὶ διάκονον εἴπομεν μονογάμους καθίστασθαι, κἂν τε ζῶσιν αὐτοῖς αἱ γαμεταί, κἂν τε τεθνήκασι, μὴ ἐξεῖναι δὲ αὐτοὺς μετὰ τὴν χειροτονίαν, ἀγάμοις οὖσιν, ἔτι ἐπὶ γάμους ἔρχεσθαι, ἢ γεγαμηκόσιν ἑτέραις συμπλέκεσθαι, ἀλλ' ἀρκεῖσται ἢ ἔχοντες ἦλθον ἐπὶ τὴν χειροτονίαν ".

Inde adducuntur can. v apostolorum, — f. 119 dein can. XL, 1 Cor., 1 Timoth., Tit. et Trullanus alter canon. — f. 120 tum constitutionum apostolicarum lib. VIII cap. 10, can Phil., 1 Timoth. et Tit... Tandem resumitur et sic concluditur aequanimo satis Colophone:

Τοιγαροῦν ἀκριβῶς ἐξετάσατε τοῦ λοιποῦ περὶ τούτων ὧδε, ἀδελφοὶ καὶ ἰσόψυχοι, μήποτε ἐκ τῶν τοιούτων τὰ εἰρημένα, καὶ ἐπελεγχθέντα, ἰώδη, ὥσπερ εἴρηται, νοσήματα· λέγω δὴ τὰ ἄζυμα, τὴν ἐν σαββάτῳ νηστείαν, τὴν λύσιν τοῦ γάμου τῶν ἱερέων, καὶ τὴν ἐν ταῖς νηστείαις τέλειαν ἀναφορὰν παρέλαβε. Καὶ μαθόντες νῦν παρ' ἡμῶν τὸ ἄτοπον αὐτῶν ἐκ πάσης τῆς θεοπνεύστου γραφῆς, φύγετε, παρακαλοῦμεν, τὰ τοιαῦτα ποιεῖν, ἐκλεκτοὶ ὄντες Θεοῦ καὶ πάσης οἰκουμένης ἀειλαμπεῖς ὀφθαλμοί, ἵν' ἐνωθέντες ἡμῖν τοῖς ὑμῶν ἀδελφοῖς, οὓς διὰ τοῦ εἰρημένου αἰτίου ἐσχίσατε, οὐκ οἶδα ὅπως εἰπεῖν, τῆς θείας καταφρονηκότες ἑνώσεως, σῶμα ὄντες Χριστοῦ, ἀνακεκαλυμμένῳ προσώπῳ τῆς δόξης Κυρίου, ἐν συμφώνῳ τῇ ὁμονοίᾳ τε καὶ λόγῳ μετὰ πίστεως· ὀρθοδόξου κατοπτριζώμεθα, καὶ τὴν αὐτὴν εἰκόνα μεταμορφώμεθα ἀπὸ δόξης μιᾶς καὶ τῆς αὐτῆς, εἰς δόξαν αἰώνιον, καθάπερ ἀπὸ Κυρίου πνεύματος, ὅτι αὐτός ἐστι ἡ κεφαλὴ τοῦ σώματος ἐκκλησίας ἡμῶν, καὶ ἐν αὐτῷ εἰς ἓν συναρμολογώμεθα.

Ταῦτα τοῖς Ῥωμαίοις ὑμῖν. Εἰ μὲν οὖν πείθομεν ὑμᾶς, ἀνθρώπους ὄντας δι' ὧν εἰρήκαμεν καὶ μεθ' ὧν ὑμῖν ἀπὸ τῆς γραφῆς διελέχθημεν, χάρις Θεῷ καὶ ὑμῖν τοῖς εἰδόσι καλῶς· τῷ πνεύματι πείθεσθαι καὶ ἀκολούθως λόγῳ ἐγειρομένῳ ἀπὸ τοῦ γράμματος. Εἰ δ' οὔ, ἀλλὰ δότε ὑμῖν τὰς μαρτυρίας ἀπὸ τῆς θείας γραφῆς συνιστώσας ὑμῖν, ἐν οἷς ἐθελονομοῦντες ὡς ἐπὶ θρόνον αἰσθήσεως ἀναπαύεσθε, καὶ ἡμεῖς εἰδότες πειθαρχεῖν τῷ ἀκαπηλεύτῳ λόγῳ τοῦ Πνεύματος, σιωπᾶτε τὰ πρὸς [πλάνην?], παυσώμεθα ἐν Χριστῷ Ἰησοῦ τῷ Κυρίῳ ἡμῶν, ᾧ ἡ δόξα καὶ τὸ κράτος σὺν τῷ Πατρὶ καὶ τῷ ἁγίῳ Πνεύματι, νῦν καὶ ἀεὶ, καὶ εἰς τοὺς αἰῶνας τῶν αἰώνων. Ἀμήν.

Statim succedit ἀνεπίγραφον spissum opus per decem folia 121-180, adversus Armenos: Λόγος στηλιτευτικὸς τῆς τῶν Ἀρμενίων αἱρέσεως, quae quis fortasse ad eumdem opificem retulerit, neque temnenda censuerit, quum ab initio quaedam recitentur cantica Armeniorum et iterum revocentur, quae alibi minus obviae, Constitutiones apostolicae ex libro VIII. Jejuniora tamen sunt quam supra, et praeter omnem Demetrii consuetudinem, fit ex abrupto breve exordium. At favente pagina vacua, pauca lubet ex initio describere, ubi memorantur Armeniorum quaedam cantica, immo canones, odae, troparia, ut apud Graecos, quae memoria rarissima est, unicum sane quod sciam exemplum hactenus compertum: Φέρε δὲ περὶ τῆς ὑψαλέου πλάνης καὶ αἱρέσεως τῶν Ἀρμενίων ἣν ἐς τὰ Βαλεντίνου καὶ Μάνεντος πρεσβεύουσιν, ἔχουσιν, εἴπωμεν ὀλίγα. Αὐτοὶ γὰρ οὐ μόνον ἀνετετμημένους πάντα τῆς τῶν πιστῶν ἐκκλησίας αὐτοὺς δείκνυσιν, ἀλλὰ καὶ τῆς τοῦ Χριστοῦ προσηλύτως οἰκονομίας ἀπωθοῦνται ἐχθρούς. Ποία οὖν ἐστιν αὕτη ἡ κεκρυμμένη ὑμῶν, Ἀρμένιοι, αἵρεσις ἡ ἀφανίσθαι, δι' ὧν ποιεῖτε καὶ ψάλλετε, ὡς διὰ σωλῆνος τὸν Υἱὸν καὶ Λόγον τοῦ Θεοῦ διελθεῖν τὴν Παρθένον, ὃ ἔστι δόγμα πρόδηλον Βαλεντίνου καὶ Βασιλείου τοῦ Αἰγυπτίου. Τίνα δὲ εἰσὶν ἃ ψάλλετε καὶ ποιεῖτε; Εἰς ἔκφρασιν οὐ μόνον μιᾶς, ἀλλὰ καὶ πολλῶν ἑτέρων αἱρέσεων ἃς ἀνιχνεύοντες, καὶ ὧν ἐν τῷ λεληθότι ἀντέχεσθε ἐκεῖνα δὲ ἃ μεγάλως ὑμῶν ἁγνωσίας καταδείξωσι, καὶ ἃ τὸ ὀφαλόν τε καὶ κρυπτὸν τῶν ὑμετέρων αἱρέσεων στηλιτεύουσι· τὸ γὰρ ἐν τῇ πέμπτῃ ἡμέρᾳ τοῦ Ἰανουαρίου μηνὸς κατὰ τὴν πρωΐαν τὴν γεγενοῦσα διὰ τοῦ ἀγγέλου Γαβριὴλ εὐαγγελισμὸν τῇ Παρθένῳ καὶ Θεοτόκῳ Μαρίᾳ ἑορτάζειν, κατὰ τὴν ἑσπέραν δὲ αὐτῆς τῆς ἡμέρας τὴν τοῦ Χριστοῦ γέννησιν· καὶ εἰς τὴν ἕκτην πάλιν ἡμέραν τοῦ αὐτοῦ μηνὸς τὴν αὐτοῦ βάπτισιν, ἔχουν τὰ φῶτα, ἐμφαίνει πάντως τοῖς καλῶς νοοῦσι πρόδηλος, ὅτι καθ' ἣν τυχὸν ἡμέραν, τὸ χαῖρε κεχαριτωμένη παρὰ τοῦ ἀγγέλου ἤκουσεν ἡ Παρθένος, εὐθὺς κατ' αὐτὴν καὶ διὰ σωλῆνος διῆλθε τὴν ἄχραντον καὶ ἄφθορον μήτραν αὐτῆς ὁ τοῦ Πατρὶ ὁμοούσιος Λόγος καὶ ἐγεννήθη, ὁμοῦ τε ἔνδον συλληφθεὶς καὶ γεννηθεὶς καὶ βαπτισθεὶς ἐν τῷ Ἰορδάνῃ ὑπὸ Ἰωάννου, καὶ οὕτω τὸν ἐναπομείναντα καθ' ὅμως χρόνον ἐν τῇ πανάγνῳ γαστρὶ τῆς ἁγίας Παρθένου ἐποίησε, ὡς τὴν ἀνθρωπίνην φύσιν ἀναλαβόμενος καὶ ὑποσχησάμενος ταύτην ἐν ἑαυτῷ, οὔτε τὴν κατὰ μικρὸν αὔξησιν μετὰ τὸ γεννηθῆναι (ηὔξησέ τε καὶ ἐν ἡλικίᾳ καὶ χάριτι προέκοψεν, ὥς φησιν ὁ εὐαγγελιστὴς), οὔτε τριάκοντα ἔτη ἐβαπτίσθη ἐν τῷ Ἰορδάνῃ ποταμῷ παρὰ τοῦ Ἰωάννου, ἅτινα πάντα τῆς ἐνσάρκου οἰκονομίας Χριστοῦ ἀνατροπή ἐστι, προσδ. οτὰς ὑμᾶς δεικνύοντα τῶν δογμάτων Βαλεντίνου καὶ Μάνεντος τοῦ μὲν δυσσεβῶς δογματίζοντος, ὡς διὰ σωλῆνος διελθεῖν τῆς Παρθένου Μαρίας τὸν Υἱὸν καὶ Λόγον τοῦ Θεοῦ τοῦ δὲ, ὅτι ἐν δοκήσει καὶ φαντασίᾳ καὶ οὐκ ἐν ἀληθείᾳ ὁ Χριστὸς ἐνηνθρώπησεν. Ὅτι δὲ τῶν εἰρημένων αἱρεσιαρχῶν ἀντιποιεῖσθε τῶν δογμάτων, δῆλον ἐκ τοῦ ψαλλομένου παρ' ὑμῶν κανόνος ἐν τῇ πέμπτῃ ἡμέρᾳ τοῦ Ἰανουαρίου μηνὸς, καθ' ἣν ἡμέραν παρανόμως καὶ τὸν εὐαγγελισμὸν ἐκτελεῖτε τῆς Θεοτόκου, ὡς εἴρηται· γέγραπται γὰρ ἐν τῇ ἀρχῇ τοῦ κανόνος ὑμῶν· Κανὼν εἰς τὸν εὐαγγελισμὸν τῆς Θεοτόκου· ἐν ταῖς τρισπαρείς οὖν τοῦ τοιούτου κανόνος ὑμῶν, πρῶτον ψάλλετε τροπάριον τοῦ εὐαγγελισμοῦ, καὶ δεύτερον τῆς Χριστοῦ γεννήσεως καθ' ὅλον ὑμῶν τὸν κανόνα, καὶ κατὰ μίαν τούτου ᾠδὴν, ὡς ἐνταῦθα δῆλοι τοῖς νοοῦσιν

ἐστί, ὅτι τὰ ἐκείνων πρεσβεύετε, καὶ ἅμα μηδὲ εὐθέως λελεγισμένως τε πεσεῖν καὶ μετ' εὐσεβείας τῆς νῦν κρατούσης καὶ πολιτευομένης, καὶ ὅτι οὕτως ἡ ἀλήθεια ἔχει, τοῦτο ὑμῖν ἀπὸ τῆς θείας γραφῆς ἀποδείξω. Τί φησιν ὁ εὐαγγελιστὴς καὶ θεῖος Λουκᾶς· Ἐν τῷ μηνὶ τῷ ἕκτῳ κτλ.

Οὐ μόνον γὰρ Βαλεντίνῳ καὶ Μάνεντι ἀθέῳ ταῦτα πειθόντες συγκροτεῖτε, ἀλλὰ καὶ αὐτῷ τῷ δυσσεβεῖ Νεστορίῳ. Πῶς καὶ τίνα τρόπον; ὅτι ἑνάτην ᾠδὴν τῆς Θεοτόκου ταῖς λοιπαῖς ὀκτὼ τῶν κανόνων ὑμῶν ᾠδαῖς οὐ συνάπτετε, ὁσάκις ἂν κανόνα ψάλλετε, εἰ μὴ κατὰ κυριακὴν, ὡς λέγεται, μόνον, καὶ εἰς αὐτὴν τὴν συγκεχωρημένην ὑμῶν ἑορτὴν τῆς Χριστοῦ γεννήσεως, χαριζόμενοι, ὡς εἰκὸς ὑμῖν, Νεστορίῳ τῷ τῆς Θεοτόκου ἐχθρῷ, καὶ τῶν ἐκείνου δογμάτων ἀντιποιούμενοι. Ἀλλὰ καὶ οὐκ ἐν τούτῳ μόνον Νεστορίῳ χαρίζεσθε, ἀλλὰ καὶ ἐν τῷ μὴ ἀνέχεσθαι προσφορὰν παρὰ γυναικὸς φέρεσθῆναι, ἀκάθαρτον πάντα τῶν γυναικῶν τὸ γένος ἡγούμενοι, ἀγνοοῦντες ὅτι ὁ προσφερόμενος ἄρτος ἐν τοῖς μυστηρίοις οὐκ ἀπὸ τοῦ ἀναφύροντος ἐν τῷ καιρῷ καθ' ὃν ἀναφύρετε εἰς ζύμην κτλ.

SYNOPTICON

Demetrii Chomatiani archiepiscopi totius Bulgariae [1])
Tractatus compendio excepti.

I. Gregorio Camonae, col. 1-11.

Scripsit Gregorius Camonas [2]) velle se, jam dimissa uxore ex lege Byzantina repudii, alteram sibi ducere uxorem, Comnenam filiam Stephani Magni Serbiae Zupani [3]), viduam vero Demetrii qui derelictae uxori affinis erat; unde quaerit an licitum sit matrimonium.

Demetrius, fuse collatis inter se Basilicorum libris XXII, XXV, XXVIII, LX, una cum novella Manuelis Comneni, adductis etiam Lucae et Sisinnii CP. patr. sententiis, et memorata Michaelis Caerularii, Niceta chartophylace, actione synodica, tum demum astipulante S. Basilio et collato Trullano concilio, disertissime respondet, quum in casu neque occurrat septimus gradus ex sanguine, neque sextus ex affinitate, licitum esse propositum matrimonium [4]).

II. Joanni Pluto, col. 11-22.

Petit Joannes Plutus [5]) an sub uno et primo gradu, respectu ad matrimonium, connumerentur vir et mulier legitime conjuncti, ut videtur ex Genes., II, 24.

Multa multis hac de re disputantibus, negat Demetrius, conjugesque censet

---

[1]) Titulus addit: *cum esset magnae ecclesiae Bulgarorum Chartophylax*, nimirum in Acrila ceu Prima Justiniana. Sed pauca, nec nisi sub initium, et in ultima calce ad cartophylacem pertinent, neque in promptu erit ea secernere quae, dum in minoribus esset, Demetrius edidit, nisi quod ad codicis calcem XXI quaestiones brevissimis responsis solutae, nudo titulo ad chartophylacem, puta ad nostrum pertineant.

[2]) Gregorius mactatur encomio: πανεξαιτος ελπιστος, quod reservari videtur stirpi imperiali. Caeterum vix ad strictos apices expenderis ampullas Byzantinorum sesquipedales, qualia sunt epiphonemata: ευγενεστατε, περιβλεπτιστατος, μεγαλοπρεπεστατος πανευτυχεστατος, περιπαστεσεμεπρεπες etc.

[3]) Saeculo XII, regnante familia Neeman, inclaruere magni Serborum *Duces*, florente in primis Stephano I, cujus nomen gentilitium perennavit. Stephanus II dicitur tum primum agnomen sumpsisse Magni *Zupani* vel *Jupani*. Stephanus III (1195-1228) hic memorari videtur, qui Eudociam Alexii Comneni filiam in uxorem recepit, atque etiam reputatur inter Sanctos Slavorum. Martinov. *Annus eccl. graecosl.* 230. Cf. infra *Onomasticon* tam ad h. n. quam ad caetera.

[4]) Epistolae duplex exemplar missum est unum ad Camonam, alterum ad Joannem Plutum, ex col. 23.

[5]) Augustissimus ille Augustus Plutus, quem *optimum fratrem* Demetrius vocat, sane non ex Chomatiani parentela, sed ex Comnenorum gente oriundus est. Adesis infra col. 105, 125, etc. in primis 199.

extra gradus positos, unum primumque gradum minime efficere, tum exponit Genes. II, 24, aliosque textus sacros, tum prolixe distinguit octo unionis modos, inter quos conjugium et unionem hypostaticam, librosque rursus Basilicorum sibi patrocinari concludit.

III. *Croorum antistiti* [1]), col. 21-28.

Inquirenti Croorum episcopo, an sententia de Camonae matrimonio (cap. 1) sit omni exceptione major, post multas in exordio blanditias, respondet Demetrius, declarata graduum ratione et natura, ac revocato Basilicorum libro XXVIII, nullum esse locum gradibus prohibitis, iterumque statuit matrimonium esse licitum. Quod ut brevius expediat, binas priores epistolas comminiscitur.

IV. *Cuidam Exarcho*, col. 28-32.

Quaerenti cuidam exarcho, primum quinam sint legitimi filii, respondit Demetrius eos natos ex primo et secundo matrimonio legitimo, immo ex tertio juxta conditiones in tomo unionis [2]) statutas, sed spurios esse aliunde genitos, quibus ex Basil. libro XXXII bonorum paternorum unica uncia seu pars duodecima obtingit. Tum eidem petenti quid juris habeat tertia quartave mulier sine ecclesiae precibus accepta, respondetur ex Basil. libris XXXII, XLV, eam esse veluti concubinam cui, etiamsi vir se in monasterium receperit, competit tantum unica uncia inter matrem et prolem dividenda, sed dote restituta.

V. *Militi Alexandro*, col. 31-32.

Alexander miles, frater adoptatus in testamento Chydri, petit an ejusdem filiam sibi in uxorem ducere liceat. Licere ait Demetrius, quia adoptionem non admittunt leges ex Basil. libro XXXV [3]).

VI. *Anonymo*, col. 33-38.

Quaesitum est, an quis posset in uxorem recipere sororem mulieris a consobrino adultero corruptae. Declaratis gradibus prohibitis consanguineorum et

---

[1]) Eadem erit, opinor, ecclesia Croiensis in Epiro, quae nullam habet episcoporum seriem in *Oriente chr.* neque apud Gams, p. 404, ubi episcopi latini ab a. 1286 incipiunt. Caeterum quum episcopos schismaticos consulto omiserint Lequien et Gams in serie *Orbis christiani*, ad utrumque recurrere vacat. Satis erit nobis ad calcem *prolegom.* texere olonchum omnium episcoporum quos Demetrius commemoravit.

[2]) Tomus est Nicolai I, sive mystici, editus a. 920. Cf. Rhalli v, p. 8. Zachariae *Novell.* p. 227.

[3]) v. In sequentibus notis, sub romano numero singulorum capitum succedit nova totius operis recensio, maxime palaeographica, cribratoque iterum atque iterum Monacensi codice, omnia vel levissima colligere et retractare animus est, sed tamen ita ut ad *Basilicon*, quod infra dicimus et ponimus, reserventur quaecumque spectant ad LX libros Basilicorum. Columnarum lineae computantur;

afinium, tum collatis, recitatisque sententiis patriarcharum Lucae, Sisinnii et Michaelis, tum Manuelis Comneni, Eustathii Romani J. C. et Michaelis Chumni Thessalonicensis, concludit innocuum esse hujusmodi matrimonium [1]).

VII. *Himerio*, col. 37-40.

Licitum esse Himerio matrimonium cum matre duarum filiarum quarum una cum Himerii patre ex affinitate conjuncta est, declaratur juxta Nicetam chartophylacem [2]).

VIII. *Pedaditae* [3]) *Corcyrensi episcopo*, col. 39-48.

Ad Corcyrensem episcopum scribere se stupet, barbarus inter barbaros, discipulus ad magistrum, audax et imbellis, ὁ θρασύδειλο; [4]) Stagiritae, ad eum cui gratia ridet in labiis suis, cujus ad lucem currere juvat, ea referentis: Bulgaris, regionum dominis, cum cupido incesserit episcopos habendi suae linguae scios, in loco exulum et mortuorum, jam disputatur an excipiendi sint ordinati Zagorae ab hujusmodi Bulgaroepiscopis sacerdotes et diaconi.

Alii secus sentiunt, nempe repellendos esse omnes, uti invasores, Maximo Cynico similes, quem secunda synodus CP. pepulit.

Alii mitius opinantur, tum quia reprobi eamdem fidem tenent, easdem servant scripturas, librosque ecclesiasticos vernacula lingua vulgatos [5]), tum quia patriarcha, ipsis a Romano papa datus [6]), Budinae rite consecratus est, licet oc-

---

sine respectu ad titulos, aut a columnae fastigio, aut ab ipso capitulo quod mediae paginae inseritur.

[1]) VI. Em. col. 85 l. 17 συγγενῶ..., l. 82 δύνασθαι. — Nova videntur, sin minus Eustathii Romani verba, saltem sententia Mich. Chumni, paucis addenda ediciᴄ apud. Rh. v, 897. Ad Caerularium cf. Rhalli v, 42 variant col. 84 καὶ νεύματι, col. 85, l. 4 ἄρχουσι, l. 14 ἀτεάμῶς. — Ad Sisinnium vide Rh. v, 11.

[2]) VII. Eadem quae supra ex Caerulario dantur, sed n. 1052, dum apud Rh. v, 42 annus est 1059. Em. col. 87, l. 11 γαμικῶς. — col. 88, l. 9 φάκτιο. — col. 39, l. 4, Rh. ταύτης. — l. 8 R. ἄρχουσι. — Em. col. 40 l. 8 γυναικός. Fort. huc usque chartophylax Demetrius.

[3]) Vocatur in catalogo Monacensi *Pedad*, nec melius apud nos col. 89 *Pedade*. Potius nomen est *Pedadites*, quod diserte scribitur col. 130. Sed col. 105 et 179 fort. melius Πεδαλίτης.

[4]) VIII. In prolixo exordio noster ludit abunde cum voce stagiritica θρασύδειλος (male codex θρασίσκλες). Col. 89, l. 4, ἐδίκαιον refer

ad ἐδικαίωκαι apud Nicet. Byz. 705, C. D. — col. 40, l 9, lege καὶ ὅτι τῷ. — col. 41, l. 31, em. ἐπιστείλης. — l. 43, πέθου. — col. 42, l. 18, deesse videtur χάριτι post πνεύματι. — l. 23 em. ῥῶς ab inusitato ῥόω. — col. 44, l. 17, lege ἐωρίσαντο. — l. 24, ἐπιγραφ̑. — tum fort. σπένδοντι. — col. 46, l. 22, τελευτῷ. — De Zagorensi quodam episcoporum conventu, praeside legato Romano aut aliquo patriarcha, inter turbas occiso, haud semel fama refertur. Cf. col. 43, 496, 563, 567.

[5]) Vix antiquior memoria scripta reperitur, in Bulgaricam sive Slavicam verti linguam tam biblicos quam liturgicos libros, sanctorumque et patrum vitas. Cf. col. 48.

[6]) Et notetur insigne Innocentii III facinus, et obscura novi Bulgarorum patriarchae institutio et consecratio ab antistite latino Budensi sive Budinensi, a Bulgaris occiso, de quo altum hactenus silentium, etiam in splendido et locupletissimo Emin. Joannis Simor opere inscripto *Monum. ecclesiae Strigoniensis*, t. 1, a. 979-1273. Strigonii, 1874. In proleg. de eodem argumento fort. ratio habebitur.

cisus fuerit a Bulgaris consecrator, tum quia ecclesiae inolevit mos recipiendi etiam ab haereticis ordinatos, tum quia urgebat necessitas post Latinorum impressionem, fugato imperatore, ipso patriarcha cum Bulgarorum rege consilia miscente, summa rerum aut desperata aut Zagorae obtinente, tum quia demum ordinatis, cum Maximo non conferendis, favent canones apostolorum LXVIII et Trullanus LXX. Mitior ergo sententia suadetur.

Pauca adduntur ad solvendam quaestionem alteram propositam de matrimonio viri cum sorore uxoris defunctae, favente synodo Corcyrensi cum Alexio CP. patriarcha, refragantibus vero Zonara et Balsamone: demum Lucas CP. cum imperatore prohibet quidem ne matrimonium fiat, sed factum non dissolvit, poenis tamen canonicis subjicit.

IX. *De nova Samaritana*, col. 47-50.

Zoe duodennis jam duobus viris nupserat, tertium postea habuit, immo quartum et quintum; postquam a sex annis abstinuerit se sacris poenitens, novis et ultimis poenis per annum septimum subjicitur [1]).

X. *Stephano regi Serbiae*, col. 49-52.

Quaesivit rex, an ipse cum Maria Comnena matrimonium inire queat, quod, obstante quinto affinitatis gradu, Demetrius vetitum declarat. Objectanti regi a Joanne olim Bulgarorum episcopo permissum fuisse conjugium filii sui cum Eudocia Comnena, gradu nullo obstante, respondetur deceptum a Legatis Serbis fuisse Joannem suum decessorem, autumantem inquiri non de Eudocia, sed de Theodora Alexii filia [2]).

XI. *Theodoro Ducae Comneno*, col. 53-56.

„ Ego te velut Potentis romphaeam intueor, o potentissime Comnene, quem
„ Deus gubernat juxta quoddam consilium, Deo dignum; ac velut sagittam
„ acutam ipsius manibus jaculatam, utpote qui virga virtutis es, ab eo data
„ afflictae Romanorum potentiae, ut desperatam ejus sortem erigat, eique de-
„ super provideat, per te qui emicare cepisti ex omni negotio et nomine, quibus
„ solet numen divinum bene hominibus facere; ad haec te natum intelligo et
„ paratum. Qui enim diu dormitavit Deus in sedula gentis Romanae custodia,
„ quantum nobis fas est sentire et dicere, et qui avertit a nobis vultum suum
„ ob iniquitates nostras, ecce experrefactus e somno est, ut cum Davide canam,
„ reversus ad propriam viscerum pietatem quae suscitat eum; ac per te calcabit,
„ hostes qui humiliant nos; in te se veluti romphaea cinxit, et capita truncavit

---

[1]) IX. Lege col. 47, l. 6 ἀσφαλίσατε. — l. 9 jungo: Ἐπαινετὴ δ' οὐκ ἧττον καὶ ἡ σύμμιξις. — l. 17 em. πολυγαμίας. — l. 22 συνεικεσίοις. — lin. ultima ἔκαιρον — col. 48, l. 20 περίληψιν.

— col. 49, l. 8 ταύτης. — l. 18 πληροφορήσει. [2]) X. col. 49, l. 18. Deuter. XXXII, 7. — col. 51, l. 22 scribe αἵματος. — l. 25 aliquid deest. Fort. legendum τὸν λόγον. — col. 52, l. 23. Luc. XI, 23.

„superbientium. Nunc te quasi currum decem millium emittet, ac per te confringet plaustrorum ipsorum rotas. Testes verborum sunt Phinees ille vetus et post eum Elias, quorum ille coruscavit quasi lancea acutissima, quae improbam copulam perfodit; hic vero cum ense verbi pseudoprophetas trucidavit. Quorum in te zelum triplo acriorem quum Deus invenerit, per te nostrorum inimicorum fecit exterminium. Hieri jam idcirco, te sicut sagittam electam vibravit, eosque corde et jecore desperatos dejecit. Vidit Thessalonica civitas tuam repentinam impressionem, et quomodo jussu tuo, coram ejus moenibus, triumpho traxisti malos duces, vinctosque eduxisti, quotquot ab interitu tuae lanceae fugerunt [1]). Idcirco ad nos reversus es, victoriae manibus coronatus, ac palam trophaeum erexisti, quo praeterita cumulata nobilitantur, et quousque in futurum spes tendatur, vicinum posuisti terminum. Tu enim, quo utar divino oraculo pro sermonis vadimonio, positus a Deo es in ruinam et resurrectionem, nempe in ruinam bellantium contra nos, nostram vero in resurrectionem, qui lapsi eramus sub eorum calcaribus. Nos vero pro viribus laudem Domino retribuentes, vota nuncupamus, pro te *Dei dono*, ut opus et nomen tuum nobis ad senectam usque servemus, et si id proponere fas est, ne quid precibus deesse videatur, vovemus ut nunquam apud nos potestas tua senescat, sed semper nova perennuet atque floreat, unde nos subsecutura posteritas per te beneficiis Dei potiatur. Esto „.

Effusa exordii instar et absoluta ex abrupto concione panegyrica, paucis Demetrius expedit quaestionem propositum de conjugio inter Alexium sive Andronicum et Annam (quae fictitia videntur nomina), scilicet non obstantibus multis gradibus, juxta tomum Sisinnii CP. expositis, liberum esse matrimonium [2]).

XII. *Pelagoniae episcopo*, col. 55-58.

Consulenti episcopo de Georgio Blasno, qui cum conjuge Maria Bardae, post tres annos non consummavit matrimonium, quod perstare uxor non patitur ob adulterii periculum, respondetur absque mora, conscientia episcopi graviter onerata, decernendum esse, salva dote, divortium [3]).

XIII. *Stephano regi Serbiae*, col. 59-64.

Regem, effuse laudatum de sollicita prudentia, inducit quaerentem, an sponsus qui cum precibus ecclesiae spopondit puellam septennem, contradicente patre spirituali, possit et debeat, jam occurrente nubili aetate sponsae, eam dimittere.

Respondet Demetrius sponsalia, uti et arrhas, nil amplius valuisse quam meram promissionem, donec Leo sapiens et Alexius Comnenus sanxissent spon-

---

[1]) Palam respicit luctuosa certamina quibus captus et interemptus est Balduinus imperator, cujus fata nox opaca tegit, ac simul vinctus est apostolicae sedis Legatus.

[2]) xi. Lego col. 54, l. 10 οὐ μίν. — l. 11, ἐιχνηαώμεθα. — l. 20 κατειρωνεύεσθαι. — col. 56, l. 30 συναλλάγματος.

[3]) xii. col. 58, l. 29 lego ἀουνέζχστον.

salia assumpta a nubili, et precibus Ecclesiae munita, esse validiora quam caeteras promissiones, non licere vero cum puella septenni ea precibus Ecclesiae confirmare. Concluditur tum posse sponsos de quibus agitur, a promissis recedere, tum nubere more solemni juxta Nicolai CP. sententiam synodicam; carpitur interim affectata patrum spiritualium religio aliter sentientium ¹).

XIV. *Constantino Strumitzae episcopo*, col. 63-66.

Veteri amico, quaerenti an in sacerdotem evehi possit diaconus, qui bigamus videtur ob habita cum puella octenni sponsalia, post cujus obitum legitimum fecit matrimonium, respondet Demetrius: alii negant ex novellis Leonis et Alexii quae sponsalia rite facta tuentur; alii affirmant licere, adductis Basilii et Timothei canonibus. Eligat Strumitzanus ²).

XV. *Episcopo* ³) *Serbiae*, col. 67-68.

Demetrio adfuit Coromelus Basilius, qui cum vovisset suam filiam non nupturam esse ante a. XIII, ac nisi prius ipsa Thessalonicae sistens, unguentiferam S. Demetrii arcam adorasset, puellam vero vix XI annorum viro consociavit, mentitus eam esse nubilem, et spreto voto ac sancto martyre; unde divina ira statim conjuges, vel a primo nuptiarum die, persecuta est, inter quos inexpiabile odium exarsit: enixe ergo rogat Coromelus a tanta dementia repurgari, ac filiam liberari ab imprudentia paterna.

Episcopum Demetrius graviter onerat, ut de casu accurate inquirat; quae si vera sint, debitam confitenti reo poenitentiam ob duplex mendacii et sacrilegii scelus imponat, dissolvatque matrimonium, salva dote, ob aetatis defectum et voti violationem ⁴).

XVI. *Regi N...*, col. 69-72.

Regio viro accidit ut cum consobrina rem haberet, cujus prolem a sacro baptismate recepit; postmodum ex legitimo matrimonio filium habuit Radimirum, quem optat cum filia consobrinae in matrimonium jungere. Contraponit Demetrius affinitatem spiritualem esse graviorem quam sanguinis vincula; ex duplici autem capite nefarium esse id genus matrimonii, tum ex baptismi susceptione, tum ex carnali copula; omnino ergo recedendum esse a scelesto coram Deo et ho-

---

¹) XIII. Anecdota videtur Nicolai allata sententia ad col. 62, l. 11-24: Οὐκ ἐπὶ μόνον ad ὡς ἐτίθενται. Em. col. 61, l. 21 ἀπεκβαίνειν. — col. 62, l. 22 ὁ κληρικός. — l. 35 κατεσφαλισμένην.

²) XIV. Em. col. 63, l. 12 ἀπικρύφω. — l. 15 ποιχὶ — l. 25 ἐξαιρώσχ. — l. 26 συμπεριγόμενον. — col. 64, l. 17 ἱεραικῆς. — col. 66, l. 28 φαφερῶν.

³) Alius sane erit ac S. Savas qui anno demum 1221 archiepiscopus Serviae factus est, de quo multa alibi.

⁴) XV. col. 67, l. 11 fort. ἀφήσεται.

minibus piaculo, nec diris vovendus est juvenis princeps, caeteroquin multa animi dote honestatus [1]).

XVII. *Pelagoniae episcopo*, col. 71-74.

Scripsit episcopus circa divortium in pluribus tribunalibus ventilatum, et requisitum a Maria, chartophylacis Joannis Crisoli filia, nupta cum Nicolao Almyriota, cui obscena et intoleranda exprobrat. Quamvis non occurrant repudii causae legales, neque testes adhiberi queant, recepto tamen uxoris juramento rite exhibito, divortium permitti posse videtur, propter famam sodomitici criminis in hoc loco, etiam mercedis pacto, frequentis, et ob suicidii intentati ab uxore minas, majorisque mali imminens periculum [2]).

XVIII. *Stephano cognato*, col. 73-76.

(Cf. auctarium IV col. 731-735.)

XIX. *De consensu matrimonii*, col. 75-80.

Cala quinquennis sponsalia sacra fecit cum Basilio Drugubilo; septennis ea novit, sed ad XII usque annum ne conspectum quidem habuit sponsi, qui aliorsum spectare visus est, atque puella, potius quam cum eo nubeat, omnia mala sibi deprecatur. Avunculus Nicolaus Tzacenus, cum sorore sua Irene vidua Lacapeni, pro nepote Cala divortium petit. — Consideratis novellis Leonis et Alexii, et adducto Basil. libro XXII, Demetrius ob defectum aetatis et consensus, sponsalia dissolvit, partesque componit ex bonis hinc inde divisis, juxta instrumentum hic rescriptum, Theodoro Comneno confirmante [3]).

XX. *De restitutione dotis etc.*, col. 79-84.

Synodo se sistit Eudocia Andriana, haec aiens: Orto Berroensi tumultu rerum publicarum [4]), solum vertit cum viro suo Michaele Ataliota [5]), qui in monasterium

---

[1]) XVI. Em. col. 69, l. 9 κρατκιός. — col. 70. l. 4 ab infra ἐναλλάσσει, quod cod. male dividit.

[2]) XVII. col. 72, l. 14 lege βιβλίον ἀποστάσιον contra cod. — col. 74, l. 14 idem male διατράνευσαν.

[3]) XIX. Inde fort. incipit Demetrius sedere συνεδικῶς uti archiepiscopus. Em. col. 77, l. 14 κιμνηνοῦ. — col. 78, l. 28 obscurum compendium λέχ malim legere λέγον. — l. 35 μεγαλιότητος. Quoad alia superioris col. compendia, nihil sani erui, neque etiam Cangius mihi declaravit verba κεπτάναι, καζακα, τζέχα, de quibus Sophocles cum coeteris lexicographis silet totus. — col. 78, l. 35 μεγαλειότητος.

[4]) Cf. De Berroensis civitatis calamitatibus col. 217.

[5]) Nemini non occurrit in hoc loco memoria celeberrimi J. C. Michaelis Attaliatae, cujus ποίημα νομικὸν sive πρόχειρον bibliothecarum permultarum pluteos occupat. Sed quis expiscabitur aliquid commune inter Berroensem in claustris post aerumnas inclusum, et Jurisperitum ἀνθύπατον καὶ κριτὸν, immo ὑπηοδρόμου πρόεδρον, quin ascriptum annis 1071-1078.

convolavit, dum ejus bona cognati diriperent. Redux, pace redintegrata, Eudocia dotem, hypobolum, lucra et fructus repetit.

Recitatis Basil. libr. iv, xxviii, novellisque Justiniani et Leonis sapientis, decernitur ad Eudociam bona jure spectare repetunda; quot vero et quanta sint, deficiente matrimonii instrumento, ex testibus idoneis et norma consueta declarabitur [1]).

XXI. De Niceta diacono Serbio, col. 83-88.

Nicetas Theologites, ecclesiae Serbiorum diaconus canstrisius [2]) declarat, ut lis cum muliere Maria diu agitata tandem solvatur, quod socer suus Joannes Bryenius, post obitum conjugis a quo duos natos habuit, adhaesit concubinae Mariae, qua derelicta, secundam duxit uxorem legitimam, sed unum post annum, pellice procurante etiam per diabolicas artes, exarsit inter conjuges odium ita asperum ut sine alia causa divortium intercesserit ex sententia episcopi Serbiorum [3]). Bryenius ergo ad Mariam reversus, absque ritu nuptiarum, triplicem ab ea prolem adeptus est. Ex priore prole legitima, idem filiam suam Eudociam in uxorem tradidit Nicetae diacono, deinde obiit, ex testamento concedens Eudociae partem molendini et vineam, caetera vero omnia concubinae et suis reliquit. Quo jure quaerit Nicetas, et exhibet syngraphum matrimonii cum Eudocia, quo illa haeres Bryenii futura declaratur.

Qua re synodice excussa, Demetrius decernit in hunc modum: Etsi olim satis erat, ut filii legitimi haberentur, declaratio patris scripta aut coram testibus data, nunc ex novellis Leonii et Alexii requiritur conjugium coram Ecclesia rite celebratum: frustra igitur Bryenius, neglecto ritu solemni, pellicem et ejus prolem in suam induxit universam haereditatem, ex qua tantum pars duodecima ad spurios eorumque matrem attinet ex Basil. lib. xxxii et xlvi, addita tantum parte ex bonis quae Bryenius suo peculio comparavit et auxit [4]).

XXII. De divortio, col. 87-98.

Praemisso prolixo de repudii licentia apud Graecos prooemio, inducitur felicissimus Joannes Chamaretus, qui dum Latinis Peloponesum invadentibus omnes se subderent, etiam ii qui resistere valebant, infractus solus et liber mansit. Sed ejus avunculus Michael, deceptus a Georgio, cui Satanicum et sacrum agnomen Daemonojoannes, bona ei multa cessit, ipse deceptus Chamaretus filiam Georgii in uxorem accepit. Sed perfida uxor insidias vitae viri veneno struxit,

---

De cujus tamen aetate nihil constare fatetur Mortreuil, *Hist. du droit Byz.*, t. iii, 474.

[1]) xx. Cf. Basilica nostra paulo infra n. 20-25. col. 80, l. 15 lege τὸ τοῖς. — l. 16 em. πχ-ραμιαζόμενον. — In ultima periodo abrupta cod. desinit ἐκλοῦντα.

[2]) Inter diaconos ille vocatur canstrisius

qui in publicis functionibus archiepiscopo exhibet omophorium sive pallium.

[3]) Fort. Theodorus is erat, S. Savae antecessor.

[4]) xxi. col. 84 ix, l. 2 em. ἀφήγησιν. — col. 85, l. 37 lego ὑμέτερα. — col. 86, l. 20 πλατυνῶν. — col. 87, l. 20 ἔσαι.

direptaque domo clanculum, una cum diabolico Joanne fugit ad Latinos; quibus oppressis, eadem ad Chamaretum eorum spoliis onustum remeavit. Rediere autem insidiae et pericula, immo carceres et vincula; quae ut averteret Chamaretus, Theodorum Comnenum adiit, libellumque repudii uxori mittendum paravit. Huc intercedit epistola Comneni ad Georgium; haud sine multis ambagibus missa et recepta, tum spreta. His relatis cum juramento variorum, et oblata episcopi Pelagoniae epistola, asserentis Chamaretum ex insidiis uxoris periculum vitae obiisse, ipsam vero e domestica domo diutius exulasse, solvitur matrimonium, juxta novellas Justiniani, Leonis et Alexii, Basil. lib. xxviii [1]).

XXIII. *De divortio*, col. 99-100.

Libellum repudii Joannes vult mittere ad uxorem Irenem, quae per sex menses in Prilapum, absque consensu viri, recessit. Frustra offertur epistola duorum presbyterorum ad excusandam mulierem gyrovagam. Tres opponuntur testes conspicui, referentes non solum Irenem vagari, sed vel in domo viri manentem, pessima fuisse fama inustam. Ex Basil. lib. xxviii decernitur divortium [2]).

XXIV. *De cura natorum*, col. 101-104.

Calos Tzantzes Scopiensis refert obiisse matrem, facto testamento, deinde patrem relinquentem cuidam monasterio unicam possessionem filii, praeter lignea vascula et quisquilias. Quid juris orphano, egeno, aegre victitanti?
Jure naturae et lege falcidia statuitur ex Basil. lib. xxxix et xli, orphano cuncta esse repetunda, excepta tantum quarta parte bonorum [3]).

XXV. *Causa Berroensium*, col. 105-110,

Demetrio Berroeam invisenti occurrerunt quatuor illustrissimi viri, Georgius Pediadites, Joannes Plutus, Andronicus Soutariotes et Basilius Euripiotes una cum Balo [4]) Tzama rationum magistro apud Ducem Berroensem, a quo missus est, ut causa quatuor virorum, ex eorum consensu, annuente Duce, a Chomatiani solveretur arbitrio.
Causa ea est: Obeunte sine prole Georgio Euripiota, uxor ejus Helena sibi bona viri retinuit. Obstat Pediadites, jure suorum liberorum, quorum mater est Georgii soror. Obstat Plutus, pro socru Eudocia, altera Georgii germana. Ob-

---

[1]) xxii. Em. col. 89, l. 16 σιμνόνιιν. — l. 41 ἐπιζυγίου. — col. 90, l. 20 τὴν ἰδίαν. — l. 23 οὐδ᾽ ἐπιτάγκ. — col. 91, l. 5 ἀπιοπῶσαι. — l. 10 fort. περιπατησάμινος. — l. 27 κιρνᾶν. — l. 81 ὅλαις. — l. 87 κρίθιζε. — l. 49 ἔρκια. — col. 92, l. 23 διάκνσι. — col. 93, l. 8 ὀπολυτρώσιως. — l. 11 γνώσκινεις. — col. 95, l. 14 λάρυγξ. — col. 98, l. 4 κυρῷ. — l. 29 συντηρηθήσονται.

ANAL. VII. 26.

[2]) xxiii. Ex cap. praecedenti aperte supplentur lacunae, col. 100 scilicet lin. 23 κατὰ τὴν ρι᾿, lin. 24 τίτλ. ζ᾿.

[3]) xxiv. Em. col. 101, l. 2 τζάντζευ. — col. 102, l. 24 τὴν φαλκ. — l. 29 ἀχαριστίας.

[4]) Is primum in cod. dicitur βάλος, at paulo infra in compendio βασιλεὺς.

stat Basilius pro se, utpote frater mortui, et pro aliis duabus sororibus Cala et Maria. Andronicus vero suae uxori Helenae olim viduae patrocinatur, atque recitat codicillum Georgii, a chartophylace Berroensi Basilio Calognomo munitum, ex cujus tenore Helena universorum fit bonorum haeres. Reponunt adversarii irritum esse testamentum, utpote factum vivente Georgii patre.

Sed Chomatianus eos monet etiam tunc non deesse testamenti facultatem; et quum addidissent vitia esse in his quae ad dotem et theoretrum [1]) spectant, Demetrius jubet intra tres menses requiri et afferri a tribus actoribus matrimonii instrumentum et caetera ad rem documenta [2]).

XXVI. *Theodoro Ducae Comneno*, col. 109-118.

Dolet archiepiscopus iterum sibi esse loquendum, jubente Duca, de causa Demetrii Venetici, et Mariani Constantini, ob protorviam Dicastri minus callentis jura semel et iterum nubentium, cui placuit respuere Demetrium, ut judicem barbarum inter Graecos intrusum.

Regerit ergo unicum matrimonium tantum iterato praestare, quanta sint prioris privilegia quoad bonorum proprietatem et usum fructum, quorum intuitu sententiam edidit aequissimam, duabusque novellis imperatoriis ad amussim consentaneam. Quae una cum Basilicis recitantur. Inde Constantino bigamo nihil superest praeter usum fructum quoad vixerit, tota autem proprietas filio reservatur, ad quem post patris mortem ex integro refunditur.

Judex vero quidam contraria statuens acriter redarguitur, etiam confutata Michaelis Pselli interpretatione. Vehementi Nazianzeni dicto impugnatur virorum tyrannis, mulieres legibus duris opprimentium. Quoad vero legum amphibologiam, adversarios mandat ad veteres interpretes, Thalelaeos, Stephanos, Theodoros, Symbatios, Theophilos, et recentiores Garidam, Italum, maxime ad omnium principem, Eustathium Romanum αὐτολεξεὶ citatum. Libros tandem suos ostentat, quos ex Urbe CP. recepisse se gloriatur, plura additurus, nisi fastidii timore finis imponeretur [3]).

---

[1]) Theoretrum vocant donum inter nuptias a viro sponsae concessum in dotis incrementum. Etiam dicitur in testamento Georgii nonnihil barbarico: θεωρετρυπόδολον.

[2]) xxv. Em, col. 105, l. 82 ἀπολιπόντες. — col. 107, l. 5 κωνσταντ. — l. 26 cod. ἀνεωγιοκάτωγεν sic. — col. 108, l. 4 κυρὰν. — col. 109, l. 17 cod. tantum x̄ lege χαρτίον. — In fine col. 110 ex compendiis suspicor respectu ad initium παντιντιμιτάτῳ ἐγχαριστεύοντι τῷ παρόντι.

[3]) xx. col. 109, l. ult. fort. ὅτι γίγνει. — col. 111, l. 85 scribe τούτῳ. — Emenda col. 112, l. 7 ante finem μὴ παρέργως pro μὲν παρ. — col. 118 l. 8-14 notanda est lex quae incipit: ἐχέτω γὰρ ac desinit: οἰονδήποτε πρόσωπον... — col. 118, l. 29 nota οἱ pro αὐτῷ. — l. 89 em. ἐκδιξόμιϑα. — col. 114 l. 7 lege καθεστήκειν. — col. 115 l. 1 lege ζωῆς. — l. 28 κἄντοῖς sic cod. pro κᾶν τοῖς. — col. 117, l. 15 συγκαλύπτεται. — l. 83 νόμων. — col. 118, l. 85 ἀκοαῖς εἶναι. Cf. col. 159 n. 1, et cap. CLI, col. 589-612. Immo operae pretium est statim accedere ad cap. LXI, col. 273-278 ubi causa Demetrii Venetici tum primum et disorte a Demetrio excutitur.

XXVII. *episcopo Joanninae*, col. 119-124.

Retulit Joanninensis, quemdam, quum prius binas aluerit pellices, legitimam duxisse uxorem, sed noluisse apud socrum habitare, inde uxorem transtulisse in alienam domum, ubi uti famulam accersivit unam ex pellicibus: quae statim tetris usa artibus, immo magica adhibens inventa, legitimae uxoris vitae insidiata est: serpentina capita capillis involvi humanis in angulo, pocula venenosa intentari. Unde vario morbo infecta uxor, vix apud parentes redux, tridua occubuit, puellum relinquens a patre rejectum, materna dote spoliatum, nec nisi piorum eleemosyna aegre victitantem. Scripto quaerit episcopus, ut edicta sententia pupillo provideatur. — Respondetur istiusmodi facinora primum gravissimis Ecclesiae censuris mactari, tum civiles pati poenas et sanctiones in Basil. lib. LX, XXXVII, XXXVIII insertas, ex quibus, tutoribus deputatis, pupillo integra parentum bona restitui oporteat [1]).

XXVIII. *Charitoni monacho*, col. 123-126.

Percunctanti monacho an suus spiritualis filius, Andronicus Comnenus, jam bis uxoratus, sed sine prole viduus, necdum XXX adeptus annos, possit tertio nubere, ad evitandum moechiae aut fornicationis periculum: respondet Demetrius, male quidem audire a Patribus trigamiam successivam, cui nullam legem Basilius audet ascribere, Ecclesiae tamen benignitatem indulgere tertium conjugium, dummodo nec publicetur, nec benedicatur, sed poenitentia subjaceat in tomo unionis [2]) sancitae, quae Andronico in tres annos temperetur [3]).

XXIX. *Joanni Pluto*, col. 125-132.

Commendatur orphanus Melia principi Pluto, ut qui pro munere suo debet esse custos jurium, benignus, patronus, refugium, vindex, formidolosus pravis, sed bonis plaudens... Meliae Berroensis pater Basilious, post obitum uxoris, meretrici adhaesit, filium neglexit, spoliavit bonis maternis, contra leges libror. Basilic. XXVIII, XXXI, XXII, XLV, XXXII, quae pollici unciam tantum sive duodecimam bonorum partem concedunt [4]).

---

[1]) XXVII. Em. col. 120 l. 1, δυσχέραινον, cod. δυσχαίρινον sic. — col. 121, l. 26 lege σωτηρίας. — l. 28 lege τιμωρηθῶσαν. — col. 122, em. l. 21 ἥ τι. — l. ult. τὸ ἐάν — col. 124, l. 9 καὶ οἱ ἱκαν.

[2]) XXVIII. col. 125 cf. Rhalli, t. v, p. 8. Var. τριακοντούτης... ἀσυγχώρητες τετάρτου ἔτους καὶ τῆς κ.... ἴστω... καὶ ἐν ταύταις... προηγεῖσθαι νεστείαν καὶ τὸ ἐκ ταύτης... παρείπωσαν...

[3]) Praeter varietates reconsitas, col. 125, easdem et alias praefert Zachar. *Nov.* p. 231.

[4]) XXIX. col. 127, l. 14 lege κεκτημένην. — col. 128, l. 26 lege ὑπεξῃρημένων. — col. 129, l. 2 tolle comma primum; l. 6 lege ὑπεξῃρεῖσθω, ac versum claude cum puncto et virgula; l. 15 lege ὑπεξῃρημένων; l. 80 post μόνον pergit lex usque ad ἔσονται; l. 39 lege περιάγγ. — col. 180, l. 22 lex pergit usque ad ἀναφέρεται. — col. 131, l. 19 lege ἀποδιηρίνεις.

XXX. *Augustissimo N..*, col. 133-134.

Vir longe augustissimus petit an liceat tertium tentare conjugium mulieri bis viduae quae octo tantum et decem annos attigit. Respondetur ut supra in XXVIII ex tomo unionis [1]).

XXXI. *De testamentis*,
ubi intercedunt episcopus Corcyrensis et propheta Barlaam, col. 135-142.

Actores coram synodo sunt duo fratres, Sergius et Nicephorus, ambo Corcyrenses, dicti ex munere colligendi vectigalia in finibus *Primiceropulli*; actus autem ab illis est Michael Theodorus, cognomine Cosaeus.

Aiunt actores, mortuo avunculo Michaele Gumno, viduam duorum filiorum matrem Cosaeo iterum nupsisse, prolem ab eo edidisse, tutelamque priorum servavisse liberorum, quorum obeuntium bona omnia sibi Cosaeus vindicat. Adest Cosaeus, seque asserit ab ipsa mortuorum matre in legitimam haereditatem rite inductum. — Immo male, reponunt Primiceropulli, quibus Cosaeus opponit testamentum Michaelis Gumni in apographo rescriptum. — Verum actores e sinu extrahunt ejusdem testamenti archetypum, quod ipsis favet sub a. 1213, partimque ibi recitatur. — Spurium id esse, clamat Cosaeus. — Os autem ejus obturatur tum ex epistola Georgii Corcyrae episcopi ad Barlaam, tum ex ipsius prophetae responso in hunc modum [2]):

"Allata est mihi servo tuo praesens tua pretiosa uti a domino epistola, longe sanctissime domine mi, quae jubet significetur a me sanctitati tuae veritas super testamentum illius Gumni Michaelis, an scilicet a me scriptum fuerit, an etiam falsitatis immune sit. — Equidem, mi sacer domine, decebat me manere quietum, procul a mundanis turbis et tumultibus, uti semel orbi mortuum. Verum quoniam imperiosa tua jussio cogit me, accessi ad Gumni testamentum, ab initio ad calcem, et expers fraudis illud repperi, atque testor idem ipsum esse quod Gumnus fecit; ego vero quum lecto cubarem tunc, gravedine infestatus, filio meo ex mea procuratione delegato in notarium, qui illud jure meo scriberet, mihi fuit actutum communicatum, et significatum a quibus testibus, sicuti a me, fuerit subscriptum. Nullum ergo dolum, nullam falsitatem, nullum fraudis artificium in hujusmodi testamento invenio. Uti famulus tuus, subscripsi „. — Inscriptio: Servus et supplex tuus, et omnium monachorum ultimus, Barlaam presbyter monachus, propheta. Etiam recens erat sigilli impressio, prae se ferentis sanctissimam Deiparam.

Victus Cosaeus nil respondit. Quibus perpensis, attentisque episcopi et monachi litteris, una cum Comneni decreto, sententia synodica fuit, juxta Basil.

---

[1]) xxx. Cf. Rhalli, v, 8. Variantur eadem quae supra in not. 1. Pariter col. 184, l. 15 om. τῆς.

[2]) Unica fortasse est epistola Barlaami, quae innotescat, nihil prorsus propheticum habens.

lib. LX, ad Primiceripullos jus inconcussum in haereditatem filiorum Gumni et Theodorae pertinere ¹).

XXXII. *De Romano Nectani filio*, col. 141-144.

Orphanus accessit, Romanus junior Nectani filius, repetens maternam haereditatem, de qua disputat spurius quidam filius sacerdotis Bladimiri, cujus nepos est Romanus; orphano aetas ephebi, alterumque Nectani matrimonium obfuere. Statuit Demetrius ex Basil. libr. XXXII, XLV, perspicua esse Romani jura, spurium teneri omnia restituere bona, eorum autem emptores quocumque jure cadere ²).

XXXIII. *Adhuc de spuriis*, col. 143-146.

Chrysus, Chrysobergae Michaelis diaconi nothus filius, repetit haereditatem a consanguineo Constantino, qui asserit obiisse absque testamento Michaelem avunculum suum majorem, nihil spurio relinquentem. Quae quum comperta fuerint, ex Basil. XXXII Chrysus vacuus remittitur ³).

XXXIV. *De materna haereditate*, col. 145-150.

Mortua Desislabi filia, conjux Georgius Zaïcus diaconus, bona filii unici et uxoris jure retinuit, frustra renitente socero Desislabo, ita jubentibus Basil. libr. XXXV et XXXVIII, praescribentibus porro non posse diaconum ad alteras transire nuptias, quin sacerdotio exclusus, bonorum proprietatem puero restituat, salvo tantum, quoad vixerit, usufructu ⁴).

XXXV. *De tutela prolis et rei sacrae dominio*, col. 149-152.

Constantinus Souchalitrus, clericus et lector Scopiensis, exponit sequentia: Avunculus ex ejus matre Nicolaus Oenomorus obiit, praegnante uxore, quae orto fetu bona capessivit: puerulo etiam mortuo, mater alteras et tertias inivit nuptias. Quaerit lector an mater trigama jus habeat in bona pueri, inter quae inest ecclesiola aulae Nicolai contigua, etiamsi ascribere tutorem puero negle-

---

¹) XXXI. Col. 135 l. 17, impedita periodus, ac fort. legendum εἰ (pro αὐτῷ) τούτους γοννοκαμένα Θεοδώρα. — Lege col. 187, l. 4 κατελαμβάνετο. — col. 188, l. 20 συντυχίας. — l. 87 ἀληθείας. — col. 189, l. 10 adde ὑπογραφὴ καὶ παρ'. — l. 13 ἐοίκης. — l. 84 κρατεῖσθ. — col. 140, l. ult. προϊσχογκόντες.

²) XXXII. col. 148, l. 5, lex pertingit usque ad l. 22: ὁ προσαπεκζίτεαι l. 11 lege θελυγονίας.

³) XXXIII. Lege col. 148, l. 8 ἀνακαλεσάμενος. — col. 145, l. 8 adde τὴν υἱὸν αὐτοῦ τὸν τελευτήν.

⁴) XXXIV. col. 147, l. 16 lege μὴ δευτέρων. — l. 82 restitue ἀγωγὰς. — l. penult. ex fallacia similiter cadentium excidorunt in codice sequentia: πραγμάτων ἐξεκλήθησαν, ἰδίαν ἐχόντων ἰσχὺν, οἱ πατέρες τοίνυν τὴν χρῆσιν τῶν μητρῴων πραγμάτων... — col. 148, l. 12 lege πρὸ γάμου. — l. 11 et 18 fort. incl. bis ἔχειν et l. 17 ἔσχε.

xerit. Negative respondetur ex libr. xxxvii, xlv, xxxii, l, xliii, ecclesiam vero penes solum episcopum esse [1]).

XXXVI. *De testamentis*, col. 153-160.

Demetrio commisit Theodorus Comnenus disceptandam causam duos inter Corcyrenos, Theodorum Panoeciotam contra Michaelem Palaeositarem. — Actor praemittit sororem suam Irenem, nuptam acto, duos habuisse natos, quorum unus ante matrem obiit. Obitura dein mater sua divisit bona ex viva voce in tres partes, unam matri, alteram filio, tertiam marito, dummodo is cum socera maneret, neque nuberet iterum. Jam vero et Irene et mater et filius e vivis erepti sunt, bigamus vero evasit Palaeositares; unde falsis tutoribus amotis, Theodorus Panoeciota totam sibi vindicat haereditatem, juxta voluntatem Irenae, testemque adducit Demetrium Florum illustrissimum. — Arguit adversa pars irrita esse instrumenta, utpote neque ab Irene scripta, neque a tabellario recepta, neque ante mortem sororis dictata, neque probata a Basilio Pediadita Corcyrensi episcopo. — Redarguit vero judex valere voluntatem non scripto, non sigillo, non tabellario munitam, dummodo ab idoneis contestibus juratis firmetur. — Subdit actor Corcyrensem episcopum tum Romam ivisse, tabellionem vero accersitum apud alium moribundum, neque in regione obvium fuisse. — Replicat adversa pars suis expensis et laboribus auctam fuisse Irenae haereditatem, quod quum ultro citroque ventiletur, haesit judex, nolens neutrum virum mendacio mactare. — Et sanxit, Theodorum Panoeciotam in repetunda haereditate jus habere certum ex libr. Basil. xxii, xxviii, interpretibus Symbatio et Eustathio Romano, et quod spectat ad expensas et incrementa bonorum, id arbitrorum judicio esse commissum et reservatum [2]).

XXXVII. *De testamentis*, col. 159-164.

Refert Theodorus Glycys, patrem soceri sui Nicolaum Kalognomum genuisse filios et filias; has quidem dotibus auctas viris conjunxisse; illorum vero unum dumtaxat nupsisse, dum caeteri duo, Kalognomus et Manuel, patre mortuo, extorres et palabundi vagarentur, donec domum reversi, aedes paternas a ruina aegre restaurarent. Interim obiit Manuel, sine prole, cui haeres successit frater, nemine usque ad ejus mortem contradicente, suaque ex testamento duobus filiis Theodoro et Nicephoro, simul et filiae Zoae quae Glycy nupsit, rite reliquit. Ecco autem in nomine avunculae, dictae primum Helenae, postmodum in monasterio Euphrosinae, incola quidam Soutroupa post xr. annos litem facessit: contra quem Glycys affert scripta episcoporum Belae et Droinopolis, plurium-

---

[1]) xxxv. col. 160, l. ult. adde μὴ ἐπιτρέπων. ὑπερβαλέσθαι. — l. 44 τὰ ἑξῆς. — col. 157, l. ult.
[2]) xxxvi. In titulo, l. 2 tolle μᾶλλον. — l. 3 cod. ἐπαγ. — col. 158, l. 23 mol. διατρέψαντι lege ταύτην. — col. 154, l. 4 pro cod. διαθέμενοι — l. 112 lego ἐκλεῖ μετὰ. — col. 159, l. 16 omnino ἴχη νέον. cf. col. 870.
legendum διαθέσιον. — col. 156, l. 3 malim

que testium dicta, a chartophylace Bothronti asseverata. Quibus perpensis, jus plenum Theodoro Glycy tribuitur ex libr. Basil. L, xxvIII, et ex tomo unionis [1]).

XXXVIII. *Constantino Lampetae*, col. 165-172.

Huc inseritur epistola Lampetae ad nostrum Demetrium, qua id refertur: Theodorus, scribentis pater, olim matrimonio filiam Calam junxit Thessalonicensi praesidi, Theodoro Chamaedraconti: qua cum unico filio mortua, praeses alteras nuptias fecit, res omnes et defunctae et puelli conservans. Quo jure? — Nullo, respondet synodus, fusius exposita indole juris haereditarii monogamorum et bigamorum, quoad usum et proprietatem bonorum sive sint dotalia, sive adventitia, sive lucrativa, sive peculia, recitatis cum interprete Thalelaeo, novella xxII ex lib. Basil. xxII [2]).

XXXIX. *De legitima et spuria prole*, col. 171-174.

Constantinus Tzimpinus sponsalia, precibus sacris aucta, pepegit cum Maria Artina vidua, sed ante matrimonium ab eadem prolem suscepit, tum legitimam duxit uxorem. Quo mortuo, sponsa derelicta ejus haereditatem repetit. Quo jure, petit uxor Tzimpini? — Ob legitimi matrimonii defectum, nullum jus habet Maria Artina, juxta Basil. lib. xLv [3]).

XL. *De iisdem*, col. 173-178.

Praeter multos spurios, Georgius Desislabus filium habuit legitimum Constantem, cujus filius et haeres est Contus, contradicente Cala, ex nothis oriunda, tum quia ipsa a xx et amplius annis bona possidet, tum quia ab avo recta linea procedit. Sed redarguitur, tum eo quod puerilis aetas Conti praescriptionem sustulit, tum ex vi legum de spuriis in Basil. lib. xLIV et xxxII [4]).

XLI. *De prioris et posterioris matrimonii prole*, col. 177-184.

Urgente illmo Pediadita, coram synodo Nicolaus Cabalouris Corcyrenus scriptam legit hanc relationem: Mortua Nicolai matre, pater induxit materteram, cujus prolem voluit in haereditatem mortuae prioris uxoris accedere sicut ejusdem liberos: et quadam nova lege de bonis aequiparandis abusus, sine discrimine omnia omnibus liberis simili jure assignavit. Quin additicii haeredes urbem regiam adierunt, et a veli judicibus sententiam favorabilem obtinuerunt, etiam a Corcyrensi praetore acceptam. An vero post lapsos plusquam xx annos lis moveri queat, petit Nicolaus. — Bona prioris uxoris ad ejus prolem, absque praescriptione, pertinere declarant leges, interprete Thalelaeo, in Basil. libr. vIII et LVI, non obstantibus quibuscumque sententiis contrariis [1]).

XLII. *De tutela minorum aetate*, col. 185-190.

Adest Melias Berroensis coram synodo, aiens aviam ipsius Mariam habuisse praedium fructiferum, cujus mediam partem cessit matri ipsius, alteram vero partem clam vendidit, omissis solemnitatibus et monitionibus vicinorum, Meliae inscio patre, dum ipse minorennis esset. Num idem Melias, post annos xxiv elapsos, in nundinationem clancnlariam reclamare potest? — Meliae synodus favet, ob novellam Romani imperatoris de praedia ementibus, cui accedunt novella xxII Justiniani, Basil. lib. xxvIII, et πεῖρα Eustathii [2]).

XLIII. *De haereditate filiorum familias*, col. 189-194.

Illustrissimus Johannes Pardus uxorem habuit Annam, filiam gloriosissimi Demetrii Busiotae, quae duos filios edidit et obiit, cujus integra dos in bonis immobilibus penes ipsum manet, an jure? — Respondit synodus, dotem mansuram esse totam, quoad proprietatem et usumfructum, donec Pardus non convolaverit ad alteras nuptias; sin iterum nupserit, tantummodo ipsi competere usumfructum, quamdiu vixerit; ita Basil. lib. xxvIII, xLv [3]).

---

[1]) XLI. col. 179 l. 8, legendum videtur παντοιστάτω, quod enim cod. intrudit, nihil est. — col. 181 l. 21 lege πιριξ, l. 23 lege ἐρίκοι. Sed hic deest quod legitur col. 189: ἐπὶ ταῖς ταυτότεσι, οὐδὶ ὑπεθήκκεν; hic vero recte additur quod om. col 189: εἰ δὶ ὑπεθήκκεν; l. 30 lege διαπεπλεῖ — col. 183 l. 18, lex breviter clauditur in lin. seq. ἐνυγραφή. — col. 184 l. 12, iterum brevis lex absolvitur verbo αὐτοῖς.

[2]) XLII. col. 185, l. 14 em. διφιλυναι. — l. 21 divido διὰ μαρτυρίαν. — col. 186, l. 1 lego διαφιρόντων. — l. 20 malim ἔχειν. — col. 189, l. 12 lego διαπεπλεῖ. — l. 15 οὐκ abundat, recte om. II. — col. 189, l. 23 lego νυφίλις. — l. 25 lege παντιστάτοι. — l. 27 post γινομένοι, adde cum solo commate interposito, πλὲν εἰ usque ad ἐν, ut col. 181 et em. ἐλικία. — Liquet vero aut Demetrium aut codicis amanuensem haud semper sibi constare consentaneum, quum eadem rescribunt. — col. 190 l. 4 lego πιρξ.

[3]) XLIII. In titulo MP' lege μητρώων... πατρώων. — col. 191, l. 15 et not. 1 immo lego συντύχθην. — col. 192, l. 23 lego πρὸ γάμου. — l. 24 lege αὐτήν. — col. 193 l. 4 lege πιρξ. Cf. Basilicon de rupta serie legum. Notatu dignum est aliter poni sine divisione in edd. titulum xiv lib. xxviii, dum apud Demetrium adsunt distinctiones capp. 4, 8, 22 etc.

XLIV. *De filio spurio haerede*, col. 193-198.

Commendati ab augustissimo Basilio Lizico, Chrysojohannes monachus et Alduinus frater cum sorore synodo exponunt avum suum, post secessum in monastica claustra, novum condidisse testamentum, quo spurium natum in haereditatem cum legitima prole accersivit. Revocato christiani matrimonii jure, quo sine precibus Ecclesiae nec legitimum fit, nec legitima proles, uti statuere novellae Leonis et Alexii impp. et Basil. lib. xxxii, decernit synodus non posse relinqui concubinae et spurio ultra duodecimam partem bonorum, neque aliter valere alterum avi testamentum [1]).

XLV. *De portione matris monogamae*, col. 197-204.

Vidua Zoe, uni marito nupta, tribus filiabus suis cum dote congrua dimissis, quaerit quid ipsi competat ex propria dote, quidve ex illa gener Pyrrhus repetere valeat. Cum nullum intercesserit pactum cum Pyrrho, Zoe autem sit unius viri uxor, ac tutelam filiarum egerit egregie, adducta Leonis novella [2]) et Basil. lib. xxviii, invocata etiam falcidia, decernitur Zoae servandam esse et integram dotem et quartam bonorum viri defuncti portionem [3]).

XLVI. *Alexio Dyrrachii consuli*, col. 205-210.

Retulit Alexius mulierem quamdam in partu obiisse, nec nisi triduo vixisse infantem, cujus pater totam utriusque repetit haereditatem. Quid juris? — Totum jus habet pater, dummodo bis non nubat; nubens enim iterum, solum sibi retinet usumfructum, sicuti jubent Basil. libri xlviii, xxii, xxxv [4]).

XLVII. *De cura dotalium*, col. 211-216.

Cum Maria Alopophoni filiam Annam in uxorem dedit Georgio Zadi lectori, dotem ex dimidia parte bonorum largita, eo intercedente conjugum pacto, fore ut superstes alterius conjugis obeuntis sine liberis et absque testamento reciperet, vir quidem tertiam dotis partem, mulier vero dimidiam donorum nuptialium. Georgius ergo, mortua uxore sterili, et dotem exigit et impensas ob dotem factas, quamvis dives sit. Excussis porro Basil. libr. xxviii, xxix, xv,

---

[1]) xliv. col. 196 l. 87 lego περαιτέρω.
[2]) Non comparet inter cxviii novellas collectas in Zachariae *Jure Graeco-Rom.* p. iii.
[3]) xlv. col. 198 bis sine majusc. ζωῆς, ζωήν. — l. 17 μητέρας. — Bis codicem em. col. 200, l. 4 ab infra tolle ν ἐφυλαττικὸν ac lege καταγινώσκει, tum col. 201, l. 21 em. σαρξ. — col. 202, l. 86 ἀναδ. malo cod. ἐκδ. — col. 203, l. 6 ab infra mancum verbum redintegra: λοιπιζόντων.

[4]) xlvi. col. 205, l. 12 scripsi ἐπί. — col. 206, l. 4 tolle ν otiosum et lego τυγχάνει. Fort. melius μόνῃ ζατερψίνῃ. — Lege col. 207, l. 18 ἐγχωρεῖ. — l. 23 περὶ γάμου. — l. 24 αὐτήν. — l. 89 διαγίγνεται. — col. 209, l. 23 lego ut saepe περ.ξ. — col. 210, l. 8 βιβλεύμα.

Anal. vii. 26*.

xxiii, quae viri inquirunt inopiam et consensum socrus ad ferendas impensas, colligitur adversus Mariam Georgii actionem de impensis inanem esse [1]).

XLVIII. *De patre haerede*, col. 215-222.

Nicephorus Cunalis Berroensis, qui habuit conjugem Helenam, Georgii Pacuriani principis filiam et unicum filium Simeonem, post utriusque obitum, utriusque bona ex instrumento nuptiali haereditavit, inter quae templum B. Virgini τῇ Ἐλεούσῃ dicatum. At Bulgaris in Berroiam irruentibus, Nicephorus ad Danubii oras secessit, postea redux, ecclesiam invenit terrae motu dirutam; ut eam restitueret et in monasterium virorum erigeret, reliquas opes contulit. Causam vero facessit soror mortuae uxoris, Scutariotissa, ob quoddam legatum, totamque repetit haereditatem, an merito jure? Ventilatis instrumentis, testamentis et Basil. libris xxxi, xlv, ab actione repellitur Scutariotissa [2]).

XLIX. *De donis ante nuptias*, col. 221-226.

Joannes Craterus, defunctis parentibus, vindicat sibi matris suae θεώρετρον, quod recusat recte avia, ob defectum pactionis de donis nuptialibus praehabitae [3]).

L. *De re dotali*, col. 225-228.

Maria Opsiciani filia adversus conjugem Theodorum Macrebolitam queritur quod dotem suam vir, ipsa inconsulta, tradiderit sorori suae Annae, licet ingrato animo et injuriis maleficae, uti ipse fatetur Theodorus, damnatus restitutionis ex Basil. libr. xxix, l, xlvii [4]).

LI. *De conjuge haerede*, col. 229-234.

Constantinus Gudelis, post mortem uxoris et filiae, petit an ex generali pacto matrimonii, quo uxoris parentes genero relinquebant bona sua integra, integram

---

[1]) xlvii. col. 212, l. 10 divide cum commate ἐπαιτέσαντες· ἵνα. — lege l. 16 γινόμενον. — l. 25 τῇ γυναικί. — col. 213, l. 10 lege ἀπολύσαι. — l. 12 ἔδωκεν. — l. 15 τῇ μὴ ἀπολλυούσῃ. — l. 31 εὐπόρων. — col. 214, l. 8 coecus legerit φέρου. — col. 215, l. 8 cod. habet ἐγγεγραμμένων. — col. 216, l. 10 moneo supplendum esse antea ex Basilicis τῶν διακρατῶν.

[2]) xlviii. Lege col. 217, l. 98 δυστυχές. — col. 218, l. 25 τοῦ αὐτοῦ Κουνάλου. — l. 86 μέσων. — col. 219, l. ult. εὐθύνην. — col. 220, l. 21 pro κ' pone α'. — l. 27 recte cod. ἢ καί... — col. 221,

cod. om. l. 5 πρὸς τὴν ante κληρονομίαν. — l. 11 lege ὑπείκοσαν.

[3]) xlix. Lege col. 222, l. 6 θάλασσά τι. — col. 223, l. 8 ἐπωνύμιον. — l. 28 τῷ χρεών. — l. 29 scribo τῶν ἀκινήτων. — col. 224, l. 19 sane praestat ἁπλῶν ex margine. Ita etiam ἁπλῶς in col. 234 ex parenthesi.

[4]) l. Lege col. 226, l. 6 ἔχει. — l. 16 εὐεργετηθεῖσα. — col. 228, l. 11 praestat cod. κλεψιμαίαν prae Basil. edito κλοψιμαίαν. — l. 23 τῶν ἐναντίων, nota varietates Basilicorum.

possit repetere haereditatem. Posse sane et debere declarant Basil. libri xi, xxiv, xxxv, interprete vetere scholiasta, una cum lege περὶ αἱρετικῶν ἐνστάσεων ¹).

LII. *De debitis dotalibus*, col. 235-240.

Comanus, imperatoris ὑποταγάτης, nomine sororis Boleslavae, recuperare contendit pretium doti aequale et lucra inde percepta, haud obstante venditione peracta a Myroslava altera sorore, dum frater ob Bulgaricum bellum exularet, in quo occisus est Leo vir Boleslaae, cujus atavus Slavus; atavia vero iterum nupsit cuidam Radomiro. Causam de dote redintegranda solvunt Basil. lib. xxv, L, LII, haud obstante venditione, male confirmata ex militari decreto Bulgarico ²).

LIII. *De iisdem*, col. 239-246.

Ambo fratres, Joannes et Basilius Curtzuli, una cum uxore Leonis presbyteri agunt contra Calam, tertii fratris Constantini viduam, ex secundis nuptiis, cujus vir multa paciscens ultra dotem, excluso unico filio, obiit occisus in bello. Tres actores avunculi repetunt puelli haereditatem, ob alteras Calae nuptias, quam defendunt pater Joannicius monachus et socer Alexius, qui vice versa multa a fratribus restituenda contendunt. Scripta quidem deficiunt ob iniquitatem temporum, sed supplent testes idonei tres ³). Quibus auditis, Calae ascribitur, donec vixerit, ususfructus haereditatis, et pro nonnullis negotiis componendis terminus statuitur juxta Basil. lib. xxviii, xlii ⁴).

---

¹) LI. col. 230, in titulo lege omnino ἀδιάτακτον pro vetere errore ἀδιατίμητον, quod etiam occurrit in praevio indice prisco, unde pro *inaestimabili dote*, quod catalogus editus accepit, pone *de non dividenda dote*. Id quidem etiam suadet series instrumenti et legum περιλαβὼς adductarum. Sed molesta difficultas est in col. 232, l. 18 et 22 ubi semel et iterum ἀδιατίμητα occurrunt. Dijudicent periti. Tum in fine tituli latini malim *sit*. — col. 229 l. 29 lege ἀκωλύτως ac recipe τοῦτο ex marg. sic quoque col. 231, l. 6 recipe ἀποκαταστῆσαι. — Bis notantur male l. 18 ζητῶ et l. 89 κληρονομικῷ et col. sequenti l. 9 δεξῶσιν. — col. 233, l. 27: Post Iensium (*Notit. Basil.* p. LXIII) jubet Heimbachius legere συστάσ. Cf. Basil. III, p. 22. — col. 234, l. 1 τότε pro τό γε potest ex dubia cod. scriptura extrudi, sed nihil extruo ex compendio lin. 5, quum δυτα nihil sit. Qualis vero sit liber novus et incognitus περὶ αἱρετικῶν ἐνστάσεων, juxta ac nescius scio, nisi quis velit hic significari titulum XII libri xxxv Basilicorum, eodem lemmate signatum, in quo tamen frustra quaesieris ea quae in col. 234 recitantur.

²) LII. col. 235, l. 6, fort. lege ἐπὶ συνειδικῆς. — l. 8 ab infra pro Βελισλάβου scribitur in textu λίσβον, in margine σλάβον, quod quidem nomen est proavi de quo supra. — col. 236, l. 23 melius τυγχάνει. — col. 237, l. penult. scribe πρεῖς. col. 238, l. 4 adde τοῦ δ' τίτλ. τοῦ ν' βιβλ. Sed frustra quaesieris, quum libri L tit. IV non 20 capitula, sed unum in edd. retineat, immo sit tit 5. — l. 23 lege ἔρκου. — l. 38 νβ' sit ν'. — col. 230. l. 5 lege ἴξετον.

³) Inter tres testes inest Nicephorus Gritsis δευτερεύων καὶ ἐπὶ τῶν κατηχήσεων, de quibus officiis cf. cap. CLXXII, col. 663.

⁴) LIII. col. 241, l. 32 scribe οὑπιλέν. — col. 242, l. 7 lege cum commate καλῆς, βίαιον δί. — l. 11 male cod. διηγνῶ pro διήγνω. — Lege col. 243, l. 11 ἀνακεύσης. — l. 18 ὡς ὁ τειῶτος. — col. 244, l. 7 ἔπεσα. — l. 8 ἐρχίσθω. — l. 18 (f. 115). — l. 23 ἐπ' ἐκτινου. — l. 30 κατεστάκειαν. — col. 245, l. 1 δίδωσι τῆς.

LIV. *De communione cum Latinis*, col. 245-250.

Gregorius [1]) Oecodomopulus, montis Atho monachus, senex, e monasterio ubi sunt Graeci et Iberi, longo itinere fessus et cum planctu multo refert, quod urgentibus Italorum praesulibus, ut Papae subjicerentur coenobitae, et Latinorum ad usus cogerentur, Graeci multa passi obstiterunt, Iberi vero concesserunt omnia, obedientiam professi Cardinali [2]) Thessalonicam occupanti, et quaerit lacrymabundus quid agendum. Synodus, praetermissis quae Latini cum Graecis communia habent, invehitur in processionem Spiritus a Filio et in azymos, quae satis sunt ut temere communicantibus anathema sit, teste Paulo ad Galatas, testibus martyribus. Ergo nulla sit Graecorum societas cum Iberis transfugis, nisi resipiscant [3]).

LV. *De dote, theoretro, hypobolo*, col. 249-254.

Demetrius Procopas Berroensis, Annam sororem suam patrocinatus contra mortui viri Nicolai cognatos, vindicat pro sorore quod solet ex nuptiarum foedere uxori relinqui, amoto Nicolai testamento, quo omnia filio Constantino traduntur. Annae de arrha, hypobolo et theoretro satis demum factum est ex Basil. libro XXIX [4]).

LVI. *De mutua haereditate*, col. 253-256.

Nicolaus Abonites, mortua sorore uxoris suae, sine prole, sine testamento, quaerit an defunctae vir Joannes, nullo praevio nuptiarum syngrapho, haeres

---

[1]) Egregiam actionem Synodi Acridenae praestat statim ab initio repurgare a multis mendis sive codicis incompti, sive plagulae temere typis commissae. Col. 245 pars ultima prorsus est renovanda, fere in hunc modum: Ἱδρυται καὶ μονὴ δυσὶ διαλέκτοις μεμερισμένη (cod. μεμερισμένον?), ἔχουσα τὸ τῶν ἐν αὐτῇ μοναχῶν ἄθροισμα. Γραικοί αὐτοί καὶ Ἴβηρες (οὕτω γὰρ ἐδίδακτο, φησί, τῷ (cod. δίδακτο, φησί, τὸ) ἐξ ἀρχῆς πεξαμένῳ τὴν τοιαύτην μονήν). Μέχρι μὲν οὖν τῆς τῶν Ἰταλῶν κατὰ τῆς τῶν Ῥωμαίων ἐπιδρομῆς, τὸν μὲν ἄλλων πάντων ἑκεινώνουν ἀλλήλοις, μετιόντες τὴν ἀσκητικὴν διαγωγὴν οἱ Γραικοί τε καὶ Ἴβηρες, τοῦ τῆς μονῆς πατρὸς τοῖς τύποις ἑπόμενοι, μόναις δὲ ταῖς γλώσσαις μεμερισμένοι ἐτυγχανον. — Insignis conditor monasterii Iberorum est S. Euthymius qui Georgianis quasi alter Gregorius illuminator celebratur.

[2]) Infra occurrit in cap. CVI Guarinus sedis apostolicae legatus a. 1210, successor Nivelo-

nis de Cherizy (a. 1205) et Petri Cisterciensis a. 1207. Inter eos quaerendus ignotus Cardinalis hic memoratus. Caeterum vetuli monachi querela et canitie commotus, Demetrius tunc tam asper in Latinos, postea teste cap. CLVI, saltem de azymis, mitiorem se et saniorem gessit.

[3]) LIV. col. 246, l. 12, em. itacismum αἰκίαις. — col. 247, l. 81 fort. ἀλλοτρίως. — l. 40 lege Βαρνάβα. — not. 2 ἀναγκαιότατα.

[4]) LV. col. 249, l. 14 requiritur οἱ pro αὐτῷ. Ipse codex haud sine mendo habet cum glossa in textu: εἰ ἤγουν αὐτῷ, et in marg. σχόλιον. — l. 19 τριττίς. — l. 20 τούτῳ. — col. 250, l. 12 διαγέγραπτ. — l. 20 θεωρέτρου, ut l. 24. — col. 251, l. 7 codex ἔγκαρπα τὴν ἀρχὴν ταύτης, nonne ἔγκαρπα τῆς ἀρχῆς ταύτης? — l. 85 fort. ἀναλόγως. — l. 89 θεωρέτρου. — l. 48, series requirit. ἐγγράψαντες, τοῦ δὲ θεωρέτρου, cf. col. 229. — col. 252, l. 5 rectius ἐπεγγραθέντων. — l. 18. κρίνεσθαι καὶ

ejusdem sit universalis. — Minime, haeres potius est uxor Nicolai utpote mortuae soror, Joanni autem viduo tantum competit tertia pars dotis, ita censent Basil. libr. xlv, xxviii, cum consensu veterum interpretum ¹).

LVII. *De muliere secundo nubente*, col. 257-260.

Monachus Dositheus Curtikis, Mariae uxoris suae titulo, sciscitatur an illa sit sororis Annae haeres, cujus mater denuo nupsit. Statuitur ad matrem tantum spectare, quamdiu vixerit, haereditatis usumfructum ex Basil. lib. xxviii, xlv ²).

LVIII. *De haereditate ex aequo*, col. 259-262.

Mariae socer bona sua in tres partes divisit, unam et alteram duobus filiis distribuens, tertia sibi reservata. Post cujus mortem Maria vidua dolet se spoliari a fratre qui omnia defuncti soceri bona occupavit, quod prohibet Basil. libr. xlv, ex quo pars dimidia haereditatis ad Mariam pertinet ³).

LIX. *Decreta de duobus orphanis*, col. 261-268.

A. 1217 ⁴) mense aprili a Theodoro Duca Comneno scriptum est, ut dijudicaretur causa quaedam ab episcopo Scopiorum, qui eam Demetrio remisit et haec est: — Georgius Litoboes et Mela, ambo fratres, post patris obitum, relicti sunt sub tutela sororis Helenae, ex primo conjugio ortae, quae quum postea obiisset, orphanorum bona occuparunt duo archontes sive principes Teichomoerus et Basilicus Constantinus. Utriusque defensor, Theodoretus monachus, Litoboae filius, legitimam arguit possessionem ob temporis diuturnitatem. — A praescriptione tamen excipiunt quatuor instrumenta: 1° Matrimonialis charta patris orphanorum, a. 1142; 2° Declaratio bonorum immobilium sororis Helenae, a. 1141; 3° Decretum Constantini Comneni Aspieti, a. 1178, de vinea avunculae Myroslavae et principis Bulxani Prodanici; 4° Sententia judicum de hac causa sub Alexio Angelo Comneno. Excipit praeterea tyrannis Bulgarorum, qua saeviente, legis Romanae praescriptio intercepta est. Inde in omnibus Litoboes restituitur, adducto libro Basil. xlv, l. ⁵).

μὴ ταῖς. — l. 22 πρόσωπον. — l. 26 post comma perge τοσαύτη δίδοται, μὴ ἐκφ. — col. 253, l. 3 quid in codice ἀποδίδοντι? pro quo Basil. ἀπολύονται.

¹) lvi. col. 255, l. 6 lege ἀνδρός. — col. 256, l. 19 τὸ μέν. — l. 27. ἀπὸ τελευτῆς.

²) lvii. col. 257, l. 12 divide συνεικέσιον. Καί... — lin. ult. lego ταῦτα φαμέν. — col. 259, l. 5 lege τοὺς ιξʹ.

³) lviii. Lego col. 259, l 4 διατηρίαν, quidquid habet saepe codex et male διατήρισιν. — col. 260, l. 4 ἐπιτελευταίου, unde saepius em. cod. in ἐπιτελεύτειον, ἐπιτελεύτιον ex solito vitio. — col. 261, l. 4 em. καταλιπόντα. — l. 5 ἐκείνου υἱός. — l. 10 λαμβάνοντας.

⁴) Idem annus pro eadem indict. ne ponitur in cap. superiore xxxi, fol. 187. Inde caeteri anni eodem calculo numerantur.

⁵) lix. A titulo incipe em. νεμομένεις. — col. 263, l. 9 insere τοῦ post ὧν. — l. 18 ἔπερ post μέν. — l. 80 ἐν post ὑπέρ. — col. 266, l. 15 codex ἀνατρέποντας νέμεσθαι, post ineptam correctionem νέμεται; medela est in verbo omisso ἐρῆσται. — l. 28 cm. ἐστι γοῦν. — l. 88 f. διὰ τὸ

LX. *De jure mulieris quater nuptae*, col. 267-274.

Marinus Caloupolus Corcyrenus petit in haereditatem admitti avi Nicolai Acronarae et ejus filii Nicolacii contra Calam uxorem Nicolai, quae post quatruplices nuptias omnia vindicat pro Theodoro Salerino, ultimi conjugii sobole. Sed frustra, ut ostenditur ex Basil. lib. xxv. xxxviii, l, xlv [1]).

LXI. *De jure bis nubentis*, col. 273-278.

Podagra impeditus, Demetrius Campetes Veneticus ex Berroea scribit ad Demetrium in hunc modum. — Anna, Demetrii soror nupsit cum Constantino Cretico, et obiit cum unico filiolo. Creticus, ad alteras nuptias accedens, totam retinet haereditatem. Quo jure ? — Nullo, clamat Basil. lib. xlv, nec nisi usum in vita fructum retinet [2]).

LXII. *De jure fratrum ex duplici conjugio*, col. 277-280.

Basilius Harmenopulus refert ter nupsisse avum Joannem Longibarditam, tresque habuisse liberos ex primo, tresque ex altero conjugio. Quaeritur an omnes aequo jure haeredes succedant Annae sorori, ex primo conjugio natae, sine liberis, sine testamento sepultae. Respondetur, tantum fratres ejusdem thori esse haeredes ex libro Basil. xlv [3]).

LXIII. *De jure fratrum unius conjugii*, col. 279-282.

Simeon sacerdos, cujus pater Georgius pappas, quum tres filias et duos filios habuisset, dotem filiabus procuravit, bona vero reliquit filiis, quorum Simeon solus superest, reclamante una sorore, quae vult defuncto fratri succedere, sed frustra, respectu ad Basil. lib. xlv [4]).

---

[1]) lx. col. 267, l. 2 scribitur Καλούπωλες. — l. 8 adde ἱερῷ ante συνεδρίῳ (cod. συνετρίῳ non semel). — l. 18 lego ἐνίζετο. — col. 270, l. 18 τοιαύτας. — l. 8 ab infra lege ἀντείχετο. — col. 271, l. 4 γενέσθαι. — l. 21 εἰώθτων. — l. 26 ab initio excidit κτ' ante βιβλίου. — l. 40 tolle divisiones: καὶ ταῦτα μετὰ τῶν ἄλλων ἐμφέρεται. Inde lex exorditur: ἀνὴρ... — l. 41 recte marg. ἑαυτοῖς. — l. 48 em. ἐρχέσθωσαν. — col. 272, l. 2 lege ἀπειλησμένου. — l. 18. ἐπακολουθήσει. — col. 278, l. 23 εἰ κληρονόμοι. — col. 274, l. 8. insere ἔντις post αὐτοῦ.

[2]) lxi. col. 274, l. 2 latet corruptela in προσφυτήσαι.

[3]) lxii. col. 277, l. lxii, l. 2, lege συζυχθείσα. — col. 278, l. 9 ἀνωμάλως. — col. 280, l. 6 excidit punctum inter verba τελευθήσαντι. Ἀκόλουθόν ἐστι, lege porro τούς.

[4]) lxiii. col. 280, l. 1, lege τῷ ἱερεῖ γεωργίῳ. — col. 281, l. 6 εὐδοκούσῶν ταύτῃ. — l. 9 scribe ἐν τῷ κ' κεφ. — l. 17 em. τῷ ἀδιαθέτως. — col. 283, l. 13 malim διαλέφθωσαν.

LXIV. *De jure fratrum ex eadem matre, sed alio patre natorum*, col. 281-284.

Joannes Tantures, diaconus Berroensis, postulat cum socio Cappadoce, an ejusdem juris sint haeredes qui ab eadem matre Cala, sed ex alio patre nati sunt; respondetur matris bona ad omnes ex aequo pertinere, sed matrem nihil jure suo reliquisse novi matrimonii liberis ex iis quae prior vir possidebat, juxta Basil. lib. xxviii [1]).

LXV. *De duplici testamento*, col. 285-290.

Duo scribit per epistolam Gregorius Chamelus: 1° Socer Nicolaus Zacynthinus ex testamento bona sua inter duas filias distribuit, quarum una majorem accepit partem, ita volente socero mortuo. Sed acqua pars ambabus filiabus in nonnullis reclamatur, qui non scripta nova, sed testes afferunt asserentes, mutavisse voluntatem moriturum socerum, quamvis neque analphabetus esset Nicolaus, neque vacaret tabellio, immo adfuerit augustissimus Alexius Pediadites, quid juris? 2° Maria, ejusdem Chameli socrus, sola superstes post exstinctos quatuor fratres aut sorores, ab intestato remansit haeres Eudociae sterilis. Sed hujus consobrini causam facessunt, an recte? Respondetur: 1° Sarta tecta omnino esse Nicolai scripta, nec viva voce rescindi; 2° Mariae item in haereditatem Eudociae intacta jura stare, excussis Basil. libr. xxxv, xxi [2]).

LXVI. *De praescriptione*, 289-294.

Theodorus Cantacuzenus, Joanninae diaconus, uxorem habuit Anastasiam, cui mater Maria, mortuo secundo viro et extincto foetu quem ante mortem ejus conceperat, tradidit bona a secundo viro Stano recepta, ex legitimis hinc et inde testamentis. Ecce post xxvii annos surrexit Zoe ex genere Stani, quae caeteris cognatis tacentibus, clamat sua sibi esse bona Anastasiae, quo titulo? — Lecto testamento Stani, quo Maria foetusque suus haeredes declarantur, et

---

[1]) LXIV. Exordio salebroso, sin minus elegantia et necessaria verba, saltem perspicuitas desideratur. Nonnihil lucebit, si legeris col. 281, l. 18 τὸ τοὺς νόμους ἀγνοεῖν. — col. 282, l. 11 comma excidit inter τραπέζοντο, ὑποδίξατε. — col. 283, l. 4 ὡσὰ εἶ, sic liquido codex in vocabulo fort. bulgarico, de quo mei omnes lexicographi silent. — l. 17 ad εἴρηται fugit opportuna correctio librarii εἴρηκε. — l. 28 lege τούτους. — l. 25 ἄλλων videtur ex linea in cod. subducta expungi. — col. 284, l. 85 lege Παραγόσαν. — l. 89 λήψεται.

[2]) LXV. col. 285, l. 19 librarius noster, communi usus libertate scribit nunc ἁγιωσύνη, nunc ἁγιοσύνη, et libeat. — col. 286, l. 6 abundat αὐτοῦ. — l. 8 cod. habet Πίτζικες. — l. 16 cod. ἐξούλετε. — l. 18 id. ἰδιώτης καὶ ἀγροίκος. — l. 26 scribe προγεγενωμένα et alibi pluries γεγονυία. — l. 82 cod. περιεστώσαι. — col. 287, l. 10 cod. male αὐτά. — l. 22. lego ἰσοθλεῖν. — col. 288, l. 14 lex desinit brevius in lin. seq. — l. 17 scribo τὸ δί γε β'. — l. 20 διερρήξαι. — l. 28 cod. sic τὸ μ' μίνυε δ' κεφ. mendose, lego κεφ. δ'. cf. Basilicon. — l. 86 cod. ἐφείλων τηδί.

perpensis Basil. lib. xxxv, L, xLv, Cantacuzenus in quieta et praescripta possessione una cum uxore constituitur ¹).

LXVII. *De Turco quater nubente*, col. 295-298.

" Sororem habui Marian.. inquit Basilius Padocomites, nuptam rite Turco cuidam Theodoro Saphae, quae tres peperit filios, unicum autem superstitem Theodorum fecit suum haeredem. Saphas inde abiens iterum et quarto nupsit (Maria enim, ut sero didicimus, erat tertia uxor), et in bello cecidit, ejusque filius Theodorus a latronibus captus est, nullo testamento relicto. Cujus uxor ultima bona meae sororis et ejus filii retinet, quasi dotis instar a Turco viro recepta. Quaero an juste? „ — Injuste, si consulantur Basil. libri xxii, xLv ²).

LXVIII. *De jure emptoris*, col. 299-302.

Domesticus ecclesiae Berroensis, Manuel Oryziates acquisivit vineam a Theodoro Petza, qui monachus porro factus, priusquam integrum vineae pretium recepisset, eamdem suo condonavit monasterio, sed haud sine injuria ex Basil. libro xix ³).

LXIX. *Episcopo Serbiorum*, col. 301-305.

Episcopum Serbiorum, de emptore rei alienae sollicitum, monet distinguendos esse varios emptores, bonae malaeve fidei, variosque venditores, variasque res, ut bona orphanorum etc., juxta Basil. libros xix ⁴).

LXX. *Episcopo* ⁵) *de ementibus eamdem rem vicissim*, col. 305-508.

Quaerebatur quidam episcopus, quod unus ex suis sacerdotibus vendidit Comnenae Magnae, intuitu ejus filiorum, eamdem possessionem, prius episcopo ipsi venumdatam. At praeter rusticitatem hominis, venditor injustus est, si consulatur Basil. liber xv. Sed ignoscendum, respectu ad Augustam ⁶).

---

¹) LXVI. col. 289 l. 2 omnino ἡ ἀκαθίκτου. — col. 290, l. 7 cod. αὕτη. — col. 292, l. 7 lege ζωή. — col. 294, l. 25 lege ἰθλκοι. — l. 39 f. recte cod. τοῖς ἄλλοις. — lin. ult. ἀστασίαστον.

²) LXVII. col. 296, l. 28 lege ὑρίσκονται. — col. 297, l. 6 legi potest in expunctis litteris ὑπερτίθεσθαι. — l. 26 om. παρρησιασάσθωσαν.

³) LXVIII. Clavus clavum tradit, trahitur mendo mendum, bis irrepsit junctum quod vel cocco dividendum erat l. 18 et 21 ἑ ρσθις, ipse codice decipiente etiam cum majuscula littera in 'Ορύζης, sine discriminis accentu. — l. 21 fort. ἡ πρὶς...

⁴) LXIX. col. 302, l. 5 lege δέλος τοῦ πράτου. Lex brevis in l. 6 absolvitur. — col. 803, l. 10 ἐν τῷ omnino contra cod. — l. 28 lego κερδᾶναι. — col. 805, l. 9 ἀγοράσας. — l. 18. ἡ πρᾶσις.

⁵) Fortasse scribit ad eumdem episcopum quem Demetrius in utraque epistola ex cathedra magistri alloqui videtur. Non S. Savam juniorem cogito, sed potius ejus antecessorem, quem Demetrius proprio marte institutisse videtur. cf. cap. CL.

⁶) LXX. col. 305, l. 3, tolle ἐν τῷ supervacaneum. — l. 7 cave ne tibi scriptor priscus sit ὁ παλαίφατος, potius quam vetus fabula,

LXXI. *Epistola Constantini Crateri*, col. 307-314.

Scribunt ex Corcyra Constantinus Craterus et avuncula Cala epistolam, ferente Georgio Triacontaphyllo, de sequentibus: Praefectus insulae acquisivit, sua abusus potentia nimia, fundum contiguum praedio Crateri, spreta lege et vicinorum laeso jure; post duos annos vexat scribentes, et urget eos ut suum quoque praedium cedant, interposito juramento; vexatur eodem modo Maria, soror Constantini. Quid agendum? Relectis Basil. libris XIX, LVI, LVII, recitata Romani senioris novella [1]), constat non licere cuiquam praesidi intra praefecturae suae fines bona comparare immobilia, nec cogere quemquam ad jurandum aut vendendum [2]).

LXXII. *Prolixa lis de venditione vineae ventilata*, col. 315-320.

Adest pugnax litigator, Joannes Hierachares, contra socerum Blastenum Brattonum, cui Gridus Draze vineam vendidit, de qua Joannes actionem primum facessivit, provocans ad imperatorem. Damnatus, nec deterritus, instat apud Demetrium Archiepiscopum, tunc monasterio B. V. ἐν Σκηνουμένῳ appulsum. Venditio ventilatur, sententia regia palam fit, audiuntur testes, archontes duo intercedunt, cum fide juramenti, jus demum in vineam, a decem et tribus annis inconcussum, confirmatur et amplius [3]).

LXXIII. *De scienter ementibus aliena*, col. 319-322.

Joannem Teichotitzam orphanum, paterna vinea spoliatum, utpote male ab Athanasio empta, in suum dominium Demetrius restituit [4]).

LXXIV. *Judicium de virgine deflorata*, col. 321-324.

Joannes Radi, vindex sororis Stannae, sponte stupratae, inscio fratre, reum accusat, poenasque exigit sancitas a Basil. libr. LX et Basilii magni canonibus [5]).

λέγει. Adagium enim priscum haud semel Demetrius usurpavit. Cf. infra col. 405. — l. 14 lege ἄρα οὐ. — l. 16 malim τῶν οἱ. — col. 808, l. 17, lege πραξῇ. — l. 26 τρεφής.

[1]) Novella Romani exstat in *Jure Graeco Rom.* Zachar. part. III, p. 231, de cujus auctoritate quum dubitaverit cl. vir, haud otiosum erit insigne Demetrii testimonium, neque displicent varietates ex p. 288: ἢ ὡς ἐξ ἐπικειμένου ἀγρὸν ἢ ἀμπελῶνα... τὶ οἰονοῦν... ἐκπαιτήσωσαν, ἢ μὴ... καὶ οἱ ὁμοπαρακείμενοι... τιλεῖσθω. — ὃχ p. 240 ὁ μὲν τοῦ κτήματος (cod. τρήματος).

[2]) LXXI. col. 307, l. 4 series jubet legere μήκμστε σαρχὸς ἀσθένεια — col. 810, l. 86 post προβαλλόμενος addo ex codice: εἰπεῖν δὶ τέλεθλς,

δυναστεία ἐκ τῆς δεσποτικῆς ἐξουσίας προσχρώμενος. — col. 811, l. 1 lege ἑμῖν. — l. 18 cod. διηγραψάμενον. — col. 812, l. 5 ἐκπίπτει. — l. 6 ὑπεξαιρούνται. — l. 29 cod. διαμέσου uno verbo. — col. 813, l. 17 διὰ μαρτυρίας, cod. uno verbo. — l. 23 cod. οἶον εἰ. — col. 814, l. 4 lege τμήματος, sed l. 5 cod. τμήματος. — l. 80. lege ἐξωνεῖσθαι.

[3]) LXXII. col. 815, l. ult. scribe Μίλκοι. — col. 816, l. 8 lege Δράζη — l. 14 jungo Δράζη πρῶτον μὲν et l. 19 ἀμπελῶνι δίκαιεν. — col. 817, l. 20 lege συμπεισθεὶς — col. 818, l. 19 κοιντότευλος. — l. 24 cod. ἀπεμφθήξατο.

[4]) LXXIII. col. 820, l. 8 alias recte συγγραφή.

[5]) LXXIV. col. 822, l. 27 cod. Βασιλ. τοῦ μεγάλου.

LXXV. *Episcopo Anactoropolitano*, col. 323-326.

Interrogatus de lectore homicida praeter suam voluntatem et de diacono in militia vim vi repellente, respondet Demetrius ex can. VIII S. Basilii de homicidio poenas renunciantis [1]).

LXXVI. *Episcopo Scopiorum*, col. 325-328.

Dragomirus, presbyter Scopiensis, munitus epistola praesidis provinciae, refert se homicidii crimine accusatum, sed innocentem, carcere et bonorum spoliatione mulctatum, praeterea onustum fuisse censuris, nec tantum e clero, sed e christiano etiam coetu segregatum. Demetrium piguit vera credere, quum ex quinque episcoporum sententia oporteat presbyterum tot poenis subjici. Suadet ergo causam redintegrari, perpensis canonibus Sardicensibus, Antiochenis, apostolicis et magni Basilii [2]).

LXXVII. *Serbiorum episcopo* [3]), col. 329-334.

Conquaeritur episcopus de monachorum dyscolorum protervia, de abbatibus in urbe gyrovagis et frustra monitis; quos et Demetrius redarguit acriter, et reducit ad tramites canonum Chalcedonensium, Trullanorum, concilii AB′, S. Basilii, addita insuper novella Leonis sapientis [4]).

LXXVIII. *De novo Serbiae episcopo* [5]), col. 335-338.

Quaedam a Theodoro Duca convocatur episcoporum synodus, quae perspecta Serbiae desolatione, gregi palabundo consulendi gratia, ad supplendum episcopis a Thessalonicensi provincia exulantibus, eligit et instituit novum Serbiae antistitem, qui tamen archiepiscopum Thessalonicae in diptychis memorabit.

---

[1]) LXXV. col. 823, l. 18 lege ἐνθλαμενέσθαι. — col. 825, l. 8 παραδηλώσειν. — col. 826, l. 11 cod. tolle notam primam ἐν τῷ κλ.

[2]) LXXVI. col. 826, lin. ult. scribe ἡμῖν. — col. 827, l. 12 καθῃρέθη.

[3]) LXXVII. cf. LXIX, LXX. Hic vero magis in promptu est de sancto monacho Sava cogitare.

[4]) col. 829, l. 11 lege ἐγκωμίνων. — col. 830, l. 8 ab infra ἐπαιδεύονται — col. 831, l. 31 cod. τῷ ἐπισκόπῳ. — l. 8 ab infra ἴδιος διοπότευ id. — col. 833, l. 2 ἐκκλησιῶν. — l. 5 fort. ἡ ταῦτα. —

col. 834, l. 22 καὶ καταστάσεις. — Novella Leonis est XIV in collectione Zachariae, *Jus Graeco-Rom.* III, p. 86.

[5]) LXXVIII. Exordium hic solum habemus synodicae actionis de re gravissima in nostris prolegomenis fuse declaranda, sed tam prolixum est istud exordium ut e diverticulo ad diverticulum vix non binas columnas impleat. — col. 835, l. 29 scribe δραμάματα. — col. 836, l. 9 em. διωχικῷ. — col. 837 l. 6 scribe περὶ τὴν σπάρταν et nota doricam παροιμίαν, λίθος περὶ τὴν σπάρταν.

LXXIX. *De laico in extremis tonso*, col. 837-340.

Basilius Paradissiotes aegrotans graviter tonsus est. Convaluit mox, mutavitque consilium, monasterium turbavit, qui ad meliorem frugem reduci jubetur ex Synodo CP. quae AB' dicitur.

LXXX. *Episcopo Bothroti Demetrio*, col. 839-850.

Demetrius ad Demetrium scribit, quod post coactam in CP. synodum multis de negotiis, superest quaestio in synodo Acridensi excutienda de multis Valachis in ditione Bothroti sedentibus prope monasterium Coteachobus dictum, in quod propria ecclesia neglecta, et mortuo sacerdote, preces et oblationes deferunt, eoque lubentius quod ibi stauropegium obtinet. Alterum sacerdotem ad illos Valachos misit episcopus, tum quia laïci ad se spectant, et quia minus decet mulieres apud monachos precibus matutinis et vespertinis interesse. Contendit Hegumenus, oratorium Valachorum suae esse ditionis et sub stauropegio consistere a xv annis; etiam sub eodem privilegio a Tarone principe aliud conditum est templum. Quid agendum? — Stauropegium vetus consuetudo est, attentis canonibus Nicaenis, CPnis, Ephesinis, Justiniani novella cxxxi, sententiis Michaelis Anchiali, Georgii Xiphilini ¹) CP. Sed extra monasterii claustra privilegium non extenditur, nec Valachi ab ecclesia sua amovendi sunt, neque in loco alio debent sacramenta recipere, neque stauropegio augeri potest contigua Taronae ecclesiola ²).

LXXXI. *Pro Manuele orphano*, col. 851-364.

Per epistolam Manuel, Leone patre orbatus, de quatruplici injuria lamentatur: absque consensu suo sua praedia a matre divendita sunt; tum a Theodoro lectore dimidia pars agri sui occupatur; deinde monacha favente Eupraxia, a Panagiota hortulus suus usurpatur; denique, sub torcularis erecti praetextu erogatae impensae a quodam viro extorquentur. Sed adversarii praetendunt decreta Bulgarica sibi foventia. Quae omnia quum expendisset synodus, ac omnino respuisset exlegem Bulgarorum tyrannidem, Manuelem jure postliminii in sua omnia restituit sospitem, attentis libris Basil. II, X, XXVIII, XXXVII, XXXVIII, L ³).

---

¹) Tam sententia Michaelis Anchiali, fuse rescripta col. 848, 849, quam alia Xiphilini quae lecta videtur col. 847, 848, nunc primum luci dantur.

²) LXXX. tit. l. 9 lege μὴ ὅτι·. — col. 841, l. 18 cod. ὑμᾶς, lege ὑμᾶς· — l. 81 scribe τλαθι. — col. 841, l. 8 lege μιτελάμβανον. — col. 844, l. 26 παριρχομένους· — col. 847, l. 10, cod. διηγουμένῳ, immo διηγουμένων. — col. 848, l. 5 ἀπὸ τῆς τοιαύτης. — col. 849, l. 26, παιμαίνεσθαι. — col. 850, l. 8. τῷ λόγῳ.

³) LXXXI. In titulo l. 1 suspicor in πρώτοις cubare aliquod mendum, ex compendio πρὸς pro πατρῴοις, et sic omnino legendum latino *de paternis rebus*. — Adhaesit eadem corruptela prisco indici. col. 851, l. 8 lege διακόνου καὶ κανστρισίου. De officio diaconi Cantrisii cf. infra cap. CLXXII. — col. 852, l. 9

LXXXII. *De altero orphano*, col. 363-366.

Barouses Apergius, consentiente tutore avunculo Michaele Berislavo, in sua redintegratur ¹).

LXXXIII. *De tribus orphanis*, col. 365-368.

Cohaerens regio decreto, contra iniquum Joannem Ganadaium, Demetrii sententia tres orphanos, Dubros nomine, vindicat ²).

LXXXIV. *De orphanis a fratre spoliatis*, col. 369-378.

Joannicium Berroensem cum duobus fratribus mater moritura fratri Constantino seniori in tutelam commendavit. Is vero omnibus bonis fere dissipatis, se militiae mancipavit. Intercessit ad servanda quae supererant et quae recensentur, Basilius Carsinus procurator, qui pariter prodigus, ab orphanis tribus schedulam cessionis extorsit. Primum examinatur matris testamentum, tum procuratoris provincia exploratur, consultisque Basil. lib. xxxviii, x, iv, xlviii, Basilius Carsinus cogitur ad mobilia et immobilia orphanis restituenda ³).

LXXXV. *De neophyto orphano*, col. 377-382.

Neophytus judaeus, nomine quondam Israel, jam Manuel ex baptismo, orbatus matre et patre Abraham, tutorem habuit Chrysen, qui pupillum pessumdedit famelicum, vagum, etiam mulieri Sagae derelictum, frustra reluctante episcopo Castoriensi. Annos post triginta et septem, tandem jus orphano redditur, Demetrio statuente ex Basil. libris xv, xix, x, xxviii ⁴).

---

lege Κεβάζεν. — col. 853, l. 13 excidit, ut saepe, comma punctumve, ut legatur: ἐπ' αὐτοῖς φθάνει. — col. 855, l. 89 lege διεκτηρίου. — col. 860, l. 14. Non solum Demetrii sunt ea quae post διοικίζει sequuntur, sed necesse est pergant sine discrimine sic: διηρπακότων ἤδη μετὰ τὴν καταστροφὴν κτλ. Fucum fecere virgulae codicis quibus series turbatur. — col. 861 l. penult. lege τὴν ἑαυτῆς.

¹) LXXXII. col. 863, l. ult. scribe διά τι τό. — col. 865, l. 1 supple εἶπε τὸ τόπιον.

²) LXXXIII. col. 865, l. 2 ψηφοῖ που. Ps. xxvi. 12. — Lege l. 6 ἑαυτῆς — l. 11 ὀνομίνην. — l. 18 ἐγουν.

³) LXXXIV. col. 869, l. 19 τὸ τῶν cod. male. — col. 871 suspicor esse legendum in fine l. 29 ἐλεκλήρου, l. 83 ἑτέρου μανθάνω, l. 41 σιταρίου (?) μόδιοι δ', βρίζης κτλ. Sed cumulata hic barbarica cinnes lexicographos fugerunt. — col. 878, l. 8 legendum in lacuna τῷ Μέντη προσόδους. — col. 874, l. 12 συναινῶν. — l. 85 ἀποκατασθήσονται. — l. 86 praestat περὶ τούτων. — col. 876, l. 8 lege ἐριθίνδους. — l. 87 περιήχει.

⁴) LXXXV. col. 877, l. 8 lege εἰωθυία. — l. 20 τὸ γένος. — col. 878, l. 5 ἀπεμπολήσασα. — l. 10 ἡ μήτηρ. — l. 17 ὁ πατρῴος. — l. 27 junge παντοδαπῶν δυσχερῶν. — col. 879, l. 3, 4 ἐποστὼ παραμυθούμενος Ἰουδαῖον. — l. 21. ὁ τί.

LXXXVI. *Savae Serbiorum episcopo* [1], col. 381-390.
(Vide inter prolegomena)

LXXXVII. *Episcopo Joanninae*, col. 389-392.

Scribitur de diacono qui de calumnia accusatur a quodam parato ad contactum ferri candentis pro calumnia probanda. Horret Demetrius, rejicitque probationem barbaricam, legibus alienam, ac nisi legitimis et canonicis viis calumnia constet, decerni diaconum posse ac debere ad altiora provehi [2].

LXXXVIII. *Sophronio monacho*, col. 391-394.

Fur, perjurus et sacrilegus fuit Sophronius, quum sacrum lignum clam rapuit, thecamque combussit, negavitque totum, stola accinctus, tactis evangeliis; unde triplex facinus castigatur, ad normam S. Basilii [3].

LXXXIX. *De venditione ambigua*, col. 393-396.

Circa a. 1213, ex consilio Theodori Comneni, divexatam vineae venditionem, inter quatuor litigantes, Coryphenum Berroensem, Leonem Cappadocem, Andronicum et Nicephorum nummularium, Demetrius extricat et dirimit ex Basil. libro XXII [4].

XC. *Adhuc de orphano*, col. 397-402.

Agit Constans Corcyrensis adversus Micronicolaum tutorem avunculum, qui dimidiam bonorum partem male retinens, ad imperatorem provocavit; obstitit orphanus, juramento interposito coram episcopo in ecclesia S. Nicolai, teste

---

[1] LXXXVI. Codex in fine tituli male χειρι-τομένων. — col. 382, l. 17 en iterum cod. pro περικλύτῳ utitur περικύκλῳ, cf. supra cap.
— lin. ult. lego συσσιτίᾳ συνιστῶν. — col. 383, l. 15 scribe ἐμπιπαρώνκειν — l. 17 ad ἀνικύκλοι in marg. ἔχων ὁμοίως καὶ ἑτέραξι. — l. 86 junge ὑεγιοσμιθα τοῖς θείοις κτλ. — col. 384, l. 23 sane emendandum ἐξκαινουργήσας. — l. 32 scribe ταῖς τῶν ὁσίων. — col. 385, l. 27 lego παραιτήσασθαι.
— lin. ult. ἐν ἴσχες. — col. 687, l. 8 πάντων. — Canones adductos a Demetrio cum multis varietatibus dedimus in *Jur. eccl. Graecor.* t. 1, scilicet Apost. can. XXXV, p. 20, CP. can. II, p. 303. Ephes. can. VIII, p. 318, Antioch. can. XLI, p. 461, can. XXII, p. 464. Chalced. can. XII, p. 527. Novam vero varietatum segetem in agro Demetrii metere piget, id licet alibi pollicemur. Ex indictione VIII epistola videtur a. 1220.

[2] LXXXVII. col. 390, l. 1 recipe ex cod. λαντθάνειν τε καὶ ἀμφιβόλον τῆς γυμναζομένης. — l. 9 em. codicem legens ἐπῳδῶν.

[3] LXXXVIII. col. 892 sub eodem num. 76 exstat Novella Leonis in collect. Zacharino p. 173. — col. 394, lin. 8 lego contra cod. συνειδικῆς.

[4] LXXXIX. Interpunctio emendetur oportet, statim ab initio, ita ut puncto post δίκαιον posito, nova periodus incipiat: πάριστι (cod. παρίστα), cui verbo adhaeret sine discrimine ὁ τὴν ἀγωγὴν οἷο. — l. 21 lego ἐξωθοῦσαι — col. 394, l. 3 ἰδιοπραθέντων. — col. 395, l. 5 cod. ἐπαναχαλουμέναι. — l. 32 cod. videtur em. πέπρανται. — col. 396, l. 18 post πλυσιασμοῦ addo ex cod.

insuper avunculo Calo. Frustra renititur Micronicolaus, alterumque tribunal frustra favit. Apud Demetrium redarguitur ex Basil. libro XXII [1]).

XCI. *Adhuc de orphano*, col. 401-404.

Georgius Couritzes, orphanus, extorris diu et vagus, tandem redux, invenit et repetit vineam partim a Sylvestro occupatam, proferente instrumentum venditionis a. 1204, quam irritant tum sententia publica, tum Basil. lib. XXVIII [2]).

XCII. *Vi extorta non valent*, col. 403-408.

Constantinus Calobelones, presbyter Berroensis, quum a foeneratore Constantino Costomire mutuo recepisset duos nummos, data in vadimonium vinea, promissisque decem frumenti modiis, addito recursu in caeteram presbyteri substantiam, messe expectata fraudatus est ob aeris inclementiam; pro qua sex aureos erogare coactus est. Nec satis, vinea occupatur, extorta cessionis schedula, et sacerdos in carcerem pellitur. Tandem post VII annos aerumnarum, causam movet et vincit, eo magis quod ne imperatoris quidem potestas vim in jus traducere valet ex Basil. lib. II, I, LX [3]).

XCIII deest. XCIV. *Male acquisita ab initio restituantur oportet*, col. 409-412.

Gerasimus Drazes monachus narrat, quod quum presbyter Moschus, publico munere functus, tyrannidem exerceret, a socera dicti monachi praedia vi rapuit, et ea post obitum suum reliquit sacerdoti Dobro, quae Gerasimus recuperare vult. Adest Dobrus, sponte confitetur, et aequivalentia libenter suppeditat [4]).

XCV. *De malae fidei possessore*, col. 411-414.

Nicolaus Pyrrhus a Georgio Malacino repetit hypothecam male retentam ab ejusdem avo Georgio, pro quo nulla valet praescriptio, neque pro ejus haeredibus ex Basil. lib. II, L [5]).

αὐτὸν ἀδικήσαντι· αὐτόν δὲ τὸν Κερυγκνὸν ἐν. — l. 20 lege τὸν τοῦ προεόντος. — lin. penult. ἀνάρχως.

[1]) XC. col. 897, cod. l. 1 πιωρίνων. — l. 8 ἀδικευμένων. — l. 14 πιριστάσει. — l. 16 κερκύρας. — l. 28 ἐκδημίαν. — col. 898, l. 8 ἐνημέμεθαι. — l. 17 τῷ εἰρημένου. — l. 25 ἐξώπρικος. — l. 20, ὥστε. — lin. ult. τὸ τεύς. — col. 899, l. 7 ἱματίων αὐτοῦ. — l. 8 ὁ γέρων ὁ Καλός. — l. 81 δικαστῇ. — col. 400, l. 12 νεμομένου. — l. 19 ὑποβλητρίαν. — l. 20 ὁπωσοῦν. — col. 401, l. 6 ἣ γενομένης. — l. 15 γεγενημένης. — l. 21 ἀναγκλήγοντα.

[2]) XCI. Legit cod. col. 403, l. 1 τοῖς ἀντιλῶσι. — l. 6 παρίβαλε. — l. 15 συντελιστήν. — col. 404, l. 10 εἰ λάβειν.

[3]) XCII. col. 405, l. 22 cod. ἐπωνύμιεν. — l. 84 patet om. ἐρεθεῖν. — l. 41 cod. κατασχεμένος. — col. 406, l. 84 τὴν στίρκσιν. — l. 43 ὄντι χρώμενος. — col. 407, l. 24 μετὰ τῶν. — col. 403, l. 5 ὑπόπιπτει νόμῳ. — l. 17 ὁ μὲν κατερρίφει·

[4]) XCIV. col. 409, l. 2 cod. uno verbo ἰσκατεχάς. — l. 24 lege τὴν ὀράξιν. — l. 83 ἱμέρθη· — col. 410, l. 25 ἐχώρησε.

[5]) XCV. Lege col. 411, l. 10 ὑποστάσεως. — col. 412, l. 10 αὐτοῖς ὁ πορρός. — lin. ultima

XCVI. *De violentis syngraphis*, col. 413-416.

Constantinus Paspalas, chartophylax in castro Drama, militem Georgium Cinnamum accusat, a quo per vim multis nummis emunctus est, a quo arbori ligatus, dire laniatus est verberibus, a quo manus retroversas habuit nervis, et ϛϕίγματι compressas, donec vineam vili pretio, neque etiam tradito, cederet; ea quae damnanda jure divino et humano clamant Basil. libr. II, L, LX [1]).

XCVII deest. **XCVIII.** *De morientis voluntate*. col. 417-420.

Manuel Triacontaphylus lector a socero Theophane repetit promissa in nuptiis, tertiam nempe totius substantiae partem, et tertiam rerum quae reliquit avus Joannes sacerdos. Opponit Theophanes ultimum morientis avi placitum, quo alios aliis praeposuit. Praeponere autem lex permittit, non quod vult moriens, sed quod sinit ultimus rerum status: ita Basil. libri [2]).

XCIX. *De exceptione testamenti*, col. 419-424.

Septem liberos habuit Syropulus grammaticus, tres filios et quatuor filias, quas quidem decenti dote praeditas quum sollicite spopondisset, tres autem filios omnino neglexit, atque ex testamento expunxit. Quorum duo victitantes obiere, solus vero superstes Nicephorus suam partem exigit haereditatis, quae tota transiit ad sororem Theodoram. Attenta falcidia lege, jure postliminii Nicephorus in sua redintegratur ex libris Basil. [3]).

C. *De eadem exceptione*, col. 423-430.

Illustrissimus Georgius Alyates refert, quod quum uxoris suae avus Tanouses septem suis liberis dotem quidem tribuisset, partem vero aequalem singulis in haereditate promisisset relinquendam, juniori tamen Cabasilae tertiam partem bonorum in testamento assignavit; deinde avia Cabasilina septem omnes filios e testamento suo exclusit. Unde quaeritur an superstites jus habeant exceptionem repellendi. Respondetur tum standum esse pactis dotalibus, tum ad liberos aequalem pertinere haereditatis partem, ex Basil. libr. VIII, XXXII, XIX, XXXV, XXXVII, XXXVIII, XXXIX [4]).

μιxόν. — col. 414, l. 1 δίκαιον τίτλον, impleto compendio. — l. 10. ἐπαπαιτεῖαν.

[1]) xcvi, col. 413, l. 15 cod. ἀνίδειξιν. — col. 414, l. 2 cod. om. et lege τὴν ὀπίσω. — l. 6 οὗτος.

[2]) xcviii. col. 417, l. 60, lege γαμπλίῳ. — col. 418, l. 21 cod. malo περιπεπτεῖας. — l. 27 scribe γραφίτης. — l. ult. cod. malo ἔχον, em. ἔχων.

[3]) xcix. col. 419, l. penult. cod. περιστάμινων. — col. 420, l. 8 εἰ sic cod. constanter, ubi rectius εἰ pro αὐτῷ. cf. cap. c. — col. 421, l. 40 lege καὶ εἰ ἀρκεῖ — col. 424, l. 6 lege ἰσστάσιως. — l. 18 cod. καὶ τοίνυν.

[4]) c. In titulo em. codicem et lege ἐκεχειρότρων. — col. 425, l. 14, cod. γίνες al. γίνεις — col. 427, l. 10 lege νόμον. — l. 29 fort. πρὸ τοῦ μερισμοῦ.

CI. *De piis legatis episcopo commendatis*, col. 429-434

Scribit gloriosissimus Alexius Arabonites sequentia: Magna ipsius avunculus Helena, uxor Michaelis Salerini, sine prole mortua, viro vita durante reliquit bonorum suorum usumfructum, jussitque testamento partem unam haereditatis inter nepotes esse dividendam, alteram addicendam templo S. Nicolai ab ipsa condito et in monasterium post ejus mortem convertendo. Sed Salerinus, consentiente Pediadite episcopo Corcyrensi, plura vendidit, cum nepotum damno, nihil de templo et monasterio curans. Sane contradicunt Basil. libro II et Novella Justiniani CXXXI, quibus jubetur ut episcopus de piis legatis provideat [1]).

CII. *De testamento scripto non revocando*, col. 433-438.

Berroensis Joannes Pepagomenus, a parentibus uxoris Annae, scriptisque syngraphis, accepit dotem, dona nuptialia et theoretrum, vineas scilicet et praedia, sub certis conditionibus, testibus Theodoro episcopo Grebenitensi et Eudoxio antistite Debrensi, qui pactis subscripserunt. Pacta porro conventa valere praecipit Basil. liber XI [2]).

CIII. *De pravis gentium consuetudinibus*, col. 437-442.

Basilius Dobresinus socerum habuit Georgium, cui prima uxor fuit Omprada, filia Radoslavi, factoque divortio ex more gentis, probante tamen Nicephoro episcopo Prisdianensi, iterum nupsit cum sorore Dobresini Tzernocosa, quae per annos XVIII filios octo genuit. Interim Omprada denuo nupsit, filios habuit, virumque amisit. Quo sepulto, ecce Georgius reverti vult ad Ompradam et sororem Dobresini dimittere, asseritque a priore uxore nonnisi per tetra maleficia divulsum se fuisse. Declaratur male quidem constitisse divortium, inde moechiam accidisse, nullis tamen poenis mulctandam propter bonam fidem, sed post tot annos totque pueros, Georgio reditum ad Ompradam non permitti ex Basil. libro XXII [3]).

---

[1]) CI. col. 429, l. 4 lege ὑποτεταγμένα — l. 12 συζύγου. — l. 22 θάνατον. — col. 430, l. 17 Πιδιαδίτη, de quo cf. col. 39, 899 etc. — l. 22 ex corr. cod supra lineam προσκορυφθῆναι. — col. 431, l. 28. τῇ ὁσολῇ. — col. 432, l. 2 καὶ ἀναπάστατος, cod. male χρωμένως.

[2]) CII. col. 433, l. 18 cod. ἐπεὶ δὲ ἀντιγράφουσαν. — l. 15 τὰ ἐμίσθ. — l. 16 videtur margo corrigere Καλοθλάνιστων. — col. 434, l. 9 lege νεμόμενος. — l. 11 cod. potius ἐπιτέσθντα. — col. 435, l. 12 lego κληρὸν ἰόντες. — col. 437 l. 8 adde ex cod. ὡς μέρος τῆς προικὸς τῆς θυγατρὸς αὐτῆς παραδίδωκεν, ἄρα... — col. 438, l. 7 lege τὰς δίκας τὰς διαλύσιον νεμίμοις (cod. primum νεμίμως deinde νεμίμως, bis male). Immo mox cod. διαβολικὰς ἀντιγραφὰς, quod demum in marg. castigatur. Tum etiam idem l. 12 modolam requirit, scilicet ἀνακρινόθναι et ἀνανεωθῆναι.

[3]) CIII. col. 439, l. 20 lege συγγραφίας. — l. 89 lege ὁμπράδαν. — col. 442, l. 2 τῆς ἐμπρόξης.

CIV. *Possessio longa praescriptionem tuetur*, col. 441-446.

Referente Theodoro Mandouca, avus Joannes Triacontaphyllus bona ex aequo soboli distribuit. Zoe filia, Theodori mater, receperat praedium dictum Rhais, quod liberis suis reliquit, obiitque annis LXX transactis. Similiter obiit vir ejus Georgius, qui moriturus tutorem filiorum elegit quemdam Matzouclem, cujus nunc uxor Maria praedium Rhais vindicat ex jure patris sui Demetrii, qui Zoae frater erat. Sed obstat praescriptio bonae fidei ex Basil. libro I [1]).

CV. *De tutoribus maternis*, col. 445-448.

Refert Leo Contus emisse se duas vineas incultas ab Anna et filio ejus Constantino, qui summa paupertate algebant. Vineae jam belle excultae quum florerent, arsit invidia Anna, litemque semel et iterum instituit, vineasque invasit, spreta duplici sententia cl. virorum Joannis Pluti et Theodori Bestarchae [2]). Sed de lite tertio cadere Anna declaratur ex Basil. libro XXXVII. Ipsi tamen egenae, pro bono pacis tertiam vineae partem restituere suadetur [3]).

CVI. *De testimoniis, etc.*, col. 447-462.

Demetrius Crabophocas scribit: Socrus Oraia, Romani Logarae filia, a patre dotem accepit et conjugem Demetrium Charsianitem. Iterum nupsit Romanus cum Cala Saclicina, ex qua nullam prolem habuit, obiitque sine testamento. Unde Oraia in totam haereditatem intravit, haud sine jurgio Calae suam dotem repetentis. Rem composuere amici, inter quos Neophytus Jerissi episcopus, et a. 1213 [4]) concordia pacta, scriptaque fuit. Sed post XXII annos exsurrexit Cala, vi et metu Latinorum extortam esse aiens concordiam atque rescindendam, ac viduam Oraiam sistere coegit coram tribus praetoriis, verum ter damnata fuit, a Josepho Thessalonicensi episcopo, a duce Alexio Pegonita, et a Manuele Duca. At vecors et litigiosa mulier ita se movit ut causam ad juramenta adduceret. Captus Crabophocas aufugit ex carcere. Vetula Oraia in monasterium truditur, tum vi extrahitur, raptaque et humi conculcata ante fores templi, ad altaria

---

[1]) CIV. col. 443, l. 12, cod. ἀδύρρητον, al. ἀδύρριτον, procul dubio ἀδύριτον, et ita haud semel emendanda vox Homerica. — l. 80 cod. apertissime ἀοιδότερος, de quo absono vicina vox γυναῖσιν frustra sollicitatur. — col. 444, l. 21 lege παρακαθίζουσι. Sed omnino vide infra Basilicon ad h. l. ubi supplentur et repurgantur multa quae exciderunt. — l. 26 em. ἐ διάταξις, quod compendio cod. corripuit. — l. 29 τριαντατριφύλλα ἀλλὰ παρακρυπτόμενον. — col. 446. l. 1, om. cod. et lego ἀναγράψεται.

[2]) Ut supra ex nudo nomine menti subiit Michael Attaliata J. C. quid si nunc revocaretur Theodorus Bestes cui noster Nomocanon Photianus auctus tribuitur?

[3]) CV. col. 445, l. 17 lege ἐφθονήσαντο ἀτυχῆσαι. — l. ult. ἐξέτριψε. — col. 446, l. 4 cod. ὑπερπαίσουσαν. — col. 443, l. 16 ad insolitam vocem θρυγγίας nota marginis in haec fortasse solvitur: ἔχουσα φράκτης ἐξ ἀκανθῶν ἰσχυρῶν. Radix videtur θρίξ, ex involutis implexisque crinibus.

[4]) Latet in anno 1213 aliquis error, quum duos et viginti post annos iterum causa eadem sub Demetrio ventiletur.

trahitur, juramenta perjurae Calae auditura. Postmodum vero causa denuo excitatur, probatur nullam fuisse vim illatum sub latino praesule Guarino [1]) teste Neophyto episcopo; nullas exactiones impactas fuisse in solvendis ex latina consuetudine tributis quae in clericorum funere solent, nullas occurrisse in vinea excolenda impensas litigantis, concordiam obtinuisse in tempore pacis sub Isaac et Maria Comnena, praeside Francopulo, testibus quinque episcopis. Quibus instrumentis ventilatis, excussisque antistitum testimoniis et juramentis, etiam perpensis imperantium decretis, accedente scripto Constantini judicis [2]) Thessalonicensis, tota ex lite cecidit Cala Saclicina, juxta tenorem Basil. libr. III, xi, xii, xx [3]).

CVII. *Georgio Bardanae episcopo Corcyrensi*, col. 463-464.

Post effusas episcopi ejusque epistolae encomia (cf. *Prolegomena*) de laudibus sibi cumulatis Demetrius modestissimas agit gratias [4]).

CVIII. *Felici Berroensi*, col. 465-468.

Amicum compellat, doletque de invidia et conviciis episcopi Berroensis [5]).

CIX. *Georgio*, col. 467-474.

Exponit dictum Nazianzeni de Ario et Sabellio, (*duo mala in contrario*) et psalmi CII verba: *Homo, sicut fenum dies ejus*, adductis Platone, Euclide etc. [6]).

---

[1]) Guarinus a. 1210 inter latinos Thessalonicae antistites computatur.

[2]) Demetrius ita suspicit Constantinum illum, ἐκεῖνον, ut facile cogitaretur de Constantino Hermenopulo, aeque ἐκδίκῳ Thessalonicensi. Sed quid insolens agnomen Ἁγιαναστάσιτις? An respectu ad sacram Anastasiae Ecclesiam, a Nazianzeno celebratam?

[3]) CVI. col. 449, l. 10, cod. ἐνιαχῆς ἀλλεπραλλήλοις uno verbo et recte. — l. 85 lege ἐπιτελιότιον. — l. 89 notasis ἔνιατα, novem luctus dies post obitum. — col. 450, l. 8 lege ὁ δὲ καί. — l. 82 οὐκ εἰδ' ὅτι. — col. 453, l. 7 ἰδιοχείροτμν. — l. 26 cod. ἀναβαλομένῳ, suprascriptis duabus litteris λα. — l. 26 lege οἰκείαν χάριν. — col. 454, l. 4 ὁ λέγεται. — col. 455, l. 23 scribo ὁς ἐδίνετα χθιζοῦ *hesterni.* — col. 456, l. 23 τῷ διιφ. — l. 4 ab infra ὑπείκουσι. — col. 457, l. 82 cod. ἀπυλύοντον. — col. 459, l. 4. ἐτι καί. — col. 459 fort. continuo legendum l. 19, 20 ἐνί-

κρινα καὶ τάς. — col. 460, l. 18 scribe τοῦ δ' βιβλ. — col. 462 l. 6 junge κρατοῦντι. — Prolixa sententia sine clausula videtur.

[4]) CVII. col. 463, l. 18 κυδάζονται absonum videtur pro κυδαίνονται *celebrantur.* — col. 464, l. 6 πίπνει, sic codex, vetus adagium et verbum usurpans ad Thersitem cf. Iliad. B. 212 sqq.

[5]) CVIII. In tit. ἐπὶ τῶν γονάτων dicitur de diacono qui pontifici ministrat ἐπιγονάτιον quod Latini *gremiale* vocant. Tolle *dilectum* in lemmate otiosum. — col. 465, l. 82 cod. ἀνιστραμμένην. — col. 466, l. 21 cod. ἐπιγρηγοροῦμεναι. — l. 29, 80 κερόεσσα καὶ μιλιτίοον (sic cod. f. μιλιτίων), sed quaero veterem fabulam.

[6]) CIX. τοῦ θεολόγου in 2° loco tituli expunge. — col. 467, l. 4 malim κατ' ἔν δέ. — l. 11 mel. φύσιν. — col. 469, l. 82 ἡ μέν. — col. 470, l. 4 ὀλίγαις sic cod. — l. 83 συγκαταλέγῃ idem pro συγκαταλίγῃ. — col. 471, l. 12, id. ἕ; δέ. — l. 86 lege προσομιλεῖν. — col. 472, l. 29 τῶν abundat.

CX. *Theodoro Comneno*, col. 473-478.

Austeritatem suppliciorum, quae sancit imperator, excusat, immo commendat, maxime in interempto insigni latrone Petrilo, cum prole sua extincto, propositoque Davidis exemplo, veniam a Deo pollicetur [1]).

CXI. *De puello ante baptismum extincto*, col. 479-480.

Symeonem notarium increpat ob puellum triennem nondum baptismo tinctum, et ex medici imperitia interemptum, et adducto Nazianzeno, poenitentiam indiligenti imponit [2]).

Epistolae mutuae Demetrii et Germani Cp. [3])
CXII [4]), CXIII [5]), CXIV [6]) (vide *Prolegomena*), col. 481-498.

CXV. *Constantino consobrino*, col. 497-498.

Ineptum duplex votum, unum de victu aspero, alterum de matrimonio vituperat, commutat, poenisque afficit [7]).

[1]) cx. col. 474, l. 23 scripsi cum cod. βαρυθυμίαν. — l. 25 lege εἶναι — col. 475, l. 6, nonne τὴν τῶν, et mox τὰς ὑπέρ? — col. 477, l. 12 κολάζει, sublato v otioso. — l. 28 scribe ὑπ' ἐκείνου. — col. 478, l. 8 ἀντὶ δοκοῦ.

[2]) cxi. col. 478, l. 11 cod. τοῦ ἰατροῦ. — col. 480, l. 3 lege παντὶ λόγῳ.

[3]) Germani II epistola acerba, quae dubia censeri posset, confirmatur in cod. Ottobon. 167, f. 165-187, una cum nervoso Demetrii responso f. 187-199, ex quo quidem pessimo et pessumdato codice non paucas nec temnendas hausimus varietates, hic sedulo colligendas, etiam recognita prima ex tribus epistola. Iidem fere sunt tituli in utroque cod.

[4]) cxii. col. 481, l. 19 cod. ἡ κοσμικὴ τῶν. — l. 27 λαβόμενοι sic cod. — l. 32. καὶ τόν. — l. 35 ὁ θεῖα. — col. 482, l. 15 fort. θεοστεφοῦς. — l. 21 cod. emenda ἐμφωλεύσαντας τῶν φωλεῶν. — lin. ult. f. τούτῳ.

[5]) cxiii. col. 483, l. 1 Vatic. om. πάσης. — l. 13 id. emendat καὶ οἶεν. — col. 484, l. 15 id. τῶν ἐπιοθύντων, an pro αἰκισθέντων? — l. 17, id. ἰσόχριστον neo male f. — l. 22 utorque cod. συγκυριεθλόντες recte in voce nova. — col. 485, l. 3 Vat. εἰ παραπατικαὶ optimo de sacramento chrismatis. — l. 9 id. ἐμῶν. — l. 10 παραγωγίας Vat. iam insolens quam Monac. An fort. χαραγωγίας ex radice χόρα, confusio? — l. 19 Vat.

ἀποθρασυνάμενον. — l. 15 id. om. τὸ πταῖσμα. — scribe στέργω. — l. 18 lege τὴν πλήξασαν χεῖρα ὁ πληγείς. Mox plura, ut alibi, om. Vat. — l. 27 χαριτώνυμον, respectu ad nomen alterius imperatoris *Joannis* Ducas. — l. 28 lege προσπαντῶντα. — col. 486, l. 18 Vat. ὃν ἐαῖ.

[6]) cxiv. col. 487, l. 5 lege ἐριμώθημεν. — l. 19 Vat. τῆς ἐξ male. — l. 29 κατ' αὐτῶν. — col. 488, l. 13 f. ἐπληρώσατε. — l. 16 Vat. ἐπεῖτα δὲ. — col, 489, lege l. 7 κατασχάκοντες, emendato utroque cod. — l. 25 γνώμῃ. — l. 41 Vat. παραλύσει. — col. 490, l. 1 ἀκηγορεύθη. — l. 2 Βυζινῶν. — l. 17 omnino lege εἰ μή. — l. 27 em. Βυζαντίοις. — col. 491, l. 3 ἀλλ' ἤ. — col. 492, l. 6 fort. legendum ἀλυσιδώσεις; ab inusitato ἀλυσιδόω. — l. 15 an uno verbo novo θωπολέγων? — l. 17 codd. ἐνάργειαν. — l. 32 εὐπαιδῶν. — col. 493, l. 14 δὲ οὕτω. — col. 494 l. 2 ἀθλενικοῦ melius quam Monac. — col. 495, l. 29 junge συνιταπαίνωσον ἑαυτοῖς. — col. 496, l. 7 sane legendum ἀρχιεπίσκοπος. — l. 10 ἐπιστευδίστωσαν ἐν ἱεραρχαῖς Vatic. possime; alludit Monac. ἐπιστεβέσθωσιν (fort. pro ἐπιστεβάσθωσιν ab ἐπιστεβάζω) respectu ad convivas in stibadio congestos. — col. 497, l. prima Vat. εἰς ἑτέρως ἐγγραφήσονται. — col. 498, l. 4 junge μέλλοντι.

[7]) cxv. col. 497, l. 8 fort. ὑστενεῖ, doin στερᾷν. — l. 19 et 21 scribo ἐρημοσύνας et ἐξορσίαις; tum col. 498, l. 14 ἐπηρωθάριος.

CXVI. *Episcopo Pelagoniae*, col. 499-502.

Veretur Radoslabus ne hominem occiderit, quod porcos ab agro suo dum repelleret, bacillo percusserit Constantem pastorem, qui post xiv dies obiit. Solatur percussorem Demetrius, poenitentia injuncta, ad Pelagoniae episcopum remittit, adductis Basilii canonibus et Basil. libro LX [1]).

CXVII. *Ad Comnenum Theodori fratrem*, col. 501-504.

Ob quemdam Lampetam aegre refricat sententiam suam decantatam de bigamorum nudo usufructu quoad vixerint, bonorum prolis ex priore matrimonio susceptae [2]).

CXVIII. *De homicida voluntario*, col. 503-506.

Theodorus Demnites, post prandium fervidius irruens inter tumultuantes, unum gladio occidit; subditur poenae XII annorum homicidis praescriptae [3]).

CXIX. *De poenitente monacho*, col. 505-510.

Niphonem Gerbenitam monachum fornicatorem, adulterum et homicidam debitis per totam vitam poenis canonicis subjicit, et a sacerdotio interdicit patrique spirituali committit [4]).

CXX. *De ludis qui Rousalia vocantur*, col. 509-512.

Ρουσάλια, Βότα, Βρουμάλια ludi sunt rustici per septem dies post pentecosten apud Bulgaros celebrati, in quibus per rura discurrebant effreni nebulones, scenica saltatione bacchabundi, dapes, ova, fructus ab incolis extorquentes; inter quos accidit quemdam Chrysilum ab aliquo pastore occidi. Duos ex agmine sceleris poenitet, qui per tres annos poenas dant legitimas, ac sub tutela recipiuntur, ludicra autem id genus tripudia sub anathemate prohibentur [5]).

---

[1] CXVI. Scripta videtur epistola a Demetrii secretario qui etiam bulgarica voce πλανίτζα utitur. — col. 500, 1 B2 lege ἐπίγνως.

[2] CXVII. Ab initio respicitur cap. XXVI, col. 109, circa medium cap. CLI, col. 589. — col. 502, 1. 15 lego ὑπήκουσαις.

[3] CXVIII. col. 505, 1. 8 scribe στιχχουρίνη. — col. 506, 1. 3 lego in lacuna οὐ ποτείς.

[4] CXIX. col. 506, 1. 8 lego αἰροῦντας. — l. 9 mallim in compendio dubio κεφαλαίωσις. — col. 507, 1. 27 cod. ἐποίει.

[5] CXX. Hoc capitulum edidit cl. vir Miclosich, unde liqueret Ρουσάλια non esse nomina ethnica, uti autumavere viri docti inter Moscovitas ac somniari perrexero. Col. 509, 1. 19 tolle punctum. — 1. 22 lege ἀθλιώτερῳ. — col. 510, 1. 12 tolle ὅτ. — 1. 19 lege ἀναλαβών. — col. 511, 1. 10 ἀρχιερέως, καὶ τῇ. — 1. 20, 21 jungo ταύτῃ, τούτου χάριν. — col. 512, 1. 14 tolle punctum. — 1. 15 cod. τούτους. — 1. 27 u καὶ ἐλκύσῃσιν.

CXXI. *De divortio ob veneni insidias*, col. 511-514.

Chryse, non solum vitae viri Manuelis insidiata est, sed ipsa sibi venenosa toxica apposuit, studio quidem frustraneo; rea vero et confessa, a thoro expellitur, et homicidarum poenis subjacet [1]).

CXXII. *De sponsa sexenni*, col. 513-516.

Jadonas sexennem puellam in sponsam, tradito scripto, recepit contra legem, nec sine periculo animae, utpote ob contubernium ardens matrem puellae; unde petit et obtinet solvi sponsalia, quae prohibuere Leo sapiens et Alexius Comnenus [2]).

CXXIII. *De impotentia*, col. 515-516.

Confessus est Maurus se post quatuor annos non valuisse cum uxore rem habere; non diffitetur uxor, neque negant parentes, divortium infertur ex Basil. libro XXVIII [3]).

CXXIV. *De defectu consensus in matrimonio*, col. 517-522.

Arguit illustrissimus Georgius Scores se coactum fuisse uxorem suscipere, absque idoneo consensu, ac praeterea aetatem puellae defuisse legitimam. Frustra reluctatur ejus avunculus, augustissimus Bogdanopulus qui tandem de puellae celata aetate suam fraudem agnoscit; unde renuntiatur divortium ex iisdem novellis et Basil. libris II, X, XXVIII et sententia Michaelis Caerularii [4]).

CXXV. *De falso incestus periculo*, col. 521-524.

Georgius Andrutzus nupsit cum Maria cujus consobrinam remotam antea cognovit; cum agitur de octavo gradu, non solvitur matrimonium, sed fornicator poenis subjacet, ita Basil. liber LX [5]).

CXXVI *De sponso vagante*, col. 523-526.

Lamentatur Petrus se filiam novennem in sponsam dedisse Preabo, qui receptis arrhis peregrinatur ab octo annis; tandem repertus et accersitus, iterum

---

[1]) CXXI. cod. in titulo: διὰ ἐκλυτεριου φαρμάκων. — col. 512, l. 6 δηλητεριου πετέρων sic id.
[2]) CXXII. col. 513 cod. ἱέαττις. uti alibi ἐκτάττις. Em. Harris. — l. 18 f. ἐμπαιδόται. — col. 514, l. 1 fort. ἱρτίοσυται. — col. 516, l. 4 lege ετι.
[3]) CXXIII. col. 516 l. 14 in lacuna legendum ἡ τοῖς γε αὐτῆς πατράσι. — l. 16 ii καὶ μή.

[4]) CXXIV. om. titulum codicis et lege καὶ πᾶσι, ut in praefixo indice. — col. 517, l. 7 lege Διέζόν. — col. 518, l. 4 uno verbo καταλέπειν. — col. 522, Novella Alexii non comparet apud Zachariam inter novellas t. III *Juris Graeco-Rom*.
[5]) CXXV. col. 523, l. 18 lege ἀνεψιοῦ.

abiit et evasit. Qua re comperta, comprobataque innubili sponsae aetate, ex iisdem novellis divortium emergere non dubitandum.

CXXVII. *De male intentato adulterii crimine*, col. 525-528.

Traducit Michael Gunaropulus adulterii reum augustissimum Pegonitam, a Manuele Comneno Berroae urbi praefectum, nec nisi ex auditu testes producit, ac frustra proponit ferri accensi experimentum, quod respuit synodus, et ob accusationem minus probatam uxori dat repudii licentiam ¹).

CXXVIII. *De tonso in deliquio morbi*, col. 527-530.

Leo Chrysus, gravissimo morbo periclitans, favente subdola uxore, veste monastica inscius indutus est Expergefactus et sui compos, dolum detestatur, ejicit conjugem, abdicat monasticem, annuente synodo, admissa pro sacrae vestis decore modesti indumenti parcimonia ²).

CXXIX. *De lethali correctione*, col. 529-532.

Nobilis Zoe sex annos domi habuit famulum, saepius et frustra monitum et castigatum, continuo quaeque sibi obvia expilantem: donec a conservis deprehensus, ambabus manibus truncatus est ac misere interiit. Lugens domina Zoe accipit per tres annos homicidarum poenas, piis mitigatas opellis et eleemosynis, tum episcopo Coloniae commendatur, a. 1219 ³).

CXXX. *De blasphemo*, col. 531-534.

Aliser, turcus neophytus, moerens enarrat, quomodo quum aliquando post baptismum luculenter vixerit, postmodum cum extrema colluctatus inopia, in Dei contemptum et blasphemiam eruperit. Pientissimis verbis refocillatur, sed solitis poenitentium epitimiis emendatur ⁴).

CXXXI. *De patre, invito filii homicida*, col. 533-536.

Infelix pater et pastor Draganus, cum interesset, in campo Prosaco, festivis sagittarum et missilium certaminibus, filiolo, ab ovibus semoto, atque versus scopum vaganti telum lethali manu sua infixit; unde ad ecclesiam confugiens, petit et accipit poenitentiam homicidis reservatam per quattuor annos, et episcopo Strumitzae commendatur ⁵).

---

¹) cxxvii. col. 525, l. 9 διεξώσθαι sic codex pro διάζωσθαι.

²) cxxviii. col. 527, l. 18 lege ἔρημος — col. 530, l. 5 lege παλαιστρίδιος.

³) cxxix. col. 529, l. 18 lege εἰ ὅτι καί. — col. 530, l. 2 fort. ὑιοῖς. — col. 531, l. 7 lego τῇ τε γυν. — l. 17 ἰχθυοφαγεῖν. — col. 532, l. 6, 7 an continuo leg. αὐτὸς ὀφείλει?

⁴) cxxx. In titulo em. ὀλιγωρίας.

⁵) cxxxi. col. 533, l. 12 scribe ἐκτανών. — l. 17 φιλονεικεῖν. — col. 535 l. 15 ἱερογαγεῖν.

CXXXII. *De impotentia*, col. 535-538.

Sbina, Georgii Serboluli uxor, declarat post quinque inde annos a viro non fuisse cognitam, cujus virginitas in promptu probanda est illaesa, nec Georgius diffitetur, quare divortium conclamatum est [1]).

CXXXIII. *De incestuosis*, col. 537-538.

Staurus, mortuo avunculo, ejus uxorem polluit. Item Michael, uxore defuncta, ejus sororem labefactavit. Ambo per septem annos praescriptis ab ecclesia poenis subjiciuntur [2]).

CXXXIV. *De pactis per vim extortis*, col. 537-540.

Instanti Augusto Leone Moschopulo, sponsalia haud sine metu contracta cum puella nondum nubili solvuntur.

CXXXV. *De concubina et prole sua*, col. 539-542.

Sistit se coram archiepiscopo, Dragosta pellex, puellum in sinu gerens, postulatque ut rite benedicatur, uti uxor legitima Joannis fornicatoris, qui nullatenus vult his vinculis innodari, liberque dimittitur.

CXXXVI. *De fornicante viro uxorato*, 541-544

Chrysus, a Castoria solum vertens, in Acridam se recepit, adscivitque sibi Tzolam, scortum valachum. Sed subsequitur uxor, et criminis vincula solvit, concessis industriae meretrici fructibus laboris sui, unde matrimonium resarcitur [3]).

CXXXVII. *De adultera*, col. 543, 544.

Haud frustra Demetrius Radi Crasnam uxorem traduxit adulteram; quae humi procumbens, crimen fatetur; divortio declarato, data facultate thorum restituendi post tres annos, Crasna in monasterium truditur [4]).

---

[1]) cxxxii. col. 538, l. 8 lege νομίμου.
[2]) cxxxiii. col. 538, l. 21 fort. supplendum et em. διὰ τὸ αὐτὸν μιγνῦσθαι.
[3]) cxxxvi. col. 541, l. 23 scribe ἀγαθῇ. —

col. 542, l. 2 lege ἐνόντα — l. 8 cod. τὰς Τζόλας.
[4]) cxxxvii. col. 544, l. 1 emenda cod. προθυμίᾳ. — l. 5 lege διαζυγίου. — l. 10 cod. ἄρα καί.

CXXXVIII. *De Voto vitae monasticae*, col. 543-548.

Georgius Comnenus, vix xxx annis natus, juvenis et formosae uxoris conjux, liberis orbus, quum in gravem morbum incidisset, ex consilio astantium, vovit se, restituta salute, ad monachos iturum. Convaluit, duplici timore anceps, ne votum scilicet violaret, neve animam asceticae vitae minime idoneam pessumdaret. Perpensa nobilis juvenis orbitate, indole, conjugio, una cum tempore et adjunctis juramenti, synodus eum a voto absolvit, praescriptis ipsi et uxori nonnullis poenitentiae operibus: scilicet per unum annum sextam partem proventuum dare pauperibus monasteriis, decimam solvere per vitam, quotidie tercenties genuflectere, IV et VI feria herbis tantum vesci, jejunia demum monastica servare. A. 1223 [1]).

CXXXIX. *De adultera a viro non recepta*, col. 547-550.

Radus miles, post militiam redux, repperit Slavam uxorem adulterio stupratam, favente pessima famula Cala: confessione et luctu poenitentis commota synodus, ac juvenculae uxori duodenni parcens, eam post duos annos recipiendi licentiam viro dedit, quam tamen ille recusavit [2]).

CXL. *De affinitate ex baptismo*, col. 549-554.

Non videtur ex canone LIII Trullano aut Basil. libro XXVIII prohiberi, ne quis cum sorore pueri ex baptismo suscepti matrimonium ineat [3]).

CXLI. *De muliere in domum alienam diu vagante*, col. 553-556.

Theodorus Chloropodes synodo defert Irenem uxorem, quae eum odio tam perfecto odit, ut domi sedere nescia, ultra sex menses foras discurrat, non apud cognatos vaga, sed per domos alienorum. Quae porro praefracta fronte asseverat se quacumque nece velle potius mori quam cum Theodoro stare. Sed soror Theodori Maria causam detegit odii, furtivum alieni viri amorem, spreto conjuge. Liber Theodorus declaratur, Irene vero adulterii poenis obnoxia, quae propter nimiam paupertatem negliguntur [4]).

---

[1]) CXXXVIII. col. 548, l. 2 cod. περιοχέντες. — col. 545 l. 4 cod. τῶν Σκυτῶν. — l. 10 lege πινεύκειν. — cl. 18 στιφ̣. — col. 546, l. 14 cod. εὑρίσκει. — lin. penult. in marg. potius lego: οὐχ ἁτίωσαι ἀπερξάσης. In lacuna facile τὰ αὐτὰ δί, respectu ad superiora τὶ μὲν γὰρ.

[2]) CXXXIX. col. 547, l. 1 lege μέρη. — col.

549, l. 28 lege ἐπιστρηψίνας. — col. 550, l. 18 em. codicum et scribe ὀκίρυα.

[3]) CXL. col. 551, l. 14 ταύτης, punctis in codice subjectis, expungi fort. monetur. — col. 552, l. penult. cod. συγγιγίμενος.

[4]) CXLI. col. 656, l. 2 lege ἐπιρένατο.

CXLII. *Adulterio non probato, divortium accusatae mulieri permittitur,*
col. 555-558.

Radus Motzili crimen adulterii Zoae uxori intulit, sed sine testibus ex visu, frustra contestatus se suis oculis non credere non posse; repudium, urgente uxore, exoritur cum aequa bonorum divisione.

CXLIII. *De adulterae uxoris insidiis,* col. 557-558.

Anna, tantisper cum Nico viro quiescens, eum postea odio perfecto prosecuta, saepius fugam capessens, huc illud vagatur, etiam viri et vitae suae vim intentat; unde ipsa disjungi optat, et divortio mulctatur.

CXLIV. *De fornicatione,* col. 559-560.

Constans, consobrinus Mpali, cum muliere fornicatus, ignorans eam esse sororem conjugis patruelis, poenitentiam per sex annos subit, et in tutelam Ecclesiae recipitur.

CXLV. *De divortio ex tonsura,* col. 561-562.

Paucis hac de re fit disputatio incompta et abrupta [1]).

CXLVI. *Actio Synodica de ordinationibus peractis Zagorae a Bulgaroepiscopis,*
col. 563-570 [2]) (vide *Prolegomena*).

CXLVII. *Mandatum Hegumeni Glabenitzae,* col. 569-572.

Dotes cujuscumque optimi abbatis commendantur [3]).

CXLVIII. *De ecclesiastica exactione,* col. 571-576.

Audiuntur querelae graves sacerdotum in Pelagoniae dioecesi, recensentur vectigalia ex rebus et nummis ab episcopo collecta, et suadetur ut mitiora statuantur [4]).

---

[1]) CXLV. col. 561, l. 8 malim μεταβαίνων.

[2]) CXLVI. col. 564, l. 12. Quaerendum quod hactenus latet de Romano episcopo, sive legato, sive cardinali, cui nomen Βιδίνης (Vidinus?). — col. 565, l. 18 cf. can. VII, conc. II Nicaeni in *Jur. eccl. Gracc.* II, p. 110. — l. 84. Apud Rhalli desideratur Sisinnii decretum de ordinationibus. — l. 89 lege ἐκείνους. — col. 566, l. 16 lego παρρησίας. — l. 21 ἐδέχετο sic cod.

ἀπειδότας? — col. 567, l. 18 lego ἐννεῶσαι. — l. 85 rectius ἀμφιρριπτῶ. — col. 568, l. 18 cum cod. ξυᾶς.

[3]) CXLVII. col, 571, l. 9 fort. πέσα ὡς τὰ.

[4]) CXLVIII. col. 572, l. 1 uno verbo scribe, uti apud Hesychium, dictionem insuetam ἱροβδανώμενα. — col. 571, l. 2 lege ὀπρωίας. — l. 25 mel. φάλλιν.

CXLIX. *Titulus protopapae,* col. 575-576.

Quibus scilicet virtutum titulis protopappas esse primus debeat [1]).

CL. *Apologia pro episcopo Serbiae,* col. 578-588 [2]).
(vide *Prolegomena*).

CLI. *De unico et secundo matrimonio disceptatio,* col. 589-612.

Archiepiscopi Demetrii de hoc argumento sententiam haud sine injuria carpere aggressus est ignarus. — Ignoranti leges et canones viro Romano non parcendum. — Ignoratur quid et quotuplex sit haereditas, quale dominium, quis ususfructus: — in quibus unicum matrimonium privilegio singulari gaudet, alterum quasi poena mulctatur. — Monogamus omnium bonorum maternorum dum filii vivunt, obtinet usumfructum; si moriuntur, plenum acquirit dominium. — Ita statuunt Basilici libri xxiv, interprete Thalelaeo et xxviii. — Bigamus vero habet eorumdem bonorum, a matre et maternis avis derivatorum et aliunde acquisitorum, quamdiu vivit, dumtaxat usumfructum, etiam prole sine testamento mortua. — Ita statuunt Basilici libri xxviii, xlviii. — Urgetur argumentum ex bonis acquisitis. — Distinguuntur militum peculia, bona quae castrensia dicuntur aut quasi castrensia, ex libro xlv, ex novella xxii, interpretibus Symbatio, Theodoro et Eustathio Romano. — Respondetur objectis de quadam *successione* parentum ex libro xxviii, t. 14, c. 18, adductis scholiis. — Respondetur aientibus Basilicos libros antiquari, iterum ex libro xxviii. — Legibus adduntur canones veterum synodorum et S. Basilii. — Inculcatur secundi matrimonii deterior conditio ex nov. cxviii. — Explicatur in quo sistat legum oppositio seu obvia ambiguitas. — Quae ut perspiciantur, ignari adeant Thalelaeos, Theodoros, Symbatios, Theophilos, jurisperitos veteres, quin et recentiores Garidam, Italum, sed maxime Eustathium Romanum [3]).

---

[1]) cxlix. col. 576, l. 1 ἀπαρατρώτους, cf. col. 635, neque cogita ἀπαρατρίπτους.

[2]) cl. Obscura re historica iterum perpensa, titulus sic videtur restituendus ex ambiguo lemmate graeco: *Sermo... episcopi Serviorum, pertinentis ad eparchiam metropolis Thessalonicensis, qui consecratus est ab illo (Demetrio?) ob circumstantiam* etc. — col. 580, l. ult. αὐδίκαστον. — col. 581, l. ult. cod. ἀγιλὸς optime, tolle notam. — col. 583, l. 1 cod. πρίσμα etc. — col. 585 omnino lege l. 7 αὐτῷ cum cod. — col. 586, l. 21 ante θεομὴν excidit γεγναμέν. — col. 587, l. 20 codex ante διακλθκαι habet ουν, punctis duobus suprapositis ad expungendum. — 588, l. 2 scribi solet ἐξεροθμίᾳ. — l. 16 eadem duo puncta in κύδίαν monstrum expellunt.

[3]) cli. Not. 1. Bona ἀπροσπόριστα sunt adventitia filii bona quae patri familias iterum nubenti neque etiam per mortem pueri acquiruntur. — Lege col. 591, l. 2 κομμάτων (a κάμνω. Cod. habet col. 593 l. 8, et col. 602, l. 15 καμάτων). — l. ult. ἀλλά. — col. 592, l. 9 et 18 ἀπόλλυσι. — l. 82 κιρδαινόμενα. — col. 594, l. 25 διαπιστείας. — l. 28 ἐικξ. — l. 81 ἀνένυτον. — col. 595, l. 10 ταύτη. — l. 81 τὸ τῶν. — col. 596, l. 14 cod. τριακοντής, lege τριακονταετής. — l. 13 et 29 puncta inserenda sunt ob lacunam post ἴσται et post τελευτέκειν. — Item et col. 597, l. 26 post ἐφεύρων. — col. 598, l. 11 ὀγκόρενος. —

CLII. *De falcidia et de surdo muto.* col. 613-618.

Tres sorores (quarum nupsit una, vivente patre, pingue dote donata) veniunt in parentum haereditatem, sed quae nupsit donis aucta excluditur a bonis maternis, an jure? Cum pater ex lege possit praelatae filiae quartam bonorum partem dare, necesse est recenseatur possessio patris, quanta erat quum filia nupsit, ut qualis esset quarta pars statuatur. Ex bonis vero maternis aequa pars singulis sororibus dividatur, respectu ad quartam partem supra statutam. — Quoad surdum mutum ex nativitate, nubat, si voluntas patet, non valeat vero testamentum; ex morbo si surdus aut mutus est, calleat vero litteras, libere agat. Ita Bas. libri XLI, XLV [1]).

CONSTANTINI CABASILAE QUAESTIONES XXIX
ET DEMETRII SOLUTIONES.

CLIII. *Prooemium*, col. 617-620.

Obedientia et verecundia motus, Demetrius se ad respondendum accinxit [2]).

CLIV. q. 1. *De initio precum ad vesperas et in nocte*, col. 613-624.

Duo sunt typica, unum Byzantinum, S. Sophiae, *harmonicum* dictum et elegantius, alterum *Hagiopolitanum*, communius, ex Hierosolymis in plerasque ecclesias derivatum. Prius est brevius in prooemiis precum, alterum prolixius,

---

l. 20 ἀφέρηται. — col. 599, l. 10 f. τελειοτάτων. — col. 603, l. 3 Eustathii novum opus περὶ διωτιριγαμούντων videtur significari, cujus fragmentum huc subjicitur. — col. 604, l. ult. loge συνηφερόντας. — col. 605, l. 17 ὑπεψηλλεύνται: sic cod. fort. pro ὑπεψηλλίζονται? — Mox describuntur LX libri Basilicorum, nec temnenda fuisset ἐκφρασις haud inelogans iis qui hos libros toties celebrarunt. — col. 606, l. 5 ἐπιστερμιριμόν sic cod. sed legendum ἐπιστεμιριμόν i. e. quod ἐπιστέμισμα. — l. 42 Id. φυλάγ. an pro φυλαγορεῖται? — col. 611, l. 17 logo ἀντιπιπτίνως. — l. 28 νέμος, ὃτέν ἄρχεα, non Platonis

vox, sed Demosthenis est, de qua cf. Basil. lib. II, t. 1, c. 14. Heimb. 1, 80. — l. ult. cod. δυσφράκτους, an pro δυσφράστους? — col. 612, l. 29 libenter aliquis legerit μεγαλεπίβολες de facundia Eustathii, cui minus apta videtur vox μεγαλεπιβόλες; *dexter in arduis rebus*; quo sensu Demetrius col. 490, lin. 84 usurpat μεγαλεπιβόλως.

[1]) CLII. col. 614, l. 23 cod. ἐπίζων, sane pro θήζων — col. 615, l. 53, lege ὡ ἑπί. — col. 618, l. 5 γενόμενον.

[2]) CLIII. col. 618, l. 1 Ἰσάνοα, ita Rhalli et cod. fortasse Ἰσάνωα seriorum, pro Ἰσάνντες.

maxime in magnis vesperis et festis solemnioribus. Cave ne unum cum altero misceas, ut temere fit, sed consueta obtineant [1]).

CLV. q. II. *De cleri processu matutino in festis*, col. 623-624.

In magna S. Sophiae ecclesia fit revera, vestibulum inter et presbyterium exitus, ingressus et processio. In caeteris vero ecclesiis, cum nullus sit ingressus (εἴσοδος), processus est incompta imitatio εἰσόδου intra septa, pie tamen toleranda, sed a ritu hagiopolitano aliena.

CLVI. q. III. *De Latinorum azymis, vasibus sacris et annulo episcopali*, col. 625-630.

Pene sequitur Demetrius Theophylactum, qui quum Latinorum dogma de Spiritus S. processione detestetur, tolerat azyma, uti et jejunia et carnis usum apud monachos. De vasibus sacris non est disputandum. Annulus, licet mystice intelligatur, reprobandus est, si cum fastu geritur [2]).

CLVII. q. IV. *De translatione sacerdotis in aliam dioecesim*, col. 631-632.

Commemorato Manuelis decreto Eustathium a Myris Thessalonicam transferentis, omnia fere ecclesiastica negotia ad arbitrium regium dimittit, normam vero sequendam tradit in novella CXXIII Justiniani, nec refugit ab epigraphe Tiberii Caesaris apud Josephum Judaeum rescripta [3]).

CLVIII. q. V. *De exitu episcopi post sacra*, col. 633-634.

Nisi adsit imperator aut dux militiae vel aliquis satraparum, peractis sacris, episcopus statim exire potest, vel si placuerit, preces recitare sacerdotum.

---

[1]) OLIV. In cod. Mosquensi typogr. 6, f. 28 sub hoc titulo: Τῷ μακαριωτάτῳ καὶ ἁγιωτάτῳ ἀρχιεπισκόπῳ Βουλγαρίας κυρῷ Δημητρίῳ τῷ Χωματηνῷ πρὸς Κωνσταντῖνον ἀρχιεπίσκοπον τῆς μητροπόλεως Δυρραχίου τὸν Καβάσιλαν ἐρωταπόκρισις, exstat prima quaestio cum eadem responsione, sed tot foedis sphalmatibus deturpata, ut ex apographo, quod magna ex parte descripsi, nihil receperim. — col. 622, l. 4 ἔρων haud sine stupore occurrit, ut quae antiquissima et mero poetica forma sit vocis ἔρως, a quo tamen, inquiunt lexicographi, praeter nominativum accusativus tantum reperitur. Ita et apud Demetrium.

[2]) CLVI. col. 625, l. 25 alias ἀγίρυχες, archaïca vox ignotae radicis. Ob multas jam appositas in pagina graeca notulas, hic et deinceps parcendum glossemati.

[3]) CLVII. Leunclavius totum caput edidit in *Jure Graeco-Rom.* lib. v, p. 817: cui teterrimae adulationi Hugo Grotius ambabus manibus plaudit, in libro inscripto quasi per ironiam: *Pietas ordinum Hollandiae*, quibus eamdem potestatem vindicat in praedicantes calvinistas exorcendam. Ilis quoque suffragatur Balsamon, Antiochenus patriarcha, apud eumdem Leunclavium lib. II, p. 191. « Verum ista, inquit, meliora tandem spirans Simeon Thessalonicensis, non tam ab imperatoribus, quam ab adulatoribus fiunt, qui eos humanis verbis, falsa persuasione, commovent ad majora perpetranda ». *De sacris ordinationibus*,

CLIX. q. VI. *De usu sticharii, phelonii et sacci*, col. 633-634.

Hisce uti lubet; saccus vero reservatur tribus diebus Paschae, Pentecostae et Nativitatis Christi, neque saccum purpura decet, quae potius luctum refert.

CLX. q. VII. *Quis debet nominari in sacris a Metropolita iter agente per provinciam suam*, col. 635-636.

Metropolitae licet sacra facere in sua provincia, conscio loci episcopo; ex consuetudine debet patriarchae memoriam facere.

CLXI. q. VIII. *An licet ordinare presbyteros azimis utentes*, col. 635-636.

Licet ex consuetudine, dummodo prisca sit et a synodo confirmata [1]).

CLXII. q. IX. *De facultate confessiones recipiendi*, col. 637-638.

Neque ab episcopo, neque a Metropolita firmanda est facultas recipiendi confessiones, quae concedatur sacerdoti extra suam dioecesim degenti.

CLXIII. deest. CLXIV. q. X. *De eadem facultate*, col. 637-640.

Falso nonnulli episcopi autumant, mortuo antistite, cessare facultates ab eo concessas, et ab altero esse episcopo renovandas.

CLXV. q. XI. *An promoveri possit monachus, cujus mulier in saeculo manet*, col. 639-640.

Cum per tonsuram monasticam matrimonium rite solvatur, ac mulier libera evadat, monachus saeculo mortuus, potest, si dignus est, sacerdos fieri aut episcopus [2]).

CLXVI. q. XII. *Quinam anteponendi in suffragiis, ut promoveantur ad episcopatum*, col. 641-642.

Postposito presbyterorum gradu, dignior et viduae ecclesiae aptior eligendus est.

---

cap. 8. Vel apud Graecum Theodoretum de Ambrosio Mediolanensi (*Hist. eccles.* v, 18) saniora docuit sacra antiquitas.

[1]) CLXI. Inde incipiunt et pergunt quaestiones IX, quae sub alio Joannis Citri nomine, sed immerito jure, editae sunt.

[2]) CLXV. col. 639, l. 7 scribo γυμναζόμενον. — l. 11 lego ἀγύναικα.

CLXVII. q. XIII. *De affinitate ex Baptismo*, col. 641-644.

Susceptor non potest filium suum conjungere cum consobrina pueri suscepti, ex sententia Nicolai CP [1] can. Trull et lib. Basil. xxvIII.

CLXVIII. q. XIV. *An renovanda confessio peccatorum*, col. 643-646.

Confessis peccatis, triumphatur Satanas, ait Nazianzenus. Peccata semel declarata et rite remissa, amplius non sunt declaranda, sed ea tantum quae succedunt absolutioni. Ita et quae ante sacerdotium admissa, delentur; sed quae postea subrepunt, veniunt declaranda. Item unctione regum, nefanda tolluntur ex sententia synodica Polyeucti CP [2].

CLXIX. q. XV. *De vase immundo*, col. 645-648.

Vas musculo aut vermibus foedatum, horret prae fastidio et stomacho; sed non polluitur, nec rejicitur. Omnis creatura Dei bona, omnia munda mundis, teste Apostolo et Basilio.

CLXX. q. XVI. *De commorantibus in templo*, col. 647-650.

Soli sacellarii sacellum habitent, caeteris, uti et profugis nec dormire intus, neque edere fas est ex Trull. Basil. libro v et Leonis novella LXXIII [3]).

CLXXI. q. XVII. *De candelis et thure*, col. 649-652.

Haec nobis in usum veniunt a Patribus; nam Athanasio holocaustum est oleum et cera. Apud Basilium vetus incensum, ex quatuor speciebus compositum, quatuor mundi elementa refert. Oleum et cera incensa, uti purissima, Deum decent patrem luminum, luce vestitum. Ita et mortuorum sepulcra facibus ornantur; ita et thus purissimum belle Deo offertur.

CLXXII. q. XVIII. *Qualis ordo majorum Ecclesiae dignitatum*, col. 653-656.

In primo ordine ἐξωκατακήλων collocantur, 1° Magnus oeconomus, 2° M. sacellarius, 3° M. scevophylax, 4° Chartularius, 5° Minor sacellarius, 6° Protecdicus

---

[1] CLXVII. Ignota videtur haec sententia Nicolai IV qui floruit a. 1147-1151 ex quo per varias codices multa sparsim exstant, nec nisi prodiit breve fragmentum de sponsalibus, apud Balsamonem. Cf. Freher I, 217.

[2] CLXVIII. Ignota rursus synodus illa a. 979. Agitur de occisione Nicephori Phocae a Joanne Tzimisca, qui priusquam a Patriarcha ungeretur, probandum curavit ab alio quam a se manum in Nicephorum injectam fuisse. — col. 643, l. 10 fort. ἁγνείας pro ἁγιότητος placabilis. Codex autem uno verbo διαγνώσει. — col. 644, l. 15 lego ἀπολείψεων.

[3] CLXX, Novella Leonis sub eodem titulo exstat apud Zachar. *Jus Graeco-Rom.* t. III, p. 171.

Ita decrevit Georgius Xiphilinus [1]), et recepit Eustathius Thessalonicensis. — Post hunc ordinem succedunt, 1° Protonotarius, 2° Memorialium notarius, 3° Logotheta, 4° Caustrisius, 5° Hieromnemon, 6° Referendarius, 7° A genibus, 8° A recto ordine, 9° A memoria, 10° A secretis, 11° A judiciis, 12° A diaconis secundus, qui ob gravia munera inter diaconos eligitur, etiam in vicem archidiaconi. — Non desunt episcopi qui hos ordines susque deque ex arbitrio vertunt. — Exstant praeterea officia catechistarum, orphanotrophi quatuor judicum, praefecti luminibus, nummodotae, periodeutae. — Inter lectores sunt domestici, plebis collectores, protopsaltes, primicerius, praeses contaciorum, protocanonarchus, duo chartularii. Sunt ostiarii et vestiarii, qui in processu adsunt. Sunt praeterea qui vocantur Deputati, Camisati, et Domestici ad nutum patriarchae.

CLXXIII. q. xix. *De archidiacono et hieromnemone*, col. 655-658.

Archidiaconus non est dignitas, sed episcopi minister, ab ipso caeteris praelatus ad nutum. Hieromnemon est diaconus canstrisio additus in ferenda stola inter pontificalia. Sacerdos esse non potest, neque chartulario substitui, nisi ex vecordia praesulis.

CLXXIV. q. xx. *De chartophylace et domestico*, col. 657-660.

Praesente chartophylace, a nemine ejus vices usurpantur, maxime in mandatis intimandis. Absens aut aegrotus suppletur ab memoralium notario. Domestici vox latina sonat is qui praeficitur, et multiplex est, a parte, ab Oriente, ab Occidente, a scholis, a cantibus. Diaconus vel lector ponit antiphona, etc [2]).

CLXXV. *De antiminsiis et sacro oleo*, col. 659-662.

Antiminsia, vela altari in quo celebratur necessaria, consecrantur per vii dies sicut novi templi dedicatio; recipi a quocumque loco possunt. Vox est fere latina, et cum iota scribitur. Altare ab antiminsio sanctificatur, vel in templo nondum consecrato, quod diu post erectionem dedicari potest. — Sacrum unguentum, ne deficiat, ex oleo augetur.

CLXXVI. *De Armenis*, col. 661-664.

In civitatibus christianorum Armeni, sicut Judaei et Sarraceni, habitant, sed in locis separatis et circumscriptis, intra vel extra urbem, ut inde sentiant se separatos, seque assuescant catholicis, quibus ipsi emolumento sunt.

---

[1]) CLXXII. Inedita videtur sontentia Georgii Xiphilini de creatione προεεδριιοῦ, sive praesidis xii assessorum; cf. Allat. apud Fabric. *Bibl. gr.* t. xii, 42 Harless.

[2]) CLXXIV. col. 659, l. 19 cod. primum ἐργαθὶς post corr. ἀρχοθὶς, Rh. ἀρχῳδὸς.

Ubi manent, Armenis condere licet templa, in quibus, uti Judaei et Ismaelitae, ritus suos servant.

CLXXVII. q. xxiii. *Quid, « servum non libera voce clamare »*, col. 663-666.

Sic praeco in venditione servorum, quia nec servi, neque etiam liberti voce herili uti permittuntur: sic novella Leonis statuit servos ex inscitia factos sive clericos, sive monachos, immo episcopos, ad servitutem esse revocandos, amissa quacumque dignitate et libertate, invitis dominis acquisita [1]).

CLXXVIII. q. xxiv. *In Matthaei locum*, xv, 2-5. col. 665-668.

Pharisaei opulentos juvenes aucupabant, sollicitantes ut opes suas Deo dicarent, neglectis parentibus vel egenis, quibus dicerent praestare, immo genitoribus prodesse *corbẫn* sive donum Deo factum.

CLXXIX. q. xxv. *De jejunio vigiliarum*, col. 667-674.

Cum jejunii norma sit, nonnisi post horam nonam comedere cibos esuriales cum aqua, si in ferias iv et vi cadunt vigiliae theophaniae, transfigurationis, festorum B. V., Praecursoris, apostolorum et insignium sanctorum, non licet solvere jejunium cum oleo, pisce et carne, ex proclamatione Theophili Alexandrini. At ne imitemur Armenos (fit excursus in jejunium *Artzibutze* a Sergio haeretico institutum ob necem cujusdam canis, ut traditur), aut Bogomilos, temperamus jejunium in diebus duodecim prophonesimi, juxta can. apostolicos 53, 60, 69 rite, ut Graeci volunt, interpretatos.

CLXXX. q. xxxvi. *De vasibus sacris labefactatis*, col. 673-676.

Nihil obstat quin hujusmodi vasa, opificibus necessariis commissa, decenterque resarcita, iterum in usus sacros adhibeantur ex libro Basil. v. [2]).

CLXXXI. q. xxvii. *De Balsamone*, col. 675-678.

Antiochenus ille antistes, vir erat utriusque juris peritus et famigeratus, sed in nonnullis haud semel humana passus est. Demetrius non paucos novit inter Byzantinos magistros, qui vivente Balsamone, aliter sentiebant. Unde libros ejus tori a peritis licet qui cuncta recte dijudicent, ab imperitis vero minime, ne aes pro auro usurpent.

---

[1]) clxxvii. Est Leonis novella ix. Zachar. *Jus gr. Rom.* iii, p. 80.
[2]) clxxx. col. 674, l. 3 lege Ἀγγαίου.

CLXXXII. q. xxviii. *De sponsalibus extra sacras Ecclesiae preces peractis,*
col. 677-680.

Ex novellis Leonis et Alexii sponsalia non subsistunt nisi in certa aetate et cum publicis precibus peragantur. Unde qui utraque deficiente conditione sponsam adiit, ea mortua ante nuptias, cum ejus sorore nubere potest, neque bigamus reputabitur.

CLXXXIII. q. xxix. *De electis duobus episcopis, qui a mulieribus suis impediuntur,* col. 679-686.

Primum, diaconus electus est in episcopum et ordinatus in presbyterum, aedesque pontificias occupavit, sed obstitit dimissa uxor, quae monasterium respuit, nuptura cum alio viro, statim ut electus consecratus fuerit. Quid agendum? In alio casu, alter electus promisit fore ut uxor ultro tondeatur, quae tamen in saeculo perstat, immo amasios furit. Quid porro? — Ad primum, tam Justiniani novella 137 quam Trullani canones statuunt divortium esse ante electionem rite et sponte declarandum, et mulierem intra claustra receptam. Nunc demum repudium fiat, et cogatur mulier dyscola tondi et includi, ne fabula fiat novus episcopus; nec tamen censuris vacat sive electus ille, sive is qui ordinavit eum temere. — Ad secundum, Demetrius tacet, qui satis ad primum respondit, nisi quid in fine libelli exciderit [1].

STEPHANI REGIS SERBIAE QUAESTIONES XIV
A DEMETRIO SOLUTAE.

Praemisso de praeclara et merita laude Stephani exordio, Demetrius positis, ut jacent in regio scripto, quaestionibus respondere simpliciter aggreditur.

CLXXXIV. q. i. *De Baptismi conferendi tempore,* col. 685-688.

Ac primum declaratur Baptismum qualicumque tempore, die et hora conferri, ne mors inopina prius rapiat.

[1] clxxxiii. col. 683, l. 26 lego ἀνατετραμμένως. — l. 85 ἐξερχομένην.
   ANAL. VII. 28*.

CLXXXV. q. ii. *De pane in sacris offerendo*, col. 687-688.

Consuetudine non scripta traditur tres panes in proscomide requiri. Si tamen urget necessitas aut festivitas quaedam major, aut moribundus sacris muniendus, sat erunt duo panes, unus nunquam.

CLXXXVI. q. iii. *De hora liturgiam faciendi*, col. 689-690.

Consuetum est liturgiam perfici ad horam tertiam [1]).

CLXXXVII. q. iv. *De jejunio in vigilia Epiphaniae*, col. 689-692.

Ut supra n. clxxix, respondetur jejunandum esse in vigilia Theophaniae sicut in quadragesima, teste, ut supra, Theophilo Alexandrino [2]).

CLXXXVIII. q. v. *De memoria episcopi in liturgia*, col. 691-692.

Quocumque rex pergit, ejus sacerdos debet in sacris memoriam solius episcopi dioecesani facere.

CLXXXIX. q. vi. *Quomodo inchoandae preces*, col. 691-694.

Ubi cleri copia est, precum initia dividuntur inter archidiaconum aut secundum diaconorum et alterum diaconum. Ubi diaconi absunt, a sacerdote supplentur.

CXC. q. vii. *De panagia*, col. 693-696.

Exemplo Christi ante et post cibum gratias agentis, christiani, propagata fide, ritus quoque amplificarunt. Usus inde venit offerendi post cibum frustulum panis, additis precibus Deo et beatae Virgini, ubique invocandae. Azymis vero uti minus decet, ne Armenis, Judaeis et Latinis coutamur [3]).

CXCI. q. viii. *Unde oriuntur azyma*, col. 695-698.

Revocatis fuse Judaeorum azymis in deserto et intra paschalia adhibitis,

---

[1]) clxxxvi. col. 690, l. 8 cod. ὁλιπ?.
[2]) clxxxvii. titulo adde: *post baptismum*, sive post solemnem aquae benedictionem in Epiphaniae pervigilio fieri solitam. Cf. supra cap. clxxix. — col. 690, l. 9 scribe ἀγ.δ. — Appositum ὁρίζεται semel et iterum hic revocatum, uti saepe apud Demetrium, incipit proprie a Graecis vindicari.

[3]) cxc. col. 694, not. 8 tolle: Demetrio solemne est ἰσα dicere pro *loco, causa*, cf. col. 698, l. 27. — col. 695, l. 14 rectius εὐχαριστίαν, ut supra et alibi.

redarguuntur Armeni et Latini, errantes circa pascha Christi, qui azymis non usus est, quum non feria v, sed vi dies esset azymorum [1]).

CXCII. q ix. *Quid καθαρισμός, purgatio?* col. 699-702.

Duae sunt christianorum purgationes, baptismus et poenitentia; apud Hebraeos erant purgationes leprosorum, mensae recumbentium, a foro redeuntium, post coitum, post partum, etc. [2]).

CXCIII. q. x. *De Stichero:* « Totum se evacuans, etc. » col. 701-706.

Recipitur Sticheron ex Phil. ii, 5, quod aegre ob linguae Bulgaricae indigentiam exponitur. At multiplex notandum est opus quod Deus fecit tum per angelos, tum per homines in veteri testamento. Quum vero voluit hominem redimere, totum per se fecit, et Filius Dei caro fuctus, se totum evacuans, humiliavit se usque ad mortem [3]).

CXCIV. q. xi. *An lector possit legere evangelium,* col. 705-706.

Ubi defuerit diaconus aut sacerdos, evangelium a lectore recitetur.

CXCV. q. xii. *De capella in castris,* col. 705-708.

Quando in agmine aut in castris ecclesia non occurrit, fas est tabernaculum ex velis et virgultis texere, dummodo habeatur mensa cum antiminsio, quae una cum tabernaculo nullum usum profanum patiatur.

CXCVI. q. xiii. *An tria sint legenda in liturgiis evangelia,* col. 707-708.

Ex traditione patrum recepimus, non tria, sed duo evangelia esse in liturgiis legenda.

CXCVII. q. xiv. *De Azymis apud Romanos,* col. 707-710.

Usque ad Liberium Ecclesia Romana fermentato utebatur. Sub Felice, haeresi Apollinarii subrepente, azyma prodiere. Sciendum quod sub Monomacho Michael Caerularius, ob additionem in symbolo de processione sancti Spiritus, nomen papae ex Anaphora expunxit [4]).

---

[1]) cxci. col. 697, l. 2 lege ζυμάριον.
[2]) cxcii. col. 699, l. 19 scribe ἐκκλησίαν.
[3]) cxciii. Haud obstante nota 1 col. 705 non displiceat troparii initium Θεὸς λέγει.
[4]) cxcvii. col 707, not. 2 sat fuit uno verbo Demetrii fabulas confodere.

QUAESTIONES XXI A CHARTOPHYLACE SOLUTAE.

Col. 709-710. CXCVIII Tertium matrimonium neque ab Ecclesia cognoscitur, neque probatur. Deponitur sacerdos qui illud benedictione coronaverit.

CXCIX. Bigami non coronantur, neque etiam pars virginea; unius enim conditio deterior ad alteram transit.

CC. Si mulier sine causa virum dimisit, neutra pars potest ad alias convolare nuptias; sed domum reverti cogantur. Mulier ex adulterio dimissa, in claustro includitur, dum viro nubere licet.

CCI. Qui pellicem non vult dimittere, benedici cum ea nequit, et donec ab ea separetur, sacris interdicitur.

Col. 711-712. CCII. Monachus, carnis edax et uxoratus, anathema esto, atque in monasterium trudatur.

CCIII. Deponitur sacerdos scorto adhaerens; quod si ob alia dejectus est, tamdiu suspendatur quamdiu censuerit qui eum deposuit, nec sine istius consensu restituatur.

CCIV. Fornicator etiamsi mortuos suscitaverit, ait Basilius, nunquam sacerdos fiat.

CCV. Qui communicant cum excommunicatis Armenis, spreta monitione, ab ecclesia excludantur, donec resipiscant.

CCVI. Puerpera, nondum impletis xL diebus, non admittatur communioni: si in pascha communicaverit cum pio et puro intuitu, quasi propter femineam imbecillitatem, levior erit poena; austerior, si ex contemptu.

Col. 713-714. CCVII. Matrimonium, licet non consummatum, integrum est; unde nefas est benedici tertium, quod porro obvenerit.

CCVIII. Adoptiones Ecclesia non cognoscit.

CCIX. Separetur mulier nupta cum Armeno benedici recusante.

CCX. Graeci conjuges a Latinis non benedicantur. Quisque in suo ordine maneat Qui aliter agit, separetur; et sacerdos eos benedicens deponatur. Nefas est pura cum impuris misceri.

CCXI. Spurius, sacerdos factus, deponatur.

CCXII. Sacerdos, post ordinationem uxoratus, postmodum monachus, non recipiat confessiones, sua tantum meditetur.

CCXIII. Mulier, sine causa dimissa, non excusatur, si moechabitur, neque cum adultero nubat.

Col. 715-716. CCXIV. Vir secundo nubens cum muliere ter nupta, sacris admittitur, impletis conditionibus quae in Tomo unionis praescribuntur.

CCXV. Quem apostolus evitare jubet, est fornicator publicus.

CCXVI. Toleratur trigamum ad oblationes recipi, si quis eum commonuerit.

CCXVII. Si quis laicus sacrificat, dein decepto episcopo sacerdos fit sine diaconatu, deponatur

Col. 717-718. CCXVIII. Uti fur et sacrilegus, puniatur qui crucem suffuratus, aurum venumdat et sacrum lignum igni tradit.

CCXIX. Ut sodomita castigetur, qui corruptus a Sarraceno, sputum in ore receperit.

AUCTARIA

I. *De Gradibus ad matrimonium*, col. 719-728.

1. *Ex sanguine*. Triplex linea est: ascendentium, qui sunt parentes, avi, atavi; descendentium, qui sunt filii, nepotes, abnepotes. Nullum in utraque linea matrimonium licitum est. Tertia collateralium, qui ad septimum usque gradum nubere inter se prohibentur. Ita Basil. lib. xxviii et Lucae CP. sententia synodica.

ii. *Ex affinitate* impeditur matrimonium ad vi gradum, ex tomo Sisinnii, qui de sexto gradu silet, si consobrini ex alia stirpe sint. Ita Basil. lib. xxviii.

iii. *Ex Baptismo* majorem esse in spiritu quam ex sanguine affinitatem, declarat canon Trullanus, eosdemque gradus connumerat.

iv. *Ex adoptione* impedimentum neque a lege, neque ab Ecclesia admittitur.

II. *An licet adire Latinorum ecclesias*, col. 727-730

Excepta spiritus sancti processione a Filio, vix a Graecis Latini discrepant; nec differunt in ecclesiis, ubi sacrae imagines splendide coluntur. Italia abundat apostolorum et martyrum templis, quorum augustissimum Petro coryphaeo dicatur. Huc pervenit Demetrius, nullum inde crimen adeptus. Hac de re quaestio fuit inter Marcum Alexandrinum et Balsamonem Antiochenum, videlicet de Latinis bello captis sacra petentibus. Negavit Balsamon, eo maxime quod «contra nos est qui nobiscum non est,» ut in evangelio. Sed quod displicuit non paucis, neque indoctis, qui synodicam sententiam requirebant, et aiebant Latinos non reputari haereticos, immo nobiscum comti et orare; adduci posse concilium CP. dictum AB'; azymis qui utuntur, non respuere fermentatum; de solis daemonibus dictum evangelicum intelligi; praestare praeterea sapientissimi Theophylacti oeconomiam, uti supra. Concludebant cum Demetrio benigne esse acquiescendum.

III. *De stola sacerdotali*, col. 731-732.

Tinctam stolam sacerdotes in XL^{ma} gerant ob temporis moestitiam, quum purpura referat pallium Christi pro nobis patientis.

IV. *De nuptiis consobrinorum extra VII gradum*, col. 731-736.

Disceptatum fuit argumentum sub Manuele Commeno, visumque hujusmodi matrimonium aliis vetitum, licitum aliis. Refragantes maxime ex eo arguebant, quod vir et uxor unum gradum efficiunt, unde consobrini vii gradu coercebantur, adducto Levitico et Basilio magno. Suffragantes vero negabant in viro et uxore unum et primum inesse gradum, alioquin leges sibi contradicere; gradum singularem ex singulari generatione orcari; nullam viri et uxoris ex alia stirpe oriundorum consanguinitatem; S. Basilium ex Trullanis canonibus explicari. Tandem sub Theodosio CP Synodus rem diremit, matrimonio favens; quibus om ino Demetrius assentitur.

V, VI. *Sermones duo de Catechesi*, col. 737-746.

Supersunt tantum duae catecheses ex multis fortasse sermonibus, vasto naufragio immersis, quas Bulgarorum archiepiscopus ex ambone Acridano protulit. Reliquias unus codex et deterrimus servat, sextam et nonam catecheses, tempore quadragesimae habitas, fortasse in singulis novem Dominicis, quae a tyro phago ad paschalia intercedunt. Sexta proximum baptismum, nona reconciliationem paschae videtur respicere De quibus supra satis.

VII, VIII, IX. *Epistolae de azymis*, col. 745-762.

Tres epistolae de azymis ad Venetos et Romanos, quum ex fide codicis Vaticani ad quemdam Bulgarorum antistitem pertineant, nec sit cogitandum de magno Theophylacto, aliter de azymis sentiente, neque innotescat alius quam noster scriptor disertus inter Acridenses, pronum est et illas litteras in ejusdem peculium recensere. Haud tamen dissimulandum, respectu ad superiora ejusdem dicta de azymis, non omnino eumdem sibi esse consentaneum. Verum etiam in suprascriptis disceptationibus non semel fluxum et ambidextrum Demetrium deprehendimus. Cum vero eadem argumenta ad nauseam de raucidis azymis refricantur, otiosum esset ea latino jusculo recoquere.

X. *Epistola* iv *de iisdem*, col. 761-784.

At reapse en crambe recocta, cujus tamen, qualiscumque demum sit μαγειρίσκος, festivus, lepidus est, nec fermentatus azymorum hostis fastidium movet, nec moretur. Alloquitur Italos, Barenses, forte et Casinenses [1]), « Romanorum

---

[1]) Auct. x. Barense fortasse fuerit monasterium ordinis S. Benedicti, quod appellat epistola ab initio, et cujus abbas, nomine *Basilius*, in hac tempestate saec. xiii vixerit. Equidem non deest inter Casinenses hegumenos Basilius quidam Calaber ab a. 1036 ad 1038. Sed ab isto recurri nequit ad Theophylactum qui floruit a. 1075-1207, neque deflecti ad Demetrii tempora. Unde problema solvendum superest.

sapientissimos ». Non turget verbis, non friget argumentis, in trito minime obsoletus, vix non elegantulus, prisca nove refovet, nova dat et inexpectata, sed ea in Latium tota vehere, refugiendum. Hactenus haec [1]).

Epilogus de Armenis dogmatibus.

Pauca tantum ab exordio recipiuntur, maxime ex Armeniorum canticis et apostolicis Constitutionibus.

---

[1]) col. 761, l. 10 omnino jubeo legatur πρὸς ὑμᾶς contra cod. Idem etiam suadeo ad col. 763, l. 5. Nam semel et iterum alloquitur Romanos, non jam coram se stantes, sed epistolarum lectoribus vicinos degent-º Cnstat, no id tegam, quod sequitur ἔστι ταῖς πόλεσιν ὑμῶν ἐνδομυεῖτε, nisi quis fortasse legere ὑμῶν maluerit. Ex aequo et bono alius decernat. — col. 764, l. 28, vix monendus lector legere ταῖς, id quod supra notare sexcenties juvisset. — col. 763, l. 14 lippus leget ἰσχνότης. — Ita et col. 767, l. 5 καταριζόμενοι. — Et col. 775, l. 2 ὑπέσχοιεν. — l. 9 suspicor μετὰ τῶν διαιτωμένων. — col. 779, l. 80 fort. διατεταραγμένοι. — Certe col. 782 lege l. 14 ἐπιλεγνωμεθέντες. — col. 783, l. 8 εὐαγγελιστές. — l. 19 εὐαγγελισμοῦ.

BASILICON

§. I.

Themata librorum Basilicorum apud Demetrium asservata [1]).

1. col. 3, l. 19, lib. xxviii (codex noster male λη'), tit. 5: Καὶ μεταξὺ usque ad λέγονται διεξάδελφοι. Heimbach, t. iii, pag. 198, ubi cap. 1.

2. col. 5, l. 5, lib. xxii (immo xxviii), t. 5, c. 3: Πενθερά ἐστι — λαμβάνω. Heimbach, iii, 200, cap. 2. variantur καὶ ἡ μάμμη καὶ ἡ προμάμμη... καὶ νύμφη..

3. col. 6, l. 19, lib. xxii (iterum xxviii), t. 5, c. 4: Οὐδὲ τὴν — αὐτῆς. *Papianus.* Heimb. iii. 201, cod. add. λαμβάνω...

4. col. 8, l. 20, lib. xxii (tertio em. xxviii) t. 5 tantum memoratur.

5. col. 8, l. 21, lib. lx, t. 37, c. 77. Cf. Heimb. v, 755, c. 76, memoratur.

6. col. 10, l. 23, lib. xxviii, t. 5, c. 2,

---

[1]) Asteriscis notantur quae nova hactenus videntur ac frustra a nobis diligenter quaesita sunt apud Heimbachium (Basilicor. libr. lx, t. i-vi, Lipsiae, Ambr. Barth. 1833, 1840, 1843, 1846, 1850, 1870), ad cujus editionem singula apud nos fragmenta vel in minimis varietatibus sedulo conferuntur. Parcat lector, si quid nos fugerit, dum inter avia diverticula et sexcontas errandi vias, tam codicis quam sex tomorum ingentium tramites lubricos persequi coacti fuimus. — Siglis *om.* sine addito ea significantur quae cum codice collata in editis Basilicis omittuntur.

§ ult.: Οὐδὲ — ἑτέρου ἀνδρός. Heimb. ιιι, 199, cap. 1. Iu fine codex add. λαμβάνω ob seriem.

*7. col. 10, l. 33, lib. xxv (sic), t. 5, c. 35: Ἐὰν ὁ ἀνὴρ — κληρονομήσαι. Non comparet is locus in toto libro xxv, sed occurrit mox iterum in codice.

*8. col. 13, l. 37, lib. xxii (sic), t. 5, c. 35: Ἐὰν ὁ ἀνὴρ — κληρονομήσαι. Idem locus quam supra, quem in toto libro sive xxii, sive xxv, sive xxviii frustra quaesieris. At aliquis recentior nequicquam in margine posuit κεφ. κη′ pro κβ′ βιβλ.

9. col. 21, l. 4, memoratur lib. xxviii, t. 5, fort. ut supra num. 4 et 6.

10. col. 22, l. 5, memoratur lib. lx, t. 37, fort. ut supra 5.

11. col. 25, l. 8, lib. xxviii, t. 5, c. 4: Οὐδὲ τὴν ποτέ — αὐτῆς. Heimb. iii, 201.

12. col. 26, l. 5, lib. xxviii. t. 5, c. 3: Καὶ ὁ φυσικός — σκοπεῖται Paulus. Heimb. iii, 199.

13. col. 26, l. 10, lib. xxviii, t. 5, c. 5, 6, 7: Τὴν προεικογόνην — ζητοῦμεν. Paulus, Pomponius, Modestinus. Heimb. iii, 201, c. 4, 5, 6, var. ἀδελφῆς γαμεῖν.

14. col. 29, l. 12, lib. xxxi, t. 2, c. 4: Ὅτι εἰ παῖδας — μέτρον. Nov. 89. Heimbach, iii, 526. var. εἰ παῖδας ἔχοι.. καταλίποι... ὑπάρχειν.. πρὸς τὸ τ. ο. μέτρον.

15. col. 30, l. 32, lib. xlv, t. 3. c. 8: Εἰ τοίνυν — εἰ ἔζησε. Nov. 118. Heimb. iv, 524, var. καταλείψῃ... οὗς καὶ μετὰ... μὴ ὑπόντων... διὰ τοῦ πατρός... διὰ τῆς μητρός; εἰ δὲ τῷ... εἰ ἐπέζησεν.

16. col. 32, l. 1, lib. xlv, t. 3, c. 8: Εἰ δὲ μήτε — νόμοι. Nov. 118. Heimb. iv, 525, var. καταλείψῃ... ὅπερ κατὰ κεφαλήν.

17. col. 31, v, l. 10, lib. xxxv, t. 13, c. 35: Μηδὲ παρὰ — κληρονομίας. Heimb. iii, 606, c. 17, var. διὰ θέσεως... προσληφθείς;...

*18. col. 77, l. 22, lib. xxii, t. 4, c. 2: Οὐ γίνεται — ὑπεξουσίους.

19. ccl. 80, xx, l. 20-24, cumulatae leges.

20. col. 81, l. 11, lib. iv, t. 1. c. 8: Εἰ δὲ συνεστῶτος — εὑρεθείη. Nov. 128. Heimb. i, 116, cap. 11, var. Εἰσέλθοι... πρὸς τοῦτο... τὸν .:άσσον... τῆς γυναικός...

*21. col. 81, l. 33. lib. iv, t. 1. c. 8. Scholium Ὁ μονάσας — κάσῳ.

22. col. 81, l. 37, lib. xxviii, t. 7: Ταῖς δὲ εἰρημέναις — ἀναιρούμενον. Nov. Justin. 22 et 117. Heimb. iii, 224, cap. 3, 4. var. αἱρούμενον.

23. col. 82, l. 14 [lib. xxviii, t. 7. c. 4]: Τηνικαῦτα — ἑλόμενος. Heimb. iii, 224, var. εἶτε ὁ ἀνήρ.. καθεστήκειε... τό γε ἐπὶ... ἀνθ' ἑτέρας...

*24. col. 82, l. 27. Ibid. Schol. Theodori: Λύσεις τοῦ γάμου — κρατεῖ.

*25. col. 82, l. 33. Schol. anonymi: Ὁ διὰ τὸν μονήρη — κάσεις.

26. col. 87, l. 3, lib. xxxii, t. 2, c. 4: Ὅτι εἰ παῖδας — δωρεῖσθαι. Heimb. iii 526, cf. n. 14.

27. col. 87, l. 12, lib. xlvi, t. i, c. 19: Ὁ μὲν ἐξ ἐννόμου — μητρί. Ulpian. Heimbach, iv, 551, var. ἀπὸ νομίμου γάμου...

28. col. 97, l. 22, memoratur lib. xxviii, t. 7, c. 1.

29. col. 100, l. 23, συντόμως citatur lib. xxviii, t. 7, c. 1. Nov. xvii.

*30. col. 103, l. 6, lib. xxxix, t. 3, c. 39: Ἐὰν τελευτῶν — ἔχει.

31. col. 103, l. 11, lib. xli, t. 4, c. 8: Θεσπίζομεν — πατήρ. Heimb. iv, 152, cap. 2, var. ἔχουσι παῖδας... em. καὶ τοῦτο... codex post φιλοτιμίας χωρεῖν, multa omittit, ed. pergit τοῦ νομίμου μέρους... om. πάντως.

*32. col. 113, l. 3 [lib. xxviii?]: Ἐχέτω γὰρ — πρόσωπον. cf. n. 337 ubi cap. 9.

33. col. 113, l. 43 [lib. xxviii, t. 14]: Ὥστε εἰ πλειόνων — τυχόν. Heimb. iii, 324. Nov. 22 in toto titulo. Var. ἔχοι παῖδας εἰς ἐκείνους φ. τ. κ. τοῦτον... συγχωρεῖται...

34. col. 114, 1. 8 [lib. xxviii]: Ὥστε κἀνταῦθα. — ἔσται. Heimb. iii, 325.

35. col. 115, 1. 23 [lib. xxviii?] t. 1, c. 41 memoratur lex de Bigamis.

* 36. col. 117, 1. penult. Καὶ τοῦτο — δίδωσιν αὐτίκα... *Eustathius Romanus.*

37. col. 121, 1. 14, lib. lx, t. 39, c. 3: Ὅτι τὸ περὶ φονέων — ποιοῦντες. Heimbach, v, 763, variant. τῷ περὶ ἀνδροφόνων... καὶ ὁ διὰ... caetera apud nos in compendio.

38. col. 121, 1. 19 [lib. lx, t. 39], c. 21: Πλέον ἐστι — τιμωρίαν. Heimb. v, 770, cap. 22.

39. col. 121, 1. 22 [lib. lx, t. 39], c. 24: Τὸν ἐπιτηδευσάμενον — τιμωρεῖσθαι. Heimbach, v, 772, cap. 25, var. Ἡ διάταξις βούλεται τὸν ἐπιτηδευσάμενον.

40. col. 121, 1. 27 [lib. lx, t. 39], c. 26: Οἱ εἰς βλαβὴν — τιμωρείσθωσαν. Heimb. v, 772, cap. 27.

41. col. 121, 1. 38, lib. xxxvii, t. 2, c. 1: Ὁ πράίτωρ — τῶν συγγενῶν. *Ulpian.* Heimb. iii, 708, var. ἡ ζήτησις...

42. col. 122, 1. 4 [lib. xxxviii, t. 2], c. 5: Μετὰ διαγνώσεως — δυνάμενοι. *Ulpian.* Heimb. iii, 710, var. ὕποπτοι δέ.

43. col. 122, 1. 8 [lib. xxxviii, t. 2], c. 7: Οὐδὲν μέν ἐστιν — ἐδευτερογάμησαν. Heimb. iii, 710, var. τῇ ἀγωγῇ.

44. col. 122, 1. 11, lib. xl, t. 5 [c. 6]: Οὐ μόνον — τὴν οὐσίαν. Heimb. iv, 79, var. ἀποτροπὴν...

45. col. 122, 1. 39, lib. xxvii, t. 7, c. 1, Novella 117 memoratur. Heimb. iii, 221.

46. col. 128, 1. 5 ante fin. [lib. xxviii, t. 14, cap. unicum]: Πάντων — σύμφαμεν. Heimb. iii, 330, var. τῶν εἰς τοὺς... ἔλυσι ἄχρι; οὐ περιῇ...

47. col. 129, 1. 7. *Scholium Theodori* in compendio.

* 48. col. 129, 1. 12. *Scholium.*

49. col. 129, 1. 23 [lib. xxviii, t. 14]: Ταῦτα δὲ — ἔσονται. Nov. 22. Heimb.

iii, 322. var. ἐπεισαγάγοι... ἄλλην παρ'αὐτῆς λαβών... εἰ καὶ ὑπεξούσιοι..

50. col. 130, 1. 15 [lib. xxxi, t. 2, c. 1]: Καὶ στρατιώτης — ἁμαρτήματος. Heimb. iii, 515, var. ὁ στρατιώτης υἱός...

51. col. 130, 1. 20 [l b. xxxi, t. 2, c. 1]: Ὁ πατέρα — συνεπιλαμβανόμενον. Heimb. iii, 515. var. τιμωρεῖται...

* 52. col. 130, 1. 34, lib. xxii, t. 4, c. 9: Ὁ δίχα τινός — μνηστείαν.

53. col. 131, 1. 22 [lib. xlv. t. 3. c. 8]: Εἰ τοίνυν — λαμβάνουσιν. Nov. 118. Heimbach. iv, 524, var. καταλίποι... om. pluribus. In lacuna videtur legendum: οὐς καὶ μετὰ τῶν πατέρων πρὸς τὴν κληρονομίαν καλοῦμεν.

54. col. 132, 1. 13, lib. xxxii, t. 2, c. 4: Ὅτι εἰ παῖδας — δωρεῖσθαι. Heimb. iii, 526.

* 55. col. 141, 1. 6, lib. lx, t. 41, c. 7: Ἐπὶ παντός — πρόσωπα.

56. col. 142, 1. penult., lib. xxxii, t. 2, c. 4: Εἰ δὲ γνησίων — μέτρον. Heimb. iii, 526, var. καταλίποι...

57. col. 143, 1. 5, lib. xlv, t. 3, c. 8: Ἐπειδὴ πᾶσα — προσπορίζεται. Nov. 118. Heimb. iii, 522, var. τῇ τῶν κατιόντων.

* 58. col. 145, 1. 24. lib. xxxii, t. 1, c. 4, Ἀδικθέτων — ἀπελαύνεσθαι.

59. col. 147, 1. 23, lib. xlv, t. 4, c. 1: Τὰ πράγματα — καρπῶν. Heimb. iv, 527, var. τὰς ἀγωγάς... καὶ δαπανᾶν...

60. col. 147, 1. 35, [lib. xlv, t. 4], c. 4: Πᾶσαν — ἁρμόζει. Heimb. iv, 527, var. ἢ τοῖς οἱστισιδήποτε... ἀναίσχυτος φωνή, ἢ αἰτίασίς τινα δύναται ἁρμόζειν.

61. col. 148, 1. 6, lib. xxviii, t. 12, c. 1, 2: Ἐπειδὴ — κτήσεως. Nov. 127. Heimb. iii, 313, var. τὰς εἰς δεύτερον... ἔχειν μέν... καθὰ καὶ πρότερον... ἔχειν δὲ... δοκῇ... μόνον κελεύσομεν... ἐπὶ πατέρων... non dividit a praemissis βουλόμεθα, postea om. καὶ, sed dividit: Καὶ ἔσονται.

62. col. 150, 1. 5 a fine, lib. xxxvii,

t. 6, c. 1 : "Ότι μήτηρ — κολάζονται. Heimb. iii, 656, var. εξ ἄν. αιτοΰσιν... post μὴ adde ἐπίτροπον male om. in cod. var. σφοδρῶς τιμωροῦνται.

63. col. 151, l. 4, lib. xxxii (lege xlv), t. 1, c. 32: Ἡ μήτηρ — κληρονομεῖ. Heimb. iv, 494.

64. col. 151, l. 8, lib. xxxii (iterum xlv) t. 1, c. 34: Ὁσάκις — γυνή. Heimb. iv, 465, var. ἐὰν δὲ...

65. col. 151, l. 23, [lib. xlv, t. 1], c. 42: Πᾶς καλούμενος — ἀνηβότητα. Heimb. iv, 499, cap. 46, om. ἐντὸς ἐνιαυτοῦ.

* 66. col. 152, l. 6, lib. xlii, t. 3, c. 1: Τὰ ἱερὰ — τὸ ἱερόν.

* 67. col. 152, l. 13, lib. 1, t. 3, c. 9: Διὰ χρονίαν — ἀνθρώπων.

* 68. col. 152, l. 17, lib. xliii, t, 1, c. 37: Ἀνισχύρω; — πραγμάτων.

69. col. 157, l. 18, lib. xii, t. 14, c. 16: Οὐδὲ γὰρ — πεκουλίων κρινομένου. Heimb. iii, 335, lib. xxviii, t. 14, var. οὐ γὰρ περιιδεῖν... ἔστιν ἑκάτερον... ἐπανίοι... θατέρω... διαδραμεῖν... τὸ πρᾶγμα, πλὴν... σιωπηρῶς... ἔλθοι... ἀποδιδῶται... τόκον.

70. col. 158, l. 31, lib. xxviii, t. 4, [lege 14]. Nov. 22: Πάντων ὁ πατὴρ — σύμφραξεν. Heimb. iii, 330, var. ἔλθοι... ἅπαντες νόμοι et alio ordine... cf. n. 46.

* 71. col. 158, l. 41, *Scholium Symbatii*: Τὰ ὁπωσοῦν — πεκουλίων.

* 72. col. 159, l. 8, *Scholium Eustathii*: "Ότι εἰ — καὶ αὐτίκα.

73. col. 163, l. 21, lib. 1, t. 12, c. 2, 3: Ἐπὶ τῶν κινητῶν — παραγραφήν. Heimb. v. 73.

74. col. 164, l. 4, lib. viii, t. 23: Τοῖς μὲν τελείοις — πεντκετία. Heimb. i, 530, fusius.

75. col. 164, l. 17, lib. xxviii, t. 8, c. 63, § 6 memoratur.

76. col. 164, l. 18, lib. xxviii, t. 14, c. 4, memoratur.

77. col. 168, l. 13, lib. xxii, [lege xxviii] t. 14: Εἰ δὲ ὑπείη — πρεσβεῖον. Nov. 22. Heimb. iii, 322, var. ταῦτα δὲ... ἐν ζωῇ... ἢ καὶ ἐκ διαθήκης...

78. col. 168, l. 24, [lib. xxviii]: Καὶ ταῦτα — περιῇ μόνον. Heimb. iii, 322, var. ἐπεισαγάγοι... παρ' αὐτῆς λαβὼν, ταύτην ἔξει... μέχρι περιῇ.

79. col. 168, l. 34, [lib. xxviii]: Ἀλλ' ἐντεῦθεν — τελευτήσειεν. Heimb. iii, 324, var. ἀλλὰ ἐνταῦθα... ἀμφοῖν τοῖν... τοῦ γεγεννηκότος... ἐπινοεῖσθαι... μὲν ἔχοι παῖδας, εἰς ἐκείνους... τοῦτον ὅπερ... τῷ γεγεννηκότι τοῦτο... τὸ λοιπὸν δὲ συγχωρεῖται... μητρὸς συμβαίνει...

80. col. 169, l. 14, [lib. xxviii]: "Ώστε κἀνταῦθα — ἔσται. Heimb. iii, 324, var. εἰς τὸν...

81. col. 169, l. 23, [lib. xxviii]: Ἐπειδὴ — σύμφραμεν. Heimb. iii, 330, var. τῆς χρήσεως... τισὶν ἔμπροσθεν... μέχρι οὗ περιῇ... βούλονται νόμοι, cf. 46, 70.

* 82. col. 169, l. 40, [lib. xxviii], t. 14: Ὡς ἀπὸ μέν — πρόσωπον.

* 83. col. 170, l. 4, *Scholium Eustathii*: "Ότι εἰ καὶ — αὐτίκα. cf. n. 72.

* 84. col. 170, l. 19, *Scholium Thalelaei* in cod. lib. v, t. 9, constit. xi: Οἷον λόγου — κληρονόμοις, cf. Heimb. vi, p. 374.

85. col. 173, l. 26, lib. xlv, t. 3, c. 10: Εἰ τοίνυν — δηλωθήσεται. Nov. 118, Heimb. iv, 323, cap. 7, var. καταλίποι...

86. col. 174, l. 8, [lib, xlv, t. 3, c. 8]: Εἰ δὲ μετὰ — ἀριθμόν. Nov. 118, Heimb. iv, 524.

87. col. 174, l. 23, [lib. xlv]: Εἰ δὲ μήτε — προτιμῶνται. Nov. 118. Heimb. iv, 525, var. καταλείψη... ἑκάστου βαθμοῦ.

88. col. 176, lin. ult., lib. xliv t. 3, c. 8: "Οθεν — προτιμῶνται. Nov. 118, Heimb. iv, 525, var. παρὰ τοῦ πατρὸς... συνήπτοντο... ἄγχου θεῖοι... γονέως συνάπτεται... ἢ υἱοῖς... κληρονομίαν καλοῦνται,

tum pluribus omissis codex transit ex errore similium ad καλοῦμεν κατὰ τὴν κτλ. Adde ergo: καλῶνται, ἐκεῖνο πρόδηλόν ἐστιν, ὅτι τῶν θείων τοῦ τελευτήσαντος ἀρρήνων τε καὶ θελειῶν, καὶ εἴτε πρὸς πατρὸς, εἴτε πρὸς μητρὸς εἴησαν, προτιμῶνται, εἰ καὶ ἐκεῖνοι τρίτον ὁμοίως συγγενείας βαθμὸν ἔχοιεν. Εἰ δὲ μήτε ἀδελφοὺς, et quae supra sunt col. 174, l. 23 usque in finem.

89. col. 178, l. 3, lib. xxxii, t. 2, c. 4: Εἰ πατδας; — δωρεῖσθαι. Heimb. iii, 526, var. Εἰ πατδας ἔχοι τις νομίμους, μὴ...

90. col. 178 l. 9, [lib. xxxii l. 1.]. Ἀδιαθέτων δὲ — ἀπελαύνεσθαι. Heimb. iii, 526.

* 91. col. 181, l. 8, [lib. xxviii?] Ὥσπερ — τοῖς παισί.

92. col. 181, l. 14, [lib. xxviii, t. 14], Ταῦτα δὲ — συναφείᾳ. Heimb. iii, 322, var. Καὶ ταῦτα κοινά... ἐπεισαγάγοι... κερδῶν κατὰ δεσποτείας λόγον... παρ' αὐτῆς λαβών, ταύτην... εἰ καὶ ὑπεξ...

93. col. 181, l. 26, [lib. xxviii, t. 14]: Ὅτιπερ — προσβοηθήσειεν ἔτι. Heimb. iii, 323, var. γον. ἐπὶ τοῖς τοιούτοις; οὐδὲ ὑποθήκην... (om. εἰ δὲ ὑπ...) οὐδὲν αὐτοὺς ὠνήσει... ποιήσαιντο... γενόμενον... πλὴν εἰ... παρέλθοι:... καταστήσοι...

94. col. 182, l. 6. [lib. xxviii]: Ἐκ δὲ τῆς τῶν πραγμάτων — τρόπον. Heimb. iii, 328, var. ἀφίκετο... τὰ δέ γε... ἐπὶ τῶν τ... ἢ ἡ μήτηρ... ταῦτα... om. αὐτῇ καὶ παρὰ περιόντων.

* 95. col. 182, l. 22, Scholium: Οἱ ἀπὸ τοῦ πρώτου — γάμῳ.

* 96. col. 182, l. 37, Scholium Thaleloei [lib. xxviii?] Ὁ Θαλέλεος (sic), ὥσπερ τοῦ ἀνδρὸς — πραγμάτων.

* 96.ᵃ col. 183, l. 13, Scholium: Οὔτε τὴν προηγησαμένην — ἐστιν.

97. col. 183, l. 18, lib. viii, t. 1, c. 47: Τὴν ἀπόφασιν — ἀντιγραφή. Heimb. i, 356, cap. 42.

* 98. col. 184, l. 12, lib. lvi, t. 10, c. 1, § 4: Ἀλλ' οὐδὲ δευτέρα — αὐτοῖς.

99. col. 189, l. 1, lib. xxviii, t. 14, c. 22: Ὅτιπερ οὐδὲ — γενόμενος. Heimbach, iii, 323, var. τὸ ληφθὲν ὠνήσει... γενόμενον... παρέλθοι... λαμβάνοντας καταστήσοι... cf. n. 93, ubi variant recte plura paulo superius notata... inter quae ὡς κἂν εἴ τινα... ποιήσονται... πρὶν εἰ μὴ... τοὺς λαβόντας καταστήσειεν recte. Sed palam est eadem non semper eodem modo rescribi apud Demetrium, cf. n. 102.

100. col. 190, l. 5, Scholium Eustathii Romani: Κἂν πατὴρ — τὸ μητρῷον. Zachar. Πεῖρα, p. 23.

101. col. 192, l. 16, lib. xxviii, t. 12, c. 2: Ἐπειδὴ — τρόπον. Heimb. iii, 313, var. ἐπὶ μητέρων... ἐπὶ πατέρων... post κτήσεως add. ὥστε ἐν ὅσῳ περίεισι, et om. καί... Sequentia fusius ac vix eadem atque brevis clausula codicis. cf. n. 61.

102. col. 192, l. 5, ab infra, lib. xxviii, t. 12, c. 14: Καὶ ταῦτα — προσθήσει ἔτι. Heimb. iii, 322, var. ἐπεισαγάγοι... παρ' αὐτῆς λαβὼν τῇ τῆς δευτέρας. Post συναφείᾳ summatim eadem perstringuntur quae supra col. 181 et 189 vario scribuntur.

103. col. 193, l. 19, lib. xxviii, t. 14, c. 4: Ὅτι οὐ δύνανται — λόγος. Heimb. iii, 326, var. εἰς τὴν μητρυιάν... τι καταλιμπάνειν... inde cod. om. plura, recidit in edd. ad δηλαδὴ... var. τῷ παιδί... om. ἡ δεδομένης.

104. col. 193, l. 32, lib. xxviii, t. 14, c. 8: Ὁ πατὴρ — λόγος. Heimb. iii, 330, var. ἔλθοι... mutilo codici suppleatur: τὴν γὰρ χρῆσιν αὐτῷ, ἄχρις οὗ περιῇ μένειν ἀδιάπτωτον, inde cod. pauca om. et cum edd. concludit.

105. col. 194, l. 6, lib. xlv, t. 4, c. 1: Τὰ πράγματα — τῶν καρπῶν. Heimb. iv, 527, var. τὴν δεσποτείαν... καὶ δαπανᾶν.

106. col. 194, l. 32, lib. xxviii, t. 14, c. 4 memoratur.

107. col. 196, l. 30, lib. xxxii, t. 2,

c. 1: Ὅτι εἰ παῖδας — δωρεῖσθαι. Heimb. III, 526, var. ἔχοι...

108. col. 196, l. 34, lib. xlv, t. 1, c. 19: Ὁ μὲν ἐξ ἐννόμου — μητρί. Heimb. iv, 550, cap. 15.

109. col. 203, l. 1, lib. xxviii, t. 15, c. 2: Τουτὶ δὲ — προνόμιον. Nov. 39. Heimb. III, 344 sine cap. var. ἐξῃρῆσθαι, inde cod. transcurrit ad alterum ἐξῃρῆσθαι, om. intermediis, tunc var. ἀποκαταστάσεως... δωρεὰν ἢ διὰ γ... καὶ ἔστιν... ἀπαιτήσει.

110. col. 203, lin. penult. Scholium Theodori: Μετὰ — τρακτατζεται. Heimbach, III, 345.

* 111. col. 206, l. 14 [lib. xlviii?]: Εἴτε τοίνυν — ἀνήρετον.

112. col. 207, l. 15, lib. xlviii [lege xxviii] t. 12, c. 1, 2: Ἐπειδὴ — τρόπον. Heimb. III, 313 sine cap. post κτήσεως; add. ὥστε καὶ ἐν ὅσῳ περίεσι, πᾶσα... ἀδ. ἔχειν ἐκποιήσεω; ἐπ' αὐτοῖς et caetera quae nos ter brevius coercuit, omnino ut n. 101.

113. col. 207, l. 30, lib. xlv, t. 4, c. 7: Τῷ λόγῳ — γονέων. Heimb. iv, 473, tit. 1, c. 7.

114. col. 207, l. 30, lib. xlv, t. 2, c. 36: Πρώτη — ἐκ πλαγίου. Modestinus. Heimb. iv, 515, cap. 28.

115. col. 208, l. 4, lib. xlv, t. 3. c. 8: Εἰ τοίνυν — θεσπίζομεν. Nov. 118. Heimb. iv, 523.

* 116. col. 208, l. 17, lib. xxii [lege xxviii], t. 14. c. 1: Εἰ γὰρ — καὶ διαδόχων. Heimb. III, 322, var. παρ' αὐτῆς... αὐτοὺς ἅμα (om. μόνον)... inde omnia apud nos nova.

117. col. 208, l. 33 [lib. xxviii, t. 14]: Καὶ ὅτι εἰ πλειόνων — ἐξωτικοὶ τυχέν. Heimb. III, 324, var. ὥστε εἰ πλειόνων... ἔχοι παῖδας εἰς ἐκείνους; φέρεσθαι τὸν κλῆρον τοῦτον, ὅπερ πολλάκις εἰρήκαμεν. Εἰ... τοῦτο αὐτόν.

* 117ᵇ. col. 208. Scholium Eustathii: Καὶ τοῦτο δὲ — αὐτίκα. cf. 83.

118. col. 209, l. 15 [lib. xxviii t. 14]: Ὁ πατὴρ τούτων — λόγος. Heimb. III, 330, var. ὁ πατὴρ τῶν... γάμους, τὴν γὰρ χρῆσιν αὐτῷ ἄχρις οὗ περιῇ, μένειν ἀδιάπτωτον, tum alia cod. om. usque in clausulam.

119. col. 209, l. 22, lib. xlii, t. 4. c. 4. memoratur, sed male notatur.

* 120. col. 209, l. 26, [lib. xxviii, c. 14]: Ἐχέτω δὲ — πρόσωπον. cf. 337.

121. col. 210, l. 10, lib. xxxv, t. 8, c. 11: Ὁ τικτόμενος — διαθήκην. Heimb. III, 558.

* 122. col. 210, l. 17. Scholium: Ὁ ἐπταμηνιαῖος — γονεῦσιν.

123. col. 312. lin. ult. lib. xxviii, t. 8, c. 2: Ἡ προῖξ — ἔδωκεν. Paulus, Ulpianus. Heimb. III, 257, cap. 20, 21. Var. τῷ καταβάλλειν... ἀναρρύσηται ἢ παρασχῇ...

124. col. 213, l. 14, lib. xxix, t. 1, c. 68: Τῇ μὲν ἀπολυούσῃ — πενομένους. Paulus. Heimb. III, 414, cap. 69, var. Τῇ μὴ ἀπολ.

125. col. 214, l. 5, lib. xxviii, t. 14, c. 12 memoratur.

* 126. col. 214, l. 29, lib. xv, t. 4, c. 1: Ὅτι οὐ κατέχεται — λειτουργίαις.

127. col. 214, l. 38, lib. xxiii, t. 2, c. 3: Εἴ τις γυνὴ — ἐδαπανήθη. Nov. 134, Heimb. II, 671, cap. 4, var. ἢ καὶ ἐαυτήν... ἐγγεγραμμένον...

128. col. 215, l. 19, lib. xxix, t. 1. c. 113 memoratur.

129. col. 216, l. 4, lib. xxviii, t. 10, c. 15: Τότε — ἀγρόν. Nerat. Heimb. III, 299, var. εἰς ἀνανέωσιν τῶν οἰκημάτων.

130. col. 216, l. 13, lib. xxix, t. 1, c. 13: Χρεωστεῖ — πράγμασιν. Paulus. Heimb. III, 362, var. ἐπὶ τοῖς προκειμένοις χρεωστεῖ...

131. col. 219, l. 19, lib. xxxi, t. 6 memoratur, sed male notari videtur, licet exponatur satis prolixe.

132. col. 220, l. 21, lib. xlv, t. 1, c. 7: Τῷ λόγῳ — γονέων. Heimb. iv, 473. var. καὶ φυσικῷ. cf. 113.

133. col. 220, l. 25 [lib. xlv], t. 2, c. 36: Πρώτη — διακατοχή. *Modestinus.* Heimbach, iv, 515, cap. 28, var. ἢ κατ' αὐτῆς.

134. col. 220, l. 33 [lib. xlv], t. 3: Εἰ τοίνυν — τελευτήσαντι. Nov. 118. Heimb. iv, 523, cap. 8, var. αὐτῷ ἐπιζ... μόνον...

135. col. 220, l. 40 [lib. xlv, t. 3, c. 8]. Εἰ τοίνυν ὁ τελευτήσας· μήδε — εἰ ἔζησεν. Nov. 118. Heimb. iv, 524. cod. om. πρὸς τὴν ante κληρονομίαν. 2° loco var. διὰ τοῦ πατρὸς, εἴτε διὰ τῆς μητρὸς, εἴτε τῷ τελ. ἀδελφοὶ ὑπείησαν... εἰ ἐπέζησαν.

136. col. 227, l. antep. lib. xxix, t. 6, c. 4: Οὔτε ὁ ἀνὴρ — ὑποτίθεσθαι. Heimb. iii, 488, var. ἀδιατίμητον ἀγρὸν...

*137. col. 228, l. 1 [lib. xxix?], t. 7: Ὅτι εἰ καὶ — εὑρεῖν.

*138. col. 228, f. 8, lib. 1, t. 3, c. 42: ,ροικιμαῖον — καταψηφίζονται. *Gaius.* Heimb. v, 61, cap. 40, var. κερδάνοι... κλεψιμαῖον... κληρονομήση τοῦ δεσπότου. Nec plura edd. Caetera nova videntur.

139. col. 228, l. 16, lib. xlvii, t. 2, c. 10: Πᾶσα δωρεὰ — ἀνατρέπονται. Heimbach, iv, 598, var. τελεία γενομένη... ἐὰν σκαιὰν ὕβριν ἐπαγάγῃ ἢ χεῖρας... ποιήσῃ... τούτων τῶν αἰτιῶν...

*140. col. 233, l. 13, lib. xi, t. 1, c. 7: Τὰ χωρὶς — τις σύμφωνος. Heimb. 1, 569, var. συμφωνούμενα... αὐτῶν γινόμενα... editis desunt scholium inter uncos et quod ipsi additur.

141. col. 233, l. 21, lib. xxiv, t. 1, c. 8: Τὴν ἀγαθὴν — δύναται. Heimb. iii, 22, tit. 3, c. 89, var. ὥσπερ ἐξ ἀρχῆς... τὸ συνάλλαγμα... τοῦ διαδίκου.

142. col. 233, l. 28, lib. xxxv, t. 1. c. 9: Οἱ κληρονόμοι — καλοῦνται. Heimb. iii, 568.

143. col. 233, l. 31, lib. xxxv, t. 9. c. 45, § 4: Ὁ ἐν οἱῳδήποτε — προστάξει. Heimb. iii, 573, c. 53, § 3, var. ἢ ὑποκατάστατος ἐὰν μὴ κληρονομήσῃ, τὸ... μέρη προσαύξει... τότε γάρ...

*144 col. 234, l. 2, *Scholium:* Λόγου χάριν — κληρονομίαν.

*145. col. 234, l. 23, *Liber* περὶ αἱρετικῶν ἐνστάσεων. Κληρονόμος — ἀναμφιβόλον. cf. Heimb. iii, 601, lib. xxxv, t. 12. Titulus quidem est idem, sed nostra desunt.

146. col. 234, lin. ult. lib. xix, t. 15, c. 6 memoratur.

*147. col. 237, l. 4 ab infra lib. xxv, t. 5, c. 401: Καὶ ἐν ταῖς ὑποθήκαις — προτιμᾶται.

*148. col. 238, l. 5, lib. l, t. 4, c. 20: Ἐάν τις — αὐτοῦ. Heimb. v, 67, tit. 5, cap. 19. Post δεσποθῆναι, ea quae sequuntur absunt.

149. col. 238, l. 35, lib. l, t. 12, c. 1: Ἡ τῆς κληρονομίας — ἀγωγή. Heimb. v, 73, var. ἐκβάλλεται... τῆς χρονίας... Liquet Demetrii esse glossam: Δῆλον δὲ ὡς διὰ τῆς διηνεκοῦς.

150. col. 243, l. 38, lib. xxviii, t. 14, c. 18: Εἰ δὲ ἀδιάθετος — ἐροῦμεν. Heimb. iii, 339, om. ἢ τῆς παιδός.

151. col. 244, l. 10, lib. xlii, t. 1, c. 32: Ὁσάκις; — γονή. Heimb. iii, 495, cap, 38, var. δευτερογαμήσει... nonnullis om. in cod.

152. col. 244, l. 21, lib. xxviii, t. 14, c. 1: Ὥστε — διάθοιντο. Heimb. iii, 324, var. εἰς ἐκείνους... κλῆρον τοῦτον... γεγενηκότι... συγχωρεῖται... om. verba εἴτε διάθοιντο.

153. col. 244, l. 33 [lib. xxviii, t. 14]: Θεσπίζομεν — φυλαττομένου. Heimb. iii, 337, var. καθέστακοι... ἐκλέγοι... τοὺς τῆς χρήσεως ὄντας κυρίους.

154. col. 252, l. 10, lib. xxix, t. 4, c. 1: Τὴν διὰ τοὺς γάμους — δωρεάν. Nov. 119. Heimb. iii, 466, sine cap. var. συναριθμεῖσθαι... ἐπιδίδοται... εἴτε καὶ μὴ... ἤτοι κατὰ χρῆται.

155. col. 253, l. 1, lib. xxix, t. 1, c. 4: Ὁ ἀνὴρ — γίνονται. *Ulpian.* Heimb. iii, 352, cap. 3. Add. τῷ λόγῳ τῆς προικὸς

και οι πρώτου, inde om. τῆς προικὸς ante γίνονται... ούκ ἀποδίδονται... plura iterum cod. om. neque lex ultra pergit quam ad verbum γίνεται.

156. col. 255, l. 2, lib. xlv, t. 2, c. 36: Πρώτη μὲν — διακατοχή. *Modestinus.* Heimb. iv, 515,

157. col. 255, l. 9, [lib. xlv], t. 5, c. 2: 'Ανὴρ καὶ γυνή — ἀποκλειομένου. Heimb. iv, 543, cap. 2.

158. col. 255, l. 17, lib. xxviii, l. 8, c. 68: 'Εὰν γυνή — λαμβάνει. Heimb. iii, 293, cap. 69. add. εἰ μὲν ἔτι περίεστιν, οὐ...

159. col. 256, l. 16, lib. xxviii, t. 8, c. 54. 'Εὰν γενικῶς — λαμβάνει. Heimb. iii, 284. *Paulus,* cum scholiis aliorum in compendio.

160. col. 257, l. 19, lib. xxxiii, t. 14, c. 18: Εἰ δὲ ἀδιάθετος — κλήσεων. Heimb. iii, 339, sine cap. var. τελευτήσειεν... om. ἢ τῆς παιδὸς;... var. ἢ καὶ ἀδελφοπαίδων... μόνη ἢ μήτηρ... παραδίδομεν.

161. col 258, l. 13, lib. xlv, t. 1, c. 34: 'Οσάκις; — γυνή. Heimb. iv, 495, cap. 38. var. ἐπὶ τῶν ἄλλων...

162. col. 260, l. 17, lib. xlv, t. 1, c. 7: Τῷ λόγῳ — γονέων. Heimb. iv, 473, var. καὶ φυσικῷ.

163. col. 260, l. 21, lib. xlv, t. 2, c. 36: Πρώτη — διακατοχή. *Modestinus.* Heimb. iv, 515.

164. col. 260, l. 28, lib. xlv, t. 3, c. 8: 'Επειδὴ — διαδοχήν. Nov. 118. Heimb. iv, 522, var. ἐν ἀδιαθέτου διαδοχή...

165. col. 260, l. 2, lib. xlv, t. 3, c. 8: Οὕτω — ἐκάλεσε. Heimb. iv, 523.

* 166. col. 205, l. 33, lib. xlv, t. 3, cap. ult. 'Υπόλιπόν ἐστιν — μητρός.

167. col. 266, l. 14, lib. l, t. 2, c. 58: 'Εάν τις — ἐναλλάσσειν. Heimb. v, 54, var. ἀναισχύντως ἄρξηται νέμεσθαι.

168. col. 266, l. 21, lib. l, t. 2, c. 61: Νομή ἐστι — ἡ νομή. Heimb. v, 54, var.

ἐστι φυσικῶς;... παρενοχλήση... plura alio ordine.

169. col. 266, l. 34, lib. l, t. 5, c. 5: 'Ο κληρονόμος — νέμεσθαι. Heimb. v, 68, var. τοῦ κακῇ πίστει... διὰ τὸ χρᾶσθαι.

170. col. 266, l. ult., lib. l, t. 10,c. 2: 'Η χρονία — ὑπομείνασι. Heimb. v, 74.

171. col. 267, l. 3, lib. l, t. 10, c. 6: Τὴν γενομένην — τῆς νομῆς. Heimb. v. 72.

* 172. col. 271, l. 26. lib. xxv, t. 5, c. 36: 'Εὰν ὁ ἀνὴρ — κληρονομῆσαι. cf. n. 7. col. 10.

173. col. 271, l. 34, lib. xliii, t. 0, c. 4: 'Εὰν συμφωνήσωσι — ἰσχύει. Heimb. iv, 326, var. τὴν ἰδίαν οὐσίαν.

174. col. 271, l. 40, lib. xlv, t. 5, c. 2: 'Ανὴρ καὶ γυνὴ — ἀποκλειομένου. Heimb. iv, 543.

175. col. 272, l. 10, [lib. xxviii t. 14]: Γυναιξὶ — οἰκειώσεται. Nov. 22. Heimb. iii, 319, var. πρὸς τὸ δεύτερον... τι τοιοῦτο... ὑπέστι... ἀκολουθήσει... μοίρας... ἐλεύσεται ἢ μενεῖ παρὰ... τ. καὶ συγκληρονόμοις αὐτῆς.

176. col. 273, l. 7, lib. l, t. 3, c. 52: Οὐδὲ ἀπὸ θείας — βεβαιοῖ τις. Heimb. v, 62, cap. 50, om. θείας et παρ' αὐτοῦ.

177. col. 273, l. 11, lib. l, t. 5, c. 5: 'Ο κληρονόμος — νέμεσθαι. Heimb. v, 66.

* 178. col. 273, l. 20, lib. l, t. 3, c. 9: 'Ο κακῇ — αὐτοῦ.

179. col. 274, l. 7, lib. xlv, t. 2, c. 14: Βαθμηδὸν — πάντες. Heimb. iv, 506, c. 6.

180. col. 274, l. 10, lib. xlv, t. 3, c. 2: Εἰ δὲ μήτε — προτιμῶνται. Nov. 118, Heimb. iv, 525, cap. 8, var. καταλείψῃ...

181. col. 276, l. 34. lib. xlv, t. 3, c. 8: Εἰ τοίνυν — θελειῶν. Nov. 118, Heimb. iv, 524, var. καταλείψῃ... διὰ τοῦ πατρὸς;... τῆς μητρός, εἰ δὲ τῷ... ἀδελφοί.

182. col. 278, l. 19, lib. xlv, t. 3, c. 8: Εἰ δὲ — προτιμῶνται. Nov. 118, Heimb. iv, 525, var. καταλείψῃ... τῶν λοιπῶν.

183. col. 281, l. 11, lib. xlv, t. 3, c. 8 : Ἐπειδὴ — τελευτήσας. Nov. 118, Heimb. iv, 522. var. τῇ τῶν... τῷ ἀδιαθέτως;... post βαθμοῦ pone puncta plura ob multa omissa.

* 184. col. 284, l. 3 [lib. xxviii ?]: Τῆς μητρὸς — εἰσὶ γάμων.

* 185. col. 284, l. 7, lib. xxviii, t. 14 : Μητρὸς — πατρός.

* 186. col. 284, l. 19, [lib. xxviii ?] c. 35 : Εἰ γὰρ ἀδιαθέτων — πατέρες.

187. col. 288, l. 11, lib. xxxv, t. 2, c. 17 : Εἰ δέ τις — γνώμην. Heimb. iii, 547, cap. 16, in cod. solum initium.

*188. col. 288, l. 12. *Scholium* in compendio.

189. col. 288, l. 17, lib. xxxv, t. 20, c. 2 : Εἰ μὴ τελείαν — αὐτοῦ γνώμην. Nov. 107. Heimb. iii, 634, var. ᾧ γε...

190. col. 288, l. 24, lib. xxi, t. 1, c. 40 : Τὰς δὲ ματαίας — λόγου. Nov. 90, Heimb. ii, 419, cap. 46, var. τῇδε... ὕποπτοι.

191. col. 289, l. 8, [lib. xlv, t. 3, c. 8] : Εἰ δὲ — προτιμῶνται. Heimb, iv, 525, var. καταλείψῃ.

192. col. 293, l. 1, lib. xxxv, t. 1, c. 1 : Διαθήκη — γενέσθαι. Heimb. iii, 540, var. διακία βούλησις.

193. col. 293, l. 5, lib. lii, t. 5, c. 4 : Ὁ ἔχων — δεσπόζειν. Heimb. v, 68, lib. l.

194. col. 293, l. 9, lib. lii, t. 9, c. 3 : Καὶ διάταξις — ἔπεισιν. Heimb. v, 71, lib. l, t. 10, c. 4, var. ἡ διάτ... χρονίῳ...

195. col. 293, l. 16, lib. lii, t. 11. c. 2 : Ἡ χρονία — νεμοθεῖσι. Heimb. v, 71, lib. l.

* 196. col. 293, l. 20, lib. lii, t. 14, c. 11 : Θεσπίζομεν — παραδρομήν.

197. col. 293, l. 37, lib. xlv, t. 3, c. 8 : Εἰ δὲ μήτε — προτιμῶνται. Nov. 118, Heimb. iv, 525, var. καταλείψῃ...

* 198. col. 297, l. 27, lib. xxii, t. 14 : Ὡς πάντων — λόγος.

199. col. 298, l. 6, lib. xlv, t. 4, c. 1 : Τὰ πράγματα — διαφέρει. Heimb. iv, 527, var. ἔχειν μόνην... τὴν δεσποτείαν.

200. col. 298, l. 12, lib. xlv, l. 3, c. 8 : Εἰ δὲ μήτε — προτιμῶνται. Nov. 118. Heimb. iv, 527.

201. col. 300, l. 24, lib. xix, t. 1, c. 15 : Ὅπερ ἐπώλησα — ἀγοραστῇ. Zachar. 258, tit. 1. c. 19.

201ª. col. 300, l. 29, lib. xix, t. 5, c. 10 : Ἡ πρᾶσις — συνεφωνήθη. Zachar. 265, c. 18, 19, om. καὶ ὅτι... var. συνεφώνησεν.

202. col. 301, l. 6, lib. xix, t. 1, c. 50 : Ὁ πράτης — κινεῖ. Zachar. 272, tit. 8, c. 56.

203. col. 302, lxix, l. 8, [lib. xix t. vi, c. 15] : Ὁ δόλος — καταβλάπτει. Heimb. ii, 282, c. 15.

204. col. 303, l. 6, lib. xix, t. 8, c. 6 : Ὁ πωλῶν — παρασχεῖν. Zachar. 269.

205. col. 303, l. 10, lib. xix, t. 8, c. 11 : Ἐν τῷ περὶ — τὸ τίμημα. Zachar. 270. c. 12, var. ἐν τῇ πράσει... om. καὶ ὅτι... var. καὶ ἄλλος ἐκνικήσῃ... τῇ περὶ... ὁ ἀγνοήσας.

206. col 303, l. 30, lib. xix. t. 8, c. 27 : Ὁ ἐν εἰδήσει — ἔχειν. Zachar. 273, c. 30, var. πιπράσκων ἀλλότριον περὶ τῆς πράσεως.

* 207. col. 303, l. 39, *Scholium*: Τουτέστι — ἐκνικήσει.

208. col. 303, l. 42, lib. xix, t. 8, c. 66 : Ὁ μὲν ἐν εἰδήσει — δεσπότῃ. Zachar. 273, c. 73.

* 209. col. 304, l. 36 [lib. xix ?] : Ὁ ἀποκαθιστάμενος — ὀφείλει.

210. col. 304, l. 44, lib. xix, t. 1, c. 22 : Ὁ ἐξ οἱουδήποτε — ἐπιτρέπων. Zachar. 258, cap. 27, var. ἐξ οἱουδήτινος...

211. col. 305, l. 5, lib. x, t. 4, c. 64 : Ἐὰν ἡ πρᾶσις — καρπῶν. Heimb. i, 516, cap. 65.

212. col. 305, l. 12, lib. x, t. 4, c. 65 :

Είτε ἄνηθος; — δηλονότι. Heimb. ι, 516, cap. 66, var. τῆς ἡλικίας.

213. col. 308, l. 10, lib. xv, t. 1, c. 95: 'Εὰν δύο —· δωρεᾶς. Zachar. 38, cod. add. ὁμοίως καὶ περὶ δωρεᾶς.

214. col. 308, l. 16, lib. xv, t. 2, c. 9, § 3: 'Εὰν δύο ·— νομόμενος. Zachar. 42.

215. col. 312, l. 2, lib. xix, t. 1, c. 39 : Οὐδείς — ἐπιτετραμμένοι. Zachar. 259 c. 46.

*216. col. 312, l. 11, *Scholium:* 'Εὰν ὁ ἄρχων — ἢ μέλλον.

216ª. col. 312, l. 16, lib. xiv, t. 1, c. 51 : Ὁ πράττων — δημοσίου. Zachar. 260, cap. 62.

217. col. 312, l. 21, lib. lvi, t. 2, c. 41: Ἐὰν ὁ ἄρχων — κατασκευάζειν. Heimb. v, 155, var. ἐὰν ἄρχων... ἢ ἄλλος... διὰ μέσου... ἐν αὐτῇ κατασκευάζειν.

218. col. 312, l. 29, lib. lvii, t. 1, c. 18: Τὸν στρατιώτην — ἐκδικουμένου. Heimb. v, 184. Codex brevior.

219. col. 322, l. 3 [lib. xix, t. 8, c. 66]: Ὁ ἐν εἰδήσει — δεσπότης. Zachar. 273, cap. 27. cf. num. 308.

220. col. 321, lxxii, l. 29, lib. lx, t. 37, c. 73: Ὁ παρθένῳ — ἐξορκέσθω. Heimb. v, 755, cap. 79, post συναίνεσιν add. καὶ οἱ γονεῖς... var. ἀνεύπορος.

221. col. 322, l. 12, lib. lx, t. 37, c. 76 : Ὁ ἔχων — εἰσκομιζομένης. Heimb. v, 75, cap. 83, var. τῇ αὐτῇ περιπ... post μιγνύμενος; add. edd. διαγινωσκομένης τῆς πράξεως, tum οὕτος μέν... fusius edd. ὁ δὲ κατὰ τὸν τόπον ἄρχων ἀναλαμβάνων τὴν δούλην, ὑπὲρ ἐπαρχίαν αὐτὴν πιπρασκέτω...

*222. col. 332, l. 38, lib. viii, t. 3, c. 7: Τῶν κατὰ — προβαίνει.

223. col. 340, l. 7, lib. v, t. 3, c. 1, § 2, novella cxxxi memor.

*224. col. 356, l. 40, lib. xxviii, t. 5, c. 8, § penultim. Τὰ μεταξὺ τινῶν γινόμενα ἑτέρους βλάπτει.

225. col. 356, l. 42, lib. xxxvii, t. 7,

c. 11, § 3: Τὰ παρὰ — ὁ νέος. Heimb. iii, 661.

*226. col. 357, l. 19, lib. ι, t. 10, c. 3: Ὁ κακῇ — ἄπεισιν. Heimb. v, 71, cap. 3, 4, ut apud Leunclav. et Fabrot. in not. 9. cod. om. praeterea ἢ αὐτοκίνητα... τῇ, χρονίῳ... addit εἰ δὲ ἀκίνητα, usque ad δεσπόζεσθαι.

*227. col. 358, l. 31, lib. ιι, t. 3, c. 10: Τὸ ἧττον — ἐπιλεγόμεθα.

*228. col. 358, l. 32. *Scholium.* Ἧττον δὲ φασιν ·— κουρότερον. cf. Heimb. ι, 43, c. 30.

229. col. 358, l. 33, lib. ιι, t. 3, c. 7: Ἐν τοῖς ἀμφιβόλοις τὸ φιλάνθρωπον κρατεῖ. var. ἐπικρατεῖ. Heimb. ι, 66, cap. 56.

*230. col. 358, l. 35, lib. ιι, t. 3. c. 164. Ἐν τοῖς ἀσαφέσι — τὸ φιλάγαθον ἑρμηνεύομεν. Cf. Heimb. ι, 76, cap. 163, et p. 67, c. 41, p. 72, c. 114.

*231. col. 358, l. 37, lib. ιι, t. 3. c. 188: Ἐν τοῖς ἀμφιβόλοις τὸ καλοθελὲς δεχόμεθα. Cf. Heimb. ι, 77, cap. 192, et p. 66, cap. 20, p. 75, c. 155.

*232. col. 359, l. 4, lib. xxxix, t. 1, c. 1: Γονεῖς — συγγενεῖς. *Ulpian.* Heimb. ιv, 1. Quod addit codex videtur receptum ex scholiis, n. 3, p. 3.

233. col. 359, l. 8, lib. xxix, t. 1, c. 42, 43: Οἱ ἀδελφόπαιδες — διαθήκην. Heimb. ιv, 36, cap. 48.

234. col. 359, l. 16, lib. xliv, t. 23, c. 1: Οὐ μόνον — ἀποκαταστάσεως. Heimbach. ιv, 461.

235. col. 360, l. 9, lib. ι, t. 4, c. 22: Ἀπὸ αἰτίας — δεσπόζει. Heimb. v, 67, cap. 21, var. ὁ ἀπὸ... Demetrii videntur ea quae post δεσπόζει sequuntur.

236. col. 360, l. 20, lib. ιι, t. 11, c. 27: Διαλυσάμενος ἀνατρέψαι. Heimb. lib. xi, c. 36, tom. ι, 704, var. ὅτι μὴ ἔχων τά.

*237. col. 360, l. 37 [lib. 11?]: Ὁ, ἐὰν ἀποδείξῃς — χρόνων.

238. col. 361, l. 12, lib. x, t. 3. c. 1: Δόλος κακὸς — ληστῶν. Heimb. ι, 408.

239. col. 36, l. 17, lib. x, t. 3, c. 43: Εἴσω — ἀγωγή. Heimb. ι, 503, fere idem κατὰ ἔννοιαν.

240. col. 362, l. 34, lib. ιι, t. 3 [c. 169]: Ὅτι τὸ ἔτι — εἶναι. Heimb. ι, 76, cap. 169.

241. col. 262, l. 36, lib. ιι, t. 3 [c. 188]: Οὐδενὶ — κεκωλυμένον. Heimb. ι, 77, cap. 118, var. τὰ... κεκωλυμένα.

* 242. col. 362, l. 40, Scholium: Ἐὰν ὑπόσχωμαι — ἀπαιτεῖ.

243. col. 374, l. 6, lib. xxxviii, t. 3, c. 1: Εἴτε ποιήσῃ — αἰτίᾳ. Ulpian. Heimb. ιιι, 712, var. ποιήσει bis... κατ' ἐπιτρόπων...

244. col. 374, l. 15, lib. x, t. 7 [c. 5] in compendio, Heimb. ι, 519.

* 245. col. 374, l. 23 [lib. x?]: Μὴ ὑφίστασθαι — ἀδελφοί.

* 246. col. 374, l. 31, lib. x, t. 4, c. 3: Οὔτε μὴν — ἐποιήσαντο.

247. col. 374, l. 42, lib. x, t. 28 [c. 2]: Ὡς ἐὰν δεκτὰ — ἀποκαθίστανται. Heimb. ι, 535 libere rescript.

248. col. 375, l. 10, lib. ιv, t. 4, c. 65? Ἐπειδὴ — σιωπῶντος. Heimb. ι, 517, lib. x. cap. 66, var. τελευτήσοι.

249. col. 375, l. 22, lib. xxxviii, t. 9, c. 1: Τὰ ἀκίνητα — ἐπίτρεψεν. Heimb. ιιι, 764, om. ὁ πατήρ.

* 250. col. 375, l. 26, lib. xxviii, t. 9, c. 30: Ἁπλῶς; — ὀρφανῶν.

* 251. col. 376, l. 42 [lib. xxxviii]? Ἐὰν μὴ πιστῶς — ἀξιωθήσεται.

252. col. 380, l. 23, lib. xv, t. 1, c. 94: Ἐάν τις παρὰ — ἀγωγῇ. Heimb. ιι, 167, cap. 93. Sequitur scholium Demetrii.

* 253. col. 380, l. 34, lib. x, t. 14, c. 64: Ἐὰν ἡ πρᾶσις — καρπῶν.

* 254. col. 381, l. 6, lib. xxviii, t. 14: Ὡς ἐὰν πατὴρ — αὐτοῦ.

* 255. col. 391, l. 16 [...... ?]: Οὐ πάντως — τούτου.

256. col. 396, l. 20, lib. xxii, t. 5, c. 43: Δίκη ὅρκου — ὑπεξαίρηται. Heimb. ιι, 565, var. ἡ δίκη.

257. col. 400, l. 37, lib. xxii, t. 1, c. 1: Ὅρκος — ψήφου. Heimb. ιιι, 526-528, cap. 1, var. ἡ παρὰ bis... om. ἔοικε κτλ. quae videntur glossema Demetrii.

258. col. 400, l. 40, lib. xxii [t. 5], c. 40: Ἡ δίκη — δύναται. Heimb. ιι, 565, cap. 43, var. ἀναζητεῖσθαι.

259. col. 401, l. 5, lib. xxii [t. 5], c. 50: Ἀποφάσεως — ποιήσεται. Heimb. ιι, 570, cap. 53, var. καὶ δηλονότι μὴ ἐπιδοθείσης;... μὲν ἐκκλήτου... μετακαλεῖσθαι τῷ ἐπαγαγόντι...

* 260. col. 402, l. 10 [lib. xxii?] Ὅταν — τέμνειν.

261. col. 404, l. 7, lib. xxviii, t. 14: Καὶ ἵστωσαν — χρόνους. Heimb. ιιι, 323, var. ποιήσαιντο... καὶ εἰ... ἐκδικοῦσι.

263. col. 407, l. 33, lib. ιι, t. 3, c. 116: Οὐδὲν — φόβος. Heimb. ι, 72.

264. col. 408, l. 2, lib. ιι, t. 3, c. 152: Ὁ ποιήσας — νόμῳ. Heimb. ι, 74.

265. col. 408, l. 5, lib. ι, t. 3, c. 51: Οὐδὲ ἀπὸ — βεβαιοῖ τις. Heimb. v, 62, cap. 50.

266. col. 408, l. 8, lib. ιx, t. 41, c. 3: Ἀπὸ πλαστοῦ — πράγματος. Heimb. v, 797, c. 53.

267. col. 412, l. 4, νόμικος κανὼν de restitutione memoratur.

268. col. 413, l. 3, lib. ιι, t. 3, c. 125: Εἰ ἴσῃ — νεμόμενος. Heimb. ι, 73, cap. 128.

269. col. 413, l. 12, lib. ι, t. 2, c. 58: Ἐάν τις — ἐναλλάσσειν. Heimb. v, 54.

270. col. 414, l. 5, lib. ι, t. 5, c. 5: Ὁ κληρονόμος — νέμεσθαι. Heimb. v. 68, var. διὰ τὸ χρονίας.

* 271. col. 416, l. 7, lib. ιι, t. 2, c. 2: Ὅτι βίᾳ — ἀποθεῖσθαι.

* 272, 273. col. 416, l. 10, lib. ιι, t. 2, c. 14: Καὶ ὁ καλῇ — αἰτίαι.

274. col. 416, l. 19, lib. ιι, t. 3, c. 113: Οὐδὲν οὕτω — φόβος. Heimb. ι, 72, c. 116.

275. col. 416, l. 22, lib. ι, t. 3, c. 51: Οὐδὲ ἀπὸ — βεβαιοῖ τις. Heimb. v, 62, cap. 50.

276. col. 416, l. 25, lib. lx, t. 17, c. 3: Ὁ βία — ἐβιάσθη. Heimb. v, 579, cap. 7, var. εἴ τι ἐνέμετο... ἀποκατασταθῆναι... ἤγουν εἰς ὅ...

* 277. col. 419, l. 2 [ex novella]: Γράφουσι — ἐργάζονται.

* 278. col. 422, l. 35, lib. xxxv, t. 35 memoratur, sed non exstat, nisi forte sit lex sequens, male notata.

279. col. 423, l. 5 [lib. xxxix, t. 1, c. 1]: Γονεῖς — συγγενεῖς. Heimb. iv, 1.

280. col. 423, l. 8, lib. xxxv, t. 8, c. 38: Θεσπίζομεν — ἐγγράψοιεν. Heimb. iii, 561, cap. 36, var. ἐγγράψκιεν.

281. col. 423, l. 16, lib. xli, t. 4, c. 8: Εἰ δὲ καὶ ὑπὲρ — πατήρ. Nov. 18. Heimb. iv, 153, 154, cap. 2, incip. Εἰ δὲ ὑπὲρ τέσσαρας ἔχουσι... var. ποιήσατί τε καὶ... τις αὐτό... τυχὸν ἢ ἐξκούγκιον ἔχειν... desinunt Basilica in verbo χωρεῖν.

282. col. 427, l. 14, lib. xxxii, t. 20, c. 51, tantum memoratur, sed male notatur, cum titulum 20 non habeat liber xxxii.

* 283. col. 427, l. 40, lib. xix, t. 8, c. 73 et 76: Οὐ δύναται — εἰς. Cf. Heimb. ii, 299, capp. 78, 79, neque omnino concordat editio Zachariae p. 873, cap. 83.

284. col. 428, l. 7, lib. xxxv, t. 8, c. 38: Θεσπίζομεν — ἐγγράψοιεν. Heimb. iii, 561, c. 36.

285. col. 428, l. 15, lib. xxxix, t. 2, c. 1: Παράνομος — κληρονομία. Heimb. iv, 43, var. Ἡ παράνομος. Edd. desinunt ad γένηται, caetera aut fusiora sunt aut Demetrii auctaria.

286. col. 428, l. 34, lib. xxxvii, t. 7, c. 5: Ἐὰν χωρὶς — ἀνεχόμενα. Heimb. iii, 659, cap. 6, var. ποιήσῃ ἀπογραφήν...

287. col. 428, l. 41, lib. xxxviii, t. 3, c. 36: Μὴ ὀπτέσθω — δυνάμενος. Heimb. iii 727, c. 38, var. ἢ ἀπογραφὴ... μή τι γε..., συγνωθῆναι.

288. col. 429, l. 9, lib. viii, t. 1, c. 22: Ὁ ἄρχων — ἔτι. Heimb. i, 338, cap. 16, var. ἐξ ἰσοῦτω... edd. male om. διδότω, etiam om. καὶ ἀτριβὲς ἔτι, quae Demetrius sedulo interpretatur.

289. col. 431, l. 22, lib. ii, t. 3, c. 184: Οὐδενὶ — κεκωλυμένον. Heimb. i, 77, c. 188.

* 290. col. 431, l. 27, Scholium: Ἐὰν ὑπόσχηταί τις — ἀπαιτεῖ. Cf. num. 242.

291. col. 432, l. 3, lib. ii, t. 3, c. 186 memoratur.

292. col. 432, l. 29, lib. v, t. 3, c. 2: Ἐν πᾶσκι — προβαίνειν. Nov. 131. Heimb. i, 136, tit. 3, cap. 12.

293. col. 438, l. 6, lib. xi, t. 2, c. 24: Τὰς ὑποθέσεις — χρή. Heimb. i, 701, cap. 33.

294. col. 438, l. 10, lib. xi, t. 2, c. 47: Εἰ καὶ τὰ μάλιστα — οὐ δύναται. Heimb. i, 720, cap. 56, var. εἰσέλθοι.

295. col. 438, l. 19, lib. xi, t. 2, c. 36: Ἡ διάταξις — ἐστιν. Heimb. i, 711, cap. 45.

296. col. 440, l. 30, lib. xxii, t. 7, c. 9, breviter citatur.

297. col. 443, l. 39, lib. i, t. 12, c. 3: Ἐάν τις — ἀποκλείονται. Heimb. v, 73, var. ἢ τῶν εἰκόσιν.

298. col. 444, l. 7, lib. i, t. 14, c. 5: ὥσπερ — μόνον. Heimb. v, 78, var. ὁμάδος;.. em. cod. legendo ὁποιᾳδήποτε ἀγωγῇ ἢ μεθοδείᾳ συνωθῆται, οὐδὲν ἧττον, tum adde post ἐνάγοντι quod ex simili clausula om. cod. τριάκοντα ἐτῶν παραγραφὴ ποτακτία τούτου ἰσχύοντος καὶ εἰς τὸ ἐκείνου πρόσωπον, ὅστις ἐνέχυρον ἢ ἀποθήκην οὐκ ἀπὸ τοῦ ἰδίου χρεωστοῦ ἀλλ' ἀπὸ ἄλλου ἐπὶ πολὺν χρόνον νεμομένου σπουδάζει διεκδικῆσαι, αἵτινες οὖν πρότερον οὐκ ἐκινήθησαν ἀγωγαί, τριάκοντα... inde var. τοῦ ζῆν... ἀρκείτω... προσενεχθεῖσων... εἰ καὶ κατὰ ὑποσημειῶσιν... ἢ καὶ ἐν δικαστηρίοις;... μονομερής;.

299. col. 444, l. 26, lib. i, t. 14, c. 6:

Ἡ δικιτὴ — δημοσίου. Heimb. v, 79. Statim lege ab initio: ἡ διάταξις... τῇ τριακονταετηρίδι... Demetrius addidit in fine εἴτε ἰδικοῦ, εἴτε δημοσίου cum Synopsi et Fabrotti.

300. col. 444, l. 33, [lib. ι., t. 14, c. 7]: Καὶ διὰ τοῦτο — δέξασθαι. Heimb. v, 79, var. ὀχλήσεως... εἰουδήποτε τούτῳ.

301. col. 448, l. 3, lib. xxxvii, t. 7, c. 11, § 3: Τὰ παρὰ — ὁ νέος. Heimb. iii, 661, § 1.

302. col. 448, l. 8. lib. xxxvii, t. 12, memoratur,

303. col. 457, l. 19, lib. iii, t. 1, c. 13: Οὐδενὶ δὲ — γινώσκουσιν. Novella 123. Heimb. i, 96, var. παραγίνεσθαι.

304. col. 457, l. 38, lib. xxi, t. 1, c. 30: Δεῖ τοὺς — εἴη. Heimb. ii, 405, cap. 33, var. οὐκ ἔστι...

305. col. 458, l. 4 ab infra. [lib. ii, t. 6, c. 1]: Βασιλεὺς νόμοις οὐχ ὑπόκειται. Heimb. i, 87.

306. col. 460, l. 18, lib. x, t. 5, c. 2: Ὅτι φόβον — καταπτοῆσθαι. Heimb. i.

307. col. 460, l. 24, lib. xi, t. 2, c. 21: Τὰς παρεντεθείσας; — περιέχει Heimb. i, 699, cap. 30, var. οὐχ ὅμως... om. περιέχεται ante περκωθέντων...

308. col. 462, l. 38, lib. xxi, t. 1, c. 3 memoratur cum interpretibus. Cf. Heimb. ii, 386 et 389 ubi *Callistratus* et *Calocyrus*.

308ᵃ. col. 477, l. 36, lib. lx, t. 51, c. 30: Οἱ περιβόηθοι — φουρκίζονται. Heimb. v, 360, c. 26, §. 15.

308ᵇ col. 494, l. pennlt., lib. v, t. 3, c. 1, § 2. Nov. 131 memoratur.

309. col. 499, l. penult. et 500 l. 8, lib. lx, t. 39, §. 2: Ὁ σκοπὸν — ἐλέγχεται. Heimb. v, 762.

310. col. 516, l. 6, cxxiii. lib. xxviii, t. 7: Καὶ κατὰ πρόρσιν — ζημιουμένη. Nov. 22. Heimb. iii, p. 224. cap. 4. Habetur in lacuna: γυναικὶ ἢ τοῖς γε αὐτῆς πατράσι

διαζευγνύναι, var. εἴ τις ἐστιν... ἐπιδεδομένη προίξ.

311. col. 518, l. 31. Lib. x, t. 2, c. 1: Τὸ κατὰ φόβον — βία. Heimb. i, 491.

312. col. 518, l. 34, lib. 11, t. 3, c. 113: Οὐδὲν — φόβος. Heimb. i, 72, cap. 116.

313. col. 519, l. 3, lib. xxviii, t. 4, c. 2: Οὐ γίνεται — ὑπεξουσίους. Heimb. iii, 166.

314. col. 519, l. 5, lib. xxviii, t. 4, c. 52: Τὸν γάμον — προσθήκης. Heimb. iii, 192, cap. 47.

* 315. col. 519, l. 23 [lib. xxviii?] Ὅτι οὐ δοκεῖ — βεβαιωθῆναι.

* 316. col. 519, l. 25 [lib. xxviii?]: Ὅτι θέμα — ἐστι.

317. col. 519, l. 28, lib. xxviii, t. 4, c. 52: Ἐννόμους — ἐνιαυτῶν. Heimb. iii, 192, var. φυλάξουσι...

318. col. 520, l. 7, lib. xxviii, t. 5, c. 7, § 2: Οὐκ ἔρρωται — σκηνικῆς. *Modestinus*. Heimb. iii, 201, cap. 6.

319. col. 522, l. 4 ab infra. Lib. lx, t. 37, c. 76: Οἱ αἱρετικαὶ — συνεφθάρησαν. Heimb. v, 755, cap. 75, var. εἴτε τέκνα... ἢ τὴν αὐτῆς.

320. col. 523, l. 10, lib. lx, t. 37, c. 77: Οἱ πρὸς γάμον — τυπτέσθωσαν. Heimb. v, 755, cap. 76, var. καὶ πατὴρ καὶ υἱός...

321. col. 551, l. 39, lib. xxxviii t. 5, c. 10, § 6 memoratur.

322. col. 591, l. 25, lib. xlv, t. 4, c. 1: Τὰ πράγματα — διαφέρειν. Heimb. iv, 527.

323. col. 591, l. 31, *Thalelaeus*. Αὐτὴ ἡ διάταξις — δεσποτείαν. Heimb. iv, 527, var. ἔλεγεν ὡς τὰ μητρῷα... om. περὶ τὴν δεσποτείαν.

324. col. 591, l. 37, lib. xlv, t. 4, c. 2; Εἴ τις πάππος — διεκδικοῦνται. Heimb. iv, 528, var. κατὰ φιλεικόρμισον... ἀπόλλυσι τελευτῶν (sequitur Deme-

trii glossula ἤγουν — τελευτῶντος). var. οὕτω τοῦ παιδός.

325. col. 592, l. 28, lib. xlv, t. 4, c. 5: "Ὥσπερ — παισίν. Heimb. iv, 530.

326. col. 592, l. 35, lib. xlv, t. 4, c. 7: "Ὅσα — φυλαττομένης. Heimb. iv, 531.

327. col. 593, l. 6, lib. xlv, t. 4, c. 9: Εἴ τις — πραγμάτων. Heimb. iv, 533, var. τῇ τοῦ ἰδίου... om. ἢ τοῦ προπάππου... cod. om. ὥσπερ τὸ παλαιὸν ἦν... iterum edd. om. ἢ τῷ προπάππῳ.

328. col. 593, l. 24, lib. xlv, t. 4, c. 9: Ὑπεξηρημένων — συγχωροῦσι. Heimbach, iv, 533, var. ἢ πάππον...

329. col. 593, l. 41, lib. xlv, t. 4, c. 7: Τῷ λόγῳ — γονέων. Heimb. iv, 473, tit. 1, c. 7, var. καὶ φυσικῷ.

330. col. 594, l. 17, lib. xxviii, t. 14, c. 1, 2: Ἐπειδὴ — τρόπου. Heimb. iii, 313, var. ἐπὶ μητέρων... ὥστε ἐν ὅσῳ περίεισι, πᾶσαν ἄδειαν ἔχειν κτλ. quae fusiora Demetrius contraxit. Sed vid. supra p. 826 necessarias emendationes.

331. col. 595, l. 8, lib. xxviii t. 14: Εἰ δὲ ἀναμείνοιε — μόνον. Heimb. iii, 322, var. εἰ δὲ ἀναμείνει... ἴδοι... ταῦτα δὲ... εἴτε ἐν ζωῇ... γενομένη; ἢ καὶ ἐκ... τὸν καιρὸν... παρ᾽ αὐτῆς λαβών... βεβαίως;...

332. col. 595, l. 38, lib. xxviii, t. 14: Καὶ οὕτως; — κατάστασιν. Heimb. iii, 323, var. ληφθὲν ὀνήσει... post ἔσται brevius pergit Demetrius, usque ad παρά τε κληρονόμων... var. τριακονταετὴς παρέλθοι... καταστήσει.

333. col. 596, l. 16. lib. xxviii t. 14: "Ὥστε πλειόνων — ἔσται. Heimbach, iii, var. ὥστε εἰ ἔχοι... κλῆρον τοῦτον... post τελευτήσαιεν cod. om. pauca... dein var. ὅποσα.

334. col. 596, l. 38, lib. xxviii, t. 14, cap. 17: Θεσπίζομεν — φυλαττομένου. Heimb. iii, 337, sine cap. var. καθεστήκει τοὺς τῆς χρήσεως ὄντας κυρίους;...

335. col. 597, l. 10, lib. xxviii, t. 14, c. 18: Εἰ δὲ ἐλιάθετο; — κλήσεων. Heimb. iii, 339, sine cap. var. τελευτήσαιεν... om. ἢ τῆς παιδός;... var. ἢ καὶ... ὅλως... post ἐροῦμεν cod. om. τινὸς ἐπανορθώσεως; καὶ αὐτὸν δεομένην... var. τῆς λέοντος;... μόνη ἡ μήτηρ.

336. col. 597, l. 38, lib. xlviii, t. 1, c. 34; ᾽Οσάκις — γυνή. Heimb. iv, 495, lib. xlv. t. 1, c. 38, var. δευτερογαμήσει..: κρατεῖ...

* 337. col. 599, l. 7, [lib. xxviii?] c. 9: Ἀλλ᾽ ἐχέτω — πρόσωπον. cf. 120.

338. col. 599, l. 22, lib. xxviii, t. 14, c. 18, memorantur.

339. col. 599, l. 23, lib. xlv, t. 1, c. 14, memoratur.

340. col. 599, l. 24, lib. xlv, t. 3. Nov. 118: "Ὅτι ἐὰν ὑπεξούσιος — τούτον. Heimb. iv, 523, cod. brevior.

341. col. 600, l. 25, [lib. xlv, t. 3]: Εἴ τις τοίνυν ὑπείη — φυλάττομεν. Nov. 118, Heimb. iv, 522, var. εἴ τις τοίνυν τῶν κατιόντων ὑπείη... εἴη πάντων τῶν ἀνιόντων καὶ τῶν... κἂν γάρ... ὑπεξ. ἦν ὅμως; τοὺς...

* 342. col. 600, lin. ult. Symbatius: Τελευτήσαντος — νόμων.

343. col. 601, l. 9: Ἐὰν εἷ; — κεκαίνισται. Theodorus. Heimb. iv, 523, var. κληρονομήσῃ... οὐκ ἐκκινίσθησαν.

344. col. 601, l. 15, [lib. xlv, t. 3]: Εἰ τοίνυν — τελευτήσαντι. Nov. 118, Heimb. iv, 523, var. καταλίποι... αὐτῷ ἐπιζήσουσι... μόνων ἀδελφῶν...

345. col. 601, l. 23, [lib. xlv, t. 5]: Εἰ δὲ μετὰ — νόμου. Nov. 118, Heimb. iv, 524, var. εὑρ. ἀδελφοὶ ἢ ἀδελφαὶ ἢ καὶ ἀδ... δηλαδὴ τῆς κληρονομίας;... ἕκαστος ἴσην ἔχοι μοῖραν... λαμβάνωσιν.

* 346. col. 603, l. 3. Eustathius: Καὶ τοῦτο — δοθήσεται.

347. col. 604, l. 20, lib. ii, tom. 1, c. 41, § 6: "Ὥσπερ — ἀχρησίας. Ulpianus.

Heimb. ι, 39, var. ἔγγραφος ἐστὶν ἡ ἄ-γραφος.

348. col. 606, l. 5, lib. xxviii, t. 14, c. 18 : Εἰ δὲ ἀδιάθετος — διαδοχήν. Heimb. iii, 339.

349. col. 611, l. 28, [lib. ii, t. 1, c. 14], *Marcianus*: Νόμος, θεῖον εὔρημα. Heimb. ι, 36.

350. col. 615, l. 14, lib. xli, t. 4, c. 8 : Ἐπὶ μὲν τριῶν — αὐτῶν. cf. Heimb. iv, 158, cod. brevior.

351. col. 615, l. 21, lib. xli, t. 4, c. 8 : Πάρεστι — χωρεῖν. Heimb. iv, 154, var. τὰ εἰκότα.

352. col. 615, l. 28, lib. xli, t. 5, c. 1 : Θεσπίζομεν — ἀμετρίαν. Nov. 92. Heimb. iv, 159, var. τὸ ἀπὸ... αὐξομένου τούτου τοῦ μέρους... τὴν γενομένην...

353. col. 617, l. 2, lib. xxxv, t. 3, c. 10 : Ὁ κατ' αὐτὸν — κρατείτω. Heimb. iii, 551, var. καὶ κωρὸς... δι' αὐτὸν διατυποῦτω.

355. col. 632, l. 9, lib. iii, et Nov. Justiniani cxxiii memoratur.

356. col. 642, l. 6, lib. iii, t. 1 et eadem novella memoratur.

357. col. 644, l. 4, lib. xxviii, t. 5, c. 10, memoratur.

358. col. 650, l. 2, lib. v, t. 1. c. 10: Μέχρι — ἢ ὑπνοῦν. Heimb. ι, 124, cap. 11, var. ἐντὸς τοῦ ναοῦ ὑπνοῦν ἢ ἐσθίειν.

359. col. 676, l. 20, lib. v, t. 2, c. 21, Nov. 120, Heimb. 1, 132, in cap. 12, eodem fere sensu.

360. col. 681, l. 1, lib. iii, t. 1, c. 7: Ἀλλ' εἰδότες — ἀπηγορευμένην. Nov. 137, Heimb. ι, 93, cap. 8, var. αὐτοὺς ἐτεηκέναι.

361. col. 722, l. 14, lib. xxviii, t. 5: Μεταξὺ — ἐξάδελφοι. Heimb. iii, 108 in cap. 1, cf. num. 1, col. 3, p. 839.

362. col. 723, l. 19, lib. xxviii, t. 5, c. 3: Πενθερὰ — λαμβάνω. Heimb. iii, 200, cf. num. 2, col. 6.

363. col. 725, l. 1, lib. xxviii, t. 5, c. 4 : Οὐδὲ τὴν ποτὲ — αὐτῆς. *Papianus.* Heimb. iii, 201, in cap. 3.

* 364. col. 726, l. 20, lib. v, t. 13, c. 35 : Μηδὲ παρὰ — κληρονομίας. fugit nos apud Heimb. locus ultimus ex ultimo cod. errore in ponendis numeris.

§. II.

Themata eadem ex ordine LX librorum Basilicorum.

Liber I. Tit. i, c. 4, col. 662 [1]).
Liber II. Tit. 1, c. 14, supra num. 849, col. 611.
Tit. 1, c. 41, num. 847, col. 604.
* Tit. ii, c. 9, num. 271, col. 416: Ὅτι βία — ἀπειλεῖσθαι.
* Tit. ii, c. 14, num. 272, col. 416: Καὶ ὁ καλῇ — αἰτίας.

Tit. iii, c. 7, num. 229, col. 858.
* Tit. iii, c. 10, num. 227, col. 858: Τὸ ἆττον — ἐπιλεγόμενα.
Tit. iii, c. 113, num. 274, col. 416. — n. 812, col. 518.
Tit. iii, c. 116, num. 268, col. 407.
Tit. iii, c. 125, num. 269, col. 418.

[1]) Vide locum, ubi de Synagogis Judaeorum, qui Basilicis deesse videtur, et confer anecdota basilica quae protulimus in Pseudo Photii Nomocanone aucto, p. 603. Eadem editor tomi vi Basil. sedulo recepit p. 847 sqq. Ea vero quae porro retractamus, si quis voluerit recognoscere in libris Basilicorum, adeat in indice superiore numerum hic signatum, et reperiet Heimbachii tomum, paginam, titulos, capitula cum omnibus suis numeris distincta. Columna ad superiores paginas refertur. Stellulis insigniuntur quae nova nobis sunt, sed supra f. plenius.

Tit. III, c. 152, num. 264, col. 408.
Tit. III, c. 164, num. 230, col. 858.
Tit. III, c. 169, num. 240, col. 862.
Tit. III, c. 186, num. 291, col. 492.
Tit. III. c. 188, num. 241, col. 862.
Tit. III. c. 188, (Heimb. 192), num. 231, col. 358.
Tit. VI, c. 1, num. 305, col. 458.
* Tit. XI, c. 27, num. 236, col. 360: Διαλυσάμενος — ἀνατρίψα.
* . . . . ? num. 237, col. 360: ὡς ἐὰν — χρόνου.

Liber III. Tit. I, c. 7, num. 360, col. 681.
Tit. I, c. 18, num. 303, col. 457.
Tit. I, nov. CXXIII, num. 855, 856, col. 632, 642.

Liber IV. Tit. I, c. 8, num. 20, col. 81.
Tit. IV, c. 65, num. 248, col. 65, Heimb. lib. X, t. 4, c. 66 [1]).

Liber V. Tit. I, c. 10, num. 352, col. 650.
Tit. II, c. 21, num. 330, col. 676.
Tit. III, c. 1, num. 223, col. 840.
Tit. III, c. 2, num. 292, col. 432.
* Tit. XIII, c. 85, num. 374, col. 726: οὐδὶ παρὰ — κληρονομίας [2]).

Liber VI.
Liber VII.
Liber VIII. Tit. I, c. 28. num. 388, col. 420.
* Tit. III, c. 7, num. 272, col. 382: Τῶν κατὰ — πρέσβυτιν.
Tit. XIV, c. 1, num 97 col. 183.
Tit. XXIII, num. 74, col. 164: Τοῖς μὲν τυλιίοις — παντοπωλία.

Liber IX.
Liber X. Tit. III, c. 1, num. 238, col. 861.
* Tit. IV, c. 8, num. 245, 246, col. 874: Οὔτε μὲν — ἱπποκόμοντε.
Tit. IV, c. 64, num. 211, col. 305.
Tit. IV, c. 65, num. 212, col. 305.
Tit. VII, c. 5, num. 244, col. 874.
* Tit. XIV, c. 64, num. 253, col. 880: Ἐὰν ἐ πρᾶσις — καρπῶν.
Tit. XXVIII, c. 86, num. 247, col. 874.
* . . . . ? num. 246, col. 874: Μὴ ὑφίστασθαι — ἀδικίας.

Liber XI. Tit. I, c. 7, num. 140, col. 233.
Tit. II, c. 21, num. 307, col. 460.
Tit. II, c. 24, num. 293, col. 488.
Tit. II, c. 36, num. 295, col. 438.
Tit. II, c. 47, num. 294, col. 488.

Liber XII. Tit. V, c. 5, num. 306, col. 460
Liber XIII.
Liber XIV.
Liber XV. Tit. I, c. 94, num. 252, col. 880.
Tit. I, c. 95, num. 213 col. 808.
Tit. II, c. 9, § 3, num. 214, col. 808.
* Tit. IV, c. 1, num. 226, col. 214: Ὅτι οὐ κατέχεται — διασυργίαις.

Liber XVI.
Liber XVII.
Liber XVIII.

Liber XIX. Tit. I, c. 15, num. 201, col. 234.
Tit. I, c. 22, num. 210, col. 304.
Tit. I, c. 39, num. 215, col. 312.
Tit. I, c. 50, num. 202, col. 301.
Tit. I, c. 51, num. 216, col. 303.
Tit. V, c. 16, num. 201ᵃ, col. 800.
Tit. VI, c. 15, num. 203, col. 802.
Tit. VIII, c. 6, num. 204, col. 303.
Tit. VIII, c. 11, num. 205, col. 303.
Tit. VIII, c. 27, num. 206, col. 303.
Tit. VIII, c. 66, num. 208, col. 803. — num. 819, col. 822.
Tit. VIII, c. 73, 76, num. 289, col. 427.

Liber XX.
. . . . ? Ὁ ἀποκαθιστάμενος — ὀφείλει.

Liber XXI. Tit. I, c. 8, num. 303, col. 462.
Tit. I, c. 30, num. 304, col. 457.
Tit. I, c. 40, num. 190, col. 288.

Liber XXII. Tit. I, c. 1, num. 257, col. 400.
* Tit. IV, c. 2, num. 18, col. 77:05 γίνεται — ὑπεξούσιος.
* Tit. IV, c. 9, num. 52, col. 180: Ὁ δίχα τινὸς — μνηστείαν.
Tit. V, c. 8, num. 2, 3, 4, 5, 77 vide liber XXVIII.
* Tit. V, c. 35, num. 7, col. 10. — n. 172, col. 271: Ἐὰν ἀνὴρ — κληρονομήσει.
Tit. V, c. 40, num. 258, col. 400.
Tit. V, c. 43, num. 256, col. 395. — n. 818, col. 400.
Tit. V, c. 60, num. 259, col. 401.
Tit. VII, c. 9, num. 296, col. 440.
* Tit. XIV, c. 16, num. 69, col. 157: Οὐδὶ γὰρ — χρησμοῖσθαι.
* Tit. XIV, ... ? num. 198, col. 297: Ὡς πάντων — λέγει.

Liber XXIII. Tit. II, c. 8, num. 127, col. 214.

---

[1]) Uno exemplo disce quam immanis error haud semel irrepserit in numeros a coeco librario codici insertos. — [2]) Patet error, cum tres tantum titulos liber V contineat.

BASILICON §. II

Liber XXIV. Tit. 1, c. 8, num. 141, col. 232: Τὴν ἀγαθὴν — δύναται.

* *Liber XXV.* Tit. v, c. 85, num. 172, col. 271: Ἐὰν ἀνὴρ — κληρονομήσαι.

Liber XXVI.

Liber XXVII.

Liber XXVIII. Tit. 1, c. 1, num. 85, col. 115.
Tit. II, c. 1, num. 61, col. 148.
Tit. IV, c. 2, num. 318, col. 519.
Tit. IV, c. 52, num. 317, col. 519.
Tit. V, c. 1, num. 1, col. 9. — num. 361, col. 722.
Tit. V, c. 2, num. 6, col. 10.
Tit. V, c. 3, num. 2. col. 6. — num. 862, col. 725.
Tit. V, c. 4, num. 8, col. 5. — num. 12, col. 25. — num. 363, col. 725.
Tit. V, c. 5-7, num. 13, col. 26. — c. 7, § 2, num. 318, col. 520.
Tit. V, c. 8, num. 224, col. 856.
Tit. VII, c. 1, num. 28, col. 97 — n. 29, col. 100.
Tit. VII, c. 3, 4, num. 22, col. 81, 82.
Tit. VII, c. 4, num. 310, col. 956.
Tit. VIII, c. 54, num. 159, col. 256.
Tit. VIII, c. 63, §. 6, num. 75, col. 164.
Tit. VIII, c. 68, num. 168, col. 255.
Tit. X, c. 15, num. 129, col. 216.
Tit. XII, c. 1, 2, num. 61, col 148.
Tit. XII, c. 14, num. 102, col. 192.
Tit. XII, c. 22, num. 101, col. 192.
Tit. XIV, nov. XXII, num. 98, 84, col. 113, 114. — num. 49, col. 129. — num. 70, col. 158. — num. 76, col. 161. — n. 77, col. 168. — num. 78, col. 163. — n. 79, col. 168. — num. 80, col. 169. — n. 81, col. 169. — num. 93, col. 181. — n. 117, col. 200. — num. 118, col. 209. — n. 153, col. 214. — num. 261, col. 402. — n. 832, col. 595. — num. 833, col. 596. — n. 884, col. 596.

Tit. XIV, in edd. Basilicis nullo capitulo, nulla sectione dividitur. In codice signantur quaedam capitula quae ignorat novella XXII.

Cap. 1, num. 152, col. 261.
Capp. 1, 2, num. 330, col. 594.
Cap. 4, num. 103, col. 193. — num. 106, col. 194.
Cap. 8, num. 104, col. 193.
Cap. 12, num. 125, col. 214.
Cap. 19, num. 87, col. 169. — num. 150, col. 249. — num. 160, col. 257. — n. 635,

col. 597. — num. 338, col. 599. — n. 348, col. 606.

Cap. 22, num. 99, col. 189.
Cap. 85, num. 186, col. 284, l. 14.

Nullibi in edd. Basil. neque in novella XXII occurrunt nobis sequentia:

* num. 82, col. 113. — num. 337, col. 599: Ἀλλ' ἐχέτω — πρόσωπον.
* num. 82, col. 169: Ὡς ἀπὸ μὲν — πρόσωπον.
* num. 91, col. 18: Ὥσπερ — τοῖς παισί.
* num. 184, col. 284: Τῆς μητρὸς — γαμῶν.
* num. 185, col. 284: μητρὸς — πατρός.
* num. 186, col. 284: Εἰ γὰρ ἀδιαθέτων — πατέρες.
* num. 224, col. 858: Τὰ μεταξὺ — βλάπτει.
* num. 315, col. 519: Ὅτι οὐ δικεῖ — βεβαιοῦσαι.
* num. 316, col. 519: Ὅτι θύμα — ἐστι.

Liber XXIX. Tit. 1, c. 18, num. 130, col. 216.
Tit. 1, c. 68, num. 124, col. 213.
Tit. 1, c. 113, num. 123, col. 215.
Tit. IV, c. 1, num. 154, col. 252.
Tit. VI, c. 4, num. 136, col. 227.
* Tit. VII, ... ? num. 187, col. 228: Ὅτι εἰ καὶ — εὑρεῖν.

Liber XXX.

Liber XXXI. Tit II, c. 1, num. 50, 51, col. 130.
Tit. VI, num. 131, col. 219.

Liber XXXII. Tit. 1, c. 4, num. 58, col. 145.
Tit. II, c. 4 num. 14, col. 29.
Tit. II, c. 4, num. 26, col. 87. — num. 54, col. 132. — num. 107, col. 196. — cf. num. 56, col. 142.

Liber XXXIII.

Liber XXXIV.

Liber XXXV. Tit. II, c. 17, n. 187, col. 288.
Tit. VIII, c. 11, num. 121, col. 210.
Tit. VIII, c. 83, num. 280, col. 423. — num. 284, col. 428.
Tit. IX, c. 9, num. 142, col. 233.
Tit. IX, c. 45, num. 143, col. 233.

Liber XXXVI.

Liber XXXVII. Tit. VII, c. 5, n. 286, col. 428.
Tit. VII, c. 11, § 3, num. 225, col. 356.

Liber XXXVIII. Tit. II, c. 1, n. 41. col. 121.
Tit. II, c. 5, num. 42, col. 122.
Tit. II, c. 7, num. 43, col. 122.
Tit. III, c. 30, num. 287, col. 428.
Tit. V, c. 1, num. 321, col. 551.
Tit. IX, c. 1, num. 240, col. 375.
* Tit. IX, c. 30, num. 250, col. 376: Ἁπλῶς — ἐργανῶν.
Tit. XXXV, num. 378, col. 472.

* . . . . ? num. 251, col. 876: Ἐὰν μὴ πιστῶς — ἀξιωθέοιται.

Liber XXXIX. Tit. 1, c. 1, n. 232, col. 859.
— num. 279, col. 423.
Tit. II, c. 1, num. 235, col. 428.
* Tit. III, c. 89, num. 80, col. 103: Ἐὰν τι λευτῶν — ἔχει. Hoc titulo caret lib. xxxix·

Liber XL. Tit. v, c. 6, num. 44, col. 122.

Liber XLI. Tit. IV, c. 8, num. 281, col. 423·
— num. 350, col. 615.
Tit. v, c. 1, num. 351, 352, col. 615.

Liber XLII. Tit. IV, c. 4, num. 119, col. 209·

* Liber XLIII. Tit. 1, c. 87, num. 68, col. 152: Ἀνισχύρος — πραγμάτων.

Liber XLIV.

Liber XLV. Tit. 1, c. 14, num. 339, col 599.
Tit. I, c. 34, num. 161, col. 258.
Tit. I, c. 38, num. 336, col. 597.
Tit. I, c. 42, num. 65, col. 151.
Tit. II, c. 14, num. 179, col. 274.
Tit. II, c. 86, num. 114, col. 207. — n. 133, col. 220. — n. 156, col. 255. — n. 263, col. 260.
Tit. III, c. 8. Nov. 119, num. 15, col. 30. — n. 16, col. 82. — n. 53, col. 131. — n. 57, col. 143. — n. 87, col, 274. — n. 88, col. 176. — n. 115, col. 208. — n. 134, col. 220. — n. 135, col. 220. — n. 164, col. 260. — n. 165, col. 260. — n. 180, col. 274. — n. 181, col. 276. — n. 183, col. 281. — n. 197, col. 298. — n. 200, col. 298. — n. 340, col. 599. — n. 341, col. 600. — n. 344, col. 601. — n. 345, col. 601.
* Tit. III, cap. ultimum, num. 160, col. 265 Ὑπέλιπεν — μητρός.
Tit. IV, c. 1, num. 59, col. 147. — n. 105, col. 194.
Tit. IV, c. 4, num. 60, col. 147.
Tit. IV, c. 5, num. 325, col. 592.
Tit. IV, c. 7, n. 118, col. 207. — n. 133, col. 220. — n. 162, col. 260. — n. 329, col. 593.
Tit. IV, c. 9, num. 325, col. 592.
Tit. v, c. 2, num. 157, col. 255. — n. 174, col. 271.
Tit. XI, c. 9, num. 327, col. 593. — n. 328, col. 593.

* . . . . ? num. 179, col. 272: Γυναιξὶ — εἰκτιώσιται.

Liber XLVI. Tit. 1, c. 29, num. 27, col. 67.

Liber XLVII. Tit. II, c. 10, μ. 139, col. 228.

* Liber XLVIII. . . . . ? num. 111, col. 206: Εἰ τε τοίνιε — ἀλλέριτον.

Liber XLIX.

Liber L. Tit. II, c. 58, num. 167, col. 266. — num. 269, col. 419.
Tit. II, c. 61, num. 168, col. 266.
* Tit. III, c. 9, num. 67, col. 152. Διὰ χρονίαν — ἀνθρώπων.
* cap. 9, num. 178, col. 273: Ὁ κατὰ πιστῖι — αὐτοῦ.
Tit. III, c. 47, num. 138, col. 228.
Tit. III, c. 51, num. 176, col. 279. — num. 265, col. 408. — num. 275, col. 416.
Tit. IV, c. 22, num. 285, col. 360.
Tit. v, c. 5, num. 169, col. 266. — num. 177, col. 279. — num. 270, col. 414.
Tit. v, c. 20, num. 148, col. 238.
Tit. x, c. 2, num. 170, col. 266.
Tit. x, c. 6, num. 171, col. 267.
Tit. XIV, c. 5, num. 298, col. 444.
Tit. XIV, c. 6, num. 299, col. 444.
Tit. XIV, c. 7, num. 300, col. 444.

Liber LI. Tit. XII, c. 1, num. 149, col. 238.

Liber LII. Tit. v, c. 4, num. 193, col. 293.
Tit. IX, c. 8, num. 194, col. 293.
Tit. XI, c. 2, num. 195, col. 293.

Liber LIII.

Liber LIV.

Liber LV.

Liber LVI. Tit. II, c. 41, num. 217, col. 312.

* Liber LVII. Tit. 1, c. 18, num. 218, col. 312: Τὸν στρατιώτην — ἐκδικουμένου.

Liber LVIII.

Liber LIX.

Liber LX. Tit. XVII, c. 8, num. 276, col. 416
Tit. XXXVII, c. 78, num. 220, col. 321.
Tit. XXXVII, c. 76, num. 221, col. 322 (Holmb. c. 83).
Tit. XXXVII, c. 76, num. 319, col. 522 (Holmb. c. 75).
Tit. XXXVII, c. 77, num. 320, col. 523.

§. III.

Imperatorum et Jurisconsultorum sententiae apud Demetrium.

I. *Ante Justinianum.*
  Ulpianus, num. 27, 41, 42, 129, 155, 232, 249, 347.
  Gaius, num. 138.
Paulus, num. 12, 18, 123, 124, 130, 159.
Papianus, num. 5, 363.
Pomponius, num. 18.
Modestinus, num. 13, 114, 139, 156, 163, 818.
  Noratius, num. 129.
  Callistratus, num. 308.
  Calocyrus, num. 308.
  Marcianus, num. 849.

II. *Justinianus.* Nov. 17, num. 22, 29.
  Nov. 18, num. 281.
  Nov. 22, num. 28, 68, 70, 175, 310.
  Nov. 89, num. 109.
  Nov. 72, num. 852.
  Nov. 89, num. 14.
  Nov. 90, num. 190.
  Nov. 92, num. 852.
  Nov. 107, num. 189.
  Nov. 117, num. 22.
  Nov. 118, num. 15, 16, 59, 57, 85, 86, 87, 88, 97, 115, 134, 135, 164, 180, 181, 182, 183, 197, 200, 311, 344, 345.
  Nov. 119, num. 154.
  Nov. 123, num. 20, 803, 855, 856.
  Nov. 127, num. 61.
  Nov. 131, num. 228, 292.
  Nov. 134, num. 127.
  Nov. 137, num. 860.

III. *Post Justinianum.*
  Thalelaeus, num. 84, 96, 823.
  Theodorus, num. 24, 47, 81, 110, 343.
  Symbatius, num. 71, 842, col. 117.
  Stephanus, col. 117, 612.
  Garidas, col. 117, 612.
  Italus, col. 117, 612.
  Eustathius Romanus, num. 86, 72, 85, 100, 117ª, 846, col. 117.
  Michael Chumnus, col. 87.
  Liber αἱρετικῶν ἐνστάσεων, num. 145.
  Anonymi, num. 21, 25, 48, 83, 95, 96ª, 117ª, 122, 144, 188, 207, 216, 223, 242, 290.

IV. *Byzantini imperatores.*
  Leo Sapiens (a. 886-910).
  Nov. 14, col. 834. - Zachar. nov. p. 86.
  Nov. 73, col. 650. — Zachar. p. 171.
  Nov. 74, col. 48, 61, 65, 77, 82, 86, 514, 524, 540, 677. — Zachar. p. 173.
  Nov. 76, col. 892. — Zachar. p. 173.
  * Nov. 102 male not. col. 82, sed neque satis reperitur alibi quod hic enunciatur.
  Nov. 108, col. 201. — Zachar. p. 210.
  Nov. ignota, col. 594.
  Romanus senior (a. 922-924).
  * Novella de praediis, col. 187, 188.
  Novella de potentibus praedia acquirentibus, col. 812, 818. — Zachar. p. 238.
  Alexius Comnenus (a. 1084), col. 48, 61, 65, 77, 86, 97, 514, 524, 540, 677. — Zachar. p. 859.
  Manuelis Comneni, col. 4, 31, 50, 92, 451, 461, 501, 525, 631.
    Rhalli v, p. 811. — Zachar. p. 483.

ONOMASTICON[1]

'Ακρών, col. 703.
   'Αβονίτης, 259, 804.
   'Αβραάμ, 374, 749, 812.
   'Αγαρηνοί, 485.
   'Αγγελος 'Αλέξιος Κομνηνός, 264.
   'Αγιαναστασίτης, 455.
   'Αγκύρα, 608, vide *Canones in indice rerum ad calcem hujus tomi.*
   'Αγιοπολίτης, 620, 621.
   'Αγράδη, 449.
   'Αγραϊκωτικός, 450.
   'Αγριδιωτικός, 815.
   'Αδραμύρις, 454.
   'Αθανάσιος, 319, 650, 651, 800.
   'Αθως, 881.
   'Αθῆναι, 620.
   Αἴγυπτος, 474, 485, 695.
   'Ακίνδυνος, 441.
   'Ακρωνηᾶς, 267, 806.
   'Αλδοϊνός, 194, 801.
   'Αλέξανδρεια. 667, 675, 689, 729.
   'Αλέξανδρος, 81, 221, 786.
   'Αλέξιος, 54, 177, 205, 206, 241.
   — 'Αρραβωνίτης, 429.
   — Πατριάρχης ΚΠ. 45, 46.
   — Κομνηνός, vide h. v.
   — Παγωνίτης δούξ, 452.
   'Αλιοίριος, 531, 822.
   'Αλμυριότης, 71, 791.
   'Αλυάτης, 428, 479, 815.
   'Αλωπεφόνος, 211, 801.
   'Αμαστρίς, 486.
   'Ανακλιτικός, 419.
   'Ανακτορόπολις, 823, 810.
   'Αναστάματα, 490.
   'Αναστασία, 290, 806.
   'Ανατολικός, 503.
   'Ανατόλιος ΚΠ., 569.
   'Ανδριανός, 79, 791.

'Ανδριανές, 100.
'Ανδρόνικος, 84, 105, 393, 813.
'Ανδρουτζος, 517, 821.
'Αννα, 54, 211, 249, 257, 275, 420, 433, 446, 515, 557.
'Αντιοχεία, 328 etc. vide *Canones.*
'Αντχιαλός, 848.
'Ανω Πόλογος, 409.
'Απολλινάριος, 707, 835.
'Απίργιος, 363, 812.
'Απρω, 784.
'Αρβανες, 2.
'Αργυρός, 141.
'Αρδρις, 176.
'Αριος, 467.
'Αρετή, 199.
'Αριστοτέλης, 37, 617.
'Αρμένιος, 175.
'Αρμένιοι, 661, 672, 676, 715, 782.
'Αρμενόπουλος, 277, 806.
'Αρμενοχώριος. 144.
'Αρραβωνίτης, 429, 816.
'Αρτάβασδος, 785.
'Αρτέμιος, 107.
'Αρτύνη, 171, 793.
'Ασημούτζης, 870. — 'Ασιμούτζα, 871.
'Ασπίετης, 263.
'Αταλιότης, 79, 791.
Αὐτωριανός, 100.
Αὔσονοι, 484.
'Αχιλῶες, 503.
'Αχρίδα, 145, 175, 229, 280, 389, 819, 820, 825, 401, 437, 484, 541.
'Αχυραΐτης, 869.
'Αφρική 495.
Βαγενιτία, 119, 293, 412, 437, 441.
Βαλεντίνος, 781, 784.
Βάλις, 105, 853.
Βαλσάμων, 46. 675, 729, 788.

[1] In rescribendis hisce vocabulis, saepius et mirum in modum peregrinis, nil mirum nos sequi ad amussim unius codicis nostri scripturam, accentus, grammata, orthographiam, quin et cacographiam, non semper sibi consentaneam.

ONOMASTICON

Βανιανες, 489.
Βανιστες, 409.
Βαρδάντες, 810, 818.
Βάρδης, 57, 277.
Βάρης, 761.
Βαρλαάμ, 132, 796.
Βαρνάβας, 599.
Βαρσύστς, 363, 812.
Βαρσανευρυις, 434.
Βασίλειες, 75, 106, 108, 155, 194, 231, 253, 277, 279, 286, 295, 817, 837, 871, 434, 437, 521, 539, 760.
— ὁ μέγας, vide Canones.
— Αἰγύπτιος αἱρετικός, 782.
Βασιλικός, 127, 131, 268, 805.
Βασιλόπουλος, 162.
Βάσος, 81.
Βασσιανός, 567, 600.
Βέλκανες, 817.
Βενέδικτος ἀββᾶς, 761, 838.
Βενετικός, 109, 273, 793.
Βεριόλαξες, 863.
Βέρροια, Βερροιαῖοι, 211, 215 278, 282, 295, 299, 851, 869, 893, 403, 419, 433, 445, 454, 465, 525.
Βηρωτᾶς, 539.
Βιοτάρχης, 416, 817.
Βελᾶς, 161, 866.
Βιγυλλες, 495.
Βιδίνης, 564.
Βιλέβιστος, 402.
Βλαδιμηρός, 141.
Βλάχνες, 56, 789.
Βλαστενίς, 815, 817.
Βλαστός, 817.
Βλάχοι, 841, 541.
Βογδανόπουλος, 517, 817.
Βόδα, 99.
Βοδινάτης, 553.
Βοδίνων κάστρον, 445, 787.
Βοθρωτός, 162, 839, 811.
Βολεολάβα, 535, 803.
Βελίολαβος, 895, 803.
Βουγοῦρος, Βουργύος, 230, 891.
Βούλγαροι, 42, 216, 236, 261, 355, 361, 862, 410, 486, 563, 685, vide Bulgari.
Βούλκες, 538.
Βουσίτης, 191, 800.
Βρασίδας, 467.
Βρεττιανός, 878.
Βρατιανός, 420.
Βρατωνές, Βρατωνᾶς, 815, 817.

Βραχίων, 865.
Βρίτιπλς, 441.
Βρυένιος, 84, 792.
Βρύσις, 819.
Βύζας, 490.
Βυθινοί, 490.
Γαβαδώντες, 107.
Γαβρᾶς, 99, 339.
Γαβριήλ, 95, 782.
Γάγγρα, 760, vide Canones.
Γανάδαιος, 865, 812.
Γαρίδας, 117, 612, 857.
Γαρινός, 454, 818.
Γεράσιμος, 409, 814.
Γερβινίτης, 505, 820.
Γερμανός ΚΠ. πατρ., 481, 483, 578.
Γεώργιος, 56, 90, 105, 138, 146, 171, 175, 211, 262, 279, 287, 309, 817, 866, 401, 411, 418, 420, 437, 442, 454, 467, 511, 517, 522, 535, 548.
Γεωργίτζης, 175.
Γίνες, 1, 2, 7.
Γιόντε, Γίντες, 423, 425.
Γλαβινίτζα, 500, 825.
Γλυκύς, 159, 798.
Γονικόος, 107.
Γουδέλες, 229, 802.
Γουναρόπουλος, 525, 822.
Γριβινίτης, 495.
Γριβενές, 435.
Γρηγόριος, 99, 105, 246, 285.
— ὁ θεολόγος, 116, 467, 479, 643, 788, 756, vide Greg. Nazianzenus.
Γρίδης, 816, 800.
Γρίτζης, 241, 403.
Γριτζιάρις, 817.
Δαιμονογιάννης, 90 sqq., 792.
Δανιήλες, 47.
Δαυίδ, 703 etc.
Διαβολάς, 821.
Δίβραι, 425, 435.
Διμνίτης, 503, 820.
Δίβροι, 517.
Δίσα, 280.
Διπλοβάτες, 146, 175, 797, 799.
Διοκλῆς, 539.
Δημήτριος, 2, 109, 155, 249, 278, 810, 839, 442, 447, 449, 543.
— ὁ μεγαλομάρτυς, 67, 369, 495, 499. — Vide Demetrius Chomatianus.
Δισκλία, 686.
Διονύσιος ὁ Ἀρεοπαγίτης, 493, 496.

860 ONOMASTICON

Διόσκορος, 569.
Δίσα, 230.
Δεβρεσινός, 437, 438, 816.
Δέβρος, 317, 409, 814.
Δεσίθεος, 257, 805.
Δεβέραι, 365.
Δεύκας, vide Κομνηνός.
Δράγανος, 503, 822.
Δραγόμαδες, 317.
Δραγομηρός, 825, 810.
Δραγόστη, 539. — Στραγόστη, 541, 823.
Δράζις, 815, 409, 809, 814.
Δραΐνόπολις, 162.
Δρακοντοσπήλαιον, 872.
Δράμη, 418.
Δρεβόολαβες, 317.
Δρευγούβιλες, 75.
Δρευγουβίται, 855.
Δρουγουβιτική, 410.
Δυρράχιον, 425, 617 etc.
Ἐάχοβος, 825.
Ἑβραῖοι, 695-704 etc.
Εἰρεσιώνη. 492.
Εἰρήνη, 51, 75, 99, 153, 199, 229, 317, 429, 553, 735.
Ἐλένη, 87, 105, 112, 215, 226, 262.
Ἐλινάσος, 817.
Ἐλλάς, 817.
Ἐξερίανες, 317.
Ἑρμογένης, 582.
Εὐδοκία, 79, 105, 287, 354.
Εὐδόξιος, 435.
Εὐκλείδης, 468.
Εὐνοστία, 480.
Εὐπραξία, 854.
Εὐριπιώτης, 105, 793.
Εὐστάθιος, 117, 159, 602 etc., vide p. 857.
— ὁ τῆς Θεσσαλονίκης, 631, 653.
Εὐφήμιος, 257.
Εὐφροσύνη, 162.
Ἔφεσος, 845, 880, vide Canones.
Ἐψραίμ, 492.
Ζαγόρα, 43, 498, 569, 787.
Ζάδας, 211, 801.
Ζαΐκις, 146, 797.
Ζακυθινός, 285, 807.
Ζευγαρᾶς, 574.
Ζήνων, 897.
Ζυγὶς χωρίον, 563.
Ζωή, 47, 186, 161, 199, 211, 441, 520, 555.
Ζωναρᾶς, 46, 788.
Ἡλιού, 53, 478.

Θαλιλαῖος, 117, 170 etc. vide p. 857.
Θεοδόσιος, 131, 172.
Θεοδούλη, 281.
Θεοδώρα, 185, 421.
Θεόδωρος, 50, 82, 99, 117, 153, 159, 165, 225, 261, 263, 269, 287, 295, 299, 852, 865, 880, 420, 441, 446, 503, vide Βαλσάμων, Κομνηνός etc.
Θεοδωρίτος, 261, 805.
Θεοδωρούπολις, 865.
Θεολογίτης, 79, 792.
Θεοτόκος, 694 etc. — ἡ Ἐλεούσα, 216. — ἐν Σκυνουμένῳ, 816. — ἐν Κτεατεβῇ, 409.
Θεοφάνης, 417, 815.
Θεόφιλος, 117, 612.
Θεόφιλος Ἀλεξ, 668, 689.
Θεοφύλακτος, 626, 780.
Θεόχαρις, 810.
Θεσσαλονική, 50, 165, 246, 336, 447, 451, 577, 620.
Θρηκήσιοι, 893.
Ἰαγατικός, 197.
Ἰαδώνας, 519, 821.
Ἰακώβ, 503.
Ἰάννινα, 289, 369, 568.
Ἴδρυσις. 215.
Ἰγκλίνοι, 269.
Ἰεβοῦς, 835.
Ἱεραχάρκης, 315, 809.
Ἱέρισσος, 450.
Ἱεριχώ, 702.
Ἱερόδαμ, 491.
Ἱερουσαλήμ, 835.
Ἰησοῦς τοῦ Ναυῆ, 702.
Ἰλλύριοι, 579.
Ἱμέριος, 87, 787.
Ἰευστινιανὰ Πρώτη, 391, 481, 494, 501.
Ἰουστινιανός, vide p. 857.
Ἱπποκλείδης, 497.
Ἰσαάκιος, 454.
Ἰσραήλ, 877, 812.
Ἰταλία, 752.
Ἰταλοί, 90, 842 etc.
Ἰταλός, 117, 214, 612, vide p. 857.
Ἰωαννάκις, 870. — Ἰωαννάκιος, 869.
Ἰωάννης, 14, 51, 75, 84, 90, 99, 105, 162, 175, 195, 197, 199, 221, 230, 253, 269, 277, 279, 282, 291, 815, 819, 821, 865, 866, 417, 438, 441, 445, 451, 539, 567, 692, 815, 795.
Ἰωαννίαι, 119, — Ἰωαννίναι, 859, 795.
Ἰωαννίκιος, 230, 812.

Ἰωαννιτζιοτάς, 107.
Ἰώσηπος Φλάβιος, 632.
Ἰωσὴφ, 421, 451.
Καβαλεύρχς, 177, 799.
 Καβάσιλα, 425.
 Καβασιλας, 419, 617 sqq., 815, 827 etc.
 Καβασιλίνα, 425, 815.
 Καλὴ, 75, 106, 166, 175, 239, 268, 277, 282, 307, 430, 449, 457.
 Καλοβελλώνης, 403, 814.
 Καλόγνωμος, 161, 798.
 Καλογνώμων, 108.
 Καλὸς, 101, 175, 195, 899.
 Καλούδα, 291.
 Καλούπολες, 267, 806.
 Καμάτηρος, 567.
 Καμπανεία, 454.
 Καμπίτης, 109. — Καμπίτης, 279, 806.
 Καμωνᾶς, 1, 7, 11, 22, 785.
 Κανάκιος, 87.
 Κάνδιδος, 285.
 Κανταχουζηνός, 289, 380, 389, 807.
 Καππαδόκης, 282, 399, 807, 813.
 Καππάδουκα, 352, 399.
 Κάροινος, 871, 812.
 Καρχιδών, 495, 625.
 Κασσανδρία, 454.
 Καστερία, 377, 879, 541, 565.
 Καστρηνός, 99.
 Κάτω Πόλεγες, 438.
 Κερκύρα, Κορκύρα, 135, 138, 153, 177, 225, 267, 285, 807, 897, 430, 463.
 Κίνναμος, 418.
 Κνίτζης, 175.
 Κοβάτζη, 852.
 Κολανίτζη, Κολαστρανίτζα, 483.
 Κολωνία, 529.
 Κομανός, 236, 803.
 Κόμης, 445.
 Κομνηνὴ Εὐδοκία, 52, 788.
 — Θεοδώρα, 51, 547, 768.
 — Μαρία, 50, 454, 788.
 — θυγάτηρ Στεφάνου Κουπάνου, 2, 7, 12, 24.
 Κομνηνὸς Ἀλέξιος Ἄγγελος, 61, 261, 492, vide p. 857.
 — Ἀνδρόνικος, 123.
 — Γεώργιος, 548, 824.
 — Θεόδωρος, 50, 53, 69, 80, 92, 109, 127, 135, 189, 153, 261, 815, 835, 366, 833, 474, 482, 488-492, 501, 525, 508, 578, 788.
 — Ἰσαάκιος Ἄγγελος, 454.
 — Μανουὴλ, 4, 81 etc., vide p. 857.
 Κομνηνὸς Μιχαὴλ, 50.
 — Ἀσπίετες Σκυπων δοῦξ, 263.
 — Πλευτὸς, vide h. v.
 — Σιρβίας Στέφανος, vide h. v.
 Κοντὸς, 175, 445, 817.
 Κοράτζης, 852.
 Κορομπλὸς, 67, 790.
 Κορτζηνὸς, 257.
 Κορυτοί, 285.
 Κερυφηνὸς, 893, 818.
 Κεσαῖος, 135, 796.
 Κοσταμίρης, 405, 805.
 Κοτιάχεβες, 341.
 Κευβάρα, 96.
 Κευκουμα, 445.
 Κουνάλης, 215, 802.
 Κούρκς, 236.
 Κουρίτζης, 401, 814.
 Κεύρτζουλος, 239, 803.
 Κουρτίκης, 257, 805.
 Κραβερσκὰς, 447, 817.
 Κρεσὶ, 21, 788.
 Κτιατόβη, 409.
 Κράσνα, Κράσινα, 548, 544, 823.
 Κράτηρος, 222, 507, 802, 809.
 Κρητικός, 110, 806.
 Κυπρὶς, 345, 887.
 Κύριλλος, 589.
 Κωνσταντινούπολις, 841, 845, 848, 865, 489, vide Concilia, Canones etc.
 Κωνσταντίνος, 63, 107, 110, 187, 143, 149, 161, 165, 171, 223, 289, 249, 807, 870, 893, 895, 403, 405, 413, 445, 453, 501, 617.
 — ὁ μέγας, 763.
 — Πορφυρογέννητος, 125, 164.
 Κώνστας, 175, 897, 499, 559.
Λακαπηνὸς, 75.
 Λαμπίτης, 165, 501, 799, 820.
 Λαοδικεία, 608, vide Canones.
 Λάρυγξ, 75.
 Λατῖνοι, 89-94, 451 459, 577, 625, 695-697, 718, 727-729 etc.
 Λάχων, 865.
 Λέων, 100, 176, 235, 239, 241, 257, 351, 871, 893, 445, 527, 537.
 — ὁ Σερβὸς, vide p. 857.
 Λιβίριος, 707, 885.
 Λιζίκιος, 191.
 Λιτοβέκε, 261, 805.
 Λογαρὰς, 449.
 Λογγιβαρδίτης, 277, 806.

862   ONOMASTICON

Λεξίτζν, 893.
Λεύκας ΚΙΙ. πατρ., 4, 34, 47, 722 etc.
Λύδου μῦθος, 487.
Λύκιει, 631.
Μαίνης ῥωμαῖες ἐπίσκοπος, 95.
    Μακίδονις, 815.
    Μακριμεελίτης, 225.
    Μακρονικόλας, 897, 813.
    Μαλακινές, 411, 814.
    Μαλεσέβα, 626.
    Μανδάτωρ, 670.
    Μανδούκας, 441, 817.
    Μανδριεί, 441.
    Μανουήλ, 16, 96, 162, 198, 299, 816, 851,
        867, 877, 418, 511, 539, 722, 781, 858.
    Μάξιμος, 854, 865, 787.
    Μαρία, 14, 57, 62, 71, 83, 106, 171, 211,
        225, 256, 257, 269, 287, 290, 295, 870,
        493, 442, 450, 454, 521, 534, 559, vide
        Θεοτόκος.
    Μαριανός, 110, 794.
    Μαρινός, 267.
    Μακρής, 729.
    Ματζεβάλης, 442.
    Μαυρικάτζες, 430.
    Μαυρώνας, 480.
    Μαδρας, 515, 517, 821.
    Μελέδις, 887.
    Μιλίας, 127, 800.
    Μιλχισεδέχ, 749.
    Μέλα, 282, 805.
    Μιχαήλ, 87, 79, 100, 135, 148, 153, 241, 282,
        291, 809, 369, 417, 429, 439, 527, 537, 558.
    — ὁ Κηρουλάριος, 9, 84, 88, 709, 718.
    — τοῦ Ἀγχιάλου, 847, 848.
    Μιχώς, 557
    Μέγλαινι, 545, 566.
    Μέλισκος, 509.
    Μακρὶς, 547.
    Μανιμάχος, 709.
    Μοσχόπουλος, 537, 823.
    Μόσχος, 400, 814.
    Μότζιλος, 555, 825.
    Μπάλες, 559, 825.
    Μοκάρι ὁ.ὸξ, 867.
    Μυρτίς, 631.
    Μυρτοβέβα, 236, 261, 803, 805.
    Μωσθι, 805, 412.
    Μωϋσῆς, 878, 474, 490 etc.
Ναύπακτες, 911.
    Νειμάνης, 59.
    Νίκτανες, 141, 797.

Νιμελιτζιοτε, 488.
Νικκαισαρία, 608, vide Canones.
Νεοκαστρίτης, 81.
Νεόφυτος, 450.
Νικαιότης, 221.
Νέφων, 505.
Νικαία, 287, 461, 490, vide Canones.
Νικήτας, 8, 88, 83, 870, 718, 785 etc.
Νικηφόρος, 135, 165, 215, 228, 241, 867, 894,
    403, 419, 421, 438, 545.
Νικολάκιο, 267, 285.
Νικόλαος, 47, 71, 149, 161, 162, 177, 231, 249,
    253, 285, 818, 843, 411, 529, 626.
— ὁ ἅγιος, 899, 430.
Νίκος, 557, 825.
Ξιφιλῖνος ΚΙΙ. πατρ. 817, 619.
Οἰκοδομόπουλος, 245, 804.
    Οἰνομηρός, 149, 797.
    'Ομπράδα, 438, 816.
    'Ορούκάτης, 'Ορχιάτης, 298, 299, 808.
    'Οψικιάνος, 215, 802.
Παδιακινίτης, 293, 808.
    Πακτυριανός, 216, 802.
    Παλαιοσιτάρης, 153, 798.
    Παναγιώτης, 854, 311.
    Πανειωιώτης, 153, 798.
    Παραλιανώτης, 837, 515, 811.
    Πασπαλᾶς, 818, 815.
    Παυλόπουλος, 493.
    Παῦλος, 247 etc.
    Πεδιαδίτης, 105, 155, 177, 281, 899, 430, 787.
    Πελαγωνία, 96, 277, 837, 893, 412, 499, 576.
    Πελοπόννησος, 93, 94.
    Πεπαγωμένος, 439, 816.
    Πέρδος, 100, 800.
    Πέτζης, 299, 808.
    Πετζικόπουλος, 47, 529.
    Πετρίλος, 475.
    Πέτρος, 14, 152, 231, 247, 528, 708, 722.
    Πηγονίτης, 461. — Πηγονίτης, 895, 822.
    Πιερίδης, 519.
    Πιπεράδες, 898.
    Πλανιτζεβίτης, 162.
    Πλάτων, 468.
    Πλευσιανές, 151.
    Πλουτής, vide Κομνηνός.
    Πάλυγος, 259, vide Ἄνω — κάτω πόλιν.
    Πολύευκτος ΚΙΙ. πατρ, 645.
    Πρίαβος, 523, 821.
    Πρίσκα, 556, 557.
    Πρίλαπος, 71, 141, 499, 519, 575.
    Πρίμπας, 826.

ONOMASTICON

Πρισδιανὸς, 487.
Προβατᾶς, 287.
Προδάνικες, 268.
Προκοπᾶς, 249, 804.
Πρόσακος, 598.
Πυθαγορικός, 118.
Πύργιος, 848.
Πύρρος, 199, 848, 411, 801, 814.
'Ραδομηρὸς, 70, 285.
  'Ράδος, 815, 821, 548, 547, 555, 809, 828, 824, 925.
  'Ραδόσλαβος, 487, 499, 820.
  'Ράπη, 442.
  'Ρακίτης, 815.
  'Ρασίνης, 528.
  'Ράσος, 884.
  'Ριγανδς, 887.
  'Ρομπούς, 817.
  'Ρωμαϊς, 111, 492.
  'Ρωμαῖος, vide Εὐστάθιος.
  'Ρωμανία, 'Ρωμανοί, 87, 99, 141, 841, 449 etc
  'Ρωμανός ὁ δεῖνα, 141, 785, 797.
  — ὁ Βασιλεὺς, vide p. 857.
Σάβας, 881, cf. *Prolegg*.
  Σαβίλλιος, 467.
  Σακελλιος, 290.
  Σακλικίνη, 449, 817.
  Σαλερινός, 269, 429, 816.
  Σαμουὴλ, 866.
  Σαοὺλ, 491.
  Σαρακηνὸς, 817, 717.
  Σαραφθία, 696.
  Σαρᾶς, 295, 808.
  Σβερία, 100.
  Σβήνιλες, 851.
  Σβίνα, 536, 828.
  Σγοῦρος, 501.
  Σερβία, Σέρβιοι, 1, 6, 22, 801, 829 885, 495, 578, 685.
  Σερβδόουλος, 585, 828.
  Σέργιος, 185, 796.
  Σερριότης, 809.
  Σιλβέστρος, 402, 818.
  Σιλιγνᾶς, 282.
  Σισίννιος ΚΠ. πατρ., 5, 84, 86, 45 etc.
  Σκηνούμενος ναὸς χωρίων, 816.
  Σκέπιοι, 149, 261, 279, 825, 890, 810 etc.
  Σκοπιωτικὸν χωρίον, 105.
  Σκευτεριάτης, 105, 788.
  Σκευταριώτισσα, 217.
  Σκώρος, 517, 521.
  Σλάβα, 547, 521.

ANAL. VII, 80*.

Σλάβος, 235.
Σέδρα, 74.
Σόγχος, 521.
Σουσίτζες, 403.
Σούτρουπα, 162.
Σουχάλιτρος, 149, 797.
Σπανόπουλος, 848.
Σπάρτα, 490.
Σταγείρα, 491.
Στάννα, 817, 821, 528, 809.
Στανὲς, 290, 806.
Στανόπουλος, 848.
Στάσης, 92, 826.
Σταῦρος 587, 826.
Στέριλδες, 241.
Στέφανος, 117, 282, 524, 589, 567, 580, 781.
  — Ζουπανὸς, 1, 6, 22, 49, 59, 881, 887 sqq., 898 etc.
Στρίατζος, 689.
Στρουμίτζα, 68, 236, 586.
Συρβάτιος, 117, 158, 600, 612, vide p. 857.
Συμεών, 217, 279, 470, 479.
Συνθ, 697.
Συρόπουλος, 419, 815.
Σωφρόνιος, 891, 818.
Σωκράτης, 745.
Τανεύσης, 424, 815.
Ταντεύρης, 282, 807.
Ταρωνᾶς, 849.
Τειχόμηρος, 269, 805.
Τειχοτίτζης, 819, 809.
Τέρμενα, 563.
Τέρνεβος, 496.
Τζακῆνος, 75, 818, 791.
Τζάκονες, 452.
Τζαμᾶς, 105, 798.
Τζάντζης, 101, 709.
Τζέοσκ, 521.
Τζερμινκὸς, Τωρμινκὸς, 848, 850.
Τζερησοδίστης, 515.
Τζερνεκὸν, Τζερνηκοσίνη, 488, 489, 816.
Τζιμίσχης, 647, 880.
Τζιμπίνισσα, 106.
Τζιμπίνος, 171, 709.
Τζόλα, 542.
Τζούρκης, 557.
Τιβέριος, 682.
Τιμίθεος, 64.
Τούρμα, 872.
Τριαβούνη, 865.
Τρισκατάφυλλος, 800, 417, 541, 609, 815, 817.
Τρούλλος, vide *Canones*.

Φίγελλος, 582.
   Φιλάγριος, 454.
   Φιλάρετος, 426.
   Φίλιξ, 495, 707, 818, 835.
   Φιλικά, 465.
   Φινίς, 51, 789.
   Φλώρος, 155, 631.
   Φραγγόπουλος, 454, 818.
   Φράγκοι, 745, 757.
   Φρόγκος, 305, 412.
Χαϊτᾶς, 803.
   Χαλάνη, 498.
   Χαλαύρος, 551.
   Χαλκίδων, 831, 832, vide *Canones*.
   Χαλκιματᾶς, 801.
   Χαμαιδράκων, 165, 501, 799.
   Χαμάρετος, 90, 792.
   Χαμηλός, 286, 807.

Χαρίτων, 128, 795.
Χαρσιανίτης, 445.
Χίλων, 27.
Χλωροπάχης, 553, 824.
Χρύσαλος, 61, 509, 820.
Χρύσος, 511, 527, 821, 822.
Χρυσοβαλαντίτης, 420.
Χρυσοέιργης, 148, 797.
Χρυσοιωάννης, 193, 801.
Χρύσος, 149, 511, 797, 823.
Χύδρος, 81, 786.
Χυμνός, 87, 857.
Χωδινᾶς, 174.
Χρυστιανός, vide *Prolegg*.
Χωρσάντες, 141.
Ψίλλος, 115.
Ὡραία, 419, 817.
Ὠστρίγγιος, 559 [1]).

EPILOGUS AD BASILICA.

MONITUM.

Ut contigit nobis ex hoc codice Monacensi multa describere quae molem librorum Basilicorum augent et illustrant, ita ex altero codice Monacensi cxxii, haud ita pridem iisdem libris auctaria plurima addere juvit, quae novae luci donari merentur. Jacent enim sepulta in Pseudo-Photii nomocanone, ad calcem tomi II qui interruptam Syllogen claudit: *Juris ecclesiastici Graecorum historia et monumenta*. Frustra obviis et amicis legum peritis et studiosis haec scholia commendavi, quae vel jus antejustinianum respiciunt et Thalelaeo, Theodoro, Cyrillo, aliis in schola juridica summis magistris tribui possunt. Nemo nostrorum hominum ullus quem sciam, citra et ultra montes, ad haec vel oculos convertit. Sed inter Germanicos viros longe aliter actum est. Ac primum Zachariae de Lilienthal, ducem illum praeclarum et principem magistrorum scholae Byzantinae nostra non fugerunt [1]). Tum egregii viri qui post exstinctos ambos Heimbach ultimam manum in edendis libris Basilicis admoverunt, nostris scholiis per totum VI tomum sedem nobilis-

---

[1]) Post onomasticon subjicere animus erat lexicon, quod quidem copiosissimum fastidioso digestum, typisque paratum, tandem negleximus, tum quia vix absolvi prae tanta barbarie poterit, tum quia multa praeoccupavit tertio locupletissimus liber inscriptus: *Memorial edition. Greek Lexicon of the Roman and Byzantine Periods by E. A. Sophocles. New York. 1888.* — [2]) Cf. *Zeitschrift für Rechtsgeschichte* ix, p. 185 sqq.

simam dederunt [1]). Sed cunctis animosior, Paulus Krueger, cl. Momsenii discipulus insignis, artus et lacerta ad hoc opus excivit. Codicem Monacensem iterum excussit; Dublinensem alterum et similem quem frustra versare anhelabam domi recepit et per otium profligavit. Quibus absolutis humanissimas ad me litteras scripsit [2]), quibus certiorem me fecit codicem Dublinensem plane cum Monacensi consentire editionemque meam ab utroque pendere integerrimam. Eamdem demum repetitam voluit, mutato ordine et codici Justiniano accommodatam [3]). Quae tum demum jure postliminii huc revocari placuit, ut Analectorum amicis et lectoribus obvia sint et prosint [4]).

De statu liberis.

Digest. XL, 7, § 4, 5. Nomocan. XIII, 41 (p. 634). Basil. VI, 318.

Ἐὰν ὁ κληρονόμος πράγματος δημοσίου αἰτίᾳ ἄπεστιν, ἢ περιμένει αὐτὸν ὁ στατουλλίβερ ἢ ἀποτίθεται τὰ νομίσματα εὐφραγισμένα ἐν ναῷ καὶ εὐθέως ἐλευθεροῦται.

Ad legem Corneliam de sicariis et veneficiis.

Digest. XLVIII. VIII, 4, § 1, 2 (MV) Nomocanon 1, 14 (p. 470). Basil. VI, 332.

Ἐπειδή τις κατὰ τροφὴν αἰτίαν θανάτου παρέσχον, ἀπεδέχθη ὑπὸ Ἀδριανοῦ τὸ γεγονὸς ὑπὸ ταυρινοῦ τοῦ ἀνθυπάτου διότι αὐτὸν ἐπὶ πενταετίαν ἐτελεγάτευσεν.

Οὕτω διατέτακται· Μὴ γενέσθωσαν μὲν εὐνοῦχοι· τοὺς δὲ τοῦτο τῷ ἐγκλήματι ἐρχομένους· τῇ τιμωρίᾳ τοῦ Κορνηλίου νόμου κρατεῖσθαι κελεύω καὶ τὰς τούτων οὐσίας εἰκότως τῷ φίσκῳ ἐκδικεῖσθαι ὀφείλειν καὶ τοὺς δούλους· τοὺς ποιήσαντας εὐνούχους ἐσχάτῃ τιμωρίᾳ ἐπιστρέφεσθαι δεῖ. κἂν μὴ πάρησιν οἱ τούτῳ τῷ ἐγκλήματι κρατούμενοι καὶ περὶ ἀπόντων αὐτῶν ὡσανεὶ τῷ Κορνηλίῳ νόμῳ κρατουμένων ἀποκρίνεσθαι χρή· ὡς εἴ γε αὐτοὶ οἱ ταύτην τὴν ἀδικίαν

καθόντες, ἀνακρωνοῦσιν, ὀφείλει αὐτῶν ἀκούειν ὁ ἄρχων τῆς ἐπαρχίας τῶν ἀπολεσάντων τὴν ἀνδρείαν· οὐδεὶς γὰρ τὸν ἐλεύθερον ἢ τὸν δοῦλον ἄκοντα ἢ συγχωροῦντα εὐνουχίζειν ὀφείλει. Ὁ δὲ παρὰ τὸ ἐδικτόν μου ποιήσας ἰατρὸς μὲν ὁ ἐκτεμὼν κεφαλικῶς τιμωρηθήσεται. καὶ αὐτὸς δὲ ὁ θέλων ἑαυτὸν εἰς τὸ ἐκτμηθῆναι παρασχών.

§ 5, 6. Doroth. iudices desunt. Nomocanon 1, 14 (p. 470). Basil. l. l.

Καὶ οἱ τοὺς θλιβίας δὲ ποιοῦντες ἐν τῇ αὐτῇ αἰτίᾳ εἰσίν, ἐν ᾗ οἱ εὐνουχίζοντες· καθὰ διατέτακται. Ὁ δὲ δοῦλον ὀφείλοντα εὐνουχισθῆναι παραδοὺς εἰς τὸ ἥμισυ μέρος τῆς οὐσίας ζημιοῦται, ὡς ἀπὸ δόγματος [τῆς] συγκλήτου.

---

[1]) Cf. Basilicorum libri LX, tom. VI. Lipsiae 1870, pag. praevia I 832, 839 sqq. — [2]) Dat. die 4 februar. 1870. — [3]) Indices constitutionum codicis Justiniani ex libris Nomocanonis XIV titulorum collegit Paulus Krüger. Marburgi, typis Elverti. 1872 p. I-XX. — [4]) Sigla M. D. V. significant codices Monacensem, Dublinensem et Vaticanos, nempe 828 et 1931 ex quibus plura recoperam.

§ 11-7. Doroth. Nomoc. 1-14 (p. 470). Basil. l. 1.

Περιτέμνων τοις Ἰουδαίοις τοὺς ἰδίους μόνους υἱοὺς ἐκ διατάξεως ἐφεῖται· κατὰ δὲ τοῦ ποιήσαντος τοῦτο εἰς τὸν υἱὸν ὄντα τῆς αὐτῆς θρησκείας ἢ τῶν εὐνουχιστῶν τιμωρίᾳ ἐπάγεται.

Inde Paulus Krüger usque in finem, cum ejusdem notis.

De summa Trinitate et fide catholica.

Cod. 1, 1, 2 (Thalelaei?) = Nomoc. 1, 1 p. 637 (V). Basil. vi, 338.

Μηδεὶς τόπος τοῖς αἱρετικοῖς ἀνεῴχθω, ἀλλὰ κἄν τι ἀντίγραφον πορίσωνται, ἀνίσχυρον ἔστω. κωλυέσθωσαν καὶ τῶν αἱρετικῶν αἱ συνελεύσεις. κρατείτω δὲ ἡ ἐν Νικαίᾳ πίστις· ἡ εἰς πατέρα καὶ υἱὸν καὶ [1]) πνεῦμα ἅγιον ὁμολογία [2])· οὐ γὰρ ἐντὸς τῶν τειχῶν αἱρετικὸν [3]) εἶναι βουλόμεθα, ἀλλὰ τοῖς ὀρθοδόξοις πάσας τὰς τοῦ κόσμου ἐκκλησίας ἀποδίδομεν [4]).

Cod. 1, 1, 3 (Thalelaei?) = Nomoc 12, 3 p. 605 (MDV). Basil. l. 1.

Ὅτι δεῖ τὰ Πορφυρίου καὶ τῶν ὁμοίων αὐτοῦ συγγράμματα πυρὶ καίεσθαι, τοὺς δὲ ἀκολουθοῦντας τῇ Νεστορίου διδασκαλίᾳ, εἰ μὲν ἐπίσκοποι ἢ κληρικοὶ εἶεν, τῶν ἐκκλησιῶν ἐκβάλλεσθαι, εἰ δὲ λαϊκοί, ἀναθεματίζεσθαι αὐτούς, πάσης ἐξουσίας οὔσης κατηγορεῖν αὐτῶν. εἴ τινα δὲ βιβλία συνέγραψάν τινες οὐχ ἑπόμενοι ταῖς ἐν Νικαίᾳ καὶ ἐν Ἐφέσῳ συνόδοις οὐδὲ Κυρίλλῳ τῷ Ἀλεξανδρείας ἐπισκόπῳ, καίεσθαι ταῦτα κελεύομεν, ἐξαιρέτως τὰ Νεστορίου, τὴν ἐσχάτην τιμωρίαν ὑφορωμένους.

De sacrosanctis ecclesiis.

Cod. 1, 2, 6 (Thalelaei κατὰ πόδας [5]) = Nomoc. 1, 5 p. 462 (M) et Nomoc. 9, 1 p. 533 (M). Basil. l. 1.

Πάσης καινοτομίας ὑποχωρούσης τοὺς παλαιοὺς καὶ ἀρχαίους ἐκκλησιαστικοὺς κανόνας οἵτινες μέχρι τοῦ νῦν ἐκράτησαν, καὶ κατὰ πᾶσαν τοῦ Ἰλλυρικοῦ ἐπαρχίαν φυλάττεσθαι κελεύομεν, ὡς ἐάν τις ἀμφισβήτησις· ἀναφυῇ, ταύτην χρὴ μὴ ἄνευ εἰδήσεως τοῦ σεβασμιωτάτου ἀνδρὸς καὶ ἀρχιερέως [6]) Κωνσταντινουπόλεως, ὅστις τῆς πρεσβυτέρας Ῥώμης τῷ προνομίῳ εὐφραί- νεται, τῇ ἱερατικῇ συνόδῳ καὶ ἁγίᾳ κρίσει καὶ θείῳ νόμῳ διακρίνεσθαι,

Cod. 1, 2, 12 pr. § 1 (Thalelaei κατὰ πόδας) = Nomoc. 1, 2 p. 460 (M). Basil. vi, 339.

Τὰ προνόμια [7]), ἃ ταῖς γενικαῖς διατάξεσιν ἁπάσαις ταῖς ἁγίαις ἐκκλησίαις τῆς ὀρθοδόξου πίστεως· οἱ πάλαι βασιλεῖς συνεστήσαντο, βέβαια καὶ ἀμείωτα εἰς τὸ διηνεκὲς θεσπίζομεν φυλάττεσθαι· ἅπαντας δηλαδὴ τοὺς πραγματικοὺς τύπους τοὺς

---

[1]) υἱὸν καὶ om. V, suppl. Zachariae. — [2]) ὁμολογίαν V. — [3]) αἱρετικὸς V. — [4]) ἀποδιδόμενοι V. — [5]) ταύτης δὲ τῆς διατάξεως τὸ μὲν πλάτος Nomoc. 9, 1. — [6]) ἀρχιεπισκόπου M ad 9, 1. — [7]) πρωτομια Mᵃ.

κατὰ τῶν ἐκκλησιαστικῶν κανόνων κατὰ χάριν ἐφευρεθέντας καὶ δι᾿ ἀλαζονίαν ἐξελεγχθέντας[1]) τῇ ἰδίᾳ δυναστείᾳ καὶ βεβαιώσει κενοὺς[2]) φανέντας ἀργεῖν κελεύομεν.

Cod. 1, 2, 12 = Nomoc. 1, 2 p. 638 (V).

Οἱ τοῖς κανόσιν ἐναντιούμενοι πραγματικοὶ τύποι ἄκυροί εἰσιν.

Cod. 1, 2, 16 pr. (Thalelaei κατὰ πόδας:) = Nomoc. 1, 5 p. 463 (M). Basil. l. l.

Πάντων ἀκυρουμένων καὶ ἀσθενούντων ἐκ θεμελίων, ἅτινα κατὰ τοῦ τῆς ὀρθοδόξου πίστεως θεοῦ κατά τινα τρόπον ἐγένοντο, εἰς ἀκέραιον ἀνακαλείσθωσαν ἅπαντα καὶ πρὸς τὴν ἰδίαν ἀνατρεχέτωσαν τάξιν, ὅσα πρὸ τῆς ἡμετέρας ἐκδημίας[3]) περὶ πίστεως τῆς ὀρθοδόξου θρησκείας καὶ περὶ καταστάσεως τῶν ἁγίων ἐκκλησιῶν καὶ μαρτυρίων ἰσχυρῶς ἐκράτουν· ἐκείνων ἅτινα ὑπεναντίον αὐτῶν ἐν τῷ τῆς τυραννίδος καιρῷ ἐκαινίσθησαν (τουτέστιν ἐν τῇ βασιλείᾳ Βασιλίσκου) καὶ κατὰ τῶν προσκυνητῶν ἐκκλησιῶν, ὧν τὴν ἀρχιερωσύνην χειρίζε ὁ μακαριώτατος καὶ ὁσιώτατος ἐπίσκοπος ὁ τῆς ἡμετέρας ἡμερότητος πατὴρ Ἀκάκιος, καὶ κατὰ τῶν ἐν διαφόροις ἐπαρχίαις ἱδρυμένων, οὐ μὴν ἀλλὰ καὶ κατὰ τῶν εὐλαβεστάτων αὐτῶν ἐπισκόπων, εἴτε περὶ τοῦ δικαίου τῆς τῶν ἱερέων χειροτονίας, εἴτε περὶ ἐκβολῆς τινος ἐπισκόπου ὑπὸ οἱουδήποτε γενομένης ἐν ἐκείνῳ τῷ χρόνῳ, εἴτε περὶ τοῦ προνομίου τοῦ προκαθέζεσθαι ἐν συνόδῳ ἢ καὶ χωρὶς συνόδου ἀντ᾿ ἄλλου ἄλλον, ἢ περὶ τοῦ μητροπολιτικοῦ ἢ πατριαρχικοῦ δικαίου ἐν αὐτοῖς τοῖς ἀσεβέσι χρόνοις, παντελῶς ἀναιρεθέντων[4]), ἵνα συντριβέντων καὶ ἀνασχιθέντων τῶν διὰ τῆς τοιαύτης μυσαρᾶς κελεύσεως ἢ πραγματικοῦ τύπου[5]) ἢ ἀσεβοῦς διατάγματος παρακολουθησάντων τὰ ἀπὸ τῶν τῆς θείας λέξεως ἀνωτέρων βασιλέων τῶν πρὸ τῆς βασιλείας τῆς ἡμετέρας ἡμερότητος φιλοτιμηθέντα ἢ νομοθετηθέντα ὑπὲρ ἁγιωτάτων ἐκκλησιῶν καὶ μαρτυρίων καὶ ὁσίων ἐπισκόπων καὶ κληρικῶν καὶ μοναχῶν ἄτρωτα φυλαχθείησαν.

Cod. 1, 2, 21 (Thalelaei κατὰ πόδας[6]) = Nomoc. 2, 2 p. 498 (MD). Basil. l. l.

Θεσπίζομεν μηδενὶ ἐξεῖναι τὰ ἱερώτατα καὶ μυστικὰ σκεύη ἢ ἐσθῆτα καὶ τὰ λοιπὰ ἀναθήματα τὰ πρὸς τὴν θείαν λειτουργίαν ἀναγκαῖα (ἡνίκα καὶ οἱ πάλαι νόμοι αὐτὰ ἅπερ θείου δικαίου εἰσὶν ἀνθρωπίναις περιπλοκαῖς μὴ δημεύεσθαι ἐθέσπισαν) ἢ εἰς πρᾶσιν ἢ εἰς ὑποθήκην ἢ εἰς ἐνέχυρον ἕλκειν, ἀλλ᾿ ἐκ τούτων, οἵτινες[7]) αὐτὰ ἐτόλμησαν ὑποδέξασθαι, τρόποις ἅπασιν ἐκδικεῖσθαι διὰ τῶν εὐλαβεστάτων ἐπισκόπων καὶ οἰκονόμων, ἔτι δὲ καὶ τῶν θείων σκευοφυλάκων, μηδεμίαν[8]) αὐτοῖς ἀγωγὴν καταλιμπάνειν ἢ ἐπὶ τὸ λαβεῖν τίμημα ἢ ἐπὶ τὸ δάνειον εἰσπράττειν, δι᾿ οὗ τὰ πράγματα ἠνεχυράσθησαν[9]), ἀλλὰ πάσας τὰς τοιαύτας πράξεις ἀποπτύοντες πρὸς ἀποκατάστασιν αὐτῶν τρόποις ἅπασιν ἐκδικείσθωσαν. εἰ δὲ ἐχωνεύθησαν ἢ ἄλλῳ τρόπῳ ἐνηλλάγησαν[10]) ἢ διεσκορπίσθησαν, οὐδὲν ἧττον ἢ πρὸς αὐτὰ τὰ εἴδη ἢ πρὸς τὰ τιμήματα αὐτῶν εἰσπράττεσθαι εἴτε διὰ ἲν ῥὲμ εἴτε κονδικτικίου εἴτε διὰ ἰμφράκτουμ[11]) ἀγωγῆς, ἧστινος ἡ ἰσχὺς ἐν πολλαῖς καὶ διαφόροις δικαίαις κωλύσεσι[12]) πολλάκις ἐξερωνήθη, ἐκτὸς δηλονότι αἰτίας τῶν αἰχμαλώτων ἐν[13]) τοῖς τύποις, ἐν οἷς τοῦτ᾿ ὃ ἀπευχόμεθα συμβῇ· εἰ γὰρ ἀνάγκη γένηται εἰς ἀπολύ-

---

[1]) ἐξελ(ε?)ιγχθέντας Mᵃ, ἐξινιχθέντας Zachariae. — [2]) καινοὺς MD. — [3]) ἐκδημίας M. — [4]) ἀναιρεθέντων Mᵃ. — [5]) τόπου Mᵃ. — [6]) ἔχει δὲ κατὰ λέξιν οὕτω Nomoc. — [7]) εἴ ἐπε. — [8]) εἴ τινι M. — [9]) ἐνεχυρώθησαν M. — [10]) ἐλλάγησαν M. — [11]) ἰμφάκτου M. — [12]) δικαίῳ σκίλισι Zachariae. — [13]) ἐι MD.

τρωσιν αἰχμαλώτων, τηνικαῦτα καὶ πρᾶσιν τῶν προειρημένων θείων πραγμάτων καὶ ὑποθήκας καὶ ἐνεχυράσεις¹) γενέσθαι συγχωροῦμεν, ἡνίκα οὐκ ἀπεικός ἐστι τὰς ψυχὰς τὴν ἀνθρώπων οἰοισδήποτε πράγμασιν ἢ ἐσθῆσιν ἐκλυτροῦσθαι. τοῦτο κατέχοντες²) οὐ μόνον ἐν ταῖς μελλούσαις διοικήσεσιν, ἀλλὰ καὶ ἐν ταῖς ἀναρτήσεσι τοῦ δικαστηρίου.

Cod. 1, 3, 5 (Thalelaei?) = Nomoc. 9, 29 p. 565 (MA). Basil. VI, 340.

Εἴ τις οὐ λέγω ἁρπάσαι, ἀλλὰ πειρᾶσαι γαμικῆς ἑνώσεως αἰτίᾳ τὰς εὐλαβεστάτας παρθένους τολμήσοι, κεφαλικῇ ποινῇ ὑποβληθήσεται.

Cod. 1, 3, 9 (Thalelaei?) = Nomoc. 1, 28 p. 477 (MD). Basil. l. l.

Μηδεμία, εἰ μὴ μετρεῖται ἑξήκοντα ἐνιαυτῶν κατὰ τὴν διάταξιν τοῦ ἀποστόλου, πρὸς τὴν τῶν διακονισσῶν ὑπηρεσίαν προφερέσθω.

Cod. 1, 3, 11 (Thalelaei?) = Nomoc. 1, 30 p. 478 (MD) et 1, 34 p. 480 (M). Basil. l. l.

Ταῖς ἐπιχωρίοις ἐκκλησίαις μὴ χειροτονείσθωσαν κληρικοί, εἰ μὴ ἐξ αὐτῆς τῆς κώμης, καθ' ἣν ἡ ἐκκλησία διακεῖται, ἵνα καὶ τὰ κατ' ἔτος ἐπικεφάλαια συντελέσωσι³). καὶ ἐξ αὐτῶν δὲ τῶν⁴) κωμῶν μὴ ἀμέτρως χειροτονείσθωσαν, ἀλλὰ πρὸς τὴν δύναμιν καὶ πολυπλήθειαν τῆς κώμης, κρίσει καὶ⁵) τοῦ ἐπισκόπου, χειροτονείσθωσαν⁶).

Cod. 1, 3, 12 (Thalelaei?) = Nomoc. 1, 6 p. 464 (M) et 1, 23 p. 474 (M). Basil. l. l.

Εἴ τις βουλετὴς κληρικὸς γένηται, μὴ παραχρῆμα ὑπομνήσεως πεμφθείσης τῇ προτέρᾳ τύχῃ ἀποδοθῆναι⁷), ἰσχύϊ καὶ σπουδῇ τῶν ἀρχόντων εἰς τὸ πρότερον σύστημα ὡς χειρὸς ἐπιβληθείσης ἀνακαλείσθω. τοὺς κληρικοὺς γὰρ περαιτέρω⁸) τοῦ νόμου ὀφείλεσθαι·⁹) οὐκ ἀνεχόμεθα, ὅστις παραχωρήσει τῆς οὐσίας ὑποχωροῦντας βουλευτὰς κληρικοὺς εἶναι οὐκ ἐκώλυσεν.

Cod. 1, 3, 13 (Thalelaei?) = Nomoc. 1, 2 p. 460, 638 (MV). Basil. l. l.

Εἴ τις τὰ τῆς ἁγίας¹⁰) ἐκκλησίας προνόμια ἢ αὐτὸς παρατρώσει ἢ τινος παρατιτρώσκοντος παριδεῖν προσποιήσεται¹¹), ε΄ χρυσίου λιτρῶν προστίμῳ σωφρονιζέσθω.

Cod. 1, 3, 15 (Thalelaei?) = Nomoc. 3, 14 p. 506 (MD). Basil. l. l.

Ἀθέμιτος ἔστω πᾶσα σύνοδος ἔξω τῆς ἁγίας ἐκκλησίας ἐν ἰδιωτικῷ οἴκῳ γινομένη. δημευέσθω δὲ καὶ ὁ οἶκος· ἐν ᾧ συνέρχονται, εἰ ὁ δεσπότης συγχωρήσει τοῖς κληρικοῖς ἐν αὐτῷ τὰς κενὰς καὶ θορυβώδεις ποιεῖσθαι συνόδους.

Cod. 1, 3, 16 (Thalelaei?) = Nomoc. 1, 34 p. 480 (MD). Basil. l. l.

Εἴ τις ἐν τοῖς γεωργοῖς τοῖς ἐναπογράφοις σεσημείωται, παρὰ γνώμην τοῦ δεσπότου τοῦ ἀγροῦ¹²) ἁπάσης ἀπεχέρθω κληρώσεως, ὥστε καὶ ἐὰν ἐν αὐτῇ τῇ κώμῃ, ἐν ᾗ γνωρίζεται κατοικεῖν, κληρικὸς γένηται ὑπὸ τοῦδε τοῦ νόμου τὴν εὐλάβειαν προσλαβέτω χειροτονίαν, ἵνα καὶ τὸ τῆς κεφαλιτίωνος βάρος διὰ τοῦ δεσπότου αὐτοῦ

---

¹) alo Zachariae, ἐνεχύρασι M, de D non constat. — ²) scrib. τούτο κατέχοντες. — ³) κατ' ἔτος ἐπικεφάλαια συντελέσωσι M utroquo loco, κατ' αὐτῶν συντελέσαι D. — ⁴) καὶ ἐξ αὐτῶν δὲ τῶν τοῦ εἰ M ad 1, 60. — ⁵) καὶ dol. — ⁶) χειροτονείσθω M ad 1, 34 — ⁷) expectes καὶ μὴ ... ἀποδοθῇ. — ⁸) περαιτέρω M ad 1, 6. — ⁹) τῷ νόμῳ ὀφείλεσθαι Zachariae. — ¹⁰) ἁγίας om. V. — ¹¹) παρατιτρώσκεσθαι (om. ibid) M. — ¹²) γνώμην δεσπότου ἀγροῦ D.

ἐπιγινώσκηται καὶ ταῖς βουλευτικαῖς ὑπηρεσίαις δι' οὗ βούλεται ὑποκαταστάτου λειτουργῇ¹), αὐτῆς δηλονότι τῆς ἀτελείας συγχωρουμένης, ἥτις τῆς ὁριστικῆς κερκλιτίωνος ταῖς ἁγίαις ἐκκλησίαις συγκεχώρηται· μηδεμιᾶς κατὰ τοῦδε τοῦ νόμου ἰσχυούσης ἀντιγραφῆς.

Cod. 1, 3, 17 (Thalelaei?) = Nomoc. 8, 13 (D).

Ἵνα μηδὲν κοινὸν ἔχωσιν οἱ κληρικοὶ πρὸς τὰς δημοσίας πράξεις ἤτοι διοικήσεις ἢ πρὸς τὰς ἀνηκούσας τοῖς βουλευτηρίοις, εἰ μὴ ἄρα βουλευταί²) εἰσι τύχης.

Cod. 1, 3, 19 (Thalelaei?) = Nomoc. 8, 14 (D).

Τοὺς τὴν ἐπαινετὴν ἐπιστήμην μεταδιώκοντας, τουτέστι τοὺς κληρικούς, οὐ δεῖ χραίνεσθαι τῇ τῆς ἀδελφικῆς προσηγορίας συνοικεσίᾳ. οἱοσδήποτε τοιγαροῦν ἢ οἱουδήποτε βαθμοῦ κληρικὸς ἀπηγορευμένον ἑαυτῷ γινωσκέτω τὸν γάμον καὶ πᾶσι· γυναικὸς συνοικέσιον καὶ μόνῃ συνοικείτω μητρὶ ἢ θυγατρὶ ἢ ἀδελφῇ ὁμοπατρίῳ· ἐν ταύταις γὰρ οὐδεμίαν ὑπόνοιαν συγχωρεῖ προσελθεῖν ἡ πίστις τῆς φύσεως. εἰ δὲ καὶ γαμετὰς πρὸ τῆς χειροτονίας εἶχον, μὴ καταλιμπανέτωσαν αὐτάς, ὧν τὸ συνοικέσιον ἀξίους τῆς ἱερωσύνης ἀπέδειξεν.

Cod. 1, 3, 23 (Thalelaei?) = Nomoc. 9, 9 p. 546 (MD) et 9, 10 p. 547 (MD). Basil. l. l.

Ἐπειδὴ ὁ αἰδέσιμος Φλαβιανὸς ταύτης τῆς λαμπρᾶς πόλεως ἐπίσκοπος μετὰ τῆς σεβασμιωτάτης συνόδου τὸν ἀριθμὸν σχεδὸν τῶν ἱερέων τῶν ἐν Χαλκηδόνι συνελθόντων ἐχούσης τοσαύτη καὶ τηλικαύτη

κεκόσμηται μαρτυρίᾳ, ὡς Εὐτυχὴς ὁ³) συναινέσας μετὰ τῶν μυσαρωτάτων δογμάτων αὐτοῦ παρὰ⁴) πάντων ἑνὶ στόματι κατεδικάσθη, καταργηθήτω μὲν Εὐτυχὴς τῇ καταδικαστικῇ μνήμῃ, Φλαβιανὸς δὲ ὁ ἐπαινετὸς ἀναφερέσθω.

Cod. 1, 3, 24 (Thalelaei?) = Nomoc. 2, 1 (D).

Τὸ τοῖς πτωχοῖς καταλιμπανόμενον μὴ λογιζέσθω ἄδηλον.

Cod. 1, 3, 25 (Thalelaei?) = Nomoc. 9, 1 p. 533 (MD). Basil. l. l.

Τοῖς Κωνσταντινουπόλεως κληρικοῖς δικαζομένοις ἁρμόδιος δικαστὴς ἔστω ὁ ἀρχιεπίσκοπος, ἐὰν⁵) ὁ ἐνάγων ἀρέσκηται τούτῳ. εἰ δὲ παραιτεῖται τὴν αὐτοῦ κρίσιν ὁ ἐνάγων τοῖς κληρικοῖς, παρὰ μόνοις τοῖς ἐπάρχοις τῶν πραιτωρίων ἐναγέσθωσαν καὶ οἱ κληρικοὶ τῆς βασιλίδος καὶ ὁ οἰκονόμος, εἴτε ἐκκλησιαστική ἐστιν ἡ δίκη εἴτε ἰδία αὐτῶν, καὶ ἐν μηδενὶ ἄλλῳ φόρῳ παρὰ μηδενὶ ἄλλῳ δικαστῇ ἐναγέσθωσαν μήτε ἐν χρηματικαῖς μήτε ἐν ἐγκληματικαῖς αἰτίαις.

Cod. 1, 3, 28 (Thalelaei?⁶) = Nomoc. 2, 1 p. 492 (MD). Basil. l. l.

Μηδενὶ ἐξεῖναι θεσπίζομεν, ἐὰν ἐν διαθήκῃ κληρονόμος ἢ ἔνστατος ἤτοι ἐξ ἀδιαθέτου ὑπεισέλθῃ ἤτοι φιδεικομισσάριος ἢ λεγατάριος εὑρεθῇ, τὴν διατύπωσιν τοῦ εὐσεβῶς διαθεμένου ἀνατρέπειν ἢ ἀκμιδεῖ διανοίᾳ χραίνειν ἐπὶ τῷ⁷) δικαιολογεῖσθαι ἄδικον εἶναι τὸ λεγάτον ἢ τὸ φιδεικόμισσον, ὅπερ τῇ ἀπολυτρώσει καταλέλειπται τῶν αἰχμαλώτων, ἀλλὰ τρόπῳ ἅπασιν εἰσ-

§ 1. πράττεσθαι⁸) ὑπὲρ τῆς αἱρέσεως τοῦ⁹)

---

¹) λιτουργῶ D⁰, λιτουργῶν D⁰. — ²) βουλευτικῆς proponit Zachariae. — ³) pro ἃ ant ὃ cum Zachariae, aut ὁ μὴ leg. — ⁴) παρὶ M⁶ ad 9, 9. — ⁵) ἐν D. — ⁶) ἔχει δὲ κατὰ λέξιν οὕτως ἡ διάταξις Nomoc. Praestat cum M scribere τὸ ἐπακολουθοῦν, deinde ὅπως. Quod habent libri in ἀδύνατον mutandum est. — ⁷) Zachariae proponit ὑπεραπίζεσθαι. — ⁸) τί M. — ⁹) τὸ om. M.

διαθεμένου του ευσεβούς πράγματος την τάξιν τελειώσαι. και εάν τινα ο διαθέμενος σημάνη, δι' ου βούλεται την απολύτρωσιν γενέσθαι των αιχμαλώτων, ούτος ο ιδικώς σημανθείς· το λεγάτον ή το φιδικόμισσον εχέτω άδειαν εισπράττειν και τη αυτού συνειδήσει την επιθυμίαν εκπληρούτω του διαθεμένου. εάν δε πρόσωπον μη σημάνη ο διαθέμενος, αλλά μόνον ορίση το οφειλόμενον δοθήναι υπέρ της μνημονευθείσης αιτίας, ο ευλαβέστατος επίσκοπος εκείνης της πόλεως, εξ ης ο διαθέμενος όρμαται, εχέτω άδειαν εισπράττειν όπερ τούδε του πράγματος χάριν καταλεριθή, την ευσεβή του τελευτήσαντος προαίρεσιν άνευ τινός δισταγμού, ως συμφέρει αποπληρών [1]).

§ 2. ηνίκα δε ο ευλαβέστατος επίσκοπος της τοιαύτης ευσεβούς βουλήσεως του καταλειφθέντος αναλάβη τα χρήματα, ευθέως πράξεσιν υπομνημάτων την αυτών ποσότητα και τον καιρόν εν ώ ταύτα είληφε παρά τώ άρχοντι της επαρχίας δημοσιεύσαι [2]) οφείλει. μετά ενός δε ενιαυτού διάστημα και τον αριθμόν των αιχμαλώτων και τα υπέρ αυτών δοθέντα τιμήματα φανερούσθαι κελεύομεν, ίνα κατά πάντα εκπληρωθώσιν αι ευσεβείς των τετελευτηκότων [3]) βουλήσεις. ούτω μέντοι οι ευλαβέστατοι επίσκοποι δωρεάν και άνευ τινός ζημίας τας ειρημένας πράξεις τελειώσουσι, μήπως ανθρωπίνη προφάσει τα καταλειφθέντα χρήματα ταις των

§ 3. δικαστών ζημίαις καταναλωθώσιν. εάν δε ο διαθέμενος το τοιούτον λέγατον ή φιδικόμισσον μη σεσημειωμένω προσώπω καταλείψη εθνικώ, υπάρχων, και εκ της αυτού πατρίδος τις ανακύψη

αμφιβολία, ο ευλαβέστατος επίσκοπος της πόλεως, εν ή ο διαθέμενος ετελεύτησεν, εχέτω του λεγάτου ή του φιδικομίσσου την απαίτησιν, την του τελευτήσαντος βούλησιν πάσι τρόποις

§ 4. αναπληρών. εάν δε εν κώμη ή περιχώρω ο διαθέμενος τελευτήση, εκείνης [4]) της πόλεως, ο ευλαβέστατος επίσκοπος εχέτω την είσπραξιν, υφ' ην η κώμη

§ 5. ή η περίχωρος είναι γνωρίζεται. και [5]) μη η ευσεβής των τελευτησάντων βούλησις ανωδεί των απατεώνων περιεργία κρυβή, εί τι δε [6]) υπέρ της τοιαύτης αιτίας παρά του διαθεμένου καταλειφθή, πάντες οι τούτο οίω ποτέ τρόπω μαθόντες ή εν τω λαμπροτάτω άρχοντι της επαρχίας, ή εν τω ευλαβεστάτω επισκόπω την γνώσιν αναφέρειν ελευθέραν εχέτωσαν άδειαν και μήτε του συκοφάντου το όνομα και την υπόληψιν δειλιάσωσιν, ηνίκα η πίστις και η αρετή αυτών επαίνου μη εστέρηται, οίτινες ευσχημοσύνην άμα και ευσέβειαν [7]) αρμόδιον και φως εις τας δημοσίας ακοάς εισήγαγον.

Cod. 1, 3, 30 (31) = Nomoc. 1, 6 p. 464 (M) et 1, 23 p. 474 (M).

Ο μεν σύντομος νους· της διατάξεως μηδένα επί χρήμασι χειροτονείν ή χειροτονείσθαι επίσκοπον, τον δε τούτο ποιούντα και εκβάλλεσθαι του θρόνου και ατιμούσθω διηνεκώς.

Επειδή δε το ρητόν διά πολλού πέφρασται και δυσχερές εστιν, ανάγκην έσχον και εν τω εδίκτω τω [8]) κατά πόδας αυτής ειπείν, έχον ούτως.

Εί τις εν τη βασιλίδι πόλει ή εν άλλη οιαδήποτε χειροτονείται επίσκοπος, Θεού βουλήσει, καθαρά διανοία και γυμνή τη

---

[1]) αποπληρών M. Initium corruptum esse vidit Zacharias. — [2]) δημοσιεύσαι M. — [3]) τελευτηκότων MD⁵. — [4]) εκείνης Mᵃ vel M¹D. — [5]) lac excidisse videtur. — [6]) εί abundat. δή proponit Zachar. — [7]) άμα ευσέβειαν και M. — [8]) pro εδίκτω τω legendum cum Zachar. εδίκτω τω.

τῆς ἐπιλογῆς συνειδέσει χειροτονείσθω καὶ
μηδεὶς ἐμπορευέστω τὴν ἱερωσύνην ἀγοράζων αὐτὴν τιμήματι· σκοπείσθω γάρ, εἰ καὶ
ἄξιος αὐτῆς ἐστιν ὁ λαμβάνων αὐτήν, μὴ
πόσον δύναται παρασχεῖν χρυσίου [1]). ποῖος
γὰρ ἂν εἴη τόπος ἀσφαλὴς ἢ ποία αἰτία
παραιτητέα, ἐὰν οἱ προσκυνητοὶ ναοὶ τοῦ
θεοῦ χρήμασι καταπωλῶνται; τίνα γὰρ ἢ
καθαρότητι τρόπων ἢ τίνα ἠσφαλισμένον
τῇ πίστει εὑρίσκοιμεν, ἐὰν ἡ τοῦ χρυσοῦ
ἱερὰ λιμὸς εἰς τὰ ἐνδόμυχα τὰ προσκυνητὰ
εἰσέλθῃ; τί γὰρ λοιπὸν ἀσφαλὲς εἶναι δύναται ἢ ἀμέριγνον, ἐὰν ἡ ἄφθορος ἱερωσύνη
χρήμασι διαφθείρηται; παραχωρείτω [2]) τούτοις ὁ βέβηλος τῆς ἀπληστείας πύργος, τῶν
ἱερῶν ἀδύτων ἀπωθείσθω τὸ ἀσεβὲς ἀτόπημα. οὕτως ἐγκρατὴς καὶ πρᾷος τὸ ἦθος ἐν
τοῖς ἡμετέροις χρόνοις ἐπιλεγέσθω ἐπίσκοπος, ἵνα πάντα τόπον ἐν ᾧ παραγίνεται τῇ
τῆς οἰκείας ζωῆς ἀκεραιότητι καθαροποιῇ.
μὴ τιμήμ..τι, ἀλλὰ παρακλήσει ἐγκαταλεγέσθω ἐπίσκοπος· τοσοῦτον ἀρεστηκέναι κολακείας ὀφείλει, ἵνα ζητῆται [3]) ὡς ὀφείλων
ἀναγκασθῆναι, παρακαλούμενος ἀναχωρείτω, προτρεπόμενος φευγέτω, μόνη ψηφιζέτω
ἡ ἀνάγκη τῆς παραιτήσεως. δηλαδὴ γὰρ
ἀνάξιός ἐστιν ἱερωσύνης, εἰ μὴ ἄκων χειροτονηθῇ. τοῦτον δέ, ὅστις τὴν ἁγίαν καὶ
προσκυνητὴν τοῦ ἐπισκόπου καθέδραν παρενθήκῃ χρημάτων ὑπεισῆλθεν, ἢ ὁ λαβὼν
ἐπὶ τὸ ἄλλον χειροτονῆσαι ἢ ἐπιλέξασθαι,
κατὰ μίμησιν πουβλίκου ἐγκλήματος ὡσανεὶ βλαβείσῃ τῆς καθοσιώσεως κατηγορούμενον καὶ τοῦ βαθμοῦ τῆς ἱερωσύνης ἐκβάλλεσθαι καὶ μηδὲ μόνης ταύτης τῆς τιμῆς
στερεῖσθαι, ἀλλὰ καὶ διηνεκεῖ ἀτιμίᾳ καταδικάζεσθαι ἀποφαινόμεθα [4]). ὁπότε γὰρ
τὸ ἀτόπημα οὗ μολύνει ὁμοίως ποιεῖ,
ὁμοίαν δεῖ καὶ τιμωρίαν αὐτοῖς ἐπακολουθεῖν.

Cod. 1, 3, 32 (Thalelaei [5]) = Nomoc.
9, 1 p. 534 (MD). Basil. vi, 341.

Πάντας τοὺς οἱουδήποτε ὄντας ἢ
μετὰ ταῦτα ἐσομένους τῆς ὀρθοδόξου
πίστεως ἱερέας ἢ κληρικοὺς ὁποιουδήποτε βαθμοῦ ἢ μοναχοὺς ἐν ταῖς χρηματικαῖς αἰτίαις νομοτεθεῖ ἡ διάταξις
μηδαμῶς εἰς ἐξωτικὸν ἕλκεσθαι δικαστήριον ἐξ ἀποφάσεως οἱουδήποτε μείζονος, ἢ ἥττονος δικαστοῦ, μηδὲ τὴν
ἐπαρχίαν ἢ τὸν τόπον ἐξιέναι ἐν ᾧ
διάγει. μηδεὶς γὰρ αὐτῶν, φησί, τὴν
ἐκκλησίαν ἢ τὸ μοναστήριον αὐτοῦ καταλιμπάνειν ἀναγκαζέσθω διὰ τῆς ἐλεεινῆς ἀνάγκης, ἀλλὰ παρὰ τοῖς ὀρδιναρίοις δικασταῖς, τουτέστι παρὰ τοῖς
ἄρχουσι τῶν ἐπαρχιῶν, ἐν οἷς διάγουσι
τόποις καὶ ταῖς ἐκκλησιαστικαῖς ὑπηρεσίαις πειθαρχοῦσι, πάσας τὰς τῶν
ἐναγόντων αὐτοῖς ὑποδεχέσθωσαν ἐναγωγάς, ἵνα ἐν ταῖς ὥραις καὶ τοῖς
χρόνοις, ἐν οἷς σχολάζουσιν ἐκ τῆς θορυβώδους τῶν πραιτωρίων παραμονῆς,
πρὸς τὰς ἑαυτῶν ἐκκλησίας καὶ τὰ μοναστήρια ὑποστρέφοντες τὰς ἑαυτῶν
ψυχὰς διὰ τῶν εὐχῶν θεραπεύσωσι [6])
καὶ εὐχερῶς ἐκ τοῦ πλησίον τοῖς ἁγίοις
θυσιαστηρίοις δουλεύωσιν, ἐν ταῖς ἑαυτῶν οἰκίαις καὶ ταῖς ἑστίαις διατρίβοντες.

§ 1. ἐν τῇ βασιλίδι πόλει εὑρισκομένους
ἐπισκόπους καὶ κληρικοὺς οἱουδήποτε
βαθμοῦ καὶ μοναχοὺς διὰ οἱανδήποτε
αἰτίαν οὐ [7]) βούλεται παρ' ἄλλῳ τινί
ποτε ἐνάγεσθαι, εἰ μὴ παρὰ τοῖς ἐπάρχοις τῶν πραιτωρίων. ἐκεῖ γὰρ καὶ τιμῆς ἀξιοῦνται καὶ συνηγόρων εὐποροῦσι, ταῖς δικαιολογίαις ὑπερεκχεομένων.

§ 2. ὅταν δὲ ἐν ἐπαρχίᾳ ἐκ διαλαλιᾶς τῶν
ἀρχόντων ὑπομιμνήσκωνται ὀρθόδοξοι
ἢ ἱερεῖς ἢ κληρικοὶ [8]) ἢ μοναχοὶ ἐξ οἱ-

[1]) χρυσίου M ad 1, 29. 24. — [2]) παραχωρείτω M ad 1, 24. — [3]) ζητῆται M ad 1, 6. 24. — [4]) ἰσοῦ ξένον εἴδες ἀτιμίας inserit Α. — [5]) ἔχει δὲ κατὰ ῥῆμα οὕτως Nomoc. — [6]) θεραπεύσωσι M. — [7]) οὐ om. Dᵇ. — [8]) κληρικοὶ ἢ ἱερεῖς M.

κείων αἰτιῶν ἢ συναλλαγμάτων, μηδένα ἄλλον ἐγγυητὴν ἀπαιτείσθωσαν, εἰ μὴ τὸν τῆς ἐκκλησίας ἔκδικον ἢ τὸν οἰκονόμον, ἵνα μὴ ἄπληστος ὢν ὁ ἐκβιβαστὴς καὶ ἐξωτικὸν ἐγγυητὴν ἀπαι-

§ 3. τῶν ἀναιτίως αὐτοὺς ζημιώσα. οἱ δὲ ἐν τῇ βασιλίδι πόλει ἐξ οἱασδήποτε ἐπαρχίας εὑρισκόμενοι ἱερεῖς ἢ οἰκονόμοι ἢ ἐκκλησιέκδικοι ἢ οἱοιδήποτε κληρικοὶ παρὰ μόνοις μὲν ἐναγέσθωσαν τοῖς ἐπάρχοις καὶ ἐν ταῖς ἰδίαις καὶ ἐν ταῖς ἐκκλησιαστικαῖς ὑποθέσεσιν, ἐγγυητὴν δὲ μηδένα ἀπαιτείσθωσαν, ἀλλ' ἢ ἀλλήλους ἐγγυάσθωσαν ἢ ὁμολογίας ἐνυποθήκου καὶ νομίμης γινομένης καὶ ὑποθήκην τῶν ἰδίων αὐτῶν ἐχούσης [1]),

§ 4. ἐν ταῖς ἐκκλησιαστικαῖς δίκαις μόνοι οἱ οἰκονόμοι ἐναγέσθωσαν, οὓς ἂν ὁ ἐπίσκοπος προχειρίσεται· παρ' οὐδενὸς γὰρ ἄλλου δεῖ τὸν οἰκονόμον καθίστασθαι, ἐναγόμενος δὲ τὸν τῆς ἐκκλησίας ἔκδικον παρεχέτω ἐγγυητὴν καὶ

§ 4ᵃ. μηδένα ἕτερον. ἐκβιβαστὴς δὲ μὴ ὢν ὀρθόδοξος κατὰ ἐπισκόπου ἢ κληρικοῦ μὴ κομπλευέσθω [2]). ἀλλ' αὐτῷ [3]) τὴν ἀρχὴν μηδὲ κομπλευέσθωσαν οἱ αἱρετικοί. ἐὰν δὲ στρατεύσηται καὶ κομπλευθῇ κατὰ ὀρθοδόξου ἐπισκόπου ἢ κληρικοῦ οἱουδήποτε βαθμοῦ, κεφαλι-

§ 5. κῶς τιμωρείσθω [4]). ὀρθόδοξος δὲ ὢν ὁ ἐκβιβαστὴς ἀπὸ μὲν ἀποφάσεως ἥττονος δικαστοῦ ἐκβιβάζων ἥμισυ νόμισμα λαμβανέτω σπόρτουλον καὶ μηδὲν πλέον ἐλπιζέτω ἢ ἐπιχειρείτω λαμβάνειν· ἐξ ἀποφάσεως δὲ τῶν ἐπάρχων ἐκβιβάζων ἐν ἐπαρχίαις δύο νομίσματα λαμβανέτω, ἐν τῇ βασιλίδι δὲ ἐκβιβάζων ὁ ἐπαρχικὸς κληρικὸν ἐν μόνον νόμισμα λαμβανέτω ἐπὶ οἱᾳδήποτε τι-

§ 6. νὶ [5]) ποσότητι, μηδεμίαν δὲ ὕβριν ἢ ἐν λόγοις ἢ ἐν σώματι ἐπαγέτω [6]) τοῖς κληρικοῖς ὁ ἐκβιβαστής· ἐὰν δὲ ἐπαγάγῃ, καὶ ἀποζωννύσθω τῆς στρατείας αὐτοῦ καὶ δημευέσθω καὶ ἐσχάτῃ πε-

§ 7. ριπιπτέτω τιμωρίᾳ. τὰ προνόμια πάντα τῶν ὀρθοδόξων ἐκκλησιῶν καὶ τῶν ξενοδοχείων καὶ τὰ γενικῶς καὶ τὰ ἰδικῶς αὐτοῖς δεδομένα διηνηκῶς φυλαττέσθω, καὶ μηδεὶς ἢ τοὺς ἱερέας ἢ τοὺς κληρικοὺς τοὺς ἐν οἱῳδήποτε βαθμῷ ἢ μοναχοὺς ἢ τοὺς ἐν τοῖς πτωχείοις ἢ ξενοδοχείοις ἀφωρισμένους ἐξτρκορδιναρίαις λειτουργίαις ὑποβαλλέτω· τὰς γὰρ τοιαύτας ἐπιζημίους λειτουργίας εἰ ἄλλοις πολλοῖς παρεχωροῦμεν [7]), πολλῷ δικαιότερόν ἐστι τοῖς μακαρίοις τούτοις προσώποις

§ 8. παραχωρεῖν αὐτάς. ἵνα δὲ μήτις ἐκ τῆς οἰκείας κερδάνῃ προπετείας καὶ ἵνα τῶν ἀναισχύντων συκοφάντων ἡ τόλμα χαλινωθῇ, θεσπίζομεν τὸν ἢ παρὰ τοῖς ἐπάρχοις ἢ παρὰ ἄρχοντι ἐπαρχίας αἰτιασάμενον ἐπίσκοπον ἢ κληρικὸν ἢ μοναχὸν ἢ τοὺς λοιπούς, ὧν ἐμνημόνευσε, καὶ ἀποδειχθέντα συκοφάντην πάντα καταβάλλειν τὰ ἀναλώματα, ὅσα ἐν ὅλῃ τῇ δίκῃ ἐδαπανήθη, ἵνα κἂν τούτῳ τῷ [8]) φόβῳ πᾶσης κατ' αὐτῶν συκοφαντίας ἀπέκοιντο. Huc usque Basil.

Σὺ δὲ ἴσθι, ὅτι παρὰ τῆς οθ', πγ' καὶ ... νεαρᾶς κάλλιον ἐτυπώθη τὰ τῆς ὁ :τάξεως, καὶ μηδὲ ἐκεῖνό σοι ἐναντιωθῇ τὸ τὴν κε' διάταξιν λέγειν μὴ ἀπαιτεῖσθαι τὸν οἰκονόμον ἐγγύας· ἐκεῖ γὰρ περὶ πραγμάτων ἰδίων ἀναγομένων αὐτὸν θεματίζει, ἐνταῦθα δὲ περὶ ἐκκλησιαστικῶν.

Cod. 1, 3, 36 pr. (Thalolaei?) = Nomoc. 11, 3 p. 595 (MDA). Basil. vi, 342.

Οἱ ἐναπογράφοι γεωργοὶ κατὰ τὴν πα-

---

[1]) Post ἐχούσης scint oratio. — [2]) κομπισίσθω MD. — [3]) αὐτὸ M. Cum Zachar. lege αὐτοί. —
[4]) τιμωρείσθωσαν D. — [5]) εἰχθέντι ποτε M. — [6]) ἐπαγαγέτω M. — [7]) παρεχωροῦμεν M. — [8]) τῷ om. libri.

λαϊκὴν διάταξιν μὴ ἄλλως χειροτονείσθωσαν κληρικοί, εἰ μὴ κατὰ γνώμην καὶ ἐπιτροπὴν τοῦ δεσπότου τοῦ κτήματος, οἵτινές εἰσιν ἐναπόγραφοι· εἰ δὲ μὴ οὕτως,[1]) χειροτονηθείησαν, μηδεμίαν ἰσχὺν ἐχέτω ἡ χειροτονία, ἀλλὰ τοῖς τῶν κτημάτων δεσπόταις τοῖς μὴ συναινέσασιν ἐπὶ τῇ χειροτονίᾳ[2]) ἐξέστω πάντα πράττειν ἐπ' αὐτοῖς, ὅσα καὶ ἐπὶ τοῖς ἄλλοις ἐναπογράφοις ἔξεστι πράττειν. τὰ δὲ αὐτὰ κρατείτω καὶ ἐπὶ τῶν ἐναπογράφων τῶν γενομένων μοναχῶν· καὶ οὗτοι γὰρ εἰ μὴ κατὰ γνώμην τοῦ δεσπότου τῆς κώμης ἐμόνασαν, ἔξεστι τῷ δεσπότῃ[3]) τοῦ κτήματος ἀφέλκειν αὐτοὺς ἐκ[4]) τοῦ μοναστηρίου.

Cod. 1, 3, 36 § 1 (Thalelaei?) = Nomoc. 1, 36 p. 480 (MD).

Δοῦλοι δὲ ἀπὸ παντὸς βαθμοῦ κληρικοῦ κωλύσθωσαν[5]), τουτέστι μηδὲ συναινούντων τῶν δεσποτῶν χειροτονείσθωσαν κληρικοί· εἰ γὰρ ὅλως ὁ δεσπότης τοῦ δούλου βούλεται αὐτὸν χειροτονηθῆναι, ἐλευθερούτω πρότερον αὐτὸν καὶ τότε χειροτονείσθω.

Cod. 1, 3, 37 (Thalelaei?) = Nomoc. 11, 3 p. 595 (MDA). Basil. l. l.

Οἱ δοῦλοι μοναχοὶ ἀκωλύτως γίνονται, εἰδότων τῶν δεσποτῶν καὶ ὅτι συναινοῦντες τοῖς δούλοις μοναχοῖς γινομένοις τῆς ἐπ' αὐτοῖς δεσποτείας γυμνοῦνται. μέχρι δὲ τοσούτου γυμνοῦνται[6]), ἕως ὅτε τοῖς μοναστηρίοις ἐπιμένουσιν[7]) οἱ δοῦλοι· εἰ γὰρ δοῦλος γνώμῃ τοῦ δεσπότου μονάσας ἐγκαταλείψει τὸν μοναχικὸν βίον καὶ εἰς ἄλλην μετέλθοι πολιτείαν, ἐπαναλαμβανέτω τὴν κατ' αὐτοῦ ἐξουσίαν ὁ δεσπότης καὶ τῷ ζυγῷ τῆς δουλείας αὐτὸν ὑποβαλλέτω.

Cod. 1, 3, 40 (Thalelaei?) = Nomoc. 8, 13 (D).

Τῇ ἀνακεφαλαιουμένῃ νομοθεσίᾳ οὐ μόνον τοῖς τυχοῦσι δικασταῖς τῶν ἐπαρχιῶν, ἀλλὰ καὶ τοῖς ἐκδίκοις τῶν ἐκκλησιῶν τῆσδε τῆς λαμπρᾶς πόλεως, ὅπερ αἰσχρότατον ἐμφανίζεσθαι τὰς ἐσχάτας τῶν τελευτησάντων βουλήσεις τῷ γένει ἐνέσκηψε, παραινοῦντες θεσπίζομεν, μὴ τοῦ πράγματος καταψοίντο, ὅπερ οὐδενὶ παντελῶς τῶν ἁπάντων κατὰ τὰς τῶν διατάξεων καλεύσεις· ἥπερ τῷ τῶν κήνσων μαγίστρῳ ἁρμόζει. ἀπεικὸς γὰρ καὶ τοῖς κληρικοῖς ἐστι μενοῦνγε καὶ ἐπονείδιστον, ἐὰν ἐμπείρους ἑαυτοὺς βουληθῶσι τῶν διατάξεων εἶναι τῶν ἔξω. ὑποβάλλεται τοῖς προπετέσι τούτου τοῦ θεσπίσματος ποινὴ ν' λιτρῶν χρυσίου.

Cod. 1, 3, 48 (Thalelaei?) = Nomoc. 2, 1 p. 494 (MD). Basil. l. l.

Εἴ τις ἂν πρὸς τὸ ἐκκλῖναι τὸν Φαλκίδιον νόμον βουληθείη πᾶσαν τὴν ἰδίαν οὐσίαν ὑπὲρ ἀπολυτρώσεως αἰχμαλώτων καταλείψαι καὶ αὐτοὺς τοὺς αἰχμαλώτους γράψῃ κληρονόμους, μὴ δοκείτω οἱονεὶ ἀδήλοις προσώποις· τοῖς ἐνστάτοις κληρονόμοις ἀπολιπὼν ἀφανίζειν[8]) τὸ ἴδιον δικαίωμα· θεσπίζομεν γὰρ τὴν τοιαύτην διάταξιν τῆς εὐσεβοῦς γνώμης ἰσχύειν καὶ μὴ εἶναι ἀπο-

§ 1. βεβλημένην. ἀλλὰ καὶ ἐὰν πτωχούς τινας γράψῃ κληρονόμους καὶ οὐχ εὑρηθῇ ὡρισμένον πτωχεῖον ἢ ὡρισμένης ἐκκλησίας πτωχοί, περὶ ὧν ὁ διαθέμενος ἐμνήσθη, ἀλλ' οὕτως· ἀδήλῳ προσηγορίᾳ πτωχοὶ ὀνομασθῶσι κληρονόμοι ἐνστάτοι, ὁμοίῳ τρόπῳ καὶ τὴν

§ 2. τοιαύτην διάταξιν ἰσχύειν. καὶ εἰ μὲν αἰχμαλώτους γράψῃ κληρονόμους, τῆς

---

[1]) οὕτω D·A. — [2]) ἀλλὰ τοῖς... χειροτονίᾳ om. M. — [3]) δεσπότῃ om. M. — [4]) ἀπὸ Δ. — [5]) Zachariae emendat κωλυέσθωσαν. — [6]) γυμνοῦται D. — [7]) ἐμμίνωσιν A. — [8]) ἀφανίζει M.

πόλεως, ἐν ᾗ ὁ διαθέμενος τὴν κατοικίαν ἔθαλπε καὶ διάγειν ἐγνωρίζετο, ὁ ἐπίσκοπος καὶ ὁ οἰκονόμος [1]) τὴν κληρονομίαν ἀναλαμβανέτωσαν καὶ ἐκ παντὸς τρόπου ὑπὲρ ἀπολυτρώσεως αἰχμαλώτων προχωρείτω ἢ [2]) κληρονομία, εἴτε διὰ τῆς ἐτησίου προσόδου εἴτε κατὰ πρᾶσιν κινητῶν ἢ αὐτοκινήτων πραγμάτων οὖσα καὶ μηδενὶ παντελῶς ἐκ τούτου κέρδους [3]) ἢ τῷ ἐπισκόπῳ ἢ τῷ οἰκονόμῳ ἢ τῇ ἁγιωτάτῃ ἐκκλησίᾳ περιλιμπανομένου [4]). εἰ γὰρ διὰ τοῦτο ἀπὸ τοῦ ἰδίου κληρονόμου ἀπέστη, ἵνα μὴ ὁ λόγος τοῦ Φαλκιδίου εἰσαχθῇ, πῶς παραδεκτέον τοῦτο, ὅπερ ἐν τῷ ἱερῷ ἦλθεν, ἵνα διὰ τὸν Φαλκίδιον ἢ ἄλλην πρόφασιν ἐλλαττωθῇ;

§ 3. ὅπου δὲ ἀδήλως ἐγράφησαν κληρονόμοι πτωχοί, ἐκεῖ τὸν ξενῶνα τῆς αὐτῆς [5]) πόλεως τὴν κληρονομίαν λαμβάνειν καὶ διὰ τοῦ ξενοδόχου εἰς τοὺς ἀρρώστους γίνεσθαι τῆς οὐσίας τὴν διανομήν, καθάπερ ἐν τοῖς αἰχμαλώτοις διεταξάμεθα, ἢ διὰ τῆς προσόδου τῶν ἐτησίων καρπῶν ἢ κατὰ πρᾶσιν τῶν πραγμάτων ἢ [6]) κινητῶν ἢ αὐτοκινήτων, ἵνα ἐκ τούτων τῶν [7]) πραγμάτων ἀκίνητα ἀγορασθῶσι καὶ ἡ ἐνιαυσιαία διατροφὴ τοῖς ἀρρώστοις προέλθοι. τίς γὰρ πτωχότερός ἐστιν ἐκείνων τῶν ἀνθρώπων, οἵτινες καὶ ἐν ἀπορίᾳ κεκράτηνται καὶ εἰς τὸν ξενῶνα κατάκεινται καὶ τοῖς ἰδίοις σώμασιν ἀσθενοῦντες τὴν ἀναγκαίαν τροφὴν ἑαυ-

§ 4. τοῖς οὐ δύνανται περιποιεῖν; ἄδεια δὲ παντὶ τρόπῳ διδόσθω [8]) καὶ ἐν τῷ προτέρῳ καὶ ἐν τῷ δευτέρῳ εἴδει [9]) καὶ τὰς ἀγωγὰς κινεῖν καὶ τὰ χρέα ἀπαιτεῖν, ἵνα εἰς τοὺς ἀρρώστους καὶ τοὺς αἰχμαλώτους καταναλωθῶσιν· εἰ

γὰρ αὐτοῖς τὸ τῶν κληρονόμων δίκαιον καὶ ὄνομα δεδώκαμεν, ἄνευ μέντοι τοῦ κέρδους τοῦ Φαλκιδίου νόμου, ἀναγκαῖόν ἐστιν αὐτοὺς [10]) καὶ τὰ χρέα εἰσπράττειν καὶ τοῖς δανεισταῖς ἀποκρί-

§ 5. νεσθαι. εἰ δὲ πλείονες ἐν τῇ πόλει ξενῶνες ἢ πτωχεῖά εἰσιν, μὴ ἄδηλος δοκείτω τῶν χρημάτων ἡ δωρεά· τηνικαῦτα γὰρ ἐκείνῳ τῷ ξενῶνι καὶ τῷ πτωχείῳ, ὅστις πτωχότερος εἶναι γνωρίζεται, τὰ αὐτὰ πράγματα ἢ τὰ χρήματα προσκυρούσθω. τούτων δηλονότι ἐρευνωμένων παρὰ τοῦ εὐλαβεστάτου τῶν τόπων ἐπισκόπου [11]) καὶ τῶν ὑπ'

§ 6. αὐτὸν καταλεγομένων κληρικῶν. εἰ δὲ μηδεὶς ξενὼν ἐν τῇ πόλει εὑρεθῇ, τηνικαῦτα κατὰ τὸν περὶ τῶν αἰχμαλώτων νόμον ὁ τῶν καιρῶν οἰκονόμος τῆς ἁγίας ἐκκλησίας ἢ ὁ ἐπίσκοπος τὴν κληρονομίαν λαμβανέτω καὶ ἐκτὸς τοῦ Φαλκιδίου λόγου τοῖς ἐν τῇ πόλει πενεστέροις οὖσιν ἢ παντελῶς προσαιτοῦσιν ἢ ἄλλας τινὰς ἀπορίας ὑφισταμένοις [12]) τὰ αὐτὰ χρήματα διανεμέτω.

§ 7. καὶ ταῦτα μὲν πάντα χώραν ἐχέτω ἃ θεσπίζομεν, ὅτε οὐχ ὡρισμένοι ξενῶνες ἢ ὡρισμένα πτωχεῖα ἢ ὡρισμέναι ἐκκλησίαι παρὰ τοῦ διαθεμένου ὠνομάσθησαν, ἀλλ' ἄδηλός ἐστιν ἡ αὐτοῦ ἔννοια. εἰ δὲ εἰς πρόσωπον ὡρισμένον ἢ εἰς ὡρισμένον εὐαγέστατον οἶκον ἀπέβλεψεν, αὐτῷ μόνῳ τὴν κληρονομίαν ἢ τὸ λεγάτον ἁρμόζειν θεσπίζομεν, μηδ' ἐν τούτῳ τῷ μέρει Φαλκι-

§ 8. δίου εἰσαγομένου. ἐν πᾶσι δὲ τούτοις τοῖς θέμασιν, οἱ τῶν ἱερῶν πραγμάτων ὑπηρέται τὰς οὐρανίους ἀγανακτήσεις προσδοκάτωσαν, ἐὰν οἱονδήποτε κέρδος ἐκ τῆς τοιαύτης διοικήσεως ἑαυτοῖς προσπορίσωσιν, ἢ ἐὰν τοῦτο τολ-

---

[1]) κληρονόμοις libri. — [2]) προχωρείτωσαν (om. ἢ) D. — [3]) ἐκ τοῦ κέρδους D, ἐκ τούτου κέρδος M. — [4]) περιλαμπανομένου M. — [5]) αὐτῆς om. M. — [6]) ἢ om. D. — [7]) τῶν om. libri. — [8]) διδόσθω libri. — [9]) ἔδει libri. — [10]) αὐτοῖς M. — [11]) ἐπισκόπων D. — [12]) ὑφισταμένοις M.

μηθῆναι παρ' ἄλλων ἀνάσχωνται καὶ
οὐ βαρυτάτῃ ποινῇ καὶ ὀλεθρίῳ ὅπερ
προπετῶς γέγονε σπεύσωσι [1]) διορθώ-
σασθαι.

Cod. 1, 3, 50 (Thalelaei? [2]) = No-
moc. 9, 1 p. 357 (MD). Basil. vi, 343.

Εἴ τις ἐν τῷ συγγράφειν συμβόλαια ἑαυ-
τὸν ὁμολογήσει μὴ κεχρῆσθαι παραγραφῇ [3])
διὰ τὸ τῆς ἱερωσύνης προνόμιον [4]), θεσπί-
ζομεν μὴ ἐξεῖναι αὐτῷ τὰ ἴδια σύμφωνα πα-
ρερχομένῳ καὶ συναλλάττοντι ἀπαιτεῖν [5]),
κατὰ τὸν κανόνα τοῦ ἀρχαίου νόμου τὸν
λέγοντα πάντας ἄδειαν ἔχειν τοῦ τῶν ὑπὲρ
ἑαυτῶν εἰσαχθέντων καταφρονεῖν. ὃν γενι-
κὸν νόμον ἐν πᾶσι θέμασι κατέχεσθαι θεσ-
πίζομεν τοῖ μήτε ἀποφάσει δικαστικῇ μήτε
συναινέσει φιλικῇ διαλυθεῖσιν.

Cod. 1, 3, 51 (Thalelaei?) = Nomoc.
8, 13 p. 529 (MD). Basil. l. l.

Γενικῶς θεσπίζομεν πάντας τοὺς θεο-
φιλεστάτους ἐπισκόπους, ἔτι δὲ πρεσ-
βυτέρους καὶ [6]) διακόνους καὶ ὑποδια-
κόνους καὶ ἐξαιρέτως τοὺς μοναχούς,

κἂν μὴ ὦσιν ἱερεῖς, ἀλειτουργησίαν
αὐτῷ τῷ νόμῳ πάντας ἔχειν ἐπιτρο-
πῆς εἴτε ἐκ διαθήκης εἴτε νομίμου
εἴτε παρ ἄρχοντος δοθείσης· καὶ οὐ
μόνον ἐπιτροπῆς εἶναι ἀπείρους αὐ-
τοὺς, ἀλλὰ καὶ κουρατωρείας, οὐ μό-
νον ἐφήβων, καὶ ἀνήβων, ἀλλὰ καὶ
μεμηνότων καὶ ἀλάλων καὶ κωφῶν καὶ
ἄλλων προσώπων, οἷς ἐπίτροποι καὶ
κουράτωρες παρὰ τῶν παλαιῶν νόμων
§ 1. δίδονται. αὐτοὺς μέντοι τοὺς κληρικοὺς
καὶ μοναχοὺς τὴν τοιαύτην ἔχειν φι-
λοτιμίαν θεσπίζομεν, οἵτινες εἰς τὰς [7])
ἁγίας ἐκκλησίας ἢ μοναστήρια [8]) πα-
ρεδρεύουσι μὴ ῥεμβόμενοι μήτε περὶ
τὰς θείας λειτουργίας ῥᾳθυμοῦντες,
ἡνίκα διὰ τοῦτο ταύτην τὴν εὐεργεσίαν
αὐτοῖς [9]) συγχωροῦμεν, ἵνα τὰ ἄλλα
πάντα καταλιπόντες ταῖς τοῦ παντο-
δυνάμου θεοῦ λειτουργίαις [10]) προσκολ-
§ 2. λῶνται. καὶ τοῦτο οὐ μόνον ἐν τῇ
πρεσβυτέρᾳ Ῥώμῃ ἢ ἐν ταύτῃ τῇ [11])
βασιλίδι πόλει, ἀλλ' ἐν πάσῃ τῇ γῇ,
ἐν ᾗ ἂν τὸ τοῦ Χριστοῦ ὄνομα σεβά-
ζεται, κατέχειν θεσπίζομεν.

De episcopali audientia etc.

Cod. 1, 4, 2 (Thalelaei?) = Nomoc.
9, 1 p. 537 (MD). Basil. l. l.

Ἐὰν κληρικὸς πρὸ τελείας ἀποφάσεως
χάριν ματαίας ὑπερθέσεως πρὸς ἔκκλητου
βοήθειαν ἔλθῃ, πρόστιμον ν' λίτρας ἀργυ-
ρίου, ὅπερ κατὰ τοῦ οὕτως ἐκκαλεσαμένου
γενικῶς θεσπίζει ἡ διάταξις, ἀναγκαζέσθω
ἀποτιννύναι. τοῦτο δὲ οὐ τῷ φίσκῳ [12]) τῷ
ἡμετέρῳ βουλόμεθα προσελθεῖν, ἀλλὰ πτω-
χοῖς πιστῶς ἐπιμερίζεσθαι.

Cod. 1, 4, 4 (Thalelaei?) = Nomoc.
11, 12 p. 598 (MD). Basil. l. l.

Αἱ μιμάδες καὶ αἱ θυμελικαί, αἵτινες ἐν
θεάτρῳ ἐκ τοῦ ἰδίου σώματος πόρον ποιοῦσι,
δημοσίως τῷ σχήματι τῶν παρθένων τῶν
τῷ θεῷ ἀφιερωμένων μὴ κεχρήσθωσαν [13]).

Cod. 1, 4, 7 (Thalelaei κατὰ πόδας [14])
= Nomoc. 9, 1 p. 537 (MD). Basil. l. l.

Ἐάν τινες ἐκ συναινέσεως παρὰ τοῦ

---

[1]) σπεύσουσι M. — [2]) ἔχει δὲ τὰ τῆς διατάξεως ἐν τῷ πλάτει οὕτως Nomoc. — [3]) παράγραφος M secun-
dum Pitra. — [4]) προοίμιον M secundum Pitra. — [5]) παρερχομένῳ συναλλάττοντα ἀπατᾶν scribendum
videtur. — [6]) καὶ om. D. — [7]) τὰς om. M. — [8]) μοναστηρίοις M. — [9]) αὐτοῖς τὴν εὐεργεσίαν M. —
[10]) λειτουργίαν M. — [11]) τῇ om. libri. — [12]) φίσιν D. — [13]) τῶν παρθένων τῶν τῷ θεῷ εἰ χρήσθωσαν perie-
runt in M. — [14]) τὰ τῆς διατάξεως ῥήματα Nomoc.

θείου νόμου τοῦ ¹) ἐπισκόπου δικάζεσθαι βουληθῶσι, μὴ κωλυέσθωσαν, ἀλλ' ἀποπειραθῶσιν ἐκείνου, ἐν πολιτικῇ μόνῃ πραγματείᾳ ²), δικαστικῷ ἔθει προκαθιζομένου ἑκουσίως τῆς κρίσεως.
§ 1. Ἥτις αὐτοῖς οὐ δυνήσεται ἀποστῆναι, (οὐδὲ γὰρ ὀφείλει) ὅπερ τοῖς προρρηθεῖσι δικαζομένοις δικαστήριον προῆλθε καὶ ἐκ προαιρέσεως καὶ συναινέσεως συνέστη ³).

Cod. 1, 4, 8 (Thalelaei?) = Nomoc. 9, 1 p. 537 (MD). Basil. l. l.

Ἡ τοῦ ἐπισκόπου κρίσις ἔστω δεκτὴ πᾶσιν, οἵτινες ἀκούειν παρὰ τῶν ἱερέων ἕλωνται, καὶ τὴν ὑπ' ἐκείνου κρίσιν τετιμημένην εἶναι, δι' ἣν ταῖς ὑμετέραις ἀναφέρειν ἀναγκαῖόν ἐστι ἐξουσίαις, καθ' ὧν οὐκ ἔξεστιν ἐκκαλεῖσθαι, κατὰ τῶν ἀρχόντων τὰ ὀφφίκια κρατούντων, ἵνα μὴ εἴη ἀνίσχυρος ἡ τοῦ ἐπισκόπου κρίσις, καὶ τὸ πέρας ὅπερ τοῖς δικαζομένοις ἀπονέμεται ⁴).

Cod. 1, 4, 10 = Nomoc. 3, 2 p. 502 (V) et 12, 2 p. 602 (D ⁵). Basil. vi, 344.

Οἱ μαθηματικοὶ τὰς οἰκείας βίβλους ἐπ' ὄψεσι τῶν ἐπισκόπων καιέτωσαν, οὔτωτε τῇ ὀρθοδόξῳ θρησκείᾳ παραδιδόσθωσαν μηδεμίαν ⁶) ἐπανόδου πρὸς τὴν οἰκείαν πλάνην ἐλπίδα φυλάττοντες.
§ 1. μὴ ἀνεχόμενοι δὲ καὶ τῆς Ῥώμης αὐτῆς καὶ τῆς ἐν ἑκάστῃ πόλει διαγωγῆς ἐκβληθήσονται. εἰ γὰρ μετὰ ταῦτα ⁷) ἢ ἐν πόλει φανῶσιν ἢ ἐν ταῖς πόλεσι ⁸) ἑαυτῶν χρώμενοι διδασκαλίαις, ἐξοριζέσθωσαν.

Cod. 1, 4, 13 (Thalelaei ⁹) = Nomoc. 9, 1 p. 537 (MD).

Εἴ τις τὸν οἰκονόμον τῶν ἁγιωτάτων ἐκκλησιῶν ὑπὸ τὸν ὁσιώτατον ἐπίσκοπον Κωνσταντινουπόλεως ἢ περὶ ἐκκλησιαστικῆς δίκης ἢ περὶ ἰδίας αὐτοῦ τοῦ οἰκονόμου βούλεται πρὸς τὸ δικαστήριον ἐκλῦσαι ἢ τὸν οἱονδήποτε κληρικόν, παρὰ τῷ μνημονευθέντι μακαρίῳ ἐπισκόπῳ τὴν δίκην λεγέτω. οὕτως γὰρ δικάζων καὶ πίστιν καθαρωτάτην φυλάξει τοῖς δικαζομένοις, ἱερέως ἅμα καὶ δικαστοῦ τρόπον ἐνδυόμενος. οὕτως μέντοι, εἰ βούλεται ὁ ἐνάγων παρὰ τῷ ἐπισκόπῳ τὴν δίκην εἰπεῖν· εἰ γὰρ ἀπαρέσκεται τῇ τοῦ ἐπισκόπου κρίσει οὐδένα ἄκοντα ἢ ἐπὶ ἐκκλησιαστικῇ δίκῃ εἴτε ἐπὶ τῇ κατὰ κληρικῶν ἁρμοζούσῃ χρὴ ἕλκεσθαι πρὸς τὴν τοῦ ἐπισκόπου ἀκρόασιν.

Cod. 1, 4, 34 § 3, 4 = Nomoc. 9, 27 p. 559 (Vatic. 1981). Basil. l. l.

Ἐὰν πρεσβύτερος ἢ διάκονος ἢ ὑποδιάκονος ἢ ἀναγνώστης καὶ πᾶς ἄλλος οἱοσδήποτε εὐλαβοῦς σχήματος καθεστὼς φανείη κυβεύων ἢ κοινωνῶν τοῖς κυβεύουσιν ἢ, θεωρῶν ἐμπαθῶς, τὴν τοῦ ἱπποδρομίου θέαν ἢ συνθήκας παίζειν δι' ἑαυτοῦ ἢ δι' ἑτέρου τινὸς ἢ κυνήγιον ἢ θέατρα ἢ εἰς οἱανδήποτε τοῦ θεωρῆσαι χάριν παραγενέσθαι, καὶ προσαγγελθείη τῷ ἐπισκόπῳ, ἐπιμελῶς ζητείσθω ἡ τούτου κατηγορία, μαρτυρίου δὴ ¹⁰) παραγινομένου καὶ τοῦ πράγματος σὺν ἀκριβείᾳ καταξεταζομένου, προκειμένων τῶν ἁγίων λογίων. καὶ ἐὰν σαφῶς ἀποδειχθείη, κωλυέσθω μὲν τῆς ἱερατικῆς λειτουργίας ἢ πάσης εὐλαβοῦς ὑπουργίας

---

¹) τοῦ del. Zachariae. — ²) χρηματικῇ ὑποθέσει supra versum ad haec verba adnotat D. — ³) ἥτις... συνέστη « quod his obesse non poterit nec debebit, quos ad praedicti cognitoris examen convertos potius afuisse quam sponte venisse constiterit » Codex. — ⁴) κατὰ τῶν... ἀπονέμεται « per judicium quoquo officia, ne sit cassa episcopalis cognitio, definitioni executio tribuatur » Codex. — ⁵) extat hoc loco etiam in MV, sed de neutrius libri lectione constat. — ⁶) μηδεμίας V. — ⁷) pro τῆς ἐν ἑκάστῃ... ταῦτα in V est τῆς ἑκάστης πόλεως εἰ. — ⁸) πόλισι om. D. — ⁹) ἔχει δὲ οὕτω ἡ διάταξις Nomoc. — ¹⁰) δὶ libor.

ἧς μετέχει ὁ ταῦτα ἡμαρτηκὼς καὶ γινέσθω ὑπὸ κανονικὸν ἐπιτίμιον ἐπὶ ῥητόν τινα χρόνον· καὶ εἰ μὲν νηστείᾳ καὶ εὐχαῖς καὶ κλαυθμῷ φανείη καταγνοὺς ἑαυτόν, συγχωρείσθω ἑαυτοῦ ἁμάρτημα· εἰ δὲ μετὰ τὸ ἐπιτίμιον μὴ ἀνανήψας πρὸς βελτίονα μεταθείη βίον, τότε καθαιρείσθω καὶ παραδιδόσθω τῇ βουλῇ τῆς ἰδίας πόλεως.

De haereticis et Manichaeis et Samaritis.

Cod. 1, 5, 2 = Nomoc. 12, 2 p. 600 (MDV). Basil. l. l.

Πᾶσαι αἱ ἀπηγορευμέναι τοῖς νόμοις καὶ ταῖς διατάξεσιν αἱρέσεις διηνεκῶς ἠρεμείτωσαν καὶ μηδεὶς τὰ βέβηλα διδασκέτω ἢ μανθανέτω μηδὲ ἐπισκόπων[1]) αἱρετικῶν, ἀλλὰ μηδὲ ὑπηρέτας χειροτονείτω χειροτονίαν οὐκ ἔχων, μηδὲ κατὰ ἀρχόντων γνώμην. αἱρετικὸς δὲ πᾶς, ὃς καὶ μικρῷ[2]) ὑποδείγματι παρὰ τὸ τῆς καθολικῆς ἐκκλησίας δόγμα ἢ τῆς εὐθείας ἐφάνη τραπείς[3]).

Cod. 1, 5, 3 = Nomoc. 12, 2 p. 602 (MDV). Basil. l. l.

Παντὸς ἐκπιπτέτωσαν οἱ αἱρετικοὶ τόπου, εἴτε ἐκκλησίαν αὐτὸν[4]) καλοῦσιν, εἴτε ἕτερόν τι· εἰ δὲ ἰδιωτικός ἐστι, § 1. καὶ ἐκδικείτω τοῦτον ἡ ἐκκλησία. ἀλλὰ μηδὲ λιτὰς ἐν νυκτὶ ἢ ἐν ἡμέρᾳ ἢ ἑτέρας ἐπιτελείτωσαν[5]) συνόδους. τῆς μὲν τοῦ ἐπάρχου τῆς πόλεως τάξεως ῥ' χρυσίου λίτρας, τῆς δὲ τῶν ἐν ταῖς ἐπαρχίαις ἀρχόντων ν' χρυσίου λίτρας καταβαλλούσης, εἰ[6]) παρὰ τὰ κελευσθέντα τι συγχωρήσαιεν.

Cod. 1, 5, 4 = Nomoc. 6, 3 p. 517 (V) et 12, 2 p. 602 (MDV) Basil. VI, 348.

Τοὺς Μανιχαίους ἢ Δονατίστας μηδὲν κοινὸν ἀπὸ νόμου ἢ ἔθους τοῖς λοιποῖς ἔχειν ἀνθρώποις ἐπιτρέπομεν, ἀλλὰ καὶ δημοσίῳ κατεχέσθωσαν ἐγκλήματι καὶ δημευέσθωσαν[7]) καὶ μηδὲν ἀπὸ δωρεᾶς ἢ τελευταίας βουλήσεως ἢ λαμβανέτωσαν ἢ αὐτοὶ διδότωσαν ἢ ὅλως τι συνάλλαγμα τιθέσθωσαν· ζητείσθω δὲ[8]) καὶ μετὰ τελευτὴν τὰ κατ' αὐτῶν, καὶ μηδὲ οἱ παῖδες αὐτῶν[9]) διαδεχέσθωσαν τῆς πατρῴας μὴ ἀριστάμενοι[10]) πλάνης τῆς αὐτῆς τῇ ὑποδεχομένῳ[11]) τούτους, τιμωρίας ἐπικειμένης. ἀνεύθυνοι δὲ οἱ[12]) τούτων ἔστωσαν οἰκέται τῇ ὀρθῇ[13]) προσδραμόντες θρησκείᾳ.

Cod. 1, 5, 5 = Nomoc. 6, 3 p. 517 (V) et 12, 2 p. 602 (MDV) Basil. l. l.

Οἱ εἰρημένοι ἐν τῷ ῥητῷ πάντες αἱρετικοὶ μηδένα τόπον εἰς προσευχὴν ἢ εἰς[14]) σύνοδον ἐχήτωσαν, τῶν Μανιχαίων ἐξαιρέτως καὶ πάσης ἐκβαλλομένων πόλεως· κρατείνωσαν δὲ καὶ οἱ διαφόρως κατ' αὐτῶν εἰσενεχθέντες νόμοι καὶ μηδὲν ἐρρῶσθω τῶν ἢ[15]) δωρουμένων ἢ καταλιμπανομένων τοῖς τόποις οὗ ἐκκλησίας τολμῶσι καλεῖν. ἀλλὰ καὶ ἐκδικείτω τούτους ἡ ὀρθόδοξος ἐκκλησία, εἰ μὴ παρὰ γνώμην τοῦ δεσπότου ὁ φροντίζων τοῦ τόπου συνεχώρησε· τότε γάρ, εἰ μὲν εὐγενής ἐστιν ὁ φροντιστής, δέκα[16]) χρυσίου λίτρας καταθήσει ἐξοριζόμενος, εἰ δὲ οἰκέτης, μαστίζεται καὶ ἐξορίζεται. παυέσθω δὲ καὶ τοῦ στρατιώτης εἶναι ὁ αἱρετικός. μηδεμιᾶς παρὰ τὰ διηγορευμένα ἀρχᾶ τοῦσης ἀντιγραφῆς.

---

[1]) ἐπισκόπους scrib. — [2]) ὁμοίως D. — [3]) παρατραπείς V. — [4]) αὐτῶν τούτων V. deficit M. — [5]) ἐπιτελείτωσι D. — [6]) εἰ om. D. — [7]) δημευέσθω V ad 6, 3. — [8]) εἰ om, V ad 6, 3. — [9]) αὐτοὺς V ad 6, 3. — [10]) ἀφιστάμενοι V ad 6 3. — [11]) αὐτὸς ὑποδεχόμενος V ad 6, 3. — [12]) ἀνεύθυνοι καὶ V ad 6, 3. — [13]) ὀρθοδόξῳ V ad 6, 3. — [14]) εἰς om. V ad 6, 3. — [15]) ἢ om. libri ad 12, 2. — [16]) δέκα om. V ad 6, 3.

Cod. 1, 5, 6 = Nomoc. 3, 2 p. 502 (V) et 12, 2 p. 602 (MDV). Basil. l. l.

Μηδείς τοὺς Νεστοριανοὺς καλείτω Χριστιανούς· ἀλλ' ὥσπερ οἱ Ἀρειανοὶ Πορφυριανοὶ λέγονται, οὕτω καὶ οὗτοι[1]) Σιμωνιανοὶ λεγέσθωσαν. καὶ μὴ ἐχέτω τις ἢ ἀναγινωσκέτω ἢ μεταγραφέτω τὰ κατὰ τῶν ὀρθῶν δογμάτων αὐτοῦ συγγράμματα, ἀλλὰ καὶ[2]) ἐπιμελῶς ζητήσας καιέτω. φερέσθω δὲ αὐτοῦ μηδὲ ὅλως μνήμη ἐν οἷς περὶ δογμάτων γίνεται λόγος. μηδὲ δεχέσθω τις τοιούτους ἐν οἱῳδήποτε τόπῳ φανερῶς ἢ λαθραίως· τῶν τὰ εἰρημένα παραβαινόντων δημοσιευομένων[3]).

Cod. 1, 5, 8 = Nomoc. 3, 2 p. 502 (V) et 12, 2 p. 602 (MD). Basil. l. l.

Οἱ Ἀπολλιναρισταὶ μὴ ταῖς ἁγίαις τέσσαρσι συνόδοις πειθόμενοι καὶ ὅσοι κατὰ τῆς ἁγίας τῆς ἐν[4]) Χαλκηδόνι συνόδου ἢ λέγειν τι ἢ διδάσκειν ἢ συγγράμματα κεκτῆσθαι τολμῶσι, ταῖς εἰρημέναις τῇ παρούσῃ[5]) διατάξει τιμωρίαις ὑποβαλλέσθωσαν.

Cod. 1, 5, 12 (Thalelaei?) = Nomoc. 12, 2 p. 602 (MDV). Basil. l. l.

Οἱ αἱρετικοὶ Μανιχαῖοι μὲν ὄντες ἀποτεμνέσθωσαν ὅλως ἐν τόπῳ φανέντες. οἱ δὲ ἄλλῃ ὁποιᾳδήποτε κρατούμενοι πλάνῃ μὴ στρατευέσθωσαν[6]) ἢ[7]) πολιτικὴν ἢ ἔνοπλον στρατείαν, ἀλλὰ μηδὲ ἀξιωματικοὶ γινέσθωσαν ἢ ταξεῶται[8]), πλὴν εἰ μὴ κορταλῖνοι[9]). τούτῳ γὰρ καὶ ἐξ ἀνάγκης ὑποκείσθωσαν τῷ βάρει γένους ὄντες τοιούτου. κωλυέσθωσαν δὲ καὶ τοῦ πατέρες πόλεων ἢ ἔκδικοι γίνεσθαι ἢ τοῖς συνηγόροις συντετάχθαι ἢ ὅλως τι μετιέναι πολιτικόν, εἰδότες ὡς, εἴ τινος πειραθεῖεν τῶν προαπηγορευμένων τυχεῖν[10]), οὔτε κατὰ σκόπον πράξουσι καὶ πρόστιμον καταθήσουσι λίτρας κ'[11]). πρὸς τούτοις τῶν ἀπογραφομένων αὐτοὺς ἐν εἰδήσει καταβαλλόντων ν' τῷ κόμητι τῶν πριβάτων. ὑπέξελε τῶν εἰρημένων τοὺς Γότθους. γονέων δὲ διαφόρου πίστεως ὄντων καὶ θρησκείας ἐκείνου ἡ γνώμη[12]) μᾶλλον κρατείτω τοῦ τὴν ὀρθόδοξον ἐπ' αὐτοῖς αἱρουμένου πίστιν, κἂν εἴη πατὴρ ὁ ἀντιλέγων, μὴ ἐντεῦθεν[13]) ἀγανακτῶν τῆς ἀναγκαίας αὐτοὺς στερείτω τροφῆς ἢ τῶν ἄλλων ἀναγκαίων δαπανημάτων. ἀλλὰ καὶ προῖκα διδοὺς ἢ πρὸ γάμου δωρεὰν ὀρθοδόξοις· αὐτοὺς συνοικιζέτω προσώποις, μηδεμίαν ἑτέραν ὀργῆς· κατ' αὐτῶν προβαλλόμενος πρόφασιν. ἔστω δὲ ἐν φροντίδι τὰ εἰρημένα τῶν τε ἐν Κωνσταντινουπόλει καὶ ἐν ταῖς ἐπαρχίαις ἀρχόντων[14]) τῶν ἁπανταχοῦ γῆς ἐπισκόπων, ἀναφορᾷ περὶ τῆς ἐκ παραβάσεως· κεχρημένων ποινῆς τῶν ῥᾳθυμούντων περὶ τῶν[15]) τῆς ὀρθοδόξου πίστεως διορισθέντων.

Cod. 1, 5, 15 (Thalelaei?) = Nomoc. 12, 2 p. 602 (MDV). Basil. l. l.

Οἱ Μανιχαῖοι παῖδας μὲν ἔχοντες ὀρθοδόξους ἐπ' αὐτοὺς καὶ μόνους ἐξ ἀδιαθέτου παραπεμπέτωσαν, μηδενὶ[16]) ἑτέρῳ ζῶντες, ἢ τελευτῶντες ἐκποιείτωσαν παντελῶς· τῆς αὐτῶν οὐσίας εἰς τὸν δημόσιον περιελευσομένης λόγον.

Cod. 1, 5, 16 (Thalelaei?) = Nomoc. 12, 2 p. 602 (MDV). Basil. l. l.

Ὁ τὰ Μανιχαίων καταλιπὼν καὶ τῆς εὐσεβοῦς τῶν Χριστιανῶν θρησκείας γενόμενος μηκέτι τῆς παλαιᾶς ἀνάσχοιτο πλάνης ἢ ὅλως τὴν τυχοῦσαν πρὸς τὸν οὕτω πλανώμενον ποιείτω ὁμιλίαν[17]), ἀλλὰ παραχρῆμα τὸν τοιοῦτον παραδιδότω τοῖς ἀρ-

---

1) αὐτοὶ V ad 8, 2. — 2) καὶ om. V ad 8, 2. — 3) δημοσιευομένων D. — 4) ἁγίας τῆς om. V. — 5) παρελθούσῃ D. — 6) καλιτευέσθωσαν V. — 7) sic Zachariae, μὴ libri. — 8) ταξιῶται libri. — 9) ὑπτάλεις MV et supra versum D. — 10) τυχεῖν τῶν προαπηγορευμένων V, deficit M. — 11) κ' καὶ D. — 12) ἡ γνώμη om. D, fortasse etiam M. — 13) εἰ inserit Zachariae. — 14) καὶ ins. Zachariae. — 15) τῶν om. libri, suppl. Zachariae. — 16) εἰ ins. Zachariae. — 17) ὁμιλίαν ποιείτω D.

χουσιν ἢ μηνυέτω, τὰς ἐσχάτας ποινὰς ὑφορώμενος, ἃς κἀκεῖνοι ὑφίστανται, εἰ μὴ τοῦτο ποιήσοι. φροντιζέσθωσαν ¹) δὲ οἱ ἐν ἀξίαις ἢ στρατείαις ἢ συστήμασιν ὄντες, ὡς ἂν μηδεὶς ἐν αὐτοῖς λανθάνῃ τοιοῦτος· ἀλλὰ φανερούσθωσαν ²) παρ' αὐτῶν τὰς προσηκούσας ἐξ ἀπειθείας ἀναμενόντων ποινάς. ³) πρὸς τούτοις πάντα τὰ ⁴) Μανιχαίων καιέσθω ⁵) βιβλία καὶ μηδεὶς αὐτὰ τὴν οἰανδήποτε προβαλλόμενος πρόφασιν ἐχέτω, ἁρμοδίαν ⁶) καὶ οὗτος ποινὴν εὐλαβούμενος.

Cod. 1, 5, 20 (Thalelaei ?) = Nomoc. 12, 2 p. 602 (MDV) ⁷).

Πάντες μὲν γενικῶς οἱ αἱρετικοὶ μήτε παρασυνάξεις μήτε παραβαπτίσματα ποιεῖν μήτε τῆς προσκυνητῆς ὅλως ἅπτεσθαι κοινωνίας τολμάτωσαν ἢ τοῖς τῶν ὅρων προνομίοις, ἐφ' οἷς ἔχουσιν ἐργαστήριον ⁸), κεχρήσθωσαν, τὰς τῶν ἐναντιουμένων τοῖς νόμοις ποινὰς ὑφορώμενοι τοῦ χορηγοῦντος τὸν οἶκον ταῖς προειρημέναις τιμωρίαις ὑποκειμένου. Μοντανισταὶ δὲ ἐξαιρέτως μηδένα τῶν καλουμένων παρ' αὐτοῖς πατριαρχῶν

ἢ κοινωνῶν ἢ ἐπισκόπων ἢ πρεσβυτέρων ἢ διακόνων ἐντὸς ἐχέτωσαν Κωνσταντινουπόλεως. κωλυέσθωσαν δὲ ἐντὸς πραγματεύεσθαι τῶν ὅρων αὐτῆς καὶ τὰ ἀσελγῆ συσσίτια ἢ τὰ ἀσεβῆ συμπόσια ποιεῖν ἢ ἀνδράποδα ἐμπορεύεσθαι διὰ τοὺς ὑποκειμένους· ἐφ' ἑκάστῳ λογισμούς. μὴ λαμβανέτωσαν δὲ προφάσει τῶν λεγομένων ἀξιωματικῶν τὰ παρὰ τῶν μεγίστων δικαστηρίων καὶ τῆς ἐκκλησίας ἐξ ἔθους διδόμενα. εἰ δέ τις αὐτοῖς ἄλογον ἀπονέμοι προστασίαν, ι' λίτρας χρυσίου καταβαλλέτω ⁹), τοῦ ἐπάρχου τῆς πόλεως καὶ τῶν κατ' ἔθνος ¹⁰) ἀρχόντων καὶ τῶν πειθομένων τάξεων τὸ παραπλήσιον πρόστιμον ὑφορωμένων, εἰ τῶν διατεταγμένων ἔν τινι ῥᾳθυμήσουσιν.

Cod. 1, 5, 22 (Thalelaei ?) = Nomoc. 12, 2 p. 603 (MDV).

Ἡ κωλύουσα τοὺς αἱρετικοὺς διάταξις ¹¹) ἀπὸ τελευταίας τι λαμβάνειν βουλήσεως χώραν ἐχέτω καὶ ἐπὶ στρατιώτου καταλιμπάνοντος, κἂν ὡς ὁ κοινὸς ἀπαιτεῖ ¹²) νόμος διέθετο.

Nc sanctum Baptisma iteretur.

Cod. 1, 6, 1 (Thalelaei ?) = Nomoc, 4, 13 p. 513 (MD). Basil. vi, 346.

Εἴ τις ἐπίσκοπος τὸν ἤδη βαπτισθέντα δεύτερον ἀναβαπτίζει, ἀνάξιος ἔστω τῆς ἱερωσύνης καὶ ἐκβαλέσθω αὐτῆς· κατάκριτοι γὰρ ἔστωσαν οὗτοι, οἵτινες τὰς τῶν ἁγίων ἀποστόλων διδασκαλίας ἀπατῶντες ¹³) τὸ τῶν Χριστιανῶν ὄνομα προσποιοῦνται.

Cod. 1, 6, 2 (Thalelaei ?) = Nomoc. 4, 13 p. 513 (MD) ¹⁴). Basil. l. l.

Εἴ τις ἀναβαπτίσας τινὰ διελέγχθη ¹⁵), καὶ αὐτὸς καὶ ὁ ¹⁶) ἀναβαπτισθείς, εἰ μὴ ἄρα διὰ ἡλικίαν ἠγνόει τὸ γινόμενον νήπιος ὤν, τὴν ἐσχάτην ὑπομενέτωσαν τιμωρίαν.

¹) πεποίησι φροντιζέτωσαν D. — ²) φανερούσθω D, deficit M. — ³) finis indicis extat in Nomoc. 8, 2 p. 602 (V). — ⁴) τά om. V ad 8, 2 — ⁵) καιέσθωσαν (V) ad 12, 2. — ⁶) ἁρμόζειν libri ad 12, 2. — ⁷) prior pars usque ad ἐφ' ἑκάστῳ λογισμοὺς extat etiam apud Balsamonem (ed. Voelli p. 1061). — ⁸) ἐγκαστήρια V, ἐγκαστηρίοις Balsamon, deficit M. — ⁹) λαμβανέτω M. — ¹⁰) sic Zachariae, ἔθνη DV, ἔθνει M. — ¹¹) διάταξις τις αἱρετικὸς M(V), τοὺς om. D. — ¹²) ἀπαιτῶν D, deficit M. — ¹³) ἀπατῶντες D. — ¹⁴) extat apud Balsamonem (ed. Voelli p. 912). — ¹⁵) διαλεγχθῇ D. — ¹⁶) καὶ ὁ om. Mᵃ, ὁ (sic) suppl. Mᵇ.

Cod. 1, 6, 2 (κατὰ πόδας?) = Nomoc. 4, 10 p. 511 ¹).

Ὁ τὸν ὀρθόδοξον ἐξ ²) αἱρετικοῦ δόγματός τινα ἀναβαπτίζων αὐτός τε καὶ ὁ βαπτιζόμενος κεφαλικὴν ὑπομενέτωσαν τιμωρίαν, εἰ μὴ ἄρα νήπιος ὢν ἀναβαπτιζόμενος οὐκ ᾖ δυνατὸς νοεῖν τὸ γινόμενον.

Cod. 1, 6, 3 (Thalelaei?) = Nomoc. 12, 2 p. 603 (MDV). Basil. 1. 1.

Δεσπότης αἱρετικὸν δοῦλον μὴ κωλυέτω τῇ καθολικῇ προσιέναι πίστει, μηδὲ ἀναβαπτιζέτω τις κατὰ τὸ οἰκεῖον δόγμα μήτε δοῦλον μήτε ἐλεύθερον.

Cod. 1, 7, 3 (Thalelaei?) = Nomoc. 9, 39 p. 577 (MD). Basil. 1. 1.

Οἱ τὴν ἁγίαν πίστιν προδεδωκότες καὶ τὸ ἅγιον βάπτισμα βεβηλώσαντες μηδενὶ ἀνθρώπων ³) συνέστωσαν ἢ μαρτυρείτωσαν ἐν ἀλλοτρίαις διαθήκαις, μὴ ἐχέτωσαν τεσταμεντὶ φακτίονα καὶ μηδένα κληρονομείτωσαν παρὰ μηδενὸς γραφόμενοι κληρονόμοι. οὕστινας ἐμέλλομεν καὶ ἀπελαύνειν καὶ πικρότερον τιμωρεῖσθαί, εἰ μὴ μείζονα ἐνομίσαμεν τιμωρίαν εἶναι τὸ μὴ ἐξεῖναι αὐτοῖς συνδικιτᾶσθαι μετὰ ⁴) ἀνθρώπων καὶ ψηφίζεσθαι ἐν ἀνθρώποις, μήτε δὲ εἰς τὴν προτέραν ἐπανερχέσθωσαν κατάστασιν οὐδὲ γὰρ τὸ ἁμάρτημα αὐτῶν ἐκ μεταμελείας εἰς λήθην φέρεται.

Nemini licere signum Salvatoris Christi humi vel in silice vel in marmore aut insculpere aut pingere.

Cod. 1, 8, 1 (Thalelaei?) = Nomoc. 1, 1 p. 638 (V) ⁵). Basil. 1. 1.

Μηδεὶς ἐν ἐδάφει ἢ μυλίτῃ λίθῳ ἢ ἐν μαρμάρῳ ἐδαφικῷ ἐγγλυφέτω ⁶) ἢ φραφέτω σταυρόν, ἀλλὰ περικειρείσθω, τὴν βαρυτάτην τοῦ παραβαίνοντος τοῦτο ὑφισταμένου ποινήν ⁷).

De Judaeis aut Coelicolis.

Cod. 1, 9, 1 (Thalelaei? ⁸) = Nomoc. 6, 3 (D) et 12, 9 (D).

Ὅπερ ἡ Κορνηλία Σιλβία τῇ ὁμάδι τῶν ἐν Ἀντιοχείᾳ τῇ πόλει καθεστηκώτων Ἰουδαίων κατέλιπεν, ἀπαιτεῖσθαι οὐ δύναται.

Cod. 1, 9, 6 (Thalelaei?) = Nomoc. 12, 2 p. 603 (MDV). Basil. 1. 1.

Χριστιανοὶ πρὸς γάμον Ἰουδαίοις ⁹) μὴ συνερχέσθωσαν, τὸ περὶ μοιχείας ἐντεῦθεν ὑφορώμενοι δημόσιον ἔγκλημα.

Cod. 1, 9, 4 (Thalelaei?) = Nomoc. 12, 2 p. 603 (MDV). Basil. vi, 347.

Μηδεὶς τὰς τῶν Ἰουδαίων μιτατευέτω συναγωγάς.

Cod. 1, 9, 9 (Thalelaei?) = Nomoc. 12, 2 p. 603 (MDV). Basil. 1. 1.

Ἰουδαῖοι καὶ οἱ τούτων ἔξαρχοι τὰς τιμὰς ἑαυτοῖς τῶν ὠνίων ὁριζέτωσαν· οἱ δὲ

---

¹) non extat in MD nec scio, ubi haec invenerit Pitra. — ²) εἰς liber. — ³) ἀνθρώπῳ M. — ⁴) τῶν insorit D. · ⁵) extat in Synopsi Σ 1, 2 (Zachariae p. 596). — ⁶) γλυφέτω Synopsis. — ⁷) τὴν βαρυτάτα τῷ παραβαίνοντι τὸ ὑφιστάμενον ποινήν V. — ⁸) ἐν δὲ τῷ κώδικι ἔχει οὕτως Nomoc. 12, 9. — ⁹) Ἰουδαίοις om. M(V).

τις ἑτέρως¹) ἐπιχειρήσοι²) τοῦτο, τιμωρείσθω.

Cod. 1, 9, 12 (Thalelaei?) = Nomoc. 12, 2 p. 603 (MDV). Basil. l. l.

Οἱ τὸν οὐρανὸν σεβόμενοι, εἰ μὴ Χριστιανοὶ γένωνται³), ὡς αἱρετικοὶ τιμωρείσθωσαν καὶ τὰς τούτων ἢ ἐκκλησία συναγωγὰς ἐκδικείτω.

Cod. 1, 9, 13 (Thalelaei?) = Nomoc. 12, 2 p. 603 (MDV). Basil. l. l.

Ἐν τῷ σαββάτῳ τῶν Ἰουδαίων ἢ ἐν ταῖς ἄλλαις αὐτῶν ἑορταῖς μὴ ποιείτωσάν τι μήτε μεθοδευέσθωσαν ὑπό τινος, εἰ⁴) καὶ εἴη δημόσιον τὸ χρέος, ἀλλὰ μηδὲ ἐκ τῆς παρ' αὐτῶν αἰτιάσεως ὀρθόδοξος μεθοδευέσθω Χριστιανός.

Cod. 1, 9, 17 (Thalelaei?) = Nomoc. 12, 2 p. 603 (MDV). Basil. l. l.

Τὸν ὑπὲρ τοῦ βασιλικοῦ στεφάνου ἐκ τῶν Ἰουδαίων συναγωγῶν παρεχόμενον κανόνα οἱ πρῶτοι αὐτῶν οἰκείῳ μεθοδευέτωσαν κινδύνῳ κατὰ τὸν τῶν παλαιῶν πατριαρχῶν τύπον.

Cod. 1, 9, 18 (Thalelaei?) = Nomoc. 12, 2 p. 603 (MDV). Basil. l. l.

Μηδεὶς Ἰουδαίων ἔκδικος ἢ πατὴρ πόλεως γινέσθω μηδὲ⁵) μὴν καινουργίᾳ⁶) κτίζετω συναγωγὴν τῷ τὰς παλαιὰς ἀνορθοῦσθαι πτῶσιν ἀπειλούσας ἀρκούμενος, ἀλλὰ μηδὲ ἀξίᾳ κοσμείσθω τινί. ὁ δὲ κτίσας πρὸς τὸ παρὰ τῆς ἐκκλησίας τὴν συναγωγὴν ἐκδικεῖσθαι, καὶ ν' χρυσίου καταθέσει λίτρας.

De paganis et sacrificiis et templis.

Cod. 1, 11, 1 (Thalelaei?⁷) = Nomoc. 12, 4 p. 605 (MD). Basil. l. l.

Ἐν πᾶσι τόποις καὶ ἐν πάσαις πόλεσιν⁸) ἀποκλειέσθω καθάπαξ τὰ ἱερὰ καὶ πασῶν θυσιῶν ἀπεχέσθωσαν. εἰ δὲ τίς τοιοῦτον ἁμάρτῃ, διὰ ξίφους κολαζέσθω καὶ ἡ τούτου περιουσία τῷ φίσκῳ διεκδικείσθω. ὁμοίως δὲ τιμωρείσθω ὁ ἄρχων, εἰ τὰ τοιαῦτα τολμώμενα οὐκ⁹) ἐτιμωρήσατο.

Cod. 1, 11, 4 = Nomoc. 8, 19 p. 531 (V).

Αἱ μὲν ἀθέμιτοι¹⁰) θυσίαι καὶ θρησκεῖαι κωλυέσθωσαι. Ἱλάρια δὲ ἐν ταῖς πόλεσι γινέσθωσαν καὶ σύνοδοι καὶ συμπόσια.

Cod. 1, 11, 9 (Thalelaei?) = Nomoc. 12, 9 p. 607 (DV). Basil. vi, 348.

Ζητοῦντες καθ' ἑαυτοὺς ἃ παρὰ τῶν ἐπισκόπων μανθάνοντες κωλυέτωσαν οἱ ἄρχοντες τὰ παρὰ τῶν Ἑλλήνων. καὶ γινόμενα δὲ τιμωρείτωσαν ἢ μὴ δυνάμενοι μηνυέτωσαν καὶ προσκυρούτωσαν, ὅσα πρεσώποις Ἑλληνικοῖς δεδώρηται ἢ καταλέλειπται, τοῖς πολιτικοῖς δικαίοις· πάντα ὅσα κατ' αὐτῶν ἢ ὑπὲρ τῶν ἐκκλησιῶν προεισενήνεκται, καὶ ἐντεῦθεν βεβαιουμένων.

---

¹) ἑτέρως libri. — ²) ἐπιχειρήσαι D. — ³) γίνωνται M(V). — ⁴) εἰ inserunt M(V). — ⁵) μήτε (V), deficit M. — ⁶) καινουργίαν MD. — ⁷) ἐν τῷ κώδικί φησιν οὕτως Nomoc. — ⁸) τρόπεις καὶ ἐν πάσαις πόλεσιν D, τρόπεις καὶ πάσαις ταῖς πόλεσι καὶ λόποις M. — ⁹) ἀθέμιται V. — ¹⁰) μὴ D.

De his qui in ecclesiis manumittuntur.

Cod. 1, 13, 1 (Thalelaei?) = Nomoc. 13, 41 p. 634 (M). Basil. 1. 1.

Ἤδη πάλαι ἤρεσεν, ἵνα ἐν τῇ καθολικῇ ἐκκλησίᾳ τὴν ἐλευθερίαν ὁ δεσπότης τοῖς οἰκείοις οἰκέταις παρέχειν δύναται, ἐὰν ἐπ' ὄψεσι τοῦ κοινοῦ λαοῦ παρόντων καὶ τῶν χριστιανικωτάτων ἐπισκόπων τοῦτο ποιήσωσιν, ὅπως τελεῖα ἀνάμνησις τάξει [1]) ὑπομνημάτων ἐντεῦθῃ ἐν οἱᾳδήποτε γραφῇ, ἐν ᾗ καὶ οὗτοι εἰς τόπον μαρτύρων σφραγίσωσιν. ὅθεν καὶ παρ' ὑμῶν [2]) αὐτῶν μὴ ἀναξίως δωρείσθωσαν καὶ ἐγκαταλιμπανέσθωσαν αἱ ἐλευθερίαι καὶ τῷ ὑμετέρῳ [3]) συμφώνῳ βουλομένων φανερὰ δείκνυται ἡ μαρτυρία.

Cod. 1, 13, 2 (Thalelaei?) = Nomoc. 13, 41 p. 634 (M). Basil. 1. 1.

Οἵτινες εὐσεβεῖ προαιρέσει ἐν τῇ τῆς ἐκκλησίας ἀγκάλῃ τοῖς ἰδίοις οἰκέταις τὴν ἀξίαν συγχωρήσουσιν ἐλευθερίαν, ταύτην τῷ αὐτῷ δικαίῳ δεδωρῆσθαι δοκείτωσαν, ᾧτινι ἡ πόλις τῶν Ῥωμαίων τῶν ἑορτῶν συντρεχουσῶν διδόναι εἴωθε, ἀλλὰ τοῦτο μόνον αὐτοῖς, οἷς καὶ ἐπ' ὄψεσι τῶν ἐπισκόπων παραχωρεῖσθαι ἤρεσε. τοῖς δὲ κληρικοῖς πλέον τι συγχωροῦμεν ἵν' ὅταν τοῖς ἰδίοις οἰκέταις παρέχωσιν ἐλευθερίαν, μὴ μόνον ἐπ' ὄψεσι τῆς ἐκκλησίας καὶ τοῦ σεπτοῦ λαοῦ πληρεστάτην ἀπόλαυσιν ἐλευθερίας παρέχωσιν, ἀλλὰ καὶ ἐν ἐσχάτῃ βουλήσει, ὅταν διδόασι τὰς ἐλευθερίας, εἴτε τισὶ ῥήμασι δοθῆναι προστάξωσι, οὕτως ἵνα ἀπὸ τῆς ὥρας, ἐν ᾗ δημοσιευθῇ ἡ βούλησις, ἄνευ τινὸς δικαίου μαρτυρίας ἢ ἑρμηνείας ἁρμόσῃ ἡ ὀρθὴ ἐλευθερία.

De feriis.

Cod. 3, 12, 5 (Thalelaei) = Nomoc. 7, 1 p. 519 (MD). Basil. vi, 357.

Ἔχει τὸ κατὰ πόδας οὕτως·

Ἐν ταῖς μ' [4]) ἡμέραις, αἵτινες τῇ ἀρχῇ τῶν θρησκειῶν τὸν πασχατικὸν καιρὸν προλαμβάνουσι, πᾶσα διάγνωσις κωλυέσθω τῶν ἐγκληματικῶν ζητήσεων.

Ἀρχῇ τῶν θρησκειῶν· ἀπὸ γὰρ τῆς μ' ἄρχονται οἱ Χριστιανοὶ θρησκεύειν καὶ τι-

μᾶν τὸν καιρὸν τῆς πασχαλίας ἑορτῆς.

Πᾶσα διάγνωσις· σημείωσαι [5]) ὅτι μόνην τὴν διάγνωσιν ἐκώλυσεν· τέως οὖν ἡ ἐντυχία καὶ ἡ ἔγγραφος τῶν ἐγγύων δόσις καὶ ἐν ταῖς μ' ἡμέραις δύναται προβῆναι. σημείωσαι δέ, ὅτι καὶ ἡ διάταξις αὕτη, ἐξ ὧν ἐν ταῖς μ' ἡμέραις ταύταις [6]) ἐκώλυσε [7]) κρίνεσθαι τὰ ἐγκληματικά, ἔδειξεν ὅτι ἐν ταῖς ἄλλαις φερίαις καλῶς ἐξετάζονται.

Ubi senatores vel clarissimi civiliter vel criminaliter conveniuntur.

Cod. 3, 24, 1 (Thalelaei) = Nomoc. 9, 30 p. 567 (M). Basil. vi, 358.

Εἴ τις δήποτε μὴ συγκλητικός, ἀλλὰ λαμπρότατος μόνον παρθένον ἁρπάσει ἢ ὅρους ἀλλοτρίους διαταράξει ἢ ἄλλῳ οἱῳδήποτε ἐγκλήματι περιπέσῃ, ἐν τῇ ἐπαρ-

---

[1]) sic Zachariae, τῇ τῶν ἀνθρώπων τάξει M. — [2]) ἐμῶν M. — [3]) ἐμιτέρῳ M. — [4]) ταῖς τῆς μ' M, ταῖς τῆς D. — [5]) σημαίνει M. — [6]) M pro δύναται προβῆναι ... ταύταις non habet nisi ταῦτα. — [7]) ἐκώλυσαν V, in quo posterior pars adnotationis exstat.

χίᾳ, καθ' ἥν ἥμαρτε, νομίμως ἐναγέσθω μηδεμίαν ἔχων παραγραφήν.

Τὸ κατὰ πόδας.

Ὅστις δήποτε μὴ συγκλητικός, ἀλλὰ μόνον τῇ [1]) ἀξίᾳ ἐκδεδομένος παρθένον ἁρπάσῃ [2]) ἤ ὅροις τισὶ βίᾳ ἐπεισέλθῃ ἤ ἄλλῳ τινὶ ἁμαρτήματι ἤτοι ἐγκλήματι τύχῃ καταληφθεὶς παραχρῆμα ἐν τῇ ἐπαρχίᾳ, ἐν

ᾗ τὸ δρᾶμα ἐξήμαρτε, τοῖς δημοσίοις νόμοις ὑποβαλλέσθω καὶ μηδὲ τῇ τοῦ φόρου παραγραφῇ κεχρήσθω. πᾶσαν γὰρ τὴν τοιαύτην τιμὴν ἀποκλείει τὸ ἔγκλημα. Huc usque Basil.

Ἐντεῦθεν οὖν ἔστι σημειώσασθαι, ὅτι ἄλλοι εἰσὶν οἱ συγκλητικοὶ καὶ ἄλλοι οἱ λαμπρότατοι.

De Eunuchis.

Cod. 4, 42, 1 (Thalelaei) = Nomoc. 1, 14 p. 471 (M). Basil. vi, 470.

Ὁ ἐν Ῥωμαϊκῷ ἐδάφει εὐνουχίσας τινὰ κεφαλικῇ ὑπόκειται τιμωρίᾳ. τὸ δὲ ἀνδράποδον αὐτὸ τὸ εὐνουχισθὲν καὶ ὁ οἶκος, ἐν ᾧ γέγονε τὸ τοιοῦτον πταῖσμα εἰδότος τοῦ δεσπότου, δημευέσθω.

Τὸ κατὰ πόδα.

Εἴ τις μετὰ ταύτην τὴν διάταξιν ἐν τῷ Ῥωμαϊκῷ κύκλῳ εὐνούχους ποιήσει, εἰς κεφαλὴν τιμωρείσθω, τοῦ αὐτοῦ ἀνδραπόδου, οὐ μὲν ἀλλὰ καὶ τοῦ οἴκου, ἐν ᾧ εὐνουχίσθη [3]) τοῦ δεσπότου εἰδότος καὶ παραπροσποιουμένου, φισκουμένου.

Εἰ γὰρ ὁ δεσπότης ἀγνοεῖ, οὐ δημεύεται ὁ οἶκος, ὡς ἔγνως ἐν τῷ α΄ βιβλίῳ ἐν τῷ ε΄ τίτλῳ ἐν τῇ διατάξει τῇ περὶ τῶν παρασυνάξεων, καὶ ἐν ἑτέρᾳ δὲ ὁμοίως διατάξει ἐν τῷ πρώτῳ βιβλίῳ τὸ αὐτὸ ἐγνωμεν· συγγινώσκομεν γὰρ ἀγνοήσαντι τῷ δεσπότῃ· ἀλλ' ἐν ἐκείναις ταῖς διατάξεσι κατὰ τοῦ προκουράτορος ὥρισε τιμωρίαν ἡ διάταξις.

De Nuptiis.

Cod. 5, 4, 23 (Thalelaei?) = Nomoc. 18, 21 p. 627 (M). Basil. vi, 373.

§ 1. Διάταξις κελεύει ἵνα, ὃν τρόπον δύναται δοῦλος ἐλευθερωθεὶς παρὰ βασιλέως αἰτῆσαι δίκαιον εὐγενείας καὶ οὕτως ἐστὶ ὡς μὴ δουλεύσας, τὸν αὐτὸν τρόπον καὶ ἡ γενομένη σκηνικὴ αἰτεῖ [4]) παρὰ βασιλέως ἐξαγγεῖν τὴν διὰ τῆς σκηνῆς ὕβριν καὶ ἀντιγραφῆς τυχοῦσα τοῦτο φιλοτιμουμένης δύναται [5]) ὡς ἀνύβριστος καὶ σεμνὴ τοῦ λοιποῦ γαμεῖσθαι καὶ ἰδιώταις καὶ συγκλητικοῖς προικῴων συμβολαίων γινο-

§ 2. μένων, ὥστε καὶ τοὺς παῖδας νομίμους εἶναι, κἂν ὑπείησαν ἕτεροι παῖδες ἐκ προτέρου γάμου τεχθέντες τῷ ταύτης

§ 3. ἀνδρί· εἰ δὲ καὶ μὴ βουληθῶσι γῆμαι, μηδὲν ἧττον σεμνὰς αὐτὰς εἶναι.

§ 4. ὁμοίως δὲ δίδωσι σεμνότητος δίκαιον καὶ ταῖς τυχούσαις ἀξίας [6]) παρὰ βασιλέως· ἡ γὰρ ἀξία καὶ πᾶσαν ἄλλην

§ 5. ὕβριν, φησίν, ἀφαιρεῖται τῆς γυναικός.

§ 6. ὁμοίως δὲ καὶ θυγατέρες [7]) αὐτῶν αἱ μὲν πρὸ τῆς ἀντιγραφῆς τεχθεῖσαι σκηνικῶν εἰσι θυγατέρες [8]), αἱ δὲ μετὰ ταῦτα σεμνῶν, ἵνα μέντοι καὶ αὐταὶ

---

[1]) λαμπροτάτῳ excidit: praeterea Ἰκπΐσραλις pro quo Latina habent «praeditus», corruptum est. — [2]) ἁρπάσει M. — [3]) ἰευχίσθη M. — [4]) ἰτει M. — [5]) δύναται M. — [6]) ἀξίαις M. — [7]) θυγατέρες M. — [8]) τεχθεῖσαι σκηνικῶν εἰσι θυγατέρες M.

μετά προικώων συναλλάσσωσιν. εί δε
καί τίς έστι θυγάτηρ σκηνικής καί
αίτήσει παρά βασιλέως αντιγραφήν καί
έπιτύχοι, έχει τα τών σεμνών γυναι-

§ 7. κών αποτελέσματα, έκείνω δέ, όπερ οί
παλαιοί έν τοις κατά σεμνότητα καί
άλήθειαν γάμοις πρ[οικώων γεν]ομέ-
νων ¹) έπέτρεπον έρρώσθαι τον γάμ[ον,
άναιρεΐ]σθω· σήμερον γάρ καί χωρίς
προικώων έρ[ρωτ]αι ό γάμος, τών και-
νοτομηθέντων έκ ταύτης διατάξεων
καί τών μετ' αύτήν θεμάτων ²). ύπε-
ξηρέσθω δέ ταύτης τής νομοθεσίας πας
γάμος ίγκεστος καί νεφάριος.

Cod. 6, 4, 29 (Thalelaei?) = Nomoc.
13, 21 p. 627 (M). Basil 1. 1.

[Μ]ηδείς τήν μή βουλομένην έλκέ-
τω εις σκηνήν μηδέ τήν έκουσίως κα-
θελθοΰσαν κωλυέτω ύστερον βουλομέ-
νην ίσυχάσαι μηδέ προτροπήν διδότω
καί λαμβανέτω αύτών εγγύας περί τοϋ

§ 1. μηκέτι άφίστασθαι τής σκηνής, πας
ούν έν οίαδήποτε τάξει ών βίου ή οίαν-
δήποτε αρχήν άρχων εί τοϋτο ποιή-
σειεν, έξέστω τή γυναικί καί τώ άρ-
χοντι προσιέναι, εί μή αυτός έστιν ό
βιαζόμενος, καί τώ έπισκόπω, ίνα έκεΐ-
νοι άποστήσωσι τόν τήν γυναίκα βια-
ζόμενον, είδότα ώς, έάν άντιστή, τής
πόλεως εκβάλλεται καί δημεύεται.
ταύτα μέν, εί τις έλκύσειέ τινα πρός

§ 2. τήν σκηνήν, εί δέ τήν έκουσίως κα-
τελθοϋσαν κωλύει πάλιν άποστήναι,
καί ή τών εγγυών δόσις λυέσθω καί
εί τι άπητήθησαν δοϋναι οί έγγυηταί,

§ 3. διπλά λαμβανέτωσαν. ομοίως δέ [εί]
καί αύταί αί γυναίκες άπητήθησάν τι
παρασχεΐν, είς διπλάσιον άπολαμβα-
νέτωσαν, τοΰ άρχοντος καί τοϋ έπισ-

§ 4. κόπου ταϋτα έκβιβαζόντων. καί αύτό
τήν αρχήν μηδέ έγγύας έξέστω άπαι-
τεΐσθαι τάς εις σκηνήν κατελθούσας

§ 5. περί τοϋ μηκέτι άφίστασθαι. έξουσίαν
έχοντος τοϋ έπισκόπου, έάν ό τής έπαρ-
χίας άρχων έστίν ό βιαζόμενος, έναν-
τιοϋσθαι αύτώ καί άζημίους φυλάττειν
τούς εγγυητάς, εί δέ μή ένδίδωσιν ό
ό άρχων, έξέστω τώ έπισκόπω μηνύειν,
ώστε τόν άρχοντα άποστήναι τής άρ-

§ 6. χής καί δημευθήναι. έξουσίας ούσης
ταΐς τοιαύταις ³) γυναιξί καί προσο-
μιλεΐν γάμοις καί άνευ θείας άντιγρα-

§ 7. φής. άλλά τ[αύτην τήν] διάταξιν κρα-
τεΐν τοις ίδίοις χρόνοις, κωλ[υομένων]
πάντων τών έξ αρχής κωλυομένων γά-
μ[ων], πλήν τούτου τοϋ νϋν έπινοη-
θέντος· τοϋ ποτε μέν δεομένου θείας

§ 8. άντιγραφής, νϋν δέ ούκέτι. ταϋτα πάν-
τα νομοθετήσασα ή διάταξις έπιφέρει
τότε κρατεΐν, ήνίκα μείνωσι σωφρο-
νοϋσαι· εί γάρ μετά τό γήμαι πάλιν
βουληθώσι γενέσθαι σκηνικαί, ού μό-
νον τής εύγενείας ής είχον έκπίπτου-
σιν, άλλ' ούδέ μετέχουσιν ούδεμίας
βοηθείας ούτε έκ ταύτης ούτε έκ τής
'Ιουστίνου τοϋ τής θείας λήξεως δια-
τάξεως· ύπόκεινται γάρ στούπρου ⁴)
έγκλήματι.

Πρόσεχε ότι, ένθα έτερος ήν ό βια-
ζόμενος, διπλάσιον έκέλευσε λαβεΐν τό
δεδομένον καί τούς έγγυητάς καί αύ-
τήν τήν γυναίκα, ούτε ⁵) δέ ό άλχων
έστί, μόνον άζημίους αύτούς διαμένειν·

Cod. 5, 4, 29 = Nomoc. 13, 21 p. 628
(Vatic. 1081). Basil. vi, 874.

Ό δούλην έλευθέραν άκουσαν εις σκη-
νήν ή άρχηστρίαν καθέλκων ή άπαλλαγή-
ναι κωλύων έγγυητάς αύτής τών άπαιτών

---

¹) quae hic et in sequentibus uncis quadratis inclusa sunt, perierunt in M. — ²) τών ... θεμάτων mendosa osse colligitur ex Latinis. — ³) τής τοιαύτης Mᵃ. — ⁴) στερόπτευ M. — ⁵) ότι scrib. (Zachariae).

χρυσίον δημεύεται διὰ τοῦ ἄρχοντος καὶ τοῦ ἐπισκόπου καὶ τῆς πόλεως ἐξωθεῖται. εἰ δὲ ὁ ἄρχων ἐστὶν ὁ βιαζόμενος κωλύεται παρὰ τοῦ ἐπισκόπου ἢ μηνύει τῷ βασιλεῖ ὁ ἐπίσκοπος. φυλάττονται οἱ ἐγγυηταὶ ἀζή-μιοι. αἱ δὲ τοιαῦται γυναῖκες εὐγενεῖς οὖσαι νομίμως γαμοῦνται ἀξιωματικοῖς καὶ χωρὶς βασιλικῆς ἀντιγραφῆς, μετὰ μέντοι προικῴων¹). τὰ αὐτὰ καὶ περὶ θυγατέρων σκηνικῶν.

De precario et salviano interdicto.

Cod. 8, 9, 2 (Thalelaei²) = Nomoc. 1, 32 p. 479 (MD).

Οἱ καταλαβόντες τὰς γυναῖκας μοιχευομένας ὡς πορνοβοσκοὶ ἐνάγονται.

Καὶ τὸ³) κατὰ πόδας τῆς διατάξεως οὕτως·

Ἔγκλημα πορνοβοσκοῦ συναλλαττουσιν⁴), οἵτινες καταλειφθεῖσαν τὴν γυναῖκα μοιχευομένην ἐν τῷ γάμῳ κατέχουσιν, οὐχὶ οἵτινες ὑπονοηθεῖσαν μοιχευθῆναι κατέσχον.

De emancipationibus liberorum.

Cod. 6, 48, 1 = Nomoc. 2, 1 p. 496, 640 (MDV⁵).

Λέγει δὲ καὶ ἡ α' καὶ μόνη διάταξις τοῦ μη' τίτλου τοῦ ς' βιβλίου τοῦ κώδικος κειμένη εἰς βιβλίον τῶν βασιλικῶν μδ' τίτλ. ιβ' κεφ. κθ' θέματος ιβ' ῥητῶς οὕτως·

Τὸ λεγατευόμενον συστήματι ἢ θεμιτῷ σωματείῳ ἔρρωται· τὸ ἐναντίον δὲ ἐπὶ ἀθεμίτου σωματείου, πλὴν εἰ μὴ τοῖς ἐν αὐτῷ καθ' ἕκαστον ληγατευθῇ τότε γὰρ ἔρρωται.

Τοῦ κώδικος⁶)·

Ἐάν τις, ἢ τῇ ἱερᾷ συγκλήτῳ ἢ βουλευτηρίῳ πόλεως·⁷) ἢ τάξει ὑπηρετουμένῃ ταῖς μεγάλαις⁸) ἀρχαῖς ἢ ταῖς ἐν ἐπαρχίαις ἢ τῷ τῶν ἰατρῶν ἢ διδασκάλων ἢ νυνηγόρων σω-ματείῳ⁹) ἢ τοῖς στρατιώταις¹⁰) ἢ τοῖς¹¹) κληρικοῖς¹²) ἢ ἁπλῶς οἱῳδήποτε μὴ ἀπηγορευμένῳ σωματείῳ καταλείψῃ¹³) τι, ἔρρωται τὸ καταλειφθέν¹⁴)· καὶ εἰ μὲν¹⁵) ἁπλῶς τοῦ συστήματος¹⁶) ἢ¹⁷) τάγματος μνημονεύσει¹⁸), πάντες ἀπαιτοῦσιν οἱ ἐν τῷ καιρῷ τῆς¹⁹) τελευτῆς αὐτοῦ εὑρισκόμενοι ἐν τῷ συλλόγῳ καὶ πρὸς τὸν ἀριθμὸν τῶν προσώπων αὐτὸ διαιροῦνται²⁰), εἰ μὴ ἄρα²¹) ὁ διαθέμενος ἕκαστον αὐτῶν ῥητόν τι λαβεῖν διετάξατο²²)· μηδενὸς περιεργαζομένου κατὰ τὴν παλαιὰν διάταξιν, εἰ ἀπὸ κέρτας ἀδμινιστρατίονος ἦν τὸ πρόσωπον ἢ μή.

Τῶν βασιλικῶν²³).

Ἐὰν δὲ ἐνιχυσιαῖα ἢ κατὰ μῆνα ἢ καθ'

---

¹) sic Zachariae, προικῶν Vatic. — ²) ἔχει γὰρ ῥητῶς οὕτως Nomoc. — ³) τό om. D. — ⁴) ἀλλάττευσιν D. — ⁵) Extat etiam in Tipucito ad Basil. 44, 18, 29, cf. not. 20. — ⁶) Τοῦ κώδικος om. D(V). — ⁷) βουλευτηρίῳ πόλεως] MD, τῇ (τῇ om. Tipuc.), πόλει V Tipuc. — ⁸) μεγάλαις] V Tipuc. ἄλλαις MD. — ⁹) σωματείῳ] MD, σωματείων V Tipuc. — ¹⁰) στρατιώταις] MD, στρατιώταις αὐτοῦ V Tipuc. — ¹¹) τοῖς om. M. — ¹²) κληρικοῖς] MD, συγκληρικοῖς V. Tipuc. — ¹³) καταλείψῃ] καττελείψῃ MᵇD, καλ... Mᵃ. — ¹⁴) ἔρρωται τὸ καταλειφθὲν om. V. Tipuc. — ¹⁵) μέν om. Tipuc. — ¹⁶) σωματείου Tipuc. — ¹⁷) τοῦ inserit V. — ¹⁸) pro his quae sequuntur Tipuc. habet ἢ τό, τί γίνεται. — ¹⁹) τῷ καιρῷ τῆς] καιρῷ V. — ²⁰) αὐτὸ διαιροῦντων V. — ²¹) ἄρα om. D. — ²²) in διετάξατο desinit V. — ²³) Inter superiorem et hunc paragraphum intercedunt haec: καὶ ἐν τῷ τέλει τῆς αὐτῆς διατάξεως, τουτέστι τοῦ αὐτοῦ κεφαλαίου τῶν βασιλικῶν θέματος κζ' ὅτι ἐάν πρὸς ἅπαξ ... βούλησις (= Nomocanonis verba). τῶν βασιλικῶν (τῶν βασ. om. D).

ἡμέραν καταλείψῃ τοῖς ἰδίοις συγγενέσιν ὁ διαθέμενος, εἰ μὲν μηδὲν πλέον εἴπῃ, μόνοις τοῖς ἐν τῷ καιρῷ τῆς τελευτῆς αὐτοῦ συγγενέσιν, ἕως ὅτε περίεισι, δίδοσθαι τὸ καταλελειμμένον ὥσπερ εἰ καὶ μὴ συγγενέσιν, ἀλλὰ τοῖς ἔκ τινος συστήματος ἢ τάγματος ἢ σωματείου κατέλειψε ταῦτα τὰ ἐνιαυσιαῖα ἢ μηνιαῖα ἢ ἡμερέσια ληγάτα·

καὶ τότε γὰρ οἱ περιόντες μόνοι κατὰ τὸν καιρὸν τελευτῆς αὐτοῦ καλοῦνται καὶ ἐξ ἰσότητος διαιροῦνται τὸ καταλελειμμένον. εἰ δὲ συγγενέσι τις καταλιμπάνων ἐνιαυσιαῖα ἢ μηνιαῖα ἢ ἡμερήσια ληγάτα ἐπάγει καὶ τοῖς ἐξ αὐτῶν ταῦτα [1]) δίδοσθαι, εἰ προσθείη εἰς τὸ διηνεκές, διηνεκῆ [2]) τὴν δόσιν εἶναι καὶ μηδέποτε παύεσθαι.

Ad legem Juliae de adulteriis et stupris.

Cod. 9, 9, 2 = Nomoc. 1, 32 p. 479.
Basil. VI, 401.
Thalel. *Ind.* Οἱ καταλαβόντες τας γυναῖκας μοιχουμένας ὡς παραβόσκοι ἐνάγονται.
Καὶ τὰ κατὰ πόδας τῆς διατάξεως οὕτως·
Ἔγκλημα πορνοβοσκοῦ συναλλάττουσιν οἵτινες καταλειφθεῖσαν τὴν γυναῖκα μοιχευομένην ἐν τῷ γάμῳ κατέχουσαν, οὐχὶ οἵτινες ὑπονοηθεῖσαν μοιχευθῆναι [3]).

Cod. 9, 9, 7 = Nomoc. 9, 30 p. 569
(MV). Basil. VI, 401.
Ἐάν τις τῆς ἰδίας γαμετῆς κατηγορῆσαι βούληται περὶ μοιχείας ἁμαρτηθείσης πρὸ τοῦ γάμου, οὐ δικαίῳ ἀνδρός, ἀλλ' ἐξωτικῷ [4]) δύναται.
Ἐὰν ἄνεδος γαμηθῇ μοι καὶ παρ' ἐμοὶ πληρώσῃ τὴν ἡλικίαν καὶ ἄρξηται γαμετὴ εἶναι, οὐ δύναμαι περὶ μοιχείας πρὸς αὐτὴν γενομένης εἴσω τῶν ιβ' ἐνιαυτῶν δικαίῳ ἀνδρὸς κινεῖν, ἀλλ' ὡς περὶ μνηστῆς.

De spectaculis et scenicis et lenonibus.

Cod. 11, 41, 2 = Nomoc. 13, 21 p. 628
(MV). Basil. VI, 411.
Ὁ τοὺς διδομένους ἵππους ἀπὸ βασιλέως ἢ ὑπάτου εἰς οἰκεῖον ἀποφερόμενος κέρδος μίαν λίτραν χρυσίου λόγῳ καταδίκης δίδωσιν.

Cod. 11, 41, 4 = Nomoc. 13, 21 p. 628
(MV). Basil. l. l.
Ὀρχηστοῦ ἢ ἡνιόχου ἢ ἄλλου θυμελικοῦ εἰκὼν ἐν δημοσίᾳ στήλῃ [5]) ἔνθα τοῦ βασιλέως εἰκόνες, μὴ [6]) ἱστάσθω, ἀλλὰ καὶ τιθεῖσα καταβαλλέσθω. ἀλλ' ἔμπροσθεν τοῦ θεάτρου ἢ τῆς ἱπποδρομίας ἀνατιθέσθωσαν.

[1]) ἡ μηνιαῖα ἡ ἡμ. λ. καὶ τότε γάρ ... ταῦτα) ἢ μηναῖα ἢ ἐμερήσια ληγάτα ἐπάγει καὶ τοῖς ἐξ αὐτῶν ταῦτα M, καὶ τότε γάρ οἱ περιόντες μόνοι κατὰ τὸν καιρὸν τελευτῆς αὐτοῦ καλοῦνται καὶ ἐξ ἰσότητος διαιροῦνται τὸ καταλελειμμένον. εἰ δὲ συγγενέσι τις καταλιμπάνων ἐνιαυσιαῖα ἢ μηνιαῖα D. — [2]) διηνεκεῖ M. — [3]) Haec omisit P. Krüger. — [4]) ἐξωτικοῦ Zachariae. — [5]) ἐν ἐκμοσίᾳ στελῇ M[b], ἐν δημοσίῳ τόπῳ V. — [6]) εἰκόνες μή om. V.

INDEX VIRORUM ECCLESIASTICORUM ET LAICORUM

AD QUOS DEMETRIUS CHOMATIANUS EPISTOLAS ET TRACTATUS MISIT.

Alexander miles.	col.	81-82
Alexius Dyrrachii consule	»	205-210
Anonymus	»	83-88
Augustissimus N.	»	188-131
Charito monachus	»	123-126
Comnenus Theodori frater	»	501-504
Constantinus Episcopus Strumitzae	»	63-66
Constantinus Cabasilas (questiones XXIX)	»	617-686
Constantinus Crater	»	807-814
Constantinus consobrinus	»	497-498
Constantinus Lampeta	»	165-172
Demetrius Bothroti Episcopus	»	839-350
Episcopus Anactoropolitanus	»	823-326
Episcopus Croorum	»	21-28
Episcopus Ioanninae	»	119-124
Episcopus Pelagoniae	»	55-58 / 71-74 / 499-502
Episcopus Scopiorum	»	825-828
Episcopus Serbiae	»	67-68
Episcopus (novus) Serbiae	»	835-838
Episcopo Serbiae (apologia pro)	»	578-588
Episcopus Serbiorum	»	801-806 / 829-834
Exarcha quidam	col.	28-82
Felix Berroensis	»	465-468
Georgius	»	467-474
Georgius Bardana Episcopus Corcyrensis	»	463-464
Germanus patriarcha Constantinopolitanus	»	481-567
Glabenitza Hegumenus	»	569-572
Gregorius Camona	»	1-11
Himerius	»	87-40
Ioannes Pluto	»	11-22 / 125-132
Peladita Corcyrensis Episcopus	»	89-48
Rex N.	»	69-72
Sava Serbiorum Episcopus	»	381-390
Sophronius monachus	»	391-394
Stephanus Serbiae rex	»	49-52 / 59-64
Stephanus rex Serbiae (questiones XIV)	»	685-710
Stephanus cognatus	»	73-76
Theodorus duca Comnenus	»	53-56 / 109-118 / 473-478

INDEX ANALYTICUS[1].

De Ordinationibus.

De communicatione cum latinis.	col.	245-727
De ordinatis a Bulgariae Episcopis.	»	40-563
De electione et ordinatione archiepiscopi.	»	335
De ordinatis extra fines provinciae	»	331
De tonsis inscienter	»	527
De praepositis et monach :	»	329
De monachis in fondatorium revocantibus.	»	338
De monasteriis et Stauropegiis.	»	341
De subiectione Ecclesiarum episcopo	col.	392
De separatione et depositione clericorum	»	625
De dotibus protopapae.	»	576
De XXIX quaestionibus liturgicis Constantini Cabasilae	»	617
De XIV quaestionibus liturgicis Stephani regis Serbiae	»	685
De epistolis supra azymis	»	745
De stola sacerdotali	»	781

De Matrimonio.

PREAMBULUM CONTRACTUS.

De gradibus prohibitis et non prohibitis	col.	1-521-727
De modo numerandi gradus	»	11-22
De gradibus affinitatis et consanguinitatis	»	34
De nuptiis consobrinorum	»	731
De licitis et illicitis matrimoniis.	»	38
De matrimonio viri cum uxore sororis defunctae.	»	46
De impedimento quinti gradus affinitatis	»	50
De liceitate matrimonii in sexto gradu affinitatis	col.	54
De aliquibus casibus impedimenti affinitatis.	»	70-74
De matrimonio cum impubere.	»	48-68-514
De fraternitate ex testamento.	»	38
De sponsalibus ut impedimentum matrimonii	»	66
De non obligatione sponsalium impuberum.	»	60
De impedimentis ex sacro baptismate	col.	550
De impedimento voti	»	68

CONTRACTUS.

De necessitate consensus in contractu matrimoniali	col.	76
De defectu consensus in matrimonio	»	517
De matrimonii solemnitate.	»	83
De unico et secundo matrimonio.	»	589
De secundo nubentibus	»	129
De trigamia	»	134
De nuptiis contra legem	»	524

EFFECTUS CONTRACTUS.

De filiis incertis aut spuriis	col.	83
De concubina et prole.	»	540
De iuribus mulieris secundo nubentis.	»	257
De dono ante nuptias	»	222

[1] Numerus columnae hic appositus indicat tantum argumenti principium.

De dote et muneribus	col. 249	De dementia causa divortii	col. 56
De re dotali et iure mulieris in propriam dotem	» 227	De divortio ob sodomiam	» 72
		De fornicatione causa divortii	» 541
De expensis factis ex dote et de cura dotalium	» 211	De divortio ob necem intentatam	» 511
De debitis dotalibus	» 235	De divortio ob insidias	» 558
De successione in matrimonio	» 29	De divortio ob adulterium	» 547
		De divortio ob falsam accusationem adulterii	» 555

Dissolutio contractus.

		De divortio propter tonsuram monachalem	» 562
De impotentia dirimente matrimonium	col. 515-535	De divortio ob absentiam	» 554
De divortio	» 90-99	De restitutione dotis	» 79

De Criminibus.

De tempore anticipato in causis	col. 393	De negligente in administratione Baptismatis	col. 480
De iudicatis ab imperatore	» 400	De blasphemate ex contemptu Dei	» 531
De iuramento Episcoporum	» 419		
De i⸱amento ex consensu	» 897	De diacono necante hostes in bello	» 325
De forma iurisiurandi	» 544		
De cautione iuramenti	» 497	De mutilatione ex correctione	» 529
De poenis statutis ab imperatoribus	» 473	De homicida involuntario	» 499-503
		De lectore occidente involuntarie	» 523
De probatione cum ferro candente	» 889	De patre occidente involuntarie filium	» 534
De testibus adulterii	» 525		
De exactione violenta in territorio Ecclesiae	» 571	De uxoricidio	» 119
		De poenis contra fornicatores	» 822
De furto et periurio personae sacerdotalis	» 891	De virginis defloratione	» 821
		De moechia	» 437
De poenis contra monachum	» 505	De punitione incesti	col. 523-537-559
		De poenis adulterii	» 518

De Testamentis.

De testamentis	col. 136-160-166-290	De haereditate quoad filios spurios, legitimos — ascendentes, laterales	col. 142-144-295
Voluntas non scripta valet ut testamentum	col. 154		
De morientis voluntate et statu rerum	col. 417	De iure fratrum defuncti absque liberis	col. 106
Quaestiones haereditatis	» 126-198	De iure fratrum in haereditate	» 279
De duplici testamento	» 295	De iure aequali fratrum	» 281
De exceptione testamenti	» 410	De propinquis lateralibus	» 277
De parte disponibili patris	» 101	De coniuge haerede	» 250
De iuribus filiorum ad haereditatem prout legitimi aut spurii	col. 172-174-178-191	Secundo nubentes non acquirunt materna liberorum bona	col. 110-125-148-162-502

De usu dotis et haereditate . . col.	191
De bonis minorum aetate . . . . »	186
De maternis bonis et eorum usufructu . . . . »	146
De patre haereditante bona propriae sobolis . . . . »	215
De haereditate ascendentium . »	205
De haereditate impuberum . . . »	363-366
De haereditate impuberum et propinquorum . . . . »	261
De mutua haereditate . . . col.	253-267-296
De haereditate ab intestato . . col.	259-274
De matre tutrice filiorum . . . . »	150
De testamentis et tutoribus . . »	369-445
De iure cuiusdam orphani . . . »	351
De orphanorum tutela et curatoribus . . . . »	369
De orphanorum bonis alienatis. »	401
De piis legatis et cura Episcoporum . . . . »	330
De Falcidia et bonis falcidiatis. »	422-613

De Proprietate.

De Proprietate per praescriptionem possessionis . . . . col.	117-142
De tempore praescriptionis . . . »	460
De longa possessione . . . . . »	290
De continuitate praescriptionis. »	182-365
De bona fide absolute requisita in praescriptione . . . . »	405
Possessio malae fidei non generat proprietatem . . . . »	411
Et male acquisita restituuntur ad dominum . . . . »	409
De emptis bona fide . . . . »	315
De ementibus bona orphanorum. »	377
De vendentibus aliena . . . . . »	144
De ementibus scienter rem alienam . . . . »	301-319
De tacite ementibus . . . . col.	187
De vicissim ementibus eamdem rem . . . . »	305
De proprietate ex turpi causa . »	273
De violentis et iniustis syngraphis . . . . »	413
De contractibus ex vi . . . . . . »	538
De venditione et repetitione pretio non soluto . . . . »	299
Transactio legitima valet statim ac facta, etiam non scripta . . . . »	434
De magistratibus emptoribus in loco provinciae . . . . »	309
De pertinentibus ad fiscum . . . »	318

Varia.

Epistola laudativa ad Georgium Bardanam . . . . col.	463
Epistola ad Felicem Berroensem . . »	466
Expositio in Nazianzenum . . . . . . »	467
Sermones duo de Catechesi . . . . . »	737
De pueris mortuis sine sacro baptismate . . . . , ... »	479
Epistola ad patriarcham Constantinopolitanum . . . . col.	481
Responsio patriarchae . . . . »	483
Secunda responsio Demetrii . . . . »	487
De ludis Rousaliis . . . . »	509
Mandatum ad Hegumenum . . . . . »	569
Epistola ad patriarcham Constantinopolitanum . . . . »	577

INDEX GENERALIS.

Praefatio	pag.	v-xxxviii
Responsiones Demetrii Chomatiani	col.	1-617
Quaestiones Constantini Cabasilae cum responsis Demetrii	»	618-684
Quaestiones Stephani regis Serbiae cum responsis Demetrii	»	685-709
Quaestiones canonicae ad ipsum Charthophylacem cum responsis eiusdem	col.	710-719
Auctaria I-X	»	720-788
Synopticon	pag.	785-839
Basilicon	»	839-857
Onomasticon	»	858-864
Epilogus ad Basilica	»	864-886
Index virorum ad quos Demetrius misit Epistolas	»	887
Index analyticus	»	888-890
Index generalis	»	891

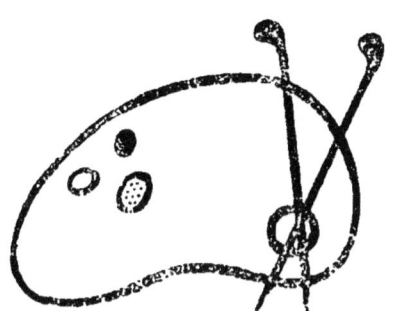

Original en couleur
NF Z 43-120-8

www.ingramcontent.com/pod-product-compliance
Lightning Source LLC
Chambersburg PA
CBHW071415230426
43669CB00010B/1555